매튜헨리주석 잠언 + 전도서 + 아가

저자 매튜 헨리 Matthew Henry 1662-1714

성경 주석가. 영국국교회의 복음주의 목사의 아들인 그는 통일령으로 아버지가 성직에서 쫓겨난 직후에 태어났다. 학문을 좋아하는 소년이었으며 1672년에 회심하였다. 옥스퍼드와 케임브리지의 학문성이 차츰 떨어지므로 1680년 런던 이슬링턴 대학에서 신학 교육을 받았다. 그 대학은 신앙을 저버린 시대에 높은 학문을 유지해왔다. 그 대학의 학장은 케임브리지에서 온 토머스 두리틀이었고, 부학장은 옥스퍼드에서 온 토머스 빈센트였다. 그 후에는 그레이 법학원에서 법률을 공부하였다. 그는 국교회 목사가 되려고 생각하였지만, 비국교도가 되기로 결심하였고, 개인적으로 장로교 목사 안수를 받았다. 첫 목회지는 체스터(1687-1712)였으며 그 뒤에 런던의 해크니(1712-1714)로 옮겼다. 청교도들에게서 크게 영향을 받은 그는 성경 해설을 목회의 중심으로 삼았다. 날마다 4시 또는 5시에 일을 시작하였던 그는 시간을 최대한 사용하는 것을 목적으로 삼았다. 1704년에 「성경 주석」을 집필하기 시작하였는데, 그는 사도행전까지 탈고하였으며, 그의 사후 목회 동역자들이 그의 노트와 저서들을 참고하여 신약성경 주석을 완성하였다. 그 주석은 성경에 대한 자세하고 종종 대단히 영적인 해설 양식을 취하였는데, 그 양식은 그 이후의 복음주의적 목회의 형태를 결정하였다. 스펄전은 자신이 매튜 헨리에게 큰 도움을 받았다는 사실을 인정하였다.

역자 박문재

역자는 서울대학교 법과대학, 장로회신학대학교 신대원 및 대학원(Th.M.)을 졸업하였다. 역서로 비슬리 머리의 「예수와 하나님 나라」, 존 브라이트의 「이스라엘 역사」, F.F. 브루스의 「바울」, B.S. 차일즈의 「구약신학」, 아이히로트의 「구약성서신학 I ,II」, 제임스 D.G. 던의 「바울 신학」 외에 다수 있다.

매튜 헨리 주석 전집 11

매튜 헨리 주석

박문재 옮김

잠언·전도서·아가

Matthew Henry

크리스찬 다이제스트

잠언

서론

I. 새로운 저자. 우리가 지금부터 살펴보고자 하는 책의 저자, 아니 성령께서 하나님의 뜻을 우리에게 알게 하시고자 사용하신 기자(記者), 또는 하나님의 손가락(하나님의 성령은 이렇게 불린다)에 잡혀서 그 움직임을 따라 이 책을 기록하는 데에 사용된 붓의 역할을 한 인물은 솔로몬이다. 성경 가운데서 솔로몬의 손을 통해서 기록된 책들로는 이 책과 설교집인 전도서, 시가집(詩歌集)인 아가가 있다. 어떤 이들은 솔로몬이 청년기에 아가를 썼고, 중년기에 잠언을 썼으며, 노년기에 전도서를 썼다고 생각한다. 그는 아가의 표제 속에 아무런 칭호도 사용함이 없이 단지 솔로몬이라는 이름만을 쓰고 있는데, 이것은 아마도 그가 아직 왕위에 오르기 전인 젊었을 때에 성령의 충만함을 입어서 그 시가를 썼기 때문일 것이다. 그리고 잠언의 표제 속에서는 그가 자신을 다윗의 아들 이스라엘 왕 솔로몬이라고 소개하는데, 이는 그가 잠언을 쓸 당시에는 온 이스라엘을 다스리고 있었기 때문이었다. 또한, 그는 전도서를 쓸 당시에는 각 지파에 대한 그의 영향력이 많이 줄어들어서 예루살렘에서만 그의 왕권이 확고하였기 때문에 그 표제 속에서 자신을 다윗의 아들 예루살렘 왕이라고 소개한다. 솔로몬이라는 저자에 대하여 우리는 다음과 같은 것들을 주목해 볼 수 있다.

1. 그는 왕이었고 왕의 아들이었다는 것. 이제까지 성경의 저자 또는 기자들은 대부분이 모세, 여호수아, 사무엘, 다윗, 그리고 지금 솔로몬처럼 세상에서 제일가는 인물들이었다. 그러나 솔로몬 이후에는 하나님의 감동을 받은 기자들은 대체로 가난한 선지자들, 세상에 이름이 별로 알려져 있지 않았던 인물들이었다. 왜냐하면, 하나님이 세상의 약하고 미련한 것들을 택하사 지혜 있고 강한 자들을 부끄럽게 하려 하시고, 가난한 자들을 들어 쓰셔서 온 세상을 복음화시키고자 하시는 시대가 점점 다가오고 있었기 때문이었다. 솔로몬은 아주 위대한 왕으로서 큰 부를 지녔고, 그의 영토는 아주 넓었지만, 하나님께 속한 일들을 연구하는 데에 몰두한 선지자이자 선지자의 아들이었다. 이 세상에서 지극히 위대한 왕이나 군주가 주변 사람들을 거룩한 종교와 그 법으로 교훈하는

것은 결코 위신이 깎이는 일이 아니다.

2. 그는 왕위에 오를 때에 그가 한 기도에 대한 응답으로 하나님으로부터 특별한 지혜와 지식을 수여받은 인물이었다는 것. 그의 기도는 아주 모범적인 것이었다. 내게 지혜롭고 총명한 마음을 주소서. 이러한 기도에 대한 응답은 고무적인 것이었다. 그는 자기가 원했던 것을 받았을 뿐만 아니라, 다른 모든 것도 그에게 더해졌다. 우리는 여기에서 그가 하나님으로부터 받은 지혜를 어떻게 선용하였는지를 본다. 그는 그 지혜로 자기 자신과 나라를 다스렸을 뿐만 아니라, 지혜의 법칙들을 다른 사람들와 후손들에게도 전해 주었다. 이렇게 우리는 우리에게 맡겨진 달란트들을 가지고 장사를 하여야 한다.

3. 그에게도 허물들이 있어서, 말년에 그는 자기가 이 책 속에서 다른 사람들에게 가르쳤던 저 하나님의 선한 길에서 떠났다는 것. 잠언을 쓴 기자조차도 배교할 수 있음을 보여주는 이 서글픈 이야기는 열왕기상 11장에 나온다. 이 일을 가드에도 알리지 말며 아스글론 거리에도 전파하지 말지어다 블레셋 사람들의 딸들이 즐거워할까, 할례 받지 못한 자의 딸들이 개가를 부를까 염려로다(삼하 1:20). 그러므로 하나님에 의해서 놀랍게 쓰임 받은 자들이라도 이 일을 경계(警戒)로 삼아서 교만하거나 방심하지 말아야 한다. 또한, 우리는 이 일을 통해서 선한 교훈들을 따라 온전히 살아가지 못한 자들로부터 가르침을 받았다고 할지라도 그 선한 교훈 자체를 나쁘게 생각해서는 안 된다는 것을 배워야 한다.

II. 새로운 글쓰기 방식. 이 책에서 하나님의 지혜는 수많은 각각의 잠언들 또는 짤막한 문장들을 통해서 우리에게 가르쳐지는데, 이 짤막한 잠언들은 서로 연결이 되어 있지 않고 하나하나가 다 자체적으로 독립되어 있다. 이렇게 해서, 우리는 하나님의 율법들, 역사들, 시가들에 더해서 이제 하나님의 잠언들을 갖게 되었다. 무한하신 지혜가 되시는 하나님은 우리를 교훈하시기 위해서 여러 가지 다양한 방법들을 사용하셨고, 우리에게 유익이 되는 것이라면 그 어떤 방법이라도 하나도 남김없이 다 사용하고 계시기 때문에, 그런데도 우리가 우리의 어리석음 가운데에서 멸망한다면, 우리는 변명할 말이 하나도 없게 될 것이다. 잠언을 통해서 가르치는 것은 다음과 같은 특징들을 지니는 것이었다.

1. 그것은 옛적에 사람들을 가르치는 방식이었다. 그것은 헬라인들 사이에서 가르침을 베푸는 가장 오래된 방식이었다. 헬라의 일곱 명의 현자들은 각자

가 소중히 여겼던 잠언을 하나씩 가지고 있었고, 이 각각의 잠언들은 그들을 유명하게 만들어 주었다. 이 잠언들은 기둥들에 새겨졌고, 하늘로부터 내려온 말씀으로 여겨져서 크게 숭앙을 받았다. 너 자신을 알라는 교훈은 하늘로부터 내려온 교훈이다.

2. 그것은 분명하고 쉽게 가르치는 방식이었다. 무엇을 가르칠 때에 이 방식을 사용하면, 가르치는 자나 배우는 자나 별 수고를 하지 않아도 되었고, 이해력이나 기억력도 많이 필요하지 않았다. 긴 시간에 걸쳐 이루어지는 논증들은 그런 것들을 준비하는 자나 듣고 깨닫고자 하는 자나 많은 수고를 해야 하는 반면에, 촌철살인의 짧은 문구로 그 의미와 증거를 전달해 주는 잠언은 빨리 깨달아지고 동의되며 쉽게 기억된다. 다윗의 기도문들과 솔로몬의 교훈들은 둘 다 격언처럼 간결한데, 이것은 기도와 설교를 통해서 거룩한 것들을 말하고 전하는 자들에게 권할 만한 표현 방식이다.

3. 그것은 아주 효율적으로 가르치는 방식으로서 가르치는 소기의 목적을 아주 잘 달성할 수 있는 방식이었다. 잠언으로 번역된 히브리어 '마샬'은 다스리다 또는 지배권을 갖다를 뜻하는 단어로부터 파생된 것으로서 인생들에게 지배적인 힘과 영향을 미치는 지혜롭고 무게 있는 말들을 의미한다. 잠언들을 통해서 가르치는 자는 그의 청중을 다스린다. 세상이 어떻게 잠언들에 의해서 지배되고 있는지를 보는 것은 쉬운 일이다. 옛 속담(즉, 잠언)에 말하기를(삼상 24:13), 또는 옛 말에 이르기를(우리가 보통 하는 표현을 사용하자면)이라는 어구가 붙으면, 그것은 대부분의 사람들에게 있어서 그들의 인식과 결심을 형성하는 데에 아주 강력한 영향을 미친다. 옛 사람들의 지혜는 많은 부분이 잠언들을 통해서 후대에 전해져 왔다. 어떤 이들은 한 민족이 민간에서 사용한 일련의 잠언들을 보면 그 민족의 기질과 성격을 알 수 있다고 말한다. 사람들의 행실에 있어서 잠언들은 철학과 수학에 있어서의 공리들, 법률에 있어서의 법언(法諺)과 같아서, 사람들은 아무도 거기에 이의를 제기하지 않고, 도리어 각자에게 유리한 쪽으로 해석하고자 애쓴다. 그렇지만 사람들의 마음을 속이고 사람들로 하여금 죄를 더욱 고집하도록 만드는 좋지 않은 잠언들도 많이 있다. 마귀의 잠언들도 있고, 세상과 육체의 잠언들도 있어서, 그런 것들은 하나님과 거룩한 종교를 비난한다(예를 들면, 겔 12:22; 18:2). 우리는 그런 잠언들의 좋지 않은 영향을 받지 않도록 경계하고 조심하여야 한다. 하나님의 잠언들은 다

지혜롭고 선하기 때문에 우리를 지혜롭고 선하게 만드는 속성을 지니고 있다. 솔로몬의 이 잠언들은 어떤 이들의 생각과는 달리 단지 이전부터 전해져 내려온 지혜로운 말들을 모아 놓은 것이 아니라, 하나님의 성령이 솔로몬에게 지시하여 쓰게 하신 것들이었다. 가장 처음에 나오는 잠언(1:7, **여호와를 경외하는 것이 지식의 근본이거늘 미련한 자는 지혜와 훈계를 멸시하느니라**)은 하나님이 시초에 사람에게 하신 말씀(욥 28:28, **보라 주를 경외함이 지혜요 악을 떠남이 명철이니라**)과 일치한다. 그러므로 솔로몬이 위대했고, 그의 이름을 보고 사람들이 이 성경의 한 책인 잠언을 높이 평가했을 수 있지만, **보라, 솔로몬보다 더 큰 이가 여기 있느니라**(마 12:42). 잠언에서 솔로몬을 통해서 우리에게 말씀하시는 분은 바로 하나님이시다. 나는 특별히 우리에게 말씀하신다는 점을 강조하고 싶다. 왜냐하면, 이 잠언들은 **우리의 교훈을 위하여 기록된** 것이기 때문이고, 성경에서는 솔로몬이 그의 아들에게 권면한 것을 **자녀인 우리에게 권면한** 것으로 말씀하고 있기 때문이다(히 12:5).

5. 우리의 기도에 있어서 다윗의 시편만큼 우리에게 유익한 책이 없듯이, 우리의 행실을 바르게 하는 데에는 솔로몬의 잠언만큼 우리에게 유익한 책이 없다. 다윗이 **주의 계명들에 대하여 심히 넓으니이다**(시 119:96)라고 말하였듯이, 솔로몬의 잠언은 얼마 안 되는 분량 속에 하나님의 윤리, 정치, 경제의 완벽한 체계를 다 담고 있고, 모든 악을 드러내고 모든 덕을 권하며, 우리의 모든 관계와 경우와 행실 속에서 우리 자신을 올바르게 다스릴 수 있게 해주는 법칙들을 제시하고 있다. 박학다식한 홀(Hall) 주교는 솔로몬의 잠언과 전도서로부터 하나의 도덕철학 체계를 이끌어냈다. 솔로몬의 잠언에서 처음 아홉 장은 서론으로서 지혜의 법칙들을 연구하고 실천하라고 권면하는 내용과 그렇게 하는 것을 방해하는 것들을 조심하라는 내용으로 되어 있다. 그런 후에 솔로몬의 잠언 중에서 제1권(10-24장)과 제2권(25-29장)이 나오고, 그 다음에 아굴의 잠언(30장)과 르무엘의 잠언(31장)이 나온다. 이 모든 잠언의 취지는 한 가지인데, 그것은 우리로 하여금 우리의 행실을 올바르게 갖도록 가르쳐서, 결국 우리가 여호와의 구원을 볼 수 있게 하는 것이다. 여기에 나오는 지혜의 법칙들에 대한 최고의 주석은 실제로 이 법칙들을 행하여 그 법칙들의 지배를 받는 것이다.

제 — 1 — 장

개요

다윗의 시편들, 특히 끝부분에 있는 시편들을 읽는 자들은 신앙이라는 것이 기도에 깊이 들어가서 탈혼 상태에 이르러 거기에서 황홀경에 사로잡히는 것이 전부라고 생각하기 쉽다. 이러한 황홀경 속에 들어가는 때가 있다는 것은 의심할 여지가 없고, 이 땅에 천국이 존재한다면, 이런 황홀경 속에 있을 때가 바로 천국일 것이다. 그러나 우리는 이 땅에 있는 동안에 그런 황홀경에 완전히 사로잡혀 있을 수만은 없다. 우리에게는 육체로 살아야 할 삶이 있고, 이 세상에서 우리의 행실을 통해서 이루어야 할 것이 있다. 우리는 이제 이 세상에서 우리의 신앙을 실천하는 법을 배워야 하는데, 그 법을 가르쳐 주는 잠언은 온갖 이치에 잘 맞는 것이어서 인간의 삶을 다스리는 데에 대단히 유익하다. 또한, 잠언은 우리를 경건하게 만들어 주어서 우리의 마음이 거룩하고 경건한 애정을 가지고 하나님을 향하여 불타오르게 해줄 뿐만 아니라, 우리를 분별 있게 만들어 주어서 지혜롭고 정직하고 유익한 행실을 통해서 사람들 앞에서 우리의 얼굴이 빛나게 만들어 준다. 이 장에서 우리는 다음과 같은 것들을 본다. I. 이 책의 전체적인 취지와 의도를 보여주는 표제(1-6절). II. 솔로몬이 우리에게 진지하게 깊이 생각해 보도록 권하는 지혜의 첫 번째 원리(7-9절). III. 악한 친구와 어울리지 말라는 꼭 필요한 훈계(10-19절). IV. 지혜가 인생들에게 이치를 따져 권면하고 있는 모습에 관한 충실하고 생생한 묘사와 그러한 권면에 귀를 막은 자들의 파멸(20-33절).

1다윗의 아들 이스라엘 왕 솔로몬의 잠언이라 2이는 지혜와 훈계를 알게 하며 명철
의 말씀을 깨닫게 하며 3지혜롭게, 공의롭게, 정의롭게, 정직하게 행할 일에 대하
여 훈계를 받게 하며 4어리석은 자를 슬기롭게 하며 젊은 자에게 지식과 근신함을
주기 위한 것이니 5지혜 있는 자는 듣고 학식이 더할 것이요 명철한 자는 지략을 얻
을 것이라 6잠언과 비유와 지혜 있는 자의 말과 그 오묘한 말을 깨달으리라

여기에는 이 책에 대한 서론이 나온다. 어떤 이들은 잠언을 편찬하거나 간행한 자(예를 들면, 에스라)가 이 서론을 덧붙인 것이라고 생각한다. 그러나 솔로몬 자신이 이 서론을 썼다고 보는 것이 나을 것이다. 그는 잠언을 쓰면서 자기가 이 책을 쓰는 목적이 무엇인지를 명확히 하여 거기에 충실하게 써내려가기 위해서 이 책의 첫머리에 그 목적을 밝히고 있다. 우리는 여기에서 다음과 같은 것들에 대하여 듣는다.

I. 이 지혜로운 말씀들은 누가 썼나(1절). 이것들은 솔로몬의 잠언들이다.

1. 솔로몬이라는 이름은 평화를 좋아하는 자라는 의미를 지니는데, 그의 심성과 그의 통치의 성격은 이 이름에 걸맞는 것이었다. 그의 심성도 평화를 좋아하였고, 그의 통치도 평화로운 것이었다. 그 삶이 환난들로 가득 차 있었던 다윗은 기도의 책을 썼다. 고난 당하는 자가 있느냐 그는 기도할 것이요(약 5:13). 평화롭고 조용하게 살았던 솔로몬은 교훈의 책을 썼다. 왜냐하면, 평안할 때에는 교회가 든든히 서 가는 시기이기 때문이다(행 9:31). 평안할 때에 우리는 스스로 배움과 동시에 다른 사람들을 가르쳐야 한다. 그래야만 환난의 때에 그들이나 우리나 그 배운 교훈들을 실천할 수 있다.

2. 솔로몬은 다윗의 아들이었다. 저 선한 자 다윗의 혈통을 물려받았다는 것은 그에게 영광이었고, 그는 다윗의 아들이라는 이유 때문에 그 덕을 봐서 그에게 마땅한 것보다 더 넘치게 잘 살 수 있었다(왕상 11:12). 그는 교육을 잘 받는 복을 누렸고, 그를 위해 많은 선한 기도가 드려졌다(시 72:1). 그 결과는 그의 지혜와 그가 그 시대에 유익한 인물이 된 것으로 나타났다. 정직한 자들의 후손들은 종종 이런 식으로 복을 받아서, 그들의 시대에 뛰어나게 복된 자들이 된다. 그리스도는 흔히 다윗의 자손(또는, 아들)이라 불렸는데, 솔로몬은 입을 열어 비유나 잠언으로 말한 것과 같이 다른 것들에서와 마찬가지로 다윗의 아들이라는 점에서도 그리스도의 모형이었다.

3. 솔로몬은 이스라엘의 왕이었다. 그는 왕이었으면서도, 무지한 자들을 교훈하는 자와 아이들을 가르치는 자가 되는 것이 그의 위신을 깎아먹는 일이라고 생각하지 않았다. 그는 하나님을 알고 높이는 그러한 백성의 왕이었다. 그 백성 가운데서 그는 지혜를 배웠고, 그 백성에게 지혜를 전하였다. 온 땅의 사람들이 모든 사람들의 지혜보다 뛰어난 솔로몬의 지혜를 듣기 원하여 그를 찾아왔다(왕상 4:30; 10:24). 이스라엘에게는 그들의 왕이 이런 지혜자라는 것이 영광된 일이었다. 솔로몬은 경구(警句)들로 유명하였다. 그가 말한 모든 말 속에

는 무게가 있었고, 다른 사람들이 미처 생각하지 못한 덕 세우는 힘이 들어 있었다. 그를 모시면서 그의 지혜로운 말을 들었던 시종들은 그들이 직접 왕의 언행을 기록한 일지(日誌) 속에 나오는 잠언들 중에서 3,000개를 골라서 모아 놓았다. 그러나 성경의 한 책인 잠언에 나오는 것들은 솔로몬이 직접 쓴 것으로서 채 1,000개가 되지 않지만, 그것들은 모두 하나님의 감동으로 씌어진 것들이었다. 어떤 이들은 솔로몬의 잠언들 중에서 하나님의 감동을 받지 않은 다른 잠언들을 모아 놓은 것이 집회서와 솔로몬의 지혜서라는 외경들인데, 이 외경들 속에도 수많은 훌륭한 잠언들이 들어 있고 그 잠언들도 대단히 유익하다고 생각한다. 그러나 외경들 속에 나오는 것들은 대체로 정경(正經)에 나오는 것들에 훨씬 못 미친다. 로마 황제들은 각각 자신의 상징 또는 좌우명을 갖고 있었고, 지금도 많은 기사(騎士)들이 문장(紋章)이 새겨진 덧옷을 지니고 있다. 그러나 솔로몬은 무수한 무게 있는 잠언들을 가지고 있었다. 이 잠언들은 모두 그에게서 나온 것은 아니고 상당수가 다른 사람들에게서 가져온 것이긴 했지만, 그 모든 것들이 하나님이 그에게 주신 저 놀라운 지혜의 산물이었다.

Ⅱ. 이 지혜로운 말씀들은 어떤 목적으로 씌어졌는가(2-4절). 이 잠언들은 저자가 명성을 얻기 위해서나 그의 신민들 가운데서 자신의 영향력을 강화하기 위해서가 아니라, 모든 시대와 장소에서 이 잠언들로 스스로를 다스리며 이 잠언들을 자세히 연구하는 모든 자들의 유익을 위해서 씌어졌다. 이 책은 우리에게 다음과 같은 도움을 줄 것이다.

1. 이 책은 사물에 대한 올바른 인식을 형성하고, 사물에 대한 분명하고 확실한 개념들로 우리의 사고를 채우는 데에 도움을 준다. 이렇게 해서, 우리는 지혜와 훈계, 즉 가르침과 하나님의 계시에 의해서 얻어지는 지혜를 알게 되고, 스스로 지혜롭게 말하고 행하는 법과 다른 사람들에게 교훈하는 법을 알게 된다.

2. 이 책은 명철의 말씀을 깨닫고 파악하며 판단해서 진리와 거짓, 선과 악을 구별하고, 잘못을 범하지 않으며, 우리가 가르침 받은 것을 우리 자신에게 적용하는 데에 도움을 준다. 이렇게 해서, 우리는 서로 다른 것들을 분별하여 속아 넘어가지 않게 되고, 사도 바울이 기도한 대로(빌 1:10) 지극히 선한 것들을 분별하여 그러한 것들이 주는 유익을 잃지 않게 된다.

3. 이 책은 모든 일에서 우리의 행실을 바르게 하는 데에 도움을 준다(3절).

이 책은 우리가 우리의 행실을 지혜롭게, 공의롭게, 정의롭게, 정직하게 행하는 데에 지침이 될 그런 지식을 가르침 받을 수 있도록 해줄 것이다. 이렇게 해서, 우리는 모든 자에게 마땅히 해야 할 바를 할 줄 알게 되어서, 하나님의 것들은 모든 경건 속에서 하나님께 드리고, 사람들에게는 우리가 그들 각자와 맺고 있는 관계나 직분이나 계약이나 그 밖의 다른 근거에 따라서 각각 합당한 대로 행하게 될 것이다. 모든 일에서 신중하고 세심한 자들만이 진정으로 지혜로운 자라는 것을 명심하라. 성경의 목적은 십계명의 첫째 돌판에 나와 있는 본분들 속에서 공의를 행하고, 둘째 돌판에 나와 있는 본분들 속에서 정의를 행하며, 이 둘 모두에 있어서 정직을 행하여야 한다는 지혜를 우리에게 가르치고자 하는 것이라고, 어떤 이들은 이 단어들을 각각 구별해서 설명한다.

Ⅲ. 이 지혜로운 말씀들은 어떤 용도를 위해서 씌어졌는가(4절). 이 잠언들은 모든 사람에게 유익할 것이지만, 특히 다음과 같은 용도로 씌어졌다.

1. 어리석은 자를 슬기롭게 하기 위한 것. 잠언서에 나와 있는 교훈들은 특별히 총명하지 않아도 누구나 분명하고 쉽게 알 수 있는 것들이어서, 우매한 행인일지라도 그 속에서 길을 잃지 않게 되어 있다. 자신의 무지를 깨닫고 가르침을 받을 필요성을 느껴서 교훈을 받기를 원하는 자들은 잠언서의 교훈들을 통해서 유익을 얻을 가능성이 많다. 이 교훈들이 지니고 있는 빛과 힘을 제대로 받는 자들은 비록 그들이 순진해서 어리석은 자들일지라도 슬기롭게 되고 은혜롭게 영리하게 되어서, 그들이 피해야 할 죄와 행해야 할 본분을 알게 되고, 시험하는 자의 간계(奸計)를 피할 수 있게 된다. 비둘기처럼 순결한 자들은 솔로몬의 법칙들을 마음에 새김으로써 뱀처럼 지혜롭게 될 수 있다. 죄악되게 어리석은 자들도 하나님의 말씀을 따라 자신을 다스리기 시작하면 은혜롭게 지혜로워진다.

2. 청년들에게 지식과 근신함을 주기 위한 것. 청년기는 배우는 시기, 즉 교훈들과 몸으로 느낀 것들을 받아서 마음에 간직하는 시기이다. 그러므로 이 때에 그 마음이 어떤 교훈과 느낌들로 채색되느냐 하는 것은 아주 중요한데, 사람의 마음은 솔로몬의 잠언들을 통해서 가장 좋은 빛깔로 채색될 수 있다. 젊음은 성급하고 무모하며 깊이 생각하는 것이 부족하다. 사람은 들나귀 새끼처럼 태어나서 제멋대로이기 때문에, 일정 정도의 구속(拘束)이 있어야 하고, 잠언서에 나오는 법칙들을 통해서 다스림을 받아야 한다. 청년들이 솔로몬의 잠언을

따라 주의해서 그들의 길을 가기만 한다면, 그들은 곧 옛 사람들의 지식과 근신함과 분별력을 얻게 될 것이다. 솔로몬은 장래 세대들이 그들의 마음을 지혜와 덕의 고결한 원리들로 훈련하기를 바라는 마음으로 후손들을 염두에 두고서 이 책을 썼다.

Ⅳ. 이 지혜로운 말씀들은 어떤 선한 결과를 가져다 주는가(5-6절). 젊고 순진하게 어리석은 자들은 플라톤의 학교에서는 받아주지 않았지만 솔로몬의 학교에서는 얼마든지 받아준다. 그들도 얼마든지 이 잠언들을 통해서 지혜롭게 될 수 있는 것이다. 그러나 솔로몬의 잠언은 오직 그런 자들만을 위한 것인가? 그렇지 않다. 거기에는 갓난아이들을 위한 젖만이 있는 것이 아니라, 튼튼한 어른을 위한 단단한 음식도 있다. 잠언서는 어리석고 악한 자를 지혜롭고 선하게 만들어 줄 뿐만 아니라, 지혜롭고 선한 자를 더 지혜롭고 더 선하게 만들어 주기도 한다. 어리석은 자들이나 젊은 사람들은 이 교훈들을 무시하기 쉬워서 이 교훈들로부터 유익을 얻지 못해 더 나아지지 않을 수 있지만, 지혜 있는 자는 이 교훈들을 들을 것이다. 지혜는 장터에 앉아 있는 아이들에 의해서가 아니라 자신의 자녀들을 통해서 옳다고 인정함을 받게 될 것이다. 지혜로운 자들도 들어야 하고, 자기는 지혜롭기 때문에 더 이상 배울 필요가 없다고 생각해서는 안 된다는 것을 명심하라. 지혜 있는 자는 자신의 부족함을 잘 알기 때문에(나는 많은 것들에 대하여 무지하지만, 내가 무지하다는 것에 대해서는 무지하지 않다), 계속해서 배우고자 한다. 그래서 그들은 학식이 더해서, 더 많이 그리고 더 잘 알게 되고, 더 분명하고 뚜렷하게 알게 되며, 어떻게 그 지식을 사용할지를 더 잘 알게 된다. 우리는 살아 있는 동안에는 온갖 유익한 것들을 계속해서 배우려고 애써야 한다. 가장 위대한 랍비들 중의 한 사람은, 우리에게 축적된 지식이 계속해서 늘어나지 않는다면 줄어들고 있는 것이라는 격언을 남겼다. 학식이 늘어나기를 바라는 자들은 성경을 연구하여야 한다. 성경은 하나님의 사람을 온전하게 만들어 준다(딤후 3:17). 지혜 있는 자는 많이 배움으로써 자기 자신만을 유익하게 하는 것이 아니라, 다음과 같은 것들을 통해서 다른 사람들에게도 유익을 끼칠 수 있다.

1. 모사(謀士) 또는 상담자로서. 명철한 자는 이 지혜의 교훈들을 서로 비교해 보고 스스로 관찰해 봄으로써 점점 더 지략을 얻어서, 사람들을 위해 일할 수 있는 자격을 갖추게 되기 때문에, 사람들로부터 하나님의 뜻이 무엇인지 상

담을 받게 될 것이고, 공무(公務)를 담당하게 될 것이다. 그는 무슨 일에서든지 그 일의 방향을 잡아나가는 조타수의 자리에 앉게 될 것이다(이것이 원문의 의미이다). 부지런히 힘쓰는 것은 존귀로 나아가는 길임을 명심하라. 하나님으로부터 지혜의 복을 받은 자들은 각자의 자리에서 그 지혜로 부지런히 선을 행하여야 한다. 왕의 모사가 되는 것은 영광이고, 욥처럼 자신의 지혜로 가난한 자들의 상담자가 되는 것은 사랑이다(욥 29:15): 나는 맹인의 눈도 되고 다리 저는 사람의 발도 되었다.

2. 해석자로서. 그는 잠언과 비유와 지혜 있는 자의 말과 그 오묘한 말을 깨달으리라(6절). 스바 여왕이 솔로몬 왕을 곤경에 빠뜨리기 위해서 던진 어려운 질문들을 그가 멋지게 해결한 일에서 볼 수 있듯이, 솔로몬 자신도 수수께끼들을 풀고 어려운 질문들을 해결하는 데에 탁월한 능력을 발휘한 것으로 유명하였다. 이렇게 어려운 문제들을 내고 그 문제들에 대답하는 것은 옛적부터 동방의 왕들이 즐겨 하던 일이었다. 이제 여기에서 솔로몬은 가장 선한 목적에 사용할 수 있기를 바라며 그의 독자들에게 이 달란트를 나눠주고자 한다. "그들은 잠언만이 아니라 그 해석까지도 다 깨달을 것이다. 해석 없는 잠언은 껍질을 까지 않은 밤과 같다. 그들은 지혜로운 말씀을 들을 때에 그것이 비유를 통해 말해진다고 하여도 그 뜻을 깨달을 것이고, 그 잠언을 어떤 식으로 활용해야 할지도 알 것이다." 지혜 있는 자의 말들은 이해하기 힘든 오묘한 말들인 경우가 종종 있다. 사도 바울의 서신들 속에는 깨닫기 어려운 것들이 있다. 그러나 성경에 정통하고 영적인 일을 영적인 것으로 분별하는 법을 아는 자들에게 그런 것들을 깨닫는 것은 그리 어려운 일이 아니다. 따라서 그들은 이 모든 것을 깨달았느냐는 질문을 받으면 그러하오이다라고 대답할 것이다(마 13:51). 정직한 자들이 지각 있고 분별 있는 자들이 된다면, 그것은 신앙에 큰 유익을 가져다 주리라는 것을 명심하라. 그러므로 모든 선한 자들은 선한 지식을 갖추는 자가 되고자 하여야 하고, 그들의 지식이 더할 수 있도록 하기 위하여 부지런히 왕래하며 그 지식을 얻을 수 있는 수단들을 사용하는 데에 힘써야 한다.

[7]여호와를 경외하는 것이 지식의 근본이거늘 미련한 자는 지혜와 훈계를 멸시하느니라 [8]내 아들아 네 아비의 훈계를 들으며 네 어미의 법을 떠나지 말라 [9]이는 네 머리의 아름다운 관이요 네 목의 금 사슬이니라

솔로몬은 젊은 자들에게 지식과 분별력을 가르치는 일을 착수하고 나서, 그렇게 되기 위해서 젊은이들이 지켜야 할 두 가지 일반적인 법칙을 여기에서 제시하는데, 그 두 법칙은 하나님을 경외하는 것과 부모를 공경하는 것이다. 헬라의 철학자였던 피타고라스(Pythagoras)는 비록 전자에 대해서는 이교적인 방식으로 서술하고 있기는 하지만 어쨌든 도덕법의 근간이 되는 이 두 법칙으로 그의 좌우명을 시작한다: 먼저 영원히 죽지 않는 신들을 경배하고 너희 부모를 공경하라. 젊은이들은 그들이 마땅히 되어야 하는 그런 자들이 되기 위해서는 다음과 같이 하여야 한다.

I. 하나님을 가장 윗 분으로 모시고 존중하여야 한다는 것.

1. 솔로몬은 이 진리를 여호와를 경외하는 것이 지식의 근본(7절)이라는 식으로 서술한다. 여호와를 경외하는 것은 지식의 가장 중요한 부분(난외주에서는 이렇게 읽는다)이자 지식의 으뜸이다.

(1) 우리가 알아야 할 모든 것들 중에서 여호와를 경외하고 섬기며 경배해야 한다는 것은 가장 명백한 것이다. 이것은 지식의 시작이기 때문에, 이것을 알지 못하는 자들은 아무것도 알지 못한다.

(2) 온갖 유익한 지식을 얻기 위해서는 하나님을 경외하는 것이 필수적이다. 우리의 마음이 하나님에 대한 거룩한 경외심으로 채워져 있고, 우리 속의 모든 생각이 하나님께 복종되어 있지 않다면, 우리는 그 어떤 교훈이나 가르침을 받아도 거기에서 유익을 얻을 수 있는 조건을 갖추고 있지 못한 것이다. 사람이 하나님의 뜻을 행하려 하면 이 교훈이 하나님께로부터 왔는지 어떤지를 알리라(요 7:17).

(3) 우리의 모든 지식은 하나님을 경외하는 것으로부터 시작되는 것과 마찬가지로, 모든 지식의 중심인 하나님을 경외하는 것에서 완성된다. 어떻게 하나님을 경외해야 하는지는 알고, 모든 일에서 하나님을 기쁘시게 해 드리려고 세심하게 애쓰며, 그 어떤 일에서 하나님을 노여우시게 해 드릴까봐 두려워하는 자들은 아주 많이 알고 있는 자들이다. 이것이 지식의 알파요 오메가이다.

2. 솔로몬은 하나님을 바라볼 때에야 우리가 지식을 추구하는 것이 방향이 잡히고 신속하게 이루어질 수 있다는 이 진리를 다시 한 번 천명하기 위해서 미련한 자(하나님을 무시하는 무신론자들)는 지혜와 훈계를 멸시한다는 것을 지적한다. 그런 자들은 하나님의 진노를 전혀 두려워하지도 않고 하나님의 은총

을 받기를 원하지도 않기 때문에, 우리가 그들에게 어떻게 하면 하나님의 진노를 피하고 그 은총을 받을 수 있는지를 말해 주어도 우리에게 감사하지 않는다. 전능자에게 우리를 떠나소서라고 말하는 자들, 하나님을 경외하기는커녕 하나님께 도전하는 자들이 하나님의 길들을 아는 지식을 원하지 않고 도리어 그런 교훈을 멸시하는 것은 어쩌면 당연한 일이다. 하나님을 경외하지 않고 성경 말씀을 소중히 여기지 않는 자들은 미련한 자들이라는 것을 명심하라. 그런 자들은 지식과 지혜를 존중하는 자들인 양 행세하더라도 사실은 지혜에 대하여 문외한들이자 원수들이다.

II. 부모를 윗 분으로 모시고 공경하여야 한다는 것. 내 아들아 네 아비의 훈계를 들으라(8-9절). 솔로몬의 이 말은 단지 자기 자녀들이 그를 공경하고 그가 그들에게 말한 것들을 지키기를 원한다거나 그에게 배우러 온 학생들이 그를 그들의 아비로 여기고 자녀의 심정으로 그의 교훈들을 듣기를 원한다는 것이 아니라, 십계명에 나오는 제5계명에 따라서 모든 자녀들이 그들의 부모를 공경하고 부모에게 자녀로서의 본분을 다하며 부모가 그들에게 주는 덕과 신앙을 함양하기 위한 교육을 잘 받아들이기를 원한다는 것이다.

1. 솔로몬은 부모들이 그들의 모든 지혜로 자녀들을 교훈하고 그들의 모든 권위로 자녀들에게 유익이 되는 법을 제시하는 것을 당연한 일로 여긴다. 자녀들은 사리분별을 할 줄 아는 피조물들이기 때문에, 우리는 교훈 없이 그들에게 법을 제시해서는 안 된다. 우리는 자녀들을 사람의 줄 곧 사랑의 줄로 이끌어야 하기 때문에, 그들이 무엇을 해야 하는지를 말할 때에는 그 이유를 그들에게 말해 주어야 한다. 그들은 본성이 부패되고 타락되어 있어서 제멋대로이기 때문에, 교훈과 더불어서 법이 필요하다. 아브라함은 그의 가솔들에게 교훈을 가르칠 뿐만 아니라 명령도 내린다. 부모는 둘 다 자녀들을 선하게 교육시키기 위하여 그들이 할 수 있는 모든 것을 하여야 하고, 그렇게 하여도 결코 충분하지 않다.

2. 솔로몬은 자녀들에게 부모들이 그들에게 주는 선한 교훈들과 법들을 잘 받아서 간직하라고 당부한다.

(1) 부모의 교훈과 법들을 자원하는 마음으로 기꺼이 받으라는 것. "네 아비의 훈계를 들으라. 그 훈계를 듣되 귀를 기울여 듣고, 그것을 듣되 환영하는 마음으로 듣고, 그것에 감사하며, 그것에 동의하라."

(2) 부모의 교훈과 법들을 마음에 깊이 새기라는 것. "부모의 법을 떠나지 말라. 네가 다 자라서 더 이상 너를 가르치는 자나 다스리는 자 아래에 있지 않을 때에 네 마음대로 살아도 괜찮다고 생각하지 말라. 네 어미의 법은 네 하나님의 법에 따른 것이기 때문에, 너는 그 법을 결코 버려서는 안 된다. 너는 네가 마땅히 행할 길로 양육을 받았기 때문에, 나이가 먹어서도 그 길을 떠나서는 안 된다." 어떤 이들은 이방의 윤리 및 바사인들과 로마인들의 법에서는 자녀들에게 그들의 아버지를 공경해야 한다고만 말하고 있는 반면에, 하나님의 법에서는 어머니도 아울러 공경해야 한다는 것을 말하고 있다는 점을 지적한다.

3. 솔로몬은 이렇게 행하는 것은 아주 품위 있고 우아한 행위이기 때문에 우리에게 존귀함을 더해줄 것이라고 말하며 우리에게 그렇게 행하기를 권한다. "네 부모가 주는 훈계들과 법들은 네가 주의 깊게 지키고 거기에 따라 살아가기만 한다면 네 머리의 아름다운 관, 즉 하나님이 보시기에 아주 값진 장식물이 될 것이고, 너를 목에 금 사슬을 한 자들처럼 큰 자로 보이게 해줄 것이다(9절)." 하나님의 진리들과 명령들이 우리에게 금관이나 최고의 관직에 있음을 나타내는 표시인 목에 거는 SS꼴의 금 사슬이 되게 하라. 우리가 하나님의 교훈들을 소중히 여기고 그것들을 간절히 얻고 싶어할 때, 그것들은 우리에게 그런 귀한 것들이 되어 줄 것이다. 세상의 부와 권세가 아니라 덕과 경건으로 자신을 단장한 자들이야말로 진정으로 귀한 자들이고 다른 사람들로부터도 귀한 대접을 받게 될 것이다.

[10]내 아들아 악한 자가 너를 꾈지라도 따르지 말라 [11]그들이 네게 말하기를 우리와
함께 가자 우리가 가만히 엎드렸다가 사람의 피를 흘리자 죄 없는 자를 까닭 없이
숨어 기다리다가 [12]스올 같이 그들을 산 채로 삼키며 무덤에 내려가는 자들 같이 통
으로 삼키자 [13]우리가 온갖 보화를 얻으며 빼앗은 것으로 우리 집을 채우리니 [14]너
는 우리와 함께 제비를 뽑고 우리가 함께 전대 하나만 두자 할지라도 [15]내 아들아
그들과 함께 길에 다니지 말라 네 발을 금하여 그 길을 밟지 말라 [16]대저 그 발은 악
으로 달려가며 피를 흘리는 데 빠름이니라 [17]새가 보는 데서 그물을 치면 헛일이겠
거늘 [18]그들이 가만히 엎드림은 자기의 피를 흘릴 뿐이요 숨어 기다림은 자기의 생
명을 해할 뿐이니 [19]이익을 탐하는 모든 자의 길은 다 이러하여 자기의 생명을 잃게
하느니라

솔로몬은 여기에서 지혜의 길을 찾아내고 그 길에서 벗어나지 않기 위해서 젊은이들이 지켜야 할 또 하나의 일반적인 법칙을 제시하는데, 그것은 악한 자들과 어울리는 덫에 빠지지 않도록 조심하는 것이다. 다윗의 시편은 바로 이러한 경고로 시작되는데, 솔로몬의 잠언도 마찬가지이다. 왜냐하면, 살아 있는 기도를 드리고 올바른 행실을 지키는 데에 그것보다 더 파괴적인 것은 없기 때문이다(10절). "내가 깊이 사랑하는 내 아들아 악한 자가 너를 꾈지라도 따르지 말라." 이것은 부모가 자녀들을 세상 속으로 보낼 때에 주는 선한 권면이다. 마찬가지로, 사도 베드로도 새롭게 회심한 자들에게 너희가 이 패역한 세대에서 구원을 받으라고 권면한다(행 2:40). 좀 더 살펴보자.

1. 악인들은 다른 사람들을 포악한 자의 길로 꾀는 일에 열심이라는 것. 그들은 꾀는 일을 한다. 죄인들은 무리를 지어 죄를 짓는 것을 좋아한다. 타락한 천사들은 죄인들이 되자마자 남들을 유혹하고 꾀는 자들이 되었다. 그들은 위협하거나 근거들을 내세워 설득하는 것이 아니라, 듣기 좋은 감언이설로 꾀어낸다. 그들은 조심성 없는 젊은이를 미끼로 유인해서 낚는다. 그러나 그들이 다른 사람들을 그들의 죄악에 끌어들여서 한 패거리가 되어 그 수가 많아지면 그들이 받을 벌이 줄어들 것이라고 생각한다면, 그것은 오산이다. 왜냐하면, 그들은 순진한 사람들을 죄악으로 끌어들인 죄에 대해서도 책임을 져야 하므로 그들의 죄는 더욱 커질 것이기 때문이다.

2. 젊은이들은 악인들의 유혹에 넘어가지 않도록 정말 조심해야 한다는 것. "너는 따르지 말라. 아무리 그들이 너를 꾄다고 해도, 네가 완강하게 거부한다면, 그들은 너를 강제로 어떻게 할 수는 없다. 그들이 말하는 대로 말하지 말고, 그들이 행하는 대로, 또는 그들이 네게 원하는 대로 행하지 말라. 그들과 교제하거나 어울리지 말라."

이러한 경고를 강화하기 위하여 솔로몬은 다음과 같이 한다.

I. 죄인들이 사람들을 꾈 때에 사용하는 그릇된 생각과 굳세지 못한 영혼들을 감언이설로 유혹하는 데에 사용하는 술수를 솔로몬이 설명함. 그는 노상 강도들이 다른 사람들을 그들의 패거리로 끌어들일 때에 어떤 말로 꾀는지를 구체적으로 보여준다(11-14절). 여기에서 그들이 젊은이에게 어떤 일을 하라고 권하는지를 보라. "우리와 함께 가자(11절). 우리와 함께 어울리자." 처음에 그들은 함께 어울리는 것 외에는 더 이상 아무것도 요구하지 않는 체한다. 그

러나 그들의 요구 수준은 점점 더 높아진다(14절). "우리와 함께 제비를 뽑자. 우리와 한 패가 되어서, 네 힘을 우리의 힘과 합치고, 우리가 함께 살고 함께 죽기로 결심하자. 너와 우리의 운명을 같이하자. 우리가 함께 전대 하나만 두어서, 우리가 힘을 합쳐 얻은 것을 다같이 즐겁게 쓰자." 이것이 그들의 목적이다. 그들은 다음과 같은 비이성적이고 만족할 줄 모르는 두 가지 욕망을 충족시키기로 마음을 먹고, 그들의 먹잇감을 덫에 걸려들도록 유혹한다.

1. 그들의 잔인성. 그들은 피에 굶주려 있고, 그들에게 그 어떤 해로운 일도 한 적이 없는 무죄한 자들이 그 정직함과 근면함으로 그들을 부끄럽게하고 정죄한다는 이유로 그들을 미워한다. "그러므로 우리가 가만히 엎드렸다가 죄 없는 자들의 피를 흘리고, 그들을 잡기 위해서 숨어 기다리자. 그 죄 없는 자들은 그들이 아무런 죄도 짓지 않았다는 것을 알기 때문에 위험도 없을 것이라고 생각해서 아무런 무장도 없이 여행을 한다. 그러므로 우리는 그 죄 없는 자들을 아주 쉽게 먹어치울 수가 있다. 그들을 산 채로 삼키는 것은 얼마나 짜릿한 일인가(12절)!" 이 피에 굶주린 자들은 허기진 사자가 어린 양을 삼키듯이 그렇게 탐욕스럽게 이런 일을 한다. "살해당한 자들의 남은 시신이 살인자들이 누구인지를 말해 줄 것이다"라고 말하며 반대하는 자가 있을까봐, 그들은 "우리가 그들을 통으로 삼킬 것이기 때문에 아무런 흔적도 남지 않아서 그럴 위험성이 없다"고 대답한다. 한 사람이 다른 사람을 죽이는 것을 즐거움으로 여길 정도로 인간성이 파괴되고 타락할 수 있다는 것을 누가 상상이나 할 수 있겠는가!

2. 그들의 탐욕성. 그들은 그렇게 해서 상당한 노략물을 얻고자 한다(13절). "우리는 이런 식으로 함으로써 온갖 보화를 얻게 될 것이다. 이 정도면, 우리가 그 일에 우리 목을 걸어도 괜찮지 않겠는가? 우리는 우리가 빼앗은 것으로 우리 집을 채우게 될 것이다." 여기에서 우리는 다음과 같은 것들을 볼 수 있다.

(1) 그들이 세상의 부와 재물에 대하여 갖고 있는 생각. 그들은 그것을 보화라고 부른다. 하지만, 사실 세상의 재물은 실재(實在)하는 것도 아니고 보배롭고 귀한 것도 아니다. 그것은 단지 그림자일 뿐이다. 그것이 특히 탈취한 것일 때에는 더더욱 허망한 것이다(시 62:10). 그것은 실재하는 것이 아니기 때문에 사람에게 참된 만족을 주지 못한다. 사실 그것은 값싸고 흔한 것이지만, 그들이 보화라고 여기기 때문에 보화로 보일 뿐이다. 그러므로 세상의 재물은 그것을 좇는 자들의 생명과 영혼을 위태롭게 할 것이다. 그들이 이 세상의 재물을

과대평가해서 보화라고 보는 것은 수많은 사람들을 파멸에 빠뜨릴 잘못이다.

(2) 그들은 세상의 재물을 차고 넘치게 갖게 될 것이라고 기대함: 우리가 그것으로 우리 집을 채우게 되리라. 죄와 거래하는 자들은 그 거래를 통해서 그들이 큰 이득을 보게 될 것이라고 기대한다(시험하는 자는 내가 이 모든 것을 네게 줄 것이라고 말한다). 그러나 이것은 그들이 실제로 먹지는 못하고, 단지 먹는 꿈만을 꾸는 것일 뿐이다. 집안 가득히 찼던 것들은 마치 옥상에 있는 풀처럼 점점 없어져서 한 줌도 남아 있지 않게 된다.

Ⅱ. 솔로몬이 우리가 그 길들을 두려워해야 할 이유로서 그 길들이 얼마나 해롭고 치명적인지를 보여줌(15절). "내 아들아 그들과 함께 길에 다니지 말라. 그들과 어울리지 말라. 할 수 있는 한 그들로부터 멀리 떨어져 있으라. 네 발을 금하여 그 길을 밟지 말라. 그들이 하는 짓을 본받지 말고, 그들이 하는 대로 행하지 말라." 우리의 본성이 아주 부패되어 있어서 우리의 발은 가만히 놓아 두면 저절로 죄의 길로 들어서기 때문에, 우리는 우리의 발을 통제하고 억제해서 죄의 길로 가지 않게 하여야 하고, 조금이라도 죄의 길로 들어설 기미가 보이기라도 하면 우리 자신을 즉시 단속하지 않으면 안 된다. 좀 더 살펴보자.

1. 그들의 길은 본질적으로 아주 해롭고 치명적이라는 것(16절). 그들의 발은 악으로, 즉 하나님을 진노하시게 만들고 사람들을 해롭게 하는 것을 향하여 달려간다. 왜냐하면, 그들의 발은 피를 흘리는 데 빠르기 때문이다. 죄의 길은 내리막길이라는 것을 명심하라. 사람들은 스스로의 힘으로 멈출 수 없을 뿐만 아니라, 그 길에 오래 머물면 머물수록, 마치 일분일초라도 아껴서 더 많은 해악을 저지르려고 결심이라도 한 듯이 더 빨리 서둘러서 달려간다. 그들은 이 일을 느긋하게 진행해 나갈 것이라고 말했지만(우리가 가만히 엎드렸다가 사람의 피를 흘리자, 11절), 실제로는 사탄이 그들의 마음에 가득하기 때문에 우리는 그들이 무척 서두르는 것을 보게 될 것이다.

2. 그 결과들도 아주 해롭고 치명적인 것들이 되리라는 것. 그들은 그들의 악한 길이 반드시 그들 자신의 멸망으로 끝나게 될 것이라는 말을 똑똑히 들어도, 그 길을 고집한다.

(1) 그들은 그 점에서 그물이 쳐져 있는 것을 눈으로 뻔히 보면서도 걸려드는 어리석은 새와 같다. 새는 자신의 눈이 보내는 경고를 받아들이지 않고, 미끼에 홀려서 그물 속으로 들어간다(17절). 그러나 우리는 우리 자신을 많은 참

새보다 귀하기 때문에, 참새보다 더 많은 지혜를 가져야 하고, 참새보다 더 조심스럽게 행하여야 마땅하다. 하나님은 하늘의 새들보다도 우리를 더욱 지혜롭게 하셨는데(욥 35:11), 우리가 새들처럼 우둔하고 어리석어서야 되겠는가?

(2) 그들은 새들보다도 더 못해서, 우리가 종종 새들에게서 보는 지각조차도 갖고 있지 못하다. 왜냐하면, 새 사냥꾼은 새가 보는 데서 그물을 치면 헛일이라는 것을 알므로 교묘한 방법을 사용해서 그물을 숨기기 때문이다. 그러나 죄인들은 그들의 길의 끝에 파멸이 있는 것을 안다. 살인자와 도적은 그들 앞에 감옥과 단두대가 있는 것을 알고, 더 나아가 저 멀리에 지옥이 기다리고 있는 것도 아마 알 것이다. 파수꾼들은 그들에게 그들이 반드시 죽을 것임을 얘기해 주지만, 아무 소용이 없다. 그들은 전쟁터로 달려 나가는 군마처럼 죄 속으로 달려 들어가고 죄 가운데서 계속해서 달린다. 사실, 그들이 다른 사람들을 해치기 위해서 굴리는 돌은 그들 자신에게로 돌아온다(18-19절). 그들은 다른 사람들의 피와 생명을 해치기 위해서 가만히 엎드리고 숨어 기다리지만, 결국에는 그들의 의도와는 정반대로 자기의 피를 흘리고 자기의 생명을 해할 뿐이다. 그들은 마침내 부끄러운 최후를 맞이하게 될 것이다. 그들이 용케 위정자들의 칼을 피했다고 할지라도, 하나님의 응징의 칼이 그들을 끝까지 추격할 것이다. 하나님의 공의가 그들을 살려두지 않을 것이다. 이익을 탐하는 그들의 탐욕이 그들로 하여금 그들의 천수(天壽)의 반도 살지 못하고 그 중간에 요절하게 만들 그러한 일들로 그들을 내몬다. 그들은 그들이 가진 재물을 자랑할 이유가 없다. 왜냐하면, 그들이 가진 재물이라는 것은 그 주인의 생명을 잃게 하고 계속해서 다른 주인들에게로 옮겨가는 속성을 지니고 있기 때문이다. 사람이 천하를 얻었다고 해도 자기 생명을 잃는다면 무슨 유익이 있겠는가? 왜냐하면, 사람이 생명을 잃으면 더 이상 이 세상을 누릴 수 없기 때문이다. 더구나, 사람이 자신의 영혼을 잃어서 그 영혼이 멸망과 영원한 벌에 처해진다면 천하를 얻은들 무슨 유익이 있겠는가? 그런데도 무수한 사람들이 돈을 사랑하다가 그런 꼴을 당하는 것이 현실이다.

솔로몬은 여기에서 단지 노상 강도들이 사람들을 어떤 식으로 꾀는가를 구체적으로 얘기하고 있지만, 이러한 예를 통해서 우리에게 죄인들이 사람들을 꾀는 온갖 다른 죄악들에 대하여 경고하고 있는 것이다. 술 취한 자들과 품행이 나쁜 자들의 길이 바로 그러한 길이다. 그들은 현세에서와 내세에서 그들을 멸망으로 내모는 그런 쾌락들에 빠져서 살아간다. 그러므로 그런 자들을 따르지 말라.

20지혜가 길거리에서 부르며 광장에서 소리를 높이며 21시끄러운 길목에서 소리를
지르며 성문 어귀와 성중에서 그 소리를 발하여 이르되 22너희 어리석은 자들은 어
리석음을 좋아하며 거만한 자들은 거만을 기뻐하며 미련한 자들은 지식을 미워하
니 어느 때까지 하겠느냐 23나의 책망을 듣고 돌이키라 보라 내가 나의 영을 너희에
게 부어 주며 내 말을 너희에게 보이리라 24내가 불렀으나 너희가 듣기 싫어하였고
내가 손을 폈으나 돌아보는 자가 없었고 25도리어 나의 모든 교훈을 멸시하며 나의
책망을 받지 아니하였은즉 26너희가 재앙을 만날 때에 내가 웃을 것이며 너희에게
두려움이 임할 때에 내가 비웃으리라 27너희의 두려움이 광풍 같이 임하겠고 너희
의 재앙이 폭풍 같이 이르겠고 너희에게 근심과 슬픔이 임하리니 28그 때에 너희가
나를 부르리라 그래도 내가 대답하지 아니하겠고 부지런히 나를 찾으리라 그래도
나를 만나지 못하리니 29대저 너희가 지식을 미워하며 여호와 경외하기를 즐거워하
지 아니하며 30나의 교훈을 받지 아니하고 나의 모든 책망을 업신여겼음이니라 31그
러므로 자기 행위의 열매를 먹으며 자기 꾀에 배부르리라 32어리석은 자의 퇴보는
자기를 죽이며 미련한 자의 안일은 자기를 멸망시키려니와 33오직 내 말을 듣는 자
는 평안히 살며 재앙의 두려움이 없이 안전하리라

솔로몬은 앞에서 사탄이 유혹하는 소리들에 귀를 기울이는 것이 얼마나 위험한 것인지를 보여준 후에, 여기에서는 하나님이 부르시는 소리들에 귀를 기울이지 않는 것이 얼마나 위험한 것인지를 보여준다. 우리는 이것을 게을리했다가는 영원히 후회하게 될 것이다. 좀 더 살펴보자.

I. 하나님은 누구를 통해서 우리를 부르시는가. 그것은 지혜를 통해서이다. 길거리에서 부르는 것은 지혜이다. 여기에서 이 단어는 복수형인 지혜들로 되어 있다. 왜냐하면, 하나님 안에는 무한한 지혜가 있는 것과 마찬가지로, 하나님께는 각종 지혜가 있기 때문이다(엡 3:10). 하나님은 온갖 지혜로 인생들에게 말씀하시고, 하나님의 각각의 뜻과 말씀 속에는 모략(謀略)이 들어 있다.

1. 인간의 총명은 지혜이고, 자연의 빛과 법이며, 이성의 힘과 자질이고, 양심의 직무이다(욥 38:36). 이러한 것들을 통해서 하나님은 인생들에게 말씀하

시고, 그들과 이치를 따져 대화를 나누신다. 사람의 영혼은 여호와의 등불이라 사람의 깊은 속을 살피느니라(잠 20:27). 사람들은 어디를 가든 그들의 등뒤에서 이것이 바른 길이니 너희는 이리로 가라(사 30:21)고 말하는 소리를 들을 수 있다. 양심의 소리는 하나님의 소리이고, 항상 작은 소리로 말하는 것이 아니라 때로는 큰 소리로 외치기도 한다.

2. 시민 정부는 지혜이다. 그것은 하나님이 정하신 규례이다. 각 지역을 다스리는 방백들은 하나님의 대리인들이다. 하나님은 다윗을 통해서 오만한 자들에게 오만하게 행하지 말라고 말씀하셨다(시 75:4). 법정이 열리는 성문 어귀, 곧 사람들이 많이 모이는 곳에서 한 나라의 지혜인 재판관들은 악인들에게 하나님의 이름으로 회개하고 삶을 고치라고 외쳤다.

3. 하나님의 계시는 지혜이다. 계시에 의한 모든 명령들과 법들은 지혜 자체만큼이나 지혜롭다. 하나님은 우리 앞에 축복과 저주를 제시하는 모세의 율법과 기록된 말씀을 통해서, 지식을 담고 있는 제사장들의 입술을 통해서, 그의 종들인 선지자들을 통해서, 이 세상의 모든 사역자들을 통해서 그의 마음을 죄인들에게 분명하게 밝히시고, 길거리나 법정에서 외치는 자들이 전하는 것만큼이나 분명히 죄인들에게 경고를 보내신다. 하나님은 그의 말씀을 통해서 어떤 문제를 말씀하실 뿐만 아니라, 그 문제를 놓고 인생들과 변론하신다. 오라 우리가 서로 변론하자(사 1:18).

4. 그리스도는 지혜 자체이자 지혜들이시다. 왜냐하면, 그 안에는 지혜와 지식의 모든 보화가 감추어져 있기 때문이다(골 2:3). 그리스도는 하나님의 모든 계시의 중심이시다. 그는 지혜의 본체이실 뿐만 아니라 영원한 말씀이시다. 하나님은 그를 통하여 우리에게 말씀하시고, 그에게 모든 심판을 맡기셨다. 그러므로 여기에서 죄인들과 변론하시고 그들에게 선고를 내리시는 분은 바로 그리스도이시다. 그는 자기 자신을 지혜라 부르신다(눅 7:35).

Ⅱ. 하나님은 우리를 어떻게, 그리고 어떤 방식으로 부르시는가.

1. 하나님은 아주 공공연하게 우리를 부르신다. 이것은 들을 귀 있는 자는 누구나 다 들을 수 있게 하기 위한 것이다. 하나님이 그렇게 하시는 것은 모든 사람이 그가 말씀하시는 것을 듣고서 유익을 얻게 되기를 바라시기 때문이고, 또한 모든 사람이 그 말씀과 이해관계를 가지고 있기 때문이다. 지혜의 법칙들은 길거리에서와 광장에서 외쳐진다. 그것들은 학교나 왕궁에서만이 아니라, 사

람들이 많이 모이는 주요한 장소들과 백성들이 왕래하는 성문 어귀와 성중에서 외쳐진다. 물고기가 많이 있는 곳에서는 복음의 그물을 마음 편하게 던질 수 있는데, 이는 그 많은 물고기들 중에서 얼마간은 그물에 걸릴 것이라고 기대할 수 있기 때문이다. 이 말씀은 우리 주 예수를 통해서 성취되었다. 그는 사람들이 북적대는 성전에서 공개적으로 드러내 놓고 가르치셨고, 은밀하게는 아무것도 말씀하지 아니하셨다(요 18:20). 그리고 그는 그의 사역자들에게 그의 복음을 광명한 데서와 집 위에서 전파하라고 당부하셨다(마 10:27). 하나님은 나는 감추어진 곳에서 말하지 아니하였다고 말씀하신다(사 45:19). 그 어떤 언어로나 지혜의 소리를 들을 수 있다. 진리는 구석진 곳들을 찾지 않고, 미덕은 스스로를 부끄러워하지 않는다.

2. 하나님은 아주 애절하게 우리를 부르신다. 지혜는 마치 애가 타는 사람처럼 간절하게 부르고 또 부른다. 예수께서 서서 외치셨다(요 7:37). 지혜는 지극히 분명한 소리로 애타게 소리를 높이며 그 소리를 발한다. 하나님은 지혜가 부르는 소리를 우리가 듣고 주의를 기울이기를 바라신다.

Ⅲ. 하나님과 그리스도의 부르심은 무엇인가.

1. 하나님은 죄인들이 어리석은 것과 완악한 마음으로 그 어리석음을 고집하는 것을 책망하신다(22절). 좀 더 살펴보자.

(1) 여기에서 지혜로부터 책망을 받는 자들은 누구인가. 일반적으로 말해서, 그들은 멸시를 받아도 싼 어리석은 자들이고, 하나님이 단념하실 만도 한 자들인 어리석음을 좋아하는 자들이다. 그러나 우리는 우리 생각에 거의 가망이 없어 보이는 자들에게도 지혜를 전하지 않으면 안 된다. 왜냐하면, 하나님의 은혜가 어떤 식으로 역사하실지를 우리는 알지 못하기 때문이다. 지혜는 여기에서 세 부류의 사람들을 책망한다.

[1] 어리석음을 좋아하는 어리석은 자들. 죄는 어리석음이고, 죄인들은 어리석은 자들이다. 그들은 어리석게, 아주 어리석게 행한다. 어리석음을 좋아하는 자들, 선과 악에 대한 자신의 어리석은 개념과 하나님의 길들에 대한 그들의 어리석은 편견들을 좋아하는 자들, 어리석은 일을 행하는 것이 몸에 배어 있고 속이는 일을 즐기며 자신의 악함을 좋게 여기는 자들은 그 상태가 지극히 나쁜 것이다.

[2] 거만을 기뻐하는 거만한 자들. 그들은 주변 사람들에게 허세를 부리는 것

에서 즐거움을 찾는 교만한 자들, 온 인류를 희롱하며 그들의 시야에 들어오는 모든 것을 조롱하는 자들이다. 그러나 특히 여기에서는 그러한 자들 중에서도 가장 악한 자들인 신앙을 조롱하는 자들이 염두에 두어지고 있다. 그들은 그리스도의 진리들과 법들, 그의 책망과 권면의 말씀에 순종하는 것을 경멸하고, 거룩하고 진지한 모든 것들을 짓밟는 데서 자부심을 느낀다.

[3] **지식을 미워하는 미련한 자들.** 미련한 자들 외에는 아무도 지식을 미워하지 않는다. 신앙을 제대로 알지 못하는 자들만이 신앙의 원수들이 된다. 가르침을 받아서 삶을 고치는 것을 미워하고 진실한 경건에 대하여 뿌리깊은 반감을 지닌 자들은 미련한 자들 중에서도 가장 미련한 자들이다.

(2) 책망은 어떻게 표현되어 있는가. **"너희가 어느 때까지 그렇게 하겠느냐."** 이것은 하늘의 하나님이 죄인들이 멸망 받는 것이 아니라 회심하고 삶을 고치기를 바라신다는 것, 그들의 완고한 마음과 꾸물거리며 늑장을 부리는 것에 대하여 몹시 언짢아하신다는 것, 그들에게 은혜 베푸실 기회를 기다리고 계시며 그들의 문제를 놓고 그들과 기꺼이 변론하고자 하신다는 것을 보여준다.

2. 하나님은 그들에게 회개하고 지혜 있는 자가 되라고 권하신다(23절).

(1) 하나님의 권고는 분명하다. **나의 책망을 듣고 돌이키라.** 우리가 악한 일에서 선한 일로 돌이키지 않는다면, 우리는 악한 일에 대하여 하나님이 우리에게 주신 책망을 제대로 활용하고 있지 못한 것이다. 왜냐하면, 하나님은 우리로 하여금 돌이키게 하기 위하여 우리를 책망하신 것이기 때문이다. 돌이키라. 즉, 너희의 올바른 마음으로 돌이키고, 하나님께로 돌이키며, 너희의 본분과 도리로 돌이키라. 돌이켜서 살라.

(2) 하나님이 내거시는 약속들은 아주 큰 힘을 주는 것들이다. 어리석음을 좋아하는 자들은 그들 자신이 그들의 마음과 길을 바꾸는 것이 불가능한 도덕적인 무능력 아래에 있다는 것을 발견한다. 그들은 그들 자신 속에 있는 그 어떤 힘으로도 돌이킬 수 없다. 이런 상태에 대하여 하나님은 이렇게 대답하신다. **"보라 내가 나의 영을 너희에게 부어 주리라.** 너희는 너희가 할 수 있는 것을 행하겠다고 결심하라. 그러면, 하나님의 은혜가 너희와 함께 움직이고 너희 속에서 역사하여, 너희에게 하나님의 은혜 없이는 너희가 도저히 할 수 없는 저 선한 일을 하고자 하는 마음을 주셔서 실제로 행하게 하실 것이다." 너희는 스스로 어떻게든 해 보려고 하라. 그러면, 하나님이 너를 도와 주실 것이다. 너의

시들은 손을 내밀라. 그러면, 그리스도께서 그 손을 튼튼하게 해주셔서 온전히 치료해 주실 것이다.

[1] 이 은혜의 원천은 성령인데, 하나님은 그 성령을 주시겠다고 약속하신다. 내가 나의 영을 기름이나 물처럼 너희에게 부어 주리라. 너희는 생수의 강처럼 차고 넘치게 성령을 받게 될 것이다(요 7:38). 우리 하늘 아버지께서는 구하는 자들에게 성령을 주실 것이다.

[2] 이 은혜의 통로는 말씀인데, 우리가 올바르게 받기만 한다면 하나님의 말씀은 우리를 돌이키게 해줄 것이다. 그러므로 하나님은 이렇게 약속하신다. "내가 내 말을 너희에게 보이리라. 내가 내 말들을 너희에게 해줄 뿐만 아니라, 너희로 그 말들을 깨달아 알게 해주리라." 진정한 회심에는 특별한 은혜가 필수적이라는 것을 명심하라. 그러나 진심으로 말씀을 구하고 말씀에 순종하는 자에게는 누구에게나 하나님이 반드시 그러한 특별한 은혜를 내려 주신다.

3. 하나님은 이 모든 은혜의 통로들을 계속해서 완고하게 거부하는 자들이 받게 될 벌을 선고하신다. 그들에게 내려질 벌은 아주 무시무시한 것으로서 여기에서 자세하게 서술된다(24-32절). 지혜는 죄인들에게 돌이키라고 외친 후에 여기에서 잠시 멈춰 서서, 그 외침이 어떤 효과를 내고 있는지를 보기 위해서 귀를 기울여 듣지만, 그들은 정직을 말하지 않는다(렘 8:6). 그래서 지혜는 그들에게 그들이 돌이키지 않을 때에 그 끝이 어떤 것이 될지를 계속해서 들려준다.

(1) 그들의 범죄가 낭독되는데, 그것은 하나님의 큰 진노를 불러일으키는 그런 범죄이다. 저 큰 날에 회개치 않은 죄인들이 무엇 때문에 심판을 받게 되는지를 보라. 그것을 보게 되면, 우리는 그들이 심판을 받아 마땅하고 심판을 내리시는 하나님은 의로우시다고 말하게 될 것이다. 요컨대, 그들이 심판을 받는 것은 그리스도를 거부하고 그가 주시겠다는 은혜를 거부했기 때문이고, 그들을 하나님의 율법의 저주와 죄의 법의 지배로부터 구원해 줄 그리스도의 복음을 받아들이기를 거부했기 때문이다.

[1] 그리스도께서는 그들에게 소리 높여 외치셨고, 그들이 어떤 위험에 처해 있는지를 경고하셨다. 그가 그들에게 긍휼을 베푸시기 위해서, 아니 그들을 그들의 비참한 상태에서 건져내시기 위해서 손을 폈고, 위험 속에서 허우적거리는 그들로 하여금 붙잡도록 하기 위해서 손을 뻗쳤지만, 그들은 그 손길을 거부

하였고, 돌아보는 자가 아무도 없었다. 어떤 이들은 그리스도께서 부르시는 소리를 전혀 듣고자 하지 않았고 아무 관심도 없었으며, 그가 그들에게 무슨 말씀을 하시는지를 전혀 알고자 하지 않았다. 또, 어떤 이들은 고집이 세서, 그리스도께서 무슨 말씀을 하시는지를 듣기는 들었어도, 그렇게 하기를 딱 잘라서 거부하였다(24절). 그들은 그들의 어리석음과 사랑에 빠져 있었기 때문에 지혜 있는 자가 되고자 하지 않았다. 그들은 그들을 선한 자로 만들어 줄 모든 통로와 방법들을 완강하게 거부하였다. 하나님은 손을 펴서 그들에게 긍휼들을 베푸시고자 하셨지만, 그들이 그 긍휼들을 무시해 버렸기 때문에, 모든 것이 헛일이었다. 그들은 하나님의 입에서 나오는 말씀과 마찬가지로 하나님의 손에 의한 역사(役事)들도 무시하였다.

[2] 그리스도께서는 그들을 책망하시고 권면하셨다. 그는 그들이 잘못한 일들에 대하여 그들을 책망하셨을 뿐만 아니라, 더 선하게 행하도록 그들에게 권면하셨다(그러한 것들은 교훈을 위한 책망으로서 사랑과 선의의 증거들이다). 그러나 그들은 하나님의 교훈과 권면을 들을 가치조차 없는 것으로 여겨서 멸시하였고, 마치 하나님의 책망을 받는 것이 그들의 체면이 깎이는 일이라도 되고, 그들은 책망 받을 짓을 전혀 하지 않았다는 듯이 하나님의 책망을 받지 아니하였다(25절). 이것은 30절에서 다시 한 번 반복된다. "그들은 나의 교훈을 받지 아니하고, 도리어 경멸하고 거부하였다. 그들은 하나님이 하시는 책망들을 치욕으로 여겼고 모욕으로 받아들였다(렘 6:10). 아니, 그들은 마치 하나님의 모든 책망은 농담이기 때문에 마음에 새길 가치가 없다는 듯이 업신여겼다." 책망이나 선한 권면에 귀를 막아 버리는 자들은 멸망 받을 일만이 남아 있다는 것을 명심하라.

[3] 그들은 올바른 이성과 신앙의 다스림에 순복하라는 권면을 받았지만, 이 둘 모두에 대하여 반기를 들었다.

첫째, 이성은 그들을 다스릴 수 없었다. 왜냐하면, 그들은 지식을 미워하며(29절), 그들의 악한 행위가 드러날까봐 하나님의 진리의 빛을 미워하였기 때문이다(요 3:20). 그들은 그들로 하여금 진실을 알게 해주어서 그들을 괴롭게 할 그런 말들을 듣기를 싫어하였다.

둘째, 신앙은 그들을 다스릴 수 없었다. 왜냐하면, 그들은 여호와 경외하기를 즐거워하지 아니하였고, 그들의 마음에 원하는 길들과 그들의 눈이 보는 대로 행하기를 기뻐하였기 때문이다. 그들은 여호와를 항상 그들 앞에 모시라라는 말을 귀가 따갑게 들었지만, 도리어 하나님과 그를 경외하는 마음을 그들의 등 뒤로 던져 버렸다. 여호와 경외하기를 즐거워하지 않는 자들은 그들에게 지식이 없다는 것을 보여주는 것임을 명심하라.

(2) 그들에 대한 선고가 내려지는데, 그것은 그들이 반드시 멸망하리라는 것이다. 하나님의 통치에 순복하고자 하지 않는 자들은 반드시 하나님의 진노와 저주 아래에서 멸망하게 될 것이고, 복음이 그들을 구해주지 않을 것이다. 그들은 하나님의 긍휼이 그들에게 주어지더라도 그 유익을 받아 누리고자 하지 않을 것이기 때문에, 하나님의 공의의 희생물이 되어서 패망을 당하게 될 것이다(잠 29:1). 여기에 나오는 경고의 말씀들은 저 큰 날의 심판과 회개치 않은 자들이 받게 될 영원한 벌을 통해서 온전히 성취될 것이지만, 현세에서의 여러 가지 심판들을 통해서도 맛보기로 성취된다.

[1] 죄인들은 지금 형통하고 있고 안일하게 살고 있으며, 편안한 삶을 살면서 슬픔과 근심을 우습게 여기지만, 그 때에는 다음과 같은 일들이 그들에게 닥칠 것이다.

첫째, 재앙이 그들에게 임할 것이다(26절). 질병이 임하고, 그들로 하여금 죽음이 머지않았다는 것을 느끼게 해줄 그러한 질병들이 임할 것이다. 마음과 재산에 그 밖의 다른 환난들이 닥쳐올 것이고, 이러한 환난들은 그들에게 그들이 하나님께 도전한 것이 어리석었다는 것을 깨우쳐 줄 것이다.

둘째, 재앙이 임할 때에 그들은 크게 겁을 집어먹게 될 것이다. 두려움이 그들을 사로잡고, 그들은 상황이 점점 더 나빠지리라는 불길한 예감을 느끼게 될 것이다. 민족적인 심판이 도처에 행해질 때, 시온의 죄인들이 두려워하며 경건하지 아니한 자들이 떨게 될 것이다. 죽음은 그들에게 공포의 왕이 될 것이다(욥 15:21; 18:11 이하). 그들은 이러한 두려움 때문에 끊임없이 괴로울 것이다.

셋째, 그들이 두려워하던 일이 그들에게 현실이 될 것이다. 그들의 두려움이 임할 것이다(즉, 그들이 두려워하던 일이 그들에게 임할 것이다). 마치 범람하는 물이 그 앞에 있는 모든 것을 무너뜨리듯이, 그들의 두려움이 임하여 모든 것을 황폐화시킬 것이다. 그 두려운 일은 그들의 모든 것을 회복이 불가능할 정도로 파괴해 버릴 것이다. 그것은 돌연히 불어와서 모든 겨를 남김없이 쓸어가 버리는 회오리바람 같이 이를 것이다. 하나님을 경외하라는(또는, 두려워하라는) 권면을 받아들이고자 하지 않는 자들에게는 다른 모든 두려움들에 노출될 것이고, 그들이 느끼는 두려움들은 결코 까닭 없는 것들이 아니었다는 것이 나중에는 밝혀지게 될 것임을 명심하라.

넷째, 그 때에 그들의 두려움은 절망으로 변할 것이다. 근심과 슬픔이 그들에게 임하리라. 왜냐하면, 그들이 두려워하던 구덩이에 빠진 후에는 거기에서 빠져나올 길이 없을 것이기 때문이다(27절). 사울은 고통이 내게 임하였다고 부르짖는다(삼하 1:9). 지옥에서는 고통 때문에 슬피 울며 이를 가는 것이 있고, 죄인들의 영에 환난과 곤고가 있는데, 이것들은 의로우신 하나님의 진노와 분노의 결과이다(롬 2:8-9).

[2] 하나님이 지금은 그들의 어리석음을 불쌍히 여기고 계시지만, 그들이 재앙을 만날 그 때에는 웃으실 것이다(26절). "지금 너희가 나의 권면을 비웃었던 것처럼, 장차 너희가 고통 중에 있게 될 때에는 내가 웃으리라." 거룩한 신앙을 비웃고 조롱하는 자들은 그 일로 말미암아 장차 온 세상 앞에서 비웃음을 당하게 될 것이다. 하나님이 그들을 비웃으실 것이기 때문에, 의인들도 그들을 비웃을 것이다(시 52:6). 이것은 그들이 하나님의 불쌍히 여김을 영원히 받지 못하리라는 것을 의미한다. 그들은 너무나 오랫동안 하나님의 긍휼히 여기시는 마음을 짓밟는 죄를 범하였기 때문에 결국 영원히 하나님의 긍휼을 받지 못하게 된 것이다. 하나님이 그들을 불쌍히 여기지 아니하며 긍휼히 여기지도 아니하리라. 하나님이 지금은 그들이 돌이켜서 살기를 바라시지만, 그 때가 되면, 그들의 멸망을 통해서 하나님의 공의가 영광을 받을 것이기 때문에, 하나님은 그들의 멸망을 기뻐하실 것임을 명심하라. 슬프다 내가 장차 내 대적에게 보응하여 내 마음을 편하게 하리라(사 1:24).

[3] 하나님이 지금은 그들이 긍휼을 구하는 기도를 하기만 한다면 기꺼이 응답해 주시고자 하시지만, 그 때가 되면 문이 닫혀서, 그들이 아무리 부르짖어도 소용이 없을 것이다(28절). "그 때에 너희가 주여 주여 우리에게 열어 주소서라고 부르짖으며 나를 부를 것이지만, 이미 때가 늦으리라. 그 때에는 너희가 지금 거부하고 멸시한 저 긍휼을 기꺼이 입고자 할 것이다. 그러나 내가 대답하지 아니하리라. 왜냐하면, 내가 불렀을 때에 그들은 대답하고자 하지 않았기 때문이다. 그 때에 내가 너희에게 해줄 유일한 대답은 너희를 도무지 알지 못하니 내게서 떠나가라는 것이 될 것이다." 이런 일은 어떤 자들에게는 현세에서도 일어

났는데, 하나님은 사울의 경우에 우림을 통해서나 선지자들을 통해서나 그에게 일체 대답하지 않으셨다. 그러나 통상적으로는 생명이 붙어 있고 이 세상에 살아 있는 동안에는 기도의 여지도 있고 응답을 받을 여지도 있다. 그러므로 여기에 나오는 말씀은 저 마지막 심판 때에 가차없는 공의가 행해지리라는 것을 보여주는 것이라고 보아야 한다. 하나님을 무시한 자들은 그 때에 부지런히 하나님을 찾을 것이지만, 아무 소용이 없을 것이다. 그들은 하나님을 만날 만한 때에 찾지 않았기 때문에 하나님을 만나지 못할 것이다(사 55:6). 부자와 나사로의 비유에서 부자는 지옥에서 하나님을 찾았지만 소용이 없었다.

[4] 그들이 지금은 그들 자신의 길을 좇느라 열심이고 그들 자신의 꾀를 좋아하지만, 그 때에는 자기가 뿌린 씨는 자기가 거두어야 한다는 속담대로, 그들 자신의 행위의 열매들과 그들 자신의 꾀로 거둔 것들에 대하여 신물이 나게 될 것이다(31절). 그들은 자기 행위의 열매를 먹을 것이다. 그들의 행위에 따라 그들의 삯이 주어질 것이고, 그들이 선택한 것에 따라 그들의 운명이 결정될 것이다(갈 6:7-8). 첫째, 본질적으로 죄 속에는 멸망으로 나아가는 성향이 존재한다(약 1:15). 죄인들이 자기 행위의 열매를 먹는다면, 그들은 반드시 비참해질 것이다. 둘째, 멸망하는 것은 다 자기 탓이기 때문에 남을 탓할 수 없다. 그것은 자기 꾀, 즉 스스로 궁리해낸 것이다. 그들이 자기 꾀를 자랑한다면, 하나님은 그들을 미혹 속에 내버려 두실 것이다(사 66:4).

[5] 그들이 지금은 그들의 세상적인 형통을 소중히 여기고 있지만, 그 때에는 그들의 형통은 그들의 멸망을 더욱 심하게 하는 역할만을 할 것이다(32절). 첫째, 그들은 지금 그들이 하나님에게서 물러가서 신앙의 속박들로부터 벗어난 것을 뿌듯해하겠지만, 바로 그렇게 한 것이 그들을 죽이게 될 것이고(어리석은 자의 퇴보는 자기를 죽이리라), 그들이 나중에 그것을 생각할 때에 그들의 가슴이 찢어질 것이다. 둘째, 그들은 지금 육체의 쾌락을 즐기며 편안하게 살고 있다는 것을 자랑하겠지만, 미련한 자의 안일은 자기를 멸망시킬 것이다. 그들이 안일하게 살면 살수록, 그들의 멸망은 더욱 확실하고 끔찍한 것이 될 것이다. 어리석은 자의 형통은 그들의 마음을 교만으로 부풀게 하고 세상에 더 집착하게 하며 그들의 정욕을 채울 기회를 주고 그들의 악한 길을 고집하게 만들어서, 결국 그들을 멸망시킬 것이다.

4. 하나님은 지혜의 교훈들에 순복하는 모든 자들에 대하여 안전함과 행복

을 약속하는 것으로 끝맺으신다(33절). "오직 내 말을 듣고 내 말에 의해서 다스림을 받고자 하는 자는 다음과 같을 것이다."

(1) "그는 안전할 것이다. 그는 하늘의 특별한 보호 아래에서 살게 될 것이기 때문에, 그 어떤 것도 그를 진정으로 해치지 못할 것이다."

(2) "그는 평안할 것이고, 위험을 느끼고서 불안해하는 일이 없을 것이다. 그는 재앙으로부터 안전할 뿐만 아니라, 재앙의 두려움조차 없이 평안할 것이다." 땅이 없어져도 그는 두려워하지 아니하리로다. 우리가 재앙이나 화(禍)로부터 안전하고 그러한 것들에 대한 두려움으로부터 평안하고자 하는가? 그렇다면, 신앙이 늘 우리를 지배하게 하고, 하나님의 말씀이 우리의 모사(謀士)가 되게 하라. 그것이 이 세상에서 안전하게 사는 길이요, 내세에서 재앙의 두려움 없이 안전하게 살 길이다.

제 2 장

개요

솔로몬은 앞에서 불신앙과 불경건을 고집하는 자들의 멸망을 예언한 후에, 이 장에서는 기꺼이 가르침을 받고자 하는 자들을 향하여 말을 한다. I. 솔로몬은 그들이 지식과 은혜의 통로들을 부지런히 활용한다면 그들은 반드시 그들이 찾는 지식과 은혜를 하나님에게서 얻게 될 것임을 그들에게 보여준다(1-9절). II. 솔로몬은 그 지식과 은혜가 그들에게 이루 말할 수 없는 유익을 주게 될 것임을 그들에게 보여준다. 1. 그것은 그들을 악한 자들(10-15절)과 악한 여자들(16-19절)이 놓는 덫에 걸리지 않게 지켜줄 것이다. 2. 그것은 그들을 선한 자들의 길로 인도해 주고 그 길을 계속해서 지켜 나가게 해줄 것이다(20-22절). 따라서 이 장에서 우리는 헛되이 구하거나 받는 일이 없도록 하기 위하여 어떻게 지혜를 얻는지, 그리고 그렇게 얻은 지혜를 어떻게 사용해야 하는지에 대하여 가르침을 받는다.

1 내 아들아 네가 만일 나의 말을 받으며 나의 계명을 네게 간직하며 2 네 귀를 지혜
에 기울이며 네 마음을 명철에 두며 3 지식을 불러 구하며 명철을 얻으려고 소리를
높이며 4 은을 구하는 것 같이 그것을 구하며 감추어진 보배를 찾는 것 같이 그것을
찾으면 5 여호와 경외하기를 깨달으며 하나님을 알게 되리니 6 대저 여호와는 지혜를
주시며 지식과 명철을 그 입에서 내심이며 7 그는 정직한 자를 위하여 완전한 지혜
를 예비하시며 행실이 온전한 자에게 방패가 되시나니 8 대저 그는 정의의 길을 보
호하시며 그의 성도들의 길을 보전하려 하심이니라 9 그런즉 네가 공의와 정의와 정
직 곧 모든 선한 길을 깨달을 것이라

욥은 잠언이 씌어지기 훨씬 전에, 지혜는 어디에서 얻으며 명철이 있는 곳은 어디인고(욥 28:12, 20)라고 먼저 질문을 던진 후에, 이어서 하나님이 그 길을 아시며 있는 곳을 아신다(욥 28:23)고 일반적인 대답을 제시하였었다. 그러나 솔로몬은 여기에서 한 걸음 더 나아가서, 우리가 어디에서 지혜를 찾을 수 있

으며 어떻게 얻을 수 있는지를 우리에게 말해 준다. 솔로몬은 이렇게 말한다.

I. 지혜를 얻기 위해서는 어떤 수단들을 사용해야 하는가.

1. 우리는 마음을 모아서 하나님의 말씀에 귀를 기울여야 한다. 왜냐하면, 하나님의 말씀은 능히 우리로 하여금 구원에 이르는 지혜가 있게 해주는 지혜의 말씀이기 때문이다(1-2절).

(1) 우리는 하나님의 말씀은 지혜와 명철의 원천이자 표준이라는 것과 우리가 하나님의 말씀이 우리를 지혜롭게 만들어 주는 것보다 더 지혜롭게 되기를 바랄 필요가 없다는 것을 확신하여야 한다. 우리는 지혜 또는 명철 자체에 그러하듯이 하나님의 말씀에 우리의 귀를 기울이며 우리의 마음을 두어야 한다. 많은 지혜로운 것들은 인간의 글들 속에서도 발견될 수 있지만, 하나님의 계시와 그 위에 세워진 참된 신앙은 그 전부가 다 지혜이다.

(2) 우리는 온 마음을 다하여 감사함으로 하나님의 말씀을 받아야 하고, 약속의 말씀들만이 아니라 계명들조차도 불평이나 이의를 제기함이 없이 환영하며 받아들여야 한다. 여호와여 말씀하옵소서 주의 종이 듣겠나이다(삼상 3:9).

(3) 우리는 마치 우리의 보화를 누가 훔쳐갈까봐 꼭꼭 숨겨두듯이 하나님의 말씀을 우리 안에 잘 간직해 두어야 한다. 우리는 하나님의 말씀을 받을 뿐만 아니라 간직해야 한다. 우리는 하나님의 말씀을 우리의 마음 속에 간직해 두었다가 언제라도 꺼내 쓸 수 있어야 한다.

(4) 우리는 하나님의 말씀에 귀를 기울여야 한다. 우리는 하나님의 말씀을 들을 기회가 있으면 결코 그 기회를 놓쳐서는 안 되고, 한 마디라도 놓칠까봐 노심초사하며 온 마음을 다해 진지하게 하나님의 말씀을 경청하여야 한다.

(5) 우리는 하나님의 말씀을 들을 때에 우리의 마음을 거기에 쏟아야 한다. 그렇게 하지 않고, 단순히 귀를 기울여 듣기만 한다면, 우리는 거기에서 별 유익을 얻지 못할 것이다.

2. 우리는 기도를 많이 하여야 한다(3절). 우리는 마치 굶어 죽게 될 지경이 된 자가 먹을 것을 얻으려고 온 힘을 다하여 구걸하듯이 그렇게 지식을 불러 구하여야 한다. 뜨뜻미지근해서는 되지 않을 것이다. 우리는 지식이 얼마나 귀한지를 아는데도 그 지식이 자기에게 없다는 것을 아는 자들처럼 끈질기게 구하여야 한다. 우리는 갓난 아기들처럼 순전하고 신령한 젖을 사모하여 불러 구하여야 한다(벧전 2:2). 우리는 명철을 얻으려고 소리를 높이되 하늘까지 들리도록

소리를 높여야 한다. 온갖 좋은 은사와 온전한 선물이 다 하늘로부터 내려오기 때문이다(약 1:17; 욥 38:34). 우리는 **명철에 우리의 목소리를 드려야** 한다(원문은 이런 의미이다). 우리는 명철을 대변해야 하고, 우리의 혀를 지혜의 말씀에 내드려야 한다. 우리는 우리의 목소리를 성별해서, 명철을 전하는 도구로 내드려야 한다. 우리는 우리의 마음을 명철에 두고서, 우리의 목소리를 사용해서 명철을 구하여야 한다. 솔로몬이 여기에 써놓은 방법은 그가 직접 해본 검증된 방법이었다. 그는 하나님께 지혜를 주시라고 기도하였고, 그렇게 해서 지혜를 얻었다.

3. 우리는 기꺼이 수고를 감수하여야 한다(4절). 우리는 지혜를 이 세상의 모든 보화보다 훨씬 더 귀한 것으로 여겨서 세상 사람들이 **은을 구하는 것 같이 그것을 구하여야** 하고, 광산에서 은을 구하기 위해서 그 누구도 막을 수 없는 대단한 각오와 굽히지 않는 의지를 가지고서 지치지 않는 부지런함으로 많은 땀을 흘리고 큰 위험을 무릅쓰며 땅을 파는 자들이나, 부자가 되기 위해서 아침 일찍부터 일어나서 밤 늦게까지 돈이 되는 일이면 닥치는 대로 일해서 그들의 곳간을 채우는 자들처럼 지혜를 찾기 위해서 애쓰고 수고하여야 한다. 이렇게 우리는 여호와를 더욱더 알기 위하여 지식의 수단들을 활용하는 일에 부지런하여야 한다.

Ⅱ. 지식의 수단들을 활용했을 때에 어떤 것들을 이룰 수 있는가. 우리는 다음과 같은 열매들을 거둘 것이기 때문에, 우리의 수고는 결코 헛되지 않을 것이다.

1. 우리는 어떻게 해야 늘 하나님과 교제할 수 있는지를 알게 될 것이다. "너는 **여호와 경외하기를 깨닫게 되리라**(5절). 즉, 너는 어떻게 해야 하나님을 올바르게 예배할 수 있는지를 알게 될 것이고, 하나님의 모든 규례들이 지닌 의미와 신비 속으로 들어가게 될 것이며, 하나님이 세운 제도들의 목적에 제대로 부응할 수 있게 될 것이다." **너는 하나님을 알게 되리라.** 이것은 우리가 하나님을 올바르게 경외하는 데에 필수적인 것이다. 하나님을 아는 것, 그리고 하나님에 대한 합당한 사랑과 경배를 통해서 우리가 하나님을 안다는 것을 나타내 보이는 것이 우리에게 얼마나 큰 유익인지를 깨닫는 것은 중요하다.

2. 우리는 어떻게 해야 모든 사람들에 대하여 올바르게 처신하는 것인지를 알게 될 것이다(9절). "**네가** 하나님의 말씀을 통해서 **공의와 정의와 정직을 깨달**

을 것이고, 정의와 자선과 공정한 거래의 원리들을 배우게 될 것인데, 그러한 것들은 네 모든 행실에 있어서 지침이 되어 줄 것이고, 너를 모든 관계와 모든 일에 합당하고 모든 맡겨진 일에 신실한 자가 되게 해줄 것이다. 그러한 것들은 네게 올바른 정의 개념만이 아니라 정의를 행하고자 하는 마음을 줄 것이고, 너로 하여금 모든 사람을 각 사람에게 합당한 대로 대할 수 있게 해줄 것이다. 왜냐하면, 정의롭게 행하지 않는 자들은 하나님의 말씀을 올바르게 깨달은 것이 아니기 때문이다." 하나님의 말씀은 그들을 모든 선한 길로 인도할 것이고, 성경은 그들을 하나님의 사람으로 온전하게 만들어 줄 것이다. 자신의 본분과 도리를 아는 자들은 가장 선한 지식을 갖고 있는 것임을 명심하라(시 111:10).

Ⅲ. 지혜를 추구할 때에 그런 일들이 이루어지는 이유는 무엇인가. 우리가 지혜를 구할 때에 이 모든 일이 이루어지는 것은 하나님이 그 배후에 계시기 때문이다(6-8절).

1. 지혜를 주시는 분은 하나님이시다(6절). 여호와는 그 자신이 지혜가 있으실 뿐만 아니라, 지혜를 주신다. 그리고 하나님이 주시는 지혜는 이 세상에서 가장 지혜로운 자들이 줄 수 있는 지혜와 비교할 수 없다. 왜냐하면, 명철을 열어 주시는 것은 하나님의 대권이기 때문이다. 피조물 가운데에 조금이라도 지혜가 있다면, 그 모든 지혜는 하나님이 거저 주신 선물이다. 하나님은 지혜를 후히 주시고(약 1:5), 많은 사람들에게 주셨으며, 지금도 여전히 주시고 계신다. 그러므로 우리는 지혜를 구할 때에 하나님을 청하여야 한다.

2. 하나님은 그의 뜻을 계시하심으로써 이 세상을 복되게 하셨다. 지식과 명철, 즉 우리가 받아들이기만 한다면 우리를 진정으로 지식과 명철이 있는 자로 만들어 줄 진리와 선(善)에 관한 계시는 하나님의 입에서, 즉 하나님이 인생들에게 주신 그의 입인 율법과 선지자들, 기록된 말씀과 하나님의 사역자들에서 나온다. 우리가 부지런히 살피기만 한다면 그 속에서 지혜를 얻을 수 있는 성경을 하나님이 우리에게 주셨다는 것은 지혜를 구하라는 하나님의 격려이자 지혜를 구하면 찾게 될 것이라는 하나님의 약속이다.

3. 하나님은 특별히 그의 뜻을 진심으로 행하고자 하는 선한 자들이 그들에게 꼭 필요한 지식과 명철을 얻을 수 있게 해놓으셨다(요 7:17). 지혜를 찾는 자들은 반드시 얻게 될 것이고, 구하는 자들에게는 주어질 것이다(7-8절). 좀 더

살펴보자.

(1) 이러한 은혜를 받는 자들은 누구인가. 그들은 하나님의 형상을 다시 회복하여서 의(義)를 덧입은 의인들, 하나님과 사람을 정직하게 대하고 자기가 알고 있는 한 자신의 본분을 다하는 행실이 온전한 자들이다. 그들은 하나님을 높여 드리고 섬기는 일을 하도록 성별되고 헌신된 하나님의 성도들이다.

(2) 하나님이 그들에게 주시는 것은 무엇인가.

[1] 지혜. 지혜의 수단들은 모두에게 주어지지만, 지혜 자체, 완전한 지혜는 의인들과 정직한 자들을 위하여 예비되어 있는데, 그들의 머리 되시는 그리스도 안에 예비되어 있다. 그리스도 안에는 지혜와 지식의 모든 보화가 감추어져 있는데(골 2:3), 그리스도는 하나님으로부터 나와서 우리에게 의로움이 되신 분이다(고전 1:30). 하나님의 말씀 속에서 계시의 영이신 바로 그분은 거룩함을 입은 자들의 영혼 속에서는 하나님의 길을 깨닫게 해주는 지혜의 영이 되신다. 이 지혜는 그 토대가 견고하고 그 원리들이 확실하며 그 열매들이 지속적인 유익을 가져다 주는 완전한 지혜이다.

[2] 만족. 어떤 이들은 이 본문을 하나님이 의인들을 위하여 실질적인 것들을 예비해 놓으신다로 읽는다. 하나님은 의인들을 위하여 실질적인 지식만이 아니라 실질적인 행복과 위로도 예비해 놓으신다(8:21). 재물은 실질적으로 존재하지 않는 것들이고, 재물을 가진 자들은 단지 자기가 행복하다고 상상하는 것일 뿐이다. 그러나 의인들을 위하여 하나님의 약속들 속에, 그리고 하늘에 예비되어 있는 것은 그들을 진정으로 철저하게 영원히 행복하게 만들어 줄 것이다.

[3] 보호하심. 행실이 온전한 자들조차도 그들의 믿음의 연단을 위해서 위험에 빠질 수 있지만, 하나님은 늘 그들에게 방패가 되어 주시기 때문에, 그들에게 일어나는 그 어떤 일도 실제로 그들에게 해를 끼치지 못하고 그들을 두렵게 하지 못할 것이다. 그들은 안전할 것이고, 그들 스스로도 그렇게 생각하게 될 것이다. 아브람아 두려워하지 말라 나는 네 방패니라(창 15:1). 그들의 길, 그들이 행하는 공의의 길을 하나님은 아시고 인정하시며 지키신다.

[4] 끝까지 붙들어 주시는 은혜. 우리가 하나님을 의지하고 하나님께 지혜를 구하면, 우리가 곁길로 나가고자 하는 유혹을 받을지라도, 하나님은 우리를 붙들어 주셔서 믿음을 지키게 하시며, 우리로 하여금 공의의 길을 지켜 나갈 수 있게 해주신다. 왜냐하면, 하나님은 그의 성도들이 천국에 다다를 때까지 그들

의 길을 보전하셔서 왜곡되지 않게 하시며, 안전하고 흠 없이 그 길을 가도록 하실 것이기 때문이다. 하나님이 우리에게 은혜를 주시겠다고 하신 약속들은 우리가 제대로 활용하기만 하면 우리가 우리의 본분을 다하는 데에 큰 힘과 격려가 된다. 너희 안에서 행하시는 이는 하나님이시니 너희 구원을 이루라(빌 2:12-13).

[10]곧 지혜가 네 마음에 들어가며 지식이 네 영혼을 즐겁게 할 것이요 [11]근신이 너를
지키며 명철이 너를 보호하여 [12]악한 자의 길과 패역을 말하는 자에게서 건져 내리
라 [13]이 무리는 정직한 길을 떠나 어두운 길로 행하며 [14]행악하기를 기뻐하며 악인
의 패역을 즐거워하나니 [15]그 길은 구부러지고 그 행위는 패역하니라 [16]지혜가 또
너를 음녀에게서, 말로 호리는 이방 계집에게서 구원하리니 [17]그는 젊은 시절의 짝
을 버리며 그의 하나님의 언약을 잊어버린 자라 [18]그의 집은 사망으로, 그의 길은
스올로 기울어졌나니 [19]누구든지 그에게로 가는 자는 돌아오지 못하며 또 생명 길
을 얻지 못하느니라 [20]지혜가 너를 선한 자의 길로 행하게 하며 또 의인의 길을 지
키게 하리니 [21]대저 정직한 자는 땅에 거하며 완전한 자는 땅에 남아 있으리라 [22]그
러나 악인은 땅에서 끊어지겠고 간사한 자는 땅에서 뽑히리라

이 절들의 취지는 다음과 같은 것들을 보여주는 것이다. 1. 참된 지혜가 우리에게 얼마나 큰 유익을 가져다 주는지. 참된 지혜는 우리가 멸망으로 이어지는 죄의 길에 들어서는 것을 막아주는데, 이것은 세상의 모든 재물로 우리를 부하게 만들어 주는 것보다 더 큰 은혜이다. 2. 우리는 하나님이 우리에게 주시는 지혜를 어떻게 선하게 사용해야 하는지. 우리는 지혜를 우리가 미덕의 길로 행하는 데에 지침으로 사용하여야 하고, 온갖 유혹들에 대항하기 위하여 우리를 무장시키는 데에 사용하여야 한다. 3. 우리는 어떤 기준들을 통해서 우리가 이 지혜를 갖고 있는지의 여부를 스스로 시험해 볼 수 있는지. 지혜라는 나무는 그 열매들을 보면 알 수가 있다. 우리가 참으로 지혜 있는 자라면, 그것은 우리가 그 어떤 악한 자와도 어울리지 않고 그 어떤 악한 일도 하지 않으려고 모든 주의를 기울이는 것을 통해서 드러날 것이다.

참된 지혜는 우리에게 다음과 같은 유익을 가져다 준다.

I. 지혜는 우리를 죄의 악과 거기에 수반되는 환난의 해악에서 지켜 줄 것이

다.

1. 일반적으로(10-11절). "지혜가 너를 온전히 장악하고 있다면, 그 지혜는 너를 지키며 보호해줄 것이다." 그렇다면, 지혜는 언제 우리를 온전히 장악하고 있는 것인가?

(1) 지혜가 우리를 지배하고 있을 때. 지혜가 우리의 머리를 채울 뿐만 아니라 우리 마음에 들어가서 그 마음을 장악하여 힘과 영향력을 발휘할 때, 지혜가 마음의 보좌에 앉아 있고 우리의 감성과 감정이 그 지혜에 복종할 때, 지혜가 마치 떡 반죽 속의 누룩처럼 마음에 들어가 거기에서 그 향취를 퍼뜨려서 우리의 마음을 변화시켜 지혜를 닮게 할 때, 그 때에 지혜는 우리를 온전히 장악하고서 우리 안에서 선한 일을 하고 있는 것이다.

(2) 우리가 지혜를 기뻐하고, 지식이 우리 영혼을 즐거운 것이 될 때. "네가 지혜를 가장 기분 좋은 것으로 여기기 시작해서, 자원함과 흡족함으로 그 법칙들에 순종할 때, 네가 덕을 실천하는 것을 종살이 하듯 억지로 하는 일이 아니라 기뻐서 자유롭게 하는 일로 여기고, 진실한 경건의 삶을 사람이 이 세상에서 살아갈 수 있는 삶 중에서 가장 위로와 낙(樂)이 넘치는 삶으로 여길 때, 그 때에 너는 지혜가 주는 유익을 발견하게 될 것이다." 지혜가 주는 구속(拘束)들은 우리의 몸에는 별로 유쾌하지 않은 것은 어쩔 수 없는 일이지만, 우리의 영혼에는 유쾌한 것이 되어야 한다. 지혜가 우리에게 그런 것이 되었을 때, 근신, 즉 신중한 분별력이 우리를 지켜줄 것이다. 하나님은 그의 성도들에게 분별력을 주셔서 해로운 길에서 벗어나 있게 하시고, 악한 자가 그들을 건드리지 못하도록 스스로를 지키게 하심으로써, 그들의 길을 보전하신다(8절). 은혜가 마음을 다스리고 있는 것은 안으로는 부패한 심성, 밖으로는 유혹들을 막아주는 강력한 보호제가 될 것임을 명심하라(9:16, 18).

2. 구체적으로.

(1) 지혜는 타락한 본성을 따라 움직이는 자들, 무신론적이고 세속적인 자들로부터 우리를 지켜 보호해 준다. 그런 자들은 젊은이들의 판단력을 타락시켜서 그들의 마음속에 신앙에 대한 반감들과 악덕을 옹호하는 논리들을 주입시키는 것을 업(業)으로 삼는 자들이다. "지혜는 악한 자의 길에서 너를 건져 낼 것인데(12절), 악한 자가 걷고 네게도 걷도록 권유하는 바로 그 길에서 건짐 받는 것은 죽음의 문턱에서 건짐 받은 것과 같은 복된 구원이다." 이 원수는 여

기에서는 한 사람인 것처럼 악한 자로 표현되고 있지만(12절), 나중에는 다수의 무리로 표현된다(13절). 함께 힘을 모아서 신앙을 대적하고, 서로 손을 잡고서 마귀의 나라와 그 이익을 지원하는 무리가 존재한다.

[1] 그들은 선한 것에 반대하는 영을 지니고 있다. 그들은 패역을 말하는 자들이다. 그들은 신앙에 대한 그들 자신의 적대감을 표출하고 다른 사람들을 설득해서 신앙을 포기하게 하기 위하여 그들이 할 수 있는 한 신앙을 욕하는 온갖 말을 다 한다. 그들은 사탄을 지지하는 자들이다. 그들은 바알을 옹호하고, 여호와의 바른 길을 굽게 한다. 속되고 불경스러운 재주꾼들이 얼마나 꼬인 마음으로 죄를 옹호하고, 얼마나 심술궂게 하나님의 말씀에 트집을 잡는지를 보라! 지혜는 우리가 그런 자들과의 논쟁에 휘말리지 않도록 지켜 줄 것이고, 적어도 그들의 덫에 걸리지 않도록 지켜 줄 것이다.

[2] 그들은 그들 자신이 선한 것을 버리고 떠난 배교자들이다. 이교로 개종하여 기독교를 박해하였던 로마의 율리아누스 황제(주후 361-3년)가 보여주듯이, 신앙의 원수들은 보통 가장 악의적이고 위험한 자들이다(13절). 이 무리는 그들이 어릴 적부터 양육받아 왔었던 정직한 길을 떠나고, 그들이 받은 교육의 감화들을 떨쳐 버리며, 그들의 소망스러운 시작을 떠나서, 어두운 길, 즉 빛을 미워하는 악한 길, 무지와 오해로 말미암아 사람들을 눈 멀게 하는 길, 사람들을 완전한 어둠 속으로 인도하는 길로 행하는 자들이다. 죄의 길은 위로와 낙이 없고 안전하지 않은 어두운 길이다. 분명하고 유쾌하고 빛나는 정직한 길을 떠나서 그러한 죄의 길로 행하는 자들은 얼마나 미련한 자들인가(시 82:5; 요일 2:11)!

[3] 그들은 죄를 기뻐해서, 스스로 죄를 짓는 것도 기뻐하고 남들이 죄를 짓는 것을 보는 것도 기뻐한다(14절). 그들은 행악하는 기회를 갖게 된 것을 기뻐하고, 그 어떤 악한 계획을 성취하고 이루는 것을 기뻐한다. 남들을 해치는 것은 미련한 자들에게는 재미있는 유희이다. 그들에게는 악인들의 패역을 보는 것, 장래가 촉망되는 자들이 죄의 길로 끌려와서 철저히 악하게 되어 죄의 길을 고집하는 모습을 보는 것보다 더 반가운 광경은 없다. 그들은 마귀의 나라가 든든히 서 가는 것(롬 1:32)과 그들이 최고의 불경(不敬)에 도달한 것을 보았을 때에 아주 기뻐한다.

[4] 그들은 죄 가운데 머무는 일에 단호하다(15절). 그들의 길은 구부러져 있

다. 즉, 그들은 그들이 죄를 추구하고 있다는 것이 스스로에게 드러나는 것을 피하고 그러한 죄의 자각이 갖는 힘을 분쇄하기 위해서 그들의 길을 이런저런 식으로 복잡하게 꼬아서 합리화시켜 놓는다. 그들의 기만적인 마음은 악을 행하는 그들의 손에 힘을 더해 주기 위해서 이런저런 교활한 핑계, 이런저런 교묘하게 빠져나갈 길들을 그들에게 제공하여 그들을 무장시킨다. 복잡하게 얽히고 설킨 미로 속에 앉아서 그들은 하나님의 말씀이나 그들 자신의 양심에 의해 붙잡히는 것을 피하고자 한다. 왜냐하면, 그들은 하나님이나 사람들이 뭐라고 해도 그들의 길을 계속해서 고집스럽게 가기로 결심하였기 때문이다. 지혜 있는 자는 이런 자들과 어울리는 것을 피하게 될 것이다.

(2) 지혜는 타락한 행실을 지닌 여자들로부터 우리를 지켜 보호해 준다. 앞에서 말한 악인들은 우리를 영적인 악, 거룩함을 입지 못한 마음의 욕망으로 이끈다면, 이 여자들은 영혼을 거슬러 싸우는 육체의 정욕, 살아 있는 성전인 우리의 몸을 더럽히는 정욕으로 우리를 이끈다. 이 음란한 여자는 여기에서 낯선 여자 또는 이방 계집으로 불린다. 왜냐하면, 그 속에 지혜나 선함이 있는 자는 그런 여자를 알지 못할 것이기 때문이다. 모든 이스라엘 사람은 그런 여자를 이방 여자 또는 이 거룩한 나라에 대하여 낯선 여자로 취급하여 피하여야 한다. 그런 여자는 정말 이상한 여자, 즉 이성과 미덕과 존귀함의 모든 원리들에서 완전히 떠난 여자이다. 다음과 같은 것들을 생각할 때, 음녀(淫女)의 유혹으로부터 건짐을 받는 것은 큰 은혜이다.

[1] 음녀는 철저히 거짓된 자라는 것. 온통 속임수로 똘똘 뭉친 자들과 거래하거나 어울리고자 하는 자가 누가 있겠는가? 음녀는 다음과 같은 이유들 때문에 이상한 여자이다.

첫째, 음녀는 그녀가 유혹하는 남자에 대하여 거짓된 자이다. 그녀는 그 남자에게 자기가 다른 어느 남자와도 비교할 수 없을 정도로 그를 사모한다고 말하고, 그에 대한 깊은 호감을 지니고 있다고 말한다. 그러나 그녀는 듣기 좋은 말을 해서 그 남자를 말로 호리고 있는 것일 뿐이다. 들릴라가 삼손에 대하여 그랬듯이, 그녀에게는 그 남자에 대한 진정한 애정도 없고, 그 남자가 잘 되기를 바라는 마음도 없다. 그녀가 원하는 것은 그 남자로부터 돈을 얻어내고 그녀의 더러운 욕정을 만족시키는 것뿐이다.

둘째, 음녀는 그녀의 남편에 대하여 거짓된 자이다. 그녀는 남편에 대하여 그녀가 지켜야 할 신성한 의무를 범하고 있다. 그녀의 남편은 그녀의 젊은 시절의 짝이었다. 그녀는 지금의 남편과 결혼함으로써, 그를 그녀의 짝으로 삼아서, 오직 그의 곁에만 있고, 다른 모든 남자들은 멀리하기로 약속하였다. 그러나 그녀는 남편을 버렸다. 그러므로 그녀가 다른 어떤 사람에게 신의를 지킬 것이라고 생각할 수 없게 되었다. 그녀를 받아들이는 자는 그녀의 거짓된 삶에 동참하는 것이 된다.

셋째, 음녀는 하나님에 대하여 거짓된 자이다. 그녀는 그녀의 하나님의 언약, 곧 혼인 언약을 잊어버린 자이다(17절). 하나님은 이 언약의 증인이실 뿐만 아니라 한 당사자이기도 하시다. 왜냐하면, 하나님은 혼인이라는 규례를 제정하신 분이시고, 남편과 아내는 서로에 대하여 진실할 것을 하나님 앞에서 서약하였기 때문이다(말 2:14). 음녀는 단지 남편만이 아니라 하나님께도 죄를 지은 것이다. 하나님은 음행하는 자들과 간음하는 자들을 심판하실 것이다. 그들은 맹세를 업신여기고 언약을 배반한 자들이기 때문이다(겔 17:18).

[2] 음녀와 연합하는 자들은 치명적인 해악을 입게 되리라는 것(18-19절). 우리는 다른 사람들이 겪은 고난들을 우리에 대한 경고로 삼아야 한다. 다음과 같은 이유들을 생각해서, 간음의 죄를 조심하라.

첫째, 간음죄를 범한 자들은 회개하지 않는 한 파멸은 확실하고 피할 수 없다. 간음죄는 영혼을 죽이고, 영혼 속에 있는 온갖 선한 감성들과 성품들을 소멸시키며, 영혼을 하나님의 진노와 저주, 그리고 하나님의 공의의 칼날에 노출시키는 직접적인 성향을 지니고 있는 죄이다. 금지된 쾌락을 즐기며 사는 자들은 살아 있는 동안에도 이미 죽어 있는 것이다. 모든 사람은 분별력을 사용해서 악한 여자만이 아니라 악한 집도 피하여야 한다. 왜냐하면, 음녀의 집은 사망으로 기울어져 있기 때문이다. 그 집은 영원한 죽음으로 곧장 이어지는 길 가운데에 있다. 그리고 음녀의 길은 르바임, 즉 사치와 방탕 속에서 살다가 천수를 누리지 못하고 대홍수로 멸절을 당한 옛 세상의 죄인들인 거인족의 길로 기울어져 있다(어떤 이들은 본문을 이렇게 읽는다). 우리 주 예수께서는 죄악 된 쾌락을 좇으면 영원한 고통을 당하게 될 것이라고 겁을 주셔서, 우리로 하여금 그런 쾌락을 좇지 못하게 하신다. 거기에서는 구더기도 죽지 않고 불도 꺼지지 아니하느니라(막 9:48; 또한, 마 5:28-29을 보라).

둘째, 그들이 회개하고 회복되는 것은 거의 불가능에 가깝다. 누구든지 그녀에게로 가는 자는 다시 돌아오지 못한다. 마귀의 이 덫에 걸린 자는 이 죄의 속임수에 의해서 그 마음이 완악해지고 눈이 멀어서 스스로 회복되는 것이 거의 불가능하다. 생명의 길을 한번 놓아 버린 자들은 그 길을 어떻게 다시 붙잡아야 하는지를 알지 못하고, 이 더러운 욕정에 완전히 홀려서 넋이 나가 버린다. 많은 박식한 해석자들은 이방 계집 또는 음녀에 대한 이러한 경고는 문자적인 의미 외에도 비유적인 의미로 다음과 같은 것들에 대한 경고로도 이해되어야 한다고 생각한다.

a. 영적인 간음인 우상 숭배에 대한 경고. 지혜는 네가 우상 숭배자들과 어울리는 것을 막아줄 것이고, 우상 숭배자들과 어울리고자 하는 마음도 생겨나지 않게 해줄 것이다. 우상 숭배는 오랜 세월 동안 이스라엘에게 치명적으로 해로운 결과를 가져다 주었고, 솔로몬 자신에게도 그랬다.

b. 육체의 욕망과 정욕들로 영혼의 지적 능력과 자질들을 더럽히는 것에 대한 경고. 지혜는 네가 육적인 마음의 포로가 되거나 네 영혼이 육체의 지배를 받지 않게 지켜줄 것이고, 젊은 시절의 짝을 버리고 우리 하나님의 언약을 깨뜨리며 사망으로 기울어져 있는 저 악명 높은 음녀, 그 손아귀에 붙잡히면 영혼의 처지를 절망적으로 만들어 버리는 저 음녀에게서 너를 지켜줄 것이다.

Ⅱ. 지혜는 선한 일에 있어서 우리의 인도자가 되어 줄 것이다. 지혜가 너를 선한 자의 길로 행하게 하리라(20절). 우리는 선한 길로 행하기 위해서는 악한 자와 음녀의 길을 피하지 않으면 안 된다. 우리는 선행을 배우기 위해서는 악행을 그쳐야 한다. 좀 더 살펴보자.

1. 선한 자들에게 특유한 길, 선한 자들이 늘 걸어 왔던 길이 있다.

2. 옛적의 선한 길이 어디인지 알아보고 그 길로 행하는 것이 우리에게 지혜로운 일이다(렘 6:16; 히 6:12; 12:1). 우리는 잠시 그 길로 행하는 것이 아니라, 계속해서 그 길을 가야 하고, 그 길 안에 머물러야 하며, 그 길에서 결코 벗어나지 말아야 한다. 의인의 길은 지혜 있는 모든 자들이 굳게 붙잡고서 거기에서 떠나고자 하지 않는 생명의 길이다. "지혜가 너를 저 훌륭한 사람들, 족장들과 선지자들(패트릭 주교는 본문을 이렇게 의역한다)을 본받게 하고, 그들의 뒤를 따른 의인들의 길을 지키게 하리라." 우리는 성도들의 선한 모범들을 따라 우리의 전반적인 길을 선택해야 할 뿐만 아니라, 우리의 구체적인 길들을 선택함에 있어서도 그 모범들로부터 지도를 받아야 한다. 그들의 발자취를 잘 살펴

서, 그 발자국들을 따라 앞으로 나아가라. 우리가 왜 이런 선택을 해야 하는지와 관련해서 두 가지 이유가 여기에서 주어진다.

(1) 그것은 흠 없이 신앙을 지키는 자들은 든든히 서게 될 것이기 때문이다(21절).

[1] 그들 자신이 든든히 서게 될 것이다. 정직한 자들은 그들이 사는 동안에 평안하고 고요하게 땅에 거할 것이다. 그들의 정직함은 그들의 마음을 평안하게 지켜주고, 그들의 모략을 인도하며, 이웃들의 호의를 얻게 해주고, 하나님의 특별한 은총을 받게 해주어서, 그들로 하여금 이 땅에서 든든히 살게 해줄 것이다.

[2] 그들의 가문이 든든히 서게 될 것이다. 완전한 자들은 그들의 후손들을 통해서 땅에 남아 있을 것이다. 또한, 그들은 하늘의 가나안에서 영원히 거하며 남아 있게 될 것이다. 이 땅에서의 삶은 하늘에서의 삶의 모형일 뿐이다.

(2) 그것은 죄악을 행하는 자들은 멸망을 당하게 될 것이기 때문이다(22절). 악한 자의 길을 선택한 악인들에게는 무슨 일이 벌어지는지를 보라. 그들은 나중에 천국 및 천국과 관련된 모든 소망으로부터만이 아니라, 그들이 애착을 갖고 있고 그들의 보화를 쌓아둔 곳인 지금 이 땅에서도 끊어질 것이다. 그들은 이 땅에 뿌리를 내리고 있다고 생각하겠지만, 그들과 그들의 가문은 그들에 대한 심판 때문이 아니라 이 땅에 대한 긍휼 때문에 땅에서 뽑히게 될 것이다. 하나님이 그들의 뿌리와 가지를 남기지 아니할 날이 다가오고 있다(말 4:1). 그러므로 우리는 이런 결말을 가져다 줄 그런 길로부터 우리를 지켜줄 지혜가 우리 마음에 들어오게 하고 우리 영혼에 유쾌한 것이 되게 하여야 한다.

제 — 3 — 장

개요

이 장은 우리가 왜 신앙을 가져야 하는지를 설득하는 논증 및 신앙과 관련된 여러 명령들과 관련해서 잠언서 전체에서 가장 탁월한 글들 중의 하나이다. I. 우리는 늘 우리의 본분에 충실해야 한다. 왜냐하면, 그것이 우리가 행복해지는 길이기 때문이다(1-4절). II. 우리는 하나님을 의지하는 삶을 살아야 한다. 왜냐하면, 그것이 우리의 안전을 보장해 주는 길이기 때문이다(5절). III. 우리는 하나님을 경외하는 것에서 떠나지 말아야 한다. 왜냐하면, 그것이 건강에 좋은 길이기 때문이다(7-8절). IV. 우리는 우리의 재물로 하나님을 섬겨야 한다. 왜냐하면, 그것이 부하게 되는 길이기 때문이다(9-10절). V. 우리는 환난들 속에서 들려오는 하나님의 음성에 귀 기울여야 한다. 왜냐하면, 그것이 환난들을 통해서 유익을 얻는 길이기 때문이다(11-12절). VI. 우리는 지혜를 얻기 위해 수고하여야 한다. 왜냐하면, 그것이 지혜를 얻는 길이자 지혜로 말미암아 이문을 남기는 길이기 때문이다(13-20절). VII. 우리는 늘 지혜와 올바른 이성과 신앙의 법칙들로 우리 자신을 다스려야 한다. 왜냐하면, 그것이 늘 평안할 수 있는 길이기 때문이다(21-26절). VIII. 우리는 이웃에게 우리가 할 수 있는 모든 선을 다 하고 해로운 일은 전혀 하지 않아야 한다. 왜냐하면, 사람은 의로우냐 불의하냐, 자비로우냐 무자비하냐, 겸손하냐 오만하냐에 따라서 하나님에게서 그대로 받을 것이기 때문이다(27-35절). 이 모든 것을 통해서, 신앙은 사람들을 복되게 할 뿐만 아니라 다른 사람들에게도 복이 되게 하는 성질을 지니고 있다는 것이 드러난다.

1 내 아들아 나의 법을 잊어버리지 말고 네 마음으로 나의 명령을 지키라 2 그리하면
그것이 네가 장수하여 많은 해를 누리게 하며 평강을 더하게 하리라 3 인자와 진리
가 네게서 떠나지 말게 하고 그것을 네 목에 매며 네 마음판에 새기라 4 그리하면 네
가 하나님과 사람 앞에서 은총과 귀중히 여김을 받으리라 5 너는 마음을 다하여 여
호와를 신뢰하고 네 명철을 의지하지 말라 6 너는 범사에 그를 인정하라 그리하면
네 길을 지도하시리라

우리는 여기에서 하나님과 교제하는 삶을 살라는 가르침을 받는다. 이 경건의 비밀은 두말 할 필요도 없이 크고, 우리에게 중요한 결과를 가져다 주며, 여기에서 보여주는 바와 같이 이루 말할 수 없는 유익을 우리에게 준다.

I. **우리는 하나님의 명령들을 늘 마음에 새기고 있어야 한다**(1-2절).

1. 우리는 그렇게 하기 위하여 다음과 같이 하여야 한다.

(1) 우리는 하나님의 법과 명령들을 우리의 절대적인 규범으로 삼아서, 모든 일을 그 규범을 따라서 행하고, 언제든지 그 규범에 복종하여야 한다.

(2) 우리는 하나님의 법과 명령들을 잘 익혀야 한다. 여기에서 우리에게 그것들을 잊지 말라고 명령하는 것은 우리가 이미 그것들을 알고 있다는 것을 전제하고 있는 것이다.

(3) 우리는 하나님의 법과 명령들을 필요할 때에 언제라도 사용할 수 있도록 늘 기억하고 있어야 한다.

(4) 우리의 의지와 감정들은 하나님의 법과 명령들에 복종하여야 하고, 모든 일에서 그것들과 일치하여야 한다. 우리의 머리만이 아니라 우리의 가슴도 하나님의 명령을 지켜야 한다. 율법의 두 돌판은 증거궤 속에만이 아니라 우리의 가슴속에도 들어 있어야 한다.

2. 하나님은 우리로 하여금 하나님의 법의 모든 금령들과 명령들에 순복하도록 격려하시기 위하여 그렇게 하는 것이 장수하고 형통하는 확실한 길이라고 단언하신다(2절).

(1) 그것은 오래 살 수 있는 길이 될 것이다. 하나님의 명령들은 우리에게 많은 날들을 더하여 우리로 장수하게 해줄 것이다. 하나님의 명령들은 우리로 하여금 이 땅에서 선하고 유익한 삶을 살게 해줄 뿐만 아니라, 거기에 하늘에서의 영원한 삶, 곧 영원한 장수를 더해줄 것이다(시 21:4). 우리가 하나님의 명령들을 지키면, 하나님은 우리의 생명이 되어 주시고 우리의 많은 날들이 되어 주실 것이기 때문에, 우리의 이 땅에서의 삶에 영원한 장수가 더해질 것이다. 그러나 장수는 무거운 짐이자 괴로움이 될 수도 있기 때문에, 하나님은 다음과 같은 것들을 약속하신다.

(2) 그것은 평강을 누리는 길이 될 것이다. 따라서 노년의 날들은 힘들고 괴로운 날들이 아니라 즐거움이 있는 날들이 될 것이다. 하나님의 명령들은 네게 끊임없이 평강을 더해줄 것이다. 은혜가 점점 더해짐에 따라서 평강도 더해질

것이다. 이 세상에서와 우리 마음속에서 그리스도의 통치와 평강의 더함이 무궁할 것이다. 주의 법을 사랑하는 자에게는 점점 더 큰 평안이 있으리라(시 119:165).

Ⅱ. 우리는 하나님의 약속들을 늘 마음에 새기고 있어야 한다(3절). 우리는 하나님의 명령들과 더불어 주어지는 하나님의 약속들도 아울러 받아서 잘 간직하여야 한다. "인자와 진리가 네게서 떠나지 말게 하라. 즉, 약속들 속에 나타난 하나님의 인자하심과 그 약속들을 이루실 때에 증명될 하나님의 진실하심을 마음에 간직하라. 이 두 가지를 잃지 말고, 그것들에 의지해서 살아가라. 너의 모든 것이 그것들에 달려 있기 때문이다. 이 두 가지를 잊지 말고, 그것들에 의거하여 살며, 그것들로부터 위로를 얻으라. 그것들을 가장 우아한 장식물로 삼아서 네 목에 매라." 하나님의 인자와 진리로부터 유익을 얻을 수 있다는 것은 우리가 이 세상에서 누릴 수 있는 가장 큰 영광이다. "그것들을 네게 소중한 분깃이자 가장 좋아하는 것으로 여겨서 네 마음판에 새기라. 그것들을 되새기고 활용하는 것에서 기쁨을 느껴라." 또는, 이것은 우리의 본분인 자비와 진실함, 즉 사람들을 향한 자비와 하나님을 향한 경건과 충성됨을 의미하는 것일 수도 있다. 그러한 것들을 네 삶의 확고한 원리들로 삼아라. 솔로몬은 우리에게 그렇게 하도록 격려하기 위하여, 그렇게 하는 것이 우리의 창조주 하나님과 사람에게 칭찬받는 길이라고 단언한다(4절). 그리하면 네가 하나님과 사람 앞에서 은총과 귀중히 여김을 받으리라.

1. 선한 자는 무엇보다도 하나님의 은총을 구하고, 여호와께 열납되는 영광을 간절히 원한다. 그런데 그가 인자와 진리를 마음에 새기고 있으면, 하나님은 그에게 그런 은총을 베푸실 것이고, 그를 잘 이해하시며 받아 주실 것이다. 하나님은 그를 가장 좋은 쪽으로 받아들이실 것이고, 그가 무슨 말을 하거나 무슨 일을 행할 때에 그것을 호의적으로 보아주실 것이다. 그는 지혜의 자녀들 중의 한 사람으로 여겨질 것이고, 하나님으로부터 그의 명령들을 행하는 자들에게만 주어지는 명철을 지닌 자라고 칭찬을 받을 것이다.

2. 선한 자는 사람들에게도 사랑을 받고(그리스도께서 그러셨듯이, 눅 2:52), 그의 허다한 형제들에게 받아들여지기를 원한다(에 10:3). 그런데 그가 인자와 진리를 마음에 새기면, 그런 것이 이루어질 것이다. 그들은 그를 올바르게 이해해 줄 것이고, 그는 그들을 대할 때에 지혜로운 자로 드러날 것이며, 지

식과 분별력을 갖춘 자로 행하게 될 것이다. 네가 성공을 거두리라(어떤 이들은 이 본문을 이렇게 번역한다). 명철을 지닌 자는 무슨 일을 하든 그 일을 성공적으로 이루어내는 법이다.

Ⅲ. 우리는 하나님의 섭리를 늘 주시하고서, 우리의 모든 일 속에서 믿음과 기도를 통해서 그 섭리를 시인하고 의지하여야 한다.

1. 믿음을 통해서. 우리는 하나님의 섭리가 모든 피조물들과 그들의 모든 행위들에 미친다는 것을 확신하고서, 하나님의 지혜와 능력과 선하심을 전적으로 신뢰하여야 한다. 그러므로 우리는 마음을 다하여 여호와를 신뢰하여야 한다(5절). 우리는 하나님은 그가 하시고자 하는 것을 하실 수 있고, 그 일을 최고로 행하실 수 있을 만큼 지혜로우시며, 우리가 그를 사랑하고 섬기기만 한다면 그의 약속을 따라 우리에게 가장 선한 것을 행하시는 그런 선하심을 가지고 계시다는 것을 믿어야 한다. 우리는 철저히 순복하고 만족하는 가운데 하나님이 모든 일들을 우리를 위해 행하실 것임을 믿어야 하고, 마치 우리가 하나님이 없이도 우리 자신의 선견지명으로 모든 일을 스스로 할 수 있고 선한 결과를 낼 수 있다는 듯이 우리 자신의 명철을 의지해서는 안 된다. 자기 자신을 아는 자들은 그들 자신의 명철은 상한 갈대 또는 부러진 갈대여서 그것을 의지했다가는 반드시 실패하게 될 것임을 인정할 수밖에 없게 된다. 우리가 행하는 모든 일에서 우리는 우리 자신의 판단을 믿지 말고 하나님의 지혜와 능력과 선하심을 신뢰하여야 한다. 따라서 우리는 섭리를 억지로 우리 편으로 끌어오려고 하지 말고, 섭리를 있는 그대로 따라야 한다. 우리 자신의 생각으로 하려고 하지 않을 때에 가장 좋은 결과가 나온다는 것이 현실로 입증되는 경우가 많다.

2. 기도를 통해서(6절). 너는 범사에 하나님을 인정하라. 우리는 우리의 판단 속에서 우리와 우리의 모든 일들을 정하시고 안배하시는 하나님의 손길이 있다는 것을 믿어야 할 뿐만 아니라, 그것을 엄숙하게 시인하고 하나님께 그렇게 말씀드려야 한다. 우리는 우리가 확실하게 옳다고 믿는 일 외에는 그 어떤 일도 계획하지 말고, 하나님의 허락을 구하여야 한다. 우리는 어려운 일을 만났을 때(우리가 어찌 할 바를 몰라서 하나님을 바라볼 수밖에 없게 된 때)만이 아니라, 그 일이 아무리 명백해 보일지라도 모든 일에서 하나님의 조언을 구하고 하나님의 지도(指導)를 구하여야 한다. 우리는 빠른 경주자들이라고 선착하는 것이 아니라는 것을 아는 자들로서 우리가 하는 일이 잘 되게 해 주시라고 하나님

께 구하여야 한다. 우리는 모든 판단을 하나님께 맡기고, 거룩한 무심(無心)함으로 인내를 가지고 하나님의 응답을 기다려야 한다. 우리가 한 일들이 순탄하게 이루어져서 즐겁고 만족스러운 때에 우리는 감사함으로 하나님을 인정하여야 할 뿐만 아니라, 우리가 하고자 하는 일들이 가시밭길이어서 순탄하지 못하고 마음이 편하지 않을 때에도 하나님을 인정하고 그 앞에 납작 엎드려야 한다. 이렇게 범사에 우리의 눈은 늘 하나님을 향해 있어야 한다. 입다가 미스바에서 자기의 말을 다 여호와 앞에 아뢰었듯이(삿 11:11), 우리는 모든 일에서 우리가 구하는 것들을 하나님께 낱낱이 아뢰어야 한다. 솔로몬은 우리에게 그렇게 하도록 힘을 북돋워 주기 위하여 이렇게 약속한다. "하나님이 네 길들을 지도하실 것이기 때문에, 네 길이 안전하고 선하며, 마침내 그 결과가 복될 것이다." 하나님의 인도하심 아래에 자기 자신을 두는 자들은 늘 그 인도하심으로 인한 유익을 얻게 될 것임을 명심하라. 하나님은 그들을 지도하셔서 그들에게 그 길을 가는 데에 유익한 지혜를 주실 것이기 때문에, 그들은 곁길로 빠져 죄를 짓지 않고, 자기가 하는 일을 아주 지혜롭게 처리해서, 그 일이 결국 그들에게 유익이 되는 쪽으로 이루어질 것이다. 구름 기둥과 불 기둥을 충실하게 따르는 자들은 그것이 그들을 대충 인도하는 것 같지만 사실은 그들을 올바른 길로 인도하여 마침내 가나안에 이르게 하였다는 것을 알게 될 것이다.

[7]스스로 지혜롭게 여기지 말지어다 여호와를 경외하며 악을 떠날지어다 [8]이것이 네 몸에 양약이 되어 네 골수를 윤택하게 하리라 [9]네 재물과 네 소산물의 처음 익은 열매로 여호와를 공경하라 [10]그리하면 네 창고가 가득히 차고 네 포도즙 틀에 새 포도즙이 넘치리라 [11]내 아들아 여호와의 징계를 경히 여기지 말라 그 꾸지람을 싫어하지 말라 [12]대저 여호와께서 그 사랑하시는 자를 징계하시기를 마치 아비가 그 기뻐하는 아들을 징계함 같이 하시느니라

여기에는 세 가지 권면이 나오는데, 각각의 권면에는 그 이유가 덧붙여져 있다.

I. **우리는 겸손하고 본분을 다하는 마음으로 하나님과 그의 통치에 복종하며 살아가야 한다**(7절). "여호와를 너의 주권자이자 주인으로서 경외하라. 모든 일에서 너의 신앙이 지배하게 하고, 하나님의 뜻에 복종하라."

1. 그것은 겸손한 복종이 되어야 한다. 스스로 지혜롭게 여기지 말지어다. 우리 자신의 지혜를 자랑하고 뽐내는 것보다 신앙의 능력과 하나님을 경외하는 일에서 더 큰 원수는 없다는 것을 명심하라. 자신의 능력을 믿는 자들은 신앙의 법칙들을 기준으로 삼아서 그들 자신의 생각을 평가하거나 버리는 것을 그들의 위신이 깎이는 일이라고 생각한다.

2. 그것은 본분을 다하는 복종이 되어야 한다. 여호와를 경외하며 악을 떠날지어다. 하나님을 노엽게 해 드리거나 하나님의 돌보심을 상실할 수 있는 그런 일은 절대로 하지 않도록 조심하라. 여호와를 경외하여 악을 떠나는 것은 참된 지혜요 명철이다(욥 28:28). 그렇게 하되, 자기를 부인하고, 스스로 지혜롭게 여기지 않는 가운데 그렇게 하는 자들은 진정으로 지혜 있는 자들이다. 하나님을 경외하며 그렇게 살도록 우리를 격려하기 위해서, 솔로몬은 여기에서 그렇게 하는 것은 우리의 몸에 꼭 필요한 양식만큼이나 우리의 겉사람에도 유익이 될 것이라고 약속한다(8절). 그것은 자양분이 되어 줄 것이다: 이것이 네 몸에 양약이 되리라. 그것은 힘을 더하여 줄 것이다: 이것이 네 골수를 윤택하게 하리라. 신앙이 가르치는 사려분별, 절제, 건전함, 차분하고 침착한 마음, 잘 다스려진 식욕과 감정은 영혼의 건강에 아주 큰 도움이 될 뿐만 아니라, 육체에도 아주 바람직한 좋은 습관을 형성시켜 주는데, 이 좋은 습관이 없이는 우리가 이 세상에서 누리는 다른 모든 것들은 무미건조하게 되어 버린다. 시기는 뼈를 썩게 하고(잠 14:30), 세상의 근심은 뼈를 마르게 하지만, 하나님을 바라고 기뻐하는 것은 뼈의 골수를 윤택하게 한다.

II. 우리는 우리의 재물을 선하게 사용하여야 하는데, 그것이 재물을 늘리는 길이다(9-10절).

1. 이것은 우리의 재물로 하나님을 섬기는 것을 우리의 본분으로 규정하는 명령이다. 네 재물로 여호와를 공경하라. 우리가 하나님을 공경하고, 우리로 말미암아 하나님의 이름이 드러나고 하나님이 찬송을 받으시게 하는 것은 하나님이 우리를 창조하시고 구속하신 목적이다. 우리에게는 하나님을 공경하는 것 외에는 하나님을 섬길 수 있는 다른 길이 없다. 우리는 하나님의 존귀하심을 드러내야 하고, 우리 자신도 하나님에 대하여 공경하는 마음을 가져야 한다. 우리는 하나님의 것인 우리의 몸과 영혼으로만이 아니라, 마찬가지로 하나님의 것인 우리의 재물로도 하나님을 공경하여야 한다. 우리와 우리에게 딸려 있

는 모든 것들은 하나님의 영광을 드러내는 데에 바쳐져야 한다. 세상의 재물은 보잘것없는 것이지만, 우리는 그 재물로 하나님을 공경하여야 한다. 그러면, 그 재물은 귀한 것으로 바뀐다.

(1) 우리는 우리의 소산물로 하나님을 공경하여야 한다. 재물이 불면, 우리는 우리 자신을 높이고(신 8:17) 우리의 마음을 세상에 두고자 하는 유혹을 느끼게 된다(시 62:10). 그러나 하나님이 우리에게 더 많은 것을 주실수록, 우리는 더욱더 하나님을 공경하는 일에 힘을 쏟아야 한다. 여기에서 말하는 소산물은 땅의 소산물이다. 하나님은 우리가 끊임없이 하나님을 의지하도록 하시기 위하여 해마다 땅에서 나는 소산물을 먹고 살도록 정해 놓으셨다.

(2) 우리는 우리의 모든 소산물로 하나님을 공경하여야 한다. 하나님이 모든 일에서 우리를 형통하게 하실 때, 우리는 하나님께 영광을 돌려야 한다. 우리의 법에는 십일조의 방식에 관한 규정은 있지만, 십일조를 면제하는 규정은 없다.

(3) 우리는 아벨처럼 모든 소산물의 처음 익은 열매로 하나님을 공경하여야 한다(창 4:4). 이것은 율법이요(출 23:19) 선지자였다(말 3:10). 처음이시고 최고이신 하나님은 모든 것의 처음이자 최고의 것을 가지셔야 마땅하다. 하나님의 권리는 다른 모든 권리보다 앞서기 때문에, 우리는 하나님께 가장 먼저 드려야 한다. 우리가 가진 세상 재물과 그 재물로 인하여 우리가 갖고 있는 영향력을 우리의 거룩한 신앙에 도움이 되는 방향으로 사용하고, 그 재물로 가난한 자들에게 선한 일을 하며, 존귀한 일들을 계획해서 그 재물로 모든 경건과 구제의 일을 차고 넘치게 하는 것이 우리의 본분이라는 것을 명심하라.

2. 이것은 우리의 재물로 하나님을 섬기는 것이 우리에게 이익이 될 것이라는 약속이다. 그것은 적은 재물을 점점 더 많은 재물로 만들어 나가는 방법이고, 성공하여 부자가 되는 가장 확실하고 안전한 방법이다. 그리하면 네 창고가 가득히 차리라(10절). 솔로몬은 가방이 아니라 창고, 옷장이 아니라 포도즙 틀이 가득히 찰 것이라고 말한다. "하나님은 남에게 과시하기 위한 것이나 장식물로 쓸 것이 아니라 실제로 쓸모가 있는 것, 쌓아 놓고 모아 놓는 것이 아니라 나눠 주고 퍼줄 수 있는 것을 차고 넘치게 하시는 복을 네게 주실 것이다." 가진 것으로 선을 행하는 자들에게는 하나님이 그들로 하여금 더 많은 선을 행하라고 더 많이 부어 주실 것이다. 우리의 세상 재물을 우리의 거룩한 신앙에 크

게 기여하는 쪽으로 사용하면, 우리는 우리의 거룩한 신앙이 우리의 세상 일들을 형통하게 하는 데에 큰 기여를 하는 것을 보게 될 것임을 명심하라. 경건은 금생에 약속이 있어서(딤전 4:8), 현세에서의 많은 위로와 낙(樂)이 뒤따를 것이다. 우리가 가진 재물을 남들에게 주면 우리의 재물이 줄어들어서 우리는 점점 가난해질 것이라고 생각한다면, 그것은 오산이다. 정반대로, 하나님의 영광을 위하여 우리의 재물을 남들에게 주면, 우리는 점점 부자가 되게 되어 있다(학 2:19). 우리가 남들에게 준 것을 하나님은 우리에게 되돌려 주신다.

Ⅲ. 우리는 환난 가운데에서 올바르게 처신하여야 한다(11-12절). 사도 바울은 이 본문을 인용하면서(히 12:5), 그것을 아버지의 권위와 사랑으로 아들들에게 권하는 것 같이 우리에게 권면하신 말씀이라고 부른다. 우리는 여기 고해(苦海)라고 하는 세상 속에서 살아가고 있다. 좀 더 자세하게 살펴보자.

1. 우리가 환난 가운데에 있을 때에 우리는 어떻게 해야 하는가. 우리는 환난을 경히 여기거나 싫어하지 말아야 한다. 앞에 나온 권면이 부하고 형통하는 자들에 대한 것이었다면, 여기에 나오는 권면은 가난하고 역경에 처한 자들에 대한 것이다.

(1) 우리는 환난을 경히 여겨서는 안 된다. 그 환난이 아무리 가볍고 잠시 온 것이라고 하더라도, 우리는 마치 그 환난을 주목할 필요가 없다고 여기거나 그 환난이 하나님의 심부름으로 보내진 것이 아니기 때문에 대답할 필요가 없다는 듯이 경시해서는 안 된다. 우리는 환난 가운데서 물건이나 목석이나 극기주의자가 된 것처럼 환난을 아랑곳하지 않고, 하나님 없이도 그 환난을 쉽게 극복할 수 있다고 결론을 내리고서, 마음을 완고하게 가져서는 안 된다.

(2) 우리는 환난을 싫어해서는 안 된다. 그 환난이 아무리 무겁고 오랫동안 진행되더라도, 우리는 환난 때문에 낙심하거나(사도 바울의 번역에 의하면) 넋이 나가거나 절망에 빠지거나 거기에서 벗어나기 위해서 편법을 사용해서는 안 된다. 우리는 환난이 필요 이상으로 더 심해지거나 더 오랫동안 지속될 것이라고 생각해서도 안 되고, 환난으로부터의 구원이 우리가 기대한 것만큼 그렇게 빨리 오지 않는다고 해서 결코 오지 않을 것이라고 결론을 내려서도 안 된다.

2. 우리가 환난 가운데에 있을 때에 우리는 무엇을 위로로 삼아야 하는가.

(1) 환난은 하나님의 꾸지람이라는 것. 환난은 여호와의 징계이다. 이것은 우

리가 환난을 순순히 받아들여야 하는 이유이기도 하고(절대 주권과 거역할 수 없는 능력을 지니신 하나님과 다투는 것은 어리석은 일이기 때문에), 환난을 흡족히 여겨야 하는 이유이기도 하다. 왜냐하면, 우리는 흠 없는 순전함을 지니신 하나님이 우리에게 잘못을 하실 리가 없고, 무한한 선하심을 지니신 하나님이 우리를 해칠 의도를 갖고 계실 리가 없다는 것을 확신할 수 있기 때문이다. 환난은 하나님으로부터 온 것이기 때문에, 우리는 환난을 가볍게 여겨서는 안 된다. 왜냐하면, 사자를 무시하는 것은 그 사자를 보낸 이를 모독하는 것이기 때문이다. 환난은 하나님으로부터 온 것이기 때문에, 우리는 환난을 싫어하거나 넌더리를 내서는 안 된다. 왜냐하면, 하나님은 우리의 체질을 아시고, 우리에게 무엇이 필요한지, 우리가 어느 정도의 환난을 감당할 수 있는지를 다 아시기 때문이다.

(2) 환난은 아버지로서의 꾸지람이라는 것. 환난은 재판장으로서의 하나님의 보복하시는 공의로부터 나오는 것이 아니라, 아버지로서의 지혜로운 애정으로부터 나온다. 아버지는 그 사랑하는 아들을 징계한다. 아니, 아버지는 아들을 사랑하고, 아들이 지혜롭고 선하게 되기를 바라기 때문에, 징계하는 것이다. 아버지는 그의 아들 속에 있는 사랑스럽고 어여쁜 것을 기뻐하기 때문에, 그의 아들을 이상하게 기형으로 만들어 놓아서 그 아들에 대한 그의 기쁨을 감소시킬 수 있는 것들을 미리 예방하거나 치료하기 위해서 징계한다. 그래서 하나님은 **무릇 내가 사랑하는 자를 많이 사랑하기 때문에 그만큼 더 많이 책망하여 징계하노라**(계 3:19)고 말씀하신다. 다음과 같은 것들은 환난 가운데에 있는 하나님의 자녀들에게 큰 위로가 된다.

[1] 환난은 언약에 의거한 사랑과 양립할 뿐만 아니라 바로 그 사랑으로부터 흘러나온다는 것.

[2] 환난은 그들을 실제로 해치기는커녕, 그 환난과 더불어 역사하는 하나님의 은혜로 말미암아 그들에게 큰 유익을 가져다 줌과 동시에 그들을 흡족하게 만드는 복된 수단이라는 것.

[13]지혜를 얻은 자와 명철을 얻은 자는 복이 있나니 [14]이는 지혜를 얻는 것이 은을 얻는 것보다 낫고 그 이익이 정금보다 나음이니라 [15]지혜는 진주보다 귀하니 네가 사모하는 모든 것으로도 이에 비교할 수 없도다 [16]그의 오른손에는 장수가 있고 그의

왼손에는 부귀가 있나니 [17]그 길은 즐거운 길이요 그의 지름길은 다 평강이니라 [18]
지혜는 그 얻은 자에게 생명 나무라 지혜를 가진 자는 복되도다 [19]여호와께서는 지
혜로 땅에 터를 놓으셨으며 명철로 하늘을 견고히 세우셨고 [20]그의 지식으로 깊은
바다를 갈라지게 하셨으며 공중에서 이슬이 내리게 하셨느니라

솔로몬은 우리에게 지혜를 부지런히 구하라고 간곡하게 당부하였고 (2:1 이하), 우리가 진실한 마음으로 끈질기게 구하면 반드시 얻게 될 것이라고 약속하였었다. 그렇다면 우리가 지혜를 얻었다고 했을 때에 우리는 그 지혜를 통해서 어떤 것들을 얻게 되는가라는 질문이 자연스럽게 제기된다. 어떤 유익들이 있는지를 미리 알게 된다면, 우리는 지혜를 얻는 일에 박차를 가하게 될 것이다. 그러므로 솔로몬은 여기에서 지혜를 얻는 것이 우리에게 얼마나 큰 유익을 가져다 주는지를 얘기하기에 앞서, 먼저 그 유익을 의문의 여지가 없는 진리, 즉 참된 지혜를 얻은 자는 복이 있다는 말로 표현한다. 참된 지혜는 하나님을 아는 지식과 하나님을 향한 사랑, 하나님의 진리들과 섭리들과 법들에 들어 있는 모든 의도들을 온전히 따르는 것에 있다. 좀 더 자세하게 살펴보자.

I. 지혜를 얻어서 그것으로 말미암아 복되게 된다는 것은 무엇인가.

1. 우리는 지혜를 얻어야 한다. 지혜를 발견하여 자기 것으로 만들어서 지혜로 인한 힘을 얻은 자, 명철을 끌어 오는 자(원문은 이런 의미이다)는 복이 있다. 즉, 다음과 같은 자는 복이 있다.

(1) 하나님에게서 지혜를 얻는 자. 그는 지혜를 자기 속에 지니고 있는 것이 아니라, 모든 지혜의 원천이시고 후하게 주시는 분에게서 기도의 두레박으로 길어 올린다.

(2) 지혜를 얻기 위해서 수고하는 자. 그는 광산에서 철광석을 캐듯이 지혜의 우물에서 땀 흘려 지혜를 긷는다. 지혜가 쉽게 올라오지 않으면, 우리는 더 힘을 내서 길어 올려야 한다.

(3) 지혜를 잘 사용하는 자. 그는 자기가 얻은 어느 정도의 명철을 밑천으로 해서 다섯 달란트를 열 달란트로 만들고 지식을 점점 더함으로써 지혜를 계속해서 길어 올린다.

(4) 지혜로 선을 행하는 자. 그는 마치 병에서 포도주를 따르듯이 자기가 지닌 지혜로부터 지혜를 끌어내어서, 다른 사람들을 가르치기 위하여 새 것과 옛

것을 나누어 준다. 이것은 지혜가 제대로 사용된 것이다.

2. 우리는 다른 것들을 다 내어 주고라도 지혜를 얻어야 한다. 우리는 여기에서 지혜라는 상품에 대하여 얘기하는 것을 듣는데, 그 내용은 이런 것이다.

(1) 우리는 상인이 자신의 상품을 사고 팔기 위해서 그의 주된 생각과 시간을 거기에 쏟는 것과 마찬가지로 지혜를 얻는 것을 우리의 부업이 아니라 주업으로 삼아야 한다.

(2) 우리는 지혜를 얻기 위해서라면 우리의 모든 것을 걸어야 하고, 우리가 지닌 다른 모든 것을 기꺼이 주고서라도 지혜를 사야 하고, 지혜를 얻기 위해 다른 모든 것을 버려야 한다면 그렇게 하여야 한다. 지혜는 값이 많이 나가는 진주와 같기 때문에, 우리는 지혜를 발견했을 때에 그 지혜를 사기 위해서 우리가 가진 다른 모든 것을 두말 없이 팔아야 한다(마 13:45-46). **진리를 사라** (23:23). 솔로몬은 어느 정도의 가격으로 지혜를 사라고 말하지 않는다. 왜냐하면, 우리는 지혜를 발견했다면 무슨 대가를 치르더라도 그 지혜를 놓치지 말고 반드시 사야 하기 때문이다.

3. 우리는 우리에게 지혜를 살 수 있는 기회가 생겼을 때에는 좋은 조건으로 나온 물건과 마찬가지로 반드시 그 지혜를 사야 한다. 그 지혜를 우리 손에 넣을 수 없는 위험성이 있다면, 우리는 더욱 주의 깊고 세심하게 행하여 그 지혜를 손에 넣어야 한다. 우리는 지혜를 얻는 일에 우리의 모든 힘을 다하고 우리의 모든 열심을 내며, 지혜를 얻을 수 있는 모든 기회를 놓치지 않고, 아주 작은 지혜라도 꼭 붙잡아야 한다.

4. 우리는 지혜를 간직하여야 한다. 지혜를 얻는 것만으로는 충분하지 않고, 우리는 끝까지 지혜의 길로 행할 수 있기 위해서 지혜를 결코 놓치지 않겠다는 각오로 지혜를 꼭 붙들고 있어야 한다. 우리는 **지혜를 떠받쳐야** 하고(어떤 이들은 이렇게 읽는다), 우리의 모든 힘을 다해서 지혜를 꼭 끌어안아야 한다. 우리는 우리가 살고 있는 자리에서 쇠퇴하여 가는 신앙을 있는 힘을 다해서 떠받쳐야 한다.

Ⅱ. 지혜를 얻은 자들이 누리는 복은 무엇인가.

1. 그것은 이 세상의 재물이 줄 수 있는 것보다 더 큰 초월적인 복이다(14-15절). 지혜, 그리스도, 은혜, 영적인 축복들을 얻는 것은 은이나 금, 진주를 얻는 것보다 더 이문이 남는 장사이다. 은금이나 보석을 넘치게 얻은 자, 아니 이

세상에서 그가 원하는 모든 것을 얻은 자가 있다고 하자(과연 그런 사람이 있었을지는 의문이지만).

(1) 그는 그가 가진 모든 것으로 하늘의 지혜를 얻을 수 없을 것이다. 아니, 그가 가진 모든 것은 철저히 경멸을 받게 될 것이다. 지혜는 순금으로도 얻을 수 없다(욥 28:15).

(2) 그는 그가 가진 모든 것으로 하늘의 지혜가 없어서 생긴 공백을 메울 수도 없고, 그 모든 것을 그의 어리석음 때문에 잃어버린 영혼의 속전(贖錢)으로 삼을 수도 없을 것이다.

(3) 그는 그가 가진 모든 것으로 그런 것들을 하나도 가지지 않았지만 참된 지혜를 갖고 있는 자들이 누리는 복의 절반도 이 세상에서 누리지 못할 것이다.

(4) 하늘의 지혜는 금이나 은, 진주로 살 수 없는 그런 것을 우리에게 공급해 줄 것이다.

2. 그것은 참된 복이다. 왜냐하면, 지혜를 얻은 것은 사람을 복되게 만들어 준다고 여겨지는 모든 것들을 다 얻은 것이나 다름없기 때문이다(16-17절). 지혜는 여기에서 그녀의 충성되고 사랑스러운 신민들과 그녀의 통치에 순종하는 모든 자들에게 선물을 아낌없이 나누어 주는 여왕으로 묘사된다.

(1) 장수는 복인가? 그렇다. 장수는 아주 귀한 복이다. 생명은 모든 좋은 것을 포함하고 있기 때문에, 지혜는 오른손에 장수를 들고서, 그것을 사람들에게 나누어 준다. 신앙은 장수할 수 있는 가장 좋은 방법이고, 우리에게 장수의 약속이 이루어지게 한다. 이 땅에서 우리의 날수가 다른 사람들과 별반 다르지 않다고 하더라도, 더 나은 저 세상에서 우리는 영원한 삶을 살게 될 것이다.

(2) 부귀는 복인가? 그렇다. 부귀는 복이다. 그렇기 때문에, 지혜는 왼손에 부귀를 들고서, 그것을 사람들에게 나누어 준다. 지혜는 그에게 순종하는 자들을 그의 두 팔로 기꺼이 껴안아 주는 것과 마찬가지로, 그의 두 손에 든 것들을 그들에게 기꺼이 나누어 준다. 그들은 무한하신 지혜가 그들을 위해 좋다고 보실 때에만 이 세상의 재물을 갖게 될 것이지만, 사람들로 하여금 하나님을 향하여 부요하게 만들어 주는 참된 재물은 그들에게 확실하게 보장되어 있다. 선천적으로 또는 출세해서 얻은 존귀함 가운데서 신앙에 따라오는 존귀함에 비할 수 있는 것은 하나도 없다. 신앙은 의인들을 그 이웃보다 더 뛰어나게 하며,

하나님으로부터 칭찬을 받게 하고, 양식(良識)이 있는 모든 자들로부터 존경를 받게 하며, 내세에서는 이 세상에서 무명으로 살다가 죽은 자들을 해처럼 빛나게 만들어 줄 것이다.

(3) 즐거움은 사람들이 얻고자 하는 것인가? 그렇다. 참된 경건은 그 속에 아주 큰 참된 즐거움을 지니고 있다는 것은 확실하다. 그 길은 즐거운 길이요(17절). 지혜가 우리에게 명령하는 길들은 즐거움과 만족함이 차고 넘치는 길들이다. 사람의 감각으로 누리고 즐기는 모든 것들은 은혜를 받은 영혼이 하나님과 교제하거나 선을 행하면서 얻는 즐거움과 감히 비교할 수 없다. 우리를 우리의 여정의 목적지까지 반드시 데려다 줄 올바른 길이 하나밖에 없다면, 그 길이 평탄하든지 질퍽거리든지, 즐겁든지 힘들든지, 우리는 그 길을 갈 수밖에 없다. 그러나 신앙의 길은 올바른 길이지만 즐거운 길이다. 그 길은 순탄하고 깨끗하며 장미꽃들이 흩뿌려진 길이다. 그의 길은 다 평강이니라(17절). 그 길의 끝에만 평강이 있는 것이 아니라, 그 길을 가는 도중에도 평강이 있다. 전체적인 신앙의 길에만 평강이 있는 것이 아니라, 신앙의 길에 속한 모든 길들과 그 길들 속에서 행하거나 만나는 모든 것들에도 평강이 있다. 신앙이 주는 달콤한 평강은 이 세상의 어떤 것으로도 쓴 것이 되게 하지 못한다. 신앙으로 가는 길들은 다 평강이고, 달콤할 뿐만 아니라 안전하다. 성도들은 천국의 이 편에서 평강 속으로 들어가서 현재적으로 안식을 누리고 있다.

3. 그것은 낙원의 복이다. 지혜는 생명 나무라(18절). 참된 은혜는 영혼에 대하여 생명 나무와 같다. 우리의 첫 조상은 금지된 과실을 먹었기 때문에 생명 나무에 접근하는 것이 차단되었다. 지혜는 영원히 죽지 않는 생명의 씨앗이고, 영생하도록 솟아나는 생수의 우물이다. 지혜는 생명 나무가 있는 새 예루살렘의 전조(前兆)이다(계 22:2; 2:7). 이 하늘의 지혜를 먹고 사는 자들은 온갖 치명적인 질병을 고침 받게 될 뿐만 아니라, 노화와 죽음을 막아주는 해독제도 발견하게 되어서, 먹고 영원히 살게 될 것이다.

4. 그것은 하나님의 복에 참여하는 것이다. 왜냐하면, 지혜는 하나님의 영원한 영광이자 지극한 복이기 때문이다(19-20절). 여호와께서 지혜로 땅에 터를 놓으셨기 때문에 땅이 요동할 수 없고, 땅은 창조의 모든 목적을 이루는 데에 결코 실패할 수 없고 놀라울 정도로 예외 없이 그 모든 목적을 이루게 되어 있다는 것은 우리로 하여금 하나님이 주시는 지혜와 명철을 소중히 여기게 만들기

에 충분하다. 또한, 하나님은 명철로 하늘을 견고히 세우시고, 하늘의 모든 운행이 가장 좋은 방식으로 이루어지게 하셨다. 천체는 방대하지만 거기에는 결함이 없고, 천체는 무수하지만 거기에는 무질서가 없으며, 천체의 운행은 빠르지만 닳아 없어지거나 균열되는 것이 없다. 깊은 바다를 갈라지게 하셔서 거기로부터 궁창 아래의 물이 올라오게 하셨으며, 공중에서 이슬이 내리게 하셔서 궁창 위의 물이 내려오게 하셨는데, 이 모든 것은 하나님의 지혜와 지식에 의해서 이루어진 일이다. 지혜를 얻은 자는 복이 있다. 왜냐하면, 그는 지혜를 얻음으로써 모든 선한 일을 행할 능력을 갖추게 되었기 때문이다(딤후 3:17). 그리스도는 하나님이 세계들을 창조하실 때에 함께 하셨고 그 세계들을 계속해서 보존하시기 위하여 지금도 사용하고 계시는 바로 그 지혜이시다. 그리스도는 하나님으로부터 나와서 우리에게 지혜가 되셨는데(고전 1:30), 지혜이신 그리스도를 모시고 있는 우리는 복이 있는 자들이다. 왜냐하면, 하늘과 땅과 바다에 충만한 모든 것이 다 그리스도의 것이고, 지혜이신 그리스도께서는 하나님이 앞서 약속하신 장수와 부귀 같은 온갖 약속들을 우리 안에서 이루실 것이기 때문이다.

[21]내 아들아 완전한 지혜와 근신을 지키고 이것들이 네 눈 앞에서 떠나지 말게 하라
[22]그리하면 그것이 네 영혼의 생명이 되며 네 목에 장식이 되리니 [23]네가 네 길을 평
안히 행하겠고 네 발이 거치지 아니하겠으며 [24]네가 누울 때에 두려워하지 아니하
겠고 네가 누운즉 네 잠이 달리로다 [25]너는 갑작스러운 두려움도 악인에게 닥치는
멸망도 두려워하지 말라 [26]대저 여호와는 네가 의지할 이시니라 네 발을 지켜 걸리
지 않게 하시리라

솔로몬은, 지혜를 얻었을 뿐만 아니라 잘 간직하는 자들이 복이 있다고 선언한 후에, 여기에서는 지혜를 잘 간직한 자들에게는 위로와 낙이 주어질 것임을 약속하면서, 우리에게 지혜를 잘 간직하라고 권면한다.

I. 신앙의 법칙들을 늘 눈 앞에 두고 마음에 새기라는 권면(21절).

1. 신앙의 법칙들을 늘 눈 앞에 두라는 것. "내 아들아 이것들이 네 눈 앞에서 떠나지 말게 하라. 네 눈을 이것들에서 옮겨서 헛된 것을 좇아 방황하게 하지 말라. 이것들을 늘 마음에 두고 잊지 말라. 이것들을 종종 생각하고 음미하되, 네가 이것들을 오랫동안 충분히 보아 왔기 때문에 이제는 보지 않아도 될 때가

됐다고 결코 생각하지 말라. 도리어, 네가 살아 있는 동안에는 늘 이것들을 간직하고 더욱 친밀하게 사귀어라." 글을 배우는 자는 글을 늘 보아야 하고, 글을 눈 앞에서 치워 버려서는 안 된다. 마찬가지로, 실수 없이 신중하게 행하고자 하는 자들은 지혜의 말씀들을 늘 주목하여야 한다.

2. 신앙의 법칙들을 늘 마음에 새기라는 것. 왜냐하면, 우리가 완전한 지혜와 분별력, 그리고 그 원리들과 길들을 간직해 두어야 할 곳은 마음의 숨은 사람이라는 창고 속이기 때문이다. 지혜는 간직해 둘 가치가 있는 재물이다.

Ⅱ. 지혜를 간직하면 이루 말할 수 없는 유익이 있다는 것이 이 권면을 강화하기 위한 근거로 제시됨.

1. 힘과 만족이라는 유익. "네가 지혜를 간직하고 있으면, 그것은 네 영혼의 생명이 될 것이다(22절). 그것은 네가 나태해지고 무기력해질 때마다 너를 일깨워서 너의 본분을 다하게 해줄 것이다. 그것은 환난 가운데서 네가 풀이 죽고 낙심될 때마다 네게 새로운 힘을 줄 것이다. 그것은 너의 영적인 생명이 되어 줄 것이고, 영원한 생명의 맛보기가 되어 줄 것이다." 영혼의 생명이야말로 진정한 생명이다.

2. 존귀와 명성이라는 유익. 그것은 네 목에 금 사슬이나 보석 사슬과 같은 장식이 될 것이다. 그것은 네 턱에 장식(원문은 이렇게 되어 있다)이 되어서 네 풍취를 더해줄 것이다(어떤 이들은 이렇게 읽는다). 그것은 네가 말하는 모든 것이 은혜를 발산하게 하여서(어떤 이들은 이렇게 읽는다), 너로 하여금 사람들이 잘 받아들일 수 있는 말들을 하게 해줄 것이고, 이로 인하여 신임과 명성을 얻게 해줄 것이다.

3. 평안과 안전이라는 유익. 솔로몬은 이것을 네 절에 걸쳐서 역설하는데, 그 취지는 의(이것은 여기에서 지혜와 동일하다)의 결과는 영원한 평안과 안전이라(사 32:17)는 것을 보여주는 것이다. 선한 자들은 하나님의 특별한 보호하심 아래에 있게 되고, 그들은 거기에서 온전한 만족을 얻을 수 있다.

(1) 그들은 낮에 행할 때에 안전하고 평안할 것이다(23절). 신앙을 우리의 반려로 삼는다면, 그 신앙은 우리를 호위해 줄 것이다. "네가 네 길을 평안히 행하리라. 자연적인 삶과 거기에 속한 모든 것은 하나님의 섭리의 보호하심 아래에 있게 될 것이고, 영적인 삶과 거기에 속한 모든 것은 하나님의 은혜의 보호하심 아래에 있을 것이다. 따라서 너는 죄나 환난 속으로 떨어지는 것으로부터

보호를 받을 것이다." 지혜는 우리를 시험과 유혹으로부터 멀리 떨어진 안전한 길로 인도해 주고 늘 그 길에 있게 해 줄 것이기 때문에, 우리는 거룩한 안전함으로 그 길로 행할 수 있다. 우리가 마땅히 행해야 하는 본분을 따라 가는 길이야말로 가장 안전한 길이다. "우리는 넘어질 위험에 처해 있지만, 지혜가 너를 지켜줄 것이기 때문에, 네 발이 거치지 아니할 것이다. 많은 사람들이 걸려 넘어지는 것들을 너는 어떻게 극복하는지를 알 것이다."

(2) 그들은 밤에 쉴 때에 안전하고 평안할 것이다(24절). 우리는 조용히 물러나서 혼자 있을 때에 무서운 일들을 당하여 겁을 집어먹게 되기가 쉽다. "그러나 늘 하나님과 교제하고 선한 양심을 지키라. 그리하면, 너는 우리와 우리의 모든 친구들이 다 자고 있을 때에도 이스라엘을 지키시는 자, 즉 모든 참된 이스라엘 사람을 지키시는 하나님은 졸지도 아니하시고 주무시지도 아니하신다는 것을 알고 있고, 네 자신을 그 하나님께 맡기고서, 하나님의 날개 그늘 아래에 피하였기 때문에, 네가 누울 때에 불이나 도둑이나 귀신이나 그 밖에 어둠 속에서 사람들을 두렵게 하는 것들을 두려워하지 아니할 것이다. 네가 누운즉, 보초를 서기 위해서 일어나거나 염려나 두려움 때문에 눈을 뜬 채 밤을 지새울 필요 없이 잠들게 될 것이다. 너는 밖으로부터나 안으로부터 무엇에 놀라서 잠을 깨지 않을 것이기 때문에 네 잠이 달리로다(시 4:8; 116:7)." 밤에 잠을 잘 자는 길은 선한 양심을 지키는 것이다. 지혜롭고 경건한 자의 잠은 하루 종일 일한 자의 잠과 마찬가지로 달다.

(3) 그들은 아무리 큰 곤경과 위험에 처해서도 안전하고 평안할 것이다. 흠 없는 신앙과 정직함은 우리를 지켜 보호해 줄 것이기 때문에, 우리는 갑작스러운 두려움을 두려워할 필요가 없다(25절). 생각지도 않게 갑작스럽게 닥쳐서 우리에게 대비할 시간을 주지 않는 해악들은 우리를 가장 당혹스럽게 만든다. 그러나 지혜롭고 선한 자는 늘 평정심을 잃지 않아야 한다. 그러면, 그 어떤 두려운 일이 갑자기 닥치더라도, 그는 두려움에 잡혀 괴로워하는 일이 없게 될 것이다. 또한, 그는 악인의 멸망이 임할지라도 그것을 두려워해서는 안 되는데, 여기에서 악인들의 멸망은 다음 둘 중의 하나를 의미할 수 있다.

[1] 악인들이 신앙과 경건한 자들을 멸망시키고자 하는 것. 그런 일이 생겨서 우리의 바로 코 앞에 닥쳤다고 해도, 우리는 그것을 두려워할 필요가 없다. 왜냐하면, 하나님은 악인들을 자기 백성을 징계하시는 도구들로 사용하시기는

하지만, 악인들이 하나님의 백성을 제멋대로 해치도록 내버려 두지는 않으실 것이기 때문이다.

[2] 악인들이 순식간에 멸망당하는 것. 그런 일이 닥칠 때, 소심한 성도들은 그 멸망에 자기들도 연루될 것을 염려하여 두려워할 수도 있다. 그러나 심판이 모두를 휩쓸거나 적어도 마구잡이식으로 휩쓸지라도, 하나님은 누가 자기 백성인지를 아시고, 귀한 것과 악한 것을 어떻게 구별해야 하는지를 알고 계신다는 것을 우리가 알면, 우리는 전혀 두려워할 이유가 없다. 아무리 무시무시해 보이는 것이라도 두려워하지 말라. 왜냐하면, "여호와는 너를 안전하게 지켜 주시는 네 보호자가 되실 뿐만 아니라, 너의 안전을 위하여 네가 의지할 이시므로, 너의 원수들로부터 네 발을 지켜 걸리지 않게 하시고, 네 발이 네 자신의 두려움에 사로잡혀서 걸려 넘어지는 일이 없게 하실 것이기 때문이다." 하나님은 그의 성도들의 발을 지켜 주시겠다고 약속하셨다.

[27]네 손이 선을 베풀 힘이 있거든 마땅히 받을 자에게 베풀기를 아끼지 말며 [28]네게
있거든 이웃에게 이르기를 갔다가 다시 오라 내일 주겠노라 하지 말며 [29]네 이웃이
네 곁에서 평안히 살거든 그를 해하려고 꾀하지 말며 [30]사람이 네게 악을 행하지 아
니하였거든 까닭 없이 더불어 다투지 말며 [31]포학한 자를 부러워하지 말며 그의 어
떤 행위도 따르지 말라 [32]대저 패역한 자는 여호와께서 미워하시나 정직한 자에게
는 그의 교통하심이 있으며 [33]악인의 집에는 여호와의 저주가 있거니와 의인의 집
에는 복이 있느니라 [34]진실로 그는 거만한 자를 비웃으시며 겸손한 자에게 은혜를
베푸시나니 [35]지혜로운 자는 영광을 기업으로 받거니와 미련한 자의 영달함은 수치
가 되느니라

참된 지혜는 하나님을 향하여 우리의 본분을 다하는 것과 아울러 사람을 향하여 우리의 도리를 다하는 것에 있고, 경건과 아울러 정직에 있기 때문에, 우리는 여기에서 우리의 이웃과 관련한 여러 가지 훌륭한 지혜의 명령들을 보게 된다.

I. 우리는 공의와 자비 가운데서 모든 사람에게 각자에게 합당한 대로 주어야 하고, 그렇게 행하는 것을 미루어서는 안 된다(27-28절). "네 손이 선을 베풀 힘이 있거든 마땅히 받을 자에게 베풀기를 아끼지 말라. 선을 베풀 힘이 네게 없

다면, 아무도 네게 선을 베풀기를 기대하지 않을 것이다. 하지만, 네게 선을 베풀 힘이 충분히 있으면서도 사람들에 대한 사랑이 없거나 돈을 너무 사랑해서 베풀지 않은 것이라면, 그것은 네가 크게 잘못한 것이다. 그리고 하나님이 네게 선을 베풀 힘을 주시지 않으셨다면, 네가 가장 크게 근심해야 할 것은 네가 곤궁해서 즐거움과 편안함을 누리지 못하게 된 것이 아니라, 네가 주어야 할 자들에게 주지 못하게 된 것이다." 선을 베풀기를 아끼지 말라. 이것은 선을 베푸는 것이 요구되고 기대되고 있는데도, 손을 거두어 들이고 도와 줄 마음을 닫는 일이 있어서는 안 된다는 것을 의미한다. 우리는 다른 사람들이 선을 베푸는 것을 방해해서도 안 되고, 우리 스스로도 선을 베풀기를 주저해서는 안 된다. "네가 오늘 네 손에 남을 도와 줄 힘이 있다면, 네 이웃에게 지금은 가고 좀 더 적당한 때에 오라 그러면 그 때에 내가 너를 도와 줄 형편이 되는지 다시 생각해 보겠다고 말하지 말라. 네가 내일까지 살아 있을지, 내일 네가 도와 줄 힘이 있을지 모르는 일이기 때문에, 내일 주겠노라고 하지 말라. 선한 일에 너의 돈을 쓰기를 싫어하지 말라. 해야 할 일을 미루기 위해서 핑계들을 만들어 내지 말고, 네 이웃으로 하여금 고통 중에서 기다리게 하지 말며, 주는 자가 되었다고 해서 받는 자에게 위세를 부리지 말라. 도리어, 하나님을 향한 양심 속에서 기쁜 마음으로 자원하여 마땅히 받을 자들에게, 즉 어떤 이유에서이든 좋은 것을 받을 만한 자격이 있는 자들에게 선을 베풀라." 이것은 우리에게 다음과 같이 할 것을 요구한다.

1. 우리가 마땅히 갚아야 할 빚을 속임수나 협잡이나 지체함 없이 갚으라는 것.

2. 마땅히 주어야 할 삯을 제대로 주라는 것.

3. 우리의 혈육들과 우리를 바라보고 사는 자들에게 쓸 것을 공급하라는 것. 왜냐하면, 그들은 마땅히 받을 자들이기 때문이다.

4. 교회와 국가, 방백들과 사역자들에게 마땅히 주어야 할 것을 주라는 것.

5. 친구와 인간으로서 우리가 마땅히 해야 할 온갖 일들을 기꺼이 행하고, 모든 일에서 이웃으로서의 도리를 다하라는 것. 왜냐하면, 이러한 것들은 우리가 대접받고 싶은 대로 남을 대접하라는 법에 따라서 우리가 마땅히 해야 하는 일들이기 때문이다.

6. 가난하고 궁핍한 자들을 구제하라는 것. 다른 사람들에게 일용할 양식이

없고 우리에게는 그들에게 줄 양식이 있다면, 그 양식은 우리가 마땅히 그들에게 주어야 하는 것이기 때문에, 우리는 그것을 베풀기를 아껴서는 안 된다. 구제 또는 자선은 가난한 자들에 대한 빚이고, 우리가 베풀기를 미루어서는 안 되는 빚이기 때문에 의라 불린다. 우리 속담에, 신속하게 주는 자는 두 배로 주는 것이라는 말이 있다.

Ⅱ. 우리는 누구에게든지 해를 끼칠 생각을 결코 해서는 안 된다(29절). "네 이웃을 해하려고 꾀하지 말라. 어떻게 하면 들키지 않고 이웃을 이용해 먹을까, 이웃의 몸이나 물건이나 좋은 평판에 해를 끼칠까를 궁리하지 말라. 네 이웃이 너를 화나게 하는 일을 전혀 하지 않으며 너에 대하여 그 어떤 질투나 의심도 품지 않고 네 곁에서 너에 대한 경계심 없이 평안히 살거든, 너는 더더욱 이웃을 해칠 생각을 품어서는 안 된다." 겉으로는 선한 척하면서 사람을 이용해 먹거나 해를 끼친다면, 그것은 사람으로서의 존엄이나 이웃으로서의 정(情)을 짓밟는 것이다. 자기 이웃을 은밀하게 치는 자는 저주를 받을 것이다. 이웃들이 우리를 선하게 보아서 우리가 그들을 해칠 것이라고는 상상도 하지 않고 있는데, 우리는 그 점을 악용해서 그들을 속이고 해친다면, 그것은 가장 비열하고 배은망덕한 짓이다.

Ⅲ. 우리는 시비를 걸거나 다투기를 좋아해서는 안 된다(30절). "까닭 없이 더불어 다투지 말라. 너와 아무 상관 없는 일에 나서서 다투지 말라. 사람이 실수로 잘못한 것을 도발이라고 여기고 화내지 말라. 네게 아무런 해도 없었거나 그 손해가 미미할 때, 또는 얼마든지 좋은 말로 잘못을 바로잡을 수 있을 때에 쓸데없이 불평과 비난을 하거나 골탕을 먹이려고 소송을 해서 네 이웃을 괴롭히지 말라." 법은 최후의 수단이 되어야 한다. 왜냐하면, 할 수 있거든 우리로서는 모든 사람과 더불어 화목하는(롬 12:18) 것이 우리의 본분이자 우리에게 유익이 되는 일이기 때문이다. 손익을 계산해 보면, 다투거나 싸워서 이로울 것이 없다.

Ⅳ. 우리는 악을 행하는 자들의 형통을 부러워하거나 시기해서는 안 된다(31절). 이러한 훈계는 시편 37편에서 역설되고 있는 것과 동일하다. "포학한 자를 부러워하지 말라. 비록 그가 부자이고 높은 관직에 있어서, 편안하고 즐겁게 살아가고, 주변의 모든 사람들이 그를 대단하게 여기며 그 앞에서 굽실거린다고 하여도, 너는 그를 복된 자라고 생각하지 말고, 그 사람처럼 되기를 바라

지도 말라. 그의 어떤 행위도 따르지 말라. 그를 본받지 말고, 그가 부자가 되기 위해서 걸은 길을 따르지 말라. 그가 행한 대로 하겠다고 생각하지 말라. 그렇게 해서 그가 가진 모든 것을 네가 얻었다고 해도, 너는 그 모든 것을 너무 비싼 대가를 치르고 샀다는 것이 나중에 밝혀지게 될 것이기 때문이다." 이제 솔로몬은 성도들이 죄인들을 부러워하거나 시기할 이유가 없다는 것을 똑똑히 보여주기 위해서 여기 이 장의 마지막 네 절에서 죄인들과 성도들의 처지를 대비해서 설명해 놓고 있다(그의 아버지 다윗이 그랬던 것처럼, 시 37편). 이 설명을 보면, 우리는 성도들은 비록 압제를 당하지만 얼마나 복이 있는 자들인지, 악인들은 비록 압제를 자행하지만 얼마나 비참한 자들인지를 알 수 있게 된다. 사람들은 세상이 기록한 책들 속에서 어떤 위치에 있느냐에 따라서가 아니라, 그들이 하나님과의 관계 속에서 어떤 위치에 있는지, 하나님이 그들에 대하여 어떤 판단을 하고 계시는지에 따라서 심판을 받게 될 것이다. 하나님의 마음에 합한 자들은 올바른 위치에 있는 자들이다. 우리가 하나님의 마음에 합한 자들이라면, 우리는 죄인들은 서로가 잘 되는 것을 보고 부러워하고 시기하지만, 성도들은 스스로 너무나 행복하기 때문에 죄인들이 아무리 잘 되고 형통하더라도 그 죄인들을 부러워하거나 시기할 이유가 전혀 없다는 것을 알게 될 것인데, 그 이유는 다음과 같다.

1. 죄인들은 하나님이 미워하시지만, 성도들은 하나님이 사랑하신다(32절). 패역한 죄인들은 하나님으로부터 끊임없이 멀어져 가고 그 삶이 하나님의 뜻과 정반대로 왜곡되어 있기 때문에, **여호와께서 그들을 미워하신다.** 하나님은 자기가 지으신 피조물들을 미워하지 않으시지만, 이런 식으로 스스로를 망쳐 놓은 죄인들을 몹시 미워하신다. 죄인들은 하나님이 보시기에 가증스러울 뿐만 아니라, 가증한 것 자체이다. 의인들은 하나님의 비밀을 그 속에 간직하고 있기 때문에 죄인들을 부러워하거나 시기할 이유가 전혀 없다. 의인들은 하나님이 총애하시는 자들이다. 의인들에게는 하나님의 교통하심이 있는데, 그것은 세상이 알지 못하는 비밀이고, 그들은 그 교통 속에서 외인들이 끼어들 수 없는 기쁨을 맛본다. 하나님은 그들에게 그의 사랑의 은밀한 증표들을 보여주시고, 하나님의 언약이 그들과 함께 한다. 그들은 그 누구보다도 하나님의 마음을 더 잘 알고, 하나님의 섭리가 지닌 의미와 의도를 더 잘 안다. **내가 하려는 것을 아브라함에게 숨기겠느냐**(창 18:17).

2. 죄인들과 그들의 집은 하나님의 저주 아래에 있고, 성도들과 그들의 거처는 하나님의 축복 아래에 있다(33절). 악인들은 아주 으리으리한 집을 가지고 있지만, 여호와의 저주가 그 집 위에와 그 집 안에 있다. 그들의 집안일들은 형통할지라도, 그 형통 자체가 사실은 저주이다(말 2:2). 그들의 몸은 피둥피둥 살이 올랐지만, 그들의 영혼은 쇠약하다(시 106:15). 저주는 조용히, 그리고 서서히 일하지만, 모든 것을 야금야금 갉아먹는 문둥병과 같아서, 그들의 집의 나무와 돌을 먹어 치울 것이다(슥 5:4; 합 2:11). 의인들의 거처는 양우리처럼 아주 초라하지만(본문에서 의인의 집이라는 단어는 양우리를 가리킬 때에도 사용되는 단어이다), 하나님이 그 집에 복을 주신다. 하나님은 한 해의 처음부터 끝날까지 끊임없이 의인들의 집에 복을 주신다. 하나님의 저주가 임하느냐 복이 임하느냐 하는 것은 그 집이 악인의 거처이냐 경건한 자의 거처이냐에 따라 결정된다. 가난하지만 복된 집이 부유하지만 저주받은 집을 부러워하거나 시기할 이유가 없다는 것은 분명하다.

3. 하나님은 죄인들을 멸시하시지만, 성도들을 존중하신다(34절).

(1) 자기 자신을 높이는 자들은 반드시 낮아지게 될 것이다. 진실로 그는 거만한 자들을 비웃으신다. 신앙의 훈련을 받는 것을 비웃고, 하나님의 멍에를 메는 것을 비웃으며, 모든 것이 하나님의 은혜라는 말을 비웃는 자들, 경건과 경건한 자들을 비웃을 뿐만 아니라 그 비웃고 조롱하기를 즐기는 자들을 하나님은 비웃으실 것이고, 그들이 온 세상 앞에서 비웃음을 당하게 하실 것이다. 하나님은 그들의 무력한 악의를 멸시하시고, 하늘에 좌정하셔서 그들을 비웃으신다(시 2:4). 하나님은 그들이 행한 그대로 되갚아 주실 것이다(시 18:26). 하나님은 교만한 자를 대적하신다.

(2) 자기 자신을 낮추는 자들은 높임을 받을 것이다. 왜냐하면, 하나님은 겸손한 자에게 은혜를 베푸시기 때문이다. 하나님은 그들 안에서 그들에게 존귀함을 더해줄 일을 하시고, 이 때문에 그들은 하나님께 열납되고 사람에게도 칭찬을 받게 된다. 거만한 자들의 멸시를 인내로써 참아내는 자들은 하나님과 모든 선한 사람들로부터 칭찬을 받게 될 것이다. 그러므로 그들은 거만한 자들을 부러워하거나 그 거만한 자들의 행위를 따를 이유가 전혀 없다.

4. 죄인들의 말로(末路)는 영원한 수치가 될 것이고, 성도들의 결국은 끝없는 존귀함이 될 것이다(35절).

(1) 성도들은 지혜로운 자들이고, 그들 자신을 위하여 지혜롭게 행한다. 왜냐하면, 그들이 가진 신앙이 그들을 지금 무명한 자들로 있게 하고 욕을 당하게 하지만, 그들은 마지막에는 지극히 크고 영원한 영광을 유업으로 물려받게 되리라는 것을 확신하기 때문이다. 그들은 그런 영광을 가장 확실한 권리 보유 수단인 유업(또는, 상속)에 의해서 받게 될 것이다. 하나님이 그들에게 은혜를 베푸시기 때문에(34절), 그들은 영광을 유업으로 받게 될 것이다. 왜냐하면, 은혜는 곧 영광이기 때문이다(고후 3:18). 은혜는 장차 주어질 영광의 시작이자 맛보기이다(시 84:11).

(2) 죄인들은 미련한 자들이다. 왜냐하면, 그들은 그들 자신이 장차 당하게 될 수치와 망신을 쌓아가고 있으면서도, 마치 그들이 큰 자가 되는 길을 택하기라도 한 것처럼 장차 존귀함을 얻게 될 것이라고 스스로를 감언이설로 속이고 있는 것이기 때문이다. 그들이 택한 길의 마지막에서 그들의 어리석음이 분명하게 드러날 것이다. **미련한 자들의 영달함은 수치가 되느니라**(35절). 그들의 영달함이 클수록, 즉 그들이 지위가 높아지고 귀하게 될수록, 그들이 받을 벌도 커질 것이다. 그들은 그들의 영달함이 영원히 계속될 것이라고 기대하겠지만, 도리어 영원히 낭패를 당하게 될 것이고, 그 때에 하나님은 영광을 받으시게 될 것이다.

제 4 장

개요

하나님께 속한 것들은 경계에 경계를 더하며 교훈에 교훈을 더하여 가르쳐야 하는데, 이것은 하나님께 속한 것들 자체가 대단히 중요하고 가치 있기 때문만이 아니라, 사람들의 마음이 그것들을 받기에 부적합하고 흔히 그것들에 대하여 편견을 지니고 있기 때문이다. 그러므로 솔로몬은 이 장에서 아주 다양한 표현과 하나님이 주신 유창하고 강력한 달변을 통해서 그가 앞의 여러 장들에서 우리에게 강조하였던 그 내용들을 다시 되풀이하여 가르친다. I. 지혜, 즉 참된 신앙과 경건을 공부하는 일에 힘쓰라는 간곡한 권면. 솔로몬은 그의 아버지가 그에게 준 선한 훈계들을 인용하여 이 권면을 행하면서, 많은 중요한 논거들로 그 권면을 강화시킨다(1-13절). II. 악한 자들과 어울리지 말고, 어둠의 열매 없는 일들을 하는 자들과 사귀지 말라고 주의를 줌(14-19절). III. 지혜를 얻어 간직하고 그 열매를 맺는 것과 관련된 구체적인 명령들(20-27절). 여기에 주어진 솔로몬의 권면은 아주 분명하고 간절하게 우리 앞에 제시되고 있기 때문에, 우리가 우리의 어리석음으로 인하여 멸망한다면, 우리는 영원히 변명할 말이 없게 될 것이다.

**1아들들아 아비의 훈계를 들으며 명철을 얻기에 주의하라 2내가 선한 도리를 너희
에게 전하노니 내 법을 떠나지 말라 3나도 내 아버지에게 아들이었으며 내 어머니
보기에 유약한 외아들이었노라 4아버지가 내게 가르쳐 이르기를 내 말을 네 마음에
두라 내 명령을 지키라 그리하면 살리라 5지혜를 얻으며 명철을 얻으라 내 입의 말
을 잊지 말며 어기지 말라 6지혜를 버리지 말라 그가 너를 보호하리라 그를 사랑하
라 그가 너를 지키리라 7지혜가 제일이니 지혜를 얻으라 네가 얻은 모든 것을 가지
고 명철을 얻을지니라 8그를 높이라 그리하면 그가 너를 높이 들리라 만일 그를 품
으면 그가 너를 영화롭게 하리라 9그가 아름다운 관을 네 머리에 두겠고 영화로운
면류관을 네게 주리라 하셨느니라 10내 아들아 들으라 내 말을 받으라 그리하면 네
생명의 해가 길리라 11내가 지혜로운 길을 네게 가르쳤으며 정직한 길로 너를 인도
하였은즉 12다닐 때에 네 걸음이 곤고하지 아니하겠고 달려갈 때에 실족하지 아니**

하리라 [13]훈계를 굳게 잡아 놓치지 말고 지키라 이것이 네 생명이니라

우리는 여기에서 다음과 같은 것들을 본다.

I. 솔로몬이 자기에게로 와서 교훈을 받으라고 그의 자녀들을 초대함(1-2절). 아들들아 아비의 훈계를 들으라.

1. "내 자녀들은 가장 우선적으로 내가 사람들의 유익을 위하여 기록해 둔 이 교훈들을 받고 거기에 귀를 기울여야 한다." 큰 사회를 이끌고 많은 사람들을 지도하는 일을 맡은 방백들과 사역자들은 그들 자신의 자녀들을 잘 교훈하는 일에 보통 이상의 관심을 쏟지 않으면 안 된다는 것을 명심하라. 이러한 의무를 행함에 있어서 그들이 맡은 공무(公務)는 결코 핑계가 될 수 없다. 사랑을 베푸는 일은 가정에서 끝나서는 안 되겠지만 반드시 가정에서 시작되어야 한다. 자기 자녀들로 하여금 모든 공손함으로 복종하게 하지 못하고 자기 자녀들을 선하게 교육시키는 일에 수고하지 않는 자가 어떻게 하나님의 교회에 대하여 그가 맡은 본분을 다할 수 있겠는가(딤전 3:4-5)? 지혜로 유명하고 많은 사람들에게 유익을 끼치는 것으로 유명한 자들의 자녀들은 그런 부모의 자녀라는 이점을 지니고 있는 것에 비례해서 지식과 은혜에 있어서 다른 사람들의 자녀들보다 더 나아야 마땅하다. 그렇지만 그런 교육을 시켰어도 그 기대에 부응하지 못한 자녀들을 둔 부모들에게 위로가 되는 것은 솔로몬의 아들인 르호보암도 가장 지혜롭거나 선한 자들 중의 한 사람이 결코 되지 못하였다는 것이다. 솔로몬의 잠언집은 그의 아들에게 바쳐졌던 것으로 보이지만, 실제로는 그의 아들이 아닌 수많은 사람들이 거기에서 더 많은 유익을 얻었다.

2. 모든 젊은 사람들은 청소년 시절에 지식과 은혜를 얻는 일에 수고하여야 한다. 왜냐하면, 청소년기는 배우는 시기이고, 그들의 마음과 사고가 형성되고 수련되는 시기이기 때문이다. 솔로몬은 나의 아들들아라고 말하지 않고, 너희 자녀들아라고 말한다. 솔로몬에게는 아들이 오직 하나뿐이었지만, 솔로몬은 기꺼이 교사로 나서서 다른 사람들의 자녀들을 가르치고자 하였다. 왜냐하면, 그 나이는 가르침을 가장 잘 받아들이는 나이이기 때문이다. 가지는 어리고 연할 때에 가장 쉽게 구부러지는 법이다.

3. 교훈을 받고자 하는 모든 자들은 비록 다 큰 성인일지라도 어린아이 같은 마음으로 와서 배워야 한다. 그들은 모든 편견과 선입견을 내려놓고, 그 마

음을 아무것도 적혀 있지 않은 흰 종이가 되게 하여야 한다. 그들은 자신의 본분과 도리를 다하고 유순하며 자기가 잘났다고 하지 말아야 하고, 교훈의 말씀을 권위와 사랑으로 가르치는 아버지의 말씀으로 받아야 한다. 우리는 교훈의 말씀이 하늘에 계신 우리 아버지이신 하나님, 우리의 기도를 들어 주시고 우리에게 복을 주시는 하나님, 영들의 아버지이신 하나님, 우리가 살기 위해서는 순종하지 않으면 안 되는 하나님으로부터 오는 것임을 알아야 한다. 우리는 선생님들을 우리를 사랑하시고 우리가 잘 되기를 바라시는 우리의 아버지들로 여겨야 한다. 그러므로 교훈의 말씀 속에 책망과 꾸지람이 있더라도(교훈이라는 단어는 그런 의미를 지닌다), 우리는 그것을 달게 받아야 한다.

(1) 우리에게 그렇게 하기를 권하기 위해서, 솔로몬은 이것이 아비의 훈계일 뿐만 아니라 지성이 있는 피조물들은 누구나 환영해야 하는 명철이라고 말한다. 신앙은 그 속에 이치를 지니고 있기 때문에, 우리는 옳은 이치를 따져서 신앙을 배울 수 있다. 신앙은 실제로 법(法)이고(2절), 그 법은 의심할 여지 없는 진리의 원리들, 즉 신뢰할 수 있을 뿐만 아니라 누구나 받아들일 가치가 있는 선한 도리 위에 세워져 있다. 그 도리를 인정한다면, 우리는 그 법에 순종하지 않을 수 없다.

(2) 우리에게 그렇게 하도록 대못질을 하기 위해서, 솔로몬은 이 교훈을 선물로 받아들이고, 부지런히 경청하며, 알 때까지 귀를 기울이라고 명령하고, 선한 도리를 부정하거나 이 법에 불순종함으로써 그의 법을 떠나지 말라고 명령한다.

Ⅱ. 솔로몬이 자녀들에게 주는 교훈들.

1. 솔로몬은 그 교훈들을 어떻게 얻었는가. 그는 그 교훈들을 그의 부모님으로부터 얻었고, 그의 부모님이 그에게 가르쳐준 그대로를 그의 자녀들에게 가르쳤다(3-4절). 좀 더 살펴보자.

(1) 솔로몬의 부모는 그를 사랑하였기 때문에 그를 가르쳤다. 나도 내 아버지에게 아들이었다(3절). 다윗에게는 많은 아들들이 있었지만, 이삭의 경우와 마찬가지로(창 17:19) 솔로몬이 다윗의 진정한 아들이었고, 이 때문에 하나님의 언약은 솔로몬에게 상속되었다. 그는 다른 어떤 자녀들보다도 아버지가 사랑하는 아들이었다. 하나님은 솔로몬을 특별히 사랑하셨고(선지자 나단은 여호와께서 솔로몬을 사랑하신다고 해서 그를 여디디야라고 불렀다, 삼하 12:25),

그런 이유로 다윗도 솔로몬에 대하여 특별한 애정을 지니고 있었다. 왜냐하면, 다윗은 하나님의 마음에 합한 사람이었기 때문이다. 부모가 한 자녀를 다른 자녀들보다 더 사랑하는 일이 있을 수 있지만, 하나님이 그렇게 하신다는 것이 분명하게 드러나기 전에는, 그렇게 해서는 안 된다. 솔로몬은 그의 어머니 보기에 유약한 외아들이었다. 아버지와 어머니가 둘 다 이렇게 특별히 솔로몬을 사랑을 했다면, 틀림없이 그럴 만한 분명한 이유가 있었을 것이다. 이제 우리는 그들이 어떻게 그들의 사랑을 표현했는지를 본다. 그들은 그를 가르쳤고, 그로 하여금 늘 책을 가까이 하게 하였으며, 그를 엄격하게 훈육시켰다. 그는 왕자였고 왕위에 오를 자였지만, 그들은 그가 빈둥거리며 살도록 내버려 두지 않았다. 아니, 그렇기 때문에 그들은 그의 개인교사가 되어 이런 식으로 그를 가르쳤다. 아마도 다윗은 압살롬이나 아도니야에게는 한 번도 섭섭하게 한 일이 없었지만 그들이 방종하여 빗나가는 모습을 보았기 때문에(왕상 1:6) 솔로몬을 가르칠 때에는 더욱 엄격했던 것으로 보인다.

(2) 솔로몬은 그의 부모로부터 배운 것들을 다른 사람들에게 가르쳤다. 좀 더 살펴보자.

[1] 솔로몬은 다 자란 후에 자기가 어린 아이였을 때에 그의 부모님이 그에게 가르쳐 준 선한 교훈들을 되새겼을 뿐만 아니라, 그것들을 되풀이하는 것을 즐겼다. 그의 부모님이 그에게 심어준 교훈들은 그의 마음에 깊이 새겨져 있었기 때문에, 그는 그 교훈들을 잊지 않았다. 그는 그 교훈들을 부끄러워하지 않고 도리어 아주 소중히 여겼고, 나중에 어른이 되고 왕이 되었을 때에 그 교훈들을 유치하고 보잘것없는 것으로 여겨서 자신의 위신이 깎일까봐 버리는 일도 없었다. 또한, 그는 악한 아이들처럼 그 교훈들을 비웃고, 자기가 엄한 교훈들과 구속(拘束)으로부터 벗어나 있다는 것을 뽐내며, 친구들과 함께 그 교훈들을 희롱하지 않았고, 도리어 그 교훈들을 거듭 떠올리며 마음에 새겼다.

[2] 솔로몬은 지혜로운 사람이었고 하나님의 감동을 받은 자였지만, 다른 사람들에게 지혜를 가르칠 때에 아버지께서 주신 교훈들을 인용해서 활용하는 것을 부끄러운 일로 여기지 않았다. 신앙에 있어서 잘 배우고 잘 가르치고자 하는 자들은 새로운 개념들이나 새롭게 만들어진 표현들에 혹해서 선조들로부터 가르침 받은 지식과 표현들을 멸시해서는 안 된다. 우리는 옛적의 선한 길을 지켜 나가야 하는 것과 마찬가지로(렘 6:16), 옛적의 선한 말씀들도 비웃어

서는 안 된다.

[3] 솔로몬은 부모님으로부터 교육을 잘 받았기 때문에 그의 자녀들을 교육시킬 때에 부모님이 그에게 주신 교훈들로 교육시키는 것이 가장 좋다고 생각하였다. 이것은 집에서 효도하는 것과 마찬가지로 부모님이 우리를 위해 애쓰신 수고에 대하여 우리가 보답하는 한 가지 방법이다(딤전 5:4). 부모님은 우리 자신이 하나님을 아는 선한 지식을 배울 뿐만 아니라 우리의 자녀들에게도 가르치라고 우리에게 그 지식을 가르쳐 주신 것이다(시 78:6). 그런데도 우리가 그렇게 하지 않는다면, 우리는 부모님의 기대를 저버리는 것이 될 것이다. 왜냐하면, 신앙의 도리와 법에 관한 거룩한 보고(寶庫)가 우리 손에 맡겨진 것은 우리 뒤에 오는 자들에게 그것을 순전하고 온전하게 전하게 하기 위한 것이다(딤후 2:2).

[4] 솔로몬은 모든 면에서 당대에 유명한 인물이었던 그의 아버지 다윗의 권위를 빌려서 그의 권면들에 힘을 싣는다. 모든 시대에서 가장 지혜롭고 가장 선한 자들은 신앙을 스스로 실천하는 일뿐만 아니라 신앙을 다른 사람들에게 전파하는 일에도 큰 열심을 냈다는 것을 주목하라. 그러므로 우리는 우리가 누구에게서 배운 것을 알기 때문에 우리가 배우고 확신한 일들에 거하여야 한다(딤후 3:14).

2. 그 교훈들은 무엇이었는가(4-13절).

(1) 명령과 권면을 통한 교훈. 다윗은, 비록 그의 아들이 큰 능력을 지니고 있고 빨리 알아듣는 아이였지만 그 아들을 가르칠 때에 자기가 얼마나 진지한지를 보여줌과 동시에 그가 말한 것을 그 아들이 더 깊이 받아들이게 하기 위해서 아주 따뜻한 말로 여러 번 반복해서 끈질기게 표현하였다. 아이들을 가르칠 때에는 그렇게 하여야 한다. 네 자녀에게 부지런히 가르치며 집에 앉았을 때에든지 길을 갈 때에든지 누워 있을 때에든지 일어날 때에든지 이 말씀을 강론하라(신 6:7). 다윗은 나랏일로 바쁜 사람이었고 그의 아들에게는 가정교사들이 있었지만 스스로 그 아들을 가르치는 일에 모든 수고를 아끼지 않았다.

[1] 다윗은 솔로몬에게 아버지의 말들(4절), 아버지의 입의 말들(5절), 아버지가 한 말들(10절), 아버지가 그에게 가르쳐 준 온갖 선한 교훈들을 그의 성경이자 요리문답서로 삼으라고 가르쳤다. 아마도 솔로몬은 여기에서 특히 그의 아버지가 지은 시편들을 염두에 두고 있었던 것 같다. 시편들 중 다수는 마스길

들, 즉 교훈 시편들이었고, 그 중에서 두 편은 명시적으로 솔로몬을 위한 것이라고 되어 있다. 솔로몬은 이것들을 비롯해서 아버지가 하신 그 밖의 다른 모든 말씀들을 염두에 두고 이런 말을 하였을 것임에 틀림없다.

첫째, 솔로몬은 아버지의 말씀들을 듣고 받아야 했고(10절), 부지런히 귀를 기울여서 땅이 그 위에 자주 내리는 비를 흡수하듯이(히 6:7) 그 말씀들을 흡수해야 했다. 하나님은 이렇게 우리가 그의 말씀에 주의를 기울이라고 주문하신다. 내 아들아 들으라 내 말을 받으라(10절).

둘째, 솔로몬은 그의 아버지가 그에게 주신 바른 말씀들을 꼭 붙잡아서 본받아 지켜야 했다(딤후 1:13). 내 말들을 네 마음에 두라(4절). 그 말씀들을 우리의 마음속에 숨겨두고 우리의 의지와 감정 속에 간직하지 않는다면, 그 말씀들은 간직될 수 없을 것이다.

셋째, 솔로몬은 그 말씀들에 의거해서 스스로를 다스려야 했다. 내 명령들을 지키고 거기에 순종하라. 그것이 그 말씀들을 아는 지식을 더하는 길이다(요 7:17).

넷째, 솔로몬은 그 말씀들을 꼭 붙잡아야 했고 항상 곁에 두어야 했다. "내 입의 말들이 네게 너무 큰 구속이라고 생각해서 그 말들을 어기지 말라(5절). 도리어, 꼭 붙잡고서 결코 놓아 주지 않겠다는 각오로 훈계를 굳게 잡아라(13절)." 선한 교육을 받은 자들은 그 배운 것을 떨쳐 버리려고 애써도 그것들이 그들 주변에 계속해서 맴돌아서 떨쳐 버려지지가 않는다. 그런데도 그들이 배운 것을 버린다면, 그것은 아주 슬픈 일이다.

[2] 다윗은 솔로몬에게 이 교훈들을 배울 때에 지혜와 명철을 얻는 것을 목표로 삼아야 한다고 가르쳤다. 지혜가 제일이니 지혜를 얻으라(5, 7절). 지혜 중에서 최고의 지혜를 얻는 일에 마음을 쓰라. 최고의 지혜는 하나님을 경외하는 것이다(1:7). 신앙의 원리가 마음을 지배하게 하는 것이야말로 우리에게 꼭 있어야 할 단 한 가지의 것이다.

첫째, 이 지혜를 얻으며 이 명철을 얻으라(5절). "지혜를 얻으라 네가 얻은 모든 것을 가지고 명철을 얻을지니라(7절). 그것을 위하여 기도하고 수고하며, 그것을 얻기 위해 마련된 모든 수단들을 부지런히 활용하라. 지혜의 문 곁에서 기다리라(8:34). 너의 어리석은 것들인 너의 타락한 성품들을 다스리고, 지혜로운 신앙 원리들과 지혜의 습관들을 몸에 배게 하라. 경험을 통해서 지혜를 얻고,

네가 얻은 모든 것을 가지고 지혜를 얻으라. 이 세상의 재물을 얻는 일보다도 지혜를 얻는 일에 더 신경을 쓰고 더 수고하라. 네가 다른 것들은 다 잊어버린다고 하여도, 지혜를 얻으라. 지혜를 얻는 것을 가장 큰 일로 여겨서 그것을 추구하라." 참된 지혜는 하나님의 선물이다. 그렇지만 여기에서는 우리에게 지혜를 얻으라고 명령한다. 왜냐하면, 하나님은 지혜를 얻고자 애쓰고 수고하는 자들에게 지혜를 주시기 때문이다. 그렇지만 우리는 우리의 능력과 우리의 손의 힘으로 우리가 이 재물을 얻었다고 말해서는 안 된다.

둘째, 너는 지혜를 잊지 말고(5절) 버리지 말며(6절) 놓치지 말고 지키라(13절). 이 지혜를 얻은 자들은 그 지혜를 잃고 다시 어리석음으로 되돌아가지 않도록 조심하여야 한다. 지혜는 그 누구도 우리에게서 빼앗아 갈 수 없는 좋은 것이다. 그러나 우리는 스스로 지혜를 내팽개쳐 버리지 않도록 조심하여야 한다. 이렇게 지혜를 버리는 자들은 먼저 지혜를 잊어버려서, 지혜가 그들의 마음에서 빠져 나가게 하고, 그런 후에 지혜를 버리고 선한 길들에서 떠나는 수순을 밟는다. 우리에게 맡겨진 저 좋은 것을 우리는 꼭 지켜서, 부주의로 말미암아 지혜가 우리로부터 떨어져 나가지 않게 하고, 감언이설에 속아서 스스로 지혜를 버리고 나와서는 안 된다. 지혜라는 보석을 결코 버리지 말라.

셋째, 세상 사람들이 그들의 재물을 사랑해서 거기에 마음을 두듯이, 너는 지혜를 사랑하고(6절), 지혜를 품으라(8절). 신앙은 이 세상의 그 어떤 것보다도 우리에게 더 소중한 것이 되어야 한다. 우리는 지혜에 통달한 대가가 되지는 못한다고 하여도, 적어도 지혜를 진심으로 사랑하는 자는 되어야 한다. 아름다움을 동경하는 자들이 아름다운 것을 보면 꼭 끌어안고 싶어하듯이, 우리가 지혜를 너무나 사랑하여 꼭 끌어안는다면, 그것은 얼마나 큰 은혜이겠는가.

넷째, "너는 지혜를 높이라(8절). 네가 믿는 신앙을 늘 소중히 여기고, 그 신앙이 사람들 가운데서 명성과 신뢰를 얻을 수 있도록 너의 최선을 다하라. 하나님의 법이 높임과 존귀함을 받게 하고자 하는 하나님의 뜻과 합하여, 그 뜻에 기여하는 데에 네가 할 수 있는 일을 하라." 지혜의 자녀들은 지혜를 옳다고 할 뿐만 아니라 지혜를 높이고, 이 세상에서 그들에게 가장 소중한 것보다도 지혜를 더 소중히 여겨야 한다. 여호와를 경외하는 자들이 이 세상에서는 비천한 자들일지라도 우리가 그들을 존귀히 대하고, 가난하고 지혜로운 자를 존중한다면, 그것은 지혜를 높이는 것이 된다.

(2) 지혜를 얻기 위해 이렇게 애쓰고 지혜가 이끄는 대로 순종하도록 하기 위하여 동기를 부여함.

[1] 지혜를 얻는 일은 이 세상에서 모든 사람이 가장 관심을 갖고 끊임없이 애써야 할 주된 일이다(7절). **지혜가 제일이다.** 우리가 간절하게 얻거나 지키고 싶어하는 그 밖의 다른 것들은 지혜에 비하면 아무것도 아니다. 지혜를 얻는 것은 **모든 사람의 본분**이고 사람이 해야 할 일의 전부이다(전 12:13). 지혜는 우리를 하나님으로부터 칭찬을 받게 해주고, 우리의 영혼을 아름답게 하며, 우리로 하여금 하나님이 우리를 창조하신 목적에 부응하여 이 세상에서 선한 목적에 따라 살다가 결국에는 천국에 이를 수 있게 해준다. 그러므로 지혜는 그 무엇보다도 으뜸 가는 것이다.

[2] 지혜 속에는 이치와 정직함이 들어 있다(11절). "**내가 지혜로운 길을 네게 가르쳤고**, 그 길이 지혜로운 길이라는 것이 결국에는 밝혀지게 될 것이다. **내가** 너를 지혜라는 미명 하에서 악을 행하는 육체의 생각에 의한 굽은 길이 아니라 선악에 관한 영원한 법칙들과 이치들에 맞는 **정직한 길로 인도하였다.**" 하나님의 본성이 올곧고 정직하시다는 것은 하나님의 모든 법들이 다 올바르다는 것을 통해서 드러난다. 다윗은 선한 교훈들을 통해서 그의 아들을 가르쳤을 뿐만 아니라, 선한 모범을 통해서, 그리고 일반적인 교훈들을 구체적인 경우들에 적용함을 통해서 그의 아들을 인도하였다는 것을 주목하라. 따라서 다윗에게는 그의 아들을 지혜롭게 만드는 데에 부족한 것이 전혀 없었다.

[3] 지혜는 그 지혜를 얻은 자에게 많은 유익을 가져다 줄 것이다. "네가 지혜롭고 선하면, 그것은 네 자신을 위한 것이 될 것이다."

첫째, "지혜는 네 생명, 네 위로, 네 행복이 될 것이다. 너는 지혜 없이는 살 수 없다." **내 명령을 지키라 그리하면 살리라**(4절). 우리 구주께서 똑같은 말씀을 하셨다. **네가 생명에 들어가려면 계명들을 지키라**(마 19:17). 하나님이 우리에게 신앙을 가지라고 하시는 것은 우리로 하여금 영원한 죽음의 고통을 피하고 영원한 생명을 얻게 하시기 위한 것이다. "지혜가 하는 말을 받으라. **그리하면 네 생명의 해가 길리라**(10절). 네가 이 세상에서는 무한하신 지혜가 합당하다고 보는 날수만큼 길게 살겠고, 저 세상에서는 그 햇수를 결코 헤아릴 수 없을 정도로 영원한 삶을 살게 될 것이다. **지혜는 네 생명이기 때문에**, 너는 무슨 대가를 치르더라도 반드시 **지혜를 지키라**(13절). 너의 모든 만족이 이것에서 나올 것이다." 참된 지혜와 은혜가 없는 영혼은 실제로는 죽은 영혼이다.

둘째, "지혜는 네가 이 광야 같은 세상을 통과할 때에 만나는 온갖 위험과 난관들을 돌파하게 해줄 안내자와 인도자, 호위와 지휘자가 되어 줄 것이다. 지혜를 사랑하고 꼭 붙들라. 그리하면 지혜는 죄와 최악의 재앙들과 가장 나쁜 원수들로부터 너를 보호하고 너를 지키리라(6절). 지혜는 네가 해를 당하지 않게 지켜 줄 것이다. 그러므로 너를 해칠 자가 아무도 없을 것이다." "네 가게를 지키라 그리하면 네 가게가 너를 지켜줄 것이다"라는 말이 있듯이, "네 지혜를 지키라 그리하면 네 지혜가 너를 지켜줄 것이다." 지혜는 우리가 우리 자신과 우리의 일들을 처리할 때에 곤경에 처하거나 걸림돌에 걸려 넘어지지 않게 우리를 지켜줄 것이다(12절).

1. 우리가 길을 갈 때에 우리의 발걸음이 곤고하지 않을 것이고, 다윗처럼 우리 자신을 그런 곤경 속으로 몰아넣지 않으리라는 것(삼하 24:14). 하나님의 말씀을 자신의 규범으로 삼는 자들은 자유롭게 활보할 것이고, 스스로 평안할 것이다.

2. 우리가 달려갈 때에 우리의 발이 걸려 넘어지지 않게 되리라는 것. 지혜롭고 선한 자들이 갑자기 어떤 결정을 해야 할 때에 그들이 늘 규범으로 삼아왔던 하나님의 말씀 중의 어떤 규범이 그들이 해로운 어떤 것에 걸려 넘어지지 않게 지켜줄 것이다. 흠 없는 신앙과 정직함이 우리를 보호해 줄 것이다.

셋째, "지혜는 너를 존귀하게 하고 너의 명성을 드높여 줄 것이다(8절). 지혜를 높이라(너는 단지 지혜가 높임을 받기를 바라는 마음을 내비치기만 하라). 지혜는 너의 도움을 필요로 하지 않지만, 너의 그런 마음에 대하여 차고 넘치게 보상해 주어서, 너를 높이 들고 너를 영화롭게 하리라." 솔로몬은 왕이었지만, 그의 지혜와 덕은 그의 왕관이나 자주색 옷보다도 그를 더 존귀하고 영화롭게 해주었다. 모든 백성이 솔로몬을 그토록 추앙했던 것은 다 그의 지혜 때문이었다. 의심할 여지 없이, 솔로몬과 다윗이 다스릴 때에는 지혜롭고 선한 자들이 출세할 가능성이 아주 높았다. 하지만 일반적으로도, 지혜는 언제든지 애정을 가지고 지혜를 품는 모든 자들을 영화롭고 존귀하게 해줄 것이다. 지혜가 있는 자들은 하나님께 열납되고, 모든 지혜로운 자들의 존경을 받으며, 저 큰 날에 하나님으로부터 자기 백성이라 인정함을 받고, 영원한 영광을 유업으로 물려받게 될 것이다. 솔로몬은 이 점을 역설한다(9절). "지혜가 이 세상에서는 아름다운 관을 네 머리에 두어, 하나님과 사람으로부터 칭찬을 받게 할 것이고, 저 세상에서는 영화로운 면류관, 즉 결코 흔들리지 않을 면류관이자 결코 시들지 않을 영광의 면류관을 네게 주리라." 그것은 신앙에 수반되는 참된 존귀함이다. 덕은 유일하게 참된 고귀함이다. 다윗이 이렇게 그의 아들에게 지혜를 권하였기 때문에, 하나님이 어떤 사람이 되고 싶으냐고 물으셨을 때에 솔로몬이 "여호와여, 내게 지혜롭고 총명한 마음을 주소서"라고 기도한 것은 전혀 이상한 일이 아니었다. 우리도 우리가 잘 가르침을 받았다는 것을 우리의 기도를 통해서 나타내 보여야 한다.

[14]사악한 자의 길에 들어가지 말며 악인의 길로 다니지 말지어다 [15]그의 길을 피하
고 지나가지 말며 돌이켜 떠나갈지어다 [16]그들은 악을 행하지 못하면 자지 못하며
사람을 넘어뜨리지 못하면 잠이 오지 아니하며 [17]불의의 떡을 먹으며 강포의 술을
마심이니라 [18]의인의 길은 돋는 햇살 같아서 크게 빛나 한낮의 광명에 이르거니와
[19]악인의 길은 어둠 같아서 그가 걸려 넘어져도 그것이 무엇인지 깨닫지 못하느니
라

어떤 이들은 솔로몬을 향한 다윗의 교훈이 4절에서 시작되어서 이 장의 끝까지 계속된다고 보고, 또 어떤 이들은 한 걸음 더 나아가서 다윗의 교훈이 9장의 끝까지 이어진다고 본다. 그러나 솔로몬은 적어도 여기에서(좀 더 앞 절로 거슬러 올라갈 수도 있지만) 자신의 교훈을 다시 재개하고 있을 가능성이 훨씬 더 높다. 이 절들에서 솔로몬은 우리에게 지혜의 길로 행하라고 권면한 후에, 악인들의 길을 좇지 말라고 경고한다. 1. 우리는 죄의 길을 조심하고, 죄 같아 보이거나 죄로 이끄는 모든 일을 피하여야 한다. 2. 우리는 그렇게 하기 위해서 죄인들의 길에서 멀찍이 떨어져 있어야 하고, 죄인들과 사귐이 있어서도 안 된다. 악인들이 걷는 길로 떨어질 것을 염려해서, 우리는 악인들과 어울리는 것을 피하여야 한다. 이 절들에는 다음과 같은 것들이 나온다.

I. 경고의 내용(14-15절).

1. 우리는 죄와 죄인들에게 빠지지 않도록 조심하여야 한다. 사악한 자들의 길에 들어가지 말라. 우리의 선생님은 신실한 안내자처럼 우리에게 먼저 올바르고 정직한 길들을 보여준 후에(11절), 여기에서는 우리가 빠지기 쉬운 곁길들

에 대하여 우리에게 경고하신다. 잘 교육을 받고 마땅히 가야 할 길로 가는 훈련을 받은 자들은 그 길에서 벗어나 그들이 가서는 안 될 길로 들어서서는 안 된다. 그들은 죄의 길이 어떤 곳인지 한번 시험해 보기 위해서 그 길로 들어서서도 안 된다. 왜냐하면, 그것은 몹시 위험한 실험이고, 그 길로 한번 들어서면, 다시 안전하게 후퇴하는 것이 어렵기 때문이다. "너는 네 자신이 이미 해독제로 잘 방비가 되어 있기 때문에 괜찮을 것이라고 생각해서, 전염병에 감염된 자들의 무리 속으로 무모하게 들어가서는 안 된다."

2. 만약 우리가 깜박 속아서 악한 길에 서 있게 되었다면, 우리는 즉시 거기에서 서둘러 나와야 한다. "죄의 문이 넓어서, 네가 스스로 인식하기도 전에 그만 그 문으로 들어서게 되었다면, 악인의 길로 다니지 말고 즉시 그 문을 빠져 나오라. 네가 실수했다는 것을 깨닫자마자, 반드시 너를 멸망으로 인도할 길에서 즉시 물러나고, 한 걸음도 앞으로 가지 말며, 일 분도 더 머물지 말라."

3. 우리는 죄와 죄인들의 길을 두려워하고 혐오하여서, 온 힘을 다해서 그 길을 거부하여야 한다. "악인의 길은 즐겁고 유쾌한 길인 듯이 보이고, 우리 속에 있는 어떤 속된 목적을 이룰 수 있는 최고의 지름길인 듯이 보이지만, 그 길은 악한 길이고 그 끝이 나쁜 길이다. 그러므로 네가 네 하나님과 네 영혼을 사랑한다면, 그 길로 들어가고 싶은 유혹에 넘어가지 않기 위해서, 악의 길을 피하고 지나가지 말라. 네가 그 길 가까이에 있다는 것을 발견했다면, 그 길에서 돌이켜 떠나가고, 가능한 한 그 길로부터 멀리 떨어져라." 이 본문의 표현 방식은 우리가 절박한 위험 속에 있다는 것, 우리에게 이런 경고가 필요하다는 것, 이 경고가 아주 중요하다는 것, 우리의 파수꾼이 너무나 애타는 마음으로 우리에게 경고를 보내고 있다는 것을 보여준다. 또한, 그것은 우리가 죄와 죄인들로부터 아주 멀리멀리 떨어져 있어야 한다는 것을 보여준다. 솔로몬은 죄와 죄인들로부터 적당한 거리를 두라고 말하는 것이 아니라, 아주 멀리 떨어져 있되 더 멀면 멀수록 더 좋다고 말한다. 우리는 죄와 죄인들로부터 충분히 멀리 떨어져 있다고 생각해서는 안 된다. 도망하여 생명을 보존하라 돌아보지 말라.

II. 경고의 근거들.

1. "내가 네게 피해야 한다고 경고한 길을 걷는 자들이 어떤 자들인지를 잘 생각해 보라." 그들은 해악을 일삼는 자들이다(16-17절). 그들은 그들과 아무런 상관이 없는 자들에게 해악을 가하는 것을 아무렇지도 않게 생각할 뿐만 아

니라, 남에게 해악을 끼치는 것을 자신의 업으로 삼고, 순전히 남에게 해악을 끼치는 것 자체를 즐기는 자들이다. 그들은 끊임없이 사람들을 넘어뜨리며 사람들의 몸과 영혼을 파괴하려고 음모를 꾸미고 애를 쓴다. 그들의 본성 속에는 사악함과 악의가 있고, 그들의 모든 행위들 속에는 폭력이 있으며, 그들은 아주 독한 앙심을 품고 있는데, 그 이유는 다음과 같다.

(1) 남에게 해악을 끼치는 것은 그들에게 쉬는 것이고 자는 것처럼 그들을 편안하게 해주는 것이기 때문이다. 탐욕스러운 자가 돈을 많이 벌었거나 야심이 있는 자가 출세를 했거나 선한 자가 선을 행하였을 때에 만족을 얻는 것처럼, 그들은 남에게 해악을 가하거나 악한 영향을 미치는 말이나 행위를 했을 때에 만족을 얻는다. 모르드개가 교수형을 당하지 않는 동안에 하만이 어떤 일에서도 마음이 편치 않았던 것처럼, 그들은 그들의 시기심과 복수심이 채워지지 않으면 극도로 불안해한다. 이것은 어떻게 그들이 쉴새없이 지치지도 않고 악을 행하고자 애를 쓰는지를 말해주는 것이기도 하다. 그들은 잠을 안 자는 것은 참을 수 있지만, 남을 괴롭히는 즐거움을 박탈당하는 것은 참지 못한다.

(2) 남에게 해악을 끼치는 것은 그들의 음식이기 때문이다. 그들은 그것을 먹으며 그것으로 잔치를 한다. 그들은 불의의 떡을 먹으며(그들이 떡 먹듯이 내 백성을 먹는도다, 시 14:4) 강포의 술을 마시고(17절) 악을 저지르기를 물 마심 같이 하는도다(욥 15:16). 그들이 먹고 마시는 것들은 모두 약탈과 압제에 의해서 얻어진 것들이다. 선한 자들은 선을 행하는 것을 그들의 일이자 기쁨으로 삼기 때문에, 선을 행하지 않고 하루를 보냈다면, 친구들이여 내가 하루를 허송세월 했다고 말하지만, 악인들은 남을 해치는 일을 하지 않고 보낸 시간을 허송세월 했다고 생각한다. 지혜 있고 자기 자신에게 잘 하고자 하는 모든 자들은 악인들과 어울리는 것을 피해야 하는데, 그 이유는 다음과 같다.

[1] 악인들과 어울리는 것은 지극히 수치스러운 일이기 때문이다. 인간의 성품 중에서 사람들을 닥치는 대로 괴롭히고 해치며 해악을 가하는 것을 즐기는 것보다 인간의 본성에 더 큰 수치가 되고, 인간 사회에 더 큰 원수가 되며, 하나님과 양심에 대한 더 무모한 도전이 되고, 그 안에 마귀의 형상을 더 많이 담고 있으며, 마귀의 세력에 더 많이 봉사하는 그런 성품은 없다.

[2] 악인들과 어울리는 것은 지극히 위험한 일이기 때문이다. "네가 너의 안전을 생각한다면, 남에게 해악을 끼치는 것을 즐기는 자들을 피하라. 왜냐하

면, 그들이 네게 우정이 있는 체하여도, 언젠가는 그들이 네게 해악을 가할 것이기 때문이다. 네가 그들에게 협력한다면, 너는 스스로 파멸할 것이고(1:18), 네가 그들에게 협력하지 않는다면, 그들이 너를 파멸시킬 것이다."

2. "내가 네게 피해야 한다고 경고한 바로 그 길이 어떤 길인지를 내가 네게 걷도록 권한 바른 길과 비교해서 잘 생각해 보라."

(1) 의의 길은 빛이다(18절). 의인의 길, 즉 의인들이 택하여 걷고 있는 길은 빛과 같다. 그들의 길에는 빛이 비쳐서(욥 22:28), 그들을 안전하고 즐겁게 해준다. 그리스도는 그들의 길이요 빛이시다. 그들은 하나님의 말씀에 의해서 인도함을 받는데, 그 말씀은 그들의 발에 등이다. 의인들은 그들 자신이 주 안에서 빛이고, 주께서 빛 가운데 계신 것 같이 그들도 빛 가운데 행한다.

[1] 의의 길은 돋는 햇살 같다. 의인들의 길은 그들 자신에게는 기쁨과 위로의 빛을 발하고, 남들에게는 광채와 영광의 빛을 발한다. 너희 빛이 사람 앞에 비치게 하여 그들로 너희 착한 행실을 보게 하라(마 5:16). 의인들은 빛 가운데 행하는 자들로서 마음에 거룩한 평안과 평정을 지닌 채 그들의 길을 간다. 그들의 길은 흑암 중에서 떠오르는 아침 햇살 같아서(사 58:8, 10) 어둠의 일들을 끝장낸다.

[2] 의의 길은 점점 밝아지는 빛이다. 그것은 잠시 나타났다가 곧 사라지는 유성의 빛도 아니고, 희미하게 타다가 결국에는 꺼져 버리는 촛불의 빛도 아니고, 돋는 해의 빛과 같아서 점점 크게 빛난다. 이 길을 인도하는 안내자인 은혜도 점점 커져간다. 손이 깨끗한 자는 점점 힘을 얻느니라(욥 17:9). 의인들이 걷는 이 길의 즐거움인 저 기쁨, 이 길의 밝음인 저 영광, 이 길의 빛인 저 모든 복은 계속해서 점점 커져갈 것이다.

[3] 의의 길은 결국 한낮의 광명에 이른다. 동틀 때의 햇빛은 점점 커져서 마침내 정오의 빛이 되듯이, 빛을 받은 영혼도 한낮의 광명을 향하여 나아간다. 성도들은 천국에 이를 때까지는 완전해지지 않을 것이지만, 거기에서는 힘 있게 솟아오르는 해와 같이 빛날 것이다(마 13:43). 그들이 누리는 은혜와 기쁨은 모두 극에 달하게 될 것이다. 그러므로 의인의 길에서 떠나지 않는 것이 우리의 지혜이다.

(2) 죄의 길은 어둠 같다(19절). 솔로몬이 우리에게 가까이 하지 말라고 경고한 일들은 어둠의 일들이다. 남에게 해악을 끼침으로써 얻는 것 이외의 즐거움

이나 만족을 알지 못하는 자들이 어떻게 참된 즐거움과 만족을 누릴 수 있겠는가? 하나님의 말씀을 내팽개치는 자들이 어떻게 확실한 안내자를 둘 수 있겠는가? 악인의 길은 어둡고, 그래서 위험하다. 왜냐하면, 그들은 걸려 넘어져도, 그것이 무엇인지, 즉 그들이 무엇에 걸려 넘어진 것인지를 깨닫지 못하기 때문이다. 그들은 걸려 넘어져서 죄 속으로 굴러 떨어지지만, 그들을 넘어뜨린 시험이 어디에서 왔는지를 알지 못하기 때문에, 다음 번에 그 시험을 어떻게 피해야 하는지도 알지 못한다. 그들은 걸려 넘어져서 환난 속으로 굴러 떨어지지만, 하나님이 무슨 이유로 그들과 다투시는지를 결코 캐묻지 않는다. 그들은 그들이 악을 행하고 있다는 것을 알지도 못하고 깨닫지도 못하며, 그 끝이 무엇이 될지도 알지 못한다(시 82:5; 욥 18:5-6). 바로 이 길이 솔로몬이 우리에게 피하라고 명령하는 그 길이다.

[20]내 아들아 내 말에 주의하며 내가 말하는 것에 네 귀를 기울이라 [21]그것을 네 눈에서 떠나게 하지 말며 네 마음 속에 지키라 [22]그것은 얻는 자에게 생명이 되며 그의 온 육체의 건강이 됨이니라 [23]모든 지킬 만한 것 중에 더욱 네 마음을 지키라 생명의 근원이 이에서 남이니라 [24]구부러진 말을 네 입에서 버리며 비뚤어진 말을 네 입술에서 멀리 하라 [25]네 눈은 바로 보며 네 눈꺼풀은 네 앞을 곧게 살펴 [26]네 발이 행할 길을 평탄하게 하며 네 모든 길을 든든히 하라 [27]좌로나 우로나 치우치지 말고 네 발을 악에서 떠나게 하라

솔로몬은 우리에게 악을 행하지 말라고 경고한 후에 여기에서는 어떻게 선을 행하여야 하는지를 우리에게 가르친다. 우리는 죄를 지을 만한 기회들을 피하는 것만으로는 부족하고, 우리가 마땅히 해야 할 본분을 행할 수 있는 방법들을 연구하여야 한다.

I. 우리는 하나님의 말씀을 늘 마음에 새기고서, 그 말씀이 항상 우리 곁을 떠나지 않도록 애써야 한다.

1. 지혜의 말씀들은 우리 자신을 다스리는 원리들, 우리에게 우리의 본분과 위험을 경고해 주는 감시자들이어야 한다. 그러므로 우리는 다음과 같이 하여야 한다.

(1) 우리는 지혜의 말씀들을 기꺼이 받아야 한다. "지혜의 말씀들에 네 귀를

기울이라(20절). 그 말씀들 앞에 납작 엎드려 절하고, 그 말씀들을 부지런히 경청하라." 하나님의 말씀을 경청하는 것은 마음 속에서 은혜가 역사하기 시작한다는 것을 보여주는 좋은 징조이자 은혜의 역사가 계속해서 진행되기 위한 좋은 통로가 된다. 지혜의 말씀들을 알고자 경청하는 자들은 머지않아 자신의 본분과 도리를 다하겠다고 결심하게 될 것이다.

(2) 우리는 지혜의 말씀들을 주의 깊게 간직하여야 한다(21절). 우리는 그 말씀들을 우리의 규범으로 삼아서 우리 앞에 두어야 한다. "지혜의 말씀들을 네 눈에서 떠나게 하지 말라. 그 말씀들을 보고 또 보고, 모든 일에서 그것들에 맞추는 것을 목표로 삼으라." 우리는 그 말씀들을 우리 안에 두고서 우리의 모든 것을 주관하는 원리가 되게 하고, 그 원리의 영향력이 우리의 인격 전체에 미치게 하여야 한다. "지혜의 말씀들을 네게 소중해서 잃어버릴까봐 염려되는 것들로 여겨서 네 마음 속에 지키라." 하나님의 말씀을 마음 속에 기록해 두라. 거기에 기록된 것은 없어지지 않을 것이다.

2. 우리가 이렇게 지혜의 말씀들을 소중히 여겨야 하는 이유는 그것들이 생명 나무처럼 우리에게 양식이 되고 양약(良藥)이 될 것이기 때문이다(계 22:2; 겔 47:12). 지혜의 말씀들을 찾아서 발견하여 간직하는 자들은 그 말씀들 속에서 다음과 같은 것들을 발견하게 될 것이다.

(1) 양식. 그것은 얻는 자에게 생명이 된다(22절). 영적인 생명은 말씀을 통해서 시작될 뿐만 아니라, 그 동일한 말씀에 의해서 계속해서 자양분을 얻고 유지된다. 우리는 말씀이 없이는 살 수 없다. 우리는 믿음으로 말씀에 의거해서 살아간다.

(2) 양약. 지혜의 말씀들은 그것들을 얻은 자들의 온 육체, 즉 몸과 영혼을 포함한 전인(全人)에 건강이 된다. 그 말씀들은 몸과 영혼을 아주 좋은 상태로 유지시켜 주는 역할을 한다. 그 말씀들은 모든 육체를 치료하는 힘이다(칠십인역은 이렇게 되어 있다). 지혜의 말씀들 속에는 이 병에 걸린 세상의 모든 병들을 충분히 치료할 수 있는 힘이 들어 있다. 그 말씀들은 그것들을 얻은 자들의 온 육체, 즉 그들의 온갖 부패한 심성들을 치료하는 약이다(원어는 이런 의미이다). 왜냐하면, 사람들은 육체라 불리고, 그들이 지닌 온갖 걱정과 근심들은 육체의 가시들이기 때문이다. 하나님의 말씀 속에는 우리의 온갖 영적인 질병들을 고치기에 적합한 치료약이 들어 있다.

Ⅱ. 우리는 우리의 속사람의 모든 움직임들을 예의주시하고 엄격하게 통제하여야 한다(23절).

1. 우리가 지혜를 얻고 지키기 위해서 지혜의 법이 우리에게 요구하는 큰 의무. **모든 지킬 만한 것 중에 더욱 네 마음을 지키라.** 하나님은 우리에게 영혼을 주시고서 아울러 그 영혼을 엄격하게 다스리는 책임을 주셨다. **너는 스스로 삼가며 네 마음을 힘써 지키라**(신 4:9). 우리는 우리 자신에 대하여 거룩한 질투를 유지하여야 하고서, 우리의 영혼이 움직이는 모든 길목들에 깐깐한 보초를 세워 두어야 한다. 우리는 우리의 마음이 남에게 해를 끼치거나 해를 받지 않도록 지키고, 죄에 의해서 더럽혀지거나 환난에 의해 흐트러지지 않도록 지켜야 한다. 우리는 우리의 마음을 우리의 보석 또는 우리의 포도원으로 여겨서 잘 지켜야 한다. 우리의 양심에 걸리는 것이 없도록 우리의 마음을 지키라. 나쁜 생각들이 들어오지 못하게 하고, 선한 생각들을 꼭 붙들어 두라. 옳은 일들과 마땅히 지켜야 할 한계들을 소중히 여기고, **모든 지키는 방법들을 다 동원하여 그것들을 지키라.** 세심하게 주의를 다하거나 힘을 다하거나 도움을 청하거나 등등 어떤 것을 지키는 데에는 여러 가지 방법들이 있는데, 우리는 우리의 마음을 지키는 데에 이 모든 방법을 다 사용하여야 한다. 그 모든 방법들을 다 동원해서 지킨다고 하여도 우리의 마음을 지키는 일은 그리 쉽게 되지 않는다. 왜냐하면, 우리의 마음은 너무나 거짓되고 속임수에 능하기 때문이다. **만물보다 거짓되고 심히 부패한 것은 마음이라**(렘 17:9). 또는, 본문은 **모든 지킬 만한 것 중에 더욱 네 마음을 지키라.** 우리는 다른 어떤 것을 지킬 때보다도 더 신경을 쓰고 부지런히 살펴서 우리의 마음을 지켜야 한다. 우리는 우리의 눈(욥 31:1), 우리의 혀(시 34:13), 우리의 발(전 5:1)을 지켜야 하지만, 무엇보다도 우리의 마음을 지켜야 한다.

2. 우리에게 이렇게 주의를 기울이라고 하는 이유. 그것은 **생명의 근원이 이에서 나기 때문이다.** 마음을 잘 지키면, 생명에 속한 선한 열매들이 그 마음으로부터 끊임없이 흘러나와서, 하나님의 영광이 드러나고 다른 사람들의 덕이 세워진다. 또는, 일반적인 의미로, 생명의 모든 행위들은 마음으로부터 흘러나오기 때문에, 마음을 지키는 것은 나무를 좋은 상태로 만들고 샘들을 정결하게 치료하는 역할을 한다. 우리의 마음을 지키느냐 제멋대로 하도록 내버려 두느냐에 따라서, 우리의 삶은 올바르게 되기도 하고 엉망이 되기도 하며, 위로가

넘치기도 하고 고통스럽게 되기도 한다.

Ⅲ. 우리는 우리의 입술의 문 앞에 파수꾼을 세워서 우리의 혀로 범죄하지 않도록 하여야 한다. 구부러진 말을 네 입에서 버리며 비뚤어진 말을 네 입술에서 멀리 하라(24절). 우리의 마음은 천성적으로 부패해 있어서 거기로부터 부패한 말들이 무수히 흘러나오기 쉽기 때문에, 우리는 온갖 종류의 악한 말들, 저주하는 말, 욕하는 말, 거짓말, 비방하는 말, 시비 거는 말, 더러운 말, 어리석은 말 등과 같이 제멋대로인 입과 뒤틀린 입술에서 나오는 모든 말에 대하여 몹시 두려워하고 싫어하는 마음을 품어야 한다. 이성이나 신앙에 의해서 다스림을 받기는커녕 그것들을 정면으로 거스르는 그런 입과 입술은 마치 실제로 뒤틀린 입이 사람들 앞에서 그런 것처럼 하나님 앞에서 흉하고 추하다. 우리는 항상 조심하고 각오를 단단히 하고서, 우리가 혀로 범하는 온갖 죄들을 우리 입에서 버리며 우리 입술에서 멀리하여야 한다. 우리는 조금이라도 악의 모양을 지니고 있는 모든 말들을 피해야 하고, 그런 말들을 배우게 될까봐 두려워하여야 한다.

Ⅳ. 우리는 우리의 눈과 언약을 맺어야 한다. "너는 네 눈으로 바로 보며 네 앞을 곧게 살피라(25절). 너의 눈을 고정시키고, 이곳저곳을 보지 말라. 주변에 있는 모든 것들을 따라 네 눈을 돌려서 두리번거리지 말라. 그렇게 하면, 너의 눈은 선한 것에서 벗어나서 악한 것의 함정에 걸려들게 될 것이기 때문이다. 너의 눈이 헛된 것을 바라보지 않게 하라. 너의 눈이 단 한 곳만을 보게 하고 이것저것을 보게 하지 말라. 너의 눈이 진실하여 한 곳을 바라보게 하고, 곁눈질을 하게 하지 말라." 우리는 우리의 눈을 우리의 주님에게 고정시켜야 하고, 어떻게 하면 우리 주님으로부터 인정을 받을 수 있을지만을 고민하여야 한다. 우리의 눈을 우리의 규범에 고정시키라. 우리의 눈이 우리의 푯대만을 향하게 하고, 하나님이 위에서 부르신 부름의 상을 향하게 하여, 모든 것을 그 방향으로 향하게 하라. 눈은 목표만을 바라보아야 한다.

Ⅴ. 우리는 우리가 행하는 모든 일에서 사려 깊게 행하여야 한다(26절). 네 발이 행할 길을 신중하게 생각하고 잘 무게를 달아 보라(원어는 이런 의미이다). "하나님의 말씀을 저울의 한 쪽 접시 위에 올려놓고, 네가 행한 일 또는 앞으로 행할 일을 다른 쪽 접시에 올려놓아서, 그 둘이 서로 일치하는지를 살펴보라. 너의 길이 여호와 앞에서 선한지, 그 길의 마지막이 선할지를 꼼꼼하고 세심하

게 살피라." 우리는 우리가 지나온 길들을 깊이 생각해 보고서 우리가 무엇을 행하였는지를 살펴보고, 우리가 현재 걸어가는 길들을 깊이 생각해 보고서 우리가 지금 무엇을 하고 있는지, 우리가 어디로 가고 있는지를 살펴봄으로써, 우리가 조심성 있고 신중하게 행하고 있는지를 확인하여야 한다. 우리가 그렇게 신중하게 행하기 위해서는 우리의 본분과 도리가 무엇인지, 우리가 가는 길에서 어려운 점들이나 유익이나 위험들이 무엇인지를 깊이 생각해 보는 것은 아주 중요하다. "그 어떤 일도 성급하고 경솔하게 하지 말라."

VI. 우리는 차근차근 조심스럽고 꾸준히 행하여야 한다. "네 모든 길을 든든히 하고, 두 마음을 지닌 자처럼 너의 길을 정함이 없는 마음으로 가지 말라(26절). 두 길 사이에서 어중간하게 멈춰 서 있지 말고, 오직 순종의 길로 달려가라. 좌로나 우로나 치우치지 말라. 왜냐하면, 좌우에는 잘못된 것들이 있어서, 사탄은 우리를 좌나 우로 끌어당겨서 자신의 목적을 이루려 하기 때문이다. 온갖 주의를 다 기울여서 네 발을 악에서 떠나게 하라. 극단에 치우치지 않도록 조심하라. 왜냐하면, 극단에는 악이 있기 때문이다. 네 눈을 바로 보라. 그래야만 너는 좌우로 치우치는 것을 막을 수 있기 때문이다." 지혜로운 자로 인정을 받고자 하는 자들은 언제나 깨어 있지 않으면 안 된다.

제 — 5 — 장

개요

이 장의 요지는 2장의 요지와 거의 같다. 동일한 내용을 다른 말들을 사용해서 다시 기록하는 것은 쓸데없거나 괜히 수고하는 것이 아니다. 왜냐하면, 그렇게 반복해서 말하는 것이 듣고 배우는 사람에게 안전하기 때문이다(빌 3:1). I. 지혜의 법들을 잘 익히고 거기에 순종하라는 일반적인 권면(1-2절). II. 음행의 죄를 짓지 말라는 특별한 경고(3-14절). III. 그러한 죄를 고치기 위한 치료제들. 1. 부부 간의 사랑(15-20절). 2. 하나님은 모든 것을 다 아신다는 것을 명심함(21절). 3. 악인들의 비참한 최후를 두려워함(22-23절). 젊은이들이 영혼을 거슬러 싸우는 육체의 정욕들과 싸우기 위해서는 이러한 것들을 명심하고 또 명심한다고 해도, 그것으로도 결코 충분하지 않을 것이다.

1내 아들아 내 지혜에 주의하며 내 명철에 네 귀를 기울여서 2근신을 지키며 네 입
술로 지식을 지키도록 하라 3대저 음녀의 입술은 꿀을 떨어뜨리며 그의 입은 기름
보다 미끄러우나 4나중은 쑥 같이 쓰고 두 날 가진 칼 같이 날카로우며 5그의 발은
사지로 내려가며 그의 걸음은 스올로 나아가나니 6그는 생명의 평탄한 길을 찾지
못하며 자기 길이 든든하지 못하여도 그것을 깨닫지 못하느니라 7그런즉 아들들아
나에게 들으며 내 입의 말을 버리지 말고 8네 길을 그에게서 멀리 하라 그의 집 문
에도 가까이 가지 말라 9두렵건대 네 존영이 남에게 잃어버리게 되며 네 수한이 잔
인한 자에게 빼앗기게 될까 하노라 10두렵건대 타인이 네 재물로 충족하게 되며 네
수고한 것이 외인의 집에 있게 될까 하노라 11두렵건대 마지막에 이르러 네 몸, 네
육체가 쇠약할 때에 네가 한탄하여 12말하기를 내가 어찌하여 훈계를 싫어하며 내
마음이 꾸지람을 가벼이 여기고 13내 선생의 목소리를 청종하지 아니하며 나를 가
르치는 이에게 귀를 기울이지 아니하였던고 14많은 무리들이 모인 중에서 큰 악에
빠지게 되었노라 하게 될까 염려하노라

우리는 여기에서 다음과 같은 것들을 본다.

I. 앞으로 이어질 훈계의 도입부인 엄숙한 서문(1-2절). 솔로몬은 여기에서 그의 아들에게 말하는 형식을 취해서, 그가 그의 아들에 대해서만큼이나 애정을 지니고 있는 모든 젊은이들을 가르쳐서 선한 감화를 주고자 한다. 그는 그들에게 하나님의 이름으로 주목할 것을 요구한다. 왜냐하면, 그는 하나님이 주신 감동으로 이 글을 기록하고 있고, 비록 "여호와께서 이와 같이 말씀하시되"라는 말로 시작을 하고 있지는 않지만 그도 선지자이기 때문이다. "내가 지금부터 하는 말에 주의하며 네 귀를 기울이라. 내가 말하는 것을 듣고 내가 기록한 것을 읽을 뿐만 아니라, 내가 하는 말에 네 마음을 쏟아서, 이 말이 무엇을 뜻하는지를 깊이 생각해 보라." 그들이 주의를 기울이도록 하기 위해서 솔로몬은 다음과 같은 것들을 강조한다.

1. 자기가 하는 말들은 아주 훌륭한 말들이라는 것. "내가 하는 말들은 내 지혜이고 내 명철이다. 내가 네게 지혜를 가르치고자 할 때, 나는 지금 여기에서 내가 할 말들 외에 다른 것을 네게 가르치지 않을 것이다. 도덕 철학은 나의 철학이고, 나의 학교에서 가르치는 모든 것이다."

2. 그 말들은 유익하다는 것.

(1) "네가 지혜롭게 행하고 근신을 지키기 위해서 내가 말하는 것을 주의해서 들으라." 솔로몬의 강의들은 우리의 머리를 멋진 개념들이나 사변(思辨)의 주제들이나 의심하고 논쟁할 거리들로 채우기 위한 것이 아니라, 우리의 지침이 될 원리들을 주어서 우리가 스스로를 그 원리들로 다스려서 지혜롭게 행하여 우리로 하여금 참된 유익을 얻게 하기 위한 것이다.

(2) "네가 지혜롭게 말하고 네 입술로 지식을 지키며 그 지식이 늘 네 혀끝에 있어서 너와 대화하는 자들이 유익을 얻도록 하기 위해서 내가 말하는 것을 주의해서 들으라." 제사장의 입술은 지식을 지키는 입술이라고 한다(말 2:7). 성경에 정통한 자들은 그들의 기도에서만이 아니라 그들의 강론이나 대화 속에서도 영적인 제사장들이 될 수 있다.

II. 훈계의 내용. 그것은 육체의 정욕들, 즉 간음과 음행과 온갖 더러운 일을 피하라는 것이다. 어떤 이들은 이것을 비유적으로 해석해서, 여기에 나오는 음녀를 우상 숭배로 이해하기도 하고, 사람들을 속여서 그들의 마음과 행실을 더럽히는 거짓된 가르침으로 이해하기도 하며, 육욕(肉慾)으로 이해하기도 한다. 그러나 여기에 나오는 훈계의 일차적인 목적은 분명히 십계명 중에서 제7

계명을 범하지 말라고 우리에게 경고하는 것이다. 젊은이들은 제7계명과 관련된 유혹이 아주 심하기 때문에 그 계명을 범하기가 아주 쉽고, 실제로 그런 예들이 아주 많다. 제7계명을 범하는 죄는 우리의 영혼 속에 있는 미덕의 온갖 씨앗들을 다 파괴하는 속성을 지니고 있기 때문에, 솔로몬이 여기에서 이 계명을 범하지 말라고 이토록 강력하게 반복적으로 훈계하는 것은 전혀 이상한 일이 아니다. 솔로몬은 여기에서 신실한 파수꾼으로서 모든 이들에게 그들이 그들의 생명과 그들에게 있는 온갖 위로들을 지키고 싶다면 이 죄를 두려워하라고 경고한다. 왜냐하면, 이 죄를 범하게 되면, 그들은 반드시 파멸하게 될 것이기 때문이다. 우리는 여기에서 두 가지를 조심하라는 경고를 받는다.

1. 이 죄가 지닌 매력들에 홀려서는 안 된다는 것. **음녀의 입술이 꿀을 떨어뜨린다**는 것은 사실이다(3절). 육체적인 정욕이 주는 쾌락들은 아주 유혹적이다(**잔에서 번쩍이며 순하게 내려가는** 포도주와 같이). 그 속에 해로운 것이 들어있을 것 같다는 의심을 주지 않기 위해서 독이 든 알약이 우리의 목에서 부드럽게 넘어가는 것과 마찬가지로, 음녀의 입술과 그 입맞춤과 그 입에서 나오는 말들은 **기름보다 미끄럽다**. 그러나 다음과 같은 것들을 곰곰이 생각해 보라.

(1) 그 결과는 치명적인 것이 되리라는 것. 죄인이 이 꿀과 기름을 먹었을 때에 그 끝은 무엇이 되는가?

[1] 양심이 겁을 먹고 두려워하게 됨. **그 나중은 쑥 같이 쓰다**(4절). 입에서 달콤한 것이 위로 내려가서는 거기에서 신 것으로 변한다. 그것은 **두 날 가진 칼**과 같아서, 네가 어느 쪽을 잡든지, 너는 그 칼에 베이게 된다. 솔로몬은 경험을 통해서 알게 된 것을 여기에서 말하고 있다(전 7:26).

[2] 지옥의 고통. 이 죄를 범한 자가 회개하고 구원을 받았다고 할지라도, 이 죄가 지닌 직접적인 성향으로 인해서 그의 몸과 영혼은 파괴된다. **음녀의 발은 사지로 내려가며**, 음녀의 **걸음은 스올로 나아가서**, 마치 저주들이 너무 오랫동안 잠자고 있었다는 듯이 그 저주들을 깨워서 죄인에게로 끌어온다(4절). 이 죄에 휘말려 들어간 자들은 그들과 지옥 사이의 간격은 단지 한 걸음뿐이어서 그들은 지옥 속으로 떨어지기 직전에 있다는 것을 깨달아야 한다.

(2) 그 매력들은 지극히 거짓된 것이라는 것. 음녀는 듣기 좋은 말만을 하고 비위를 맞춰 주며, 음녀가 하는 말들은 꿀과 기름처럼 달콤하고 부드럽지만, 그것들은 다 음녀의 말에 귀를 기울이는 자들을 속이는 것들이다. 음녀의 길은

든든하지 못하여도 너는 그것을 깨닫지 못하느니라(6절). 음녀는 자신의 정체가 드러나면 미움을 받을 수밖에 없기 때문에 아주 다양한 모습으로 변장하고 자주 모습을 바꾼다. 음녀는 자유자재로 변신하는 능력을 지녔던 프로테우스 신처럼 자기가 속이고자 하는 자들에 맞춰서 여러 모습으로 변신한다. 그러면, 음녀는 이러한 온갖 술수를 다 써서 도대체 무엇을 하고자 하는 것인가? 음녀의 목적은 사람들로 하여금 생명의 평탄한 길을 찾지 못하게 하는 것이다. 왜냐하면, 그녀는 사람들이 일단 그 길을 찾게 되면 그녀가 그들을 반드시 잃게 될 것임을 알기 때문이다. 사탄이 사람들을 유혹하기 위해서 온갖 술수를 다 쓰는 목적은 다음과 같은 것들이라는 것을 알지 못하는 자들은 사탄의 계책을 알지 못하고 있는 것이다.

[1] 그것은 사람들이 생명의 길을 택하여 신앙을 갖게 되고 천국에 가게 되는 것을 막고, 복된 삶으로부터 차단된 사탄이 다른 사람들도 그 복된 삶을 누리지 못하게 가로막고자 하는 것이다.

[2] 그렇게 하기 위해서, 사탄은 사람들이 생명의 길에 대하여 깊이 생각하거나 그들이 그 길로 행하는 것이 얼마나 이치에 맞고 그들에게 얼마나 큰 유익이 되는지를 생각하지 못하게 가로막고자 한다. 모든 사람들에게 진지하게 생각할 자유가 주어져서, 그들이 공정한 저울로 공평하고 사심 없이 무게를 달아볼 수 있다면, 그들은 틀림없이 생명의 길을 택하게 되어 있다. 그러므로 마귀가 사람들을 자기 쪽으로 끌어오기 위해서는 단 한 가지 방법밖에 없는데, 그것은 사람들의 기분을 좋게 해줄 이런저런 것들로 끊임없이 사람들의 주의를 흐트러트려 놓아서 사람들이 그들의 평화에 관한 일들을 차분하고 깊이 생각하지 못하게 하는 것이다. 음행은 다른 어떤 것만큼이나 명철을 눈 멀게 하고 양심을 무감각하게 만들며 사람들로 하여금 생명의 길을 깊이 생각하여 찾는 일을 하지 못하게 만드는 죄이다. 음행과 묵은 포도주와 새 포도주가 마음을 빼앗느니라(호 4:11).

2. 이 죄의 주변에도 가까이 가서는 안 된다는 것(7-8절).

(1) 이 훈계에는 엄숙한 서문이 붙어 있다. "그러므로 아들들아 나에게 들으라. 이 글들을 읽거나 듣는 너희가 누구이든지, 너희는 음녀가 말하는 것에 귀를 기울이지 말고 내가 말하는 것들을 주의해서 듣고 믿음으로 받아서 마음에 잘 간직하여 내 입의 말을 버리지 말라. 내가 말하는 것들을 잠시 동안만 받아가

지고 있는 것이 아니라, 그것들을 꼭 붙잡아서 잘 간직하고 있다가, 네가 유혹에 의해 아주 심한 공격을 받게 될 때에 그것들이 네게 힘이 되게 하라."

(2) 훈계의 내용은 아주 엄하다. "네 길을 그녀에게서 멀리 하라. 네 길이 우연히 음녀 가까이에 있게 되었고, 네가 일 때문에 그녀의 유혹이 닿는 범위 내에 있게 되었다면, 네 자신을 그대로 위험에 노출시키기보다는 네 길을 바꾸고 네 길의 경로를 변경하라. 그녀의 집 문에도 가까이 가지 말라. 음녀의 집이 있는 거리의 다른 쪽 길로 가라. 아니, 아예 그 거리를 피해서 다른 길로 가라." 이것은 다음과 같은 것들을 의미한다.

[1] 우리가 이 죄를 몹시 두려워하고 혐오해야 한다는 것. 우리는 이 죄를 전염병이 도는 지역에 들어가는 것과 마찬가지로 두려워하여야 한다. 우리는 이 죄를 우리가 가까이 가기도 싫어하는 썩은 시체와 마찬가지로 혐오하여야 한다. 우리는 육체의 온갖 정욕들에 대하여 뿌리깊은 반감을 품고 있을 때에야 비로소 우리의 순전함을 지킬 가능성이 있다.

[2] 우리가 이 죄를 지을 기회 또는 이 죄로 향하여 나아가는 발걸음이 될 수 있는 모든 것을 피하려고 애써야 한다는 것. 해악을 피하고자 하는 자들은 해악이 있는 길을 멀리해야 한다. 사람의 타락한 본성 속에는 불에 붙기 쉬운 속성이 있기 때문에, 어떤 이유에서이든 불씨 가까이에 가는 것은 미친 짓이다. 우리가 하나님께 우리를 시험에 들게 하지 마옵소서라고 기도해 놓고서는 우리 자신을 시험 속으로 밀어 넣는다면, 그것은 하나님을 우롱하는 것이다.

[3] 우리가 우리 자신에게 우리가 여기까지 오고 더 넘어가지 않으리라고 약속한 가운데에 우리 자신에 대한 경건한 질투심으로 우리 자신이 그 선을 넘지 않도록 질투하되, 우리 자신의 결단의 힘을 과신해서 죄 가까이로 가는 일이 없어야 한다는 것.

[4] 우리로 하여금 죄를 짓게 만든 것이 오른눈이든 오른손이든 그 무엇이 되었든, 우리는 그것을 빼어 내버리고 잘라 버리며 우리에게서 던져 버려야 한다는 것. 우리는 그것이 아무리 우리에게 소중한 것이라고 하더라도 우리의 영혼을 위험에 빠지게 한다면 그것과 결별하여야 한다. 그것이 우리 구주의 명령이다(마 5:28-30).

(3) 솔로몬이 여기에서 이 훈계를 강화하기 위하여 사용하는 논거들은 앞에서 이 죄에 따르는 많은 해악들이라고 말한 내용으로부터 가져온 것들이다.

[1] 이 죄는 명성을 무너뜨린다. "너는 네 존영을 남에게 잃어버리게 될 것이다(9절). 너는 너의 명예를 스스로 잃게 될 것이다. 너는 네 이웃들인 각 사람의 손에 네게 던질 돌을 쥐어주는 꼴이 될 것이다. 왜냐하면, 네 이웃들은 모두 너를 수치스럽다고 말할 것이고, 너를 미련한 자로 여겨 멸시하며 짓밟을 것이기 때문이다." 음행은 사람들을 멸시받을 만하고 더러운 자들로 만드는 죄이기 때문에, 의식이 있거나 덕이 있는 자는 그 누구도 창기(娼妓)들과 어울리는 자와 어울리고자 하지 않을 것이다.

[2] 이 죄는 세월을 소모시킨다. "이 죄를 짓는 것은 사람의 인생에서 꽃다운 시기인 청년의 때를 잔인한 자, 즉 가장 잔혹하게 영혼을 거슬러 싸우는 너의 더러운 정욕에게 내어주거나, 너를 사랑하는 체하지만 사실은 너의 귀한 생명을 사냥하는 저 더러운 창기에게 내어주는 것이다." 은혜를 주신 하나님께 영광을 돌리는 데에 사용되어야 할 저 세월이 잔인한 죄를 섬기는 데에 허비되고 마는 것이다.

[3] 이 죄는 재물을 탕진시킨다(10절). "네가 네 가정의 청지기라는 자격으로 맡고 있던 네 재물로 타인이 충족하게 되고, 네 집에 쓸 것을 공급하는 데에 사용되어야 할 네 수고한 것이 그것에 대한 아무런 권리도 갖고 있지 않고 그것을 주었다고 네게 감사하지도 않을 외인의 집에 있게 될 것이다."

[4] 이 죄는 건강을 파괴하고, 사람의 수명을 단축시킨다. 네 몸, 네 육체가 이 죄 때문에 쇠약해질 것이다(11절). 더러운 정욕들은 죄인이 무시하고 돌보지 않는 영혼을 거슬러 싸울 뿐만 아니라, 죄인이 그 욕망을 한껏 채워주고자 하고 거기에 푹 빠져 있는 바로 그 육체를 거슬러 싸우기도 한다. 육체의 정욕들은 이렇게 기만적이고 미련하며 해로운 것들이다. 탐욕으로 음행을 행하는 일에 자기 자신을 드리는 자들은 그들의 힘을 소진시켜서 쇠약하게 만들고, 흔히 그들의 육체를 더러운 병들로 채우게 되는데, 이것으로 말미암아 그들은 잔인한 정욕의 가차 없는 희생제물이 되어서 천수를 다 누리지도 못하고 요절하고 만다.

[5] 이 죄는 조금이라도 양심이 깨어 있는 자라면 그 자의 마음을 두려움으로 가득 채울 것이다. "지금은 네가 너의 속임수로 즐기고 놀지만, 너는 마지막에 이르러서는 반드시 한탄하게 될 것이다(11절). 네가 이 죄를 짓고 있는 동안, 너는 내내 그 죄의 실상이 네 앞에 드러나게 될 그 때에 회개할 일을 만들고 있는

것이고, 돌이켜 보고 몹시 괴로워하며 속상해 할 일을 쌓아가고 있는 것이다." 조만간에 영혼이 낮아져서 회개하게 되거나, 질병 때문에 몸과 육체가 쇠약해져서 양심의 소리가 죄인에게 정면으로 들려오거나, 죽어서 무덤에서는 육체가 썩고 영혼은 구더기도 죽지 않는 지옥에서 "얘, 너는 이것을 기억하라"는 말만이 끊임없이 울리는 가운데 끝없이 고통을 받게 될 때에 죄인은 이 일을 슬퍼하게 될 것이다. 솔로몬은 여기에서 죄를 깨달은 죄인이 자기 자신을 탓하며 자신의 어리석음을 한탄하는 모습을 그리고 있다. 그 때에 죄인은 몹시 비통하게 자기가 한 짓을 한탄하게 될 것이다.

첫째, 그는 자신의 삶을 고치는 것이 싫어서 자신의 본분이 무엇인지에 대하여 가르침 받기를 싫어하였고(내가 어찌하여 훈계 받는 것만이 아니라 지극히 참되고 선한 훈계 자체를 싫어하였던고) 자신의 잘못들에 대하여 듣기를 싫어하였다는 것(내 마음이 꾸지람을 가벼이 여겼던고)을 한탄한다(12절). 그는 그의 훈육을 책임졌던 자들, 즉 부모와 목회자들이 그들의 역할을 다하였다는 것을 시인할 수밖에 없다. 그들은 그의 선생들이었다. 그들은 그를 훈계하였었고, 그에게 선한 권면과 경고를 해주었었다(13절). 그러나 그는 그들의 목소리를 청종하지 아니하며, 그를 가르치는 이들에게 귀를 기울이지 아니하였고, 그들이 말한 것을 마음에 두지 않았으며 그 감화를 받아들이지 않았다고 말함으로써, 자기가 당하는 수치와 낭패가 자기 탓임을 인정하고, 하나님이 그에게 이 모든 참상들이 임하게 하신 것은 의로우신 일이었음을 인정한다. 선한 교육을 받았으면서도 거기에 걸맞는 삶을 살지 않은 자들은 저 심판의 날에 무거운 책임을 지게 되리라는 것을 명심하라. 지금 그들이 가르침 받은 것들을 기억하려고도 하지 않고 거기에 맞춰서 살아가고자 하지도 않는 자들은 그들의 그러한 행동이 그들의 죄와 벌을 더욱 무겁게 하였다는 것을 그 날에 가서 깨닫게 될 것이다.

둘째, 그는 그가 죄를 자주 짓다 보니 그 죄의 습관이 너무도 뿌리깊고 견고하게 되어서 그 죄를 짓고자 하는 마음이 그를 온전히 사로잡게 되었다는 것을 한탄한다(14절). 나는 많은 무리들이 모인 중에서 큰 악에 빠지게 되었노라. 그가 다른 이스라엘 사람들과 함께 하나님을 예배하기 위하여 회당이나 성전 뜰에 갔을 때, 그의 더러운 마음은 음란한 생각이나 욕망으로 가득 차 있었고, 그의 눈은 음욕으로 가득 차 있었다. 그 곳이나 그 곳에 모인 무리나 거기에서 행해지고 있던 일은 다 경건하였지만, 그는 자신의 욕망을 억제할 수 없어서, 다른 곳에서와 마찬가지로 거기에서도 악하고 더러운 모습이었다. 거룩한 것들을 더럽히는 죄보다 더 깨어 있는 양심을 경악하게 만드는 죄는 없다. 우리가 회중과 더불어서 하나님께 예배를 드리는 곳에서 그 예배를 통하여 유익들을 누리는 가운데 그런 죄를 지었다는 것만큼 그 죄의 정도를 가중시키는 것은 없다. 시므리와 고스비는 모세와 온 회중의 눈앞에서 그들의 극악무도한 짓을 자백하였다(민 25:6). 우리가 예배 속에서 하나님께로 나아갈 때, 마음으로 짓는 간음죄는 하나님께 그대로 드러나서 하나님을 진노하게 하실 것임에 틀림없다. 어떤 이들은 이 본문을, 내가 방백들과 재판관들과 그들의 총회에 도전하여 큰 악에 빠져 있었다라는 의미로 이해하기도 한다. 또는, 어떤 이들은 이것이 죄의 악이 아니라 형벌의 해(害)를 가리킨다고 보기도 한다. "나는 세상에 대하여 본보기 또는 구경거리가 되었다. 나는 이스라엘 회중 가운데서 표적으로 세움을 입어서 하나님의 혹독한 심판을 받았다. 나는 회중 가운데 서서 부르짖었다(욥 30:28)." 우리는 나중에 결국 이렇게 후회하게 될 일을 피해야 마땅하다.

15너는 네 우물에서 물을 마시며 네 샘에서 흐르는 물을 마시라 16어찌하여 네 샘물
을 집 밖으로 넘치게 하며 네 도랑물을 거리로 흘러가게 하겠느냐 17그 물이 네게만
있게 하고 타인과 더불어 그것을 나누지 말라 18네 샘으로 복되게 하라 네가 젊어서
취한 아내를 즐거워하라 19그는 사랑스러운 암사슴 같고 아름다운 암노루 같으니
너는 그의 품을 항상 족하게 여기며 그의 사랑을 항상 연모하라 20내 아들아 어찌하
여 음녀를 연모하겠으며 어찌하여 이방 계집의 가슴을 안겠느냐 21대저 사람의 길
은 여호와의 눈 앞에 있나니 그가 그 사람의 모든 길을 평탄하게 하시느니라 22악인
은 자기의 악에 걸리며 그 죄의 줄에 매이나니 23그는 훈계를 받지 아니함으로 말미
암아 죽겠고 심히 미련함으로 말미암아 혼미하게 되느니라

솔로몬은 간음과 음행 속에 들어 있는 큰 악과 온갖 음란하고 더러운 것들을 보여준 후에 여기에서는 그런 것들을 고치는 치료약들을 처방한다.

I. 합법적인 혼인이 주는 위로와 낙(樂)들을 만족스럽게 누리라. 혼인은 음행을 예방하기 위해서 하나님이 정하신 것이다. 그러므로 우리는 예방 효과가 제대로 나타나도록 하기 위해서 혼인 제도를 제때에 활용하여야 한다. 그 누구

도 하나님이 그들을 냉정하게 대하셔서 그들의 자연적인 욕구를 통한 즐거움들을 그들로 하여금 누리지 못하게 하셨다고 불평해서는 안 된다. 왜냐하면, 하나님은 사람들에게 그 즐거움들을 합법적이고 정상적으로 누릴 수 있는 제도를 마련해 주셨기 때문이다. "하나님은 네가 동산의 모든 나무의 열매를 다 먹을 수 있게 허락하지는 않으셨지만, 그 나무들 중에서 네가 좋아하는 것 하나를 골라서 그 열매를 마음껏 먹을 수 있게 하셨다. 사람의 자연스러운 본능은 그 한 나무의 열매로 만족할 것이지만, 그 본능을 넘어서는 정욕은 그 모든 나무의 열매로도 만족하지 못할 것이다." 하나님이 이렇게 사람들에게 각자 하나로 만족하게 하신 것은 사람들에게 고통을 안겨주기 위한 것이 아니라, 진정으로 사람들에게 유익이 되게 하기 위한 것이었다. 왜냐하면, 허버트(Herbert) 목사가 지적하였듯이, "하나님이 모든 것을 공동의 것으로 해놓으셨다면, 사람은 틀림없이 그 공동의 것을 자기 것으로 만들었을 것이기" 때문이다. 솔로몬은 여기에서 이것에 대하여 아주 자세하게 서술하면서, 합법적인 혼인이 주는 즐거움들은 온갖 거짓되고 금지된 음행으로 인한 쾌락들을 훨씬 능가한다는 것을 음행의 해독제로 처방할 뿐만 아니라 음행을 하지 말아야 하는 논거로도 역설한다(더러운 귀신의 대리자들인 악인들은 이러한 진리를 조롱하고 비웃겠지만).

1. 젊은이들은 빨리 결혼해서 정욕에 불타는 일이 없게 하여야 한다. 너는 네 우물, 네 샘(15절)을 가지라. 즉, 너는 **젊어서 아내를 취하라**(18절). **완전히 금욕하라. 그렇게 하지 못하겠거든, 혼인하라**(허버트). "세상은 넓고 할 일은 많기 때문에, 너는 그 일들 가운데에서 얼마든지 너의 즐거움을 찾을 수 있다."

2. 결혼한 자는 자기 아내를 즐거워하고 아주 좋아하여야 한다. 이것은 그녀가 그가 직접 선택한 아내이고, 그는 자신의 선택에 만족해야 하기 때문만이 아니라, 그녀는 하나님이 섭리 가운데서 그에게 정해주신 배필이고, 그는 하나님이 정해 주신 것을 당연히 기뻐해야 하기 때문이다. **네 샘으로 복되게 하라**(18절). 그녀 안에서 네가 무척 행복하다고 생각하고, 그녀를 복된 아내로 여기며, 그녀가 너의 복이 되게 하고, 날마다 그녀를 위하여 기도하며, 그녀를 즐거워하라. 그리하면, 우리는 우리의 기도와 하나님의 복주심에 의해서 하나님이 거룩하게 구별하셔서 우리에게 주시는 위로들로 인한 기쁨을 누리게 될 것이다. 우리의 혈육들을 즐거워하는 것은 우리에게 허락된 것일 뿐만 아니라 우리에게

명령된 것이다. 특히 멍에를 함께 멘 자들이 함께 즐거워하고 서로를 즐거워하는 것은 너무나 합당한 일이다. 서로를 기뻐하면, 서로에게 충실하게 된다. 신랑이 신부를 기뻐하는 것은 당연한 일일 뿐만 아니라(사 62:5), 율법으로 명령된 일이다(전 9:9): 네 평생의 모든 날에 네가 사랑하는 아내와 함께 즐겁게 살지어다. 밖에서 어울리는 자들과는 즐겁고 유쾌하게 지내면서 집에서 자신의 가족에 대해서는 못마땅하게 여기고 짜증을 내는 자들은 하나님이 정하신 곳에서 그들의 위로를 얻지 않는 자들이다.

3. 결혼한 자는 자기 아내를 좋아하고 진심으로 사랑하여야 한다(19절). 그녀는 사랑스러운 암사슴 같고 아름다운 암노루 같게 하라. 유명한 자들은 종종 암사슴과 암노루를 집에서 길들여서 함께 놀았다. 너의 아내와 사심 없이 즐겁게 대화를 나누는 것이 진지한 연구와 일을 잠시 내려놓고 기분전환 하기에 가장 좋은 것이 되게 하라. 그녀를 가난한 자의 암양 새끼처럼 너의 품에 눕게 하고(삼하 12:3), 너의 머리는 그녀의 품에 눕혀서 쉬게 하며, 그녀의 품을 항상 족하게 여기라. 다른 여자의 품에서 즐거움을 찾지 말라. "그릇 행하더라도 언제나 아내와의 사랑 속에서 그렇게 하라. 네가 네 사랑을 과도하게 하고자 하고, 육체를 과도하게 탐하고자 한다면, 도가 지나칠 위험이 가장 적은 네 아내와의 사이에서 그렇게 하라." 그것은 너의 성욕의 갈증을 해소하기 위해서 네 우물에서 물을 마시는 것이고, 네 샘에서 흐르는 맑고 달콤하며 이로운 물을 마시는 것이다(15절; 고전 7:2-3).

4. 결혼한 자는 자기 자녀들을 기뻐하여야 하고, 그들을 흐뭇한 눈길로 바라보아야 한다(16-17절). "그들을 너의 맑은 샘으로부터 흘러나온 물줄기들로 여기라(성경에서는 유대인들이 유다의 물에서 나왔다고 말한다, 사 48:1). 물줄기들이 샘의 분신들인 것처럼, 너의 자녀들은 너의 분신들이다. 네 아내의 사랑을 항상 연모하라. 그리하면 너는 다음과 같이 될 것이다."

(1) "차고 넘치는 도랑물처럼 네게 많은 자손들이 생겨서, 그들이 집 밖으로 흩어져서 많은 가정들을 이룰 것이다. 반면에, 음행하는 자들은 그 자손의 수효가 늘지 못하리라(호 4:10)."

(2) "오직 너만의 것인 네 자손이 네게 생길 것이다. 반면에, 너를 아버지라고 부르는 음행의 자녀들은 사실은 너의 자녀가 아니라 타인의 자손이지만, 네가 그 자녀들을 돌보아야 하리라."

(3) "네게 존귀함을 더해줄 자랑스러운 자녀, 네가 자랑스럽게 길거리에 함께 다닐 수 있고 밖에 내보일 수 있는 자녀가 네게 생길 것이다. 반면에, 사생아는 네가 너의 자녀라고 말하기조차 부끄러운 너의 수치가 될 것이다." 이 문제에 있어서 미덕은 그 안에 온갖 즐거움과 존귀함을 다 갖고 있다. 그러므로 그것은 지혜라 불리는 것이 합당하다.

5. 결혼한 자는 신실하고 덕 있는 아내의 사랑을 항상 연모하고 금지된 쾌락의 기회를 멸시해야 한다. 그는 음녀를 연모하고(20절), 더러운 창기와 사랑에 빠지며, 이방 계집의 가슴을 안는 것이 얼마나 어리석은 일인지를 깊이 생각하여야 한다. 그에게 명예심이나 미덕에 대한 의식이 조금이라도 있다면, 그는 그러한 것들을 생각하는 것조차 혐오할 것이다. "너는 무슨 이유로 너의 우물에서 흘러나오는 맑은 생수를 마다하고, 해로운 흙탕물을 훔쳐서 마시는 것을 좋아할 정도로, 어리석고 네 자신에 대하여 원수로 행하고자 하느냐?" 네가 이성의 명령을 듣는다면, 너는 얼마든지 미덕의 법들을 순종하게 될 것임을 명심하라.

Ⅱ. "하나님의 눈이 항상 네 위에 있다는 것을 알고서, 하나님을 경외하는 것이 네 마음을 다스리게 하라"(21절). 간음이나 음행의 죄 속에서 살아가는 자들은 그들이 하는 일이 아무에게도 들키지 않게 은밀히 이루어지기를 기대한다(간음하는 자의 눈은 저물기를 바란다, 욥 24:15). 그러나 그들의 행위는 하나님에게 감춰질 수 없는데, 그들의 그런 기대가 무슨 소용이 있겠는가?

1. 하나님은 그들의 행위를 보신다. 사람의 길, 사람의 모든 움직임들과 행위들, 마음에서 이루어지는 모든 일들과 삶의 모든 움직임들은 아무리 은밀하게 행해지고 아무리 교묘하게 위장되어도 여호와의 눈 앞에 있다. 하나님은 그들의 행위를 참된 빛 아래에서 보시고, 그들의 행위만이 아니라 그 행위가 있게 된 원인들과 상황들, 그 결과들을 아신다. 하나님은 사람들의 길을 가끔씩 쳐다보시는 것이 아니다. 사람들의 길은 늘 하나님의 시야 속에 있고 하나님의 감시 아래에 있다. 사람들이 보는 앞에서도 죄를 짓고 악을 행하는 것이 쉽지 않은데, 하물며 하나님이 뻔히 보고 계시는 그 앞에서 너는 죄를 짓고 악을 행하고자 하는 것인가?

2. 하나님은 장차 죄인들에게 그 책임을 물으실 것이다. 왜냐하면, 하나님은 사람의 모든 길을 보실 뿐만 아니라, 장차 죄인들을 심판하실 자로서 사람들의

모든 행위들을 깊이 생각하시고 판단하시기 때문이다. 하나님은 사람들의 모든 행위를 다 달아 보시고 심판하실 것이다(전 12:14). 이것이 우리가 우리 발이 행할 길을 깊이 생각하여(4:26), 장차 우리가 심판을 받지 않도록 하기 위하여 우리 자신을 판단해야 하는 이유이다.

Ⅲ. "계속해서 범죄하는 자들이 반드시 멸망하게 될 것을 미리 내다보라." 간음과 음행의 죄 가운데에 살아가는 자들은 벌을 받지 않게 될 것을 기대하지만, 그것은 스스로를 속이는 것이다. 그들의 죄가 그들을 찾아낼 것이다(22-23절). 사도 바울은 이 절들의 의미를 다음과 같이 몇 마디로 요약한다: 음행하는 자들과 간음하는 자들을 하나님이 심판하시리라(히 13:4).

1. 이 죄는 사람들이 떨쳐내 버리기가 아주 어려운 죄이다. 죄인은 늙고 몸이 약해져도, 젊었을 때를 생각하고서(겔 23:19) 그의 정욕은 펄펄 살아 있다. 자기의 악이 그 자신의 동의에 의해서 악인을 사로잡고 있고, 악인은 자발적으로 자기의 악의 포로가 되었기 때문에, 그는 그의 죄의 줄에 매여 있다. 그의 죄악은 그를 완전히 장악하고 있기 때문에, 그는 거기에서 빠져 나올 수가 없고, 도리어 심한 미련함 속에서(자발적으로 그러한 잔인한 감독자의 종이 된 것보다 더 미련한 일이 어디 있겠는가) 혼미하게 되어 어그러진 길을 끝없이 헤매게 된다. 음행은 사람들이 일단 그 속으로 자신을 던진 후에는 거기에서 빠져 나오기가 무척 어렵고 실제로 빠져 나온 사례가 극히 드문 그런 죄이다.

2. 이 죄는 사람들이 떨쳐내 버리지 않는다면 그 벌을 피하기 어려운 죄이다. 이 죄는 그들에게 반드시 파멸을 가져다 줄 것이다. 그들의 죄악은 그들을 붙잡아서 양심의 책망을 받게 할 뿐만 아니라(렘 7:19), 그들을 결박하여 하나님의 심판에 넘겨줄 것이다. 그들에게는 감옥이나 쇠사슬이 필요없다. 하나님이 구제불능일 정도로 악하게 되어 버린 타락한 천사들을 어두운 구덩이에 감금해 두셨듯이, 그들은 그들의 죄의 줄에 묶이게 될 것이다. 자주 책망을 받으면서도 목이 곧은 죄인은 결국 갑자기 패망을 당하고 죽게 될 것이다(29:1). 그는 이미 무수히 경고를 받아 왔기 때문에 더 이상 특별한 경고 없이 자신의 위험을 미리 보지도 못한 채 갑자기 죽게 될 것이다. 또한, 그는 훈계를 받지 않고, 도리어 심히 미련함으로 말미암아 혼미하게 되어 어그러진 길로 갔기 때문에, 죽게 될 것이다. 죽을 때까지 어그러진 길로 가는 것이 그에 대한 벌이 될 것이기 때문에, 그는 다시는 집으로 돌아오는 길을 결코 찾지 못하게 될 것이다. 미련하여

죄의 길을 스스로 택하는 자들은 하나님이 그들을 그냥 내버려 두시기 때문에 그 길을 가다가 결국 멸망을 당하게 된다. 바로 이것이 우리가 항상 깨어 있어서 정욕의 유혹들을 단호히 물리쳐야 하는 이유이다.

제 6 장

개요

이 장에는 다음과 같은 내용들이 나온다. I. 경솔하게 보증을 서지 말라는 경고(1-5절). II. 게으름에 대한 책망(6-11절). III. 악의적이고 해악을 끼치는 자의 사람됨과 운명(12-15절). IV. 하나님이 미워하시는 일곱 가지 것들에 관한 설명(16-19절). V. 하나님의 말씀을 가까이 하라는 권면(20-23절). VI. 음행의 죄로 인한 치명적인 결과들에 대한 반복된 경고(24-35절). 여기에서는 죄를 우리로 하여금 저 세상에서 저주를 받아 영원한 벌에 처해지게 할 뿐만 아니라 이 세상에서 우리를 빈곤하게 만드는 것으로 묘사함으로써, 우리의 세속적인 이익들과 관련된 논거들을 제시하며, 우리에게 죄를 짓지 말 것을 강력하게 권한다.

[1]내 아들아 네가 만일 이웃을 위하여 담보하며 타인을 위하여 보증하였으면 [2]네 입
의 말로 네가 얽혔으며 네 입의 말로 인하여 잡히게 되었느니라 [3]내 아들아 네가 네
이웃의 손에 빠졌은즉 이같이 하라 너는 곧 가서 겸손히 네 이웃에게 간구하여 스
스로 구원하되 [4]네 눈을 잠들게 하지 말며 눈꺼풀을 감기게 하지 말고 [5]노루가 사냥
꾼의 손에서 벗어나는 것 같이, 새가 그물 치는 자의 손에서 벗어나는 것 같이 스
스로 구원하라

하나님의 말씀은 우리에게 저 세상을 위한 신령한 지혜만을 가르치는 것이 아니라, 우리가 이 세상에서 우리의 일들을 사려 깊게 행할 수 있도록 하기 위하여 이 세상과 관련된 인간적인 지혜로움도 아울러 가르친다는 점에서 탁월하다. 보증을 서지 말라는 것은 하나의 좋은 세속적인 지혜이다. 왜냐하면, 보증을 잘못 서서 가정들이 빈곤하게 되고 파멸하게 되는 일이 종종 있고, 그것은 솔로몬이 앞 장에서 권하였던 혈육들로 인한 위로를 앗아가 버리기 때문이다.

1. 우리는 보증을 서 달라는 부탁을 덫으로 여겨서 거절하여야 한다(1-2절).

"사람이 그가 사정을 잘 알고 재력이 충분하다는 것도 잘 아는 자신의 친구를 위하여 보증을 서는 것도 아주 위험한 일이고, 네가 그 사람의 재력도 모르고 정직한 사람인지도 모르는 상태에서 그 타인을 위하여 보증을 선다는 것은 더더욱 위험한 일이다." 또는, 여기에서 보증을 부탁하는 타인은 채권자 또는 고리대금업자일 수도 있다. "그 채권자는 네게 보증을 부탁하지만, 그 사람은 네게 타인일 뿐이다. 즉, 너는 그 사람에게 빚진 것이 없고 그 사람과 어떤 거래를 한 적도 없다. 그런데도 네가 그의 감언이설에 넘어가거나 네가 어려울 때에 그로부터 동일한 도움을 받을 것을 기대해서 경솔하게 보증을 서 주었다면, 너는 네 입의 말로 네가 얽혔다는 것, 즉 네가 한 말 때문에 네가 덫에 걸렸다는 것을 알아야 한다. 한 마디 말 때문에 너는 아주 쉽게 덫에 걸린 것이다. 너는 단지 종이에 네 손으로 서명했을 뿐이지만, 그 보증 서류는 곧 봉인이 되어 법률적인 효력을 얻게 되고, 너는 그 덫에 얽혀들어간 것이다. 이렇게 덫에 걸리기는 쉬운 일이지만, 거기에서 빠져 나오는 일은 결코 쉽지 않을 것이다. 너는 네가 인식하고 있는 것보다 더 깊이 덫에 얽히게 되었다." 우리는 이것을 보고서, 우리가 혀로 짓는 죄들을 결코 가볍게 생각할 것이 아니라는 것을 깨달아야 한다. 우리의 입의 말로 우리는 사람들에게 빚을 져서 그들의 처분에 따라 패가망신할 수 있는 처지에 놓이게 될 수도 있고, 하나님의 심판을 받게 될 수도 있으며, 덫에 걸리게 될 수도 있다. 말은 바람일 뿐이라고 생각한다면, 그것은 오산이다. 말은 흔히 덫이 된다.

2. 우리가 이러한 덫에 걸리게 되었다면, 모든 수단을 다 동원해서 아주 신속하게 거기에서 빠져 나오는 것이 지혜로운 일이다(3-5절). 이 덫은 당분간은 잠자고 있는 것처럼 아무런 문제를 일으키지 않는다. 우리는 그 덫에 대하여 아무것도 듣지 못한다. 보증한 채무를 갚으라는 요구도 없다. 주채무자는 "우리가 다 책임질 것이니 걱정하지 말라"고 말한다. 그러나 보증 계약은 여전히 유효하고, 이자는 눈덩이 불듯이 늘어나고 있고, 채권자가 갑자기 네게 채무를 갚을 것을 요구해 온다. 그런데도 주채무자가 어디론가 도망가 버렸거나 빚을 갚을 능력이 없게 되었다면, 너는 네가 먹지 않고 마시지도 않은 것의 값을 대신 지불해야 하고, 이 때문에 네 가정은 파탄이 나고 네 아내와 자녀들은 뿔뿔이 흩어져야 한다. 그러므로 너는 스스로 구원하라. 즉, 그 덫에서 즉시 네 자신을 빼내 오라. 채권자가 채무를 포기하거나 주채무자가 너의 보증 대신에 다른

담보를 제공할 때까지 기다리지 말라. 네가 네 이웃의 손에 빠져서, 그가 너를 불리하게 할 수 있는 힘을 갖게 되었다면, 너는 그에게 악한 말을 하거나 그를 위협할 것이 아니라(그렇게 하면 상대방을 화나게 하여 상황을 더 악화시킬 뿐이다), 그를 찾아가서 무릎을 꿇고 겸손히 네 자신을 낮추고서 너를 보증에서 풀어 달라고 간곡하게 애원하고 빌어야 하고, 너의 친구들을 불러서 너를 위해 그에게 잘 말해 주도록 해야 한다. 이렇게 해서, 네가 채권자와 이 문제를 매듭짓고서 너의 보증이 없던 것으로 될 때까지는 모든 방법을 다 동원해서 이 보증 문제를 해결하여야 한다. 이것은 너로 하여금 잠을 이룰 수 없게 만들 수 있는 걱정스러운 일이고, 실제로 네가 그 문제를 해결할 때까지는 잠을 자지 않고 이 문제를 해결하려고 애써야 한다. "네가 스스로 보증에서 너를 구원할 때까지는 네 눈을 잠들게 하지 말라. 노루나 새가 사냥꾼이나 그물 치는 자의 덫에서 벗어나려고 할 때에 그러는 것처럼, 너의 온 힘을 다해서 아주 신속하게 보증에서 빠져 나오려고 애쓰라. 시간이 지체되면 네가 위험해질 것이고, 조금 애쓰는 것으로는 아무 소용이 없을 것이다." 하나님이 사람들을 그들의 재산을 잘 관리하는 자들로 만드시고 그들에게 그런 지혜를 가르치시기 위해서 이 보증 문제에 대해서 얼마나 세심하게 말씀을 하고 계시는지를 보라. 경건에는 금생과 관련된 약속들만이 아니라 명령들도 주어진다.

그렇다면, 우리는 이와 같은 말씀을 어떻게 이해해야 하는가? 우리는 다른 사람을 위하여 우리가 재정 보증인이나 보석 보증인이 되는 것은 어느 경우이든 옳지 않다고 생각해서는 안 된다. 어떤 경우에는 보증인이 되어 주는 것이 옳은 일이 될 수도 있고 자비를 베푸는 일이 될 수도 있다. 친구의 보증을 서 주는 것은 그 친구에게 우정을 보여주는 일이 될 수도 있고, 그것은 경솔하거나 지혜롭지 못한 행동이 아닐 수 있다. 바울은 오네시모가 진 빚에 대한 보증인이 되어 주었다(몬 1:19). 우리는 정직하고 부지런한 젊은이가 사업을 시작할 때에 우리의 말로 그를 보증해 줌으로써 그로 하여금 신용을 얻게 해서 그의 사업을 도울 수 있는데, 이것은 우리 자신에게 아무런 손해도 끼침이 없이 그 젊은이에게 큰 은혜를 베푸는 것이다. 그러나 일반적으로 우리는 다음과 같이 말할 수 있다.

1. 가급적이면 빚을 지지 않는 것이 누구에게나 지혜로운 일이다. 왜냐하면, 빚은 빚을 진 사람의 발목을 붙잡아서 그를 세상에 얽히게 만들고, 그로 하여

금 나쁜 짓을 하거나 해악을 당하게 할 위험성이 있기 때문이다. 빚진 자는 채주의 종이 될 뿐만 아니라(22:7), 자기 자신을 이 세상의 종으로 만들 가능성이 농후하다. 그러므로 값으로 사신 바 된 그리스도인들은 이렇게 쓸데없이 자기 자신을 사람들의 종으로 만들어서는 안 된다(고전 7:23).

2. 궁핍한 자들에게 말려들어서 그들의 빚을 보증해 주는 것은 참으로 어리석은 일이다. 왜냐하면, 그런 자들은 여기저기 다니면서 이 사람 저 사람에게서 조금씩 돈을 꾸는 것이 습관이 되어 있는 자들이고, 우리는 그 여러 사람들 중의 하나로서 그들의 덫에 걸린 것에 불과하기 때문이다. 사람이 보증을 설 때에는 주채무자가 빚을 갚지 못했을 때에 자기가 가족에게 별 피해를 주지 않는 선에서 충분히 변제할 수 있는 정도를 넘어서서 보증을 서지 않아야 한다. 왜냐하면, 보증인은 자기가 보증을 선 채무를 자신의 채무로 여겨야 하기 때문이다. 네가 보증을 서고자 한다면 너는 그 빚을 네가 갚을 빚으로 생각해서 네 능력 이상으로 보증을 서지 말라(집회서 8:13).

3. 우리가 어리석게도 이미 보증을 서 주었다면, 할 수 있는 대로 신속하게 촌각을 다투어서 그 어떤 수고도 아끼지 말며 체면을 따지지도 말고 그 덫에서 빠져 나와서, 우리 자신을 안전하고 평안하게 하고, 우리의 일들을 정상으로 되돌려 놓는 것이 뒤늦게나마 우리가 발휘해야 하는 지혜이다. 우리의 체면을 세우고자 목을 곧게 하고 오만하게 행하다가 파멸을 당하는 것보다는 어떻게든 보증에서 풀려나기 위하여 우리 자신을 낮추어 고개를 숙이는 것이 낫다. 또한, 보증에서 풀려나는 것이 친구를 잃지 않는 길이기도 하다. 왜냐하면, 지혜롭게 행하는 것이 종종 우정을 돈독히 해주는 것과 마찬가지로, 경솔하게 보증을 서 주는 것은 우정에 치명적인 독이 되기 때문이다. 우리는 다른 사람들이 하나님을 거슬러 범죄하는 것에 간섭하지 않도록 조심하여야 한다(딤전 5:22). 왜냐하면, 다른 사람들의 죄악에 휘말려드는 것은 다른 사람의 빚보증을 서 주는 것보다 훨씬 더 위험한 일이기 때문이다. 우리가 빚보증에서 벗어나기 위해서 모든 힘을 다하여야 할진대, 하나님과 화목하기 위해서는 얼마나 더 애써야 하겠는가. "하나님 앞에서 네 자신을 겸손히 낮추고, 너를 위해 중보기도를 해줄 네 친구 그리스도를 확실히 붙잡으라. 네 죄를 용서해 주시고, 네가 음부에 내려가지 않도록 구원해 주시라고 간절하게 기도하라. 그리하면, 그 기도는 헛되지 않을 것이다. 그 기도가 응답될 때까지는 네 눈을 잠들게 하지 말

며 눈꺼풀을 감기게 하지 말라."

6게으른 자여 개미에게 가서 그가 하는 것을 보고 지혜를 얻으라 7개미는 두령도 없
고 감독자도 없고 통치자도 없으되 8먹을 것을 여름 동안에 예비하며 추수 때에 양
식을 모으느니라 9게으른 자여 네가 어느 때까지 누워 있겠느냐 네가 어느 때에 잠
이 깨어 일어나겠느냐 10좀더 자자, 좀더 졸자, 손을 모으고 좀더 누워 있자 하면 11
네 빈궁이 강도 같이 오며 네 곤핍이 군사 같이 이르리라

솔로몬은 이 절들에서, 편안한 것을 좋아하고 게으르게 살며 그 어떤 일도 하고자 하지 않고 특별한 목적도 없이 되는 대로 살아가며 특히 신앙의 일에 전혀 관심이 없는 게으른 자를 향하여 말한다. 게으름은 경솔하게 보증을 서는 것만큼 신속하게는 아니지만 어쨌든 확실하게 빈곤하게 되는 길이다. 솔로몬은 여기에서 게으른 자에게 다음과 같은 방식들을 통해서 말한다.

I. **훈계를 통해서**(6-8절). 솔로몬은 게으른 자를 학교로 보낸다. 왜냐하면, 게으른 자들은 학교에서 교육을 받아야 하기 때문이다. 솔로몬은 게으른 자로 하여금 직접 몸을 움직여서 학교에 가게 만들어야 한다. 왜냐하면, 배우는 자가 수고를 하지 않으면, 선생이 더 많은 수고를 해야 하기 때문이다. 게으른 자는 선생에게 배우기 위해서 자발적으로 학교에 가고자 하지 않는다(꿈을 꾸는 듯이 살아가는 학생들은 깨어 있는 선생들을 결코 좋아하지 않기 때문이다). 그래서 솔로몬은 이 게으른 자에게 맞는 다른 학교를 찾아내었다. 좀 더 살펴보자.

1. 솔로몬은 게으른 자를 가르칠 선생으로 무엇을 선택하였는가. 개미에게 가고 꿀벌에게 가라(칠십인역은 이렇게 되어 있다). 사람은 땅의 짐승들보다 더 많은 가르침을 받고, 하늘의 새보다 더 지혜로운 존재이지만, 너무나 타락해 있기 때문에, 부끄럽게도 미물(微物)로부터 지혜를 배우는 처지가 되어 버렸다. 우리는 우리보다 열등한 피조물들이 지닌 놀라운 지혜들을 보고서, 그것들을 그토록 신기하게 만드신 자연의 하나님께 영광을 돌려야 할 뿐만 아니라, 그것들로부터 스스로 교훈을 얻어야 한다. 우리는 평범한 일들 속에서 영적인 진리들을 봄으로써 하나님께 속한 일들을 쉽게 이해할 수 있고, 날마다 하나님께 속한 일들에 둘러싸여 살아갈 수 있다.

2. 이 선생에게서 배우기 위해서는 어떻게 하여야 하는가. 개미가 하는 것을 눈여겨 보라. 게으른 자가 게으른 것은 눈여겨 보지 않기 때문이다. 유심히 눈여겨 보지 않는다면, 우리는 하나님의 말씀이나 역사(役事)를 통해서 아무것도 배우지 못할 것이다. 특히, 다른 사람들의 좋은 점을 본받아서 그들과 똑같이 행하고자 한다면, 우리는 그들이 어떻게 하는지를 눈여겨 보아야 한다(빌 3:17).

3. 게으른 자가 배워야 할 교훈은 무엇인가. 일반적으로 말해서, 지혜를 배우라. 마음을 다해서 눈여겨 보고 지혜를 얻으라. 우리가 우리의 모든 배움 속에서 목표로 해야 하는 것은 단순히 아는 것이 아니라 지혜를 얻는 것이다. 특히, 먹을 것을 여름 동안에 예비하는 것을 배우라.

(1) 우리는 나중을 대비해야 한다. 우리는 오직 현재만을 생각해서 모든 것을 다 먹어 치우고 하나도 비축해 두지 않아서는 안 되고, 거두는 때에 쓸 때를 위하여 비축해 두어야 한다. 이렇게 우리는 걱정과 염려가 아니라 앞날을 내다보는 현명한 선견지명으로 우리의 세상사를 위하여 미리 대비하여야 한다. 우리는 겨울을 위해, 혹 일어날지도 모르는 곤경과 궁핍의 때를 위해, 노년을 위해 미리 대비하여야 한다. 하물며, 우리가 우리 영혼의 일들에 대해서는 얼마나 더 많이 대비를 해야 하겠는가. 우리는 양식을 예비하여야 한다. 즉, 우리는 우리에게 꼭 필요한 것을 미리 준비해 두어야 한다. 우리는 은혜의 수단들을 사용할 수 있을 때에 그 수단들이 사용할 수 없게 될 때를 준비하여야 하고, 살아 있을 때에 죽을 때를 준비하여야 하며, 역사 속에서 살아갈 때에 영원한 삶을 준비하여야 한다. 우리는 시험(試驗)과 준비를 위하여 주어진 기간 동안에 응보의 때를 대비하여야 한다.

(2) 우리는 비록 여건들이 좋지 않다고 하여도 우리가 해야 하는 일에서 수고하여야 한다. 더운 여름날에 노래하며 놀다가 겨울이 되면 죽는 베짱이와는 달리, 개미는 덥고 힘든 여름 동안에 양식을 모아 비축해 놓느라 분주하게 땀을 흘리고, 편히 놀려고 하지 않는다. 개미들은 서로를 돕는다. 알곡이 너무 커서 한 마리의 개미가 그것을 집으로 옮길 수 없을 때에는 여러 개미들이 달려들어서 그 개미를 돕는다.

(3) 우리는 기회를 선용하여야 한다. 개미가 여름과 가을에 양식을 모으듯이, 우리도 모을 수 있을 때에 모아야 한다. 우리에게 주어진 때를 잘 활용하는

것이 지혜이다. 왜냐하면, 어떤 일을 제때에 하지 않는다면, 그 일은 다른 때에는 영영 할 수 없게 되거나 잘 할 수 없게 되기 때문이다. 빛이 있을 동안에 다니라(요 12:35).

4. 우리는 개미보다 이러한 교훈을 배울 수 있는 기회들을 훨씬 더 많이 가지고 있기 때문에, 우리가 게으르게 시간을 보내 허송세월을 한다면, 우리의 게으름과 태만은 더욱 악한 것이 될 것이다. 개미는 두령도 없고 감독자도 없고 통치자도 없지만, 자연의 본능을 따라서 저절로 그렇게 한다. 우리는 마찬가지로 우리의 이성이나 양심의 명령을 따르게 되어 있을 뿐만 아니라, 거기에다가 우리에게는 부모와 선생과 목회자와 방백들이 있어서, 우리의 본분을 일깨워주고 우리의 태만을 통제해 주며 우리로 하여금 정신을 차리게 해서 그 본분을 행하게 하고 우리가 그 본분을 행할 때에 우리를 지도해 주며 그 본분에 대하여 설명해 주는데도, 우리가 게으른 것은 참으로 부끄러운 일이다. 우리로 하여금 우리의 구원을 이루도록 하기 위하여 더 큰 도움들이 주어지면 주어질수록, 우리가 그것을 게을리한다면 우리는 변명할 말이 더욱더 없게 될 것이다.

Ⅱ. 책망을 통해서(9-11절).

1. 솔로몬은 마치 늦잠을 잔 하인에게 주인이 그러듯이 게으른 자를 책망하며 이치를 따져 타이르고 훈계하여 그가 마땅히 해야 할 일을 하도록 촉구한다. "게으른 자여 네가 어느 때까지 누워 있겠느냐. 사람들이 너를 내버려둔다면, 너는 도대체 언제까지 잠을 자고자 하는 것이냐? 너는 이제 일어날 때가 되었다고 생각하지 않느냐?" 우리는 게으른 자들을 "어느 때까지"라는 말로 일어나게 하여야 한다. 이것은 다음과 같은 자들에게 적용될 수 있다.

(1) 자신의 일과 본분, 즉 인간으로서 구체적으로 부름 받은 일들이나 그리스도인으로서 일반적으로 부름 받은 일들을 태만히 하는 자들. "네가 어느 때까지 너의 시간을 허비하고, 네가 어느 때에 너의 시간을 잘 관리하는 자가 되려 하느냐? 네가 어느 때까지 안일함을 좋아하고, 네가 어느 때에 네 자신을 부인하고 수고하는 것을 배우려 하느냐? 네가 어느 때까지 너의 달란트를 묻어 두고, 네가 어느 때에 그 달란트를 가지고서 장사를 시작하려고 하느냐? 네가 어느 때까지 내일 일에 무심한 자로서 네게 주어진 기회들을 하찮게 여기고 미루고자 하며, 네가 어느 때에 정신을 차리고 벌떡 일어나서 네가 해야 할 일, 그 일을 하지 않으면 너를 영원히 멸망시키게 될 그런 일을 하고자 하느냐?"

(2) 위험한 죄의 길에서 안일하게 있는 자들. "너는 충분히 잠을 자지 않았느냐? 지금은 대낮이 아닌가? 너의 주인이 부르지 않던가? 블레셋 사람들이 내게 쳐들어오지 않는가? 그런데도 너는 도대체 언제 일어나고자 하는 것이냐?"

2. 솔로몬은 게으른 자의 말도 안 되는 변명들을 제시하고서, 게으른 자가 얼마나 사람들의 조롱을 받을 짓을 하고 있는 것인지를 보여준다. 누가 게으른 자를 일으키면, 그는 사지를 쭉 뻗고서는, 마치 구걸이라도 하듯이 좀더 자자, 좀더 졸자고 애걸한다. 그는 그의 따뜻한 잠자리가 아늑하고 좋아서, 일어날 생각, 특히 일어나서 일하러 갈 생각만 해도 끔찍해진다. 그는 자기 자신과 그의 주인에게 자기가 조금만 더 자고 조금만 더 졸고 나서 벌떡 일어나서 일하러 가겠다고 약속한다. 그러나 이것은 스스로를 속이는 것이다. 사람은 게으름을 부리면 부릴수록, 거기에 더 빠져서 이길 수 없게 되기 때문이다. 게으른 자가 좀 더 자고 좀 더 졸게 두어 보라. 그리하면, 그는 좀더 자자, 좀더 졸자고 똑같은 말을 언제까지나 계속해서 반복할 것이다. 그는 자기가 충분히 잤다고 생각하지 않지만, 누가 그를 깨우면, 곧 일어날 것처럼 얘기한다. 이런 식으로, 사람들이 해야 할 큰 일들은 아주 조금씩 하루하루 연기하다 보면 결코 이루어지지 않는다. 현재의 순간에 속는다면, 사람들은 그들에게 주어진 모든 시간 동안 속게 될 것이다. 좀더 자자는 말은 곧 영원히 자자는 말과 같다. 이제는 자고 쉬라.

3. 솔로몬은 게으른 자에게 그의 게으름이 가져올 치명적인 결과들에 대하여 경고한다(11절).

(1) 일하기를 싫어하여 게으름을 부리는 자들에게는 빈궁과 곤핍이 반드시 찾아올 것이다. 사람들이 자신의 일을 게을리한다면, 그들은 앞으로 나아가지 못할 뿐만 아니라 뒷걸음치게 되어 있다. 자신의 일들을 엉망진창인 채로 내버려 두는 자는 곧 그 일들이 다 망쳐지고 그의 금화가 동전으로 바뀌는 것을 보게 될 것이다. 하나님을 섬기는 일에 게으른 자들에게는 영적인 빈궁이 찾아온다. 자신의 그릇에 미리미리 기름을 채워 두지 않는 자들은 그 기름이 꼭 필요할 때에 낭패를 당하게 될 것이다.

(2) "가난과 궁핍은 강도 같이 아무도 모르게 슬그머니 한 발자국씩 네게 올 것이지만, 어김없이 네게 찾아올 것이다." 너는 마치 강도에게 모든 것을 털린 것처럼 발가벗겨지게 될 것이다(패트릭 주교).

(3) "가난과 궁핍은 네가 막아낼 수 없고 상대할 수 없는 군사 같이 저항할 수 없게 네게 찾아올 것이다."

12불량하고 악한 자는 구부러진 말을 하고 다니며 13눈짓을 하며 발로 뜻을 보이며
손가락질을 하며 14그의 마음에 패역을 품으며 항상 악을 꾀하여 다툼을 일으키는
자라 15그러므로 그의 재앙이 갑자기 내려 당장에 멸망하여 살릴 길이 없으리라 16
여호와께서 미워하시는 것 곧 그의 마음에 싫어하시는 것이 예닐곱 가지이니 17곧
교만한 눈과 거짓된 혀와 무죄한 자의 피를 흘리는 손과 18악한 계교를 꾀하는 마음
과 빨리 악으로 달려가는 발과 19거짓을 말하는 망령된 증인과 및 형제 사이를 이간
하는 자이니라

솔로몬은 여기에서 다음과 같은 것들을 우리에게 보여준다.

I. 사람에게 해를 끼치고 상대하기에 위험한 자의 사람됨. 아무것도 하지 않는 게으른 자들이 책망을 받는다면, 해로운 일을 하며 온갖 악을 행하고자 애쓰는 자들이 책망을 받는 것은 너무나 당연한 일이다. 여기에서 언급되고 있는 것은 불량한 자, 히브리어로는 벨리알의 사람이다. 벨리알의 사람이라는 말은 성경에서 종종 사용되고, 본문은 그런 말로 불리는 자들에 대한 설명이기 때문에, 나는 이 용어가 그렇게 번역되어야 마땅하다고 생각한다. 좀 더 살펴보자.

1. 벨리알의 사람은 여기에서 어떻게 묘사되고 있는가. 그는 특히 자신의 혀로 악을 일삼는 악한 자이다. 왜냐하면, 그는 하나님과 사람을 정면으로 거슬러서 심술궂은 입으로 거짓말과 왜곡된 말을 하고 다니기 때문이다(12절).

(1) 그는 모든 것을 속셈을 가지고서 아주 교활하게 말하고 행한다. 그는 뱀의 교활함을 지니고 있어서, 대단한 수완과 영악함으로 눈짓을 하며 발로 뜻을 보이며 손가락질을 하며 자신의 속셈을 관철시켜 나간다(13절). 그는 입으로 말하지 않고도 자신의 악의와 속셈을 진행해 나간다. 그가 자신의 악행을 이루어 나가는 도구들로 사용하는 주변 사람들은 그의 눈빛이나 발걸음 소리나 손가락질만 보아도 거기에 담겨진 악한 의도를 알고 행한다. 그는 악행을 꾸미고 지시하면서도, 그가 그런 짓을 하고 있다고 사람들이 생각하지 못하게 하기 위하여 여러 가지 방법으로 자신의 행위를 은폐하고자 한다. 그는 배타적인 사람으로서 남에게 속마음을 드러내지 않고, 그가 시키는 대로 하고자 하는 자들에

게만 그 비밀을 알게 한다. 그는 교활한 사람으로서 술수에 능하고, 정직한 자는 알지도 못하고 알려고도 하지 않는 자신만의 언어를 갖고 있다.

(2) 그는 모든 것을 악한 의도와 독한 앙심을 품고서 말하고 행한다. 그의 마음에 있는 것은 야망이나 탐욕이 아니라, 패역 자체, 악의, 악성(惡性)이다. 그의 목적은 부자가 되고 출세하려는 것이 아니라, 주변 사람들을 괴롭히는 것이다. 그는 순전히 남들을 괴롭히기 위해서 항상 이런저런 악을 꾀한다. 벨리알의 사람, 아니 마귀의 자녀는 교활함에 있어서만이 아니라 악의에 있어서도 마귀를 닮았다.

2. 그의 운명은 어떤 것인가(15절). 그의 재앙이 내려, 그는 멸망할 것이다. 해악을 꾀한 자는 스스로 해악을 입어 멸망할 것이다.

(1) 그의 멸망은 예고 없이 임할 것이다. 그 멸망은 갑자기 찾아올 것이다. 그가 사람들을 불시에 덫에 걸리게 하고자 꾸몄던 온갖 악한 술수들에 대한 벌로 그는 갑자기 멸망할 것이다.

(2) 그의 멸망이 임할 때에 그를 구할 길이 없을 것이다. 그는 다시는 회복할 수 없게 깨질 것이고, 그 조각들은 다시 맞추어질 수 없을 것이다. 그는 멸망하여 살릴 길이 없으리라. 온 인류에게 해악을 끼쳐 온 그가 어떻게 살 길을 기대할 수 있겠는가? 그의 종말이 이르리니 도와 줄 자가 없으리라(단 11:45).

Ⅱ. 하나님이 특별히 싫어하시는 것들의 목록. 이 모든 것들은 솔로몬이 앞의 절들에서 묘사하였던 저 벨리알의 사람들 속에서 일반적으로 발견될 수 있는 것들이다. 이것들 중에서 마지막의 것(솔로몬이 예닐곱 가지라고 말한 것으로 보아서 그가 특히 의도한 것은 바로 이 마지막 일곱 번째인 것으로 보인다), 즉 이간하는 자는 바로 이 벨리알의 사람의 한 특성이다. 하나님은 죄를 미워하신다. 하나님은 모든 죄를 미워하신다. 하나님은 결코 죄와 화해하실 수 없다. 하나님은 죄 외에는 그 어떤 것도 미워하지 않으신다. 그러나 하나님이 특별히 미워하시는 몇 가지 죄가 있다. 여기에 언급된 모든 것들은 우리의 이웃을 해치는 그런 죄들이다. 인간의 삶과 사회의 안녕(安寧)을 해치는 죄들이 하나님을 특별히 진노하게 만드는 죄들이라는 사실은 하나님이 인류에 대하여 선한 뜻을 품고 계시다는 것을 보여주는 증거이다. 벨리알의 사람들은 그들의 멸망이 갑자기 찾아오고 그들을 살릴 길이 없이 찾아오리라는 것을 예상하여야 한다. 왜냐하면, 그들의 행위는 여호와께서 미워하시는 그런 것들이고 하나님의

마음에 싫어하시는 그런 것들이기 때문이다(16절). 하나님이 그런 것들을 미워하신다고 해서, 우리는 다른 사람들 속에 있는 그런 것들을 미워하는 것이 아니라, 우리 자신 속에 있는 그런 것들을 미워하여야 한다.

1. 거만하고, 자신에 대한 자부심으로 뽐내며, 다른 사람들을 멸시하는 것: **교만한 눈**. 하나님이 미워하시는 것이 일곱 가지가 있는데, 그 중에 첫 번째는 교만이다. 왜냐하면, 교만은 수많은 죄의 밑바닥에 있어서 그 죄들을 불러일으키기 때문이다. 하나님은 마음속에 있는 교만을 보시고, 거기에 있는 교만을 미워하신다. 그러나 사람들이 자기 자신을 대단하게 여기고 주변의 모든 사람들을 깔보는 것이 그들의 얼굴 표정에 나타날 정도가 되도록 교만이 심해질 때, 그것은 하나님께서 특별한 방식으로 미워하시는 것이 된다. 왜냐하면, 그 정도가 되면, 교만은 극에 달하여 부끄러움을 모르는 상태가 되기 때문이다.

2. 거짓되고, 남을 속이며, 위선을 행하는 것. 교만한 눈 다음으로 하나님께 가증스러운 것은 **거짓된 혀**이다. 진리보다 더 신성한 것은 없고, 진리를 전하는 데에는 대화가 가장 중요하다. 하나님과 모든 선한 자들은 거짓말하는 것을 미워하고 혐오한다.

3. 잔인하고 피에 굶주린 것. 마귀는 처음부터 거짓말쟁이요 살인자였다(요 8:44). 하나님이 거짓된 혀와 **무죄한 자의 피를 흘리는 손**을 미워하시는 것은 그런 자들은 그러한 것들을 통해서 마귀의 형상을 지니고 있고 마귀를 섬기고 있기 때문이다.

4. 죄를 궁리해 내는 교활함과 악을 행하는 데에 있어서의 지혜로움, **악한 계교를 꾀하는 마음**과 머리. 그들은 사탄의 속마음을 잘 알기 때문에 어떻게 하면 탐욕스럽고 시기에 가득 차 있고 앙갚음을 하는 음모를 가장 효과적으로 실행할 수 있는지를 안다. 죄를 행함에 있어서 영악함과 수완이 뛰어나면 뛰어날수록, 그것은 하나님께 더욱 가증스러운 것이 된다.

5. 죄를 실행함에 있어서의 민첩함과 부지런함. **빨리 악으로 달려가는 발**. 그들은 마치 그들이 그토록 하고 싶어하는 일을 행함에 있어서 시간을 허비하거나 지체하는 것을 참을 수 없다는 듯이 악을 향하여 달려간다. 죄인들이 악을 행하기 위해서 이렇게 열심히 모든 것을 살피고 머리를 짜내서 계략이 서면 온 힘을 다해서 부지런히 그 계략을 실행에 옮기는 모습은 선한 일을 행하는 데에 너무도 냉랭한 마음으로 머뭇거리는 우리의 모습을 부끄럽게 만든다.

6. 거짓 증언을 하는 것. 이것은 악인의 머리로 생각해 낼 수 있는 악들 중에서 가장 큰 악들 중의 하나로서 이것을 방어할 수 있는 방법은 거의 없다. 고의적으로 거짓 증언을 하는 것보다 하나님에 대한 더 큰 모독은 없고(증언은 하나님의 이름으로 하기 때문에) 우리의 이웃에게 더 큰 해악은 없다(그가 이 세상에서 가지고 있는 모든 것들이 거짓 증언으로 말미암아 위태롭게 되기 때문에). 하나님이 미워하시는 것이 일곱 가지가 있는데, 거짓말하는 것이 두 가지를 차지한다. 하나님은 거짓말을 미워하시되 두 배로 미워하신다.

7. 모든 악한 수단들을 다 동원해서 혈육들과 이웃들의 사이를 이간질시켜서 서로에 대한 애정이 식게 만들 뿐만 아니라 서로에 대한 분노와 화를 북돋우는 것. 사랑과 평화의 하나님은 화목을 기뻐하시기 때문에 형제 사이를 이간하는 자를 미워하신다. 나쁜 소문을 퍼뜨리고 비방하며, 좋지 않은 이야기들을 여기저기로 옮기고, 다른 사람들이 말하거나 행한 모든 것을 왜곡시키며, 시기심을 부추기고 악한 추측을 퍼뜨려서, 다툼의 불씨들을 옮기는 자들은 장차 그들 자신이 고통당할 지옥불을 준비하고 있는 것일 뿐이다.

20내 아들아 네 아비의 명령을 지키며 네 어미의 법을 떠나지 말고 21그것을 항상 네
마음에 새기며 네 목에 매라 22그것이 네가 다닐 때에 너를 인도하며 네가 잘 때에
너를 보호하며 네가 깰 때에 너와 더불어 말하리니 23대저 명령은 등불이요 법은 빛
이요 훈계의 책망은 곧 생명의 길이라 24이것이 너를 지켜 악한 여인에게, 이방 여
인의 혀로 호리는 말에 빠지지 않게 하리라 25네 마음에 그의 아름다움을 탐하지 말
며 그 눈꺼풀에 홀리지 말라 26음녀로 말미암아 사람이 한 조각 떡만 남게 됨이며
음란한 여인은 귀한 생명을 사냥함이니라 27사람이 불을 품에 품고서야 어찌 그의
옷이 타지 아니하겠으며 28사람이 숯불을 밟고서야 어찌 그의 발이 데지 아니하겠
느냐 29남의 아내와 통간하는 자도 이와 같을 것이라 그를 만지는 자마다 벌을 면하
지 못하리라 30도둑이 만일 주릴 때에 배를 채우려고 도둑질하면 사람이 그를 멸시
하지는 아니하려니와 31들키면 칠 배를 갚아야 하리니 심지어 자기 집에 있는 것을
다 내주게 되리라 32여인과 간음하는 자는 무지한 자라 이것을 행하는 자는 자기의
영혼을 망하게 하며 33상함과 능욕을 받고 부끄러움을 씻을 수 없게 되나니 34남편
이 투기로 분노하여 원수 갚는 날에 용서하지 아니하고 35어떤 보상도 받지 아니하
며 많은 선물을 줄지라도 듣지 아니하리라

이 절들에는 다음과 같은 내용들이 나온다.

I. 하나님의 말씀을 신실하게 붙들고서 우리의 모든 행위들 속에서 우리의 안내자로 삼으라는 일반적인 권면.

1. 우리는 하나님의 말씀을 빛(23절)이자 법(20, 23절)으로 여겨야 한다.

(1) 하나님의 말씀은 그것이 지닌 논리들이 우리의 명철이 동의해야 하는 것들이기 때문에 빛이다. 하나님의 말씀은 우리의 눈으로 하여금 진리를 발견하게 해주는 등불이자 우리의 발걸음을 인도해 주는 등불이다. 하나님의 말씀은 영원히 확실한 진리들을 우리에게 계시해 주고, 최고의 이성(理性) 또는 이치 위에 세워져 있다. 성경의 빛은 확실한 빛이다.

(2) 하나님의 말씀은 그것이 지닌 권위가 우리의 의지가 동의해야 하는 것이기 때문에 법이다. 하나님의 말씀이 지닌 빛이 철학자들의 학교에서 결코 비쳐 나올 수 없는 것과 마찬가지로, 하나님의 말씀이라는 법은 그 어떤 왕의 보좌로부터도 결코 나올 수 없을 정도로 너무도 잘 체계가 잡혀 있고 절대적인 구속력을 지니고 있다. 하나님의 말씀은 등불과 빛인 법이다. 왜냐하면, 하나님의 말씀은 그것이 선하다는 증거를 그 속에 지니고 있기 때문이다.

2. 우리는 하나님의 말씀을 우리 아비의 명령이자 우리 어미의 법으로 받아야 한다(20절). 하나님의 말씀은 하나님의 명령이고 법이다.

(1) 우리의 부모님이 우리를 하나님의 말씀으로 인도하셨고, 그 말씀을 우리 손에 쥐어 주셨으며, 우리를 훈육하셔서 그 말씀을 알게 하시고 지키게 하셨지만, 그 말씀의 기원과 그 말씀이 지시하는 의무는 지극히 거룩하다. 우리가 하나님의 말씀을 믿는 것은 우리의 부모님이 그것을 말씀하셨기 때문이 아니라, 우리가 직접 그 말씀을 실험해 보고서 그것이 하나님께로부터 나왔다는 것을 알았기 때문이다. 그러나 우리가 그 말씀을 알게 된 것은 부모님 덕분이었다. 우리는 누구에게서 배운 것을 알기 때문에 우리가 배우고 확신한 일에 거하여야 한다.

(2) 우리의 부모님이 우리에게 주신 훈계와 권면과 명령들은 하나님의 말씀과 일치한다. 그러므로 우리는 그것들을 굳게 붙잡아야 한다. 자녀들은 다 자란 후에도 선한 아비의 명령과 선한 어미의 법을 기억하여야 한다. 여호와께서는 아비에게 자녀들의 위에 있는 존귀함을 주셨고 아들들에 대한 어미의 권세를 확증하셨다(집회서 3:2).

3. 우리는 하나님의 말씀을 간직하여야 하고, 우리의 부모님들이 하나님의 말씀 가운데서 우리에게 주신 선한 교훈들을 간직하여야 한다.

(1) 우리는 그것들을 결코 내팽개치지 말아야 하고, 선한 교육의 구속(拘束)들을 벗어 버리는 것을 대단한 업적인 양 생각하지 말아야 한다(어떤 이들은 이렇게 생각한다). "**네 아비의 명령을 지키되** 계속해서 지키고 결코 버리지 말라."

(2) 우리는 그것들을 잠시가 아니라 늘 명심하고 있어야 한다(21절). 그것들을 **항상 네 손목에 맬 뿐만이** 아니라(모세는 그렇게 지시하였다, 신 6:8) **네 마음에 새기라**. 성구(聖句)를 적은 쪽지들을 손목에 매어 둔다고 해도, 그것들이 마음에 경건한 생각과 감정을 일으키게 하는 계기가 되지 못한다면, 그것들은 아무 소용이 없다. 하나님의 말씀은 마음에 새겨지고 간직되며 양심에 가까이 두어져야 한다. 그것들을 팔찌나 금 사슬처럼 **네 목에 매라**(원어에는 **네 목구멍에 매라**로 되어 있다). 하나님의 말씀들이 그 길목을 지키는 보초가 되게 하라. 하나님의 말씀들을 네 목구멍에 매어서, 그 어떤 금지된 과실도 그 속으로 들어가지 못하게 하고, 그 어떤 악한 말도 그 목구멍을 통해서 밖으로 나오지 않게 하라. 이렇게 하면, 많은 수의 죄를 미연에 방지하는 것이 가능해질 것이다. 우리의 마음과 목에 맨 것이 그렇듯이, 하나님의 말씀이 늘 우리 곁에 있어서 우리로 하여금 그 말씀의 감화들을 늘 받게 하라.

4. 우리는 하나님의 말씀과 그 말씀이 우리에게 주는 유익을 활용하여야 한다. 우리가 하나님의 말씀을 항상 우리의 마음에 새긴다면, 우리에게는 다음과 같은 유익이 있게 될 것이다.

(1) 하나님의 말씀은 우리의 인도자가 되어 줄 것이다. 따라서, 우리는 말씀이 지시하는 대로 따르면 된다. "**그것이 네가 다닐 때에 너를 인도하리라**(22절). 그것이 너를 인도하여 선하고 옳은 길로 가게 할 것이고, 너를 인도하여 온갖 죄악되고 위험한 길에서 나오게 할 것이다. 그것은 네가 순종할 준비가 되어 있을 때에 네게 **이것이 길이니 그 길로 행하라**고 말해 줄 것이다. 그것은 네게 광야에서 이스라엘 백성을 인도하였던 구름 기둥과 불 기둥이 되어 줄 것이다. 그것의 인도함을 받고, 그것을 너의 규범이 되게 하라. 그리하면, 너는 성령의 인도하심을 받게 될 것이고, 성령은 너의 감시자이자 지지자가 되어 줄 것이다."

(2) 하나님의 말씀은 우리의 보호자가 되어 줄 것이다. 따라서, 우리는 말씀의 보호 아래 우리 자신을 맡기면 된다. "네가 잘 때에 악한 어둠의 권세가 공격하더라도, 하나님의 말씀은 너를 보호해 줄 것이기 때문에, 너는 안전할 것이고, 네 자신도 안전하다고 생각할 것이다." 우리가 하루 종일 하나님의 말씀의 명령들을 따라 우리 자신을 다스리고, 하나님이 우리에게 명령하신 본분을 꼼꼼하게 행한다면, 우리는 밤에도 말씀의 약속들 아래로 피할 수 있고, 하나님이 우리를 위하여 베푸실 구원들로 인한 위로를 얻을 수 있다.

(3) 하나님의 말씀은 우리의 반려가 되어 줄 것이다. 따라서, 우리는 말씀과 대화하게 될 것이다. "네가 밤중에 깨서, 그 시간을 어떻게 보내야 할지를 모를 때, 네가 원하기만 한다면, 하나님의 말씀은 너와 더불어 말할 것이고, 한밤중의 즐거운 묵상들을 통해서 너를 기쁘게 해줄 것이다. 네가 아침에 깨서, 그 날의 일을 생각할 때, 하나님의 말씀은 그 날의 일을 두고서 너와 더불어 말할 것이고, 네가 가장 좋은 생각을 해내도록 도울 것이다(시 1:2)." 하나님은 우리가 말씀과 대화를 나누고자 하고, 무슨 말씀을 하실 것인지를 묻고 들을 준비가 되어 있기만 하면, 모든 일에서 우리에게 하실 말씀을 갖고 있다. 우리가 아침을 하나님과 더불어 시작하고, 하나님의 말씀이 하루 중에서 우리의 첫 번째 생각의 주제가 되게 한다면, 그것은 우리가 하루 종일 하나님과 친밀하고 편안하게 동행하는 데에 큰 도움이 될 것이다. **내가 깰 때에도 여전히 주와 함께 있나이다**(시 139:18). 하나님의 말씀이 늘 우리와 함께 한다면, 우리는 늘 하나님과 함께 있게 될 것이다.

(4) 하나님의 말씀은 우리의 생명이 되어 줄 것이다. 왜냐하면, 법이 현재에 있어서 등불이자 빛인 것처럼, **훈계의 책망은 곧 생명의 길이기** 때문이다. 하나님의 말씀의 책망들은 우리에게 우리의 잘못들을 보여줄 뿐만 아니라 우리가 어떻게 하면 더 잘 할 수 있는지도 가르쳐 주기 때문에 영생으로 인도하는 길이 된다. 그러므로 우리를 복되게 해주는 직접적인 성향을 지닌 신실한 책망들을 우리는 불편해하지 말아야 한다.

II. 음행의 죄에 대한 특별한 경고의 말씀.

1. 이 죄악이 얼마나 만연되어 있고, 이 죄의 본성이 얼마나 흉악하며, 그 결과가 얼마나 해롭고, 이 죄가 우리의 영적인 생명의 씨앗들을 얼마나 확실하게 파괴하는지를 생각한다면, 우리는 이 죄에 대한 경고들이 이토록 자주 반복되

고 아주 자세하게 역설되고 있는 것을 이상하게 여기지 않게 될 것이다.

(1) 하나님은 사람들에게 그의 법을 주심으로써 한 가지 큰 은혜를 베풀고자 하셨는데, 그것은 바로 사람들을 이 죄로부터 지키고자 하신 것이었다(24절). "훈계의 책망들이 네게 생명의 길인 것은 그 책망의 말씀들은 너를 지켜 네게 확실한 사망을 가져다 줄 악한 여인에게, 너를 사랑하는 척하지만 실은 너를 파멸시키고자 하는 이방 여인의 혀로 호리는 말에 빠지지 않게 하기 위한 것이기 때문이다." 듣기 좋은 감언이설에 쉽게 넘어가는 자들은 유혹하는 자의 아주 손쉬운 먹잇감이 된다. 그러한 덫을 피하고자 하는 자들은 유익한 책망들을 해주는 사람들을 그들에게 큰 은혜를 베푸는 자들로 여겨야 하고, 그들을 진심으로 위해주는 그런 사람들에게 감사해야 한다: **면책은 숨은 사랑보다 나으니라 친구의 아픈 책망은 충직으로 말미암는 것이나 원수의 잦은 입맞춤은 거짓에서 난 것이니라**(잠 27:5-6).

(2) 우리가 우리 자신에게 베풀 수 있는 가장 큰 은혜는 이 죄를 멀리하고 지극한 두려움과 혐오감으로 이 죄를 대하는 것이다(25절). "**네 마음에 그녀의 아름다움을 탐하지 말라.** 왜냐하면, 네가 그 아름다움을 탐한다면, 그것은 이미 간음한 것이기 때문이다. 음녀의 얼굴에 있는 매력들에 대하여 얘기하지 말고, 그녀의 애교 띤 눈길에 홀리지 말라. 그것들은 다 덫이요 그물이다. **그녀의 눈꺼풀에 홀리지 말라.** 음녀의 표정들은 화살들이요 불화살들이다. 그것들은 사랑하는 연인들이 의미하는 것과는 다른 의미로 너를 상처내고 죽일 것이다. 사랑하는 연인들은 그것을 좋은 의미에서 사랑의 포로가 되었다고 얘기하지만, 음녀에게 홀리는 것은 애굽의 노예살이보다 더 나쁜 포로가 되는 것으로서 너를 파멸시키는 것일 뿐이다."

2. 솔로몬은 여기에서 음행의 죄에 대한 경고를 강화하기 위하여 여러 가지 근거들을 제시한다.

(1) 음행의 죄는 사람들을 빈곤하게 만들고 그들의 재산을 탕진하게 만들어서 그들을 거지 신세로 전락하게 만드는 죄이다. **음녀로 말미암아 사람이 한 조각 떡만 남게 된다**(26절). 지금까지 이렇게 음행 때문에 자신의 재산을 있는 대로 다 내주고서 자신의 몸과 영혼의 파멸을 그 대가로 얻은 사람이 부지기수였다. 탕자는 창기와 어울리느라 자신의 모든 재산을 탕진한 후에 돼지와 거처를 함께하는 처지가 되었다. 사람들이 그들의 어리석음으로 인해서 빠져드는 저

빈곤은 지독할 정도로 그들에게서 떠나지 않는다(욥 31:12).

(2) 음행의 죄는 죽음을 가져다 준다. 이 죄는 사람들을 죽인다. 음란한 여인은 들릴라가 삼손에게 그랬듯이 의도적으로 **귀한 생명을 사냥하고**, 적어도 결과적으로 이 죄는 사람들의 목숨을 위협한다. 간음죄는 모세의 율법에서 사형에 해당하는 범죄로 처벌받았다. **그 간부와 음부를 반드시 죽일지니라**(레 20:10). 누구나 다 이것을 알고 있었다. 그러므로 더러운 정욕을 채우기 위해서 율법을 공개적으로 범하는 것은 자살행위라고 할 수밖에 없다.

(3) 음행의 죄는 양심에 죄책감을 가져다 주고 양심을 더럽힌다. 음란한 마음으로 **남의 아내를 만지는** 자는 죄 없는 자가 될 수 없기 때문에 **벌을 면하지 못할 것이다**(29절).

[1] 그는 간음죄를 범할 위험에 직면해 있다. 이것은 **불을 품에 품거나 숯불을 밟은** 자가 탈 위험에 처해 있는 것과 같다. 이 죄의 길은 내리막길이기 때문에, 이 죄로 유혹하는 것들을 붙잡는 자들은 이 죄 자체를 피하기가 거의 불가능하다. 불나방은 방자하게 불과 장난을 치다가 어리석게 자신의 목숨을 잃는다. 간음죄는 깊은 구덩이이기 때문에, 그 근처에 가까이 가는 것 자체가 미친 짓이다. 악한 자들과 어울려서 함께 다니는 자는 자신의 순수성을 오랫동안 보존할 수가 없다. 그는 자기 자신을 유혹 속으로 던져 넣음으로써, 결국 자기 자신을 하나님의 보호하심 밖으로 밀어내 버린다.

[2] 간음죄를 범하는 자는 멸망을 향한 길로 이미 깊이 들어선 것이다. 주제넘고 무모한 죄인은 이렇게 말한다. "나는 과감히 이 죄를 짓고도 그 벌을 피할 수 있다. 나는 계속해서 이 죄를 범하고도 평안을 누리게 될 것이다." 그러나 그것은 **내가 불을 품에 품어도 내 옷이 타지 않을** 것이라고 말하거나 **내가 숯불을 밟고도 내 발이 데지 않을** 것이라고 말하는 것이나 다름없다. **남의 아내와 통간하는 자는** 그가 자기 자신을 어떻게 여기든 하나님은 그를 죄가 없다고 하지 않으실 것이다. 정욕의 불은 지옥의 불을 점화시킨다.

(4) 음행의 죄는 명성을 더럽히기 때문에, 그 죄를 범한 자에게는 오명(汚名)이 끝까지 붙어 다닌다. 이 죄는 도둑질보다 훨씬 더 추악한 죄이다(6:30-33). 하지만, 사람들이 볼 때에는 그렇지 않을 수 있고, 적어도 우리 시대에는 그렇게 여겨지지 않는다. 도둑은 수갑이 채워져서 감옥이나 형장으로 보내지지만, 간음죄를 범한 자는 벌을 받지도 않고 많은 경우에는 오명을 뒤집어쓰지도 않

는다. 그는 자기가 범한 흉악한 범죄를 도리어 자랑스럽게 떠벌리고 다닌다. 그러나 하나님이 보시기에, 그리고 그의 율법에서 간음죄는 절도죄보다 훨씬 더 극악무도한 범죄였다. 하나님이 존귀함과 명예의 원천이시라면, 그의 말씀은 그 존귀함이나 명예의 기준이 되어야 마땅하다.

[1] 절도죄와 관련해서, 어떤 사람이 너무나 배가 고파서 도둑질을 하게 되었고, 주릴 때에 배를 채우려고 먹을 것을 훔친 것이라면, 그것이 그에게 면죄부가 되지는 않겠지만, 그의 범죄에서 정상참작이 되는 사유가 될 것이기 때문에, 사람들이 그를 멸시하지도 않고 그에게 불명예를 씌우지도 않으며 도리어 그를 불쌍히 여길 것이다. 사람이라는 것이 사흘을 굶으면 돌담도 뚫게 되어 있기 때문에, 그 책임은 그 사람을 빈곤하게 만든 자들이나 그를 구제하지 않은 자들에게 있다. 또한, 도둑질한 자에게 그런 사유가 없다고 하더라도, 그가 도둑질한 것이 들키고 그 증거가 명백한 경우에는, 그는 단지 칠 배를 배상해 주면 된다. 모세의 율법은 양을 도둑질한 자는 네 배, 소를 도둑질한 자는 다섯 배로 배상할 것을 정해 놓았고(출 22:1), 다윗도 그렇게 판결하였다(삼하 12:6). 그러나 율법에 규정이 없는 경우에는 재판관들이 나중에 법의 형평성을 고려하여 범죄의 무겁고 가벼움에 따라서 형벌들을 정해 놓았을 것이다. 따라서, 논에서 소를 훔친 자가 다섯 배로 배상해야 한다면, 사람의 집에서 물건을 훔친 자는 칠 배를 갚도록 하는 것이 이치에 맞는 것이었다. 왜냐하면, 사람의 집에 침입하여 물건을 훔친 자나 노상 강도를 사형에 처하도록 규정한 율법이 없었기 때문이다. 가장 죄질이 나쁜 절도에 대하여 솔로몬은 여기에서 다음과 같이 말한다. 절도죄에 대한 가장 엄한 형벌은 그로 하여금 율법을 만족시키기 위하여 자기 집에 있는 것을 다 내주게 강제하는 것이었고, 그의 피를 흘리게 하는 일은 없었다는 것이다.

[2] 간음죄를 범하는 것은 절도죄보다 더 흉악무도한 범죄이다. 욥도 그렇게 말하면서, 간음죄를 재판에 회부할 죄악이라고 하였다(욥 31:11). 나단은 다윗에게 나아가서 그가 간음죄를 범한 악을 단죄할 때에 가장 흉악한 절도죄를 비유로 사용하였는데, 이 때에 다윗은 그 절도죄가 사형에 해당하는 죄라고 판단하였다(삼하 12:5). 그러자 나단은 다윗에게 그의 간음죄가 그 절도죄보다도 훨씬 더 죄악된 것임을 보여주었다.

첫째, 간음죄는 인간의 이성을 더 크게 욕되게 하는 죄이다. 왜냐하면, 간음죄를 범한 자는 도둑과는 달리 배가 고파서 도둑질을 했다고 변명할 수가 없고, 하나님의 율법의 울타리를 깨뜨리고자 하는 짐승 같은 정욕을 채우기 위해서 그런 짓을 했다는 것을 인정하지 않을 수 없기 때문이다. 그러므로 여인과 간음하는 자는 무지한 자이기 때문에, 형편없이 미련한 자라는 오명을 뒤집어써도 할 말이 없다.

둘째, 간음죄는 하나님의 율법에 의해서 절도죄보다 더 무겁게 처벌을 받게 되어 있다. 도둑은 단지 금전으로 배상하면 되었지만, 간음을 행한 자는 반드시 사형에 처하게 되어 있었다. 도둑은 주린 배를 채우려고 도둑질한 것이지만, 간음한 자는 자기의 영혼을 망하게 하고, 하나님과 사람의 공의에 의해서 가차없는 벌을 받게 된다. "죄인아, 네가 네 자신을 멸망에 빠뜨렸다." 이것은 죄의 결과인 영적이고 영원한 사망에도 적용될 수 있다. 간음하는 자는 자신의 양심에 상처를 입히고, 자신의 이성을 부패시키며, 신령한 생명의 모든 불꽃들을 꺼버리고, 자기 자신을 하나님의 진노에 영원히 노출시켜서, 자기의 영혼을 망하게 한다.

셋째, 간음죄로 인한 오명은 씻을 수 없다(33절). 그것은 그의 선한 이름에 상함이 되고, 그의 가족에게 능욕이 될 것이다. 그 죄책은 회개에 의해서 제거될 수 있지만, 그 죄로 인한 부끄러움은 그가 죽고 난 후에도 결코 씻어지지 않을 것이다. 우리아와 관련된 다윗의 죄는 그에게 지울 수 없는 오점이 되었을 뿐만 아니라, 원수들에게 여호와의 이름을 모독할 수 있는 빌미를 제공해 주었다.

(5) 음행의 죄는 그 남편의 명예를 모독한 죄이기 때문에 간음한 자는 남편의 투기로 인한 분노의 대상이 된다(34-35절). 남의 아내와 친해서 그녀를 만지는 자도 남편의 질투를 불러일으키게 되는데, 하물며 남의 아내를 더럽히는 자는 그 일이 아무리 비밀에 부쳐진다고 해도 저주가 되게 하는 쓴 물에 의해서 발각되었을 때에 남편의 투기를 얼마나 더 불러일으키겠는가(민 5:12). "간음죄가 드러났을 때, 그 간음죄로 상처를 입은 남편은 마치 살인의 경우에 그 살해당한 자의 혈육이 형제의 피에 대한 복수심으로 불타는 자가 되는 것과 마찬가지로 자신의 명예가 더럽혀진 데 대한 복수심으로 불타는 자가 될 것이기 때문에, 너는 차라리 새끼를 빼앗긴 곰을 만나는 편이 더 나을 것이다. 네가 하나님의 진노를 두려워하지 않는다면, 사람의 분노는 두려워하라. 투기라는 것은

죽음 같이 강하고 스올 같이 잔인하다(아 8:6). 간음한 네가 너의 삶에 대하여 심문을 받기 위해 심판대 앞에 나아갈 저 원수 갚는 날에 너를 고소하는 자는 자기에게서 모든 것을 빼앗아 간 자를 대하듯이 그 어떤 수고나 대가를 아끼지 않고 너를 쉴새없이 고소할 것이고, 네가 제안하는 그 어떤 화해도 받아들이려 하지 않을 것이다. 그는 어떤 보상도 받지 아니할 것이다. 네가 그를 달래기 위해서 많은 선물을 줄지라도, 그는 듣지 아니하고, 오직 율법에 따라 네가 처벌 받기만을 바랄 것이다. 너는 돌에 맞아 죽임을 당할 수밖에 없다. 자기 집에 있는 것을 다 내주게 되면, 도둑질을 한 자는 용서를 받게 될 것이지만(31절), 간음죄를 범한 자는 그렇지 않고, 철저한 단죄를 받게 될 것이다. 너희는 떨며 범죄하지 말지어다(시 4:4). 결국에는 쓰디쓴 것으로 끝나게 될 한순간의 더러운 쾌락을 위하여 이 모든 참상을 네 자신으로 당하게 하지 말라."

제 — 7 — 장

개요

이 장의 요지는 앞의 여러 장에서와 마찬가지로 젊은이들에게 육체의 정욕을 경고하는 것이다. 솔로몬은 정욕이 그의 아버지에게 얼마나 나쁜 결과를 가져다 주었는지를 기억하고 있었고, 자기 자신이나 그의 아들이 이 정욕에 중독되어 있는 것을 알았거나, 적어도 그의 신민들 중에서 장래가 촉망되었던 수많은 젊은이들이 이 정욕 때문에 파멸한 것을 쭉 지켜보아 왔었을 것이다. 그래서 그는 "각각 더러운 정욕이 아니라 거룩함과 존귀함으로 자기의 아내 대할 줄을 알아야 한다"는 것을 사람들에게 가르치고 설득해서 음행의 죄를 범하지 않게 하기 위해서는 그것을 아무리 반복해서 얘기해도 결코 충분하지 않다고 생각하였다. 이 장에서 우리는 다음과 같은 내용들을 본다. I. 하나님의 말씀으로 하여금 우리의 마음을 지배하게 하고 우리가 하는 모든 일의 원리가 되게 하는 것이 음행의 죄를 막는 가장 효과적인 대책이라는 일반적인 권면(1-5절). II. 경솔한 젊은이들이 속아넘어가서 이 덫에 걸리게 될 위험성이 크다는 것을 보여주기 위한 구체적인 설명(6-23절). III. 마지막으로, 이 죄를 향하여 가까이 가게 만드는 모든 것들을 조심하라는 진지한 경고(24-27절). 우리는 모두 "주여, 우리를 이 시험에 들게 하지 마옵소서"라고 기도하여야 한다.

[1]내 아들아 내 말을 지키며 내 계명을 간직하라 [2]내 계명을 지켜 살며 내 법을 네 눈
동자처럼 지키라 [3]이것을 네 손가락에 매며 이것을 네 마음판에 새기라 [4]지혜에게
너는 내 누이라 하며 명철에게 너는 내 친족이라 하라 [5]그리하면 이것이 너를 지켜
서 음녀에게, 말로 호리는 이방 여인에게 빠지지 않게 하리라

이 절들은 솔로몬이 육체의 정욕에 대하여 경고하는 글의 서론으로서 6:20-24과 거의 동일하고, 거기에서(24절)와 마찬가지로 여기에서도(5절) **이것이 너를 지켜서 이방 여인에게 빠지지 않게 하리라**는 말씀으로 끝나는데, 이것이 바로 솔로몬이 이 글을 쓴 목적이다. 다만, 그는 거기에서는 네 아비의 명령을 지키라고 말했었는데, 여기에서는 내 명령을 지키라고 말한다. 그는 우리를 아들들로 여기고서 말하는 것이기 때문에, 이 둘은 매한가지이다. 결국, 그는 하나님의 이름으로 말하고 있는 것이다. 왜냐하면, 우리가 지켜야 하는 것은 하나님의 명령들, 그의 말씀들과 법이기 때문이다. 하나님의 말씀은 우리에게 다음과 같은 것이 되어야 한다.

1. 하나님의 말씀은 우리가 가장 꼼꼼히 살피고 정성을 들여야 하는 것이 되어야 한다. 우리는 하나님의 말씀을 우리의 보화로 여기고 꼭 지켜야 한다. 우리는 하나님의 계명들을 안전하게 간직해서, 악한 자에게 빼앗기지 않도록 하여야 한다(1절). 우리는 하나님의 말씀을 우리의 생명처럼 지켜야 한다. 내 계명을 지켜 살라(2절). 즉, "하나님의 계명들을 지키며 살아갈 뿐만 아니라 그 계명들이 없이는 우리가 살아갈 수 없다는 듯이 그 계명들을 우리의 생명처럼 지키라"는 것이다. 하나님의 말씀을 빼앗기는 것은 선한 자에게는 죽음이나 다름이 없다. 왜냐하면, 그는 오직 떡으로만 사는 것이 아니라 하나님의 말씀으로 살아가기 때문이다.

2. 하나님의 말씀은 우리가 가장 아끼고 애지중지해야 하는 것이 되어야 한다. 내 법을 네 눈동자처럼 지키라. 눈은 아주 작은 것으로도 상할 수 있기 때문에, 자연은 눈을 아주 정성스레 보호한다. 우리는 다윗처럼 하나님이 우리를 그의 눈동자처럼 지켜 주시고(시 17:8), 우리의 삶과 위로들이 하나님이 보시기에 귀한 것이 되게 하여 달라고 기도한다. 우리가 하나님의 법을 무척 아끼고 사랑하며 그 법을 조금이라도 범할까봐 염려하고 두려워한다면, 하나님도 우리의 삶과 위로들을 귀하게 여겨주실 것이다(슥 2:8). 아주 조심스럽고 엄격하게 행하는 것을 쓸데없이 까다롭게 구는 것이라고 비난하는 자들은 하나님의 법을 눈동자처럼 지킬 수가 없다. 왜냐하면, 하나님의 법은 정말 우리의 눈동자이기 때문이다. 하나님의 법은 빛이고, 우리 마음 속에 있는 법은 영혼의 눈이다.

3. 하나님의 말씀은 우리가 자랑하고 항상 염두에 두어야 하는 것이 되어야 한다(3절). "하나님의 계명들을 네 손가락에 매라. 그것들이 네게 소중한 것이 되게 하라. 그것들을 너의 오른손의 인장반지, 너의 다이아몬드 반지로 여기라. 그것들을 네가 하나님과 혼인했음을 보여주는 증표로서 너의 결혼 반지처럼 늘 지니고 다니라. 하나님의 말씀을 네게 존귀함을 더해주는 것, 너의 존엄함

을 나타내는 증표로 여기라. 하나님의 계명들을 네 손가락에 매어서, 그것들이 네게 네 본분을 늘 상기시켜 주는 것들이 되게 하고, 네 손바닥에 새겨진 것처럼 네가 그것들을 늘 볼 수 있게 하라."

4. 하나님의 말씀은 우리가 좋아하고 항상 생각하는 것이 되어야 한다. 우리가 진심으로 사랑하는 친구들의 이름들을 우리 마음 속에 새겨두는 것처럼, 하나님의 계명들을 네 마음판에 새기라. 하나님의 말씀이 우리 속에 풍성히 거하게 하고, 우리가 그것을 읽을 수 있게 늘 가까이 있도록 우리의 마음에 새기라. 죄가 새겨진 곳에(렘 17:1) 하나님의 말씀이 새겨지게 하라. 내가 내 법을 그들의 마음에 기록하리라(히 8:10)는 것은 하나님의 약속이기 때문에, 우리는 그 명령을 쉽게 실천할 수 있다.

5. 하나님의 말씀은 우리가 친밀하게 알고 정통한 것이 되어야 한다(4절). "너는 지혜에게 내가 진심으로 사랑하고 기뻐하는 내 누이라 하라. 그리고 너는 명철에게 내가 아주 가깝게 여기고 순수하게 사랑하는 내 친족이라 하라. 너는 지혜를 네가 아끼는 네 친구라 하라." 우리는 하나님의 말씀을 친밀하게 알고, 조언을 구하며, 그 존귀함을 인정하며, 함께 교제하기를 기뻐해야 한다.

6. 하나님의 말씀은 우리가 이방 여인, 죄, 우리의 기분을 좋게 하지만 우리를 파멸시키는 것, 저 음녀, 특히 음행의 죄에서 우리를 지키고 방어하며 무장하기 위해서 사용하는 것이 되어야 한다(5절). 우리는 하나님의 말씀을 의지해서 저 음행의 죄에 대한 우리의 두려움과 그 죄를 물리치고자 하는 우리의 결단을 더욱 견고히 해야 한다. 우리는 하나님의 말씀에 의지해서 저 음행의 죄가 지닌 온갖 잘못된 것들을 밝히 깨닫고, 저 음행의 죄가 주는 온갖 기분 좋은 것들이 거짓된 것임을 분명하게 깨달아야 한다.

6내가 내 집 들창으로, 살창으로 내다 보다가 7어리석은 자 중에, 젊은이 가운데에
한 지혜 없는 자를 보았노라 8그가 거리를 지나 음녀의 골목 모퉁이로 가까이 하여
그의 집쪽으로 가는데 9저물 때, 황혼 때, 깊은 밤 흑암 중에라 10그 때에 기생의 옷
을 입은 간교한 여인이 그를 맞으니 11이 여인은 떠들며 완악하며 그의 발이 집에
머물지 아니하여 12어떤 때에는 거리, 어떤 때에는 광장 또 모퉁이마다 서서 사람을
기다리는 자라 13그 여인이 그를 붙잡고 그에게 입맞추며 부끄러움을 모르는 얼굴
로 그에게 말하되 14내가 화목제를 드려 서원한 것을 오늘 갚았노라 15이러므로 내

가 너를 맞으려고 나와 네 얼굴을 찾다가 너를 만났도다 16내 침상에는 요와 애굽의
무늬 있는 이불을 폈고 17몰약과 침향과 계피를 뿌렸노라 18오라 우리가 아침까지
흡족하게 서로 사랑하며 사랑함으로 희락하자 19남편은 집을 떠나 먼 길을 갔는데
20은 주머니를 가졌은즉 보름 날에나 집에 돌아오리라 하여 21여러 가지 고운 말로
유혹하며 입술의 호리는 말로 꾀므로 22젊은이가 곧 그를 따랐으니 소가 도수장으
로 가는 것 같고 미련한 자가 벌을 받으려고 쇠사슬에 매이러 가는 것과 같도다 23
필경은 화살이 그 간을 뚫게 되리라 새가 빨리 그물로 들어가되 그의 생명을 잃어
버릴 줄을 알지 못함과 같으니라

솔로몬은 그가 앞서 음행의 죄에 대하여 경고한 것을 강화하기 위하여 여기에서 음녀의 유혹에 빠져서 사실상 파멸하게 된 한 젊은이에 관한 이야기를 들려준다. 이와 같은 이야기는 우리 시대의 외설적이고 속된 시인들의 구미에 딱 맞는 이야기일 것이다. 그들에게 있어서 창기는 그들이 동경하는 여주인공이었다. 창기가 젊은 신사를 구슬려서 호리고 시골의 대지주를 유혹하는 기술만큼 청중들을 재미있게 하고 그들의 기분 전환에 특효약인 것은 없었다. 창기가 유혹에 승리하는 이야기들은 재치와 사랑이 승리한 것으로 갈채를 받을 수 있었기 때문에, 그런 희극은 아주 유쾌하게 마무리될 수 있었다. 이런 희극이 공연되는 것을 본 모든 젊은이는 그런 식으로 창기에게 유혹되기를 몹시 바랐다. 이렇게 미련한 자는 죄를 희화화하여 심상히 여긴다(14:9). 그러나 솔로몬은 여기에서 이 이야기를 매우 우울한 이야기로 들려주고 있고, 모든 지혜롭고 선한 자들은 이 이야기를 몹시 슬프고 암울한 이야기로 읽는다. 자기 속에 미덕의 불씨를 조금이라도 지니고 있는 모든 자들은 음녀의 뻔뻔스러움을 극도로 분개하는 마음으로 바라보고, 지각 없는 젊은이의 행동을 지극히 불쌍히 여기는 마음으로 바라보는 것이 마땅하다. 이 이야기는 서글픈 성찰로 끝이 나는데, 그 성찰은 이 이야기를 읽고 듣는 모든 이들로 하여금 육체의 정욕이라는 덫을 두려워하게 하고 그 덫으로부터 아주 멀리 떨어져 있는 데에 모든 주의를 기울이게 할 만큼 서글픈 성찰이다. 이 이야기는 비유 또는 만들어낸 이야기이겠지만, 나는 이 이야기가 당시에 일어났던 사실적인 이야기였을 것이라고 생각한다. 게다가 더 안타까운 것은 이 이야기가 사람이 그런 악한 길을 갔을 때에 어떤 치명적인 결과들이 생겨나는지를 경고하고 있음에도 불구하

고, 이런 일은 지금도 너무나 자주 일어나고 있고, 지옥의 사자들은 여전히 여기에서와 동일한 게임을 하면서 여기에서와 비슷한 성공을 거두고 있다는 것이다.

솔로몬은 한 나라를 다스리는 우두머리였기 때문에 왕궁의 창문을 통해서 자주 그의 신민들이 무슨 일을 하는지를 지켜 보았을 것이다. 그는 이런 식으로 자기 눈으로 직접 본 것들을 그가 보았으리라고는 꿈에도 생각하지 못하고 있던 자들에게 말하였을 것이고, 이것은 악을 행하는 자들에게는 칼보다 더 무서운 숨은 병기였을 것이다. 그러나 여기에서 그는 직분상 원수들이 다가오는 것을 알리고 특히 원수들이 어디에 매복해 있는지를 알리는 파수꾼 역할을 해야 하는 사역자이자 선지자로서 우리로 하여금 사탄의 계략들을 알게 하고 어느 지점에서 우리의 경계를 두 배로 늘려야 하는지를 알게 하기 위하여 이 글을 쓰고 있다. 여기에서 솔로몬은 다음과 같은 것들을 알림으로써 그런 역할을 수행하고 있다.

I. 유혹당하는 자에 대하여. 여기에서 유혹당하는 자는 스스로 자기 자신을 유혹에 노출시킨 것이기 때문에, 그것이 그의 멸망으로 끝난다고 하여도 그 책임은 전적으로 자기 자신이 져야 한다.

1. 그는 젊은이였다(7절). 육체의 정욕은 청년의 정욕이라 불리는데(딤후 2:22), 이것은 세상 물정을 모르는 젊은이들의 한 때의 실수로 여겨서 별것 아닌 것으로 치부하기 위한 것이 아니라, 도리어 우리 인생의 황금기에 하나님에게서 우리를 강탈해 간 것임과 동시에 우리의 마음이 아직 다 자라지 않아서 연하고 순할 때에 그 마음을 더럽혀서 우리로 하여금 이후로 악한 삶을 살도록 하기 위한 토대를 놓는 것이기 때문에 그 죄가 더 무겁다는 것을 얘기하는 것이다. 따라서, 젊은이들은 이 죄를 짓지 않도록 단단히 각오하고 특별히 경계하지 않으면 안 된다.

2. 그는 지혜 없는 젊은이였다. 그는 지혜와 하나님을 경외하는 마음으로 무장되지도 않은 채로 세상 속으로 나아갔다. 그것은 마치 바닥짐과 도선사(導船士), 밧줄이나 나침반 없이 바다로 나아간 것과 같은 것이었다. 그는 어떻게 해야 악을 떠나는 것인지를 알지 못하였는데, 악을 떠나는 것은 최고의 명철이다(욥 28:28). 키는 어른만큼 다 자랐으면서도 명철은 어린아이 수준에서 더 자라지 못한 자들은 사탄의 손쉬운 먹잇감이 된다.

3. 그는 나쁜 친구들과 어울렸다. 그는 젊은이들 가운데에 한 젊은이였고, 어리석은 자들 중에 한 어리석은 젊은이였다. 만약 그가 스스로 명철하지 못하다는 것을 깨닫고서 자기보다 더 나이도 많고 더 지혜로운 자들과 어울렸다면, 그에게는 소망이 있었을 것이다. 그리스도께서는 열두 살 때에 이미 랍비들과 대화하시는 모습을 보여주심으로써 젊은이들에게 그런 모범을 보여주셨다. 그러나 어리석은 자들이 자기와 똑같은 자들과 어울리게 되면, 그들은 계속해서 어리석은 채로 있게 되고, 그 어리석음은 단단하게 그대로 굳어지고 만다.

4. 그는 아무 하는 일 없이 빈둥거렸고, 자기가 할 일을 찾지 못하고 쓸데없이 거리를 배회하고 다녔다. 음란한 소돔의 죄악들 중의 하나는 그 도시에 모든 것이 풍족해서 사람들이 너나 할 것 없이 빈둥거렸다는 것이다(겔 16:49). 그는 어깨에 힘을 주고 거만한 모습으로 거리를 어슬렁거렸다. 그는 겉만 번지르르한 멋쟁이였는데, 이러한 멋쟁이가 이루어 놓는 최고의 업적은 옷을 잘 입은 채로 폼을 잡고 걷는 것이었다. 그는 육식조의 표적이 되기에 딱 알맞았다.

5. 그는 밤에 다니는 자였다. 사람들은 낮에 일하고, 저녁이 되면 휴식을 취하지만, 그는 낮에 하는 일을 미워하고 경멸하였다. 그러나 열매 없는 어둠의 일들에 익숙한 그는 저물 때, 황혼 때에 움직이기 시작한다(9절). 또한, 그는 달빛이 있는 밤에는 그가 하는 일들이 드러나기 때문에 깊은 밤 흑암을 선택해서 움직인다.

6. 그는 자기를 반겨주고 즐겁게 해줄 자의 집을 향하여 나아갔다. 그는 음녀의 집 문에도 가까이 가지 말라(5:8)고 했던 솔로몬의 조언과는 정반대로 음녀의 골목 모퉁이로 가까이 하여 그녀의 집쪽으로 갔다(8절). 그는 그 길이 음녀의 집으로 가는 길인 것을 몰랐을 수도 있지만, 어쨌든 그 길은 그가 볼 일이 없는 길이었다. 우리에게 할 일이 없을 때, 마귀는 신속하게 우리에게 어떤 할 일을 가져다 준다. 우리는 할 일 없는 낮만이 아니라 할 일 없는 밤도 조심해서, 그런 밤이 유혹으로 이끌려 들어가는 계기가 되게 하여서는 안 된다.

II. 유혹하는 자에 대하여. 여기에서 유혹하는 자는 평범한 창기가 아니었다. 왜냐하면, 그녀는 유부녀였기 때문이다(19절). 본문에 나타난 것만을 보아서는, 그녀의 이웃들은 그녀가 이렇게 악한 짓을 하리라고는 꿈에도 생각하지 못하고 있었고, 그녀는 이웃들 사이에서 평판이 좋았던 것 같다. 그런 그녀가 남편이 멀리 출장을 떠나 집에 없는 날이면 저물 때, 황혼 때에 형편없이 뻔뻔스러운 짓을 행하는 것이었다. 이 음녀는 여기에서 이렇게 묘사된다.

1. 그녀가 입은 옷. 그녀는 자신을 돋보이게 하기 위해서 화려하고 저속한 기생의 옷을 입고 있었다(10절). 아마도 그녀는 이세벨처럼 화장을 하고서, 노출이 심한 옷을 입고, 목과 가슴을 다 드러내 놓고 있었을 것이다. 마음의 정결함은 단정한 옷으로 표현되는 법이고, 이것이 하나님을 경외한다 하는 부녀들에게 마땅한 것이다.

2. 그녀의 교활한 수완. 그녀는 감언이설로 남자들을 호리는 기술에 능한 여자로서 자신의 몸을 가지고 어떻게 하면 자신의 악한 목적을 이룰 수 있는지를 잘 아는 간교한 여인이었다.

3. 그녀의 기질과 몸가짐. 이 여인은 떠들며 완악하며, 수다스럽고 고집이 세며, 시끄럽고 말썽을 일으키며, 제멋대로이고 완고하며, 자기 말이 옳든 그르든 자기가 말하는 것을 막으면 참지 못하고, 남편이나 부모, 목회자나 친구들이 자기에게 책망이나 충고를 하는 것을 용납하지 않는 그런 여자였다. 그녀는 그 어떤 멍에도 참지 못해 하는 벨리알의 딸이었다.

4. 그녀가 서 있는 자리. 그 자리는 그녀의 집이 아니었다. 그녀는 자기 집에 갇혀서 사는 것을 싫어하였다. 그녀의 발은 꼭 집에 있어야 할 때 외에는 집에 붙어있지 않았다. 그녀는 장소를 바꿔가며 이런저런 무리들과 어울려서 밖으로 쏘다니기를 좋아하였다. 그녀는 어떤 때에는 바람을 쏘인다는 핑계로 들로 나갔고, 어떤 때에는 시장이 어떻게 돌아가는지를 본다는 핑계로 시내의 거리와 광장에 서 있었다. 그녀는 자기가 있어야 할 곳을 제외하고는 여기저기 도처에 있었다. 그녀는 그녀의 먹잇감이 될 사람을 낚아채기 위해서 모퉁이마다 서서 기다렸다. 미덕은 가정이 감옥으로 느껴지는 자들에게는 고통스러운 일이다.

III. 유혹 자체와 그 유혹이 어떻게 이루어지는지에 대하여. 그녀는 그녀의 구미에 맞는 젊은이를 발견하였다. 아마도 그녀는 그를 단번에 알아보았을 것이다. 아마도 그녀는 그가 입은 옷을 보고서 그가 자기가 찾던 자라는 것을 금방 알아차렸을 것이다. 그래서 그녀는 체면이고 뭐고 다 팽개치고 그의 목을 붙잡고 그에게 입맞추며(13절), 그의 동의나 양해를 구하지도 않고 부끄러움을 모르는 얼굴로 그를 자기 집이 아니라 자기 침상으로 끌어들였다.

1. 그녀는 그에게 자기와 술 한 잔 하자고 유혹하였다(14-15절). 내가 화목제

를 드렸다. 이 말을 통해서 그녀는 그에게 다음과 같은 것들을 알리고자 하였다.

(1) 자신의 형통함. 이것은 그녀가 너무나 많은 축복들로 둘러싸여 있어서, 기쁨과 감사의 표시로 화목제를 드렸다고 말하는 것이었다. 그녀는 돈이 넉넉했기 때문에, 누가 그녀의 주머니를 털어갈까봐 걱정할 필요가 없었다.

(2) 자기가 경건하다는 것. 그녀는 오늘 성전에 있었고, 거기에서 여호와의 뜰에서 예배하는 자로서 대접을 받았다. 그녀는 자기가 서원한 것을 갚았기 때문에 전능하신 하나님께 이제 그녀의 죄악들로 말미암아 빚진 것을 다 청산했다고 생각해서, 새로운 죄들을 찾아나선 것이었다. 이러한 외적인 종교 행위들은 사람들을 완악하게 만들어서 더욱 죄를 짓게 만드는 역할을 하기 쉽다는 것을 명심하라. 그들은 자기가 지은 죄악들에 대하여 이미 서원한 대로 화목제를 드렸기 때문에 하나님 앞에서 결산을 하게 되면 하나님이 그들에게 빚진 자로 발견될 것이라고 생각해서, 그들의 육적인 마음을 더욱 담대하게 하여 마음 놓고 죄를 짓는다. 그러나 경건의 모양이 죄악의 피난처가 되고(이것으로 인해서 그 죄는 훨씬 더 악한 것이 되고 그 죄로 인한 수치는 갑절이 된다), 하나님이 사람들의 양심을 일깨우기 위하여 정해 놓으신 것들을 가지고서 사람들이 도리어 그들의 양심을 질식시키고 있는 것은 정말 서글픈 일이다. 바리새인들은 그들의 탐욕과 악한 계획이 사람들에게 들키지 않게 하기 위해서 기도를 길게 하였다. 화목제물로 드려진 고기의 대부분은 율법의 규정에 따라서 그 제물을 드린 자에게 다시 돌려주게 되어 있었고, 그 고기가 감사의 화목제물로 드려진 것이라면 친구들과 함께 그 날에 다 먹고 조금이라도 이튿날 아침까지 두지 않게 되어 있었다(레 7:15). 자선과 구제를 위해 정해진 이 율법은 악용되어서 사람들이 마음껏 배가 터지게 먹는 구실로 전락하였다. 그녀는 이렇게 말한다. "나와 함께 우리 집에 가자. 우리 집에는 맛있는 음식이 산더미처럼 있는데, 그것을 먹어줄 좋은 친구들이 없으니, 네가 그것을 먹어 주어서 나를 도와 달라." 화목제물이 이렇게 죄의 미끼가 되고, 하나님의 영광을 위하여 드려진 것이 더러운 정욕을 위한 것이 되어 버린 것은 참으로 안타까운 일이다. 그러나 이것이 전부가 아니었다.

(3) 그녀는 이 유혹을 강화하기 위해서 다음과 같이 한다.

[1] 그녀는 그 어떤 사람보다도 그를 무척 사랑하는 척한다. "나는 식탁에 맛

있는 저녁을 차려 놓았기 때문에, 내가 너를 맞으려고 나온 것이다. 왜냐하면, 이 세상에서 너만큼 그 식탁에 어울릴 자가 없을 것이기 때문이다(15절). 너는 내가 일부러 밖에 나와서 부지런히 찾던 바로 그 사람이기 때문에, 나는 하인을 보내지 않고, 이렇게 직접 나온 것이다." 그녀가 이렇게까지 말하며 그와 어울리고자 애를 쓰는데, 그가 그녀와 어울리기를 거절하기가 어려울 것은 뻔한 일이었다. 죄인들은 남에게 해악을 끼치기 위해서 무척 애를 쓰고, 우는 사자처럼 삼킬 자를 찾아 헤매고 돌아다니지만, 겉으로는 사람들이 호의를 베풀어 주기만을 기다리는 척한다.

[2] 그녀는 그로 하여금 하나님의 섭리로 그녀가 그를 자신의 짝으로 선택하게 된 것처럼 생각하게 만들고자 한다. 그렇지 않다면, 그녀가 찾고자 한 자를 어떻게 이렇게 빨리 찾아낼 수 있었겠는가!

2. 그녀는 자기와 함께 눕자고 그를 유혹하였다. 그들은 함께 앉아서 먹고 마신 후에, 일어나서 더러운 짓을 할 것이다. 그들을 위한 침상은 마련되어 있고, 그 침상은 모든 점에서 그의 마음에 들 것이다. 그의 눈을 즐겁게 하기 위해서, 그 침상에는 수놓은 요와 아주 값비싼 무늬 있는 이불이 펴져 있다. 그는 한 번도 그런 것을 본 적이 없을 것이었다. 그의 촉각을 즐겁게 하기 위해서, 이불은 집에서 만든 천으로 된 것이 아니라, 저 멀리 외국에서 비싼 돈을 주고 수입해 온 것으로서 애굽의 고운 천으로 만들어진 것이다(16절). 그의 후각을 즐겁게 하기 위해서, 요와 이불은 가장 좋은 향들로 향내가 나게 하였다(17절). 그러므로 와서, 우리가 흡족하게 서로 사랑을 나누자(18절). 여기에서 그녀가 사랑이라고 하는 말은 사실 짐승 같은 정욕을 의미한다. 그런데도 이렇게 사랑이라는 말이 악용되고 있는 것은 정말 안타까운 일이다. 참 사랑은 하늘로부터 오지만, 이 음녀가 말하는 사랑은 지옥으로부터 온다. 자기 자신을 망치고 서로를 망치는 자들이 어떻게 자신을 위로하고 서로를 사랑할 수 있겠는가?

3. 그녀는 그가 이 일이 위험하다는 것을 들어서 반대할 것을 미리 예상하였다. 그녀는 다른 사람의 아내가 아닌가? 그리고 그녀의 남편이 그들의 간음 현장을 덮치면, 큰 일이 아닌가? 만약 그렇게 되면, 그는 그 남편에게 거액의 배상금을 물어 주어야 할 것인데, 이 일이 그에게 어떻게 좋은 일이 될 수 있단 말인가? 그녀는 이런 반론을 예상하고서 먼저 선수를 친다. "걱정하지 마라. 남편은 집에 없다(19절)." 그녀는 자기 남편을 내 남편이라고 부르지 않는다. 왜냐

하면, 그녀는 자신의 젊은 시절의 짝을 버렸고, 그녀의 하나님의 언약을 잊어버린 여자였기 때문이다. 그녀는 자기 남편을 "내가 지긋지긋하게 여기는 이 집의 선한 자"라고 부른다. 마찬가지로, 보디발의 아내도 그녀의 남편을 지칭할 때에 자기 남편이라고 부르지 않고 그라고 불렀다(창 39:14). 그러므로 사라가 그녀의 남편인 아브라함을 높여서 주라고 부른 것은 눈여겨 볼 일임에 틀림없다. 이 음녀는 자기 남편이 집에 없다는 것을 기뻐한다. 그러므로 그녀는 자기와 놀아 줄 다른 사람이 없다면 우울할 것이지만, 자기와 놀아 줄 사람이 있기만 하다면 얼마든지 마음껏 그 사람과 놀 수가 있을 것이었다. 왜냐하면, 지금은 그녀를 지켜볼 남편의 눈이 없고, 그 남편은 그녀가 무슨 짓을 하는지를 결코 알지 못할 것이기 때문이다. 그러나 그 남편이 빨리 되돌아올 수도 있지 않는가? 결코, 그렇지 않다. "그는 먼 길을 갔기 때문에 갑자기 되돌아올 수가 없다. 그는 돌아올 날을 정해 놓았기 때문에, 그가 정한 날짜보다 더 빨리 집으로 돌아오는 일은 없을 것이다. 그는 은 주머니를 가지고 갔으니, 그것은 다음 둘 중의 하나를 의미한다."

(1) "그것은 물건을 사오기 위해서 돈을 가져간 것을 의미하니, 그는 그 돈을 모두 다 쓸 때까지는 돌아오지 않을 것이다." 정직하고 성실한 사람이 이런 식으로 악용되는 것, 즉 남편은 가족을 위해서 일하러 멀리 떠났는데, 이 음녀는 그가 집에 없는 시간을 악용하고 있는 것은 참으로 안타까운 일이다.

(2) "그것은 유흥비로 흥청망청 쓰기 위해서 가져간 것이다." 이 음녀가 이렇게 생각한 것이라면, 이 말이 옳든 그르든, 그녀는 자기 남편을 나쁜 사람이라고 은근히 비난하고 있는 것이다. 그녀는 이미 나쁜 아내가 되기로 결심한 상태였기 때문에 그 핑곗거리를 삼기 위해서, 자기 남편을 이렇게 나쁘게 말한 것일 수 있다. 이런 말은 흔히 근거 없는 추측일 뿐만 아니라, 결코 정당한 변명이 될 수 없다. 그녀는 이렇게 말하고 있는 것이다. "내 남편은 혼자 즐기려고 외국에 나가서 돈을 물 쓰듯이 쓰는데, 나라고 집에서 즐기지 말라는 법이 어디 있느냐?"

Ⅳ. 이 유혹이 성공을 거둔 것에 대하여. 그녀는 이 젊은이가 혹할 만한 온갖 것들을 다 약속함과 동시에 둘이 함께 즐겨도 아무 말썽이 없을 것임을 확실하게 인식시켜 줌으로써 자기가 기대하였던 목적을 이룰 수 있었다(21절). 이 젊은이는 비록 아주 어리석은 자이긴 했지만 나쁜 의도를 품고 있지 않았던

것으로 보인다. 그에게 처음부터 나쁜 의도가 있었다면, 이 음녀가 그를 상대로 해서 말과 손짓과 눈짓을 다 동원해서 이와 같은 장광설을 늘어놓을 필요가 없었을 것이다. 그는 처음부터 이 나쁜 짓을 의도하지는 않았고, 도리어 그것을 반대하는 마음이 그의 양심 속에 있었지만, 이 음녀는 여러 가지 고운 말로 유혹하여 그를 굴복시켰다. 그의 부패한 성품들이 마침내 그의 양심에 대하여 승리를 거두었고, 죄를 짓지 않고자 하는 그의 결심은 이와 같은 교묘한 공격들을 막아낼 만큼 충분히 강하지 않았다. 그래서 이 음녀가 입술의 호리는 말로 꾀었을 때, 그는 그 꼬임에 넘어갈 수밖에 없었다. 그는 이 음녀가 그를 호리기 위해 외우는 주문을 듣지 않으려고 그의 귀를 막을 수 없었고, 도리어 그 주문에 홀려 스스로 무너져서 결국 그녀의 포로가 되고 말았다. 지혜를 섬기는 처녀들은 지혜가 얼마나 좋은지를 얘기하며 사람들을 참되고 신령한 즐거움들로 초대하지만, 사람들은 그 처녀들의 말에 귀를 막아 버리고, 이 처녀들은 그들이 지닌 온갖 좋은 말로도 사람들을 그들에게로 이끌어 오기 힘들다. 반면에, 사람들의 마음 속에서 죄의 지배력은 너무도 막강해서, 사람들은 죄가 거짓과 감언이설로 유혹하면 금방 넘어가 버리고 만다. 솔로몬은 여기에서 이 미련한 젊은이가 음녀를 따라가는 모습을 보면서, 그 젊은이를 정말 불쌍히 여기는 마음으로 바라본다.

(1) 솔로몬은 그 젊은이를 가망이 없는 것으로 보고 포기한다. 슬프다! 그는 망했다. 그는 도살장으로 끌려가고 있다(음행의 집은 보배로운 영혼들을 잡는 도살장이기 때문에). 화살이 곧 그의 간을 뚫게 될 것이다. 흉패도 없이 나다니는 그는 결국 치명상을 입고 죽게 될 것이다(23절). 이렇게 돌이킬 수 없게 내팽개쳐지고 있는 것은 그의 생명, 그의 귀한 생명이다. 그는 모든 좋은 것을 완벽하게 다 잃어버렸다. 그의 양심은 더럽혀졌고, 다른 모든 악으로 통하는 문이 열렸다. 그것은 결국 그의 끝없는 저주로 끝나게 될 것이다.

(2) 그의 처지를 더욱 가련하게 만드는 것은 그는 자신의 참상과 위험을 모르고 있다는 것이다. 그는 눈을 가린 채로 아무것도 모르고, 아니 웃으면서 자신의 파멸을 향하여 가고 있다. 소는 도살장으로 끌려갈 때에도 그 사실을 모르고 목초지로 가는 것이라고 생각한다. 미련한 자(즉, 모든 죄인들 가운데서 가장 미련한 자인 술 취한 자들)는 벌을 받으려고 쇠사슬에 매이러 가면서도 그 부끄러움을 알지 못하고, 마치 놀러 가기라도 하는 것처럼 간다. 빨리 그물로 들

어가는 새는 먹이만을 보고서 거기서 좋은 것을 얻기만을 기대할 뿐이고, 그의 생명을 잃어버릴 것이라고는 생각하지도 못한다. 마찬가지로, 이 지각 없는 젊은이는 오로지 창기의 품 안에서 즐기는 것만을 생각하고 다른 것은 아무것도 생각하지 못하지만, 사실 그는 자신의 파멸을 향하여 달려가고 있는 것이다. 솔로몬은 여기에서 그가 이 나쁜 창기를 법에 따라 처형했다는 말을 우리에게 하고 있지는 않지만, 그녀가 끼친 해악을 보고 분노한 솔로몬이 그녀를 가만 놓아 두었을 것이라고 생각하기는 힘들다.

24이제 아들들아 내 말을 듣고 내 입의 말에 주의하라 25네 마음이 음녀의 길로 치우
치지 말며 그 길에 미혹되지 말지어다 26대저 그가 많은 사람을 상하여 엎드러지게
하였나니 그에게 죽은 자가 허다하니라 27그의 집은 스올의 길이라 사망의 방으로
내려가느니라

이 절들에는 앞에 나온 이야기를 적용한 솔로몬의 교훈이 나온다. "그러므로 내 말을 듣고, 그런 유혹하는 자들의 말을 듣지 말라(24절). 아버지의 말씀에 귀를 기울이고, 원수의 말에 귀 기울이지 말라."

1. "이 이야기를 듣고서 너는 선한 교훈을 얻으라. 네 마음이 음녀의 길로 치우치지 말게 하라(25절). 미덕의 길이 비록 좁고 험하며 외롭고 힘든 오르막길일지라도 그 길을 결코 떠나지 말고, 음녀의 길은 넓고 푸르고 사람들로 붐비어도 그 길로 가지 말라. 네 발을 금하여 음녀의 길에서 멀리할 뿐만 아니라, 네 마음이 음녀의 길로 기울지 않도록 조심하라. 음녀의 길로 가고 싶어하는 마음을 품지 말고, 그러한 악한 일들에 대해서는 극도의 혐오감 외에 다른 생각을 품지 말라. 이성과 양심, 하나님을 경외하는 것이 네 마음을 지배하게 하고, 육욕을 다스리라. 네가 음녀의 길로 가거나 음행의 죄로 통하는 길로 간다면, 너는 올바르고 안전한 길을 떠나 미혹된 길로 가고 있는 것이다. 그러므로 네가 끝없이 헤매지 않기 위해서는 미혹되지 않도록 조심하라."

2. "이 이야기를 듣고서 너는 경고를 받으라."

(1) "다시 한 번 되돌아보고서, 이 죄가 어떤 재앙을 몰고 왔는지를 보라. 음녀는 여기저기서 간혹 한 사람씩을 파멸시킨 것이 아니라, 많은 사람을 상하여 엎드러지게 하였다." 이 죄로 말미암아 무수한 사람들이 현세와 내세에서 망했

다. 앞에서 말한 약하고 어리석은 젊은이들만이 아니라, 많은 강건한 자들 중에서도 그녀에게 죽은 자가 허다하였다(26절). 여기에서 솔로몬은 특히 이 죄로 말미암아 죽은 삼손과, 여호와의 은혜로 죽지는 않았지만 이 죄로 말미암아 그의 가문에서 칼이 떠날 날이 없게 만들었던 다윗을 염두에 두고 있었을 것이다. 육체적으로 큰 힘을 지닌 자들만이 아니라 뛰어난 지혜와 용기를 지닌 자들 중에서도 육체의 정욕에 져서 망한 자들이 한둘이 아니었다. 백향목이 요동한다면, 잣나무도 그렇게 될 줄을 알고 울어야 마땅하다. 선 줄로 생각하는 자는 넘어질까 조심하라(고전 10:12).

(2) "믿음의 눈으로 앞을 내다보고서, 그 마지막이 어떤 것일지를 보라"(27절). 음녀의 집은 화려하게 장식되고 고급스럽게 설비가 되어 있으며 즐거움의 집이라 불릴지라도 스올의 길이고, 음녀의 방들은 사망의 방과 영원한 어둠으로 내려가는 계단들이다. 음행의 잔은 머지않아 두려워 떨게 하는 잔으로 변할 것이다. 우리가 정욕의 불꽃을 회개와 금욕을 통해서 끄지 않는다면, 그 불꽃은 우리를 태워서 저 낮은 스올로 내려보내게 될 것이다. 그러므로 너희는 떨며 범죄하지 말지어다(시 4:4).

제 — 8 — 장

개요

하나님의 말씀은 두 가지로 되어 있고, 이 두 가지가 모두 지혜이다. 왜냐하면, 지혜 없는 말씀은 별 가치가 없고, 말씀 없는 지혜는 별 소용이 없기 때문이다. I. 하나님의 계시는 하나님의 말씀과 지혜이고, 저 정결하고 더럽혀지지 않은 거룩한 종교는 그 위에 세워져 있다. 솔로몬은 여기에서 하나님의 계시인 그 지혜를 믿을 만하고 받아들일 가치가 충분하다고 말하며 우리에게 권한다(1-21절). 하나님은 그 지혜의 말씀을 통해서 인생들을 교훈하시고 다스리시며 복을 주신다. II. 구속주는 영원한 말씀이자 지혜인 로고스이다. 이 장의 앞 부분에서 지혜는 인생들에게 소리를 높여 말하고 있는데, 이 지혜가 바로 구속주이신 그리스도이시다. 하나님의 모든 계시는 그의 손을 거쳐 나가고, 그 모든 계시의 중심에는 그가 계신다. 그러나 많은 옛 사람들은 솔로몬이 여기에서 삼위일체 하나님의 제2위이신 인격적인 지혜로서의 그리스도에 대하여 말하고 있다고 본다(22-31절). 솔로몬은 인생들에게 그리스도의 말씀에 부지런히 귀를 기울여서 그 속에서 하나님의 음성을 들으라고 거듭거듭 당부하는 말로 이 장을 끝낸다(32-36절).

1지혜가 부르지 아니하느냐 명철이 소리를 높이지 아니하느냐 2그가 길 가의 높은
곳과 네거리에 서며 3성문 곁과 문 어귀와 여러 출입하는 문에서 불러 이르되 4사람
들아 내가 너희를 부르며 내가 인자들에게 소리를 높이노라 5어리석은 자들아 너희
는 명철할지니라 미련한 자들아 너희는 마음이 밝을지니라 너희는 들을지어다 6내
가 가장 선한 것을 말하리라 내 입술을 열어 정직을 내리라 7내 입은 진리를 말하며
내 입술은 악을 미워하느니라 8내 입의 말은 다 의로운즉 그 가운데에 굽은 것과 패
역한 것이 없나니 9이는 다 총명 있는 자가 밝히 아는 바요 지식 얻은 자가 정직하
게 여기는 바니라 10너희가 은을 받지 말고 나의 훈계를 받으며 정금보다 지식을 얻
으라 11대저 지혜는 진주보다 나으므로 원하는 모든 것을 이에 비교할 수 없음이니
라

우리의 구원을 위하여 우리에게 계시된 하나님의 뜻은 여기에서 아주 알기 쉽고 깨닫기 쉽게 자세히 설명되고 있기 때문에 우리 중 그 누구도 알지 못했다거나 잘못 알아들었다고 변명할 수 없고, 또한 받아들일 충분한 가치가 있는 것으로 설명되고 있기 때문에 그 누구도 제대로 설명이 되지 않았기 때문에 관심을 가질 수 없었다거나 믿지 못하였다고 변명할 수 없다.

I. 계시된 것들은 알기 쉬운 것들이라는 것. 왜냐하면, 그것들은 우리와 우리 자손에게 속한 것들이고(신 29:29), 하나님이 창조하신 모든 것들을 통해서 어느 정도 공표되고 선포되었으며(시 19:1), 사람의 양심과 영원한 이성과 선악의 규범에 의해서 자세하게 알려지고, 모세와 선지자들에 의해서 아주 명확하게 선포된 것들이어서, 그것들을 알기 위해서 우리가 굳이 하늘로 높이 솟아 올라가거나 깊은 물 속으로 들어갈 필요가 없기 때문이다(신 30:11). 사람들이 그것들에 귀를 기울이기만 하면, 지혜의 명령들은 쉽게 알 수가 있는데, 그 이유는 다음과 같다.

1. 그것들은 큰 소리로 선포된다는 것(1절). 지혜가 부르지 아니하느냐. 그렇다. 지혜는 크게 외치고 목소리를 아끼지 않는다(사 58:1). 지혜는 그의 말을 들어 주기를 간절히 원하여서 그 목소리를 높인다. 예수께서 서서 외치셨다(요 7:37). 레위 사람들은 이스라엘 모든 사람에게 저주들과 축복들을 큰 소리로 읽어 주었다(신 27:14). 사람들의 마음도 종종 그들에게 큰 소리로 말하고, 양심도 때로는 속삭이고 때로는 큰 소리로 아우성친다.

2. 그것들은 높은 곳에서 선포된다는 것(2절). 지혜가 높은 곳에 서 있다. 율법은 시내 산 꼭대기에서 주어졌고, 그리스도께서는 산 위에 올라가셔서 그 율법을 설명하셨다. 아니, 우리는 하나님의 계시를 무시하면 저 높은 곳 하늘로부터 경고하신 이를 배반하고 떠나게 된다(히 12:25). 음녀는 은밀하게 속삭이고, 이교도들은 그들이 받은 신탁들을 중얼거리지만, 지혜는 많은 사람이 있는 곳에서 큰 소리로 외친다. 진리는 구석진 곳을 찾지 않고, 기꺼이 빛 가운데로 나아온다.

3. 그것들은 사람들이 많이 모이는 곳에서 선포된다는 것. 지혜가 외치는 데에는 사람들이 많이 모이면 모일수록 더 좋다. 예수께서는 항상 모든 유대인들이 모이는 회당과 성전에서 가르치셨다(요 18:20). 따라서 길을 지나가는 사람들은 그들의 신분과 처지가 어떠하든지 무엇이 선한 것인지를 알 수 있었고, 하

나님이 그들에게 요구하시는 것이 무엇인지를 알 수 있었다(그들이 마음과 귀를 막지만 않는다면). 언어가 다르고 말이 달라도, 지혜의 소리는 어디에서나 들을 수 있다. 지혜의 계시와 명령들은 모두에게 차별 없이 주어진다. 들을 귀 있는 자는 들으라.

4. 그것들은 가장 필요한 곳에 선포된다는 것. 그것들은 우리의 길을 인도하기 위한 것이기 때문에, 많은 길들이 만나는 네거리에서 선포되기 때문에, 여행자들은 길을 잃었을 때에 어느 길이 올바른 길인지를 묻기만 하면 그 길을 알 수 있다. 그러므로 우리는 네 뒤에서 말 소리가 들려 이르기를 이것이 바른 길이니 너희는 이리로 가라고 하는 소리를 듣게 될 것이다(사 30:21). 미련한 자들은 어떻게 성읍에 들어갈 줄도 알지 못하기 때문에(전 10:15), 지혜는 성문 곁과 문 어귀에 서 있다가 그들에게 성읍으로 들어가는 길과 선견자의 집이 어디에 있는지를 가르쳐 준다(삼상 9:18). 아니, 지혜는 사람들의 집으로 따라 들어가서 여러 출입하는 문에서 그들에게 이 집이 평안할지어다라고 말하고, 만일 평안을 받을 사람이 거기 있으면 지혜가 빈 평안이 그 집에 머물 것이다. 하나님의 사역자들은 사람들이 많이 모인 곳에서와 집집마다 방문하여서 복음을 증거하도록 세움을 입었다. 사람들의 양심은 사람들이 어디를 가든 그들을 따라다니며 권면을 하기 때문에, 그들이 머리와 가슴을 지니고 다니는 한 하나님의 법을 듣지 않을 수 없다.

5. 그것들은 인생들을 향하여 선포된다는 것. 우리는 만일 우리의 이름이 불려지지 않았다면 무시해 버렸을 그런 말이라도 거기에서 우리의 이름이 불려지는 경우에는 그 말에 귀를 기울이게 된다. 그러므로 지혜는 우리에게 이렇게 말한다. "사람들아 내가 천사들이나(그들은 이러한 교훈을 들을 필요가 없다) 귀신들이나(그들은 이러한 교훈을 들어도 흘려버리기 때문에 소용이 없다) 짐승들(그들은 이러한 교훈을 소화할 힘이 없다)이 아니라 너희 인자들, 땅의 짐승들보다 더 많은 것을 배울 수 있고 하늘의 새들보다 더 지혜롭게 지음 받은 너희 사람들에게 외치노라. 이 법은 너희에게 주어지는 것이고, 이 초청의 말씀은 너희에게 들려지는 것이며, 이 권면의 말씀은 너희에게 보내지는 것이다. 내가 인자들에게, 즉 교훈을 받게 되어 있고 교훈을 열렬히 환영해야 마땅한 사람들에게 소리를 높이노라. 이것은 너희 유대인들을 위한 것만도 아니고, 너희 신사들만을 위한 것도 아니며, 너희 학자들만을 위한 것도 아니고, 너희

사람들, 아무리 보잘것없는 자도 다 포함한 인자들을 위한 것이다."

6. 그것들은 사람들을 지혜롭게 하기 위한 것이라는 것(5절). 그것들은 오직 지혜롭게 될 수 있는 자들만이 아니라, 죄악된 자들, 타락한 자들, 미련한 자들을 비롯해서 지혜를 필요로 하고 그 지혜 없이는 망할 수밖에 없는 모든 자들을 위해 준비된 것이다. "너희 어리석은 자들아 너희는 명철할지니라. 너희가 아무리 어리석다고 하여도, 지혜는 너희를 그의 학생들로 받아들일 것이고, 뿐만 아니라 너희가 지혜의 다스림을 받고자 하기만 한다면, 너희에게 깨닫는 마음을 줄 것이다." 죄인들이 그들의 죄악들을 버리고 진심으로 신앙을 받아들이게 되면, 어리석은 자가 지혜를 깨닫게 된다.

Ⅱ. 계시된 것들은 알 가치가 있고 받아들일 가치가 있는 것들이라는 것. 우리는 그것들을 듣는 데에 힘을 쏟아야 하는데, 그 이유는 다음과 같다.

1. 그것들은 헤아릴 수 없는 가치를 지니고 있다는 것. 그것들은 가장 선한 것들(6절), 왕에게나 어울리는 것들(원어의 의미는 이것이다)이다. 그것들은 아무리 보잘것없는 자들도 알아들을 수 있는 것들이지만, 그것들 속에는 아무리 큰 자들도 대단하게 여길 만한 것이 들어 있다. 그것들은 하늘에 속한 신령한 것들이어서 대단히 뛰어나기 때문에, 그것들에 비하면 다른 모든 학문은 단지 어린아이 장난에 불과하다. 영원하신 하나님, 영원히 죽지 않는 영혼, 영원한 나라와 관련된 것들은 가장 선한 것들, 가장 뛰어난 것들일 수밖에 없다.

2. 그것들은 이의를 제기할 수 없을 정도로 공평한 것들이고, 그것들이 선하다는 증거를 그 자체 속에 지니고 있다는 것. 그것들은 바른 것들이고(6절), 다 의로우며, 그 가운데에 굽은 것과 패역한 것이 없다(8절). 계시 종교의 모든 명령들과 지시들은 자연의 빛이나 법과 일치하고 그것들을 완성한다. 계시 종교의 모든 명령들 속에는 우리를 압제하거나 곤란하게 하는 것이 없고, 인간으로서의 존엄과 자유를 부당하게 제한하는 것이 없으며, 우리가 불평할 것이 없다. 범사에 하나님의 모든 법도들은 바르다(시 119:128).

3. 그것들은 의문의 여지 없이 참되다는 것. 지혜의 법들의 토대가 되고 있는 지혜의 가르침들은 우리가 우리의 영원히 죽지 않는 영혼의 운명을 맡겨도 될 만한 것들이다. 내 입은 진리를 말하며(7절), 온전한 진리 외에는 아무것도 말하지 않는다. 왜냐하면, 그것은 세상을 향한 증언이기 때문이다. 하나님의 모든 말씀은 참되다. 그 속에는 경건한 거짓말 또는 선의의 거짓말 같은 것이

전혀 없고, 우리의 유익을 위한 것이라고 해도 하나님의 말씀은 우리에게 강요되지 않는다. 그리스도는 신실하신 증인이심과 동시에 진리 자체이시다. 하나님의 입술은 악(즉, 거짓말 하는 것)을 미워하느니라(7절). 거짓말하는 것은 악한 것이고, 우리는 그것을 피해야 할 뿐만 아니라, 우리에게 가증스러운 것으로 여겨서, 하나님이 우리에게 말씀하시는 것과 마찬가지로 우리가 말하는 것에서도 거짓을 멀리 하여야 한다는 것을 명심하라. 우리를 향하신 하나님의 말씀은 오직 예와 아멘이 된다. 그런데, 그런 후에 우리가 하는 말들이 예 하고 아니라 하는 것이 되어서는 안 된다.

4. 그것들은 그것들을 올바르게 받는 자들에게는 놀라울 정도로 기꺼이 받아들일 수 있는 것들이라는 것. 그들은 스스로 올바르게 깨닫는 자들이고, 그들의 판단이 세상이나 육체에 의해서 어두워지거나 편향되어 있지 않은 자들이며, 편견에 사로잡혀 있지 않은 자들이고, 하나님으로부터 가르침을 받아서 명철이 열린 자들이며, 사심 없이 지식을 구하고 그러기 위해서 애를 쓰는 자들이고, 그렇게 애써서 찾다가 마침내 지혜를 찾은 자들이다.

(1) 그것들은 그들에게 너무나 밝히 깨달아져서, 결코 알기 어려운 것들이 아니다. 지혜의 책이 봉인되어 있다면, 그것은 의도적으로 알고자 하지 않는 자들에게 봉인된 것일 뿐이다. 만일 우리의 복음이 가리었으면 망하는 자들에게 가리어진 것이라(고후 4:3). 그러나 최고의 명철인 악에서 떠난 자들, 여호와의 계명을 지키는 자들에게 주어지는 훌륭한 지각을 갖고 있는 자들(시 111:10)에게는 그것들이 다 밝히 깨달아져서, 그것들 속에 어려운 것이 하나도 없다. 신앙의 길은 대로이기 때문에, 그 길을 가는 자는 우매한 행인이라도 거기에서 길을 잃지 않을 것이다(사 35:8). 그러므로 성경은 평신도들에게도 밝히 깨달아지는 것인데도, 평신도들은 성경을 이해할 수 없다고 미리 선을 그어놓고서 성경을 갖지도 못하게 하는 자들은 평신도들에게 큰 잘못을 하고 있는 것이다.

(2) 그것들은 다 정직하고 올바른 것이어서 순종하기가 어렵지 않다는 것. 서로 다른 것들을 분별할 줄 알고 선과 악을 구분할 줄 아는 자들은 지혜의 모든 명령들이 올바르다는 것에 쉽게 동의할 수 있기 때문에, 불평이나 이의 제기 없이 그 명령들의 다스림을 받고자 한다.

Ⅲ. 이 모든 것에 의거해서, 우리를 올바른 모습으로 변화시켜 주는 이 옳은 지식을 이 세상의 모든 보화보다도 더 선호해야 한다고 권면함(10-11절). 너

희가 은을 받지 말고 나의 훈계를 받으라. 훈계는 단지 듣는 것만으로는 안 되고 반드시 받아들여야 한다. 우리는 훈계를 환영하고, 그 감화를 받아들이며, 그 명령에 복종하여야 한다. 우리는 정금보다 지식을 얻어야 한다.

1. 우리는 재물보다 신앙을 선택하여야 한다. 우리 마음 속에 하나님을 아는 지식과 하나님을 경외하는 마음이 있다면, 우리는 아주 많은 금과 은을 갖고 있는 것보다도 더 행복하고, 우리의 삶 속에서 일어나는 모든 일들을 더 잘 처리할 수 있게 되기 때문이다. 지혜는 그 자체로 진주보다 나으므로, 우리도 그렇게 여겨야 한다. 지혜를 갖게 되면, 우리는 더 값나가는 존재가 되고 더 나은 분깃을 갖게 될 것이다. 지혜를 나타내 보이라. 그리하면, 지혜는 가장 값진 보석보다 더 나은 장식이 될 것이다. 우리가 이 세상의 보화 가운데서 그 어떤 것을 지니고 있다고 하여도, 그것은 참된 경건에 수반되는 유익들에 비하면 쓰레기가 되고 말 것이다.

2. 우리는 신앙의 일에 더욱 열심으로 매진하기 위해서는 이 세상의 재물에 대하여 죽어야 한다. 우리는 무엇보다도 먼저 교훈과 훈계를 받아야 하고, 그런 후에는 우리에게 은이 주어지든지 말든지 그런 것에는 신경을 쓰지 말아야 한다. 아니, 부자가 살아 생전에 그의 좋은 것들을 받았던 것처럼, 우리는 지혜를 우리의 분깃이자 상급으로 받아야 한다.

12나 지혜는 명철로 주소를 삼으며 지식과 근신을 찾아 얻나니 13여호와를 경외하는
것은 악을 미워하는 것이라 나는 교만과 거만과 악한 행실과 패역한 입을 미워하
느니라 14내게는 계략과 참 지식이 있으며 나는 명철이라 내게 능력이 있으므로 15
나로 말미암아 왕들이 치리하며 방백들이 공의를 세우며 16나로 말미암아 재상과
존귀한 자 곧 모든 의로운 재판관들이 다스리느니라 17나를 사랑하는 자들이 나의
사랑을 입으며 나를 간절히 찾는 자가 나를 만날 것이니라 18부귀가 내게 있고 장구
한 재물과 공의도 그러하니라 19내 열매는 금이나 정금보다 나으며 내 소득은 순은
보다 나으니라 20나는 정의로운 길로 행하며 공의로운 길 가운데로 다니나니 21이는
나를 사랑하는 자가 재물을 얻어서 그 곳간에 채우게 하려 함이니라

여기에서 의인화되어 등장하는 지혜는 그리스도이시다. 그리스도 안에는 지혜와 지식의 모든 보화가 감추어져 있다(골 2:3). 지혜는 말씀 속에 계신

그리스도이자 우리의 마음 속에 계신 그리스도이시고, 우리에게 계시된 그리스도이시자 우리 안에서 자신을 계시하시는 그리스도이다. 지혜는 하나님의 계시의 전체를 가리키는 하나님의 말씀이다. 지혜는 하나님의 모든 계시의 중심이 되시는 말씀이신 하나님이시다. 지혜는 이 말씀에 의해서 형성된 영혼이다. 지혜는 영혼 속에 이루어진 그리스도이시다. 지혜는 지혜의 순전함과 능력을 지닌 신앙이다. 여기에서는 이 뛰어나신 분, 이 뛰어난 것과 관련된 영광스러운 것들이 말해지고 있다.

I. **하나님의 지혜는 사람들에게 좋은 머리를 준다는 것**(12절). 나 지혜는 명철로 주소를 삼는다. 즉, 하나님의 지혜는 육체의 지혜(위로부터 오는 지혜는 이것과는 정반대이다, 고후 1:12)가 아니라, 사람들의 행실을 올바르게 잡아 주는 역할을 하는 참된 분별력, 하나님의 길을 깨닫고 모든 일에서 성공하기에 유익한 지혜자들의 저 지혜, 해악으로부터 자신을 지킬 뿐만 아니라 선을 행하는 데에 지침이 되는 뱀 같은 지혜와 함께 한다. 지혜는 명철로 주소를 삼는다. 왜냐하면, 명철은 신앙의 산물이고 신앙을 빛내주는 장식이기 때문이다. 성경의 도움을 받으면, 하나님의 섭리들을 올바르게 이해하고 사탄의 술수들을 효과적으로 분쇄하며 우리 세대에서 선을 행함에 있어서 철학자들의 학문이나 정치가들의 책략에 의해서 이제까지 발견된 것들과는 비교할 수 없을 정도로 뛰어난 방법들이 찾아내질 수 있다. 우리는 이것을 그리스도에게 적용할 수 있다. 그리스도는 명철로 주소를 삼으신다. 왜냐하면, 그가 하시는 모든 일은 은밀한 가운데 있는 하나님의 지혜이고, 그가 하시는 모든 일을 통해서 하나님은 모든 지혜와 총명을 우리에게 넘치게 하시기 때문이다. 그리스도께서는 인간을 구원하기 위한 저 놀라운 방법을 찾아내셨는데, 그 방법은 그에게 큰 대가를 치르게 만드는 것으로서 대속(代贖)이라는 방법이었다. 우리는 역사가 시작된 이래로 우리를 파멸로 이끌 수많은 방법들을 찾아내 왔지만, 그리스도께서는 우리를 회복시키기 위한 한 가지 방법을 찾아내셨다. 은혜의 언약은 너무도 놀랍고 기가 막힌 것이었기 때문에, 우리는 그 언약을 생각해 내신 분은 명철로 주소를 삼고 계심에 틀림없다고 결론을 내리지 않을 수 없다.

II. **하나님의 지혜는 사람들에게 선한 마음을 준다는 것**(13절). 지혜의 근본이 된다고 앞에서 말한 여호와를 경외하는 것으로 이루어져 있는 참된 신앙은 사람들에게 다음과 같은 것들을 가르친다.

1. 하나님의 진노를 불러일으키고 영혼을 파괴하는 모든 죄를 미워하라는 것. 여호와를 경외하는 것은 악을 미워하고 악한 행실을 미워하며 죄 자체를 미워하는 것, 즉 모든 거짓 행위를 미워하는 것이다. 하나님을 경외함이 있는 곳에는 죄를 악한 것으로 여겨 두려워하는 것이 있다.

2. 특히, 두 가지 흔하면서도 위험한 죄들인 교만과 혈기 부리는 것을 미워하라는 것. 자기 자신이 뭐라도 된 듯이 여기는 교만과 거만은 그리스도께서 미워하시는 죄들이다. 따라서 그리스도의 영을 지닌 모든 자들도 그 죄들을 미워한다. 모든 사람이 다른 사람들에게서 발견되는 그런 죄들을 미워하지만, 우리는 우리 속에 있는 그런 죄들을 미워하여야 한다. 다른 사람들에 대하여 뒤틀린 말들을 하는 패역한 입은 하나님이 미워하시는 것이다. 왜냐하면, 그런 입은 인류의 평화를 해치는 원수이기 때문이다. 그러므로 우리도 그런 입을 미워하여야 한다. 거룩한 신앙을 높이는 말을 하라. 그런 말은 아무리 부당하게 비난을 받는다고 하여도 결코 사람들을 교만하거나 비뚤어지게 만들지 않고, 교만이나 혈기를 부리는 것만큼 그런 말과 정반대되는 것은 없기 때문에, 거룩한 신앙은 교만과 패역한 입을 그 무엇보다도 미워하라고 우리에게 가르친다.

Ⅲ. 하나님의 지혜는 모든 사회를 잘 다스리고 공무를 잘 처리하는 데에 큰 영향력을 지니고 있다는 것(14절). 그리스도는 하나님으로서 능력과 지혜를 지니고 계신다. 지혜와 능력은 그리스도의 것이다. 구속주로서 그리스도는 하나님의 지혜이자 하나님의 능력이시다. 그리스도는 그의 소유인 모든 자들에게 하나님으로부터 나온 능력과 지혜가 되신다. 그 능력과 지혜는 우리를 위하여 그리스도 안에 준비되어 있기 때문에, 우리는 우리의 본분을 알 수 있고 행할 수 있다. 그리스도는 놀라운 모사(謀士)이시고, 오직 그만이 참 지식과 온전한 지혜를 우리에게 은혜로 주신다. 그리스도는 명철 자체이시고, 그리스도 안에서 힘을 얻고자 하는 모든 자들을 위한 능력을 지니고 계신다. 참된 신앙은 사람들에게 온갖 어려운 일들 속에서 최고의 모략을 제공해 주고, 그들의 길을 평탄하게 만들어 준다. 참된 신앙은 어디에 있든 명철 자체이고 능력을 지닌다. 참된 신앙은 우리가 섬기고 고난받는 데에 필요한 모든 것이다. 하나님의 말씀은 그것이 풍부하게 거하는 곳에서 사람을 온전하게 하고 모든 선한 일과 말에 굳건하게 한다. 특히, 왕들과 고관들과 재판관들은 그들에게 맡겨진 일을 신실하게 수행하고 그들에게 맡겨진 백성에게 복이 되기 위해서는 누구보다도 더

절실하게 지혜와 능력을 필요로 한다. 그러므로 지혜는 나로 말미암아 왕들이 치리한다고 말한다(15-16절).

1. 세속 정부는 하나님이 세우신 제도이고, 그 정부를 관리하는 임무를 위임받은 자들은 그리스도로부터 그 일을 위임받은 것이다. 그리스도로 말미암아 왕들이 치리하는 것은 그리스도가 지닌 왕의 직무의 일부이다. 왕들의 권력은 하나님으로부터 모든 심판을 위임받은 그리스도로부터 나온다. 왕들은 그리스도로 말미암아 다스리는 것이기 때문에 그리스도를 위하여 다스리지 않으면 안 된다.

2. 왕들이나 고관들이 통치와 관련된 어떤 자질들을 갖고 있다면, 그 자질들은 다 그리스도께서 은혜를 주신 덕분이다. 그는 그들에게 다스리는 영을 주시고, 그들은 그가 그들에게 주신 것 외에는 그 어떤 능력이나 자질도 지닐 수 없다. 하나님의 말씀이 왕의 입술에 있다(16:10). 왕들은 자신의 신민(臣民)들에게 하나님이 그들에게 명하신 대로 한다.

3. 거룩한 신앙은 세속 정부의 힘이자 버팀목이다. 신앙은 신민들에게 그들이 마땅히 해야 할 본분과 도리를 가르치기 때문에, 신앙으로 말미암아 왕들은 한층 더 수월하게 신민들을 다스릴 수 있다. 신앙은 왕들에게 그들의 본분과 도리를 가르치기 때문에, 신앙으로 말미암아 왕들은 신민들을 제대로 정도를 따라 다스릴 수 있다. 왕들은 하나님을 경외하는 가운데 다스리는 한 공의를 세운다. 신앙으로 자신을 다스리는 자들은 나라를 잘 다스릴 수 있다.

Ⅳ. 하나님의 지혜는 그 지혜를 받아 간직하는 모든 자들을 정말 복되게 해 주리라는 것.

1. 그들은 그리스도의 사랑을 받는 복을 누리게 될 것이다. 왜냐하면, 그리스도께서는 나를 사랑하는 자들이 나의 사랑을 입을 것이라고 말씀하고 있기 때문이다(17절). 주 예수 그리스도를 진심으로 사랑하는 자들은 그로부터 특별하고도 유별난 사랑을 받게 될 것이다. 그는 그들을 사랑하시고 그들에게 자신을 나타내실 것이다.

2. 그들은 그리스도를 찾을 때마다 그가 만나 주시는 복을 누리게 될 것이다. "나를 간절히 찾는 자들, 나를 알고자 하고 나와 이해관계를 같이 하고자 하는 자들, 새벽부터 부지런히 나를 찾는 자들, 다른 그 어떤 것보다도 먼저 나를 찾는 자들, 어린 시절부터 일찍이 나를 찾기 시작한 자들은 그들이 찾고자 한

것을 만나게 될 것이다." 그리스도는 그들의 주(主)가 되어 주실 것이고, 그들은 그리스도의 소유가 될 것이다. 그리스도께서는 너희가 찾아 보아야 아무 소용없다고 말씀하신 적이 없으시다.

3. 그들은 세상의 재물 또는 그런 것보다 비할 바 없이 좋은 것으로 복을 받을 것이다.

(1) 그들은 무한하신 지혜를 지니신 분이 그들에게 유익이 될 것이라고 보시는 정도만큼의 부귀를 얻게 될 것이다(18절). 부귀는 그리스도께 있다. 즉, 그리스도께서는 우리에게 주시기 위하여 그런 것들을 가지고 계신다. 그런 것들을 우리에게 주는 것이 합당한가 아닌가를 판단하시는 분은 전적으로 그리스도이시다. 그러므로 우리는 그 판단을 그리스도께 맡겨 두어야 한다. 사람들은 종종 신앙으로 말미암아 이 세상에서 부자가 되고 큰 자가 되어, 명성을 얻고 재물을 많이 얻는다. 지혜가 그 사랑하는 자들에게 주는 재물은 다음과 같은 두 가지 유익을 지닌다.

[1] 그것들은 재물과 의라는 것. 즉, 그 재물은 속임수나 압제를 통해서가 아니라 정상적인 방식으로 정직하게 얻어진 재물이고, 선을 베푸는 데에 사용되는 재물이라는 것이다(구제는 흔히 의라 불린다). 하나님이 그들의 사업에 복을 주셔서 많은 재물을 모으게 되었고 그 재물로 선을 행하고자 하는 마음을 지닌 자들은 재물과 의를 가지고 있다고 말할 수 있다.

[2] 그것들은 장구한 재물이라는 것. 헛되게 얻어진 재물은 곧 없어지고 말지만, 정직하게 얻어진 재물은 오래가고 자손들에게까지 물려줄 수 있게 될 것이다. 또한, 경건과 구제의 일에 선하게 사용된 재물은 최고의 이자를 내는 데에 넣어진 재물이기 때문에 영원히 없어지지 않고 장구할 것이다. 왜냐하면, 우리가 불의의 재물로 사귄 친구들은 그 재물이 없어질 때에 너희를 영주할 처소로 영접할 것이기 때문이다(눅 16:9). 따라서 그 재물은 오랜 세월이 지난 후까지, 아니 영원토록 남게 될 것이다.

(2) 그들은 이 세상에서 부귀를 얻지 못한다고 하여도 그런 것과는 비교할 수 없을 정도로 좋은 것을 얻게 될 것이다(19절). "내 열매는 정금보다 나아서 짧은 시간 안에 더 큰 유익으로 되돌아올 것이고, 내 소득은 순은보다 나아서 그 어떤 장사보다 더 나은 장사가 될 것이다." 우리는 지혜의 최종적인 열매들만이 아니라 그 사이에 지혜로 인해 들어오는 수입도 이 세상에서 가장 좋은 보화들

을 갖고 있을 때보다 훨씬 더 나을 것임을 확신할 수 있다.

4. 그들은 지금 여기에서 하나님의 은혜를 누리는 복을 받게 될 것이다. 하나님의 은혜는 그들이 선한 길을 갈 때에 그들의 안내자가 되어 줄 것이다(20절). 금이나 정금보다 나은 것은 지혜의 열매인데, 그 지혜가 우리를 의의 길로 인도하고, 우리보다 앞서 가면서 그 길, 즉 하나님이 우리에게 걸으라고 하셨고 우리를 반드시 우리가 원하는 목적지까지 데려다 줄 그 길을 보여줄 것이다. 지혜는 우리를 공의로운 길 가운데로 인도할 것이고, 우리가 좌로나 우로나 치우치는 것을 막아줄 것이다. 미덕은 중용에 있다. 그리스도께서는 그의 성령을 통해서 믿는 자들을 모든 진리 가운데로 인도하셔서 그들을 의의 길로 이끄시고, 그들은 성령을 따라 행할 수 있게 된다.

5. 그들은 장차 하나님의 영광을 누리는 복을 받게 될 것이다. 지혜가 우리를 의의 길로 인도하는 것은 그의 친구들로 하여금 자신의 본분을 다하고 순종하게 하기 위한 것일 뿐만 아니라, 그들로 하여금 참된 재물을 얻어서 그들의 곳간에 채우게 하기 위한 것이기도 하다. 이것은 이 세상의 것들로는 이루어질 수 없고, 하나님과 천국의 것으로만 이루어질 수 있다. 하나님을 사랑하고 하나님을 섬기는 일에 헌신하는 자들의 복은 실재하는 것이고 참된 만족을 가져다 주는 것이다.

(1) 그들의 복은 실재하는 것이다. 그것은 실체 그 자체이다. 그것은 외적인 환경이나 여건에 의해서 우연히 잠시 존재하는 것이 아니라 그 자체로 존재하는 복이다. 영적이고 영원한 것들만이 유일하게 실재하는 것들, 즉 실체들이다. 하나님 안에서의 기쁨은 확고하게 존재하는 실체적인 기쁨이다. 실재하는 것이자 실체인 하나님의 약속들과 그리스도가 그들의 복을 보증한다. 그들은 실재로 존재하는 것들을 유업으로 물려받게 될 것이다. 즉, 장차 그들이 받을 유업은 실재하는 것이다. 그것은 영광의 중한 것이고(고후 4:17), 영구한 실체이다(히 10:34). 그들의 모든 복은 그들이 유업을 이을 자라는 자격으로 받는 것이다. 그들의 모든 복은 그들이 하나님의 자녀들이라는 사실에 토대를 둔 복이다.

(2) 그들의 복은 만족을 가져다 주는 것이다. 그 복은 그들의 손을 채워 줄 뿐만 아니라 그들의 곳간을 채워줄 것이다. 그 복은 그 곳간에 조금 있는 정도가 아니라 그 곳간을 꽉 채울 것이다. 이 세상의 것들은 사람들의 배를 채워줄

수는 있지만(시 17:14) 그들의 곳간을 채워주지는 못한다. 왜냐하면, 그들은 그들의 곳간에 그 물건들을 여러 해 동안 안전하게 쌓아둘 수 없기 때문이다(눅 12:19). 그 물건들은 오늘밤에라도 그들의 손에서 떠날지 모르는 일이다. 그러나 우리가 우리 영혼의 곳간을 아무리 넓게 만들어도, 하나님과 그리스도와 천국에는 그 곳을 채우고도 남을 만큼 많은 것들이 있다. 지혜의 약속들 속에는 믿는 자들이 여러 해 동안만이 아니라 영원토록 쓸 물건들이 가득 쌓여져 있다. 그러므로 지혜의 열매는 금보다 낫다.

22여호와께서 그 조화의 시작 곧 태초에 일하시기 전에 나를 가지셨으며 23만세 전
부터, 태초부터, 땅이 생기기 전부터 내가 세움을 받았나니 24아직 바다가 생기지
아니하였고 큰 샘들이 있기 전에 내가 이미 났으며 25산이 세워지기 전에, 언덕이
생기기 전에 내가 이미 났으니 26하나님이 아직 땅도, 들도, 세상 진토의 근원도 짓
지 아니하셨을 때에라 27그가 하늘을 지으시며 궁창을 해면에 두르실 때에 내가 거
기 있었고 28그가 위로 구름 하늘을 견고하게 하시며 바다의 샘들을 힘 있게 하시며
29바다의 한계를 정하여 물이 명령을 거스르지 못하게 하시며 또 땅의 기초를 정하
실 때에 30내가 그 곁에 있어서 창조자가 되어 날마다 그의 기뻐하신 바가 되었으며
항상 그 앞에서 즐거워하였으며 31사람이 거처할 땅에서 즐거워하며 인자들을 기뻐
하였느니라

여기에서 말하고 있는 주체로 등장하는 의인화된 지혜가 지성(知性)을 지닌 신적인 존재이고, 단지 신성(神性)의 어떤 본질적인 속성을 가리키고 있지 않다는 것은 아주 분명해 보인다. 왜냐하면, 여기에서 지혜는 인격적인 속성들과 행위들을 보여주고 있기 때문이다. 이 지성을 지닌 신적인 존재는 하나님의 아들 외에 다른 것을 가리킬 수 없다. 여기에서 지혜에 대하여 말해지고 있는 주요한 것들은 성경의 다른 본문들 속에서는 하나님의 아들을 묘사할 때에 사용되고 있는 것들이고, 우리는 성경을 성경으로 해석해야 하기 때문이다. 솔로몬 자신은 여기에서 단지 하나님의 한 속성인 지혜, 하나님이 세상을 지으시고 다스리실 때에 주된 역할을 했던 그 지혜를 찬미하고, 사람들에게 그들에게 주어진 저 지혜를 연구하도록 권면할 의도였다고 할지라도, 하나님의 성령은 다윗의 경우와 마찬가지로 솔로몬의 경우에도 하나님의 아들에게만 적

용될 수 있는 그런 표현들을 사용하여 이 글을 쓰게 하셔서, 우리에게 하나님의 아들과 관련된 큰 일들을 알게 하고자 하셨다. 하나님의 모든 계시는 하나님이 그리스도에게 주신 예수 그리스도의 계시이고, 우리는 여기에서 그리스도가 누구이시고 어떤 분이신지에 관한 말씀, 즉 영원한 계획 속에서 하나님과 인간의 중보자로 작정되신 하나님이라는 말씀을 듣게 된다. 이 절들에 대한 최고의 해설은 요한복음의 처음 네 절(요 1:1-4)이다: 태초에 말씀이 계시니라 이 말씀이 하나님과 함께 계셨으니 이 말씀은 곧 하나님이시니라 …

하나님의 아들에 관하여 우리는 여기에서 다음과 같은 것들을 듣는다.

Ⅰ. 하나님의 아들의 인격성과 독특한 존재성. 하나님의 아들은 성부 하나님과 하나이고 동일한 본질에 속하지만, 여호와께서 그를 가지셨고(22절), 그가 세움을 받았고(23절) 났으며(24-25절) 하나님 곁에 있었다(30절). 왜냐하면, 그는 하나님의 본체의 형상이셨기 때문이다(히 1:3).

Ⅱ. 하나님의 아들의 영원성. 그는 성부 하나님에게서 났다. 왜냐하면, 여호와께서 자신의 아들, 자신의 사랑하는 아들로서 그를 가지셨고, 그를 자신의 품속에 두셨기 때문이다. 그는 아버지의 독생자로 나셨고, 이 일은 모든 세계들이 생기기 전에 일어났다. 이 점은 여기에서 아주 자세하게 역설되고 있다. 말씀이신 그는 영원한 존재였고, 창세 전에, 시간이 시작되기 이전에 이미 존재하셨다. 그러므로 그의 존재는 영원 전부터 있었다는 결론이 나온다. 여호와께서 그 조화의 시작 곧 태초에 일하시기 전, 그 영원한 계획이 시작되기 전에 그를 가지셨다. 하나님의 조화(造化)는 사실 시작이라는 것이 없다. 왜냐하면, 하나님의 계획은 하나님과 마찬가지로 영원하기 때문이다. 그렇지만 하나님은 여기에서 우리 식으로 우리에게 말씀하고 계신다. 지혜는 자기 자신에 대하여 스스로 설명한다(23절). 나는 만세 전부터 세움을 받았다. 하나님의 아들은 하나님의 영원한 계획 속에서 성부 하나님의 지혜와 능력, 빛과 생명, 세상의 창조와 구속에 있어서의 모든 것이 되도록 작정되어 있었다. 그가 창세 전에 이미 그의 존재와 관련해서 하나님에게서 났다는 것과, 그의 직임과 관련하여 하나님의 계획 속에서 세움을 받았다는 것은 여기에서 하나님의 영원성을 표현할 때에 사용되는 것과 거의 동일한 여러 가지 다양한 표현들로 서술되고 있다. 산이 생기기 전에 내가 이미 났다(24절; 시 90:2).

1. 그는 태초에 땅이 생기기 전, 인간이 지음 받기 전에 계셨다. 첫째 아담은

흙으로 지음을 받았지만, 둘째 아담은 땅이 생기기 전에 첫째 아담보다 먼저 존재하셨기 때문에 땅에 속한 분이 아니다(요 3:31).

2. 그는 물들이 함께 모여져서 생겨난 바다나 물들이 솟아났던 큰 샘들이 있기 전(24절), 하나님의 영이 세계를 창조하기 위하여 운행하셨던 그 수면이 생기기 전에(창 1:2) 계셨다.

3. 그는 산들, 저 영원한 산들이 있기 전에 계셨다(25절). 엘리바스는 욥에게 하나님의 계획과 모략을 판단할 수 없다는 것을 깨우쳐 주기 위해서 네가 산들이 있기 전에 출생하였느냐(욥 15:7)고 반문한다. 당연히, 욥은 그렇지 않았다. 그러나 영원한 말씀이신 하나님의 아들은 언덕들이 생기기 전에 이미 나셨다.

4. 그는 이 세계 중에서 사람이 거주할 수 있고 경작하여 그 열매들을 거둘 수 있는 땅과 들이 있기 전에 계셨다(26절). 들은 산들을 담장으로 삼아서 골짜기들과 평지들에 있고, 산들은 세상의 흙 중에서 가장 높은 부분이다. 세상 진토의 근원, 즉 세상의 여러 부분들을 구성하고 있는 원자들이 생겨나기 전에 그는 계셨다. 이 어구는 세상 진토의 주된 부분이라고 읽어서, 인간을 가리키는 것으로 해석할 수도 있다. 인간은 진토 중에서도 주된 부분으로 지음 받아서 생기가 불어넣어진 진토, 잘 제련된 진토이다. 영원한 말씀이신 하나님의 아들은 인간이 지음 받기 전에 계셨다. 왜냐하면, 그 안에 사람들의 생명이 있었기 때문이다.

Ⅲ. 세상이 하나님의 아들로 말미암아 창조됨. 그는 창세 전에 계셨을 뿐만 아니라, 세상이 창조될 때에 구경꾼이 아니라 건축자로 거기에 계셨다. 하나님은 욥에게 이렇게 반문하심으로써 그를 침묵시키고 낮추셨다. "내가 땅의 기초를 놓을 때에 네가 어디 있었느냐 누가 그것의 도량법을 정하였느냐(욥 38:4 이하). 네가 저 큰 일을 해낸 장본인인 저 영원한 말씀과 지혜였느냐? 결코, 그렇지 않다. 너는 겨우 얼마 전에 지음 받은 자가 아니냐." 하나님의 아들은 여기에서 마치 하나님이 욥에게 반문하신 것을 염두에라도 두신 듯이, 욥이 그 증인인 척할 수도 없고 거기에 일꾼으로 참여한 척할 수도 없는 바로 그 일, 즉 세상을 창조하는 일에 자기가 참여하였다고 선언하신다. 하나님은 이 아들로 말미암아 모든 세계를 지으셨다(엡 3:9; 히 1:2; 골 1:16).

1. 창조의 첫 날, 시간이 시작되던 바로 그 날에 하나님이 빛이 있으라는 말씀 한 마디로 빛을 만들어 내셨을 때, 이 영원하신 지혜는 곧 저 전능하신 말씀

이었다. 그러므로 하나님이 저 빛의 원천이자 이 땅에 있는 모든 것들의 실체가 있는 하늘들을 지으셨을 때에 내가 거기 있었다.

2. 둘째 날에 하나님이 저 광대한 궁창을 펴서 해면에 두르셔서 해면 전체를 저 천개(天蓋) 또는 저 휘장으로 둘러싸실 때에도 하나님의 아들은 거기에 계셔서 일하셨다(27절). 또는, 이것은 장인(匠人)이 줄자와 컴퍼스로 재듯이, 하나님이 정확한 질서와 체계로 우주의 모든 부분들의 틀을 잡으시는 모습을 가리키는 것일 수도 있다. 하나님이 행하신 모든 일은 영원한 생각 속에서 만들어진 설계도와 한 치의 오차도 없었다.

3. 셋째 날에 하나님이 위로 구름 하늘을 견고하게 하셔서 궁창 위의 물들을 한데 모으시고, 물을 솟구쳐 내는 바다의 샘들을 힘 있게 하시고 물을 담아두는 바다의 한계를 정하셔서 궁창 아래의 물들을 한데 모으셨을 때에도 하나님의 아들은 거기에 계셔서 일하셨다(28-29절). 이것은 이 영원하신 지혜를 지극히 높이기 위해 언급되고 있는 것이다. 왜냐하면, 성경에서는 하나님이 모래를 두어 바다의 한계를 삼으셨고, 물 위로 뭍이 계속해서 드러나 있게 하셔서 사람의 거처로 합당하게 하신 것을 하나님이 크게 두려워해야 할 분이라는 것을 보이기 위하여 언급하고 있기 때문이다(렘 5:22). 이렇게 해서, 하나님은 땅의 기초를 정하셨다. 하나님의 아들이 곧 세상의 창조자라는 사실은 그가 세상의 구주가 되시기에 지극히 합당하신 분이고, 또 그럴 능력을 갖추고 계신 분임을 보여준다.

IV. 성부 하나님은 그의 아들을, 하나님의 아들은 그의 아버지를 무한히 기뻐하고 만족해함(30절). 내가 창조자가 되어 그 곁에 있었다. 그는 영원한 출생을 통해서 성부 하나님에게서 나셨듯이, 영원한 계획 속에서 하나님 곁에 늘 계셨다. 이것은 아들에 대한 아버지의 무한한 사랑(그래서 그는 그의 사랑의 아들이라 불린다, 골 1:13)만이 아니라, 둘 사이에 이루어진 평화의 의논에 따라서(슥 6:13) 아들이 장차 맡게 될 인간의 구속 사역과 관련해서 둘 사이에 서로 뜻이 잘 통했다는 것을 보여준다. 그는 아버지의 문하생으로서 때가 차면 그가 수행하게 되어 있는 저 구속 사역을 위하여 영원 전부터 훈련을 받았고, 아버지의 특별한 가르침과 보호하심 아래에 있으셨다. 하나님은 그를 내가 붙드는 나의 종이라고 하셨다(사 42:1). 그는 아버지가 하시는 일을 보고서 그대로 행하였고(요 5:19), 아버지를 기뻐하였으며, 아버지의 영광을 구하였고, 아버지로부터 받은 명령을 따라 행하였으며, 이 모든 일을 아버지와 늘 함께 있어서 훈련을 받은 대로 행하였다. 그는 **날마다** 아버지의 **기뻐하신 바가 되었고**(내 마음에 기뻐하는 자 곧 내가 택한 사람이라고 하나님은 말씀하신다, 사 42:1), 그도 아버지 **앞에서 항상 즐거워하였다**. 이것은 다음 중 하나를 의미할 수 있다.

1. 찬송 받으실 삼위일체 하나님의 세 위격이 서로를 무한히 기뻐하신다는 것. 이것은 삼위일체 하나님의 행복 중에서 많은 부분을 차지한다.

2. 성부 하나님이 세상을 지으실 때에 아들의 활동을 기뻐하셨다는 것. 하나님은 아들이 행한 모든 일을 보시니, **보시기에 심히 좋았다**. 아들의 창조 사역은 하나님을 기쁘시게 하였고, 그런 이유로 아들은 창조의 엿새 동안 **날마다** 그의 **기뻐하신 바가 되었다**(출 39:43). 또한, 아들도 온 피조 세계의 아름다움과 조화로움을 보고서 아버지 **앞에서 즐거워하였다**(시 104:31).

3. 삼위일체 하나님이 인간을 구속하시는 큰 사역과 관련해서 서로에 대하여 온전히 만족해하셨다는 것. 아버지는 그와 인간 사이를 중재한 중보자인 아들을 기뻐하셨고, 그 아들이 제안한 방법을 무척 기뻐하셨다(마 3:17). 아들이 양을 위하여 목숨을 버리기로 하셨기 때문에, 아버지는 그를 사랑하셨다. 아버지는 아들이 그 일을 잘 해낼 것이고, 결코 실패하거나 도망치지 않으리라는 것을 믿었다. 또한, 아들은 **아버지 앞에서 항상 즐거워하였고**, 아버지의 뜻을 행하기를 기뻐하였으며(시 40:8), 자기가 맡은 일에 온전히 만족하여 그 일에 온 힘을 쏟았고, 그 일이 본격적으로 시작되었을 때에는, **내가 왔나이다 나를 가리켜 기록한 것이 두루마리 책에 있나이다**(시 40:7)라고 말하며 그 일에 대한 만족감을 표현하였다.

V. 하나님의 아들이 인류를 아끼고 사랑하심(31절). 지혜이신 그는 땅의 풍부한 소산들이나 땅 속에 감춰져 있는 보화들이 아니라 **사람이 거처할 땅을 즐거워하셨다**. 왜냐하면, 그는 **인자들을 기뻐하였기** 때문이다. 그는 사람을 지을 때에 특별히 기뻐하는 마음을 내보이셨을 뿐만 아니라(**우리가 사람을 만들자**, 창 1:26), 사람을 구속하시고 구원하시는 일도 기뻐하셨다. 하나님의 아들은 창세 전부터 그 큰 일을 하시기로 미리 정해져 있었다(벧전 1:20). 사람들 가운데서 남은 자가 그의 은혜로 말미암아 그의 영광으로 나아왔고, 그들은 그가 기뻐한 자들이었다. 그의 교회는 그의 땅에서 그가 거처할 수 있는 곳이었기 때문에, 인류가 패역하였어도 **여호와 하나님께서는** 사람들 가운데에 거하실 수 있

으셨다. 하나님의 아들은 그의 후손이 생길 앞날을 미리 내다보시고서 기뻐하셨다. 그는 그의 구속 사역에서 만나게 될 온갖 어려움들과 그가 겪어야 할 수고들과 고난들을 미리 내다보셨지만, 그의 사역이 아버지의 영광과 그에게 주어진 사람들의 구원이라는 결과를 가져올 것을 아셨기 때문에, 지극히 만족하는 마음으로 그 일을 기대하실 수 있으셨다. 하나님의 아들의 이러한 모습 속에서 우리는 그에게로 나아가서, 그를 의지하여 그가 영광스러운 사역을 통해서 우리를 위해 이루어 놓으신 온갖 유익들을 구할 수 있는 용기와 힘을 얻게 된다.

32아들들아 이제 내게 들으라 내 도를 지키는 자가 복이 있느니라 33훈계를 들어서 지혜를 얻으라 그것을 버리지 말라 34누구든지 내게 들으며 날마다 내 문 곁에서 기다리며 문설주 옆에서 기다리는 자는 복이 있나니 35대저 나를 얻는 자는 생명을 얻고 여호와께 은총을 얻을 것임이니라 36그러나 나를 잃는 자는 자기의 영혼을 해하는 자라 나를 미워하는 자는 사망을 사랑하느니라

이 절들에는 지혜가 한 말의 구체적인 적용이 나온다. 지혜가 한 말의 의도와 취지는 우리를 모두 이끌어서 신앙의 법들에 온전히 순종하게 하고, 우리를 지혜롭고 선하게 만들며, 우리의 머리를 사변(思辨)들로 채우거나 우리의 혀를 논쟁으로 채우는 것이 아니라 우리의 마음과 삶 속에서 잘못된 것들을 바로잡는 것이다. 그렇게 하기 위해서, 여기에는 다음과 같은 것들이 나온다.

I. 지혜의 소리를 듣고 순종하라는 것. 이것은 하나님의 말씀이 우리에게 주는 선한 교훈들을 경청하고 따르며, 마치 양이 목자의 음성을 알듯이, 그 교훈들 속에서 그리스도의 음성을 알아차리라는 것이다.

1. 우리는 부지런히 말씀을 듣는 자들이 되어야 한다. 왜냐하면, 우리가 들어보지도 못한 이를 믿을 수는 없는 노릇이기 때문이다. "너희 아들들아 내게 들으라(32절)." "기록된 말씀을 읽고, 선포되는 말씀을 경청하며, 이 두 통로를 통해서 너희에게 말씀을 주시는 하나님을 찬송하고, 이 두 통로를 통해서 하나님이 너희에게 말씀하시는 것을 들으라." 자녀들을 어릴 적에 가르치라. 그리하면, 평생에 걸쳐서 그들은 어릴 적에 들었던 것들에 의해서 단련이 되고 지배를 받게 될 것이다. 지혜의 자녀들은 지혜가 하는 말에 귀를 기울이고 그들이

지혜의 자녀라는 것을 실제로 보여줌으로써 지혜가 옳다는 것을 입증해야 한다.

(1) 우리는 지혜가 하는 말들을 자원하는 마음과 순종하는 마음으로 들어야 한다(33절). "훈계를 들어서 지혜를 얻으라. 그것을 필요없다고 여기거나 좋아하지 않는다고 해서 버리지 말라. 그 훈계는 너희가 잘 되라고 주어지는 것이기 때문에, 그 훈계를 버린다면, 너희는 위험에 처하게 될 것이다." 하나님의 뜻을 저버리는 자들은 자신을 해롭게 하는 자들이다(눅 7:30). "너희가 그 훈계를 다시는 들을 수 없을지도 모르니, 그 훈계를 지금 버리지 말라."

(2) 우리는 지혜가 하는 말들을 귀를 쫑긋 세우고 온 마음을 집중해서 들어야 한다. 우리는 겸손히 인내하며 즉시 행동에 옮길 준비를 하고서, 거지가 구걸을 하기 위해서, 또는 환자들이 진찰을 받기 위해서, 또는 하인들이 주인의 지시를 받기 위해서 기다리는 것처럼, 지혜의 문 곁에서 기다리며 문설주 옆에서 기다려서, 지혜가 하는 말을 들어야 한다. 지혜가 사는 집은 참으로 선한 집이다. 왜냐하면, 그 집에서는 날마다 좋은 것들을 나누어 주기 때문이다. 지혜가 사는 집은 선한 학교이다. 왜냐하면, 그 집에서는 날마다 가르침이 베풀어지기 때문이다. 하나님의 일들이 우리 눈 앞에 있고, 하나님의 말씀이 우리 손에 있다면, 우리는 매일 지혜가 하는 말을 들을 수 있고, 지혜로부터 교훈을 배울 수 있다. 여기에서 우리는 그리스도의 모든 제자들이 부지런히 주의 말씀을 기다리며 경청해야 한다는 것을 알 수 있다. 그들은 문 곁에서 기다려야 한다.

[1] 우리는 지식과 은혜를 얻을 수 있는 모든 기회를 꽉 붙잡아야 하고, 하나님과 늘 변함없이 교제할 수 있는 견고한 통로 속으로 들어가서 그 속에 꼭 머물러 있어야 한다.

[2] 우리는 지극히 겸손한 마음으로 하나님이 주시는 교훈들을 경청하여야 하고, 다윗이 자기가 하나님의 전의 문지기라도 될 수 있다면 좋겠다고 말한 것처럼, 하나님의 교훈을 들을 수 있는 곳이기만 하다면 그 곳이 이루 말할 수 없이 초라한 곳일지라도 기뻐하여야 한다.

[3] 우리는 이 교훈들을 기대하고서, 인내심을 가지고 주의 깊고 끈질기게 그 교훈들에 귀를 기울여야 하고, 그리스도의 말씀을 듣는 자들이 그 말씀을 들으려고 그에게 매달리고(눅 19:48) 이른 아침에 나아왔듯이(눅 21:38), 지혜의 집 앞으로 와서 그 교훈들을 듣기 위해 기다리고 또 기다려야 한다.

2. 우리는 말씀을 꼼꼼하게 실천하는 자가 되어야 한다. 왜냐하면, 우리는 오직 우리가 행하는 일에 복을 받기 때문이다. 지혜의 말에 귀를 기울이는 것으로는 충분하지 않기 때문에, 우리는 지혜의 도를 지키고(32절), 지혜가 시키는 모든 일을 행하며, 지혜의 울타리 내에 머무르고 그 경계를 넘어가지 말며, 지혜의 길을 따라 인내로써 끝까지 전진해 나아가야 한다. "훈계를 들어서 지혜를 얻으라. 지혜가 주는 훈계를 너희가 지혜로워져서 너희의 행실을 바로잡는 수단으로 삼으라." 우리의 지식이 우리를 지혜롭게 하지 못한다면, 그 지식은 헛된 것이다(33절).

Ⅱ. 지혜의 말에 귀를 기울이는 모든 자들에게 복이 있으리라는 약속. 그들은 복이 있다(32, 34절). 지혜의 문 곁에서 깨어 기다리는 자들은 복이 있다. 그들이 거기에서 깨어서 기다리고 있는 것 자체가 그들의 복이다. 그들은 그들이 있을 수 있는 곳들 중에서 가장 좋은 곳에 있는 것이다. 거기에서 기다리는 자들은 복이 있다. 왜냐하면, 그들은 오랫동안 기다리지 않을 것이기 때문이다. 잠시 동안만 계속해서 문을 두드려라. 그리하면, 그 문들이 그들에게 열릴 것이다. 그들은 지혜를 구하고 있는 것이기 때문에, 그들이 구하는 것을 반드시 얻게 될 것이다. 그들이 지혜를 얻는다면, 과연 그것은 그들에게 충분한 보상이 될까? 그렇다. 나를 얻는 자는 생명, 즉 그가 필요로 하거나 원하는 모든 복과 좋은 것을 얻는 것이다(35절). 그는 영적인 생명을 담고 있는 것이자 영생의 맛보기인 저 은혜를 통해서 생명을 얻을 것이다. 그는 여호와께 은총을 얻을 것이고, 여호와의 은총 속에는 생명이 있기 때문에, 그는 생명을 얻을 것이다. 왕이 지혜로운 아들을 총애한다면, 만왕의 왕께서 그 지혜로운 자녀에게 어찌 은총을 베풀지 않으시겠는가. 그리스도는 지혜이시기 때문에, 그리스도를 얻은 자, 그리스도 안에 분깃을 얻은 자는 생명을 얻은 것이다. 왜냐하면, 그리스도는 모든 믿는 자들에게 생명이 되시기 때문이다. 하나님의 아들이 있는 자에게는 생명, 즉 영생이 있고, 하나님은 그리스도 안에 있는 모든 자들을 기뻐하시기 때문에, 그는 여호와께 은총을 얻을 것이다. 우리가 그리스도를 얻고 그리스도 안에서 발견되지 않는다면, 우리는 하나님의 은총을 얻을 수 없다.

Ⅲ. 지혜를 버리고 그의 제안들을 거부하는 모든 자들이 받을 벌(36절). 그들은 지혜의 모든 권면을 무시했기 때문에, 지혜는 그들이 그들 생각대로 하도록 내버려 두실 것이고, 그들은 스스로 자멸하게 될 것이다.

1. 그들의 범죄는 지극히 크다. 그들은 지혜를 대적하여 죄를 범하고 있고, 지혜의 빛과 법에 반기를 들고 있으며, 지혜의 뜻들을 뒤집어 엎고, 그들의 어리석음으로 인해서 지혜를 노하게 만들고 있다. 그들은 그리스도를 대적하여 범죄하고 있는 것이다. 그들은 그의 권세를 멸시하고 있고, 그의 삶과 죽음의 모든 목적을 거슬러 행하고 있다. 그와 같은 행위는 지혜, 즉 그리스도를 미워하는 것으로 해석된다. 그리스도로 하여금 그들 위에 왕노릇 하지 못하게 하는 자들은 그리스도의 원수들이다. 모든 아름다움의 중심이시고 모든 선함의 원천이시며 사랑 그 자체이신 분을 미워하는 것보다 더 큰 악이 어디 있겠는가?

2. 그들이 벌을 받는 것은 지극히 마땅하다. 왜냐하면, 그들은 의도적으로 그 벌을 스스로 자초한 것이기 때문이다.

(1) 그리스도를 진노하시게 하는 자들은 자기 자신에게 아주 큰 잘못을 하고 있는 것이다. 그들은 **자기의 영혼을 해하는** 자이다. 그들은 그들 자신의 양심에 상처를 주고, 그들의 영혼에 점과 흠을 남기는데, 이것은 그들을 하나님이 보시기에 가증한 자로 만들고 하나님과 교제하기에 부적절한 자로 만드는 것이다. 그들은 스스로를 속이고, 자기 자신을 엉망으로 만들며, 스스로를 멸망시키고 있다. 죄는 영혼에 해를 끼치는 행위이다.

(2) 그리스도와 척진 자들은 스스로 파멸하려고 작정한 자들이다. **나를 미워하는 자는 사망을 사랑하느니라**(36절). 그들은 그들을 사망으로 몰고갈 것을 사랑하고, 그들의 생명이 될 것을 그들로부터 밀쳐내고 있다. 죄인들이 죽는 것은 그들이 죽고자 했기 때문이다. 그러므로 그들은 변명할 여지가 없다. 그들은 나중에 그들이 벌을 받을 때에 그 사실을 알고서 더욱 원통해할 것이지만, 이러한 사실로 인하여 하나님은 판단받으실 때에 의로우시다는 것이 명백하게 드러날 것이다. **이스라엘아 네가 스스로 자초하여 패망하였도다**(호 13:9).

제 9 장

개요

그리스도와 죄는 인간의 영혼을 얻기 위해 다투는 경쟁자이다. 여기에서 우리는 그리스도와 죄가 인간의 영혼의 가장 깊고 높은 자리를 얻기 위하여 어떤 식으로 그 마음에 다가가는지에 대하여 듣는다. 이 장에 나오는 이러한 묘사의 의도는 우리 앞에 생명과 사망, 선과 악을 제시하는 것이다. 우리로 하여금 어느 쪽을 선택하고 우리의 마음을 어느 쪽에 바칠지를 결정하도록 하기 위해서는 이 두 경우를 공정하게 제시하고 보여주는 것 이상의 것이 필요하지 않다. 그리스도와 죄는 둘 다 영혼을 위한 잔치를 마련하고서, 각각 자신이 베푼 잔치에 와 달라고 영혼을 초대한다. 우리는 이 두 가지 잔치가 각각 어떤 결과로 끝나게 될 것인지에 대하여 듣는다. 이 일의 자초지종을 너희 앞에 이렇게 다 제시하였으니, 너희는 잘 생각해서 너희의 마음을 정하라는 것이다. 우리는 우리의 영혼을 두고 이러한 치열한 쟁탈전이 벌어지고 있다는 것을 명심하고서, 우리 자신의 영혼이 얼마나 귀하고 소중한지를 다시 한 번 깨달아야 한다.

I. 그리스도께서는 지혜의 이름으로 잔치를 베푸시고서, 와서 그와 사귀며 교제하자고 우리를 초대하신다(1-6절). 그의 초대에 대한 서로 다른 반응들을 이미 미리 말한 상태에서(7-9절), 그는 그가 우리에게 무엇을 요구하는지(10절), 우리에 대한 그의 의도는 무엇인지(11절)를 짤막하게 보여주신 후에, 우리가 어떻게 할 것인지는 우리의 선택에 맡겨 두신다(12절). II. 죄는 미련한 여인이라는 등장인물을 통해서 잔치를 베풀고서 오라고 우리를 유혹하면서(13-16절), 그 잔치가 아주 황홀할 것이라고 꼬득인다(17절). 그러나 솔로몬은 그 잔치에 가게 되면 그 결과가 어떤 것이 될지를 우리에게 말해준다(18절). 이제 오늘 너는 누구의 잔치에 갈 것인지를 선택하여야 한다.

1지혜가 그의 집을 짓고 일곱 기둥을 다듬고 2짐승을 잡으며 포도주를 혼합하여 상
을 갖추고 3자기의 여종을 보내어 성중 높은 곳에서 불러 이르기를 4어리석은 자는
이리로 돌이키라 또 지혜 없는 자에게 이르기를 5너는 와서 내 식물을 먹으며 내 혼
합한 포도주를 마시고 6어리석음을 버리고 생명을 얻으라 명철의 길을 행하라 하느

니라 7거만한 자를 징계하는 자는 도리어 능욕을 받고 악인을 책망하는 자는 도리
어 흠이 잡히느니라 8거만한 자를 책망하지 말라 그가 너를 미워할까 두려우니라
지혜 있는 자를 책망하라 그가 너를 사랑하리라 9지혜 있는 자에게 교훈을 더하라
그가 더욱 지혜로워질 것이요 의로운 사람을 가르치라 그의 학식이 더하리라 10여
호와를 경외하는 것이 지혜의 근본이요 거룩하신 자를 아는 것이 명철이니라 11나
지혜로 말미암아 네 날이 많아질 것이요 네 생명의 해가 네게 더하리라 12네가 만일
지혜로우면 그 지혜가 네게 유익할 것이나 네가 만일 거만하면 너 홀로 해를 당하
리라

지혜는 여기에서 지극히 크고 위풍당당하며 후히 베풀고 아낌없이 주는 여왕으로 등장한다. 이 지혜는 하나님의 말씀이고, 하나님은 말씀을 통해서 사람들을 향한 그의 선의를 알게 하신다. 이 지혜는 말씀이신 하나님, 즉 성부 하나님이 모든 심판을 맡기신 그리스도이시다. 앞 장에서 세상의 창조자로서의 위엄과 영광을 보여주셨던 그는 여기에서는 세상의 구속주로서의 인자하심과 선하심을 보여주신다. 여기에서 지혜라는 말은 복수형으로 되어 있다. 왜냐하면, 그리스도 안에는 지혜의 보화들이 감춰져 있고, 그가 하는 일 속에서는 신비에 싸여진 하나님의 여러 가지 지혜가 드러나기 때문이다. 좀 더 자세하게 살펴보자.

I. 지혜가 그의 제자들이 될 모든 자들을 받아들이기 위해서 필요한 것들을 차고 넘치게 준비함. 이것은 화려하게 차려진 큰 잔치라는 비유를 통해서 묘사되는데, 우리 구주께서는 여기에 나오는 이 비유를 빌려와서, 천국을 큰 잔치로 묘사하는 여러 비유들을 말씀하셨던 것 같다(마 22:2; 눅 14:16). 또한, 이사야 선지자는 하나님께서 장차 그러한 잔치를 베푸실 것이라고 예언하기도 하였다(사 25:6). 이 잔치는 아하수에로 왕이 그의 영화로운 나라의 부함을 나타내기 위하여 베푼 것과 같은 그런 잔치이다. 마찬가지로, 복음의 은혜는 성만찬이라는 예식을 통해서 우리 앞에 제시된다. 지혜는 손님들을 맞기 위해서 다음과 같은 것들을 준비한다.

1. 지혜는 웅장한 저택을 짓는다(1절). 지혜는 그의 모든 손님들을 다 받을 수 있을 만큼 넓은 집을 발견하지 못하자, 아예 마음 먹고 큰 저택을 지었고, 그 저택을 튼튼하게 함과 동시에 아주 으리으리하고 아름답게 하기 위해서 일

곱 기둥을 다듬었다. 천국은 지혜가 어린 양의 혼인 잔치에 초대를 받은 모든 손님들을 맞기 위해서 지은 집이다. 그 집은 그의 아버지의 집이고, 거기에는 거할 곳들이 많이 있으며, 그는 우리가 있을 곳을 마련하기 위해서 거기로 갔다. 그는 땅을 허공 위에 매달아 놓으셨고, 이 땅에는 우리가 영원히 머물 도성이 없다. 그러나 천국은 토대들과 기둥들이 있는 도성이다. 교회는 일곱 기둥 같은 하나님의 능력과 약속에 의해서 떠받쳐지고 있는 지혜의 집이고, 그는 손님들을 그 집으로 초대한다. 아마도 솔로몬은 그가 직접 최근에 지은 성전을 염두에 두고서, 사람들이 거기로 와서 하나님을 예배하고 지혜의 교훈을 받기를 바라는 마음으로 이 말을 했을 것이다. 어떤 이들은 솔로몬이 여기에서 선지자 학교들을 염두에 두고 이런 말을 한 것이라고 생각한다.

2. 지혜는 굉장한 잔치를 준비한다(2절). 그는 짐승을 잡으며 포도주를 혼합하였다. 고기와 마실 것이 최고급으로 풍성하게 준비되었다. 그는 희생제물을 잡았다(원어는 이런 의미이다). 이 잔치는 호화스러운 잔치였지만, 희생제물을 먹는 거룩한 잔치였다. 그리스도께서는 자기 자신을 우리를 위한 희생제물로 드리셨는데, 참된 양식은 그의 살이고, 참된 음료는 그의 피이다. 성만찬은 속죄의 희생제물을 먹는 화해와 기쁨의 잔치이다. 포도주는 더 좋은 향취와 맛을 내기 위해서 더 비싼 음료와 혼합되었다. 그는 영혼이 만족해할 온갖 것들 ― 의와 은혜, 평안과 기쁨, 하나님의 사랑에 대한 확신, 성령의 위로, 영생의 온갖 보증들과 맛보기들 ― 을 다 준비해서 상을 완벽하게 갖추었다. 이 모든 것을 지혜가 직접 다 했다는 점을 주목하라. 그는 짐승들을 잡았고, 포도주를 혼합하였다. 이것은 이 모든 것을 다 직접 하신 그리스도의 사랑(그는 이 일을 남들에게 맡겨두지 않으시고, 직접 자기 손으로 다 하셨다)과, 모든 준비가 완벽하고 훌륭하였다는 것을 보여주는 것이다. 지혜가 직접 준비한 일은 반드시 그 목적을 이룰 수 있도록 정확히 준비된다.

Ⅱ. 지혜가 이 잔치에 와 달라고 몇몇 특정한 친구들이 아니라 모든 사람들을 정중하게 초대함.

1. 지혜는 그의 종들을 보내서 온 나라에 초대장을 돌린다. 지혜가 자기의 여종들을 보내었다(3절). 복음의 사역자들은 하나님이 영원한 언약을 통해서 그 언약을 받아들이고자 하는 모든 자들을 위하여 모든 것을 다 준비해 놓으셨다는 것을 알리는 사명을 받았다. 그들은 처녀의 순결함을 지니고서 자기 자신이

나 하나님의 말씀을 타락시키지 않는 가운데 그들이 받은 지시를 정확히 지켜서, 길과 산울타리 가 등지에서 만나는 모든 사람들에게 모든 것이 준비되었으니 와서 지혜와 더불어 잔치를 즐기라고 전하여야 한다(눅 14:23).

2. 지혜는 인생들이 잘 되기를 간절히 바라는 자로서 그들이 거짓되고 헛된 것들을 좇느라 그들에게 주어진 긍휼의 기회들을 거부하는 모습을 바라보다 못해 너무나 마음이 무거워서, 직접 성중 높은 곳에서 외친다. 우리 주 예수께서도 직접 그 자신의 복음을 전파하는 자가 되셨다. 그는 그의 제자들을 보내신 후에 그들의 뒤를 좇아가셔서 그들이 말한 것을 확증하셨다. 아니, 그 복음은 처음에 주께서 말씀하기 시작하였다(히 2:3). 그는 서서, 내게로 오라고 외치셨다. 우리는 누가 초대하였는지를 본다. 그러면, 좀 더 자세하게 살펴보자.

(1) 누가 초대를 받았는가. 초대받은 자들은 어리석은 자들과 지혜 없는 자들이었다(4절). 만약 우리가 잔치를 연다면, 우리는 그런 부류의 사람들을 와 달라고 청을 하기는커녕 그들이 온다고 해도 "내가 미친 사람들을 상대할 일이 있냐"고 말하며 오지 말라고 하고, 철학자들이나 학식 있는 사람들을 초대해서 그들로부터 지혜를 배우고 유익한 식탁 대화를 나누고자 할 것이다. 그러나 지혜는 그런 부류의 사람들을 초대한다. 왜냐하면, 그들이야말로 그가 주고자 하는 것을 가장 절실하게 필요로 하는 자들이고, 그가 이러한 잔치를 준비하고 사람들을 초대한 목적은 그런 자들이 잘 되게 하기 위한 것이기 때문이다. 어리석은 자를 초대한 것은 그를 지혜롭게 만들기 위한 것이었고, 지혜 없는 자(원어에서는 가슴이 없는 자)를 오라고 부른 것은 그로 하여금 지혜를 갖게 하기 위한 것이었다. 지혜가 준비한 것들은 음식이라기보다는 마음의 병들을 고칠 수 있는 아주 귀하고 좋은 약이었다. 이 초대는 모든 사람들에게 주어지고, 자기가 스스로 오지 않겠다고 하지 않는 한, 이 잔치에서 받아주지 않을 자는 아무도 없다.

[1] 그들은 아무리 미련하다고 하여도, 환영을 받게 될 것이다.

[2] 그들은 아무리 미련하다고 하여도, 도움을 받게 될 것이다. 그들은 이 잔치에 와서 멸시를 받거나 낙심하는 일이 없을 것이다. 우리 구주께서는 의인들이 아니라 죄인들을 부르러 오셨다. 그는 그들 자신의 눈에 지혜로운 자들, 즉 그들이 본다고 말하는 자들(요 9:41)이 아니라, 자기가 어리석다는 것을 알고서 부끄러워하는 자들, 지혜로운 자가 되기 위해서 기꺼이 세상에서 어리석은 자

가 되고자 하는 자들을 부르러 오셨다(고전 3:18).

(2) 초대의 내용은 무엇인가.

[1] 우리는 지혜의 집으로 초대를 받는다. **이리로 돌이키라**(4절). 내가 우리라고 말하는 것은 우리는 모두 여기에서 초대받은 자들, 즉 어리석은 자들과 지혜 없는 자들이라는 것을 시인하지 않으면 안 된다고 말하는 것이다. 지혜의 문은 그런 자들에게 열려져 있고, 지혜는 그런 자들과 대화를 나누고 싶어한다. 지혜가 이렇게 하는 것은 그들의 유익을 위한 것일 뿐이고, 그들에 대하여 다른 목적이 없다.

[2] 우리는 지혜의 식탁으로 초대를 받는다(5절). **너는 와서 내 식물을 먹으라.** 즉, 하나님을 아는 지식과 하나님을 경외함 속에서 발견될 수 있는 참된 기쁨을 맛보라는 것이다. 복음의 약속들에 의거해서 믿음으로 행하고, 그 약속들을 우리 자신에게 적용하여 그 위로를 누린다면, 우리는 그리스도께서 가난한 영혼들을 위하여 차려 놓으신 잔칫상에서 배부르게 먹는 것이다. 우리는 우리가 먹고 마시는 것을 우리의 것으로 만들고, 그것으로 말미암아 자양분을 공급받고 새 힘을 얻는다. 마찬가지로, 우리의 영혼도 하나님의 말씀을 먹고 마셔서 자양분과 새 힘을 얻는다. 하나님의 말씀 속에는 명철이 있는 자들이 먹고 마실 양식과 음료가 있다.

(3) 잔치에 초대를 받은 자들이 유익을 얻기 위해서는 어떻게 해야 하는가(6절).

[1] 그들은 온갖 악한 자들과 어울리는 것을 그만두어야 한다. "**어리석은 자들을 버리고**, 그런 자들과 사귀지 말며, 그들의 행실을 따르지 말고, 어둠의 일에서 손을 씻으며, 그런 일들을 하는 자들과 어울리지 말라." 미덕을 향한 첫 걸음은 악덕을 피하는 것, 그러니까 악한 자들을 피하는 것이다. **너희 불법을 행하는 자들아 내게서 떠나가라**(마 7:23).

[2] 그들은 깨어나서 죽은 자 가운데서 일어나야 한다. 그들은 쾌락 속에서 살아가는 것이 아니라(그런 자들은 살았지만 죽은 것이기 때문이다), 하나님을 섬기며 살아가야 한다. 왜냐하면, 오직 그렇게 하는 자들만이 진정으로 사는 것이고 제대로 살아가는 것이기 때문이다. "짐승 같은 삶을 살지 말고, 이제 인간으로서의 삶을 살아라. **살아라 그리하면 네가 살리라**. 영적으로 살아라 그리하면 네가 영원히 살리라(엡 5:14)."

[3] 그들은 지혜의 길들을 선택해서 그 길들로 쭉 가야 한다. "명철의 길을 행하라. 이후로는 신앙과 올바른 이성의 법칙들을 따라 스스로를 다스리라." 어리석은 자들에게서 떠나는 것만으로는 충분하지 않기 때문에, 우리는 지혜로 행하고 동일한 성령과 동일한 보조로 행하는 자들과 어울려야 한다.

Ⅲ. 지혜가 사람들을 불러 오라고 보낸 여종들에게 주는 지시 사항들. 이 여종들은 자기 자리에서 지혜의 뜻을 이루기 위해서 애쓰고 수고하는 사역자들을 의미한다. 지혜는 그들에게 이렇게 말한다.

1. 그들의 일은 영혼들을 위하여 어떤 잔치가 준비되어 있는지를 모든 사람들에게 알리고 그 잔치에로 사람들을 초대하는 것만이 아니라, 어떤 사람들에 대해서는 그 잘못들을 책망하고 꾸짖는 것이 되어야 한다(7-8절). 그들은 그런 자들이 어떻게 해야 삶을 고칠 수 있는지를 가르쳐야 한다(9절). 하나님의 말씀은 책망과 바르게 함과 의로 교육하기 위한 것이기 때문에, 말씀의 사역자도 그렇게 하여야 한다.

2. 지혜는 그들이 여러 부류의 사람들을 만나게 될 것인데, 그 각각의 부류들을 어떻게 대하여야 하고, 그 결과가 어떨 것인지를 말해준다.

(1) 그들은 거만한 자들과 악인들을 만나게 될 것이다. 그런 자들은 여호와의 사자들을 조롱하고 괴롭히며, 사람들을 여호와의 잔치로 초대하는 자들을 조롱하고 비웃으며(대하 30:10) 모욕할 것이다(마 22:6). 지혜는 그런 자들을 지혜의 집으로 초대하지 말라는 지시를 내리지는 않지만, 그런 자들을 책망하고 꾸짖어서 그들의 초대에 응하게 하려고 하지 말라고 조언한다. 거만한 자를 책망하지 말고, 진주를 돼지 앞에 던지지 말라(마 7:6). 마찬가지로, 그리스도께서는 바리새인들에 대하여 그들을 그냥 두라고 말씀하셨다(마 15:14). "그들을 책망하지 말라."

[1] "그렇게 하는 것이 그들에게 합당하다. 왜냐하면, 이미 주어진 은혜의 수단들을 비웃는 자들에게는 추가적으로 은혜의 수단들을 더 제공하는 은총을 베푸는 것이 합당하지 않기 때문이다. 이렇게 더러운 자들은 그대로 더럽게 내버려 두고, 우상과 연합한 자들은 그대로 버려 두라. 자, 우리가 이방인에게로 향하노라."

[2] "그렇게 하는 것이 너희 자신에게 현명한 일이다. 왜냐하면, 너희가 그런 자들을 책망한다면, 다음과 같은 일이 일어날 것이기 때문이다. 첫째로, 너희는

수고는 수고대로 다 하고, 게다가 일이 잘 안 되어서 창피를 당하게 될 것이다. 둘째로, 너희는 그들을 몹시 화나게 만들 것이다. 너희가 아무리 지혜롭고 애정을 가지고서 신실하게 책망한다고 해도, 그들은 너희를 미워해서 너희에게 온갖 악한 말을 하여 모욕을 줄 것이고, 너희는 졸지에 흠을 잡히게 될 것이다. 너희의 책망이 선한 결과를 가져오는 것이 아니라, 도리어 사태를 악화시킬 가능성이 크기 때문에, 그런 자들을 간섭하지 않는 편이 너희의 신상에 더 이로울 것이다."

(2) 그들은 지혜롭고 선하며 의로운 자들을 만나게 될 것이다. 하나님께 감사하게도, 세상 사람들이 모두 다 거만한 자들인 것은 아니다. 우리는 자기 자신을 위해 아주 지혜롭고 그들 자신에게 의로우며 가르침 받기를 좋아하는 자들도 만나게 된다. 그런 자들을 만나면, 우리는 이렇게 해야 한다.

[1] 우리는 그들을 책망할 부분이 있으면 책망하여야 한다. 왜냐하면, 지혜로운 자들이라고 해서 완벽하게 지혜로운 것이 아니고, 책망이 필요한 부분들이 있기 때문이다. 우리는 어떤 사람의 지혜에 탄복했다고 해서 그 사람의 잘못들을 묵인해서는 안 되고, 지혜 있는 자는 자기는 지혜가 있기 때문에 어리석은 말이나 행동을 했더라도 책망을 받지 않아도 된다고 생각해서는 안 된다. 반대로, 지혜를 더 많이 가진 사람일수록 자신의 약점들을 다른 사람들이 지적해 주기를 바라야 한다. 왜냐하면, 적은 우매가 지혜와 존귀로 평판이 자자한 자에게는 큰 오점이 되기 때문이다.

[2] 우리는 책망을 통해서 그들에게 교훈을 더하고 그들을 가르쳐야 한다(9절).

[3] 우리의 책망은 그들에게 은혜를 베푼 것으로 받아들여질 것이다(시 141:5). 지혜로운 자는 그를 거짓없이 신실하게 대하는 자들을 자신의 친구로 여길 것이다. "그런 사람을 책망하라. 그리하면, 네가 솔직하게 대해준 것에 대하여 그가 너를 사랑할 것이고, 네게 감사할 것이며, 다음 번에도 기회가 될 때에 그렇게 해주기를 바랄 것이다." 책망을 잘 하는 것과 책망을 잘 받아들이는 것은 둘 다 지혜 있음을 보여주는 아주 좋은 예이다.

[4] 그들이 우리의 책망을 잘 받아들인다면, 우리는 선을 행한 것이 되고, 우리의 목적을 이룬 것이 될 것이다. 지혜 있는 자는 그에게 주어진 책망과 훈계로 말미암아 더욱 지혜로워질 것이다. 그는 학식이 더해져서 지식이 늘어날 것

이고, 따라서 은혜도 더해질 것이다. 그 누구도 자기는 아주 지혜롭기 때문에 배울 필요가 없다고 생각하거나, 자기는 아주 선하기 때문에 더 선해지기 위해서 더 가르침을 받을 필요가 없다고 생각해서는 안 된다. 우리는 우리가 온전한 사람이 될 때까지 계속해서 힘써 전진해 나가야 하고 계속해서 알아 나가야 한다. 지혜 있는 자에게 주라(원문에는 이렇게 되어 있다). 그에게 충고를 주고 책망을 주며 위로를 주라. 그리하면, 그가 더욱 지혜로워질 것이다. 그에게 기회를 주라(칠십인역 본문은 이렇게 되어 있다). 그의 지혜를 나타내 보일 기회를 주라. 그리하면, 그가 지혜를 보일 것이다. 지혜를 자주 행하다 보면, 지혜가 몸에 배어서 견고해질 것이다.

Ⅳ. 지혜가 초대받은 자들에게 주는 교훈들. 지혜의 여종들은 이 교훈들을 그들에게 반복적으로 열심히 가르쳐야 한다.

1. 그들은 참된 지혜가 어떤 것인지, 그들이 지혜의 식탁에서 즐겨야 하는 것이 무엇인지를 알아야 한다(10절).

(1) 여호와를 경외하는 것이 마음의 토대가 되어야 한다. 그것이 지혜의 근본이기 때문이다. 하나님의 위엄을 경외하고 그의 진노를 두려워하는 것이 하나님을 경외하는 것이다. 이것은 참된 신앙의 시작이고 첫걸음이다. 거기에서 신앙과 지혜의 다른 모든 것들이 나온다. 하나님에 대한 경외는 처음에는 우리에게 괴로움을 줄 수도 있지만, 점차 사랑이 그 괴로움을 쫓아내줄 것이다.

(2) 머리는 하나님께 속한 것들을 아는 지식으로 채워져야 한다. 거룩한 것들(이 단어는 복수형으로 되어 있다), 즉 하나님을 섬기는 것과 관련된 것들(이 것들은 성물들이라 불린다)과 우리 자신의 성화(聖化)와 관련된 것들을 아는 것이 명철이다. 책망도 거룩한 것이라 불린다(마 7:6). 또는, 거룩한 자들이 지니고 있는 지식, 거룩한 선지자들이 가르친 지식, 성령의 감동하심을 받은 거룩한 사람들이 하나님께 받아 말한 것들이 명철이다. 그것은 가장 선하고 유익한 명철로서, 우리가 가장 필요로 할 때에 우리에게 가장 큰 도움이 되어 줄 것이다.

2. 그들은 이 지혜가 주는 유익들이 무엇일지를 알아야 한다(11절). "나 지혜로 말미암아 네 날이 많아질 것이다. 그것은 네 몸의 건강에도 도움이 되어서, 이 땅에서 네 생명의 해가 네게 더하리라. 반면에, 사람들의 어리석음과 무절제함은 그들의 수명을 단축시킬 것이다. 그것은 너를 천국으로 데려다 줄 것이고, 거기에서 네 날이 무한히 많아질 것이고, 네 생명의 해가 끝도 없이 네게 더하리

라." 신앙이 해주는 말 외에는 참된 지혜가 없고, 그 길의 끝 외에는 참된 생명이 없다.

3. 그들은 이 초대를 받아들이느냐 거부하느냐에 따라서 그 결과가 어떻게 될 것인지를 알아야 한다(12절).

(1) 이 초대를 받아들이는 자들이 받게 될 복. "네가 만일 지혜로우면 그 지혜가 네게 유익할 것이다. 그 지혜로 말미암아 유익을 얻게 될 자는 지혜가 아니라 네가 될 것이다." 인간은 하나님에게 그 어떤 유익도 가져다 줄 수 없다. 하나님이 이렇게 우리를 간곡히 초청하시는 것은 다 우리의 유익을 위해서이다. "너는 그 유익을 다른 사람들에게 넘겨주고 떠나지 않을 것이고(세상의 재물은 우리가 죽을 때에 다른 사람들의 것이 되기 때문에 남의 것이라 불린다, 눅 16:12), 그것을 가지고서 저 세상으로 들어가게 될 것이다." 자신의 영혼을 위하여 지혜로운 자들은 그들 자신을 위하여 지혜로운 자들이다. 왜냐하면, 영혼은 그 사람 자체이기 때문이다. 그 누구도 진정으로 신앙적인 것들 외에 다른 것들에서는 그들에게 진정으로 유익한 것을 찾을 수 없다. 그것은 우리에게 하나님께로 돌아갈 것을 권하고, 우리의 어리석음과 타락에서 벗어날 것을 권한다. 그것은 우리에게 이 세상에서 가장 유익한 것을 하라고 권하고, 내세에서 훨씬 더 유익한 것을 얻을 수 있게 해준다.

(2) 이 초대를 무시하는 자들이 겪게 될 수치와 파멸. "네가 만일 거만하여 지혜의 초대를 경멸하여 거절한다면, 너 홀로 해를 당하리라."

[1] "너는 그러한 거절로 인해서 일어나는 모든 일에 대하여 책임을 지게 될 것이다." 선한 자들은 모든 것이 하나님의 덕분이기 때문에 하나님께 감사하여야 하지만, 악한 자들은 모든 것이 다 그들의 탓이다. 악은 하나님 탓이 아니다. 하나님은 죄의 원천이 아니시다. 사탄은 오직 유혹할 수 있을 뿐이고, 힘으로 강제할 수는 없다. 악한 자들은 단지 사탄의 도구들일 뿐이다. 그러므로 모든 잘못은 죄인 자신에게 있다.

[2] "너는 네가 경멸하여 거절한 바로 그 초대를 놓친 대가를 받게 될 것인데, 그 대가는 너의 멸망이 될 것이다. 네 피는 네 머리에로 돌아갈 것이고, 이것이 고려되어 너에 대한 단죄는 더 무거워질 것이다. 얘 너는 초대를 받았으나 네가 받아들이지 않았다는 것을 기억하라. 네게 생명을 얻을 기회가 주어졌지만, 너는 도리어 사망을 택하였다."

[13]미련한 여인이 떠들며 어리석어서 아무것도 알지 못하고 [14]자기 집 문에 앉으며
성읍 높은 곳에 있는 자리에 앉아서 [15]자기 길을 바로 가는 행인들을 불러 이르되 [16]
어리석은 자는 이리로 돌이키라 또 지혜 없는 자에게 이르기를 [17]도둑질한 물이 달
고 몰래 먹는 떡이 맛이 있다 하는도다 [18]오직 그 어리석은 자는 죽은 자들이 거기
있는 것과 그의 객들이 스올 깊은 곳에 있는 것을 알지 못하느니라

우리는 앞에서 그리스도께서 우리로 하여금 온 힘을 다하여 하나님과 경건을 좇게 하기 위하여 여러 가지로 간곡히 말씀하시는 것을 들었다. 따라서, 우리는 이제 온 세상이 그를 좇게 될 것이라고 기대하게 된다. 그러나 여기에서 우리는 유혹하는 자(또는, 시험하는 자)가 별 생각 없이 살아가는 영혼들을 죄의 길로 유혹하기 위하여 얼마나 부지런히 움직이는지, 그리고 그가 대부분의 경우에 자신의 목적을 이루고, 지혜의 구애는 별 효과를 얻지 못한다는 것을 보게 된다. 좀 더 살펴보자.

I. 그는 지혜와 반대되는 어리석음의 화신인 미련한 여인이다. 나는 이 미련한 여인이 무엇보다도 육체의 쾌락을 가리킨다고 본다(13절). 왜냐하면, 육체의 쾌락은 미덕의 큰 원수이고 악덕으로 들어가는 입구가 되기 때문이다. 그것은 다른 그 어떤 것보다도 더 마음을 더럽히고 타락시키며, 양심을 마비시키고, 죄를 깨달을 수 있는 불씨들을 꺼버린다. 이 유혹하는 자는 여기에서 다음과 같이 묘사된다.

1. 이 여인은 아주 무지하다. 그녀는 어리석어서 아무것도 알지 못한다. 즉, 그녀는 사람들을 초대할 만큼 믿을 만한 이성을 갖고 있지 못하다. 그녀가 한 영혼을 지배하게 되면, 그녀는 그 영혼 속에서 거룩한 것들에 관한 모든 지식을 다 없애 버린다. 거룩한 것들은 없어지고 망각된다. 음행과 묵은 포도주와 새 포도주가 마음을 빼앗느니라(호 4:11). 이러한 것들은 사람들을 얼빠지게 만들어서 미련한 자들이 되게 한다.

2. 이 여인은 아주 끈질기다. 그녀는 이치에 맞지 않는 초대를 하는 것인 만큼 폭력적이고 강압적인 방법을 사용하고, 뻔뻔스러움을 무기로 자신의 목적을 관철시킨다. 그녀는 떠들며 시끄럽게 해서(13절), 젊은 사람들을 그가 지닌 미끼들로 끊임없이 유혹한다. 그녀는 자기 집 문에 앉아서 먹잇감을 기다린다(14절). 이것은 아브라함이 선행을 할 기회를 찾기 위해서 그의 장막 문 앞에

앉아 있었던 것과는 정반대이다. 그녀는 마치 자기는 법을 시행할 권세가 있고, 우리는 모두 육신에게 빚진 자로서 육신대로 살게 되어 있기 때문에, 자기는 성읍 높은 곳에 자리를 해도 될 만큼 큰 명성과 존귀함을 지니고 있다는 듯이, 성읍 높은 곳에 있는 자리에(보좌에, 원문에는 이렇게 되어 있다) 앉아 있다. 아마도 그녀는 사람들이 이성적으로 수긍할 수 있는 것을 제시함을 통해서가 아니라 사람들이 좋아하는 최신 풍조를 따름으로써 더 많은 사람들을 얻고자 한다. 그녀는 이렇게 말한다. "세상에서 유명하고 높은 자들은 모두 다 엄격한 미덕의 법들이 허용하는 것보다 더 큰 자유를 백성들에게 주지 않는데, 너희는 왜 스스로를 낮추어서 그런 자들이 강요하는 속박을 순순히 받아들이고 있는 것이냐?" 이런 식으로, 유혹하는 자는 자기 자신을 백성들에게 호의를 베풀고자 하는 대단한 용기를 지닌 자처럼 보이게 가장한다.

Ⅱ. 유혹당하는 자들은 누구인가. 그들은 교육을 잘 받은 젊은이들이다. 그녀는 이러한 장래가 촉망되는 젊은이들을 여지없이 파멸시킬 때에 가장 큰 희열을 느끼게 될 것이다. 좀 더 살펴보자.

1. 그들의 원래 모습은 어떠한가. 그들은 자기 길을 바로 가는 행인들이었다(15절). 그들은 신앙과 미덕의 길로 가도록 훈련을 받아 왔고, 아주 희망적으로 사회에 첫 발을 내디디며, 선한 일을 하기로 작정하고 결심한 자들로서 앞에 나왔던 젊은이(7:8)와는 달리 음녀의 집쪽으로 가고 있지 않았다. 그녀는 이런 자들을 먹잇감으로 찍어서, 그들을 더럽히고 타락시키기 위해서 덫을 놓고 그녀가 지닌 온갖 술책들과 매력들을 다 동원한다. 그들이 자기 길을 바로 가고 그녀를 쳐다보지도 않는다면, 그녀는 그들을 뒤따라가면서 그들을 부르며 끈질기게 유혹을 하는 방법을 사용한다.

2. 그녀는 그들을 어떻게 묘사하는가. 그녀는 그들을 어리석은 자와 지혜 없는 자라 부른다. 그녀가 그들을 이렇게 부르는 것은 신앙의 구속(拘束)들과 형식들에 매여 있는 그들은 치료를 받아야 할 자들이기 때문에 그녀가 차려 놓은 학교로 오라고 유혹하기 위한 것이다. 이것은 훌륭한 교육을 받은 지극히 건전한 젊은이를 제대로 된 연극 배우로 만듦과 동시에 재치 있고 멋있는 남자로 만든다는 미명 하에 연극 속에서 그를 그의 속된 친구들보다도 칠 배나 더 지옥 자식이 되는 그런 역을 하게 하는 것과 똑같은 방법이다. 진정한 어리석음인 죄와 불경(不敬)을 범하는 자들을 가리킬 때에 써야 할 말들인 어리석은 자와

지혜 없는 자(4절)가 여기에서는 거꾸로 미덕의 길을 걷고 있는 자들을 조롱하는 데에 사용되는 기가 막힌 일이 벌어지고 있는 것이다. 그러나 그 날이 오면, 누가 진짜 미련한 자들이었는지가 백일하에 드러나게 될 것이다.

Ⅲ. 유혹의 내용은 무엇인가(17절). 도둑질한 물이 달다. 지혜는 자기가 잡은 짐승과 자기가 혼합한 포도주를 차려놓고 사람들을 초대하였던 반면에, 이 미련한 여인이 준비한 것은 물과 떡이었다. 하지만, 떡과 물은 주리고 목마른 자들에게는 충분히 반가운 것들이다. 그녀는 이 물과 떡이 보통의 것들보다 더 달고 맛이 있을 것이라고 말한다. 왜냐하면, 그것은 도둑질한 물이고 몰래 먹는 떡이어서, 들킬 것을 염려하며 짜릿한 스릴 속에서 먹고 마셔야 하기 때문이다. 그녀는 금지된 쾌락이 정상적인 사랑보다 더 맛이 있고, 정당하게 얻은 것보다 정직하지 않게 얻은 것이 더 달콤하다고 뻔뻔스럽게 말하고 있는 것이다. 이것은 다음과 같은 것들에 대한 대담한 멸시이자 뻔뻔스러운 도전이었다.

1. 그것은 하나님의 법에 대한 멸시이자 도전이었다. 왜냐하면, 그녀는 하나님의 명령이라는 울타리를 뚫고 나가서 훔쳐온 물이 더 달다고 말하고 있기 때문이다. 우리의 마음은 금지된 것으로 기우는 경향이 있다. 이러한 반대의 영은 우리가 우리의 첫 조상들로부터 물려받은 것이다. 우리의 첫 조상들은 동산에 있는 모든 나무들 가운데서 하나님이 금지하신 나무를 가장 탐스러운 나무라 생각하였다.

2. 그것은 하나님의 저주에 대한 멸시이자 도전이었다. 죄인은 들켜서 벌을 받게 될까봐 염려하는 스릴 가운데서 몰래 떡을 먹는다. 그는 이렇게 그에게 죄를 깨닫게 해주는 양심을 짓밟는 데서 오는 승리감을 맛보며 의기양양해한다. 바로 그런 맛에 그는 발각될 두려움에도 불구하고 과감하게 죄를 범하고, 몰래 먹는다면 결코 들키거나 벌을 받지 않을 것이라고 자기 자신으로 하여금 믿게 만든다. 달콤하고 맛이 있는 것이 미끼가 되는 것이다. 그러나 이 유혹하는 자의 말은 너무나 터무니없는 것인데도 불구하고 거기에는 마음을 안심시켜 주는 무언가가 있기 때문에, 이성적인 체하는 사람들이 놀랍게도 그 말에 넘어간다.

Ⅳ. 이 유혹을 막아주는 간결하지만 효과적인 경고(18절). 미련한 여인의 이러한 유혹하는 말에 넘어갈 정도로 지혜와 명철이 없는 자는 뭘 몰라서 스스로 파멸하는 길로 이끌려간다. 그 어리석은 자는 죽은 자들이 거기 있는 것과 쾌락

가운데 살아가는 자들은 비록 살아 있더라도 죽어 있는 것이고 허물과 죄로 죽어 있는 것을 알지 못하고, 믿지 않으며, 그런 사실을 깊이 생각하지도 않고, 유혹하는 자가 그 사실을 그에게 알려 주지도 않는다. 이러한 쾌락들에는 죽음 자체가 주는 두려움 같은 그런 두려움들이 수반된다. 거기에는 르바임, 즉 거인들이 있다. 옛적 세상의 죄인들, 즉 당시에 땅에 있었던 거인들을 멸망시킨 것은 바로 이 육체의 쾌락이었다. 저 도둑질한 물로 대접을 받은 그녀의 객들은 지옥으로 가는 대로나 그 입구에 있는 것이 아니라, 이미 스올 깊은 곳에 와서, 죄의 권세 아래 사탄의 포로가 되어 있는 가운데, 이따금씩 그들 자신의 양심이 휘두르는 두려움의 채찍을 맞고 있다. 양심이 느끼는 두려움들은 이 땅에서의 스올(지옥)이고, 스올 깊은 곳에는 사탄이 있다. 회개함이 없는 죄는 곧 돌이킬 수 없는 파멸이다. 그것은 이미 밑이 없는 구덩이, 즉 무저갱이다. 솔로몬은 여기에서 이렇게 낚싯바늘을 보여준다. 그의 말을 믿는 자들은 미끼를 덥석 무는 일이 없을 것이다.

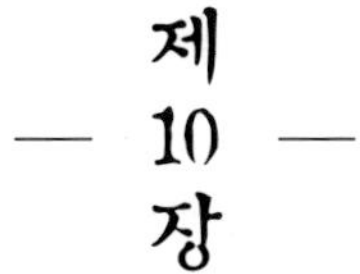

제 10 장

개요

우리는 이제까지 잠언서의 입구 또는 서론에 머물러 있었지만, 여기에서 본격적인 잠언들이 시작된다. 잠언들은 짧지만 무게 있는 문장들이다. 대부분의 잠언들은 한 절에 두 문장이 나와서 서로의 의미를 조명해 주는 대구(對句)로 되어 있다. 그러나 줄거리는 물론이고, 절들 간의 어떤 연관성도 거의 존재하지 않기 때문에, 우리는 이 장들에 나오는 내용들을 몇몇 적절한 표제들로 요약하고자 하는 시도를 할 필요가 없고, 각 문장들을 그 자체로 보는 것이 가장 좋을 것이다. 이 잠언들의 취지는 우리 앞에 선과 악, 축복과 저주를 제시하는 것이다. 이 장에 나오는 잠언들 중에서 다수는 혀를 잘 다스리는 것과 관련되어 있다. 혀를 잘 다스리지 않으면, 경건은 허사가 되고 말기 때문이다.

1솔로몬의 잠언이라 지혜로운 아들은 아비를 기쁘게 하거니와 미련한 아들은 어미의 근심이니라

솔로몬은 우리를 아들들로 여기고 말하는 가운데, 여기에서 육신의 부모이든 사회와 교회에서 부모 역할을 하는 자들이든 그들이 그들의 책임 하에 있는 자들이 선한 행실을 보이느냐 그렇지 않느냐에 따라서 기뻐하기도 하고 슬퍼하기도 한다는 것을 보여준다.

1. 부모들은 왜 자녀들에게 좋은 교육을 시키고 그들을 신앙으로 훈련시키는 데에 마음을 써야 하는가. 그것은 자녀들에 대한 교육이 소기의 목적을 이루었다면, 부모들은 그로 인한 위로를 얻게 될 것이고, 목적을 이루지 못하였다고 하여도, 비록 마음이 무겁기는 하겠지만 부모로서의 본분을 다했고 부모로서 할 만큼 다 했다는 위로를 얻게 될 것이기 때문이다.

2. 자녀들은 왜 지혜롭고 선하게 처신해야 하고 그들이 받은 좋은 교육에 걸맞게 살아야 하는가. 그것은 그들이 그렇게 함으로써 부모님의 마음을 슬프게 해 드리는 것이 아니라 기쁘게 해 드릴 수가 있기 때문이다.

(1) 경건하고 사려 깊은 젊은 자녀들은 그렇게 함으로써 그들을 키우시느라 온갖 고생을 다 하신 부모님의 은혜에 어느 정도 보답할 수 있고, 특히 부모님이 나이가 드셔서 인생의 낙이 절실하게 필요한 때에 그분들께 기쁨을 선사할 수 있다는 점에서, 그것은 그들에게도 큰 위로가 될 것이다. 자녀들의 지혜와 행실이 부모를 능가할 정도로 뛰어나게 되었을 때, 자녀들의 그런 모습을 기뻐하는 것이 부모의 도리이다.

(2) 악하게 행하는 자녀들은 기쁨을 드려야 할 부모님께 도리어 걱정을 끼쳐드리고, 특히 그들을 열 달 동안 힘들게 잉태하였던 가엾은 어머니에게 악하고 나쁜 모습을 보여드림으로써 큰 근심을 안겨드려서 잉태하였던 때보다 어머니를 더 힘들게 해 드리는 것이기 때문에, 그 죄악이 크다.

[2]불의의 재물은 무익하여도 공의는 죽음에서 건지느니라 [3]여호와께서 의인의 영혼은 주리지 않게 하시나 악인의 소욕은 물리치시느니라

이 두 절은 동일한 것을 말하고 있고, 후자는 전자의 이유가 될 수 있다.

1. 사람이 부당하게 얻은 재물은 하나님이 그것을 날려버리실 것이기 때문에 그들에게 아무런 유익이 없을 것이다. 불의의 재물은 무익하다(2절). 악인들의 재물, 특히 악인들이 사람들을 속이거나 강압적으로 빼앗아서 모은 재물은 그것이 아무리 많고 아주 안전하게 잘 숨겨서 보관해 두었다고 하여도 무익하다. 손익 결산을 해보면, 그 재물 때문에 얻은 이익은 그들의 악행 때문에 입은 손실을 결코 상쇄하지 못할 것이다(마 16:26). 그들의 재물은 영혼에 아무런 유익을 가져다 주지 못하고, 그 재물로 그 어떤 참된 위로나 행복을 사는 것도 불가능하다. 그들의 재물은 사람이 죽을 때나 저 큰 날의 심판 때에 그에게 아무런 도움도 되지 못한다. 그 이유는 하나님이 악인의 재물을 물리치시기 때문이다(3절). 하나님은 그들이 부당하게 얻은 재물을 그들로부터 빼앗으실 것이고, 그 재물을 고려해서 부자들을 가난한 자들보다 더 낫게 대우해 주시는 일도 없을 것이다. 우리는 사람들의 불의에 의해서 모아진 재물이 하나님의 공의에 의해서 흩어지는 것을 자주 본다. 하나님이 불의의 재물을 물리치시므로, 그 재물이 그림자처럼 사라질 것인데, 어떻게 불의의 재물이 유익을 가져다 줄

수 있겠는가?

2. 정직하게 얻어진 재물은 하나님이 그 재물에 복을 주실 것이기 때문에 많은 유익을 가져다 줄 것이다. 의, 즉 올바르게 얻어서 간직하고 사용하는 재물은 **죽음에서 건지느니라**(의는 정직함과 자선을 의미한다). 그런 재물은 재물의 본연의 목적을 다하여서, 우리를 계속해서 살아갈 수 있게 해주고 우리의 보호막이 되어 줄 것이다. 그 재물은 사람들이 악행으로 말미암아 스스로 자초하는 심판들로부터 그 주인을 건져줄 것이다. 그 재물은 그 주인을 죽음의 일격으로부터는 아니라 할지라도 죽음의 독침으로부터, 즉 죽음에 대한 공포로부터 건져주는 유익함을 보여줄 것이다. 왜냐하면, **여호와께서 의인들의 영혼은 주리지 않게 하실** 것이기 때문이다(3절). 따라서, 순전히 의인들에 대한 하나님의 은총으로 말미암아 그들이 지닌 의가 그들을 **죽음에서 건져줄** 것이다. 하나님의 은총은 그들에게 생명이자 양식이기 때문에, 그들은 기근 중에서도 살 것이다. **젊은 사자는 궁핍하여 주릴지라도**, 의인들의 영혼은 하나님의 말씀, 그리고 하나님의 약속을 믿는 그들의 믿음으로 말미암아 살 것이다.

[4]손을 게으르게 놀리는 자는 가난하게 되고 손이 부지런한 자는 부하게 되느니라

우리는 여기에서 다음과 같은 것들에 대하여 듣는다.

1. 부자인데도 점점 **가난하게 되는** 자들은 누구인가. 그들은 손을 게으르게 놀리는 자들, 즉 자신의 일에 부주의하고 태만하며 일이 어떻게 되든 상관하지 않는 자들, 손을 부지런히 놀려서 자신의 일을 하지도 않고 그 일에 충실하지도 않은 자들이다. 그들은 **속이는 손으로 거래하는** 자들이다(원문은 이렇게 읽을 수도 있다). 사기나 속임수를 써서 부자가 되고자 하는 자들은 그들이 가진 재물 위에 하나님의 저주가 임하거나 그들이 사람들 사이에서 평판을 잃음으로써 결국에는 빈곤하게 되고 말 것이다. 겉으로만 정직한 체하고 속으로는 속임수를 쓰는 자들과 거래하고자 하는 자는 아무도 없을 것이다.

2. 가난하지만 점점 부자가 되는 자들은 누구인가. 그들은 부지런하고 정직한 자들, 자신의 일을 성심성의껏 하는 자들, 그들의 손으로 할 일을 발견했을 때에는 그 일을 온 힘을 다해서 공정하고 명예롭게 하는 자들이다. 그런 자들의 소유는 점점 불어나게 되어 있다. 머리가 잘 돌아가는 사기꾼이 아니라 영

리해서 빈틈이 없는 자들의 손에 재물이 붙고, 민첩하게 움직이는 손이 한 푼이라도 더 재물을 모은다. 이것은 우리의 세상사에서만이 아니라 우리의 영혼과 관련된 일에도 그대로 적용된다. 게으르고 위선적인 자들은 영적으로 빈곤해지고, 열심을 품고 주를 섬기는 자들은 믿음에 부요하게 되고 선한 사업을 많이 하게 된다.

5 여름에 거두는 자는 지혜로운 아들이나 추수 때에 자는 자는 부끄러움을 끼치는 아들이니라

1. 기회를 잘 활용하는 자들, 영혼과 육신을 위해서 자기의 것을 거두고 늘리는 데에 수고하는 자들, 준비할 수 있을 때에 내세를 준비하는 자들, 거두는 때인 여름에 거두는 자들에 대한 마땅한 칭찬. 그렇게 하는 자는 지혜로운 아들이고, 그가 이렇게 불리는 것은 그의 영광이다. 이것은 기회가 된다면 마땅히 부양해야 하는 그의 부모님들을 위해 그가 지혜롭게 행하는 것이고, 그 자신과 그의 가족과 그를 교육시킨 자들을 명예롭게 만드는 것이다.

2. 기회를 무시하고 날려버리는 자들에 대한 마땅한 책망과 비난. 잠만 자고 편안한 것만을 좋아하며 게으름으로 시간을 허비하고 자신의 일을 소홀히 하며, 특히 겨울을 대비해야 할 때인 추수 때에 잠을 자서, 필요한 것들을 준비하도록 주어진 시기를 그냥 넘겨버리는 자는 부끄러움을 끼치는 아들이다. 왜냐하면, 그는 미련한 아들이기 때문이다. 그는 겨울이 와서 그의 친구들에게 누를 끼치게 될 때에 그가 당하게 될 부끄러움을 준비하고 있는 것이다. 젊은 시절에 지식과 지혜를 얻는 자는 여름에 거두어서, 그의 근면함으로 인하여 위로와 신용을 얻게 될 것이다. 그러나 자신의 젊은 시절을 게으름으로 허비해 버리는 자는 나이가 들어서 자신의 나태함으로 인한 부끄러움을 당하게 될 것이다.

6 의인의 머리에는 복이 임하나 악인의 입은 독을 머금었느니라

1. 의인의 머리는 하나님과 사람으로부터 오는 복들로 관을 쓰게 된다는 것. 각종 다양한 복들, 참된 복들이 위로부터 차고 넘치게 내려와서, 선한 자들의

머리 위에 가시적으로 임할 것이다. 그들은 좋은 말을 들을 뿐만 아니라 좋은 대우를 받게 될 것이다. 복들은 그들을 아름답게 장식하고 그들의 위엄을 더해 주는 보관(寶冠)으로, 그리고 그들을 안전하게 지켜줄 투구로 그들의 머리 위에 있을 것이다.

2. 악인의 입은 독과 포악(暴惡)으로 가득 차 있다는 것. 그들의 입은 그들이 행한 포악으로 인한 부끄러움 때문에 아무 말도 하지 못하게 될 것이고, 그들은 그들 자신을 위하여 변명할 말이 한 마디도 없게 될 것이다(욥 5:16). 그들이 행한 포악이 장차 그들의 머리 위로 되돌아올 때에 그들에게 행해질 포악 때문에 그들의 숨이 멈춰지게 될 것이다.

7의인을 기념할 때에는 칭찬하거니와 악인의 이름은 썩게 되느니라

의인이나 악인이나 그들의 날수가 다 찼을 때에는 죽을 수밖에 없다. 무덤 속에 들어간 두 사람의 시신은 눈으로 보기에 별 다른 것이 없다. 하지만, 영들의 세계에서 의인의 영혼과 악인의 영혼의 운명은 천지 차이이고, 그들의 뇌리 속에 남아 있는 기억도 천지 차이일 것이다.

I. 선한 자들은 죽고 난 후에 사람들로부터 칭송을 받고, 또 받아야 마땅하다. 의인의 머리가 무덤 속에 놓여지게 될 때에 그가 받는 칭송은 앞에서 말한 의인의 머리에 임하는 복들 중의 하나이다. 복된 자들은 죽어서도 복된 기억들을 남긴다.

1. 죽은 후에 사람들로부터 칭송을 받는 것은 성도들, 특히 덕이 뛰어나고 많은 사람들을 유익하게 한 자들의 위엄의 일부이다. 그들의 선한 이름, 선한 자들이 선한 일들을 해서 얻은 그들의 이름은 특별한 방식으로 좋은 기름과 같다(전 7:1). 하나님은 그를 높인 자들을 이렇게 높이실 것이다(시 112:3, 6, 9). 선진들은 믿음을 통해서 좋은 평판을 얻었고(히 11:2), 죽어서도 사람들의 칭송을 받았다.

2. 그것은 살아 남은 자들의 도리 중의 일부이다. 의인들을 기억하고 칭송하라. 유대인들은 이 본문을 이렇게 하나님의 명령으로 읽어서, 고인이 된 유명한 의인을 기념할 때에 그의 이름은 거론하지 않은 채로 그를 기억하고 칭송하라고 말한다. 우리는 먼저 간 선한 자들을 거론하는 영광을 얻게 된 것을 기뻐

하고, 그들과 하나님이 그들 속에서 나타내신 여러 은사들과 은혜들을 인하여 하나님께 감사하며, 무엇보다도 선한 일에 있어서 그들의 뒤를 따르는 자들이 되어야 한다.

Ⅱ. **악한 자들은 죽고 나서 잊혀지거나 욕을 먹게 된다**. 그들의 시신이 무덤 속에서 썩어가고 있을 때에 그들의 이름도 썩게 될 것이다. 그들의 이름은 아예 보존되지 않고 역사 속에서 사라져 버리거나(그들에 대해서는 좋게 말할 것이 없기 때문에, 그들에게 베풀 수 있는 최대의 호의는 그들에 대하여 아무 말도 하지 않는 것이다), 그들의 이름이 거론될 때마다 사람들은 혐오감을 나타내고 욕을 하게 될 것이고, 고인을 존중히 여겨서 고인에게 욕이 되는 말은 해서는 안 된다는 명예의 법칙도 그들을 보호해 주지 못할 것이다. 악명 높은 일이 있었고, 그 일에 대하여 말하지 않을 수 없을 때, 우리는 큰 혐오감을 지니고서 그 일을 언급하는 것이 마땅하다.

8마음이 지혜로운 자는 계명을 받거니와 입이 미련한 자는 멸망하리라

1. 순종하는 자가 받게 될 존귀함과 행복. 그들은 계명을 받는다. 그들은 계명을 특권으로 받아들인다. 그들이 계명을 받아서 그 다스림 아래에 있는 것은 그들에게는 너무나 편안한 일이다. 그래서 그들은 계명을 놓고 어떻게 할까를 선택하기 위해서 고민하는 수고를 할 필요가 없다. 그들은 계명을 그들의 본분에 대하여 말해주고 권면해 주는 것으로 여겨서 은총으로 받아들인다. 이것이 그들의 지혜이다. 고분고분하고 유순한 자들은 마음이 지혜로운 자들이다. 이렇게 잘 숙이고 굽히는 자들은 조언을 잘 받아들여서 견고하게 서고 형통한다.

2. 불순종하는 자들이 받게 될 수치와 멸망. 그들은 다스림을 받고자 하지 않고, 그 어떤 멍에도 메고자 하지 않으며, 가르침을 받고자 하지 않고, 그 어떤 조언도 받아들이려 하지 않는다. 그들은 미련한 자들이다. 왜냐하면, 그들은 그들 자신을 해롭게 하고 그들의 유익을 걷어차는 방향으로 행하기 때문이다. 그들은 보통 입이 미련한 자들, 즉 말을 많이 하지만 쓸데없는 말들만을 하고, 자기 자신을 자랑하고 뽐내며, 그들에게 권면하는 자들에게 앙심을 품고 비방하고(요삼 1:10), 다른 사람들에게 모략과 법을 제시할 수 있는 척하는 미련한 자들이다. 모든 미련한 자들 중에서 입이 미련한 자만큼 골치아픈 자도 없

고, 자기 자신을 그대로 다 노출시키는 자도 없다. 그러나 그들은 계명을 받지 않았기 때문에 죄 속으로 굴러떨어져서 멸망하여 지옥으로 들어가게 될 것이다. 말이 많은 자들은 자신의 발에 주의를 기울이지 않기 때문에 결국 걸려넘어져서 멸망하고 만다.

9바른 길로 행하는 자는 걸음이 평안하려니와 굽은 길로 행하는 자는 드러나리라

우리는 여기에서 다음과 같은 말들을 듣는데, 그 말들은 우리가 의지해도 되는 말들이다.

1. 바른 삶은 그 사람의 안전을 보장해 준다는 것. 하나님과 사람에 대하여 바른 길로 행하는 자, 하나님과 사람에 대하여 신실하게 행하는 자, 마땅히 해야 할 생각만을 하고 자기가 생각한 것을 있는 그대로 말하는 자는 걸음이 평안하다. 그는 하나님의 보호하심 아래에서 안전하고, 거룩한 안정감 속에서 평안하다. 그는 사탄의 유혹들과 세상의 환난들과 사람들의 비방을 막아낼 수 있을 정도로 잘 무장이 되어 있기 때문에, 겸손한 가운데 담대하게 자신의 길을 갈 수가 있다. 그는 자기가 어떤 토대 위에 서 있는지, 어떤 인도자를 따르고 있는지, 어떤 방비에 의해서 둘러싸여 있는지, 어떤 영광을 향하여 가고 있는지를 알기 때문에, 확신과 큰 평안 속에서 길을 간다(사 32:17; 33:15-16). 어떤 이들은 본문에서 확실하게 행한다(여기에서는 걸음이 평안하다로 번역되어 있다)는 것은 모험적으로 행하는 것과 반대되는 의미로서 바른 길로 행하는 자의 특성을 설명하는 것으로 이해하기도 한다. 그는 그의 양심 속에서 올바르다고 온전히 확신이 되지 않는 일은 감히 하려고 하지 않고, 모든 일 속에서 오직 확실하게 올바른 일만을 행한다.

2. 정직하지 못한 삶은 그 사람에게 수치를 가져다 준다는 것. 굽은 길로 행하는 자, 즉 정도에서 벗어나 굽은 길로 가고, 하나님과 사람을 기만하며, 바라보는 방향과 노를 젓는 방향이 다른 자는 잠시 동안은 사람들을 속여서 인정을 받을 수 있겠지만 결국에는 그 정체가 드러날 것이다. 그 정체가 드러나지 않을 확률은 천분의 일도 되지 않고, 적어도 저 큰 날에 하나님이 그의 정체를 드러내실 것이다. 굽은 길로 행하는 자는 하나님이 다른 사람들에게 경고하시기 위하여 타산지석으로 세우신 것이다.

[10]눈짓하는 자는 근심을 끼치고 입이 미련한 자는 멸망하느니라

해악을 불러오는 두 부류의 죄인들이 있다고 여기에서는 말한다.

1. 교활하고 음흉하며 가식적인 죄인들. 사람들을 해칠 기회만을 노리고 있으면서도 전혀 그렇지 않다는 듯이 눈으로 윙크를 하는 자, 속임수와 술수를 통해서 진행될 자신의 악한 음모를 수행할 때에 그를 돕기 위해서 온 공범자들에게 눈짓하는 자는 다른 사람들과 자기 자신에게 근심을 끼친다. 머리가 영리해서 죄를 짓게 되었다는 것은 변명이 될 수 없다. 죄인은 회개를 하지 않으면 더 악해질 수밖에 없고, 자신의 죄를 참회하지 않으면 그 죄 때문에 멸망할 수밖에 없다.

2. 주책없이 사람들 앞에서 떠벌리는 죄인들. 앞에서 말한 것처럼(8절), 입이 미련한 자는 멸망할 것이다. 그러나 이런 죄인들은 앞서 말한 죄인들보다는 덜 위험하다. 그들은 스스로 멸망을 자초하기는 하지만, 눈짓하는 자만큼 다른 사람들에게 근심을 끼치지는 않는다. 개가 짖는다고 해서 언제나 무는 것은 아니기 때문이다.

[11]의인의 입은 생명의 샘이라도 악인의 입은 독을 머금었느니라

1. 선한 자는 그의 선함을 전해줌으로써 선을 행하느라 열심이라는 것. 그의 마음의 출구인 그의 입은 생명의 샘이다. 그의 입은 생명수가 끊임없이 흘러나오는 샘이다. 그 입에서는 흙을 적셔서 비옥하게 만들어 주는 물줄기처럼 다른 사람들의 덕을 세우는 선한 말들이 흘러나오고, 지친 나그네의 갈증을 풀어주는 물줄기처럼 다른 사람들을 위로해 주는 선한 말들이 흘러나온다. 그의 입은 독이 들어 있지 않을 뿐만 아니라 그 어떤 부패한 성분도 섞이지 않은 정결하고 맑은 생명의 샘이다.

2. 악한 자는 그의 악함을 감춤으로써 그 악으로 남을 해치느라 정신이 없다는 것. 악인의 입은 독을 머금었으면서도, 겉으로는 입맞춤을 하는 척하면서 아브넬을 죽였던 요압과, 입맞춤을 하면서 주님을 배신하였던 유다처럼, 겉으로 친한 척하여 자신의 음흉한 술수를 좀 더 은밀하고 효과적으로 실행할 수 있게 위장을 한다. 악인의 입은 포악(暴惡)을 은폐하는데, 이것이 그의 죄이고,

거기에는 반드시 벌이 따른다(6절). 그는 그가 포악으로 얻은 것을 포악에 의해서 빼앗길 것이다(욥 5:4-5).

[12]**미움은 다툼을 일으켜도 사랑은 모든 허물을 가리느니라**

1. 해악을 일으키는 것은 악의라는 것. 다툴 이유가 딱히 없는 곳에서도 미움은 빌미를 찾아내서 **다툼을 일으켜서** 마귀 짓을 한다. 여기저기 다니며 소문을 옮기고 추측성의 악성 루머와 잘못된 얘기들을 퍼뜨림으로써 이웃들을 이간질시켜서 묻혀 있던 다툼의 불씨들을 살려내어 불길로 만든 후에 옆에서 이루 말할 수 없는 즐거움을 느끼며 불을 쬐고 앉아 있는 자들은 악의로 가득찬 악한 성품을 지닌 자들이다.

2. 평화를 만들어 내는 것은 모든 허물을 가리는 **사랑**이라는 것. 사랑은 사람들 사이에서 불화를 불러일으키는 원인인 허물과 잘못들을 덮어준다. 사랑은 허물을 널리 알리고 부각시키는 것이 아니라, 될 수 있는 한 덮어주고 감싸준다. 사랑은 실수나 경솔함으로 인해서 일어난 잘못들을 용서해 준다. 우리의 친구의 잘못이 거기에 악한 의도가 없었고, 단지 불찰 때문에 일어난 것이라면, 우리는 그 친구를 사랑하기 때문에 그의 잘못을 덮어준다. 또한, 누가 우리에게 잘못을 했을 때, 우리는 사랑으로 인해서 그 잘못을 덮어주고 가장 좋은 쪽으로 보아주고자 한다. 이렇게 했을 때, 다툼은 미연에 방지되고, 다툼이 시작되었다고 하더라도 평화가 신속하게 회복된다. 사도 베드로는 이 본문을 인용한다(벧전 4:8). **사랑은 허다한 죄를 덮느니라.**

[13]**명철한 자의 입술에는 지혜가 있어도 지혜 없는 자의 등을 위하여는 채찍이 있느니라**

1. 지혜와 인자함은 선한 자들의 명예라는 것. **명철한 자**, 계명을 지키는 자들이 지니고 있는 저 명철함을 갖고 있는 자의 **입술에는 지혜가 있다.** 즉, 그의 입술에 지혜가 있다는 것이 드러나서, 그 결과 그가 지혜의 선한 보화를 자기 속에 지니고 있다는 것이 드러난다. 지혜는 다른 사람들의 유익을 위하여 그의 속으로부터 이끌어내진다. 지혜를 가지고 있다는 것은 사람에게 명예가 되지

만, 다른 사람들을 지혜롭게 하는 도구가 되는 것은 훨씬 더 큰 명예가 된다.

2. 어리석음과 죄는 악한 자들의 수치라는 것. **지혜 없는 자의 등을 위하여는 채찍이 있느니라.** 그에게는 그의 양심의 채찍과 사람들의 혀의 채찍, 방백의 비난과 하나님의 의로우신 심판이 있다. 미련스럽고 고집스럽게 악한 길로 계속해서 행하는 자들은 그들이 맞을 매들을 준비하고 있는 것이고, 그 매 맞은 흔적들은 그들의 영원한 수치와 불명예가 될 것이다.

[14]지혜로운 자는 지식을 간직하거니와 미련한 자의 입은 멸망에 가까우니라

1. 자신을 지켜줄 유익한 지식을 많이 쌓아두는 것은 지혜로운 자가 보여주는 지혜라는 것. **지혜가 그들의 입술에 있는**(13절) 것은 지혜가 그들의 마음에 쌓여 있기 때문이다. 그들은 선한 청지기처럼 그들의 마음에 있는 곳간에서 옛것과 새 것을 내온다. 우리에게 어느 때에 유익할 수 있는 지식이라면, 우리는 그 지식을 **간직해** 두어야 한다. 우리는 그 지식을 사용하게 될 날이 언제인지를 알지 못하기 때문이다. 우리는 살아 있는 한 계속해서 지식을 쌓아야 한다. 필요할 때에 찾지 못하는 일이 생기지 않도록, 지식을 안전하게 간직하는 것이 중요하다.

2. 자신의 마음에 해악을 쌓아두는 것은 미련한 자가 보여주는 어리석음이라는 것. 그들은 말할 때마다 그들의 마음 속에 쌓아둔 것들을 꺼내어 말하기 때문에, 자기 자신과 다른 사람들에게 두려움과 멸망을 가져다 준다. 그들은 남을 해치는 말을 좋아해서(시 52:4), 그런 말들이 그들의 입에서 제일 먼저 튀어나온다. 그들의 입은 화살 같이 독한 말들을 언제라도 쏠 수 있게 준비를 해놓고 있기 때문에 **멸망에 가깝다.**

[15]부자의 재물은 그의 견고한 성이요 가난한 자의 궁핍은 그의 멸망이니라

이 잠언은 두 가지로 해석될 수 있다.

1. 이 잠언은 우리가 우리의 일에 부지런해야 하는 이유를 말하고 있다는 것. 우리는 우리의 일에 부지런해야, 사람을 무기력하고 낙심하게 만드는 가난에 수반되는 저 불안을 피하고, 세상에서 돈이 넉넉한 자들이 가진 유익과 위

로와 낙(樂)을 누릴 수 있다. 수고하고 애쓰는 것이야말로 우리 자신과 우리의 가족을 편안하게 해주는 길이다.

2. 또는, 이 잠언은 부자와 가난한 자가 그들의 외적인 형편에 대하여 흔히 지니고 있는 착각을 묘사하고 있다는 것.

(1) 부자들은 그들이 부유하기 때문에 행복하다고 생각한다. 그러나 그것은 그들의 착각이다. 그들은 **부자의 재물은 그의 견고한 성**이라고 생각하지만, 그 재물은 아주 큰 해악으로부터 그들을 지켜 주기에는 너무나 약하고 철저히 무력하다. 그들은 결국 그들이 생각하는 것만큼 안전하지 않다는 것을 알게 될 것이다. 아니, 그들의 재물이 도리어 그들을 위험하게 만들 수 있다.

(2) 가난한 자들은 그들의 가난 때문에 그들의 삶이 망했다고 생각한다. 그러나 그것은 그들의 착각이다. **가난한 자의 궁핍은 그의 멸망이니라.** 가난은 그들의 기를 꺾어 놓고, 그들의 온갖 위로와 낙들을 망쳐 놓는다. 하지만, 사람은 아주 가난하게 산다고 해도, 자신의 형편에 만족하고 선한 양심을 지키며 믿음으로 살기만 한다면, 아주 편한 마음으로 살아갈 수 있다.

[16]**의인의 수고는 생명에 이르고 악인의 소득은 죄에 이르느니라**

솔로몬은 여기에서 그의 아버지가 말한 것을 재확인한다(시 37:16): **의인의 적은 소유가 악인의 풍부함보다 낫도다.**

1. 의인은 자기가 열심히 일해서 번 것 외에는 가지지 않는다. 그는 오직 그의 손이 수고한 것을 먹지만, **그 수고는 생명에** 이른다. 그는 정직하게 벌어서 먹고 살고자 하고, 부자가 되거나 높은 자가 되고자 하지 않으며, 자기 가족을 부양하는 것으로 만족한다. 하지만, 그의 수고는 그 자신만을 살릴 뿐만 아니라, 다른 사람들에게도 선을 행할 수 있는 힘을 그에게 줄 것이다. 그는 선한 일을 하기 위해서 **자기 손으로 수고한다**(엡 4:28). 그의 모든 일은 이런저런 선한 결과를 가져온다. 또는, 이것은 그가 신앙에 있어서 수고하는 것을 의미할 수도 있다. 그는 그를 영생에 이르게 해줄 일에 수고를 아끼지 않는다. 그는 영생을 거두기 위해서 **성령을 위하여 심는다**(갈 6:8).

2. 악인의 재물은 그가 직접 수고해서 얻은 열매가 아니라 나쁜 방법으로 쉽게 얻은 재물일 것이고, 그러한 소득은 **죄에** 이른다. 그는 그 재물을 그의 정

욕과 교만과 사치를 만족시키는 재료로 사용한다. 그는 그 재물로 자신을 이롭게 하는 것이 아니라 해롭게 한다. 그는 그 재물로 자신을 해치고, 그 재물 때문에 더욱 완고하게 악한 길을 간다. 이 세상의 것들은 그것들을 어떻게 사용하느냐와 그것들을 가진 자가 누구냐에 따라서 선이 되기도 하고 악이 되기도 한다.

[17]**훈계를 지키는 자는 생명 길로 행하여도 징계를 버리는 자는 그릇 가느니라**

1. 훈계를 받을 뿐만 아니라 마음에 간직해 두는 자들은 올바른 길로 가고 있는 것이라는 것. 대다수의 사람들과는 달리 훈계를 건성으로 듣고 흘려 버리는 일이 없는 자들, 훈계를 듣지 못하게 되었을 때에는 큰 일이라고 여기는 자들, 훈계를 안전하게 지키고 순수하고 온전하게 지키며 그들이 사용하기 위해서 지키는 자들은 훈계로 스스로를 다스릴 수 있고, 다른 사람들의 유익을 위하여 훈계를 간직했다가 사람들을 가르칠 수 있기 때문에 올바른 길로 가고 있는 것이고, 그렇게 하는 자들은 생명 길, 즉 그 안에 참된 위로가 있고 그 끝에 영생이 있는 그런 길로 행하고 있는 것이다.

2. 훈계를 받지 않을 뿐만 아니라 훈계가 주어졌을 때에 의도적으로 완강하게 거부하는 자들은 잘못 가고 있는 것이라는 것. 그들은 그들의 본분과 도리에 대하여 가르침을 받고자 하지 않는다. 가르침을 받으면, 그들의 잘못과 허물들이 드러날 것이기 때문이다. 그들은 책망이 들어 있는 훈계를 특히 싫어하기 때문에 잘못된 길을 갈 수밖에 없다. 책망을 싫어한다는 것은 그들의 판단이 잘못될 수밖에 없고, 선과 악에 대하여 잘못된 인식을 갖게 될 수밖에 없을 것임을 보여주는 징조이다. 그것은 그들의 행실이 잘못되는 이유이다. 어떤 나그네가 길을 잘못 들었는데도, 남들이 올바른 길을 말해주거나 보여주려고 할 때에 그것을 싫어한다면, 그 나그네는 계속해서 끝까지 길을 잃을 수밖에 없다. 그는 반드시 생명 길을 놓치게 될 것이다.

[18]**미움을 감추는 자는 거짓된 입술을 가진 자요 중상하는 자는 미련한 자이니라**

악의는 어리석은 것이요 악한 것인데, 이것은 두 가지로 나타난다.

1. 듣기 좋은 말만을 하거나 시치미떼는 방법을 통해서 악의를 숨기는 것. 미움이 밖으로 드러나면, 자기가 사람들 앞에서 창피를 당하고 자신의 악의를 충족시킬 기회를 잃게 될 것을 염려해서, 거짓된 입술로 미움을 감추는 자는 자기가 대단한 사교적인 수완을 지니고 있다고 생각할지 모르지만, 사실은 미련한 자이다. 거짓된 입술, 즉 거짓말을 하는 입술은 그 자체로도 충분히 악한 것이지만, 악의를 은폐하는 외투로서의 역할을 할 때에는 그 속에 특별한 악성(惡性)을 지닌다. 어떤 일을 하나님이 아시지 못하게 숨길 수 있다고 생각하는 자는 미련한 자이다.

2. 앙심과 독기가 가득한 말들을 통해서 악의를 쏟아내는 것. 중상하는 자도 미련한 자이다. 왜냐하면, 하나님은 언젠가는 이 중상하는 자가 가리려고 애쓰는 저 의(義)를 대낮처럼 밝히 드러내실 것이고, 그 수치를 굴려 버릴 방법을 찾아내실 것이기 때문이다.

[19]말이 많으면 허물을 면하기 어려우나 그 입술을 제어하는 자는 지혜가 있느니라

우리는 여기에서 혀를 다스리는 것과 관련된 권면을 듣는데, 이것은 그리스도인에게 꼭 필요한 일이다.

1. 말은 적게 하는 것이 좋다는 것. 왜냐하면, 말이 많으면 허물을 면하기 어렵기 때문이다. 통상적으로 말이 많은 자들은 많은 실수를 하게 되고, 많은 말들 중에는 쓸데없는 말들이 많을 수밖에 없는데, 그들은 곧 그 무익한 말들에 대하여 책임을 져야 한다. 말하기를 좋아하는 자들은 그들이 회개할 거리를 계속해서 만들어 가고 있다는 사실을 깊이 생각하지 않는다. 말이 많으면, 그 속에 죄가 있을 수밖에 없고, 따라서 회개할 거리도 쌓이게 된다.

2. 입에 재갈을 먹이는 것이 좋다는 것. 자기 입술을 제어하는 자, 자기 자신을 제어하고, 자기가 생각한 것을 억누르며, 입 밖으로 튀어나올 것 같은 말을 참는 자는 지혜가 있는 자이다. 그것은 그에게 지혜가 있다는 것을 보여주는 증거이다. 그는 자신의 평안을 위하여 그렇게 하고 있는 것이기 때문이다. 말은 적게 하고, 삶을 고치는 것은 속히 하라(암 5:13; 약 1:19).

[20]의인의 혀는 순은과 같거니와 악인의 마음은 가치가 적으니라 [21]의인의 입술은 여

러 사람을 교육하나 미련한 자는 지식이 없어 죽느니라

우리는 여기에서 사람들을 어떻게 평가해야 하는지에 대하여 가르침을 받는다. 우리는 사람을 평가할 때에 그가 얼마나 재산이 많고 이 세상에서 얼마나 출세했는지를 보아서는 안 되고, 그가 덕을 갖추었는지 아닌지를 보아야 한다.

I. 선한 자들은 무슨 일에나 유익하다는 것. 그들은 이 세상에서 가난하고 지위가 낮으며, 권력도 없고 선을 행할 재력도 없을지라도, 말할 수 있는 입이 있는 한, 귀하고 유익한 자가 된다. 이런 이유 때문에 우리는 여호와를 경외하는 자들을 귀하게 여겨야 한다. 왜냐하면, 선한 사람은 마음에 쌓은 선에서 선한 것을 내기 때문이다.

1. 그들은 귀한 자들이 된다는 것. 의인의 혀는 순은과 같다. 그들은 진실해서, 속이는 것이나 악한 의도 같은 불순물이 없다. 하나님의 말씀은 완벽하게 단련된 순은에 비유되는데(시 12:6), 이것은 하나님의 말씀은 믿을 수 있기 때문이다. 의인들의 말도 마찬가지이다. 그들의 말은 무게와 가치가 있어서, 그 말을 듣는 자들을 순은보다 더 나은 지혜로 부유하게 만들어 준다.

2. 그들은 유익한 자들이 된다는 것. 의인의 입술은 여러 사람을 교육하고 많은 사람을 먹여 살린다. 왜냐하면, 그들의 입술은 생명의 양식인 하나님의 말씀으로 가득 차 있고, 그 유익한 가르침을 통해서 영혼이 자양분을 흡수해서 잘 자라게 되기 때문이다. 경건한 말은 궁핍하고 굶주린 자들에게 영적인 양식이다.

II. 악한 자들은 아무 데도 쓸모가 없다는 것.

1. 아무도 악한 자들에게서 유익을 얻을 수 없다는 것. 악인의 마음은 가치가 적다. 따라서, 그들의 마음에 쌓인 것으로부터 나오는 말도 가치가 있을 리가 없다. 그의 기본적인 사고방식, 그의 인식이나 생각, 그의 목적과 의도, 그를 채우고 있거나 그가 느끼는 모든 것들은 세상적이고 육적인 것이다. 따라서, 그것들은 아무런 가치가 없다. 땅에서 난 이는 땅에 속한 것을 말하고, 하나님께 속한 것들을 깨닫거나 맛볼 수 없다(요 3:31; 고전 2:14). 악인은 의인처럼 신앙에 대하여 얘기하지는 않지만 자기 속에 신앙이 있고 자기 마음이 선한 것을 하나님께 감사하는 척한다. 그러나 마음을 살피시는 하나님은 여기에서 악인

에 대하여 정반대의 말씀을 하신다. 악인의 마음은 가치가 적으니라.

2. 아무도 악한 자들에게 선을 행할 수 없다는 것. 의인의 입술은 많은 사람들을 먹여 살리지만, 미련한 자는 지식이 없어 죽는다. 누구나 아주 쉽게 얻을 수 있는 것이 없어서 죽는 그들은 정말 미련한 자들이다. 미련한 자들은 마음이 없어 죽느니라(원문은 이렇게 되어 있다). 그들은 깊이 숙고하는 것과 결단이 없어서 죽는 것이다. 그들에게는 그들 자신의 유익을 위하여 행하고자 하는 마음이 결여되어 있다. 그렇기 때문에, 의인들이 다른 사람들을 먹여 살리고 있는데도, 미련한 자들은 스스로 굶어 죽는다.

22 여호와께서 주시는 복은 사람을 부하게 하고 근심을 겸하여 주지 아니하시느니라

세상 사람들은 거의 다 세상의 부(富)를 얻는 일에 온 마음을 쏟지만, 대체로 그들이 원하는 부가 도대체 어떤 성질의 것인지와 그들이 부를 얻고자 하는 방식에 있어서 잘못 생각하고 있다. 그러므로 우리는 여기에서 다음과 같은 것들에 대하여 듣는다.

1. 정말 바람직한 부, 차고 넘치게 가지고 있으면서도 근심을 겸하여 주지 아니하는 그런 부, 그것을 얻고 지키기 위하여 밤낮 없이 불안해하지 않아도 되는 부, 그것을 누리는 데도 심령이 편치 않은 그런 일이 없는 부, 그것을 잃었다고 해서 괴로워하고 슬퍼하지 않아도 되는 부, 많이 사용했다고 해서 죄가 될 일이 없는 그런 부는 어떤 부인가. 그것은 부를 가지고 있으면서, 그 부로 인한 위로를 얻고, 그 부로 선을 행하며, 그 부를 사용해서 기쁘고 즐거운 마음으로 하나님을 섬기는 것이다.

2. 이 바람직한 부는 어디에서 오는가. 그런 부는 사람이 이 세상에서 악착스럽게 일을 해서 이루어지는 것이 아니라(시 127:2), 여호와께서 주시는 복으로 말미암아 이루어진다. 하나님이 주시는 복은 사람을 부하게 하고 근심을 겸하여 주지 아니한다. 하나님의 사랑으로부터 오는 것은 하나님의 은혜도 함께 수반되어 와서, 그 은혜가 흔히 부를 지니게 되면 더 부글부글 끓어오르는 성향을 지닌 욕망과 격정으로부터 영혼을 지켜 주기 때문이다. 솔로몬은 앞에서 손이 부지런한 자는 부하게 된다(4절)고 말하였지만, 여기에서는 여호와께서 주시는 복으로 인해서 부하게 되는 것이라고 말한다. 그러나 그 복은 손이 부지런한 자에

게 임한다. 영적인 부도 마찬가지이다. 우리는 마땅히 부지런함으로 영적인 부를 얻어야 하지만, 그렇게 해서 부를 얻었을 때에는 그 모든 영광을 당연히 하나님께서 주신 복과 은혜에 돌려야 한다(신 8:17-18).

23미련한 자는 행악으로 낙을 삼는 것 같이 명철한 자는 지혜로 낙을 삼느니라

1. 죄는 극히 죄악되다는 것. **미련한 자는 행악으로 낙을 삼는다.** 웃는 것이 사람에게 자연스럽듯이, 악을 행하는 것이 미련한 자에게는 자연스럽고 즐겁다. **악행이 그의 이삭이다**(원문에서는 이 단어가 사용되고 있다). 악행은 그의 기쁨이고 그가 애지중지하는 것이며 즐기는 것이다. 그에게 죄는 웃음거리일 뿐이다. 하나님의 법과 죄에 대한 하나님의 진노를 생각해서 죄를 짓지 말라는 경고를 받으면, 그는 그 권면을 웃어 넘기고, 하나님의 진노가 나타날 것이라는 경고도 웃어 넘겨 버린다. 그는 죄를 짓고나서는 그것을 근심하는 것이 아니라, 도리어 죄 지은 것을 자랑하고, 책망을 조롱하며, 자신의 양심이 일깨워주는 죄의식을 웃음으로 날려 버린다(14:9).

2. 지혜는 극히 지혜롭다는 것. 왜냐하면, 지혜는 그 속에 탁월하고 훌륭하다는 증거를 수반하기 때문이다. 지혜가 있다는 말 자체가 충분한 찬사가 되기 때문에, 우리는 **명철한 자**를 칭찬할 때에 다음과 같이 말하기만 하면 된다. "그는 **명철한 자**이고, 그에게는 **지혜**가 있다. 그는 지혜로워서 남에게 해를 끼치지 않는다. 또한, 설령 부주의로 인해서 남에게 해를 끼쳤다고 해도, 그는 지혜로워서 그것을 웃어 넘기지 않는다." 또는, 지혜가 정말 지혜롭다는 것을 부각시키기 위해서 본문을 이렇게 읽을 수도 있다. **악을 행하는 것이 미련한 자에게 낙이 되듯이, 지혜를 가지고서 그 지혜를 보이는 것이 명철한 자에게 낙이 된다.** 선한 자는 신앙의 구속(拘束)들과 행위들 속에서 장래의 상급 외에도, 죄인들이 마음껏 죄를 지을 자유를 누리는 데서 즐거움을 얻는 것보다 더 많고 더 나은 즐거움을 현재적으로 얻는다.

24악인에게는 그의 두려워하는 것이 임하거니와 의인은 그 원하는 것이 이루어지느니라 25회오리바람이 지나가면 악인은 없어져도 의인은 영원한 기초 같으니라

여기에서는 의인들은 잘 될 것이고, 악인들에게는 화가 있을 것이라는 말이 반복해서 나온다. 이 둘을 대비시켜 놓은 것은 각각을 더 뚜렷하게 부각시키기 위한 것이다.

I. 악인들은 그들이 두려워하는 대로 잘못 될 것이고, 의인들은 그들이 원하는 대로 잘 되리라는 것.

1. 악인들은 악행을 저지르면서 그들을 속이는 헛된 희망에 의지해서 한껏 의기양양하다가도, 이따금씩 제정신이 들어서 두려움에 몸부림칠 수밖에 없는데, 그들이 두려워하는 것들이 그들에게 임하게 될 것이다. 그들이 도발한 그 하나님은 모든 점에서 그들만큼이나 무시무시한 분이시기 때문에, 그들은 저 축축한 음부(陰府)로 떨어졌을 때에 하나님이 그런 분이시라는 것을 실감나게 깨닫게 될 것이다. 누가 주의 노여움의 능력을 알며 누가 주의 진노의 두려움을 알리이까(시 90:11). 악인들은 죄에 대한 벌을 두려워하지만, 죄를 피함으로써 두려움을 아예 만들지 않으면 되는데도, 지혜가 없어서 그렇게 하지를 않는다. 그래서 그들이 두려워하던 것이 그들에게 임한다. 그러나 그들이 현재적으로 겪는 두려운 일들은 그들이 장차 겪게 될 괴로운 일들의 맛보기일 뿐이다.

2. 의인들은 종종 두려움을 갖지만, 그들이 원하는 것은 하나님의 은총과 하나님 안에서의 행복인데, 결국에는 그들이 원하는 것이 이루어질 것이다. 그들이 원하는 것이 그들에게 이루어지는 것은 그들의 믿음이 그들의 두려움을 이겼기 때문이다(시 37:4).

II. 악인들의 형통은 신속히 끝날 것이지만, 의인들의 행복은 끝이 없으리라는 것(25절). 악인들은 그 앞에 있는 모든 것을 무너뜨리려고 하는 회오리바람처럼 요란한 소리를 내며 스스로 급하게 서두르고 다른 사람들을 다그치지만, 회오리바람처럼 금세 온데간데 없어지고 다시는 보이지 않는다. 악인들은 없어져서 더 이상 보이지 않는다. 폭풍이 지나가고 나면, 모든 사람들이 안심하고 기뻐한다(시 37:10, 36; 욥 20:5). 반면에, 의인들은 땅 밑에 있어서 눈에 보이지 않는 기초처럼 자신을 내보이지 않고 숨겨져 있지만, 하나님께 붙어 있고자 하는 결심이 확고하고 그 미덕이 견고하기 때문에 없어지거나 사라지지 않고 영원한 기초 같이 영원히 존재할 것이다. 거룩한 자는 계속해서 거룩하고 늘 변함없이 행복할 것이다. 그의 소망은 반석 위에 지어져 있기 때문에 폭풍이 와도 끄떡없다(마 7:24). 의인들은 세상의 기둥이다(어떤 이들은 본문을 이렇게 읽는다). 세상이 계속해서 존속하는 것은 그들 덕분이다. 거룩한 자손들은 세상의 자산이다.

[26]게으른 자는 그 부리는 사람에게 마치 이에 식초 같고 눈에 연기 같으니라

1. 천성이 게으른 자들, 편안한 것을 좋아해서 일하는 것에 마음을 쓰지 않는 자들은 일꾼으로 쓰는 것은 물론이고 그저 심부름을 보내기에도 적합하지 않다. 왜냐하면, 그런 자들은 주인의 전갈을 제대로 전하지도 않을 것이고, 서둘러서 돌아오려고도 하지 않을 것이기 때문이다. 그러므로 그런 자들은 그리스도의 사자(使者)들인 사역자들이 되기에 매우 부적합한 자들이다. 그리스도께서는 게으른 자들을 추수할 일꾼으로 보내고자 하지 않으실 것이다.

2. 그런 자들에게 일을 맡기고 그런 자들을 신뢰하는 너무도 큰 실수를 저지르는 자들은 반드시 그들 때문에 땅을 치고 통곡하게 될 것이다. 게으른 종은 그의 주인에게 이에 식초 같고 눈에 연기 같아서 그 주인을 불안하게 하고 괴롭게 한다. 그런 종은 식초가 이를 시게 하듯이 주인의 화를 돋구고, 연기가 눈을 맵게 하여 눈물이 나오게 하듯이 일을 소홀히 하고 망쳐 놓아서 주인으로 하여금 그 꼴을 보고서 분통이 터져서 눈물을 흘리게 만든다.

[27]여호와를 경외하면 장수하느니라 그러나 악인의 수명은 짧아지느니라 [28]의인의 소망은 즐거움을 이루어도 악인의 소망은 끊어지느니라

1. 신앙은 사람들의 수명을 길게 해주고 사람들의 소망을 이루어준다. 생명을 사랑하는 사람이 누구뇨. 그로 하여금 여호와를 경외하게 하라. 그러면, 여호와를 경외하는 것이 그의 삶에 해로운 많은 것들로부터 그를 안전하게 지켜줄 것이고, 그에게 이 세상에서의 충분한 삶과 저 세상에서의 영원한 삶을 확보해 줄 것이다. 여호와를 경외하면, 수명이 기대했던 것보다 더 많이 늘어날 것이고, 그 날수가 끝없이 늘어나서 영원까지 이르게 될 것이다. 좋은 날 보기를 원하는 자가 누구뇨. 그로 하여금 신앙을 갖게 하라. 그러면, 그의 날수가 늘어날 뿐만 아니라, 그 날수가 늘어나는 것만큼이나 그는 아주 아주 행복해질 것이다. 왜냐하면, 의인들의 소망은 즐거움을 이룰 것이기 때문이다. 그들은 그들이 소망하

던 것을 이루게 될 것이고, 이 때문에 이루 말할 수 없이 기뻐하게 될 것이다. 그들은 그들의 행복을 장래의 눈에 보이지 않는 것에서 찾는 자들이기 때문에(롬 8:24-25), 지금 그들의 수중에 있는 것들이 아니라 장차 그들에게 주어질 것이라고 약속된 것들에 소망을 두고 있는데, 그들의 소망은 머지않아 현실화되어서 그들의 영원한 즐거움이 될 것이다. 잘하였도다 착하고 충성된 종아 네 주인의 즐거움에 참여할지어다(마 25:21).

2. 악행은 사람들의 수명을 짧아지게 하고 사람들의 소망을 좌절시킨다. 악인들의 수명은 그들이 즐기는 죄의 쾌락과 그들이 이 세상에서 겪는 고역(苦役)들로 인해서 소진되어서 짧아질 것이다. 땅을 망쳐 놓는 나무들을 베어 버리라. 악인들이 이 세상에서나 저 세상에서 그 어떤 위로나 행복을 기대할지라도, 그들의 기대는 여지없이 좌절될 것이다. 왜냐하면, 악인의 소망은 끊어질 것이기 때문이다. 그들의 소망은 끝없는 절망으로 변하게 될 것이다.

29여호와의 도가 정직한 자에게는 산성이요 행악하는 자에게는 멸망이니라 30의인은 영영히 이동되지 아니하여도 악인은 땅에 거하지 못하게 되느니라

이 두 절은 경건한 자들의 행복과 악인들의 불행을 말하고 있기 때문에 그 요지가 24-25절과 동일하다. 우리는 이런 진리를 믿거나 깊이 생각하기를 몹시 싫어하는 자들이어서, 이 진리를 귀가 따갑게 반복적으로 들을 필요가 있다.

1. 정직에는 힘과 안정이 수반된다는 것. 여호와의 도(하나님의 섭리, 즉 하나님이 우리를 향하여 나아오시는 길)는 정직한 자들을 옳다 하며 떠받쳐 주기 때문에 그들에게는 산성이다. 하나님이 그들에게 베푸시는 모든 것은 그것이 긍휼이든 환난이든 그들을 일깨워서 그들의 본분과 도리를 다하게 만들고, 그들에게 힘을 주어서 그들을 낙심시키는 일들을 이겨내게 만든다. 또는, 여호와의 길(하나님이 우리에게 행하도록 정하신 경건의 길)은 정직한 자에게는 산성이다. 우리가 그 길을 가까이 하면 할수록, 우리의 마음은 더욱 넓어져서 그 길로 행할 수 있게 되고, 우리는 섬김과 고난을 위해 더 적합한 자들이 되어간다. 죄를 피하여 순결하게 지켜진 양심은 위험한 때에 사람을 담대하게 만들어 주고, 자신의 본분을 늘 변함없이 부지런히 행하면 바쁜 때에도 일을 쉽게 할 수

있게 된다. 우리는 하나님을 위하여 일을 많이 하면 할수록 점점 더 많은 일을 할 수 있게 된다(욥 17:9). 여호와의 길에서만 발견될 수 있는 여호와로 인하여 기뻐하는 것이 우리의 힘이 될 것이기 때문에(느 8:10), 의인은 영영히 이동되지 아니할 것이다. 견고하게 정립된 덕을 지닌 자들은 그 누구도 앗아갈 수 없는 견고한 평안과 행복을 지니고 있다. 그들은 영원한 기초를 갖고 있는 것이다(25절).

2. 행악의 필연적인 결과는 파멸과 멸망이라는 것. 악인은 이 땅에 아무리 많은 재물을 쌓아둔다고 하여도 땅을 기업으로 받지 못할 뿐만 아니라, 땅에 거하지도 못하게 될 것이다. 하나님의 심판이 그들을 이 땅에서 뿌리뽑아 버릴 것이다. 행악하는 자들에게는 여호와의 존전과 그의 능력의 영광으로부터 신속하고 확실한 멸망이 임할 것이다. 아니, 정직한 자들에게는 산성인 여호와의 길이 행악하는 자들에게는 그들의 힘을 소진시키는 것이요 두려운 공포이다. 동일한 복음이 이 사람에게는 생명으로부터 생명에 이르는 냄새가 되고, 저 사람에게는 사망으로부터 사망에 이르는 냄새가 된다(고후 2:16). 동일한 섭리 아래에서 이 사람은 부드러워지고 저 사람은 완악해진다. 누가 지혜가 있어 이런 일을 깨달으며 누가 총명이 있어 이런 일을 알겠느냐 여호와의 도는 정직하니 의인은 그 길로 다니거니와 그러나 죄인은 그 길에 걸려 넘어지리라(호 14:9).

31의인의 입은 지혜를 내어도 패역한 혀는 베임을 당할 것이니라 32의인의 입술은
기쁘게 할 것을 알거늘 악인의 입은 패역을 말하느니라

앞에서처럼 여기에서도 사람들은 그들이 한 말로 인하여 판단을 받아서 의롭다 함을 받기도 하고 정죄함을 받기도 할 것이라고 말한다(마 12:37).

1. 사람이 지혜롭고 선하게 말한다는 것은 그 사람이 지혜롭고 선하다는 것을 보여주는 증거로서 칭찬 받아 마땅한 일이라는 것. 선한 자는 그의 말 속에서 다른 사람들을 유익하게 하는 지혜를 낸다. 하나님은 의인에게 그의 의에 대한 상급으로 지혜를 주시고(전 2:26), 의인은 그러한 선물을 주신 것에 감사하고 주신 분에게 보답하는 마음으로 그 지혜로 선을 행하여, 그의 지혜롭고 경건한 말들을 통해서 많은 사람들의 덕을 세운다. 그는 기쁘게 할 것, 즉 어떤 말이 하나님을 기쁘시게 해 드리는 말인지(그는 이것을 다른 사람들보다 더 많이

연구한다), 어떤 말이 말하는 자나 듣는 자 모두에게 적절한 말인지, 어떤 말이 그에게 합당하고 듣는 자들에게 유익이 되는지를 알고, 바로 그런 말을 한다.

2. 악인이 악한 말을 하는 것은 악인이 저지르는 죄이고 장차 그를 파멸시키는 원인이 되리라는 것. 악인의 입은 패역을 말한다. 즉, 악인은 하나님을 진노하시게 만들고 함께 대화하는 자들의 화를 돋구는 말을 한다. 그렇다면, 그 결과는 무엇일까? 패역한 혀는 아첨하는 입술과 자랑하는 혀와 마찬가지로 확실하게 베임을 당할 것이다(시 12:3).

제 11 장

[1]속이는 저울은 여호와께서 미워하시나 공평한 추는 그가 기뻐하시느니라

하나님에 대한 경건이 보편적인 의의 한 부분이듯이(경건하지 않은 자는 정직한 자가 아니기 때문에), 사람들에 대한 의는 참된 경건의 한 부분이다. 왜냐하면, 정직하지 않은 자는 경건한 자가 아니고, 그의 신앙이 하나님께 열납되기를 기대할 수 없기 때문이다.

1. 거래를 할 때에 속이는 것만큼 하나님을 화나시게 하는 것은 없다. 속이는 저울은 여기에서 사람들과 거래할 때에 옳지 않고 속이는 온갖 행위들을 나타낸다. 그런 행위들은 모두 여호와께서 미워하시는 것들이다. 하나님은 재물을 모으기 위해서 그런 저주받은 술수들을 사용하는 자들을 미워하신다. 그런 행위들은 하나님을 보호자로 삼고 있는 우리의 이웃에게 악을 행하는 것만큼이나 하나님을 후견인으로 삼고 있는 공의를 모독하는 것이다. 사람들은 그런 사기 행위들을 가볍게 여겨서, 먹고 살자고 하는 일에는 죄가 있을 수 없고 들키지 않고 넘어가기만 한다면 문제삼을 필요가 없다고 생각한다. 얼룩이 있다고 해도 그 얼룩이 드러나지만 않으면 얼룩이 아니라는 논조이다(호 12:7-8). 그러나 그들도 예외없이 형제들인 그들에 의해서 사기를 당한 자들을 대신해서 복수를 해주시는 분이신 하나님께서 미워하시는 자들이 되고 만다.

2. 공평하고 정직한 거래만큼 하나님을 기쁘시게 해 드리는 것이 없고, 우리와 우리의 기도를 하나님께 열납되게 하는 데에 필수적인 것이 없다. 공평한 추는 그가 기뻐하시느니라. 하나님은 친히 공평한 추를 지니고 다니시고, 평평한 손에 심판의 저울을 올려 놓으시기 때문에, 이 점에서 그를 따르는 자들을 기뻐하신다. 저울로 달아본다는 것은 가장 정확하고 올바르게 행한다는 것을 사람들에게 보여주기 위한 것이기 때문에, 저울을 속이는 것은 하나님께 더 큰 가증스러운 일이 된다.

[2]교만이 오면 욕도 오거니와 겸손한 자에게는 지혜가 있느니라

1. 자기 자신을 높이는 자는 끌어내려지고, 그에게 멸시가 쏟아지게 된다는 것. 교만이 오면 욕도 온다. 교만은 사람들이 스스로 부끄러워해야 할 충분한 이유가 있는 죄이다. 흙으로부터 나와서 하나님께 의지하여 주시는 것들을 받아먹고 살다가 자기가 갖고 있던 모든 것을 잃어버린 인간이 교만을 부린다는 것은 부끄러운 일이다. 교만은 사람들이 창피하게 생각하고 멸시하는 눈으로 쳐다보는 죄이다. 거만한 자는 사람들로부터 멸시를 당한다. 교만은 흔히 하나님이 사람들을 끌어내리시는 원인이 되는 죄이다. 느부갓네살과 헤롯이 스스로 교만해져서 헛된 영광을 구했을 때, 하나님은 그들로 하여금 즉시 불명예와 수치를 당하게 하셨다. 왜냐하면, 하나님은 교만한 자를 대적하시고 정면으로 맞서서 그들이 자랑하는 것을 무너뜨리시기 때문이다(사 2:11 이하).

2. 자기 자신을 낮추는 자는 높아지고, 고상한 인격이 그에게 주어진다는 것. 교만한 자는 어리석음이 있어서 욕을 당하게 되는 것처럼, 겸손한 자에게는 지혜가 있어서 존귀함을 얻게 된다. 왜냐하면, 지혜는 그 지혜를 지닌 자를 사람들에게 존경을 받게 만들어 주고 그의 얼굴이 사람들 앞에서 빛이 나게 해주기 때문이다. 또는, 어떤 자가 아주 비열해서 겸손한 자들을 짓밟는다면, 하나님은 그 겸손한 자들에게 그들의 영광이 될 은혜를 주실 것이다. 겸손한 심령을 지닌 자들이 지극히 안전하고 평화로우며 평안하다는 것과 그들이 하나님과 늘 교제하고 그들 속에 항상 위로가 넘친다는 것을 생각하면, 우리는 겸손한 자에게는 지혜가 있다고 말하는 것이 당연하다.

[3]정직한 자의 성실은 자기를 인도하거니와 사악한 자의 패역은 자기를 망하게 하느니라

하나님은 앞에서도 정직한 자를 인도하시겠다고 약속하시고, 행악자들을 멸하시겠다고 경고하셨지만, 여기에서는 우리에게 이 두 가지를 좀 더 온전히 확신하게 하기 위해서, 이 두 가지는 마치 만물의 법칙상 저절로 그렇게 될 수밖에 없다는 듯이 설명하고 있다.

1. 정직한 자가 지닌 올바름 자체가 그로 하여금 마땅히 행해야 할 본분의

길과 안전한 길로 그를 안내하는 인도자가 되리라는 것. 그의 기본적인 사고 원리들은 정해져 있고, 그의 행동 규범은 확실하기 때문에, 그의 길도 분명하다. 그의 정직함과 진실함이 계속해서 그를 변함없게 지켜주고, 그에게는 선한 양심을 지키는 것 외에 달리 추구해야 할 목표가 없기 때문에, 그는 바람이 불 때마다 항로를 바꿀 필요가 없다. 올바름과 정직은 사람들을 지켜주고 보호해 준다(시 25:21).

2. 악한 자의 죄악 자체가 그를 파멸시키리라는 것. 선한 자가 아무리 그대로 위험에 노출되어 있다고 할지라도 그의 정직함이 그의 방패가 되어 줄 것임과 마찬가지로, 죄인들은 그들의 주변을 아주 완벽하게 요새화하여서 그들이 안전할 것이라고 생각할지라도 그들의 패역이 그를 망하게 할 것이다. 그들은 그들 자신이 파놓은 함정 속으로 떨어지게 될 것이다(5:22).

4재물은 진노하시는 날에 무익하나 공의는 죽음에서 건지느니라

1. 죽은 날이 진노하시는 날이 되리라는 것. 죽음은 하나님의 진노의 사자이다. 그래서 모세는 사람이 결국 죽게 되어 있다는 진리를 묵상할 때에 그 기회를 빌려서 하나님의 노여움의 능력을 칭송하였다(시 90:11). 죽음은 자연에 진 빚이 아니라 하나님의 공의에 진 빚이다. 한번 죽는 것은 사람에게 정해진 것이요 그 후에는 심판이 있으리니(히 9:27), 그 날은 진노의 큰 날이다(계 6:17).

2. 그 날에 재물은 사람들에게 아무 도움이 되지 못하리라는 것. 재물은 죽음을 막아주거나 고통을 덜어주지 못하고, 죽음의 독침을 빼내주지는 더더욱 못한다. 그러니, 이 세상에서 재물을 많이 가지고 있어 보아야 무슨 유익이 있겠는가? 하나님이 심판하시는 날들에 재물은 사람들을 지켜주는 것이 아니라 도리어 흔히 위험에 빠지게 만든다(겔 7:19).

3. 오직 의(義)만이 사람들을 죽음의 재앙에서 건져 주리라는 것. 선한 양심은 죽음을 편안하게 만들어 주고 죽음에 대한 공포를 제거해 줄 것이다. 둘째 사망의 해를 받지 않을 뿐만 아니라 첫째 사망에 의해서도 그리 많은 해를 입지 않는 것은 의인들의 특권이다.

5완전한 자의 공의는 자기의 길을 곧게 하려니와 악한 자는 자기의 악으로 말미암

아 넘어지리라 [6]정직한 자의 공의는 자기를 건지려니와 사악한 자는 자기의 악에 잡히리라

이 두 절의 내용과 요지는 사실상 3절과 동일하다. 진리들은 확실하고 중요하기 때문에, 여기에서처럼 아무리 반복된다고 하여도 충분하지 않다. 우리는 이러한 진리들을 우리의 삶의 원리로 삼아서 우리 자신을 다스려야 한다.

I. 신앙의 길들은 분명하고 안전한 길이라는 것. 이 때문에, 우리는 그 길들 속에서 거룩한 안정감을 누릴 수 있다. 정직함과 인자함이라는 삶의 원리는 다음과 같은 역할을 해줄 것이다.

1. 우리를 옳은 길로 이끌어주는 최고의 인도자. 이 원리는 모든 의심스러운 경우에 우리에게 이것이 바른 길이니 너희는 이리로 가라고 말해줄 것이다. 인도자 없이 행하는 자는 자기 앞에 있는 길을 제대로 볼 수 없다.

2. 우리를 온갖 거짓된 길에서 건져주는 최고의 구원자. 정직한 자들의 의는 그들을 지켜 주는 전신갑주가 되어서, 마귀와 세상의 유혹들과 위협들로부터 그들을 건져줄 것이다.

II. 악의 길들은 위험하고 멸망으로 이끈다는 것. 악한 자들은 그들 자신의 악으로 말미암아 넘어져서 불행과 파멸 속으로 떨어지고, 덫에 걸리는 것처럼 자기의 악에 잡히게 될 것이다. 이스라엘아 네가 네 스스로를 망하게 하였느니라(호 13:9). 그들이 저지른 죄가 그들에 대한 벌이 될 것이다. 그들이 자신을 보호하기 위해서 애써 고안해낸 바로 그것들이 그들을 멸망으로 이끌 것이다.

[7]악인은 죽을 때에 그 소망이 끊어지나니 불의의 소망이 없어지느니라

1. 악인들일지라도 살아 있는 동안에는 그들이 죽을 때에 행복할 것이고, 적어도 이 세상에서는 행복할 것이라는 기대를 자신만만하게 유지할 수 있다는 것. 거미가 자신의 거미줄로 자신을 칭칭 감아서 감싸듯이, 위선자들은 이러한 헛된 소망으로 자신을 칭칭 감아서 감싼다. 속물들은 자신의 재물에 큰 기대를 건다. 그들은 그들의 재물을 여러 해 쓸 물건(눅 12:19), 즉 아주 오래오래 쓸 물건이라고 부르고, 그 재물에 소망을 두고서 안심하며 즐거워한다. 그러나 그들

의 기대는 죽을 때에 여지없이 무너지고 만다. 속물들은 영원히 살 것이라고 기대하였던 이 세상을 떠나야 하고, 위선자들은 자기가 옮겨갈 것이라고 기대하였던 저 세상에 갈 수 없게 될 것이다(욥 27:8).

2. 악인들은 그들의 장밋빛 소망이 현실로 찬란히 펼쳐질 것으로 기대했다가 도리어 절망의 나락 속으로 떨어질 것이기 때문에 그 비참함이 더욱 심하게 되리라는 것. 경건한 자가 죽으면, 그가 기대했던 것들은 기대 이상으로 차고 넘치게 이루어지고, 그가 지녔던 모든 두려움들은 다 사라진다. 그러나 악인이 죽으면, 그의 기대들은 산산조각이 나고 만다. 바로 그 날에 그가 사는 동안에 내내 즐거운 마음으로 꿈꾸었던 그의 기대들은 온데간데 없이 사라지고, 그의 소망들은 끊어진다.

8의인은 환난에서 구원을 얻으나 악인은 자기의 길로 가느니라

죽은 후에는 말할 것도 없고 살아 생전에도 종종, 의인들은 눈에 띌 정도로 일이 잘 풀리지만 악인들이 하는 일은 번번이 막힌다.

1. 선한 자들은 사지(死地)에 몰려서 꼼짝없이 죽었다는 생각이 들 때에도 그 사지에서 건짐을 받아서 널찍한 곳으로 나오게 된다는 것(시 66:12; 34:19). 그들이 마치 사막 속에 갇혀 버린 것처럼 되어서 절망하고, 이것을 본 원수들이 의기양양해할 때에도, 하나님은 자기 백성을 구원할 길을 찾아내신다.

2. 악인들은 의인들을 사지에 몰아넣으면서 자기들은 절대로 그런 사지에 들어가게 되지 않을 것이라고 생각하지만, 그들이 만들어 놓은 사지에 그들 자신이 빠지게 된다는 것. 따라서, 그들은 의인들을 그 사지에서 건져내기 위해 지불되는 속량물이 되어서 의인들 대신에 그 사지로 들어가는 모양새가 된다. 모르드개는 교수형을 당하기 직전에, 다니엘은 사자 굴에서, 베드로는 감옥에서 구원을 받았고, 그들을 핍박하던 자들이 그들 대신에 사지로 던져졌다. 이스라엘 백성은 홍해에서 구원을 얻었고, 그들 대신에 애굽 사람들이 홍해에 빠져 죽었다. 성도들은 하나님의 눈에 아주 보배로운 자들이기 때문에, 하나님은 그들을 대신하여 다른 자들을 속량물로 주신다(사 43:3-4).

9악인은 입으로 그의 이웃을 망하게 하여도 의인은 그의 지식으로 말미암아 구원을

얻느니라

1. 위선은 악을 도모한다는 것. 칼로 사람을 죽이는 것만이 살인이 아니다. 위선자는 그럴 듯하게 친절과 선의를 가장해서 그의 입으로 이웃을 죄로 유인하거나 망하게 한다. 죽고 사는 것이 혀의 힘에 달렸지만(18:21), 듣기 좋은 말만을 하는 혀보다 더 치명적인 혀는 없다.

2. 정직은 악한 음모를 격퇴하고 그 덫을 피한다는 것. 의인은 사탄의 계략들에 대한 그의 지식으로 말미암아 위선자가 쳐놓은 덫들로부터 구원을 얻는다. 유혹하는 자들은 택함 받은 자들을 속이지 못할 것이다. 의인은 하나님과 성경과 그들 자신의 마음을 잘 알기 때문에 그들을 속여서 멸망시키고자 매복해서 기다리고 있는 자들로부터 구원을 받게 될 것이다(롬 16:18-19).

10 의인이 형통하면 성읍이 즐거워하고 악인이 패망하면 기뻐 외치느니라 11 성읍은 정직한 자의 축복으로 인하여 진흥하고 악한 자의 입으로 말미암아 무너지느니라

I. 선한 자들은 일반적으로 이웃들의 사랑을 받지만, 악인들을 돌보고자 하는 자는 아무도 없다는 것.

1. 의인들의 원수가 되고, 하나님과 경건을 싫어하며, 선한 자들이 힘을 갖고 형통하는 것을 보고서 못마땅해하며 화를 내는 자는 별로 없다는 것. 신앙에 대하여 별 관심이 없는 자들도 선한 자에 대해서는 좋게 말을 한다. 그러므로 의인들이 형통하여 그들이 원하던 대로 선을 행할 수 있는 역량이 많아졌을 때, 그것은 주변의 모든 사람들에게 좋은 일이기 때문에, 성읍이 즐거워한다. 덕 있는 사람들이 이 세상에서 형통하고 명성을 얻게 되는 것을 볼 때, 우리는 이 세상에서 덕을 높이고 장려하기 위하여, 그리고 하나님의 약속이 성취된 것이라고 여겨서, 기뻐하는 것이 마땅하다.

2. 악인들끼리는 서로가 잘 되기를 바라는 자들도 간혹 있겠지만, 사람들은 대체로 악인들을 나쁘게 여긴다는 것. 사람들은 악인들을 두려워할 수는 있지만 사랑하지는 않는다. 그러므로 악인들이 패망하면 사람들이 기뻐 외친다. 누구나 다 악인들이 욕을 당하고 무장해제되어 높은 자리에서 밀려나며 이 세상에서 쫓겨나는 것을 기뻐하고, 악인들이 의인들 대신에 사지(死地)로 들어가고

의인들은 악인들 대신에 형통해서 악인들 때문에 성읍에 더 큰 손실이 있지 않기를 바란다(8절). 그러므로 우리는 사람들이 우리가 살아 있기를 바라고 우리가 죽었을 때에는 우리의 죽음을 진심으로 슬퍼하며, 우리가 역사의 무대에서 사라진 것을 손뼉치고 즐거워하지 않도록 하기 위해서라도 미덕의 길로 계속해서 가야 한다(욥 27:23; 시 52:6).

Ⅱ. 사람들이 그렇게 하는 데에는 다 이유가 있다는 것. 이것은 선한 자들은 선을 행하고, 옛 속담에 말하기를 악은 악인에게서 난다고 하였기(삼상 24:13) 때문이다.

1. 선한 자들은 모두에게 축복이라는 것. 정직한 자들에게 더 많은 좋은 일을 하라고 하나님이 주신 축복들, 정직한 자들의 조언과 모범과 기도 등 그들이 이웃을 위하여 온갖 유익한 일들을 행함으로써 이웃들이 받는 축복들, 하나님이 정직한 자들로 말미암아 다른 사람들에게 주시는 축복들로 인하여, 성읍은 크게 흥하여서, 주민들에게 더 살기 좋은 곳이 되고, 주변 성읍들보다 더 중요한 곳이 된다.

2. 악한 자들은 모두에게 성가신 존재라는 것. 악인들은 그들의 세대의 짐일 뿐만 아니라 전염병이다. 악인들의 악한 말들은 선한 풍속을 타락시키고, 성읍의 도덕을 부패시키며, 사람들의 미덕을 망쳐 놓아서, 결국 성읍에 하나님의 심판을 불러오기 때문에, 성읍은 악한 자들의 입으로 말미암아 무너진다.

[12]지혜 없는 자는 그의 이웃을 멸시하나 명철한 자는 잠잠하느니라 [13]두루 다니며 한담하는 자는 남의 비밀을 누설하나 마음이 신실한 자는 그런 것을 숨기느니라

Ⅰ. 침묵은 참된 우정의 증표이고 우정을 지키는 길이기 때문에 지혜로운 일이라는 것.

1. 침묵은 지혜가 있음을 보여주는 증거라는 것. 자신의 마음을 다스릴 줄 아는 명철한 자는 화가 나더라도 자신의 감정을 쏟아내거나 다른 사람들의 감정을 자극하지 않기 위해서 상스러운 말을 하거나 언짢은 기분을 드러내지 않고 잠잠한다.

2. 침묵은 신실하다는 것을 보여주는 증거라는 것. 마음이 신실한 자, 즉 자신의 약속만이 아니라 친구의 유익에도 신실한 자는 누설되면 그 친구에게 피

해가 돌아갈 수도 있는 그런 것을 숨긴다.

II. 혀로 행하는 두 가지 지극히 악한 악덕. 이 두 가지 악덕은 앞에서 말한 우정을 생각해서 지혜롭게 숨기는 것과 정반대되는 것이다.

1. 이웃에게 면전에서 멸시하는 말을 하는 것. 지혜 없는 자는 이런 모습을 통해서 자신의 어리석음을 드러낸다. 그는 그의 이웃을 멸시하고, 이웃을 라가, 즉 미련한 놈이라고 하여 분노를 불러일으키며, 그 이웃을 자기 집에 있는 강아지만큼도 못한 자로 여겨 짓밟는다. 그가 자기와 마찬가지로 똑같은 흙으로 지음 받은 이웃에게 이런 식으로 침을 뱉는 것은 곧 자기 자신에게 침을 뱉는 것이다.

2. 뒤에서 악의적인 말을 하는 것. 두루 다니며 한담하는 자, 즉 자기가 주워들은 온갖 얘기들을 진위를 확인하지도 않고 이 집 저 집 다니면서 옮겨서 분란을 일으키고 이간질을 시키는 자는 친구가 그를 믿고서 털어 놓은 비밀을 누설함으로써 신의를 깨뜨려서 우정의 온갖 특권들을 상실한다.

[14]지략이 없으면 백성이 망하여도 지략이 많으면 평안을 누리느니라

1. 한 나라가 망할 것을 보여주는 불길한 징조는 무엇인가. 지략이 없으면, 즉 모두에게 좋은 길이 어떤 것인지를 놓고서 지혜롭게 서로 논의하는 것이 전혀 없고, 오직 모든 일을 성급하게 행하고, 끼리끼리 작당해서 사리사욕만을 챙기고자 하면, 백성은 파당들로 갈가리 찢겨서 서로 미워하고 싸움으로써 국력이 약해져서 그들의 공동의 원수들에게 손쉬운 먹잇감이 되어 망하게 된다. 전쟁을 하기 위해서는 지략이 필수적이고, 한 눈으로 보는 것보다는 두 눈으로 보는 것이 더 잘 보이며, 서로에게 조언을 해주면 서로가 도움을 받는 법이다.

2. 한 나라가 형통할 것을 보여주는 좋은 징조는 무엇인가. 지략이 많아서 나라가 잘 되기 위해서는 서로가 필요하고 서로 힘을 합쳐야 한다는 것을 잘 아는 모사들이 많을수록 그 나라는 평안을 누리게 된다. 왜냐하면, 한 사람이 미처 깨닫지 못한 지혜로운 방법을 다른 사람은 알고 있을 수 있기 때문이다. 우리는 개인적인 일들에 있어서도 많은 사람들의 조언을 구하는 것이 우리에게 유익이 된다는 것을 자주 경험한다. 많은 사람들의 조언이 일치한다면, 우리가 가야 할 길은 더욱 분명해질 것이다. 또한, 그 조언들이 서로 다르다고 하여도,

우리는 사람들이 모든 각도에서 말하는 것을 들어볼 수 있기 때문에, 더 잘 결정을 할 수 있게 될 것이다.

[15]타인을 위하여 보증이 되는 자는 손해를 당하여도 보증이 되기를 싫어하는 자는 평안하니라

1. 일반적으로 말해서, 우리는 우리에게 주어진 재물을 우리 마음대로 사용해서는 안 된다는 것. 왜냐하면, 우리는 단지 청지기에 지나지 않아서, 우리에게 주어진 재물을 우리가 어떻게 사용해야 하는지를 지시할 권한은 그 재물을 우리에게 주신 하나님께 있기 때문이다. 그런데, 그 재물을 우리가 어떻게 사용해야 하는지를 지시해 놓은 하나님의 법은 우리의 유익을 따지셔서, 그 재물을 우선적으로 우리의 가정에 사용해야 한다고(물론, 거기에서 그쳐서는 안 되지만) 가르친다. 한 가정에서 규모 있게 살림을 꾸려나가는 것은 선한 신앙에 속하는 일이고, 신중한 분별력으로 우리의 일들을 질서 있게 꾸려나가는 것은 선한 자의 특징 중의 일부이다(시 112:5). 누구나 다 자기 가정에 충실해야 한다. 그렇게 하지 않는 자는 자신의 청지기 직분에 충실하지 않는 것이다.

2. 구체적으로 말해서, 우리는 경솔하게 보증을 서서는 안 된다는 것.

(1) 경솔하게 보증을 서는 것은 우리 자신과 우리 가족을 곤경에 빠뜨릴 위험이 있다. **타인**, 즉 언젠가는 신세를 갚겠다고 약속하며 보증을 부탁하는 자, 자기가 그 사람을 잘 알고 그의 형편을 잘 안다고 생각하지만 사실은 잘못 알고 있는 그런 자를 **위하여 보증이 되는 자는 손해를 당할** 것이다. 그는 그 보증 선 것 때문에 **애석하게도 반드시 풍지박산이 되고 말 것이고**, 아마도 파산하게 될 것이다. 우리 주 예수께서는 우리가 타인, 즉 원수였을 때에 우리를 위해 보증이 되어 주셨고, 그 때문에 큰 고초를 겪으셨다. **여호와께서 그에게 상함을 받게 하시기를 원하셨다**(사 53:10).

(2) 그런 보증을 전혀 서지 않겠다고 단단히 결심한 자는 평안하게 살아갈 수 있다. 우리가 우리의 재력이 허용하는 한도를 넘어서서 사업을 벌이고자 하지 않는다면, 남에게 아쉬운 소리를 할 필요가 없기 때문에, 얼마든지 보증을 서지 않을 수 있다.

[16]유덕한 여자는 존영을 얻고 근면한 남자는 재물을 얻느니라

1. 근면한 남자는 재물을 얻는다는 것. 세상에서 바쁘게 일하는 자들, 돈을 벌기 위해서 활발하게 움직이는 자들, 자신의 길을 막아서는 모든 자들을 물리치고 자신의 뜻을 관철해 나갈 수 있는 힘을 가진 자들은 그들이 가지고 있는 재물을 지킬 수 있을 뿐만 아니라 더 많은 재물을 모을 수 있는 반면에, 약한 자들은 주변의 모든 사람들의 먹잇감이 된다.

2. 근면한 남자들이 재물을 얻기 위해 애쓰는 것만큼, 유덕한 여자는 지혜와 정숙함, 겸손함과 예의바름 등과 같은 여자의 참된 장신구들인 온갖 덕목들을 얻기 위해 애쓰는 것이 당연하다는 것. 근면한 남자들이 재물을 얻게 되듯이, 진정으로 덕이 있는 여자들은 그들의 지혜로움과 선한 행실로 인해서 실제로 존귀함을 얻게 될 것이다. 유덕한 여자는 근면하고 용맹스러운 남자만큼이나 존귀하고, 그녀가 지닌 존귀함은 견고하다.

[17]인자한 자는 자기의 영혼을 이롭게 하고 잔인한 자는 자기의 몸을 해롭게 하느니라

각 사람은 자기에게 책임이 있다는 것은 대원칙이다. 자기 자신만큼 자기에게 가까운 자는 없다. 이 말을 올바르게 이해한다면, 이 말은 우리가 덕스러운 성품들을 소중히 여기고 부패한 성품들을 십자가에 못 박아야 하는 이유로 우리에게 다가올 것이다. 우리는 우리가 신앙의 원리들에 의해서 다스림을 받느냐 받지 않느냐에 따라서 심지어 현세에서의 위로와 관련해서도 우리 자신에게 벗이 되기도 하고 원수가 되기도 한다.

1. 인자하고 자애로우며 선한 성품을 지닌 자는 자기의 영혼을 이롭게 하고 자기 자신을 편안하게 만든다는 것. 그는 자신의 본분과 도리를 다하여 자기 목숨만큼이나 소중한 사람들에게 위로를 전하는 것으로 즐거움을 삼는다. 사람들이 우리 목숨만큼 소중한 것은 우리가 서로 지체가 되기 때문이다(엡 4:25). 이 세상의 좋은 것들로 다른 사람들을 이롭게 하는 자는 하나님이 신령한 축복들로 그를 이롭게 하시는 것을 보게 될 것이고, 이것은 자기의 영혼을 가장 이롭게 하는 것이다. 네가 네 골육을 피하여 스스로 숨지 아니하고, 다른 사람들에게도 네

자신에게처럼 선을 행하여 주린 자에게 네 양식을 나누어 준다면(사 58:7), 그것은 네 자신의 영혼에 선을 행하는 것이다. 왜냐하면, 여호와께서 네 영혼을 만족하게 하며 네 뼈를 견고하게 하실 것이기 때문이다(사 58:11). 어떤 이들은 인자한 자가 자기 자신을 귀하게 여기는 것을 그의 성품의 일부로 여긴다. 다른 사람들에게 후히 베푸는 성품을 지닌 자는 그의 수고함으로 스스로 낙을 누리는 것도 허용되는 것이 마땅하다. 우리는 여기에서 말하는 영혼이 사도 바울이 말한 속사람을 가리키는 것이라고 이해할 수 있다. 그렇다면, 이 잠언은 인자함 중에서 가장 첫째 가고 중요한 것은 우리의 영혼에게 영적인 삶을 살아가는 데에 꼭 필요한 것들을 잘 공급하는 것임을 우리에게 가르치고 있다고 할 수 있다.

2. 잔인하고 제멋대로이며 악한 성품을 지닌 자는 자기의 몸을 해롭게 하기 때문에, 그가 저지르는 죄는 곧 그에 대한 벌이 된다. 그는 자기가 가지고 있는 것을 다른 사람들이나 자기 자신을 위하여 사용할 마음이 없기 때문에 먹을 것을 자기 수중에 쥐고 있으면서도 굶어서 죽는다. 그는 그에게 자기 몸과 같은 그의 가장 가까운 혈육들조차도 해롭게 한다(엡 5:29). 시기와 악의 세상 것들에 대한 탐욕은 뼈를 썩게 만들고 몸을 소진시킨다.

[18]악인의 삯은 허무하되 공의를 뿌린 자의 상은 확실하니라

1. 죄인들은 스스로를 가장 치명적으로 속이고 있다는 것. 악인의 삯은 허무하다. 즉, 그는 모래 위에 집을 지으면서, 그러니까 죄를 지으면서 그가 결코 얻지 못할 것들을 기대하지만, 결국 태풍이 몰려오면 그 집은 무너지고 그는 스스로에게 속았다는 것을 알게 된다. 아니, 그가 짓는 죄는 겉으로는 그에게 미소를 보이면서 그의 목을 따고 있는 것이다. 죄가 계명으로 말미암아 나를 속이고 죽였도다(롬 7:11).

2. 성도들은 그들 자신을 위하여 가장 안전한 것들을 준비하고 있다는 것. 장차 하나님이 갚아 주실 것을 바라고 의를 뿌리는 자, 선한 자, 선을 행하는 것을 자신의 일로 삼는 자의 상은 확실하다. 그가 상을 받으리라는 것은 영원한 진리만큼이나 확실하다. 씨를 뿌리는 자는 반드시 거두게 될 것이다(갈 6:8).

[19]공의를 굳게 지키는 자는 생명에 이르고 악을 따르는 자는 사망에 이르느니라

여기에서는 하나님의 심판에 의해서 의는 결국 생명에 이르고 악은 사망에 이를 뿐만 아니라, 그 본성상 의는 직접적으로 생명으로 나아가는 성향을 지니고 있고 악은 사망으로 나아가는 성향을 지니고 있다는 것을 보여준다.

1. 참된 거룩함은 참된 행복이라는 것. 참된 거룩함은 참된 행복을 준비하는 것이고 참된 행복의 담보이자 전조(前兆)이다. 의는 영혼을 생명으로 이끈다.

2. 죄에 빠져 있는 자들은 자기 자신을 멸망받기에 적합한 자로 만들어가고 있는 것이라는 것. 사람이 죄악을 더 맹렬하게 추구하면 할수록, 그는 자신의 멸망을 향하여 더 맹렬하게 질주해 가고 있는 것이다. 그는 자신의 멸망이 졸고 있는 듯이 보이면 가서 깨우고, 머뭇거리고 있는 듯이 보이면 빨리 오라고 재촉한다.

20마음이 굽은 자는 여호와께 미움을 받아도 행위가 온전한 자는 그의 기뻐하심을 받느니라

우리는 하나님이 무엇을 미워하시고 무엇을 기뻐하시는지를 알아야 한다. 그래야만, 우리는 그것에 따라서 우리 자신을 다스릴 수 있고, 하나님의 진노를 피할 수 있으며, 하나님의 은총을 얻어낼 수 있다.

1. 위선, 즉 겉과 속이 다른 것만큼 하나님께 미움을 받는 것은 없다는 것. 왜냐하면, 여기에서 "굽은"으로 번역된 단어는 굽은 길로 행하여 남에게 악을 행하고자 하면서도 그 의도가 발각되지 않도록 하기 위하여 올바른 척하고 의로운 척하는 것을 의미하기 때문이다. 입으로는 선한 것을 얘기하면서 선한 것과는 반대되는 방향으로 행하는 자들은 마음이 굽은 자들이다. 그런 자들은 다른 어떤 죄인들보다도 더 여호와께서 미워하시는 자들이다(사 65:5).

2. 진실함과 정직한 거래만큼 하나님을 기쁘시게 해드리는 것은 없다는 것. 행위가 온전한 자, 정직하게 생각하고 행하는 자, 이 세상에서 하나님의 거룩함과 진실함으로 행하고 육체의 지혜로 하지 아니하는 자를 하나님은 기뻐하시고, 심지어 자랑까지 하신다(내 종 욥을 주의하여 보았느냐 그와 같이 온전하고 정직하여 하나님을 경외하며 악에서 떠난 자는 세상에 없느니라, 욥 1:8). 따라서, 우리도 그런 자를 칭송하여야 마땅하다. 예수께서 나다나엘이 자기에게 오는 것을 보시고 그를

가리켜 이르시되 보라 이는 참으로 이스라엘 사람이라 그 속에 간사한 것이 없도다 (요 1:47).

21악인은 피차 손을 잡을지라도 벌을 면하지 못할 것이나 의인의 자손은 구원을 얻으리라

1. 죄 가운데서 이루어지는 연합은 반드시 깨질 것이고, 죄인들을 보호해 주지 못하게 되리라는 것. 악인들이 피차 손을 잡고, 많은 자들이 힘을 합쳐서 함께 악을 행하여 서로에게 힘을 실어주며, 미덕과 공의로부터 공격을 받을 때마다 서로를 옹호하고 지지해 준다고 할지라도, 악인들이 서로 연합하여 악을 지지하고 선전할지라도, 악한 자녀들이 악한 부모의 발자취를 그대로 답습하여 악을 업으로 삼음으로써 신앙에 도전한다고 할지라도, 이 모든 것들은 악인들을 하나님의 공의로부터 보호해 주지 못할 것이다. 무죄하다는 그들의 주장은 받아들여지지 않을 것이고, 대다수가 행하고 그들의 무리가 행한 대로 했을 뿐이라는 그들의 변명은 전혀 통하지 않을 것이다. 그러므로 불경건한 자들이 살았던 저 옛 세상 전체를 대홍수가 뒤덮은 것이 보여주듯이, 그들은 벌을 면하지 못할 것이다. 그들의 수가 많고 세력이 강하며 많은 이들이 똑같이 죄악을 행하였다는 것은 하나님이 원수 갚으시는 그 날에 그들에게 도움이 되지 못할 것이다.

2. 신앙의 자녀들은 반드시 복을 받게 되리라는 것. 의인들의 의의 발자취를 따르는 의인의 자손은 비록 환난 속에 빠진다고 하여도 때가 되면 구원을 얻을 것이다. 악인들을 벌하는 하나님의 공의가 느리게 오고, 의인들을 구원하는 하나님의 긍휼이 느리게 올지라도, 이 두 가지는 반드시 온다. 이스라엘 백성이나 다윗의 자손들의 예에서 볼 수 있듯이, 의인의 자손은 스스로는 의롭지 않다고 하여도 종종 그들의 경건한 조상들 덕분에 구원을 받기도 한다.

22아름다운 여인이 삼가지 아니하는 것은 마치 돼지 코에 금 고리 같으니라

우리는 여기에서 사용된 "삼가는 것"이라는 단어를 신앙과 덕, 즉 흠없는 미덕에 수반되는 존귀함과 즐거움의 참된 풍미(이것이 이 단어의 의미이

다)를 가리키는 것으로 이해해야 한다. 따라서 삼가지 아니하는 여인은 품행이 단정하지 못하고 난잡한 여인이다.

1. 용모가 아름다운 것은 여기에서 금 고리 같이 아주 귀한 것으로 간주됨. 아름다움으로 인한 시험이나 유혹들을 막아줄 수 있는 지혜와 덕이 있는 곳에서는 그 아름다움은 지혜와 덕을 더욱 빛내는 훌륭한 장식이 된다(미덕은 아름다움과 결합될 때에 한층 고결해 보인다). 그러나 몸가짐이 경망스럽고 미련하며 제멋대로인 여인은 아무리 아름다워도 돼지 같다고 하는 것이 적절하다. 왜냐하면, 그런 여인은 더러운 정욕들로 들끓는 돼지우리에서 뒹굴면서 그 마음과 양심을 더럽히고, 거기에서 꺼내어 씻어 주어도 다시 그 곳으로 되돌아가기 때문이다.

2. 아름다움이 정숙함을 지니지 않은 여인들에 의해서 이런 식으로 더럽혀지는 것은 슬픈 일이라는 것. 그 아름다움은 그 여인들에게 잘못 주어진 것으로 보인다. 그것은 똥 더미에서 뒹구는 돼지 코에 금 고리를 달아준 것만큼이나 잘못된 것이다. 어떤 여인의 아름다움이 미덕에 의해서 보호를 받지 못하면, 그 여인은 그 아름다움 때문에 미덕을 얻기가 힘들어진다. 이 말은 우리의 육체가 지닌 다른 모든 매력들이나 재능들, 우리의 육체로 이룬 업적들에도 그대로 적용된다. 그런 것들을 잘 사용할 수 있는 지혜와 덕을 갖추지 못한 자들이 그런 것들을 가지고 있다는 것은 안타깝고 불쌍한 일이다.

23 의인의 소원은 오직 선하나 악인의 소망은 진노를 이루느니라

이 잠언은 우리에게 의인의 소원과 악인의 소망이 무엇인지, 그것들이 결국 어떻게 될 것인지에 대하여 말해 준다. 즉, 우리는 이 잠언을 통해서 그들이 각각 무엇을 갖기를 원하고, 결국 그들이 각각 무엇을 갖게 될 것인지를 알게 된다.

1. 의인은 오직 선을 갖기를 원한다. 의인들이 바라는 것은 주변의 모든 사람들이 잘 되는 것이다. 그들은 그 누구도 해를 입기를 원하지 않고, 오직 모든 사람이 진정으로 행복하기만을 바란다. 그들 자신에 대하여 그들이 바라는 것은 그 어떤 악한 욕망을 만족시키는 것이 아니라, 선하신 하나님의 은총을 얻고 선한 양심의 평안을 지키는 것이다. 그리고 그들은 그들이 바라는 저 선을

갖게 될 것이다(시 37:4).

2. 악인은 진노를 갖기를 원한다. 그들은 하나님의 심판으로 인해서 그들의 길을 가로막는 자들이 제거되어, 그들의 복수심과 육정(肉情)이 만족을 얻고, 출렁임이 심한 물에서 물고기들을 낚아서 이득을 보고자 하여, 재앙의 날이 임하기를 바란다. 그들은 바라던 대로 진노를 갖게 될 것이고, 그렇게 임한 진노는 그들에 대한 벌이 될 것이다. 그들은 다른 사람들에게 재앙이 임하기를 기대하고 바라지만, 그 재앙은 그들에게로 돌아올 것이다. 그들은 저주하는 것을 좋아하였던 만큼 그 저주를 차고 넘치도록 받게 될 것이다.

24 흩어 구제하여도 더욱 부하게 되는 일이 있나니 과도히 아껴도 가난하게 될 뿐이니라

1. 사람은 자신의 소유를 지혜롭게 사용함으로써 더욱 부하게 될 수 있다는 것. 사람이 재물을 경건이나 자선이나 구제에 흩어서 사용하면, 그 사람의 재물은 더욱 늘어날 수 있다. 아니, 씨를 뿌려야 곡식이 더 많이 거두어지듯이, 바로 이 방법을 써야만 재물이 늘어날 수 있다. 우리의 소유를 즐거운 마음으로 사용하면, 우리의 심령은 유쾌해져서 우리가 해야 할 일을 하는 데에 더욱 적합한 상태가 되고, 우리의 일에 더 집중하다 보면 우리의 소유도 늘어나는 법이다. 또한, 우리의 재물을 구제에 사용하면, 우리가 좋은 평판을 얻게 되고, 이것은 우리의 소유를 늘리는 데에 기여한다. 그러나 이런 식으로 해서 재물이 늘어나는 것은 무엇보다도 하나님의 역사라고 해야 한다. 하나님은 남들에게 베푸는 손을 축복하셔서, 그 손을 재물이 모이는 손이 되게 하신다(고후 9:20). **베풀어라 그리하면 하나님이 너희에게 주실 것이다.**

2. 사람이 자신의 소유를 **과도히 아끼면** 가난하게 될 수 있다는 것. 과도하게 아끼는 것, 즉 인색하다는 것은 마땅히 갚아야 할 빚을 갚지 않고, 가난한 자들을 구제하지 않으며, 가족에게 필요한 것들을 마련해 주지 않고, 물건들을 유지하는 데에 꼭 필요한 비용들을 지출하지 않는 것 등등이다. 그런 자는 **가난하게 될 뿐이다.** 그렇게 인색한 자들은 창의성과 근면함이 꺾이게 되고, 그들에게 협력하는 세력이 약화되며, 그들의 평판이 나빠지고, 하나님의 축복을 잃게 된다. 사람들이 자신의 소유를 아무리 아낀다고 하여도, 하나님이 그들의 소유

에 일격을 가하여 날려 버리면, 그 소유는 온데간데없이 사라져 버린다. 너희가 그것을 집으로 가져갔으나 내가 불어 버렸느니라(학 1:9).

[25]구제를 좋아하는 자는 풍족하여질 것이요 남을 윤택하게 하는 자는 자기도 윤택하여지리라

우리는 구제를 하는 데에 아주 인색하고, 남들에게 주면 우리가 망한다는 인식이 아주 팽배해 있기 때문에, 우리는 앞 절에서 말한 것처럼 남들에게 베푸어서 선을 행하는 것이 우리 자신에게 얼마나 이로운지(17절)를 귀가 따갑게 들어야 할 필요가 있다.

1. 우리가 베풀 때에 그 베푼 것으로 인한 위로를 우리 자신이 받게 되리라는 것. 구제를 좋아하는 자, 즉 복된 심령을 지닌 자, 환난 가운데 있는 자들을 위하여 기도하며 그들이 쓸 것을 공급해 주는 자, 덕 세우는 말을 하는 입술들과 후히 베푸는 손을 통해서 남들에게 축복들을 흩어 주는 자는 참된 기쁨으로 풍족하여질 것이요 더 많은 은혜를 받아 부요해질 것이다.

2. 우리는 베푼 것에 대한 보상을 하나님과 사람으로부터 받게 되리라는 것. 다른 사람들을 자신의 풍부한 물줄기들로 적셔서 윤택하게 하는 자는 자기도 윤택하여질 것이다. 하나님은 반드시 그런 자에게 그의 축복을 아침 이슬처럼 또는 소나기처럼 부어주실 것이다. 하나님은 그에게 복을 쌓을 곳이 없도록 부어주실 것이다(말 3:10). 그에게서 도움을 받은 사람들 중에서도 감사하는 마음이 조금이라도 있는 자들은 형편이 되는 대로 보답을 하게 될 것이다. 긍휼히 여기는 자는 긍휼히 여김을 받을 것이고(마 5:7), 은혜를 베푸는 자는 남들로부터도 은혜를 받을 것이다.

3. 우리는 점점 더 많은 선을 할 수 있게 되리라는 것. 물을 주는 자는 비처럼 되리라(어떤 이들은 이렇게 읽는다). 마치 비가 온 후의 물이 수증기가 되어 올라가서 다시 구름이 되듯이, 그가 준 물은 그에게로 더 많은 물로 다시 돌아와서, 마치 비가 새롭게 자라나는 풀에게 그렇듯이, 그는 더욱더 유익하고 기쁘게 받아들여지는 자가 될 것이다. 가르치는 자가 배우게 될 것이다(갈대아 역본에서는 이렇게 읽는다). 자신의 지식으로 다른 사람들을 가르치는 자는 하나님으로부터 가르침을 받게 될 것이다. 가진 자, 그리고 자기가 가진 것을 쓰는 자

에게 더 많은 것이 주어질 것이다.

[26]곡식을 내놓지 아니하는 자는 백성에게 저주를 받을 것이나 파는 자는 그의 머리에 복이 임하리라

1. 하나님이 우리에게 주신 풍성한 은사들을 사용하는 법. 우리는 우리만 잘 살겠다고 우리의 유익을 위하여 그 은사들을 쌓아 두어서는 안 되고, 다른 사람들이 그 은사들로 인하여 잘 살 수 있도록 그들의 유익을 위하여 그 은사들을 내놓아야 한다. 곡식이 비싸고 희귀해서 이미 가난한 자들이 고통을 겪고 있는데도, 값이 더 오르면 시장에 내다팔 요량으로 곡식을 내놓지 않는 것은 죄이다. 그런 때에 곡식을 가지고 있는 자들은 가난한 자들을 생각해서, 하나님의 심판을 받을 만한 폭리를 취할 생각을 버리고 적정한 이윤에 만족하고서, 기꺼이 곡식을 시장에 내다파는 것이 도리이다. 곡식을 창고에 많이 쌓아 둔 자들이 생필품 가격이 지나치게 오를 때에 그 가격을 낮추기 위하여 곡식을 시장에 내놓는다면, 그것은 많은 사람들을 구제하는 고귀한 일이 된다.

2. 우리는 사람들의 목소리를 경청하여야 한다는 것. 우리는 우리의 이웃들이 우리에 대하여 악한 감정을 갖고 나쁘게 말하는지, 아니면 선한 감정을 갖고 좋게 말하는지, 그들이 우리를 위하여 기도하는지 우리를 미워하여 저주하는지를 우리와는 상관없는 일로 여겨서 귀 기울일 가치가 없다고 생각해서는 안 된다. 왜냐하면, 여기에서는 우리에게 그들의 저주를 두려워하고, 그들의 저주하는 말을 듣느니 차라리 우리의 이익을 포기하는 쪽이 더 낫고, 상당한 비용이 들더라도 그들의 축복하는 말을 사는 것이 좋다고 가르치고 있기 때문이다. 백성의 목소리는 종종 하나님의 음성이기도 하다.

[27]선을 간절히 구하는 자는 은총을 얻으려니와 악을 더듬어 찾는 자에게는 악이 임하리라

1. 이 세상에서 부지런히 선을 행하는 자들은 하나님과 사람으로부터 사랑을 받게 된다는 것. 선한 일을 위하여 꼭두새벽부터 일어나는 자(원문은 이런 의미이다), 친구들을 섬기고 가난한 자들을 구제할 기회들을 찾아서 거기에 헌신

하는 자는 은총을 얻는다. 주변의 모든 사람이 그를 사랑하고 그를 칭찬하며, 기꺼이 그에게 호의를 베풀고자 한다. 그렇지만 그것보다 더 좋은 것, 아니 그의 목숨보다 더 좋은 것은 그가 하나님의 사랑을 얻게 되었다는 것이다.

2. 이 세상에서 부지런히 해악을 끼치는 자들은 스스로 멸망하는 길을 준비하고 있는 것이라는 것. 그들에게는 반드시 멸망이 임하리라. 언젠가는 그들은 그들이 한 그대로 되돌려 받게 될 것이다. 여기에서 해악을 구하는 것이 선을 구하는 것과 대비되고 있다는 것을 주목하라. 왜냐하면, 선을 행하지 않는 자들은 해악을 끼치고 있는 것이기 때문이다.

28자기의 재물을 의지하는 자는 패망하려니와 의인은 푸른 잎사귀 같아서 번성하리라

1. 우리의 재물은 우리가 가장 곤경에 처해 있을 때에 우리를 돕지 못하리라는 것. 사람이 상한 갈대에 자신의 몸무게를 다 실어서 기대면, 그 갈대는 부러져서 그를 실망시킬 뿐만 아니라 그의 손을 찔러서 피를 흘리게 만들듯이, 마치 재물이 그로 하여금 하나님의 은총을 얻게 해주고 하나님이 그의 방패와 분깃이 되게 해 줄 것처럼 자기의 재물을 의지하는 자는 패망할 것이다.

2. 우리의 의(義)는 우리의 재물이 우리를 돕지 못할 때에 우리를 확실하게 도와 주리라는 것. 그 때에 의인은 푸른 잎사귀 같고 그 잎사귀가 마르지 않는 나무 같아서 번성할 것이다(시 1:3). 사람이 죽고 나면, 그의 재물은 아무런 도움도 되지 못하지만, 의인은 그의 의로 말미암아 그 뼈가 연한 풀 같이 무성할 것이다(사 66:14). 이 세상에 뿌리를 내린 자들이 시들어 말라비틀어질 때, 그리스도에게 접붙임을 받아서 그의 뿌리와 풍부한 수액에 닿아 있는 자들은 풍성한 열매를 맺고 번성할 것이다.

29자기 집을 해롭게 하는 자의 소득은 바람이라 미련한 자는 마음이 지혜로운 자의 종이 되리라

집안 일을 운영함에 있어서의 두 가지 극단적인 경우가 여기에서 단죄되고 있고, 이 두 경우로 인한 나쁜 결과들이 예고된다.

1. 육적인 자기 생각으로 집안 일을 지나치게 꼼꼼히 챙기고 운영해 나가는 것. 세상 일을 추구하는 데에 극단적으로 열심이어서, 자신의 일이 잘못되어 손해를 볼까봐 전전긍긍하며, 아랫사람들에게 엄하고, 가족들에게 인색함으로써, 자기 집을 괴롭히고 주변의 모든 사람들을 끊임없이 괴롭히는 자들이 있고, 가족 내에서 서로 편을 갈라서 반목하는 것은 사실은 자기 집을 해롭게 하는 것인데도 불구하고, 그런 상황을 자기에게 유리한 쪽으로 이용해서 자신의 목적을 달성하거나 이득을 보고자 하는 자들이 있다. 그러나 이 두 부류의 사람들은 다 실망하게 될 것이다. 그들의 소득은 바람이 될 것이다. 그들이 이러한 술수를 통해서 얻는 모든 것은 바람처럼 헛되고 무가치한 것일 뿐만 아니라, 소란하고 골치아픈 것들이 될 것이다.

2. 집안 일에 신경을 쓰지 않고 보통의 지혜도 발휘하지 않는 것. 자신의 일에 있어서 미련한 자, 거기에 마음을 쓰지 않거나 서투르게 하는 자, 깊이 생각하거나 연구하는 것이 없는 자는 자신의 평판이 나빠지고 영향력을 잃을 뿐만 아니라, 마음이 지혜로운 자의 종이 된다. 그는 빈곤하게 되어서, 자신의 생계를 위하여 일하지 않을 수 없게 된다. 반면에, 지혜롭게 일을 처리하는 자들은 남보다 높아져서 미련한 자들을 다스리게 되고, 다른 사람들도 그를 좋아한다. 미련한 자가 마음이 지혜로운 자의 종이 되는 것은 마땅한 일이다. 그런 까닭에, 누구보다도 우리는 우리의 뜻을 하나님의 뜻에 복종시켜서 하나님께 순종하여야 한다. 왜냐하면, 우리는 미련한 자들이고, 하나님은 무한히 지혜로우시기 때문이다.

[30]의인의 열매는 생명 나무라 지혜로운 자는 사람을 얻느니라

이것은 선한 자들, 특히 뛰어나게 지혜로운 자들이 그들이 사는 곳에 지극히 큰 축복이라는 것과 그렇기 때문에 그런 자들을 소중히 여겨야 한다는 것을 보여준다.

1. 의인들은 생명 나무와 같다는 것. 그들의 경건과 사랑의 열매들, 그들이 주는 교훈과 책망과 모범과 기도들, 그들이 하늘에서 갖고 있는 영향력, 그들이 땅에서 갖고 있는 감화력은 생명 나무의 열매들과 같아서 보배롭고 유익하며, 많은 사람들의 영적인 삶에 힘과 자양분을 공급해 준다. 그들은 낙원, 즉

이 땅에 있는 하나님의 교회를 빛내 주는 장식들이고, 그들 덕분에 교회가 존속한다.

2. 지혜로운 자들은 의인들보다 더 귀하다는 것. 그들은 하나님이 금지하신 지식이 아니라 우리에게 주신 지식을 갖고 있는 나무들이다. 지혜로운 자는 그의 지혜를 전함으로써 사람들을 얻는다. 그는 사람들을 얻어서 그들로 하여금 하나님과 거룩함을 사랑하게 만들고, 이와 동시에 사람들 가운데서 하나님의 나라의 세력을 확장시킨다. 성경에서는 지혜로운 자들은 많은 사람을 옳은 데로 돌아오게 한다고 말하는데(단 12:3), 이것은 여기에서 지혜로운 자가 사람들을 얻는다는 말과 같다. 아브라함이 개종시킨 자들은 그가 얻은 사람들이라고 표현된다(창 12:5). 사람들을 얻고자 하는 자들은 사람들을 어떻게 상대해야 하는지를 아는 지혜가 필요하다. 사람들을 얻는 자들은 그들이 지혜롭다는 것을 나타내 보이는 것이다.

31 보라 의인이라도 이 세상에서 보응을 받겠거든 하물며 악인과 죄인이리요

이 잠언은 솔로몬의 모든 잠언들 중에서 유일하게 읽는 자들의 주의를 환기시키는 말인 보라로 시작되는 잠언이다. 이것은 이 잠언이 우리가 금방 알아볼 수 있는 명백한 진리를 담고 있을 뿐만 아니라, 우리가 깊이 생각해 보아야 할 탁월한 진리를 담고 있다는 것을 보여준다.

1. 어떤 이들은 여기에 나오는 보응을 모두 하나님의 진노를 가리키는 것으로 이해한다. 의인이라도 그들이 잘못하면, 이 세상에서 그들이 범한 잘못들에 대하여 벌을 받게 될 것이다. 하물며, 악인들은 인간의 연약함으로 인해서가 아니라 고의적으로 죄악을 저지르는데, 어찌 그들이 벌을 받지 않겠는가. 심판이 하나님의 집에서 시작된다면, 불경건한 자들이 어떻게 될지는 말할 필요도 없지 않는가(벧전 4:17-18; 눅 23:31).

2. 나는 여기에 나오는 보응을 의인에 대한 상과 죄인들에 대한 벌로 이해한다. 섭리에 의한 응보들을 보라. 이 땅에서, 이 세상에서, 이 세상의 일들 속에서 어느 정도의 보응들이 있고, 이것은 진실로 땅에서 심판하시는 하나님이 계시다는 것을 증명해 준다(시 58:11). 그러나 그 보응들은 전반적으로 행해지지는 않는다. 이 땅에서는 많은 죄들이 벌을 받지 않고 그냥 넘어가고, 많은 섬김

들이 상을 받지 못한 채로 그냥 넘어간다. 이것은 장차 심판이 있으리라는 것과 저 세상에서 더 정확하고 온전한 보응들이 있으리라는 것을 보여준다. 의인들은 여기 **이 세상에서** 그들의 의로 말미암아 보응을 받는 일이 많지만, 그 보응은 그들을 위해 준비된 주된 보응이 아니고, 유일한 보응은 더더욱 아니다. 그러나 하나님이 그들에게 약속하신 것들 또는 하나님의 지혜가 그들에게 합당하다고 보신 것들을 그들은 **이 세상에서** 갖게 될 것이다. 또한, 악인과 죄인도 그가 나라가 되었든 가문이 되었든 특정한 사람이 되었든 종종 이 세상에서 주목할 만한 정도로 벌을 받는다. 별로 상을 받을 만한 자격이 없는 의인들이 이 땅에서 그들에게 주어질 상의 일부를 받을진대, 지극히 큰 벌을 받아야 마땅한 악인들이 장차 있을 혹독한 벌의 맛보기로서 이 땅에서 그 일부를 받게 되리라는 것은 두말 할 필요도 없다. 그러므로 **너희는 떨며 범죄하지 말지어다**(시 4:4). 한 하늘을 가질 자격도 없는 자들이 두 하늘을 갖게 될진대, 두 지옥을 가져야 마땅한 자들이 두 지옥을 갖게 될 것은 뻔한 일이 아니겠는가.

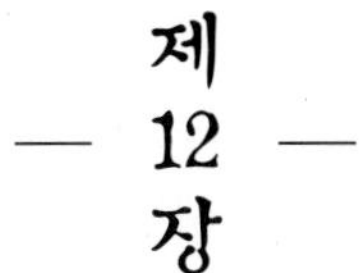

[1]훈계를 좋아하는 자는 지식을 좋아하거니와 징계를 싫어하는 자는 짐승과 같으니라

우리는 여기에서 우리가 은혜의 수단(또는, 통로)에 대하여 어떻게 반응하느냐를 살펴서 우리에게 은혜가 있는지 없는지를 시험해 보라는 가르침을 받는다.

1. 은혜가 있고 은혜를 좋아하는 자들은 모든 훈계를 기뻐한다는 것. 훈계는 상담이나 권면이나 책망, 하나님의 말씀이나 섭리를 통해서 그들에게 주어진다. 그들은 선한 교육을 소중히 여기고, 엄격하고 빈틈없는 훈육을 받는 것을 고역이 아니라 행복이라 생각한다. 신실한 목회를 좋아하고 소중히 여겨서 즐거운 마음으로 지도를 받고자 하는 자들은 그들이 지식을 좋아한다는 것을 나타내 보이는 것이다.

2. 남들이 자신의 잘못들을 얘기해 주는 것을 모욕으로 여기고, 자신의 본분을 일깨워주는 것을 자신의 자유에 대한 침해로 여기는 자들은 그들이 은혜가 없을 뿐만 아니라 상식조차 없는 자들임을 드러내는 것이라는 것. 징계나 책망을 싫어하는 자는 미련한 자일 뿐만 아니라 짐승과 같아서 지각이 없는 말이나 노래, 소몰이용 막대기를 발로 차는 황소와 다름이 없는 자들이다. 아무런 제재도 없는 방종한 가족이나 사회 속에서 살고자 하고, 그들 자신의 양심이 일깨워주는 죄의 자각들을 질식시키며, 그들에게 진리를 말해주는 자들을 원수로 여기는 자들은 여기에서 말하는 짐승 같은 자들이다.

[2]선인은 여호와께 은총을 받으려니와 악을 꾀하는 자는 정죄하심을 받으리라

1. 하나님 앞에서의 우리의 모습이 우리의 진정한 모습이라는 것. 세상이

그들에게 눈살을 찌푸리고 사람들이 그들을 별로 좋아하지 않아도, 여호와께 은총을 받는 자들은 행복하고 진정으로 행복하며 영원히 행복하다. 왜냐하면, 하나님의 은총 속에 생명이 있고, 그 생명은 모든 선한 것의 원천이기 때문이다. 반면에, 사람들에게 아무리 높은 칭송을 받고 우레와 같은 박수갈채를 받아도, 하나님이 정죄하시는 자들은 불쌍하다. 하나님은 그가 정죄하신 자에게 둘째 사망을 선고하신다.

2. 사람들 앞에서의 우리의 모습, 이 세상에서 우리가 보여주는 행실이 바로 하나님 앞에서의 우리의 모습이라는 것. 우리의 아버지 되시는 하나님은 그의 자녀들을 그들이 형제들에 대하여 어떻게 행하는지를 보시고 판단하신다. 그러므로 사람들에게 자비를 베풀고 구제하며 선을 행하는 선인은 그의 기도를 통해서 여호와로부터 은총을 길어 낸다. 그러나 이웃들을 해치려고 악을 꾀하는 자는 하나님이 그를 하나님의 나라에 들일 가치가 없는 자로 여겨서 정죄하실 것이다.

3사람이 악으로서 굳게 서지 못하거니와 의인의 뿌리는 움직이지 아니하느니라

1. 사람들은 죄악된 술수들을 통해서 출세할 수는 있지만 그런 술수로 얻은 것들은 견고할 수 없고 오래가지 못한다는 것. 그들은 많은 재산을 모을 수 있지만, 그 재산을 오래 가지고 있을 수는 없다. 사람이 악으로서 굳게 서지 못하리라. 그는 악을 행하여 높은 자리에 오를 수 있겠지만, 그 자리는 미끄러운 자리가 될 것이다(시 73:18). 죄를 통해서 일으켜진 형통은 모래 위에 지은 집과 같아서 곧 무너지고 만다.

2. 선한 자들이 이 세상에서 가진 것이 적을지라도, 그 적은 것이 오래갈 것이고, 정직하게 얻어진 것은 잘 없어지지 않는다는 것. 의인의 가지들은 흔들릴 수 있지만 그 뿌리는 움직이지 아니하느니라. 믿음으로 그리스도 안에 뿌리를 내린 자들은 견고하게 고정되어 있다. 그들의 위로와 행복은 그리스도 안에 뿌리를 내리고 있기 때문에 결코 뿌리가 뽑히지 않는다.

4어진 여인은 그 지아비의 면류관이나 욕을 끼치는 여인은 그 지아비의 뼈가 썩음 같게 하느니라

1. 좋은 아내를 얻는 복을 받은 자는 마치 보좌에 오른 것처럼 복되다는 것. 왜냐하면, 그런 아내는 남편에게 면류관이나 다름없기 때문이다. 어진 여인, 즉 경건하고 지혜로우며 영리하고 근면한 여인, 가족의 유익을 위하여 적극적으로 일하고 자기 가정이 가야 할 길들을 잘 보는 여인, 모든 관계 속에서 자신의 본분을 세심하게 행하는 여인, 활기찬 여인, 십자가들을 소란 없이 짊어질 줄 아는 여인, 그런 여인은 남편을 자신의 머리로 인정하기 때문에 남편에게 면류관이 된다. 이런 여인은 면류관이 그 사람을 빛내주는 장식이듯이 남편의 신망과 존귀함을 더해줄 뿐만 아니라, 면류관이 권력을 나타내는 상징이듯이 가정 내에서 남편의 권위를 지켜주고 밑받침해 준다. 이런 여인은 남편에게 순종적이고 정숙하며, 자신의 모범을 통해서 자녀들과 아랫사람들에게도 그렇게 하도록 가르친다.

2. 나쁜 아내에게 괴롭힘을 당하는 자는 마치 거름더미에 올라앉아 있는 것처럼 불쌍한 자라는 것. 왜냐하면, 그런 아내는 지아비에게 욕을 끼칠 뿐만 아니라, 그 지아비의 뼈를 썩게 만드는 불치병과 다름없기 때문이다. 어리석고 게으르며 낭비가 심하고 제멋대로이며 화를 잘 내고 툭 하면 악한 말을 퍼붓는 여인은 남편의 신망과 위로를 망쳐 놓는다. 자기 아내의 허물들이 남편에게 욕으로 돌아오기 때문에, 남편은 밖에 나가서는 머리를 들 수 없어 떨구고 다니고, 혼자 조용히 있을 때에는 그의 가슴이 무너진다. 그는 늘 불안하다. 이것은 심령을 많이 상하게 만드는 환난이다.

5 의인의 생각은 정직하여도 악인의 도모는 속임이니라

1. 하나님의 말씀은 사람들의 마음의 생각과 의도를 분별해 내고 판단한다는 것. 생각하는 것은 자유라고 말한다면, 그것은 오산이다. 결코 그렇지 않다. 하나님은 사람들의 생각을 아시고 판단하신다.

2. 우리는 우리 자신의 마음의 생각과 의도들을 눈여겨보고서, 그것들을 통해서 우리 자신을 판단해야 한다는 것. 왜냐하면, 그것들은 거의 있는 그대로의 모습을 드러내는 우리의 영혼에서 첫 번째로 생겨난 것들이기 때문이다. 악한 꾀와 술수들이 그 사람이 악하다는 것을 가장 확실하게 증명해 주듯이, 올바른 생각들은 그 사람이 의인이라는 것을 보여주는 최고의 증거들이다. 선한

자도 그의 마음 속에 악한 생각들을 가질 수 있지만, 그는 그 생각들이 무르익어서 악한 계획이나 결단에 이를 때까지 그것들을 간직하거나 그것들에 빠지지 않는다.

3. 자기가 한 말이나 행동이 그 장소나 시간에 걸맞지 않을 수 있고, 적어도 오해를 받을 염려가 있을지라도, 언제나 정직한 마음을 품고 생각을 올바르게 하는 것이 사람된 도리라는 것. 반면에, 언제나 함정을 파놓고 기다리며, 모든 일을 속임수와 술수와 계략으로 행하는 것은 사람으로서 부끄러운 일이다.

[6]악인의 말은 사람을 엿보아 피를 흘리자 하는 것이거니와 정직한 자의 입은 사람을 구원하느니라

앞 절에서는 악인과 의인의 생각을 비교하였다면, 여기에서는 그들의 마음에 쌓여 있는 것에서 나오는 말이 비교되고 있다.

1. 악인들은 이웃들에게 해가 되는 말을 한다는 것. 사람을 엿보아 피를 흘리자 하는 의도로 말을 하는 자들은 정말 악한 자들이다. 그들의 혀는 그들의 길을 방해하는 자들이나 그들이 미워하고 핍박하는 선한 자들에게 비수가 된다. 누가복음 20:20-21에 나오는 예를 보라.

2. 선한 자들은 이웃에게 도움이 되는 말을 한다는 것. 정직한 자의 입은 압제받는 자들을 대변하고(31:8) 옹호하며 그들에게 유리한 증언을 하기 위해 대기하고 있기 때문에, 그들을 구원할 수 있고, 특히 악인들이 엿보아 피를 흘리고자 하는 자들을 구원할 수 있다. 사람은 종종 한 마디 선한 말로 지극히 선한 일을 할 수 있다.

[7]악인은 엎드러져서 소멸되려니와 의인의 집은 서 있으리라

여기에 나오는 가르침은 앞에서도 나온 바 있다(3절과 10:25, 30).

1. 악인들이 이겼다고 의기양양해하는 것은 잠깐이라는 것. 그들은 한동안 높아질 수 있지만, 얼마 후면 엎드러져서 소멸된다. 그들이 환난으로 괴로워하는 것은 그들이 엎드러졌음을 보여주는 증거가 된다. 사람들 앞에서 크게 과시한 자들은 사라져서, 그들이 있던 곳은 더 이상 그들을 알지 못한다. 악인들은

만지면 소멸되리라. 그들은 아주 미끄러운 곳에 서 있기 때문에, 마치 소돔의 사과가 아주 탐스럽게 생겼지만 만지기만 하면 재로 변하는 것처럼 환난이 조금만 그들을 건드려도 그들은 무너지고 만다.

2. 의인들의 형통은 토대가 탄탄하기 때문에 오래 간다는 것. 죽음이 그들을 다른 세상으로 옮길지라도, 그들의 집은 서 있을 것이고, 그들의 가문도 유지될 것이며, 정직한 자들의 세대는 복을 받게 될 것이다.

[8]사람은 그 지혜대로 칭찬을 받으려니와 마음이 굽은 자는 멸시를 받으리라

우리는 여기에서 어디에서 선한 이름이 나는지에 대하여 듣는다. 명성은 대다수의 사람들이 아주 중요시하고 얻고자 하는 것이다.

1. 최고의 명성은 미덕과 진실한 경건, 지혜로운 행실에 수반되는 명성이라는 것. 사람은 진리를 따라 되는 하나님의 판단과 합치되는 지혜롭고 선한 모든 것 때문에 칭찬을 받고, 그가 가진 재물이나 관직, 그의 영악함이나 수완대로가 아니라 그가 정직한 계획들을 세우고 그 계획들을 실행하기 위한 수단들을 지혜롭게 선택하는 것에서 나타나는 그 지혜대로 칭찬을 받는다.

2. 최악의 멸시는 악을 좇고 선을 반대함으로써 받는 멸시라는 것. 마음이 굽은 자, 정도에서 벗어나 굽은 길로 새서 그 길에서 제멋대로 행하는 자는 멸시를 받으리라. 섭리에 의해서 그는 가난해지고 멸시를 받게 될 것이고, 명예를 아는 모든 자들은 그를 상대할 가치조차 없고 신뢰할 수 없는 자이자 인류의 오점이고 수치로 여겨서 멸시할 것이다.

[9]비천히 여김을 받을지라도 종을 부리는 자는 스스로 높은 체하고도 음식이 핍절한 자보다 나으니라

1. 집에는 먹을 것이 부족하고, 빚을 다 갚으면 떡 한 조각도 남아 있지 않게 되어서, 뱃가죽이 등에 달라붙을 정도로 굶주려야 할 형편인데도, 밖에 나가서는 대단한 인물로 대접받고자 하여 옷이 날개라고 생각해서 비싼 옷을 잘 차려입고서 거드름을 피우는 자들은 어리석은 자들이라는 것.

2. 입은 옷이 소박하고 지위가 보잘것없어서 멸시를 받더라도, 집에 생필품

은 물론이고 여러 가지 편의를 위한 것들도 갖추어 놓을 수 있을 정도로 재력에 여유가 있어서 먹고 사는 걱정을 하지 않는 것은 말할 것도 없고 부리는 종도 두어서 자신의 일에서 어느 정도 손을 뗄 수 있어서 낮은 자리에서 만족하는 자들은 모든 면에서 앞에서 말한 자들보다 낫다는 것. 집에서 풍요롭고 편안하게 살고자 하는 자들은 실속은 하나도 없으면서 겉으로만 화려하게 치장하는 데에 온통 관심이 있는 자들보다 훨씬 낫다. 왜냐하면, 그런 자들은 그들의 처지가 낮아졌는데도 마음이 낮아지지 않은 자들이기 때문이다.

[10]의인은 자기의 가축의 생명을 돌보나 악인의 긍휼은 잔인이니라

1. 선한 자의 긍휼은 지극하다는 것. 그는 형편없는 처지에 놓이게 된 사람들을 불쌍히 여기는 동정심을 지니고 있을 뿐만 아니라, 심지어 자기의 가축의 생명조차 소중히 여겨 돌보아 주는데, 그가 그렇게 하는 것은 그 가축이 자기 소유이기 때문이 아니라 하나님의 피조물이기 때문이고, 그것이 사람과 짐승을 구하여 주시고 지켜 주시는 하나님의 섭리와 일치하기 때문이다. 우리는 우리가 돌보는 짐승들에게 필요한 음식과 휴식을 제공해 주어야 하고, 그 어떤 경우에도 학대하거나 괴롭혀서는 안 된다. 발람은 자신의 나귀를 때렸다는 이유로 책망을 들었다. 율법은 소들에 대해서도 배려를 한다. 그러므로 짐승들을 학대하는 자들은 불의한 자들이다. 짐승들에게 사납게 굴고 야만적으로 대하는 자들은 야만성이 습관화되어 있다는 것을 보여주는 것이고, 피조물이 신음하며 탄식하는 것에 일조하는 것이다(롬 8:22).

2. 악인은 지극히 무자비하다는 것. 악인의 경우에는 그가 긍휼이라고 생각해서 베푸는 것조차도 잔인 그 자체이다. 사람으로서 그의 속에 선천적으로 있던 긍휼히 여기는 마음은 부패한 본성의 힘에 밀려서 상실되어 완악함으로 변질되어 버렸기 때문에, 그들이 긍휼이라고 생각하는 것조차도 사실은 잔인한 것이다. 이것은 빌라도가 그리스도에게 죄가 없다는 것을 분명히 알면서도 그리스도를 매질 한 후에 놓아 주리라고 결심한 것 속에서 분명하게 드러난다. 그들이 자비와 긍휼을 베푸는 척하는 것은 단지 그들 속에 있는 잔인함을 은폐하기 위한 것일 뿐이다.

[11]자기의 토지를 경작하는 자는 먹을 것이 많거니와 방탕한 것을 따르는 자는 지혜가 없느니라

1. 자신의 직업에 마음을 쓰고 정직하게 일을 하는 것은 사람으로서 지혜로운 일이라는 것. 왜냐하면, 그것이 하나님의 축복으로 말미암아 생계를 꾸려나가는 길이기 때문이다. 주인으로서이든 소작인으로서이든 자기의 토지를 경작하는 자, 자기가 한 말을 지키고 기꺼이 수고를 감수하는 자는 그렇게 해서 재산을 모으지는 못할지라도(그럴 필요가 있을까?) 먹을 것이 많아서 자기 자신과 가족을 부양하는 데에 필요한 양식을 얻게 될 것이고, 이 세상을 살아가는 동안에 자신의 책임을 다하는 데에 필요한 것들을 얻게 될 것이다. 하나님이 진노 가운데서 사람에게 벌을 내리셔서 네가 흙으로 돌아갈 때까지 얼굴에 땀을 흘려야 먹을 것을 먹으리라(창 3:19)고 선고하셨을 때에도 그 속에는 긍휼이 들어 있었다. 하지만, 하나님은 이러한 긍휼을 가인에게는 베풀지 않으셨다(창 4:12). 바쁘게 일하라 그것이 편안해지는 참된 길이다. 네 가게를 지키라 그러면 네 가게가 너를 지켜 주리라. 네가 네 손이 수고한 대로 먹을 것이라.

2. 자신의 직업과 일을 게을리하는 것은 사람으로서 어리석은 짓이라는 것. 그렇게 하는 자들은 지혜가 없는 것이다. 왜냐하면, 일을 게을리하게 되면, 그들은 방탕한 자들과 어울려서 그들을 따라서 악한 길로 들어서게 되고, 결국에는 자기가 먹을 떡이 없어서, 남들이 먹을 떡을 빼앗아 먹을 수밖에 없게 되어 폐를 끼치게 되기 때문이다.

[12]악인은 불의의 이익을 탐하나 의인은 그 뿌리로 말미암아 결실하느니라

1. 악인의 관심과 목적은 무엇인가. 그것은 사람들에게 악을 행하고 해악을 끼치는 것이다. 그는 불의의 이익을 탐하고, 악한 자들이 가진 그물을 원한다. "내가 저 사람들처럼 교활해서 내가 상대하는 자들을 잘 후릴 수만 있다면, 내가 저 사람들처럼 악한 꾀로 사람들을 이길 수만 있다면, 내가 저 사람들처럼 내가 앙심을 품고 있는 자에게 멋들어지게 복수할 수만 있다면, 얼마나 좋을까!" 그는 남들에게 해악을 가하면서도 자기는 안전할 수 있도록 하기 위하여 악한 자들의 요새(어떤 이들은 이렇게 읽는다)를 탐낸다.

2. 선한 자의 관심과 목적은 무엇인가. 의인은 그 뿌리로 말미암아 결실하고, 그의 뿌리는 그의 힘이자 안정의 토대이다. 그가 바라는 것은 선을 행하는 것과 선을 행하는 일에 확고하고 견고해지는 것이다. 악인들은 자기를 위하여 물고기를 잡을 때에 필요한 그물만을 원한다. 의인들은 다른 사람들의 유익과 하나님의 영광을 위하여 열매 맺기를 원한다(롬 14:6).

13악인은 입술의 허물로 말미암아 그물에 걸려도 의인은 환난에서 벗어나느니라

1. 하나님이 악인들을 공의로 심판하여 그들이 하는 대로 내버려 두시면, 악인들은 그들의 어리석음으로 말미암아 스스로 환난 속으로 휘말려들어간다는 것. 그들은 흔히 그들의 입술의 허물로 말미암아 그물에 걸리고, 그들의 혀로 그들의 목구멍을 따버린다. 그들은 고관대작들을 비방함으로써 나라가 집행하는 형벌을 받기도 하고, 악한 말을 해서 사람들의 적개심을 불러일으키기도 하며, 명예훼손죄로 고소당하기도 하는 등, 말을 잘못 해서 송사를 당한다. 이 세상에서 입을 잘못 놀렸다가 값비싼 대가를 치른 자들도 많고, 혀에 제대로 재갈을 채우지 않았다가 등에 채찍을 맞은 자도 많다(시 64:8).

2. 하나님이 긍휼 가운데서 의인들을 구하러 오시면, 의인들은 그들 자신의 지혜로 말미암아 환난에서 벗어난다는 것. 악인들은 환난을 향하여 스스로 돌진해 들어가지만, 의인들은 그러한 환난에서 벗어난다. 이것은 의인들도 환난 속으로 들어갈 수 있다는 것을 보여준다. 그러나 의인들이 넘어지나 아주 엎드러지지 아니함은 여호와께서 그의 손으로 붙드심이로다(시 37:24).

14사람은 입의 열매로 말미암아 복록에 족하며 그 손이 행하는 대로 자기가 받느니라

이 잠언은 우리를 일깨워서 모든 선한 말과 일에 부지런하도록 하기 위해서 다음과 같은 것들을 약속한다.

1. 선한 말들조차도 유익으로 되돌아오리라는 것. 사람은 입의 열매로 복록에 족할 것이다. 즉, 사람은 경건한 말과 지혜로운 조언을 통해서 행하는 선으로 말미암아 진정으로 만족스러운 현재적인 위로와 내적인 즐거움을 얻으리라는

것이다. 우리는 다른 사람들을 가르치는 중에도 스스로 배울 수 있고, 다른 사람들에게 생명의 떡을 나눠 주면서도 그 떡을 먹을 수 있다.

2. 선한 일들이 차고 넘치는 상을 받게 되리라는 것은 두말 할 필요도 없다는 것. 사람은 그 손이 행하는 대로, 즉 그가 사랑 가운데서 행한 모든 일과 수고, 하나님의 영광과 그의 세대의 유익을 위하여 그가 행한 모든 것대로 상을 받을 것이고, 뿌린 대로 거두게 될 것이다. 또는, 이것은 공의의 일반 법칙을 말하고 있는 것으로 이해할 수도 있다. 하나님은 각 사람에게 그 행한 대로 보응하실 것이다(롬 2:6).

[15]미련한 자는 자기 행위를 바른 줄로 여기나 지혜로운 자는 권고를 듣느니라

1. 미련한 자가 지혜롭게 되는 것을 막는 것은 무엇인가. 미련한 자는 자기 행위를 바른 줄로 여긴다. 그는 자기가 하는 모든 일이 옳은 줄로 생각하기 때문에, 조언을 구할 필요를 느끼지 않고, 따라서 권고를 듣지 않는다. 그는 자기가 정도(正道)를 알고 있고 그 길을 잃어버리지 않을 것을 확신하기 때문에, 결코 그 길을 묻지 않는다. 그가 따르는 법칙은 자기 눈에 옳은 것을 행하고 그의 마음이 내키는 길로 행한다는 것이다. 그는 자신의 뜻을 자신의 법으로 삼는다. 그런 자는 자신의 양심이 아니라 자신의 눈의 지배를 받는 미련한 자이다.

2. 지혜로운 자가 미련한 자가 되는 것을 막아 주는 것은 무엇인가. 그는 기꺼이 조언을 받고자 하고, 자신의 판단과 다른 권고에 귀를 기울이며, 지혜롭고 선한 자들의 말을 소중히 여긴다. 그 귀가 선한 조언에 항상 열려 있는 자는 지혜로운 자이다(그것은 그가 지혜롭다는 증표이고, 그렇게 하기 때문에 그는 계속해서 지혜로울 수 있다).

[16]미련한 자는 당장 분노를 나타내거니와 슬기로운 자는 수욕을 참느니라

1. 분노하는 것은 어리석은 일이라는 것. 미련한 자는 분노함으로 자기가 미련한 자라는 것을 나타낸다(어떤 이들은 이렇게 읽는다). 지혜로운 자도 분노할 만한 이유가 있을 때에는 분노할 수 있지만, 자신의 분노를 억누르고 다스린다. 반면에, 미련한 자의 경우에는 분노가 그를 주관한다. 화가 난다고 해서 즉

시 상스러운 말이나 행동으로 그 화를 표현하고, 분노로 얼굴 표정이 일그러지며, 이성을 잃을 정도로 화를 주체할 수 없어 하는 자는 그 이름이 나발, 즉 미련한 자라 불릴 만하다. 미련한 자의 분노는 당일에 나타난다. 그는 누구와 있든지 자신의 분노를 즉시 나타낸다. 또는, 미련한 자의 분노는 그를 분노하게 한 당일에 나타난다. 그는 자신의 분노를 참지를 못한다. 걸핏하면 화를 내고, 조금만 건드려도 금방 불 같이 화내는 자들은 자신의 심령을 다스리지 못하는 자들이다.

2. 온유함은 지혜라는 것. 슬기로운 자는 수욕을 참느니라.

(1) 그는 자신의 가슴 속에 있는 분노를 덮어둔다. 그의 마음에 격분하여 속에서 열불이 날 때, 그는 입에 재갈을 물리고 잠잠하며, 분노를 끄고 억제한다. 분노는 수치스러운 것이기 때문에, 지혜로운 자도 분노로부터 완전히 자유로울 수는 없지만, 자기 속에 분노가 있는 것을 부끄러워하고 스스로를 꾸짖으며 악한 마음이 발언하도록 허용하지 않는다.

(2) 그는 자기에 대한 다른 사람들의 도발이나 그가 받은 모욕을 덮어두고, 못 들은 척하고 넘어가며, 그런 것들에 대한 자신의 분노가 퍼져 나가지 않도록 될 수 있는 한 자기 속에 묻어 둔다. 우리는 모욕을 받거나 해악을 입으면 발끈해서 그런 것들을 가장 나쁜 쪽으로 해석하여 몰아가기 쉬운데, 이런 때에 그런 것들을 가급적 좋은 쪽으로 생각해 주고 용서해 주는 것이 우리 자신에게 좋은 일을 하는 것이고 우리 마음의 평안에도 도움이 된다.

[17]진리를 말하는 자는 의를 나타내어도 거짓 증인은 속이는 말을 하느니라

1. 사실을 증언하는 증인은 정직한 자라는 칭찬을 받는다는 것. 법정에서이든 평상시의 대화에서이든, 또는 선서를 했든 안 했든, 자기가 알고 있는 한 최대한으로 진리를 말하고 모든 것을 공정하게 말하는 데에 세심한 주의를 기울이는 자는 의를 나타내는 것이다. 이것은 의의 원리들과 법들이 그를 다스리고 있고 그의 행동의 토대가 되고 있다는 것과 그가 공의를 존중하고 공의가 시행되는 것을 도움으로써 공의가 더 널리 행해지게 하고 있다는 것을 나타내 보이는 것이다.

2. 거짓 증인은 속이는 자라는 정죄를 받는다는 것. 그는 그가 상대하는 자

들을 속이는 것을 아무렇지도 않게 여긴다는 것과 그렇게 속이는 일을 하는 것 속에서 즐거움을 얻는다는 것과 그가 거짓말하는 영에 붙잡혀 있다는 것을 드러냄으로써 자신의 거짓됨을 나타낸다(렘 9:3-5). 우리는 모두 거짓말하는 죄를 몹시 두려워하고 혐오해야 하고(시 119:163), 정직을 우리의 삶을 지배하는 원칙으로 삼아야 한다.

18칼로 찌름 같이 함부로 말하는 자가 있거니와 지혜로운 자의 혀는 양약과 같으니라

혀는 사용하기에 따라서 죽이는 것도 되고 살리는 것도 되며, 독이 되기도 하고 약이 되기도 한다.

1. 칼로 찌름 같이 사람을 베고 죽이는 말들이 있다는 것. 모욕적인 말들은 그 말을 듣는 자들의 심령을 근심하게 만들고 그들의 마음을 칼에 베인 듯이 쓰리게 만든다. 비방하는 자들이 하는 말은 칼과 같아서 비방의 대상이 된 자들의 명성에 돌이킬 수 없을 정도로 상처를 낸다. 뒤에 수근거리며 악한 소문을 퍼뜨리는 자들의 말은 칼과 같아서 사랑과 우정으로 엮어진 유대감을 다 싹둑싹둑 잘라버리고, 서로에게 지극히 소중했던 자들을 다 갈라놓는다.

2. 사람을 치유하고 고치는 말들이 있다는 것. 지혜로운 자의 혀는 양약과 같아서, 중상모략하는 혀가 준 상처들을 싸매주고, 모든 것을 다시 온전하게 만들어 주며, 평화를 회복시켜 주고, 서로 견해가 다른 자들을 하나로 뭉치게 해주며, 불화가 있는 곳에 화해를 가져다 준다. 지혜는 험담과 악담에 의해서 만들어진 해악들을 고쳐 줄 수 있는 적절한 치료약들을 찾아낼 것이다.

19진실한 입술은 영원히 보존되거니와 거짓 혀는 잠시 동안만 있을 뿐이니라

이 잠언은 진실의 존귀함을 보여주는 사실들을 우리에게 말해준다.

1. 진실을 말하는 입은 효력이 있어서, 그 어느 누가 그 진실에 대하여 화를 낸다고 할지라도, 그 진실은 꿈쩍도 하지 않으리라는 것. 진실은 위대하고 반드시 이기게 되어 있다. 참된 것은 언제까지나 참된 법이다. 우리가 그 진실을 묵묵히 좇는다면, 우리는 그 진리가 거짓으로 판명나거나 그것 때문에 우리가

수치를 당할 것을 염려할 필요가 없다.

2. 진실을 부정하는 입은 잠시 후면 없어지리라는 것. 거짓 혀, 즉 사물들에 거짓된 색깔을 입히는 혀는 잠시 동안만 있을 뿐이니라. 거짓말은 탄로나게 되어 있다. 거짓말하는 자가 하는 말들을 검토해 보면, 진실을 말하는 자와는 달리 중구난방이어서 말들이 서로 일치하지 않는다. 그가 한 말들이 거짓말임이 밝혀지면, 그는 자신의 목적을 이룰 수 없고, 나중에 신임을 얻을 수도 없게 된다. 진실은 잠시 빛을 잃을 수도 있지만, 다시 빛을 되찾게 될 것이다. 그러므로 거짓말을 자신의 피난처로 삼는 자들은 그것이 거짓된 피난처라는 것을 나중에 알게 될 것이다.

[20]악을 꾀하는 자의 마음에는 속임이 있고 화평을 의논하는 자에게는 희락이 있느니라

1. 해악을 꾀하는 자들은 그 계략을 이루기 위해서 어떻게 사람들을 속여 먹을까를 궁리한다는 것. 그러나 그들은 다른 사람을 속이고 있다고 생각하겠지만, 결국에는 자기 자신을 속이고 있는 것임이 드러나게 될 것이다. 겉으로는 친한 척하면서 악을 꾀하는 자들의 마음은 그들의 악한 계략을 통해서 그들이 얻을 이런저런 이득과 만족에 대한 생각으로 꽉 차 있지만, 그것은 모두 사기이다. 그들이 아무리 치밀하고 교묘하게 악을 꾀한다고 할지라도, 결국에 가서 속는 자들은 다름아닌 속이는 자들이라는 것을 그들은 알아야 한다.

2. 이웃들에게 유익될 것을 고민하고, 평화를 위한 일들을 연구하며 평화를 가져다 줄 조언을 해주고, 사람들을 치유할 수 있는 시도들과 방법들을 궁리하며, 자기가 있는 자리에서 많은 사람들이 잘 되도록 힘쓰는 자들은 명성을 얻을 뿐만 아니라 위로를 얻게 되리라는 것. 그들은 그들이 기대했던 것보다 더 큰 기쁨과 성공을 맛보게 될 것이다. 화평하게 하는 자는 복이 있다.

[21]의인에게는 어떤 재앙도 임하지 아니하려니와 악인에게는 앙화가 가득하리라

1. 경건은 확실한 보호막이라는 것. 의로우신 하나님은 진실로 의로운 자들에게는 그 어떤 재앙이나 화(禍)도 임하지 아니할 것이라고 약속하셨다. 하나

님은 공의를 이루어가는 저 원동력, 즉 그들 속에 그가 두신 은혜가 지닌 힘을 통해서 그들을 죄로 인한 재앙에서 지켜 주실 것이다. 따라서, 그들은 유혹을 받겠지만, 그 유혹에 넘어가지 않을 것이다. 또한, 그들도 다른 사람들처럼 수많은 환난들 속으로 들어가겠지만, 그 환난들은 다른 사람들에게는 재앙이 되지만 그들에게는 아무런 화(禍)를 끼치지 못할 것이다(시 91:10). 왜냐하면, 그 환난들은 도리어 그들의 유익을 위한 도구가 될 것이기 때문이다.

2. 악은 확실한 멸망을 가져다 주리라는 것. 하나님과 사람을 멸시하고 사람들에게 재앙을 끼칠 방법만을 연구하는 자들의 삶은 재앙과 화가 가득할 것이다. 그들은 점점 더 재앙을 끼치는 자들이 되어서, 모든 불의가 가득한 자들이 될 것이다(롬 1:29). 또는, 그들은 그들에게 임하는 온갖 재앙들 때문에 비참해질 것이다. 남에게 재앙을 끼치기를 즐기는 자들은 도리어 그들 자신이 그 재앙을 차고 넘치게 받게 될 것이다. 어떤 이들은 이 절 전체를 이렇게 읽는다: 악인이 의인에게 재앙을 끼치고자 하는 앙심으로 가득 차 있다고 할지라도 의인에게는 어떤 재앙도 일어나지 아니하리라. 지옥 전체가 의인들에게 달려든다고 하여도, 의인들은 천국의 보호 아래에서 안전할 것이다.

[22]거짓 입술은 여호와께 미움을 받아도 진실하게 행하는 자는 그의 기뻐하심을 받느니라

1. 거짓말하는 것을 미워하고, 거짓말하는 것으로부터 늘 아주 멀리 떨어져 있으라는 것. 거짓말하는 것은 하나님의 법을 깨뜨리는 것일 뿐만 아니라, 인간 사회를 파괴하는 것이기 때문에, 여호와께서 미워하시는 것이다. 거짓말 하는 자들은 하나님 보시기에 가증스러운 자들이다.

2. 우리의 말뿐만이 아니라 우리의 행동도 진실하도록 세심하게 주의를 기울이라는 것. 왜냐하면, 모든 일에서 진실하게 행하는 자는 하나님의 기뻐하심을 받고, 하나님은 그런 자들을 무척 기뻐하시기 때문이다. 우리는 정직한 자들, 즉 우리가 신뢰할 수 있는 자들과 대화를 나누거나 그런 자들을 우리의 일에 사용하게 되면 마음이 기뻐진다. 그러므로 우리는 하나님과 사람에게 사랑을 받는 자들이 되기 위해서 진실하고 정직한 자가 되어야 한다.

[23]슬기로운 자는 지식을 감추어도 미련한 자의 마음은 미련한 것을 전파하느니라

1. 지혜로운 자는 자기가 지혜롭다는 것을 널리 알리려고 애쓰지 않는데, 그의 그런 모습이 그의 존귀함을 드러내 준다는 것. 그는 다른 사람들의 덕을 세우는 데에 소용이 될 때에는 그가 지닌 지식을 전하지만, 오직 자기 과시가 되거나 자기를 높이는 결과가 될 경우에는 그의 지식을 감춘다. 진정으로 지식이 있는 자들은 그들이 슬기로운 자들이라면 자기 과시로 비칠 수 있는 온갖 것들을 주의 깊게 피하고, 그들의 학식을 자랑하게 만드는 기회들을 물리치며, 오직 선한 목적을 위하여 그 지식을 사용하고, 그런 후에 그 행한 일로 말미암아 칭찬을 받게 놓아 둔다. 고수는 기술을 숨기는 법이다.

2. 미련한 자는 자기가 어리석다는 것을 널리 알릴 수밖에 없고, 그의 그런 모습이 그의 수치가 된다는 것. 미련한 자의 마음은 그들의 미련한 말과 행동을 통해서 미련한 것을 전파한다. 그들은 자신의 미련함을 숨기고자 하지도 않고, 선과 악, 명예와 불명예에 대한 인식이 없으며, 자신의 미련함을 숨기는 법도 모르고, 그들 자신을 관리하는 일에 있어서 분별력이 거의 없다(전 10:3).

[24]부지런한 자의 손은 사람을 다스리게 되어도 게으른 자는 부림을 받느니라

1. 근면은 출세의 지름길이라는 것. 솔로몬은 여로보암이 부지런하고 근면한 청년이어서 자기가 맡은 일에 충실한 것을 보고서 그를 발탁하였다(왕상 11:28). 남들에게 유익이 될 것들을 연구하는 일에 수고하는 자들은 세력과 명성을 얻어서, 주변의 모든 사람들을 다스리게 되는데, 이렇게 해서 기이하게 높은 자리에 오른 이들이 많다. 적은 일에 충성한 자들은 많은 것을 다스리게 될 것이다. 말씀과 가르침에 수고하는 장로들은 배나 존경할 가치가 있는 자들이다. 젊었을 때에 부지런히 일한 자들은 나이가 들어서는 다른 사람들을 다스릴 수 있는 힘을 얻어서 일에서 쉴 수가 있게 될 것이다.

2. 요령을 부리고 일을 대충 하는 것은 종이 되는 지름길이라는 것. 게으르고 별 생각 없이 사는 자, 또는 속이는 자(원어는 이런 의미이다)는 남의 종이 되어 부림을 받게 될 것이다. 자기에게 주어진 정직한 직업 속에서 수고하려고 하지 않고, 요령과 잔꾀로 살아가는 자들은 모인 것이 없이 빈털터리가 되어서

남의 종살이를 하게 될 것이다. 훈련생일 때에 부지런하고 정직하게 임한 자들은 머지않아 숙련된 기술자가 될 것이다. 그러나 미련한 자들은 그렇게 하지 않기 때문에 평생 마음이 지혜로운 자의 종이 될 수밖에 없다.

25 **근심이 사람의 마음에 있으면 그것으로 번뇌하게 되나 선한 말은 그것을 즐겁게 하느니라**

1. 우울함의 원인과 결과. 그것은 마음 속의 근심과 무거움이다. 그것은 심령을 짓누르는 염려와 걱정, 슬픔의 무거운 짐으로서 심령으로 하여금 해야 할 일을 활기있게 할 수 없게 만들고, 참아내야 할 것을 굳건하게 견뎌낼 수 없게 만든다. 그것은 심령을 움츠러들게 하고 지쳐서 쓰러지게 만든다. 이렇게 억눌린 자들은 자신의 본분을 다할 수도 없고, 그 어떤 관계나 상태나 대화 속에서도 위로를 받을 수 없다. 그러므로 이런 기미가 보이는 자들은 그것을 막아 달라고 깨어 기도하여야 한다.

2. 우울함의 치유. 하나님으로부터 오는 선한 말씀을 믿음으로 받으면, 그것은 사람의 마음을 즐겁게 한다. 한 랍비는, 네 짐을 여호와께 맡기라 그가 너를 붙드시리라(시 55:22)는 말씀이 바로 그런 말씀이라고 말한다. 하나님의 선한 말씀, 특히 복음은 지치고 무거운 마음을 즐겁게 해주기 위한 것이다(마 11:28). 사역자들은 이 즐거움을 전해 주는 조력자들이 되어야 한다.

26 **의인은 그 이웃의 인도자가 되나 악인의 소행은 자신을 미혹하느니라**

1. 선한 자들은 그들 자신에 대하여 좋은 일을 한다는 것. 왜냐하면, 그들은 자기 자신 속에 뛰어난 성품을 지니고 있고, 자기 자신을 위하여 뛰어난 분깃을 확보하고 있으며, 이 두 가지에 있어서 남들보다 뛰어나기 때문이다. 의인은 남들보다 뛰어나고, 더 많은 것을 지니고 있어서 부요하기 때문에, 그 이웃의 인도자가 된다. 그는 이 세상의 부가 아니라 참된 부(富)인 성령의 은혜와 위로들에 있어서 부요하다. 신앙에 있어서 뛰어난 것은 진정으로 뛰어난 것이다. 그것은 사람들을 고귀하게 만들고, 그들에게 영감을 주어 수많은 삶의 원리들을 깨닫게 하여, 그들을 중요한 사람들이 되게 한다. 그것은 어떤 것이 뛰어난

것인지를 최종적으로 판단하시는 하나님이 보시기에 아주 값진 뛰어남이다. 그의 이웃이 세상에 더 유명하고 더 환호를 받는 인물이 될 수도 있지만, 의인은 외적인 것이 아니라 내적인 가치를 지니고 있다.

2. 악한 자들은 그들 자신에 대하여 나쁜 짓을 한다는 것. 그들은 그들 자신을 미혹하는 길로 행한다. 그들에게 그 길은 즐거운 길일 뿐만 아니라 올바른 길로 보인다. 그 길은 혈과 육에게 유쾌한 길이기 때문에, 그들은 그 길이 잘못될 리가 없다고 그들 자신에게 듣기 좋은 말을 하지만, 그들은 그들의 목적을 이루지 못할 것이고, 그들이 바라던 좋은 것을 누리지 못하게 될 것이다. 그것은 모두 사기(詐欺)이다. 그러므로 이웃이 의인을 멸시하고 짓밟을지라도, 의인은 그 이웃보다 더 지혜롭고 행복하다.

[27]게으른 자는 그 잡을 것도 사냥하지 아니하나니 사람의 부귀는 부지런한 것이니라

1. 게으름과 속이는 것을 미워하라는 것. 여기에서 게으름을 나타내는 단어는 앞에서와 마찬가지로 속이는 것을 의미하기도 한다. 게으르고 속이는 자에게 구운 고기가 있는데, 그가 구운 그 고기는 그가 직접 사냥을 해서 잡은 것이 아니고, 다른 사람들이 수고해서 잡은 것이다. 그는 벌통에 있는 수펄처럼 다른 사람들이 애쓰고 수고한 것의 열매를 먹고 살아간다. 또는, 이것은 게으르고 속이는 자들은 사냥을 해서 어떤 것을 잡았어도, 그들이 잡은 것을 굽지 않는다는 의미일 수도 있다. 운동을 좋아하는 자들이 장사에 능한 경우가 거의 없듯이, 그들은 사냥은 했어도 자기가 잡은 것을 구워 먹는 데에는 별 흥미를 느끼지 못한다. 아마도 하나님은 그의 섭리 속에서 한 사람이 여러 가지에 능하게 지으시지 않는 것 같다.

2. 근면과 정직을 좋아하라는 것. 부지런한 자의 재물은 비록 그것이 많지는 않을지라도 귀하다. 왜냐하면, 그것은 하나님의 축복으로부터 온 것이기 때문이다. 그는 그 재물 속에서 위로를 얻고, 그 재물은 그와 그의 가족에게 좋은 일을 한다. 그것은 그 자신의 일용할 양식이고, 다른 사람들의 입에서 빼앗은 양식이 아니다. 그러므로 그는 하나님이 그의 기도에 응답하셔서 그것을 주신 것임을 안다.

[28]공의로운 길에 생명이 있나니 그 길에는 사망이 없느니라

여기에서는 신앙의 길이 어떤 길인지를 설명해 주면서 우리에게 그 길을 가라고 권면한다.

1. 신앙의 길은 곧고 분명하고 쉬운 길이라는 것. 그것은 의로운 길이다. 하나님의 명령들(우리가 행할 때에 따라야 하는 규범)은 모두 거룩하고 의로우며 선하다. 신앙은 올바른 이치와 공평을 지니고 있다. 그 길은 하나님이 우리를 위해 닦아 놓으신 대로이다(사 35:8). 그 길은 대로, 왕의 대로, 만왕의 왕의 대로, 우리보다 앞서 모든 성도들이 지나갔던 길, 양무리들의 발자취들로 가득한 옛적의 선한 길이다.

2. 신앙의 길은 안전하고 즐겁고 편안한 길이라는 것.

(1) 그 길의 끝에만 생명이 있는 것이 아니라, 그 길을 가는 동안에도 생명이 있다. 그 길에는 온갖 참된 위로와 만족이 있고, 목숨보다 더 나은 하나님의 은총이 있으며, 생명 자체인 성령이 있다.

(2) 그 길에는 생명이 있기 때문에 사망이 없고, 이 세상에서 사망을 만들어내고 우리의 현재의 기쁨과 생명을 갉아먹는 온갖 슬픔이 하나도 없다. 의의 길에 있는 생명에는 끝이 없다. 여기 이 세상에는 생명이 있지만 사망도 있다. 하지만 의의 길에는 생명이 있고 사망은 없어서, 오직 영원히 지속되는 생명만이 존재한다.

제 13 장

[1]지혜로운 아들은 아비의 훈계를 들으나 거만한 자는 꾸지람을 즐겨 듣지 아니하느니라

같은 부모의 자녀들이라도 어떤 자녀는 장래가 촉망되고 어떤 자녀는 그렇지 않은 것은 새삼스러운 일이 아니다. 여기에서 우리는 자녀들이 어떤 자녀인지를 분별하는 법을 배우게 된다.

1. 부모를 공경하고 부모의 조언과 권면을 잘 받아들이는 자녀는 큰 소망이 있다는 것. 아비의 훈계를 듣는 자, 즉 그 훈계를 단지 듣는 데서 그치는 것이 아니라 그 훈계를 기꺼이 듣고자 하고 존중해서 실제로 실천하는 자는 지혜로운 아들이고, 점점 더 지혜로워질 것이다.

2. 꾸지람을 즐겨 듣지 아니하고, 도리어 다스림에 복종하는 것을 수치로 여겨 거절하며, 그들을 신실하게 대하는 자들을 비웃는 자녀는 소망이 없다는 것. 잘못을 지적해 주는 말을 듣고자 하지 않고, 그들에게 그런 사랑을 베풀어 주는 자들을 원수로 여기는 자들이 어떻게 그들의 잘못을 고칠 수 있겠는가?

[2]사람은 입의 열매로 인하여 복록을 누리거니와 마음이 궤사한 자는 강포를 당하느니라

1. 안에서, 즉 마음에서 나오는 것이 선하면, 마음에 쌓인 선에서 나온 그 선한 것은 더 크게 선한 것이 되어 되돌아오리라는 것. 내적인 위로와 만족은 그의 일용할 양식이 될 것이다. 아니, 그러한 위로와 만족은 덕을 세우는 데 소용되는 대로 선한 말을 하여 듣는 자들에게 은혜를 끼치는 것을 기뻐하는 자들에게는 계속되는 잔치가 될 것이다.

2. 포악(暴惡)은 그것을 행하는 자의 얼굴로 되돌아오리라는 것. 마음이 궤사

한 자, 사람들을 해치고자 해악을 꾸미고, 말과 행위를 통해서 사람들에게 해악을 끼치는 자는 강포를 먹게 될 것이다. 그들은 강포를 너무 많이 먹어서, 그들의 배는 강포로 가득 차게 될 것이다. 그가 준 그대로 그에게 주라(계 18:6). 각 사람은 자기가 양조한 술을 마실 것이고, 자기가 말한 대로 먹게 될 것이다. 왜냐하면, 우리는 우리가 한 말들 때문에 의롭다 함을 받기도 하고 정죄함을 받기도 할 것이기 때문이다(마 12:37). 우리가 거둔 열매가 우리의 음식이 될 것이다(롬 6:21-22).

[3]입을 지키는 자는 자기의 생명을 보전하나 입술을 크게 벌리는 자에게는 멸망이 오느니라

1. 입술을 지키는 것은 영혼을 지키는 것이라는 것. 조심스럽고 신중한 자, 한 번 말하기 전에 두 번 생각하는 자, 악한 일을 생각하였거든 그 생각을 억누르기 위해서 손으로 입을 막는 자, 혀에 강력한 재갈을 물리고 그 재갈을 손으로 꼭 누르고 있는 자는 엄청난 죄책과 근심으로부터 자기의 영혼을 지키고, 자기 자신을 돌아보거나 남들이 그를 돌아볼 때마다 한없는 씁쓸함을 느낄 수밖에 없는 괴로움에서 자기 자신을 구원한 것이다.

2. 혀를 다스리지 못해서 망하는 자가 많다는 것. 입술을 크게 벌려서 우리의 입에서 나오는 대로 떠벌리는 자, 하나님과 사람에게 도전이라도 하듯이 말할 자유를 남용해서 고함치고 호통치며 소란을 피우는 자에게는 멸망이 온다. 그것은 그의 명성, 그의 세력, 그의 위로를 무너뜨릴 것이고, 그의 영혼을 영원히 망하게 할 것이다(약 3:6).

[4]게으른 자는 마음으로 원하여도 얻지 못하나 부지런한 자의 마음은 풍족함을 얻느니라

1. 게으른 자의 참상과 수치. 그들이 얼마나 미련하고 어이없는 자들인지를 보라. 그들은 부지런한 자들이 얻는 것들을 얻고자 하면서도, 부지런한 자들이 하는 수고는 하기 싫어한다. 그들은 갖고 싶은 것들을 다 탐내지만, 그렇게 하기 위해서 해야 할 일은 아무것도 하지 않으려 한다. 그러므로 결론은 뻔하다:

그들은 아무것도 갖지 못한다. 왜냐하면, 일하기 싫어하거든 먹지도 말게 하여 굶겨야 하기 때문이다(살후 3:20). 게으른 자의 욕망은 자기가 재미있게 지내는 것이지만, 그 욕망을 이루려면 바쁘게 움직여야 하고 늘 신경을 써야 하기 때문에 실제로 그 욕망은 일하는 것보다 더 힘든 고역이 된다.

2. 부지런한 자의 행복과 영예. 그들의 마음은 풍족함을 얻을 것이다. 그들은 풍족함을 누리고, 그들의 풍족한 것을 편안한 마음으로 누리게 될 것이다. 그리고 그 풍족한 것이 그들의 부지런함의 열매이기 때문에, 그들의 마음은 더욱 편안할 것이다. 이것은 영적인 일들에 있어서 특히 그렇다. 원하기만 하고 빈둥거리며 일하지 않는 자들은 신앙의 유익들이 어떤 것인지를 알지 못한다. 반면에, 하나님을 섬기는 일에 수고하는 자들은 그 일에서 즐거움과 유익을 얻는다.

[5]의인은 거짓말을 미워하나 악인은 행위가 흉악하여 부끄러운 데에 이르느니라

1. 은혜가 지배하는 곳에서는 죄가 지극히 혐오스러운 것이라는 것. 거짓말을 미워하는 것은 모든 의인의 의심할 여지 없는 성품이다(모든 죄는 거짓말이기 때문에, 여기에서 거짓말은 모든 죄, 특히 거래와 대화에 있어서의 모든 사기와 거짓을 가리킨다). 그는 그의 마음에 뿌리를 내리고 그의 삶 전체를 지배하는 진리와 공의에 대한 사랑, 그리고 하나님의 뜻을 따르고자 하는 마음에서 거짓말을 하지 않을 뿐만 아니라, 거짓말하는 것을 미워한다.

2. 죄가 지배하는 곳에서는 사람, 즉 악인이 혐오스러운 존재라는 것. 만약 악인의 눈이 열리고 그의 양심이 일깨워지면, 그조차도 자기 자신에 대하여 그렇게 생각할 것이고, 자기 자신이 너무 싫어서 티끌과 재 가운데에서 회개하게 될 것이다. 악인은 하나님과 모든 선한 자들에게 혐오스러운 존재이다. 특히, 악인은 다른 무엇보다도 혐오스러운 일인 거짓말하는 것을 통해서 자신을 혐오스러운 존재로 만든다. 그는 이 땅에서는 그런 사실을 무시하고 살아갈 수도 있겠지만, 결국에는 수치와 멸시를 당하게 될 것이고, 부끄러워서 얼굴을 들지 못하게 될 것이다(단 12:2).

[6]공의는 행실이 정직한 자를 보호하고 악은 죄인을 패망하게 하느니라

1. 성도들은 멸망으로부터 안전하게 보호를 받게 되리라는 것. 행실이 정직한 자들, 그들의 모든 행실에서 정직한 마음을 품고서, 거룩하고 영원한 공평의 법들을 꼼꼼하게 지키며, 하나님과 사람을 진실하게 대하는 자들이 있는데, 그들이 지닌 정직함은 그들을 지켜줄 것이기 때문에, 사탄의 유혹들이 그들을 이기지 못할 것이고, 악한 자들의 비방과 해악이 그들을 상하게 하지 못할 것이다(시 25:21). 정직함을 너의 철옹성으로 삼으라 그리하면 너의 순전함이 영원히 보전되리라.

2. 죄인들은 멸망을 확실하게 확보해 놓은 것이라는 것. 악한 자들에게 있어서는 그들의 악이 결국 그들을 패망하게 할 것이다. 그들은 악을 저지르는 동안에 서서히 악의 밧줄에 얽혀든다. 그들은 누구에 의해서 벌을 받고 멸망당하게 되는 것인가? 그들에게 벌을 주고 그들을 멸망시키는 것은 바로 그들 자신의 악이다. 그들이 패망하는 책임은 전적으로 그들에게 있다.

[7]스스로 부한 체하여도 아무 것도 없는 자가 있고 스스로 가난한 체하여도 재물이 많은 자가 있느니라

이 잠언은 다음과 같은 것들에 적용될 수 있다.

I. 사람들이 이 세상에서 지닌 재산. 세상, 즉 이 세상의 것들만이 아니라 이 세상의 사람들도 모두 대사기극이다. 모든 **사람이 거짓말쟁이다**(시 116:11). 해 아래에서 두 가지 큰 악을 보여주는 한 예가 있다.

1. 어떤 이들은 사실은 가난한데도 부자인 것처럼 행세하고자 하고 실제로 부자로 대접을 받는다는 것. 그들은 마치 부자인 것처럼 거래하고 돈을 쓰며, 마치 숨겨둔 보물이라도 있는 듯이 호기를 부리며 위세를 과시한다. 사실, 그들은 그들이 진 빚을 다 갚고 나면 달랑 동전 몇 푼이 그들의 전재산일 것인데도 말이다. 이것은 죄이고, 머지않아 수치가 될 것이다. 많은 사람들이 이렇게 행함으로써 자기 가정을 망치고, 자신의 신앙에 누를 끼친다. 이렇게 자기가 가진 것 이상으로 분에 넘치게 살아가는 자들은 하나님의 섭리가 아니라 그들 자신의 과시욕을 따르기로 작정한 것이기 때문에, 결국 거기에 상응하는 대가를 치르게 될 것이다.

2. 어떤 이들은 사실은 부자인데도 가난한 것처럼 보이고자 하고 실제로 가

난한 자로 여김을 받는다는 것. 왜냐하면, 그들은 하나님이 그들에게 주신 것 이하로 인색하게 살고, 그 주신 것을 사용하기보다는 땅에 묻어 두는 쪽을 택하였기 때문이다(전 6:1-2). 이것은 하나님께는 배은망덕하는 것이고, 가족과 이웃에게는 불의를 행하는 것이며, 가난한 자들에게는 자비를 베풀지 않는 것이다.

Ⅱ. 사람들의 영적인 상태. 은혜는 영혼의 재산이고, 그것은 참된 재산이다. 그러나 사람들은 흔히 의도적이든, 또는 자기 자신에 대한 착각이나 무지 때문이든 그들 자신을 올바르게 나타내지 않는다.

1. 은혜가 없어서 가난한데도, 자기가 부요하다고 생각해서, 자신의 빈곤을 깨닫지 못하고, 부요한 척하며, 자신의 빈곤을 인정하지 않는 뻔뻔스러운 위선자들이 많다는 것.

2. 영적으로 부요하고 은혜가 충만하면서도, 자기가 가난하다고 생각하고, 그들이 부요하다고 남들이 말해 주어도 믿지 않으며, 그런 사실을 인정하지 않는 겁 많고 소심한 그리스도인들이 많다는 것. 그런 자들은 그들이 지닌 의심과 두려움, 불평과 근심으로 인해서 스스로를 가난하게 만든다. 전자에 속한 자들의 착각은 결국에는 깨질 것이고, 그 사이에 그들은 끊임없이 불안해할 것이다.

8사람의 재물이 자기 생명의 속전일 수 있으나 가난한 자는 협박을 받을 일이 없느니라

우리는 적어도 이 세상에서는 사람들이 얼마나 복되냐 하는 것을 그들이 가진 재물을 보고 판단하기 쉽고, 이 세상의 재물을 많이 가졌느냐 적게 가졌느냐에 따라서 사람들의 행복도 많아지고 적어진다고 생각하기 쉽다. 그러나 솔로몬은 여기에서 그런 생각이 얼마나 큰 착각인지를 보여주고서, 우리에게 가난하면 거기에 만족해서 살고, 재물을 탐하거나 많이 가진 자들을 부러워하지 말라고 가르친다.

1. 부자들은 그들의 재물 때문에 어떤 이들로부터는 존경을 받지만, 그것과 균형을 맞추기 위하여, 어떤 이들은 부자들을 시기해서 그들에게 쳐들어가서 그들을 죽이겠다고 협박하는 일이 벌어지는데, 이 때에 부자들은 그들의 재물

로 속전을 삼아서 그들의 목숨을 건질 수밖에 없게 된다는 것. 우리가 보화를 밭에 감추었으니 우리를 죽이지 말라(렘 41:8). 몇몇 폭군들은 부자라는 것 자체를 범죄로 취급하였다. 재물이 아예 없었더라면 협박을 받을 일도 없었을 것이라고 생각한다면, 부자가 지닌 재물이 그의 목숨을 건지기 위한 속전으로밖에 사용되지 못했을 때에 그토록 힘들여 모은 재물이 주는 유익이라는 것이 얼마나 보잘것없는 것인가!

2. 가난한 자들은 재물이 없어서 그들의 친구들로부터 멸시를 받고 무시를 당하지만, 그것과 균형을 맞추기 위하여, 그들에게 재물이 있었다면 그들의 원수가 되었을 자들로부터도 멸시와 무시를 받아서 강도를 당하지 않게 된다는 것. 가난한 자들은 부자들과는 달리 협박을 받을 일이 없고, 비난을 받거나 고소를 당하여 괴로움을 겪을 일도 없다. 왜냐하면, 아무도 그들을 신경 쓸 가치가 있는 자들로 생각하지 않기 때문이다. 유대인들 가운데서 부자들은 포로가 되어 바벨론으로 끌려갔지만, 비천한 자들, 즉 가난한 자들은 그 땅에 남겨졌다(왕하 25:12). 칠 년에 한 번은 모든 것을 다 비워보라. 나그네가 강도를 만났을 때에 자기가 아무것도 지니지 않은 것을 기뻐하게 될 것이다.

[9]의인의 빛은 환하게 빛나고 악인의 등불은 꺼지느니라

1. 선한 자들의 위로는 번성하고 오래 지속된다는 것. 의인들의 빛은 점점 환하게 빛나서 그들에게 기쁨을 안겨준다. 그들의 외적인 형통이 그들에게 기쁨을 줄 뿐만 아니라, 그들의 영혼을 밝게 해주는 은사들과 은혜들, 그리고 위로들은 더할 나위 없는 기쁨을 그들에게 안겨준다. 의인들의 영혼은 점점 더 밝게 빛난다(4:18). 성령은 그들의 빛으로서 그들에게 충만한 기쁨을 주고, 그들에게 복을 주는 것을 기뻐하신다.

2. 악한 자들의 위로는 점점 시들어서 없어져 버린다는 것. 악인의 등불은 희미하고 약하게 탄다. 그것은 납골 단지에 있는 가느다란 촛불처럼 우울해 보이고, 머지않아 꺼져서 흑암으로 변해 버릴 것이다(사 50:11). 의인의 빛은 햇빛 같아서 종종 구름에 가릴 수 있지만 계속해서 환하게 빛날 것이다. 반면에, 악인의 빛은 그들 자신이 켠 등불 같아서 얼마 안 있어서 꺼져 버리고, 또한 쉽게 꺼져 버릴 것이다.

[10]교만에서는 다툼만 일어날 뿐이라 권면을 듣는 자는 지혜가 있느니라

1. 미련한 교만은 다툼을 일으키는 주된 원인이라는 것. 너희는 싸움과 다툼이 어디로부터 나는지를 아느냐? 그것들은 이 쓴 뿌리에서 난다. 분노나 시기나 탐욕 같은 다른 욕망들도 다툼을 일으키는 원인들이 될 수 있지만, 그 중에서 교만이 주된 원인이다. 교만은 불화와 반목의 씨앗을 뿌려놓지만, 그것을 해결할 능력은 갖고 있지 않다. 교만한 자들은 자신의 생각이나 원하는 것을 누가 반대하는 것을 참지 못하고, 경쟁이나 라이벌 관계를 참지 못하며, 멸시 또는 자기를 무시하는 것 같은 그 어떤 것도 참지 못하고, 자신의 어떤 권리나 가치관에 대한 자부심을 버릴 수밖에 없게 되는 상황을 참지 못한다. 그렇기 때문에, 혈육들이나 이웃들 사이에서의 다툼, 국가와 나라들 사이에서의 다툼, 교회와 그리스도인들의 모임 속에서의 다툼이 일어난다. 사람들은 교만하기 때문에 복수하고자 하고 용서하고자 하지 않는다.

2. 겸손하고 사람들을 화목하게 만드는 자들은 지혜로워서 권면을 잘 듣는다. 조언을 구하고 기꺼이 받아들이는 자들, 자신의 양심이나 성경이나 목회자들이나 친구들에게 상담하는 자들, 무슨 일이든 성급하고 경솔하게 하지 않는 자들은 지혜로워서, 다른 일들에서와 마찬가지로 이 일에 있어서도 평온을 지키고 다툼을 막기 위해서 스스로를 낮추고 머리를 숙이며 양보한다.

[11]망령되이 얻은 재물은 줄어가고 손으로 모은 것은 늘어가느니라

이것은 사람들이 얻은 재물이 왜 줄어들거나 늘어가는지를 보여준다.

1. 부정하게 얻어진 재물은 결코 오래 가지 못하리라는 것. 왜냐하면, 그런 재물에는 저주가 따라붙어서 그 재물을 소진시킬 것이고, 그 재물의 주인으로 하여금 죄악된 방법으로 재물을 얻게 만들었던 그 타락한 성향들이 다시 그 주인을 부추겨서 죄악된 방법으로 그 재물을 허비하게 만들 것이기 때문이다. 망령되이 얻은 재물은 헛된 것들에 허비될 것이기 때문에, 그 재물은 줄어갈 것이다. 합법적이지 않거나 그리스도인들에게 합당하지 않고, 오직 교만과 사치를 부추기는 데에 기여하는 그런 직업이나 일들을 통해서 얻은 재물, 도박 등에 의해서 얻은 재물은 사기와 거짓으로 얻어진 것으로서 망령되이 얻은 재물이라

고 할 수 있고, 그런 재물은 줄어갈 것이다. 부정하게 얻은 재물은 삼대를 가지 못한다.

2. 근면과 정직으로 얻은 재물은 줄어드는 것이 아니라 늘어가리라는 것. 그런 재물은 생계를 책임져 줄 것이고, 대대로 상속될 것이며, 차고 넘치게 불어날 것이다. 자기 손으로 수고하여 일하는 자는 가난한 자에게 구제할 수 있게 될 정도로 재물을 얻게 될 것이다(엡 4:28). 그리고 그렇게 되었을 때, 그 재물은 점점 더 늘어날 것이다.

[12]소망이 더디 이루어지면 그것이 마음을 상하게 하거니와 소원이 이루어지는 것은 곧 생명 나무니라

1. 기대를 잔뜩 하였다가 그 기대가 아주 무산된 것은 아니지만 시간이 지체되어 실망감으로 변할 때보다 더 가슴아픈 것은 없다는 것. 소망이 더디 이루어지면 그것이 마음을 상하게 하고 초조하게 하며 언짢게 하고 아프게 한다. 그러나 소망이 완전히 깨져버리면, 그 때는 마음은 초죽음이 되고, 그 기대가 높았을수록 좌절감도 커서 마음은 찢어지게 아프게 된다. 그러므로 우리가 울분을 쌓지 않으려면, 피조물들로부터 큰 것을 기대하지 않고, 이 세상에 대하여 그 어떤 헛된 소망도 품지 않는 것이 지혜로운 일이다. 또한, 우리가 어떤 일을 기대하더라도, 그 기대가 이루어지지 않았을 경우를 각오해야만, 우리는 그런 일이 생겼을 때에 실망감을 좀 더 수월하게 극복할 수 있다. 우리는 성급하게 김칫국부터 마셔서는 안 된다.

2. 우리가 오랫동안 바라고 기다리던 일이 마침내 이루어졌을 때보다 더 고맙고 반가운 일은 없다는 것. 소원이 이루어지면, 사람들은 일종의 낙원에 온 것 같은 기분을 느낀다. 왜냐하면, 소원이 이루어지는 것은 곧 생명 나무이기 때문이다. 악인들은 그들의 소망들이 무참히 좌절될 것이기 때문에 그들의 영원한 참상은 더욱 비참해질 것이다. 성도들에게 있어서 천국의 행복은 그들이 그들의 소망들의 절정으로서 간절하게 바라며 기다렸던 바로 그것일 것이기 때문에 더욱더 반가운 일이 될 것이다.

[13]말씀을 멸시하는 자는 자기에게 패망을 이루고 계명을 두려워하는 자는 상을 받

느니라

1. 패망하게 되어 있는 자는 어떤 자인가. 하나님의 말씀을 멸시하고 숭앙하는 마음은커녕 완전히 무시하여 그 말씀의 다스림을 받고자 하지 않는 자는 반드시 패망하게 될 것이다. 왜냐하면, 그는 죽음의 질병을 치유해 줄 수 있는 유일한 수단을 무시해 버린 것이고, 그에게 반드시 멸망을 가져다 줄 하나님의 진노를 자초한 것이기 때문이다. 하나님의 명령보다 육적인 방법이나 책략을 좋아하고, 하나님의 약속이나 위로보다는 세상과 육체의 유혹들을 좋아하며, 하나님의 말씀을 멸시하고 그 말씀과 반대되는 것들을 좋아하는 자들은 패망할 수밖에 없다. 왜냐하면, 그들은 경고를 받아들이고자 하지 않은 것이기 때문이다.

2. 복을 받게 되어 있는 자는 어떤 자인가. 계명을 두려워하고, 하나님을 경외하며, 하나님의 권세에 복종하고, 하나님의 말씀을 숭앙하며, 하나님을 노여우시게 하거나 계명을 지키지 않았을 때에 받게 될 벌들이 자기에게 임하지는 않을까 두려워하는 자는 멸망을 피할 뿐만 아니라, 그의 경건한 두려움으로 인하여 상을 받게 될 것이다. 계명을 지키면 큰 상이 있다.

[14]지혜 있는 자의 교훈은 생명의 샘이니 사망의 그물에서 벗어나게 하느니라

여기에서 지혜 있는 자(또는, 의로운 자)의 교훈(또는, 법)은 그들을 지배하고 있는 원리들이나 규범들, 또는 사람들에게 법이 되어야 마땅한 그들의 교훈들을 의미한다(물론, 이 둘은 동일하다).

1. 지혜 있는 자들의 교훈들은 생수의 물줄기를 솟구쳐 내는 생명의 샘처럼 위로와 만족이 끊임없이 솟아나오는 샘이 되리라는 것. 그 교훈들을 착실하게 지키면 지킬수록, 우리는 우리의 평안을 더 확실하게 확보할 수 있다.

2. 그들의 교훈들은 사탄의 유혹들로부터 사람들을 늘 지켜주는 보호막이 되어 주리라는 것. 그 교훈들을 따르는 자들은 죄의 덫으로부터 멀리 떨어져 있게 될 것이기 때문에, 사망의 그물에서 벗어나게 될 것이다. 반대로, 지혜 있는 자의 법을 버리는 자들은 사망의 그물로 뛰어드는 자들이다.

[15]선한 지혜는 은혜를 베푸나 사악한 자의 길은 험하니라

우리는 그 길의 끝만이 아니라 그 길의 도중을 비교해 보아도 신앙이 유익을 준다는 것을 발견하게 된다.

1. 성도들의 길은 즐겁고 유쾌하다는 것. 명철을 지닌 자는 하나님과 사람으로부터 사랑을 받는다. 우리 구주께서도 지혜가 자라가시면서 하나님과 사람에게 더욱 사랑을 받으셨다(눅 2:52). 지혜롭고 분별 있게 처신하고, 모든 일에서 자신의 행실을 올바르게 가지며, 성령 안에 있는 의와 평강과 희락으로 그리스도를 섬기는 자들은 하나님을 기쁘시게 하며 사람에게도 칭찬을 받는다(롬 14:17-18). 명철이 있어서 하나님과 사람으로부터 사랑을 받는 자는 이 세상을 살아갈 때에 얼마나 마음이 평안하겠는가!

2. 죄인들의 길은 거칠고 불안하며, 다른 사람들에게 기쁨을 주지 못하기 때문에 그들 자신에게도 불쾌하다는 것. 그들의 길은 온 인류에게 폐를 끼치는 일들을 하기 때문에 그 일들 때문에 피해를 보는 다른 사람들에게도 힘들고, 사람들로부터 사랑을 받지 못하는 죄인 자신에게도 힘들다. 죄를 섬기는 것은 완전한 노예살이이고, 지옥으로 향하는 길은 저주의 산물들인 가시덤불과 엉겅퀴로 온통 뒤덮여 있다(창 3:18). 죄인들은 불 가운데서 고역을 치르고 있는 것이다.

[16]무릇 슬기로운 자는 지식으로 행하거니와 미련한 자는 자기의 미련한 것을 나타내느니라

1. 조심스럽고 신중한 것이 지혜라는 것. 무릇 슬기롭고 사려깊은 자는 모든 일을 지식으로 행하고(자신이 깊이 생각한 것과 남들이 해준 조언들을 고려해서), 여러 가지를 깊이 생각해서 아주 신중하게 행하며, 자기가 잘 알지 못하는 일에 끼어들지 않도록 조심하고, 자기가 잘 모르는 일 속으로 뛰어들지 않도록 조심하며, 사람들 사이에서 신용이 있다고 하더라도 자기가 어느 정도 알고 있지 않은 자들과는 거래하고자 하지 않는다. 그런 자는 뭘 좀 알고서 행하는 것이기 때문에, 그가 하는 일들은 성과를 거두게 된다.

2. 성급하고 경솔한 것은 어리석음이라는 것. 미련한 자는 아무것도 알지 못

하면서 자신 있게 말하고, 자신에게 절대적으로 부적절한 일에 손을 대어서, 자기의 미련한 것을 나타내고 스스로를 웃음거리로 만든다. 그는 공사를 시작하였지만 능히 이루지 못하고 완성시키지 못하는 자이다.

[17]악한 사자는 재앙에 빠져도 충성된 사신은 양약이 되느니라

1. 자기에게 맡겨진 일을 배신했을 때의 나쁜 결과들. 어떤 일을 잘 처리하도록 보내심을 받았을 때에 그를 고용한 주인에게 거짓되게 행하고, 주인의 계획을 누설해서, 주인의 계획을 망쳐 놓는 악한 사자는 형통하기를 기대할 수 없고, 도리어 반드시 이런저런 재앙에 빠지게 될 것이고, 그가 한 짓이 발각되어 벌을 받게 될 것이다. 왜냐하면, 사람들의 신뢰를 저버리고 배신하는 것은 하나님과 사람이 지극히 미워하는 것이기 때문이다.

2. 충성했을 때의 복된 결과들. 자기에게 맡겨진 일을 충성되게 수행하여, 그를 고용한 주인의 이익에 기여하는 사신은 양약이 된다. 그는 그를 고용한 주인에게 양약이 되어서, 그의 일과 관련된 자들 간의 차이를 잘 중재해서 서로에게 이익이 되게 한다. 그는 그렇게 해서 자신의 이득도 확보하게 되기 때문에 자기 자신에게도 양약이 된다. 이것은 그리스도의 사자들이자 사신들인 목회자들과 사역자들에게 적용될 수 있다. 그리스도와 사람들의 영혼에 대하여 악하고 거짓되게 행하는 자들은 남들에게도 재앙을 초래하고 자기도 재앙에 빠지지만, 충성된 자들은 다른 사람들이나 자기 자신에게 양약이 될 선한 말씀들을 찾아낸다.

[18]훈계를 저버리는 자에게는 궁핍과 수욕이 이르거니와 경계를 받는 자는 존영을 받느니라

1. 교만해서 가르침 받는 것을 수치로 여기는 자는 반드시 비천하게 되고 욕을 당하게 되리라는 것. 남들이 주는 선한 훈계를 자신의 위신을 실추시키고 자신의 자유를 제약하는 것으로 받아들여서 그 훈계를 저버리는 자에게는 궁핍과 수욕이 이를 것이다. 그는 거지가 되어서, 굴욕 속에서 살다가 죽게 될 것이고, 모든 사람이 그를 미련하고 완고하며 누구도 못말리는 자로 여겨서 멸시할

것이다.

2. 겸손해서 남들이 자신의 잘못들을 얘기해 주면 잘 받아들이는 자는 반드시 존귀하게 되리라는 것. 누가 그를 책망하든 그 책망을 존중하고 경계를 받으며, 누가 그의 잘못을 일러줄 때마다 자신의 잘못을 고치고자 하는 자는 지혜롭고 솔직한 자로 여겨져서 존경을 받게 될 것이다. 왜냐하면, 그는 그에게 욕이 될 것들을 피하고, 자기 자신을 중요한 인물로 만들어 가고 있는 것이기 때문이다.

19 소원을 성취하면 마음에 달아도 미련한 자는 악에서 떠나기를 싫어하느니라

이 잠언은 훈계를 거부하는 자들의 어리석음을 보여준다. 왜냐하면, 그런 자들은 행복해질 수 있는데도 불구하고, 그렇게 하고자 하지 않기 때문이다.

1. 그들은 행복해질 수 있다는 것. 사람들 속에는 행복해지고자 하는 강력한 소원이 존재한다. 하나님은 그러한 소원을 이룰 수 있는 길을 마련해 놓으셨고, 그 길은 사람들의 영혼에 달다. 반면에, 육체의 쾌락은 오직 육욕(肉慾)에게만 반가운 것이다. 하나님의 은총과 영적인 복들을 얻고자 하는 선한 자들의 소원은 그들의 영혼에 단 것을 성취한다. 우리는 경험을 통해서 그렇게 말할 수 있는 자들을 알고 있다(시 4:6-7).

2. 그들은 행복해지고자 하지 않는다는 것. 왜냐하면, 그들이 행복해지기 위해서는 악에서 떠나야 하는데, 그들은 그것을 싫어하기 때문이다. 아무리 악에서 떠나라고 말하여도 떠나고자 하지 않고, 도리어 악을 단 사탕처럼 그들의 혀 아래에서 굴리고 있는 자들은 그들의 영혼에 진정으로 단 그 어떤 것을 얻기를 결코 기대하지 말아야 한다.

20 지혜로운 자와 동행하면 지혜를 얻고 미련한 자와 사귀면 해를 받느니라

1. 선하고자 하는 자들은 선한 자들과 어울려야 한다는 것. 선한 자들과 어울리는 것은 그들이 선하고자 한다는 것을 보여주는 증거가 되고(그 사람이 어떤 사람인지는 그가 사귀는 사람들을 보면 알 수 있다), 그들을 선하게 만들어

주며, 그들에게 선한 길을 보여주면서 그 길을 가도록 일깨워주고 힘을 북돋워 줄 것이다. 지혜롭고자 하는 자는 지혜로운 자들과 동행하여야 하고, 그런 자들과 친밀하게 사귀며 대화하여야 하고, 그런 자들에게 묻고 교훈을 받아야 하며, 그런 자들과 경건하고 유익한 대화를 지속적으로 나누어야 한다. 나이 든 자들이 하는 말을 놓치지 말라 그들이 하는 말들은 그들의 아버지로부터 배운 것이기 때문이다(집회서 8:9). 모든 경건한 말에 기꺼이 귀를 기울이고 명철을 가져다 줄 비유들을 놓치지 말라(집회서 6:35).

2. 악한 자들과 어울리다가 망한 자들이 많다는 것. 미련한 자들과 사귀면 망하게 될 것이고(어떤 이들은 이렇게 읽는다), 미련한 자와 사귀는 것은 자기가 미련한 자임을 드러내는 것이다(칠십인역의 읽기). 그가 누구인지는 그가 누구와 사귀는지를 보면 알 수 있다. 미련한 자들과 사귀는 자는 그들과 같이 되거나, 악해질 것이다. 그러나, 미련한 자들과 사귀면 망하게 된다고 읽든, 그들과 마찬가지로 악하게 될 것이라고 읽든, 이 두 가지 읽기는 매한가지이다. 왜냐하면, 악해진 자들은 망하게 될 것이기 때문이다. 행악자들과 어울리는 자들은 그 자신을 더럽혀서 망하게 되고, 마침내 사망에 이르게 된다.

21 재앙은 죄인을 따르고 선한 보응은 의인에게 이르느니라

1. 죄인들의 멸망은 피할 수 없다는 것. 하나님의 진노와 그 진노에 수반되는 온갖 두려운 일들이 죄인들을 따라다닌다. 피의 복수자가 살인자를 추격하듯이, 죄인들이 어디를 가든, 재앙이 그들을 따라다니며 추격하고, 그들에게는 도망칠 도피성도 없다. 그들은 도망치고자 하지만, 아무 소용이 없다. 하나님이 추격하시는 자는 반드시 잡히게 되어 있다. 그들은 잠시 형통할 수도 있고 아주 편안하게 지낼 수도 있지만, 그렇다고 해서 그들에 대한 천벌이 잠자고 있는 것은 아니다.

2. 성도들의 행복은 깨뜨려질 수 없다는 것. 선한 보응은 의인에게 이를 것이라는 말씀은 거짓말을 하실 수 없는 하나님이 약속하신 것이다. 의인들은 이 세상에서 그들이 행한 온갖 선행과 그들이 겪었던 온갖 환난으로 말미암아 차고 넘치게 상을 받게 될 것이다. 그러므로 많은 사람들이 그들의 의(義) 때문에 이 세상에서 손해를 보았을지라도, 결국 그들은 그들의 의로 말미암아 손해를

본 자들이 되지 않을 것이다. 그 보응은 신속하게 오지 않는다고 하여도, 하나님이 사람들이 행한 모든 것에 대하여 보응하시는 그 날에는 반드시 이루어지게 될 것이다. 그리고 그 보응은 차고 넘치는 상이 될 것이다.

[22]선인은 그 산업을 자자 손손에게 끼쳐도 죄인의 재물은 의인을 위하여 쌓이느니라

1. 선인의 재산은 오래 지속된다는 것. 선인은 그 산업을 자자 손손에게 끼친다. 그가 후손들을 생각하여서, 그의 모든 재산을 자신을 위하여 다 써버리는 것이 아니라, 지나치게 아끼고 인색함을 통해서가 아니라 지혜롭고 고상한 근검과 절약을 통해서 후손들이 잘 되라고 자신의 산업을 물려주고자 하는 것은 그가 칭찬 받아 마땅한 부분이다. 그는 그의 자손들을 이런 식으로 훈련을 시켜서, 그들로 하여금 그들의 산업을 후손들에게 물려 줄 수 있게 만든다. 특히, 그는 공의와 구제를 행함으로써 하나님이 그의 소유에 축복하시게 하고, 그 축복을 그의 자손들에게 물려 주는 일에 세심하게 신경을 쓴다. 아무리 근검절약을 하더라도 하나님의 축복이 없이는 아무 소용이 없다는 것을 그는 잘 알기 때문이다. 선인은 스스로 선한 자가 되고 선을 행하며, 자신의 물질로 여호와께 영광을 돌리고, 하나님을 섬기는 일에 그의 재물을 사용함으로써 자신의 산업이 그의 후손들에게 확실하게 이어질 수 있게 한다. 또는, 그가 이 세상의 재물을 그의 자손들에게 많이 물려주지는 못한다고 하여도, 그의 기도와 훈계, 선한 모범은 그의 자손들에게 최고의 유산이 될 것이고, 하나님의 언약의 약속들은 그의 자자 손손에게 기업이 될 것이다(시 103:17).

2. 죄인의 재물은 아무리 늘어나도 의인을 위하여 쌓이는 것일 뿐이라는 것. 남들처럼 세상의 재물을 얻기 위하여 열심을 내지도 않고, 도리어 선을 행함으로써 고통을 받는 일이 다반사인 선한 자들이 어떻게 부자가 될 수 있겠는가라고 누가 묻는다면, 여기에 그 대답이 있다. 하나님은 그의 섭리 속에서 흔히 악한 자들이 부지런히 긁어 모아서 쌓아 놓은 재물을 선한 자들의 손에 쥐어다 주신다는 것이다. 죄인들이 준비한 것을 의인이 입을 것이요 죄인들의 은은 죄 없는 자가 차지할 것이다(욥 27:16-17). 이스라엘 백성이 애굽 사람들의 재물을 취할 것이고(출 12:36), 이방 나라들의 재물을 먹을 것이다(사 61:6).

[23]가난한 자는 밭을 경작함으로 양식이 많아지거니와 불의로 말미암아 가산을 탕진하는 자가 있느니라

1. 적은 재산일지라도 근면하게 일하면 잘 살게 된다는 것. 따라서, 사람은 어떤 것이라도 거기에 최선을 다하면 그것으로 인해서 편하게 살 수 있다. 가난한 자는 밭을 경작함으로 양식이 많아진다. 즉, 밭이 조금밖에 없는 가난한 농부라도 그 밭을 부지런히 갈고 수고하면 양식이 많아진다는 것이다. 게으름 때문에 못사는 것인데도, 할 일이 별로 없고 밑천이 없어서라고 변명하는 자들이 많다. 그러나 밭이 비록 얼마 되지 않는다고 하여도, 주인이 솜씨를 발휘하고 공을 들여서 수고하면, 그 적은 밭에서도 많은 수확을 거두게 될 것이다. 땅을 파며 일하는 자는 구걸하지 않아도 될 것이다.

2. 많은 재산도 사려 깊지 못함으로 인해서 탕진하게 될 수 있다는 것. 많은 재산도 그것을 지혜롭게 잘 관리하지 못하면 탕진하게 된다. 자신의 형편에 어울리지 않게 지나치게 크게 집을 짓거나 값비싼 물건들을 사거나 큰 회사를 경영하거나 호의호식하거나 많은 하인들을 거느리는 자들은 자신의 재산을 잘 관리하지 못하게 되어 결국 그의 가산을 다 탕진하게 된다. 돈을 물쓰듯이 쓰거나 다른 사람들의 보증을 서거나 해서 그들의 가산은 탕진되고, 그 가족들은 빈곤해지는데, 이 모든 것은 재물을 다스리는 지혜가 없기 때문이다.

[24]매를 아끼는 자는 그의 자식을 미워함이라 자식을 사랑하는 자는 근실히 징계하느니라

1. 자녀들을 선하게 교육시키기 위해서는 잘못한 것이 있을 때에 적절한 징계가 꼭 필요하다는 것. 우리의 자녀들은 다 아담의 자손이기 때문에 그 마음에 미련함이 얽혀 있어서, 책망과 징계의 회초리를 통해서 지혜를 깨닫게 해주는 것이 필수적이다. 자녀들을 징계할 때에 사용해야 하는 매는 무자비한 징벌의 매가 아니라 지혜와 사랑이 담겨 있고 자식이 잘 되기를 바라는 마음이 담겨 있는 부모의 매여야 한다는 것을 명심하라.

2. 자녀들에게 악을 행하지 못하도록 억제하는 것은 악한 습관이 굳어지기 전에 일찍부터 시작하는 것이 좋다는 것. 나뭇가지는 연할수록 쉽게 구부러지

는 법이다.

3. 자녀들을 모든 적절한 방법들을 동원해서 엄격하게 훈육하지 않는 부모는 말로는 자녀들을 사랑한다고 하지만 사실은 미워하고 있는 것이라는 것. 부모는 말로 타일러서 안 될 때에는 회초리를 들어서 엄하게 징계해서 자녀들로 하여금 그들의 잘못을 깨닫고 죄 짓는 것을 두려워할 줄을 알게 해야 한다. 그렇게 하지 않는 부모는 자녀들을 가장 악한 원수, 가장 위험한 질병에 넘겨주는 것이기 때문에, 성경에서는 그런 부모는 자녀들을 미워하는 부모라고 말하는 것이다. 그러므로 자녀들은 선한 부모님이 그들에게 행하는 징계를 달게 받아야 마땅하다. 그 징계는 사랑에서 나온 것이고, 그들을 위한 것이기 때문이다(히 12:7-9).

[25]의인은 포식하여도 악인의 배는 주리느니라

1. 풍족하여 부족함이 없다는 것과 그들 자신이 언제 배부른지를 스스로 안다는 것이 의인들의 행복이라는 것. 그들은 배가 터지도록 먹고자 하지 않고, 적당히 먹고자 하기 때문에 곧 배부르게 된다. 자연은 어느 정도 있어야 만족하지만, 은혜는 별로 없어도 만족한다. 배부르다는 것은 잔치를 열어 마음껏 먹는다는 것과 같다. 생명의 떡을 먹고 하나님의 약속들로 잔치를 하는 자들은 거기에서 그들의 영혼이 차고 넘치게 먹기 때문에 배가 부르다.

2. 자신의 욕망이 채워지지 않아서 늘 배고픈 것이 악인들의 참상이라는 것. 악인들은 그 영혼이 세상과 육체로 만족하게 배부르지 않을 뿐만 아니라, 그들의 배도 주리게 될 것이다. 그들의 육욕은 결코 채워질 수 없기 때문에 늘 굶주려 있다. 지옥에서 그들은 물 한 방울도 얻어 먹지 못하게 될 것이다.

제 14 장

[1]지혜로운 여인은 자기 집을 세우되 미련한 여인은 자기 손으로 그것을 허느니라

1. 선한 아내는 가정에 큰 복이라는 것. 아내가 아이를 많이 낳으면, 그 집은 자녀들로 북적거리게 되어서 견고하게 세워진다. 그러나 아내가 지혜로운 여인이라면, 즉 경건하고 부지런하며 사려가 깊은 여인이라면, 그 집안의 일들은 다 잘 될 것이고, 채무는 다 갚아서 없어질 것이며, 재산은 늘어나고, 먹을 것은 풍부해지며, 자녀들은 잘 교육을 받고 양육될 것이며, 가족은 안에서는 평안을 누리고 밖에서는 좋은 평판을 얻게 되어서, 그 집이 세워질 것이다. 지혜로운 아내는, 자기의 집을 주관하는 이는 남편이지만 그 집을 돌보아야 하는 것은 자신의 일이라고 여긴다(에 1:22).

2. 남편이 잘못해서 집이 망하는 것과 마찬가지로 아내가 잘못해서 집이 망하는 경우도 많다는 것. 아내가 미련한 여인, 즉 하나님을 경외하지도 않고 자신의 일에 신경을 쓰지도 않는 여인, 고집이 세고 낭비하며 변덕이 심한 여인, 가정을 내팽개치고서 놀러다니고 잔치를 벌이는 것과 카드 놀이를 좋아하고 극장에 다니는 것을 즐기는 등 편안한 것과 욕구를 채우는 일에만 몰두하는 여인이라면, 그 집에 아무리 많은 재산이 있어도, 그런 아내는 그 가산을 다 탕진하여 빈털터리가 되게 해서, 마치 자기 손으로 자기 집 기둥 뿌리를 뽑아서 허는 것처럼 반드시 그 집을 망하게 할 것이다. 이런 경우에 남편은 온갖 방법을 다 동원해도 그것을 막을 수 없을 것이다.

[2]정직하게 행하는 자는 여호와를 경외하여도 패역하게 행하는 자는 여호와를 경멸하느니라

1. 은혜와 죄의 진면목. 은혜가 지배하게 되면, 사람은 하나님을 경외하게

되고, 모든 영광과 존귀를 받으서야 마땅하신 무한히 크고 높으신 분께 영광을 돌리게 되는데, 이성을 지닌 피조물에게 이것보다 더 합당하고 더 기쁜 일이 어디 있겠는가? 죄가 지배하게 되면, 사람은 하나님을 경멸하게 된다. 천사들도 흠모하는 하나님을 경멸하는 것 속에서 죄는 그 어떤 것에서보다도 가장 죄악된 모습을 드러낸다. 하나님의 명령들을 멸시하고, 그 명령들의 다스림을 받고자 하지 않으며, 하나님의 약속들을 받아들이지 않는 자들은 하나님 자신과 그의 온갖 성품들을 경멸하는 자들이다.

2. 참된 빛 아래에서 본 은혜와 죄. 어떤 사람이 정직하게 행하고, 자신의 행위들을 조심하며, 하나님과 사람에게 신실하고, 한 걸음 한 걸음을 하나님의 법에 따라 내디딜 때, 우리는 그 사람 안에서 은혜와 하나님을 경외하는 것이 지배하고 있다는 것을 알 수 있다. 그 사람은 하나님을 높이는 자이다. 그러나 이와는 반대로, 어떤 사람이 패역하게 행하고, 자신의 욕망과 혈기를 고집스럽게 따르며, 불의하고 부정직하며, 말하는 것과 행하는 것이 서로 다르다면, 그 사람은 아무리 경건한 척하여도, 악한 자이자 하나님을 경멸하는 자로서 장차 벌을 받게 될 것이다.

3 미련한 자는 교만하여 입으로 매를 자청하고 지혜로운 자의 입술은 자기를 보전하느니라

1. 미련한 자는 교만하여 자신을 위험에 빠뜨린다는 것. 마음에 교만이 있고, 머리에 그 교만을 억제할 지혜가 없을 때, 그 교만은 흔히 말 속에서 저절로 드러난다. 입에 교만이 있어서, 교만하게 자랑하고, 교만하게 비난하며, 교만하게 조롱하고, 교만하게 명령한다. 이것은 교만의 가지(branch)이다. 이 단어는 여기에서와 이사야 11:1에서만 사용되고 있다. 교만의 가지는 마음에 있는 쓴 뿌리에서 나온다. 그 뿌리가 뽑히지 않으면, 우리는 이 가지를 정복할 수 없다. 또는, 이것은 다른 사람들을 때리고 치는 교만의 매를 의미하는 것일 수도 있다. 교만한 자는 그의 혀로 주변 사람들을 닥치는 대로 때리고 치지만, 결국 그 매는 그가 자기 자신에게 휘두른 매임이 밝혀질 것이다. 교만한 자는 자기 입으로 한 말들 때문에 수치스러운 벌을 받게 되어서, 병사처럼 칼로 베임을 당하는 것이 아니라 하인처럼 매를 맞게 될 것이다. 따라서, 그는 그의 입으로

매를 자청한 꼴이 될 것이다(시 64:8).

2. 지혜로운 자는 겸손해서 자기를 보전하고 유익을 얻게 되리라는 것. 지혜로운 자의 입술은 교만한 자들과는 달리 그가 그의 혀로 다른 사람들을 해치는 것을 막아줄 것이고, 오만한 자들과는 달리 다른 사람들에게 해악을 끼친 것이 없어서 그 해악이 자기 자신에게 돌아오는 것을 막아줄 것이다.

[4]소가 없으면 구유는 깨끗하려니와 소의 힘으로 얻는 것이 많으니라

1. 농사를 게을리하는 것은 가난하게 되는 지름길이라는 것. 땅을 갈고 곡물을 밟아줄 소가 없으면, 구유는 텅 비어서 깨끗하다. 소를 위한 여물도 없고, 따라서 사람에게 필요한 양식도 없다. 먹을 것이 없는 빈곤은 이가 깨끗한 것을 통해서도 표현된다(암 4:6). 소가 없으면, 땅에서 할 일도 없고, 땅에서 거둘 것도 없다. 구유에 거름이 없어서 깨끗하면, 깔끔하고 단정한 것을 좋아하는 자들은 기뻐할 것이다. 그들은 농사일을 하려면 더러운 일도 많이 해야 하기 때문에 농사를 짓기를 싫어하여 소를 팔아치워서 구유를 깨끗하게 하고자 한다. 그러면, 농사를 짓느라 애쓰고 수고하지 않아도 될 뿐만 아니라, 소똥도 볼 일이 없어진다. 이것은 전원 생활의 즐거움에는 흠뻑 빠져 있지만 시골에 살면서 해야 할 일들은 하기 싫어하는 자들, 즉 소나 돼지가 아니라 말이나 개를 키우고 싶어하는 자들의 어리석음을 보여주는 것이다. 그들의 가족은 이로 인해서 고통을 겪게 될 것이 뻔하다.

2. 땅에 공을 들여서 수고하는 자들은 그 땅에서 이득을 거두어 들이게 되리라는 것. 위세를 과시하기 위한 것들이 아니라 실제로 쓸모가 있고 유익이 되는 것들을 자기 곁에 두는 자들, 멋진 제복을 입은 마부가 아니라 농부가 더 잘 살게 될 것이다. 소의 힘으로 얻는 것이 많으니라. 소는 우리를 섬기기 위해 있고, 살아서나 죽어서나 우리에게 유익을 끼친다.

[5]신실한 증인은 거짓말을 아니하여도 거짓 증인은 거짓말을 뱉느니라

사법제도를 운용함에 있어서 증인들은 아주 중요한 역할을 하기 때문에, 증인들이 올바른 사고방식과 태도를 지니는 것은 공동의 선을 위하여 필수

적이다.

1. 양심적인 증인은 조금이라도 거짓된 증언을 감히 하지 않을 것이고, 선의에서이든 악의에서이든 자기가 보고 들은 것을 누구에게 유리하고 불리한가를 떠나서 그대로 증언할 것이기 때문에, 재판은 물 흐르듯이 순조롭게 이루어지리라는 것.

2. 뇌물을 먹거나, 한 쪽으로 치우쳐 있거나, 어느 쪽에 유리하게 증언하라고 협박을 당한 증인은 당황하거나 놀란 기색도 보이지 않고, 마치 자기가 말한 것이 모두 사실인 양 아주 당당하고 확신있게 새빨간 거짓말을 뱉는다.

[6]거만한 자는 지혜를 구하여도 얻지 못하거니와 명철한 자는 지식 얻기가 쉬우니라

1. 어떤 자들이 지혜를 구하여도 얻지 못하는 것은 그들이 올바른 마음 중심과 올바른 태도로 구하지 않기 때문이라는 것. 그들은 거만한 자들이기 때문에, 그들이 훈계를 구하는 것은 그들에게 주어진 훈계를 조롱하고 트집잡고 비웃기 위한 것이다. 많은 자들이 그리스도를 시험해서 고소할 거리를 찾아내기 위하여 질문을 던졌기 때문에, 그들은 결코 그리스도께서 주신 교훈들을 통해서 더 지혜로운 자가 되지 못하였다. 사마리아 성의 마술사 시몬이 성령의 은사들을 구한 예에서 알 수 있듯이, 자신의 교만과 탐욕을 만족시키기 위하여 지혜를 구하는 자들이 지혜를 얻지 못하는 것은 전혀 이상한 일이 아니다. 왜냐하면, 그들은 잘못 구한 것이기 때문이다. 헤롯은 그리스도께서 이적을 행하는 것을 보고자 했다. 그러나 그는 남을 비웃는 거만한 자였기 때문에, 그리스도께서는 그 앞에서 이적을 행하기를 거절하셨다(눅 23:8). 거만한 자들은 기도 응답을 받지 못한다.

2. 명철을 지닌 자들, 즉 악에서 떠난(이것이 명철이다) 자들에게는 하나님을 아는 지식과 하나님의 뜻을 아는 것은 쉬운 일이라는 것. 그리스도께서 베푸신 비유들은 거만한 자들의 마음을 더욱 완악하게 하여 비웃고 조롱하게 만들고 하나님께 속한 것들을 그들에게 더욱 어려운 것들로 만들지만, 기꺼이 배우고자 하는 자들에게는 그 마음에 빛을 비추어서 하나님께 속한 것들을 더 쉽게 알 수 있게 해주고 금방 친숙할 수 있게 만들어 준다(마 13:11, 15-16). 동일한 말씀이 거만한 자들에게는 사망으로부터 사망에 이르는 냄새가 되고, 겸손하고

진실한 자들에게는 생명으로부터 생명에 이르는 냄새가 된다. 명철해서 악에서 떠나 자신의 편견들을 그치고 자신의 온갖 부패한 성품들과 감정들을 버리는 자들은 교훈을 쉽게 깨닫고 그 감화를 쉽게 받아들이게 된다.

7너는 미련한 자의 앞을 떠나라 그 입술에 지식 있음을 보지 못함이니라

1. 우리는 어떻게 미련한 자를 분별해 내고 그가 악한 자라는 것을 발견해 낼 수 있는가. 악한 자는 다 미련한 자이다. 우리는 어떤 자의 입술에 지식 있음을 보지 못하고, 그의 말 속에서 경건의 향취를 찾아볼 수 없으며, 그가 하는 말들은 다 부패하여 사람을 타락시키는 말들이고, 그 속에 덕을 세우는 데 소용되는 선한 말이 없거든, 그의 마음 속에 악이 쌓여 있는 것이라고 결론을 내릴 수가 있다.

2. 우리는 그런 자를 거부하고 그에게서 떠나야 한다는 것. 너는 미련한 자의 앞을 떠나라. 왜냐하면, 그런 자와 어울려서 좋을 것이 하나도 없고, 도리어 해를 당할 위험이 있다는 것을 너는 알기 때문이다. 누가 악한 말을 하고 있음을 우리가 증언하고 꾸짖는 유일한 방법이 오직 그에게서 떠나고 그의 말을 듣지 않는 것밖에 없는 경우가 종종 있다.

8슬기로운 자의 지혜는 자기의 길을 아는 것이라도 미련한 자의 어리석음은 속이는 것이니라

1. 지혜롭고 선한 자의 선한 행실. 그는 자기 자신을 잘 관리한다. 여기에서 권하고 있는 것은 오직 머릿속에만 있는 학식 있는 자의 지혜가 아니라, 실제적이어서 우리의 계획이나 행위들의 방향을 잡는 데에 유익한 슬기로운 자의 지혜이다. 그리스도인의 슬기로움은 자기의 길을 올바르게 아는 데에 있다. 왜냐하면, 우리는 나그네들이고, 나그네들의 관심은 기이한 일들을 알아내는 데에 있는 것이 아니라, 그들의 여정의 끝을 향하여 앞으로 나아가는 데에 있기 때문이다. 우리에게 중요한 것은 우리 자신의 길을 아는 것, 즉 다른 사람들의 일에 끼어들어 참견하고 비판하기를 좋아하는 자가 되는 것이 아니라, 우리 자신을 잘 살피고, 우리의 발이 행할 길을 깊이 생각하여 우리가 가야 할 길이 어느 방

향인지를 깨달으며, 우리의 길에 있는 위험들을 피하며, 우리의 길에 있는 난관들을 돌파하고, 우리의 길에 있는 유익들을 잘 선용하며, 우리가 어떤 규범들을 따라 행하여야 하는지와 우리가 어디를 향하여 가고 있는지를 깨달아서, 거기에 따라 행하는 것이다.

2. 악한 자의 악한 행실. 그는 자기 자신을 속인다. 그는 자신의 길을 올바르게 알지 못한다. 그런데도, 그는 자신의 길을 안다고 생각하기 때문에 길을 잃어버리고, 계속해서 그릇된 길을 간다. **미련한 자의 어리석음은 속이는 것이다.** 그들의 어리석음은 그들을 속여서 자멸의 길로 인도한다. 모래 위에 집을 지은 자의 어리석음은 스스로 속은 것이었다.

[9]미련한 자는 죄를 심상히 여겨도 정직한 자 중에는 은혜가 있느니라

1. 악한 자들은 악을 행하는 데에 굳어져 있다는 것. 그들은 **죄를 심상히 여긴다.** 즉, 그들은 다른 사람들이 죄를 짓는 것을 보면 그것을 재미있는 웃음거리로 여기기 때문에 마땅히 몹시 슬퍼해야 할 죄인데도 자신의 동료들과 함께 즐거워하고, 그들 자신이 죄의 유혹을 받거나 실제로 죄를 지었을 때에도 그들 자신의 죄를 별 것 아닌 일로 여긴다. 그들은 악을 선하다 하며 선을 악하다 하고(사 5:20), 웃으면서 악을 행하며, 죄 속으로 돌진해 달려가고(렘 8:6), 계속해서 죄를 지으면서도 자기에게는 평안이 있을 것이라고 말한다. 그들은 그들의 죄들을 통해서 어떤 해악을 자행하고 있는지에 대해서는 전혀 신경을 쓰지 않고, 그들에게 그런 것을 말해 주는 자들을 비웃는다. 그들은 죄를 옹호하는 자들이고, 죄에 대한 핑계와 변명을 만들어내는 데에 귀재이다. **미련한 자들은 속죄제를 비웃고 조롱한다**(어떤 이들은 이렇게 읽는다). 죄를 가볍게 여기는 자들은 그리스도를 가볍게 여긴다. 죄를 가볍게 여기는 자들은 미련한 자들이다. 왜냐하면, 그들은 하나님이 탄식하며 슬퍼하시는 것(암 2:13), 그리스도를 무겁게 내리 눌렀던 것, 그들 자신도 얼마 후면 다르게 생각하게 될 것을 가볍게 여기는 것이기 때문이다.

2. 선한 자들은 선을 행함에 있어서 힘을 얻는다는 것. **정직한 자들 중에는 은혜가 있느니라.** 그들은 조금이라도 죄를 범하면, 즉시 회개해서 하나님의 은총을 회복한다. 그들은 서로에 대하여 선의를 지니고 있다. 그들 사이에서와 그

들의 모임들 속에서는 죄를 범하는 경우에 서로를 불쌍히 여기는 것과 자비를 베푸는 것이 있을 뿐이고 조롱하고 비웃는 것은 없다.

[10]마음의 고통은 자기가 알고 마음의 즐거움은 타인이 참여하지 못하느니라

이것은 고린도전서 2:11에 나오는 말씀, 즉 사람의 일과 그의 기분의 바뀜을 사람의 속에 있는 영 외에 누가 알리요라는 말씀과 일치한다.

1. 사람의 고통, 특히 심령에 고통이 되는 것은 자기 자신이 가장 잘 안다는 것. 왜냐하면, 고통을 당하는 당사자는 보통 그 고통을 마음 속에 묻어두고 숨기기 때문이다. 우리는 다른 사람들이 쓸데없이 슬퍼한다고 비난하지 말아야 한다. 그들이 어떤 형편에 있는지를 우리는 모르기 때문이다. 그들이 당한 일은 그들이 슬퍼하는 것보다 더 클 수도 있다.

2. 많은 사람들이 하나님의 위로하심 가운데서 은밀한 즐거움을 누리지만, 다른 사람들은 그것을 알지 못하고 거기에 참여할 수는 더더욱 없다는 것. 회개하는 자의 슬픔과 믿는 자의 기쁨은 타인이 끼어들 수 없는 것이기 때문에, 타인은 그들의 슬픔과 기쁨에 대하여 판단할 수 있는 적격자들이 아니다.

[11]악한 자의 집은 망하겠고 정직한 자의 장막은 흥하리라

1. 죄는 아무리 큰 가문도 망하게 한다는 것. 악한 자의 집은 아무리 높고 튼튼하게 지어졌다고 해도 망하겠고, 빈곤하고 비천하게 되어 결국 없어지고 말 것이다. 천국에 가고자 한 그 악인의 소망과 그가 믿고 기대었던 으리으리한 그의 저택은 오래가지 못할 것이고, 비바람 속에 무너져 내릴 것이다. 홍수가 와서 그 집을 쓸어가 버릴 것이다.

2. 의는 아무리 보잘것없는 가문도 일으켜 세워서 든든하게 만들어 준다는 것. 정직한 자의 장막은 언제든지 걷어서 없앨 수 있을 정도로 초라한 것이지만 무한하신 지혜를 지니신 하나님이 합당하게 여기시면 외적으로도 형통할 것이고, 그렇지 않을지라도 참된 부귀인 은혜와 위로에 있어서 차고 넘칠 것이다.

[12]어떤 길은 사람이 보기에 바르나 필경은 사망의 길이니라

우리는 여기에서 무수한 영혼들이 스스로에게 속아서 가는 길과 그 길의 종착지에 관한 설명을 듣는다.

1. 그들의 길은 겉으로는 바른 것처럼 보인다는 것. 그 길은 그들이 보기에 바르다. 그들은 그들이 마땅히 갈 길을 가고 있고, 그들의 생각과 행위들은 선해서 장차 그들을 견고하게 떠받쳐 줄 것이라고 생각하며 즐거워한다. 하나님에 대해 아무것도 모르고 별 생각 없이 가는 길, 세상적이고 땅에 속한 것들을 좇는 길, 육체의 정욕을 만족시키는 길은 그 길 속에서 걷고 있는 자들에게는 바른 길로 보이고, 위선적인 신앙을 지니고서 외적인 종교 행위들을 중시하고 부분적으로 삶을 고치며 맹목적인 열심을 가지고 가는 길은 그 길을 걷는 자들에게는 더더욱 바른 길로 보인다. 그들은 그 길이 그들을 천국에 데려다 줄 것이라고 생각하고, 결국에는 모든 것이 잘 될 것이라고 제멋대로 추측하고 기분 좋아 한다.

2. 그들의 끝은 사실 두려운 것이고, 그들의 착각 때문에 그것은 더욱더 두려운 것이 되리라는 것. 그들이 가고 있는 길은 사망, 즉 영원한 죽음의 길이다. 그들의 죄악은 반드시 그들을 파멸시킬 것이다. 그들은 그들의 오른손에 거짓말을 쥔 채로 죽어갈 것이다. 자신을 속이는 자들은 결국 자신을 멸망시키는 자들이 될 것이다.

[13]웃을 때에도 마음에 슬픔이 있고 즐거움의 끝에도 근심이 있느니라

이 잠언은 육적인 즐거움은 공허하다는 것을 보여주고, 웃음을 미친 것이라고 하고 희락을 무슨 소용이 있는가라고 말한 솔로몬이 옳다는 것을 입증해 준다.

1. 웃을 때에도 슬픔이 있다는 것. 죄인들은 종종 죄책감이 느껴지거나 어떤 큰 괴로움이 있을 때에 그런 것들에 굴복하지 않으려고 억지로 즐거운 일을 만들고 얼굴에 웃음을 띠어서 자신의 슬픔을 은폐한다. 하나님이 그들을 꽁꽁 결박하여도, 그들은 울부짖지 않는다. 아니, 사람들은 실제로 즐거울 때에도, 그 즐거움을 감소시키거나 찬물을 끼얹는 이런저런 일이 동시에 있기 때문에, 마음으로부터 진정으로 즐거워할 수가 없다. 그들의 양심은 그들에게 즐거워할 이유가 없다고 말해 준다(호 9:1). 그들은 그들의 즐거움이 얼마나 공허한

것인지를 알 수밖에 없다. 영적인 기쁨은 영혼에 자리잡고 있지만, 위선자의 기쁨은 단지 바깥에 머물러 있을 뿐이다(요 16:22; 고후 6:10을 보라).

2. 웃고 난 후에는 상황이 더 나빠진다는 것. 즐거움의 끝에도 근심이 있느니라. 그들의 즐거움은 마치 아궁이 속에 던져진 가시덤불이 딱딱 소리를 내며 금방 타버리듯이 곧 지나가 버린다. 양심이 되살아나면, 죄악되고 속된 즐거움의 뒤끝은 쓰디쓰다. 그렇지 않다고 하여도, 이 모든 것들로 인하여 하나님이 죄인을 심판하실 그 날에 그들의 근심은 아주 클 것이다. 성도들이 흘린 눈물은 결국 영원한 기쁨으로 바뀌겠지만(시 126:5), 미련한 자들의 웃음은 결국 끝없는 통곡과 애곡으로 변할 것이다.

[14]마음이 굽은 자는 자기 행위로 보응이 가득하겠고 선한 사람도 자기의 행위로 그러하리라

1. 죄인들의 참상은 그들이 저지른 죄악들을 영원히 먹고 또 먹어야 하는 것이 되리라는 것. 마음이 굽은 자(마음에서 배역한 자), 즉 고난이 두려워서, 또는 이익이나 즐거움을 바라서 하나님과 자신의 본분을 버린 자는 자기 행위들로 차고 넘치게 보응을 받게 될 것이다. 하나님은 그들에게 그들이 지금까지 지니고 있었거나 행해 왔던 것들을 차고 넘치게 주실 것이다. 그들은 그들이 지니고 있던 짐승 같은 욕망들과 격정들을 버리지 못하고 집착할 것이고, 이것은 그들에게 영원한 공포와 괴로움을 안겨주게 될 것이다. 더러운 자는 그대로 더러울 것이다(계 22:11). "얘 너는 이것을 기억하라." 그들에게는 자기 행위들로 보응이 가득하겠고, 그들이 저지른 죄들이 그들 앞에 차려질 것이다. 배역(背逆)은 마음에서 시작된다. 그것은 불신앙으로 인해서 하나님을 떠나는 악한 마음이다. 모든 죄인들 가운데서 배역한 자들은 자기 행위들을 회고할 때에 지극히 큰 공포를 느끼게 될 것이다(눅 11:26).

2. 성도들의 행복은 하나님의 특별한 은총의 증표로서 그들이 받은 은혜들 속에서 영원히 만족하는 것이 되리라는 것. 선한 사람들도 자기의 행위로, 즉 하나님이 그들 속에서 이루신 것들로 만족하게 될 것이다. 그들은 자기만이 즐거워할 것을 지니고 있다(갈 6:4). 죄인들이 지옥에 들어가서야 비로소 그들이 얼마나 많은 죄를 지었는지를 알게 되는 것과 마찬가지로, 성도들은 천국에 들

어가서야 그들이 얼마나 차고 넘치는 은혜를 받아 누렸는지를 알게 된다.

[15]어리석은 자는 온갖 말을 믿으나 슬기로운 자는 자기의 행동을 삼가느니라

1. 남의 말을 쉽게 믿고, 온갖 낭설들에 귀를 기울이며, 사람들이 과장하거나 꾸며서 하는 이야기들까지도 경청하고, 사람들 사이에서 도는 얘기를 믿으며, 자신에 대하여 좋게 말해주는 사람들의 말을 그대로 믿고, 나중에 보상을 하겠다는 사람들의 말을 신용하는 것은 어리석은 일이라는 것. 모든 사람은 어떤 의미에서 하나님과 비교해서 거짓말쟁이들이라는 것을 잊고서, 이렇게 온갖 말을 믿는 자들은 어리석은 자들이다. 하지만, 하나님은 거짓말을 하실 수 없으시기 때문에, 우리는 절대적인 믿음으로 하나님이 하신 말씀들을 믿어야 한다.

2. 신중하고 조심하는 것이 지혜라는 것. 슬기로운 자는 믿기 전에 먼저 시험해 보고, 증인이 믿을 만한 사람인지와 증언이 신빙성이 있는지를 달아본 후에, 진실이 뚜렷이 드러날 때에 판단을 내리거나 그 진실이 밝혀질 때까지 판단을 보류한다. 범사에 헤아려 모든 것을 검증해 보고, 영을 다 믿지 말라.

[16]지혜로운 자는 두려워하여 악을 떠나나 어리석은 자는 방자하여 스스로 믿느니라

1. 거룩한 두려움은 모든 거룩한 것을 지켜주고 모든 거룩하지 않은 것을 막아주는 뛰어난 보초라는 것. 죄의 악에서 떠남으로써 다른 모든 악으로부터도 떠나는 것이 지혜이다. 그러므로 두려워하는 것, 즉 경건한 질투로 우리 자신에 대하여 질투하고, 하나님의 진노에 대하여 두려워하는 마음을 유지하며, 죄의 근처에 가거나 죄의 단초들이 될 만한 것들을 만지작거리는 것을 두려워하는 것이 지혜이다. 지혜로운 자는 해악이 두려워서 해악의 길을 멀리하고, 자기가 유혹 속으로 들어가는 것을 발견하였을 때에는 소스라치게 놀라서 뒤로 물러난다.

2. 방자한 것은 어리석은 일이라는 것. 위험하다는 경고를 받았을 때에 격분하고 자신만만해 하며, 맹렬하게 밀어 부치고, 누가 그를 제지하고자 하면 참을 수 없어 하며, 하나님의 진노와 저주를 무시하고, 위험한 것도 모르고 패역을 고집하며, 죄을 짓는 것인 줄도 모르고 무모하게 덤비고, 위험한 낭떠러지 위

에서 노는 자는 미련한 자이다. 왜냐하면, 그는 그의 이성과 그 자신의 이익을 거슬러서 행하는 것이기 때문이다. 머지않아 있을 그의 멸망은 그가 어리석었음을 증명해 줄 것이다.

[17]노하기를 속히 하는 자는 어리석은 일을 행하고 악한 계교를 꾀하는 자는 미움을 받느니라

1. 화를 잘 내는 자들은 비웃음을 당하는 것이 마땅하다는 것. 잘 토라지고 과민하며 조금만 자극해도 발끈하여 노하기를 속히 하는 자들은 미련하게 처신하는 것이다. 그들은 조롱받을 만하게 말하고 행하기 때문에, 사람들로부터의 경멸을 자초한다. 그들은 화가 가라앉았을 때에 자신의 처신을 부끄러워할 수밖에 없다. 이것을 생각해서, 특히 지혜와 존귀함으로 이름이 난 자들은 최대한의 주의를 기울여서 그들의 분노와 격정에 재갈을 물려야 한다.

2. 악의를 지닌 자들은 사람들이 꺼리고 싫어하는 것이 당연하다는 것. 왜냐하면, 그들은 사람들이 모여 사는 모든 사회에 훨씬 더 위험하고 해악을 끼치기 때문이다. 악한 계교를 꾀하는 자, 즉 복수할 기회가 생길 때까지는 자신의 분노와 적개심을 억누르고, 가인이 아벨을 죽인 것처럼 어떻게 하면 이웃에게 해악을 가하고 보복을 해줄 수 있을까를 은밀하게 궁리하는 자는 모든 인류의 미움을 받는다. 화를 잘 내는 자는 어찌 보면 불쌍한 자이다. 그는 순간적으로 격정을 참지 못해서 자기 자신을 망가뜨리고 욕되게 하지만, 그 순간이 지나면, 그는 자기가 한 일을 뉘우친다. 그러나 속으로 앙심을 품고서 복수할 기회를 노리는 자는 정말 가증스러운 자이다. 그를 막을 방법도 없고, 그를 치유할 약도 없기 때문이다.

[18]어리석은 자는 어리석음으로 기업을 삼아도 슬기로운 자는 지식으로 면류관을 삼느니라

1. 죄는 죄인들의 수치라는 것. 어리석음을 좋아하는 어리석은 자는 그 어리석음으로 아무것도 얻지 못한다. 그들은 어리석음을 기업으로 삼는다. 그들은 어리석음을 기업으로 물려 받았다(어떤 이들은 이렇게 읽는다). 이 부패한 본성은

우리의 첫 부모들로부터 온 것이고, 그 본성에 수반되는 온갖 재난들을 우리는 태생적으로 갖고 있다. 이 부패한 본성은 그들이 그들의 타락한 후손들에게 물려준 기업이고 유전적인 질병이다. 어리석은 자들은 기업을 물려받은 자처럼 그 타락한 본성을 좋아해서 꽉 붙잡고 있고, 그것을 떠나보내기를 몹시 싫어한다. 그들이 소중히 여기는 바로 그 부패한 본성은 정말 미련하다. 그들의 어리석음이 낳는 것은 어리석음 외에 무엇이겠는가? 그들은 그들의 미련한 선택을 영원토록 후회하게 될 것이다.

2. 지혜는 지혜로운 자의 영광이라는 것. **슬기로운 자는 지식으로 면류관을 삼는다.** 즉, 그들은 지식을 가장 빛나는 장식으로 여겨서, 다른 무엇보다도 그것을 가장 간절하게 갖고자 한다. 그들은 지식을 면류관처럼 그들의 머리에 쓰고서, 결코 그것을 벗고자 하지 않는다. 그들은 그들에게 내내 면류관이 되어 줄 지식을 최고로 온전하게 하기 위해 온 힘을 다해 애쓴다. 그들은 그 지식으로 인해서 칭송을 받게 될 것이다. 지혜로운 머리들은 면류관을 쓴 머리들처럼 공경을 받게 될 것이다. 그들은 **지식에 면류관을 씌워준다**(어떤 이들은 이렇게 읽는다). 그들은 그들의 지식에 좋은 평판을 가져다 준다. 지혜는 그의 모든 자녀들에 의해서 옳다고 인정을 받을 뿐만 아니라 영광을 받는다.

19악인은 선인 앞에 엎드리고 불의한 자는 의인의 문에 엎드리느니라

1. 악인들은 종종 그들의 악이 그들을 궁지에 몰아넣음으로써 곤궁하게 되고 낮아져서 구걸할 수밖에 없게 된다는 것. 반면에, 선한 자들은 하나님의 축복으로 말미암아 부유하게 되고 남에게 줄 수 있게 되어서, 심지어 악한 자들에게까지 나누어 준다. 왜냐하면, 우리는 하나님으로부터 생명을 받은 자들이 굶어 죽게 내버려 두어서는 안 되기 때문이다.

2. 하나님은 종종 악한 자들로 하여금 하나님의 백성의 뛰어남을 인정하지 않을 수 없게 만드신다는 것. 악한 자들은 언제나 **선인 앞에 엎드리는** 것이 마땅하고, 하나님은 종종 그들로 하여금 그렇게 하게 만드시고, **하나님이 그들을 사랑하시는 줄을 알게 만드신다**(계 3:9). 그럴 때에 그들은 선인들이 그들에게 은혜를 베풀어 주기를 바라고(에 7:7), 그들을 위하여 기도해 주기를 바란다(왕하 3:12).

3. 정직한 자들이 다스리게 될 날이 장차 오리라는 것(시 49:14). 그 날에 미련한 처녀들은 지혜로운 처녀들에게 와서 기름을 좀 달라고 구걸할 것이고, 주님과 의인들이 다 들어간 후에 닫힌 문을 헛되이 두드리게 될 것이다.

[20]가난한 자는 이웃에게도 미움을 받게 되나 부요한 자는 친구가 많으니라

이 잠언은 세상이 어떤 모습이 되어야 하는지를 보여주는 것이 아니라, 세상 인심이 어떤 것인지를 보여준다. 즉, 세상은 가난한 자들을 부끄러워하고 부자를 좋아한다는 것이다.

1. 존경할 만한 자들일지라도 세상이 눈살을 찌푸리는 자들에게 호의를 보이고자 하는 자는 거의 없다는 것. 가난한 자는 마땅히 불쌍히 여김을 받아야 하고 격려를 받아야 하며 구제를 받아야 함에도 불구하고, 실제로는 가난하게 되기 전에는 그와 친했었고 그에게 호의를 가진 척하였던 이웃에게조차도 미움을 받고 이상한 사람으로 취급받으며 따돌림을 받는다. 대부분의 사람들은 제비 같은 친구들이어서 겨울이 되면 가버린다. 하나님을 우리의 친구로 삼는 것이 좋다. 왜냐하면, 하나님은 우리가 가난해졌다고 해서 우리를 버리지 않으실 것이기 때문이다.

2. 별 볼일 없는 자들일지라도 세상이 미소짓는 자들에게는 누구나 호감을 사고자 한다는 것. 부요한 자는 친구가 많으니라. 부자들에게는 그들의 재물을 보고서 그들에게서 뭔가를 얻어낼 수 있지 않을까 해서 친구들이 모여든다. 이 세상에서 우정이라는 것은 거의 예외없이 이기적인 목적을 지닌 우정이고, 그것은 전혀 참된 우정이 아니다. 그렇기 때문에, 지혜로운 자는 이 세상의 우정을 소중히 여기지도 않고 신뢰하지도 않는다. 세상을 자신의 하나님으로 삼고 있는 자들은 세상의 좋은 것들을 많이 가지고 있는 자들을 우상시하고서, 마치 그런 자들이 천국의 총애를 받는 자들인 양 그런 자들의 호감을 사고자 애쓴다.

[21]이웃을 업신여기는 자는 죄를 범하는 자요 빈곤한 자를 불쌍히 여기는 자는 복이 있는 자니라

이 잠언은 사람들의 인품과 상태는 그들이 가난한 이웃들을 어떻게 대하느냐를 보면 알 수 있다는 것을 보여준다.

1. 가난한 이웃을 경멸하는 눈으로 바라보는 자들은 악한 자들이고, 그들의 상태도 좋지 않다는 것. 이웃이 세상에서 비천하고, 가문이 보잘것없으며, 교육을 제대로 받지 않았고, 사회적 신분이 변변치 않다고 해서 자신의 이웃을 업신여기는 자, 그런 이웃을 아는 체하고 대화하며 관심을 가지는 것을 자신의 체면이 깎이는 일이라고 생각해서 자기 집에서 키우는 개 정도로 취급하는 자는 죄인이자 죄를 범하는 자이고, 점점 더 나쁜 쪽으로 가고 있는 자이며, 장차 영원히 죄인으로 취급받을 자이다. 그런 자는 복이 없는 자이다.

2. 가난한 이웃을 불쌍히 여기는 마음으로 바라보는 자들은 선한 자들이고, 그들의 상태도 좋다는 것. 빈곤한 자를 불쌍히 여기는 자, 그 이웃에게 자기가 할 수 있는 온갖 선한 일들을 기꺼이 다하고자 하고, 그렇게 해서 그 이웃을 존귀하게 하는 자는 복이 있는 자이다. 그는 하나님을 기쁘시게 해 드리는 일, 그가 나중에 뒤돌아볼 때에 그에게 큰 만족을 느끼게 해줄 일, 그 가난한 이웃의 후손들로 하여금 그의 복을 빌어주도록 만들 그런 일, 의인들이 부활할 때에 그로 하여금 차고 넘치게 상을 받게 해줄 일을 행하고 있는 것이다.

[22]악을 도모하는 자는 잘못 가는 것이 아니냐 선을 도모하는 자에게는 인자와 진리가 있으리라

1. 악을 행할 뿐만 아니라 어떻게 하면 악을 행할까를 궁리하기까지 하는 자들은 한참 잘못 생각하고 있는 것이라는 것. 그들은 잘못 가는 것이 아니냐. 그렇다. 분명히 그들은 잘못 가고 있다. 누구나 다 그것을 안다. 그들은 치밀하고 교묘하게 범죄함으로써, 즉 그들의 계략들을 남들보다 더 치밀하게 계획을 세우고 교묘하게 실행에 옮김으로써 그들의 죄악된 계략들을 더 잘 성공시킬 수 있고, 그들의 악한 일들을 더 깔끔하게 처리할 수 있다고 생각한다. 그러나 그들은 잘못 생각하고 있는 것이다. 왜냐하면, 그들이 아무리 궁리하고 교묘한 꾀를 생각해 낸다고 해도, 그들은 하나님의 공의의 심판을 피해갈 수 없기 때문이다. 이웃들을 해칠 궁리를 하는 자들은 크게 잘못 가고 있는 것이다. 그들이 꾀하는 해악은 반드시 그들 자신에게로 돌아올 것이고, 결국에는 그들의 파

멸로 끝날 것이기 때문에, 그것은 치명적인 실수이다!

2. 선을 행할 뿐만 아니라 어떻게 하면 선을 행할까를 궁리하기까지 하는 자들은 그들 자신의 유익을 위하여 지혜롭게 행하고 있는 것이라는 것. 인자와 진리가 그들에게 있을 것인데, 그것은 하나님이 그들에게 빚을 지셨기 때문에 갚으시는 것이 아니라(그들은 아무것도 받을 자격이 없다는 것을 시인할 것이다), 순전히 약속에 따라 주어지는 것이다. 하나님은 인자와 진리에 대하여서는 기꺼이 빚진 자가 되고자 하신다. 너그러운 자들이어서 후히 베풀어 줄 일들을 도모하고, 선을 행할 기회들을 찾으며, 어떻게 하면 곤궁한 자들에게 가장 필요한 것들을 널리 골고루 나눠줄 수 있을지를 궁리하는 자들은 그들이 많은 사람들에게 후히 베풀어 준 일들로 말미암아 견고히 서게 될 것이다(사 32:8).

[23]모든 수고에는 이익이 있어도 입술의 말은 궁핍을 이룰 뿐이니라

1. 말 없이 묵묵히 일하는 자들은 부유해진다는 것. 머리 또는 손으로 하는 모든 수고에는 이익이 있다. 그것은 이런저런 유익으로 돌아올 것이다. 근면한 자들은 보통 잘 살고, 일을 열심히 하는 곳에 재물도 있다. 손을 부지런히 놀려야 한 푼이라도 더 번다. 그러므로 늘 일을 하고 늘 움직이는 것은 좋은 일이다. 우리의 손이 해야 할 일을 발견했다면, 그 일을 우리의 온 힘을 다해서 하라.

2. 일하지 않고 말만 하는 자들은 가난해진다는 것. 자신의 일을 자랑하기를 좋아하고 요란하게 선전하는 자들, 아테네 사람들처럼 새롭고 신기한 일들을 말하고 듣는 것이나 잡담으로 시간을 허비하고, 대화를 통해서 정보를 얻는다는 핑계로 자기 위치에서 그 날에 할 일을 게을리하는 자들은 그들의 소유를 잃고 궁핍을 이루는 쪽으로 나아가고 있는 것이고, 결국에는 궁핍에 이르게 될 것이다. 이것은 우리의 영혼의 일들에서도 마찬가지이다. 하나님을 섬기는 일에 수고하고 간절히 기도하는 일에 힘쓰는 자들은 이익을 얻게 될 것이다. 그러나 자신의 신앙을 소란스러운 잡담으로 다 날려버리고, 힘들이지 않고 오직 입술로만 기도를 하는 자들은 영적으로 가난하게 되어 결국에는 아무것도 남지 않게 될 것이다.

[24]지혜로운 자의 재물은 그의 면류관이요 미련한 자의 소유는 다만 미련한 것이니라

1. 사람이 지혜롭고 선하다면, 재물은 그를 훨씬 더 존귀하고 유익한 자로 만들어 준다는 것. 지혜로운 자의 재물은 그의 면류관이다. 지혜로운 자들이 지닌 재물은 그들을 훨씬 더 존경을 받게 만들어 주고, 그들에게 다른 사람들에 대한 더 큰 권위와 영향력을 부여해 준다. 재물을 가지고 있을 뿐만 아니라 그 재물을 사용하는 지혜를 아울러 가지고 있는 자들은 이 세상에서 하나님을 높여 드리고 선을 행할 수 있는 아주 좋은 기회를 갖게 될 것이다. 지혜는 재물이 없어도 유익하지만, 재물이 더불어 있으면 더 유익하다.

2. 사람이 악하고 타락해 있다면, 재물은 그의 악함을 더 드러내 줄 뿐이라는 것. 미련한 자의 미련함은 어떤 상태에 놓여지더라도 미련함으로 나타나서 그를 욕되게 할 것이다. 미련한 자에게 재물이 있다면, 그는 그 재물로 남들에게 해악을 끼치고, 더욱 완고하게 그의 미련한 행위들을 고집하게 될 것이다.

[25]진실한 증인은 사람의 생명을 구원하여도 거짓말을 뱉는 사람은 속이느니라

1. 진실한 증인은 칭찬을 받아 마땅하다는 것. 그는 까닭 없이 고소를 당한 죄 없는 자들의 생명을 구원하고, 그들에게 목숨만큼이나 소중한 그들의 선한 이름을 지켜준다. 정직하고 올곧은 자는 높은 자의 진노를 사는 일이 있더라도, 진실을 대낮처럼 드러내어서, 아무 죄도 없이 억울한 일을 당하고 있는 자들을 구해 주고자 한다. 죄를 대적하고 하나님을 위하여 진실되게 증언하는 신실한 사역자는 영혼들을 영원한 죽음으로부터 구해내는 도구가 된다.

2. 거짓 증인은 존중받을 가치가 없다는 것. 그는 거짓말을 조작해내면서도, 죄 없는 자를 망하게 하기 위하여 우리가 상상할 수 있는 한 가장 큰 확신으로 그 거짓말을 쏟아놓는다. 그러므로 법정에서 거짓 증언을 하거나 일상의 대화 속에서 거짓말하는 자들을 모든 수단을 동원해서 찾아내어 벌하는 것은 나라에 이익이 된다. 왜냐하면, 진실은 사회를 견고하게 해주는 접착제 같은 것이기 때문이다.

[26]여호와를 경외하는 자에게는 견고한 의뢰가 있나니 그 자녀들에게 피난처가 있으
리라 [27]여호와를 경외하는 것은 생명의 샘이니 사망의 그물에서 벗어나게 하느니라

이 두 절은 경건한 삶에 수반되는 유익들을 보여줌으로써 하나님을 경외하는 삶을 살라고 우리를 초청하고 격려한다. 여호와를 경외하는 것은 여기에서 은혜가 있는 온갖 행위들을 낳는 은혜의 원리들을 대표하는 표현이다.

1. 여호와를 경외하는 것이 지배하는 곳에는 마음의 거룩한 안정감과 평온함이 생겨난다는 것. 그것 속에는 견고한 의뢰가 있다. 그것은 그렇게 하는 자에게 힘을 주어서 어떤 일이 일어나도 그의 순전함과 평안을 꼭 붙잡을 수 있게 해주고, 그를 하나님과 세상 앞에서 담대할 수 있게 해준다. 나는 내가 의롭다 함을 얻을 줄 알기 때문에 나의 생명조차 조금도 귀한 것으로 여기지 아니하노라(욥 13:18; 행 20:24). 이것은 하나님을 견고하게 의뢰하는 자가 하는 말이다.

2. 여호와를 경외하는 것은 후손에 대한 축복을 수반한다는 것. 믿음으로 하나님을 견고하게 의뢰하는 자들의 자녀들은 하나님이 믿는 자들과 그들의 자손들에게 피난처가 되어 주실 것이기 때문에 그들은 하나님 안에서 피난처를 찾게 될 것이라는 약속으로 인해서 힘을 얻게 될 것이다. 경건한 부모의 자녀들은 부모의 교훈과 모범 때문에 남들보다 더 선하게 행하고, 부모의 믿음과 기도로 말미암아 더 잘 되는 일이 많다. "우리 조상들이 주께 의뢰하였으므로 우리도 의뢰하고자 하나이다."

3. 여호와를 경외하는 것은 위로와 기쁨이 항상 넘쳐 흐르는 샘이라는 것. 그것은 영혼을 위하여 끊임없이 즐거움과 만족을 만들어내는 생명의 샘이다. 순전하고 신선한 기쁨들은 영혼에게 생명이고, 영혼의 갈증을 풀어주는데, 그 기쁨들은 아무리 길어 써도 결코 마르지 않을 것이다. 그것은 영생하도록 솟아날 뿐만 아니라 영생의 맛보기이기도 한 생수의 우물이다.

4. 여호와를 경외하는 것은 죄와 유혹을 막아주는 최고의 예방약이라는 것. 진실한 경건의 즐거움들을 누리는 자들은 죄의 미끼에 넘어가서 그 낚싯바늘을 덥석 물지 않는 법이다. 그들은 죄가 줄 수 있는 체하는 그 어떤 것보다도 더 좋은 것들을 어디에서 얻을 수 있는지를 알기 때문에, 그들의 발이 사망의 그물에 걸리지 않게 하고 사망의 덫을 피하는 것은 그들에게 쉬운 일이다.

[28]백성이 많은 것은 왕의 영광이요 백성이 적은 것은 주권자의 패망이니라

여기에는 정치와 관련된 두 가지 금언이 나오는데, 이 금언들은 그 자체 내에 그것들이 옳다는 것을 입증해 주는 증거를 지니고 있다.

1. 자기 나라에 백성이 많다는 것은 왕에게 큰 영광이 된다는 것. 그것은 왕이 잘 다스려서, 외인들이 그 나라에 와서 정착하여 그 왕의 보호 아래에서 살고 싶어하고, 그의 신민들이 편안하게 살고 있다는 것을 보여주는 증표이다. 그것은 그 왕과 그 나라가 하나님의 축복 아래 있다는 것을 보여주는 증표이다. 왜냐하면, 사람들이 번성하여 많이 늘어나는 것은 하나님의 축복의 결과이기 때문이다. 백성이 많다는 것은 왕의 힘이기 때문에, 그를 강력하고 유력한 왕으로 만들어 준다. 한 나라의 아버지 격인 왕의 화살통에 화살이 가득한 왕은 복이 있다. 그는 성문에서 그의 원수와 담판할 때에 수치를 당하지 아니할 것이다(시 127:4-5). 그러므로 나라를 덕으로 다스리고, 교역과 농업을 장려하며, 자기 아래 있는 모든 자들을 편안하게 해줌으로써 백성이 많이 늘어나게 하는 것이 왕들의 지혜이다. 그리스도의 나라가 잘 되어 그리스도께서 영광을 받으시기를 바라는 모든 자들은 많은 자들이 그의 교회에 더해질 수 있도록 자기가 있는 자리에서 최선을 다하여야 한다.

2. 백성이 줄어들면, 왕의 힘도 약화된다는 것. 백성이 적으면 왕이 빈약해진다(어떤 이들은 이렇게 읽는다). 교역은 죽고, 땅은 경작되지 않은 채로 방치되며, 군대는 징집이 되지 않아 약해지고, 함대에 승선할 자들이 부족하게 되는 것은 모두 충분한 일손이 없기 때문이다. 왕의 존귀함과 안전이 백성들의 수가 많고 적은 것에 달려 있는 것을 보라. 이것이 왕들은 가혹함이 아니라 사랑으로 다스려야 하는 이유이다. 하나님은 왕들을 벌하실 때에 백성의 수를 줄이는 방법으로 심판하신다(삼하 24:13).

[29]노하기를 더디 하는 자는 크게 명철하여도 마음이 조급한 자는 어리석음을 나타내느니라

1. 온유함은 지혜라는 것. 노하기를 더디 하고, 자신의 잘못만이 아니라 남들의 잘못도 용서해 줄 줄을 알며, 분노를 억제할 줄을 알아서, 남이 도발을 해도

분노로 제정신을 잃지 않는 자는 자기 자신을 올바르게 알고, 자신의 본분과 이익, 인간 본성의 연약함, 인간 사회의 체질을 올바르게 아는 자이다. 온유하고 인내하는 자는 진정으로 명철한 자, 즉 지혜 자체이신 그리스도로부터 배운 자라 할 수 있다.

2. 분노에 재갈을 물리지 않는 것은 자기가 어리석다는 것을 널리 알리는 것이라는 것. 마음이 조급한 자, 조금만 건드려도 그 마음에 열불이 나서 발끈하는 자, 우리가 하는 말로 온통 불과 삼 부스러기로 되어 있는 자는 그렇게 해서 자신의 힘을 과시하면 주변 사람들이 그를 두려워할 것이라고 생각하지만, 사실은 자신의 어리석음을 나타내는 것이다. 이것은 그가 자신의 어리석음을 높이 들어서 모든 사람이 보고 알게 만드는 것이고, 마치 사람들이 높은 자에게 복종하듯이 그가 자신의 어리석음을 윗사람으로 떠받들어 복종하고 있다는 것을 널리 알리는 것이다.

[30]평온한 마음은 육신의 생명이나 시기는 뼈를 썩게 하느니라

앞 절은 우리의 평판이 우리의 분노나 감정을 얼마나 잘 다스리고 마음의 평정심을 유지하느냐에 달려 있다는 것을 보여주었다고 한다면, 이 절은 우리의 건강이 그런 것을 어떻게 하느냐에 따라 좌우된다는 것을 보여준다.

1. 사랑과 온유함, 따뜻하고 우호적이며 쾌활한 성향을 지닌 마음은 육신의 생명이라는 것. 그런 마음은 육신의 건강함을 유지하는 데에 기여한다. 사람들은 기분이 좋으면 살이 찐다.

2. 화를 잘 내고 시기하며 만족할 줄 모르는 마음은 그 자체가 벌이라는 것. 그런 마음은 육체를 소진시키고, 영혼의 활기를 갉아먹으며, 안색을 창백하게 만들고, 뼈를 썩게 한다. 다른 사람들이 형통하는 것을 보고서 배 아파하는 자들은 시기심으로 이를 갈다가 소멸되고 말 것이다(시 112:10).

[31]가난한 사람을 학대하는 자는 그를 지으신 이를 멸시하는 자요 궁핍한 사람을 불쌍히 여기는 자는 주를 공경하는 자니라

하나님은 우리가 가난한 자들을 어떻게 대하는지를 우리가 생각하는

것보다도 훨씬 더 큰 관심을 가지고 보신다고 여기에서는 말한다.

1. 하나님은 가난한 자들이 당하는 해악들을 자신에 대한 모독으로 여기신다는 것. 어떤 사람이 가난해서 스스로 어찌할 수 있는 힘이 없다는 것을 이용해서 가난한 자를 괴롭혀서 이득을 얻는 자는 그가 그 가난한 자를 지으신 이를 모독하고 있는 것임을 알아야 한다. 우리의 존재의 근원이신 바로 그 하나님이 그 가난한 자를 지으셨고 그 가난한 자에게 존재를 부여하셨다. 우리 모두에게는 오직 한 분의 아버지, 한 분의 창조주가 계신다. 욥이 이것을 어떻게 말하고 있는지를 보라. **나를 태 속에 만드신 이가 그도 만들지 아니하셨느냐 우리를 뱃속에 지으신 이가 한 분이 아니시냐**(욥 31:15). 하나님은 그 사람을 가난하게 만드셔서 그것을 그의 몫으로 정하신 것이기 때문에, 만약 우리가 어떤 사람이 가난하다고 해서 그 사람을 박대한다면, 우리는 하나님이 그 사람을 박대하여 비천하게 하심으로써 사람들에게 짓밟히게 하시는 것이라고 비난하는 것이 된다.

2. 하나님은 가난한 자들이 다른 사람들로부터 호의나 도움을 받았을 때에는 자신이 존귀하게 대접을 받은 것으로 여기신다는 것. 하나님은 그 호의나 도움을 자신에게 행해진 것으로 여기시기 때문에, 그것들을 기뻐하시는 마음을 나타내신다. **내가 주릴 때에 너희가 먹을 것을 주었다**(마 25:35). 그러므로 하나님에 대하여 참된 공경심을 지닌 자들은 하나님이 특별히 보호하시고 후원하시는 가난한 자들을 불쌍히 여김으로써 그 공경심을 나타낼 것이다.

[32]악인은 그의 환난에 엎드러져도 의인은 그의 죽음에도 소망이 있느니라

1. 이 세상을 떠날 때에 악인의 처절한 모습. 그는 **그의 환난에 엎드러져서**, 자신의 악 가운데서 바람에 휘몰려가듯이 이 세상을 떠나게 된다. 이 세상에 대한 그의 집착은 대단해서, 그는 이 세상을 떠나고 싶은 마음이 조금도 없지만, 강제로 휘몰려서 이 세상에서 사라지게 될 것이다. 하나님은 그의 영혼을 요구하시고, 그에게 강제로 그의 영혼을 빼앗아 가신다. 그에게는 죄가 너무도 꼭 달라붙어 있기 때문에, 죄는 그에게서 떨어지지 않는다. 죄는 그의 영혼과 함께 저 세상으로 간다. 그는 자신의 악을 지닌 채로 휘몰려 사라지고, 의롭게 되지도 못하고 거룩하게 되지도 못한 채 자신의 죄들이 지닌 죄책과 권능 아래

에서 죽어간다. 마치 겨가 바람에 쫓겨서 이 세상에서 사라지듯이, 그는 그의 악이라는 태풍에 휘몰려서 신속하게 이 세상을 떠난다.

2. 달려갈 길을 다 달려 왔을 때에 경건한 자의 편안한 모습. 그는 죽을 때에도 죽음 저편에 있는 행복, 이 세상에서 그가 누렸던 것들보다 더 좋은 것들이 가득한 저 세상에 대한 소망을 지닌 채로 죽는다. 그러므로 의인들에게는 죽을 때에 그러한 것들에 대한 소망의 은혜가 있다. 그들에게도 죽음의 고통과 어느 정도의 두려움이 있지만, 그런 것들을 이기는 소망이 있다. 그들 앞에는 그들이 소망하고 기다려 왔던 좋은 것, 즉 거짓말을 하실 수 없으신 하나님이 약속하신 저 복된 소망이 있다.

33 **지혜는 명철한 자의 마음에 머물거니와 미련한 자의 속에 있는 것은 나타나느니라**

1. 절제하는 것은 지혜의 증표라는 것. 진정으로 지혜로운 자는 자신의 달란트를 땅에 묻어 둔 채 그 달란트로 장사를 하지 않는 것은 아니지만, 자신의 보화를 숨기고, 자랑하지 않는다(마 13:44). **그의 지혜는 그의 마음에 머문다.** 그는 자기가 알고 있는 것을 충분히 소화해서 언제든 사용할 수 있도록 준비를 다 해두지만, 아무 때나 그것을 요란하게 떠벌리지 않는다. 마음은 감정과 애정이 머무는 곳이고, 지혜도 머릿속에서 헤엄치는 것이 아니라 마음에 머물러 있어야 한다.

2. 무엇이든 떠벌려서 과시하는 것은 어리석음의 증표라는 것. 미련한 자들은 약간의 피상적인 지식을 갖고 있기만 하면 아무 때나 시도 때도 없이 그 지식을 과장하여 떠벌린다. 또는, **미련한 자들의 속에 있는** 어리석음은 그들이 제멋대로 말하는 것을 통해서 **나타난다.** 많은 미련한 자들은 그들의 어리석음을 나타내기 위해서, 지혜로운 자가 그의 지혜를 나타내 보일 때인지 아닌지를 생각하느라 고심하는 것보다 더 많이 애쓰고 수고한다.

34 **공의는 나라를 영화롭게 하고 죄는 백성을 욕되게 하느니라**

1. 공의가 지배하는 나라는 존귀하게 된다는 것. 국정이 의롭게 운영되고,

사람과 사람 사이에서 치우침 없는 공평이 행해지며, 백성들이 신앙을 지지하고, 모두가 덕을 숭상하고 실천하며, 덕 있는 자들을 보호하고 지켜주며, 외인들에게 자선과 동정을 베풀면(구제는 종종 의라 불린다), 그 나라는 영화롭게 되고 존귀하게 된다. 그런 것들은 보좌를 든든히 받쳐주고, 백성들의 마음을 고상하게 하여, 그 나라가 하나님의 은총을 받게 만들기 때문에, 하나님은 그들을 성민(聖民)으로 여기셔서 그 나라를 높이실 것이다(신 26:19).

2. 악이 지배하는 나라는 욕되게 된다는 것. 죄는 그 어떤 성읍이나 나라에 욕이 되기 때문에, 그 성읍이나 나라를 세상 가운데서 멸시를 받게 만든다. 이스라엘 백성은 흔히 이 두 가지 경우를 모두 보여주는 예가 되어 왔다. 그들은 선할 때에는 큰 나라가 되었지만, 하나님을 버렸을 때에는 주변의 모든 나라와 사람들에 의해서 모욕을 당하고 짓밟힘을 당했다. 자신의 권세를 활용해서 악을 누르고 덕을 지원하는 것은 왕들에게 이익이 되는 일이고 왕들의 본분이다.

[35]슬기롭게 행하는 신하는 왕에게 은총을 입고 욕을 끼치는 신하는 그의 진노를 당하느니라

이것은 제대로 된 궁정과 정부에서는 나랏일이 맡겨진 자들은 그들의 공로를 따라 은총과 총애를 입게 된다는 것을 보여준다. 솔로몬은 그의 신하들에게 그가 다음과 같은 원칙을 따라 행할 것임을 알린다.

1. 지혜롭게 행하는 자들은 그들을 깎아내리고자 하는 원수들이 무슨 짓을 하더라도 존중을 받고 높은 자리에 오르게 되리라는 것. 사람이 어떤 정당이나 인물을 슬기롭게 섬기면, 그 섬김은 무시를 당하지 않을 것이다.

2. 이기적이고 거짓되게 행하여, 자기 나라를 배신하고, 가난한 자들을 압제하며, 불화와 반목을 조장해서, 욕을 끼치는 자들은 그 친구들이 그들을 구명하기 위해서 무슨 짓을 하더라도 반드시 관직을 박탈당하고 궁정에서 쫓겨나게 되리라는 것.

제 — 15 — 장

[1]유순한 대답은 분노를 쉬게 하여도 과격한 말은 노를 격동하느니라

솔로몬은 백성의 평화를 지켜야 하는 자로서 여기에서 우리에게 다음과 같은 것들을 말한다.

1. 평화는 어떻게 해야 지켜질 수 있는가. 솔로몬은 우리에게 우리가 있는 자리에서 어떻게 하면 평화를 지킬 수 있는지를 가르쳐 준다. 평화는 유순한 말을 통해서 지켜진다. 어떤 사람이 비바람과 천둥을 가득 품은 위협적인 구름처럼 분노를 발한다고 하여도, **유순한 대답**은 그 분노를 흩어서 없어지게 만들 것이다. 에브라임 사람들이 기드온의 부드러운 대답에 화가 누그러졌듯이(삿 8:1), 화가 난 자들에게 점잖게 좋은 말을 하면, 그들의 화는 가라앉게 되어 있다. 반면에, 비슷한 경우에 입다가 거칠게 대답을 하자, 그들의 분노는 머리 끝까지 치밀어 올라서, 나쁜 결과가 초래되었다(삿 12:1-3). 감정을 실어서 얘기하는 것이 아니라 온유하게 말하면, 이성적인 말과 옳은 얘기가 더 잘 받아들여지게 된다. 의견 차이가 심한 논쟁은 유순한 말들을 사용하여 논쟁하는 것이 좋다.

2. 평화는 어떻게 하면 깨지는가. 솔로몬은 우리 쪽의 잘못으로 평화가 깨지는 일이 없도록 하기 위하여 우리에게 이 가르침을 준다. **과격한 말들**, 즉 라가(너는 미련한 놈이다라는 뜻)라고 하는 등 욕을 입에 담거나 상대방의 약점이나 출신이나 학력 등 체면을 손상시키는 것이어서 감추고 싶어하는 것들을 들추어내어서 비난하는 것은 분노를 불러일으키고 반목을 조장한다. 사람들은 조롱하는 말이나 혹평하는 말로 자신의 기지(機智)와 악의를 드러내고 싶어하는데, 그런 말들은 사람들의 분노를 부채질할 뿐이다. 조롱하거나 희롱하는 말을 버리지 않으면, 그들은 친구를 잃고 적을 만들게 될 것이다.

[2]지혜 있는 자의 혀는 지식을 선히 베풀고 미련한 자의 입은 미련한 것을 쏟느니라

1. 선한 마음은 혀를 통해서 남들에게 큰 유익을 끼친다는 것. 지식이 있는 자는 그 지식을 혼자서만 누리지 말고, 다른 사람들의 덕을 세우는 데에 사용하여야 한다. 그가 혀를 이용하여 지극히 겸손하고 사랑이 넘치는 표현들을 사용해서, 경건하고 유익한 말을 하고, 때를 맞춰서 적절한 교훈과 권면과 위로를 준다면, 지식은 선히 사용되고 베풀어진 것이다. 지식을 가진 자가 자신의 지식을 이런 식으로 사용한다면, 그에게는 더 많은 지식이 주어질 것이다.

2. 악한 마음은 혀를 통해서 남들에게 큰 해악을 끼친다는 것. 왜냐하면, 미련한 자의 입은 미련한 것을 쏟아서, 사람들에게 큰 상처를 주기 때문이다. 마음에 쌓여 있는 악에서 나오는 부패한 말들(더러운 말, 미련한 말, 희롱하는 말)은 사람들의 선한 행실을 타락시키고 더럽히며, 사람들의 선한 마음을 근심하게 하고 어지럽혀 놓는다.

[3]여호와의 눈은 어디서든지 악인과 선인을 감찰하시느니라

신앙의 위대한 진리들은 도덕의 계명들에 힘을 실어 주어서 강화시키는 데에 크게 기여하는데, 그 중에서도 하나님의 눈이 늘 사람들을 보고 계신다는 진리는 도덕을 강화시키는 데에 더할 나위 없이 큰 힘을 발휘한다.

1. 하나님의 눈은 모든 것을 다 보시고 아신다는 것. 하나님의 눈은 모든 것을 낱낱이 감찰하시고, 그 어떤 것도 간과하거나 가볍게 보아 넘기시는 것이 없기 때문에 하나님의 눈으로부터 감추어질 수 있는 것은 아무것도 없다. 여호와의 눈은 어디에나 있다. 왜냐하면, 하나님은 하늘에서 모든 것을 보실 뿐만 아니라(시 33:13), 어디에나 계시기 때문이다. 천사들은 눈들이 가득하지만(계 4:8), 하나님은 그 존재 전체가 다 눈이다. 이것은 하나님의 전지(全知)하심, 즉 하나님이 모든 것을 보시고 아신다는 것을 보여주는 것일 뿐만 아니라, 하나님의 보편 섭리, 즉 하나님이 모든 것을 붙드시고 다스리신다는 것을 보여주기도 한다. 은밀한 죄나 섬김, 슬픔들은 하나님의 눈 아래에 있다.

2. 하나님의 눈은 사람들과 행위들을 구분하시고 분별하신다는 것. 하나님은 악인과 선인을 감찰하셔서, 악인을 미워하시고 선인을 칭찬하신다. 또한, 하

나님은 그의 눈으로 감찰하신 것들에 따라서 사람들을 심판하실 것이다(시 1:6; 11:4). 악인들은 반드시 벌을 받게 될 것이고, 의인들은 반드시 상을 받게 될 것이다. 왜냐하면, 하나님은 그 눈이 악인과 선인 위에 있어서, 그들이 어떤 자들인지를 정확히 아시기 때문이다. 이것은 성도들에게는 위로가 되고 죄인들에게는 두려움이 되는 말씀이다.

4온순한 **혀는 곧 생명 나무이지만 패역**한 **혀는 마음을 상하게 하느니라**

1. 선한 혀는 치료하는 혀라는 것. 그런 혀는 사람들을 위로함으로써 상처받은 양심들을 치료하고, 사람들에게 죄를 깨우쳐 줌으로써 죄에 넌더리가 난 영혼들을 치료하며, 사람들 간의 차이들을 통합시켜 주고 의견 차이가 있는 일들을 타협하게 해주며 반목하는 파당들을 서로 화해시켜 줌으로써 깨진 평화와 사랑을 치료한다. 혀는 이렇게 치료하는 힘이 있기 때문에 **생명 나무**이다. 왜냐하면, 생명 나무의 잎사귀들은 치료하는 효능을 지니고 있기 때문이다(계 22:2). 어떻게 말해야 하는지를 아는 자는 그가 사는 곳을 낙원으로 만든다.

2. 악한 혀는 상처를 주는 혀라는 것. **패역**하고 악한 감정이 섞이고 거짓되며 더러운 **혀는 마음을 상하게 한다**. 그런 혀는 악하게 말하는 자의 양심을 상하게 하고, 듣는 자들에게 죄책감이나 근심을 일으키는데, 이 두 가지는 다 마음에 상처가 된다. 고약한 말들은 뼈를 부러뜨리지는 않지만, 많은 사람들의 마음을 찢어 놓는다.

5**아비의 훈계**를 업신여기**는 자는 미련**한 자요 경계를 **받는 자는** 슬기를 얻을 **자니라**

1. 윗사람들은 자신의 책임 아래에 있는 자들에게 교훈과 책망을 하여야 하고, 하나님은 장차 결산할 날에 그것에 대하여 윗사람들에게 책임을 물으시리라는 것. 그들은 지식의 빛으로 교훈할 뿐만 아니라, 열심으로 인한 노여움으로 책망도 하여야 한다. 교훈과 책망은 둘 다 아버지로서의 권세와 애정을 가지고 행해져야 하고, 바라던 효과가 즉시 나타나지 않는다고 하여도 꾸준히 계속되어야 한다. 아랫사람들이 교훈을 업신여기면, 호되게 야단을 치고 책망하

라. 잘못을 찾아내어서 주변 사람들을 불편하게 하는 것은 심성이 고운 자들에게는 정말 성미에 맞지 않는 일이다. 그러나 아랫사람들을 그대로 내버려 두어서 멸망의 길로 계속해서 가게 하는 것보다는 성미에 맞지 않더라도 야단치고 책망하는 편이 더 낫다.

2. 아랫사람들은 교훈과 책망에 복종하여야 할 뿐만 아니라(심지어 심하게 대하더라도 거기에 순종하여야 한다), 그런 것들을 은총들로 여겨서 소중히 생각하여 존중하고 업신여기지 말아야 하며, 그런 것들을 그들이 가는 길을 바로 잡는 계기로 삼아야 한다는 것. 그렇게 하는 것은 그들이 지혜롭다는 것을 보여주는 증거가 되고, 그들이 지혜롭게 되는 데에 도움이 될 것이다. 반면에, 선한 교육을 업신여기는 자는 미련한 자로서 사는 동안 내내 미련한 자로 살다가 죽게 될 것이다.

6 의인의 집에는 많은 보물이 있어도 악인의 소득은 고통이 되느니라

1. 의(義)가 있는 곳에는 재물도 있고 재물로 인한 위로들도 있다는 것. **의인의 집에는 많은 보물이 있다.** 신앙은 사람들에게 부지런하고 절제하며 바르게 살라고 가르치고, 실제로 사람들이 그렇게 살면, 그들에게는 재물이 모인다. 그러나 그것이 전부가 아니다. 하나님은 **의인의 거처를 복 주시고**, 그 복은 의인들에게 재물이 있어도 환난이나 고통이 없게 해준다. 또는, 이 세상의 재물이 별로 없더라도, 은혜가 있는 곳에는 참된 보화가 있다. 세상 재물을 별로 가지고 있지 않더라도, 의인들이 그것으로 만족하고, 그 적은 재물에서 오는 위로를 누린다면, 그것으로 충분하다. 그것은 재물이 가득한 것과 같다. 의인들에게는 세상 재물이 많이 있지 않다고 해도, 그들의 집에는 보화, 즉 예비된 복이 있어서, 그들의 자손들이 나중에 그 복의 열매를 거두게 될 것이다. 악하고 세상적인 자는 오직 그 보화로 자신의 배를 채우고 자신의 육체적인 욕구만을 채우고자 할 뿐이다(시 17:14). 그러나 의인의 최우선적인 관심은 자신의 영혼, 그리고 그 다음으로 그의 자손에 있기 때문에, 우선적으로 그의 마음, 그리고 그 다음으로 그의 집을 위한 보화를 갖고자 하고, 그의 혈육들과 주변 사람들은 그가 가진 보화로 인하여 유익을 얻게 된다.

2. 악이 있는 곳에는 비록 거기에 재물이 있다고 할지라도 재물로 인한 마

음의 고통이 있다는 것. 악인의 큰 소득은 고통이 되느니라. 왜냐하면, 거기에는 죄책과 저주가 있기 때문이고, 이로 인하여 교만과 혈기, 시기와 다툼이 있기 때문이다. 이 말씽을 부리는 욕망들이 그들에게서 그들의 소득으로 인한 기쁨을 빼앗아 가고, 그들을 이웃들에게 괴로운 존재로 만든다.

7 지혜로운 자의 입술은 지식을 전파하여도 미련한 자의 마음은 정함이 없느니라

이 잠언은 주변 사람들에게 지혜로운 자는 축복이고 미련한 자는 짐이라는 것을 보여주는 것으로서 2절과 그 취지가 동일하다.

1. 우리가 지식을 널리 흩어서 나누어 주는 것이 지식을 올바르게 사용하는 것이라는 것. 우리는 지식을 몇몇 친한 자들에게만 나누어 주고 그 지식을 선하게 활용하고자 하는 다른 사람들에게는 인색하게 구는 것이 아니라, 이 영적인 구제를 일곱에게, 아니 여덟에게라도 나눠 주고, 겸손하고 슬기롭게 전해 주는 것만이 아니라 널리 보급하여야 한다. 우리는 유익한 지식을 널리 퍼뜨리기 위하여 수고하여야 하고, 다른 사람들을 가르칠 수 있는 자들을 가르쳐서 그 지식이 널리 퍼져나가게 만들어야 한다.

2. 미련한 것을 쏟는 것이 잘못이듯이, 지식을 전파하지 않는 것, 이런저런 지혜로운 말을 한 방울도 쏟지 않으려 하는 것도 부끄러운 일이라는 것. 미련한 자의 마음은 그렇지 않다. 즉, 미련한 자의 마음 속에는 선한 것이 없어서 전파할 것도 없다. 또는, 그 마음에 선한 것이 있더라도, 미련한 자는 그것을 전파할 능력이나 그것으로 선을 행할 능력이 없기 때문에 별 소용이 없다.

8 악인의 제사는 여호와께서 미워하셔도 정직한 자의 기도는 그가 기뻐하시느니라

1. 하나님은 악한 마음을 지니고서 남에게 해악을 끼치는 삶을 사는 악인들을 미워하시기 때문에 심지어 그들이 드린 제사조차도 미워하신다는 것. 악인들조차도 양심의 입을 막고 세상에서 그들의 평판을 좋게 유지하기 위해서 하나님께 제사를 드린다. 행악자들이 성소에 오는 것은 그 곳이 거룩한 곳이기 때문이 아니라, 그 곳이 그들을 공의에 의한 형벌로부터 보호해 주기 때문이다. 그러나 그들의 제사는 아무리 그들이 돈을 많이 들여서 성대하게 드린다고

하여도 진심에서 드려진 것도 아니고 선한 동기에서 드려진 것도 아니기 때문에 하나님이 받으시지 않으신다. 그들의 제사는 하나님을 속이기 위한 것이고, 그들의 행실을 보면 그들의 제사가 거짓임이 드러난다. 그들의 제사는 죄를 은폐하기 위한 도구이기 때문에 여호와께서 미워하시는 것이다(7:14; 또한, 사 1:11을 보라).

2. 하나님은 정직하고 선한 자들을 사랑하시기 때문에, 비록 그들이 돈을 많이 들여 제사를 지내지 않아도(그런 것은 하나님이 준비하신다), 그들의 기도를 기뻐하신다는 것. 그들로 하여금 기도할 수 있게 하시는 은혜는 하나님이 주신 선물이자 그들 속에 계신 성령의 역사인데, 그렇게 해서 드려지는 그들의 기도를 하나님은 기뻐하신다. 하나님은 그들의 기도에 응답하실 뿐만 아니라, 그들이 그를 향하여 입을 벌려 말을 하는 것을 기뻐하셔서, 그들에게 복 주시기를 기뻐하신다.

[9]악인의 길은 여호와께서 미워하셔도 공의를 따라가는 자는 그가 사랑하시느니라

이것은 앞 절에서 솔로몬이 그렇게 말한 이유를 보여준다.

1. 악인의 제사가 여호와께 가증스러운 것은 그 제사 자체에 무슨 흠이 있어서가 아니라, 그들의 길, 즉 그들의 행실의 기조 전체가 악하고 가증스럽기 때문이라는 것. 죄를 고집하는 자들의 속죄제사들은 하나님께서 받지 않으시고, 그들의 제사가 그들의 죄를 묵인해 주고 계속해서 죄를 짓는 것을 허락해 달라는 의미라면 그 제사는 지극히 가증스러운 것일 수밖에 없다.

2. 정직한 자의 기도가 여호와께서 기뻐하시는 것은 그가 하나님의 벗이고, 하나님은 사도 바울처럼 비록 아직 의에 도달하지는 않았을지라도 의를 잡으려고 열심히 좇아가는 자를 사랑하시기 때문이라는 것(빌 3:13).

[10]도를 배반하는 자는 엄한 징계를 받을 것이요 견책을 싫어하는 자는 죽을 것이니라

이 잠언은 견책을 싫어하는 자들은 멸망할 일밖에 남아 있지 않다는 것을 보여준다.

1. 의의 길을 알고 나서 그 길을 버린 자들이 남들로부터 책망을 받고 권면을 듣는 것을 큰 모욕으로 여기는 것은 흔한 일이라는 것. 그들은 책망을 아주 불쾌해 해서, 책망을 참을 수도 없고 참으려 하지도 않는다. 아니, 그들은 자신의 삶을 고치기를 싫어하기 때문에 책망을 받는 것도 싫어하고, 그들에게 신실하고 인자하게 대하는 자들을 미워한다. 모든 죄인들 중에서 책망을 가장 질색하는 자들은 배교자들이다.

2. 책망을 받고자 하지 않는 자들이 멸망하리라는 것은 뻔한 일이라는 것. 견책을 싫어하고 책망을 들으면 마음이 더욱 굳어지는 자는 그의 우상들과 견고하게 붙어 있는 자들이다. 그를 내버려 두라. 그는 그의 죄들과 결별하려고 하지 않기 때문에 그의 죄 가운데서 죽을 것이고 영원히 멸망할 것이다. 네가 나의 경고를 듣지 아니하니 하나님이 너를 멸하시기로 작정하신 줄을 내가 아노라(대하 25:16; 또한, 29:1).

[11]스올과 아바돈도 여호와의 앞에 드러나거든 하물며 사람의 마음이리요

이 잠언은 솔로몬이 앞에서 하나님은 어디에나 계셔서 악인과 선인을 감찰하신다고 말한 것(3절)을 다시 재확인해 준다.

1. 하나님은 모든 것, 심지어 모든 산 자들의 눈에 감춰어져 있는 것들까지 다 아신다는 것. 스올과 아바돈도 여호와의 앞에 드러난다. 즉, 땅의 중심부와 땅 아래의 동굴들만이 아니라, 무덤과 거기에 매장되어서 우리 눈에 보이지 않는 모든 죽은 시신들도 여호와 앞에 드러난다. 죽은 자들은 모두 여호와 앞에 있고 여호와의 눈 아래에 있기 때문에, 여호와께서는 그들을 다시 일으키실 때에 그들이 어디 있는지 몰라서 찾으실 필요가 없다. 하나님은 모세나 이름 없이 묻힌 자들이나 모든 자들이 어디에 묻혀 있는지를 아신다. 하나님은 어디에 누가 묻혀 있는지를 확인하기 위해서 여기에 누구가 잠들다라는 묘비명을 보실 필요가 없으시다. 특히, 저주받은 자들이 있는 곳, 그들이 당하는 말로 표현할 수 없는 온갖 고통들, 각각의 영혼들의 상태, 영혼들이 있는 곳의 상황들이 하나님의 눈 아래에 있다. 여기에서 아바돈은 멸망을 의미하는 단어로서 마귀의 이름들 중의 하나이다(계 9:11). 이 멸망시키는 자는 우리를 속일 수는 있지만 하나님의 눈을 피할 수는 없다. 하나님은 마귀가 어디를 돌아보고 왔는지를 심문

하시고(욥 1:7), 교활하고 영악하며 재빠른 마귀의 온갖 위장들을 꿰뚫어 보신다(욥 26:6).

2. 하나님은 특히 **사람들의 마음을 아신다**는 것. 사람들은 사탄의 온갖 사기술들을 다 배웠기 때문에 그들의 마음은 지극히 거짓되고 속이는 것이지만, 사탄의 깊은 속마음과 간계들을 뚫어보시는 하나님이 어찌 사람들의 마음을 뚫어보시지 못하시겠는가. 하나님은 **우리의 마음보다 더 크시기** 때문에, 우리 자신이 아는 것보다 우리의 마음을 더 잘 아신다. 하나님은 각 사람이 어떤 자인지를 한 치의 틀림도 없이 판단하실 재판장이시다(히 4:13).

[12]거만한 자는 견책 받기를 좋아하지 아니하며 지혜 있는 자에게로 가지도 아니하느니라

거만한 자는 하나님과 신앙을 조롱할 뿐만 아니라, 그의 죄를 깨우치고 삶을 고치고자 하나님이 사용하시는 여러 방법들을 무시하는 자이다.

1. 거만한 자는 자신의 양심의 견책들을 참을 수 없어 하고, 양심이 그를 있는 그대로 다루게 내버려 두려고 하지 않는다는 것. 그는 **견책 받기를 좋아하지 아니한다.** 그는 조용히 물러나서 자신의 마음을 들여다보고 그 마음과 진지하게 대화를 나누는 것을 싫어하고, 자기 속에서 자유롭게 생각하는 것이나 공정하게 이치를 따져 보는 것을 허용하고자 하지 않으며, 자신의 마음이 자기를 치게 내버려 두지 않는다. 자기 자신을 제대로 알기를 두려워하고 자기 자신과 이치를 따져 얘기해 보는 것을 거부하는 자의 운명은 서글프다.

2. 거만한 자는 친구들의 조언이나 권면을 참을 수 없어 한다는 것. 그는 사람들로부터 지혜로운 권면을 듣고자 하지 않기 때문에 **지혜 있는 자에게로 가지도 아니한다.** 우리는 지혜 있는 자들이 우리에게 온다고 하면 두 손을 들어서 환영해야 할 뿐만 아니라, 마치 거지들이 구걸을 하기 위해서 부잣집을 찾아가듯이 일부러 지혜 있는 자들을 찾아가야 한다. 그러나 거만한 자는 지혜 있는 자들로부터 그의 잘못들을 지적받고 삶을 고치라는 말을 들을까봐 그들을 찾아가고자 하지 않는다.

[13]마음의 즐거움은 얼굴을 빛나게 하여도 마음의 근심은 심령을 상하게 하느니라

1. 솔로몬이 우리에게 아무 해(害)가 없는 즐거움을 권함. 그런 즐거움은 육신의 건강에 도움이 되어서, 사람들을 생기 있게 하고 일을 잘 할 수 있게 해주며, 사람들을 만날 때에 상대방에게 호감을 주고 얼굴을 빛나게 하여 다른 사람들에게도 즐거움을 준다. 지혜와 은혜의 다스림 아래에서 즐거운 마음은 신앙을 빛내주는 훌륭한 장식이 되어서, 거룩함의 아름다움에 광채를 더해주고, 선을 더 잘 행할 수 있게 만들어 준다.

2. 솔로몬이 우리에게 해로운 근심에 대하여 경고함. 그런 근심은 우리의 경건에나 대화에서 큰 적이 된다. 사람이 근심에 빠지면 그 근심은 사람들을 지배하여 폭군 노릇을 하게 되는데, 그 때에 마음의 근심은 심령을 상하게 하고 가라앉게 만들며, 하나님을 섬기기에 부적절하게 만든다. 세상 근심은 사망을 이루는 것이다(고후 7:10). 그러므로 우리 중에 우는 자들은 울지 않는 자 같이 하는 것이 하나님과 그의 섭리에 맞게 행하는 것이고 우리 자신에게 잘 하는 것이다.

[14]명철한 자의 마음은 지식을 요구하고 미련한 자의 입은 미련한 것을 즐기느니라

여기에는 기이한 일이 두 가지가 나온다.

1. 지혜로운 자는 자신의 지혜에 만족하지 않고, 계속해서 더 지혜로워지기를 구한다는 것. 그는 지혜를 가지면 가질수록 더 많이 갖고자 한다. 명철한 자의 마음은 자기가 얻은 지식을 너무도 기뻐하여 계속해서 더 많은 지식을 갈망하고, 지식을 얻는 통로들을 사용해서 더욱더 많은 지식을 얻고자 애쓰면서, 그리스도의 은혜와 그를 아는 지식에서 자라간다(벧후 3:18). 당신이 나는 이제 충분하다고 말한다면, 당신은 망한 것이다.

2. 미련한 자는 자신의 미련함에 만족하여, 그것을 고치고자 하지 않는다는 것. 선한 자는 영혼의 만족을 위하여 은혜를 갈급해하는 반면에, 육적인 심령은 육체의 욕망들과 헛된 생각들을 만족시키는 것으로 즐거워한다. 헛된 즐거움과 육체의 쾌락이 미련한 자의 마음이 기뻐하는 것이기 때문에, 미련한 자는 그러한 것들로 배불러 하고, 그 미련한 길을 만족스러워한다.

[15]고난 받는 자는 그 날이 다 험악하나 마음이 즐거운 자는 항상 잔치하느니라

이 잠언은 사람들의 처지와 심정이 서로 얼마나 다른지를 보여준다.

1. 어떤 이들은 많은 괴로움을 당하고 있어서 그 마음이 슬프고, 그들의 모든 날들은 노년의 날들처럼 험한 날들이어서, 아무런 즐거움이 없다고 말한다는 것. 그들은 어두운 데에서 먹으며(전 5:17), 결코 편히 먹지를 못한다(욥 21:25). 이 세상에서 고통당하는 자들의 겪는 고통의 종류가 얼마나 많은가! 우리는 그렇게 고통당하는 자들을 비난하거나 멸시하지 말고, 불쌍히 여기며 위하여 기도하고, 할 수만 있다면 그 고통에서 건져주고 위로하여야 한다. 우리가 지금은 즐겁더라도, 그러한 고통은 우리의 몫일 수 있었고, 앞으로도 언제든지 우리의 몫이 될 수 있다.

2. 어떤 이들은 큰 형통을 누리고 있어서 그 마음이 즐겁다는 것. 그들이 사는 날들은 좋은 날들일 뿐만 아니라, 항상 잔치하는 날들이다. 모든 것이 풍족한 가운데에 그들이 즐거운 마음으로 하나님을 섬기고, 그 즐거운 마음이 그들의 순종의 바퀴들을 잘 굴러가게 만드는 기름이 된다면, 그들은 선한 주인을 섬기고 있는 것이다. 그러나 그들은 두려워하고 삼가는 마음으로 그 잔치를 즐기지 않으면 안 된다. 그들의 형편은 언제든지 갑자기 변할 수 있다. 그러므로 두려워하고 떨며 즐거워할지어다(시 2:11).

[16]가산이 적어도 여호와를 경외하는 것이 크게 부하고 번뇌하는 것보다 나으니라 [17]채소를 먹으며 서로 사랑하는 것이 살진 소를 먹으며 서로 미워하는 것보다 나으니라

솔로몬은 앞 절에서 큰 재산이나 소득은 없지만 마음이 즐거운 자는 항상 잔치하듯이 살아간다는 말을 했었다. 그리스도인들은 하나님 안에서 만족함과 기쁨을 누리기 때문에, 그들의 삶은 편안하고 즐겁다. 이제 솔로몬은 이 세상에서 가진 것이 별로 없어도 매일의 삶을 잔치가 되게 해주는 즐거운 마음을 갖기 위해서 꼭 필요한 것이 무엇인지를 여기에서 우리에게 말해 주는데, 그것은 거룩함과 사랑이라는 것이다.

I. 거룩함. 가산이 적어도 그것을 여호와를 경외하는 가운데에 관리하고 누리며, 선한 양심을 지키는 가운데 마땅히 해야 할 본분과 도리를 꾸준히 해나가고, 그 적은 재물로 하나님을 신실하게 섬기는 것이 크게 부하고 번뇌하는 것

보다 더 낫고 더 유익하다.

1. 하나님을 경외하는 자는 이 세상에서 재물을 별로 갖지 못하는 것이 보통이라는 것. 복음을 받는 자들은 대체로 가난한 자들이고, 그들은 계속해서 가난하다(약 2:5).

2. 크게 부한 자들은 흔히 그 재물 때문에 큰 번뇌를 갖고 있다는 것. 큰 부는 그들을 편안하게 해주기는커녕 도리어 더 많이 염려하고 허둥지둥하게 만든다. 부자는 그 부요함 때문에 자지 못한다(전 5:12).

3. 큰 부에 번뇌가 따른다면, 그것은 여호와를 경외함이 없기 때문이라는 것. 큰 재물을 가진 자들이 그 재물로 하나님을 잘 섬기고 그들의 본분을 다한다면, 그들의 부에는 별로 번뇌가 따라붙지 않을 것이다.

4. 이 세상의 재물을 조금만 갖되 선한 양심으로 갖고, 하나님과의 교제를 유지하며, 그 적은 재물로 하나님을 누리고, 믿음으로 사는 것이 이 세상에서 큰 부를 지니고서 하나님 없이 사는 것보다 훨씬 더 낫고 바람직하다는 것.

Ⅱ. 사랑.

현세에서 평안하게 살고자 한다면, 하나님을 경외하는 것 다음으로 모든 사람들과 화목하게 지내는 것이 필수적이다.

1. 형제가 연합하여 동거하고, 그들이 친밀하고 진심으로 사랑하여 즐거운 마음으로 함께 식사하고 함께 일한다면, 채소를 먹는 것만으로도 그들에게는 진수성찬이 되리라는 것. 먹는 음식이 보잘것없고, 재산이 많지 않아서 더 좋은 음식을 먹을 수 있는 형편이 되지 못한다고 하여도, 사랑이 그 보잘것없는 음식을 달게 만들 것이기 때문에, 그들은 그런 음식을 마치 진수성찬이라도 되는 듯이 즐겁게 먹을 수 있다.

2. 살진 소 한 마리를 통째로 잡아서 식사를 준비해 놓는다고 하여도, 서로간에 반목과 다툼이 있다면, 거기에는 낙이 있을 수 없다는 것. 악의의 누룩, 서로 미워하는 누룩은 그들의 진수성찬을 시고 떨떠름하게 만들기에 충분하다. 어떤 이들은 이것이 잔치와 관련된 잠언이라고 말한다. 진수성찬을 차려놓고서 못마땅해하고 찌푸린 얼굴로 손님들을 맞는 잔치보다는 차린 것은 별로 없더라도 손님들을 진심으로 따뜻하게 맞는 잔치가 더 낫다.

[18]분을 쉽게 내는 자는 다툼을 일으켜도 노하기를 더디 하는 자는 시비를 그치게 하

느니라

1. 분노는 불화와 다툼을 일으키는 주된 원인이라는 것. 분노에서 싸움과 다툼이 난다. 분노는 성읍과 교회를 화염에 휩싸이게 만드는 불을 점화시킨다. 분을 쉽게 내는 자, 툭 하면 화를 내고 혈기를 부리는 자는 다툼을 일으키고, 사람들의 사이를 벌어지게 만든다. 그는 다른 사람들이 시비를 걸 빌미를 제공하고, 또한 다른 사람들이 조금만 잘못해도 그것을 빌미로 다툼을 일으킨다. 사람들이 분노나 혈기를 지나치게 부리면, 다툼과 시비는 끊이지 않게 되는 법이다.

2. 온유함은 평화를 만드는 주된 원인이라는 것. 노하기를 더디 하는 자는 다툼이 일어나지 않도록 미리 막아줄 뿐만 아니라, 이미 불 붙여진 다툼과 시비에 물을 끼얹어서 그치게 하고, 서로 사이가 나빠진 자들을 다시 합하게 하며, 온유함으로 설득하여 평화를 위해서 서로 양보하게 만든다.

19 게으른 자의 길은 가시 울타리 같으나 정직한 자의 길은 대로니라

1. 사람들이 자신의 본분을 행하는 길에서 만나게 된다고 말하고 극복할 수 없다고 하소연하는 그런 난관들은 도대체 어디에서 생겨나는 것인가. 그것들은 사람들이 행하는 본분이 지닌 성격 때문에 생겨나는 것이 아니라, 사실은 그 본분을 행하고 싫어하지 않는 자들의 게으름 때문에 생겨난다. 그들의 일을 할 마음이 없는 자들은 그들의 길이 온통 가시들로 둘러쳐져 있어서 그들의 일을 도저히 할 수가 없다고 말하거나(이것은 하나님을 심지 않은 것을 거두라고 하는 엄한 주인으로 여기는 것이다), 적어도 그들의 길에 가시들이 뿌려져 있어서 그들의 일을 하려면 혹독한 시련과 위험이 따를 수밖에 없다고 말한다. 그래서 그들은 마치 가시밭길을 맨발로 걸어가는 양 엄살을 부리며 그들의 일을 하기 싫어하고, 하는 시늉만 낸다.

2. 이 허구적인 난관들은 어떻게 극복될 수 있는가. 우리가 우리의 본분을 진정으로 행하고자 하고 애쓰고 노력한다면, 하나님의 은혜로 말미암아 우리의 본분은 쉬워지고, 우리는 우리가 가는 길에 장미들이 흩뿌려져 있다는 것을 발견하게 될 것이다. 정직한 자의 길은 대로니라. 그 길은 험하지 않아서 밟고 가기가 편하고, 그 길은 복잡하게 얽혀 있지 않아서 찾아내기가 쉽다.

[20]지혜로운 아들은 아비를 즐겁게 하여도 미련한 자는 어미를 업신여기느니라

1. 선한 자녀들은 부모의 기쁨이 되기 때문에 칭찬 받을 만하다는 것. 부모는 자녀들을 키우느라 많이 애쓰고 수고하였기 때문에 자녀들로 인하여 기쁨을 누리는 것이 마땅하다. 부모가 연세가 드셔서 험한 날들을 살게 되실 때에 선한 자녀들이 그 부모의 위로가 되어 준다면, 그것은 선한 자녀들에게 아주 큰 만족감을 가져다 줄 것이다.

2. 악한 자녀들은 그들의 악함으로 인해서 부모를 멸시하고 부모의 권위를 업신여기며 부모의 은혜를 악으로 갚기 때문에 부끄러운 자들이라는 것. 미련한 자는 어미를 업신여긴다. 어머니는 그를 키우느라 자신의 모든 것을 다 쏟아부어 온갖 고생을 다 하셨다. 그런 어머니를 업신여기는 것은 더할 나위 없이 가증스러운 죄일 수밖에 없고, 그것으로 인해서 어머니의 근심은 더욱 깊어지게 된다.

[21]무지한 자는 미련한 것을 즐겨 하여도 명철한 자는 그 길을 바르게 하느니라

1. 죄를 즐기는 것이 악한 자의 성품이라는 것. 그는 죄의 미끼에 대한 강한 욕구를 지니고 있어서 그 미끼를 덥썩 삼키고, 낚싯바늘을 두려워하지 않으며, 그것을 삼켰을 때에 아픔을 느끼지도 않는다. 그는 미련한 것을 즐겨 한다. 그에게는 다른 사람들의 미련한 것도 그의 즐거움이고, 자기 자신의 미련한 것은 더더욱 그의 즐거움이 된다. 그는 유감스러운 마음이 아니라 즐거운 마음으로 죄를 짓고, 죄를 짓고 나서는 회개하지 않을 뿐만 아니라 도리어 자랑하고 다닌다. 이것은 은혜가 없는 자임을 보여주는 확실한 증표이다.

2. 자신의 본분을 꼼꼼하게 다하는 것이 지혜롭고 선한 자의 성품이라는 것. 무지한 자는 법도 없이 제멋대로 살고, 성실과 끈기가 없이 행동한다. 명철한 자는 성령의 비침에 의해서 눈이 밝아져서 바르게 행하고, 건전하고 질서 있고 균형 잡힌 삶을 살며, 모든 일에서 하나님의 뜻에 합하고자 애쓴다. 이것은 그에게 변함없는 즐거움이자 기쁨이다. 그러나 미련한 것이 자기 안에 남아 있거나 자기로부터 나오면, 그 때마다 그는 그것을 부끄러워하고 근심한다. 우리는 이 둘 중에서 어떤 성품을 지니고 있는지를 살펴서 우리 자신이 어떤 자인지를 알

수 있다.

[22]의논이 없으면 경영이 무너지고 지략이 많으면 경영이 성립하느니라

1. 조언도 받지 않은 채로 성급하고 경솔하게 행하는 것은 나쁜 결과를 가져온다는 것. 자기가 하고자 하는 일에 대하여 다른 사람들에게 조언을 구하고자 하지 않는 자들이 하는 일들은 그 **경영이 무너지고**, 그들의 조치들은 무산되어서, 그들이 바라던 목적을 이룰 수 없게 된다. 어떤 일을 할 때에 시간과 수고를 들여서 스스로 깊이 심사숙고하지 않거나 자신의 판단을 지나치게 신뢰해서 다른 사람들의 조언을 멸시하는 자들은 중요한 일들을 이루어낼 수 없다. 다른 사람들에게 조금만 물어보고 조언을 구했더라면 얼마든지 미리 내다보고서 미리 막아낼 수 있었을 그런 요인들 때문에 그들의 경영은 무너지고 만다. 공적인 일에서나 가정사에서나 오직 자기 생각으로만, 그리고 경솔하고 성급하게 하지 않는 것은 좋은 원칙이다. 보는 **눈이 많을수록** 더 많은 것을 보는 법이다. 우리 자신이 행하는 것을 최소로 하였을 때에 가장 좋은 결과가 나오는 경우가 많다.

2. 친구들에게 조언을 구하는 것이 우리에게 아주 큰 유익을 가져다 주리라는 것. **지략이 많으면**, 즉 분별력이 있고 정직하며, 부정적인 영으로 조언을 하지 않는 모사들이 많으면, **경영이 성립한다**. 솔로몬의 아들은 이 잠언을 선용하지 않아서, 중량감을 고려하지 않고 수적으로만 많은 젊은 모사들의 말을 듣고, 나이 든 자들의 조언을 따르지 않았다.

[23]사람은 그 입의 대답으로 말미암아 기쁨을 얻나니 때에 맞는 말이 얼마나 아름다운고

1. 때에 맞게 말하는 것이 지혜롭게 말하는 것이라는 것. 우리의 **입의 대답**은 시의적절하고 꼭 필요한 때에 이루어져서 **때에 맞는 말**이 되었을 때에 우리에게 좋은 평판과 기쁨을 가져다 준다. 선한 말이 때를 잘 맞추지 못해서 바라던 선한 목적을 이루지 못하는 경우가 많다. 꼭 필요한 때에 적절한 대답이 즉석에서 나올 때에 세상에서 그런 말보다 더 아름다운 말은 없다.

2. 때에 맞게 지혜롭게 나온 말은 우리 자신에게는 기쁨이 되고 다른 사람들에게는 유익이 된다는 것. 사람은 그 입의 대답으로 말미암아 기쁨을 얻는다. 그는 아주 적절한 선한 말을 하고서 기쁨을 얻지만, 그 말을 들은 사람들이 그를 칭송하며 "때에 맞는 말이 얼마나 아름다운고 그 말이 얼마나 많은 복을 가져다주고 있는가!"라고 말해도 결코 교만해지지 않는다.

24지혜로운 자는 위로 향한 생명 길로 말미암음으로 그 아래에 있는 스올을 떠나게 되느니라

1. 지혜와 거룩함의 길은 아주 안전하고 위로가 넘치는 길이라는 것. 그 길은 생명 길, 즉 영생으로 인도하는 길이다. 우리는 그 길 속에서 영혼의 생명인 기쁨과 만족을 얻을 것이고, 그 길의 끝에서는 완전하고 지극한 복을 얻게 될 것이다. 지혜롭게 되어서 생명을 얻으라. 그 길은 우리가 처해 있는 참상과 그 위험을 피할 수 있는 길이다. 그 길은 그 아래에 있는 스올을 떠나게 되는 길이고, 지옥의 함정들, 사탄의 유혹들, 그의 온갖 간계들을 피하고, 죄를 지었을 때에 오는 지옥의 고통과 영원한 멸망을 피할 수 있는 길이다.

2. 지혜와 거룩함의 길은 지극히 고귀하고 존귀한 길이라는 것. 그 길은 위에 있다. 선한 자는 위의 것을 생각하고, 위에 있는 것들을 다룬다. 그의 시민권은 하늘에 있다. 그의 길은 하늘과 직통으로 닿아 있다. 그의 보화는 하늘에 있기 때문에, 원수들이 닿는 곳 위에 있고, 이 아랫세상의 변화가 닿는 곳 위에 있다. 선한 자는 진정으로 고귀하고 크다. 그가 원하는 것과 의도하는 것들은 높고, 그는 다른 사람들보다 한 단계 위에서 산다. 그 길은 미련한 자들의 손이나 눈이 닿지 못하는 위에 있다.

25여호와는 교만한 자의 집을 허시며 과부의 지계를 정하시느니라

1. 하나님은 높아진 자들을 낮추시기를 기뻐하시는데, 보통 그런 일을 그의 섭리 가운데서 행하신다는 것. 교만한 자들, 즉 자기 자신을 높이고, 그들 위에 계시는 하나님을 무시하며, 주변의 모든 사람들을 짓밟는 자들을 하나님은 단지 그들만이 아니라 그들의 집도 허신다. 왜냐하면, 그들은 그들의 집이나 가문

이 영원할 것이라고 자랑하며 의기양양해하기 때문이다. 교만은 많은 사람들을 멸망하게 만든다.

2. 하나님은 낙심한 자들을 붙들어 주시는 것을 기뻐하시는데, 자주 눈에 띄게 그런 일을 하신다는 것. 여호와는 교만한 악인들이 침범할 때에 가난한 과부의 힘으로는 막아낼 수 없는 과부의 지계를 견고히 해주실 것이다. 약한 자들을 보호해 주시고, 억압받는 자들을 위해 나서시는 것은 하나님의 존귀하심을 드러내는 일이다.

[26]악한 꾀는 여호와께서 미워하시나 선한 말은 정결하니라

이 절의 전반부는 생각에 대해서, 후반부는 말에 대해서 다루고 있지만, 사실 생각과 말은 한 가지이다. 왜냐하면, 생각은 하나님께 하는 말이고, 사람들이 하는 말들은 그 말의 근원이 된 생각이 어떤 것이었느냐에 따라서 판단을 받는다.

1. 악인들의 생각과 말, 즉 악한 꾀는 그들 자신만큼이나 악하고 해악을 끼칠 의도를 지니고 있으며 이런저런 나쁜 성향을 띠고 있기 때문에 여호와께서 미워하신다는 것. 하나님은 악인의 생각들에 대하여 분노하시고, 장차 그 생각들을 벌하실 것이다. 악인의 생각들은 대부분이 하나님이 미워하시는 것들이고, 하나님의 분노를 일으키는 것들이다. 하나님은 사람들의 마음과 거기에서 들어오고 나가는 모든 것들을 아실 뿐만 아니라, 그 마음 속에서 가장 깊고 높은 자리를 자기에게 내어줄 것을 요구하신다.

2. 순전한 자들의 생각과 말, 즉 선한 말과 생각은 그들 자신만큼이나 순결하고 깨끗하며 정직하고 진실하기 때문에 정결함을 기뻐하시는 거룩하신 하나님을 기쁘시게 해 드린다는 것. 이것은 그들이 하나님께 드리는 기도들(기도와 찬송 속에서 그들의 입의 말과 마음의 묵상은 주님 앞에 열납된다, 시 19:14; 69:13)과 사람들의 덕을 세우기 위해서 하는 말들을 가리키는 것이라고 할 수 있다. 순전한 마음, 깨끗하게 된 마음으로부터 나오는 사람들의 생각과 말은 기분좋은 것들이다.

[27]이익을 탐하는 자는 자기 집을 해롭게 하나 뇌물을 싫어하는 자는 살게 되느니라

1. 탐욕스러운 자들은 그들의 집에 환난을 불러온다는 것. **이익을 탐하는 자,** 즉 세상의 노예가 되어서 세상의 것들을 얻으려고, 새벽부터 일어나고 밤 늦게 자며 근심의 떡을 먹는 자, 세상의 일로 분주하게 뛰어다니며 자기 자신과 주변의 모든 사람들을 긴장시키고, 조금만 손해를 보거나 일이 잘 안 되어도 초조해하고 안달하며, 자신의 이익에 방해가 되는 모든 사람과 다투는 자는 **자기 집을 해롭게 하고,** 그의 자녀들과 종들에게 큰 짐이 되고 그들을 분하고 원통하게 만든다. 그는 이익을 탐해서 뇌물을 받고, 돈을 벌기 위해서 불법적인 방법들을 사용하며, 그가 불법하게 얻은 재물로 인해서 자손들에게 저주를 남겨주기 때문에, 그의 이러한 행위는 조만간에 그의 집에 환난을 불러들이게 된다(합 2:9-10).

2. 의롭고 후한 자들은 그들의 집에 축복을 가져다 준다는 것. **뇌물을 싫어하는 자,** 즉 공의를 굽게 하기 위해서 그의 손에 쥐어 주는 뇌물을 손을 뿌리쳐 거절하고, 온갖 죄악되고 편법적인 방법으로 돈을 버는 것을 혐오하는 자, 돈을 버는 것만을 목적으로 하는 가치 없는 일들을 미워하고, 기회가 있다면 기꺼이 돈을 받지 않고 선을 행하고자 하는 자는 살게 될 것이다. 그는 삶의 위로와 낙을 갖게 될 것이고, 형통과 명성 가운데에서 살게 될 것이고, 그의 이름과 가문도 살아 남아서 계속 이어질 것이다.

[28]의인의 마음은 대답할 말을 깊이 생각하여도 악인의 입은 악을 쏟느니라

1. 선한 자는 자신의 혀를 잘 다스림으로써 자기가 지혜로운 자라는 것을 나타내 보인다는 것. **말에 실수가 없는 자는 곧 온전한 사람이다**(약 3:2). 의인은 자신의 말에 대하여 책임을 져야 한다는 것과 자신의 말이 다른 사람들에게 선한 영향을 끼칠 수도 있고 악한 영향을 끼칠 수도 있다는 것을 알기 때문에, 진실하게 말하고(그는 그의 **마음**에 있는 진실을 말하고, 생각하는 대로 말하기 때문에, 그에게서 **대답하는** 것은 그의 **마음**이다, 시 15:2), 적절하고 유익한 말을 하려고 세심한 주의를 기울이며, 그가 하는 말에 은혜가 있도록 하기 위하여 **대답할 말을 깊이 생각한다**(느 2:4; 5:7).

2. 악한 자는 자기가 무슨 말을 하고 있는지를 결코 주의하지 않고, 그의 **입이 악을 쏟아서,** 하나님과 신앙을 욕되게 하고, 자신에게 수치를 안기며, 다른

사람들을 해침으로써 자기가 미련한 자라는 것을 나타내 보인다는 것. 이렇게 악으로 넘쳐나는 입을 지닌 자의 마음이 악할 것은 너무도 뻔한 일이다.

29 여호와는 악인을 멀리 하시고 의인의 기도를 들으시느니라

1. 하나님은 그를 무시하는 자들을 멀리 하신다는 것. 악인들은 전능자에게 우리를 떠나소서라고 말한다. 그러므로 하나님은 그들을 멀리 하신다. 하나님은 그들에게 자신을 나타내지 않으시고, 그들과 교제하지 않으시며, 그들의 기도를 듣지 않으시고, 그들이 곤경에 처했을 때에 그들을 돕지 않으신다. 그들은 장차 하나님의 임재로부터 영원히 추방당할 것이고, 하나님은 그들을 아주 멀리서 바라보실 것이다. 저주를 받은 자들아 나를 떠나라(마 25:41).

2. 하나님은 자신의 본분을 다하며 그를 가까이 하는 자들을 은혜 가운데에서 가까이 하신다는 것. 하나님은 의인의 기도를 들으시고, 기쁘게 받으시며, 평안의 응답을 주신다. 의인의 간구는 역사하는 힘이 크다(약 5:16). 여호와께서는 자기에게 간구하는 모든 자 곧 진실하게 간구하는 모든 자에게 가까이 하셔서(시 145:18), 그들을 즉시 도우실 것이다.

30 눈이 밝은 것은 마음을 기쁘게 하고 좋은 기별은 뼈를 윤택하게 하느니라

이 잠언에서는 정말 아름답고 유쾌한 것 두 가지를 우리에게 말해준다.

1. 눈이 밝아서 햇빛을 보고(전 11:7), 이 아랫세상을 아름답게 하고 풍요롭게 해주는 하나님의 기이한 역사(役事)들을 보는 것은 아름답고 유쾌한 일이라는 것. 앞을 보지 못하는 자들은 눈이 있어서 햇빛과 하나님이 지으신 만물을 보는 것이 얼마나 소중한지를 안다. 눈이 밝은 것은 얼마나 마음을 기쁘게 하는가! 이것을 생각할 때, 우리는 우리가 볼 수 있다는 것에 감사하지 않을 수 없다.

2. 하나님과 선한 백성들 앞에서 선한 일들로 인하여 선한 이름을 갖는 것은 더 아름답고 유쾌한 일이라는 것. 좋은 이름은 좋은 기름보다 낫고(전 7:1), 뼈를 윤택하게 한다. 그것은 은밀한 즐거움을 주어서, 사람을 힘 있게 해준다.

또한, 다른 사람들에 대하여 좋은 기별을 듣는 것도 아주 유쾌한 일이다(어떤 이들은 본문을 이렇게 이해한다). 선한 사람에게는 그의 친구들이 진리 가운데서 행한다는 소식을 듣는 것보다 더 큰 기쁨이 없다.

[31]생명의 경계를 듣는 귀는 지혜로운 자 가운데에 있느니라

1. 지혜로운 자는 기꺼이 책망을 듣고자 하기 때문에 그들의 말과 모범을 통해서 그에게서 무엇이 잘못되었는지를 보여주는 자들과 어울리기를 좋아한다는 것. 책망을 기꺼이 듣고자 하는 귀를 지닌 자는 책망하는 자를 좋아할 것이다. 여기에서 친구의 신실한 책망들을 **생명의 경계**(책망)라고 한 것은 그 책망들이 경건한 열심으로 생생하게 주어지기 때문만이 아니라(가르침만이 아니라 삶을 통해서도 책망이 이루어져야 한다), 그 책망들은 잘 받아들이기만 한다면 영적인 삶의 수단들이 되어서, 그를 영생으로 인도해 주기 때문이다. 또한, 어떤 이들은 우리가 선한 일을 한 것 때문에 욕을 먹을 수 있는데, 그런 책망은 사망의 책망이기 때문에 우리는 거기에 주의하거나 영향을 받을 필요가 없다고 말하면서, 여기에 나오는 생명의 책망 또는 경계와 구별하기도 한다.

2. 지혜로워서 책망을 잘 받아들이는 자들은 **더욱 지혜로워져서**(9:9) 당대의 지혜자 중의 한 사람이 되고, 다른 사람들을 책망하고 교훈할 능력과 권세를 지니게 되리라는 것. 잘 배우고 잘 순종하는 자들은 시간이 지나면 잘 가르치고 잘 다스리는 자들이 될 것이다.

[32]훈계 받기를 싫어하는 자는 자기의 영혼을 경히 여김이라 견책을 달게 받는 자는 지식을 얻느니라

1. 가르침을 받고자 하지 않고, **훈계 받기를 싫어하며**, 훈계에 주의를 기울이지 않고 도리어 등을 돌리며, 훈계를 듣고자 하지 않고 도리어 마음을 닫아 버리는 자들은 어리석다는 것. 그들은 **징계를 거부한다**(난외주의 읽기). 그들은 하나님으로부터의 징계도 받아들이고자 하지 않고, 도리어 그 가시채를 뒷발질해 버린다. 그렇게 하는 자들은 **자기의 영혼을 경히 여기는** 것이다. 이것은 그들이 그들의 영혼을 보잘것없고 하찮은 것으로 여기고 있고, 그들의 영혼에 대

하여 별 관심도 없고 돌보고 있지도 않다는 것을 보여주는 것이다. 그런데 사실 그들의 영혼은 이성을 지니고 있고 영원히 살게 되어 있기 때문에, 하나님은 그들 속에 이성을 계발하고 영원히 죽지 않는 삶을 준비시키기 위하여 훈계를 주시는 것이다. 죄인들의 근본적인 잘못은 그들 자신의 영혼을 과소평가하는 데에 있다. 그러므로 그들은 자기 영혼에게 꼭 필요한 것들을 공급해 주는 일을 게을리하며, 자기 영혼을 학대하고 위험에 노출시키며, 영혼보다는 육신을 더 소중히 여기고, 육신을 기쁘게 하기 위하여 영혼에 해를 끼친다.

2. 가르침을 받고자 할 뿐만 아니라 책망도 기꺼이 받고자 하는 자들은 지혜롭다는 것. 견책을 달게 받고 자기 잘못들을 고치는 자는 지식과 명철을 얻는다. 그렇게 해서 얻어진 지식과 명철은 그를 악한 길로부터 지켜주고 선한 길로 인도해 준다. 그는 이렇게 함으로써 그가 자기 영혼을 소중히 여기고 있다는 것을 나타내고, 자기 영혼에 참된 존귀를 더한다.

33 여호와를 경외하는 것은 지혜의 훈계라 겸손은 존귀의 길잡이니라

이 잠언은 다음과 같이 하는 것이 우리의 본분이자 우리에게 이익되는 일임을 보여준다.

1. 우리 하나님께 복종하고, 하나님을 공경하는 마음을 늘 유지하는 것. 여호와를 경외하는 것은 지혜의 근본이자 지혜의 훈계이다. 우리가 신앙의 기본들에 충실하면, 그것들은 우리의 지식을 더해 주고, 우리의 잘못들을 바로잡아 주며, 우리가 가야 할 길을 가장 확실하게 이끌어 주는 안내자가 되어 줄 것이다. 우리의 심령에 하나님을 경외하는 것이 있으면, 그것은 우리에게 가장 지혜로운 권면을 해주고, 우리가 지혜롭지 않게 말하거나 행할 때에 우리를 꾸짖어 줄 것이다.

2. 우리의 허리를 굽혀서 형제들을 섬기고, 형제들을 존중하는 마음을 늘 유지하는 것. 겸손은 존귀의 전조(前兆)이자 존귀를 예비하는 것이다. 스스로를 낮추는 자들은 현세에서와 내세에서 높아질 것이다.

제 16 장

[1]마음의 경영은 사람에게 있어도 말의 응답은 여호와께로부터 나오느니라

우리는 이 본문을 우리가 무슨 일이든지 지혜롭고 선한 것이 우리에게서 난 것 같이 우리 자신에게 만족할 것이 아니고, 우리의 만족은 오직 우리의 마음과 입을 주장하셔서 우리에게 소원을 두고 행하게 하시는 하나님으로부터 난다(고후 3:5; 빌 2:13; 시 10:17)는 위대한 진리를 우리에게 가르쳐 주는 잠언으로 읽는다. 그러나 대다수의 사람들은 이 본문을 우리와는 달리 이렇게 읽는다: 마음의 경영은 사람에게 있어도(사람은 이런저런 것들을 궁리하고 계획할 수 있다는 것) 말의 응답, 즉 사람이 말하고 계획했던 것을 전달하는 일만이 아니라 사람이 행하고자 했던 것의 결과까지도 여호와께 속한다.

1. 사람은 계획한다는 것. 사람에게는 생각의 자유와 의지의 자유가 허용되어 있기 때문에, 사람은 자기가 가장 좋다고 생각하는 계획들을 세우고 자신의 안(案)들을 내놓는다.

2. 이루시는 것은 하나님이시라는 것. 사람은 사람의 입을 지으시고 우리가 할 말을 우리에게 가르치시는 하나님의 도우심과 축복 없이는 일을 진행해 나갈 수 없다. 아니, 하나님은 흔히 쉽게 사람들의 계획을 가로막으시고 그들의 조치들을 깨뜨리신다. 발람이 그의 마음 속에 준비해 둔 것은 저주였지만, 그 말의 응답은 축복이었다.

[2]사람의 행위가 자기 보기에는 모두 깨끗하여도 여호와는 심령을 감찰하시느니라

1. 우리는 모두 우리 자신을 판단함에 있어서 편파적이기 쉽다는 것. 사람의 행위와 의도들이 자기 보기에는 모두 깨끗하고, 사람은 그러한 것들 속에서 잘못된 것이나 정죄받을 것을 보지 못하며, 자신의 계획들을 다 좋은 것이라고 생

각한다. 그러므로 그는 잘 될 것이라고 확신하고, 말의 응답이 마음의 기대와 부합할 것이라고 확신한다. 그러나 우리의 행위들에는 우리가 알지 못하거나 마땅히 나쁘다고 생각하여야 하는데도 그렇게 생각하지 않는 더러운 것들이 많이 들러붙어 있다.

2. 우리에 대한 하나님의 심판은 사실 그대로를 따라 진리대로 이루어진다는 것. 하나님은 틀림이 없는 의로운 저울로 사람들의 심령을 달아보시고, 우리 안에 무엇이 있는지를 아시며, 그것에 따라서 우리를 심판하셔서, 우리의 저울을 아무런 문제 없이 통과한 것들에 대하여 데겔, 즉 저울에 달아 보니 부족함이 보였다고 기록하신다. 하나님의 판단에 따라 우리는 서기도 하고 넘어지기도 할 것이다. 하나님은 사람들의 행위를 보실 뿐만 아니라, 사람들의 심령들을 감찰하시고 시험하신다. 왜냐하면, 우리의 심령의 모습이 곧 우리의 모습이기 때문이다.

3너의 행사를 여호와께 맡기라 그리하면 네가 경영하는 것이 이루어지리라

1. 우리의 생각이 우리를 불안하게 만드는 염려와 두려움으로 인해서 갈피를 잡지 못하고 허둥대는 것이 아니라 든든히 서서 우리가 경영하는 것이 이루어지는 것은 매우 바람직한 일이라는 것. 우리의 생각이 어떤 사건이나 변화에 의해서 흐트러지거나 그 틀이 깨져 버리지 않고, 계속해서 정직과 경건의 길로 꾸준히 나아가는 것은 아주 바람직한 일이고, 우리의 모든 생각이 결국에는 합력하여 선을 이룰 것이라고 확신하여 늘 평안하고 차분한 것은 아주 바람직한 일이다.

2. 우리의 생각이 든든히 서게 하는 유일한 길은 우리의 행사를 여호와께 맡기는 것이라는 것. 우리는 우리의 영혼에 중요한 일들을 하나님의 은혜에 맡기고 의지하여야 하며, 그 은혜가 이끄는 대로 순종하고 따라가야 한다(딤후 1:12). 우리는 우리의 외적인 일들을 하나님의 섭리, 즉 그 섭리의 주권적이고 지혜로우며 은혜로운 처분에 맡겨야 한다. 너의 일들을 여호와께 굴리라(원문은 이런 의미이다). 너의 염려의 무거운 짐을 네 자신으로부터 하나님께 굴려 버리라. 너의 문제를 기도를 통해서 하나님 앞에 올려 드려라. 너의 일들, 곧 네 손의 일들만이 아니라 네 마음의 일들까지도 여호와께 고하라(어떤 이들은 이

렇게 읽는다). 그런 후에, 하나님을 전적으로 믿고 의지하며 하나님께 복종하는 가운데 그 일들을 하나님의 처분에 맡기라. 주의 뜻대로 이루어지이다. 하나님이 그 일들을 기쁘신 대로 처분하시면, 우리도 기뻐할 수 있다는 마음을 먹으면, 우리의 마음은 평안해질 수 있다.

[4]여호와께서 온갖 것을 그 쓰임에 적당하게 지으셨나니 악인도 악한 날에 적당하게 하셨느니라

1. 하나님은 만물의 처음이시라는 것. 하나님은 만물과 모든 사람들을 지으신 분이시고 존재의 근원이시다. 하나님은 모든 피조물에게 그 존재를 부여하셨고, 피조물들에게 각각의 자리를 정해 주셨다. 악인들은 하나님을 배반한 반역자들이지만, 그들조차도 하나님의 피조물들이다. 그들이 하나님을 대적하여 싸울 때에 사용하는 힘은 하나님이 주신 것이다. 그러므로 그 점은 그들이 그들을 지으신 분으로 하여금 그들을 다스리지 못하게 거부한 그들의 악을 더욱 무겁게 만든다. 그러므로 하나님은 그들을 지으셨지만 그들을 구원하시지 않으실 것이다.

2. 하나님은 만물의 끝이시라는 것. 모든 것이 하나님께 속하고 하나님으로부터 나왔다. 그러므로 모든 것은 하나님께로 돌아가고 하나님을 위해 존재한다. 하나님은 모든 것을 그의 뜻을 따라 그의 찬송이 되게 하기 위하여 지으셨다. 하나님은 그의 모든 피조물들을 통해서 그의 목적들을 이루고자 하셨고, 그 목적들은 반드시 이루어질 것이다. 만물은 하나님의 종들이다. 악인들은 하나님께 영광을 돌리지 않지만, 하나님은 그들로 인하여 영광을 받으실 것이다. 하나님은 한 사람도 악하게 지으시지 않으셨지만, 장차 악인이 될 자들을 지으셨다. 그렇지만 하나님이 그들을 지으신 것(창 6:6)은 그들로 말미암아 어떻게 스스로 영광을 받으실지를 아셨기 때문이다(롬 9:22을 보라). 또는, 하나님은 세상을 심판하실 저 재앙의 날에 그의 진노의 도구들로 사용하기 위해서 악인들을 지으셨다(어떤 이들은 본문을 이렇게 이해한다). 하나님은 다른 것들과 마찬가지로 악인들도 그의 칼 또는 그의 손, 하나님의 채찍으로 사용하신다(시 17:13-14). 따라서 바벨론의 왕은 하나님의 종이라 불린다.

[5]무릇 마음이 교만한 자를 여호와께서 미워하시나니 피차 손을 잡을지라도 벌을 면하지 못하리라

1. 죄인들은 교만하기 때문에, 하나님이 그들을 대적하신다는 것. 지체가 높다고 해서 마음이 교만하고, 사회적 지위로 인해서 그 마음이 높아져서, 하나님과 사람에 대하여 오만무례하게 행하는 자는 그가 자기 자신을 높이고 다른 사람들이 그를 껴안는다고 하여도 여호와께서 미워하시는 자라는 것을 알아야 한다. 크신 하나님이 그를 멸시하신다. 거룩하신 하나님이 그를 혐오하신다.

2. 죄인들이 서로 손을 잡고 연합하여 세력을 키워도 하나님의 벌을 피할 수 없다는 것. 그들은 동맹을 맺고 연합하여 서로의 힘을 북돋워주고 힘을 합쳐서 하나님을 대적하여도, 하나님의 의로우신 심판을 피하지 못할 것이다. 자기를 지으신 이와 더불어 다투는 자에게 화 있을진저(11:21; 사 45:9).

[6]인자와 진리로 인하여 죄악이 속하게 되고 여호와를 경외함으로 말미암아 악에서 떠나게 되느니라

1. 죄책은 우리에게서 어떻게 제거되는가. 우리의 죄책은 하나님의 인자와 진리, 즉 하나님의 약속들 속에서 나타난 인자하심과 그 약속들을 이루심에 있어서의 진실하심, 그리고 중보자이신 예수 그리스도 안에서 서로 입맞춤한 인자와 진리에 의해서 제거되고, 인자와 진리가 아주 밝게 빛나는 은혜의 언약에 의해서 제거되며, 죄사함을 받았음을 보여주는 상태이자 죄사함의 필수요건인 우리의 긍휼히 여기는 마음과 진실함에 의해서 제거된다. 율법의 희생제사가 아니라 바로 그런 것들이 우리의 죄책을 없애 주는 것이다(미 6:7-8).

2. 죄의 권능은 우리 안에서 어떻게 분쇄되는가. 인자와 진리가 우리를 지배할 때, 우리 안에 있는 부패한 성향들은 제거된다(우리는 전반부를 이렇게 해석할 수 있다). 하지만, 여호와를 경외함으로 말미암아 그 경외함에서 오는 감화력으로 사람들은 악에서 떠나게 된다. 하나님에 대한 거룩한 두려움과 공경심을 마음 속에 간직하고 있는 자들은 감히 하나님을 거슬러 죄를 범하고자 하지 않을 것이다.

[7]사람의 행위가 여호와를 기쁘시게 하면 그 사람의 원수라도 그와 더불어 화목하게 하시느니라

1. 하나님은 그가 기뻐하시면 언제라도 원수를 친구로 바꾸어 놓으실 수 있으시다는 것. 모든 사람들의 마음을 자기 수중에 쥐고 계시는 하나님은 사람들의 심령과 그 심령을 지배하는 힘에 접근하셔서, 그들이 알지 못하는 가운데 거역할 수 없게 역사하여, 어떤 사람의 원수라도 그와 더불어 화목하게 만들어 놓으실 수 있으시고, 그 원수들의 마음을 바꾸어 놓으시거나 그들로 하여금 억지로 굴복하게 하실 수 있으시다. 하나님은 모든 원수들을 베어 버리실 수도 있으시고, 서로 아주 멀리 떨어져 있는 자들을 다 불러 모으실 수도 있으시다.

2. 우리가 하나님을 기쁘시게 하면, 하나님은 우리를 위해 그런 일을 하시리라는 것. 우리가 하나님과 화목하는 데에 마음을 쓰고 하나님의 사랑 안에 머문다면, 하나님은 우리를 시기하거나 괴롭혀 왔던 자들의 마음을 바꾸어 놓으셔서, 그들로 하여금 우리를 좋게 생각하여 우리의 친구가 되게 하실 것이다. 하나님은 에서를 야곱과 화해하게 하셨고, 아비멜렉을 이삭과 화해하게 하셨으며, 다윗의 원수들을 다윗에게 구애하고 이스라엘과 연합하기를 원하게 하셨다. 의인들에게 나타나는 하나님의 형상과 의인들에 대한 하나님의 특별한 인애(仁愛)는 모든 자들, 심지어 그들에 대하여 좋지 않은 감정을 품어 왔던 자들까지도 그들을 존중하게 만들기에 충분하다.

[8]적은 소득이 공의를 겸하면 많은 소득이 불의를 겸한 것보다 나으니라

1. 여기에서 전제되고 있는 것은 정직하고 선한 자가 이 세상의 재물을 적게 소유할 수 있다는 것(의인들이 다 부자가 되는 것은 아니다), 사람이 소득이 적어도 정직할 수 있다는 것(가난이 정직하지 못하도록 유혹하는 것이기는 하지만 극복할 수 없는 것은 아니다, 30:9), 사람이 속임수나 포악을 통해서 잠시 부자가 될 수 있고 많은 소득을 얻을 수 있지만 불의로 소득을 얻은 자들은 그 소득에 대한 정당한 권리도 없고 그 소득을 선하게 사용할 수도 없다는 것이다.

2. 여기에서 주장되고 있는 것은 사람이 적은 소득이라도 정직하게 얻어서

그것에 만족하고 편안히 누리며 즐거운 마음으로 하나님을 섬기고 올바르게 사용하는 것이 많은 소득을 옳지 않게 얻어서 간직했다가 옳지 않게 사용하는 것보다 훨씬 더 낫고 가치 있는 일이라는 것이다. 그것은 더 많은 내적인 만족과 모든 지혜롭고 선한 자들 사이에서의 더 좋은 평판을 가져다 준다. 그것은 더 오래갈 것이고, 사람들이 그들이 무엇을 가졌느냐가 아니라 그들이 무엇을 했느냐에 따라서 심판을 받게 될 저 큰 날에 더 큰 이득을 가져다 줄 것이다.

[9]사람이 마음으로 자기의 길을 계획할지라도 그의 걸음을 인도하시는 이는 여호와시니라

1. 사람은 스스로 계획할 능력을 지닌 이성적 피조물이라는 것. 사람은 마음으로 자기의 길을 계획하고, 목적을 정하며, 그 목적을 이루기 위한 방법들과 수단들을 생각해내는데, 이것은 감각과 본능에 의해서 지배되는 열등한 피조물들이 할 수 없는 것이다. 사람은 그런 피조물이라는 것을 생각하면, 사람이 어떻게 하나님을 기쁘시게 해 드리고 자신의 영원한 삶을 준비할 수 있는지 그 방법을 생각하지 않는 것은 얼마나 부끄러운 일이겠는가.

2. 사람은 그를 지으신 자의 명령과 통치에 순종해야 하는 의존적 피조물이라는 것. 사람이 자기의 길을 계획하여, 하나님의 영광을 그들의 목적으로 삼고 하나님의 뜻을 그들의 규범으로 삼는다면, 하나님은 성령과 은혜를 통해서 그의 걸음을 인도하실 것이기 때문에, 그가 자기의 길을 잃어버리거나 자신의 목적지에 도달하지 못하는 일이 생기지 않을 것이다. 그러나 사람이 세상적인 일들을 계획한다면, 아무리 그가 그 계획을 아주 신중하게 세우고, 그 계획이 성공할 확률이 높다고 할지라도, 그 일의 성패를 정하실 권한은 하나님께 있고, 하나님은 종종 그가 전혀 의도하지 않았던 곳으로 그의 걸음을 인도하신다. 하나님이 그렇게 하시는 의도는 우리에게 주의 뜻이면 우리가 살기도 하고 이것이나 저것을 하리라(약 4:14-15)고 말하도록 가르치시고, 우리 삶의 큰 일들에서만이 아니라 우리가 내디디는 한 걸음 한 걸음에서도 우리의 눈을 하나님께 두도록 가르치시기 위한 것이다. 주여, 나의 길을 인도하소서(살전 3:11).

[10]하나님의 말씀이 왕의 입술에 있은즉 재판할 때에 그의 입이 그르치지 아니하리

라

우리는 이것이 하나의 명제로서 항상 참이기를 바라고, 우리는 다음과 같은 것을 왕들을 위한 우리의 기도 제목으로 삼는 것이 마땅하다. 왕들이 지혜 가운데서 명령을 내리고, 공평함 가운데서 판결을 내림으로써 하나님의 말씀이 왕들의 입술에 있어서, 재판할 때에 그들의 입이 그르치지 아니하도록 하옵소서(딤전 2:1). 그러나 이 명제가 참이 되지 않는 경우가 자주 있다. 따라서 이것은 다음과 같은 것으로 보는 것이 좋다.

1. 이 세상의 왕들과 재판관들은 지혜로워야 하고 교훈을 받아야 한다는 명령. 그들은 의로워야 하고, 하나님을 경외함으로 다스려야 한다. 그들은 그들이 말하거나 행하는 모든 것 속에서 하나님의 뜻을 나타내 보일 수 있도록 지혜와 양심을 지니고 행하여야 하고, 그렇게 하기 위해서 초자연적인 힘들에 의해서 인도함을 받아야 한다. 재판은 하나님의 소관이기 때문에, 그들은 재판을 할 때에 그들의 입이 범죄하지 않도록 주의하여야 한다.

2. 모든 선한 왕들에 대한 약속. 이것은 왕들이 진심으로 하나님께 영광을 돌리고자 하고 하나님의 명령을 구한다면, 하나님은 그들의 높은 직위와 그들의 손에 맡겨진 일들에 걸맞게 다른 누구보다도 뛰어난 지혜와 은혜를 그들에게 주실 것이라는 약속이다. 하나님은 사울을 왕으로 세우셨을 때에 그에게 또 다른 영을 주셨다.

3. 이것은 이 잠언을 쓴 솔로몬에게 그대로 적용된다는 것. 그는 하나님이 그에게 주신 약속을 따라 극히 뛰어난 지혜를 지니고 있었다(왕상 3:28).

[11]공평한 저울과 접시 저울은 여호와의 것이요 주머니 속의 저울추도 다 그가 지으신 것이니라

1. 방백들에 의한 공의(公義)의 집행은 하나님의 규례라는 것. 공의를 집행할 때, 방백들은 늘 변함없고 공명정대한 손으로 그 저울들을 잡아야 마땅하고, 우리는 하나님을 인하여 그 공의의 집행에 복종하고, 방백들의 권세 속에서 하나님의 권세를 보아야 마땅하다(롬 13:1; 벧전 2:13).

2. 사람과 사람 사이의 거래에 있어서 공의를 준수하여야 한다는 것도 하나님이 정하신 것이라는 것. 하나님은 사람들에게 분별하는 법을 가르치셔서, 사

는 자나 파는 자가 손해가 없도록 두 사람 사이에서 정의를 행하기 위하여 저울과 저울추를 만들게 하셨다. 정의를 확보하기 위한 그 밖의 다른 유용한 고안물들도 다 하나님으로부터 나온 것이다. 또한, 하나님은 그의 법을 통해서 그 저울이나 저울추가 의로워야 한다고 정하셨다. 그러므로 저울을 속여서, 정의라는 미명 하에 악을 행하는 것은 하나님과 그의 통치에 대한 큰 모독이다. 그것은 재판하는 곳에서 벌어지는 악이고 정의를 행하는 곳에 있는 악이다.

12악을 행하는 것은 왕들이 미워할 바니 이는 그 보좌가 공의로 말미암아 굳게 섬이니라

1. 선한 왕의 특징. 솔로몬은 자화자찬을 하기 위해서가 아니라 그의 후계자들, 이웃 나라의 왕들, 그에게 속한 총독들을 교훈하기 위해서 이것을 말하고 있다. 선한 왕은 공의를 행할 뿐만 아니라, 공의를 행하지 않는 것을 미워한다. 그는 악을 행하고 공의를 굽게 하려는 생각을 미워한다. 그는 다른 사람들이 행하는 악을 혐오할 뿐만 아니라, 스스로 그 어떤 악을 행하는 것도 혐오한다 – 그는 권력을 쥐고 있어서 악을 행하기가 쉽지만.

2. 선한 왕이 받는 위로. 그의 보좌가 의로 말미암아 굳게 선다. 자신의 권세를 올바르게 사용하는 일에 세심한 주의를 기울이는 왕은 그것이 그의 통치를 견고히 해주는 최고의 안전판임을 발견하게 될 것이다. 왜냐하면, 그것은 백성들에게 은혜를 베풀고 편안하게 해주며 백성을 지켜주어 통치에 이득이 됨과 동시에 보좌의 견고한 토대이자 강력한 보호막이 될 하나님의 축복을 얻을 것이기 때문이다.

13의로운 입술은 왕들이 기뻐하는 것이요 정직하게 말하는 자는 그들의 사랑을 입느니라

여기에는 선한 왕들의 추가적인 특징이 나오는데, 그것은 선한 왕들이 정직하게 말하는 자들을 사랑하고 기뻐한다는 것이다.

1. 선한 왕들은 그들의 비위나 맞추는 아첨꾼들을 미워하고, 주변의 모든 사람들이 그들을 신실하게 대하여, 그것이 그들을 기쁘게 하는 것이든 기분 나쁘

게 하는 것이든 언제나 참된 것만을 말해주고, 모든 것을 가식 없이 있는 그대로 드러내 주기를 원한다는 것(29:12).

2. 선한 왕들은 스스로 의를 행할 뿐만 아니라, 의를 행하는 자들만을 자기 밑에 두고자 한다는 것. 이것은 백성들에게 아주 중요한 일이다. 왜냐하면, 백성들은 지존인 왕에게만이 아니라 그가 보낸 총독들에게도 복종해야 하기 때문이다(벧전 2:14). 그러므로 선한 왕은 양심적이고 의롭고 사려깊은 말을 하며 올바르게 의표를 찔러서 말하는 법을 아는 자들을 등용한다.

[14]왕의 진노는 죽음의 사자들과 같아도 지혜로운 사람은 그것을 쉬게 하리라 [15]왕의 희색은 생명을 뜻하나니 그의 은택이 늦은 비를 내리는 구름과 같으니라

이 두 절은 왕들의 권세를 보여준다. 왕들의 권세는 어디에서나 크지만, 동방의 나라들에서는 특히 커서, 왕들은 절대적이고 전제적인 권세를 행사하였다. 왕들은 자기가 죽이고자 하는 자들을 죽였고, 살리고자 하는 자들을 살렸다. 그들의 뜻이 곧 법이었다. 우리는 왕이 신민(臣民)의 자유를 해침이 없이 대권을 유지하고 있는 복된 체제 아래에서 살고 있는 것을 하나님께 감사하여야 한다.

1. 왕의 진노는 두려워해야 하는 것이라는 것. 그것은 죽음의 사자들과 같다. 실제로, 아하수에로 왕의 진노는 하만에게 죽음의 사자와 같았다. 화가 난 왕의 성난 말은 많은 사람들에게 죽음의 사자였고, 어떤 사람들에게는 마치 사형 선고가 자기에게 내려진 것처럼 아주 큰 공포를 불러일으켰다. 요나단이 한 번 다윗에 대한 그의 아버지의 격노를 쉬게 한 것처럼(삼상 19:6) 적절한 말로 왕의 진노를 쉬게 하는 법을 알고 있는 자는 아주 지혜로운 사람임에 틀림없다. 슬기로운 신하는 종종 화난 왕에게 그의 분노를 식혀줄 말을 할 줄 안다.

2. 왕의 은총은 그의 진노를 산 자들에게 너무나 귀하고 좋은 것이라는 것. 왕이 그들과 화해한다면, 그것은 죽었다가 살아난 것과 같다. 그것은 어떤 이들에게는 땅을 촉촉히 적셔서 아주 생기있게 해주는 늦은 비를 내리는 구름과 같다. 솔로몬은 그의 신하들에게 그의 진노를 불러일으킬 그 어떤 일도 하지 말고, 그의 은총을 입을 수 있도록 힘을 다하도록 하기 위하여 이것을 상기시킨다. 우리는 이 잠언을 통해서 우리가 만왕의 왕의 진노를 피하고 그 은총을 얻

기 위하여 얼마나 애써야 하는지를 상기하는 것이 마땅하다. 그의 진노를 불러일으키는 것은 죽음보다 더 나쁘고, 그의 은총을 받는 것은 목숨보다 더 낫다. 그러므로 세상의 왕의 진노를 피하고 그 은총을 얻기 위해서 하나님의 은총을 내던져 버리고 하나님의 진노를 불러일으키는 자들은 미련한 자들이다.

16 지혜를 얻는 것이 금을 얻는 것보다 얼마나 나은고 명철을 얻는 것이 은을 얻는 것보다 더욱 나으니라

솔로몬은 여기에서 지혜를 얻는 것이 금을 얻는 것보다 낫다고 단언하는 데에서 그치는 것이 아니라(3:14; 8:19), 이 두 가지를 비교하는 것 자체가 말이 안 된다는 뉘앙스를 지닌 표현을 사용하고(얼마나 나은고), 사람들의 양심에 호소하는 방법을 사용하며("그것이 얼마나 더 나은지를 스스로 판단해 보라"), 후반절에 동일한 취지의 말, 즉 명철을 얻는 것이 왕들과 그 총애하는 신하들이 지닌 온갖 보화보다 더 낫다는 말을 덧붙이는 방법을 사용하여, 전자가 후자보다 이루 말할 수 없을 정도로 낫다는 것을 확실하게 보여주고자 한다.

1. 하늘의 지혜는 세상의 재물보다 더 낫기 때문에 당연히 전자를 택하여야 한다는 것. 은혜는 금보다 더 귀하다. 은혜는 하나님의 특별한 은총의 선물이지만, 금은 단지 일반 섭리에 의한 선물일 뿐이다. 은혜는 우리 자신을 위한 것이지만, 금은 다른 사람들을 위한 것이다. 은혜는 영혼과 영원을 위한 것이지만, 금은 단지 육신과 현세를 위한 것일 뿐이다. 죽을 때에 은혜는 우리에게 도움이 되지만, 금은 우리에게 아무 소용도 없게 될 것이다.

2. 이 하늘의 지혜를 얻는 것이 세상의 재물을 얻는 것보다 더 낫다는 것. 많은 사람들이 재물을 얻고자 애쓰고 수고하지만, 실제로 재물을 얻지는 못한다. 그러나 진심으로 은혜를 구하는 자에게는 그가 누구가 되었든 은혜는 반드시 주어진다. 재물을 얻어 보아야 심령은 공허하고 괴로울 뿐이지만, 지혜를 얻으면 심령에 기쁨과 만족이 있다. 지혜를 사랑하는 자에게는 큰 평안이 있도다.

17 악을 떠나는 것은 정직한 사람의 대로이니 자기의 길을 지키는 자는 자기의 영혼을 보전하느니라

1. 죄를 피하고, 죄 같아 보이거나 죄로 이끄는 모든 것을 피하는 것이 정직한 사람의 길이라는 것. 그 길은 하나님의 권세에 의해서 정해진 대로이고, 우리보다 앞서 갔던 많은 자들이 밟았던 대로이며, 우리와 어울리던 많은 사람들을 도중에서 만날 수 있는 대로이다. 그 길은 대로처럼 찾기가 쉽고 다니기에 안전하다(사 35:8). 악을 떠남이 명철이다.

2. 자기의 영혼을 보전하고, 그 영혼이 죄로 더럽혀지지 않게 하며, 세상의 환난들로 말미암아 그 영혼이 잘못되지 않게 하고, 특히 자기 영혼이 영원히 멸망하지 않도록 하는 것이 정직한 자가 관심을 가져야 할 일이라는 것(마 16:26). 그러므로 자기의 길을 지키고, 좌로나 우로나 치우치지 말며, 오로지 온전함을 향하여 앞으로 나아가는 것이 정직한 자들의 관심사이다. 자기 본분을 다하는 자들은 자신의 지극한 복을 안전하게 얻는 것이다. 너의 길을 지키라 그리하면 하나님이 너를 지키시리라.

[18]교만은 패망의 선봉이요 거만한 마음은 넘어짐의 앞잡이니라

1. 교만은 넘어지게 되어 있다는 것. 거만한 마음을 지닌 자들, 즉 자기 자신을 실제 이상으로 생각하여, 다른 사람들을 멸시하는 눈으로 바라보고, 자신의 교만으로 하나님을 모독하고 다른 사람들을 불안하게 만드는 자들은 회개나 패망을 통해서 무너지게 될 것이다. 교만한 자를 낮추시는 것은 하나님이 하시는 명예로운 일이다(욥 40:11-12). 스스로를 높인 자들이 낮아지게 되는 것은 공의가 하는 일인데, 애굽 왕 바로, 산헤립, 느부갓네살이 그 예이다. 사람들은 교만을 벌할 수 없고, 단지 교만을 칭송하거나 두려워할 뿐이다. 그러므로 하나님은 직접 그의 손으로 교만을 벌하신다. 오직 하나님께서 교만한 자들을 손보시게 하라.

2. 교만한 자들은 통상적으로 멸망하기 직전에 가장 교만하고 오만방자하며 거만해지기 때문에, 그런 것들은 그들이 넘어지기 직전에 있음을 보여주는 확실한 전조라는 것. 교만한 자들이 하나님의 심판을 무시하고, 그들 자신은 그 심판과는 아주 거리가 멀다고 생각할 때, 그것은 하나님의 심판이 바로 문 앞에 다가와 있다는 것을 보여주는 신호이다. 벤하닷과 헤롯의 경우가 그것을 잘 보여준다. 이 말이 아직도 왕의 입에 있을 때에(단 4:31), 하나님의 심판이 그

왕에게 임하였다. 그러므로 우리는 다른 사람들의 교만을 두려워할 필요는 없지만, 우리 자신 속에 있는 교만은 크게 두려워하여야 한다.

19겸손한 자와 함께 하여 마음을 낮추는 것이 교만한 자와 함께 하여 탈취물을 나누는 것보다 나으니라

부자이면서 교만한 것보다 가난하더라도 겸손한 것이 더 낫다는 말은 이 세상의 자녀들이 이해할 수 없고 동의하고자 하지 않는 역설이다.

1. 탈취물을 나누는 자들은 통상적으로 교만하다는 것. 그들은 자기 자신을 소중히 여기고 다른 사람들을 멸시하며, 그들의 마음은 그들의 사회적 지위와 더불어 높아져 있다. 그러므로 이 세상에서 부한 자들은 마음을 높이지 말라는 권면을 들을 필요가 있다(딤전 6:17). 교만하고 자신을 뽐내며, 출세를 위해서 온 몸을 던져서 다른 사람들을 밀쳐내고 악착같이 달려드는 자들이 흔히 탈취물을 나누어서 한 몫을 챙긴다. 그들은 세상을 그들의 발에 있는 공처럼 자기 마음대로 요리하고자 한다.

2. 이 세상에서 유명한 자가 되고자 야단법석을 떠는 것보다는 사회적 지위가 낮고 가난하며 낮은 곳에 마음을 둔 자들과 함께 하는 것이 모든 면에서 더 낫다는 것. 겸손은 이 세상에서는 우리를 멸시받게 할지 모르지만 우리로 하여금 하나님의 은총을 받게 해준다. 겸손은 우리에게 하나님의 은혜로운 방문을 받을 자격이 있게 하고, 하나님의 영광을 위하여 우리를 준비시키며, 우리를 수많은 유혹과 시험에서 지켜주고, 우리 심령의 평안과 안식을 보호해주기 때문에, 이 세상의 부귀영화를 가져다 주기는 하지만 하나님을 원수로 만들고 마귀를 자신의 주인으로 삼게 하는 교만보다 훨씬 낫다.

20삼가 말씀에 주의하는 자는 좋은 것을 얻나니 여호와를 의지하는 자는 복이 있느니라

1. 지혜는 사람을 존경받고 성공하게 해준다는 것. 일을 지혜롭게 처리하는 자(이것은 그가 자신의 일에 정통하여서, 그가 하는 일을 사려 깊게 처리하며, 어떤 것에 대해서 적절하게 말하거나 글을 쓸 수 있다는 것을 의미한다)는 좋

은 것을 얻는다. 즉, 그는 좋은 평판을 얻게 되고, 상당한 성공도 거두게 된다는 것이다.

2. 사람에게 참된 행복을 얻게 해주는 것은 오직 경건뿐이라는 것. 지혜롭게 일을 처리하는 자들은 좋은 것을 얻을 수 있을지는 모르지만, 만약 그들이 교만하고 그들 자신의 명철을 의지한다면, 그 좋은 것에서 큰 만족을 얻지 못할 것이다. 그러나 자신의 지혜가 아니라 여호와를 의지하는 자는 복이 있고, 결국 더 잘 될 것이다. 어떤 이들은 이 절의 전반부를 참된 지혜인 경건을 얘기하고 있는 것으로 읽기도 한다. 삼가 하나님의 말씀에 주의하는 자는 그 안에서 좋은 것을 얻을 것이다(13:13을 보라). 그리고 여호와를 의지하는 자, 즉 그가 주의하여 살핀 여호와의 말씀을 의지하는 자는 복이 있다.

[21]마음이 지혜로운 자는 명철하다 일컬음을 받고 입이 선한 자는 남의 학식을 더하게 하느니라

1. 견고한 지혜를 지닌 자들은 그 지혜로 말미암아 명성을 얻게 되리라는 것. 지혜는 그들에게 명성을 안겨주어서, 그들은 명철하고 비범한 자들이라 일컬음을 받을 것이고, 사람들은 그들의 판단에 복종할 것이다. 지혜롭고 선한 것을 행하라 그리하면 네가 그것으로 인하여 칭찬을 받으리라.

2. 지혜와 더불어서 말에 능하여, 자기가 알고 느낀 것을 쉽고 은혜스럽게 전하는 자들은 선한 지각과 좋은 표현력을 둘 다 갖추고 있어서 자신의 지혜를 말로 잘 전달함으로써 남의 학식을 더하게 한다는 것. 그들은 남들에게 지식을 전파하고, 그것을 통해서 선한 일을 하며, 그들 자신의 학식을 늘린다. 그들은 지식과 학문을 발전시켜서, 학문 세계에 기여한다. 무릇 있는 자, 그리고 자기에게 있는 것을 사용하는 자는 더 받을 것이다.

[22]명철한 자에게는 그 명철이 생명의 샘이 되거니와 미련한 자에게는 그 미련한 것이 징계가 되느니라

1. 지혜롭고 선한 자는 늘 좋은 것을 얻는다는 것. 그의 명철은 그에게 생명의 샘이고, 그 샘은 항상 흘러 넘치며 아무리 퍼내도 결코 마르지 않는다. 그에

게는 교훈이 필요한 온갖 경우에 말할 것이 있고, 교훈을 사용하고자 하는 자들에게 말해 줄 유익한 것이 있으며, 그의 곳간에서 꺼내올 새 것과 옛 것이 있다. 적어도, 그의 명철은 그 자신에게 생명의 샘이어서, 그에게 차고 넘치는 기쁨을 선사한다. 그는 다른 사람들에게는 아니라 할지라도 스스로는 그 명철을 누리고 그 명철로 자기의 덕을 세운다.

2. 미련한 자가 얻을 수 있는 좋은 것은 없다는 것. 그의 교훈이나 그가 마음먹고 엄숙하게 한 말들은 그 자신만큼이나 미련한 것이고, 다른 사람들을 그 자신처럼 만드는 말들이다. 그가 최선을 다해서 한 말도 지혜로운 자가 일상적으로 하는 말과 비교해 보면 그저 미련한 말일 뿐이다. 지혜로운 자가 식탁에서 한 말이 미련한 자가 모세의 자리에서 한 말보다 더 낫다.

23지혜로운 자의 마음은 그의 입을 슬기롭게 하고 또 그의 입술에 지식을 더하느니라

솔로몬은 앞에서 말 잘 하는 것 또는 입이 달콤한 것을 칭찬하였고, 달변을 지혜보다 더 높이치는 것처럼 보였다. 그러나 여기에서 그는 말 잘 하는 것을 밑받침 해주는 마음 속의 선한 보화가 있지 않다면 달변은 별 가치가 없다는 것을 보여줌으로써 그런 오해를 바로잡는다. 마음 속에 있는 지혜가 주된 것이다.

1. 우리가 말하는 것을 지도하고, 우리의 입을 가르쳐서 무엇을 언제 어떻게 말할지를 알게 하여, 우리가 말하는 것이 시의적절하고 마땅한 것이 되게 하는 것은 지혜라는 것. 이런 지혜가 없다면, 말을 아주 고상하고 유창하게 잘 한다고 해도, 그것은 말을 안 하느니만 못하다.

2. 우리가 말하는 것에 무게를 더해주고, 거기에 지식을 더해주며, 논증에 조리가 분명하고 힘이 있게 해주는 것은 지혜라는 것. 이런 지혜가 없다면, 어떤 것에 대하여 아무리 잘 표현하였다고 해도, 곰곰이 잘 살펴보았을 때에 그 말은 이치에 닿지 않는 별 볼일 없는 말로 치부되어 거부당하게 된다. 멋지고 유별난 표현들은 귀를 즐겁게 하고 상상력을 만족시키지만, 사람들을 확신시키고 그들의 판단을 좌지우지하는 것은 입술에 있는 지식이고, 그 지식이 있으려면 마음 속의 지혜가 필수적이다.

[24]선한 말은 꿀송이 같아서 마음에 달고 뼈에 양약이 되느니라

여기에서 권하는 선한 말들은 지혜로운 마음이 가르쳐서 학식을 더하는 말들(23절), 시의적절한 조언과 교훈과 위로의 말들, 하나님의 말씀에서 가져온 말들임에 틀림없다. 솔로몬이 그의 아버지로부터 꿀과 송이꿀보다 더 달게 여기라고 배운 것은 바로 하나님의 말씀이기 때문이다(시 19:10). 이 말들은 그 맛을 아는 자들에게는 다음과 같은 것이다.

1. 그 말들은 즐겁고 유쾌한 말들이라는 것. 이 말들은 꿀송이 같아서 마음과 영혼에 달다. 우리의 마음과 영혼은 이 말들 속에서 여호와는 은혜로우시다는 것을 맛본다. 하나님의 말씀과 거기에서 가져온 말들보다 새 사람에게 더 반갑고 유쾌한 것은 없다(시 119:103).

2. 그 말들은 유익한 말들이라는 것. 즐겁고 유쾌하지만 유익하지는 않은 것들이 많지만, 이 선한 말들은 마음에 달고, 또한 속사람과 뼈에 양약이 된다. 이 말들은 죄로 인하여 부러지고 틀어진 뼈들을 즐거워하게 만든다. 뼈는 몸의 힘이다. 하나님의 선한 말씀은 우리를 약하게 만드는 질병들을 치료하고 영적으로 힘 있게 하는 수단이다.

[25]어떤 길은 사람이 보기에 바르나 필경은 사망의 길이니라

이 잠언은 앞에서도 나왔지만(14:12), 거듭거듭 생각해 보아야 할 아주 중요한 것이기 때문에 여기에서 다시 반복되어 나온다.

1. 이 잠언은 우리 영혼과 관련된 중요한 일들에서 사람이 보기에 바르지만 사실은 그렇지 않은 것에 의지함으로써 스스로 속지 않도록 조심하고, 자기 기만을 방지하기 위해서 치우침 없이 자기 자신을 살피고 우리 자신에 대한 질투를 계속 유지하라고 우리 모두에게 경고한다.

2. 이 잠언은 그들 자신이나 남들이 보기에는 바르지만 사실은 바르지 않고 마땅하지 않은 길을 가는 자들에게 그 길의 마지막은 반드시 사망이 될 것이고, 그 길은 사망으로 나아가는 분명한 성향을 지니고 있다는 것을 경고한다.

[26]고되게 일하는 자는 식욕으로 말미암아 애쓰나니 이는 그의 입이 자기를 독촉함

이니라

이 잠언은 우리를 일깨워서 세상 일에서나 신앙의 일에서나 우리의 손이 일을 얻는 대로 힘을 다하여 하게 하기 위한 것이다. 왜냐하면, 전반절의 원문은 "수고하는 심령은 자기 자신을 위하여 수고하는 것이다"로 되어 있기 때문이다. 여기에서 말하고자 하는 것은 마음의 일, 즉 심령의 수고이다.

1. 심령의 수고는 절대적으로 필요한 것이라는 것. 우리의 입은 끊임없이 우리에게 심령이 수고해 줄 것을 독촉한다. 심령과 육신의 궁핍은 아주 절박해서 끊임없이 거기에서 건져주기를 요구하기 때문에, 우리는 일하거나 굶어 죽거나 해야 한다. 우리의 심령과 육신은 둘 다 일용할 양식을 요구하기 때문에, 우리는 매일 일하지 않으면 안 된다. 왜냐하면, 우리는 얼굴에 땀이 흘러야 먹을 수 있게 되어 있기 때문이다(살후 3:10).

2. 심령의 수고는 이루 말할 수 없이 이득이 되는 것이라는 것. 우리는 누구의 심부름을 하고 있는지를 안다. 수고하는 자는 그의 수고의 열매를 거둘 것이고, 그 열매는 자기 자신을 위한 것이다. 그는 그의 일을 즐거워하고, 그의 손이 수고한 것을 먹을 것이다. 우리가 신앙을 우리의 일로 삼는다면, 하나님은 그것을 우리의 복이 되게 해주실 것이다.

[27]불량한 자는 악을 꾀하나니 그 입술에는 맹렬한 불 같은 것이 있느니라 [28]패역한 자는 다툼을 일으키고 말쟁이는 친한 벗을 이간하느니라

스스로 사악할 뿐만 아니라 남들에게 앙심을 품고 해악을 끼치는 자들이 있는데, 그런 자들은 가장 흉악한 자들이다. 그런 자들 중에서 두 부류가 여기에 나온다.

1. 선한 이름으로 말미암아 존귀함을 얻은 자를 시기하여, 중상모략과 모함을 통해서 어떻게든 그 존귀함을 무너뜨리는 자들. 그들은 악을 꾀한다. 그들은 이런저런 비방하거나 모함할 거리를 찾아내기 위해서 애를 쓴다. 그런 비방거리가 하나도 드러나지 않으면, 그들은 은밀하게 숨겨진 것은 없는지를 알아보기 위해 깊은 곳으로 헤엄쳐 들어가 보거나 먼 과거의 일을 파헤치거나 악한 의심과 억측을 하거나 말도 안 되는 풍문을 만들어내서 어떻게든 비방거리를

얻어내고자 한다. 비방하거나 헐뜯는 자들의 입술에는 맹렬한 불이 있어서, 이웃의 이름에 낙인을 찍고 그을려서 훼손시킬 뿐만 아니라 아예 그 이름을 태워 버린다. 이 작은 불은 아주 큰 불을 일으키고, 그 큰 불은 끄기가 무척 어렵다(약 3:5-6).

2. 선한 우정으로 인하여 위로를 얻는 자를 시기하여, 오랫동안 동기같이 절친하게 사귀어 온 자들을 이간질시켜서 그 우정을 깨뜨려 놓거나 적어도 서로에 대한 애정을 식게 만들어서 관계를 소원하게 하는 자들. 자기 자신 외에 그 누구를 사랑하는 마음을 지니지 않은 패역한 자는 남들이 서로 사랑하며 사는 꼴을 보면 심사가 뒤틀리기 때문에, 이 사람 저 사람을 악의적인 거짓말로 나쁘게 얘기해서 다툼을 일으키고, 친한 벗들 사이에 좋지 않은 얘기들을 퍼뜨려서, 그들 사이를 이간시켜 서로에 대하여 분노하거나 의심하게 만드는 것을 업(業)으로 삼는다. 그러한 악한 일들을 업으로 하는 자들은 악한 자들이다. 그들은 마귀의 일을 하고 있는 것이기 때문에 마귀의 삯을 받게 될 것이다.

[29]강포한 사람은 그 이웃을 꾀어 좋지 아니한 길로 인도하느니라 [30]눈짓을 하는 자는 패역한 일을 도모하며 입술을 닫는 자는 악한 일을 이루느니라

솔로몬은 여기에서 우리에게 그들처럼 되지도 말고, 그들과 관계를 맺지도 말라고 권면하기 위해서, 또 다른 부류의 악인들을 우리에게 보여준다.

1. 사탄과 같이 교묘한 뱀처럼 속임수와 음흉한 말로만이 아니라 포효하는 사자처럼 힘과 포악(暴惡)으로 사람들에게 온갖 해악을 끼치고자 온 힘을 쏟는 자들. 모든 일을 강탈과 압제의 방식으로 행하고, 눈을 감고 마음 속으로 이런 저런 궁리를 하며 패역한 일을 도모하고, 어떻게 하면 이웃에게 치명적인 해악을 입힐 수 있을까, 그 일을 효과적이면서도 안전하게 할 수 있는 방법은 없을까를 고민하는 자들은 강포한 사람들이다. 그들은 이런 식으로 해서 계획을 다 세운 후에 입술을 움직여서 아랫사람들에게 지시를 내려 악한 일을 이루고, 뜻대로 되지 않은 경우에는 입술을 깨문다. 악인이 의인 치기를 꾀하고 그를 향하여 그의 이를 가는도다(시 37:12).

2. 사탄과 같이 다른 사람들을 꾀어 남에게 해악을 끼치는 일에 끌어 들이고, 정직하지도 않고 존귀하지도 않으며 하나님을 진노하게 하고 결국에는 죄

인 자신에게 치명적으로 해로운 좋지 아니한 길로 인도하고자 온 힘을 쏟는 자들. 이렇게 그들은 사람들을 환난 속으로 밀어넣음으로써 이 세상에서 파멸시키고, 사람들을 죄로 밀어넣음으로써 저 세상에서 파멸시키고자 한다.

[31]백발은 영화의 면류관이라 공의로운 길에서 얻으리라

1. 노인들은 그들이 의로운 길, 즉 신앙과 진실한 경건의 길 속에서 발견될 수 있도록 온 힘을 기울여야 한다는 것. 하나님과 사람들은 노인들을 그 길에서 찾을 것이다. 하나님과 사람들은 오랜 세월이 노인들에게 최고의 지혜를 가르쳐서 노인들이 선하게 되었기를 기대한다. 그러므로 노인들은 그 길에서 발견되어야 한다. 죽음이 찾아올 것이고, 재판장께서 오실 것이다. 주께서 가까이 계신다. 그들은 평강 가운데서 주님께 발견될 수 있도록 하기 위하여 의로운 길에서 발견되어야 하고(벧후 3:14) 의를 행하고 있는 모습으로 발견되어야 한다(마 24:46). 노인들은 연륜이 깊은 제자들이 되어 있어야 한다. 그들은 그들이 아주 오래 전에 시작하였던 의로운 길에 끝까지 머물러 있어서, 주님을 만날 때에 그 길에서 발견되어야 한다.

2. 노인들이 의로운 길에서 발견된다면, 그들의 나이는 그들의 존귀함이 되리라는 것. 이런 백발은 존귀한 것이고 사람들의 존경을 받을 만한 것이다(너는 센 머리 앞에서 일어서라, 레 19:32). 그러나 노인들이 악한 길에서 발견된다면, 백발의 존귀함은 상실되고, 그 면류관은 더럽혀져서 티끌 속에 나뒹굴게 된다(사 65:20). 그러므로 노인들은 그들의 존귀함을 보전하고자 한다면 흠 없는 신앙을 끝까지 꼭 붙들어야 한다. 그럴 때에 그들의 백발은 진정으로 그들에게 면류관이 되고, 그들은 배나 존경할 자들이 된다. 신앙으로 연단된 기품 있는 모습은 노년의 영광이다.

[32]노하기를 더디하는 자는 용사보다 낫고 자기의 마음을 다스리는 자는 성을 빼앗는 자보다 나으니라

이 잠언은 우리 모두에게, 특히 백발의 노인들에게 합당한 온유함의 미덕을 권한다(31절).

1. 온유함의 성격. 그것은 노하기를 더디하는 것, 즉 쉽게 화를 내지 않고, 누가 도발하여도 즉시 감정적으로 대응하는 것이 아니라 화를 내더라도 생각할 시간을 가진 후에 내는 것이다. 이렇게 하면, 우리는 화를 내어도 마땅한 한계를 넘어가지 않을 수 있고, 화를 내는 데에 더디하였기 때문에 그 화를 쉽게 멈추고 진정시킬 수가 있다. 그것은 우리 자신의 심령, 우리의 욕구들과 감정들, 우리의 온갖 성향들, 특히 우리의 격정과 분노를 일정한 규범 속에서 통제하고, 신앙과 올바른 이성의 엄격한 다스림 속에 두는 것이다. 우리는 하나님이 그러시듯이 우리의 노와 분을 다스리고 지배하는 자가 되어야 한다(나 1:3). 바람의 신 아이올로스가 바람을 다스리듯이, 너희의 분노를 다스리라.

2. 온유함이 지닌 존귀함. 자신의 분노를 다스리는 자는 용사보다 낫고, 오랜 포위 끝에 성을 빼앗는 자나 오랜 전쟁 끝에 한 나라를 복속시킨 자보다 낫다. 보라, 알렉산더나 카이사르보다 더 큰 자가 여기에 있다. 우리 자신과 우리의 제멋대로인 감정이나 분노를 정복하는 일에는 적군에 대하여 승리를 거둘 때보다도 더 참된 지혜가 필요하고 더 끈질기고 변함없고 주기적인 관리가 필요하다. 이성에 의한 승리는 야만적인 승리보다 이성을 지닌 피조물에게 더 명예로운 것이다. 그것은 그 누구에게도 해를 끼치지 않는 승리이다. 그 승리에서는 그 어떤 생명이나 보화도 희생되지 않고, 오직 몇몇 더러운 욕망들만이 죽을 뿐이다. 국내에서의 봉기를 진압하는 것은 외적의 침입을 막는 것보다 더 힘들고, 그렇기 때문에 더 빛나는 일이다. 아니, 온유함의 장점들이 이렇기 때문에, 우리는 온유함으로 말미암아 넉넉히 이긴다.

[33]제비는 사람이 뽑으나 모든 일을 작정하기는 여호와께 있느니라

1. 하나님의 섭리는 우리에게는 완전히 우연으로 보이는 것들을 정하시고 이끄신다는 것. 우연히 일어나는 일은 없고, 단지 운에 의해서 결정되는 일도 없다. 모든 일은 하나님의 뜻과 계획에 의해서 일어나고 결정된다. 사람의 눈이나 손이 닿지 않는 것들을 하나님은 다 꼼꼼하게 개입하신다.

2. 우리가 다른 식으로는 도저히 제대로 결정할 수 없는 문제가 있어서 제비를 뽑아 그 문제를 하나님의 섭리에 엄숙하게 맡기고자 할 때에는 그 문제를 올바르게 처분해 주시도록 하나님께 기도하고(실상을 보이소서, 삼상 14:41; 행

1:24), 그 문제가 그렇게 해서 결정되었을 때에는 그 속에 하나님의 손길, 무한하신 지혜에 의한 손길이 있음을 믿고서 묵묵히 따라야 한다는 것. 우리는 우리의 일들과 관련된 하나님의 섭리의 모든 처분들을 우리가 뽑은 제비로 여기고, 우리가 맡긴 일을 하나님이 결정하신 것으로 여겨서, 순순히 받아들여 순복하여야 한다.

제 — 17 — 장

[1]마른 떡 한 조각만 있고도 화목하는 것이 제육이 집에 가득하고도 다투는 것보다 나으니라

이 잠언은 가족의 사랑과 화목을 권하는데, 가족의 화목은 인간의 삶에 아주 많은 위로와 낙을 가져다 준다.

1. 이 세상에서 형편이 어려워서 고된 일을 해서 각자가 겨우 마른 떡 한 조각을 먹고 살더라도, 서로 간에 시기나 미워하는 것이 없고, 도리어 서로를 아끼는 가운데 한마음이 되어 아주 화목하게 사는 자들은 행복하게 사는 것이라는 것. 하루 세 끼를 다 먹지 못할 정도로 가난한 집일지라도, 가족들이 다 하나님의 섭리를 만족해하고 서로에 대하여 만족하기만 한다면, 거기에 얼마든지 화목과 평안함이 있을 수 있다. 거룩한 사랑은 작은 초가집에서 발견될 수 있다.

2. 매일 진수성찬을 먹고 제육이 집에 가득해도, 늘 다투고 으르렁거리며 서로 못잡아 먹어서 안달을 하며 사는 자들은 불행하게 사는 것이라는 것. 그들은 그들에게나 그들의 소유에 하나님의 축복이 임하기를 기대할 수 없고, 그들의 양심 속에서 그 어떤 평안도 누릴 수 없는 것은 물론이고 그들이 가진 것들도 제대로 누릴 수 없다. 마른 떡 한 조각도 사랑으로 말미암아 꿀처럼 달게 되고, 집에 가득한 제육도 다툼으로 말미암아 쓰디쓰고 신 것이 되고 만다. 악의의 적은 누룩은 집안의 모든 것들에 퍼져서 그 즐거움들을 다 빼앗아 가 버릴 것이다.

[2]슬기로운 종은 부끄러운 짓을 하는 주인의 아들을 다스리겠고 또 형제들 중에서 유업을 나누어 얻으리라

1. 사람의 가치는 외적인 신분과 일치하지 않는다는 것. 집에서 아들은 종보다 더 가치가 있다는 것은 누구나 다 인정하는 사실이다(요 8:35). 그렇지만, 아들은 미련한 자여서 그 집의 짐이자 수치인데 반해서, 종은 지혜로워서 그 집을 빛내 주는 복인 경우가 종종 있다. 다메섹의 엘리에셀은 아브라함의 상속자가 될 꿈도 꿀 수 없는 자였지만 이삭을 위해 아내를 얻어 줌으로써 그 집의 든든한 의지(依支)가 되었다. 반면에, 아브라함의 아들이었던 이스마엘은 이삭을 희롱함으로써 그 집의 수치였다.

2. 사람의 가치가 곧 참된 신분이 되리라는 것. 종이 지혜로워서 일을 잘 처리한다면, 그는 신임을 받아서, 그 집의 모든 일을 다스리게 될 뿐만 아니라, 심지어 부끄러운 짓을 하는 주인의 아들을 다스리게 될 것이다. 왜냐하면, 하나님과 자연은 미련한 자는 마음이 지혜로운 자의 종이 되리라(11:29)고 정하셨기 때문이다. 아니, 슬기로운 종은 주인의 절대적인 신임과 총애를 얻어서, 심지어 그 집의 형제들 중에서 유업을 나누어 얻는 일까지 있을 수 있다.

3도가니는 은을, 풀무는 금을 연단하거니와 여호와는 마음을 연단하시느니라

1. 사람의 마음은 하나님이 감찰하실 뿐만 아니라 연단하신다는 것. 도가니가 은을 연단해서 순전한 은으로 만들어내는 것과 마찬가지로, 여호와는 마음을 연단하신다. 하나님은 사람들의 마음이 기준에 맞는지 안 맞는지를 살피셔서, 그 마음들을 연단하여 더 순전하게 만드신다(렘 17:10). 하나님은 환난을 통해서 사람의 마음을 연단하시고(시 66:10-11), 흔히 자기 백성을 풀무 불에 넣으셔서(사 48:10) 정금으로 만들어내신다.

2. 마음을 연단하시는 이는 오직 하나님이시라는 것. 사람들은 도가니와 풀무로 은과 금을 연단할 수 있지만, 서로의 마음을 연단하는 방법을 알지 못한다. 사람의 마음을 살피시고 다스리시는 하나님만이 그 일을 하실 수 있으시다.

4악을 행하는 자는 사악한 입술이 하는 말을 잘 듣고 거짓말을 하는 자는 악한 혀가 하는 말에 귀를 기울이느니라

1. 악을 행하고자 하는 자들은 거짓과 거짓말을 통해서 힘을 얻는다는 것.

악을 행하는 자는 그가 행하는 악을 옳다고 말해 주는 사악한 입술, 사람들을 혼란에 빠뜨리고 중상모략하는 말들과 거짓된 얘기들을 악착같이 입에 담는 입술, 정부와 정치를 욕하는 입술이 하는 말에 귀를 기울여서 아주 즐겁게 듣는다.

2. 아무렇지도 않게 거짓말을 밥 먹듯이 하는 자들은 남이 거짓말을 하는 것을 들으면서 즐거워한다는 것. 거짓말을 하는 자는 자신의 거짓말을 그럴 듯하게 포장하는 데에 써먹을 것이 없나 해서 악의적이고 헐뜯는 혀에 귀를 기울인다. 죄인들은 서로에게 힘을 실어주고자 한다. 악한 자들과 친하고자 하고 그들의 도움을 필요로 하는 자들은 그들 자신이 악하다는 것을 나타내 보이는 것이다.

[5]가난한 자를 조롱하는 자는 그를 지으신 주를 멸시하는 자요 사람의 재앙을 기뻐하는 자는 형벌을 면하지 못할 자니라

1. 가난한 자들을 짓밟고, 그들의 궁핍함과 그들의 초라한 행색을 비웃으며, 그들에게 힘이 없는 것을 악용해서 그들에게 모욕과 해악을 가하는 자들은 아주 큰 죄를 짓고 있는 것이라는 것. 그런 자들은 가난한 자들을 지으신 주를 멸시하는 자들이고, 그 사람들을 그의 뜻에 따라 가난하게 하셨지만 그들을 시인하시고 돌보시며, 언제든지 우리도 가난하게 만드실 수 있으신 하나님을 크게 멸시하고 모독하는 자들이다. 이렇게 가난한 자들을 지으신 주를 멸시하는 자들은 장차 그들이 그 일에 대하여 책임을 지게 될 것임을 알아야 한다(14:31; 마 25:40-41).

2. 다른 사람들의 재앙을 보거나 듣고 기뻐하는 자들은 그들도 재앙을 당할 위험이 무척 크다는 것. 다른 사람들이 망하면 그 기회를 이용하여 이득을 보고자 하여 사람의 재앙을 기뻐하는 자, 자기는 빠진 가운데에 다른 사람들에게 임한 하나님의 심판을 흐뭇하게 즐기는 자는 그도 형벌을 면하지 못할 것임을 알아야 한다. 장차 하나님의 심판의 잔이 그의 손에 쥐어지게 될 것이다(겔 25:6-7).

[6]손자는 노인의 면류관이요 아비는 자식의 영화니라

그들은 그렇다. 즉, 그들은 마땅히 그래야 한다. 그들이 합당하게 처신한다면, 그들은 반드시 그렇게 될 것이다.

1. 부모가 늙으셨을 때에 자식이 손자를 낳아 키워서 부모의 덕스러운 발자취를 따라서 그 가문의 영광을 널리 드러내는 것은 부모를 존귀하게 해 드리는 일이라는 것. 사람이 오래도록 살아서 손자들이 생기는 것을 보고(시 128:6; 창 50:23), 손자들에 의해서 그의 가문이 세워지는 것을 보며, 손자들이 하나님의 뜻을 따라 그들의 세대를 섬기는 모습을 보는 것은 영예로운 일이다. 그것은 이 세상에서 그가 누린 위로와 낙에 관을 씌우는 것이다.

2. 지혜롭고 경건한 부모 아래에서 커서, 그들이 다 자라서 이 세상에서 자리를 잡은 후에도 여전히 부모가 지혜롭고 경건하다면, 그것은 자녀들에게 명예로운 일이라는 것. 연로하신 부모를 짐으로 여겨서 부모가 너무 오래 산다고 생각하는 자들은 패륜아들이다. 반면에, 자녀들이 지혜롭고 선하여서 그들이 노년의 힘든 시절을 보내시는 부모에게 위로가 된다면, 그것은 그들에게 영예로운 일이다.

[7]지나친 말을 하는 것도 미련한 자에게 합당하지 아니하거든 하물며 거짓말을 하는 것이 존귀한 자에게 합당하겠느냐

이 잠언은 여기에서 두 가지 정말 터무니없는 일을 얘기한다.

1. 속이는 자들이 훌륭한 말을 하는 것. 지각이나 분별력이 거의 없는 미련한 자들이 그들의 능력으로는 어림없는 일이나 도저히 말도 안 되는 일을 아무렇지도 않게 하는 것보다 더 합당하지 않은 일이 어디에 있겠는가? 솔로몬의 잠언들에서 미련한 자는 악한 자를 의미한다. 악한 자에게 훌륭한 말은 어울리지 않는다. 왜냐하면, 그의 훌륭한 말이 거짓된 것임을 그의 행실이 증명해 주기 때문이다. 훈계를 싫어하는 자들이 하나님의 율례를 전한다는 것이 말이 되겠는가(시 50:16)? 그리스도께서는 더러운 귀신들이 그가 하나님의 아들임을 안다고 말하는 것을 막으셨다(행 16:17-18을 보라).

2. 명성이 높은 자들이 속이는 자가 되는 것. 멸시 받아야 마땅한 자가 합당치 않게 철학자나 정치가처럼 말한다면, 사람들은 그가 어떤 자인지를 알기 때문에 아무도 그의 말에 귀를 기울이지 않을 것이다. 하물며, 존귀한 자, 특히

왕이 그의 인품이나 신용을 악용하여 거짓말을 하고 위선을 행하며 자기가 한 약속을 깨뜨리고도 아무렇지도 않게 여긴다면, 그것은 얼마나 더 합당치 않고 볼썽사나운 일이겠는가. 악한 거짓말을 하는 것은 누구에게나 합당하지 않은 것이지만, 왕이 거짓말을 하는 것은 가장 나쁘다. 따라서 왕은 자기에게 이익되지 않는다면 자기가 한 말에 구애될 필요가 없다고 공공연히 말하는 오늘날의 처세술은 악하기 그지없는 것이다: 위장할 줄 모르는 자는 다스리는 법을 모르는 것이다.

[8]뇌물은 그 임자가 보기에 보석 같은즉 그가 어디로 향하든지 형통하게 하느니라

1. 자기 손에 돈을 쥐고 있는 자들은 그 돈으로 무엇이든지 할 수 있다고 생각한다는 것. 부자들은 적은 돈을 마치 보석이라도 되는 듯이 소중히 여기고, 마치 그 돈이 그들을 빛내 줄 뿐만 아니라 그들에게 권세를 주어서, 사람들은 말할 것도 없고 재판조차도 그들의 뜻을 따를 수밖에 없다는 듯이 소중히 여긴다. 그들은 이 눈부신 보석이 어디로 향하든지 그것이 모든 사람들의 눈을 부시게 만들어서, 사람들이 그 보석이 탐이 나서 그들이 시키는 대로 하게 될 것이라고 기대한다. 가장 많이 돈을 쏟아부은 자가 소송에서 이기는 법이다. 높은 가격을 제시하라. 그리하면, 그는 그가 원하는 것을 갖게 될 수 있다.

2. 그들의 눈에 돈밖에 보이지 않고 그들의 마음이 온통 돈에 있는 자들은 돈을 위해서는 무슨 일이든지 하고자 한다는 것. 뇌물은 그 임자가 보기에 보석 같다. 뇌물은 그런 자에게 큰 영향력을 지니기 때문에, 그 길이 공의에 어긋나고 자신의 신념과 맞지 않는다고 해도, 그는 돈이 그를 이끄는 길로 이리도 가고 저리도 가게 되어 있다.

[9]허물을 덮어 주는 자는 사랑을 구하는 자요 그것을 거듭 말하는 자는 친한 벗을 이간하는 자니라

1. 혈육들과 이웃들 사이에서 화목을 지키는 길은 모든 것을 가장 좋은 쪽으로 보아주고, 다른 사람들의 안전에 아무 문제가 없을 때에는 그들이 지닌 좋지 않은 것들을 다른 사람들에게 말하지 않으며, 그들 자신의 안전에 아무

문제가 없을 때에는 다른 사람들이 그들에 대하여 좋지 않게 말하거나 행한 것들을 그들에게 알리지 않고, 우리 자신에 대하여 그들이 좋지 않게 말하거나 행한 것들을 모른 체 해주며, 그들이 잘못한 것들을 용서해주고, 그들의 잘못을 가장 좋은 쪽으로 해석하는 것이라는 것. "그것은 그들의 불찰일 뿐이니까 그냥 넘어가자. 그것은 그들이 깜빡 잊고 그런 것이니까 그냥 잊어버리자. 그것은 네게 아무 상관이 없는 일일 테니까, 너도 그것에 상관하지 마라."

2. 잘못들을 들춰내는 것은 사랑을 벗겨내는 것이고, 견해 차이가 있는 문제들을 거듭 말하는 것보다 더 친구 사이를 이간시키는 것은 없다는 것. 왜냐하면, 통상적으로 그들이 그런 문제들을 거듭 말해서 얻는 것은 아무것도 없고, 단지 사태만 악화시켜서 감정만 되살아나고 분노만 더할 뿐이기 때문이다. 화목을 지키는 가장 좋은 방법은 허물을 덮어주고 용서해 주거나 아예 잊어버리는 것이다.

[10]한 마디 말로 총명한 자에게 충고하는 것이 매 백 대로 미련한 자를 때리는 것보다 더욱 깊이 박히느니라

1. 지혜로운 자에게는 한 마디 말로도 충분하다는 것. 온유한 책망은 지혜로운 자의 머리가 아니라 그 가슴 속으로 파고 들어가서, 그에게 강력한 영향을 끼친다. 왜냐하면, 지혜로운 자에게 있어서는 양심에 암시만 주어져도, 그 양심이 혼자 알아서 그 일을 진행시킬 것이기 때문이다.

2. 미련한 자에게는 매질도 별 소용이 없다는 것. 미련한 자들로 하여금 그의 잘못들을 깨닫고 뉘우쳐서 앞으로는 더 조심할 수 있도록 하기 위하여 매를 때린다고 하여도 그 매가 별 소용이 없다. 얼이 빠져 있고 고집 센 자가 엄한 매를 통해서 유익을 얻는 경우는 극히 드물다. 다윗은 당신이 그 사람이라는 나단 선지자의 한 마디에 마음이 열려서 회개하였지만, 애굽 왕 바로는 하나님이 애굽에 내린 열 가지 재앙을 보고서도 여전히 마음이 완악하였다.

[11]악한 자는 반역만 힘쓰나니 그러므로 그에게 잔인한 사자가 보냄을 받으리라

이 잠언은 악한 자의 죄와 벌을 다룬다.

1. 악인의 죄. 기회만 있으면 하나님과 하나님이 자기 위에 세우신 권세를 대적하여 반역하고, 주변 사람들과 부딪치며 다투고자 하는 자는 악한 자이다. 악한 자는 시비를 건다(어떤 이들은 이렇게 읽는다). 반대의 영에 의해서 움직여서, 반대를 위한 반대를 하고, 모든 구속(拘束)과 통제에도 불구하고 자신의 악한 길로 고집스럽게 계속 가고자 하는 자들이 있다. 악한 자는 해악을 구하고(어떤 이들은 이렇게 읽는다), 공공의 평화를 어지럽힐 기회만을 노린다.

2. 악인의 벌. 그는 온유하고 점잖은 방법들로는 자신의 잘못을 고치고자 하지 않기 때문에, 하나님은 그에게 그의 잔인한 사자인 이런저런 무시무시한 심판을 보내실 것이다. 그 때에, 하나님의 사자들인 천사들은 그런 자에 대한 하나님의 공의를 집행하는 자들로 사용될 것이다(시 78:49). 죽음의 사자인 사탄과 그 사자들이 그에게 보냄을 받을 것이다. 그의 왕이 그를 붙잡아서 처형할 사형집행관을 보낼 것이다. 가시채를 뒷발질하는 자에게는 칼이 기다리고 있다.

[12]차라리 새끼 빼앗긴 암곰을 만날지언정 미련한 일을 행하는 미련한 자를 만나지 말 것이니라

1. 화를 잘 내는 자는 짐승 같은 자라는 것. 다른 때에는 그가 어느 정도 지혜를 갖고 있다고 하더라도, 분노를 다스리지 못했을 때에 그는 미련한 일을 행하는 미련한 자이다. 가슴에 분노를 품고 그 얼굴이 분노로 일그러지는 자들은 미련한 자들이다. 그에게서는 인간의 모습이 사라지고, 그는 새끼 빼앗긴 암곰, 분노한 암곰과 같이 된다. 새끼를 빼앗긴 암곰이 그 새끼를 찾으려고 애쓰고 그 길을 가로막는 것들에 대하여 불 같이 분노하듯이, 그는 어떻게든 그의 욕망과 분노를 충족시키는 데에만 정신이 팔려 있다.

2. 화를 잘 내는 자는 짐승 같은 자라는 것. 새끼를 빼앗긴 암곰이 처음으로 만난 사람을 범인으로 여겨서 불 같이 달려들듯이, 그는 그의 심기를 건드리는 자가 있으면 그 사람이 그의 친구이든 죄 없는 자이든 가리지 않고 그 사람과 다투고 싸움을 벌인다. 분노는 일시적으로 미치는 것이다. 격분한 사람보다는 차라리 분노한 암곰을 상대하는 편이 더 낫다. 그러므로 우리는 우리의 분노가 우리를 지배해서 남에게 해악을 끼치지 않도록 조심해서, 우리의 존귀함이 실

추되지 않도록 하여야 한다. 우리는 분노한 자들과 어울리는 것을 피하고, 그들이 분노했을 때에는 그들이 있는 곳을 멀리해서, 우리의 안전을 도모하여야 한다. 분노에게 자리를 내주어라.

[13]누구든지 악으로 선을 갚으면 악이 그 집을 떠나지 아니하리라

악의를 품고 해악을 끼치는 자는 여기에서 다음과 같이 묘사된다.

1. 친구들에게 배은망덕하게 행하는 자. 그는 사람들이 그에게 은혜를 베풀고 잘 해 주어도 그것을 알지 못하고 악으로 선을 갚는다. 다윗은 사람들을 사랑해서 은혜를 베풀었지만, 그들은 도리어 그의 대적들이 되었다(시 109:4). 악을 악으로 갚는 것은 짐승 같은 짓이지만, 선을 악으로 갚는 것은 마귀 같은 짓이다. 사람들이 베푼 은혜에 보답하고자 하기는커녕 도리어 해악을 끼치고자 하는 자는 근본이 잘못된 자이다.

2. 그의 집에 해를 끼치는 자. 왜냐하면, 그는 그렇게 행함으로써 그의 집에 저주를 불러오기 때문이다. 이것은 아주 극악무도한 범죄이기 때문에, 그만이 아니라 그의 후손들도 벌을 받게 된다. 그는 그가 행한 악으로 말미암아 그의 후손들에게 임할 진노를 쌓아가고 있는 것이다. 다윗은 우리아가 그에게 바쳤던 선한 충성을 악으로 갚았기 때문에, 다윗의 집에는 칼이 떠나지 않게 되었다. 유대인들은 선한 일을 하신 그리스도를 돌로 쳤다. 그러므로 그리스도의 피가 그들과 그들의 자손들에게 돌아갔다.

[14]다투는 시작은 둑에서 물이 새는 것 같은즉 싸움이 일어나기 전에 시비를 그칠 것이니라

1. 다투는 시작 속에 있는 위험성. 아주 작게 물이 새다가 둑이 터지듯이, 화가 나서 던진 한 마디 말이나 기분이 나빠서 한 한 마디 비난, 화가 나서 한 어떤 요구나 앙심이 생겨서 한 한 마디 반박은 사람들 속에서 그런 것들을 계속해서 낳아서 결국 큰 싸움이 된다. 물이 조금 새게 되면, 그 틈새는 어느새 더 벌어지게 되고, 물길은 더욱 거세져서, 결국에는 그것을 막거나 줄일 수 없게 된다.

2. 다툼을 불러일으킬 맨처음의 불씨를 조심하고, 그 불씨가 생기자마자 얼른 꺼버리라는 것. 이것이 둑이 새는 것에서 우리가 배울 수 있는 교훈이다. 얼음판이 한번 깨지면 조심하라. 왜냐하면, 한번 깨진 얼음판은 계속해서 깨질 것이기 때문이다. 그러므로 시비가 싸움으로 치닫는 것을 보았을 때에는 이미 시간적으로 늦을 수 있기 때문에, 처음으로 시비가 생긴 것을 보았을 때에 시비를 그치라. 다툼의 싹을 자르라. 싸움이 일어나기 전에 시비를 그치라. 가능하다면, 시비가 시작되기 전에 그 싹을 자르라.

15악인을 의롭다 하고 의인을 악하다 하는 이 두 사람은 다 여호와께 미움을 받느니라

이 잠언은 하나님께 미움을 받는 것이 무엇인지를 보여준다.

1. 정의를 세우도록 위임받은 자들인 재판관들, 배심원들, 증인들, 검사들, 변호사들이 죄 있는 자를 무죄로 풀어주거나 죄 없는 자를 정죄하거나 적어도 이 두 가지를 방조하는 것. 이것은 선한 자를 보호하고 악한 자를 벌해야 하는 정부의 목적을 무너뜨리는 것이다(롬 13:3-4). 의인을 악하다 하는 것만큼이나 비록 불쌍히 여기는 마음과 생명을 소중히 여기는 마음에서 그렇게 한 것이라고 해도 악인을 의롭다 하는 것은 하나님의 진노를 불러일으키는 일이다.

2. 사람들이 죄와 죄인들을 옹호하고, 악의 편을 들거나 미덕과 경건을 비난하여, 주의 바른 길을 굽게 하고, 선과 악의 영원한 구별을 혼란스럽게 하는 것.

16미련한 자는 무지하거늘 손에 값을 가지고 지혜를 사려 함은 어찜인고

이 잠언은 두 가지 놀라운 일에 대하여 얘기한다.

1. 하나님은 미련한 자에게 지극히 선하셔서, 그로 하여금 현세에서와 내세에서 잘 살아갈 수 있도록 해줄 지식과 은혜를 얻도록 그의 손에 지혜를 살 값을 쥐어 주셨다는 것. 우리에게는 이성을 지닌 심령, 은혜의 수단들, 성령의 인도하심, 하나님께 나아갈 수 있게 해주는 기도라는 수단이 있고, 시간과 기회가 주어져 있다. 상당한 재산을 지닌 자(어떤 이들은 본문을 이렇게 이해한다)는 그것으로 교훈을 사서 지혜를 얻을 수 있는 이점을 지닌다. 좋은 부모와 혈육,

목회자들과 친구들은 지혜를 얻는 데에 도움을 준다. 그러므로 그런 것들은 지혜를 사는 데에 필요한 값, 하나님이 미련한 자들인 우리의 손에 쥐어 주신 값이다. 하나님께서 말씀이 네게 가깝다고 하셨으니, 말씀은 우리의 유익을 위하여 있는 것이고, 말씀을 읽거나 듣는 것은 미련한 자들인 우리에게 가장 필요한 지혜를 얻기 위하여 치르는 값이다. 하나님은 우리가 지혜를 얻는 데에 활용할 그러한 선한 수단들을 제대로 선용하지 못할 것임을 아시고서도, 우리의 곤경을 깊이 헤아리셔서 그러한 수단들을 우리에게 주셨다는 것을 생각하면, 우리는 기이하게 여기지 않을 수 없게 된다.

2. 사람은 아주 악하여, 하나님의 은총과 자기 자신에게 유익되는 일을 차버리는 너무나 어처구니없는 일을 하고 있다는 것. 사람은 그가 얻어야 할 지혜나 그 지혜를 얻는 데에 소용되는 값에 전혀 마음이 없다. 사람은 그에게 주어진 선한 수단들을 선용하고자 하는 마음이나 능력이나 의지나 용기가 없다. 사람의 마음은 다른 것들로 꽉 차 있기 때문에, 그의 본분이나 그의 영혼과 관련된 중요한 일들에는 관심이 없다. 그런데도 하나님은 그런 선한 수단들을 가질 자격이 없는 존재에게 그런 것들을 주셔서 허비하시는 것은 무슨 까닭이란 말인가?

17 친구는 사랑이 끊어지지 아니하고 형제는 위급한 때를 위하여 났느니라

이 잠언은 우리가 서로 얽혀 있는 저 유대의 끈들은 아주 강력하다는 것을 보여주고, 우리가 이 사실을 알아야 한다는 것을 말해준다.

1. 친구는 끝까지 서로에 대하여 변함이 없어야 마땅하다는 것. 변하는 것은 참된 우정이 아니다. 진실한 우정, 선한 동기로 맺어진 우정은 변함이 없는 법이다. 진정하지 않거나 이기적인 목적에서 우정을 맺은 자들은 그들의 기분이나 이해관계에 따라서 우정이 변할 것이기 때문에, 친구에 대한 사랑도 사정의 변화에 따라 바뀔 것이다. 제비 같은 친구들은 여름철에 우리에게 날아왔다가 겨울철이 되면 떠나가 버린다. 그런 친구들은 있으나마나 한 친구들이다. 그러나 우정이 지혜롭고 너그러우며 진실하고, 우리가 우리의 친구를 사랑하는 것이 그가 지혜롭고 덕이 있으며 선하기 때문이라면, 그가 계속해서 그런 성품을 지니는 한, 비록 사회적으로 비천한 자가 되었다고 할지라도, 우리는

그를 사랑하게 될 것이다. 그리스도는 자기 사람들을 끝까지 사랑하신 친구이셨다(요 13:1). 그러므로 우리도 그를 그렇게 사랑하여야 한다(롬 8:35).

2. 혈육들은 그들 가운데 누가 환난 가운데 있다면 그를 각별히 염려해주고 보살펴 주어야 마땅하다는 것. **형제는 곤경에 처한 형제를 구하기 위하여 났다.** 형제들은 천성적으로 아주 긴밀하게 결합되어 있기 때문에, 형제들의 무거운 짐을 더 민감하게 느낄 수 있고, 본능적으로 형제들을 도와 주고자 하는 더 강력한 성향을 지니고 있다. 우리는 종종 인간으로서만이 아니라 사회와 가정 가운데에서 우리가 지금 있는 자리에서 무엇을 위하여 태어났는지를 곰곰이 생각해 보아야 한다. **우리가 이러한 가정에 태어난 것이 이 때를 위함인지 누가 알겠느냐.** 우리가 우리의 혈육들에 대한 도리를 다하지 않는다면, 우리는 한 가정에서 태어난 목적에 부응하지 못하고 있는 것이다. 어떤 이들은 이 본문을 이렇게 해석하기도 한다. **사랑이 끊어지지 아니하는 친구는 위급한 때를 위하여 형제로 났느니라.** 즉, 위급한 때에는 친구가 형제 노릇을 한다는 의미이다.

18 지혜 없는 자는 남의 손을 잡고 그의 이웃 앞에서 보증이 되느니라

솔로몬은 앞에서 위급한 때에 발휘되는 우정의 힘을 칭송했지만(17절), 우리는 친구들을 돕는다는 미명 하에 우리의 가족에게 잘못하거나 해악을 끼쳐서는 안 된다. 우리의 본분과 도리는 서로서로 공존하여야 마땅하다.

1. 가능한 한 채무를 지지 않는 것, 특히 보증을 두려워하는 것이 지혜라는 것. 때로는 친구가 부재중인 경우에 그가 와서 직접 얘기할 때까지 그를 사람들에게 보증해 주는 것이 도리인 경우도 있을 수 있다. 그러나 친구 앞에서, 즉 친구가 그 자리에 있는데도 보증이 되는 것은 그 친구가 지급불능인 상태이거나 정직하지 못해서 그 친구의 말이 사람들에게 받아들여지지 않을 것임을 보여주는 것이다. 따라서 그런 경우에 친구를 보증해 주는 것은 위험천만한 일이다.

2. 명철이 없는 자들은 흔히 이러한 함정에 걸려들어서 자신의 가정에 누를 끼치게 되기 때문에, 그런 자들에게는 중요한 일들을 맡기지 말고 다른 사람의 감독 하에 일을 하게 하여야 한다는 것.

[19]다툼을 좋아하는 자는 죄과를 좋아하는 자요 자기 문을 높이는 자는 파괴를 구하는 자니라

1. 다투기를 잘 하는 자들은 많은 죄에 걸려들게 된다는 것. 다툼을 좋아하는 자, 즉 세상 일에서 소송하기를 좋아하고, 신앙의 일에서 논쟁을 좋아하며, 일상의 대화에서 남의 말에 반대하고 트집잡기를 좋아하는 자, 불 속에 있을 때를 제외하고는 결코 가만 있지를 못하는 자는 죄과를 좋아하는 자이다. 왜냐하면, 다툼을 좋아하는 죄는 내리막길과 같아서 많은 죄들이 따라붙기 때문이다. 그는 진리를 대변하고, 그의 명예와 권리를 옹호하는 척하지만, 사실은 하나님이 미워하시는 죄를 좋아하는 것이다.

2. 야망과 포부가 큰 자들은 많은 환난을 겪게 되고, 흔히 파멸로 마감하게 된다는 것. 자기 문을 높이는 자, 즉 이웃들보다 더 돋보이고 그들 위에 서려고, 웅장한 저택을 짓거나 적어도 현관문을 그럴 듯하게 꾸며 놓는 자는 자신의 파멸을 구하는 자이고, 스스로 파멸하기 위해서 애쓰는 자이다. 그가 그의 집 대문을 아주 높이 그리고 널찍하게 세우면, 그의 가산은 거기로 빠져나간다.

[20]마음이 굽은 자는 복을 얻지 못하고 혀가 패역한 자는 재앙에 빠지느니라

1. 악한 꾀들을 만들어 내는 것은 우리에게 아무런 유익도 가져다 주지 않는다는 것. 그 꾀들을 통해서 얻는 것은 아무것도 없다. 마음이 굽은 자, 즉 불화와 반목의 씨를 뿌리고 그 마음이 분노로 가득 찬 자는 그 악으로 인해서 그가 잃은 마음의 안식과 좋은 평판을 상쇄시킬 만한 것을 얻기를 기대할 수 없고, 그 악 속에서 진정한 만족을 누릴 수 없다. 그는 복을 얻지 못한다.

2. 악한 말을 하는 것은 우리에게 큰 불이익을 가져다 준다는 것. 혀가 패역한 자, 즉 앙심을 품고 독설을 퍼부으며 야비하고 상스러운 말을 하거나 남을 헐뜯는 혀를 가진 자는 이런저런 재앙에 빠지고, 친구들을 잃으며, 원수들을 자극하고, 환난을 자기에게로 이끌어 온다. 많은 사람이 혀에 재갈을 물리지 않았다가 값비싼 대가를 치렀다.

[21]미련한 자를 낳는 자는 근심을 당하나니 미련한 자의 아비는 낙이 없느니라

이 잠언은 많은 지혜롭고 선한 자들이 아주 뼈저리게 느끼는 것, 즉 미련하고 악한 자녀를 두는 것이 얼마나 큰 근심과 울화를 가져다 주는지를 아주 강조해서 표현하고 있다.

1. 피조물이 주는 온갖 위로와 낙들은 전혀 믿을 것이 되지 못한다는 것. 우리는 흔히 피조물에게서 위로를 기대했다가 실망할 뿐만 아니라, 우리가 가장 큰 만족을 기대했던 것이 우리에게 가장 큰 십자가가 되어 버리기도 한다. 아기가 세상에 태어나면 기쁨이 있지만, 그 아이가 악하다는 것이 밝혀지면, 아버지는 그 아이가 아예 태어나지 않았더라면 좋았을 것이라고 한탄하게 된다. 압살롬이라는 이름은 아버지의 평안을 의미하지만, 그는 그의 아버지 다윗의 가장 큰 골칫거리가 되었다. 자녀들은 부모의 근심거리가 될 수도 있기 때문에, 자녀들을 갖고자 하는 마음이나 부모가 자녀들을 기뻐하는 마음은 절제될 필요가 있다. 미련한 아들 때문에 고통당하는 아버지는 그 아들이 자기가 낳은 아들이고, 아담이 자기를 닮은 아들을 낳았다는 사실을 기억하고서, 불평하기를 그치고, 그 아들을 가장 좋은 쪽으로 보아주며, 그런 아들을 둔 것을 자신의 십자가로 알고 짊어지는 것이 마땅하다.

2. 우리가 한 가지 환난(패역한 아들을 둔 것으로 인한 환난 같은 것)을 겪는다고 해서 우리에게 주어진 무수한 은혜들을 잊어버리는 것은 지극히 어리석은 일이라는 것. 미련한 자의 아비는 그 마음이 그 미련한 아들을 걱정하는 일에 가 있기 때문에 다른 그 어떤 것에서도 낙을 찾지 못한다. 하지만, 그에게 낙이 없는 것은 순전히 그의 탓이다. 실제로 미련한 아들로 인한 근심을 상쇄시키고도 남음이 있는 낙들이 그에게는 여전히 있기 때문이다.

22마음의 즐거움은 양약이라도 심령의 근심은 뼈를 마르게 하느니라

1. 즐거운 마음이 건강에 좋다는 것. 하나님은 우리의 육신을 위하셔서, 우리 육신이 필요한 것들, 즉 양식만이 아니라 약도 공급해 주시는데, 여기에서는 우리의 육신에 가장 좋은 약은 헛되고 육적이고 관능적인 쾌락에 중독된 마음이 아니라 즐거운 마음이라고 우리에게 말씀하신다. 솔로몬은 그 쾌락에 대하여 그것은 약이 아니라 미친 것이라고 말했다. 육신의 쾌락은 양식이 아니라 독이다. 그러므로 그것이 무슨 유익이 있겠는가. 여기에서 말하는 즐거운 마음

은 하나님을 즐거워하고 기쁨으로 섬김으로써 외적으로 향유하는 것들에서 오는 위로와 특히 선한 행실에서 오는 위로를 누리는 마음을 의미한다. 하나님이 우리에게 즐거워하는 것을 허락하시고 즐거워할 일들을 주시는 것, 특히 그의 은혜로 말미암아 우리에게 즐거워하는 마음을 주시는 것은 참으로 큰 은혜이다. 마음의 즐거움은 약을 잘 듣게 해준다(어떤 이들은 이렇게 읽는다). 또는, 마음의 즐거움은 약처럼 육신에 좋아서, 육신을 편안하게 해주고 일을 더 잘 할 수 있게 해준다. 그러나 여기에서 마음의 즐거움이 기분 전환이나 오락을 의미한다면, 그것은 어쩌다 한 번씩 사용되어야 하고 일용할 양식이 되어서는 안 된다. 그것은 약처럼 처방에 따라서 사용되어야 한다.

2. 마음의 근심은 흔히 육신을 병들게 하는 데에 큰 역할을 한다는 것. 환난의 무거운 짐 때문에 짓눌린 심령, 특히 죄책감이나 진노에 대한 두려움으로 인해서 상처를 입은 양심은 뼈를 마르게 하고, 우리 몸에 꼭 필요한 골수를 소진시키며, 몸에 뼈만 남게 만든다. 그러므로 우리는 우울함을 불러오는 온갖 기질이나 성향들을 막는 데에 신경을 써야 하고, 그런 것들을 막아 달라고 기도하여야 한다.

[23]악인은 사람의 품에서 뇌물을 받고 재판을 굽게 하느니라

1. 뇌물은 악한 것이라는 것. 뇌물을 받고 거짓 증언이나 잘못된 평결이나 선고를 하는 자는 악인이다. 그는 뇌물을 받을 때에 그것이 부끄러운 짓이라는 것을 안다. 왜냐하면, 그는 가장 은밀하게 사람의 품에서 뇌물을 받기 때문이다. 그는 뇌물 받은 것을 온 힘을 다해서 아주 교활하게 숨기고자 하고, 할 수만 있다면 자기 양심으로부터도 그 사실을 숨기고 싶어한다. 뇌물은 악인의 품에서 취해진다(어떤 이들은 이렇게 읽는다). 왜냐하면, 뇌물을 주는 자도 뇌물을 받는 자와 마찬가지로 악인이기 때문이다.

2. 뇌물은 강력한 것이라는 것. 뇌물은 재판을 굽게 할 정도로 힘을 갖고 있다. 뇌물에 의해서 단지 공의를 이루는 절차가 차단되는 것이 아니라, 공의가 불의로 변질된다. 정의를 행한다는 미명 아래에서 가장 큰 악이 행해지고 있는 것이다.

[24]지혜는 명철한 자 앞에 있거늘 미련한 자는 눈을 땅 끝에 두느니라

1. 지혜를 가지고 있을 뿐만 아니라 필요할 때에 즉시 지혜를 쓸 수 있는 자가 명철한 자라는 것. 그는 그의 지혜를 마치 나침반처럼 자기 앞에 두고, 마치 글 쓰는 자가 원고지에 눈을 두듯이 그의 눈을 늘 지혜에 둔다. 지혜는 명철한 자 앞에 있어서 언제든지 준비되어 있기 때문에 굳이 찾을 필요가 없다.

2. 종잡을 수 없이 산만한 생각으로 가득 찬 현기증 나는 머리를 가진 자는 실속 있는 일을 하는 데에 전혀 적합하지 않다는 것. 눈을 땅 끝에 두는 자, 눈이 있어야 할 곳을 빼고 여기저기 어디에나 있는 자, 자신의 생각을 어느 한 주제에 집중시키지 못하거나 어느 한 가지 목표를 끈기있게 추구하지 못하는 자는 미련한 자이고 아무짝에도 쓸모가 없는 자이다. 그런 자는 어떤 연구나 일에 집중해야 할 때, 그의 마음은 오만 가지 잡념으로 가득 차 있다.

[25]미련한 아들은 그 아비의 근심이 되고 그 어미의 고통이 되느니라

1. 악한 자녀는 부모에게 고통이라는 것. 그들은 아버지의 권위를 멸시하기 때문에 아버지에게는 화를 돋구는 자가 되고, 어머니의 자애로우심을 악용하기 때문에 어머니에게는 근심과 고통을 주는 자가 된다. 이런 경우에 부모는 공동의 피해자이기 때문에 서로를 위로하고 붙잡아주어야 하고, 어머니는 아버지의 화를 달래주고 아버지는 어머니의 근심을 덜어줌으로써, 될 수 있는 대로 그 고통을 줄이려고 노력하여야 한다.

2. 솔로몬이 이 잠언을 자주 반복해서 말하는 것은 아마도 이것이 자신의 실제 경험이었기 때문일 것이다. 하지만, 이것은 누구에게나 적용되는 일이다.

[26]의인을 벌하는 것과 귀인을 정직하다고 때리는 것은 선하지 못하니라

이런 일은 방백들과 신민(臣民)들 간의 의견 차이로 인하여 벌어지고, 그러한 의견 차이는 자주 일어난다.

1. 방백들은 자기가 의인을 벌하는 것은 아닌지를 늘 살피고, 그 어떤 경우에도 자기가 선한 일에 두려움이 되는 일이 없도록 주의하여야 한다는 것. 왜냐하

면, 그것은 그들의 권세를 남용하는 것이고, 그들에게 주어진 저 큰 신임을 배신하는 일이기 때문이다. 그들이 무슨 목적으로 그런 일을 했든, 그것은 선하지 못하고, 지극히 악한 일이며, 결국 좋지 않은 결과를 가져올 것이다. 왕들이 폭군이나 박해자가 된다면, 그들의 보좌는 편안하지도 않고 견고하지도 않게 될 것이다.

2. 신민들은 자기가 본분을 다하는 정부를 트집잡고 있는 것은 아닌지 잘 살펴야 한다는 것. 왜냐하면, 반기를 든 열 지파가 세금을 지나치게 거두어 들였다고 솔로몬을 비방했던 것처럼, 왕이나 고관들의 정사(政事)를 욕하거나 은밀하게 그들을 중상모략함으로써 귀인들을 정직하다고 때리는 것은 악한 일이기 때문이다. 어떤 이들은 이 본문을 "정직한 자들을 공평하다고 때리는 것은 선하지 못하니라"고 읽는다. 방백들은 자신의 다스림 아래에서 선한 일을 하고서 고통을 당하는 자가 아무도 없게 주의를 기울여야 한다. 또한, 부모는 부당하게 꾸짖거나 책망해서 그들의 자녀를 노엽게 하지 말아야 한다.

27말을 아끼는 자는 지식이 있고 성품이 냉철한 자는 명철하니라 28미련한 자라도 잠잠하면 지혜로운 자로 여겨지고 그의 입술을 닫으면 슬기로운 자로 여겨지느니라

여기에는 사람이 자기가 지혜로운 자라는 것을 나타내 보일 수 있는 두 가지 방법이 나온다.

1. 선한 기질, 즉 부드럽고 침착한 마음을 통해서. 명철한 자는 훌륭한 심성 또는 보배로운 심성(이것이 원어의 의미이다)을 지닌다. 그는 자신의 심성을 합당한 모습으로 잘 다스려서 늘 평정심을 유지하여 자기 자신에게 편안하고 남들에게 기분 좋게 보이는 자이다. 은혜가 있는 심령은 보배로운 심령이어서, 그 사람을 그의 이웃보다 사랑스럽고 더 훌륭하게 만들어 준다. 그는 쉽게 화를 내지 않고, 그 어떤 부패한 감정의 충동에 의해서 그 심령이 소란스러워지거나 어지러워지지 않는 성품이 냉철한 자이기 때문에 언제나 평정심을 지킨다. 따뜻한 가슴에 냉철한 머리는 아주 바람직한 조합이다.

2. 혀를 잘 다스림을 통해서.

(1) 지혜로운 자는 잘못 말하는 것이 있을 것을 두려워하여 말을 아낀다는

것. 지식이 있고 그 지식으로 선을 행하고자 하는 자는 말을 해야 할 때에 적절한 말을 하기 위해 세심하게 주의하고, 상황을 잘 살피고 숙고하기 위한 시간을 얻기 위해서 말을 적게 한다. 그가 말을 아끼는 것은 악한 말을 쏟아내는 것보다는 말을 아끼는 것이 더 낫기 때문이다.

(2) 말을 아끼는 것이 지혜의 확실한 증표로 받아들여지기 때문에, 미련한 자라도 될 수 있으면 입을 다문 채 듣고 보고 가끔씩만 말한다면 지혜로운 자라는 평판을 얻을 수 있다는 것. 미련한 자가 입을 다물고 있으면, 정직한 자들은 그를 지혜롭다고 생각할 것이다. 왜냐하면, 그가 미련하다는 것을 보여주는 그 어떤 증거도 나타나지 않는 상황 속에서 그들은 그가 적절한 말을 하기 위해서 남들이 하는 말들을 유심히 들으면서 간접 경험을 축적하여 자기가 어떻게 말해야 할지를 숙고하고 있는 것이라고 생각할 것이기 때문이다. 사람들의 좋은 평판을 얻기 위해서 사람들을 속이는 것이 얼마나 쉬운지를 보라. 그러나 미련한 자가 잠잠해도, 하나님은 그의 마음을 아시고, 그 마음에 얽혀 있는 어리석음을 아신다. 사람들의 생각은 하나님을 향하여 하는 말이기 때문에, 하나님은 사람들을 판단하실 때에 속으실 수 없으시다.

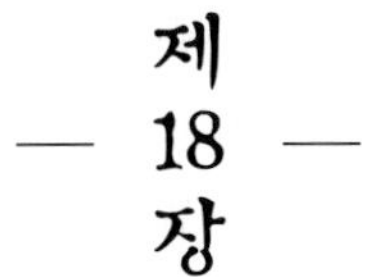

[1]무리에게서 스스로 갈라지는 자는 자기 소욕을 따르는 자라 온갖 참 지혜를 배척하느니라

이 절의 원문은 난해해서 해석이 갈린다.

1. 혼자 튀기를 좋아하는 것에 대한 책망. 사람이 자기 앞에서 말해진 모든 것에 반대하여 자기 자신의 새로운 견해를 제시하면서 자신의 견해가 아무리 터무니없는 것이더라도 거기에 집착함으로써 다른 사람들의 감정이나 그 무리에서 스스로 갈라지는 것을 좋아하며 거기에서 자부심을 느끼는 것은 헛된 영광을 구하는 욕구를 충족시키는 것이기 때문에, 그렇게 하는 자들은 그들에게 속하지 않은 것을 구하고 참견하는 자들이다. 그는 자기 소욕을 따르는 자여서 온갖 일에 참견해서 모든 사람의 문제에 판결을 내리는 자처럼 행동한다. 그는 까다롭고 건방지다. 그들은 모든 일에 자신의 의견을 내고 그 의견에 자부심을 느끼고 뽐냄으로써 스스로를 조롱거리로 만들고 다른 사람들을 괴롭힌다.

2. 지혜를 부지런히 추구하라는 권면. 지식이나 은혜를 얻고자 한다면, 우리는 그것을 우리에게 절실히 필요하고 큰 유익을 가져다 주는 것으로 여겨서 사모하여야 한다(고전 12:31). 우리는 우리의 마음을 분산시키거나 지혜를 추구하는 것을 지체시키는 온갖 것들로부터 스스로 갈라지고, 이 세상의 헛된 일들로 인한 소란스러움에서 물러나서, 지혜를 얻게 해주는 온갖 수단들과 교훈들을 구하고 거기에 참여하며, 우리 자신을 진보시키기 위한 모든 방법들을 시도하는 데에 수고를 아끼지 말고, 다양한 견해들을 접해서 모든 것들을 시험하여 그 중에서 선한 것들을 굳게 붙잡아야 한다.

[2]미련한 자는 명철을 기뻐하지 아니하고 자기의 의사를 드러내기만 기뻐하느니라

미련한 자는 명철한 척하고, 명철의 수단들을 구하고 거기에 참여하는 척하지만, 그의 참모습은 이런 것이다.

1. 그는 명철을 진정으로 기뻐하지 않는다는 것. 그가 명철한 척하는 것은 친구들과 어울리거나 자신의 좋은 평판을 유지하기 위한 것일 뿐이다. 그는 책이나 일, 성경이나 기도를 좋아하지 않고, 도리어 익살이나 농담으로 광대 노릇을 하는 것을 더 좋아한다. 배움이나 신앙을 좋아하지 않는 자들은 그런 것들을 결코 제대로 해내지 못한다. 그들은 그런 것들을 고역으로 여기기 때문에 아무런 진보도 이룰 수 없다.

2. 그는 지혜를 가장해서 말하지만 거기에 선한 의도는 없고, 오직 자기의 의사를 드러내기만 기뻐하는 것일 뿐이고, 남들에게 과시하고자 하는 것일 뿐이라는 것. 하지만, 그는 그것을 통해서 자기가 어리석다는 것만을 뚜렷하게 드러낼 뿐이다. 그는 남의 말을 듣기보다는 자기가 말하는 것을 남들이 들어주는 것을 좋아하기 때문에, 그의 어리석음은 더 잘 드러난다.

[3]악한 자가 이를 때에는 멸시도 따라오고 부끄러운 것이 이를 때에는 능욕도 함께 오느니라

이 잠언은 다음과 같은 두 가지 의미를 다 포함할 수 있다.

1. 악한 자들은 남을 업신여기는 자들이기 때문에 다른 사람들을 멸시한다는 것. 악한 자들이 어떤 모임, 즉 지혜를 배우는 학교나 예배 모임에 왔을 때에, 그들은 하나님과 그의 백성과 목회자들, 거기에서 말해지고 행해지는 모든 것을 멸시한다. 우리는 속되고 불경한 자들에게서 거만하고 경멸하는 것 외에 다른 것을 기대할 수 없다. 그들은 부끄러운 것과 능욕의 화신이 되어서, 진지하고 엄숙한 모든 것을 모욕하고 조롱할 것이다. 그러나 지혜롭고 선한 자들은 그런 것을 개의치 말아야 한다. 왜냐하면, 옛 사람들의 속담에 악은 악인에게서 난다고 하였기 때문이다.

2. 악한 자들은 부끄러운 자들이기 때문에 스스로 사람들의 멸시를 자초한다는 것. 왜냐하면, 하나님께서 "나를 멸시하는 자를 내가 경멸하리라"고 말씀하셨기 때문이다. 세상에 죄가 들어오자마자 부끄러움도 뒤따라 들어왔기 때문에, 죄인들은 스스로를 멸시받을 자로 만드는 것이다. 그들은 사람들의 멸시를

자초할 뿐만 아니라, 그들의 가족과 목회자들을 비롯해서 그들과 어떤 식으로든 관련이 있는 모든 자들에게 불명예와 능욕을 가져다 준다. 그러므로 명예를 유지하고자 하는 자들은 덕을 잃지 않아야 한다.

4명철한 사람의 입의 말은 깊은 물과 같고 지혜의 샘은 솟구쳐 흐르는 내와 같으니라

여기에 나오는 비유들은 수사법상의 이유로 어구의 위치를 서로 바꾸어 놓은 것으로 보인다.

1. 지혜의 샘은 깊은 물과 같다는 것. 지식이 있고 명철한 자는 자기 속에 유익한 말들이 많이 쌓여 있기 때문에, 언제 어디서든지 거기에 적절하고 유익한 말들을 가지고 있다. 그것은 소리를 내지 않지만 결코 마르는 법이 없는 깊은 물과 같다.

2. 그런 사람의 입의 말은 솟구쳐 흐르는 내와 같다는 것. 그가 하는 말들은 그에게서 아주 자연스럽고 편하게 물 흐르듯이 거침없이 흘러나온다. 그 말들은 깨끗하고 신선하며, 사람들의 마음을 정결하게 하고 새 힘을 준다. 흐르는 시내가 낮은 대지를 적시듯이, 그의 깊은 물에서 그때그때 꼭 필요한 말이 흘러나와서, 주변 사람들을 촉촉히 적셔 준다.

5악인을 두둔하는 것과 재판할 때에 의인을 억울하게 하는 것이 선하지 아니하니라

이 잠언은 공의를 집행하는 일을 할 때에 다음과 같이 하여 재판을 굽게 하는 자들을 단죄한다.

1. 지위가 높거나 부자이거나 개인적인 친분이 있다고 하여서 사람들의 범죄를 묵인해 주거나 압제와 폭력을 행하는 자들을 보호하거나 두둔하는 자들. 그들이 그런 일을 하면서 어떤 변명을 하든, 악인을 두둔하는 것은 선하지 아니하다. 그것은 하나님을 진노하시게 하는 것이고, 공의에 대한 모욕이며, 인류에게 해악을 끼치는 것이고, 죄와 사탄의 나라를 실질적으로 섬기는 것이다. 재판을 하는 자들은 사람이 아니라 사건 자체를 보고 재판하여야 마땅하다.

2. 이 세상에서 가난하고 사회적 신분이 낮다거나 자기와 같은 당파나 교파

에 속하지 않았다거나 외국인이라는 이유로 공의와 공평을 거슬러서 재판을 하는 자들. 이것은 그들이 붙들어 주어야 할 자들이고 하나님이 변호하시는 자들인 의인들을 억울하게 하는 것이다.

[6]미련한 자의 입술은 다툼을 일으키고 그의 입은 매를 자청하느니라 [7]미련한 자의 입은 그의 멸망이 되고 그의 입술은 그의 영혼의 그물이 되느니라

솔로몬은 악한 자들이 그들의 다스려지지 않은 혀로 다른 사람들에게 어떤 해악을 끼치는지를 지금까지 종종 보여주었는데, 여기에서는 그들이 그들 자신에게 어떤 해악을 끼치게 되는지를 보여준다.

1. 그들은 다툼에 휘말리게 된다는 것. 미련한 자의 입술은 사람들로부터 반대를 불러일으켜서 싸움이 일어날 것이 뻔한 미련한 의견을 제시하거나, 사람들을 분노하게 하여 사과를 요구하게 만들 도발적인 말을 하거나, 사람들을 무시하는 태도로 어디 한번 할테면 해보라는 식으로 말함으로써 까닭 없이 또는 남의 일에 괜히 참견하여 다툼을 일으킨다. 교만한 자들이나 화를 잘 내는 자들, 술 취한 자들은 그 입술로 다툼을 일으키기 때문에 미련한 자들이다. 지혜로운 자도 자신의 의지와는 상관없이 다툼에 휘말릴 수 있지만, 얼마든지 피할 수 있는데도 괜히 나서서 다툼을 일으키고 나서 그때에야 뒤늦게 후회하는 자는 미련한 자이다.

2. 그들은 벌을 자초한다는 것. 미련한 자의 입은 사실상 매를 자청하는 셈이다. 대제사장 아나니아가 바울의 입을 치라는 부당한 명령을 내렸듯이, 미련한 자들은 매를 버는 말들을 해왔고, 여전히 매로 다스려야 할 말들을 하고 있다.

3. 그들은 멸망에 휩쓸리게 된다는 것. 다른 사람들을 멸망시켰거나 멸망시키고자 하였던 미련한 자의 입은 결국 다른 사람들에 의한 그의 멸망을 자초하는 꼴이 되었다는 것이 나중에 밝혀질 것이다. 시므이의 입은 그의 멸망을 자초하였고, 아도니야의 입의 말은 그 자신의 머리로 되돌아왔다. 미련한 자가 그의 미련한 말에 의해서 교황이 국왕보다 우월하다고 말하는 죄를 범하고 나서, 자기가 이미 한 말을 정당화하거나 변명하는 말을 함으로써 그 죄에서 벗어나고자 하면, 그의 변명하는 말은 그 자체가 죄라는 것이 밝혀져서, 그의 입술은 계속해서 그의 영혼을 옭아매는 그물과 덫이 되어 점점 더 그를 그 덫에

얽혀들어가게 만든다. 사람들이 그들의 악한 말 때문에 하나님의 법정에서 정죄를 받을 때에 그들의 입은 그들의 멸망의 원인이 될 것이고, 그들을 덫에 걸리게 하고 그들을 큰 고통에 빠뜨린 그들의 혀를 식힐 한 방울의 물도 그들에게 주어지지 않음으로써 그들의 멸망은 더욱 고통스러운 것이 될 것이다.

8 **남의 말하기를 좋아하는 자의 말은 별식과 같아서 뱃속 깊은 데로 내려가느니라**

남의 말하기를 좋아하는 자들은 여기저기에서 주워 들은 이야기들을 집집마다 다니면서 은밀하게 퍼뜨리는 자들을 말한다. 그들이 옮기고 다니는 이야기들은 어느 정도 사실인 측면도 있겠지만, 거기에는 남들에게 말하지 않아야 할 비밀들이나 악한 의도로 왜곡한 내용들이나 중상하는 말들도 들어 있어서, 그 이야기들은 모두 사람들의 좋은 평판을 깎아내리고, 우정을 깨뜨리며, 혈육들과 이웃들끼리 서로 해를 끼치게 하고, 그들을 이간시키기 위한 것이다.

1. 그런 이야기들은 **사람들이 상처를 입는 때와 같다**(난외주에서는 이렇게 읽는다)는 것. 그들은 사람들의 이런저런 잘못들에 대하여 마음이 너무 아프고 고통스러운 척하고, 너무나 걱정이 되어서 마지못해 그런 것들을 얘기하는 체하며, 마치 그들 자신이 그런 이야기들을 하는 것 자체가 그들에게 큰 상처가 된다는 표정을 짓는다. 하지만, 사실 그들은 죄악을 즐기고, 그런 이야기들을 아주 좋아해서, 자부심과 기쁨을 가지고 그런 이야기들을 하는 것이다. 그들의 이야기들은 삼키기 좋게 겉에 단 껍질을 입힌 당의정(糖衣錠)으로 둔갑되어 **뱃속 깊은 데로 내려가는** 독약이다.

2. 그런 이야기들은 **뱃속 깊은 데에** 입는 깊고 치명적인 **상처들**과 같다는 것. 뱃속 깊은 데, 즉 흉부나 복부에 입는 상처는 치명적이다. 남의 말을 퍼뜨리고 다니는 자들이 하는 말들은 그들의 입에 올리는 사람의 신용이나 이해관계에 상처를 주고, 그들의 말을 듣는 사람이 지닌 사랑하는 마음이나 긍휼히 여기는 마음에 상처를 주며, 자기 자신의 양심에 상처를 준다. 남의 말을 하고 다니는 자는 자기가 하는 말들을 대수롭지 않게 생각할지 모르지만, 그의 말들은 마땅히 사랑해야 할 사람들에 대한 서로의 애정을 식게 만들어서 자기도 알지 못하는 사이에 사람들에게 치명적인 상처를 입히고 있는 것이다.

[9]자기의 일을 게을리하는 자는 패가하는 자의 형제니라

1. 방탕은 가정을 망치는 일이라는 것. 재산을 낭비하고, 분수에 넘치게 살아가며, 정도 이상으로 돈을 쓰거나 주어서, 결국 자기가 가진 것을 다 날려 버려서 집에 남아 있는 것이 하나도 없게 만들어 버리는 자들은 사람들 가운데서 미련한 자들로 낙인이 찍힐 뿐만 아니라, 장차 결산할 날에 그들에게 맡겨진 달란트들에 대하여 하나님께 할 말이 없게 될 것이다.

2. 게으름도 마찬가지라는 것. 자기의 일을 게을리하는 자, 손을 늘어뜨린(이것이 원어의 의미이다) 채로 손가락만 빨고 있는 자, 자기의 일을 소홀히 하거나 아예 하지 않는 자는 방탕한 자의 형제이다. 즉, 그런 자는 방탕한 자와 마찬가지로 미련한 자이고 빈곤으로 이어지는 확실한 길로 달려가고 있는 자이다. 방탕하는 자는 자기가 가진 것을 흩어 버리는 자이고, 게으른 자는 자기가 가진 것을 그의 손가락 사이로 흘리는 자이다. 이것은 신앙에도 그대로 적용된다. 기도하고 말씀을 듣기는 하지만 그런 것들을 하찮게 여겨서 별로 주의를 기울이지 않는 자는 기도나 말씀 듣는 것을 아예 하지 않는 자와 형제이다. 마땅히 해야 할 일들을 하지 않거나 게을리하는 것은 죄를 범하는 것만큼이나 영혼에 치명적이다.

[10]여호와의 이름은 견고한 망대라 의인은 그리로 달려가서 안전함을 얻느니라

1. 성도들은 하나님만으로 충분하다는 것. 하나님의 이름은 그들에게 견고한 망대이다. 그들은 힘들고 지칠 때에 그 이름 속에서 안식을 취할 수 있고, 원수들에게 쫓길 때에는 그 이름 속에 숨을 수 있다. 그 망대는 원수들이 닿지 못하게 높이 솟아 있고, 그들의 공격에도 끄떡없게 견고하다. 하나님과 그가 우리에게 나타내신 것들 속에는 우리를 늘 평안하게 해주는 데에 충분한 것들이 들어 있다. 이 망대 속에 쌓여 있는 재물은 넉넉해서, 성도들을 부유하게 하고 그들로 하여금 늘 잔치를 할 수 있게 해준다. 이 망대는 견고해서, 그들을 넉넉히 지켜줄 수 있다. 여호와라는 이름은 그가 하나님이자 우리의 하나님으로서 우리에게 알게 하신 모든 것, 즉 그의 칭호들과 성품들만이 아니라 그의 언약과 거기에 들어 있는 모든 약속들을 가리킨다. 이러한 것들은 하나님의 모든

백성들에게 그 누구도 뚫을 수 없는 난공불락의 견고한 망대를 이루고 있다.

2. 성도들은 하나님 안에서 안전하다는 것. 하나님의 이름은 그것을 제대로 사용할 줄 아는 자들에게 견고한 망대이다. 의인들은 하나님을 믿고 신뢰하는 마음으로 믿음과 기도를 통해서 그들의 도피성인 그리로 달려간다. 하나님의 이름 속에 자신의 분깃이 있음을 확신히 아는 그들은 그 이름이 주는 위로와 유익을 얻는다. 그들을 그들 자신에게서 나오고, 세상으로부터 물러나서, 그런 것들을 벗어나 하나님 안에 거하고, 하나님은 그들 가운데 거하신다. 따라서 그들은 안전하고, 그들 자신도 그렇게 생각하며, 또한 그들 자신이 안전하였다는 것을 장차 알게 될 것이다.

11부자의 재물은 그의 견고한 성이라 그가 높은 성벽 같이 여기느니라

솔로몬은 무엇이 의인을 지켜주는 견고하고 신실한 방비(防備)인지를 설명한(10절) 후에 여기에서는 이 세상의 것들 속에 자신의 분깃을 갖고 있고 이 세상에 재물을 쌓아 두며 그 재물에 온통 마음이 가 있는 부자가 방비로 삼고 있는 것이 얼마나 거짓되고 속이는 것인지를 보여준다. 경건한 자가 그의 하나님에 대하여 그러듯이, 부자는 그의 재물을 의지하고 그 재물에서 많은 것을 기대한다.

1. 부자는 무엇을 의지하는가. 그는 그의 재물을 그의 성으로 삼아서, 거기에서 살면서 마치 자기가 성 전체를 호령하고 있다는 듯이 아주 흐뭇해하며 다스린다. 재물은 그의 견고한 성이어서, 그는 거기에 참호를 파고 들어가 숨은 채로 마치 그 어떤 것도 그를 해칠 수 없다는 듯이 모든 위험을 코웃음치며 의기양양해한다. 그의 즐비한 비늘은 그의 자랑이로다. 그의 재물은 그의 성이고, 그는 그 안에 들어가서 문을 잠그고 있으면서, 그 높은 성벽 때문에 아무도 기어오르거나 뛰어넘을 수 없을 것이라고 생각한다(욥 31:24; 계 18:7).

2. 부자는 어떻게 속고 있는 것인가. 그의 재물은 견고한 성이고 높은 성벽이지만, 그것은 오직 그가 그렇게 여기는 것일 뿐이다. 그의 재물은 실제로는 견고한 성이 아니라, 건축자가 그 집을 가장 필요로 할 때에 그를 실망시킬 모래 위에 지어진 집과 같다는 것이 장차 드러날 것이다.

[12]사람의 마음의 교만은 멸망의 선봉이요 겸손은 존귀의 앞잡이니라

1. 교만은 멸망의 전조(前兆)라는 것. 멸망은 교만에 대한 최종적인 벌이 될 것이다. 왜냐하면, 사람들은 통상적으로 멸망하기 전에 하나님의 의로우신 심판에 의해서 넋이 나가서, 이전보다 더욱 오만해져서, 그들의 멸망을 한층 더 혹독한 것이 되게 하고 의외의 것이 되게 하기 때문이다. 멸망 직전에 더욱 교만해지는 일이 없다고 하더라도, 마음이 교만으로 높아진 후에는 반드시 패망이 뒤따라온다(16:18).

2. 겸손은 존귀의 전조라는 것. 겸손은 사람을 존귀하게 되도록 준비시키는 역할을 한다. 존귀는 겸손에 대하여 주어지는 상이다. 사람들은 이러한 사실을 믿기 싫어하기 때문에 이 말을 자주 들을 필요가 있다. 그래서 솔로몬은 앞에서 이 말을 했지만(5:33), 여기에서 다시 이 말을 하고 있다.

[13]사연을 듣기 전에 대답하는 자는 미련하여 욕을 당하느니라

이 잠언은 사람들이 찬사를 듣기 위해서 하는 바로 그 일 때문에 도리어 욕을 먹는 일이 어떻게 자주 벌어지는지를 보여준다.

1. 재빨리 처리하는 것을 자랑으로 여기는 자들이 있다는 것. 그들은 어떤 일에 대하여 남이 하는 말을 다 듣기 전에, 또는 다 듣자마자 대답한다. 그들은 문제가 제기되자마자 즉각적으로 처리하는 것이 그들에게 존귀함을 더해줄 것이라고 생각한다. 그래서 그들은 한 쪽 면을 다 듣고 나서는 그 문제가 이제 충분히 분명해졌기 때문에 다른 쪽 면을 들을 필요가 없다고 생각한다. 그들은 그 문제의 모든 측면들을 이미 다 파악하였고 평가하였다고 여긴다. 즉각적으로 발휘되는 기지(機智)는 유쾌한 것이어서 놀 때는 좋은 것이지만, 일을 할 때에 필요한 것은 견고한 판단과 건전한 지혜이다.

2. 재빨리 처리하는 것을 자랑으로 여기는 자들은 주제넘고 건방지다는 욕을 먹기 십상이라는 것. 사람이 자기가 깨닫고 있지 못한 일에 대하여 말하려 들거나 자기가 제대로 충분히 알지도 못한 일에 대하여 엄밀하게 조사해 볼 생각은 하지 않고 성급하게 판결을 내리고자 하는 것은 어리석은 일이다. 그것은 어리석은 일이기 때문에 욕을 가져다 줄 것이다.

[14]사람의 심령은 그의 병을 능히 이기려니와 심령이 상하면 그것을 누가 일으키겠느냐

1. 외부의 근심거리들은 마음이 즐겁고 평안하기만 하면 견딜 만하다는 것. 우리는 이 세상에서 우리의 육신과 이름과 재산에 많은 병들과 재난들을 당하기 쉽지만, 우리가 선한 행실과 담력을 지니고 있고, 이치에 맞고 결단력 있게 행할 수 있다면, 특히 우리에게 선한 양심이 있고 그 선한 양심의 증언이 우리에게 유리하다면, 우리는 그런 병들과 재난들을 잘 견뎌낼 수 있다. 사람의 심령이 그의 병을 능히 이길 수 있다면, 그리스도인의 심령 또는 환난 날에 우리의 영과 더불어 일하시는 하나님의 영은 그런 것들을 얼마든지 이겨낼 수 있다는 것은 두말할 필요도 없지 않겠는가.

2. 심령의 근심들은 외부의 그 어떤 근심거리들보다 더 무거워서 견뎌내기가 힘들다는 것. 심령의 근심들은 다른 병들을 이겨내게 하는 근본을 상하게 만든다. 심령이 이성의 장애나 환난 가운데서의 낙심이나 어찌 할 수 없다는 절망 아래에서 상하게 되고, 죄로 인하여 하나님의 진노를 염려하거나 하나님의 심판과 불 같은 진노를 두려워하여 상하게 된다면, 그 상한 심령을 누가 감당할 수 있겠는가? 상한 심령은 스스로 어떻게 할 수도 없고, 다른 사람들이 도울 수도 없다. 그러므로 범죄하지 않도록 세심한 주의를 기울이는 것이 지혜이다.

[15]명철한 자의 마음은 지식을 얻고 지혜로운 자의 귀는 지식을 구하느니라

1. 슬기로운 자들은 지식을 구한다는 것. 그들은 그들의 눈과 마음을 지식을 구하는 일에 사용하여서, 지식을 얻게 해주는 수단들에 귀를 기울이고, 그들이 듣는 것들에 마음을 쏟고 믿음을 더하여 거기에서 지식을 얻는다. 슬기로운 자들은 그들이 충분히 슬기롭다고 생각하는 것이 아니라, 그들에게는 여전히 더 많은 지혜가 필요하다고 생각한다. 사람이 더 슬기로울수록, 그는 지식, 곧 하나님과 자신의 본분을 아는 지식, 천국으로 나아가는 길에 관한 지식을 더 부지런히 구하게 된다. 왜냐하면, 그것이 최고의 지식이기 때문이다.

2. 슬기롭게 지식을 구하는 자들은 반드시 지식을 얻으리라는 것. 왜냐하면,

하나님은 구하여야 아무 소용이 없을 것이라고 말씀하신 적이 없고, 도리어 찾으라 그리하면 찾아낼 것이라고 말씀하셨기 때문이다. 귀가 지식을 구하면, 마음은 그 지식을 얻어서 간직하고, 그 지식으로 말미암아 부요해진다. 우리는 우리의 머릿속으로만이 아니라 우리의 마음 속으로 지식을 얻고, 그 지식의 향취를 취하며, 우리가 알고 있는 것을 우리 자신에게 적용해서, 그 능력과 감화력을 경험하여야 한다.

[16]사람의 선물은 그의 길을 넓게 하며 또 존귀한 자 앞으로 그를 인도하느니라

솔로몬은 앞에서도 선물(즉, 뇌물)이 얼마나 큰 힘을 발휘하는지에 대하여 말했었다(17:8, 23). 여기에서 그는 선물의 위력, 즉 아랫사람이 자기보다 훨씬 더 많이 가지고 있는 윗사람에게 하는 선물이 지닌 힘을 보여준다.

1. 선물은 사람에게 자유를 얻게 해주는 위력을 발휘한다는 것. 사람의 선물은 그가 감옥에 갇혀 있다면 그를 거기에서 나오게 해줄 수도 있다. 관원들 중에는 죄 없이 억울한 일을 당한 자를 위하여 자신의 영향력을 행사하였을 경우에도 그 보답으로 선물을 받기를 기대하는 자들이 있다. 또는, 신분이 낮은 자가 높은 사람에게 접근할 수 있는 길이 없을 때에는 그 높은 사람이나 그 종에게 선물을 주면 일이 쉽게 풀릴 수 있다. 그 선물은 그의 길을 넓게 열어줄 것이다.

2. 선물은 사람을 출세시켜 주는 위력을 발휘한다는 것. 선물은 그를 존귀함과 권세를 지니고 존귀한 자 가운데 앉아 있게 해줄 것이다. 사람들이 선물을 바치기만 하면 그들에게 합당하지 않고 어울리지 않는 것을 얻을 수 있는 이 세상은 얼마나 타락한 세상인가. 뇌물로 관직을 얻은 자들이 그 관직에 앉아서 뇌물을 받는 것은 전혀 이상한 일이 아니다. 법을 산 자는 법을 팔 수 있다.

[17]송사에서는 먼저 온 사람의 말이 바른 것 같으나 그의 상대자가 와서 밝히느니라

이 잠언은 어떤 일에 대하여 다른 얘기를 들어 보기 전에는 먼저 들은 얘기가 옳아 보인다는 것을 말해준다.

1. 먼저 말하는 자는 있는 그대로 말하겠다고 맹세하고서는, 오직 자기에게

유리한 것만을 말할 것이고, 게다가 거기에 가장 좋은 색깔을 입혀서 말할 것이기 때문에, 그의 주장은 사실이든 아니든 옳게 보일 수밖에 없다는 것.

2. 원고가 증거를 다 제시한 후에는 피고의 말을 들어보고, 증인들을 불러서 대질심문을 해보면, 원고의 주장이 옳은지 그른지가 드러나서, 처음에 옳아 보였던 원고의 주장이 정반대로 틀리다는 것이 밝혀질 수 있다는 것. 그러므로 우리는 판단을 내리기 전에 먼저 양쪽의 말을 다 들어 보라고 하나님이 우리에게 두 귀를 주셨다는 것을 명심하여야 한다.

18제비 뽑는 것은 다툼을 그치게 하여 강한 자 사이에 해결하게 하느니라

1. 다툼은 통상적으로 강한 자들 사이에서 일어난다는 것. 왜냐하면, 강한 자들은 자신의 명예와 권리에 대하여 세세한 부분까지 집착이 강하고, 자신의 뜻을 관철시킬 수 있다는 것을 확신해서, 서로 조금씩 양보해서 화해하는 것이 쉽지 않기 때문이다. 반면에, 가난한 자들은 화해를 할 수밖에 없고, 손해를 감수할 수밖에 없다.

2. 강한 자들 간의 다툼조차도 제비 뽑기에 의해서 끝낼 수 있다는 것. 그들의 화해가 다른 식으로는 이루어질 수 없는 경우에는 끝없는 논쟁을 하거나 그들이 죽어도 하기 싫어하는 양보를 강요하는 것보다는 제비를 뽑아 해결하는 것이 종종 좋은 해법일 수 있다. 당사자들이 일단 제비 뽑기를 해서 해결하자는 데에 동의한다면, 그렇게 해서 결정된 것에 따르는 것은 위신이나 체면이 깎이는 일이 아니기 때문이다. 이스라엘 지파들도 다툼을 방지하기 위해서 제비 뽑기를 통해서 가나안 땅을 나누어 가졌다. 심심풀이로 사용되는 제비 뽑기가 과거에 하나님의 섭리를 알아 보는 불경스러운 방법이 아니었다고 한다면, 오늘날에도 논란되는 많은 일들을 결정하는 데에 사용하는 것도 좋을 것이다. 기도와 합당한 예식에 따라 제비 뽑기를 시행한다면, 그것은 하나님께 영광을 돌림과 동시에 당사자들에게도 만족을 줄 것이다. 이 본문을 비롯해서 여러 성경 본문들은 그러한 것을 잘 보여주고 있는 것으로 보인다(행 1:26). 법이 제비 뽑기라면(어떤 이들은 법을 그렇게 불러 왔다), 제비 뽑기가 법이 될 수도 있는 것이 아니겠는가.

[19]노엽게 한 형제와 화목하기가 견고한 성을 취하기보다 어려운즉 이러한 다툼은 산성 문빗장 같으니라

1. 혈육들 또는 서로에 대하여 특별한 의무가 있는 자들 간의 다툼은 무슨 일이 있어도 미리 막아야 한다는 것. 그것은 그런 다툼 자체가 아주 부자연스럽고 지극히 합당하지 않기 때문만이 아니라, 그런 자들은 상대방의 시비를 보통 아주 비정한 것으로 받아들여서 서로에 대한 미움의 골이 정도 이상으로 아주 깊어지기 때문이다. 우리에게 지혜와 배려하는 마음이 있다면, 우리의 혈육들이나 친구들이 우리에게 잘못을 해도 그것을 용서해 주기가 아주 쉬울 것이지만, 우리의 부패한 본성은 그들을 절대로 용서하고자 하지 않을 것이다. 그러므로 우리는 형제나 형제 같이 지내는 자를 노엽게 하지 않도록 주의하여야 한다. 은혜를 모르는 배은망덕한 말이나 행위는 불 같은 노여움을 불러일으키는 법이다.

2. 혈육들 간에 의견이 서로 다른 문제들을 신속하게 타협하는 것은 아주 힘이 드는 일이라는 것. 하지만 그런 일은 아주 힘이 들고 어려운 일이니만큼, 일단 타협이 이루어지면 한층 더 귀한 일이 된다. 에서는 야곱이 노엽게 한 형제였고 화목하기가 견고한 성을 취하기보다 어려워 보였지만, 하나님이 야곱의 기도에 응답하셔서 에서의 마음을 여시자, 형제 간의 화해는 쉽게 이루어졌다.

[20]사람은 입에서 나오는 열매로 말미암아 배부르게 되나니 곧 그의 입술에서 나는 것으로 말미암아 만족하게 되느니라

1. 우리의 위로는 우리의 양심이 우리를 위하느냐 대적하느냐에 아주 많이 달려 있다는 것. 잠언 20:27이 보여주듯이(사람의 영혼은 여호와의 등불이라 사람의 깊은 속[이것은 원문에서 배로 표현됨]을 살피느니라), 여기에서 배(개역에는 번역되어 있지 않음)는 양심을 가리킨다. 양심이 배부른지, 양심이 무엇으로 가득 차 있는지는 우리에게 아주 중요하다. 왜냐하면, 거기에 우리의 만족과 내적인 평안이 달려 있기 때문이다.

2. 우리가 우리의 혀를 잘 다스렸느냐의 여부에 따라서 우리 양심의 증언이 우리를 위하느냐 대적하느냐가 결정되리라는 것. 입의 열매가 선한가 악한가,

죄악을 낳는가 의를 낳는가 하는 것은 그 사람이 어떤 사람이냐에 의해서 결정되고, 거기에 따라 그 사람에 대한 양심의 증언도 결정된다. "우리는 우리가 먹을 나무들의 열매나 땅의 소산에 큰 주의를 기울이듯이, 우리가 하는 말에도 큰 주의를 기울여야 한다. 그 말이 유익하냐 유익하지 않느냐에 따라서, 우리는 즐거움이나 고통으로 배부르게 될 것이기 때문이다"(패트릭 주교의 말).

21죽고 사는 것이 혀의 힘에 달렸나니 혀를 쓰기 좋아하는 자는 혀의 열매를 먹으리라

1. 사람은 자신의 혀를 어떻게 사용하느냐에 따라서 다른 사람들과 자기 자신에게 큰 유익을 끼칠 수도 있고 큰 해를 끼칠 수도 있다는 것. 많은 사람들이 더러운 혀 때문에 자신의 죽음을 초래하거나 거짓된 혀를 통해서 다른 사람들의 죽음을 불러일으켜 왔다. 반면에, 슬기롭고 온유한 혀로 말미암아 자신의 목숨을 구하거나 위로를 얻고, 시의적절한 증언이나 중재하는 말을 통해서 다른 사람들의 목숨을 구한 자도 많이 있었다. 우리가 우리의 말 때문에 옳다 함을 받기도 하고 정죄를 받기도 한다면, 죽고 사는 것이 혀의 힘에 달렸다고 말하는 것은 옳다. 혀는 이솝의 우화에서 가장 많이 나오는 소재였지만, 거기에서 가장 좋지 않은 역할을 하는 것이었다.

2. 사람의 말은 그 말이 담고 있는 마음에 의해서 판단을 받으리라는 것. 바른 말을 할 뿐만 아니라 바른 말 하기를 좋아하는 자는 자원하여 기쁜 마음으로 선하게 말하는 자이고, 그에게는 생명이 있을 것이다(악한 자도 바른 말을 할 수 있지만, 그 동기가 명성을 얻기 위한 것이나 사교를 위한 것이다). 악한 말을 할 뿐만 아니라 악한 말을 하기를 좋아하는 자(시 52:4)는 죽음이 있을 것이다(선한 자도 실수로 악한 말을 할 수 있다). 사람들은 혀를 쓰기 좋아하는 자들이기 때문에 혀의 열매를 먹게 될 것이다.

22아내를 얻는 자는 복을 얻고 여호와께 은총을 받는 자니라

1. 선한 아내는 남편에게 큰 복이라는 것. 아내(즉, 악한 아내는 이토록 존귀한 이름으로 불릴 자격이 없기 때문에, 여기서 아내는 제대로 된 아내를 의미

한다)를 얻는 자, 자기를 위한 돕는 배필(이것이 아내라는 단어의 원래 의미이다)을 얻은 자, 성심과 기도로 그런 아내를 구해서 마침내 얻은 자는 좋은 것, 즉 아주 값지고 희귀한 보석을 얻은 것이다. 그는 현세에서 그 어떤 것보다도 그의 위로가 되어줄 뿐만 아니라, 그로 하여금 천국으로 가는 길을 더 잘 갈 수 있도록 해줄 그런 보석을 얻은 것이다.

2. 선한 아내를 얻은 자는 하나님의 덕분임을 알고 감사하여야 한다는 것. 그것은 그에게 하나님의 은총이 있음을 보여주는 증표이고, 장차 계속해서 은총들이 있을 것임을 보여주는 복된 보증이다. 그것은 하나님이 그에게 복을 주시기를 기뻐하시고 그를 위하여 긍휼을 예비해 놓고 계시다는 것을 보여주는 증표이다. 그러므로 우리는 선한 아내를 얻기 위해 하나님께 구하여야 한다.

[23]가난한 자는 간절한 말로 구하여도 부자는 엄한 말로 대답하느니라

1. 가난은 육신에 대해서는 많은 불편들을 수반하지만 흔히 심령에는 좋은 영향을 미친다는 것. 왜냐하면, 가난은 사람들을 겸손하고 순종적으로 만들며, 그들의 교만을 죽이기 때문이다. 가난은 그들에게 간절한 말로 구하도록 가르친다. 사람들이 궁핍으로 인하여 양식을 구걸하지 않으면 안 될 때, 궁핍은 그들에게 그들이 지시하거나 요구해서는 안 되고, 그들에게 주어진 것을 감사함으로 받아야 한다고 말한다. 하나님의 은혜의 보좌 앞에서 우리는 모두 가난한 자들이기 때문에 간절한 말로 구하고 극빈자처럼 애걸하여야 마땅하다.

2. 부함은 많은 이점들이 있기는 하지만 흔히 흔히 사람을 교만하고 거만하며 독단적으로 만드는 해악을 지니고 있다는 것. 나발이 다윗의 사자들에게 폭언을 퍼부었던 것에서 볼 수 있듯이, 부자는 가난한 자의 간절한 말에 엄한 말로 대답한다. 일부 부자들, 특히 자수성가한 벼락부자들은 그들은 부자이기 때문에 굳이 혹독하게 대할 의도가 없을 때라도 말을 막해도 괜찮고, 신사들은 신사답게 말해야 하지만 그들은 엄하고 거친 말로 대답해도 상관없다고 생각하는 경향이 있는데, 그것은 정말 어리석은 생각이다(약 3:17).

[24]많은 친구를 얻는 자는 해를 당하게 되거니와 어떤 친구는 형제보다 친밀하니라

솔로몬은 여기에서 우리에게 우정을 권하면서 다음과 같은 것들을 보여준다.

1. 우리가 우정을 맺고 쌓아가기 위해서는 무엇을 해야 하는가. 우리는 스스로 우정을 보여주어야 한다. 친구들을 사귀고 우정을 지속하고자 한다면, 우리는 친구들을 모욕하거나 다투지 말아야 하는 것은 물론이고, 친구들을 사랑하는 마음을 담은 온갖 말들을 하고, 그들을 허심탄회하게 대하며 자주 왕래하면서 그들을 기쁘게 해주고, 특히 우리가 할 수 있는 대로 온갖 선한 일들을 하며, 우리의 힘이 닿는 모든 일에서 그들을 섬김으로써 우정을 나타내 보여야 한다. 그것이 스스로 우정을 보여주는 것이다. 사랑을 얻고자 한다면, 사랑을 주어라. 사랑 받는 길은 사랑하는 것이다.

2. 우정을 이어가는 것은 가치 있는 일이라는 것. 왜냐하면, 우리는 참된 친구에게서 큰 위로를 기대할 수 있기 때문이다. 솔로몬이 말했듯이, 형제는 위급한 때를 위하여 났다(17:17). 환난 가운데에 있을 때에 우리는 혈육들로부터 위로와 도움을 기대하지만, 존경과 사랑에 의해서 맺어진 우정이 혈연으로 맺어진 유대보다 더 강해서, 어떤 친구는 형제보다 더 친밀하여, 환난 때에 형제보다 우리에게 더 큰 도움이 된다. 그리스도는 모든 믿는 자들에게 형제보다 친밀한 친구이다. 그러므로 믿는 자들은 그리스도께 스스로 우정을 보여주어야 한다.

제 19 장

[1]가난하여도 성실하게 행하는 자는 입술이 패역하고 미련한 자보다 나으니라

1. 가난한 자는 그의 가난 때문에 남들로부터 멸시를 받고 낙심하기 쉽지만 그에게 좋은 평판과 위로를 가져다 주고, 그를 이웃보다 더 훌륭하게 만들어 주는 것은 무엇인가. 그는 정직하고 성실하게 행하여야 하고, 선한 양심을 지키고 자기가 그렇다는 것을 나타내 보여야 하며, 위장하고 싶고 자기가 한 말을 깨뜨리고 싶은 유혹이 아주 클 때에도 항상 진실하게 말하고 행하여야 하며, 이런 마음가짐과 행동거지를 소중히 여겨야 한다. 그리하면, 모든 지혜롭고 선한 자들이 그를 소중히 여길 것이다. 그런 자는 세상에서 위대해 보이고 이름을 날리는 수많은 사람들보다도 더 나은 자이고, 더 나은 성품을 지니고 있는 자이며, 더 선한 상태 속에 있는 자이고, 더 많이 사랑받으며 더 제대로 살고 있는 자이다.

2. 온갖 부귀영화에도 불구하고 부자의 수치는 무엇인가. 그가 얄팍한 머리와 악한 혀를 지니고 있고, 입술이 패역하고 미련한 자이며, 악한 자로서 사기와 압제를 통해서 돈을 번다면, 그는 미련한 자이고, 가난하지만 정직한 자가 그런 부자보다 백 배는 더 낫다.

[2]지식 없는 소원은 선하지 못하고 발이 급한 사람은 잘못 가느니라

여기에서는 나쁜 결과를 가져 오는 두 가지에 대하여 말한다.

1. 무지. 심령에 대한 지식이 없는 것은 선하지 못하다(어떤 이들은 이렇게 읽는다). 우리는 우리 자신과 우리의 마음을 알지 못하는가? 지식 없는 심령은 선하지 못하다. 우리에게 심령이 있다는 것은 큰 특권이지만, 이 심령에 지식이 없다면, 우리에게 무슨 득이 되겠는가? 명철이 없는 사람은 멸망하는 짐승과 같다

(시 49:20). 무지한 심령은 선한 심령이 될 수 없다. 지식 없는 심령은 안전하지도 않고 아름답지도 않다. 심령에 지식이 없다면, 그 심령이 무슨 선을 행할 수 있으며, 어디에 쓸모가 있겠는가?

2. 성급함. **발이 급한 사람**(자기가 행할 길을 깊이 숙고할 시간을 갖지 않고 별 생각 없이 성급하게 행하는 자)은 **잘못 간다**. 그는 자꾸 길을 잘못 들고, 무수히 발을 헛딛을 수밖에 없다. 그런 잘못과 실수들은 자기의 길을 깊이 생각한 자들이라면 얼마든지 미리 막을 수 있을 수 있다. 깊이 생각하지 않는 것은 알지 못하는 것이나 매한가지이다.

3사람이 미련하므로 자기 길을 굽게 하고 마음으로 여호와를 원망하느니라

우리는 여기에서 사람의 어리석음을 보여주는 두 가지 예를 본다.

1. 사람들은 자기 자신을 궁지와 곤경으로 몰아넣어서 스스로 좌초하고서는 당황하여 어쩔 줄을 모른다는 것. **사람이 미련하므로 자기 길을 굽게 한다**. 사람들은 그들이 하는 일들에서 십자가들과 좌절들을 겪게 되고, 일들이 그들이 기대했거나 바라던 대로 잘 되지 않는 경우가 많은데, 그것은 다 그들 자신과 그들의 어리석음 때문이다. 그런 실패와 좌절들은 그들 자신의 죄악에 대한 그들 스스로의 징벌이다.

2. 사람들은 그렇게 해놓고서는 하나님을 탓한다는 것. 사실 모든 잘못은 그들 자신에게 있는데도, 그들은 마치 하나님이 그들을 망쳐 놓았다는 듯이 하나님을 원망하여 속을 끓인다. 원망으로 초조해하고 안달할 때에 우리는 우리의 평안을 해치는 원수들이 되고, 우리 자신을 괴롭히고 고문하는 자들이 된다. **여호와를 원망할** 때에 우리는 하나님과 그의 공의, 선하심, 절대 주권을 모독하는 것이다. 우리가 일을 제멋대로 하거나 소홀히 해서 환난을 자초해 놓고서, 그 환난은 우리가 자초한 것이기 때문에 당연히 우리 자신을 탓해야 하는데도, 도리어 하나님께 시비를 거는 것은 정말 어처구니가 없는 일이다(사 50:1을 보라).

4재물은 많은 친구를 더하게 하나 가난한즉 친구가 끊어지느니라

1. 돈을 사랑하는 사람들의 집착이 아주 강하다는 것. 어떤 사람이 다른 면들을 보았을 때에는 사랑 받을 만한 자가 전혀 아닌데도, 단지 돈이 많고 돈을 잘 쓴다는 이유만으로, 사람들은 그와 친하면 어떤 이득을 볼 수 있지 않을까 해서 그를 좋아한다. 우리는 여기에서 돈에 대한 사람들의 집착이 아주 강한 것을 본다. 재물이 많은 사람은 사람들에게 선물도 많이 줄 수 있고, 잔치도 자주 베풀 수 있으며, 많은 선한 일을 할 수 있기 때문에, 그를 사랑하는 척하는 친구들을 많이 얻을 수 있다. 그 친구들은 그에게 아부하고 그의 호감을 사려고 하지만, 사실은 그가 가진 재물을 사랑하여 그에게서 어떤 이득을 보기를 원하는 것이다. 아니, 정확히 말한다면, 그들은 자기 자신을 사랑하는 것이다.

2. 서로에 대한 사람들의 사랑이 아주 약하다는 것. 형통하던 때에는 사랑과 존경을 받던 자도 가난해지면 친구가 끊어져서, 친구들이 그를 아는 체하지도 않고, 찾지도 않으며, 도리어 그는 골치 아픈 사람이니 그를 멀리해야 한다고 말한다. 그의 이웃이었고 잘 아는 사람이었던 자들조차도 그를 외면하고, 그와 마주치기 싫어서 아예 다른 길로 간다. 이것은 양심이 그들에게 그들이 그런 자를 구제하고 도와야 한다고 자꾸 속삭이기 때문에, 그를 보지 못했다고 핑계를 대기 위해서이다.

5거짓 증인은 벌을 면하지 못할 것이요 거짓말을 하는 자도 피하지 못하리라

1. 재판에서의 거짓 증인과 일상 대화에서 거짓말을 하는 것에 대한 경고. 사람들은 농담이나 희롱하는 말 속에서, 또는 선의라는 미명 아래에서 거짓말을 해버릇하지 않았다면 거짓 증언을 할 정도의 불경(不敬)에 이를 수 없다(거짓 증언은 거짓말하는 죄에 선서를 깨뜨리고 남에게 위해를 가하는 죄가 더해진 것이다). 이런 식으로 사람들은 그들의 혀로 거짓말하기를 가르친다(렘 9:5). 일상에서 거짓말하는 것을 밥 먹듯이 하는 자들은 언제든지 기회가 된다면 거짓 증언이라는 더 큰 악을 저지를 준비가 되어 있는 자들이다. 거짓된 말을 잘 삼킬 수 있는 자들의 양심은 이미 더럽혀져 있기 때문에 거짓 선서를 해도 그 양심이 질식당하여 죽는 일은 일어나지 않는다.

2. 경고의 내용. 그런 자들은 벌을 면하지 못할 것이고 피하지 못할 것이다. 이것은 비록 법이 엄격하다고 하여도 그런 죄는 벌을 피해가는 것이 보통이기

때문에 그들도 벌을 받지 않을 것이라는 기대가 그들로 하여금 이런 죄를 담대하게 저지르게 한 이유였다는 것을 보여준다(신 19:18-19). 그러나 그들은 사람들로부터의 벌을 피해갈 수 있을지는 모르지만, 그의 이름이 더럽혀지는 것을 그대로 보고 계시지 않으실 질투하시는 하나님의 의로우신 심판을 피하지는 못할 것이다. 우리는 모든 거짓말하는 자들이 어떤 곳을 그들의 영원한 분깃으로 갖게 될지를 안다.

[6]너그러운 사람에게는 은혜를 구하는 자가 많고 선물 주기를 좋아하는 자에게는 사람마다 친구가 되느니라 [7]가난한 자는 그의 형제들에게도 미움을 받거든 하물며 친구야 그를 멀리 하지 아니하겠느냐 따라가며 말하려 할지라도 그들이 없어졌으리라

이 두 절은 앞에 나온 4절에 대한 해설이다.

1. 부하고 큰 자들에게는 많은 사람들이 몰려들고, 그들을 칭송하거나 굽실거리는 자들도 많다는 것. 권력을 손에 쥐고 있고 출세를 좌지우지하는 고관대작의 집 대문과 사랑채에는 수많은 사람들이 몰려들어서, 그를 칭송하며 뭔가를 얻어내고자 한다. 많은 사람들이 그가 은총을 베풀어 주기를 구하고, 그의 은총을 받으면 자기가 복되다고 생각한다. 큰 자들도 왕 앞에서는 겸손하게 구하는 자들이 된다. 그러므로 우리는 이 세상의 그 어떤 왕보다도 훨씬 부하고 크신 하나님의 은총을 받기 위하여 간절하게 구하는 것이 마땅하지 않겠는가. 그러나 존경을 얻기 위해서는 높은 관직의 위엄 그 자체보다도 후하게 베푸는 것이 한 수 위인 것 같다. 왜냐하면, 왕이나 고관대작의 환심을 사고자 하는 자들은 많지만, 선물 주기를 좋아하는 자에게는 사람마다 친구가 되기 때문이다. 그에게서 선물을 이미 받았거나 앞으로 받기를 기대하는 자들은 친구로서 그를 기꺼이 섬기고자 할 것이고, 그렇게 하지 않는 자들도 친구로서 사람들에게 그에 대하여 좋게 말을 해줄 것이다. 어리석게도 자기가 가진 것을 물 쓰듯 쓰는 탕자들은 그들에게 재물이 있는 동안에는 그들을 따라다니는 자들이 많겠지만, 재물이 다 떨어지고 나면 그 자들은 다 그들을 떠날 것이다. 지혜롭게 재물을 후히 나누어 주는 자들은 그것을 통해서 그들에게 도움이 될 어떤 힘이나 기회를 만든다. 사람들에게 은인의 역할을 하는 자들에게는 권세가 생기기 마

련인데, 그러면 그들은 그 권세로 선을 행할 수 있는 기회를 잡을 수 있다(눅 22:25).

2. 가난하고 비천한 자들은 무시당하고 멸시받는다는 것. 사람들이 왕이나 고관대작의 환심을 사고자 하는 것은 그들의 자유이겠지만, 그들은 가난한 자들을 짓밟거나 멸시하는 눈으로 바라보아서는 안 된다. 그런데도 그런 일이 자주 벌어진다. 가난한 자는 그의 형제들에게도 미움을 받는다. 혈육들이 그를 꺼리는 이유는 한편으로는 그가 궁핍해서 형제들에게 뭔가를 기대하며 원하기 때문이고, 다른 한편으로는 그들이 그를 가문의 수치로 여기기 때문이다. 따라서 그와는 피 한 방울 섞이지 않은 친구들이 그를 멀리하고 그의 길에서 사라지는 것은 전혀 이상한 일이 아니다. 그가 자기 사정을 얘기하며 어떻게든 그들을 붙잡아 보고자 따라가며 말하려 할지라도, 아무 소용이 없을 것이다. 그들은 이제 그에게 볼 일이 전혀 없는 것이다. 어떤 이들은 이 본문을 이렇게 이해하기도 한다: 그들은 그에게 아무것도 주지 않는 이유를 변명하기 위해서 그를 따라가며, 그가 게으르고 주제넘어서 가난을 자초한 것이기 때문에, 누구에게서 도움을 받을 생각을 해서는 안 된다고 말한다. 사실 나발이 다윗의 사자들에게 그렇게 말하였다. "요즈음에 각기 주인에게서 억지로 떠나는 종이 많은데, 다윗도 그 중의 한 명이 아니라고 누가 장담하겠느냐?" 그러므로 가난한 자들은 하나님을 그들의 친구로 삼아서, 하나님을 졸졸 따라다니며 기도하여야 한다. 그리하면, 하나님은 그들을 궁핍하게 그냥 버려두지 않으실 것이다.

8지혜를 얻는 자는 자기 영혼을 사랑하고 명철을 지키는 자는 복을 얻느니라

이 잠언은 다음과 같이 하는 자들을 격려한다.

1. 지혜를 얻고자 애쓰는 자들. 지식과 은혜를 얻고자 하고 하나님을 잘 알고자 하는 자들은 그들이 자기 영혼을 사랑하고 있다는 것을 나타내 보이는 것이고, 결국 그들은 그들 자신에게 최고의 친절을 베풀었다는 것이 나중에 밝혀지게 될 것이다. 자기 육체를 미워하는 자는 아무도 없고, 누구나 다 자기 육체를 사랑한다. 그러나 자기 영혼을 사랑하지 않는 자는 무수히 많다. 왜냐하면, 참된 지혜를 얻는 자들만이 자기 영혼을 올바르게 사랑하고, 자기 자신을 제대로 사랑하는 것이기 때문이다.

2. 지혜를 얻고 나서 그 지혜를 지키는 일에 힘쓰는 자들. 지혜는 영혼에게 있어서 건강이자 부이자 존귀함이기 때문에, 명철을 지키는 자는 자기 영혼을 사랑하고 있다는 것을 나타내 보이는 것임과 동시에 반드시 모든 좋은 것과 복을 얻게 될 것이다. 자기가 배운 선한 교훈들을 잘 간직하고 자신의 행실을 거기에 맞게 행하는 자는 그의 영혼 속에서 그것으로 인한 유익과 위로를 발견하게 될 것이고, 현세에서와 내세에서 복이 있을 것이다.

9거짓 증인은 벌을 면하지 못할 것이요 거짓말을 뱉는 자는 망할 것이니라

1. 앞에서 나왔던 것(5절)이 여기에서 다시 반복됨. 왜냐하면, 거짓말하는 죄와 거짓 증언을 하는 죄는 그 어떤 죄보다도 더 아주 치명적인 결과를 가져다 주는 죄여서, 우리는 그러한 죄에 대하여 거듭거듭 경고를 들을 필요가 있기 때문이다.

2. 한 마디 말이 거기에 더해짐. 앞에서는 거짓말을 하는 자는 피하지 못하리라고 함으로써 그가 벌을 받게 될 것임을 암시하였었는데, 여기에서는 그가 받을 벌은 그의 멸망이라고 구체적으로 말한다. 그는 망할 것이다. 그가 다른 사람들을 해치기 위해서 만들어낸 그 거짓말들이 그의 멸망의 원인이 될 것이다. 거짓말을 하는 것은 사람들을 저주 받게 하고 멸망시키는 죄이다.

10미련한 자가 사치하는 것이 적당하지 못하거든 하물며 종이 방백을 다스림이랴

1. 즐거움과 자유는 미련한 자에게 합당하지 않다는 것. 미련한 자가 사치하는 것이 적당하지 못하다. 지혜와 은혜가 없는 자는 참된 기쁨을 누릴 권리나 자격이 없기 때문에, 그런 자에게는 즐거움이나 사치가 어울리지 않는다. 하나님을 즐거워하지 않는 자들이 어떤 것을 즐거워하는 것은 합당하지 않다. 그런 자들은 자기 자신을 어떻게 관리해야 하는지를 알지 못하기 때문에, 스스로 위태해질 뿐이다. 은혜를 받지 않은 미련한 자들은 웃고 즐거워할 것이 아니라 고통을 당하여 슬퍼하고 우는 것이 합당하다. 그들에게 필요한 것은 즐거움이 아니라 책망이다. 즐거움은 부지런히 일을 하여 피곤해져서 쉬면서 다시 기운을 차리고자 하는 자에게 어울리는 것이고, 빈둥거리며 자기에게 주어진 여가

를 악용하는 미련한 자에게는 합당하지 않다. 미련한 자의 형통은 자기의 어리석음을 드러내고 자기를 멸망시킬 뿐이다.

2. 권세와 존귀함은 종의 심령을 지닌 자에게 합당하지 않다는 것. 종이 방백들을 다스리는 것보다 더 어울리지 않는 것은 없다. 그런 일은 터무니없고 말도 되지 않는 일이다. 왜냐하면, 말을 탄 거지나 임금된 종만큼 오만방자하고 용납될 수 없는 자는 없기 때문이다(30:22). 죄와 정욕의 종이 되어 있는 자가 하나님 안에서 자유를 얻은 자들을 다스리고 압제하며 그들을 그의 왕과 제사장들로 삼는 것은 정말 꼴사나운 일이다.

[11]노하기를 더디 하는 것이 사람의 슬기요 허물을 용서하는 것이 자기의 영광이니라

지혜로운 자는 여기에 나오는 분노에 관한 두 가지 준칙을 지키고자 할 것이다.

1. 화를 낼 때에는 너무 성급해서는 안 된다는 것. 슬기는 우리에게 노하기를 더디 하라고 가르친다. 즉, 슬기로운 자는 그에게 들어온 도발이 과연 어떤 것인지를 참된 빛 아래에서 그 모든 면을 철저하게 살펴보고 공평한 저울에 달아본 결과 화를 내는 것이 추한 일이 될 위험이 없고 그렇게 하는 것이 마땅하다는 결론이 내려질 때까지 노하기를 미루어야 한다는 것이다. 플라톤은 그의 종에게 "나는 너를 치고 싶지만, 나의 화가 가라앉을 때까지 기다릴 것"이라고 말하였다. 노하기를 더디 하면, 어느샌가 화는 식어 있을 것이다.

2. 화를 낼 때에는 너무 심하게 내서는 안 된다는 것. 사람들은 보통 자기가 모욕을 당하고 있다는 것을 얼른 알아차리는 것이 영리한 것이라고 생각하지만, 여기에서는 마치 다른 사람의 잘못을 보지 못했다는 듯이(시 38:13), 또는 그 잘못을 알아차리기는 했지만 용서하고 보복을 생각하지 않는 것이 합당하다고 생각해서 허물을 용서하는 것이 그 사람에게 영광이 된다고 말한다.

[12]왕의 노함은 사자의 부르짖음 같고 그의 은택은 풀 위의 이슬 같으니라

이 잠언은 우리가 앞에서 보았던 것(16:14-15)과 그 취지가 동일하다.

1. 왕들은 눈살을 찌푸리거나 미소를 짓는 일을 지혜롭고 사려 깊게 하여야 한다는 것. 왕들의 표정이 지니는 의미는 평범한 사람들의 표정과는 그 차원이 다르다. 그들의 찌푸린 얼굴은 많은 사람들을 두려워 떨게 만들고, 그들의 미소는 많은 사람들에게 지극한 위로를 준다. 그러므로 왕들은 그들의 찌푸린 얼굴 때문에 선한 자가 잔뜩 겁을 먹고서 선행을 그만두거나, 악인이 그들의 미소를 그의 악행을 지지하는 것으로 받아들이게 만드는 일이 없도록 지극히 조심하여야 한다. 만약 왕들이 이렇게 그들의 표정을 잘못 사용한다면, 그것은 그들의 영향력을 악용하는 것이 된다(롬 13:3).

2. 신민(臣民)들은 그들의 왕에게 충성과 도리를 다하여야 한다는 것. 한 나라의 신하들과 백성들은 통치자의 진노로 인하여 생길 두려운 결과를 깊이 생각해서 온갖 불충(不忠)을 삼가야 한다. 그들은 왕의 총애를 기대하고서 나랏일에 이바지하기 위하여 온 힘을 쏟아야 한다. 그리스도는 만왕의 왕이시다. 원수들에 대한 그의 노함은 **사자가 부르짖는 것 같을** 것이고(계 10:3), 자기 백성에 대한 그의 은택은 만물을 새롭게 하는 이슬과 같을 것이다.

[13]**미련한 아들은 그의 아비의 재앙이요 다투는 아내는 이어 떨어지는 물방울이니라**

우리가 가장 큰 위로를 기대했던 일들에서 가장 큰 근심을 맛보게 되는 것은 이 세상의 헛됨과 무상(無常)함을 보여주는 한 예이다. 우리가 겪어 보아서 알듯이, 세상은 그런 곳이다. 이 세상에서 한 가장에게 선한 아내와 선한 자녀를 둔 것보다 더 큰 위로가 어디 있겠는가?

1. **미련한 아들은** 큰 괴로움이라는 것. 따라서, 미련한 아들을 둔 아비는 차라리 그에게 아들이 없었으면 좋았을 것이라고 하루에도 몇 번씩 되뇌이곤 한다. 공부하거나 일하지도 않으려고 하고, 조언을 받아들이지도 않으며, 방탕하고 무절제한 삶을 살고, 돈을 물 쓰듯이 쓰며, 자기가 가진 것을 도박이나 유흥으로 날려버리는 아들, 또는 교만하고 멋만 부리고 다니며 안하무인인 아들은 가문의 수치이고 가문을 망하게 할 자이기 때문에 그의 아비의 근심거리이다. 그런 아비는 자기가 뼈 빠지게 일해 보아야 그 열매가 누구에게로 돌아갈지를 알기 때문에 일할 의욕을 잃는다.

2. 화를 잘 내고 투정부리는 아내도 큰 괴로움이라는 것. 그런 아내의 다툼

은 계속해서 이어진다. 하루도 빼놓지 않고 매시간마다 그녀는 어떤 일을 빌미 삼아서 자기 자신과 주변 사람들을 못살게 한다. 잔소리 하는 것이 습관이 된 자들은 어떤 일이든 잔소리를 하지 않고 결코 그냥 넘어가는 법이 없다. 그러나 그것은 이어 떨어지는 물방울이다. 즉, 그것은 집에 물이 새는 곳이 많아서 비가 올 때마다 물방울이 쉴새없이 떨어져서 계속해서 괴로울 수밖에 없는 것과 같다. 술고래인 아들과 잔소리꾼인 아내를 둔 남자는 그의 삶에 위로가 없기 때문에 그 괴로움을 견뎌내면서 자신의 도리를 다하려면 큰 지혜와 은혜가 있어야 한다.

[14]집과 재물은 조상에게서 상속하거니와 슬기로운 아내는 여호와께로서 말미암느니라

1. 슬기롭고 덕 있는 아내는 남자에게 하나님의 섭리의 최고의 선물이라는 것. 슬기로운 아내는 앞에 나온 다투는 아내(13절)와 정반대이다. 왜냐하면, 끊임없이 트집을 잡는 아내는 그렇게 하는 것이 그녀의 기지(機智)이고 지혜라고 생각할지 모르지만, 사실 그런 것은 그녀의 어리석은 행위이기 때문이다. 슬기로운 아내는 온유하고 얌전하며 모든 것을 가장 좋은 쪽으로 생각한다. 어떤 남자에게 그런 아내가 있다면, 그는 그것이 자기가 지혜가 있어서 아내를 잘 선택했거나 다스렸기 때문이라고 생각해서는 안 되고(아무리 지혜로운 자도 여자 문제에 있어서는 속는 법이기 때문에), 하나님이 그에게 복을 주셔서 그녀를 그의 배필로 지으시고, 우연인 듯이 보이는 이런저런 섭리를 통해서 그에게로 이끌어 오신 것임을 알고 감사하여야 한다. 모든 피조물은 하나님이 지으신 본래의 목적을 따라 행하는 법이기 때문이다. 복된 혼인은 하늘에서 이루어진다고 우리는 믿는다. 아브라함의 종도 이삭의 배필을 구할 때에 이 진리를 믿고서 그렇게 기도하였다(창 24:12).

2. 슬기로운 아내는 집과 재물보다 더 귀한 선물이라는 것. 그런 아내를 얻는 것은 상속받은 집이나 재산보다도 남자의 삶에 있어서의 위로와 신망, 그리고 그의 가정의 행복에 더 큰 기여를 하고, 그에게 하나님의 은총이 있음을 보여주는 더 큰 증표가 되며, 하나님의 섭리가 더 특별한 방식으로 역사하는 일이다. 재산은 조상에게서 상속 받을 수 있는 것이기 때문에 하나님의 통상적인

섭리를 따라 그에게 주어진다. 그러나 선한 아내를 얻는 것은 혈통이나 상속으로 되는 일이 아니다. 세상적인 부모들은 자녀들을 혼인시킬 때에 집과 재물을 마련해 주는 것 외에는 신경을 쓰지 않는데, 그런데도 불구하고 그가 슬기로운 아내를 얻었다면, 그는 하나님께 그 영광을 돌려야 한다.

15 게으름이 사람으로 깊이 잠들게 하나니 태만한 사람은 주릴 것이니라

천성적으로 게으르고 나태한 것이 어떤 화를 불러오는지를 보라.

1. 게으름은 사람을 무감각하게 만든다는 것. 게으른 자들은 깊은 잠에 빠진 자처럼 자기가 해야 할 일들에 대한 감각과 생각이 없어져서 꿈만 꾸고 아무것도 하지 않는다. 게으른 자들은 졸다가 시간을 다 보내고, 자신의 달란트들을 땅에 묻어 두며, 허송세월을 하여, 세상에서 아무짝에도 쓸모없는 짐만 될 뿐이다. 그들이 깨어 있을 때에 하는 일들도 다 잠자는 것의 연장일 뿐이다. 그들의 영혼도 하품하며 졸고 있고, 그들의 이성적인 능력은 냉랭하게 얼어붙어 있다.

2. 게으름은 사람을 가난하게 하고 궁핍을 가져다 준다는 것. 일하고자 하지 않는 자들은 먹을 것을 기대할 수 없기 때문에 주릴 수밖에 없다. 태만한 영혼, 즉 자기 영혼의 문제에 태평한 자, 자신의 구원을 이루어내기 위하여 마음을 쓰거나 수고하지 않는 자는 영혼의 삶과 행복에 꼭 필요한 것이 없어서 죽게 될 것이다.

16 계명을 지키는 자는 자기의 영혼을 지키거니와 자기의 행실을 삼가지 아니하는 자는 죽으리라

1. 근신하며 삼가서 행하는 자들의 행복. 종이나 환자처럼 모든 일에서 율례를 따라 세심하게 계명을 지키는 자들은 자기의 영혼을 지킨다. 그런 자들은 현세에서의 평안과 내세에서의 지극한 복을 얻게 되고, 그들 자신에게 필요한 모든 것을 공급해 줄 수 있다. 우리가 하나님의 말씀을 지킨다면, 하나님의 말씀은 우리를 온갖 해악에서 지켜줄 것이다.

2. 대충대충 살아가면서 자기가 뭘 하고 사는지에 대하여 전혀 신경을 쓰지

않는 자들의 불행. 자기의 행실을 삼가지 아니하는 자들은 죽을 것이고, 영원히 망할 것이다. 그들은 멸망으로 향하는 대로에 있다. 그들의 길의 종착지가 어디일지에 대하여 신경을 쓰지 않고, 그들이 어디로 가고 있는지와 어떤 법을 따라 가고 있는지를 결코 깊이 생각해 보지 않는 자들, 그들의 마음에 원하는 길과 세상 사람들이 걷는 길을 따라 행하는 자들(전 11:9), 그들이 무엇을 해왔는지 또는 그들이 무엇을 하려고 하는지에 대하여 결코 깊이 생각해 보지 않고, 그 길이 옳든 그르든 그저 무턱대고 행하는 자들(레 26:21)에게는 그들이 어떻게 사느냐 하는 것은 아무 상관이 없는 일이다. 그러니 그런 자들의 삶에서 가장 큰 재앙 외에 무엇이 나올 수 있겠는가?

[17]가난한 자를 불쌍히 여기는 것은 여호와께 꾸어 드리는 것이니 그의 선행을 그에게 갚아 주시리라

I. 구제의 의무. 여기에는 두 가지가 포함되어 있다.

1. 구제의 내적인 동기인 불쌍히 여기는 마음. 구제에 있어서는 가난한 자를 불쌍히 여기는 것이 있어야 한다. 가난한 자들에게 줄 돈을 한 푼도 갖고 있지 않은 자들일지라도 그들을 불쌍히 여기는 마음으로 관심을 보이고 동정할 수 있다. 사람이 그에게 있는 모든 것으로 구제한다고 해도, 그의 마음에 이런 사랑이 없다면, 그것은 아무것도 아니다(고전 13:3). 우리는 주린 자에게 우리의 심정이 동하여야 한다(사 58:10).

2. 아낌없이 후하게 주는 것. 우리는 가난한 자들을 불쌍히 여겨야 할 뿐만 아니라, 그들의 필요와 우리의 능력에 따라 주어야 한다(약 2:15-16). 그의 선행으로 번역된 본문은 그가 준 것 또는 그의 행위로 읽기도 한다. 주는 것만이 아니라 가난한 자들을 위하여 행하는 것도 구제이다. 따라서, 사람들은 팔과 다리가 멀쩡하고 의식이 있기만 하면 얼마든지 서로를 구제할 수 있다.

II. 구제를 격려함.

1. 하나님이 구제를 아주 선하게 해석하시리라는 것. 사람들이 가난한 자들에게 무엇을 주거나 그들을 위하여 뭔가를 했다면, 하나님은 그것을 그들이 그에게 이자를 받기로 하고 꾸어 드리는(이것이 원어의 의미이다) 것으로 여기실 것이다. 하나님은 마치 그들이 그에게 그렇게 행한 것처럼 아주 선하게 해석하

시고, 그들로 하여금 그 일로 인한 위로를 얻게 하시며, 고리대금업자가 아주 신용이 좋은 자들에게 많은 돈을 이자로 받기로 하고 놓았을 때에 기뻐하듯이 그렇게 기뻐하게 하실 것이다.

2. 하나님이 구제에 대하여 차고 넘치게 갚아 주시리라는 것. 하나님은 현세적이고 영적이며 영원한 복들을 통해서 그에게 갚아 주실 것이다. 구제는 사람이 번영할 수 있는 가장 확실하고 안전한 길이다.

18네가 네 아들에게 희망이 있은즉 그를 징계하되 죽일 마음은 두지 말지니라

솔로몬은 여기에서 자녀들이 버릇없고 악하며 아주 쓴 맛을 보기 전에는 치유되기 힘든 마음의 나쁜 기질을 드러낼 때에 부모들이 어리석게도 그들을 마음대로 하도록 내버려 두어서는 안 된다고 경고한다.

1. 그들을 언제라도 바로잡을 수 있다고 말하지 말라는 것. 그들 속에서 타락한 성향이 나타나자마자 즉시 바로잡아 주고, 그 성향이 계속 진행되어서 뿌리를 내리고 습관으로 굳어지지 않게 하라. 네가 네 아들에게 희망이 있는 동안에 그를 징계하라. 왜냐하면, 그를 한동안 내버려 두면 그를 고칠 희망이 없어질 것이고, 지금은 작은 징계로 고칠 수 있는 것을 그 때에는 훨씬 더 큰 징계로도 고칠 수 없게 될 수도 있기 때문이다. 잡초는 나자마자 뽑는 것이 가장 쉽고, 멍에를 얹을 소는 일찍부터 거기에 익숙하도록 해 놓아야 한다.

2. 불쌍해서 그들을 징계할 수 없다고 말하지 말라는 것. 그들이 울며불며 용서해 달라고 한다고 해서, 네가 마음이 약해져서 징계하기를 그만두어서는 안 된다. 징계하지 않아도 바라던 목적이 이루어질 수 있다면, 그것은 좋은 일이다. 그러나 그들이 회개하는 척하고 행실을 고치겠다고 말로만 약속하는데도 네가 그들을 용서하면(특히, 그것이 거짓말이나 거짓 맹세, 상스러운 말, 절도 등과 같이 그 자체로 죄악된 일일 때), 그들은 담대해져서 다시 죄를 짓게 되기가 쉽다. 그런 경우에는 그들이 울부짖는다고 해서 봐주지 말라. 그들이 너의 매 앞에서 울부짖는 것이 방백의 칼 아래에서, 또는 그것보다 더 두려운 하나님의 원수 갚으시는 칼 아래에서 울부짖는 것보다 백 배는 더 낫다.

19노하기를 맹렬히 하는 자는 벌을 받을 것이라 네가 그를 건져 주면 다시 그런 일

이 생기리라

1. 분노하는 자들에게는 반드시 화(禍)가 있다는 것. 분노를 참지 못하는 자들은 흔히 골치아픈 소송이나 다툼이나 그들의 도발 때문에 그들 자신과 그 가족을 곤경에 빠뜨린다. 그들은 이런저런 일 속에서 그들의 다스려지지 않은 분노로 인하여 계속해서 벌을 받는다. 친구들이 그들을 곤경에서 구해주면, 그들은 또 다른 곤경에 휘말려서 다시 그런 일이 생긴다. 그들 자신과 다른 사람들을 괴롭게 만드는 일들이 그치려면, 그들이 그들의 분노를 죽이고 그들의 마음을 다스리는 수밖에 없다.

2. 노하기를 맹렬히 하는 자는 벌을 받아 마땅하다는 것. 이것은 징계를 받는 아이가 부모의 꾸중을 참지 못하고 소란을 피우며 심지어 회초리를 맞는 것에 대하여 분노하기까지 하는 경우를 가리킨다. 그 때에 아이가 분노한다고 해서, 네가 그를 건져주면, 너는 다음 번에는 그에게 훨씬 더 큰 벌을 내리지 않으면 안 되게 될 것이다. 지나치게 사나운 아이는 일찍 버릇을 고쳐 놓아야 한다. 그렇지 않고 대충 넘어가면, 그 아이의 사나움은 더욱 심해질 것이다.

[20]너는 권고를 들으며 훈계를 받으라 그리하면 네가 필경은 지혜롭게 되리라

1. 말년에 지혜로운 자들, 말년, 즉 내세에서의 삶을 위해 지혜로운 자들, 말년이 왔을 때에 지혜로웠다는 것이 드러나는 자들, 결국에 가서 지혜로운 처녀들, 지혜로운 건축자들, 지혜로운 청지기들, 그들의 평화에 관한 일을 그들의 눈에 숨겨지기 전에 안 자들은 복이 있다는 것. 육적으로 살아가는 속물들은 그의 말년에 어리석은 자가 될 것이지만(렘 17:11), 경건이 결국 지혜라는 것이 밝혀질 것이다.

2. 말년에 지혜로운 자가 되고자 하는 자들은 권고를 들으며 훈계를 받아야 하고, 초년에 가르침과 다스림을 기꺼이 받고자 하여야 하고, 젊었을 때에 조언과 책망을 기꺼이 듣고자 하여야 한다. 겨울에 넉넉한 양식이 있기를 바라는 자들은 여름에 부지런히 거두어 들여야 한다.

[21]사람의 마음에는 많은 계획이 있어도 오직 여호와의 뜻만이 완전히 서리라

1. 사람들은 계획한다는 것. 그들은 자신의 계획들을 마음 속에 담아 두지만, 하나님께는 숨길 수 없다. 하나님은 사람들의 마음에 있는 많은 계획들, 하나님의 뜻을 대적하는 계획들(시 2:1-3; 미 4:11), 하나님의 뜻이나 섭리와는 아무 상관 없는 계획들(하나님을 빼놓고 이런저런 일을 하겠다고 궁리하는 것, 약 4:13), 하나님의 뜻과 같지 않은 계획들을 아신다. 사람들의 계획은 왔다갔다 하며 흔히 터무니없고 불의하지만, 하나님의 뜻은 지혜롭고 거룩하며 견고하고 한결같다.

2. 하나님이 모든 것을 주관하신다는 것. 사람들은 각자의 성향이나 이익에 따라서 서로 다른 수많은 계획들을 갖고 있지만, 사람들의 계획이 무엇이든 오직 여호와의 뜻만이 완전히 설 것이다. 하나님의 뜻은 흔히 사람들이 행한 조치들을 부수고 그들의 계획들을 좌절시키신다. 그러나 사람들의 계획은 하나님의 뜻을 조금도 바꾸어 놓을 수 없고, 그 뜻이 이루어져 가는 것을 방해할 수 없으며, 하나님을 압박하여 새로운 뜻을 내놓으시게 할 수 없다(사 14:24; 46:11). 정치를 하는 자들은 그들이 온 인류를 속일 수 있다고 생각하지만, 그들을 비웃으시는 하나님이 하늘에 계신다는 사실을 명심하여야 한다(시 2:4)! 하나님의 모든 의롭고 선한 뜻이 때가 되면 다 이루어질 것이라는 사실은 하나님의 모든 백성에게 얼마나 큰 위로가 되는지 모른다!

22 사람은 자기의 인자함으로 남에게 사모함을 받느니라 가난한 자는 거짓말하는 자보다 나으니라

1. 선을 행하는 영광을 얻고자 하는 야망은 우리가 많이 품으면 품을수록 좋다는 것. 우리 속에 미덕의 불씨라도 남아 있다면, 우리는 인자한 자가 되기를 바라지 않을 수 없다. 우리는 가난한 자들을 구제하고 친구들을 도와주기 위한 것이라면 그 어떤 다른 이유에 의한 것보다도 더 열렬히 재물을 얻고자 하는 야망을 불태우게 될 것이다.

2. 선을 행할 마음은 있는데 능력이 없는 것이 선을 행할 능력은 있는데 마음이 없는 것보다 훨씬 낫다는 것. 남에게 인자하고자 하고 구제를 베풀고자 하며 후하게 나누어 주고자 하는 원하는 것 자체가 그 사람의 인자함이고, 또한 그렇게 해석될 것이다. 하나님과 사람들은 그가 가지고 있는 인자함만큼 그의

선의를 기쁘게 받아들일 것이고, 더 이상을 기대하지 않을 것이다. 네가 잘 되기를 바라지만 그에게 가진 것이 없어서 네게 아무것도 줄 수 없는 가난한 자가 네게 뭔가 굉장한 것을 줄 것처럼 믿게 해놓고 실제로는 아무것도 주지 않는 부자보다 낫다. 빈털터리여서 아무것도 기대할 것이 없지만 인간성은 좋은 비천한 자들이 높은 지위에 있으면서 사람들에게 잔뜩 기대를 갖게 해놓고서 그 기대를 저버리는 거짓말하는 자보다 낫다.

[23]여호와를 경외하는 것은 사람으로 생명에 이르게 하는 것이라 경외하는 자는 족하게 지내고 재앙을 당하지 아니하느니라

하나님을 경외하면서 살고 하나님에 대한 자신의 본분을 늘 세심하게 지키는 자들이 그런 삶을 통해서 무엇을 얻는지를 보라.

1. 안전함. 그들은 재앙을 당하지 아니할 것이다. 그들은 병이나 환난을 당할 수도 있지만, 그런 것들 속에는 재앙, 즉 그들을 해칠 수 있는 것이 들어 있지 않을 것이다. 왜냐하면, 그들을 하나님의 사랑에서 떼어놓거나 그들의 영혼에 해악을 줄 수 있는 것은 아무것도 없기 때문이다.

2. 만족함. 그들은 족하게 지낼 것이다. 그들은 그들을 만족하게 해주는 위로들을 갖게 될 것이고, 그들 속에 늘 만족함과 자족함이 있을 것이다. 육체의 온갖 만족들은 일시적인 것이어서 곧 사라지지만, 그들이 누리는 것은 영속적인 만족이다. 그에게는 저녁을 먹지 않고 잠자리에 드는 일이 없을 것이다. 그는 그가 홀로 조용히 지낼 때에 그를 편안하고 즐겁게 해줄 것을 갖게 될 것이다(시 16:6-7).

3. 참되고 온전한 행복. 진실한 경건은 생명, 모든 선한 것, 영원한 생명으로 나아가는 직접적인 경향성을 지니고 있다. 그것은 생명으로 가는 확실한 준비된 길이다. 경건 속에는 사람들을 천국에 적합한 자가 되게 함과 동시에 사람들을 천국으로 이끄는 그 무엇이 있다.

[24]게으른 자는 자기의 손을 그릇에 넣고서도 입으로 올리기를 괴로워하느니라

이 잠언은 게으른 자가 미련한 자라는 것을 다음과 같은 것들을 통해

서 생생하게 보여준다.

1. 게으른 자의 모든 관심은 일과 추위를 피하는 것뿐이라는 것. 그의 자세를 보라. 그는 자기의 손을 품에 숨기고서, 자기가 불구여서 일을 할 수 없는 것처럼 가장한다. 그의 손은 차갑기 때문에, 그는 자기의 손을 품속에 넣어서 따뜻하게 만들어야 한다. 그의 손이 거기에서 따뜻해지면, 그는 손을 거기에 계속해서 두어야 한다. 그는 편안하게 웅크리고 있으면서, 일하거나 고생하지 않겠다고 단단히 마음을 먹는다. 일을 사랑하는 자들이나 일을 하라. 그는 아무 일도 하지 않고 가만히 앉아 있는 것만큼 멋진 삶은 없다고 생각한다.

2. 게으른 자는 먹는 수고조차 하지 않으려 한다는 것. 우리는 어떤 사람이 너무 게으르면, 그 사람은 그의 몸에 불이 붙어도 몸을 움직이기 싫어서 그 불을 끄려고 하지 않을 사람이라고 말하듯이, 여기에서는 게으른 자는 식사를 하기 위해서 그의 품 속에서 손을 꺼내고자 하지도 않고, 음식을 자기 입으로 넣는 일조차 싫어한다고 말한다. 만약 일하지 않으면 먹지도 말라는 법이 있다면, 그는 몸을 움직이느니 차라리 굶어 죽는 쪽을 택하고자 할 것이다. 이렇게 게으름은 죄이자 벌이고, 지독한 어리석음이다.

[25]거만한 자를 때리라 그리하면 어리석은 자도 지혜를 얻으리라 명철한 자를 견책하라 그리하면 그가 지식을 얻으리라

1. 거만한 자들을 벌 주는 것은 다른 사람들을 유익하게 하는 수단이 된다는 것. 사람들의 악이 굳어질 대로 굳어져서 그들을 바로잡기 위해서 혹독한 벌을 내려보아야 별 소용이 없을지라도, 다른 사람들이 듣고 두려워하여 악을 행하지 아니하도록 하기 위해서 그들에게 그런 벌을 내리는 것이 마땅하다(신 19:20). 거만한 자가 그 죄가 만성이 되어서 거기에서 회복되지 못한다고 하여도, 어리석은 자는 사람들이 그런 식으로 처벌을 받는 것을 보면 함부로 그 죄를 짓지 못하고 조심하게 될 것이다. 전염병에 걸린 자를 치료할 수 없다면, 그 전염병이 퍼지는 것이라도 막는 것이 옳다.

2. 지혜로운 자들에 대한 책망은 그들 자신을 유익하게 하는 수단이 된다는 것. 그들에게는 매를 들 필요가 없고, 말 한 마디로 충분하다. 명철한 자를 단지 견책만 하라. 그리하면 그가 그 견책으로 말미암아 자기 자신과 자기의 유익을

깨닫고서 지식을 얻고, 일단 지식을 얻은 후에는 다시는 무지와 실수로 그 잘못을 반복하는 일이 없을 것이다. 지혜로운 자는 남의 책망을 이렇게 고맙게 받아서 지혜롭게 선용한다.

[26]아비를 구박하고 어미를 쫓아내는 자는 부끄러움을 끼치며 능욕을 부르는 자식이니라

1. 탕자의 죄. 그는 자기 자신을 해롭게 할 뿐만 아니라, 지극한 정성으로 그를 키우고 돌보느라 온갖 수고를 다 하신 그의 선한 부모에게도 해악을 끼친다. 이것은 하나님과 사람들 앞에서 그의 죄를 극히 무겁게 만든다. 그는 부모님들이 노후에 쓰시도록 남겨 두어야 할 아비의 가산을 탕진하고, 아비의 심령을 소진시키며, 돈을 내놓으라고 아비를 구박하여 그 마음을 무참히 짓밟아서, 아비의 백발이 슬퍼하며 스올로 내려가게 만든다. 그는 어미에게 무례하고 오만방자하게 행하여 구박함으로써 어미로 하여금 그에게서 정이 떨어지고 집에 염증을 느껴서 집을 나가 불안감과 회한으로 눈물의 나날을 보내시게 만든다. 그리고 나서, 그는 돈이 다 떨어지면 어미를 불러들인다.

2. 탕자의 수치. 그가 이렇게 짐승 같이 천륜을 짓밟는 것은 그 자신에게 수치이다. 그는 자기 자신을 천인공노할 자로 만든다. 또한, 그것은 그의 부모와 가족에게 수치이다. 왜냐하면, 부모들은 자식을 잘못 가르쳤다거나 어떤 식으로든 자식에게 상처를 주어서 자식이 그 모양이라는 둥 그로 말미암아 사람들로부터 욕을 먹을 것이기 때문이다.

[27]내 아들아 지식의 말씀에서 떠나게 하는 교훈을 듣지 말지니라

사람들을 교훈하는 체하면서 그들이 지금까지 훈련받고 감화를 받아왔던 저 선한 교훈들로부터 그들을 떠나게 하는 자들의 말에 귀를 기울이지 말라고 하는 권면은 선한 교육을 받은 자들에게 좋은 경고이다.

1. 청년들을 선하게 교훈하는 체하면서 사실은 멸망의 길로 인도하는 교훈이 있다는 것. 악을 퍼뜨리는 자들은 청년들에게 자유분방한 사고와 시대에 맞는 행실을 가르치고, 그들이 짓고자 하는 죄들을 어떤 식으로 포장하여야 하

며, 어떻게 하면 양심의 질책을 막을 수 있는지, 어떻게 하면 그들이 받은 교육에 의한 구속(拘束)들을 벗어 버리고 멋지고 유능한 청년으로 다시 태어날 수 있는지를 가르친다. 이것은 우리가 믿음과 사랑 가운데서 굳게 붙잡아야 하는 완전한 말씀들에서 **떠나게 하는 교훈**이다.

2. 독사가 그를 홀리려는 주문에 대하여 그러하듯이, 청년들은 그러한 교훈들에 귀를 막아 버리는 것이 지혜라는 것. "사람을 방종하게 만드는 교훈들을 마음 속에 주입시키는 그런 말들을 듣는 것을 두려워하라. 네가 그런 말들에 얽혀 들어갔다면, 그것들을 끊어 내어라. 네가 지금까지 그런 말들을 들은 것만으로도 이미 두려운 일이니, 선한 행실을 더럽히는 악한 말들을 더 이상 듣지 말라."

28**망령된 증인은 정의를 업신여기고 악인의 입은 죄악을 삼키느니라**

여기에는 죄인들 중에서 가장 극악무도한 자들, 즉 악을 행하는 데에 **마음이 담대한** 자들에 관한 묘사가 나온다.

1. 그들은 그들이 죄를 짓지 못하게 가로막거나 붙잡는 것을 무시한다는 것. **망령된 증인**은 이웃에 대하여 방금 거짓 증언을 하고 나서, 또 다른 사람에게 해악을 끼치기 위해서 위증을 하고자 준비하는 자이다. 그런 자의 행위는 큰 불의일 뿐만 아니라 큰 불경(不敬)이기도 하다. 그런 자는 가장 극악무도한 자들 중의 한 사람이다. 또는, **망령된 증인**은 무신론의 입장에 서서 신앙과 경건을 모독하고, **지식의 말씀에서 떠나게 하는 교훈**을 말하는 자이다(27절). 그런 자는 **정의를 업신여기고**, 여호와가 행하시는 두려운 일들을 비웃으며, 하나님의 두려우심을 조롱한다(욥 15:26). 그에게 법과 공평에 대하여 말하고, 성경과 선서는 신성한 것이기 때문에 희롱해서는 안 된다는 것과 장차 모든 것을 벌하실 날이 오리라는 것을 말해 보라. 그는 그 모든 것을 비웃으며, 그런 말들에 귀 기울이는 것을 거부할 것이다.

2. 그들은 죄에 굶주려 있어서, 죄 지을 기회를 얻으면 기뻐한다는 것. **악인의 입은 죄악을** 게걸스럽게 **삼키고**, 악을 저지르기를 물 마심 같이 한다(욥 15:16).

29**심판은 거만한 자를 위하여 예비된 것이요 채찍은 어리석은 자의 등을 위하여 예**

비된 것이니라

1. 거만한 자들은 미련한 자들이라는 것. 신성하고 진실한 것들을 비웃는 자들은 자기 자신을 비웃음거리로 만드는 것일 뿐이다. 그렇게 하면, 그들의 어리석음이 드러날 것이기 때문이다.

2. 공의를 비웃는 자들은 공의를 피하지 못하리라는 것(28절). 사람들이 믿지 않는다고 해서 하나님의 경고의 말씀들이 무효가 되는 것이 아니다. 죄악을 삼키는 자들은 죄악이라는 미끼와 함께 낚싯바늘도 삼키는 것이다. 심판은 거만한 자들을 위하여 예비된 것이다. 왜냐하면, 방백들은 공연히 칼을 가지고 있는 것이 아니기 때문이다. 그러나 방백들이 직무를 태만히 하거나 죄를 묵인한다면, 하나님은 졸고 계시는 것이 아니기 때문에, 하나님의 심판이 거만한 자들 앞에 예비되어 있다(마 25:41).

제 — 20 — 장

[1]포도주는 거만하게 하는 것이요 독주는 떠들게 하는 것이라 이에 미혹되는 자마다 지혜가 없느니라

1. 술 취함의 해악. 포도주는 조롱하는 자이고, 독주는 미쳐 날뛰게 만든다. 포도주와 독주는 술에 취한 죄인에 대하여 그런 역할을 한다. 포도주는 그를 조롱하고 우롱하며, 자기가 그에게 결코 줄 수 없는 만족을 주겠다고 약속한다. 포도주는 처음에는 그에게 미소를 짓지만, 마지막에는 그를 물어 뜯는다. 독주는 그의 양심 속에서 미쳐 날뛰고, 몸 속에서 미쳐 날뛰어서, 감정이 끓어오르게 만든다. 포도주가 들어가면 정신이 나가 버린다. 그 때에 사람은 그의 선천적인 기질에 따라서 미련한 자처럼 조롱하기도 하고 미친 사람처럼 미쳐 날뛰기도 한다. 사람들은 술을 마시는 것은 사교를 위한 것이라고 말하지만, 사실 술을 마신 자들은 사교에 부적절한 자들이 되고 만다. 왜냐하면, 술을 마신 자들은 그 혀로 욕을 하고, 그들의 감정은 끓어오르기 때문이다(23:29).

2. 술 취한 자들의 어리석음. 술에 미혹되는 자, 즉 그 결과가 어떨 것인지에 대하여 아주 분명하게 경고를 들었는데도 그러한 죄로 이끌려 들어가는 자는 지혜가 없는 자이다. 그는 사물을 올바르게 지각하거나 분별할 능력이 그에게 없다는 것을 광고하고 다니는 것이다. 그 뿐만 아니라, 그는 자기 자신을 지혜를 얻을 수 없는 상태로 만들어 버리는 것이다. 왜냐하면, 술에 취하는 것은 사람들을 곤드레만드레 취하게 하여 얼이 빠지게 만들고 그들의 마음을 빼앗아 가 버리는 죄이기 때문이다. 술 취한 자는 미련한 자이고, 그는 장차 영영 미련한 자가 될 것이다.

[2]왕의 진노는 사자의 부르짖음 같으니 그를 노하게 하는 것은 자기의 생명을 해하는 것이니라

1. 왕들은 두려운 자들이고, 왕들을 노하게 하는 자들에게는 두려운 일이 닥친다는 것. 신민들을 두려워 떨게 만드는 왕들의 진노(특히, 왕들이 절대 권력을 쥐고 있어서, 그들의 뜻이 곧 법일 때)는 먹잇감이 될 짐승을 두렵게 하여 오금이 저려 도망갈 수 없게 만드는 **사자의 부르짖음 같다**. 지혜와 사랑으로 다스리는 왕들은 하나님처럼 다스리는 자들로서 하나님의 형상을 닮은 자들이다. 그러나 오로지 압제를 통해 신민들에게 공포를 주어 통치하는 왕들은 숲의 사자처럼 짐승의 권력을 가지고서 다스리는 것일 뿐이다. **두려워하게 하는 것은 미워하게 만드는 것이다.**

2. 왕들과 다투어서 **노하게 하는 자들은** 아주 지혜롭지 못한 자들이라는 것. 그들은 **자기의 생명을 해하는 것이다.** 하물며, 만왕의 왕을 노하시게 하는 자들은 얼마나 더 큰 벌을 받게 되겠는가. **그를 노하게 하는 자는 반드시 벌을 받게 될 것이다.**

[3]다툼을 멀리 하는 것이 사람에게 영광이거늘 미련한 자마다 다툼을 일으키느니라

이 잠언은 다툼에 관한 사람들의 오해를 바로잡기 위한 것이다.

1. 사람들은 다투는 것이 지혜로운 일이라고 생각하지만, 사실은 가장 어리석은 일이라는 것. 사람들은 모욕을 당하면 즉시 분개할 줄 알고, 명예와 권리를 철저하게 지켜서 조금도 양보하지 않으며, 모든 사람에 대하여 그것을 관철시키는 것이 지혜로운 자라고 생각한다. 그러나 그런 식으로 행한 자들은 미련한 자들로서 자기 자신에게 쓸데없는 괴로움을 많이 만들어낸다.

2. 사람들은 다툼이 일어났을 때에 무기를 버리고 뒤로 물러나는 것은 부끄러운 일이라고 생각하지만, 사실은 **다툼을 멀리 하는 것이 사람에게** 명예로운 일이다. 즉, 행동을 자제하며 논쟁을 그만두고 잘못을 용서하며 다투었던 자들과 화해하는 것이야말로 명예로운 일이다. 의인 아브라함이 그랬던 것처럼(창 13:8) **다툼을 멀리** 하고 양보하며 몸을 굽히고 평화를 위해서 자신의 요구가 옳더라도 철회함으로써 자기 자신을 다스릴 줄 아는 자임을 보여주는 것이 지혜로운 자의 영광이다.

[4]게으른 자는 가을에 밭 갈지 아니하나니 그러므로 거둘 때에는 구걸할지라도 얻지

못하리라

이 잠언은 게으름과 안일함을 사랑하는 것이 가져다 주는 해악을 보여준다.

1. 게으름은 사람들이 꼭 해야 할 일도 할 수 없게 만든다는 것. 게으른 자는 때가 되었을 때에 밭을 갈고 씨를 뿌리는 일도 하지 않는다. 그에게는 땅도 있고, 그 땅을 경작할 힘도 있다. 그는 밭을 갈 수 있는 능력이 있지만, 그렇게 하고자 하지 않는다. 그는 이런저런 이유를 대며 밭을 갈지 않지만, 진짜 이유는 날씨가 춥다는 것이다. 밭을 갈아야 하는 때는 한겨울도 아니고 겨울의 초입일 뿐인데도, 그는 밖에 나가기에는 너무 추운 날이라고 생각한다. 자기가 꼭 해야 할 일을 두고서도 밭을 가는 작은 수고도 하지 않으려 하고, 추운 날씨 같은 작은 애로도 견뎌내고자 하지 않는 자들은 아연실색할 정도로 게으른 자들이다. 자기 영혼의 일에 이렇게 지독하게 무심한 자들이 많다. 그들은 조금만 어려움이 닥쳐도 겁을 집어먹고는 그들의 가장 중요한 본분에서 도망쳐 버린다. 그러나 선한 군사들은 역경과 고생을 견뎌내는 것이 마땅하다.

2. 게으름은 사람들로부터 그들의 생존에 꼭 필요한 양식조차 얻을 수 없게 만든다는 것. 씨를 뿌려야 할 때에 밭을 갈지 아니하는 자들은 추수 때에 거둘 것이 없다. 그러므로 부지런한 자들이 곡식단들을 들고서 기쁜 마음으로 집으로 돌아올 때, 그들은 화들짝 놀라서 양식을 구걸하지 않으면 안 된다. 밭을 가는 수고를 하기 싫어하는 자들은 구걸하는 수치를 당하는 것이 마땅하다. 그들은 거둘 때에 구걸할지라도 아무것도 얻지 못할 것이다. 곡식이 다른 사람들의 곳간에 차고 넘쳐도, 그들은 아무것도 얻을 수 없을 것이다. 게으른 자들을 구제하는 것도 구제가 될 수 있겠지만, 공의의 측면에서는 그들을 구제하지 않고 굶어 죽게 내버려 두는 것이 마땅하다. 등에 쓸 기름을 준비하지 못했던 자들은 신랑이 오고 나서야 다른 사람들에게 기름을 빌려 달라고 구걸했지만 거절을 당하였다.

5사람의 마음에 있는 모략은 깊은 물 같으니라 그럴지라도 명철한 사람은 그것을 길어 내느니라 이 잠언은 명철한 자는 자신의 지혜를 사용해서 사람들의 깊은 곳으로 들어가 거기에 있는 것들을 끌어올린다고 말한다.

1. 명철한 자는 사람들에 대한 지식을 얻어낸다는 것. 사람들은 자신의 계획과 의도들을 아주 철저하게 숨기기 때문에 그것들은 그 깊이를 알 수 없는 깊은 물과 같지만, 명철한 자들은 별 상관 없는 것 같은 질문들을 하거나 마음을 은근히 떠보는 말들을 통해서 사람들로부터 그들이 무엇을 했는지, 앞으로 무엇을 하고자 하는지를 알아낸다. 그러므로 자신의 계획을 숨기고자 하는 자들은 누구에게도 말하지 않겠다고 단단히 결심만 해서는 안 되고, 보초를 세워서 그 계획을 철저히 지키지 않으면 안 된다.

2. 명철한 자는 사람들로부터 지식을 얻어낸다는 것. 어떤 사람들은 머리카락을 쪼개고 얽힌 매듭을 정확히 풀어내며 적절한 조언을 해줄 수 있는 뛰어난 능력을 지니고 있어서 남들에게 얼마든지 권면을 해줄 수 있지만, 그 성품이 신중해서 밖으로 드러내지 않고 안에 쌓아둔다. 그들 속에는 아주 많은 것들이 들어 있지만, 그들은 밖으로 드러내기를 싫어한다. 그런 경우에 명철한 자는 마치 큰 통에서 포도주를 따라내듯이 그것을 길어 낸다. 우리는 지혜로운 자들과 대화를 할 때에 적절한 질문을 할 수 있는 능력이 부족해서 우리가 얼마든지 얻어낼 수 있었던 유익들을 잃어버릴 수 있다.

6많은 사람이 각기 자기의 인자함을 자랑하나니 충성된 자를 누가 만날 수 있으랴

1. 인자하고 너그러운 척하는 자들은 얼마든지 만날 수 있다는 것. 많은 사람들이 자기는 긍휼이 많은 사람이라고 자처하고, 그가 얼마나 좋은 일을 해왔고 앞으로 어떤 좋은 일을 하고자 하는지, 또는 그가 얼마나 좋은 일을 하고자 하는지를 자랑스럽게 얘기할 것이다. 대다수의 사람들은 바리새인처럼 그들이 한 구제의 일과 후하게 베푼 일과 대접한 일과 경건의 일을 셀 수 없이 많이 늘어놓으며 스스로 나팔을 불어서, 그들에게 선한 것이 얼마나 없는지를 널리 선전한다.

2. 진정으로 인자하고 너그러운 자들을 만나는 것은 아주 어려운 일이라는 것. 그들 자신이 말하는 것이나 그들에 대한 사람들의 소문으로 알 수 있는 것보다 더 좋은 일을 많이 했고 앞으로도 그렇게 할 자들, 곤경에 처했을 때에 참

된 친구가 되어 줄 자들, 사람들이 믿고 의지할 수 있는 자들은 검은 고니처럼 아주 드물고 희귀하다.

[7]온전하게 행하는 자가 의인이라 그의 후손에게 복이 있느니라

이 잠언은 선한 자가 받을 영광에 대하여 얘기한다.

1. 그는 자기 자신을 위해 좋은 일을 하고 있는 것이라는 것. 그에게는 확고한 규범이 있고, 그는 그 규범에 의거해서 늘 변함없이 자기 자신을 다스린다. 그는 온전하게 행하는 자이다. 그는 선한 양심을 지키고, 그것으로 인한 위로를 얻는다. 왜냐하면, 그렇게 하는 것 자체가 그가 기뻐하는 것이기 때문이다. 거짓으로 행하는 자들과는 달리, 그는 자기가 앞으로 할 일을 궁리하거나 이미 한 일을 회상할 때에 불안을 느끼지 않는다.

2. 그는 그의 자손을 위해 좋은 일을 하고 있는 것이라는 것. 그의 후손은 그 덕분에 복이 있고 더 잘 살게 된다. 하나님은 충성된 자들의 후손을 위해 은혜를 예비해 놓고 계신다.

[8]심판 자리에 앉은 왕은 그의 눈으로 모든 악을 흩어지게 하느니라

1. 선한 통치자의 특성. 왕의 보좌를 일신(一身)의 안일을 위하고 위세를 부리며 사람들과 거리를 두어 특별한 대접을 받고자 하는 존귀한 자리로 여기는 것이 아니라, 공의를 행하여 해악을 입은 자들을 회복시켜 주고 해악을 끼친 자들을 벌 주는 심판 자리로 여기는 왕, 자기의 일을 기쁨으로 삼고 그것 대신에 다른 즐거움을 구하지 않는 왕, 골치아픈 나랏일들을 다른 사람들로 하여금 돌보게 하고 자기는 편안히 지내는 것이 아니라 될 수 있으면 자기 눈으로 직접 보면서 자기 손으로 처리하는 왕은 선한 통치자라 불릴 만한 왕이다(왕상 10:9).

2. 선한 통치의 복된 결과. 선한 왕이 있으면, 악이 흩어진다. 그런 왕이 나랏일들을 직접 챙겨서 꼼꼼하게 살피면, 신하들은 두려움을 갖게 되어서 감히 악을 행하지 못하게 된다. 큰 자들이 선한 자들이어서 그들의 권세를 합당하게 사용한다면, 선은 널리 행해지고 악은 방지될 수 있다.

[9]내가 내 마음을 정하게 하였다 내 죄를 깨끗하게 하였다 할 자가 누구냐

이 잠언의 반문은 자기가 의로운 척하는 세상의 모든 사람들에게 자기가 정말 죄가 없는지를 살펴보라고 도전하는 것일 뿐만 아니라, 가장 선한 자들을 포함해서 온 인류가 부패해 있는 것에 대하여 탄식하는 것이다. 슬프다! "나는 죄가 없다"고 할 자가 누구냐.

1. 아무도 죄가 없는 체할 수 없다는 것. 너나 할 것 없이 모든 사람이 자기는 죄가 없는 척할 수 없다. 사람들이 온전하게 되지 않은 상태에서 살아가는 이 세상에서 죄 없는 체할 수 있는 자는 아무도 없다는 것을 보여준다. 아담은 원죄를 짓기 전에는 죄 없다고 말할 수 있었고, 성도들은 천국에서는 그렇게 말할 수 있지만, 이 세상에서는 아무도 그렇게 말할 수 없다. 자기가 선하다고 생각하는 자들은 그렇게 말할 수 없고, 실제로 선한 자들은 감히 그렇게 말하고자 하지도 않는다.

2. 사람들이 죄 없는 체하며 하는 말들. 우리는 우리 마음을 정하게 하였다고 말할 수 없다. 우리는 은혜로 말미암아 "우리가 이전보다 더 정하게 되었다"고 말할 수는 있지만, "우리가 모든 죄들로부터 깨끗하고 정결하다"고 말할 수는 없다. 또는, 우리는 큰 죄들로부터는 깨끗하게 되었다고 해도, 여전히 "우리 마음이 정하다"고 말할 수는 없다. 또는, 우리는 씻음을 받아서 깨끗해지긴 했지만, "우리 자신이 우리의 마음을 정하게 하였다"고 말할 수 없다. 그것은 성령의 역사였다. 또는, 우리는 많은 죄들로부터 깨끗하게 되기는 하였지만, "우리가 우리의 죄, 즉 얽매이기 쉬운 죄로부터 깨끗하게 되었고, 바울이 탄식하였던 사망의 몸에서 건짐을 받았다"(롬 7:24)고 말할 수는 없다.

[10]한결같지 않은 저울 추와 한결같지 않은 되는 다 여호와께서 미워하시느니라

1. 사람들이 사용하는 온갖 속임수들과 악들은 돈을 사랑함이 그 뿌리라는 것. 사람들은 돈을 주고 받을 때에 보통 저울을 사용하였는데, 이 때에 한결같지 않은 저울추들을 준비해 놓았다가 그들이 줄 때에는 가벼운 저울추를, 받을 때에는 무거운 저울추를 사용하였다. 사람들은 물건을 주고 받을 때에는 한결같지 않은 되를 사용해서, 팔 때에는 작은 되를, 살 때에는 큰 되를 사용하였다.

이것은 정의를 행한다는 미명 아래에서 의도적이고 계획적으로 악을 행하는 것이었다. 사람들은 장사하고 거래하면서 이런 식으로 온갖 사기와 속임을 행한다.

2. 하나님이 그런 속임수들을 미워하신다는 것. 속임수가 행해지는 것이 돈에 대해서이든 물건에 대해서이든, 사는 자에 의해서이든 파는 자에 의해서이든, 그 모든 속임수들은 다 여호와께서 미워하시는 것이다. 하나님은 그런 식으로 이루어진 거래를 잘 되게 하지 않으실 것이고, 그런 식으로 얻은 재물에 복을 주지 않으실 것이다. 하나님은 정의를 유지하는 데에 필요한 사람들 간의 믿음을 그런 식으로 깨뜨리는 자들을 미워하시고, 그 모든 일에 대하여 그들에게 원수를 갚으실 것이다.

[11]비록 아이라도 자기의 동작으로 자기 품행이 청결한 여부와 정직한 여부를 나타내느니라

어떤 나무인지는 그 열매로 알 수 있고, 사람은 그가 행하는 것들을 보면 어떤 사람인지를 알 수 있다. 어린 나무라도 그 첫 열매들을 통해 어떤 나무인지를 보여주듯이, 비록 아이라도 그의 유치한 행동들을 통해서 자기 품행이 겉으로만 청결하고 선하게 보이는 것인지(이 단어는 16:2에서도 사용되고 있다), 아니면 진정으로 정직하고 선한지를 나타낸다.

1. 아이들은 그들 자신을 드러낸다는 것. 우리는 아이들의 행동을 보면 그들의 체질, 즉 그들의 기질이 어떤지, 그들이 어느 쪽으로 이끌리는지를 금방 알 수 있다. 아이들은 어른들과는 달리 그들의 굽은 것들을 위장하거나 숨기는 술수를 아직 배우지 않았다.

2. 부모들은 자녀들을 잘 관찰해서, 그들의 성품과 재능을 발견해 내어 적절하게 관리하여, 선한 것들은 더욱 장려하고 잘못된 것들은 뽑아내야 한다는 것. 그럴 때에 유익한 것은 지혜이다.

[12]듣는 귀와 보는 눈은 다 여호와께서 지으신 것이니라

1. 하나님은 자연의 하나님이시고, 자연의 모든 권능과 기능들은 하나님에

게서 나온 것으로서 하나님께 의존되어 있기 때문에 하나님을 위하여 사용되어야 한다는 것. 놀랍고 기가 막힌 구조를 지닌 귀와 눈을 지으시고 만드신 이도 하나님이시고(시 94:9), 그 눈과 귀를 우리에게 사용하도록 주신 분도 하나님이시다. 우리가 듣는 귀와 보는 눈을 가진 것은 다 하나님의 섭리 덕분이다. 듣는 것과 보는 것은 배움을 위한 감각들이기 때문에, 우리는 특히 그것들로 인하여 하나님의 선하심을 시인하여야 한다.

2. 하나님은 은혜의 하나님이시라는 것. 하나님의 음성을 들을 귀를 주시고, 하나님의 아름다우심을 보는 눈을 주신 분은 하나님이시다. 왜냐하면, 명철을 열어 주시는 분은 하나님이시기 때문이다.

13 너는 잠자기를 좋아하지 말라 네가 빈궁하게 될까 두려우니라 네 눈을 뜨라 그리하면 양식이 족하리라

1. 안일함에 빠져 있는 자들에게는 일용할 양식이 없으리라는 것. 양식은 정직하게 일을 해야 얻어지는 것이다. "그러므로 너는 잠을 자야 한다고 할지라도(그것은 자연 현상이다), 일을 싫어하는 자들처럼 잠자기를 좋아해서는 안 된다. 장차 일하기 위한 것이 아니라, 그저 편안하다는 이유로 잠자기를 좋아하지 말라. 잠을 많이 자려고 하지 말고, 잠으로 보낸 시간을 아까워하며 잠 자지 않고 살아갈 수 있었으면 하고 바라고, 늘 부지런히 선한 일을 하라." 하인들에게 잠을 자게 하여야 하는 것과 마찬가지로, 우리의 육신도 잠을 자야 한다. 육신은 잠을 자지 않고서는 우리에게 유익을 가져다 줄 수 없다. 하지만, 잠자기를 좋아하는 자들은 빈궁하게 되기 쉬운데, 그것은 단지 그들이 많은 잠으로 시간을 허비하기 때문만이 아니라, 깨어 있을 때에도 온전히 깨어 있지 않고 몽롱한 상태에서 모든 일을 건성으로 행하는 것이 몸에 배게 되기 때문이다.

2. 부지런히 몸을 움직여서 일을 하는 자들은 풍족함을 기대할 수 있다는 것. "네 눈을 뜨라. 잠을 떨쳐 버리고 깨어나서, 이 날에 할 일이 얼마나 많은지, 너의 일이 얼마나 너를 원하고 있는지, 네 주위에 있는 다른 사람들이 얼마나 바쁘게 일하는지를 보라! 네가 깨어 있을 때에는 정신을 바짝 차리고 네게 유익한 것들이 있는지를 똑바로 보고, 네게 주어진 기회들을 놓치지 말라. 네 일

에 마음을 쏟고 정성을 다하라. 이것은 큰 유익을 얻기 위한 쉬운 조건이다: 네 눈을 뜨라 그리하면 양식이 족하리라. 네가 부자가 되지 못한다고 하여도, 너는 먹고 살 만큼 충분한 것을 얻게 될 것이고, 그것은 잔치를 베푼 것만큼이나 좋을 것이다."

14물건을 사는 자가 좋지 못하다 좋지 못하다 하다가 돌아간 후에는 자랑하느니라

1. 사람들이 물건을 싸게 사기 위해서 흥정할 때에 사용하는 술수들. 사람들은 그 물건을 꼭 사야 하는 입장일 때에도 마치 그 물건이 그에게 꼭 필요하거나 그의 마음에 드는 것은 아닌 체하며 물건 값을 깎을 뿐만 아니라(이것은 슬기로운 것일 수 있다), 물건이 좋고 값이 나가는 것을 뻔히 알면서도 일부러 물건의 품질을 문제삼아서 값을 깎기도 한다. 그들은 물건이 좋지 못하다 좋지 못하다고 트집을 잡는다. "이 물건은 형편없네. 이런저런 흠이 있고, 또 더 흠이 있을지도 모르지. 이런 물건치고는 좋지 않아. 값도 너무 비싸고 말이야. 이런 물건은 다른 데서 얼마든지 더 싸게 살 수 있고, 일전에는 더 좋은 물건을 이 값보다 더 싸게 사기도 했어." 이것은 사람들이 흥정할 때에 사용하는 통상적인 방법이다. 그들은 그들이 말하는 것이 사실이 아니라는 것을 알고 있다. 그러나 파는 자가 자기 물건이 좋고 가격도 비싸지 않다고 호들갑을 떨면, 파는 자는 그 물건을 좋지 않게 말하는 것 외에 달리 흥정할 방법이 없다. 따라서 잘못은 양쪽에 다 있다. 하지만, 사는 자나 파는 자나 과장이나 위장을 하지 않고 있는 그대로를 말한다면, 흥정은 모든 면에서 아주 선하게 진행될 것이다.

2. 사람들은 비록 물건을 좋지 않다고 흠을 잡았지만 흥정이 잘 되어서 막상 그 물건을 얻으면 즐거워하고 자랑한다는 것. 이것은 그들이 흥정할 때에 짐짓 위장을 했다는 것을 시인하는 것이다. 파는 자가 고객을 잃지 않기 위해서 어쩔 수 없이 가격을 낮추면(많은 가난한 상인들은 조금이라도 이문을 남기기 위해 그렇게 할 수밖에 없다), 물건을 산 자는 집으로 돌아가서, 자기가 싼 값에 아주 좋은 물건을 샀다고 자랑하고, 그가 그렇게 한 것을 남이 흉을 보면 그것을 그에 대한 모욕이자 비방으로 받아들인다. 물건을 산 자는 그 물건이 얼마나 가치가 있는지를 파는 자보다 더 잘 알고 있었을 것이고, 그런 흥정을 통해서 자기가 얼마나 큰 이득을 보았는지를 잘 알고 있다. 사람들은 이렇게

속임수를 사용해서 이득을 본 것을 기뻐하고 자랑하는 성향을 지니고 있다. 사람들이 사기나 거짓말로 아무리 많은 이득을 보았다고 하여도, 사실은 그런 짓을 한 것을 부끄러워하는 것이 마땅하다.

15세상에 금도 있고 진주도 많거니와 지혜로운 입술이 더욱 귀한 보배니라

이 잠언은 지혜로운 입술(입술을 지도하는 선한 명철과 그 지식을 전하는 훌륭한 언변)이 금이나 진주, 그 어떤 보배보다도 훨씬 더 귀하다고 말하는데, 그 이유는 다음과 같다.

1. 지혜로운 입술은 아주 희귀해서 얻기가 힘들다는 것. 호주머니 속에는 금이 있으면서도 마음 속에는 은혜가 없는 자들이 많다. 솔로몬 시대에는 금도 많았고(왕상 10:21) 진주도 많았다. 누구나 다 금으로 된 것들을 지니고 있었다. 금은 어느 읍내에서나 살 수 있었다. 그러나 지혜는 희귀한 것이었고, 귀한 보배였다. 지혜를 갖고서 선을 행하는 자는 거의 없었고, 지혜는 상인들로부터 구입할 수 있는 것도 아니었다.

2. 지혜로운 입술은 우리를 더욱 부요하게 해주고 더욱 빛내준다는 것. 그런 입술은 우리를 하나님에 대하여 부요하게 해주고, 선한 일들에서 부요하게 해준다(딤전 2:9-10). 대부분의 사람들은 금을 좋아하고, 진주도 한두 개로는 성이 차지 않아서, 많은 보석을 갖고자 한다. 그러나 지혜로운 입술을 지닌 자는 그러한 것들을 멸시한다. 왜냐하면, 그는 더 좋은 것을 알고 있고 소유하고 있기 때문이다.

16타인을 위하여 보증 선 자의 옷을 취하라 외인들을 위하여 보증 선 자는 그의 몸을 볼모 잡을지니라

이 잠언에서는 자신의 모든 재산을 다 잃고 곧 거지가 될 두 부류의 사람들에 대하여 얘기하면서, 그런 자들을 믿거나 신뢰해서는 안 된다고 말한다.

1. 누가 부탁하든 기꺼이 보증을 서주거나 빈둥거리는 친구들을 돕는답시고 무턱대고 경솔하게 보증을 서주는 자들. 그들은 결국 파산하게 될 것이고,

오래 버티지 못할 것이다. 그런 자들은 가산을 통째로 탕진하는 자들이다.

2. 행실이 좋지 않은 여자들을 좋아해서 함께 어울리는 자들. 그들은 머지않아 거지가 될 것이다. 그런 자들에게는 상당한 담보 없이는 절대로 돈을 빌려 주지 말라. 이상한 여자들은 남자들을 빈털터리로 만들어서 스스로를 배불리는 이상한 방법들을 잘 알고 있다.

17 속이고 취한 음식물은 사람에게 맛이 좋은 듯하나 후에는 그의 입에 모래가 가득하게 되리라

1. 죄를 짓는 순간에는 잠시 달콤할 수 있다는 것. 속이고 취한 음식물, 즉 사기나 거짓말이나 압제를 통해서 얻은 재물은 사람에게 맛이 좋을 수 있고, 속여서 얻은 것이기 때문에 더욱 달콤할 수 있다. 육적인 마음을 지닌 자들은 악한 계략들이 성공할 때에 그런 쾌감을 느낀다. 죄가 주는 온갖 쾌락들과 이익들은 속이고 취한 음식물이다. 그것들은 금지된 과실이기 때문에 훔쳐진 것들이다. 하지만, 그것들은 사람들이 기대한 것이 아니기 때문에 결국 그들을 속이게 될 것이다. 하지만, 그것들은 잠시 동안은 사탕처럼 혀에서 달콤해서, 죄인들은 그것들에 대하여 행복해 할 것이다.

2. 죄는 나중에 회상할 때에 쓴 것이 된다는 것. 죄인의 입은 나중에 모래가 가득하게 될 것이다. 그의 양심이 깨어나고, 자기가 속았다는 것을 알며, 그의 죄로 인한 하나님의 진노를 염려하게 될 때, 죄인은 그 죄를 생각하기만 해도 이루 말할 수 없이 고통스럽고 불안해진다. 죄로 인한 쾌락은 잠시뿐이고, 그 후에는 근심이 이어진다. 몇몇 나라들에서는 행악자들을 모래가 섞인 떡을 주어 먹게 하는 벌로 다스리기도 하였다.

18 경영은 의논함으로 성취하나니 지략을 베풀고 전쟁할지니라

1. 무슨 일이나 심사숙고해서 적어도 자기 자신과 충분히 의논해 보고 행하는 것이 좋고, 중요한 일들을 결정할 때에서 친구들과 상의할 뿐만 아니라, 특히 하나님의 뜻과 지시하심을 구하는 것이 좋다는 것. 이것은 우리의 마음과 목적이 성취되게 하고 우리의 일이 잘 풀리게 하는 길이다. 반면에, 성급하고

경솔하게 행하면, 나중에 후회하게 된다. 시간을 두고 신중하게 하는 것이 결국에는 시간을 아끼는 것이 될 것이다. 충분히 심사숙고한 후에 최종적인 결정이 내려져야 한다.

2. 특히 전쟁을 함에 있어서는 신중에 신중을 기하는 것이 지혜로운 일이라는 것. 전쟁을 해야 할지 말아야 할지, 전쟁을 하는 것이 옳은 일인지, 그것이 현명한 일인지, 적을 충분히 상대할 수 있는지, 후퇴하기에는 때가 이미 늦었을 때에 전쟁을 잘 수행할 수 있을지를 깊이 생각해 보고 조언을 구하라(눅 14:31). 전쟁이 시작되었을 때에는 어떤 전술들을 사용하여 전쟁을 수행할지를 깊이 생각하라. 왜냐하면, 전쟁에서는 용기만큼이나 지략도 필요하기 때문이다. 법정에 서는 것은 일종의 전쟁에 나가는 것이기 때문에 좋은 조언을 받아서 행하여야 한다(25:8). 로마인들 사이에서는 다음과 같은 금언이 있었다. 전쟁은 억지로 하지도 말고, 그렇다고 해서 피하지도 말라.

[19]두루 다니며 한담하는 자는 남의 비밀을 누설하나니 입술을 벌린 자를 사귀지 말지니라

우리가 사귀면 위험한 두 부류의 사람들이 있다.

1. 말을 여기저기 옮기는 자들. 그들은 통상적으로 듣기 좋은 말들을 하는 자들로서 그럴 듯한 말로 사람들의 환심을 산다. 여기저기 다니며 이야기들을 옮기는 자들, 이웃들과 혈육들 사이에서 해악을 끼치는 자들, 사람들의 마음속에 통치자들과 목회자들, 또는 서로에 대한 시기심을 심는 자들, 남들이 그들에게 말한 비밀들이나 부정한 방법으로 알게 된 비밀들을 누설하는 자들, 사람들의 생각이나 의도를 추측한답시고 사람들에 대하여 거짓된 것들을 얘기하는 자들은 지조가 없어서 믿을 수 없는 자들이다. "그런 자들과는 사귀지 말라. 그들이 어떤 얘기나 비밀을 말하거든 그들에게 너에 관한 얘기를 하지 말라. 왜냐하면, 그들은 틀림없이 다른 곳에서 가서 너의 비밀을 누설하고 너에 대한 얘기를 흘릴 것이기 때문이다."

2. 아부하는 자들. 왜냐하면, 그들은 흔히 여기저기에 말을 옮기는 자들일 것이기 때문이다. 어떤 사람이 너의 비위를 맞추고 네게 찬사를 보내고 너를 칭찬한다면, 너는 그가 네게 어떤 목적이 있는 것이라고 의심해서 그를 경계하

여야 한다. 그는 네게서 어떤 약점이 될 만한 이야기를 찾아내서 다른 사람에게 그 이야기를 옮기려고 하는 것일 가능성이 많다. 그러므로 입술을 벌려서 듣기 좋은 말을 하는 자를 사귀지 말라. 네게 듣기 좋은 말을 하는 자들을 신뢰해서 그에게 너의 비밀이나 사업 얘기를 털어놓으면, 너는 그들의 찬사에 대하여 값비싼 대가를 치르는 것이 될 것이다.

[20]자기의 아비나 어미를 저주하는 자는 그의 등불이 흑암 중에 꺼짐을 당하리라

1. 불효자는 점점 더 악하게 된다는 것. 그는 그의 아비나 어미를 멸시하고, 그들의 교훈을 무시하며, 그들의 명령에 불순종하고, 그들이 책망하면 불 같이 화 내는 것으로 시작하였지만, 결국에는 뻔뻔스러움과 불경이 극에 달해서, 부모를 저주하며 상스러운 욕을 하고, 그를 지극정성으로 고생하며 키워준 부모에게 재앙이 내렸으면 좋겠다고 할 정도가 되어 버린다. 그것은 이런 짓을 사형에 해당하는 죄로 규정한 하나님과 그의 율법에 도전하는 것이고(출 21:17; 마 15:4), 인간으로서의 도리와 천륜을 짓밟는 것이며, 배은망덕한 행위이다.

2. 불효자는 결국 아주 비참하게 된다는 것. 그의 등불이 흑암 중에 꺼짐을 당하리라. 그의 모든 존귀함은 먼지 속에 나뒹굴게 될 것이고, 그는 영원히 그의 명성을 잃게 될 것이다. 그는 마음의 어떤 평안이나 위로를 결코 기대할 수 없고, 이 세상에서 형통하기를 기대할 수 없을 것이다. 제5계명에 나오는 약속에 따라서, 그의 수명은 짧아질 것이고, 그의 생명의 등불은 일찍 꺼지게 될 것이다. 그의 가정은 끊어질 것이고, 그의 후손은 그에게 저주가 될 것이다. 그렇게 해서, 그는 영원한 멸망을 받게 될 것이다. 그의 행복의 등불은 영원한 캄캄한 흑암 중에 꺼짐을 당할 것이다(유 1:13; 마 22:13).

[21]처음에 속히 잡은 산업은 마침내 복이 되지 아니하느니라

1. 벼락부자가 되는 경우가 있을 수 있다는 것. 돈을 벌 수만 있다면 무슨 말이든 하고 무슨 일이든 하는 자들, 가산을 맡았을 때에 아버지를 속여서 빼돌리는 자들, 자기 자신이나 가족을 제대로 먹이지도 않고, 자기가 번 돈을 야비할 정도로 아끼고 모아서, 땅을 사거나 이자를 놓는 데에 사용하여 재산을

늘리는 자들은 옳든 그르든 부자가 될 것이다. 이런 방법들을 통해서 사람은 짧은 시간 안에 큰 부자가 될 수도 있다.

2. 벼락부자는 흔히 갑자기 망한다는 것. 그의 재산은 정직하게 벌어서 모은 것이 아니라 급하게 긁어 모은 것이고, 빨리 익으면 빨리 썩는 법이다. 그의 산업은 하나님의 복을 받지 못할 것이고, 하나님이 축복하지 않으시면, 그 산업은 편하게 누릴 수도 없고 오래갈 수도 없다. 따라서 그 산업을 얻은 자는 결국에 가서 미련한 자가 될 것이다. 그는 차라리 오랜 시간에 걸쳐서 견고하게 집을 짓는 편이 더 좋았을 것이다.

22 **너는** 악을 **갚겠다** 말하지 말고 여호와를 기다리라 그가 **너**를 구원하시리라

이 세상에서 사는 자들은 해악이나 모욕이나 환난을 예상하여야 한다. 우리는 가시덤불 속에 살고 있는 것이기 때문이다. 이제 여기에서 우리는 누가 우리에게 악을 행하였을 때에 우리가 어떻게 해야 하는지에 대하여 듣는다.

1. 우리는 스스로 복수해서는 안 되고, 그런 생각을 품어서도 안 된다는 것. "너는 네 마음 속에 네가 당한 악에 대하여 악을 갚겠다 말하지 말라. 언젠가는 그에게 복수를 해서 피장파장이 되게 하겠다는 생각을 하며 네 자신을 위로하지 말라. 네가 당한 악이 네 뇌리에 생생하고 그 일에 대한 너의 분노가 아주 깊을지라도, 복수하겠다고 결심하는 것은 물론이거니와 복수할 생각조차 하지 말라. 네가 믿음으로 하나님께 너를 도와 주시라고 기도해서 간접적인 방식으로 복수를 할 수 있다고도 생각하지 말라."

2. 우리는 우리 자신과 우리의 일을 하나님께 맡겨야 한다는 것. 우리는 하나님이 우리의 억울함을 풀어 주시고, 우리의 권리를 지켜 주시며, 우리에게 악을 행한 자들을 하나님이 합당하다고 생각하시는 때와 방법을 따라서 벌하여 주시도록 맡겨 드려야 한다. "여호와를 기다리라. 하나님이 무엇을 기뻐하시는지를 잘 살피고, 하나님의 뜻에 묵묵히 순종하라. 하나님은 너에게 악을 행한 자를 벌하시겠다고 말씀하시는 것이 아니라(도리어, 네가 그를 용서하고 그를 위하여 기도할 것을 바라신다), 너를 구원하실 것인데, 그것으로 충분하다. 하나님은 너를 보호하셔서, 네가 한 해악을 피했을 때에 다른 해악이 네게 다

시 찾아오지 못하게 해주실 것이다. 아니, 다윗이 시므이가 그를 저주했을 때에 바랐던 것처럼(삼하 16:22), 하나님은 네게 선으로 갚아 주셔서, 너의 괴로움을 상쇄시켜 주시고 너의 인내에 힘을 더하여 주실 것이다."

[23]한결같지 않은 저울 추는 여호와께서 미워하시는 것이요 속이는 저울은 좋지 못한 것이니라

이 잠언은 20절에 나온 것과 그 취지가 동일하다.

1. 이것을 여기에서 반복하고 있는 것은 그것이 하나님이 갑절로 미워하시는 죄이기 때문이고(이 죄와 동일한 성질을 지닌 거짓말하는 죄가 하나님이 미워하시는 일곱 가지 죄악 가운데서 두 번 언급되는 것과 마찬가지로, 6:17, 19), 아마도 당시에 이스라엘에서 만연되어 있었던 죄여서 사람들이 그런 식으로 하지 않으면 장사를 할 수 없다고 변명하며 마치 아무 죄도 아닌 것처럼 이 죄를 가볍게 여겼기 때문일 것이다.

2. 여기에서는 속이는 저울은 좋지 못한 것이니라는 말이 첨가되어 있다. 이것은 저울을 속이는 행위는 하나님께서 미워하시는 것일 뿐만 아니라, 죄인 자신에게도 이익이 되지 않는 것임을 보여주는 것이다. 그렇게 해서 실제로 얻는 이익은 없고, 그것은 제대로 장사하는 것이 아니다. 왜냐하면, 속임수를 써서 장사를 하게 되면, 결국 그 장사는 망하게 될 것이기 때문이다.

[24]사람의 걸음은 여호와로 말미암나니 사람이 어찌 자기의 길을 알 수 있으랴

이 잠언은 우리에게 우리의 모든 일에서 다음과 같이 하라고 가르친다.

1. 하나님을 반드시, 그리고 늘 변함없이 의지하라는 것. 우리의 모든 자연적인 행위들은 하나님의 섭리에 달려 있고, 우리의 모든 영적인 행위들은 하나님의 은혜에 달려 있다. 아무리 선한 자도 하나님이 그를 만들어 가시는 것보다 더 선할 수는 없다. 모든 피조물은 하나님의 뜻에 의해 정해진 모습을 우리에게 보여준다. 우리가 하는 일들이 이루어지는 것은 우리가 원하고 의도해서가 아니라 하나님이 인도하시고 원하셨기 때문이다. 힘센 자의 걸음조차도 여

호와로 말미암는다. 왜냐하면, 하나님이 없이는 그의 힘은 아무것도 아니고, 전쟁도 힘센 자가 항상 이기는 것이 아니기 때문이다.

2. 우리는 장래의 일들을 미리 볼 수 없기 때문에 예측할 수도 없다는 것. 사람이 어찌 자기의 길을 알 수 있으랴. 사람이 그에 대한 하나님의 계획들이 비밀에 싸여 있는데 그에게 무슨 일이 일어날지를 어떻게 알 수 있으며, 하나님의 지도하심 없이 스스로 어떤 일을 하겠다고 궁리할 수 있겠는가? 우리는 우리의 길을 알 수 없기 때문에 우리 자신에게 무엇이 좋은지도 알지 못한다. 그러므로 우리는 부득이한 일들을 불평 없이 하면서, 우리의 길을 여호와께 맡기며, 섭리의 인도하심을 따르고, 그 처분에 순종하여야 한다.

[25]함부로 이 물건은 거룩하다 하여 서원하고 그 후에 살피면 그것이 그 사람에게 덫이 되느니라

여기에는 하나님이 크게 모독을 받고, 사람을 그 덫에 걸려서 죄책에 휘말리게 할 뿐만 아니라 결국에는 환난과 멸망에 휩쓸리게 하는 두 가지 죄가 나온다.

1. 신성모독죄. 이것은 사람이 성물로 구별해 놓고서는 나중에 그 성물을 자기가 사용해 버리는 것으로서 여기에서는 그가 성물을 꿀꺽 삼키는 것으로 표현되고 있다. 어떤 식으로든 신앙과 예배, 또는 가난한 자들의 구제를 위하여 하나님께 봉헌된 성물들은 그 원래의 용도에 맞게 사용되도록 꼼꼼하게 보존되어야 한다. 직접적으로나 간접적으로 그 성물들을 착복하거나 원래의 용도대로 사용하지 않는 자들은 큰 벌을 받게 될 것이다. 사람이 어찌 십일조와 봉헌물 같은 하나님의 것을 도둑질하겠느냐(말 3:8). 신앙의 일들을 정성을 다해서 신중하게 하지를 못하고 대충 서둘러서 아무렇게나 해치우는 자들은 거룩한 것을 삼키는 자들이라고 할 수 있다.

2. 언약을 깨뜨리는 죄. 어떤 사람이 하나님께 서원하고 나서 그 후에 어떻게 하면 그 서원한 것을 지키지 않아도 되는지를 살피거나 그 서원을 깰 핑계들을 궁리하는 것은 그 사람에게 덫이 된다. 서원한 것이 잘 된 것인지가 의심스럽거나 그 표현들이 애매했다면, 그것은 다 그의 잘못이다. 그는 좀 더 신중하게 생각해서 서원을 하여야 했다. 왜냐하면, 나중에 가서 자신의 서원에 대하여 살

피는 것은 그의 양심을 큰 혼란에 빠뜨리는 것이기 때문이고(전 5:6), 일단 우리가 여호와께 입을 열어 아뢰었다면, 그 서원을 취소하기에는 때가 너무 늦은 것이기 때문이다(행 5:4).

26지혜로운 왕은 악인들을 키질하며 타작하는 바퀴를 그들 위에 굴리느니라

1. 방백들이 해야 할 일. 그들은 악을 행하는 자들에게 두려움의 대상이 되어야 한다. 그들은 서로 힘을 합하여 대담하게 악을 행하는 악인들을 흩어야 한다. 그런 일을 하는 데에는 오직 타작하는 바퀴를 그들 위에 굴리는 것, 즉 법을 그들에게 집행해서 그들의 세력을 부수고 그들의 계획들을 무산시키는 것 외에는 방법이 없다. 대놓고 사악하고 해악을 끼치며 스스로 타락할 뿐만 아니라 남들을 타락시키는 자들을 나라에서 제거하기 위해서는 종종 엄한 처벌이 사용되어야 한다.

2. 그런 일을 하기 위해 꼭 필요한 방백들의 자질. 그들은 경건함과 지혜로움을 둘 다 갖추어야 한다. 왜냐하면, 악덕을 억누르고 사회의 악폐를 개혁할 수 있는 것은 신앙과 신중한 분별력을 갖춘 지혜로운 왕이기 때문이다.

27사람의 영혼은 여호와의 등불이라 사람의 깊은 속을 살피느니라

우리는 여기에서 각 사람을 비추는 빛인 사람의 영혼의 존귀함에 대하여 듣는다.

1. 영혼은 신성한 빛이라는 것. 영혼은 여호와의 등불, 여호와께서 불을 밝혀 놓은 등불이다. 왜냐하면, 우리에게 깨달음을 주시는 것은 전능자의 숨결이기 때문이다. 사람 안에 심령을 지으신 이는 하나님이시다. 사람은 하나님의 형상을 따라서 지식을 가질 수 있도록 지음받았다. 저 고귀한 기능인 양심은 영혼 속에서 하나님의 대리인이다. 양심은 하나님에 의해서 켜진 등불일 뿐만 아니라, 하나님을 위하여 켜진 등불이다. 그러므로 영들의 아버지는 빛들의 아버지로도 불린다.

2. 영혼은 드러내는 빛이라는 것. 우리는 이성의 도움으로 사람들을 알고, 그들의 성품을 판단하며, 그들의 의도를 헤아리게 된다. 우리는 양심의 도움으

로 우리 자신을 알게 된다. 사람의 영혼은 자의식을 지니기 때문에(고전 2:11), 심령의 성품들과 감정들을 살피고, 선한 것을 칭찬하고 그렇지 않은 것을 정죄하며, 마음의 생각과 의도를 판단한다. 이것이 양심의 직임이자 능력이다. 그러므로 우리는 양심을 생각해서 올바른 지식을 가져야 하고 죄를 멀리 하여야 한다.

28왕은 인자와 진리로 스스로 보호하고 그의 왕위도 인자함으로 말미암아 견고하니라

1. 선한 왕의 미덕들. 그 미덕들은 **인자와 진리**, 특히 인자이다. 왜냐하면, 여기에서 인자는 두 번이나 언급되고 있기 때문이다. 선한 왕은 자기가 한 말을 엄격하게 지켜야 하고, 진실해서 온갖 위선을 혐오해야 하며, 자기에게 맡겨진 모든 일들을 양심적으로 수행하여야 하고, 진리를 지지하고 찬동하여야 한다. 또한, 그는 인자함으로 다스리고, 백성들을 측은히 여김으로써 백성들의 사랑을 얻어야 한다. 인자와 진리는 하나님의 보좌의 영광들이고, 왕들은 신들이라 불린다.

2. 선한 왕이 이로써 얻는 유익들. 이러한 미덕들은 그의 사람됨을 보전해 주고 그의 통치를 밑받침해 줄 것이며, 그가 백성들로부터는 사랑을 받고 원수들로부터는 두려움의 대상이 되어서 그를 안전하고 평안하게 해줄 것이다.

29젊은 자의 영화는 그의 힘이요 늙은 자의 아름다움은 백발이니라

이 잠언은 젊은이와 노인은 각각 나름대로의 장점을 지니고 있기 때문에 각자의 능력을 따라 나라와 백성을 섬길 수 있고, 서로 상대방을 무시하거나 부러워해서는 안 된다는 것을 보여준다.

1. 노인들은 젊은이들을 무시해서는 안 된다는 것. 왜냐하면, 젊은이들은 힘이 세고 행동하는 데에 적합해서, 나이가 들어 약한 자들이 하기 힘든 어려운 일들을 넉넉히 해낼 수 있기 때문이다. 젊은이들이 자신의 힘을 그들의 욕망을 채우기 위해서가 아니라 하나님과 나라를 섬기는 일에 선하게 사용하고, 그 힘을 자랑하거나 자기 힘을 믿고 오만방자하지 않는다면, **젊은 자의 영화는 그의**

힘이다.

2. 젊은이들은 노인들을 무시해서는 안 된다는 것. 왜냐하면, 노인들은 위엄이 있고 상담자로서 적합하고, 젊은이들이 갖고 있는 힘은 없지만, 그들보다 더 많은 지혜와 경험을 갖고 있기 때문이다. 수고하는 것은 젊은이들의 몫이고, 존귀함은 노인들의 몫이다. 하나님은 노인에게 존귀함을 더하셨다. 왜냐하면, 노인의 백발은 그의 아름다움이기 때문이다(단 7:9을 보라).

[30]상하게 때리는 것이 악을 없이하나니 매는 사람 속에 깊이 들어가느니라

1. 심한 책망이 필요한 사람들이 많다는 것. 일부 자녀들은 고집이 너무 세서, 부모들은 엄한 징계 없이는 그들을 제대로 교육할 수가 없다. 일부 범죄자들은 법과 공의의 준엄함을 피부로 느낄 필요가 있다. 그들에게는 점잖은 방법은 통하지 않는다. 그들은 시퍼렇게 멍이 들 때까지 맞아야 한다. 지혜로우신 하나님은 그의 자녀들에게 종종 아주 혹독한 환난이 필요하다는 것을 아신다.

2. 엄한 책망이 때로는 아주 큰 선을 이룬다는 것. 부식제가 상처를 치료하는 데에 도움이 되는 것과 마찬가지로, 엄한 책망은 교만한 육체를 먹어 치운다. 매는 마음 속에 단단히 얽혀 있는 저 미련함조차 내몰고, 거기에 있는 악을 깨끗이 청소한다.

3. 심한 책망을 가장 필요로 하는 자들이 그 책망을 가장 잘 견뎌내지 못하는 경우가 많다는 것. 사람들의 본성은 심하게 부패되어 있어서, 사람들은 그들의 뼈가 아플 때까지 맞는 것만큼이나 그들의 죄에 대하여 호되게 야단맞는 것을 싫어한다. 무릇 징계가 당시에는 슬퍼 보이나, 사실은 그에게 좋은 것이다(히 12:11).

제 21 장

[1]왕의 마음이 여호와의 손에 있음이 마치 봇물과 같아서 그가 임의로 인도하시느니라

1. 사람들의 걸음(20:24)만이 아니라 마음도 하나님의 손 안에 있다는 것. 하나님은 사람들의 마음을 바꾸실 수 있고, 사람들의 영혼에 은밀하게 강력히 역사해서 그들이 고집하였던 것을 버리고 그들이 가장 하기 싫어했던 것으로 그 마음이 가게 하실 수 있다. 이것은 마치 농부가 물의 성질을 바꾸거나 어떤 강제력을 동원하지 않고서도 수로와 도랑들을 이용해서 물길을 자기 논에 대는 것과 같다. 하나님은 섭리를 통해서 사람들의 의지가 지니고 있는 본래적인 자유에 영향을 미쳐서 그 의지의 방향을 인도하여 그의 뜻을 이루는 데에 기여하게 하신다.

2. 왕들의 마음도 마찬가지라는 것. 왕들은 큰 권세와 대권을 지니고 있음에도 불구하고, 하나님은 평범한 사람들의 마음과 마찬가지로 왕들의 마음도 그의 손 안에 쥐고 계신다. 우리는 왕들의 마음을 움직일 수 있기는커녕 헤아릴 수조차 없다. 왕들은 국가 기밀들을 다루는 자들이기 때문에 왕으로서의 막강한 대권을 가지고 있다. 그러나 크신 하나님은 왕들을 그의 눈 아래에 두고 계실 뿐만 아니라 그의 손 안에 쥐고 계신다. 왕들은 하나님이 하라고 하는 대로 하는 존재들이다. 최고의 절대 권력을 지닌 왕들도 하나님의 통치 아래에 있다. 하나님은 그의 뜻대로 할 마음을 그들에게 주신다(계 17:17; 스 7:27).

[2]사람의 행위가 자기 보기에는 모두 정직하여도 여호와는 마음을 감찰하시느니라

1. 우리는 모두 우리 자신과 우리의 행위들을 판단할 때에 편파적이기 쉽고, 마치 우리의 성품 속에 잘못된 것이라고는 하나도 없다는 듯이 지나치게 호의

적으로 생각하기 쉽다는 것. 사람의 행위, 심지어 잘못 나간 행위조차도 자기 보기에는 모두 정직하다. 교만한 마음은 양심의 입을 막기 위해서 더러운 일에 고운 색을 입히거나 전혀 옳지 않은 일을 옳은 일로 보이게 만드는 데에 귀재이다.

2. 우리에 대한 하나님의 심판은 진리에 따라 이루어지리라는 것. 우리가 우리 자신에 대하여 어떤 판단을 내리든, 여호와는 마음을 감찰하신다. 하나님은 마음을 보시고, 그 마음이 어떠냐에 따라 사람들을 판단하시며, 그들의 동기와 의도에 따라 그들의 행위를 판단하신다. 우리에 대한 하나님의 판단은 우리가 정말 심사숙고했을 때에 우리에 대한 우리의 판단만큼이나 정확하고, 오히려 더 정확하다. 하나님은 한 치의 오차도 없는 저울로 사람의 마음을 달아 보신다(16:2).

3공의와 정의를 행하는 것은 제사 드리는 것보다 여호와께서 기쁘게 여기시느니라

1. 많은 사람들은 그들이 제사를 드리기만 하면 공의를 행하는 것이 면제되고 그들이 저질렀던 불의도 다 사면된다는 착각 속에서 스스로를 속이고 있다는 것. 이것이 그들의 눈에 그들의 행위가 정직하고 옳게 보이게 만든다(2절). 우리가 금식하였고(사 58:3), 내가 화목제를 드렸노라(7:14).

2. 선한 삶을 사는 것(정의를 행하고 인자를 사랑하는 것)은 아주 돈을 많이 들여서 거창하게 제사를 지내는 것보다 하나님을 더 기쁘시게 해 드린다는 것. 제사는 하나님이 정하신 제도였고, 믿음과 회개 가운데서 드려질 때에만 하나님께 열납될 수 있었다(사 1:11 이하). 그러나 그렇게 드려진 제사일지라도 도덕적으로 본분을 다하는 것보다는 못하였다(삼상 15:22). 이것은 제사가 본질적인 것이 아니었고, 제사에 대한 의무가 영속적인 것이 아니었다는 것을 보여준다(미 6:6-8). 신앙에서 중요한 것은 하나님에 대한 본분과 세상에 대한 멸시, 그리고 이웃 사랑이라는 동기에서 공의와 정의를 행하는 데에 있다. 이것이 모든 번제물과 제물들보다 더 하나님을 기쁘시게 한다(막 12:33).

4눈이 높은 것과 마음이 교만한 것과 악인이 형통한 것은 다 죄니라

이 잠언은 우리에게 다음과 같은 것들을 보여주는 것으로 해석될 수 있다.

1. 악인의 특징들. 눈이 높고 마음이 교만한 자, 하나님과 사람에 대하여 오만방자하고 비웃는 태도를 보이는 자, 늘 이런저런 악을 궁리하고 짜내며 꾀하고 만들어 내는 자는 진정으로 악인이다. 악인의 빛은 죄이다. 죄는 악인의 자부심, 야망, 영광, 기쁨이고 악인의 업(사업)이다.

2. 악인의 참상. 악인의 교만한 기대, 그의 오만한 의도, 아주 교묘한 꾀와 계획들은 다 죄이다. 그는 그러한 것들을 통해서 죄책을 쌓고, 자기 자신의 환난을 준비해 나간다. 모든 악인들이 하는 일은 그들이 즐기는 것과 마찬가지로 온통 죄이다(패트릭 주교의 말). 그들은 그들의 욕망을 채우기 위하여 온갖 짓을 다하고, 하나님의 영광은 안중에도 두지 않기 때문에, 그들이 갈고 있는 것은 죄이다. 그러므로 그들이 제사 드리는 것도 죄일 뿐이라는 것은 조금도 이상한 일이 아니다(15:8).

[5]부지런한 자의 경영은 풍부함에 이를 것이나 조급한 자는 궁핍함에 이를 따름이니라

1. 부자가 되는 길. 이 세상에서 풍요롭고 편안하게 살고자 한다면, 우리는 땀 흘리거나 수고하는 것을 겁내지 말고 부지런히 일해야 하지만, 자기의 일과 관련된 모든 이점들과 기회들을 활용하고, 온 힘을 다해서 치밀하게 그 일을 진행해 나가야 한다. 그렇지만, 우리는 일을 성급하게 해서는 안 되고, 우리 자신이나 다른 사람들을 빨리 하라고 다그쳐서는 안 되며, 무리없이 순리를 따라 꾸준히 진행시켜 나가야 한다. 부지런해야 하지만, 아울러 머리도 써야 한다. 부지런한 자의 경영은 부지런한 자의 손과 마찬가지로 필수적이다. 앞날을 내다보는 능력은 일만큼이나 중요하다. 이렇게 지혜롭고 부지런한 자가 있느냐? 그는 넉넉히 먹고 살 만큼의 재물을 얻게 될 것이다.

2. 가난하게 되는 길. 조급한 자, 일을 할 때에 생각할 시간을 갖지 않고 별 생각 없이 성급하게 덤비는 자, 옳든 그르든 이득을 탐해서 불의한 행위들이나 지혜롭지 못한 계획들을 통해서 빨리 부자가 되고자 하는 자는 빈곤으로 가는 길 위에 있는 자이다. 그들이 그들을 일으켜 세워 줄 것이라고 기대하고 있는

그들의 생각과 궁리들이 결국 그들을 망쳐 놓게 될 것이다.

[6]속이는 말로 재물을 모으는 것은 죽음을 구하는 것이라 곧 불려다니는 안개니라

이 잠언은 정직하지 못한 행위들을 통해서, 또는 사람들을 압제하거나 술책을 부리는 것을 통해서, 또는 거짓 증언이나 속이는 계약들을 통해서 부자가 되고자 하는 자들, 이득이 될 만한 일이 있다면 거짓말하는 것에 조금의 거리낌도 느끼지 않는 자들의 어리석음을 보여준다. 그들은 아마도 그렇게 해서 재물을 모을 수 있을 것이다. 그러나 그 결과는 다음과 같은 것들이다.

1. 그들은 그들이 기대했던 만족을 얻지 못하리라는 것. 그들이 모은 재물은 불려다니는 안개이다. 그것은 그들의 영혼에 실망과 괴로움을 안겨줄 것이다. 그들은 그 재물로 인한 위로를 얻지 못할 것이고, 그 재물을 의지할 수 없으며, 끊임없는 불안에 시달리게 될 것이다. 그들의 재물은 그들 자신의 양심과 사람들의 비난에 의해서 이리 차이고 저리 차이게 될 것이고, 그들은 끊임없이 허둥대지 않을 수 없게 될 것이다.

2. 그들은 그들이 예상하지 못했던 멸망을 만나게 되리라는 것. 그들이 불법한 일들을 통해서 재물을 구하고 있는 것은 사실은 죽음을 구하고 있는 것이다. 그들은 그들이 얻은 재물 때문에 사람들의 시기와 악감정에 시달릴 것이고, 재물을 얻는 데에 동원된 그들의 속이는 혀 때문에 하나님의 진노와 저주를 받게 될 것인데, 하나님은 그 진노와 저주를 그들에게 임하게 하여 그들을 지옥으로 떨어뜨리실 것이다.

[7]악인의 강포는 자기를 소멸하나니 이는 정의를 행하기 싫어함이니라

1. 불의의 성격. 거짓말을 해서 돈을 버는 것(6절)은 직접 강도짓을 하는 것만큼이나 나쁘다. 속이는 것은 훔치는 것이다. 네가 거래를 할 때에 거짓말을 해서 돈을 더 긁어내는 것은 소매치기로 어떤 사람의 주머니에서 돈을 빼내오는 것과 마찬가지이다. 그 사람은 너를 믿었기 때문에 그런 일을 당한 것이었다. 그가 너를 믿은 것은 그의 자유로운 선택이었기 때문에 네게는 죄가 없다고 하는 말은 이 강도 행위를 정당화시켜 줄 수 있는 변명이 될 수 없다. 왜냐

하면, 사람을 믿고 거래하는 것은 누구에게나 마땅한 일이기 때문이다.

2. 불의의 원인. 사람들은 정의를 행하기 싫어한다. 그들은 모든 사람들에 대하여 각 사람에게 합당한 대우를 하고자 하지 않고, 이렇게 소극적으로 하지 않는 것에서 나중에는 적극적으로 부당한 대우를 하는 것으로 발전해 가서, 급기야는 강도 행위(본문에서 강포)를 하기에 이른다. 정의를 행하기를 거부하는 자들은 악을 행하는 것을 선택하는 것이다.

3. 불의의 결과. 불의는 죄인 자신의 머리로 되돌아갈 것이다. 악인의 강도 행위는 그들을 두렵게 할 것이다. 그들의 양심은 공포와 경악으로 가득 차게 되어서, 그들을 톱으로 켜서 갈기갈기 찢어 놓을 것이다. 그들이 저지른 불의는 여기에서와 영원히 그들을 소멸시킬 것이다. 그러므로 솔로몬은 앞에서 그들이 죽음을 구하는 것이라고 말했었다(6절).

8죄를 크게 범한 자의 길은 심히 구부러지고 깨끗한 자의 길은 곧으니라

이 잠언은 사람이 어떠냐에 따라 그의 길이 어떠냐가 결정된다는 것을 보여준다.

1. 악한 자들에게는 악한 길이 있다는 것. 사람이 고집이 세고 제멋대로이면, 그의 길도 심히 구부러져 있고 이상하고 낯설다. 인류 전체가 타락해 있기 때문에, 이것이 대부분의 사람들의 길이다. 사람들은 다 치우쳐 선을 행하는 자가 하나도 없다(시 14:2-3). 모든 육체가 그들의 길을 굽게 하였다. 제멋대로인 자, 속이는 자, 모든 일에서 교활한 속임수로 행하는 자의 길은 존귀함과 정직함의 모든 법과는 정반대되는 심히 구부러진 이상하고 낯선 길이다. 네가 그 길을 어디에서 찾을 수 있는지 또는 언제 그 길을 걷게 되는지를 알지 못하기 때문에, 그 길은 이상하고 낯설다. 그 길은 모든 선한 것으로부터 소외되어 있고, 사람들을 하나님과 그의 은총으로부터 멀어지게 하기 때문에 이상하고 낯선 길이다. 그 길은 하나님과 모든 정직한 자들이 저 멀리서 바라보는 길이다.

2. 깨끗한 자들은 그들의 행위로 말미암아 그들이 깨끗하다는 것이 증명된다는 것. 왜냐하면, 그들의 행위는 곧고 옳으며 의롭기 때문이다. 그들은 하나님의 기뻐하심을 받고 사람들로부터는 옳다는 인정을 받는다. 배교한 인류의 길은 심히 구부러져서 이상하고 낯설다. 그러나 깨끗한 자들, 하나님의 은혜로

말미암아 더러운 상태로부터 회복된 자들은 옛 세상에서 노아가 그랬듯이(창 7:1) 그들의 행위가 곧고 의롭다.

9다투는 여인과 함께 큰 집에서 사는 것보다 움막에서 사는 것이 나으니라

1. 다투기를 잘 하고 잔소리가 많은 여자, 빌미가 생길 때마다, 아니 아무런 빌미가 없어도 자주 화를 내고, 남편이나 주변 사람들을 야단치며, 항상 안달하고 자녀들이나 하인들에게 분풀이를 하며, 그렇게 해서 남편을 못살게 구는 여자를 아내로 둔 남자는 정말 괴롭다는 것. 남자가 아주 넓고 호화로운 큰 집, 곧 친구들을 불러서 함께 식사하며 교제를 가질 수 있을 정도로 널찍한 사교의 집(이것이 원어의 의미이다)을 가지고 있더라도, 이런 아내는 그 집으로 인한 위로를 남편에게서 다 앗아가 버린다. 이런 아내는 그와 그의 집을 비사교적인 집으로 만들고, 친구들과 참된 우정을 나누기에 부적합한 집으로 만들어 버린다. 이런 아내는 그로 하여금 그의 선택과 경영을 부끄러워하게 만들고, 그와 사귀는 사람들을 그에게로부터 쫓아버린다.

2. 많은 사람이 그런 괴로움 속에서 어떻게 할 수 없다. 그는 자신의 권위를 지킬 수 없다. 아내가 말도 되지 않는 일로 화를 낼 때에 그가 이치를 따져서 얘기해도 아무런 소용이 없다는 것을 발견한다. 왜냐하면, 그런 아내는 무슨 정당한 이유가 있어서 화를 내는 것이 아니고, 그가 이치를 따지면 따질수록 그녀의 분노는 더욱 격해지기 때문이다. 그는 지혜와 은혜가 있는 자이기 때문에 아내가 욕을 한다고 해서 욕으로 대꾸할 수도 없는 노릇이고, 부부로서의 애정이 있기 때문에 아내를 가혹하게 대할 수도 없다. 그러므로 그는 아내의 고함 치는 소리를 피해서 집 옥상으로 올라가서 한 쪽 구석에 조용히 앉아 있는 것이 상책이라는 것을 발견한다. 그가 거기에서 무사하게 있을 수 있다면, 그것이 그가 취할 수 있는 가장 지혜로운 길이다. 그것이 많은 사람들이 그러듯이 집을 떠나서 기분 전환을 위해서 나쁜 무리들과 어울리면서 아담처럼 자신의 죄를 아내의 잘못이라고 변명하는 것보다 더 낫다.

10악인의 마음은 남의 재앙을 원하나니 그 이웃도 그 앞에서 은혜를 입지 못하느니라

우리는 여기에서 지극히 악한 자의 성품을 본다.

1. 그는 남에게 해악을 가하고자 하는 강력한 성향을 지니고 있다는 것. 그의 마음 자체가 남의 재앙을 원한다. 그는 악이 행해지는 것을 원하는데, 악이 행해지는 것을 보는 재미만이 아니라 자기 손으로 악을 행하는 재미를 느끼고 싶어한다. 악성(惡性)의 뿌리는 사람의 심령에 있다. 사람이 악을 행하고자 하는 욕망은 죄를 잉태하여 낳는다.

2. 그는 선을 행하는 것에 대하여 강력한 혐오감을 지니고 있다는 것. 그의 이웃, 그의 친구, 그의 가장 가까운 혈육도 그의 도움이 아무리 절실해도 그 앞에서 은혜를 입지 못하고, 그에게서 조금의 인자함도 얻을 수 없다. 그는 악을 추구할 때에 그의 마음이 거기에 온통 가 있기 때문에 그의 길을 가로막는 자를 가만히 두지 않는다. 그는 그의 이웃이라고 해서 낯선 사람이나 원수보다 더 잘 대해 주지 않는다.

[11]거만한 자가 벌을 받으면 어리석은 자도 지혜를 얻겠고 지혜로운 자가 교훈을 받으면 지식이 더하리라

우리는 이와 동일한 잠언을 앞에서 보았는데(19:25), 이 잠언은 어리석은 자가 지혜롭게 될 수 있는 두 가지 방법이 있다는 것을 보여준다.

1. 구제불능일 정도로 악한 자들에게 벌을 가하는 것. 거만한 자를 법에 따라 벌을 받게 하라. 그리하면, 비록 어리석은 자일지라도 그것을 보고서 정신이 번쩍 나서 죄가 나쁘다는 것을 알게 될 것이고, 그것에 의해서 경고를 받아서 죄를 짓지 않게 조심할 것이다.

2. 기꺼이 가르침을 받고자 하는 지혜로운 자들에게 교훈을 주는 것. 지혜로운 자가 설교 말씀을 통해서 교훈을 받으면, 지혜로운 자만이 아니라 그 옆에 서 있던 어리석은 자도 지식을 얻는다. 다른 사람을 위한 선한 교훈을 우리 자신이 취하는 것은 전혀 불의한 일이 아니다.

[12]의로우신 자는 악인의 집을 감찰하시고 악인을 환난에 던지시느니라

1. 우리는 이 잠언을 선한 자들이 만물의 이치를 제대로 깨닫게 되었을 때

에 행악자들의 형통함을 부러워하지 않게 되는 이유를 보여주는 것으로 해석할 수 있다. 그들은 악인의 집이 이 세상의 온갖 좋은 것들로 가득 차 있는 것을 볼 때에 부러워하게 되는 시험에 빠질 수 있다. 그러나 그들은 악인의 집을 믿음의 눈으로 지혜롭게 꼼꼼히 살펴보았을 때에 하나님이 악인을 그 행악으로 인하여 환난에 던지실 것임과 악인의 집에는 머지않아 그 집을 반드시 파멸로 이끌게 될 저주가 임하여 있다는 것을 알고서, 악인을 두려워하거나 부러워하는 것이 아니라 도리어 멸시하거나 불쌍히 여기게 된다.

2. 어떤 이들은 이 잠언을 다른 의미로 해석하기도 한다. 의로운 자(공의를 집행하고 공공의 평화를 유지하는 임무를 맡은 재판관이나 방백)는 그의 권세로 악인들을 그들의 악행 때문에 무너뜨리고, 그들이 더 이상 악을 행하지 않도록 방지하기 위해서, 육식조나 더러운 새들이 모여 있는 둥지를 태워 버리려고, 악인의 집을 감찰하여 거기에 무기나 훔친 물건은 없는지를 살피고, 그의 가족 사항과 주변 사람들에 대하여 부지런히 탐문 수사를 벌인다.

13 귀를 막고 가난한 자가 부르짖는 소리를 듣지 아니하면 자기가 부르짖을 때에도 들을 자가 없으리라

우리는 이 잠언 속에서 무자비한 자에 대한 묘사와 그가 받을 벌에 대하여 듣는다.

1. 그에 대한 묘사. 그는 귀를 막고 가난한 자들이 부르짖는 소리를 듣지 아니하고, 그들이 먹을 것이 없고 궁핍해서 울부짖는 소리, 도와 달라고 간청하며 애걸하는 소리를 듣지 않는다. 그는 그들에 대하여 모른 척하기로 결심하였기 때문에, 그들의 소리를 듣지 않고, 그들을 그의 집 문에서 쫓아내며, 그에게 가까이 오는 것을 금지시킨다. 또는, 그들의 소리를 듣는 것을 피할 수 없는 상황이라면, 그는 그들이 그 어떤 하소연을 해도 꿈쩍도 하지 않고, 그들이 아무리 끈질기게 울며불며 매달려도 그들의 간청에 넘어가지 않는다. 그는 이웃들의 궁핍함을 보고도 도와 줄 마음을 닫는다(요일 3:17). 이것이 그가 귀를 막았다는 것의 의미이다(행 7:57).

2. 그가 받을 벌. 그는 언젠가는 자기가 곤경에 빠지게 될 것이고, 그 곤경으로 인해서 부르짖게 될 것이지만, 그 때에 그의 부르짖음을 들을 자가 없을 것이

다. 사람들은 그의 부르짖는 소리를 듣고자 하지 않을 것이고, 도리어 그가 그들에게 했던 그대로 그에게 되갚아줄 것이다. 하나님도 그의 부르짖음을 듣지 않으실 것이다. 왜냐하면, 긍휼을 행하지 아니하는 자에게는 긍휼 없는 심판이 있을 것이고(약 2:13), 이 땅에서 거지에게 떡 부스러기 하나를 주기를 거부했던 자에게는 지옥에서 물 한 방울도 주어지지 않을 것이기 때문이다. 가난한 자들의 부르짖는 소리에 귀를 막은 자들이 기도하면, 하나님은 귀를 막고 그들의 기도를 듣지 않으실 것이다. 우리가 가난한 자들의 부르짖는 소리를 들어주지 않으면, 그들은 하나님께 부르짖을 것이고, 그러면 우리는 해를 당하게 될 것이다(출 22:23).

[14]은밀한 선물은 노를 쉬게 하고 품 안의 뇌물은 맹렬한 분을 그치게 하느니라

1. 선물 속에서 흔히 발견되는 힘. 노(怒)보다 더 격렬한 것은 없다. 맹렬한 분(憤)의 위력이여! 그렇지만, 슬기롭게 준비된 훌륭한 선물은 도저히 달랠 수 없을 것으로 보였던 분노를 가라앉히고, 아무리 격렬한 노여움도 무장해제시킨다. 탐욕은 보통 다른 욕망들을 지배하는 주죄(主罪)이다. 돈은 만물을 지배한다. 야곱은 에서의 분노를, 아비가일은 다윗의 분노를 그런 식으로 달랠 수 있었다.

2. 뇌물을 주고 받을 때에 흔히 사용되는 술수. 그것은 은밀한 선물이자 품 안의 뇌물이어야 한다. 왜냐하면, 뇌물을 받는 자는 뇌물을 탐한다고 생각되지 않기를 바라고, 뇌물을 받은 것이 알려지지 않기를 바라며, 그의 분노를 불러일으킨 자에게 신세를 지는 모습을 보이지 않기를 바라기 때문이다. 그러나 뇌물이 은밀하게 주어진다면, 아무런 문제가 없게 된다. 선물을 줄 때에는 공개적으로 주어서 안 될 것이 없고, 자기가 어떤 선물을 보냈다고 자랑해도 안 될 것이 없다. 그러나 그것이 공의를 굽게 하는 뇌물이라면, 그것은 추악한 것이기 때문에, 뇌물을 좋아하는 자들도 그것을 부끄러워한다.

[15]정의를 행하는 것이 의인에게는 즐거움이요 죄인에게는 패망이니라

1. 자기 나라의 정부에 의해서 공의가 행해져서 정의가 서고 악이 억눌러지

는 것을 보는 것과 스스로 자신의 자리에서 공의를 행하는 것은 선한 자들에게 즐거움이요 만족이라는 것. 그들은 공의를 행할 뿐만 아니라 즐거운 마음으로 행하고, 부끄러움을 당할까봐서가 아니라 덕을 사랑해서 공의를 행한다.

2. 악덕과 불경(不敬)을 처벌하는 법들이 제대로 시행되는 것을 보는 것은 악인들에게 두려운 일이라는 것. 그것은 그들을 멸망시키는 것이다. 또한, 그들은 그들의 평판을 유지하기 위해서나 처벌이 무서워서 스스로 정의를 행할 수밖에 없는데, 그것이 그들에게는 괴롭고 분한 일이 된다. 또는, 우리가 이 본문을 우리의 방식대로 해석한다면, 그 의미는 이런 것이다: 신앙을 따라 행하는 데에는 참된 즐거움이 있지만, 모든 악한 길들의 끝에는 확실한 멸망이 있다.

[16]**명철의 길을 떠난 사람은 사망의 회중에 거하리라**

1. 방황하는 죄인의 모습. 그는 명철의 길을 떠나 방황한다. 그는 저 선한 길을 한번 떠난 후에는 끝없이 방황하게 된다. 신앙의 길은 명철의 길이다. 진정으로 경건하지 않은 자들은 진정으로 똑똑한 자들이 아니다. 이 길에서 벗어나 방황하는 자들은 하나님이 설정해 놓으신 울타리를 뚫고 나가서 세상과 육신에 속한 행실을 따르는 것이다. 그들은 길을 잃은 양들처럼 끝없이 헤맬 수밖에 없다.

2. 정착한 죄인, 또는 마침내 멸망한 죄인의 모습. 그는 사망의 회중, 즉 대홍수에 의해서 휩쓸려 죽은 옛 세상의 죄인들인 거인들의 회중에 거하게 될 것이다(그들은 결코 평안 중에 안식하는 것이 아니라, 그저 거기에 거하게 된 것뿐이다). 죄인들의 멸망은 불과 유황 속에서 고통을 당하는 것이라고 말해지기 때문에 종종 소돔의 멸망에 비유된다. 또는, 그는 둘째 사망의 권세 아래에 있는 저주 받은 자들의 회중에 거하게 될 것이다. 불 속에 던져 넣기 위해 다발로 묶여진 저주 받은 죄인들의 회중이 있고, 의인의 회중에 들어가지 못한 자들은 바로 그런 죄인들의 회중에 영원히 거하게 될 것이다. 천국으로 가는 길을 버린 자는 다시 그 길로 돌아오지 않는다면 반드시 저 깊은 지옥으로 떨어지게 되어 있다.

[17]연락을 좋아하는 자는 가난하게 되고 술과 기름을 좋아하는 자는 부하게 되지 못하느니라

여기에는 방탕하고 사치스러운 삶을 살면 패가망신하여 가난하게 된다는 이유를 들어서 그런 삶을 살지 말라는 훈계가 나온다.

1. 쾌락주의자에 대한 묘사. 그는 연락(宴樂)을 좋아한다. 하나님은 우리에게 감각의 즐거움들, 예를 들면 사람의 마음을 기쁘게 하고 심령에 활기를 불어넣어 주는 포도주와 사람의 얼굴을 윤택하게 하는 기름을 적당히 절제해서 사용하는 것을 허락하신다. 그러나 그러한 것들을 좋아해서 거기에 마음을 빼앗기고, 감각의 모든 즐거움들에 지나치게 탐닉하여, 그런 즐거움들을 즐기는 것을 방해하는 모든 것을 참을 수 없어하고, 오직 그런 즐거움들을 최상의 즐거움으로 여겨서 영적인 즐거움은 거들떠보지도 않는 자는 쾌락주의자이다(딤후 3:4).

2. 쾌락주의자가 이 세상에서 받는 벌. 그는 가난하게 될 것이다. 왜냐하면, 육체의 쾌락들은 많은 비용을 들이지 않으면 유지되지 못하기 때문이다. 한때는 진수성찬을 먹고 값비싼 명품들이 없이는 살 수 없었던 자들이 결국에는 끼니도 스스로 해결하지 못해서 구걸해서 먹고 사는 처지로 전락한 예가 종종 있다. 멋쟁이였다가 거지가 된 사람이 한둘이 아니다.

[18]악인은 의인의 속전이 되고 사악한 자는 정직한 자의 대신이 되느니라

1. 사람들의 공의는 무엇을 해야 하는가. 한 나라를 괴롭히고 곤경에 빠뜨리는 악인들은 민족적인 심판을 받는 것을 미연에 방지하기 위해서 벌해야 마땅하다. 그렇지 않으면, 민족적인 심판이 임하여서, 의인들까지 거기에 휘말리게 될 것이다. 아간은 돌에 맞아 죽음으로써 의로운 이스라엘 진영의 속전이 되었고, 목을 맨 사울의 일곱 아들은 의로운 다윗의 나라를 위한 속전이 되었다.

2. 하나님의 섭리에 의해서는 흔히 어떤 일이 행해지는가. 의인은 환난에서 구원을 얻으나 악인은 의인 대신에 죽어서 의인의 속전이 된다(11:8). 하나님은 자기 백성을 버리느니 차라리 수많은 악인들이 죽게 두실 것이다. 내가 애굽을 너의 속량물로, 구스와 스바를 너를 대신하여 주었노라(사 43:3).

[19]다투며 성내는 여인과 함께 사는 것보다 광야에서 사는 것이 나으니라

1. 재갈이 물려지지 않은 분노는 혈육으로서의 위로를 쓰디쓰게 만들고 망쳐 놓는다는 것. 툭 하면 투정부리고 화를 잘 내는 아내는 남편의 위로가 되고 돕는 배필이 되기는커녕 남편의 삶을 불안하게 만든다. 평안함과 사랑 가운데서 살 수 없는 자들은 평안함과 행복 속에서 살 수 없다. 혼인을 하여 한 몸이 된 자들조차도 한 영이 되지 않는다면 그들이 연합한 기쁨을 누릴 수 없다.

2. 나쁜 자와 어울리느니 차라리 아무와도 어울리지 않는 편이 더 낫다는 것. 너의 언약의 아내는 너의 반려이지만, 아내가 다투며 성내는 여인이라면, 그런 아내와 함께 사는 것보다는 고독한 광야에서 비바람을 맞으며 사는 것이 낫다. 그런 남편은 다투기 좋아하는 가족들과 이웃들 가운데에 있는 것보다도 광야에서 하나님과 자기 자신을 더 잘 누리게 될 수 있다(9절을 보라).

[20]지혜 있는 자의 집에는 귀한 보배와 기름이 있으나 미련한 자는 이것을 다 삼켜 버리느니라

1. 지혜로운 자들은 그들의 소유를 늘려서 풍족하게 산다는 것. 그들은 지혜를 발휘해서 수입에 맞춰서 돈을 적절하게 쓰고 장래를 위해서 저축할 것이다. 따라서, 그들의 집에는 사람들이 다 갖고 싶어하는 귀한 보배와 생활을 편리하게 해주는 온갖 좋은 물건들이 있고, 때를 따라 나는 먹거리들, 특히 가나안의 일상적인 식단 중의 하나인 기름이 풍족하게 있을 것이다(신 8:8). 그런 것들은 지혜 있는 자의 집 또는 초가집에 있다. 구식 집에 살면서 있어야 할 것들을 다 갖추고 사는 것이 현대식의 멋진 집에 살면서 살림살이가 엉망인 것보다 더 낫다. 하나님은 지혜로운 자들의 수고를 축복하시기 때문에, 지혜로운 자들의 집은 번창한다.

2. 미련한 자들은 그들의 소유를 그들의 욕망을 채우는 데에 잘못 써서 재산을 다 날려 버린다는 것. 그들이 가진 것을 서둘러서 다 써버리고 어떤 식으로 재산을 늘려야 하는지에 마음을 쓰지 않는 자들은 집을 형편없이 돌보는 자들이다. 미련한 자녀들은 지혜로운 부모들이 모아 놓은 재산을 다 허비해 버린다. 탕자와 같은 죄인 한 사람이 많은 선을 무너지게 하느니라(전 9:18).

[21]공의와 인자를 따라 구하는 자는 생명과 공의와 영광을 얻느니라

1. 신앙을 우리의 업으로 삼는다는 것은 무엇인가. 그것은 신앙의 일들 가운데서 손쉬운 일들에 만족하지 않고, 온전함을 향하여 온 힘을 쏟아 나아가면서 못 미칠 것을 두려워하는 자들처럼 최고의 정성과 수고를 다하여 의와 인자를 따라 우리의 본분과 도리를 다하는 것이다. 우리는 의를 행하고 인자를 사랑하되, 끝까지 인내하며 그것을 꾸준히 해나가야 한다. 우리는 온전함에 이를 수는 없다고 할지라도, 우리가 온전함을 목표로 하여 나아간다는 것 자체가 우리에게 위로가 될 것이다.

2. 그렇게 할 때의 유익은 무엇인가. 의를 따라 구하는 자들은 의를 얻을 것이다. 하나님은 그들에게 선을 행할 수 있도록 은혜를 주실 것이고, 그들은 선을 행할 때에 즐거움과 위로를 얻게 될 것이다. 세심하게 마음을 써서 다른 사람들을 의롭게 대하는 자들은 그렇게 행함으로써 즐거움과 위로를 얻을 것이고, 다른 사람들로부터 의롭고 인자하게 대접을 받게 될 것이다. 유대인들은 의를 따라갔지만, 잘못 구하였기 때문에 의를 얻지 못하였다(롬 9:31). 의를 찾으라 그리하면 너희는 의를 얻을 것이고, 의와 더불어서 의의 면류관인 생명과 영광, 즉 영원한 생명과 존귀함을 얻게 될 것이다.

[22]**지혜로운 자는 용사의 성에 올라가서 그 성이 의지하는 방벽을 허느니라**

1. 힘을 지닌 자들은 그들의 힘으로부터 큰 것들을 기대하기 쉽다는 것. 용사의 성은 난공불락이라고 생각되기 때문에, 그 성은 자신의 방벽을 의지하고 자랑하며, 위험을 무시한다.

2. 지혜를 지닌 자들은 겸손해서 많은 것을 약속하지는 않지만 그들의 지혜를 사용해서 흔히 자신의 힘을 자신만만해하는 자들을 상대로 큰 일들을 이루어낸다는 것. 좋은 책략은 큰 힘에 대항해서도 대단한 성공을 거두는 법이다. 전략을 잘 세우면, 용사의 성에 올라가서 그 성이 의지하는 방벽을 허는 일을 성공시키는 것이 얼마든지 가능하다. 지혜로운 자는 이성의 힘으로 사람들의 마음을 얻는데, 이것은 무력에 의한 것보다 더 고귀한 정복이다. 자기에게 이익이 되는 것이 무엇인지를 아는 자들은 지혜롭고 선한 자에게 기꺼이 순복하고, 아무리 견고한 성벽도 지혜로운 자 앞에서는 버티지 못한다.

[23]입과 혀를 지키는 자는 자기의 영혼을 환난에서 보전하느니라

1. 우리가 우리 자신을 온전히 보전하고 우리 영혼이 하나님을 섬기는 일에 적절한 상태에 있기 위해서는, 우리의 영혼을 덫이나 곤혹스러운 일들에 휘말리게 하고 괴로운 일들 때문에 불안하게 하여 궁지에 몰리지 않게 마음을 써야 한다는 것.

2. 자기의 영혼을 지키고자 하는 자들은 그 문의 역할을 하는 입술 앞에 보초를 세우고 입을 지켜서 절제함으로써, 금지된 열매나 훔친 물이 그 속으로 들어가지 못하게 하고, 무엇이든 지나치게 먹고 마시지 못하게 하여야 한다는 것. 또한, 그들은 혀를 지켜서, 금지되거나 부패한 말이 입술이라는 문을 통해서 나가지 못하게 하여야 한다. 다스려지지 않은 혀가 사람들을 많은 재난들에 빠뜨리기 때문에, 우리의 말을 끊임없이 지키고 조심하면, 우리는 많은 재난들을 미연에 방지할 수 있다. 네 마음을 지키라. 그리하면, 그것이 네 혀를 죄에서 지켜줄 것이다. 네 혀를 지키라. 그리하면, 그것이 네 마음을 괴로움에서 지켜줄 것이다.

[24]무례하고 교만한 자를 이름하여 망령된 자라 하나니 이는 넘치는 교만으로 행함이니라

이 잠언은 교만함과 오만함이 가져다 주는 해악을 보여준다.

1. 교만은 사람들로 하여금 죄를 짓게 만든다는 것. 교만은 사람들을 분노하게 만들고, 사람들 속에 교만한 분노의 불을 점화시킨다. 그들은 마치 화내는 것이 그들의 본업이나 되는 것처럼 끊임없이 분노 속에서 살아가고, 분노의 감정이나 증오에 찬 말을 대신할 수 있는 어떤 것을 할 수 있는 힘이 없다. 사람들의 심령과 모임을 자극하여 흥분시키는 분노의 대부분은 교만한 분노이다. 교만한 자들은 조금이라도 무시를 당하거나 어떤 일에서 반대를 받으면 참을 수 없어 하고, 기분 나빠 하거나 즉시 화를 낸다. 또한, 교만한 자들은 화가 나면 조소하고 독설을 퍼부으며 윗사람들에게 오만무례하고 주변의 모든 사람들에 대하여 독선적이 된다. 이 모든 일이 벌어지는 것은 오직 교만 때문이다.

2. 교만은 사람들로 하여금 수치를 당하게 만든다는 것. 교만한 자들은 그

들의 교만 때문에 악명을 얻게 되는데, 사람들은 그들을 무례하고 교만한 자라 부르면서 그들을 아예 상대하려고 하지 않는다. 사람들은 자신의 평판이나 신용을 조금이라도 생각한다면, 그러한 것들을 해치는 교만이나 분노를 자제하게 될 것이다.

[25]게으른 자의 욕망이 자기를 죽이나니 이는 자기의 손으로 일하기를 싫어함이니라
[26]어떤 자는 종일토록 탐하기만 하나 의인은 아끼지 아니하고 베푸느니라

1. 얼마든지 정직한 직업을 얻어서 정직하게 살아갈 수 있는데도, 자기의 손으로 일하기를 싫어하는 게으른 자들의 참상. 그들은 다른 사람들처럼 얼마든지 알맞은 직업을 얻어서 마음과 손을 써서 일할 수 있는데도, 그렇게 하려고 하지를 않는다. 그러면서도 그들은 그들이 자기 자신에게 잘 하고 있다고 생각하며 자랑스러워한다(26:16). 내 영혼아 평안히 쉬자. 그러나 사실인즉 그들은 그들 자신에 대하여 원수로 행하고 있는 것이다. 왜냐하면, 그들은 게으름으로 인해서 일용할 양식조차 얻지 못해서 굶어 죽게 될 뿐만 아니라, 그들이 지닌 욕망들이 그들을 찔러 죽이게 될 것이기 때문이다. 그들의 손이 일하기를 싫어한다고 해서, 그들의 마음이 재물이나 쾌락이나 명예를 탐하는 것을 그치는 것은 아니고, 그런 것들은 일하지 않고서는 얻을 수 없는 것들이다. 그들의 욕망들은 맹렬하고 만족할 줄 모른다. 그들은 종일토록 탐하기만 하고, 자기가 원하는 것들을 달라고 아우성을 친다. 그들은 다른 사람들을 위해서는 물론이고 그들 자신을 위해서도 아무 일도 하지 않으려 하면서, 모든 사람이 그들을 위해 줄 것을 기대한다. 그들의 이러한 욕망들이 그들을 죽이는 것이다. 그 욕망들은 그들을 끊임없이 괴롭혀서 초조하고 안달하게 만들어 초죽음이 되게 하고, 그들을 내몰아서 그들의 지칠 줄 모르는 욕망들을 만족시키기 위하여 때이른 죽음을 재촉하는 위험한 시도를 하게 한다. 육체가 쓸 것들을 마련하기 위해서 돈은 필요한데, 정직하게 일해서 돈을 벌기는 싫은 자들이 노상강도로 변하였다가 죽임을 당한 경우가 많았다. 그들의 영혼의 일들을 게을리하면서도 그들의 영혼을 행복하게 해주고자 하는 욕망은 여전히 갖고 있는 자들은 그 욕망이 그들을 죽일 것이고, 그들이 영적인 복들의 가치를 깨닫고 있었으면서도 그것들을 얻기 위해 꼭 필요한 수고를 거부했다는 사실 때문에 그들의 죄는 더욱

무거워질 것이다.

2. 정직하고 부지런한 자들이 얻게 될 존귀들. 의롭고 근면한 자들은 그들의 욕망들이 다 채워져서 만족을 누릴 뿐만 아니라, 다른 사람들에게 선을 행함으로써 얻는 추가적인 만족도 누리게 된다. 게으른 자들은 항상 뭔가에 굶주려서 그것을 받고자 하여 헐떡거리지만, 의인들은 항상 풍족하여서 남에게 베풀 궁리를 한다. 주는 것이 받는 것보다 복이 있다는 것을 알기 때문에, 그들은 아끼지 아니하고 베풀며, 후히 주고 꾸짖지 않는다. 그들은 일곱에게나 여덟에게 나눠 주고도 더 많은 사람들에게 베풀고자 하고, 부족하게 될 것을 염려해서 아끼고자 하지 않는다.

[27]악인의 제물은 본래 가증하거든 하물며 악한 뜻으로 드리는 것이랴

제사는 하나님이 정하신 제도였다. 사람들이 회개하고 삶을 고친 후에 믿음으로 제사를 드렸을 때, 하나님은 그 제사를 통해서 크게 영광을 받으셨기 때문에 제사를 기뻐하셨다. 그러나 제사는 흔히 하나님께 열납되지 않았을 뿐만 아니라 가증한 것이 되었고, 하나님도 그렇게 분명히 말씀하셨다. 이것은 제사가 그 자체로 독자적인 중요성을 지니고 있었던 것이 아니라, 제사가 폐지될 때에 뭔가 더 나은 것이 오게 되어 있었다는 것을 보여주는 것이었다. 다음과 같은 제사는 하나님께 가증한 것이다.

1. 제사의 참된 목적과 의도에 맞게 죄를 회개하고 욕망을 죽이며 삶을 고치고 나서 제사를 드려야 하는데도 악인들이 전혀 그렇게 하지 않는 가운데 드리는 제사. 가인은 하나님께 제사를 드렸다. 악인들조차도 외적으로는 예배를 드릴 수 있다. 하나님께 그들의 짐승과 입술과 무릎을 아낌없이 드리면서도 그들의 마음을 드리고자 하지 않는 자들이 많다. 바리새인들은 구제를 행하였다. 그러나 그 사람이 가증한 자이면(모든 악인은 하나님께 가증한 자이다), 그가 하는 것도 가증한 것일 수밖에 없다. 어떤 이들은 이 절의 후반부를 "그가 그것을 부지런히 가져올지라도"로 읽는다. 그들의 제물이 항상 하나님 앞에 있을지라도(시 50:8), 그 제물은 하나님께 가증한 것이다.

2. 악인들이 악한 뜻으로 드리는 제사. 압살롬의 서원, 이세벨의 금식, 바리새인들의 긴 기도 등과 같이 그들의 악한 뜻을 따라, 그리고 그 악한 뜻에 도움이

되게 하기 위하여 악인들이 드리는 제사는 더욱더 하나님 앞에 가증한 제사가 된다. 사람들이 그들의 어떤 탐욕이나 악의를 만족시키기 위한 흉계를 한층 더 쉽고 효과적으로 이루기 위해서 경건의 모양을 가장하거나, 어떤 악을 꾀하고 있으면서도 겉으로는 거룩한 척할 때, 그들의 제사나 제물은 특히 가증스러운 것이 된다(사 66:5).

[28]거짓 증인은 패망하려니와 확실히 들은 사람의 말은 힘이 있느니라

1. 거짓 증인이 받을 벌. 한편으로는 사람의 호감을 사기 위해서, 다른 한편으로는 악의를 가지고서 거짓 증언을 하거나, 거짓임을 스스로 뻔히 알고 있거나 적어도 참이라는 것을 알지 못하면서 선서를 하는 자는 그런 사실이 드러날 경우에 그의 평판이 땅에 떨어져서 패망하게 될 것이다. 사람은 엉겁결에 거짓말을 할 수도 있다. 그러나 거짓 증언을 하는 자는 깊이 생각해서 의도적이고 공식적으로 그렇게 하는 것이기 때문에 파렴치한 죄가 될 수밖에 없고, 그 결과 자신의 신용을 잃게 될 수밖에 없다. 그러나 그런 사실이 발각되지 않는다고 하여도, 그는 패망하게 될 것이다. 그가 거짓 맹세를 할 때에 자기 입으로 말하였던 그 저주가 그에게 임할 것이기 때문이다.

2. 양심을 지킨 자가 받는 칭찬. 이웃과 더불어 진리를 말하라는 하나님의 명령을 듣고 순종하는 자, 자기가 들었고 참이라는 것을 아는 것만을 증언하는 자의 말에는 일관성이 있다. 그는 언제나 동일한 이야기를 하고, 확실한 이야기를 한다. 그러므로 사람들은 그의 말을 신용해서 끝까지 들으려 할 것이다. 사람들에게 그의 말이 통해서, 그는 이길 것이고, 거짓 증인은 질 것이다. 그의 말은 영원할 것이다. 참된 것은 영원히 참되기 때문이다. 진실을 말하는 입술은 영원히 견고하게 선다(12:19).

[29]악인은 자기의 얼굴을 굳게 하나 정직한 자는 자기의 행위를 삼가느니라

1. 악인의 뻔뻔스러움과 무례함. 그는 자기의 얼굴을 굳게 한다. 즉, 그는 얼굴이 붉어지지 않게 하기 위해서 얼굴을 구리 같게 하고, 흉악무도한 죄들을 범할 때에 두려워 떨지 않기 위해서 얼굴에 철판을 깐다. 그는 법의 두려운 경

고들과 자기 양심의 통제, 하나님의 말씀의 책망들과 섭리의 꾸짖음들을 무시한다. 그는 자기 길을 가고자 하기 때문에, 아무도 그를 말릴 수 없다(사 57:17).

2. 선한 자의 조심스러움과 용의주도함. 정직한 자는 "내가 하고 싶고, 내 마음이 가는 것을 내가 하겠다"고 말하는 것이 아니라, "나는 무엇을 해야 하고, 하나님은 내게 무엇을 요구하시며, 내가 마땅히 해야 할 일은 무엇이고, 어떻게 하는 것이 지혜로운 것이며, 덕을 세우는 일이 무엇인가"라고 말한다. 따라서, 그는 인위적으로 자기 길을 가는 것이 아니라, 안전하고 확실한 규범을 따라 자기의 행위를 삼간다.

[30]지혜로도 못하고, 명철로도 못하고 모략으로도 여호와를 당하지 못하느니라 [31]싸울 날을 위하여 마병을 예비하거니와 이김은 여호와께 있느니라

이 잠언은 사람들이 어떤 일을 계획하거나 행할 때에 다음과 같은 것들을 믿고서 하나님을 바라보라고 권면한다.

1. 하나님을 대적해서는 그 어떤 성공도 있을 수 없다는 것. 그러므로 사람들은 하나님을 대적하거나 하나님의 명령을 무시하거나 하나님의 뜻을 거슬러서 행해서는 절대 안 된다. 그들은 그들에게 한편으로는 지혜와 명철과 모략이 있고, 다른 한편으로는 최고의 정책과 정치가들이 있다고 생각할지라도, 그들의 일이 여호와를 대적하는 것이라면 오랫동안 형통할 수는 없다. 그 일은 결국 이루어지지 않고 망하게 될 것이다. 하늘에 앉아 계신 이는 그와 그의 기름 부음을 받은 자를 대적하여 사람들이 꾸미는 일들을 바라보고 웃으시며, 그들의 온갖 음모에도 불구하고 그의 뜻을 관철시키실 것이다(시 2:1-6). 하나님을 대적하여 싸우는 자들은 그들 자신을 위하여 수치와 패망을 준비하고 있는 것이다. 하나님은 어린 양과 더불어 싸우는 자들을 반드시 이기실 것이다(계 17:14).

2. 하나님 없이는 그 어떤 성공도 있을 수 없다는 것. 그러므로 사람들은 오직 하나님을 의지해서 행하여야 한다. 어떤 일을 할 때에 명분이 아주 좋고, 후원자들이 아주 대단하고 지혜로우며 신실하고, 그 일을 성사시킬 유력한 수단들이 있고 성공 가능성이 거의 백 퍼센트일지라도, 우리는 그 일을 하나님이 주관하신다는 사실을 인정하고 하나님을 의지하여야 한다. 물론, 그 일을 하기

위한 준비들은 다 갖추어져 있어야 한다. 싸울 날을 위하여 마병과 보병이 예비되어 있어야 한다. 그들은 이미 훈련되어 있어야 하고 무장되어 있어야 한다. 하나님이 이스라엘에서 말들을 늘리는 것을 금지하셨는데도, 솔로몬 시대에 이스라엘의 왕들조차도 전쟁에서 말들을 사용하였다. 그러나 결국 이김과 구원은 여호와께 있다. 하나님은 군대 없이도 구원하실 수 있으시지만, 군대는 하나님 없이는 구원할 수 없다. 그러므로 전쟁을 하는 자가 그 전쟁에서 이기기 위해서는 하나님을 구하고 의지하여야 하고, 전쟁에서 이기고 나서는 모든 영광을 하나님께 돌려야 한다. 우리가 싸울 날을 준비하고 있을 때, 우리가 가장 관심을 기울여야 할 것은 하나님을 우리의 친구로 만들어서 하나님의 은총을 확보하는 것이 되어야 한다.

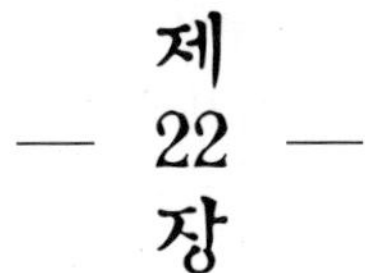

[1]많은 재물보다 명예를 택할 것이요 은이나 금보다 은총을 더욱 택할 것이니라

이 잠언에서는 큰 재물보다 더 귀하기 때문에 우리가 큰 재물보다도 더 욕심을 내야 하는 두 가지 것을 말한다.

1. 사람들로부터 좋은 평판을 듣는 것. 많은 재물보다 명예(즉, 하나님과 선한 자들이 보기에 선한 일들을 행하여 선한 이름을 얻는 것)를 택하는 것이 좋다. 즉, 우리는 많은 재산을 모을 수 있는 일이 아니라 선한 이름을 얻고 지킬 수 있게 해주는 일을 하는 데에 더 마음을 써야 한다는 것이다. 많은 재물은 사람에게 큰 염려를 가져다 주고, 사람을 위험에 빠뜨리며, 사람에게 진정한 가치를 더해 주지 않는다. 미련한 자와 악인은 많은 재물을 가질 수 있지만, 명예, 즉 선한 이름은 그 사람을 평안하고 안전하게 해주고, 사람들로 하여금 그 사람이 지혜롭고 정직할 것이라고 생각하게 해주며, 하나님께 영광이 되고, 선을 행할 수 있는 더 큰 기회를 얻게 해준다. 우리에게 많은 재물이 있으면 다른 사람들의 육신적인 궁핍들을 해결해 줄 수 있지만, 선한 이름이 있으면 사람들에게 신앙을 권하여 전도할 수 있다.

2. 주위의 모든 사람들로부터 사랑과 존경을 받는 것. 이것은 은이나 금보다 더 낫다. 그리스도께서는 은이나 금을 가지고 계시지 않으셨지만, 하나님과 사람에게 더욱 사랑스러워 가셨다(눅 2:52). 이것은 우리에게 이 세상의 재물을 거룩한 마음으로 멸시하고 재물에 마음을 두지 말며, 무엇에든지 사랑 받을 만하며 무엇에든지 칭찬 받을 만한 일들을 생각하는 데에 온 마음을 쏟으라고 가르친다(빌 4:8).

[2]가난한 자와 부한 자가 함께 살거니와 그 모두를 지으신 이는 여호와시니라

1. 사람들 가운데서 어떤 자들은 부한 자가 되게 하시고 어떤 자들은 가난한 자가 되게 하셔서 이 두 부류가 한 사회 속에서 섞여 살게 하시는 것이 하나님의 섭리라는 것. 가난한 자와 부한 자 둘 모두를 지으신 이는 여호와이시고, 사람들을 가난한 자와 부한 자 중 어느 하나의 운명에 배정하신 분도 여호와이시다. 이 세상에서 아무리 큰 자라 할지라도 그를 지으신 이는 하나님이시라는 것을 인정하여야 하고, 아주 비천한 자와 마찬가지로 하나님께 복종할 동일한 의무 아래 있다는 것을 인정하여야 한다. 아무리 가난한 자도 큰 부자와 마찬가지로 하나님이 직접 지으신 존재로서의 영광을 지니고 있다. 그들은 한 아버지를 가지지 아니하였느냐(말 2:10; 욥 31:15). 하나님은 어떤 자들은 부한 자가 되게 하셔서 가난한 자를 구제할 수 있게 하시고, 어떤 자들은 가난한 자가 되게 하셔서 부자를 섬길 수 있게 하신다. 그들은 서로를 필요로 한다(고전 12:21). 하나님은 어떤 자들을 가난한 자가 되게 하셔서 인내하고 자기에게 주어진 것에 만족하며 하나님을 의지하게 하시고, 어떤 자들을 부한 자가 되게 하셔서 하나님께 감사하고 사람들에게 후히 베푸는 일을 하게 하신다. 가난한 자들은 항상 우리와 함께 있다. 가난한 자들은 이 땅에서 결코 끊이지 않을 것이고, 부한 자들도 마찬가지이다.

2. 부한 자와 가난한 자 간에는 많은 점에서 거리가 있지만, 대부분의 일들에서, 특히 여호와 앞에서 그들은 함께 만난다는 것. 여호와는 둘 모두를 다 그의 손으로 지으셨기 때문에 부한 자라고 해서 가난한 자보다 더 잘 대해 주시지 않는다(욥 34:19). 부한 자와 가난한 자는 하나님의 법정에서 함께 만난다. 가난한 자나 부한 자나 다 하나님 앞에서 죄인이고, 죄 아래 갇혔으며, 죄악 가운데서 잉태되었다. 그들은 하나님의 은혜의 보좌 앞에서도 함께 만난다. 하나님은 부한 자든 가난한 자든 가리지 않고 다 은혜의 보좌 앞으로 나아오는 것을 환영하신다. 부한 자와 가난한 자에게는 한 분 동일한 그리스도, 하나의 성경, 한 분이신 성령, 하나의 동일한 약속의 언약이 있다. 부한 자나 가난한 자나 그들이 가는 천국도 동일하다. 나사로는 아브라함의 품 속에 있다. 가난한 죄인들이나 부한 죄인들이나 그들이 가는 지옥도 동일하다. 부한 자나 가난한 자나 다 똑같이 무덤 속으로 들어가듯이, 그들은 모두 하나님 앞에서 똑같은 조건으로 서 있다. 거기서는 작은 자와 큰 자가 함께 있고 종이 상전에게서 놓이느니라(욥 3:19).

[3]슬기로운 자는 재앙을 보면 숨어 피하여도 어리석은 자는 나가다가 해를 받느니라

1. 지혜와 사려깊음이 가져다 주는 유익. 슬기로운 자는 그의 슬기로움의 도움을 받아서 재앙이 오기 전에 그것을 미리 보고서 숨어 피한다. 그는 자기가 시험 속으로 들어가고 있음을 알고서, 즉시 무장하고 경계를 강화한다. 구름들이 몰려들면서 태풍이 불 조짐이 보이면, 그는 그 경고를 알아차리고서, 그의 견고한 망대인 여호와의 이름 속으로 피한다. 노아는 대홍수를, 요셉은 여러 해의 기근을 미리 보고서 거기에 대비하였다.

2. 경솔함과 무분별함이 가져다 주는 재앙. 사람들이 그들에게 듣기 좋으라고 하는 말을 다 믿는 어리석은 자들은 그들에게 경고하는 말은 하나도 믿지 않으려 하기 때문에 나가다가 해를 받는다. 그들은 죄의 결국이 어떤 것일지에 대하여 들었으면서도 무모하게 죄를 향하여 나아간다. 그들은 그들에게 주어진 경고에도 불구하고 환난 속으로 몸을 던지고 나서, 뒤늦게서야 자기가 너무 오만했다고 후회한다. 이 두 가지를 다 보여주는 사례를 보라(출 9:20-21): 바로의 신하 중에 여호와의 말씀을 두려워하는 자들은 그 종들과 가축을 집으로 피하여 들였으나 여호와의 말씀을 마음에 두지 아니하는 사람은 그의 종들과 가축을 들에 그대로 두었더라. 경고의 말을 받아들이려 하지 않는 것보다 귀한 영혼에 치명적인 것은 없다.

[4]겸손과 여호와를 경외함의 보상은 재물과 영광과 생명이니라

1. 신앙은 주로 어떤 것들로 구성되어 있는가. 신앙은 겸손과 여호와를 경외함에 있다. 즉, 신앙이란 겸손히 하나님과 동행하는 것이다. 우리는 하나님의 위엄과 권세를 경외하여, 하나님의 말씀에 의한 명령들과 그의 섭리에 의한 처분들을 모든 겸손함으로 복종하여야 한다. 우리는 우리 자신을 아무것도 아닌 자로 생각하여, 하나님과 사람 앞에서 겸손하게 처신하여야 한다. 하나님을 경외함이 있는 곳에는 겸손이 있는 법이다.

2. 신앙은 사람으로 하여금 무엇을 얻게 해주는가. 사람이 신앙으로 말미암아 이 세상에서 얻는 것은 하나님이 좋게 보시는 한에서 재물과 영광과 위로, 이 세상에서의 장수이지만, 그는 적어도 하나님의 은총 속에서 영적인 부요함

과 존귀함을 얻을 것이고, 결국에는 은혜 언약의 약속들과 특권들, 그리고 영원한 생명을 얻게 될 것이다.

5패역한 자의 길에는 가시와 올무가 있거니와 영혼을 지키는 자는 이를 멀리 하느니라

1. 죄의 길은 괴롭고 위험하다는 것. 하나님의 뜻과 말씀에 어긋나는 패역한 자들의 저 굽은 길에는 가시와 올무, 즉 지난 날에 지은 죄들로 인한 근심의 가시들과 그들을 추가적인 죄에 휘말리게 만드는 올무들이 있다. 자기가 말하고 행하는 것을 조심하지 않는 자들은 저 허구적인 자유로 말미암아 족쇄가 채워지고, 그가 누린 즐거움들로 인해서 괴로움을 당하게 될 것이다. 화를 잘 내는 패역한 자들은 무슨 일을 하든 어려움과 괴로움을 당하게 된다. 그는 무슨 일에나 안달하고 화를 낼 것이기 때문에, 모든 것이 그를 안달하게 하고 화나게 할 것이다.

2. 사람이 마땅히 행해야 하는 길은 안전하고 쉽다는 것. 영혼을 지키는 자, 자기의 마음과 행실을 조심하는 자는 그의 길이 분명하고 유쾌하기 때문에 가시와 올무로부터 멀리 떨어져 있다.

6마땅히 행할 길을 아이에게 가르치라 그리하면 늙어도 그것을 떠나지 아니하리라

1. 지혜가 끊기지 않고 퍼져나갈 수 있도록 하기 위하여 부모를 비롯해서 아이들을 가르치는 자들이 마땅히 행해야 할 큰 본분. 배우는 시기에 마땅히 행할 길을 아이에게 가르치라. 그리하면, 그들이 허영을 좇는 시기가 되었을 때에도 죄와 올무에 빠지지 않을 것이다. 아이들에게 교리를 가르치고, 지식과 지혜를 전수하며, 그들을 철저히 훈육하라. 그들을 무기 다루는 법과 질서를 지키는 것과 명령에 복종하는 것을 배우는 군인들처럼 훈련시켜라. 그들을 그들이 가고자 하는 길이 아니라(그들의 타락한 본성은 그들을 잘못된 길로 이끌 것이기 때문에) 그들이 마땅히 행할 길, 즉 네가 그들을 사랑한다면 그들로 하여금 가게 하고자 하는 길을 가르치라. 유모가 아이들을 먹이듯이, 온유한 마음으로 조금씩 자주 아이의 능력에 맞춰서 가르치라(신 6:7).

2. 그렇게 해야 하는 이유. 그것은 부모가 이런 정성과 수고를 들이면 아이들에게 큰 유익이 돌아가기 때문이다. 그렇게 훈육을 받은 아이들은 다 자라서도, 또는 늙어도 그들이 훈육받은 것을 떠나지 아니할 것이다. 어릴 때에 그들에게 각인된 선한 감화들은 평생토록 유지될 것이다. 통상적으로, 그릇은 거기에 처음 담은 음식의 향취를 그대로 간직하는 법이다. 사실 많은 사람들이 어릴 때에 훈육받은 선한 길에서 떠났고, 솔로몬 자신도 그랬다. 그러나 솔로몬이 그랬듯이, 어릴 때에 받은 교육과 훈육은 그들이 다시 그 선한 길로 되돌아올 수 있게 해주는 원동력이 된다. 그리고 적어도 부모들은 자신의 도리를 다했고 할 수 있는 방법을 다했다는 위로를 받게 될 것이다.

7 부자는 가난한 자를 주관하고 빚진 자는 채주의 종이 되느니라

솔로몬은 가난한 자와 부한 자가 매일반이라고 말하였지만(2절), 여기에서는 이 세상의 일들이 그런 것처럼 가난한 자와 부한 자는 큰 차이가 있다는 것을 보여준다.

1. 적게 가진 자들은 많이 가진 자들에게 종속된다는 것. 왜냐하면, 가난한 자들은 부자들로부터 돈을 받아 왔고 앞으로도 받아야 살 수 있어서, 부자들에게 의존할 수밖에 없기 때문이다. 부자는 가난한 자를 주관하는데, 합당한 정도를 넘어서서 교만함과 가혹함으로 주관하는 경우가 비일비재하다. 부자들의 이러한 행태는 지극히 크신 분이시면서도 그 누구도 멸시하지 않으시는 하나님과 다르다. 부자들에게 짓밟힐 것을 예상해야 하는 것이 가난한 자들의 환난의 일부이고, 그들을 인자하게 대해주는 자들을 최선을 다해서 섬기고 은혜를 갚으려고 애쓰는 것이 가난한 자들의 도리의 일부이다.

2. 형편이 어려워서 빚을 지고 사는 자들은 빚을 놓은 자들에 의해서 좌지우지된다는 것. 빚진 자는 채주의 종이 될 수밖에 없고, 종종 "내게 참으소서"라고 애걸할 수밖에 없다. 그러므로 "네가 많은 민족에게 꾸어줄지라도 너는 꾸지 아니할 것"이라는 것이 하나님이 이스라엘에게 약속하신 복의 일부였다(신 28:12). 우리는 될 수 있는 한 빚을 지지 않기 위해서 애써야 한다. 어떤 자들은 그들의 자유를 팔아서 그들의 사치를 충족시킨다.

[8]악을 뿌리는 자는 재앙을 거두리니 그 분노의 기세가 쇠하리라

1. 나쁜 짓을 해서 얻은 것은 형통할 수 없다는 것. 악을 뿌리는 자, 이득을 챙기려고 불의한 일을 하는 자는 재앙을 거둘 것이다. 그가 얻은 것은 그에게 결코 그 어떤 유익이나 만족도 주지 못할 것이다. 그는 오직 실망만을 얻게 될 것이다. 다른 사람들을 괴로히는 자들은 그들 자신을 위하여 괴로움을 준비하고 있는 것일 뿐이다. 사람은 뿌린 대로 거두게 되어 있다.

2. 힘을 남용하면 오래가지 못한다는 것. 사람이 권세의 매를 분노의 매로 변질시키고, 슬기로움이 아니라 분노로 다스리며, 많은 사람의 유익을 위해서가 아니라 자신의 증오심을 만족시키기 위하여 권세를 사용한다면, 그 권세는 쇠하고 꺾일 것이며, 그들의 권세가 아무리 막강하여도 결국 그들을 지켜주지 못할 것이다(사 10:24-25).

[9]선한 눈을 가진 자는 복을 받으리니 이는 양식을 가난한 자에게 줌이니라

1. 자비로운 자에 대한 묘사. 그는 악한 눈(23:6)과 반대되는 선한 눈, 온 몸을 밝게 해주는 성한 눈(마 6:22), 스스로 찾아오는 자들 외에도 구제를 해야 할 대상을 찾는 눈, 궁핍하고 비참한 자를 보았을 때마다 불쌍히 여기는 마음으로 가득 차는 눈, 따뜻한 표정으로 구제를 하여 그 구제를 갑절로 빛나게 하는 눈을 지닌 자이다. 또한, 그는 후히 베푸는 손도 지니고 있다. 그는 그의 양식, 즉 그 자신이 먹게 되어 있는 양식을 궁핍한 자들에게 준다. 그는 가난한 자가 먹을 것이 없어서 죽어가는 모습을 보느니 차라리 자신의 허리띠를 졸라매는 쪽을 택한다. 그렇지만, 그는 그의 모든 양식을 다 주어 버리는 것이 아니라 자기가 먹을 양식을 준다. 그는 자기는 굶으면서 자기 가족과 가난한 자에게 먹을 것을 챙겨주는 것이다.

2. 그런 자는 복을 받는다는 것. 가난한 자의 후손들이 그런 자를 축복해줄 것이고, 주변의 모든 사람들이 그를 칭송할 것이며, 하나님도 많은 사람들이 그를 위하여 드리는 선한 기도에 응답하여 그에게 복을 주실 것이기 때문에, 그는 복을 받게 될 것이다.

[10]거만한 자를 쫓아내면 다툼이 쉬고 싸움과 수욕이 그치느니라

1. 거만한 자는 무엇을 하는가. 이 본문 속에는 거만한 자는 가는 곳마다 불화의 씨를 뿌리고 해악을 끼친다는 뜻이 들어 있다. 모든 사회의 평화를 어지럽히는 싸움과 다툼 중에서 많은 부분은 모든 일을 가장 나쁜 쪽으로 해석하는 자들, 자신의 길을 가로막는 모든 자들을 멸시하고 조롱하며, 온 인류를 희롱하고 욕하는 것에서 자부심을 느끼는 자들에게서 나온다.

2. 마음을 고쳐 먹고자 하지 않는 거만한 자는 어떻게 해야 하는가. 이스마엘이 이삭을 희롱하였을 때에 아브라함의 가문에서 쫓겨났듯이, 우리는 그를 쫓아내야 한다. 어떤 모임에서 평화를 얻고자 한다면, 거만한 자를 쫓아내라.

[11]마음의 정결을 사모하는 자의 입술에는 덕이 있으므로 임금이 그의 친구가 되느니라

1. 공직을 맡기에 적합한 성숙한 자의 자격요건. 그는 정직한 자, 즉 마음의 정결을 사모하고 온갖 더러운 짓들을 미워하는 자, 육체의 모든 정욕들로부터 정결할 뿐만 아니라 모든 속임수와 위선, 모든 이기심과 악의로부터도 정결한 자, 진실한 자로 인정받고자 애쓰고, 그 마음의 동기가 의롭고 공정하며, 자신의 양심을 과오 없이 깨끗하게 지키는 것에서 가장 큰 기쁨을 느끼는 자여야 한다. 또한, 그는 어떤 것을 포장해서 듣기 좋은 말을 하는 것이 아니라 자기의 감정을 그의 심령만큼이나 깨끗하고 순한 언어로 점잖고 영리하게 전달해서 사람들에게 은혜를 끼치는 말을 할 줄 알아야 한다.

2. 그런 자에게는 어떤 출세가 보장되어 있는가. 지혜롭고 선하며 자기 자신과 자기 백성에게 무엇이 이익이 되는지를 아는 임금은 그런 자를 자신의 친구로 삼을 것이고, 나랏일을 의논하는 중신회의의 일원으로 삼을 것이다. 다윗의 궁정과 솔로몬의 궁정에는 그런 역할을 하는 자가 있어서 왕의 친구라 불렸다. 또는, 왕은 그런 자가 하는 모든 일을 친구처럼 도와 줄 것이다. 어떤 이들은 이 본문을 만왕의 왕에 대한 것으로 이해한다. 마음에 간사함이 없고 그 말에 언제나 은혜가 있는 자를 하나님이 그의 친구로 삼으실 것이고, 왕이신 메시야도 그를 친구로 삼으실 것이다. 그런데 이 영광이 모든 성도들에게 주어져 있다.

[12]여호와의 눈은 지식 있는 사람을 지키시나 사악한 사람의 말은 패하게 하시느니라

1. 하나님은 지식을 지키시기 위해서 특별히 마음을 쓰신다는 것. 인류가 전체적으로 타락해 있고, 사탄이 사람들의 마음의 눈을 멀게 하여 그들을 무지 속에 잡아두기 위해 온갖 흉계를 꾸민다고 할지라도, 하나님은 사람들 사이에서 하나님 자신과 선악에 관한 지식이 그치지 않게 하심으로써 이 세상에서 거룩한 신앙을 유지해 나가시고자 하신다. 그것은 여호와의 눈의 권능과 선하심, 즉 여호와께서 모든 것을 지켜 보시는 섭리를 보여주는 놀라운 예이다. 하나님은 지식 있는 사람들, 즉 지혜롭고 선한 자들, 특히 그들이 알고 있는 것을 말하는 신실한 증인들을 지키신다(대하 16:9). 하나님은 그런 자들을 보호하시고, 그들의 모략이 형통하게 하신다. 하나님은 그의 은혜로 그런 자들을 통해서 지식을 지키시고, 그들을 통하여 그의 일을 하시며 그의 세력을 넓혀 나가신다(2:7-8을 보라).

2. 하나님은 지식을 거슬러서 말하고 행하는 자들, 이 세상에서 지식과 신앙에 대적하여 말하고 행하는 자들에게 의로운 복수를 하신다는 것. 하나님은 사악한 사람의 말은 패하게 하시고, 그런 자가 존재함에도 불구하고 지식을 지키신다. 하나님은 거짓되고 속이는 자들의 온갖 모략들과 계획들을 좌절시키시고, 그들을 당혹스럽게 만드신다.

[13]게으른 자는 말하기를 사자가 밖에 있은즉 내가 나가면 거리에서 찢기겠다 하느니라

1. 자기의 사업을 좋아하지 않는 자들은 그 사업이 떨어져 나가도 아무 할 말이 없다는 것. 게으름 때문에 영혼과 육신을 다 망친 사람이 많지만, 사람들은 그들의 심령을 속이는 일에 귀재들이기 때문에, 그렇게 해놓고도 이런저런 변명을 늘어 놓는다. 그들의 핑계들이 다 헛되고 쓸데없는 것들로 여겨져서 거부당하고 나면, 결국 누가 이득을 보는 자가 되겠는가?

2. 자기가 꼭 해야 할 일들인데도 장차 있을 수 있는 난관들을 지레짐작해서 괜히 겁을 집어먹고 그 일들을 하려고 하지 않는 자들이 많다는 것. 게으른

자는 밖에 있는 들에서 해야 할 일이 있는데도, 거기에는 사자가 있을 것이라고 상상을 한다. 아니, 그는 밖에 나가면 누군가가 그를 죽일 것이라고 생각해서 두려워하여 길거리에 감히 나가지 못하겠다고 말한다. 사실, 그는 실제로는 그렇게 생각하지 않는다. 다만, 그는 그를 불러내는 자들에게 그렇게 말할 뿐이다. 그는 밖에 있는 사자에 대하여 말하지만, 그와 함께 침상에 있는 저 울부짖는 사자인 마귀와 그를 서서히 죽이고 있는 저 게으름으로부터 오는 실제적인 위험에 대해서는 별로 생각을 하지 않는다.

14 음녀의 입은 깊은 함정이라 여호와의 노를 당한 자는 거기 빠지리라

이 잠언은 모든 젊은이들에게 더러운 정욕을 조심하라고 경계하기 위한 것이다. 그들의 영혼이 잘 되기를 바란다면, 그들은 그들에게 마땅히 이상하고 낯선 여자가 되어야 할 저 음탕한 음녀를 조심하여야 하고, 음녀의 입, 그녀의 입맞춤(7:13), 그녀의 입술에서 나오는 말들, 그녀의 매력들과 유혹하는 것들을 조심하여야 한다. 음녀들을 두려워하고, 그런 여자들을 아예 상대하지 말라.

1. 자기 자신을 그러한 죄에 내던지는 자들은 그들이 하나님에게서 버림 받았다는 증거를 보여주는 것이라는 것. 그것은 여호와의 노를 당한 자들이 빠지는 깊은 함정이다. 하나님은 그들이 저지른 다른 죄들을 벌하기 위하여, 그들을 억제하는 은혜의 굴레를 벗겨내어, 그들이 그런 유혹 속으로 빠져 들어가는 것을 내버려 두신다. 네가 그런 여자들에게 인기가 있다고 착각하여 으스대지 말라. 사실 그것은 네가 하나님의 진노 아래 있다는 것을 분명하게 보여주는 것이기 때문이다.

2. 그들이 거기에서 빠져 나오기는 거의 힘들다는 것. 왜냐하면, 그것은 깊은 함정이기 때문이다. 그것은 육체를 기쁘게 해줌으로써 그들의 얼을 빼놓고 그들의 양심을 더럽혀 놓기 때문에, 그들이 거기에서 빠져 나오기는 어렵다.

15 아이의 마음에는 미련한 것이 얽혔으나 징계하는 채찍이 이를 멀리 쫓아내리라

우리는 여기에서 두 가지 아주 슬픈 사실에 대하여 듣는다.

1. 타락은 우리의 본성 속에 섞여 짜여 있다는 것. 죄는 미련한 것이다. 죄는 우리의 올바른 이성이나 우리에게 진정으로 유익된 것과는 정반대의 것이다. 죄는 마음에 있다. 죄를 짓고자 하고, 미련하게 말하고 행하고자 하는 내적인 성향이 존재한다. 죄는 아이들의 마음에 있다. 아이들은 태어날 때부터 죄를 가지고 이 세상에 나온다. 그들은 죄 가운데서 조성되었고 잉태되었다. 죄는 마음에서 발견될 뿐만 아니라, 거기에 얽혀 있다. 죄는 마음에 붙어 있다. 어린 가지가 접붙여진 줄기에 꼭 붙어 있듯이, 악한 성향들은 그들의 심령에 꼭 붙어 있고 얽혀 있어서 그들의 심령의 성질을 완전히 바꾸어 놓는다. 심령과 죄를 묶어 주는 연결고리가 있는데, 그것은 진정으로 사랑하는 자들을 서로 맺어 주는 그런 연결고리이다. 그 둘은 한 육체가 되었다. 이것은 우리 자신에게 그대로 적용되고, 우리가 우리의 형상을 따라 낳은 우리 자녀들에게도 그대로 적용된다. 하나님께서는 이 미련한 것을 아시나이다.

2. 그 미련한 것을 치료하기 위해서는 징계가 꼭 필요하다는 것. 그것은 좋게 타이르는 말이나 점잖은 방법으로는 뽑아내지지 않는다. 너무 아파서 눈물을 줄줄 흘릴 수밖에 없는 엄하고 혹독한 징계가 있어야 한다. 자녀들은 부모에 의해서 징계를 받고 엄격한 훈육을 받을 필요가 있고, 우리는 모두 하늘에 계신 우리 아버지의 징계를 받을 필요가 있다(히 12:6-7). 우리는 징계를 통해서 우리의 어리석음을 뽑아내고 그 회초리에 입맞추며 감사하여야 한다.

16이익을 얻으려고 가난한 자를 학대하는 자와 부자에게 주는 자는 가난하여질 뿐이니라

이 잠언은 부자들이 종종 사용하는 악한 방법들을 보여준다. 이러한 방법들을 사용하는 부자들은 결국에 가서는 스스로 가난해지게 되고, 설령 풍족하다고 하여도 하나님의 진노를 사서 궁핍해지게 된다. 그들은 가난한 자들은 학대하고, 부자들에게는 준다.

1. 그들은 가난한 자들을 구제하는 일을 하지 않음으로써 그들의 이익을 얻고 재산을 불리려고 한다는 것. 가난한 자들을 구제하는 일은 사실 그들에게 가장 큰 이익을 가져다 주는 일인데도, 그들은 그 일을 그의 돈을 쓰기가 아까운 가장 쓸데없는 일이라 생각한다. 그러나 그들은 교만과 허영 가운데서 그들

자신을 과시하거나 반대급부를 바라고서 부자들에게는 아낌없이 주고 거창하게 환대한다. 그런 자들은 반드시 가난하여질 것이다. 지혜롭게 구제해서 거지가 된 사람은 아무도 없지만, 미련하게 돈을 펑펑 쓰다가 거지가 된 사람은 셀 수 없이 많다. 그리스도께서는 우리에게 가난한 자들을 초대하라고 명령하신다(눅 14:12-13).

2. 그들은 가난한 자들을 구제하지 않을 뿐만 아니라, 도리어 압제한다는 것. 그들은 가난한 자들에게서 그들의 초가집까지 빼앗아 가고, 가난한 소작인들과 이웃들을 착취하며, 자기 자신을 지킬 힘이 없는 자들의 권리를 침해하고서는, 그들의 그런 짓을 눈감아 달라고 부자들에게 뇌물을 준다. 그러나 그것은 다 소용없는 짓이다. 그들은 가난하여질 것이다. 하나님의 것을 도둑질해서 하나님을 원수로 돌려놓는 자들은 부자들에게 가서 그 부자들을 친구로 만들어 놓는다고 해도 결코 안전할 수 없다.

[17]너는 귀를 기울여 지혜 있는 자의 말씀을 들으며 내 지식에 마음을 둘지어다 [18]이
것을 네 속에 보존하며 네 입술 위에 함께 있게 함이 아름다우니라 [19]내가 네게 여
호와를 의뢰하게 하려 하여 이것을 오늘 특별히 네게 알게 하였노니 [20]내가 모략과
지식의 아름다운 것을 너를 위해 기록하여 [21]네가 진리의 확실한 말씀을 깨닫게 하
며 또 너를 보내는 자에게 진리의 말씀으로 회답하게 하려 함이 아니냐

솔로몬은 여기에서 그의 문체와 말하는 방식을 바꾼다. 그는 10장부터 시작해서 여기까지는 가끔씩 권면의 말씀을 던지기도 했지만 대체로 명제적인 진리들을 제시하고서는 그 적용은 우리에게 맡겨 두는 식으로 서술해 왔었지만, 여기에서부터 24장의 끝까지는 마치 특정한 사람을 상대로 말하듯이 그의 아들, 그의 생도, 그의 독자, 그의 말을 듣는 자를 향하여 말을 한다. 이제까지는 대체로 그가 말하고자 하는 것은 한 절 단위로 완결되어 있었지만, 여기에서는 통상적으로 여러 절에 걸쳐서 전개된다. 어느 하나의 방법으로만 하면 우리가 싫증을 낼까봐 지혜는 우리에게 여러 가지 다양한 방법을 시도하고 있는 것이다. 우리의 주의를 환기시키고, 우리가 잠언들을 우리 자신에게 적용하는 것을 돕기 위해서, 여기에서는 우리를 상대로 직접 말하는 직접 화법의 방법이 채택되고 있다. 사역자들은 회중 앞에서 말씀을 전하는 것으로 충분하다고 생각하지 말고 회중을 상대로 말씀을 전해야 하고, 회중 전체를 상대로 말씀을 전하는 것으로 충분하다고 생각하지 말고 여기에서처럼 회중 각자를 상대로 말을 붙여야 한다: 너는 이런저런 것을 행하라.

I. 지혜 있는 자들이 기록해 두었거나 전하는 말씀, 선지자들과 제사장들의 말씀. 특히 솔로몬이 이 책에서 선과 악, 죄와 본분, 상과 벌에 대하여 사람들에게 주는 지식을 경청함으로써 지혜와 은혜를 얻으라는 간곡한 권면. 우리는 이러한 말씀들과 이 지식에 겸손한 마음으로 진지하게 귀를 기울이고, 믿음과 사랑과 뜻을 다하여 거기에 마음을 두어야 한다. 마음이 없이는 귀가 별 도움이 되지 않는다.

II. 이 권면을 강화하기 위하여 제시되고 있는 근거들.

1. 솔로몬이 이 책에서 우리에게 알게 하고자 하는 것들이 지닌 가치와 무게. 그것들은 잠시 기분을 전환하거나 즐겁게 하기 위한 사소한 것들이 아니고, 시간을 보내기 위해서 농으로 하는 우스운 잠언들이 아니다. 결코 그렇지 않다. 그것들은 하나님의 영광, 우리 영혼의 거룩함과 행복, 인류와 모든 공동체들의 복리와 관련된 훌륭하고 아름다운 것들이다. 그것들은 왕들이 말하고 귀족들이 듣기에 적합하여 왕에게 어울리는 품격을 갖춘 것들이다. 그것들은 모략과 지식, 즉 가장 중요한 관심사들과 관련된 지혜로운 모략들을 다루고 있는 것들로서, 우리로 하여금 우리 자신을 알게 해줄 뿐만 아니라 다른 사람들에게 조언도 할 수 있게 해줄 그런 것들이다.

2. 그러한 것들은 분명하게 드러나 있고, 특히 우리에게 무엇을 지시하고 있는지가 분명하다는 것. "나는 그것들을 누구나 다 읽을 수 있도록 널리 알게 하였고, 달리는 자도 읽을 수 있도록 아주 분명하게 알게 하였으며, 빛과 지식이 있는 오늘에 이전보다 더 온전히 알게 하였고, 특별히 네게 알게 하였다. 그러나 이 빛이 네게 있는 것은 잠시뿐이다. 오늘 특별히 네게 알게 한 이러한 것들을 네가 하나님이 권고하시는 이 날에 선용하지 않는다면, 그것들은 내일이 오기 전에 네 눈에서 숨겨질지도 모른다. 나는 그것들을 더 확실하게 해두기 위해서 기록하였고, 후손들에게 더 온전하게 전해지게 하기 위해서 기록하였다. 그러나 여기에서 가장 중요한 것은 내가 이것이 마치 수신자를 너로 하여 보낸 편지인 것처럼 오늘 특별히 네게 알게 하였고 너를 위해 기록하였다는 것이다. 이것은 너와 너의 형편에 맞춰져 있다. 너는 이 거울을 통해서 네 자신의 얼굴을 볼 수

있을 것이다. 이것은 너를 위한 것이고, 너에게 규범이 되게 하기 위한 것이기 때문에, 너는 이것에 비추어서 너를 판단하여야 마땅하다." 우리는 그것들에 대하여 "그것들은 선한 것들이지만, 우리에게는 아무것도 아니다"라고 말할 수 없다. 아니, 그것들은 우리에게 가장 중요한 것들이다.

3. 그것들은 우리에게 위로와 명성을 가져다 주기 때문에 아주 기분 좋은 것들이라는 것.

(1) 우리가 그것들을 우리의 마음 속에 간직하면, 그것들은 우리를 지극히 즐겁게 해주고, 우리에게 차고 넘치는 만족을 준다는 것(18절). "그것들은 기분 좋은 것이기 때문에, 그것들을 **네 속에 보존하고** 잘 소화해서 그것들의 다스림을 받고 거기에 너를 맞춘다면, 너는 늘 즐거운 삶을 살게 될 것이다." 사람이 단지 경건의 모양만을 의지하게 되면, 그것은 사람을 강압적으로 짓누르기 때문에, 그는 겉으로만 번지르르한 흰 옷을 입고서 벌을 받으며 고행하는 꼴밖에 되지 않는다. 경건의 능력에 복종해서 경건을 진심으로 행하는 자들만이 경건의 즐거움을 발견하게 된다(2:10).

(2) 우리가 그것들을 우리의 말 속에서 사용한다면, 그것들은 아주 아름다운 말이 되어 나와서, 우리에게 선한 명성을 얻게 해준다는 것. 그것들은 **네 입술 위에 함께 있게 함이 아름다우니라**(18절). "그것들에 대하여 말하라. 그리하면, 너는 너답게 말하는 것이고, 너의 성품을 고려할 때에 네게 가장 어울리게 말하는 것이 될 것이다. 또한, 너는 그것들을 생각할 때와 마찬가지로 말할 때에도 즐거움을 누리게 될 것이다."

4. 그것들을 통해서 우리에게 계획된 유익. 하나님이 우리를 위해 **기록해 놓으신** 훌륭하고 **아름다운 것들**은 주인이 그의 종에게 내리는 명령들, 즉 오로지 주인의 이익을 위한 명령들과 같지 않고, 선생이 그의 생도에게 주는 명령들, 즉 오로지 생도의 유익을 위한 명령들과 같다. 그것들은 다음과 같은 목적으로 우리를 위해 기록된 것이기 때문에, 우리는 그것들을 잘 간직하여야 한다.

(1) 우리로 하여금 하나님을 의뢰하고 하나님과 교제하도록 하기 위해서. 그것들은 **네게 여호와를 의뢰하게 하려** 하기 위한 것이다(19절). 우리는 우리의 본분을 다할 때에만 하나님을 의뢰할 수 있다. 그러므로 우리는 하나님을 의뢰하기 위해서는 먼저 우리의 본분에 대하여 가르침을 받아야 한다. 아니, 우리의 본분에 대하여 가르침을 받는 것 자체가 우리가 배워야 할 우리의 한 가지

큰 본분이고, 모든 실천적인 신앙의 토대가 되는 본분이며, 하나님을 의지하여 그를 기쁘시게 해 드리는 삶을 살기 위한 토대가 되는 본분이다.

(2) 우리로 하여금 우리 자신의 판단에서 만족을 얻게 하기 위해서. "그것들은 네가 진리의 확실한 말씀을 깨닫게 하기 위한 것이다. 즉, 그것들은 네가 무엇이 진리인지를 알고, 진리와 거짓을 분명하게 구별하며, 어떤 근거들 위에서 네가 하나님의 진리들을 받고 믿는지를 알게 하기 위한 것이다."

[1] 우리의 신앙의 토대가 되는 지식과 이치를 깨달아서 우리가 온전한 확신으로 자라가기 위해서는 진리의 말씀들만이 아니라 그 말씀들이 확실함을 아는 것도 바람직한 일이라는 것.

[2] 진리의 말씀들이 확실하다는 것을 아는 방법은 우리의 본분을 세심하게 행하는 것이라는 것. 왜냐하면, 사람이 하나님의 뜻을 행하려 하면, 진리의 말씀들이 하나님께로부터 왔다는 것을 확실하게 알게 될 것이기 때문이다(요 7:17).

(3) 우리로 하여금 다른 사람들을 섬겨서 가르치는 데에 유익하게 하기 위해서. "그것들은 너를 보내는 자들, 즉 네게 하나님의 뜻을 묻기 위해서 사람을 보내는 자들, 또는 너를 어떤 일에 대리인이나 사자(使者)로 보내는 자들에게 진리의 말씀을 잘 설명해 줄 수 있도록 하기 위한 것이다." 하나님이 우리에게 지식을 주시는 것은 다른 사람들이 우리의 등불에서 그들의 촛대에 불을 붙이게 하고, 우리가 우리의 자리에서 하나님의 뜻을 따라 우리 세대를 섬길 수 있게 하심으로써 우리로 하여금 선을 행하게 하기 위한 것이다. 하나님의 계명들을 세심하게 지키는 자들은 그들 속에 있는 소망에 관한 이유를 가장 잘 대답할 수 있다.

[22]약한 자를 그가 약하다고 탈취하지 말며 곤고한 자를 성문에서 압제하지 말라 [23]대저 여호와께서 신원하여 주시고 또 그를 노략하는 자의 생명을 빼앗으시리라

이 엄숙한 서문 뒤에 우리는 뭔가 새롭고 놀라운 것을 기대하였을 것이지만, 사실 그런 것은 나오지 않는다. 여기에는 가난한 자들을 압제하는 야만적이고 비인간적인 일들을 경고하는 어찌 보면 아주 평범한 훈계, 그러나 너무나 꼭 필요한 훈계가 나온다.

I. 가난한 자들을 탈취하여 더욱 가난해지게 만드는 죄. 이것은 잃을 것이 별로 없는 자들로부터 그 조금 있는 것까지도 빼앗아서 아무것도 남지 않게 만드는 것이다. 사람에게서 강제로 무엇을 빼앗는 것은 나쁜 일이다. 그러나 구제해야 할 가난한 자들에게서 탈취해 가는 것, 우리의 넉넉한 것들을 주어야 할 자들에게서 우리의 힘으로 쥐어짜서 빼앗아 가는 것, 곤고한 자들을 압제하여 그들을 더욱 곤고하게 만드는 것, 이렇게 해악을 당한 자들을 재판에서 정죄하여 그들에게서 탈취한 자들의 뒤를 봐주는 것은 정말 너무나 어이없는 일이다. 부자들은 힘이 있어서 남들로부터 해악을 당하지 않지만, 가난한 자들은 스스로를 지킬 힘이 없다. 그러므로 우리는 가난한 자들에게 해악을 끼치지 않도록 더욱 주의하는 것이 마땅하다.

II. 이 죄를 더욱 무겁게 만드는 요소들.

1. 가난한 자들은 가난해서 자신을 지킬 힘이 없기 때문에 우리는 담대해져서 그들을 탈취하게 되는데, 이것은 그 죄를 더욱 무겁게 만드는 요소라는 것. 그것은 약한 자를 그가 약하다고 탈취하는 것이다. 어떤 사람에게 힘이 없다는 것을 이용해서 그 사람에게 해악을 가하는 것은 비열하고 비겁한 일일 뿐만 아니라, 인륜에 어긋나는 짓으로서 짐승보다도 못한 짓을 하는 것이다.

2. 이 죄가 법과 정의의 미명 아래에서 행해진 것은 그 죄를 더욱 무겁게 만든다는 것. 성문에서는 해악을 당한 자들을 보호해 주고, 그들을 압제한 자들에게 벌을 주는 것이 마땅한데도, 곤고한 자를 성문에서 압제한다면, 그것은 죄질을 더욱 나쁘게 만드는 것이다.

III. 이 죄에 수반되는 위험. 가난한 자들을 탈취하고 압제하는 자는 위험을 무릅쓰고 그런 일을 하는 것이다.

1. 압제받는 자들은 하나님이 그들의 강력한 후견인이시라는 것을 발견하게 되리라는 것. 하나님은 그들을 신원하여 주시고, 그들이 짓밟히고 유린당하지 않게 하실 것이다. 사람들이 그들을 위하여 나서지 않는다면, 하나님이 직접 나서실 것이다.

2. 압제자들은 하나님이 의로운 복수자시라는 것을 발견하게 될 것이다. 하나님은 그들을 응징하셔서, 그들을 노략하는 자들의 생명을 빼앗으실 것이다. 하나님은 그 노략한 자들의 영혼을 저주하시는 영적인 심판을 통해서 그들에게 되갚아주실 것이다. 가난한 자들을 탈취하는 자는 결국 스스로 죽음을 자초한

자임이 밝혀질 것이다.

[24]노를 품는 자와 사귀지 말며 울분한 자와 동행하지 말지니 [25]그의 행위를 본받아 네 영혼을 올무에 빠뜨릴까 두려움이니라

1. 화를 잘 내는 자와 사귀지 말라는 경고. 우정이라는 것은 우리 자신을 친구에게 맞추고 기꺼이 친구를 섬기려 하는 것이다. 그러므로 우리는 나쁜 친구를 사귀어서 그에게 맞추다 보니 물이 들어서 스스로도 나쁜 자가 되는 어리석음을 범하지 않기 위해서 친구를 고를 때에 지혜롭고 신중해야 한다. 우리는 모든 사람에게 공손하여야 하지만, 우리 품 속에 담아 두고 친밀하게 사귈 친구를 고를 때에는 세심한 주의를 기울이지 않으면 안 된다. 특히, 쉽게 화를 내고 툭 하면 신경질을 부리며 모욕을 당하면 참지 못하는 자, 화가 나면 어떤 말이나 행위를 서슴지 않고 하며 점점 더 큰 화를 내는 자는 친구로 삼기에 적절하지 않은 자이다.

왜냐하면, 그런 자는 우리에게도 가끔씩 화를 낼 것이고, 그럴 때마다 우리는 괴로울 것이기 때문이고, 그가 우리도 그와 행동을 같이 해서 다른 사람들에게 화를 내라고 요구할 것이고, 그 때에 우리가 그렇게 하면 그것은 우리의 죄가 될 것이기 때문이다.

2. 이러한 경고를 하는 이유. 그런 자와 사귀면, 너는 그의 행위를 본받게 될 것이기 때문이다. 우리는 우리가 함께 다니는 자들을 점점 닮아가게 되어 있다. 우리의 부패한 마음 속에는 불붙기 쉬운 것들이 많이 있어서, 분노의 불꽃들을 자주 튀기는 자들과 어울리는 것은 위험한 일이다. 그런 자들과 어울리게 되면, 우리는 우리 영혼을 올무에 빠뜨리게 될 것이다. 왜냐하면, 화를 내는 기질은 어떤 사람에게나 큰 올무가 되고 많은 죄를 짓게 만드는 계기가 되기 때문이다. 솔로몬은 "네가 나쁜 말을 배우거나 불순한 생각을 얻게 될 것을 우려한다"고 말하는 것이 아니라, "네가 그런 자를 본받고 비위를 맞추다가 나쁜 습관이 들 것을 우려한다"고 말한다. 후자는 전자보다 훨씬 나쁘다.

[26]너는 사람과 더불어 손을 잡지 말며 남의 빚에 보증을 서지 말라 [27]만일 갚을 것이 네게 없으면 네 누운 침상도 빼앗길 것이라 네가 어찌 그리하겠느냐

우리는 앞에서 여러 번 보았지만 여기에서도 보증을 서는 것은 분별없고 불의한 일이라는 경고를 듣는다.

1. 우리는 파산하거나 평판이 좋지 않은 자들과 어울리지 말고 사귀지도 말아야 한다는 것. 그런 자들은 친구들에게 보증을 서 달라고 떼를 쓰고, 이웃들을 속여서 그들의 욕망을 채우며, 그들을 신용한 자들에게 결국에는 더 큰 손해를 입힌다. 그런 자들은 아예 상대하지를 말고, 그런 자들 사이에 있지도 말라.

2. 우리는 지불할 능력이 없을 때에는 남의 빚을 스스로 떠안거나 남의 빚에 보증을 서서 채권자들을 속여 그들로 손해를 보게 하지 말아야 한다는 것. 어떤 사람이 하나님의 섭리에 의해서 자신의 채무를 갚을 능력이 없게 되었다면, 우리는 그를 불쌍히 여기고 도와야 한다. 그러나 지불할 능력이 없거나, 자기 재산으로는 채권자들에게 다 변제할 수 있는 형편이 못된다는 것을 알면서도 남의 빚을 스스로 떠안거나 보증을 서는 자는 사실상 이웃의 호주머니를 터는 것이나 마찬가지이다.

그런 자는 채권을 확보하기 위해서 담보로 잡은 것을 가져갈 수 있다는 법에 따라서 그가 누운 침상을 빼앗긴다고 해도, 비록 불쌍하기는 해도 스스로 자초한 일이니 어쩔 수 없는 일이다(출 22:26-27). 어떤 사람이 너무도 가난해서 침상 외에는 담보로 맡길 것이 아무것도 없었다면, 그것은 정직하게 행해진 것이기 때문에, 우리는 그를 구제하는 것이 마땅하다. 그러나 어쨌든 빌려준 돈을 회수하기 위해서 채권자가 엄격한 법의 집행에 의해서 그 담보를 가져가는 것도 옳지 않다고 할 수 없다.

3. 우리는 우리의 가산과 가족을 망하게 해서는 안 된다는 것. 각 사람은 자기 자신과 자기 아내와 자녀들에게 올바르고 의롭게 행하여야 마땅한데, 분수에 넘치게 사는 자들, 자기 일을 잘못 관리하거나 남의 빚을 떠안아서 자기의 소유를 허비하고 가난하게 되는 자들은 그렇게 하지 않는 것이다. 우리는 선한 양심을 지키기 위한 것이라면 우리의 소유를 빼앗기는 것도 기쁘게 당할 수 있다. 그러나 우리 자신의 경솔함과 어리석음으로 우리의 소유를 탕진하였다면, 우리는 거기에 대하여 무거운 책임을 져야 한다.

[28]네 선조가 세운 옛 지계석을 옮기지 말지니라

1. 우리는 공개적으로 그 어떤 힘을 사용하지 않고서도 속임수를 써서 아주 은밀하고 그럴 듯하게 남의 권리를 빼앗아 올 수 있는 방법들이 있다고 할지라도 절대로 남의 권리를 침해해서는 안 된다는 것. 우리는 사람들로부터 그들의 자유와 특권을 빼앗거나, 그러한 것들을 주장할 수 있는 정당한 방법들을 빼앗음으로써 그들의 재산권을 침해해서는 안 된다. 또한, 우리는 특정한 사람들의 재산권을 침해해서도 안 된다. 지계석 또는 경계표는 각 사람의 권리를 증언해 주는 영속적인 증인들이다. 그러한 지계석들을 아주 없애 버리지 말라. 왜냐하면, 그런 일 때문에 전쟁이나 싸움, 끝없는 분쟁이 생겨나기 때문이다. 지계석들을 옮겨서 이웃의 몫을 네 자신의 몫으로 만들지 말라. 왜냐하면, 그것은 이웃의 재산을 강탈하는 것이고, 너의 후손들에게 네가 사기를 쳐서 얻은 것을 물려주는 것이기 때문이다.

2. 우리는 오랜 세월 동안 지속되어 온 관습들과 통치 제도들을 모든 예를 다해서 존중하여야 한다는 것. 그러한 것들을 더 좋게 고치고자 한다는 미명 아래에 바꾸게 되면, 위험한 결과가 초래되기가 쉽기 때문에, 우리는 그러한 것들을 묵묵히 받아들이는 것이 합당하다.

[29]네가 자기의 일에 능숙한 사람을 보았느냐 이러한 사람은 왕 앞에 설 것이요 천한 자 앞에 서지 아니하리라

1. 진정으로 재능이 뛰어나고 근면한 사람을 발견하는 것은 아주 어려운 일이라는 것. "네가 자기의 일에 능숙한 사람을 보았느냐. 둔하고 게으른 자들은 도처에 널려 있지만, 너는 그런 사람은 많이 보지 못할 것이다." 여기에서 칭찬하는 것은 자기의 일이 비록 아주 천하고 옹색한 일이라도 해도 그 일에 헌신되어 있어서 그 일을 놓으면 마음이 편치 않고, 그 일을 너무나 좋아해서 늘 변함없이 확고한 신념을 가지고서 능숙하고 신속하게 해내는 자, 많은 일을 단시간에 신속하고 정확하게 하는 법을 아는 자이다.

2. 그런 사람은 틀림없이 출세하게 되어 있다는 것. 그는 지금 천한 자들에 의해서 고용되어 그들 앞에서 서서 그들을 위해 일하고 있지만, 언젠가는 출세

하여 자기 나라의 사신으로서 이방의 왕들 앞에 서게 될 것이다. 네가 신앙의 일에 능숙한 사람을 보았느냐. 그는 뛰어난 덕을 가지고서 만왕의 왕 앞에 서게 될 것이다.

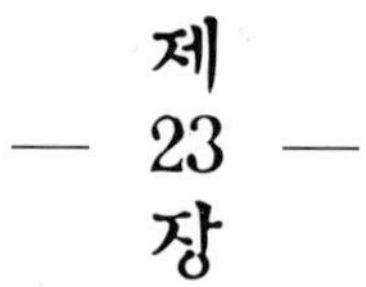

제 23 장

[1]네가 관원과 함께 앉아 음식을 먹게 되거든 삼가 네 앞에 있는 자가 누구인지를 생
각하며 [2]네가 만일 음식을 탐하는 자이거든 네 목에 칼을 둘 것이니라 [3]그의 맛있는
음식을 탐하지 말라 그것은 속이는 음식이니라

여기에서 우리에게 경고하는 죄는 사치와 방탕, 먹고 마시는 일에 지나친 욕심을 부리는 죄인데, 우리는 이 죄에 빠지기가 아주 쉽다.

1. 우리는 언제 이 죄의 유혹을 받게 되고, 이 죄에 빠질 위험이 가장 큰 때는 언제인가. "네가 관원과 함께 앉아 음식을 먹게 될 때, 네 앞에는 네가 평소에 보지 못했던 진수성찬과 희귀한 음식들이 한 상 가득히 차려져 있게 될 것이다. 그 때에 너는 하만이 그랬던 것처럼(에 5:12) 네가 높은 사람으로부터 특별대접을 받고 있다고 생각하고서는, 지금이 너의 식욕을 마음껏 채울 절호의 기회라고 여기고, 거기에 너를 위한 올무가 놓여져 있다는 것을 잊어버리기 쉽다." 그러한 유혹은 평소에 늘 진수성찬을 먹는 자보다는 그러한 환대에 익숙하지 않은 자에게 더 강력할 것이고, 따라서 더 위험할 수 있다.

2. 우리는 그러한 때에 갑절로 경계를 해야 한다는 것.

(1) 우리는 우리가 위험 가운데 있다는 것을 깨달아야 한다. "너는 네가 가장 안심하고 먹을 수 있는 것들과 지나치게 먹고 마실 위험성이 별로 없는 것들을 잘 고를 수 있도록 하기 위하여 삼가 네 앞에 있는 자가 누구인지, 네 앞에 어떤 먹을 것과 마실 것이 준비되어 있는지를 깊이 생각하라. 네 앞에 있는 높은 관원이 지혜롭고 선하다면, 그는 그의 손님들 중 한 사람이 그의 식탁을 어지럽히는 것을 그에 대한 모욕으로 여길 것임을 너는 깊이 생각하라." 우리가 높은 관원이나 왕 앞에 앉아서 먹을 때에도 그래야 할 것인데, 하물며 만왕의 왕이신 주님의 상(床)에서 먹고 마실 때에는 어떻게 해야 하겠는가. 우리는 그 상이 우리에게 올무가 되지 않도록 하기 위하여, 우리 앞에 있는 것이 무엇인지

를 삼가 생각해서, 모든 점에서 합당하지 않게 먹고 마시는 일이 없게 하여야 한다.

(2) 우리는 정신을 바짝 차리고서 자제하고 절제하여야 한다. "너는 네 목에 칼을 둘 것이니라. 즉, 너는 마치 칼이 네 머리 위에 매달려 있는 것처럼 지나치게 먹고 마시지 않도록 조심하고 절제하라. 너희는 스스로 조심하라 그렇지 않으면 방탕함과 술취함으로 마음이 둔하여지고 뜻밖에 그 날이 덫과 같이 너희에게 임하리라(눅 21:34)는 말씀이나, 하나님이 이 모든 일로 말미암아 너를 심판하실 줄 알라(전 11:9)는 말씀이나, 술 취하는 자들은 하나님의 나라를 유업으로 받지 못하리라(고전 6:10)는 말씀을 네 목구멍에 들이대진 칼로 여기라." 라틴어로는 사치를 목구멍(gula)이라고 한다. "이러한 말씀들로 무장하고서 무절제의 죄에 대적하라. 너의 만족할 줄 모르는 식욕이 네가 방탕과 무절제에 빠져서 네 목구멍이 잘려 나가는 것보다는 차라리 절제하는 것이 좋겠다고 생각하기 시작하게 만들라." 우리는 아무런 두려움 없이 마구 먹어서는 안 되고(유 1:12), 유혹이 우리 앞에 있을 때에는 더욱 두려워하고 조심하여야 한다.

(3) 우리는 우리 자신을 이치로 설득해서, 육체를 만족시키는 일들에 대하여 거룩한 마음으로 경멸하여야 한다. "네가 만일 음식을 탐하는 자이거든, 너는 방금 말한 해법을 따라서 주님의 두려우심을 생각해서 스스로 절제하고 억제하여야 한다. 네가 지나치게 탐할 위험이 있거든, 네 목에 칼을 두라. 그것은 일시적으로 도움이 될 수 있다. 그러나 그것으로 충분한 것은 아니기 때문에, 너는 도끼를 뿌리에 두어야 한다. 너에 대하여 강력한 힘을 갖고 있는 저 식욕을 죽이라. 맛있는 음식을 탐하지 말라." 우리는 무엇이 우리의 죄악인지를 잘 살펴보아서, 우리가 육체를 기쁘게 하는 일에 중독되어 있는 것을 발견한다면, 밖으로부터의 유혹들을 경계해야 할 뿐만 아니라, 안에 있는 부패한 것을 쳐서 복종시켜야 한다는 것을 명심하라. 우리 몸이 양식을 원하는 것은 자연의 순리이고, 우리는 일용할 양식을 위해 기도하라는 가르침을 받는다. 그러나 진수성찬을 원하는 것은 육체의 정욕에 속하기 때문에, 우리는 믿음으로 그것을 위하여 기도할 수 없다. 왜냐하면, 진수성찬은 우리의 마음과 몸에 적절한 양식이 아니고, 우리의 분수에 맞는 양식도 아닌 경우가 많기 때문이다. 그런 음식은 속이는 음식이다. 그러므로 다윗은 진수성찬을 달라고 기도한 것이 아니라, 도리어 진수성찬을 먹지 말게 해 달라고 기도하였다(시 141:4). 그런 음식은 입

에는 달지만, 위에서는 문제를 일으켜서 거기에서 신 것이 되어 구역질이 나게 만들고 사람을 병들게 하기 쉽다. 그런 음식은 사람들에게 그것으로부터 기대한 만족을 주지 못한다. 왜냐하면, 음식을 탐하는 자들은 맛있는 진수성찬을 먹게 되면 거기에 쉬이 질려서 즐거워하지 않기 때문이다. 그들은 점점 더 맛있는 음식을 요구한다. 고급스러운 입맛을 만족시키면 시킬수록, 그 입맛은 점점 더 까다로워져서, 그 입맛을 즐겁게 해주기가 더욱 어려워진다. 진수성찬은 쉽게 질리고, 결코 만족을 주지는 못한다. 그러나 진수성찬이 속이는 음식인 것은 그런 음식은 육신을 기쁘게 해주기는 하지만 영혼에는 해롭고, 마음을 둔하게 하여 하나님을 섬기기에 적합하지 않게 만들며, 마음을 빼앗아 가서 영적인 즐거움들로부터 멀어지게 하고, 그러한 영적인 즐거움들을 즐기는 마음의 미각을 망쳐 놓기 때문이다. 그런데도 우리가 우리를 반드시 속이게 될 것을 탐할 이유가 어디에 있겠는가?

4부자 되기에 애쓰지 말고 네 사사로운 지혜를 버릴지어다 5네가 어찌 허무한 것에 주목하겠느냐 정녕히 재물은 스스로 날개를 내어 하늘을 나는 독수리처럼 날아가리라

음식을 탐하는 자들이 있는가 하면(2절), 탐욕에 눈이 먼 자들도 있는데, 솔로몬은 여기에서 그런 자들을 꾸짖는다. 사람들은 진수성찬에 마음을 빼앗겨서 속는 것처럼, 돈이 대단히 실속있어 보이기 때문에 돈에 마음을 빼앗겨서 속기도 한다. 좀 더 살펴보자.

I. 솔로몬은 탐욕스러운 자로 하여금 부자가 되려고 땀을 흘리며 자신을 괴롭히는 일을 그만두게 하기 위하여 어떤 식으로 설득하는가(4절). "부자 되기에 애쓰지 말고, 재산을 불리거나 너의 소유를 현재보다 더 풍족하게 만들기 위해서 애쓰지 말라." 우리는 우리의 신분과 처지에 맞게 우리의 자녀와 가족을 먹여 살리며 편안하게 살려고 애써야 하지만, 큰 것들을 구해서는 안 된다. 부자가 되고자 하고, 그것을 그들이 가장 원하는 것으로 삼거나 그들의 인생의 최고의 목적으로 삼는 자들이 되지 말라(딤전 6:9). 탐욕스러운 자들은 그들이 바라던 정도만큼 부자가 된다면 그들 자신이 온전히 행복해질 것이라고 상상하면서, 부자가 되는 것을 인생의 목표로 정한 것이 지혜로운 일이라고 생각한

다. 그런 지혜를 버릴지어다. 왜냐하면, 그것은 착각이기 때문이다. **삼가 모든 탐심을 물리치라 사람의 생명이 그 소유의 넉넉한 데 있지 아니하니라**(눅 12:15).

1. 큰 것들을 목표로 삼은 자들은 그들의 능력 이상으로 일을 할 수밖에 없기 때문에, 그들의 삶은 지독한 고역이 되고 항상 바쁜 삶이 되어 버린다는 것. 너는 그런 미련한 자가 되지 말라. **부자 되기에 애쓰지 말라.** 너는 너의 소유 또는 일의 주인이 되어야 하고, 부자가 되기 위해서 일찍이 일어나고 늦게 누우며 근심의 떡을 먹는 자들처럼 노예가 되어서는 안 된다. 가난한 자에게 구제할 수 있도록 적절하게 자기 손으로 수고하는 것은 우리의 지혜이자 본분이다(엡 4:28). 그러나 재물을 모으기 위해서 지나치게 일하는 것은 죄이자 어리석음이다.

2. 그들은 그들이 감당할 수 있는 것 이상으로 그들의 머리를 온갖 계획들로 채우고 있기 때문에, 그들의 삶은 염려와 두려움으로 끊임없이 요동한다는 것. 그러나 너는 이런 식으로 네 자신을 괴롭히지 말라. **네 사사로운 지혜를 버릴지어다.** 네게 주어진 직업을 꾸준히 해나가고, 새로운 길들을 궁리하거나 너의 직업에서 새로운 것들을 고안해 내기 위해서 머리를 짜내지 말라. 하나님의 지혜를 묵묵히 따르고, 네 자신의 지혜를 그치라(3:5-6).

Ⅱ. 솔로몬은 탐욕스러운 자로 하여금 헛된 것이자 심령을 괴롭히는 것을 지나치게 사랑하고 추구하느라 스스로를 속이는 짓을 그만두게 하기 위하여 어떤 식으로 설득하는가.

1. 탐욕스러운 자가 추구하는 그것은 실체가 없는 것이고 사람을 만족시켜 주지 못하는 것이라는 것. "**네가 어찌 허무한 것에 주목하여 없는 것을 찾으려고** 눈을 혹사시키는 미련한 자가 되고자 하는 것이냐?"

(1) 이 세상의 것들은 허무한 것, 즉 존재하지 않는 것들이라는 것. 그것들은 자연 속에서는 실존하고 섭리의 실제적인 선물들이지만, 은혜의 나라에서는 존재하지 않는 것들이다. 그것들은 영혼을 행복하게 해주는 것도 아니고 영혼의 분깃도 아니며, 그것들이 약속하는 것들이나 우리가 그것들에 대하여 기대하는 것들은 이루어질 수 없는 것들이다. 그것들은 그것들을 의지하는 영혼에게 환영(幻影)이고 그림자이며 모조품이다. 그것들은 존재하지 않는다. 왜냐하면, 그것들은 얼마 있다가 사라질 것이고, 우리의 것이 되지 않을 것이기 때문이다. 그것들은 쓰면 없어지는 것들이다. 그것들의 형체는 사라져 버린다.

(2) 이 세상의 것들을 주목하고, 가장 좋은 것들이라고 동경하며, 우리에게

좋은 것들로 여겨서 갖고자 하고, 그것들을 얻고자 우리의 모든 것을 다 바치며, 독수리가 그 먹잇감을 덮치듯이 그것들을 얻으려고 쏜살같이 날아가는 것은 어리석은 짓이라는 것. "그래도, 너는 그토록 터무니없는 짓을 하고 싶은 것이냐? 이성을 지닌 피조물인 네가 그림자에 불과한 것들에 홀딱 빠진다는 것이 말이 되겠느냐? 눈은 합리적이고 지적으로 생각하는 능력을 상징하는데, 너는 그러한 말도 안 되는 것들을 주목하고자 하는 것이냐? 너의 손과 발을 이 세상에 두는 것만으로 이미 충분하니, 너의 눈, 너의 마음의 눈은 이 세상에 두지 말라. 네 눈은 더 나은 것들을 바라보라고 있는 것이다. 내 아들, 신앙이 있다고 하는 네가 하나님을 그토록 모독하고(눈은 늘 하나님을 바라보아야 하기 때문에) 네 영혼을 그토록 학대한다는 것이 말이 되느냐?"

2. 그것은 오래가지 못하고 영속적이지 않다는 것. 재물은 아주 불확실한 것들이다. 재물은 그런 것이다. 정녕히 재물은 스스로 날개를 내어 날아가리라. 우리가 재물을 주목하면 할수록, 재물은 우리에게서 날아가 버릴 가능성은 더욱 높아진다.

(1) 재물은 우리를 떠나게 되어 있다는 것. 재물을 아무리 꼭 붙잡고 있어도, 재물은 우리 곁에 오래 머물지 않는다. 재물이 우리를 떠나가거나, 우리가 재물을 떠나간다. 성경에서는 재물이 물줄기처럼 흘러서 떠내려 간다고 말하기도 하는데(욥 20:28), 여기에서는 새처럼 날아간다고 말하기도 한다.

(2) 우리가 많은 수고를 해서 재물을 얻고 나서, 큰 자부심과 즐거움을 가지고 재물을 누리고자 할 때에 재물은 우리를 갑자기 떠날 수도 있다는 것. 탐욕스러운 자는 암탉이 새끼들을 품듯이 자기 재물을 품고서 부화할 때까지 기다리지만, 그 재물은 갑자기 없어져 버리는 것이다. 또는, 그것은 사람이 자기 밭에 앉아 있는 야생 조류떼를 반기며 그 새떼가 자기 땅에 앉았기 때문에 자기 것이라고 생각해서 가까이 다가갔더니, 그 새떼가 갑자기 날개를 내어 다른 사람의 밭으로 가 버리는 것과 같다.

(3) 재물이 날아갈 때에 사용하는 날개는 재물 자체 속에서 만들어진다는 것. 재물은 그 자체 속에 부패의 본성, 즉 이끼와 녹을 지니고 있다. 재물은 점점 소진되어 가는 본성을 지니고 있어서, 한 줌의 흙처럼 우리의 손가락 사이로 빠져 나간다. 눈은 떨어진 땅에 그대로 있는 경우에는 한동안 지속되고 아름다운 모습도 유지하지만, 우리가 눈을 모아서 품 속에 두면, 그 눈은 곧 녹아

서 없어져 버리고 만다.

(4) 재물은 하늘을 향해 치솟는 독수리처럼 아무도 붙잡을 수 없을 정도로 강력하게 날아가 버리고, 순식간에 시야에서 사라져 버려서 아무리 불러도 소용이 없게 아주 멀리 날아가 버린다는 것. 사람들이 재물에 마음을 두면, 재물은 이렇게 사람들을 떠나가 버리기 때문에, 사람들에게 슬픔과 괴로움만 남겨줄 뿐이다.

[6]악한 눈이 있는 자의 음식을 먹지 말며 그의 맛있는 음식을 탐하지 말지어다 [7]대저
그 마음의 생각이 어떠하면 그 위인도 그러한즉 그가 네게 먹고 마시라 할지라도
그의 마음은 너와 함께 하지 아니함이라 [8]네가 조금 먹은 것도 토하겠고 네 아름다
운 말도 헛된 데로 돌아가리라

육체의 쾌락을 즐기고 음식을 탐하는 자들(2절)은 진수성찬이 차려진 곳에 있는 것을 좋아하고, 탐욕스럽고 인색한 자들은 조금이라도 돈을 아끼려고 다른 사람의 상에서 식사하는 것을 좋아한다. 그러므로 솔로몬은 여기에서 이 두 부류의 사람들에게 누가 그들을 초대하면 냉큼 수락하지 말고, 특히 초대받지 않은 곳에 비집고 들어가지 말라고 충고한다.

1. 친구들이 오는 것을 환영하는 체하지만 사실은 그것이 진심이 아닌 자들이 있다는 것. 그런 자들은 말을 어떻게 해야 사람들이 좋아하는지를 아는 자들이다. 그들은 연회를 주관하는 자가 손님들의 기분을 잘 맞춰주는 것이 예의라는 것을 알기 때문에, 손님들에게 먹고 마시라고 말한다. 그러나 그들은 악한 눈을 가지고 있어서, 특히 손님들이 음식을 많이 먹으면 못마땅해한다. 그들은 연회를 열어서 사람들로부터 인심이 후하다는 평판을 듣고 싶어하지만, 돈을 사랑하는 마음은 지극정성이고 친구들을 사랑하는 마음은 거의 없기 때문에, 연회를 열고도 마음이 편치가 않아서, 그들 자신이나 친구들이 즐기는 것에서 기쁨을 느끼지 못한다. 구두쇠가 베푼 연회는 그에게 고행이나 다름없다. 어떤 사람이 너무나 이기적이고 욕심이 많으며 인색해서, 친구들을 환영하는 마음이 없다면, 그는 친구들을 초대하는 위선의 죄를 더하지 말고, 악한 자를 인심이 후한 자라고 해서도 안 되고 인색한 자를 아낌없이 베푸는 자라고 해서도 안 된다(사 32:5)는 말씀을 명심하고서, 자기가 어떤 자인지를 인정하여야 한다.

2. 억지로 베푼 연회에 참석하는 것은 위로가 되지 않는다는 것. "너는 그런 자가 주는 음식을 먹지 말고, 그로 하여금 그의 것을 꼭 지키게 내버려 두라. 아낌없이 베푸는 자들에게 붙어서 폐를 끼치지 말고, 그 누구에게도 짐이 되지 말라. 그러나 특히 인색하면서 진실하지 않은 자들에게 신세를 지는 일은 꼭 피하라. 진정한 환대 없이 맛있는 음식과 진수성찬을 먹는 것보다는 진심어린 환대 속에서 나물 반찬에 밥을 먹는 편이 더 낫다."

(1) "그 마음의 생각이 어떠냐에 따라 그 사람을 판단하라. 그가 네게 듣기 좋은 말을 하면, 너는 그가 너를 친구로서 존중하고 있다고 여기지만, 그가 그의 혀로 말하는 것이 그의 참 모습이 아니라, 그 마음의 생각이 어떠한가에 따라서 그 위인도 그러한 것이다." 우리가 우리 마음 속에서 하나님과 사람을 대하는 것에 따라서 우리가 어떤 사람이냐가 결정된다. 신앙이나 우정은 그것이 얼마나 진실한가에 따라서 그 진실한 정도만큼만 가치가 있다.

(2) "얼마나 소화가 잘 되고 얼마나 기분 좋게 먹을 수 있느냐에 따라 그 음식을 판단하라. 그는 네게 마음껏 먹으라고 권하지만, 곧 그의 인색하고 탐욕스러운 마음을 드러낼 것이다. 그 마음의 생각이 그의 표정으로 드러나서, 그는 너를 환영하지 않는다는 것을 네게 나타낼 것이다. 그러면, 너는 네가 조금 먹은 것도 토하게 될 것이다. 그의 본 마음을 생각만 해도, 너는 네가 지금까지 먹은 것을 다 토할 지경이 될 것이고, 그의 듣기 좋은 말과 너를 반갑게 맞아준 것에 대하여 네가 그에게 감사해서 한 말들도 토해 버릴 것 같을 것이다. 그가 네게 했고 네가 그에게 했던 아름다운 말들은 헛된 데로 돌아갈 것이다."

[9]미련한 자의 귀에 말하지 말지니 이는 그가 네 지혜로운 말을 업신여길 것임이니라

우리는 여기에서 진주를 돼지 앞에 던지지 말고(마 7:6) 거룩한 것들을 속되고 불경스러운 거만한 자들에게 말하여 경멸과 조롱을 당하게 하지 말라는 충고를 듣는다. 기회가 있을 때마다 하나님께 속한 것들을 전하는 것은 우리의 본분이다.

1. 모든 것을 희롱하는 자들이 있다는 것. 아무리 지혜롭고 적절한 말을 들어도, 그들은 그들의 덕을 세워주어서 그들에게 크게 유익이 될 지혜로운 자의

말들을 멸시할 뿐만 아니라, 그 말들 속에 들어 있는 지혜조차 멸시한다. 그들은 마치 그 말들 속에 그들에 대한 악한 흉계가 숨겨져 있어서 그들이 경계하지 않으면 안 된다는 듯이 꼬치꼬치 따져서 비난한다.

2. 그런 자들은 선한 조언과 교훈의 유익을 상실하리라는 것. 솔로몬은 지혜로운 자에게 그런 미련한 자들의 **귀에 말하지** 말라고 충고하고, 그런 자들에게 말해 주는 것을 금지한다. 그런 자들을 계속해서 미련하게 내버려 두고, 귀한 말을 그런 자들에게 허비하지 말라. 지혜로운 자는 그의 지혜로 하는 말을 어떤 사람이 듣고자 하지 않는다면 잠시 침묵한 채로 그 사람이 그가 해준 지혜의 말을 존중하나 안 하나를 시험해 보아야 한다.

[10]옛 지계석을 옮기지 말며 고아들의 밭을 침범하지 말지어다 [11]대저 그들의 구속자는 강하시니 그가 너를 대적하여 그들의 원한을 풀어 주시리라

1. 고아들은 하나님의 특별한 보호하심 아래에 있다는 것. 하나님은 그들에게 긍휼을 베푸실 뿐만 아니라(호 14:3), 그들을 위하여 공의를 행하신다. 하나님은 그들이 해악을 입었을 때에 그것을 자기가 모독을 당한 것으로 여겨서 열심으로 그들을 옹호해 주고 그들의 편이 되어 주는 그들의 **구속자**(히브리어로 '고알람'), 즉 그들의 가장 가까운 친족이다. 그들의 구속자로서 하나님은 그들에게 해악을 끼친 자들을 **대적하여 그들의 원한을 풀어 주실** 것이고, 이런저런 방법으로 그들의 권리를 그들의 대적자들로부터 지켜주시고 회복시켜 주실 뿐만 아니라, 그들에게 해악을 가한 자들에게 복수를 해주실 것이다. 하나님은 **강하시고** 전능하시다. 하나님은 그들을 보호하기 위하여 그의 전능하심을 동원하실 것이기 때문에, 아무리 교만하고 강력한 압제자들도 하나님의 적수가 되지 못한다는 것을 발견하게 될 뿐만 아니라, 하나님과 다투는 것은 자살 행위라는 것을 발견하게 될 것이다.

2. 그러므로 누구든지 옛 지계석을 몰래 옮긴다거나 고아들의 밭을 힘으로 침범해서 그들에게 조금이라도 해를 주거나 그들의 권리를 침해하지 않도록 조심하여야 한다는 것. 고아들에게는 아버지가 없기 때문에 그들이 해악을 당하여도 그것을 회복시켜 줄 자가 아무도 없고, 어릴 때에는 그들이 어떤 해악을 당하고 있는지도 그들은 제대로 알지 못한다. 명예심이나 하나님을 경외하

는 마음이 조금이라도 있다면, 사람들은 아이들, 특히 고아들에게 해악을 가해서는 안 될 것이다.

[12]훈계에 착심하며 지식의 말씀에 귀를 기울이라 [13]아이를 훈계하지 아니하려고 하
지 말라 채찍으로 그를 때릴지라도 그가 죽지 아니하리라 [14]네가 그를 채찍으로 때
리면 그의 영혼을 스올에서 구원하리라 [15]내 아들아 만일 네 마음이 지혜로우면 나
곧 내 마음이 즐겁겠고 [16]만일 네 입술이 정직을 말하면 내 속이 유쾌하리라

1. 부모는 자녀에게 훈계를 하여야 한다는 것. 솔로몬은 부모된 자에게 그의 책, 특히 성경과 그의 가르침에 마음을 두고, 지식의 말씀들에 귀를 기울여서, 자신의 본분과 위험한 것과 유익한 것을 알며, 그것들을 듣는 것만으로 충분하다고 생각하지 말고, 거기에 마음을 다하고 그 말씀들을 기뻐하며 그 권위에 순복하라고 권면한다. 훈계에 착심한다는 것은 훈계를 마음으로 받는다는 것이다.

2. 부모는 자녀를 징계하여야 한다는 것. 자애로운 부모는 자녀를 징계하는 것이 그들의 본성에 맞지 않기 때문에 그렇게 하고 싶어하지 않는다. 그러나 자녀에 대한 징계는 꼭 필요하고, 그렇게 하는 것은 부모의 도리이다. 그러므로 부모는 징계가 필요할 때에 징계를 하지 않으려고 해서는 안 된다(매를 아끼는 부모는 자녀를 망친다). 부모는 회초리로 자녀를 때려서 온유함으로 징계하고, 짐승에게 하듯이 하는 것이 아니라 사람의 매로 자녀를 다스려야 한다. 회초리로 그를 때릴지라도 그가 죽지 아니하리라(13절). 회초리로 때린다고 해서 자녀가 죽는 일은 없다. 아니, 회초리로 때려서 자녀가 악한 길로 가는 것을 막았다면, 그것은 자녀가 죽는 것을 미연에 방지한 것이 된다. 징계는 부모에게나 자녀에게나 당시에는 즐거워 보이지 않고 슬퍼 보인다(히 12:11). 그러나 부모가 선한 목적으로 지혜롭게 기도와 하나님의 축복 가운데서 자녀를 징계한다면, 그것은 자녀가 멸망의 길로 가는 것을 막아서 그의 영혼을 스올에서 구원하는 복된 수단이 된다. 우리는 우리 자녀들의 영혼에 지대한 관심을 갖지 않으면 안 된다. 우리는 자녀들이 사망의 길로 가는 것을 보면 온갖 수단을 다 동원하고 온 힘을 다 기울여서 스올의 영원한 불길에 완전히 타버리기 전에 불길에 그을린 채라도 그들을 건져내야 한다. 육신을 괴롭게 하여, 영혼이 주 예수의 날에 구원

을 얻게 하라.

3. 부모는 자녀를 격려하여야 한다는 것. 부모는 자녀에게 다음과 같은 것들을 말해 주어서 자녀의 힘을 북돋워 주어야 한다.

(1) 부모는 자기가 기대하는 것이 무엇인지, 즉 부모가 원하는 것은 자녀가 잘 되는 것 외에는 아무것도 없다는 것을 말해 주어야 한다는 것. 부모가 바라는 것은 자녀의 마음이 지혜롭고, 그의 입술이 정직을 말하며, 그가 선한 도리의 다스림 아래에 있어서, 그 도리를 따라 특히 그의 혀를 잘 다스리게 되는 것이다. 어릴 때에 정직을 말하고 감히 악한 말을 하지 않도록 철저하게 교육을 받은 자들은 커서도 정직하게 행하게 될 것이다.

(2) 자녀가 부모의 기대에 부응하면, 그것이 부모에게 얼마나 큰 위로가 되는지를 말해 주어야 한다는 것. "네 마음이 지혜로우면, 너를 키우느라 많은 고생과 수고를 아끼지 않은 나, 곧 너 때문에 무수히 아팠던 내 마음이 즐겁겠다. 너는 이런 부모의 은혜를 알고 거기에 보답하고자 애를 써야 마땅하다." 아이들의 지혜는 부모와 선생들의 기쁨이 된다는 것을 명심하라. 그들에게는 아이들이 진리 안에서 행하는 모습을 보는 것보다 더 큰 기쁨이 없다(요삼 1:4). "아이들아, 너희가 지혜롭고 선하며 신앙이 깊고 양심적이라면, 하나님은 너희를 축복하실 것이고, 그것은 우리의 기쁨이 될 것이며, 우리는 너희를 가르치느라 수고한 것이 헛되지 않았고 보람이 있었다고 생각하게 될 것이고, 그것은 우리가 너희를 위하여 오랜 세월 많은 기도를 한 것에 대한 위로의 응답이 될 것이다. 그러면, 우리는 한시름을 놓게 되어, 너희를 엄격하게 살필 필요가 없게 될 것이고, 결과적으로 너희와 우리 자신이 더 편안해지게 될 것이다. 우리는 너희가 우리의 노년에 우리의 자랑과 위로가 되고, 너희가 너희의 세대 속에서 그리스도의 이름을 지니고 살며, 너희가 이 세상에서와 저 세상에서 평안하고 복되게 살게 될 것이라는 소망 안에서 즐거워하게 될 것이다."

[17]네 마음으로 죄인의 형통을 부러워하지 말고 항상 여호와를 경외하라 [18]정녕히 네 장래가 있겠고 네 소망이 끊어지지 아니하리라

1. 속되고 불경스러운 자들이 형통하는 것을 부러워하는 마음을 품지 말라는 경고. "네 마음으로 죄인의 형통을 부러워하지 말라. 그들이 자유롭게 죄를 짓

고 세상에서 형통한다고 해서, 불평하거나 부러워하지 말라. 그런 것은 우리가 부러워해야 할 것이 아니라 불쌍히 여겨야 할 것이다. 그들의 형통은 그들의 분깃이다(시 17:14). 아니, 그것은 그들에게 독배이다(1:32)." 우리는 하나님의 섭리가 그들에게 미소를 짓는 것처럼 보인다고 해도 마음 속에 불만을 품거나 그들처럼 되고 싶은 마음을 품어서는 안 된다. "네 마음으로 죄인들을 본받지 말라"(어떤 이들은 이렇게 읽는다). 그들처럼 행하지 말고, 그들이 가는 길로 가지 말라. 너도 부자가 되겠다고 마음을 먹고, 그들이 부자가 되기 위해서 사용한 방법들을 따르는 일이 있어서는 안 된다.

2. 우리의 마음 속에서 항상 하나님을 지극히 높이라는 명령. 매일매일 그리고 온종일 여호와를 경외하라. 우리는 여호와를 경외하는 것을 우리의 본분으로 삼아서, 항상 하나님을 거룩하게 경배하고, 그의 명령들에 복종하며, 그의 섭리들을 순순히 받아들이고, 그를 기쁘시게 해 드리려고 늘 애써야 한다. 우리는 여호와를 경외하는 것을 우리의 체질로 만들어서, 하나님의 영광을 묵상하고 그의 뜻을 따르는 것을 즐거워하여야 한다. 우리는 하나님을 경외하는 일에 헌신되어 있어야 한다(시 119:38). 우리는 우리가 말하고 행하는 모든 것 속에서 하나님을 경외하는 것을 우리의 최고의 지도원리로 삼고 그 다스림을 받아야 한다. 우리는 평생의 모든 날 동안에 우리 심령에 하나님을 경외하는 마음을 늘 품어야 하고, 그의 권세에 복종하며 그의 진노를 두려워하여야 한다. 우리에게는 늘 하나님을 경외하는 마음이 있어야 하고, 거기에서 벗어나는 일이 있어서는 안 된다.

3. 이 두 가지를 명령하는 이유(18절). 그것은 반드시 끝이 있을 것이기 때문이다(렘 29:11). 악인의 형통에는 끝이 있을 것이기 때문에(시 73:17), 너는 그들을 부러워하지 말라. 너의 환난에도 끝이 있을 것이기 때문에, 너는 그 환난을 지겨워하지 말라. 너의 섬김의 일들에는 끝이 있을 것이고, 너의 일과 선한 싸움에도 끝이 있을 것이다. 온전한 사랑이 두려움을 내쫓고, 상에 대한 네 소망이 끊어지거나 너를 실망시키지 아니할 뿐만 아니라, 네가 기대하는 것보다 더 차고 넘치게 이루어질 것이다. 끝이 있을 것이라는 사실을 생각하면, 우리는 우리가 가는 길에서 만나는 온갖 어려움들과 낙심되는 일들을 좀 더 편안하게 받아들일 수 있게 된다.

19내 아들아 너는 듣고 지혜를 얻어 네 마음을 바른 길로 인도할지니라 20술을 즐겨
하는 자들과 고기를 탐하는 자들과도 더불어 사귀지 말라 21술 취하고 음식을 탐하
는 자는 가난하여질 것이요 잠 자기를 즐겨 하는 자는 해어진 옷을 입을 것임이니
라 22너를 낳은 아비에게 청종하고 네 늙은 어미를 경히 여기지 말지니라 23진리를
사되 팔지는 말며 지혜와 훈계와 명철도 그리할지니라 24의인의 아비는 크게 즐거
울 것이요 지혜로운 자식을 낳은 자는 그로 말미암아 즐거울 것이니라 25네 부모를
즐겁게 하며 너를 낳은 어미를 기쁘게 하라 26내 아들아 네 마음을 내게 주며 네 눈
으로 내 길을 즐거워할지어다 27대저 음녀는 깊은 구덩이요 이방 여인은 좁은 함정
이라 28참으로 그는 강도 같이 매복하며 사람들 중에 사악한 자가 많아지게 하느니
라

여기에서는 부모가 자녀들에게 주는 선한 충고라는 형태로 교훈이 주어진다. 솔로몬은 자녀들에게 마땅히 행할 길을 가르쳐 주고 그 가운데서 자녀들을 훈련시켜 줄 말씀들을 부모의 입을 빌려서 전한다.

I. 젊은이들에게 그들의 경건한 부모의 충고, 즉 여기에 나오는 것만이 아니라 그 밖의 다른 모든 유익한 교훈들에 귀를 기울이라고 간곡히 부탁함. "내 아들아 너는 듣고 지혜를 얻으라(19절). 그것은 네가 지혜롭다는 것을 보여주는 증거가 될 것이고, 너를 더 지혜롭게 해줄 수단이 될 것이다." 지혜는 믿음과 마찬가지로 들음에서 온다. "너를 낳은 아비, 너에 대하여 권세를 지니고 있고 너를 위한 애정을 지니고 있으며 네가 잘 되기만을 바라는 것 외에 다른 의도가 있을 수 없는 너의 아비에게 청종하라(22절)." 우리는 우리를 낳아 주시고 이 세상에 존재하게 해주신 우리 육신의 아버지를 공경하여야 한다. 하물며, 우리는 우리를 지으시고 우리의 존재의 근원이 되시는 우리의 영의 아버지께는 더욱더 순종하고 복종하여야 하지 않겠는가. 어미는 하나님에 대한 의무감과 자녀에 대한 사랑으로 그에게 선한 가르침들을 주는 것이기 때문에, 그는 어미가 늙었다고 해서 어미나 어미의 충고를 경히 여겨서는 안 된다. 어미가 늙었다면, 자녀들도 다 자랐을 것이다. 그러나 그들은 어미의 가르침을 받을 때는 지났다고 생각하지 말고, 오랜 세월을 살아 오신 어미와 그 연륜이 가르쳐 주는 지혜를 더욱 소중히 여겨야 한다. 거만하고 오만방자한 젊은이들은 늙은 어미의 선한 충고를 쓸데없는 잔소리로 여기고, 자기는 나이든 여자가 말하는 것에 신경을

쓸 여유가 없다고 생각할 것이다. 그러나 그런 자들은 선한 교훈을 무시한 죄만이 아니라 선한 어미를 업신여기고 근심하게 만든 죄로 인해서 장차 그 날에 큰 벌을 받게 될 것이다(30:17).

Ⅱ. 그러한 부탁을 강화시키기 위한 근거. 그것은 젊은이들이 그렇게 할 때에 그들의 부모가 큰 위로를 얻게 되리라는 것이다(24-25절).

1. 선한 부모님의 마음을 기쁘게 해 드리고, 부모님이 나이가 들어가실수록 점점 더 그렇게 해 드리는 것은 자녀들의 도리라는 것. 자녀들은 그렇게 해서, 바르실래가 그의 아들들이 다윗의 은총을 입어 등용된 것을 보고 기뻐하였듯이, 부모가 곤고한 날이 이르러서 아무 낙이 없는 때에 그 자녀들 때문에 크게 즐거울 수 있게 해 드려야 한다.

2. 자녀들이 의롭고 지혜로우면, 그것은 부모의 기쁨이 된다는 것. 의는 참된 지혜이다. 의를 행하는 자들은 자기 자신을 위해 아주 잘 하고 있는 것이다. 자신을 관리함에 있어서 지혜로울(즉, 지식과 학식이 있는) 뿐만 아니라 의로운(즉, 정직하고 선한) 자들, 의로울(즉, 양심적이고 선한 의도를 지닌) 뿐만 아니라 지혜로운(즉, 슬기롭고 분별력 있는) 자들은 그들이 마땅히 갖추고 있어야 할 모습을 다 갖추고 있는 것이다. 자녀들이 그런 자들이라면, 그 부모는 즐거울 것이고, 자녀들에게서 아무것도 더 바라지 않을 것이다. 부모는 그런 자녀들 때문에 기뻐서, 그 자녀들을 인하여 하나님께 감사할 것이다. 특히 산고를 겪으며 낳아서 힘들게 그들을 키운 어미는 그들을 보고 키운 보람이 있다고 생각하여 흐뭇해하며 그동안의 온갖 근심을 다 잊어버리실 것이다. 왜냐하면, 세상에 축복인 지혜롭고 선한 자는 어미의 근심의 산물이기 때문이다.

Ⅲ. 지혜와 덕에 관한 몇몇 일반적인 교훈들.

1. 네 마음을 바른 길로 인도하라(19절). 우리가 올바르게 살피고 인도해야 하는 것은 마음이다. 심령의 움직임과 감정들은 한결같은 인도 아래에서 올바른 목표를 향하여야 한다. 우리가 마음을 바른 길로 인도한다면, 우리의 발걸음은 그 바른 길로 가게 될 것이고, 우리의 행실도 올바르게 될 것이다.

2. 진리를 사되 팔지는 말라(23절). 진리는 우리가 마음을 인도하고 다스릴 때에 길잡이가 되기 때문에, 진리 없이는 선함도 없고, 기본(基本)이 없이는 올바른 행위도 나오지 않는다. 우리로 하여금 죄를 짓지 못하게 막아주고 우리의 본분을 다하도록 다잡아 주는 것은 우리가 알고 믿는 진리의 힘이다. 지혜와

훈계가 있어야 명철이 실속이 있게 된다.

(1) 우리는 진리를 사야 하고, 진리를 위해서라면 그 어떤 것도 기꺼이 내주어야 한다는 것. 솔로몬은 어떠한 적정한 가격으로 진리를 사야 하는지를 우리에게 말해 주는 것이 아니라(그렇게 말하면, 진리가 너무 비싼 경우에는 우리가 살 수 없을 것이다), 무슨 일이 있더라도 진리를 사야 한다고 말한다. 우리는 어떤 대가를 치르고 진리를 사더라도 그 거래를 결코 후회하지 않게 될 것이다. 우리가 지식을 얻을 수 있는 수단들을 위하여 비싼 값을 치르고, 진리가 없어 굶주리는 일이 없게 할 것이라고 결심할 때, 그것은 우리가 진리를 사는 것이다. 우리는 재물을 얻기 위해서 지식을 사용하는 것이 아니라, 지식을 얻기 위해서 재물을 사용하여야 한다. 우리가 진리를 알고자 하고 참과 거짓을 구별하고자 하여 진리를 찾아 수고할 때, 그것은 우리가 진리를 사는 것이다. 하늘은 노력하는 자에게 모든 것을 내어준다. 우리가 세상의 좋은 것을 얻기 위해 진리를 부인하거나 무시하는 것이 아니라 진리를 얻기 위해 세상의 좋은 것을 잃기로 결심할 때, 그것은 우리가 진리를 사는 것이다. 진리는 우리가 기꺼이 모든 것을 다 내어주고, 믿음과 선한 양심을 제외하고는 우리의 재산, 직업, 출세를 다 내어주고라도 반드시 사고자 해야 할 만큼 아주 값진 진주이다.

(2) 우리는 진리를 팔아서는 안 된다는 것. 즐거움이나 쾌락, 명예, 재물을 비롯해서 이 세상에 있는 그 어떤 것을 얻기 위해서 진리를 버리지 말라. 세상의 어떤 이득을 얻거나 보존하기 위해서 진리에 대한 연구를 게을리하거나 진리에 대한 믿음을 벗어버리거나 진리의 다스림에 반기를 들지 말라. 바른 말씀을 굳게 지키고, 어떤 일이 있어도 그 말씀을 떠나지 말라.

3. 네 마음을 주라(26절). 하나님은 이 권면 속에서 부모가 자녀에게 말하듯이 우리에게 말씀하신다. "내 아들과 딸아, 네 마음을 주라." 크신 하나님이 우리 각자에게 요구하시는 것은 마음이다. 우리가 다른 모든 것을 다 드린다고 해도 우리의 마음을 드리지 않는다면, 하나님은 우리를 기쁘게 받으시지 않으신다. 우리는 우리의 사랑을 하나님께 드려야 한다. 우리의 마음이 하나님을 우리의 최고의 목적으로 삼아서 하나님과 많이 교제하고 대화하며 하나님을 많이 생각하여야 한다. 우리의 마음의 생각과 뜻이 하나님께 고정되어 있어야 한다. 우리는 우리 자신을 여호와께 드리고, 그 속에서 편안하고 즐거워야 한다. 우리는 하나님과 세상을 둘 다 우리 마음 속에 품고자 해서는 안 된다. 하

나님은 우리의 마음을 전부 가지시기를 원하시고, 그렇지 않을 경우에는 아예 우리의 마음을 받지 않으신다. 너는 마음을 다하고 뜻을 다하고 힘을 다하여 네 하나님 여호와를 사랑하라(신 6:5). 우리는 이 부르심에 대하여 기꺼이 이렇게 대답하여야 한다. "내 아버지여, 나의 마음을 있는 그대로 받으셔서 합당한 모습으로 만드소서. 나의 마음을 받으셔서, 그 속에 주의 보좌를 세우소서."

4. 네 눈으로 내 길을 즐거워하라(26절). 하나님의 말씀의 규범, 그의 섭리의 이끄심, 하나님의 백성의 선한 모범들을 주목하라. 우리가 옳은 길로 가고 그 길을 계속해서 가기 위해서는, 필사하는 자가 원본을 주목하여 보듯이, 우리의 눈이 그러한 것들을 주목하여 보지 않으면 안 된다.

Ⅳ. 모든 죄들 중에서 특히 영혼 속에 있는 지혜와 은혜의 씨앗들에 대하여 가장 파괴적으로 작용하여 영혼을 피폐하게 하고 망하게 만드는 죄들에 대한 구체적인 경고들.

1. 음식을 탐하는 것과 술 취함(20-21절). 세상은 이 죄와 이 죄로 유혹하는 것들로 가득 차 있고, 모든 젊은이들은 이 죄를 경계하고 멀리하는 데에 마음을 쏟아야 한다. 술을 즐겨 하는 자들이 되지 말라. 우리가 포도주를 조금씩 마시는 것은 허용되어 있지만(딤전 5:23), 많이 마시거나 습관적으로 마시거나 과하게 마시는 것은 허용되지 않는다. 고기를 탐하는 자들이 되지 말라. 우리는 고기를 몹시 탐하여 누가 우리에게 고기를 주어 먹게 하랴(민 11:4)고 말하였던 이스라엘 백성처럼 되지 말아야 한다. 바울은 얼마든지 고기를 먹을 수 있었지만, 나는 영원히 고기를 먹지 아니하여 내 형제를 실족하지 않게 하리라고 결심하였다(고전 8:13). 고기를 지나치게 탐하는 자가 되지 말라. 무절제함은 술에서나 음식에서나 피하여야 한다. 고급스러운 고기를 탐하여 아주 품질이 좋고 맛있는 요리만을 찾는 자가 되지 말라. 어떤 자들은 음식을 까다롭게 먹는 것을 즐길 뿐만 아니라, 더 나아가서 그것을 식도락이라고 부르며 자부심으로 삼기까지 한다. 그런 것은 사실 그리스도인으로서 부끄러운 일이고 배의 신을 섬기는 것인데도, 그들은 마치 그런 것이 신사로서의 명예를 높여주는 것이라도 되는 듯이 자랑한다. "술을 즐겨하는 자나 고기를 탐하는 자가 되지 말라. 그러므로 술을 즐겨하는 자들과 고기를 탐하는 자들과도 더불어 사귀지 말라. 그들을 지지하거나 그들의 편이 되지 말라. 그들과 어울리다 보면, 네가 자기가 모르게 그들의 행실을 배우게 되고 그런 죄들로 떨어지거나, 적어도 그 죄들에 대한 두려움이나 혐오

감을 잃게 될 것이기 때문이다. 그들은 어떻게든 너를 그들 가운데로 끌어들이고자 할 것이다. 왜냐하면, 스스로 더럽혀진 자들은 남들까지 더럽히려고 애를 쓰기 때문이다. 그러므로 네가 위험에 빠지지 않도록 그들과 어울리지 말라." 솔로몬은 이 죄를 짓지 말아야 할 이유를 그 죄가 많은 돈을 필요로 하기 때문에 사람들을 빈곤하게 만드는 성향을 지니고 있다는 데에서 찾는다. 그 죄를 지으면 그들이 가장 소중히 여기는 세상에서의 그들의 이익들이 망하게 된다고 해도, 그들이 그 죄를 그만두지 않는 것을 생각하면, 우리가 하나님의 말씀에 의거해서 그 죄가 그들의 영적이고 영원한 이익들과 관련해서 그들에게 어떤 해악을 가져다 줄 것인지를 얘기해 주어도, 그들이 눈 하나 깜짝하지 않는 것은 전혀 이상한 일이 아니다. 술 취하고 음식을 탐하는 자들은 그들이 가난하여질 것이라는 말을 들어도, 아니 그들이 지옥에 가게 될 것이라는 말을 들어도 그들의 삶을 고치기를 싫어한다. 술 취하는 것은 잠 자기를 즐겨하는 것의 원인이다. 술은 사람들을 얼빠지게 해서 그들의 일에 태만하게 만들기 때문에, 그들의 모든 일이 엉망이 되고 만다. 그래서 전에 유복하게 살았던 자들이 어느샌가 해어진 옷을 입어야 하는 처지로 전락하게 되는 것이다.

2. 음행. 이것은 하나님께 드려져야 할 사람들의 마음을 빼앗는 또 다른 죄이다(호 4:11). 솔로몬은 이 죄에 수반되는 위험성을 보여준다(27-28절).

(1) 음행은 이 죄에 한번 휘말리게 되면 거기에서 빠져나오는 자가 거의 없는 죄라는 것. 음행은 빠져 나오기가 거의 불가능한 깊은 구덩이이자 좁은 함정과 같다. 그러므로 그 근처에는 아예 얼씬도 하지 않는 것이 지혜로운 일이다. 이 죄를 향하여 가까이 가게 만드는 것들을 조심하라. 왜냐하면, 그 죄로부터 후퇴하는 것은 아주 어려운데, 이는 그 후퇴를 지휘해야 할 양심이 그 죄에 의해서 더럽혀지고, 하나님의 은혜가 상실되기 때문이다.

(2) 음행은 사람들을 홀려서 멸망하게 만드는 죄라는 것. 음녀는, 사람들에게서 그들이 지닌 값나가는 모든 것들을 강탈하고, 사람들의 무기와 장신구들을 다 벗겨가는 강도 같이 매복해 있다가, 가장 큰 해악을 가할 속셈으로 친한 척하며 사람들에게 접근한다. 잘 교육을 받아서 음녀를 피하고자 애쓰는 자들조차도 음녀는 매복하여 기다리고 있다가, 그들이 조금이라도 방심하는 틈을 타서 그들을 공격해 들어온다. 그러므로 그 누구도 한시도 방심해서는 안 된다.

(3) 음행은 다른 어떤 죄보다도 한 나라에서 악덕과 음란을 퍼뜨리는 데에 가장 크게 기여하는 죄라는 것. 이 죄는 사람들 중에 사악한 자가 많아지게 한다. 음녀 한 사람이 수많은 귀한 영혼을 멸망하게 할 수 있고, 한 성읍 전체를 더럽히는 데에 일조할 수 있다. 음행은 속이는 자들이나 배신하는 자들을 양산해 낸다. 음행은 남편들로 하여금 아내를, 종들로 하여금 주인을 배신하게 만들 뿐만 아니라, 신앙을 고백한 많은 자들로 하여금 그들의 신앙을 내던져 버리고 하나님과의 언약을 깨뜨리게 만든다. 음녀의 집들은 전염병을 퍼뜨리는 집이기 때문에, 백성의 복리를 책임진 자들은 음녀의 집들을 일소하는 데에 힘써야 마땅하다.

[29]재앙이 뉘게 있느뇨 근심이 뉘게 있느뇨 분쟁이 뉘게 있느뇨 원망이 뉘게 있느뇨
까닭 없는 상처가 뉘게 있느뇨 붉은 눈이 뉘게 있느뇨 [30]술에 잠긴 자에게 있고 혼
합한 술을 구하러 다니는 자에게 있느니라 [31]포도주는 붉고 잔에서 번쩍이며 순하
게 내려가나니 너는 그것을 보지도 말지어다 [32]그것이 마침내 뱀 같이 물 것이요 독
사 같이 쏠 것이며 [33]또 네 눈에는 괴이한 것이 보일 것이요 네 마음은 구부러진 말
을 할 것이며 [34]너는 바다 가운데에 누운 자 같을 것이요 돛대 위에 누운 자 같을 것
이며 [35]네가 스스로 말하기를 사람이 나를 때려도 나는 아프지 아니하고 나를 상하
게 하여도 내게 감각이 없도다 내가 언제나 깰까 다시 술을 찾겠다 하리라

솔로몬은 여기에서 술 취하는 죄에 대하여 경고함으로써 그가 앞에서 말한 것(20절)을 재확인한다.

I. 모든 사람에게 이 죄로 유혹하는 길에서 멀리 떨어져 있으라고 경고함(31절). 포도주가 붉을 때에 너는 그것을 보지도 말지어다. 붉은 포도주는 가나안에서 최상품 포도주로 여겨져서 포도의 피라 불렸다. 감별사들은 포도주의 품질을 정할 때에 다른 그 어떤 특징보다도 포도주의 빛깔로 판정을 한다. 어떤 포도주는 그 빛깔이 아주 곱고 매력적이어서 마치 "와서 나를 마셔라"고 말하는 것 같을 정도이다. 포도주는 순하게 내려간다. 만약 포도주가 몸에 잘 받지 않는다면, 그것은 고마워해야 할 일이다. 성경에서는 술술 내려가는 포도주가 자는 자의 입을 움직이게 한다고까지 말한다(아 7:9). 그러나 너는 그것을 보지도 말지어다.

1. "감각이 아니라 이성과 신앙의 다스림을 받으라. 미각을 즐겁게 해줄 것이라는 기대로 눈을 즐겁게 해주는 것을 탐하지 말라. 도리어, 너는 너의 진지한 생각으로 네 감각의 오류들을 바로잡고, 즐거워 보이는 것들이 실제로는 해로운 것들임을 네 자신에게 깨우쳐서, 그런 것들을 단호하게 거부하게 하라. 눈은 속이는 안내자이니, 네 마음이 눈을 좇아 걷지 않게 하라."

2. "이 죄나 다른 그 어떤 죄가 지닌 매력들을 가볍게 여기지 말라. 네 속에 있는 욕망이 동하여 금지된 열매를 따먹지 않도록, 아예 보지도 말라." 어떤 죄를 멀리 하고자 하는 자들은 처음부터 그 죄와 관련된 모든 기회들과 단초들을 멀리 하여야 하고, 그 죄의 유혹이 미치는 범위 내로 들어가는 것을 두려워하여야 한다. 그 범위 내로 들어가면, 그들은 십중팔구 그 죄를 짓게 되어 있다.

Ⅱ. 이 경고를 강화하기 위해서 술 취하는 죄가 가져다 줄 많은 치명적인 결과들을 보여줌. 낚싯바늘을 덥썩 물지 않으려면, 미끼를 조심하라. 포도주가 마침내 너를 물 것이다(32절). 모든 죄는 마지막에 쓰디쓴 것으로 변하게 되지만, 이 죄는 특히 그렇다. 술꾼이 과음으로 수종증을 비롯해서 여러 가지 치명적인 병에 걸리거나 재산을 탕진하여 거지가 되었을 때, 특히 그의 양심이 깨어나서 지난 날의 자기 자신을 생각할 때마다 공포와 분노가 치밀어 오를 때, 무엇보다도 술에 취하게 하는 잔이 두렵고 떨리게 하는 잔, 하나님의 진노의 잔으로 변하여, 그가 지옥에서 영원히 그 진노의 잔을 찌꺼기까지 마셔야 하고, 그의 타들어가는 혀를 식힐 물 한 방울도 얻을 수 없게 될 때, 술은 뱀 같이 그를 문 것이다. 죄를 지을 때의 쾌락이 지닌 유혹의 힘을 물리치려면, 그 죄 때문에 받을 형벌을 미리 머리에 떠올리고, 결국 그 죄가 어떤 결과로 끝나게 될지를 머릿속에 그려보라. 포도주와 술이 마지막에 너를 물 것이다(원문은 이런 의미이다). 그러므로 네가 그 죄를 지었을 때에 마지막에 가서 어떻게 될지를 생각하라. 그러나 영감을 받은 기자(記者)는 이 죄가 당장에 눈에 보이게 가져다 줄 해로운 결과들을 구체적으로 묘사하는 쪽을 택한다.

1. 술에 취하면, 사람들은 다른 사람들과 다투거나 싸우게 되고, 다른 사람들에게 시비를 거는 말이나 행동을 한다는 것(29절). 솔로몬은 이렇게 반문한다: 재앙이 뉘게 있느뇨 근심이 뉘게 있느뇨. 이 세상에서 재앙이나 근심이 없는 자가 누가 있겠는가? 많은 사람들에게 재앙과 근심이 있고, 그것을 피할 수 없다. 그러나 술 취한 자들은 일부러 자기 자신에게 재앙과 근심을 만드는 자들

이다. 분쟁과 다툼을 일으키는 자들은 재앙과 근심을 자초하는 것이다. 술 취한 자들은 다툼을 일으키는 입술을 지닌 미련한 자들이다. 포도주가 들어가면, 정신은 나가고, 분노는 솟아오른다. 그렇기 때문에 술 취한 자들은 난동을 부리고 서로 싸우며 잔을 놓고 실갱이를 벌인다. 사람들을 괴롭히고 패가망신하게 만드는 수많은 소송이 이런 식으로 시작된다. 술이 들어가면, 원망이 나오고, 말싸움이 시작되며, 상스러운 욕설이 오고간다. 그렇지만 거기에서 끝나는 것이 아니다. 술 취한 자들은 까닭 없는 상처들을 갖게 된다. 왜냐하면, 술에 취한 자들은 판단력을 잃어서 자기가 무슨 이유로 상처를 입었는지를 알지 못하게 되기 때문이다. 그러므로 그들은 이유도 없이 이 사람 저 사람에게 주먹을 휘두르고, 자기도 다른 사람들에게 마찬가지로 당한다. 사람들이 조국과 그 정당한 권리를 지키다가 입는 상처는 명예로운 상처이지만, 자신의 욕망을 채우려다 입은 까닭 없는 상처들은 불명예의 흔적들이다. 또한, 술 취한 자들은 그들의 몸의 민감한 부분에 상처를 입는다. 왜냐하면, 그들은 몸의 화기(火氣)로 인해서 붉은 눈을 갖게 되기 때문이다. 그 때문에 그들의 시력은 약해지고, 그들의 표정은 흉해진다. 앞에서 말한 이런 것들은 어떤 자들에게 있는가.

(1) 오랫동안 술을 마셔서 술에 잠기고 절은 자들. 그들은 정직하게 일하거나 다음 날 일하기 위해서 잠을 자야 할 시간에 술친구들과 어울려서 밤낮으로 오랫동안 술을 마셔온 자들이다(30절). 그들이 이런 식으로 날려 버린 귀중한 시간들이여! 그들은 저 큰 날에 이렇게 시간을 허비한 것에 대하여 책임을 지고 벌을 받게 될 것이다.

(2) 독주를 마시는 자들. 그들은 그들을 기쁘게 해줄 술을 구하러 다닌다. 그들이 유일하게 묻는 것은 "가장 좋은 술이 어디에 있느냐"는 것이다. 그들은 맛이 가장 좋지만 빨리 취하는 혼합한 술을 구하러 다닌다. 이것은 그들이 미각을 즐겁게 하기 위해서 기꺼이 그들의 이성을 희생시키고자 한다는 것을 보여주는 것이다.

2. 술에 취하면, 사람들은 음탕하고 오만방자해진다는 것(33절).

(1) 그들은 눈이 점점 풀려서 그 눈에 그들을 유혹하는 음녀가 보일 것이고, 그렇게 해서 마음으로 간음을 하게 된다. 술은 욕정의 불을 붙이는 기름이다. 또한, 그들의 눈에는 괴이한 것이 보일 것이다. 술에 취하면, 집이 거꾸로 일어서고, 모든 것이 이상하게 보여서, 그들은 자신의 눈을 믿을 수 없게 된다.

(2) 그들은 혀도 점점 풀려서 아무 말이나 하게 된다. 그 혀를 통해서 그들의 마음은 이성이나 신앙이나 예의에 어긋나는 말들, 멀쩡한 상태에서는 말하기도 부끄러워했을 그런 구부러진 말들을 할 것이다. 평소에는 놀라울 정도로 정곡을 찔러서 제대로 말하던 사람들도 술에 취하기만 하면 우스꽝스럽고 앞뒤가 맞지 않는 말들을 한다.

3. 술에 취하면, 사람들은 인사불성이 되고 얼이 빠진 자들처럼 되어 버린다는 것(34절). 술에 취한 자들은 그들이 어디에 있는지, 무슨 말을 하고 행동을 하는지를 알지 못한다.

(1) 그들의 머리는 빙빙 돌고 어지럽기 때문에, 그들은 잠을 자려고 누우면 마치 바다 가운데에서 넘실거리는 파도 위에나 돛대 위에 누워 자기 몸이 둥둥 떠 있는 것 같이 느껴진다. 그래서 그들은 그들의 머리가 빙빙 돈다고 하소연한다. 그들은 보통 잠을 자도 제대로 자지 못해서 기운을 차리지 못하고, 꿈자리도 사납다.

(2) 그들의 판단력은 어두워져서 돛대 위에서 잠을 자는 자만큼이나 안정성이나 일관성이 없어진다. 그들은 술을 마시다가 법을 잊어 버리고(31:5), 포도주로 말미암아 재판할 때에 실수하며(사 28:7), 아무렇게나 말하고 아무렇게나 생각한다.

(3) 그들은 위험에 주의하지도 않고 두려워하지도 않으며, 하나님이나 사람으로부터 받은 책망들에 대해서도 인식이 없다. 그들은 당장에라도 죽음이나 천벌을 받을 위험에 처해 있고, 마치 돛대 위에서 잠을 자는 것처럼 몹시 위태로운데도, 태평스럽게 잠을 잔다. 그들은 여호와의 두려운 것들이 그들 앞에 놓여 있어도 그 위험을 느끼지도 못하고 두려워하지도 않는다. 아니, 그들은 하나님의 심판이 실제로 그들 위에 임하여도 고통을 전혀 느끼지 못한다. 그들은 하나님이 그들을 결박하셔도 울부짖지도 않는다. 술 취한 자에게 족쇄를 채워 보라. 그래도 그는 자기가 어떤 벌을 받고 있는지를 알지 못한다. "사람이 나를 때려도 나는 아프지 아니하고 나를 상하게 하여도 내게 감각이 없도다. 나는 술에 취해서 나무나 돌로 변했기 때문에, 사람들이 나를 때리거나 상하게 하여도 아무렇지 않다." 그들은 짐승이나 다름없다. 그들은 살아 있기는 하지만 죽은 자들이다.

4. 술 취한 자들의 마음은 그 죄 속에서 굳어져서, 그들은 그 죄로 인한 온갖

재난들을 다 당하면서도 완고하게 그 죄를 고집하고 자신의 삶을 고치기를 싫어한다는 것. 이것이 술 취한 것이 가져다 주는 가장 나쁜 결과이다. **내가 언제나 깰까.** 그는 술에 취해서 잠든 후에 그 잠의 사슬을 떨쳐 버리기 위해서는 몸부림을 쳐야 한다. 그렇게 그는 잠에서 깨어나서 아침에 갈증이 나면 다시 술을 찾기 때문에 술의 독기에서 벗어날 수가 없다. 덕과 명예를 존중하는 마음은 그에게서 완전히 상실되고, 그의 양심은 형편없이 무감각해졌기 때문에, 그는 부끄러운 줄도 모르고, 이렇게 말한다: **내가 다시 술을 찾겠다.** 네가 주는 교훈은 헛된 말이라. **내가 술꾼들을 사랑하였은즉 그들을 따라 가겠노라**(렘 2:25). 그는 술 취함에 갈증이 더해져서 다시 독주를 찾는 것이다. 그렇게 하는 자들은 신명기 29:19-20에서 그들에 대한 벌을 읽을 수 있고, 이사야 5:11에서 하나님이 그들에게 화(禍)를 선포하신 것을 읽을 수 있다. 이것이 이 죄의 결말이기 때문에, 솔로몬은 우리에게 아예 이 죄의 싹을 잘라버리라고 명령하고 있는 것이다. **포도주가 붉을 때에 너는 그것을 보지도 말지어다.**

제 — 24 — 장

[1]너는 악인의 형통함을 부러워하지 말며 그와 함께 있으려고 하지도 말지어다 [2]그
들의 마음은 강포를 품고 그들의 입술은 재앙을 말함이니라

1. 죄인들이 이 세상에서 아무리 형통하고 즐거워하며 편안해 보인다고 할지라도, 그들을 부러워하지 말고, 그들이 복되다고 생각하지 말며, 그들처럼 되고자 하지 말라는 것. 이러한 경고는 이미 앞에서도 나왔었다(23:17). "나도 신앙과 양심의 구속(拘束)들을 떨쳐 버리고, 이런저런 자들처럼 마음껏 육체의 욕망들에 빠져 보았으면 좋겠다는 생각을 네 마음 속에 품지 말라. 그들과 함께 있어서, 그들이 하는 대로 하고, 그들이 지내는 대로 지내며, 그들과 함께 제비를 뽑고, 그들과 운명을 같이하고자 하지 말라."

2. 그렇게 하지 않아야 할 이유. "그들을 부러워하지 말아야 하는 이유는 그들에게 끝이 있을 것이기 때문만이 아니라 그들의 길도 끝이 있기 때문이다(2절). 그들처럼 생각하지 말라. 왜냐하면, 그들의 마음은 강포를 품고, 어떻게 하면 다른 사람들을 파멸시킬까를 궁리하지만, 결국에는 그들 자신이 멸망할 것이기 때문이다. 또한, 그들처럼 말하지 말라. 왜냐하면, 그들의 입술은 재앙을 말하기 때문이다. 그들이 말하는 모든 것들은 하나님을 욕되게 하고 신앙을 비방하며 이웃들에게 해를 끼치는 것들이다. 그러나 그 재앙과 해악은 결국 그들 자신에게로 돌아갈 것이다. 그러므로 그들과 아예 상종하지 않는 것이 지혜이다. 너는 그들을 부러운 눈으로 바라볼 이유가 없고, 도리어 불쌍히 여기는 마음이나 그들의 악한 행실에 대한 의로운 분노의 심정으로 바라보아야 한다."

[3]집은 지혜로 말미암아 건축되고 명철로 말미암아 견고하게 되며 [4]또 방들은 지식
으로 말미암아 각종 귀하고 아름다운 보배로 채우게 되느니라 [5]지혜 있는 자는 강
하고 지식 있는 자는 힘을 더하나니 [6]너는 전략으로 싸우라 승리는 지략이 많음에

있느니라

우리는 악인들이 조금이라도 양심이 있는 자라면 도저히 사용할 수 없는 불의한 수단들을 이용해서 부자가 되고 그들의 가산과 가문을 일으키는 것을 보면 부러운 생각이 들기 쉽다. 그러나 우리로 하여금 그러한 유혹을 떨쳐 버리게 하기 위하여, 솔로몬은 여기에서 사람이 지혜롭게 경영을 하면 정당하고 정직한 방법과 선한 양심으로 가산과 가문을 일으킬 수 있고, 선한 이름을 얻을 수 있으며, 그의 산업에 하나님이 복을 주실 것임을 보여준다. 악인들은 그러한 것들을 조금 빨리 일으킬 수 있을지 모르지만, 후자의 방법으로 일으킨 것들이 훨씬 더 오래간다.

1. 외적인 형통에 가장 큰 영향을 미치는 것은 지혜와 명철과 지식이라는 것. 솔로몬은 여기에서 우리에게 바로 이러한 것들을 권하는데, 그것들은 사실 하나님을 향한 경건(이것이 참된 지혜이기 때문에)과 바깥 일들을 경영할 때의 슬기로움을 가리킨다. 우리는 모든 일에서 먼저 신앙의 원리들, 다음으로는 신중한 분별력으로 우리 자신을 다스려야 한다. 아주 경건한데도 세상에서 잘 살지 못한다면, 그것은 슬기로움이 부족하기 때문이다. 아주 슬기로운데도 형통하지 못한다면, 그것은 그들이 그들의 행위들에 있어서 하나님을 의뢰하지 않고 그들 자신의 명철을 의지하기 때문이다. 그러므로 온전한 지혜가 있는 사람이 되기 위해서는 이 둘을 다 갖추지 않으면 안 된다.

2. 참된 지혜는 사람들의 외적인 일들이 형통하고 성공하게 만들어 준다는 것. 솔로몬은 여기에서 이것이 참된 지혜가 우리에게 주는 유익으로 제시한다.

(1) 참된 지혜가 있으면, 집이 건축되고 견고하게 된다는 것(3절). 사람들은 불의한 행위들을 통해서 그들의 집을 건축할 수도 있지만, 그렇게 세워진 집들은 토대가 썩어 있기 때문에 견고할 수 없다(합 2:9-10). 반면에, 정직으로 건축된 집은 강철 같이 튼튼하여 자손대대로 물려줄 수 있다.

(2) 참된 지혜가 있으면, 집이 부요하게 되고 온갖 설비가 갖추어지게 된다는 것(4절). 지혜와 공평으로 일들을 경영하고, 정당한 방법들을 사용해서 부지런히 자신의 소유를 늘리며, 사치하지 않고 아낀 돈을 구제에 사용하는 자들은 그들의 가게와 창고와 방들을 각종 귀하고 아름다운 보배로 채우게 된다. 그 보배들이 귀한 것은 그것들이 정직한 수고를 통해서 얻어진 것들이고, 부지런

한 자의 물질은 귀하기 때문이다. 그 보배들이 즐겁고 아름다운 것은 그들이 그 것들을 거룩한 즐거움으로 누리기 때문이다. 어떤 이들은 이 본문을 주로 영적인 보배에 대하여 얘기하고 있는 것으로 이해한다: 영혼의 방들은 지식으로 말미암아 각종 귀하고 아름다운 보배, 즉 성령의 은혜와 위로들로 채워진다. 왜냐하면, 성령은 먼저 우리의 심령에 빛을 비추어 명철하게 함으로써 우리의 심령에 대한 그의 다른 모든 역사들을 수행하기 때문이다.

(3) 참된 지혜는 집을 견고하게 만들어서 요새로 바꾸어 놓는다는 것. 지혜는 방어용이든 공격용이든 그 어떤 무기보다 낫다(전 9:18). 지혜 있는 자는 요새 속에 있는 것이고, 지식 있는 자는 힘을 더한다(5절). 지식이 자라면, 온갖 은혜도 많아진다(벧후 3:18). 지혜가 더해가는 자들은 모든 능력으로 능하게 되어 모든 일에서 힘이 붙는다(골 1:9, 11). 지혜로운 자는 힘센 자가 무력으로 해낼 수 없는 일을 그의 지혜로 넉넉히 해낼 수 있다. 참된 지혜로 말미암아 영혼은 힘을 얻어서, 영적인 일과 영적인 싸움을 잘 해낼 수 있게 된다.

(4) 참된 지혜가 있으면, 집과 나라를 지배하게 된다는 것(6절). 지혜는 나랏일을 살피는 내각(內閣)을 견고하게 일으켜 세울 것이다.

[1] 지혜는 전쟁을 경영하는 데에 유익하다는 것. 참된 지혜가 있으면, 명분이 옳고 승리할 가능성이 높을 때가 아니면 전쟁에 나서지 않고, 일단 전쟁에 나선 경우에는 그 전쟁을 잘 경영해서 유리한 조건으로 평화를 얻어내든가 명예롭게 후퇴할 수 있도록 만든다. 전쟁에서 전략을 지혜롭게 사용하면, 그렇게 하지 않았을 경우에 나쁜 결과를 가져왔을 일도 잘 풀리게 될 것이다.

[2] 지혜는 평시에 나라를 평화롭게 다스리는 데에 유익하다는 것. 한 나라에 지혜로운 모사들이 많으면 많은수록 그 나라는 더 안전하다. 왜냐하면, 한 사람이 볼 수 없었던 위험이나 이점을 다른 사람은 볼 수 있을 가능성이 많아서 서로서로 보완이 되기 때문이다. 우리의 영적인 싸움에 있어서도 우리의 원수는 교활하기 때문에 우리에게는 지혜가 필요하다.

[7]지혜는 너무 높아서 미련한 자가 미치지 못할 것이므로 그는 성문에서 입을 열지 못하느니라 [8]악행하기를 꾀하는 자를 일컬어 사악한 자라 하느니라 [9]미련한 자의 생각은 죄요 거만한 자는 사람에게 미움을 받느니라

1. 지혜를 얻지 못한 연약한 자에 관한 묘사. 지혜는 그에게 너무 높다. 그는 그렇게 생각한다. 그러므로 그는 지혜를 추구하는 것을 아예 포기하고서 지혜를 얻으려고 애를 쓰지 않고, 지혜 없이 빈둥거리며 살아간다. 사실 어떻게 보면, 그의 생각은 맞다. 그가 지금 보이는 모습을 놓고 보면, 그는 지혜를 얻을 역량이 되지 않기 때문에, 지혜를 얻으려고 해보아야 아무 소용이 없을 것이다. 지혜를 얻는 것은 쉬운 일이 아니다. 천부적으로는 좋은 역량을 가지고 태어난 자들이라도 미련하다면, 즉 그들이 게으르고 수고하지 않으려 하며, 노닥거리며 놀기를 좋아하고, 쾌락에 빠져 있으며, 나쁜 친구들과 어울려 악에 물들어 있다면, 지혜는 그들에게 너무 높아서, 그들은 지혜를 얻기 힘들다. 그리고 지혜가 없기 때문에, 그들은 나라를 섬기기에 부적합하다. 그들은 성문에서 입을 열지 못한다. 그들은 의원이나 방백이 될 수 없고, 설령 그런 자리에 들어갔다고 해도 회의 때에 꿀 먹은 벙어리 신세가 되어 누가 설명해 주기 전에는 알아듣지를 못한다. 그들이 아무 말도 하지 않는 것은 그들에게 할 말이 없기 때문에, 그들이 무슨 말을 하면 사람들이 귀를 기울이지 않거나 비웃을 것임을 알기 때문이다. 공무를 맡아서 사람들의 칭송을 받는 일을 하려면, 젊은이들은 지혜를 얻기 위해 애를 써야 한다.

2. 미련한 자로 멸시받을 뿐만 아니라 혐오의 대상이 될 수밖에 없는 악인에 관한 묘사. 두 부류의 악인들이 그런 자들이다.

(1) 은밀하게 악을 꾸미는 자들. 그들은 겉으로는 예의바르게 말하고 그럴듯하게 처신하지만, 속으로는 악행하기를 꾀하고, 그들의 마음에 들지 않거나 그들이 시기하는 자들에게 해악을 가할 궁리를 한다. 사람들은 그런 자들을 일컬어 사악한 자라 한다. 당시에 사악한 자로 불리는 것은 아마도 무척 치욕스러운 욕이었던 것 같다. 그런 자들은 악을 도모하는 자로 낙인이 찍히게 될 것이고(롬 1:30), 어떤 좋지 않은 일이 일어났다면 그 일을 행하거나 방조한 자로 의심을 받게 될 것이다. 이렇게 악행하기를 꾀하는 것은 미련한 자의 생각이다(9절). 사람들은 그것을 단지 미련한 짓이라고 가볍게 여기고 웃어넘겨 버릴지 모르지만, 사실 그것은 죄이고 극히 죄악된 일이다. 죄라고 불리는 것보다 더 나쁜 것은 없다. 악을 행하는 것도 나쁜 일이지만, 악행하기를 꾀하는 것은 더 나쁜 일이다. 왜냐하면, 거기에는 옛 뱀의 교활함과 독이 들어 있기 때문이다. 그러나 이것은 좀 더 일반적으로 해석될 수도 있다. 미련한 행위만이 아니라

미련한 생각 자체만으로도 죄라는 것이다. 마음에서 죄의 단초가 처음으로 일어나는 것 자체도 하나님을 노여우시게 하는 죄이기 때문에 우리는 그것에 대해서도 회개하여야 한다. 만약 회개하지 않는다면, 우리는 망하게 될 것이다. 악의적이고 더럽고 교만한 생각만이 아니라 미련한 생각도 죄악된 생각이다. 헛된 생각들이 마음 속에 머물면, 그 생각들은 마음을 더럽힌다(렘 4:14). 이것이 우리가 모든 지킬 만한 것 중에 더욱 우리의 마음을 지켜서, 우리가 그 책임을 추궁당할 만한 생각을 마음 속에 전혀 품지 않아야 하는 이유이다(창 6:5).

(2) 대놓고 독설을 퍼붓고 욕하는 자들. 누구에게나 험한 말을 하고, 사람들을 모욕하거나 비방하는 것을 즐기는 거만한 자는 사람들에게 미움을 받는다. 명예나 미덕을 조금이라도 생각하는 자는 그 누구도 그와 사귀려고 하지 않을 것이다. 오만한 자들의 자리는 전염병을 옮기는 의자여서(칠십인역은 이렇게 부른다, 시 1:1), 지혜로운 자는 전염병에 옮을까봐 거기로 가까이 가지 않으려 한다. 다른 사람들을 악취가 나게 만들고자 애쓰는 자들은 그들 스스로를 악취가 나게 만들 뿐이다.

10네가 만일 환난 날에 낙담하면 네 힘이 미약함을 보임이니라

1. 우리는 환난 날에 낙담하고, 풀이 죽은 얼굴로 낙심하며, 우리가 해야 할 일들을 그만두고, 거기에서 건짐을 받지 못할 것이라고 절망하기 쉽다는 것. 우리의 심령이 무너지면, 우리의 손은 축 처지고, 무릎은 힘이 없어져서, 우리는 그 어떤 일도 할 수 없게 된다. 잘 나갈 때에는 그토록 명랑하던 자들도 일이 잘 안 풀리면 낙심하여 완전히 의기소침하게 되는 일이 비일비재하다.

2. 이것은 우리의 힘이 미약함을 보여주는 증거이고, 우리의 힘을 더욱 약화시키는 수단이 된다는 것. "너의 처지가 나빠져서 괴로울 때에 그것을 견뎌내지 못한다면, 그것은 네가 삶에 대한 확고한 사상이나 가치관을 지니지 않고 신앙도 별로 없는 사람이라는 것을 보여주는 증표이다(그런 것들은 심령을 힘있게 해주는 것들이기 때문에)." 어떤 자들은 너무나 미약해서 그 어떤 것도 견뎌내지를 못한다. 힘든 일이 그들을 닥치기만 해도(욥 4:5), 아니 그런 일이 예상되기만 해도, 그들은 즉시 낙담하여 모든 것을 포기해 버린다. 그렇게 쉽게 낙담함으로써, 그들은 스스로 환난과 싸워서 이길 수 있는 힘을 잃어버리고

만다. 그러므로 담대하라. 그리하면, 하나님이 네 마음에 힘을 더하시리라.

[11]너는 사망으로 끌려가는 자를 건져 주며 살육을 당하게 된 자를 구원하지 아니하
려고 하지 말라 [12]네가 말하기를 나는 그것을 알지 못하였노라 할지라도 마음을 저
울질 하시는 이가 어찌 통찰하지 못하시겠으며 네 영혼을 지키시는 이가 어찌 알
지 못하시겠느냐 그가 각 사람의 행위대로 보응하시리라

1. 무죄한 자들이 억압받을 때에 우리가 나서서 구해 주는 것은 우리가 마땅히 해야 할 중요한 도리라는 것. 어떤 사람의 목숨이나 생계가 부당하게 위협을 받는 것을 보았을 때, 우리는 그들에게 덧씌워진 거짓된 고소들을 밝혀내거나 그들의 무죄함을 밝혀줄 증거들을 찾아냄으로써 그들을 구원하기 위하여 우리의 최선을 다해서 분발하여야 한다. 그들을 구원해 줄 특별한 의무가 우리에게 없을지라도, 우리는 공의를 위한 열심에서 그들을 도와야 마땅하다. 누가 폭력에 의해서 강제로 억압을 당하고 있고, 그들을 구해 줄 힘이 우리에게 있을 때, 우리는 그 일을 하여야 한다. 또한, 누가 여행길에서나 바다 위의 배에서나 무지로 말미암아 위험에 빠지거나 곤경에 처한 것을 우리가 보았다면, 비록 그를 돕는 것이 우리에게 위험을 가져다 준다고 하여도, 그를 구원하지 아니하려고 하거나 무관심이나 태만함을 보이지 말고, 서둘러서 그를 돕는 것이 우리의 도리이다.

2. 우리가 이러한 도리를 다하지 않고서 흔히 하는 변명에 대한 대답. 우리는 이렇게 변명할 것이다. "우리는 그것을 알지 못하였노라. 우리는 그 사람이 그렇게 급박한 위험에 처해 있는지를 알지 못하였다. 우리는 그 사람이 죄가 없는지를 확신할 수 없었고, 그가 무죄하다는 것을 어떻게 알아내야 하는지를 알지 못하였으며, 어떻게 해야 그에게 도움을 줄 수 있을지를 알지 못하였다. 그렇지 않았다면, 우리는 틀림없이 그를 도왔을 것이다."

(1) 그런 변명은 하기도 쉽고, 사람들의 비난을 피하기에도 좋은 변명이라는 것. 왜냐하면, 우리가 우리는 그것을 알지 못하였노라 또는 우리는 잊었노라고 말하더라도, 사람들은 우리의 말이 틀렸다는 것을 증명할 수 없을 것이기 때문이다. 우리가 어떤 잘못을 했고 그 일의 진실은 아무도 증명할 수 없고 오직 우리 자신만이 알고 있는 경우에, 우리는 그 잘못에 대하여 거짓된 변명을 둘러

대고자 하는 유혹을 아주 강하게 받는다. 이런 경우에 우리가 우리는 이러저러하게 생각하였고 실제로 그럴 생각이었다고 말한다면, 우리의 말이 진실인지는 우리 외에 아무도 알 수 없다.

(2) 그런 변명으로 하나님의 심판을 피하기는 어렵다는 것. 우리의 생각이 어떠했는지, 그 진실은 밝혀지게 될 것이고, 우리는 그 진실을 따라 심판을 받게 되어 있다.

[1] 하나님은 마음을 저울질 하시고 영혼을 지키신다는 것. 하나님은 사람들의 마음을 항상 보고 계시고, 그 모든 움직임들을 낱낱이 살피신다. 사람의 마음에 있는 가장 은밀한 생각들과 의도들은 하나님 앞에 벌거벗은 것 같이 드러난다. 그것은 하나님의 대권이고, 그것을 통해 하나님은 영광을 받으신다. 나 여호와는 심장을 살피며 폐부를 시험하고 각각 그의 행위와 그의 행실대로 보응하느니라(렘 17:10). 하나님은 영혼을 지키시고, 영혼을 생명 가운데서 붙들고 계신다. 우리가 다른 사람들의 생명을 보살피고 최선을 다해서 지켜 주어야 하는 이유는 우리의 생명은 하나님이 보시기에 귀한 것이고, 하나님은 우리의 생명을 은혜로 지켜 오셨기 때문이다.

[2] 하나님은 우리의 변명이 참인지 거짓인지, 우리가 정말 그것을 알았던 것인지 몰랐던 것인지, 또한 우리가 마땅히 이웃을 사랑해야 함에도 그렇지 못하고 도리어 이기적이어서 하나님과 사람을 무시한 것이 진짜 이유였는지를 아시고, 그것을 마음에 담아 두신다는 것. 우리는 온갖 말도 안 되는 변명들을 둘러대서, 우리의 도리를 다하지 못했다고 우리를 고소하는 양심의 입을 막아 놓았다고 생각하겠지만, 하나님 앞에서 우리의 그런 변명들은 침묵할 수밖에 없다. 마음을 저울질 하시는 이가 어찌 통찰하지 못하시겠느냐.

[3] 하나님은 그 진실에 따라서 우리를 심판하시리라는 것. 하나님의 아심에 속임이나 거짓이 있을 수 없듯이, 하나님의 공의에도 치우침이 있을 수 없다. 따라서, 하나님은 각 사람의 행위대로 보응하실 것이고, 각 사람이 악행을 행한 것만이 아니라 선행을 해야 하는데도 하지 않은 것에 대해서도 보응하실 것이다.

[13]내 아들아 꿀을 먹으라 이것이 좋으니라 송이꿀을 먹으라 이것이 네 입에 다니라
[14]지혜가 네 영혼에게 이와 같은 줄을 알라 이것을 얻으면 정녕히 네 장래가 있겠고

네 소망이 끊어지지 아니하리라

솔로몬은 여기에서 지혜의 즐거움과 유익을 보여줌으로써 우리에게 지혜를 부지런히 얻을 것을 깨우친다.

1. 지혜를 얻으면 아주 즐거워지리라는 것. 우리는 입에 달기 때문에 꿀을 먹고, 그런 이유 때문에 꿀을 좋다고 하는데, 벌집에서 처음으로 얻은 꿀은 특히 좋다. 가나안이 젖과 꿀이 흐르는 땅이라 불렸던 것에서 알 수 있듯이, 꿀은 그 땅에서 흔한 것이었고(눅 24:41-42), 어린아이들까지도 꿀을 먹었다(사 7:15). 마찬가지로, 우리는 지혜를 먹고 살아야 하고, 지혜의 선한 교훈들을 맛있게 먹어야 한다. 꿀을 맛본 자들에게는 꿀이 달다고 따로 증명해 볼 필요가 없고, 그들에게 아무리 그럴 듯한 말로 꿀이 달지 않다고 말해도 그들의 생각을 바꾸는 것은 불가능하다. 마찬가지로, 진리와 경건의 능력을 경험한 자들은 그것들이 주는 즐거움으로 차고 넘치게 만족한다. 그들은 그것들이 주는 달콤함을 맛보았기 때문에, 이 세상의 모든 무신론자들과 속된 자들이 온갖 궤변과 조롱하는 말을 늘어놓아도, 그들의 생각은 바뀔 수 없다.

2. 지혜를 얻으면 아주 유익하다는 것. 꿀은 입에 달지만 유익하지 않을 수 있다. 그러나 지혜는 지금 그 속에 달콤함을 지니고 있을 뿐만 아니라, 장래의 상급도 보장해 준다. "너는 너의 입에 달고 기분을 좋게 하기 때문에 꿀을 먹는다. 그런데 지혜를 얻으면 정녕히 우리의 장래가 있는데, 우리가 지혜의 교훈들을 맛보고 소화시키려고 애쓰는 것이 당연하지 않겠는가. 지혜를 얻은 자들은 그 지혜로 인해서 현세에서 즐거움을 얻고도 장래에 상을 받게 되겠지만, 죄의 종들은 현세에서 고통을 당하고도 장래에 그 죄로 인해 혹독한 대가를 치르게 될 것이다. 지혜는 너를 일하게 할 것이지만, 거기에는 장래의 상이 있을 것이다. 지혜는 네 속에 큰 소망들을 불러일으킬 것이고, 네가 지혜를 따라 열심히 수고하면, 네 소망은 결코 헛되지 않을 것이다. 네 소망이 끊어지지 아니하리라(18절). 아니, 너는 네 소망 이상으로 차고 넘치게 상을 받게 될 것이다."

15 악한 자여 의인의 집을 엿보지 말며 그가 쉬는 처소를 헐지 말지니라 16 대저 의인은 일곱 번 넘어질지라도 다시 일어나려니와 악인은 재앙으로 말미암아 엎드러지느니라

솔로몬은 여기에서 악인들에게 권면을 하고 있는 것이 아니라(그들을 교훈을 받고자 하지 않기 때문에, 23:9), 악인들은 내버려두고, 그들에 의해서 위협받는 선한 자들을 격려하기 위하여 이 말을 하고 있는 것이다.

1. 악인들은 의인들을 치려고 흉계를 꾸미고 그 흉계가 성공할 것이라고 기대한다는 것. 그들은 치밀하게 계획을 세운다. 그들은 뭔가 고소할 거리를 찾아내기 위해서, 또는 그들의 흉계를 어떻게 실행할지를 살피기 위해 몰래 숨어서 의인의 집을 엿본다. 그들은 다윗을 핍박하던 자들처럼 의인이 밖을 나서는 순간에 그를 잡기 위해서 문 앞에 숨어서 기다리고 있다(시 59:1). 그들의 기대는 높다. 그들은 의인이 약해서 방어할 힘이 없고, 그의 상태가 비천하고 눌려 있으며 거의 무너지기 직전이기 때문에 그들이 그가 쉬는 처소를 쉽게 헐어 버릴 수 있다는 것을 믿어 의심치 않는다. 이 모든 것은 뱀의 후손 속에 있는 여자의 후손에 대한 해묵은 적대감의 결과이다. 피 흘리기를 좋아하는 자는 온전한 자를 미워하고 정직한 자의 생명을 찾느니라(29:10).

2. 그들의 흉계는 어리석은 것일 뿐만 아니라 좌절되리라는 것.

(1) 그들의 흉계로 멸망할 것이라고 예상되었던 의인은 다시 회복되리라는 것. 의인은 환난 때문에 일곱 번 넘어질지라도, 그의 지혜와 온전한 삶에 대한 하나님의 축복으로 말미암아 환난을 딛고 다시 일어나서, 이전보다 더 나은 시절을 보게 된다. 의인은 종종 예기치 않은 유혹과 연약함으로 인해서 일곱 번이나 넘어져서 죄를 지을 수도 있다. 그러나 그는 회개를 통해서 다시 일어나고, 하나님의 은혜를 받아 평안을 되찾는다.

(2) 의인에게 덫을 놓아 그 파멸을 보고자 기대하였던 악인은 망하리라는 것. 그는 재앙으로 말미암아 엎드러질 것이다. 그가 지은 죄들과 그 죄들로 인해서 그에게 닥친 환난은 그를 철저하게 멸망시킬 것이다.

[17]네 원수가 넘어질 때에 즐거워하지 말며 그가 엎드러질 때에 마음에 기뻐하지 말라 [18]여호와께서 이것을 보시고 기뻐하지 아니하사 그의 진노를 그에게서 옮기실까 두려우니라

1. 우리는 원수가 환난당하는 것을 즐거워하기 쉽지만, 그렇게 하지 말라는 것. 어떤 사람이 우리에게 악을 행하거나, 우리가 우리의 길을 가로막은 자에

대하여 악감을 품고 있을 때, 그가 어떤 해악을 당하거나(그가 엎드러지는 것) 위험을 만나면(그가 넘어지는 것), 우리의 부패한 마음은 속으로 쾌재를 부르며 좋아하기 쉽다: 아하 우리가 소원을 성취하였고(시 35:25), 그들이 광야에 갇힌 바 되었다(출 14:3). 또는, 두로가 예루살렘을 보고 그랬듯이, 그가 황폐하였으니 내가 충만함을 얻으리라(겔 26:2). "사람들은 자신의 원수나 경쟁자가 멸망당하거나 벌을 받아서 자신의 복수심이 만족을 얻기를 바란다. 그러나 너는 그런 비인간적인 마음을 가지지 말라. 너의 철천지 원수가 넘어지더라도 즐거워하지 말라." 하나님의 원수들이 멸망을 당한다면, 그것은 하나님께 영광이 되고 교회에 좋은 것이기 때문에 거룩한 기쁨이 있을 수 있다(시 58:10). 그러나 우리의 원수들이 멸망당할 때에는 우리가 그것을 즐거워해서는 절대로 안 된다. 반대로, 우리는 우리의 원수들이 울 때에 그들과 더불어 진심으로 울어야 하고(시 35:13-14), 겉으로는 함께 울어 주는 척하면서 속으로 그들이 재난당한 것을 즐거워해서는 안 된다.

2. 원수가 환난당하는 것을 우리가 즐거워하는 것은 하나님을 노하시게 하는 일이기 때문에 해서는 안 된다는 것. 우리가 오직 마음 속에서만 즐거워한다고 해도, 여호와께서 그것을 보시고 우리를 기뻐하지 아니하실 것이다. 이것은 한 아들이 징계를 받을 때에 다른 아들이 즐거워하면, 지혜로운 아버지가 그것을 기뻐하지 않는 것과 같다. 그런 경우에 그 아들은 자기도 자주 벌을 받을 일을 한 것을 생각하고, 언제 그 징계가 자기에게 돌아올지 모른다고 생각해서, 두려워 떨어야 마땅하다. 솔로몬은 당사자의 감정에 호소하는 화법을 사용한다. "네 원수가 넘어졌을 때에 네가 그것을 즐거워한다면, 그것은 네가 그에게 가장 큰 자비를 베푸는 것이 된다. 왜냐하면, 하나님은 너의 그런 행동으로 인하여 너를 방해하고 괴롭혔던 너의 원수에게서 그의 진노를 옮기실 것이기 때문이다. 사람이 성내는 것이 하나님의 의를 이루지 못하는 것과 마찬가지로(약 1:20), 하나님의 의는 사람의 분노를 충족시키거나 사람의 미련한 격정을 만족시키기 위한 것이 결코 아니다. 따라서, 하나님은 네 원수에 대한 진노를 집행하시는 것을 연기하실지도 모른다. 아니, 하나님은 그의 진노를 그에게서 옮기셔서 너에게로 향하실 것이고, 두렵고 떨리게 하는 잔은 네 손에 쥐어지게 될 것이다."

**[19]너는 행악자들로 말미암아 분을 품지 말며 악인의 형통함을 부러워하지 말라 [20]대
저 행악자는 장래가 없겠고 악인의 등불은 꺼지리라**

1. 악인들이 악을 행하며 즐거워하고 형통하는 것을 부러워하지 말라는 것. 솔로몬은 이러한 경고를 앞에서도 이미 하였지만, 여기에서 다시 한 번 반복한다. 그는 이 경고를 그의 아버지 다윗이 한 말에서 가져온다(시 37:1). 하나님이 그의 섭리 안에서 무슨 일을 하시든, 우리는 그 어떤 경우에도 분을 품거나 안절부절하거나 초조해하고 불안해해서는 안 된다. 하나님의 섭리가 우리의 감정이나 이익이나 기대에 아무리 맞지 않아도, 우리는 그 섭리에 묵묵히 순종하여야 한다. 우리를 근심하게 하는 섭리일지라도, 우리는 그것에 분을 품거나 초조해해서는 안 된다. 또한, 우리가 못마땅해하는 어떤 사람에게 하나님이 선하시다고 해서, 우리가 그 사람에 대하여 악한 눈을 해서도 안 된다. 우리가 하나님보다 더 지혜롭거나 더 의로우냐? 악인들이 형통한다고 해서, 우리도 그들이 하는 것처럼 해야 하겠다고 생각해서도 안 된다.

2. 이러한 경고의 이유. 솔로몬은 악인이 걷는 그 길의 마지막이 어떻게 될지를 말해줌으로써 그가 우리에게 이러한 경고를 하는 이유가 무엇인지를 보여준다. 악인들의 형통을 부러워할 필요가 없는 이유는 다음과 같다.

(1) 거기에는 참된 행복이 없다는 것. **대저 행악자는 장래가 없으리라.** 그의 형통은 오직 현세에서의 그의 실존에만 국한된다. 그는 현세에서 좋은 것들만을 기대할 수 있을 뿐이다. 장차 사람들이 영원히 살게 될 저 세상에서 그에게 주어질 좋은 것은 하나도 없다. 그는 이 세상에서 **자기 상을 이미 받았기** 때문에(마 6:2), 저 세상에서는 그 어떤 상도 받지 못할 것이다. 이 세상에 사는 동안에 그들의 분깃을 받아 다 사용해 버리는 자들을 부러워할 이유가 없다(시 17:14).

(2) 거기에는 영원함이 없다는 것. 그들의 등불은 밝게 빛나고 있지만, 곧 꺼질 것이고, 그들의 모든 위로도 끝이 나게 될 것이다(욥 21:14; 시 37:1-2).

**[21]내 아들아 여호와와 왕을 경외하고 반역자와 더불어 사귀지 말라 [22]대저 그들의
재앙은 속히 임하리니 그 둘의 멸망을 누가 알랴**

1. 신앙과 충성은 함께 가야 한다는 것. 사람으로서 우리의 창조주를 높이고 경외하며 예배하고, 언제나 그를 경외하는 가운데 살아가는 것은 우리의 본분이다. 또한, 서로의 유익을 위해서 조직된 공동체의 일원으로서 하나님이 우리 위에 세우신 권세인 정부에 충성과 의무를 다하는 것도 우리의 본분이다(롬 13:1-2). 진정으로 신앙이 있는 자들은 하나님을 향한 양심으로 나라에 충성하는 자가 되고자 할 것이다. 이 땅에서 경건한 자들은 이 땅에서 평안히 사는 자들이 되고자 할 것이다. 신앙이 없는 자들은 진정으로 충성하지 않거나, 그들에게 이익이 되는 한에서만 충성할 것이다. 자신의 하나님께 거짓된 자가 어떻게 자신의 왕에게 참될 수 있겠는가? 하나님에 대한 충성과 왕에 대한 충성이 서로 경합하는 경우에 우리는 사람보다 하나님께 순종하는 것이 마땅하다(행 5:29).

2. 신앙과 충성을 변개(變改)하려는 시도는 두려워해야 할 일이라는 것. 솔로몬은 더 나은 쪽으로 바꾸는 것도 있을 수 있기 때문에 그런 것들을 바꾸고 고치고자 하는 자들과 사귀지 말라고 말하는 것이 아니라, 반역자들, 즉 새롭고 신기한 것을 좋아해서 기존의 것들에 대해서 불만을 품고 무조건 뒤집어 엎어놓고 보자고 생각하거나, 혼란한 틈을 타서 뭔가를 이루어 보고자 하는 자들과 사귀지 말라고 말한다. 신앙이나 세속 정치에 있어서 변개를 시도하는 반역자들과 더불어 사귀지 말고, 그들의 음모에 끼지 말라. 그들과 어울려서 은밀한 조직을 만들거나 그들의 은밀한 죄악에 가담하지 말라.

3. 가만히 있지를 못하고 당파를 짓기 좋아하며 일을 벌여야 직성이 풀리는 자들은 그들이 알아차리기도 전에 재앙을 맞게 되리라는 것. 그들의 재앙이 그들에게 속히 임하리라. 그들이 아무리 은밀하게 음모를 진행시킬지라도, 그 음모는 결국 발각이 되고, 그들은 처벌을 받게 될 것이다. 하나님과 왕이 그들을 경멸한 자들과 거기에 가담한 자들에게 언제 어떻게 멸망시킬지를 누가 알랴.

23 이것도 지혜로운 자들의 말씀이라 재판할 때에 낯을 보아 주는 것이 옳지 못하니라 24 악인에게 네가 옳다 하는 자는 백성에게 저주를 받을 것이요 국민에게 미움을 받으려니와 25 오직 그를 견책하는 자는 기쁨을 얻을 것이요 또 좋은 복을 받으리라
26 적당한 말로 대답함은 입맞춤과 같으니라

여기에는 지혜로운 자들, 즉 재판관들과 왕들을 위한 교훈이 나온다.

신민들은 자신의 본분을 다하고 방백들에게 복종하여야 하듯이, 방백들은 왕에 대한 청원이나 당사자들 간의 송사에 있어서 신민들에 대하여 공의를 베풀 때에 자신의 본분을 다하여야 한다. 이것은 그들을 위한 교훈이다.

1. 그들은 항상 양쪽의 잘잘못을 저울질 하여야 하고, 이런저런 부당한 이유로 한쪽으로 치우쳐서는 안 된다는 것. 재판할 때에 낯을 보아 주는 것은 그 자체로 옳지 못하고, 결코 잘한 일이 될 수 없다. 그런 재판의 결과는 공의를 굽게 하고 법과 공평의 미명 하에 악을 행하는 것이 될 수밖에 없다. 선한 재판관은 사람의 낯을 보아서 친구가 낸 송사라고 하여 악한 일을 한 것을 옹호하거나, 원수가 낸 송사라고 해서 그에게 유리한 증거를 빼버리는 짓을 하지 않고, 진실을 가려내서 공정하게 판결을 내릴 것이다.

2. 그들은 악인들의 악행을 묵인하거나 거기에 힘을 실어 주어서는 결코 안 된다는 것. 악인이 지위가 높은 자이거나 자신의 친구일지라도, 방백들과 사역자들은 각자의 자리에서 그 악인을 제대로 다루어서, 그에게 그의 악을 깨우쳐 주고, 그 악의 마지막이 무엇일지를 보여주며, 다른 사람들이 그를 피할 수 있도록 그를 백성들에게 공개하여야 한다. 그러나 이렇게 사람들에게 그들의 잘못을 보여주어야 할 직책에 있는 자들이 그들을 감싸주거나 묵인해 주고, 악인을 옹호해 주며, 악인의 편에 선다면(이것은 사실상 너는 의롭다고 말하는 것이다), 그들은 백성의 평안과 복리를 해치는 원수로 간주되어, 백성에게 저주를 받고 수모를 당하게 될 것이며, 심지어 다른 나라 국민들에게도 자신의 책무를 저버린 비열한 배신자로 찍혀서 미움을 받을 것이다.

3. 그들은 모든 사기와 폭력, 불의와 부도덕을 단죄하고 억제하여야 한다는 것. 그렇게 함으로써, 그들은 어느 특정한 사람의 원한을 사게 될 수도 있지만, 하나님의 은총과 사람들의 칭송을 받게 될 것이다. 방백들과 사역자들, 그리고 그런 일을 할 능력이 있는 개인들은 악인들을 견책해서 그들로 하여금 회개하게 하거나 그들의 행위에 대하여 부끄러움을 알게 하여야 한다. 그렇게 하는 자들은 그 일로 인한 위로를 그들 속에 얻게 될 것이다. 그들의 양심이 그들이 하나님의 증인임을 증언해 줄 것이기 때문에, 그들은 기쁨을 얻게 될 것이고, 좋은 복, 즉 하나님과 선한 자들의 축복을 받게 될 것이다. 그들은 신앙의 후원자이자 조국의 애국자로 여겨지게 될 것이다: 사람을 경책하는 자는 혀로 아첨하는 자보다 나중에 더욱 사랑을 받느니라(28:23).

4. 그들은 항상 공평하게 판결을 하여야 한다는 것(26절). 그들은 적당한 말로 대답하여야 한다. 즉, 그들은 법과 당사자들의 잘잘못에 따라서 판단하여 판결을 내려야 한다는 말이다. 그렇게 한다면, 누구나 다 그들의 입에 입맞춤을 할 것이다. 즉, 사람들은 그를 사랑하고 존경하며, 그의 지시에 복종하게 될 것이다. 왜냐하면, 입맞춤은 애정의 입맞춤일 뿐만 아니라 충성의 입맞춤이기도 하기 때문이다. 마찬가지로, 일상의 대화 속에서 적절하고 진실하게 말하는 자는 그의 친구들에게 인정을 받고, 모든 사람으로부터 사랑과 존경을 받는다.

[27]네 일을 밖에서 다스리며 너를 위하여 밭에서 준비하고 그 후에 네 집을 세울지니라

이것은 집을 경영함에 있어서의 지혜의 한 법칙이다. 모든 선한 자들은 선한 남편이 되어서 집을 슬기롭게 경영하여야 하고, 그렇게 하면, 그들의 직업에서 있을 수 있는 많은 죄와 환난과 욕(辱)이 미리 방지될 수 있기 때문이다.

1. 우리는 꼭 필요한 일들을 부수적인 일들보다 먼저 하여야 하고, 과시하기 위한 것들을 위해서 가족을 부양하는 데에 소용되는 것들을 희생시켜서는 안 된다는 것. 우리는 그럴듯한 집을 짓느라 일용할 양식이 떨어지거나 그 양식을 마련하기 위해서 빚을 지는 것보다는 차라리 초라한 초가집에 살면서 마음 편히 먹는 것이 낫다.

2. 우리는 여력이 될 때까지는 집을 지으려고 생각해서는 안 된다는 것. "무엇보다도 먼저 밖에서, 즉 밭에서 해야 할 네 일에 전념하라. 네 땅을 잘 일구어 놓고, 너의 농사일을 잘 돌보라. 왜냐하면, 너는 그것으로 먹고 살아야 하기 때문이다. 네가 농사를 지어서 어느 정도 살 만해지면, 그 때에 너는 네 집을 다시 짓거나 아름답게 꾸밀 생각을 해볼 수 있을 것이다. 집을 손 보는 일은 돈을 써야 하는 일이기 때문에 농사보다 우선할 수 없다." 돈이 들어오지 않을 일에 돈을 씀으로써 가산을 탕진하고 가족을 빈곤으로 내몬 사람들이 많이 있어 왔다. 그들은 집 짓기를 시작하고 능히 이루지 못한 자들이다. 어떤 이들은 이 잠언을 젊은이들에게 그들이 이 세상에서 어느 정도 자리를 잡아서 처자식을 편하게 부양할 수 있을 때까지는 결혼을 해서는 안 된다는 충고로 본다(집을 짓

는 것은 결혼을 의미한다고 보아서).

3. 우리가 어떤 큰 일에 착수할 때에는 나중에 필요한 재료들이 부족해서 일이 중간에 중단되는 일이 없도록 그 일에 뛰어들기 전에 먼저 그 일을 구상해서 꼭 필요한 준비를 하는 것이 지혜라는 것. 솔로몬은 하나님의 성전을 지으면서 이 잠언의 충고를 스스로 따랐다. 그는 성전을 건축할 때에 사용될 돌들을 미리 채석장에서 다 다듬은 후에 성전을 짓는 현장으로 그대로 가져와서 사용하게 하였다(왕상 6:7).

28너는 까닭 없이 네 이웃을 쳐서 증인이 되지 말며 네 입술로 속이지 말지니라 29너는 그가 내게 행함 같이 나도 그에게 행하여 그가 행한 대로 그 사람에게 갚겠다 말하지 말지니라

이 잠언은 우리에게 우리의 이웃을 특히 법을 이용해서 조금이라도 해치는 일을 하지 말라고 명령한다.

1. 증인이 되어서 이웃을 해쳐서는 안 된다는 것. "네가 틀림없이 사실이라는 것을 알고 있고, 그것을 증언하라는 분명한 호출이 있는 경우를 제외하고는, 까닭 없이 그 누구에 대해서도 불리한 증언을 결코 하지 말라. 하물며, 그 누구에 대해서도 거짓 증언을 해서는 안 된다는 것은 두말할 필요가 없다." 왜냐하면, 다음과 같은 말씀이 그 뒤에 나오기 때문이다. "네 입술로 속이지 말지니라. 재판관과 배심원을 속이거나 네가 말하는 상대들을 속여서, 그들로 하여금 네 이웃에 대하여 좋지 않은 생각을 갖게 하지 말라. 네 이웃에 대하여 말할 때에는 참된 것만을 얘기할 뿐만 아니라, 은연 중에 사실과 다른 것을 넌지시 내비치거나 풍자하는 말이나 과장된 말을 통해서 속이는 식으로 말하지 않도록 조심하라."

2. 원고 또는 고발자가 되어서 이웃을 해쳐서는 안 된다는 것. 네 이웃에 대하여 송사를 하거나 고발을 해야 할 일이 있다면, 그것을 복수심에서 하지 말라. "나는 그가 내게 한 대로 되갚아 주기로 결심하였다고 말하지 말라. 너는 그가 내게 행함 같이 나도 그에게 행하겠다고 말하지 말라." 의로운 송사조차도 이처럼 악의로 제기할 때에는 불의한 것이 된다. 너는 그가 행한 대로 그 사람에게 갚겠다거나 그가 네게 행한 것에 대하여 톡톡히 대가를 치르게 해주겠다고 말하

지 말라. 왜냐하면, 복수하는 것은 하나님의 대권이어서, 우리는 그것을 하나님께 맡겨 두어야 하고, 우리가 나서서 하나님의 보좌에 간섭하거나 하나님의 일을 그의 손에서 빼앗아서는 안 되기 때문이다. 우리가 우리의 일을 스스로 해결하고자 하여, 우리 자신의 송사를 우리 마음대로 처리한다면, 우리는 하나님의 법정에 상소할 수 있는 유익을 상실해 버리고 만다. 하나님께서 원수 갚는 것이 내게 있으니 내가 갚으리라고 말씀하셨기 때문에(롬 12:19), 우리는 우리 스스로 복수하려고 해서는 안 된다.

[30]내가 게으른 자의 밭과 지혜 없는 자의 포도원을 지나며 본즉 [31]가시덤불이 그 전부에 퍼졌으며 그 지면이 거친 풀로 덮였고 돌담이 무너져 있기로 [32]내가 보고 생각이 깊었고 내가 보고 훈계를 받았노라 [33]네가 좀더 자자, 좀더 졸자, 손을 모으고 좀더 누워 있자 하니 [34]네 빈궁이 강도 같이 오며 네 곤핍이 군사 같이 이르리라

1. 솔로몬이 게으른 자의 밭과 포도원을 봄. 그는 그것을 보기 위해서 일부러 거기에 간 것이 아니라, 길을 가면서 한 나라의 왕으로서 당연히 그 땅이 비옥한지, 백성과 신하들이 땅을 잘 관리하고 있는지를 살펴보다가 다른 것들과는 확연히 차이가 나는 밭과 포도원에 그의 눈길이 고정된 것이었다. 왜냐하면, 그 밭과 포도원의 토양은 비옥하였지만, 거기에서는 곡식이나 포도는 자라지 않고, 오직 가시덤불과 거친 풀이 여기저기 드문드문 있는 것이 아니라 온통 그 곳을 뒤덮고 있었기 때문이었다. 거기에는 담도 제대로 되어 있지 않았기 때문에, 설령 열매들이 맺혔더라도, 그 열매들은 짐승들이 다 먹어치워 버렸을 것이다. 돌담이 무너져 있었다. 땅에 대한 하나님의 저주의 결과를 보라(창 3:18). "땅이 네게 가시덤불과 엉겅퀴를 낼 것이라. 네가 땅을 붙들고 수고하지 않으면, 땅은 네게 그런 것들 외에는 아무것도 내지 않으리라." 농부라는 직업이 이 세상에 얼마나 큰 축복인지를 생각하고, 이 세상, 심지어 가나안조차도 농부라는 직업이 없었다면 광야가 되었을 것임을 생각하라. 왕도 밭의 소산을 받지만(전 5:9), 만약 하나님이 농부에게 땅을 개간해서 과실수를 심고 곡식을 뿌리며 울타리를 쳐서 밭을 보호하는 슬기로움과 부지런함을 가르쳐 주지 않으셨다면, 왕은 밭에서 나는 좋은 것들을 먹지 못할 것이었다. 세상일들을 경영함에 있어서조차 사람들 간에 얼마나 큰 차이가 나는지를 보라. 또한, 어떤 자들은 자기

가 해야 할 일들을 게을리함으로써 지나다니는 모든 사람들에게 그들이 게으르다는 것을 선전하고, 이웃의 부지런함과 대비되는 그들의 나태함이 그대로 드러나는데도, 자신의 평판이나 사람들의 시선을 개의치 않는다는 것을 보라.

2. 그것을 보고 솔로몬이 얻은 교훈. 그는 잠시 멈춰서서, 그것에 대해 곰곰히 생각하다가, 다시 그것을 보고 훈계를 받았다. 그는 그것을 보고서, 즉시 화를 내며 그 주인을 맹렬히 비난하고 욕을 퍼부은 것이 아니라, 그것을 통해서 뭔가 선한 것을 얻고자 애썼고, 그 결과 부지런해야 한다는 교훈을 다시 한 번 일깨움 받게 되었다. 남들에게 교훈을 주어야 하는 자들은 스스로 교훈을 받아야 하는데, 교훈은 우리가 읽고 듣는 것에서만이 아니라 보는 것에서도 받을 수 있고, 우리가 하나님의 역사들에 대하여 보는 것에서만이 아니라 사람들의 행실에 대하여 보는 것에서도 받을 수 있으며, 사람들의 선한 행실만이 아니라 악한 행실에서도 받을 수 있다는 것을 명심하라. 플루타르크(Plutarch)는 대(大)카토 (Cato Major)의 다음과 같은 말을 인용한다. "지혜로운 자들이 미련한 자들을 보고 얻는 것이 미련한 자들이 지혜로운 자들을 보고 얻는 것보다 더 많은 법이다. 왜냐하면, 지혜로운 자들은 미련한 자들의 잘못들을 피하고자 하지만, 미련한 자들은 지혜로운 자들의 미덕들을 본받고자 하지 않기 때문이다." 솔로몬은 그가 본 것이 그에게 그 어떤 새로운 사상이나 교훈을 시사해 준 것이 아니라, 단지 그가 전에 스스로 말했던 것, 즉 게으른 자의 어이없는 어리석음(지혜로운 자는 일하기 위해서 잠을 자는 반면에, 게으른 자는 꼭 해야 할 일이 있는데도, 침상에 누워서 졸며 좀더 자자, 좀더 졸자고 되뇌이다가 계속해서 잠을 자서, 결국 얼이 빠지고 둔해져서 아무짝에도 쓸모없게 되어 버린다는 것)과 거기에 수반되는 게으른 자의 참상을 상기시켜 주었을 뿐인 데도, 자기가 그것을 보고서 훈계를 얻은 것으로 여겼다. **게으른 자의 빈곤이 강도 같이 온다.** 게으른 자에게는 빈곤이 끊임없이 점점 더 가까이 오다가 마침내 강도 같이 그를 덮친다. 게으른 자의 곤핍은 군사 같이 이르기 때문에, 마치 적군이 그의 모든 것을 다 벗겨가도 저항할 수 없듯이, 그는 이제와서 그것을 막을 도리가 없다. 이것은 우리의 세상사에 적용되어서, 게으름이 우리의 세상사에서 어떤 수모를 우리에게 안겨주고 우리의 가정이 어떤 해를 입는지를 보여줄 뿐만 아니라, 우리의 영혼의 일에도 그대로 적용된다.

(1) 우리의 영혼은 우리 각자가 돌보고 거름을 주며 지켜야 할 밭이자 포도

원이라는 것. 우리의 영혼은 잘 관리하면 그 상태가 더 좋아질 수 있다. 우리에게 풍성한 유익을 줄 열매가 거기에서 나올 수 있다. 우리에게는 주님이 오실 때까지 우리의 영혼을 맡아 돌볼 책임이 주어져 있다. 그리고 우리가 영혼을 돌보려면, 많은 수고와 정성이 필수적이다.

(2) 우리의 영혼이라는 밭과 포도원은 흔히 그 상태가 아주 나쁘다는 것. 그것은 열매를 전혀 내지 못할 뿐만 아니라, 온통 가시덤불과 거친 풀(할퀴고 찌르는 무절제한 욕망들과 격정들, 교만과 탐욕, 방탕과 악의, 그리고 거룩함을 입지 않은 마음이 내는 들포도)로 뒤덮여 있고, 거기에는 원수를 막아내기 위한 보초도 없으며, 돌담이 무너져서 누구나 마음대로 들락거리고, 온갖 위험에 노출되어 있다.

(3) 영혼이 이렇게 된 것은 다 죄인의 게으름과 어리석음 때문이라는 것. 그는 게으른 자여서, 잠자기를 좋아하고, 일하기를 싫어한다. 그에게는 명철이 없어서, 그는 자기의 일이나 이익을 깨닫지 못한다. 그는 완전히 얼이 빠져 있다.

(4) 게으름의 결과로 영혼과 그 영혼에게 좋은 모든 것이 반드시 망쳐지게 되리라는 것. 그럴 때에 우리의 영혼에 강도처럼 찾아오는 것은 영원한 빈궁이다. 우리는 악하고 게으른 종이 간 곳을 알고 있다.

제 — 25 — 장

[1]이것도 솔로몬의 잠언이요 유다 왕 히스기야의 신하들이 편집한 것이니라

이 절은 나중에 엮어진 솔로몬의 잠언 모음의 표제이다. 솔로몬은 깊이 생각하고 연구하여 잠언을 많이 지었고, 그가 죽고 나서도 그 잠언들로 여전히 백성에게 지식을 가르칠 수 있었다(전 12:9).

1. 이 잠언들은 솔로몬의 잠언이라는 것. 그는 하나님의 감동을 받아서 교회의 유익을 위하여 이 지혜롭고 무게 있는 잠언들을 전하였다. 우리에게는 이미 그의 잠언들이 많이 있지만, 그가 지은 잠언들은 여전히 더 있다. 그렇지만 이 점에서 그리스도는 솔로몬을 능가한다. 왜냐하면, 그리스도께서 말씀하시고 행하신 교훈적인 것들이 전부 다 기록되었다면, 이 세상이라도 이 기록된 책을 두기에 부족할 것이었기 때문이다(요 21:25).

2. 이 잠언들은 히스기야의 신하들이 편집한 것이라는 것. 히스기야는 율법에나 계명에나 그가 하나님을 위하여 행하였던 모든 선한 일들 가운데서 교회에 유익이 되게 하기 위하여 그의 신하들에게 이 일을 명령하였던 것 같다(대하 31:21). 그가 이 일에 당시에 활동하고 있었던 이사야, 호세아, 미가 같은 선지자들을 사용하였는지, 또는 선지자 학교에서 훈련받은 자들을 사용하였는지, 그가 하나님께 속한 일들을 맡겼던 제사장들과 레위인들을 사용하였는지(대하 29:4), (유대인들이 생각하듯이) 그의 종들이라는 호칭에 더 적합한 그의 고관들과 신하들을 사용하였는지는 확실하지 않다. 이 일을 왕궁의 책임자인 엘리야김과 사관 요아와 서기관 셉나가 맡아서 했다면, 그것은 그들에게 적절한 일이었다. 그들은 솔로몬의 치세에 관한 기록들에서 이 잠언들을 가져와서, 이 잠언서의 초판에 부록으로 첨가하였다. 아주 오랫동안 먼지 속에 묻혀 있던 다른 사람들의 작품을 널리 간행하는 것은 교회를 아주 크게 섬기는 일이 될 수 있다. 어떤 이들은 그들이 솔로몬이 말한 3,000가지의 잠언 가운데서 세상

일과 관련되거나 자연 철학에 속하는 것들은 다 제외하고 오직 신령하고 도덕적인 것들만을 발췌하여 이 모음집을 편집한 것이라고 생각한다(왕상 4:32). 어떤 이들은 이 모음집에서 특히 신경을 쓴 것은 왕들과 나라의 경영에 관한 것이었다고 지적한다.

[2]일을 숨기는 것은 하나님의 영화요 일을 살피는 것은 왕의 영화니라 [3]하늘의 높음과 땅의 깊음 같이 왕의 마음은 헤아릴 수 없느니라

1. 하나님의 존귀하심을 보여주는 한 예. 일을 숨기는 것은 하나님의 영화이다. 하나님은 그 어떤 것도 살필 필요가 없으시다. 왜냐하면, 하나님은 모든 것을 분명하고 확실하게 보시고 완전히 아시며, 그 어떤 것도 하나님에게서 숨겨질 수 없기 때문이다. 그렇지만 하나님 자신의 길은 바다에 있고, 하나님의 곧은 길은 큰 물에 있다. 하나님의 모략은 헤아리지 못할 정도로 깊다(롬 11:33). 우리가 하나님에 대하여 듣는 것은 극히 일부에 불과하다. 구름과 흑암이 그를 둘렀다(시 97:2). 우리는 하나님이 행하시는 일들을 보지만, 그 이유를 알지는 못한다. 어떤 이들은 이 말씀이 사람들의 죄와 관련되어 있다고 본다: 사람들의 죄를 용서하시고 덮어주시며, 다시는 기억하거나 언급하지 않으시는 것이 하나님의 영광이라는 것이다. 또한, 하나님이 죄인들에 대하여 그 죄를 당장에 문제삼지 않으시고 침묵하시며 오래 참으시는 것도 하나님의 존귀하심을 보여주는 것이다.

2. 왕들을 존귀하게 만드는 두 가지 예.

(1) 살피지 않고 다 아시기 때문에 일을 살필 필요가 없는 것이 하나님의 영광을 보여주는 것이라면, 깊이 생각하고 온갖 방법을 다 써서 자기 앞에 주어진 일들을 살피는 것이 왕들을 존귀하게 만든다는 것. 왕들은 어떤 일을 다 살피고 저울질 하기 전에 성급하게 판결을 내리지 않고, 범죄자들을 심문하는 수고를 해서 그들의 의도를 밝혀내고 그들의 어둠의 숨은 일들을 드러내, 그 일을 살피는 것을 신하들에게 온전히 맡기는 것이 아니라 자기 눈으로 직접 보고 처리하여야 한다.

(2) 우리가 아무리 살펴도 하나님을 발견해 낼 수 없다는 것이 하나님의 영광인데, 그런 영광의 일부가 일을 살피는 지혜로운 왕들에게도 주어져 있다는

것. 왕들의 마음은, 우리가 추측할 수는 있지만 측량할 수는 없는 하늘의 높음과 땅의 깊음 같이 헤아릴 수 없다. 왕들에게는 나라의 기밀들, 그리고 비밀로 해야 하는 계획들과 통치 행위들이 맡겨져 있고, 사인(私人)들은 그러한 것들에 대하여 판단할 수 있는 입장이 아니기 때문에 그것들을 엿보려고 해서는 안 된다. 솔로몬이 아기의 진짜 어머니를 가려내려는 목적으로 짐짓 살아 있는 아기를 두 토막 내겠다고 신하에게 칼을 가져오라고 명령을 하였던 것처럼, 지혜로운 왕들은 일을 살필 때에 우리가 도저히 헤아릴 수 없는 조치들을 생각해내어 시행한다.

[4]은에서 찌꺼기를 제하라 그리하면 장색의 쓸 만한 그릇이 나올 것이요 [5]왕 앞에서 악한 자를 제하라 그리하면 그의 왕위가 의로 말미암아 견고히 서리라

이 잠언은 왕이 악을 억제하고 백성들의 삶을 고치려고 무진 애를 쓰는 것이야말로 그의 통치를 굳건히 하는 가장 효과적인 길이라는 것을 보여준다.

1. 통치자들의 본분은 무엇인가. 그것은 악한 자들을 제하고, 그들의 권세를 악행이나 행악자들을 두렵게 하는 데에 사용하며, 사악하고 속된 자들을 그들 앞에서 추방하여 궁정에 얼씬거리지 못하게 할 뿐만 아니라 그들에게 겁을 주어서 그들로 하여금 신민들 가운데서 그들의 악을 퍼뜨리고 전염시키지 못하게 하는 것이다. 이것은 불의 힘으로 은에서 찌꺼기를 제하는 것과 같다. 악한 자들은 한 나라의 찌꺼기이자 쓰레기이기 때문에 제거되어야 마땅하다. 사람들이 그런 자들을 제거하지 않는다면, 하나님이 그렇게 하실 것이다(시 119:119). 주께서 세상의 모든 악인들을 찌꺼기 같이 버리시나이다. 악한 자들이 왕 앞에서 제거되고, 왕이 그들을 버림으로써 그들의 악한 길을 혐오한다는 것을 나타내 보이면, 그것은 그들이 사람들에게 해악을 가할 수 없게 만드는 데에 큰 기여를 하게 될 것이다. 궁정을 개혁하면, 나라 전체의 개혁이 촉진된다(시 101:3, 8).

2. 통치자들이 이러한 본분을 다할 때에 그 유익은 무엇인가.

(1) 신민들이 더 나은 자들이 되리라는 것. 그들은 은처럼 정련이 되어서 귀히 쓸 그릇들이 되기에 합당한 자들이 될 것이다.

(2) 왕위가 견고해지리라는 것. 그의 왕위가 이 의로 말미암아 견고히 설 것이다. 왜냐하면, 하나님이 그의 통치에 복을 주실 것이고, 백성들은 기꺼이 그 통치에 순복할 것이어서, 그의 왕위가 오래도록 지속될 것이기 때문이다.

[6]왕 앞에서 스스로 높은 체하지 말며 대인들의 자리에 서지 말라 [7]이는 사람이 네게 이리로 올라오라고 말하는 것이 네 눈에 보이는 귀인 앞에서 저리로 내려가라고 말하는 것보다 나음이니라

1. 신앙은 선한 예의범절을 폐하는 것이 결코 아니기 때문에, 우리에게 우리의 윗사람들에 대하여 겸손하고 공손하게 처신하며, 분수를 지켜서 낮은 데에 처하라고 가르친다는 것. "왕이나 큰 자들 앞에서 함부로 무례하게 나서지 말고 스스로 높은 체하지 말라. 네 자신을 그들과 비교하지 말라(어떤 이들은 이렇게 이해한다). 그들과 겨루려는 마음에서 옷이나 가구나 정원이나 집을 관리하는 것이나 시종들을 그들 못지 않게 갖추려고 하지 말라. 왜냐하면, 그런 행동은 그들에 대한 모욕이 되고, 네 가산을 탕진하게 만들 것이기 때문이다."

2. 신앙은 우리에게 겸손과 자기 부인을 가르치는데, 이것은 선한 예의범절이 가르치는 것보다 더 나은 교훈이라는 것. "네가 어떤 높은 자리에 앉을 자격이 있다고 해도, 그 자리를 사양하라. 출세했다고 해서 사람들에게 과시하거나 뽐내려고 하지 말고, 너보다 높은 자들과 어울리려고 애쓰지 말라. 하나님이 네게 정해 주신 것이라면, 낮은 자리에 만족하라." 솔로몬이 이렇게 가르치는 이유는 그것이 진정으로 출세하는 길이기 때문이다. 우리 구주께서도 이 잠언에서 빌려오신 것으로 보이는 비유 속에서 그렇게 말씀하신다(눅 14:9). 우리는 높은 자에게 잘 보이려고 일부러 겸손하고 자기를 부인하는 체하며 그런 것을 하나의 전략으로 삼지 말고, 진심으로 겸손하고 자기를 부인하여야 한다. 왜냐하면, 하나님은 그런 자에게 영광을 더하실 것이고, 따라서 사람들도 그런 자에게 영광을 더할 것이기 때문이다. 왕을 뵙도록 허락을 받는 것은 큰 영광인 반면에, 허락 없이 왕 앞에 나서는 것은 무엄한 짓이었는데, 왕 앞에서 스스로 높은 자리로 올라갔다가 저리로 내려가라는 말을 듣는 것보다 자신의 자리나 기대를 넘어서서 높은 자리로 올라오라는 말을 듣는 것이 그 사람의 만족이나 명성에 더 나은 일이다.

[8]너는 서둘러 나가서 다투지 말라 마침내 네가 이웃에게서 욕을 보게 될 때에 네가
어찌할 줄을 알지 못할까 두려우니라 [9]너는 이웃과 다투거든 변론만 하고 남의 은
밀한 일은 누설하지 말라 [10]듣는 자가 너를 꾸짖을 터이요 또 네게 대한 악평이 네
게서 떠나지 아니할까 두려우니라

Ⅰ. 송사와 관련된 선한 교훈.

1. "송사를 제기할 때에는 스스로 깊이 생각하고 친구들과 상의한 후에 할 것이지 성급하게 하지 말라. 너는 서둘러 나가서 다투지 말라. 홧김에 고소하거나 처음에 네 주장이 옳아 보인다고 해서 고소하지 말고, 그 문제를 신중하게 숙고하라. 우리는 우리에게 유리한 쪽으로 생각하기가 참 쉽기 때문이다. 송사를 제기했을 때의 비용을 깊이 생각하고, 꼭 이긴다는 보장이 없기 때문에 진 경우에 그 괴로움과 근심을 감당할 수 있을지도 깊이 생각해 보라. 그렇게 하면, 너는 분명히 서둘러 나가서 다투는 일이 없게 될 것이다."

2. "어떤 문제에 대하여 송사를 제기하더라도, 서로가 좋게 끝내려고 애써 본 후에 하라(9절). 너는 이웃과 단둘이서 그 문제를 놓고 얘기를 해보라. 그러면, 아마도 서로가 상대방을 더 잘 이해하게 되어서, 송사를 할 이유가 없다는 것을 알게 될지도 모른다." 나라 간에 다툼이 있을 때에는 전쟁을 해서 많은 피를 흘리고 많은 재산상의 손실을 입기 전에 평화 조약을 통해서 전쟁을 막는 것이 좋은 법이다. 개인 간의 다툼에서도 마찬가지이다. "네 이웃이 잘못했을 때, 너는 그 이웃과 단둘이 만나서 그의 잘못을 말해주고, 그런데도 그가 그 잘못을 인정하거나 타협하기를 거부할 때까지는 네 이웃을 이방인과 세리로 여겨 고소하지 말라. 아마도 서로 다툼이 있는 문제는 그 누구에게도 누설되어서는 안 될 은밀한 일일 것이기 때문에, 나라의 법정에 가져갈 일은 더더욱 아닐 것이다. 그러므로 이웃의 은밀한 일이 누설되지 않도록 단둘이 만나서 문제를 해결하라." 남의 은밀한 일을 누설하지 말라. "상대방에 대한 복수심으로 그를 망신주기 위하여 송사와는 아무 상관도 없고 비밀로 지켜져야 할 그의 은밀한 일을 누설하지 말라."

Ⅱ. 송사를 할 때에 신중해야 하는 두 가지 이유.

1. "그것은 네가 서둘러 송사를 제기했을 경우에는 그 송사에서 네가 질 위험성이 많기 때문이다. 네가 고소한 일에서 피고가 자신의 무죄를 입증함으로

써, 너의 고소가 상대를 까닭 없이 괴롭힌 무고(誣告)였고 고소할 정당한 이유가 없었다는 것이 드러나면, 너의 송사는 기각될 것이고, 너는 모든 소송 비용을 혼자 다 내야 하며, 이웃에게서 욕을 보게 될 것이고, 너는 어찌할 줄을 알지 못하게 될 것인데, 이 모든 일은 네가 조금만 신중하게 생각했다면 미리 막을 수 있는 일이었다."

2. "그것은 네가 송사하기를 좋아하는 자로 낙인이 찍혀서 네게 많은 욕이 돌아오게 될 것이기 때문이다. 피고 자신만이 아니라(8절) 그 송사에 관한 얘기를 들은 자가 너를 꾸짖을 것이고, 너를 이상한 사람으로 취급할 것이며, 네게 대한 악평이 네게서 떠나지 아니할 것이다. 너는 너의 평판을 다시는 회복하지 못할 것이다."

[11]경우에 합당한 말은 아로새긴 은 쟁반에 금 사과니라 [12]슬기로운 자의 책망은 청종하는 귀에 금 고리와 정금 장식이니라

솔로몬은 여기에서 다음과 같이 하는 것이 사람에게 얼마나 합당한 일인지를 보여준다.

1. 경우에 적절하게 말하는 것. 적절한 때와 장소에서 상황에 딱 맞는 말이 주어질 때, 상대방의 처지에 꼭 맞고 말하는 자의 성품에 잘 어울리는 교훈이나 조언이나 위로가 시의적절하게 적합한 표현으로 주어질 때, 그런 말들은 금으로 된 사과, 또는 금빛 나는 진짜 사과, 또는 은으로 그려진 그림에서 금으로 덧입혀져서 양각된 사과, 또는 속이 보이게 세공된 은쟁반 속에 담긴 금 사과와 같다. 은쟁반의 금 사과는 당시에 잘 알려져 있던 식탁 장식물이었음에 틀림없다. 그것이 눈을 아주 즐겁게 해주는 것이었다면, 경우에 합당한 말은 귀를 아주 즐겁게 해주는 것이다.

2. 특히, 슬기롭게 책망하여 사람으로 하여금 그 책망을 기꺼이 받아들이게 하는 것. 슬기로운 자에 의해서 주어지고 청종하는 귀에 의해서 받아들여진 책망은 책망한 자나 책망을 받은 자를 아주 우아하게 만들어 주는 금 고리와 정금 장식이다. 책망한 자가 책망을 슬기롭게 한 것이나 책망 받은 자가 그 책망을 잘 참고 받아서 선용한 것은 둘 다 칭찬 받을 만하다. 다른 사람들은 이 두 사람을 칭찬할 것이고, 그 두 사람은 서로에게 흡족해할 것이다. 책망을 한 자는

책망이 바라던 결과를 가져온 것을 기뻐할 것이고, 책망을 받은 자는 자신의 잘못을 고칠 수 있도록 은혜를 베풀어 준 것에 대하여 감사할 것이다. 우리는 이럴 때에 잘 주었고 잘 받았다고 말한다. 그렇지만, 잘 주었다고 해서 항상 잘 받는 것은 아니다. 슬기로운 책망을 하는 자는 언제나 청종하는 귀를 만나기를 바라지만, 실제로는 그렇지 않은 경우가 많다.

[13]충성된 사자는 그를 보낸 이에게 마치 추수하는 날에 얼음 냉수 같아서 능히 그 주인의 마음을 시원하게 하느니라

1. 종은 무엇에 마음을 써야 하는가. 주인의 사소한 심부름을 맡은 아주 미천한 종이든, 왕의 대리인이나 사자로서 임무를 수행하는 위세가 대단한 종이든, 종이 마음을 써야 하는 것이 있다. 종은 그를 보낸 이에게 충성하여야 한다. 따라서, 그는 실수로든 의도적으로든 그에게 맡겨진 일을 망치지 않도록, 그리고 자신의 권한 안에 있는 것으로 인하여 주인에게 손해가 가는 일이 없도록 늘 살펴야 한다. 위임에 의해서 대리인으로 행하는 자들은 자기가 맡은 일이 자기 일인 것처럼 조심스럽게 행하여야 한다.

2. 종이 그렇게 할 때에 주인이 이루 말할 수 없이 흡족해한다는 것. 충성된 사자는 추수 때에 종일 수고하며 더위를 견딘 일꾼들을 시원하게 해주는 얼음 냉수(그 곳은 더운 곳이어서, 얼음을 일년 내내 기술적으로 잘 보관하여야 했다) 같이 그 주인의 마음을 시원하게 해줄 것이다. 그 일이 중요할수록, 그리고 잘못될 염려가 많았을수록, 사자가 그 일을 성공적으로 잘 처리하였다면, 주인은 그 사자를 더욱 반길 것이다. 우리는 그리스도의 사자인 충성된 사자를 이렇게 기쁨으로 반겨야 마땅하다(욥 33:23). 그는 하나님 앞에서 그리스도의 향기이다(고후 2:15).

[14]선물한다고 거짓 자랑하는 자는 비 없는 구름과 바람 같으니라

다음과 같이 하는 자는 거짓된 선물을 자랑하는 자라고 할 수 있다.

1. 자기가 받지도 않고 주지도 않은 것을 받았거나 준 것처럼 가장하고, 자신의 큰 업적들과 선한 섬김의 일들을 요란하게 떠들고 다니지만, 그 모든 것

들이 다 거짓인 자. 그가 겉으로 말하거나 보이는 모습은 그의 진짜 모습이 아니다.

2. 무엇을 주겠다거나 하겠다고 약속해 놓고서 전혀 그렇게 하지 않고, 조국을 위하여 굉장한 일들을 할 것이고 친구들에게 고귀한 유산을 남겨 주겠다고 큰소리를 쳐서 사람들의 기대를 부풀게 해놓고서 자기가 말한 것을 하지도 않고 할 생각도 먹지 않는 자. 그런 자는 금방 사라져 버리는 아침 구름이나 비 없는 구름과 같아서, 메마른 땅을 촉촉히 적셔줄 비를 기대하였던 자들을 실망시킨다(유 1:12).

15 오래 참으면 관원도 설득할 수 있나니 부드러운 혀는 뼈를 꺾느니라

이 잠언은 우리가 사람들을 상대해서 우리의 목적을 이루는 데에 도움이 되는 두 가지를 가르쳐 준다.

1. 인내. 이것은 화가 나더라도 꾹 참고, 적절한 기회를 기다려서 우리의 생각을 제시하며, 상대방에게 우리의 생각을 깊이 숙고할 시간을 주는 것이다. 이렇게 하면, 우리는 왕이나 관원을 설득하여, 그가 몹시 반대하는 것처럼 보였던 일을 하게 만들 수 있다. 그런데 하물며 평범한 사람이야 말할 것도 없지 않는가. 지금 의롭고 이치에 맞는 것은 언제라도 변함없이 그럴 것이기 때문에, 우리는 지금 당장에 억지로 그것을 상대방에게 강요할 필요가 없고, 좀 더 적절한 때를 기다리는 것이 좋다.

2. 온유함. 이것은 혈기나 감정 없이 얘기하는 것이다. 부드러운 혀는 뼈를 꺾느니라. 그것은 아주 거친 심령도 부드럽게 만들고, 번갯불처럼 아주 까다로운 자들도 이긴다(번갯불은 종종 뼈를 꺾는다고 말하지만, 실은 살을 뚫지도 못한다). 부드러운 혀로 기드온은 에브라임 사람의 분노를 진정시켰고, 아비가일은 다윗의 진노를 가라앉혔다. 엄한 말은 뼈를 꺾지 못하기 때문에, 우리는 그런 말들을 인내로 참아내야 한다. 그러나 부드러운 말은 뼈를 꺾기 때문에, 우리는 기회가 있을 때마다 그런 말을 슬기롭게 하여야 한다.

16 너는 꿀을 보거든 족하리만큼 먹으라 과식함으로 토할까 두려우니라

1. 우리에게는 감각의 즐거움들을 절제하는 가운데에 건전하게 사용하는 것이 허락되어 있다는 것. 너는 꿀을 보았느냐. 요나단의 경우에서 볼 수 있듯이, 꿀은 너에게 금지된 실과가 아니다. 너는 하나님께 감사하고 그 꿀을 먹어도 된다. 하나님은 우리의 감각이 반기는 것들을 만드시고서 우리에게 그런 것들을 사용할 수 있게 허락하셨다. 족하리만큼 먹고, 그 이상은 먹지 말라. 족하게 먹었으면, 연회에서 먹은 것이나 다름없다.

2. 지나치지 않도록 조심하라는 경고. 우리는 꿀을 먹을 때에 우리의 식욕을 절제하듯이 그런 식으로 우리의 모든 즐거움들을 사용하여야 한다. 그렇지 않으면, 우리는 우리에게 유익한 분량 이상의 것을 먹어서 탈이 나게 되기 때문이다. 아주 달콤한 것을 물릴 정도로 먹는 것은 아주 위험한 일이다. 그러므로 매일매일 호사스럽게 지내는 자들은 그들의 마음이 둔하여지지는 않았는지를 늘 살필 필요가 있다. 우리가 꿀을 많이 먹으면, 그 꿀이 우리의 위에 들어가서 시게 변하듯이, 감각의 즐거움들은 과도하게 사용하면 그 단 맛을 상실하고 욕지기나는 것이 되어 버린다. 그러므로 그것들을 적당히 사용하는 것이 우리의 도리이자 이익이다.

[17]**너는 이웃집에 자주 다니지** 말라 그가 **너**를 싫어하며 미워할까 두려우니라

여기에서 솔로몬은 우리가 지나치게 즐기지 말아야 할 또 하나의 즐거움, 즉 이웃이나 친구의 집을 방문하는 즐거움에 대하여 말하는데, 앞에서 말한 것은 우리 스스로 질리게 될 것을 염려한 것이고, 여기에서 말하는 것은 우리의 친구나 이웃을 질리게 만들 것을 염려하는 것이다.

1. 이웃집을 종종 방문해서, 그들에 대한 예의와 관심을 보이고, 서로 친분과 정을 쌓는 것은 이웃으로서 예의바른 일이고, 서로 교제의 즐거움을 누리는 일이기도 하다.

2. 친구를 방문해서 그를 괴롭게 하거나, 친구 집을 너무 자주 방문해서 귀찮게 하거나, 너무 오래 머물러 있는다거나, 식사 시간에 맞춰서 간다거나, 친구집의 가정사에 참견하거나 하지 않는 것은 예의임과 동시에 지혜이다. 우리가 그렇게 한다면, 우리는 우리 자신을 값싸고 보잘것없고 성가신 존재로 만들어 버리는 것이다. 너의 잦은 방문으로 괴롭힘을 당하고 시달리는 네 이웃은

네게 지쳐서 너를 싫어하고 미워할 것이고, 돈독해져야 할 우정이나 이웃으로서의 정은 그 때문에 도리어 깨지고 말 것이다. 삼일이 지나면, 생선이 맛없어지듯이 사람들과 같이 있는 것도 식상해진다. 친숙함은 멸시를 낳는다. 그 누구와도 지나치게 친밀하지 말라. 친구에게 폐를 끼치는 자는 그 친구를 잃는다. 그런 면에서, 하나님은 그 어떤 친구보다도 이루 말할 수 없이 좋은 친구이다. 왜냐하면, 우리는 하나님의 집이나 그의 보좌에서 우리의 발을 돌릴 필요가 없기 때문이다(8:34). 우리가 하나님의 집에 더 자주 가면 갈수록, 하나님은 우리를 더 환영하시고 반기신다.

[18]자기의 이웃을 쳐서 거짓 증거하는 사람은 방망이요 칼이요 뾰족한 화살이니라

1. 여기에서 정죄되고 있는 죄는 재판에서이든 일상 대화에서이든 제9계명을 어기고 자기의 이웃을 쳐서 거짓 증거하는 것이다.

2. 여기에서 이 죄를 정죄하는 이유는 그 죄로 인한 해악 때문이다. 거짓 증언은 그 증언에 의해 피해를 입는 자의 명성은 말할 것도 없고, 그의 목숨과 재산과 가족을 비롯해서 그에게 소중한 모든 것을 망쳐 놓고 파괴시키는 힘을 지니고 있다. 거짓 증언은 모든 것을 위태롭게 만든다. 그것은 막을 도리가 없는 큰 나무 망치(또는, 사람의 머리를 내리칠 때에 사용하는 몽둥이)이다. 그것은 가까이에서 사람에게 상처를 입히는 칼이고 멀리에서 상처를 입히는 뾰족한 화살이다. 그러므로 우리는 여호와여 거짓된 입술과 속이는 혀에서 내 생명을 건져 주소서(시 120:2)라고 기도할 필요가 있다.

[19]환난 날에 진실하지 못한 자를 의뢰하는 것은 부러진 이와 위골된 발 같으니라

1. 진실하지 못한 자가 의뢰하는 것은 부러진 이와 같으리라는 것. 악인은 자신의 술수와 힘과 세력 같은 것들을 의지하고서 악행을 저지르지만, 그런 것들은 그의 환난 날에 그를 실망시킬 것이다(시 52:7).

2. 진실하지 못한 자를 의뢰하는 것, 즉 우리가 믿어도 되겠다고 생각해서 의지하였지만 전혀 믿을 만하지 않다는 것이 드러난 자를 의뢰하는 것은 우리에게 도움이 되지 않을 뿐만 아니라, 장차 우리를 고통스럽고 괴롭게 만들 것이

다. 그것은 부러진 이와 위골된 발 같아서, 우리가 거기에 힘을 줄 때, 즉 우리에게 도움이 가장 절실한 환난 날에 우리를 실망시킬 뿐만 아니라, 고통과 괴로움을 안겨준다. 그것은 상한 갈대와 같아서, 그것을 의지하는 손을 찌를 것이다(사 36:6). 신실하신 하나님을 의지하면, 환난 날에 그런 일은 벌어지지 않을 것이다. 하나님은 우리가 마음놓고 의뢰할 수 있고, 그 안에 평안히 거할 수 있는 그런 분이다.

[20]마음이 상한 자에게 노래하는 것은 추운 날에 옷을 벗음 같고 소다 위에 식초를 부음 같으니라

1. 마음이 상한 자에게 노래하는 것은 비난받아 마땅한 어어없는 일이라는 것. 큰 슬픔에 잠긴 자들은 우리가 그들과 마음을 같이하여 함께 슬퍼해 주고 울어 줄 때에 위로를 받는 법이다. 우리가 그러한 방법을 취한다면, 우리의 입술의 위로로 그들의 근심이 풀릴 수도 있다(욥 16:5). 그러나 우리가 그들 앞에서 즐거워하고 그들을 즐겁게 해주려고 애씀으로써 그들의 마음을 달랠 수 있을 것이라고 생각한다면, 그것은 그들에게 잘못된 방법을 취하는 것이다. 왜냐하면, 그들은 친구들이 그들의 슬픔에 별 관심이 없는 것을 보고 더욱 슬퍼질 것이기 때문이다. 그들은 친구들이 자기 앞에서 즐거워하는 것을 보고서는, 그들을 슬프게 만든 일들이 더욱 마음에 사무쳐서, 서럽고 슬픈 마음이 더욱 북받쳐 오르게 된다.

2. 그런 어이없는 일은 추운 날에 어떤 사람의 옷을 벗겨서 그를 더 춥게 만드는 것과 소다 위에 식초를 부어서 마치 석회에 물을 부었을 때처럼 끓어오르게 하는 것과 같다는 것. 슬픈 마음을 지닌 자 앞에서 즐거운 노래를 부르는 것은 그런 것들처럼 전혀 어처구니없고 어울리지 않는 일이다. 어떤 이들은 이 본문을 정반대의 의미로 읽는다: 추운 날에 옷을 입은 자가 자기 몸을 따뜻하게 하고, 소다 위에 식초를 부어서 소다를 풀듯이, 슬픔 속에 있는 자를 위로하기 위해 노래하는 자는 그에게 힘을 주고 그의 슬픔을 쫓아내 준다.

[21]네 원수가 배고파하거든 음식을 먹이고 목말라하거든 물을 마시게 하라 [22]그리 하는 것은 핀 숯을 그의 머리에 놓는 것과 일반이요 여호와께서 네게 갚아 주시리라

이 잠언은 서기관과 바리새인들이 율법을 얼마나 타락시켰는지, 즉 우리의 형제를 사랑하라는 계명만이 아니라 우리의 원수를 사랑하라는 계명조차도 새 계명이 아니라 옛 계명, 구약의 계명이었다는 것, 우리 구주께서 원수되었던 우리를 사랑하신 그의 큰 모범을 통해서 그 계명을 생생하고 힘있게 보여주시긴 했어도 그것은 여전히 옛 계명이었다는 사실을 잘 보여준다.

1. 우리는 진정한 호의가 담긴 행위들을 통해서 우리의 원수에 대한 우리의 사랑을 표현하여야 한다는 것. 그 행위들이 우리에게 값비싼 비용을 요구한다고 할지라도 그들에게 대단히 만족스러운 것이라면, 우리는 그렇게 하여야 한다. "그들이 배고파하고 목말라하거든, 너는 그들이 고통당하는 것을 즐거워하여, 어떻게 하면 그들에게 양식이 끊어지게 만들까를 궁리하지 말고, 엘리사가 그를 잡으러 온 아람 사람들에게 했듯이 그들에게 먹고 마실 것을 주라(왕하 6:22)."

2. 그렇게 할 때에 우리는 어떤 힘을 얻게 되는가.

(1) 그렇게 함으로써 우리는 그들을 얻을 수도 있고, 그들로 하여금 자발적으로 우리에게 화해를 청하게 할 수도 있다는 것. 우리가 우리의 원수에게 그렇게 하는 것은 제련하는 자가 광석을 불 위에 올려놓거나 광석 위에 핀 숯을 올려놓아서 그 광석을 녹이는 것과 같다. 원수를 친구로 바꾸어 놓는 길은 그를 친구처럼 대하는 것이다. 그런데도 그가 회개하지 않는다면, 원수가 재앙을 당하는 것을 우리가 즐거워하는 것이 하나님으로 하여금 그 진노를 그에게서 거두시게 하는 빌미가 될 수 있듯이(24:17), 그의 죄와 형벌은 더욱 무거워질 것이고, 하나님의 진노의 타는 숯은 그의 머리에 더욱 많이 쌓이게 될 것이다.

(2) 어쨌든 우리는 우리 자신을 부인한 것으로 말미암아 결코 손해를 보는 자가 되지 않으리라는 것. "너의 원수가 너에 대하여 마음이 누그러지든 그렇지 않든, 여호와께서 네게 상으로 갚아 주실 것이다. 하나님은 네가 이런 식으로 다른 사람을 용서하는 것을 보시고 너를 용서하실 것이다. 네가 궁핍할 때에 하나님은 네가 너의 원수에게 그랬듯이 네게 필요한 것들을 공급해 주실 것이다(네가 악하고 배은망덕했을지라도). 그리고 적어도 의인들이 부활할 때, 하나님은 우리가 원수들에게 베푼 은혜를 하나님의 벗들에게 베푼 은혜와 마찬가지로 기억하시고 상을 주실 것이다."

[23]북풍이 비를 일으킴 같이 참소하는 혀는 사람의 얼굴에 분을 일으키느니라

1. 우리는 특히 비방하고 헐뜯는 죄를 단호히 거부하여야 한다는 것. 우리는 그런 죄에 대하여 눈쌀을 찌푸려야 하고, 화난 얼굴을 보여줌으로써 그 죄를 거부한다는 것을 분명히 하여야 한다. 우리가 그런 식으로 거부하는 태도를 취하면, 비방하는 자들도 그렇게 만만하게 비방하는 말을 쏟아내지는 못하게 될 것이다. 비방하는 자가 하는 말에 좌중이 불쾌해한다면, 가만히 놓아 두어도 그는 침묵하게 될 것이다. 우리는 우리가 소중히 여기는 친구에 대한 험담을 들었을 때에는 불쾌함을 드러내 보여야 하는 것은 물론이고, 일반적으로 남들이 악한 말을 하는 것을 들으면 마찬가지로 불쾌함을 내보여야 한다. 다른 식으로 책망할 방법이 없다면, 우리는 우리의 표정으로 그렇게 해야 한다.

2. 그렇게 했을 때의 선한 결과. 우리가 그렇게 한 것이 참소하는 혀, 즉 헐뜯는 혀를 침묵시키고 몰아내게 될지 누가 알겠는가? 죄는 호응을 받으면 점점 대담해지지만, 통제를 받으면 그 부끄러움을 인식하고서 꽁무니를 빼는 법인데, 이 죄가 특히 그렇다. 왜냐하면, 헐뜯고 비방하는 자들은 오직 좌중에 있는 자들로부터 관심과 호감을 얻어내기 위해서 그렇게 하는 경우가 많기 때문이다.

[24]다투는 여인과 함께 큰 집에서 사는 것보다 움막에서 혼자 사는 것이 나으니라

이 잠언은 앞에서 이미 한 번 나왔다(21:9).

1. 함께 멍에를 메기 힘든 자들이 서로 만난 것, 특히 툭 하면 화를 내고 다투기를 좋아하는 남편이나 아내와 사는 것은 정말 고역이라는 것. 이것은 남편의 경우이든 아내의 경우이든 마찬가지다. 돕는 배필이 아니라 인생에 큰 방해가 되는 자와 함께 사느니 차라리 혼자 사는 것이 더 낫다.

2. 혼자 사는 자들이 때로는 부러울 수 있다는 것. 그들에게는 사람들과 어울림으로써 얻는 낙이 없는 대신에, 그런 것에서 오는 괴로움도 없다. "아이를 배지 않은 모태가 복이 있도다"라고 말할 수 있는 경우들이 있는 것처럼, "결혼을 하지 않고 하인처럼 움막에서 사는 자가 복이 있도다"라고 말할 수 있는 경우들이 있다.

[25]먼 땅에서 오는 좋은 기별은 목마른 사람에게 냉수와 같으니라

1. 먼 곳에서 우리의 일들에 대하여 친구들로부터 좋은 소식을 듣기를 바라는 것은 자연스러운 일이라는 것. 우리는 종종 먼 곳에서 오는 소식을 들으려고 몹시 안달을 한다. 우리의 심령은 그 소식을 기다리느라 목이 마르다. 그러나 우리는 그러한 기다림이 지나치지 않도록 절제하여야 한다. 나쁜 소식은 늦게 올수록 좋고, 좋은 소식은 어느 때에 와도 반가울 것이기 때문이다.

2. 좋은 소식을 받았을 때에는 무척 반갑다는 것. 그것은 목마른 사람에게 냉수와 같아서 그 소식을 받은 자를 시원하게 해주고 힘을 되찾게 해줄 것이다. 솔로몬은 그 자신이 외국들과 교역을 많이 하였고, 그의 사자들을 통해서 외국의 궁정들과의 서신 교환도 많이 하였다. 외국과의 협상이 큰 성공을 거두었다는 소식이 왔을 때에 그것이 얼마나 기쁜 일인지는 솔로몬이 그 누구보다도 경험상으로 잘 알고 있었다. 천국은 먼 땅이다. 기쁜 소식을 담은 영원한 복음을 통해서, 그리고 우리가 하나님의 자녀인 것을 우리의 영과 더불어 증언해주는 성령의 증언을 통해서 천국으로부터 좋은 기별을 듣는 것은 얼마나 시원하고 힘이 나는 일인가.

[26]의인이 악인 앞에 굴복하는 것은 우물이 흐려짐과 샘이 더러워짐과 같으니라

이 잠언은 의인이 악인 앞에서 넘어지는 것은 우물이 흐려지거나 샘이 더러워진 것과 같아서 너무나 슬픈 일이고 많은 사람들에게 근심과 나쁜 결과를 안겨주는 일이라고 말한다. 의인이 넘어진다는 것은 다음과 같은 것이다.

1. 의인이 악인이 보는 앞에서 죄에 빠지거나, 그들에게 합당하지 않은 일, 즉 갓에서나 들을 수 있고, 아스글론의 길거리에서나 행해질 수 있으며, 블레셋의 딸들이 즐기는 그런 일을 행하는 것. 지혜와 존귀로 이름이 높았던 자들이 타락하여 형편없이 되면, 그것은 사람들을 근심에 빠뜨리고(우물이 흐려짐), 사람들을 감염시키고 대담하게 해서 똑같이 타락하게 만든다(샘이 더러워짐).

2. 의인이 악한 자들의 폭력이나 교활할 술수에 의해서 억눌리고 짓밟히며 유린당하여, 관직을 박탈당하고 시골로 쫓겨나는 것. 그것은 공의의 우물이 흐려지는 것이고, 통치의 샘이 더러워지는 것이다(28:12, 28; 29:2).

3. 의인이 비겁해져서 악인들에게 굽실거리고, 악인들이 자신의 악을 비방할 것이 두려워서 그들에게 비열하게 굴복하는 것. 그것은 신앙을 욕되게 하고, 선한 자들을 낙심하게 하며, 죄인들의 손에 힘을 실어주어 더욱 죄를 짓게 하는 것이기 때문에, 우물이 흐려짐과 샘이 더러워짐과 같다.

[27]꿀을 많이 먹는 것이 좋지 못하고 자기의 영예를 구하는 것이 헛되니라

I. 우리는 은혜를 받아서 두 가지에 대하여 죽어야 한다는 것.

1. 감각의 즐거움들. 왜냐하면, 꿀을 많이 먹는 것이 좋지 못하기 때문이다. 꿀은 미각을 즐겁게 해주고 적당히 먹으면 건강에 아주 좋지만, 지나치게 먹으면 욕지기가 날 뿐더러 담즙을 만들어내서 많은 질병의 원인이 된다. 이것은 사람들이 즐기는 모든 것들에도 그대로 적용된다. 감각의 즐거움들은 쉽게 물리지만 결코 만족을 주지는 못하고, 그 즐거움들을 지나치게 누리는 자들을 위태롭게 만든다.

2. 사람의 칭찬. 우리는 감각의 즐거움과 마찬가지로 사람의 칭찬도 탐하여서는 안 된다. 왜냐하면, 사람이 자신의 영광이나 영예를 구하고, 다른 사람들로부터 인기를 얻어서 박수갈채나 환호를 받고자 하는 것은 그들의 영광이 되는 것이 아니라 수치가 되기 때문이다. 모든 사람이 그들의 그런 모습을 보면서 그들을 비웃을 것이다. 우리가 애써 구해서 얻은 영광은 헛된 영광이다. 왜냐하면, 그것은 사실 우리에게 주어지는 참된 영예가 아니기 때문이다.

II. 이 절에 대한 몇 가지 다른 해석들. 어떤 이들은 이 절을 다음과 같이 여러 가지로 해석한다. 꿀을 많이 먹는 것은 좋지 못하지만, 영광되고 훌륭한 일들을 구하는 것은 크게 칭찬할 일이고 참된 영광이 된다. 즉, 그런 일들은 아무리 많이 추구해도 해가 될 것이 없다는 것이다. 또는, "꿀이 우리의 미각을 즐겁게 해주는 것이기는 하지만 지나치게 많이 먹으면 위에 부담을 주는 것과 마찬가지로, 고상하고 영광스러운 것들에 지나친 호기심을 가지고 너무 파고 들어가면 그것은 우리를 즐겁게 해주기는 하겠지만 그 큰 영광과 광채로 말미암아 우리가 감당할 수 없게 된다." 또는, "우리는 꿀을 많이 먹으면 질리지만, 복된 자들의 영광의 끝은 영광이다. 그 영광은 항상 새로워서, 결코 질리지 않는다."

[28]자기의 마음을 제어하지 아니하는 자는 성읍이 무너지고 성벽이 없는 것과 같으니라

1. 자기의 마음을 제어하고 다스리는 자는 지혜롭고 덕이 있는 자라는 것. 그는 자기 자신과 자신의 욕망이나 감정들을 잘 다스려서, 그것들이 이성과 양심에 반기를 들지 못하게 한다. 그는 자신의 생각이나 욕구, 성향이나 분노 같은 것들에 대하여 규범을 두어서, 그것들이 선한 질서 가운데에 있도록 지켜 나간다.

2. 자기 마음을 다스리지 못하는 자는 악한 자라는 것. 그는 자기 자신을 다스리지 못하기 때문에 많이 먹고 마시고 싶은 유혹이 있으면 그 유혹에 넘어가고, 누가 조금만 건드려도 그것을 참지 못하고 불 같이 화를 내는 자여서, 성읍이 무너지고 성벽이 없는 것과 같은 자이다. 그에게 있는 선한 것들은 모두 그를 버리고 나가고, 온갖 악한 것들은 그에게 밀려 들어온다. 그는 사탄의 온갖 유혹들에 그대로 노출되어 있고, 저 원수의 손쉬운 먹잇감이 된다. 또한, 그는 수많은 환난과 괴로운 일들을 당하기 쉽다. 성벽이 허물어져 있는 것이 그 성의 수치이듯이(느 1:3), 자기 마음을 다스리지 못하는 것은 그의 수치이다.

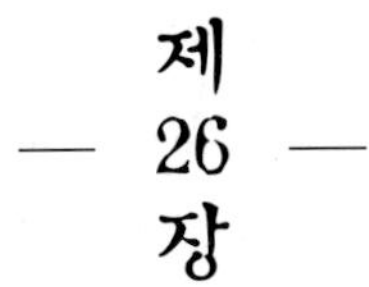

[1]미련한 자에게는 영예가 적당하지 아니하니 마치 여름에 눈 오는 것과 추수 때에 비 오는 것 같으니라

1. 영예를 받을 가치가 전혀 없고 부적절한 미련한 자들에게 영예가 주어지는 일이 비일비재하다는 것. 지혜나 은혜가 없는 악한 자들이 종종 왕들의 총애를 받고 백성들의 칭송을 받는다. 솔로몬이 지적한 대로, 우매한 자가 크게 높은 지위들을 얻는다(전 10:6).

2. 그런 것은 너무나 어이없고 합당하지 않은 일이라는 것. 그것은 여름에 눈 오는 것과 같이 부조리한 일로서 자연의 운행과 계절의 순환이 크게 어지럽혀지는 것처럼 한 나라의 질서를 크게 어지럽히는 일이다. 아니, 그것은 땅의 열매들을 거두어야 할 때에 품꾼들이 일하는 것을 방해하고 그 열매들을 망쳐 놓는 추수 때에 오는 비 같이 해로운 일이다. 악한 자들이 권력을 잡으면, 그들에게는 악을 분별할 지혜가 없고 악을 미워하게 만드는 은혜가 없기 때문에, 그들은 보통 그 권력을 남용하고, 미덕을 억압하며, 악을 옹호한다.

[2]까닭 없는 저주는 참새가 떠도는 것과 제비가 날아가는 것 같이 이루어지지 아니하느니라

1. 분노의 어리석음. 분노는 사람들로 하여금 까닭 없는 저주를 남발하게 만든다. 그들은 그들 자신이 어떤 사람이나 사실을 오해했거나 악한 것을 선한 것이라고 선한 것을 악한 것이라고 생각한 것인데도, 그 사람이 나쁘고 악한 짓을 했다고 지레짐작해서 그 사람이 재앙을 당하기를 빈다. 미련한 자를 높여 주어 보라. 그러면, 그는 옳든 그르든 자기가 싫어하는 모든 사람들을 향하여 큰 소리로 저주를 외칠 것이다. 큰 자들은 주변 사람들을 저주하고 욕함으로써

자기 앞에서 그들이 벌벌 떨게 만들어 놓아야 한다고 생각한다. 그렇지만, 그것은 가장 무력한 악의의 표현이고, 그들의 악함과 아울러 그들의 약함을 보여주는 것이기도 하다.

2. 죄 없는 자는 안전하다는 것. 분노해서 저주한 말을 통해서, 또는 저주 의식을 통해서 어떤 사람이 까닭 없이 저주를 받았을 경우에, 그 저주는 그의 머리 위로 날아가는 새나 다윗에 대한 골리앗의 저주처럼(삼상 17:43) 그에게 아무런 해도 미치지 못한다. 그런 저주는 마치 참새나 제비가 원래 있던 곳으로 되돌아올 때까지는 그것들이 어디로 갔는지를 아무도 모르듯이 저 멀리 날아가 사라져 버렸다가 마침내 그 저주를 발한 자의 머리 위로 되돌아올 것이다.

[3]말에게는 채찍이요 나귀에게는 재갈이요 미련한 자의 등에는 막대기니라

1. 악한 자들은 말이나 나귀 같다는 것. 그들은 그 정도로 짐승 같고, 이성이 없으며, 제멋대로이고, 힘이나 두려움에 의해서가 아니면 통제되지 않는다. 죄는 사람을 이렇게 비천하게 짐승의 수준으로 내려놓았다. 사람은 사실 들나귀 새끼 같이 출생하지만, 어떤 자들은 하나님의 은혜로 변화를 받아 이치를 아는 자가 되고, 어떤 자들은 죄의 습관이 굳어져서 점점 더 말이나 노새 같이 된다(시 32:9).

2. 악한 자들을 사용할 때에는 어떻게 해야 하는가. 왕들은 미련한 자에게는 영예와 존귀함이 아니라 치욕을 주어야 하고(1절), 그의 손에 권력을 쥐어 주는 것이 아니라 그를 권력으로 다스려야 한다. 길들여지지 않은 말을 바르게 길들이기 위해서는 채찍이 필요하고, 나귀로 하여금 길을 똑바로 가게 하고 곁길로 새지 않게 제어하려면 재갈이 필요하다. 마찬가지로, 신앙과 이성의 지도와 구속(拘束) 아래 있고자 하지 않는 악한 자가 있다면, 그를 채찍으로 때리고 재갈을 물리며 엄하게 꾸짖고 잘못하면 벌을 주며 더 이상 거스르지 않도록 통제하는 것이 마땅하다.

[4]미련한 자의 어리석은 것을 따라 대답하지 말라 두렵건대 너도 그와 같을까 하노라 [5]미련한 자에게는 그의 어리석음을 따라 대답하라 두렵건대 그가 스스로 지혜롭게 여길까 하노라

여기에는 모순되어 같아 보이지만 사실은 모순되지 않는 성경식의 고상한 안전장치가 나온다. 지혜로운 자들은 미련한 자들을 어떻게 상대해야 하는지에 대하여 가르침을 받을 필요가 있다. 지혜로운 자들은 미련한 자들을 상대할 때에 가장 지혜를 필요로 하는데, 특히 언제 침묵해야 하고, 언제 말해야 하는지를 알아야 한다. 왜냐하면, 침묵해야 할 때가 있고 말해야 할 때가 있기 때문이다.

1. 지혜로운 자가 미련한 자의 말에 맞장구를 쳐서 **미련한 자의 어리석은 것을 따라 대답하지 말아야** 하는 경우들이 있다는 것. "미련한 자가 자기 자신을 자랑할 때, 너도 네 자신을 자랑함으로써 그에게 맞장구를 쳐서는 안 된다. 미련한 자가 맹렬히 욕하고 비난하는 말을 하면, 너도 덩달아 열을 올려서 욕하고 비난하는 말을 해서는 안 된다. 미련한 자가 큰 거짓말을 할 때, 너는 거기에 비견될 말한 또 다른 큰 거짓말을 해서는 안 된다. 미련한 자가 너의 친구들을 비방한다고 해서, 너도 그의 친구들을 비방해서는 안 된다. 미련한 자가 희롱하는 말을 한다고 해서, 너도 그가 사용하는 것과 똑같은 언어로 맞장구를 쳐서는 안 된다. 만약 네가 그렇게 맞장구를 친다면, 그 미련한 자보다 더 선한 것들을 알고 있고 더 많은 지각을 갖고 있으며 더 많이 배운 너라도 할지라도 그 미련한 자와 똑같은 사람이 되고 말 것이다."

2. 지혜로운 자가 그의 지혜를 사용해서 미련한 자를 깨우쳐 주어야 하는 경우들이 있다는 것. 어떤 경우에는 지혜로운 자가 해준 말을 미련한 자가 주의해서 듣고, 자기 자신이나 다른 사람들에게 선을 행하거나, 적어도 더 이상의 해악을 끼치는 것을 그만둘 수 있다. "미련한 자가 너의 침묵을 네 자신이나 네 주장이 약하다는 증거로 받아들일 수 있다는 판단이 서면, 너는 그런 경우에 **그에게 대답하되**, 그가 사용했던 무기들을 써서 그를 적절하게 공략하여야 한다. 그가 논증처럼 보이는 어떤 것을 제시한다면, 너는 그의 논증이 틀렸음을 보여주는 너의 적절한 대답을 주라. 네가 그에게 대답하지 않는 것을 보고서 그의 말을 반박할 수 없기 때문에 네가 침묵하는 것이라고 그가 생각할 가능성이 있다면, 너는 그가 **스스로 지혜롭게** 여기고 자기가 논쟁에서 승리했다고 자랑하지 않도록 그에게 적절한 대답을 하라." 왜냐하면, 지혜의 자녀들은 지혜가 옳다는 것을 나타내 보여야 할 의무가 있기 때문이다(눅 7:35).

6미련한 자 편에 기별하는 것은 자기의 발을 베어 버림과 해를 받음과 같으니라 7저
는 자의 다리는 힘 없이 달렸나니 미련한 자의 입의 잠언도 그러하니라 8미련한 자
에게 영예를 주는 것은 돌을 물매에 매는 것과 같으니라 9미련한 자의 입의 잠언은
술 취한 자가 손에 든 가시나무 같으니라

우리에게 지혜를 장려하고, 우리를 일깨워서 지혜를 얻기 위한 모든 수단들을 부지런히 사용하도록 하기 위하여, 솔로몬은 여기에서 미련한 자들은 아무짝에도 소용이 없다는 것을 보여준다. 그들은 얼빠진 자들이어서 아무 생각도 없고 아무 계획도 없이 살아가거나, 악한 자들이어서 결코 선한 일을 생각하거나 계획하지 않는다.

1. 미련한 자들은 어떤 일을 맡기거나 심부름을 보내기에 적합하지 않다는 것(6절). 미련한 자, 즉 부주의하고 조심성 없는 자, 놀 생각으로 꽉 차 있고 쾌락에 빠져 있어서 진지한 일에 마음을 집중할 수 없는 자 편에 기별하는 자는 그 미련한 자가 그의 전갈을 잘못 전했고, 그 절반은 아예 잊어버려서 전하지도 않았으며, 나머지 절반도 엉성하게 전달하여 잘못된 것 투성이라는 것을 나중에 알고서, 처음부터 그 미련한 자를 보내지 말았거나 그 다리를 부러뜨려 놓는 것이 더 좋았을 것이라고 생각하게 될 것이고, 더 나아가 상대편에게 손해를 배상하는 해를 받게 될 것이다. 그의 일에 도움이 되기는커녕 그에게 손해를 끼치고 그를 속일 그런 자를 고용했기 때문에, 그는 결국 막대한 손해를 보게 된 것이다. 왜냐하면, 솔로몬의 표현에서는 악당과 미련한 자는 같은 의미이기 때문이다. 사람들은 사환이나 사자를 보고서 그 주인을 판단하기 쉽기 때문에, 미련한 자를 고용하면, 그 주인은 많은 수치를 당하게 될 것이다.

2. 미련한 자들은 영예를 받기에 적합하지 않다는 것. 솔로몬은 앞에서 미련한 자에게는 영예가 적당하지 아니하다(1절)고 말하였었는데, 여기에서는 미련한 자에게 영예를 주는 것은 마치 보석을 흔한 돌무더기 속에 던져서 거기에 묻혀 버리게 만들어서 아무 쓸모가 없게 만드는 것이나 마찬가지라는 것을 보여준다. 그것은 마치 사람이 돌에 자주색 옷을 입히는 것과 같이 어이없는 일이다. 아니, 그것은 돌을 물매에 매는 것 같이 위험해서 사람이 다칠 수도 있는 일이다. 미련한 자에게 영예를 주는 것은 미친 자의 손에 칼을 쥐어주는 것이다. 그 미친 자는 사람들, 심지어 그에게 칼을 쥐어준 자에게까지 무슨 해악을 저지를

지 아무도 모른다.

3. 미련한 자들은 지혜로운 말들을 전하는 데에 적합하지 않다는 것. 그들은 비록 지혜로운 말들에 대하여 가르침을 받았고 어느 정도 그런 말들을 할 수 있다고 하더라도 중요한 말들을 다루는 일을 해서는 안 된다. 지혜로운 말들은 미련한 자가 전하고 적용하면 그 말들의 탁월함과 유익함을 상실하고 만다(사람들이 그가 그 말들을 제대로 이해하고 있지 못하다는 것을 알 수 있을 경우에). 미련한 자의 입에서 잠언은 더 이상 잠언이기를 그치고 희롱하는 말로 변해 버린다. 악한 삶을 사는 자가 신앙에 대해서 얘기하고 하나님의 언약을 그의 입에 올리면, 어떻게 되는가.

(1) 그것은 그가 자기 자신과 자신의 신앙을 욕되게 하는 것일 뿐이다. 저는 자들의 두 다리의 길이는 서로 같지 않기 때문에 그들의 걸음걸이가 이상해 보이고 꼴불견이 되듯이, 미련한 자가 경구(警句)들을 얘기하고 충고하거나 자기 행실은 말과 정반대이고 입만 열었다 하면 거짓말만 늘어놓는 자가 경건한 얘기를 하는 것은 꼴불견이다. 그의 선한 말들은 그를 높이 올려놓지만, 그의 악한 삶은 그를 내려놓기 때문에, 그의 두 다리는 서로 같지가 않다. "미련한 자가 지혜로운 말을 하는 것은 저는 자가 춤추는 것과 같이 합당하지 않다. 왜냐하면, 저는 자는 자기가 경쾌하게 움직이고 있다는 생각이 들면 다른 사람들이 저는 것을 아무렇지도 않게 생각을 할 것이고, 마찬가지로 미련한 자는 자기가 지혜롭다는 생각이 들면 다른 사람들의 어리석음을 어리석거나 우스꽝스럽다고 생각하지 않을 것이기 때문이다"(패트릭 주교의 말). 그러므로 다리를 저는 자는 앉아 있는 것이 가장 좋고 어울리는 것과 마찬가지로, 어리석거나 악한 자는 그의 혀를 다무는 것이 가장 좋고 어울린다.

(2) 그것은 그가 자기 자신과 다른 사람들에게 해악을 끼치는 것일 뿐이다. 이것은 술 취한 자가 가시나무나 어떤 날카로운 물건을 자기 손에 들고 있으면 그것을 어떻게 관리해야 할지를 몰라서 자기 자신과 주변 사람들을 다치게 하는 것과 같다. 선한 삶을 살지도 않으면서 말만 선하게 잘 하는 자들은 그들의 선한 말로 인해 그들에 대한 정죄가 더 무거워질 것이고, 그들의 언행이 불일치한 것을 본 사람들은 그 마음이 더욱 완악해질 것이다. 어떤 이들은 이 본문을 이렇게 해석하기도 한다: 술 취한 자는 그의 손이 가시나무에 긁혀도 아픔을 느끼지 못하고 별 감각이 없는 것과 마찬가지로(23:35), 미련한 자는 죄인이

라면 당연히 마음에 찔림을 받을 만한 아주 날카로운 말씀을 자기 입으로 말해 놓고도 정작 자기는 아무런 감화도 받지 못한다.

[10]장인이 온갖 것을 만들지라도 미련한 자를 고용하는 것은 지나가는 행인을 고용함과 같으니라

이 절의 읽기와 난외주는 역본에 따라 다를 수 있는데, 우리가 지금 사용하는 역본에 따라 이 절과 그 난외주를 해석해 보기로 하자.

1. 선하신 하나님의 공평하심(본문의 읽기). 온갖 것을 만든 주인, 또는 처음에 만물을 지으시고 지금도 여전히 무한하신 지혜로 만물을 다스리고 계시며 장차 각 사람이 행한 일을 따라 심판하실 크신 하나님은 주인의 뜻을 알지 못해서 무지로 인하여 범죄한 미련한 자에 대해서는 몇 대의 매로 보응하시지만, 주인의 뜻을 알면서도 행하고자 하지 아니하여 악의적으로 뻔뻔스럽게 범죄한 자들에 대해서는 많은 매로 보응하신다. 어떤 이들은 이 본문을 미련한 자들이나 범죄한 자들에게조차 일반 섭리를 통해 은혜를 베푸시는 하나님의 선하심, 즉 그의 해를 악인과 선인에게 비추시며 비를 의로운 자와 불의한 자에게 내려주시는 하나님의 선하심에 대하여 말하고 있는 것으로 이해한다.

2. 악한 왕의 죄악(난외주의 읽기). 큰 자는 모든 사람을 근심하게 하고, 미련한 자를 고용하며, 범법자들도 고용한다. 악한 자는 권력을 그의 손에 쥐게 되면, 스스로는 물론이고 그가 고용해서 사용하는 미련한 자들과 악한들을 통해서 자기 아래에 있는 자들이나 그들을 성가시게 하는 자들을 모두 근심하게 만든다. 그러므로 우리는 임금들과 높은 지위에 있는 모든 사람 아래에서 우리가 모든 경건과 단정함으로 고요하고 평안한 생활을 하려 하면 그들을 위하여 기도하여야 한다(딤전 2:2).

[11]개가 그 토한 것을 도로 먹는 것 같이 미련한 자는 그 미련한 것을 거듭 행하느니라

1. 죄는 가증스러운 것이고, 때로는 죄인 자신에게조차 그렇게 보인다는 것. 그의 양심이 죄를 깨닫거나 그의 죄로 인한 괴로움이 느껴질 때, 죄인은 그 죄

가 메스꺼워져서 토한다. 그 때에 그는 죄를 정말 미워하는 것처럼 보이고, 기꺼이 죄와 결별할 것처럼 보인다. 죄는 그 자체로 개가 토한 것보다 더 역겨운 것이고, 죄인에게도 언젠가는 그렇게 느껴지게 된다(시 36:2).

2. 그럼에도 불구하고, 죄인들은 다시 죄로 돌아가기가 얼마나 쉬운지 모른다. 개가 그의 위에 부담이 되었던 것을 토하고 나서 편안해지면 다시 가서 그 토한 것을 핥아 먹듯이, 단지 죄를 일시적으로 깨달은 것일 뿐이고 회심에까지 이르지 못한 죄인들은 죄가 그들에게 얼마나 역겨웠었는지를 잊어버리고서 다시 죄짓는 것으로 되돌아가 버린다. 사도 베드로는 이 잠언을 의의 도를 안 후에 받은 거룩한 명령을 저버리는 자들에게 적용한다(벧후 2:21-22). 그러나 하나님은 그런 자들을 그의 입에서 토하여 버리실 것이다(계 3:16).

12네가 스스로 지혜롭게 여기는 자를 보느냐 그보다 미련한 자에게 오히려 희망이 있느니라

1. 자부심이라는 영적인 질병. **네가 스스로 지혜롭게 여기는 자를 보느냐.** 그렇다. 우리는 제딴에 자기가 지혜롭다고 생각하는 자, 별 볼일 없는 지혜를 지니고 있으면서도 그것을 대단하게 여겨서 자랑하고, 그 누구보다도 더 많이, 그리고 충분히 지혜를 가지고 있어서, 더 이상의 지혜가 필요없다고 생각하며, 자신의 능력에 큰 자부심을 가지고서 검열관처럼 행세하며 독선적으로 행하는 자를 많이 본다. 그는 자신의 지식을 오직 자기를 과시하는 데에만 사용한다. 또는, 우리가 여기에서 스스로를 지혜롭게 여기는 자를 신앙인을 가리키는 것으로 본다면, 이 본문은 경건의 모양만을 가지고 있어서 사실 그들의 영적인 상태가 라오디게아 교회처럼 아주 나쁜 데도 불구하고(계 3:17) 스스로는 아주 좋다고 결론을 내리는 자들에 대하여 말하고 있다고 할 수도 있다.

2. 이 질병의 위험성. 이 병은 어떤 의미에서는 절망적이다. 스스로를 지혜롭다고 여기는 자보다는 자기가 미련한 자임을 알고 시인하는 자에게 오히려 희망이 있다. 솔로몬은 지혜로운 자였을 뿐만 아니라, 지혜의 선생이었다. 그는 그의 생도들을 관찰해 본 결과, 자기 자신에 대하여 자부심을 갖고 있어서 가르침을 받을 필요성을 별로 느끼지 못하는 자들을 가르치기가 가장 어렵고, 가르쳐도 별 성과가 나오지 않는다는 것을 발견하였다. 그러므로 누구든지 자기

가 지혜 있는 줄로 생각하거든 어리석은 자가 되어야 지혜로운 자가 될 수 있다(고전 3:18). 교만한 바리새인보다는 세리에게 더 소망이 있다(마 21:32). 스스로 지혜롭다고 생각하는 거짓되고 근거 없는 자만 때문에 진정으로 지혜롭고 경건한 자가 되지 못하는 이들이 많다(요 9:40-41).

13게으른 자는 길에 사자가 있다 거리에 사자가 있다 하느니라

우리는 어떤 사람이 미련한 말을 하면 그가 게으르게(idly) 말한다고 한다. 왜냐하면, 게으른 자들이 자기가 왜 게으른지를 변명하고자 하는 것보다 그들의 미련함을 드러내 주는 것은 없기 때문이다. 사람들의 미련함은 그들을 게으르게 만들고, 그들의 게으름은 그들을 미련하게 만든다.

1. 게으른 자가 진정으로 두려워하는 것은 무엇인가. 그는 길과 거리, 즉 일을 하는 곳과 일하기 위해서 지나가야 하는 곳을 두려워한다. 그는 일을 싫어하고, 신경을 쓰고 수고를 해야 하는 모든 것을 싫어한다.

2. 그가 두려워하는 척하는 것은 무엇인가. 그것은 길에 있는 사자를 두려워하는 척한다. 그가 세상일이나 신앙의 일에서 부지런하라는 압박을 받으면, 그의 변명은 길에 사자가 있다는 것, 즉 그가 씨름해서 도저히 이기거나 극복할 수 없을 것 같은 어떤 난관이나 위험이 있다는 것이다. 사자들은 숲이나 광야에 자주 출몰하고, 사람들이 일을 하는 낮에는 그들의 굴 속에 있다(시 104:22-23). 사자는 오직 게으른 자의 공상 속에만 있고, 그가 생각하는 것만큼 그렇게 사납지 않는 데도, 그는 거리에 사자가 있다고 공상하거나 공상하는 척한다. 우리가 꼭 해야 하는 일인 데도 괜히 지레짐작으로 여러 가지 어려움들을 생각해내서 겁을 집어먹고 그 일을 하지 않는다면, 그것은 어리석은 일이다(전 11:4).

14문짝이 돌쩌귀를 따라서 도는 것 같이 게으른 자는 침상에서 도느니라

우리는 앞에서 게으른 자가 그의 일을 두려워하는 모습을 보았는데, 여기에서는 그가 그의 편안함을 사랑하는 모습을 본다. 그는 그 침상에서 한쪽 옆구리로 누워 있다가 불편해지면 몸을 돌려서 다른쪽 옆구리로 눕기를 해가 중천에 떠오를 때까지 반복하는데, 마치 문짝이 움직이기는 하지만 문에서 떨

어져 나가지 않는 것처럼 그는 계속해서 움직이지만 여전히 침상에 머문다. 그래서 그의 일은 소홀히 되고, 그에게 주어진 기회들은 새나가고 만다. 게으른 자의 모습을 보라.

1. 게으른 자는 자기 침상 밖으로 나가고 싶어 하지 않는 자, 마치 문짝이 돌쩌귀를 따라서 도는 것 같이 그의 침상에 붙어 있는 자처럼 보인다는 것. 육신의 안일을 지나치게 찾으면, 많은 영적인 질병이 초래되는 애석한 상황이 벌어진다. 잠자기를 좋아하는 자들은 결국에는 죽음을 좋아했던 것임이 드러날 것이다.

2. 게으른 자는 그의 일을 하기 위해서 적극적으로 나서고 싶어하지 않는다는 것. 그는 일을 하러 나가기 위해 약간 몸을 꿈틀거려 보지만, 아무 소용이 없다. 그는 그가 있던 곳에 있다. 게으른 자들은 돌쩌귀를 따라서 도는 문짝처럼 신앙에 있어서도 그 자리에서 뱅뱅 돈다. 세상과 육체는 그들이 매달려 있는 두 경첩이다. 그들은 외적인 섬김들의 코스에서 움직이고, 의무들의 길로 행하며, 물레방아를 돌리는 말처럼 그런 것들의 주변을 밟고 다니지만, 아무런 유익도 얻지 못하고, 뿌리도 내리지 못하며, 결코 천국에 더 가까이 가지도 못한다. 죄인들은 변화받지 못하고, 성도들은 신앙의 진전이 없다.

15 게으른 자는 그 손을 그릇에 넣고도 입으로 올리기를 괴로워하느니라

게으른 자는 이제 몸부림 끝에 자기 침상에서 나왔지만, 아직도 눈꺼풀이 무겁고 잠에서 덜 깨서 일할 준비가 되지 않았기 때문에, 하는 일들이 엉성하다.

1. 그는 게으름을 부리기 위해서 일을 할 수 없는 척한다는 것. 그는 추울까봐 그의 손을 그의 품 속에 넣고 있다. 그는 따뜻한 침상 대신에 따뜻한 품 속을 찾는 것이다. 또는, 그는 구걸을 직업적으로 하는 자들 중의 일부가 불구인 척하듯이 자기 손이 아픈 척한다. 그는 어제의 고된 일로 인해서 손에 물집이 생긴 것처럼 위장한다. 또는, 이것은 그가 일하기를 싫어한다는 것을 일반적으로 나타내는 것일 수도 있다. 그는 일을 해보았고, 그의 손은 일하는 데에 사용되지 않는다. 그러므로 그는 스스로를 껴안고서 자신만의 편안함을 즐기고, 다른 사람들에 대해서는 아랑곳하지 않는다. 자신의 의무를 다하고자 하지 않는 자

들은 통상적으로 여러 가지 이유로 그들이 자기 의무를 할 수 없는 척한다. **땅을 파자니 힘이 없구나**(눅 16:3).

2. 그가 게으름으로 인해서 입는 손해. 그는 자신의 게으름 때문에 손해를 본다. 왜냐하면, 그는 굶주리게 되기 때문이다. **게으른 자는 그 손을 입으로 올리기를 괴로워하느니라.** 즉, 그는 밥을 먹고 싶은 마음이 없고, 마치 그것이 대단히 힘든 일이라도 된다는 듯이 그의 손을 그의 입으로 올리는 것을 두려워한다. 이것은 과장법으로서, 그가 아무리 큰 이익이 있더라도 조금의 수고도 견딜 수 없어 한다는 것을 보여줌으로써 그의 죄가 지극히 무겁다는 것과 그의 죄가 곧 그의 벌이라는 것을 보여주는 것이다. 신앙의 일에서 게으른 자들은 그들의 영혼을 생명의 양식인 하나님의 말씀으로 먹이거나 하나님이 약속하신 것들을 기도를 통해서 가져오는 수고를 하려고 하지 않는다.

[16]게으른 자는 사리에 맞게 대답하는 사람 일곱보다 자기를 지혜롭게 여기느니라

1. 게으른 자는 자신의 게으름이 어이없고 어리석은 것임에도 불구하고 자기를 대단하다고 여긴다는 것. 그는 **사리에 맞게 대답하는** 지혜로운 **사람 일곱보다 자기를 더 지혜롭게 여긴다. 사리에 맞게 대답할** 수 있는 것은 사람의 지혜이고, 자기 속에 있는 소망에 관한 이유를 대답할 수 있는 것은 선한 자의 지혜이다(벧전 3:15). 우리는 우리가 하는 것에 대하여 제기되는 온갖 반론들이 지닌 오류를 다 증명해 보일 수는 없을지라도 적어도 우리가 그렇게 하는 이유는 제시할 수 있어야 한다. 신앙 안에서 수고하는 자는 그렇게 하는 선한 이유를 얘기할 수 있다. 그는 자기가 선한 주인을 위하여 일하고 있다는 것과 그의 수고가 헛되지 않으리라는 것을 안다. 그러나 게으른 자는 자기가 그런 사람 일곱보다 더 지혜롭다고 생각한다. 왜냐하면, 그런 지혜로운 사람 일곱이 그들이 할 수 있는 한에서 사리에 맞는 온갖 말로 게으른 자에게 부지런하여야 한다고 설득해도 아무 소용이 없을 것이기 때문이다. 그들이 아무리 사리에 맞는 온갖 말들을 다 해준다고 하여도, 게으른 자는 자기 생각과 결심이 그런 말들에 대한 충분한 대답이 된다고 생각한다.

2. 이것은 그의 게으름과 관련이 있다는 것. 그 누구보다도 게으른 자가 이렇게 강한 자부심을 나타내 보인다.

(1) 게으른 자가 자신을 대단하게 생각하는 것은 그의 게으름의 원인이라는 것. 그는 자기가 이미 충분히 지혜롭다고 생각하기 때문에 지혜를 얻기 위해 수고하고자 하지 않는다. 우리가 이미 이룬 것으로 충분하다는 자만심은 우리의 진보에 큰 적이 된다.

(2) 그의 게으름은 그가 자신을 대단하게 생각하는 것의 원인이라는 것. 만약 그가 자신을 살피고, 자신을 지혜의 법들과 비교해 보고자 하기만 했다면, 그는 얼마든지 자신에 대하여 달리 생각할 수 있었을 것이다. 그러므로 자만심에 빠져 있는 것의 밑바닥에는 게으름이 있다.

(3) 게으른 자는 거의 절망적일 정도로 얼이 빠져 있기 때문에 자신의 게으름을 지혜라고 여긴다는 것. 그는 자기 자신을 애지중지하는 것이 지혜라고 생각해서, 최대한으로 편안하고자 하고, 신앙의 일에서도 꼭 해야 할 것 외에는 하지 않으며, 고난을 피하고, 가만히 앉아서 다른 사람들이 하는 것을 보고 그들의 흠을 잡아내는 것을 즐긴다. 이렇게 그들의 수치인 것을 수치인 줄도 모르고 자랑하는 게으른 자들에게는 희망이 없다(12절).

17길로 지나가다가 자기와 상관 없는 다툼을 간섭하는 자는 개의 귀를 잡는 자와 같으니라

1. **자기와 상관 없는 다툼을 간섭하는** 것은 어리석은 일이라는 것. 우리는 우리의 일과 관련해서도 서둘러 나가서 다투어서는 안 되는데(25:8), 하물며 다른 사람들의 일, 특히 우리와는 아무 상관이 없고 단지 우리가 길을 가다가 우연히 본 일에 참견하는 것은 더더욱 서둘러서는 안 된다. 우리는 서로 다투는 자들을 중재해서 화해시킬 수 있다면, 비록 화가 나 있는 양쪽으로부터 욕을 먹는 일이 생긴다고 하여도 그렇게 해야 마땅하다. 그러나 다른 사람들의 문제에 참견하고, 다른 사람들의 다툼에 끼어드는 것은 우리의 환난을 자초하는 것일 뿐만 아니라 우리 자신을 시험에 빠뜨리는 것이다. 누가 우리를 재판장으로 삼았느냐. 그들이 다툼을 시작하였다면 그들 간에 그 다툼을 마무리하게 놓아두라.

2. 남의 다툼에 간섭하지 않아야 하는 것은 그것이 위험을 자초하는 일이기 때문이라는 것. 그것은 으르렁거리는 개의 귀를 잡는 것과 같다. 그 개는 너를

덥석 물어뜯을 것이다. 너는 그런 개를 그냥 내버려 두는 것이 좋다. 왜냐하면, 괜히 건드렸다가 위험을 자초하여 그 개에게 물려 상처를 입고 자존심을 구기게 되었더라도, 그것은 다 네가 자초한 것이어서 하소연할 데도 없기 때문이다. 개의 귀를 잡은 자는 손을 놓으면 그 개가 자기에게 덤벼들 것이고, 계속해서 붙잡고 있으면 다른 일을 할 수 없게 되어서 이러지도 저러지도 못하는 처지가 되고 말 것이다. 각 사람은 조용히 일하며 자기 일에 마음을 쓰고, 소란하게 다투지 말며 남의 일에 참견하지 말라.

18횃불을 던지며 화살을 쏘아서 사람을 죽이는 미친 사람이 있나니 19자기의 이웃을 속이고 말하기를 내가 희롱하였노라 하는 자도 그러하니라

1. 아무 거리낌 없이 자기의 이웃을 속이는 자들은 큰 해악을 끼치고 있는 것이라는 것. 그들은 횃불을 던지며 화살을 쏘아서 사람을 죽이는 미친 사람과 같아서, 그들의 속이는 행위들로 말미암아 그토록 큰 해악을 끼칠 수 있다. 그들은 그들 자신을 우아하고 영리한 사람들이라고 여겨서 높이 평가하지만, 사실은 미친 사람들이다. 이 세상에서 고의적인 죄보다 더 큰 미친 짓은 없다. 미친 사람은 광분하는 자일 뿐만 아니라 악의적이고 속이는 자이다. 그는 사실상 횃불을 던지며 화살을 쏘아서 사람을 죽이는 일들을 하고 있다. 그는 자기가 생각하는 것보다 더 많은 해악을 끼친다. 사기와 거짓은 횃불처럼 모든 것을 태워 버리고, 화살처럼 멀리에서도 사람들을 죽인다.

2. 그들은 남들에게 해악을 끼쳐 놓고는 어처구니없는 변명을 한다는 것. 그들은 장난삼아 그렇게 한 것뿐이라고 말한다. 그들은 사람들로부터 책망을 받을 경우에는 내가 희롱하였노라고 말하면 그 일이 무마될 것이라고 생각한다. 그러나 불을 가지고 장난하거나 날카로운 도구들을 갖고 노는 것은 위험한 일이다. 우리는 말꼬리를 잡고 늘어지는 자들이나 희롱하는 자들을 용납해서도 안 되지만(너희는 지혜로운 자로서 어리석은 자들을 기쁘게 용납하는구나, 고후 11:19-20), 이웃임을 악용해서 등쳐먹거나, 이웃과의 거래에서 속이거나, 이웃에게 거짓말을 하거나 이웃들에 대하여 사람들에게 거짓말을 하거나, 이웃을 욕하거나, 이웃의 평판을 깎아내리는 짓을 해놓고서는, 그저 장난삼아 그랬을 뿐이라고 변명하는 자들은 반드시 단죄해야 한다. 내가 희롱하였노라. 장난삼

아 죄를 지었다고 해도, 그는 진지하게 회개하여야 한다. 그렇지 않으면, 그의 죄는 그의 멸망의 원인이 될 것이다. 진리는 아주 귀한 것이어서 장난감으로 삼아서 가지고 놀 만한 것이 아니고, 우리 이웃의 평판과 관련된 것들도 마찬가지이다. 장난삼아 거짓말하고 비방하다 보면, 그들 자신만이 아니라 다른 사람들도 어느샌가 진짜로 거짓말하고 비방하는 것을 배우게 된다. 재미삼아 만들어낸 거짓된 소문은 어느새 악의적으로 퍼져나갈 수 있다. 게다가, 스스로 재미를 느끼기 위해서 거짓말을 할 수 있었던 사람이 돈을 벌기 위해서는 왜 거짓말을 못하겠는가? 이렇게 해서, 사람들 사이에서는 각기 이웃을 속이며 진실을 말하지 아니하며 그들의 혀로 거짓말하기를 가르치는 것이 만연하게 된다(렘 9:5). 사람들이 거짓말은 마귀에게서 오는 것이고, 거짓말하는 자들을 지옥불로 데려다 줄 것이라는 것을 조금만 생각한다면, 농담으로 또는 재미삼아 거짓말하는 일은 없어질 것이다. 거짓말하고 속이는 것은 그들 자신에게 화살을 쏘아서 죽이는 것이다.

[20]나무가 다하면 불이 꺼지고 말쟁이가 없어지면 다툼이 쉬느니라 [21]숯불 위에 숯을 더하는 것과 타는 불에 나무를 더하는 것 같이 다툼을 좋아하는 자는 시비를 일으키느니라 [22]남의 말 하기를 좋아하는 자의 말은 별식과 같아서 뱃속 깊은 데로 내려가느니라

다툼은 불과 같아서, 심령에 화기(火氣)를 불어넣고, 모든 선한 것을 태워 버리며, 가족과 사회를 불길에 휩싸이게 만든다. 여기에서는 우리로 하여금 다툼의 빌미들을 피해서 그로 인한 재앙들을 미리 막을 수 있도록 하기 위해서, 불이 통상적으로 어떻게 붙어서 계속해서 타오르는가를 우리에게 말해준다. 우리는 평화를 지키고자 한다면, 다음과 같이 하여야 한다.

1. 말쟁이가 하는 말에 귀를 기울이지 말라는 것. 왜냐하면, 그들은 다툼의 불에 계속해서 기름을 붓는 자들이기 때문이다. 아니, 그들은 불에 타기 쉬운 재료와 함께 다툼의 불을 퍼뜨린다. 그들이 여기저기에 옮기고 다니는 이야기들은 불덩어리들이다. 사람들을 은근히 나쁘게 얘기하고, 비밀들을 누설하며, 다른 사람들의 말이나 행동을 왜곡해서 전함으로써 혈육들과 친구들과 이웃들 간에 불화의 씨를 뿌려서 이간시켜서 서로 다투게 만드는 자들은 가족이나 사

회에서 추방되어야 한다. 그러면, 연료가 없을 때에 불이 꺼지듯이, 다툼은 확실하게 멈추게 될 것이고, 다투는 자들은 제정신으로 돌아와서 서로를 더 잘 이해해 주게 될 것이다. 말쟁이로부터 들었던 이전의 이야기들은 그것들을 계속해서 생각나게 해줄 새로운 이야기들이 없기 때문에 곧 잊혀지게 될 것이고, 다투던 두 당사자들은 그들이 공동의 원수에게 깜빡 속아넘어갔었다는 것을 알게 될 것이다. 속삭이는 자들과 헐뜯는 자들은 가만히 놓아 두어서는 안 되는 방화범들이다. 솔로몬은 이것을 예시하기 위해서 그가 앞서 했던 잠언(18:8)을 되풀이하여, **남의 말 하기를 좋아하는 자의 말은** 뱃속 깊은 데에 생긴 위험한 상처와 같다고 말한다(22절). 그의 말은 관련된 사람의 평판에 상처를 내고, 그 상처는 회복될 수 없는 상처로 남게 될 가능성이 많다. 그 상처는 너무나 광범위하고 깊어서, 그가 혹시 사과하고 자기가 한 말을 취소한다고 밝히더라도(이런 일은 거의 없지만), 다 치료될 수 없다. 또한, 그의 말은 그 말을 들은 사람들에게 상처를 주어서 이웃에 대한 사랑과 정을 끊어 놓기 때문에 우정이나 인정, 그리스도인들의 교제에 치명상을 입힌다. 그러므로 우리는 남의 말하기를 좋아하거나 남들에 대하여 악한 말을 하는 자가 되지 말아야 할 뿐만 아니라, 그렇게 하는 자들에게 한 치의 지지도 보내서는 안 된다.

2. 모든 일을 삐딱하게 보고 툭 하면 화를 내는 자들과 어울리지 말라는 것. 그들은 아웃사이더들로서 모든 일을 가장 나쁜 쪽으로 해석하고, 조금만 빌미가 있으면 다투고 싸우며, 모욕을 당하면 즉시 격분하는 자들이다. 그런 자들은 **다툼을 좋아하는** 자들이어서 **시비와 싸움을 일으킨다**(21절). 그런 자들과는 어울리지 않을수록 더 좋다. 왜냐하면, 다툼을 좋아하는 자들과 다투지 않기는 정말 어려운 일이기 때문이다.

[23]**온유한 입술에 악한 마음은 낮은 은을 입힌 토기니라**

1. **악한 마음**은 분노하고 화내며 격분하는 말들, 악의로 불타오르는 말들, 사람들을 괴롭히는 말들을 통해서 드러난다는 것. 악한 말들과 악한 마음이 서로 짝을 이루는 것은 질그릇을 깨뜨렸을 때에 나오는 조각과 은에서 분리된 찌꺼기가 함께 쓰레기더미에 던져지는 것과 같다.

2. **악한 마음**은 사랑과 우정을 말하는 열정적인 입술, 사람들에게 듣기 좋은

말들을 열을 내어 늘어 놓는 입술을 통해서 위장된다는 것. 이것은 낮은 은, 즉 은의 찌꺼기를 입힌 토기와 같아서, 미련한 자들은 거기에 속아넘어가서 그 토기가 진짜 값비싼 것인 줄 알지만, 지혜로운 자는 곧 그 속임수를 알아본다. 이러한 해석은 앞에 나온 절들과 잘 들어맞는다.

[24]원수는 입술로는 꾸미고 속으로는 속임을 품나니 [25]그 말이 좋을지라도 믿지 말 것은 그 마음에 일곱 가지 가증한 것이 있음이니라 [26]속임으로 그 미움을 감출지라도 그의 악이 회중 앞에 드러나리라

사람들이 겉으로는 우정을 얘기하면서도 그 말에 진실성이 없어서 그들이 말하거나 약속한 만큼 친구들을 사랑하거나 섬기지 않는 것도 통탄스러운 일이지만, 그것보다 훨씬 더 나쁜 것은 겉으로는 우정을 얘기하면서 속으로는 악한 흉계를 꾸미고, 우정을 그 흉악한 계략의 도구로 사용한다는 것이다. 여기에서는 그런 일들을 비일비재하게 일어나는 흔한 일로 말하고 있다(24절). 원수는 속으로는 이웃을 미워하고 어떻게 하면 해악을 가할까를 궁리하면서도, 입술로는 꾸미고 이웃을 존경한다고 말하며, 기꺼이 섬길 마음이 있다고 고백하고, 가인이 아벨에게 그랬듯이 친절하게 얘기하며, 요압이 아마사에게 그랬듯이 "내 형제여, 평안하냐"고 안부를 묻는데, 이것은 그의 악의가 의심받지 않도록 철저히 경계하고, 자신의 흉계를 이룰 더 좋은 기회를 잡기 위한 것이다. 이런 자는 속으로는 속임을 품는 자, 즉 적당한 기회가 올 때까지는 이웃에 대한 자신의 흉계를 마음 속에 감추어 두는 자이다. 이것은 옛 뱀의 독만이 아니라 교활함도 지니고 있는 악의이다. 이제 여기에서는 이 문제와 관련해서 우리에게 다음과 같은 주의를 준다.

1. 우정을 가장한 것에 속아넘어갈 정도로 미련해서는 안 된다는 것. 그 말이 좋을지라도 믿지 말라. 듣기 좋은 말을 하는 자를 믿지 말라. 우리는 어떤 사람을 잘 알게 되기 전에는 그 사람을 성급하게 믿어서는 안 된다. 왜냐하면, 그의 마음에 일곱 가지 가증한 것, 즉 우리를 해치고자 하는 아주 많은 흉계들이 있는데, 그가 듣기 좋은 말로 그 흉계를 감추려고 애를 쓰고 있을 가능성이 있기 때문이다. 사탄은 우리를 미워하는 원수이지만, 하와에게 그랬듯이 우리를 유혹할 때에는 듣기 좋은 말을 한다. 그러나 사탄의 마음에는 일곱 가지 가증한 것

이 있기 때문에 사탄을 신뢰하는 것은 미친 짓이다. 한 더러운 귀신은 저보다 더 악한 귀신 일곱을 데리고 들어온다.

2. 우정을 가장해서 남을 속이는 악한 자가 되지 말라는 것. 왜냐하면, 속임수는 잠시 통할 수는 있겠지만, 머지않아 드러나게 될 것이기 때문이다(26절). 그가 마음 속에 품은 미움을 감춘다고 하여도, 그 미움은 언젠가는 드러나고, 그의 악도 드러나서, 그는 온 회중 앞에서 창피와 망신을 당하게 될 것인데, 세상에서 이것보다 더 큰 창피와 망신이 어디 있겠는가. 사랑은 최고의 무기라고 하지만, 가장 흉악한 위장용 외투가 되기도 한다. 아합의 경우에서 볼 수 있듯이, 위선자들은 사랑을 위장용 외투로 사용하여 악을 행하다가 결국 멸망당하고 만다.

[27]함정을 파는 자는 그것에 빠질 것이요 돌을 굴리는 자는 도리어 그것에 치이리라

1. 사람들은 남들에게 해악을 가하기 위해서 애를 쓴다는 것. 그들은 우정을 말함으로써 자신의 흉계를 은폐하려고 힘쓰는 것과 마찬가지로, 그 흉계를 실행에 옮기기 위해서 무진 애를 쓴다. 그것은 함정을 파고 돌을 굴리는 것처럼 힘든 일인데도, 자신의 분노와 복수심을 만족시키기 위해서 그런 일을 멈추지 않고 끈질기게 행한다.

2. 그들이 그렇게 하는 것은 자기 자신을 위한 해악을 준비하는 것일 뿐이라는 것. 그들이 남들에게 가하고자 한 해악은 그들 자신의 머리 위로 되돌아올 것이다. 그들은 자기가 판 함정에 자기가 빠질 것이고, 그들이 굴린 돌은 그들에게 되돌아올 것이다(시 7:15-16; 9:15-16). 의로우신 하나님은 영리한 자들이 자기의 계략에 빠지게 하실 뿐만 아니라 자기의 잔인함을 스스로 맛보게 하신다. 그것이 음모를 꾸미는 자가 받는 벌이다. 하만은 자기가 준비한 교수대에서 교수형에 처해졌다.

[28]거짓말 하는 자는 자기가 해한 자를 미워하고 아첨하는 입은 패망을 일으키느니라

두 종류의 가증스러운 거짓말이 있다.

1. 공공연히 미워하여 비방하는 거짓말. 거짓말 하는 자는 자기가 해한 자를 미워한다. 그는 그들을 미워하기 때문에 중상모략과 비방을 통해서 그들에게 해악을 가함으로써, 그들이 방어할 수 없는 곳에서 은밀하게 그들을 칠 수 있다. 그가 그들을 미워하는 것은 그가 그들을 해하여 그의 원수로 만들었기 때문이다. 이러한 해악은 드러나 있고 명백하다. 그는 그들을 해치고 미워하며 그런 사실을 시인하고, 모든 사람이 그것을 본다.

2. 듣기 좋은 말로 아부함으로써 은밀하게 사람들을 망쳐 놓는 거짓말. 앞에서 말한 거짓말로 인한 해악은 누구나 분명하게 볼 수 있어서, 사람들은 할 수 있는 한 그것을 방어할 수 있지만, 이 거짓말은 해악을 가져다 주리라는 것이 거의 드러나지 않기 때문에, 사람들은 그 거짓말을 그들에 대한 찬사와 칭찬인 줄 알았다가 나중에 뒤통수를 얻어맞는다. 그러므로 지혜로운 자들은 그들을 비방하며 선전포고를 하는 자들보다 그들에게 아첨하며 입맞추는 척하다가 그들을 죽이는 자들을 더 두려워한다.

제 — 27 — 장

[1]**너는 내일 일을 자랑하지 말라 하루 동안에 무슨 일이 일어날는지 네가 알 수 없음이니라**

1. 장래에 있을 일을 자랑하지 말라는 경고. 너는 자랑하지 말라. 내일 일을 자랑하지 말고, 장래 일은 더더욱 자랑하지 말라. 이것은 내일을 대비하지 말라는 것이 아니라, 내일 일을 가정해서 자랑하지 말라는 것이다. 우리는 우리의 삶과 위로가 내일까지 지속될 것을 기대해서는 안 되고, 내일 일은 알 수 없기 때문에 하나님의 뜻에 따를 뿐이라고 말해야 한다. 우리는 내일 일을 위하여 염려하지 말아야 하고(마 6:34), 내일 일에 대한 우리의 모든 염려를 하나님께 맡겨야 한다(약 4:13-15). 우리는 마치 내일이 반드시 올 것처럼 생각하여 우리에게 꼭 필요하고 중요한 일인 회심을 내일까지 미루어서는 안 되고, 오직 오늘이라 일컫는 동안에 하나님의 음성을 들어야 한다.

2. 이러한 경고의 근거. 우리는 하루 동안에 무슨 일이 일어날는지, 모든 가능성이 숨어 있는 시간의 자궁 속에서 어떤 일이 있을지를 알 수 없다. 그것은 일어나 보아야 비로소 알 수 있는 비밀이다(전 11:5). 짧은 시간 안에 우리가 생각할 수도 없었던 중요한 변화들이 일어날 수 있다. 우리는 오늘 하루 동안에 무슨 일이 일어날는지 알지 못하고, 그 날이 지나 보아야 안다. 너는 하루가 끝날 때까지는 그 날에 무슨 일이 있을지를 알지 못한다. 하나님은 지혜로우시게도 우리로 하여금 장래의 일들에 대하여 깜깜하게 하시고, 오직 장래 일에 대한 지식을 혼자만이 가지심으로써, 우리로 하여금 모든 일에 항상 하나님을 의지하여 늘 준비하도록 훈련시키고자 하셨다(행 1:7).

[2]**타인이 너를 칭찬하게 하고 네 입으로는 하지 말며 외인이 너를 칭찬하게 하고 네 입술로는 하지 말지니라**

1. 우리는 외인들로부터도 칭찬받을 수 있는 일을 하여야 한다는 것. 우리의 빛을 사람들 앞에 비추어야 한다. 즉, 우리는 사람들에게 보이고 과시할 목적으로 선행을 해서는 안 되지만, 사람들이 볼 수 있는 선행을 하여야 한다. 우리가 하는 일들은 성문에서조차도 칭찬 받을 만한 일들이어야 한다(빌 4:8).

2. 우리가 칭찬 받을 일을 했더라도 자화자찬해서는 안 된다는 것. 왜냐하면, 그것은 교만과 어리석음과 자애(自愛)의 증거여서, 그 사람의 평판을 크게 떨어뜨리는 일이기 때문이다. 자기 자신을 높이려고 애쓰는 자는 모든 사람들로부터 짓밟힘을 당하게 된다. 우리 자신이 잘못이 없고 옳다는 것을 변호해야 하는 경우가 있을 수 있지만, 스스로를 칭찬하는 것은 합당하지 않다. 자화자찬은 그 사람의 입을 더럽힌다.

3 돌은 무겁고 모래도 가볍지 아니하거니와 미련한 자의 분노는 이 둘보다 무거우니라 4 분은 잔인하고 노는 창수 같거니와 투기 앞에야 누가 서리요

이 잠언은 견디기 어려운 해악을 가져오는 두 가지를 우리에게 보여준다.

1. 다스려지지 않은 분노로 인한 해악. 미련한 자는 화가 나면 물불을 가리지 않고 무슨 말이나 행동도 다 하기 때문에, 그 분노는 큰 돌이나 한 짐의 모래보다도 더 무겁다. 그 분노는 미련한 자 위에 무겁게 놓인다. 자신의 분을 참지 못하는 자들은 그 분노의 무게에 눌려서 스스로 무너진다. 미련한 자의 분노는 그 분노의 대상이 된 자들에게 무겁게 놓인다. 그는 광분한 상태에서 그들에게 어떤 해악을 가할지 모른다. 그러므로 미련한 자를 화나게 하지 않는 것, 만약 그가 화난 상태라면 그를 피하는 것이 지혜로운 일이다.

2. 뿌리깊은 악의로 인한 해악. 로뎀 나무 숯불이 가시나무의 불보다 더 심하듯이, 이 해악은 전자로 인한 해악보다 더 심하다. 분은 잔인하여 수많은 야만적인 일을 벌이고, 노는 창수 같이 격렬하다. 그러나 다른 사람에 대한 은밀한 적대감, 다른 사람의 형통을 시기하는 마음, 어떤 상처나 모욕에 대하여 복수하고자 하는 마음은 분노보다도 훨씬 더 큰 해악을 끼친다. 다윗이 사울의 창을 피했듯이, 사람이 갑작스러운 분노를 피할 수는 있지만, 사울의 경우에서처럼 그 분노가 자라서 시기가 되었을 때에는 그 앞에 설 자가 없다. 그것은 끝까

지 추격해 와서 따라잡을 것이다. 어떤 사람이 잘 되는 것을 시기하고 못마땅해하는 자는 계속해서 그를 해치고자 할 것이고, 그의 분노를 영원히 품을 것이다.

5면책은 숨은 사랑보다 나으니라 6친구의 아픈 책망은 충직으로 말미암는 것이나 원수의 잦은 입맞춤은 거짓에서 난 것이니라

1. 우리가 친구로부터 책망을 듣고 우리의 잘못에 대하여 듣는 것은 좋은 일이라는 것. 마음에 있는 참된 사랑에 의한 열심과 용기로 친구들을 허심탄회하게 대하여서, 그들이 잘못 말하고 행한 것들을 책망한다면, 그것은 속으로 미워하는 것보다 나은 것은 물론이고(레 19:17), 숨은 사랑보다 더 낫다. 친구들과 이웃들에 대한 숨은 사랑은 책망을 통한 선한 열매를 맺지 못하고, 도리어 그들의 죄를 묵인하는 꼴이 되어 버려서, 그들의 영혼에 해를 끼치게 된다. 친구의 아픈 책망은 당시에는 상처처럼 고통스러운 것이기는 하지만 충직으로 말미암는 것이다. 친구가 우리의 영혼을 사랑하는 마음에서 우리가 계속해서 죄 가운데 있지 않도록 하기 위하여 책망하는 것이라면, 그것은 그 친구가 충직하고 신실하다는 것을 보여주는 증표이다. 의사가 할 일은 환자의 비위를 맞춰주는 것이 아니라 환자의 병을 고치는 것이다.

2. 원수가 우리를 껴안고 듣기 좋은 말을 한다면, 그것은 위험한 일이라는 것. 원수의 잦은 입맞춤은 거짓에서 난 것이다. 우리는 그 입맞춤을 믿을 수 없기 때문에 기뻐할 수가 없다(요압이나 유다의 입맞춤이 그런 것이었다). 그러므로 우리는 그 입맞춤에 속아 넘어가지 않기 위해서 단단히 경계해야 할 필요가 있다. 우리는 그렇게 되지 않기를 빌어야 한다. 어떤 이들은 이 본문을 이렇게 읽기도 한다: 여호와께서 우리를 원수의 입맞춤과 거짓말 하는 입술과 속이는 혀에서 구하시리라.

7배부른 자는 꿀이라도 싫어하고 주린 자에게는 쓴 것이라도 다니라

솔로몬은 이 책에서 자주 그랬듯이 여기에서도 가난한 자들이 몇 가지 점들에서 부자들보다 더 큰 이점이 있다는 것을 보여준다.

1. 가난한 자들은 부자들보다 그들이 가진 것들을 더 잘 누릴 수 있다는 것. 시장이 반찬이라는 말이 있다. 소박한 식사도 입맛이 좋으면 최고로 즐거운 식사가 될 수 있지만, 진수성찬을 많이 먹어서 질려 버린 자들은 그것을 알지 못한다. 이스라엘 백성이 광야에서 메추라기에 질려 버렸듯이, 매일 진수성찬을 먹는 자들은 아무리 맛있는 음식이라도 그 맛을 모른다. 반면에, 배부른 자들에게는 쓴 것도 일용할 양식 외에는 별로 먹어 본 것이 없는 자들에게는 달기만 할 뿐이다. 그들은 그것을 맛있게 먹고 잘 소화를 시켜서 새 힘을 얻는다.

2. 가난한 자들은 그들이 누리고 있는 것들에 대하여 부자들보다 더 감사한다는 것. 주린 자들은 떡과 물만 있어도 하나님께 감사하지만, 배부른 자들은 아무리 진귀하고 고급스러운 음식들을 주어도 감사할 줄 모른다. 동정녀 마리아는 이 본문을 염두에 두고서, 하나님이 그의 축복을 소중히 여길 줄 아는 주리는 자를 좋은 것으로 배불리셨으며, 그의 축복을 멸시하는 부자는 빈 손으로 보내셨도다(눅 1:53)라고 말한 것으로 보인다.

[8]고향을 떠나 유리하는 사람은 보금자리를 떠나 떠도는 새와 같으니라

1. 어떤 곳에 정착하여 거기에서 잘 해볼 생각은 하지 않고, 그들의 현재의 상태에 불안해하여 끊임없이 옮겨다니는 자들이 많다는 것. 하나님은 그의 섭리 가운데서 사람들로 하여금 그들에게 맞는 곳에 정착하여 그 곳을 고향으로 삼아 위로를 받게 하셨다. 그러나 사람들은 정착하지 않고 떠돌아 다니는 것을 좋아한다. 그들은 여기저기 유랑하는 것을 좋아해서, 한 곳에 오래 머무를 생각을 하지 않는다. 그들은 그들 자신의 일은 하지 않고, 그들의 일이 아닌 것에 쓸데없이 참견한다.

2. 이렇게 하나님이 그들에게 정해주신 자리를 버리는 자들은 보금자리를 떠나 떠도는 새와 같다는 것. 그것은 그들의 어리석음의 일면을 보여주는 것이다. 그들은 어리석은 새와 같다. 그들은 어느 한 곳에 정착하여 쉬지를 못하고 이 가지 저 가지를 돌아다니는 떠도는 새와 같이 늘 이리 흔들리고 저리 흔들린다. 그것은 불안정한 삶이다. 떠도는 새는 위험에 노출된다. 어떤 사람이 있는 자리는 그의 성채이다. 그 곳을 떠나는 자는 사냥꾼의 손쉬운 먹잇감이 되어 버린다. 새가 자기 보금자리를 떠나면, 그의 알들과 새끼들은 방치된다. 마찬

가지로, 밖으로 떠돌기를 좋아하는 자들은 자기 집안 일을 방치하는 것이다. 각 사람은 부르심을 받은 그 부르심 그대로 하나님과 더불어 지내라(고전 7:20).

[9]기름과 향이 사람의 마음을 즐겁게 하나니 친구의 충성된 권고가 이와 같이 아름
다우니라 [10]네 친구와 네 아비의 친구를 버리지 말며 네 환난 날에 형제의 집에 들
어가지 말지어다 가까운 이웃이 먼 형제보다 나으니라

1. 우리의 친구들, 특히 옛 친구들에게 신실하고 변함없는 친밀함을 유지하며 힘 닿는 대로 모든 일에서 기꺼이 도우라는 당부. 우리가 마음을 터놓고 얘기하고 상의할 수 있는 친구, 특히 오래된 친구가 있는 것은 좋은 일이다. 우리의 혈육 가운데서 그런 친구가 있다면 더할 나위 없이 좋겠지만, 그런 친구가 꼭 혈육이거나 친척일 필요는 없다. 베드로와 안드레는 형제였고, 야고보와 요한도 형제였다. 그렇지만 솔로몬은 흔히 친구와 형제를 구별한다. 가까이에 사는 우리 이웃들 중에서 친구를 고른다면, 그것은 친밀함을 계속해서 유지하기도 좋고 서로 더 자주 도울 수 있어서 좋을 것이다. 또한, 우리 가족과 친분을 유지해 왔던 분들을 특별히 존중하는 것도 좋은 일이다. "네 친구, 특히 네 아비의 친구였던 사람을 버리지 말라. 기회가 있을 때마다 그를 돕거나 활용하라. 그는 검증된 친구이다. 그는 너의 일들을 안다. 그는 너에 대하여 특별한 관심을 갖고 있다. 그러므로 너는 그의 조언을 받으라." 부모님이 돌아가시고 난 후에 부모님의 친구들을 사랑하고 일이 있을 때에 상의하는 것이 부모님에 대한 우리의 도리이다. 솔로몬의 아들은 그의 아버지의 친구들의 권고를 버렸다가 큰 일을 망쳤다.

2. 우리가 이렇게 참된 우정을 소중히 여겨야 하는 이유.

(1) 그런 우정은 즐거움을 준다는 것. 참된 친구와 대화하고 상의하는 것은 큰 즐거움이다. 그것은 향기가 기가 막히게 좋고 심령을 상쾌하게 해주는 기름이나 향과 같다. 그것은 마음을 즐겁게 한다. 친구에게 우리의 고민을 털어 놓으면 근심의 짐이 가벼워지고, 친구가 우리의 일에 많은 신경을 써주면 그것은 우리에게 큰 만족이 된다. 우정의 아름다움은 참된 즐거움이나 참된 웃음이 아니라 충성된 권고, 듣기 좋으라고 하는 말이 아니라 진심으로 해주는 신실한 조언, 마음에서 우러나오는 권고, 우리의 일에 꼭 맞고 마음에 와 닿는 권고, 우

리의 영혼의 관심사들에 관한 권고에 있다(시 66:16). 우리는 영적인 일들에 관한 대화, 영혼의 형통을 촉진시키는 대화를 가장 즐거운 대화로 여겨야 한다.

(2) 그런 우정은 특히 환난 날에 도움과 유익을 준다는 것. 우리는 여기에서 환난 날에 형제의 집에 들어가지 말고, 차라리 우리가 위급할 때에 기꺼이 우리를 도와 주고자 하는 우리의 가까운 이웃들에게 가라는 충고를 받는다. 우리는 단지 친척이라는 이유만으로 친척에게서 도움을 기대해서는 안 된다. 친척은 단지 명목상으로 가까운 경우가 보통이기 때문에, 우리가 참된 도움을 바란다면 실망하게 될 것이다. 우리가 어려울 때에는 이웃을 찾는 것이 지혜로운 일이다. 이웃들은 이웃이라는 이유로 그 이웃을 돕고자 하기 때문에, 우리는 환난 날에 이웃들에게서 도움을 받게 될 것이다(18:24).

[11]내 아들아 지혜를 얻고 내 마음을 기쁘게 하라 그리하면 나를 비방하는 자에게 내가 대답할 수 있으리라

이 잠언은 다음과 같은 이유들을 들어서 자녀들에게 지혜롭고 선하라고 권면한다.

1. 자녀들이 지혜롭고 선하면, 그들은 부모님께 위로가 될 수 있고, 노년의 곤고한 날들을 맞으신 부모님의 마음을 기쁘게 해 드릴 수 있어서, 그들을 키워 주신 은혜에 보답할 수 있다는 것(23:15).

2. 그들은 부모님의 자랑과 긍지가 될 수 있다는 것. "사람들은 내가 나의 자녀들을 지나치게 엄격하게 키우고 다른 집 자녀들과는 달리 나의 자녀들의 자유를 많이 제한한 것이 잘못된 것이었다고 비방하지만, 내 자녀들이 지혜롭게만 된다면, 나를 비방하는 자에게 내가 대답할 수 있으리라. 내 아들아 지혜를 얻으라. 그러면, 내가 나의 자녀를 가장 지혜로운 방법으로 양육하였다는 것이 실제적으로 드러나게 될 것이다." 신앙으로 교육을 받는 축복을 얻은 자들은 모든 일에서 그들이 받은 교육이 자랑과 긍지가 될 수 있도록 처신하여서, 어려서는 성인(聖人)이요 나이 들어서는 마귀라고 조롱하는 자들을 침묵시키고, 정반대로 어려서는 성인이요 나이 들어서는 천사라는 말이 맞다는 것을 증명해 보여야 한다.

[12]슬기로운 자는 재앙을 보면 숨어 피하여도 어리석은 자들은 나가다가 해를 받느니라

이 잠언은 앞에서도 한 번 나왔었다(22:3).

1. 재앙은 미리 내다볼 수 있다는 것. 유혹이 있는 곳에서 우리가 그 유혹 속으로 우리 자신을 던지면 죄가 있을 것임을 쉽게 내다볼 수 있고, 마찬가지로 우리가 죄의 악을 감수하고자 한다면 그 벌로 재앙이 뒤따르리라는 것도 쉽게 내다볼 수 있다. 하나님은 통상적으로 우리 위에 파수꾼을 세우셔서 벌을 주시기 전에 먼저 경고하신다(렘 6:17).

2. 재앙을 미리 내다보고서 그 기회를 활용하느냐 안 하느냐에 따라서 우리가 재앙을 피하기도 하고 재앙을 당하기도 하리라는 것. 슬기로운 자는 재앙을 미리 보면 숨어 피하여도, 너무 우둔해서 그 재앙을 미리 보지 못하거나 게을러서 그 재앙을 피할 생각을 아예 하지 않는 어리석은 자들은 방심하고 나가다가 해를 받는다. 장래를 대비하는 것이 우리 자신에게 잘 하는 것이다.

[13]타인을 위하여 보증 선 자의 옷을 취하라 외인들을 위하여 보증 선 자는 그의 몸을 볼모 잡을지니라

이 잠언도 앞에 한 번 나왔었다(20:16).

1. 빈곤으로 내닫는 자들은 어떤 자들인가. 부탁만 들어오면 별 생각 없이 무턱대고 보증을 서 주거나 여자에게 빠져 있는 자들이 그런 자들이다. 그런 자들은 그들의 자산이 있는 한 보증을 선 채무를 갚겠지만, 언젠가는 반드시 채권자들을 기만하게 될 것이다. 아니, 그들은 내내 채권자들을 기만하고 있는 것이다. 정직한 자가 거지가 될 수는 있지만, 자기 자신을 거지로 만드는 자는 정직한 것이 아니다.

2. 가산을 명백하게 낭비하는 자들에게는 아주 확실한 담보가 있기 전에는 돈을 빌려주지 않는 것이 지혜로운 일이라는 것. 미련하게 돈을 빌려주었다가는 우리의 가족에게 못할 일을 하게 된다. 솔로몬은 "그의 보증을 서 줄 다른 사람을 구해 보라"고 말하지 않는다. 왜냐하면, 누구에게나 보증을 서 주는 자는 자기처럼 별 신용이 없는 자들을 자신의 보증인으로 내세울 것이 뻔하기 때

문이다. 그러므로 그의 옷을 취하라.

14이른 아침에 큰 소리로 자기 이웃을 축복하면 도리어 저주 같이 여기게 되리라

1. 우리의 절친한 친구나 너무나 고마운 은인을 칭찬할 때에 도가 지나치면 욕이 된다는 것. 각 사람에게 합당한 칭찬을 하고, 지식과 덕과 유능함에서 탁월한 자들에게 갈채를 보내며, 우리가 받은 친절들에 대하여 감사하는 것은 우리의 도리이다. 그러나 그런 것을 이른 아침에 큰 소리로 하거나, 자기가 하는 찬사를 그 친구로 하여금 확실히 듣게 하겠다는 심산으로 사람들이나 그 친구 앞에서 항상 같은 찬사를 반복하여 늘어놓거나, 일부러 티를 내며 아주 부자연스럽게 하거나, 그 친구가 한 일을 너무 지나치게 부풀려서 칭송하는 것은 볼썽사납고 욕지기나며 위선과 의도성의 냄새가 진하게 나는 일이다. 그런 식으로 사람을 칭찬하는 것은 그에게서 뭔가를 더 얻어 내겠다는 속셈을 보이는 것일 뿐이고, 사람들은 그 어릿광대가 그의 찬사나 헌사로 뭔가를 얻어 내고자 한다는 결론을 내릴 것이다. 우리는 오직 하나님께나 합당한 그러한 찬사를 우리 친구에게 바쳐서는 안 된다. 어떤 이들은 이른 아침에 그렇게 한다는 말 속에는 그런 뜻이 암시되어 있다고 생각한다. 왜냐하면, 이른 아침에는 하나님을 찬송하는 것이 마땅하기 때문이다. 우리는 너무 성급하게 사람들을 칭찬해서는 안 되고(어떤 이들은 본문을 이렇게 이해한다), 사람들의 능력이나 업적을 너무 빨리 치켜세워서는 안 되고, 먼저 사람들을 검증해 본 후에 칭찬하는 것이 마땅하다. 그래야만, 칭찬받은 사람들이 괜히 교만하여 으쓱거리거나 뭔가 이루었다 싶어서 게으름을 부리는 일이 없게 된다.

2. 과도하게 칭찬받는 것을 좋아하는 것은 더 큰 어리석음이라는 것. 지혜로운 자는 그런 지나친 칭찬을 그에 대한 저주이자 비방으로 여기고, 그 속에는 그의 호주머니를 털려는 속셈은 물론이고 뭔가 그에게 해를 끼치기 위한 계략이 있다고 여긴다. 적당한 칭찬은 거기 있는 사람들로부터의 칭찬이 더해져서 칭찬받는 자에게 명예를 더해주지만, 무례하고 도가 지나친 칭찬은 거기 있는 사람들로 하여금 칭찬받는 사람을 도리어 좋지 않게 생각하게 만든다. 게다가, 지나친 칭찬은 그 칭찬받는 사람을 시기의 대상이 되게 한다. 사람들은 누구나 명성을 얻고 싶어하기 때문에, 어떤 사람이 명성을 독차지하거나 지나치

게 얻으면, 자기가 피해를 입었다고 여긴다. 모든 위험 중에서 가장 큰 위험은 교만하도록 부추기고 유혹하는 것이다. 사람이라는 존재는 다른 사람들이 자기를 합당한 정도 이상으로 칭송하면 자기 자신을 합당한 정도 이상으로 대단한 존재로 생각하게 되기가 쉽다. 사도 바울은 자기가 과대평가 되지 않도록 하기 위해서 얼마나 조심하였는지를 보라(고후 12:6). **내가 만일 자랑하고자 하여도 누가 나를 보는 바와 내게 듣는 바에 지나치게 생각할까 두려워하여 그만두노라.**

[15]다투는 여자는 비 오는 날에 이어 떨어지는 물방울이라 [16]그를 제어하기가 바람을 제어하는 것 같고 오른손으로 기름을 움키는 것 같으니라

솔로몬은 앞에서처럼 여기에서도 끊임없이 잔소리를 해대고 자기 자신과 주변의 모든 사람들을 불안하게 만드는 까탈스러운 아내를 둔 남자의 처지를 안타까워한다.

1. 그것은 피할 수도 없는 근심거리라는 것. 왜냐하면, 그것은 **비 오는 날에 이어 떨어지는 물방울**과 같기 때문이다. 이웃 집에서의 다툼은 잠시 동안만 괴로운 소나기 같은 것이고, 그 소나기가 오는 동안에는 다른 곳으로 피신할 수도 있다. 그러나 **다투는 여자**의 끊임없는 잔소리는 계속해서 오는 비 같아서, 참는 것 외에는 다른 방도가 없다(19:13을 보라).

2. 그것은 숨길 수도 없는 근심거리라는 것. 지혜로운 자는 자기 자신과 아내의 낯을 보아서라도 할 수만 있다면 그것을 숨기고자 하지만, 불어오는 바람소리나 강한 향기처럼 숨길 수가 없다. 고집이 세서 제멋대로 행동하고 끊임없이 말다툼하는 자는 그의 친구들이 그에게 호의를 베풀어서 그것을 숨기고자 하여도 그 자신의 수치를 만천하에 다 공표하고 다닌다.

[17]철이 철을 날카롭게 하는 것 같이 사람이 그의 친구의 얼굴을 빛나게 하느니라

이 잠언은 교제의 즐거움과 유익을 보여준다. 한 사람은 아무것도 아니다. 한 사람이 구석에서 열심히 책을 읽는다고 해도 사람들이 함께 읽고 연구해서 얻는 것을 얻지 못한다. 지혜롭고 유익한 대화는 사람들의 지식을 더욱

선명하게 해준다. 아무리 많은 지식을 지닌 자들이라도 서로 모여 토론하면 뭔가를 더 얻을 수가 있다. 그것은 사람의 얼굴을 날카롭게 하고, 심령의 즐거움으로 인해서 그 표정에 활기와 생기가 돌게 하며, 사람으로 하여금 자기가 기뻐하고 있음을 보여주는 태도를 취하게 만들고, 그 사람으로 인해서 주변 사람들을 유쾌하게 만든다. 철이 철에 의해서, 특히 줄질에 의해서 날카로워지는 것과 같이, 선한 자들의 은혜는 선한 자들과의 교제를 통해서 날카로워지고, 악한 자들의 욕망과 분노는 악한 자들과 어울림으로써 더 날카로워진다. 거칠고 둔하고 무기력했던 사람들은 교제를 통해서 줄질이 되어서 부드럽고 명민하게 되어 일하기에 적합한 상태가 된다.

1. 이 방법을 사용해서 우리 자신을 날카롭게 갈아보라는 것. 그러나 우리는 누구와 교제할지를 선택함에 있어서 신중하고 조심하여야 한다. 왜냐하면, 그러한 선택이 우리에게 미치는 영향은 좋은 쪽으로든 나쁜 쪽으로든 아주 크기 때문이다.

2. 우리의 교제의 목적은 다른 사람들과 우리 자신을 더 성장시키기 위한 것이 되어야 한다는 것. 우리의 교제는 시간을 보내거나 농담하기 위한 것이 아니라, 서로 돌아보아 사랑과 선행을 격려하며, 서로를 더 지혜롭고 선하게 만드는 것이 되어야 한다.

18 무화과나무를 지키는 자는 그 과실을 먹고 자기 주인에게 시중드는 자는 영화를 얻느니라

이 잠언은 아무리 천한 일에서도 부지런하고 성실하며 꾸준하라고 격려하기 위한 것이다. 직업이 힘들고 비천할지라도, 거기에 최선을 다하는 자들은 거기에도 뭔가 얻을 것이 있다는 것을 발견하게 될 것이다.

1. 무화과나무를 지키는 가난한 정원지기라고 해서 낙심해서는 안 된다는 것. 무화과나무를 키우기 위해서는 꾸준히 보살피고 신경을 써야 하고, 다 자라서는 제대로 정리를 해주어야 하며, 때가 되면 열매들을 거두어야 하지만, 정원지기는 자신의 수고에 대한 보상을 받게 될 것이다. 그는 거기에서 나오는 과실을 먹게 될 것이다(고전 9:7).

2. 가난한 종은 자기는 잘 살게 되거나 출세를 할 수 없게 될 것이라고 생각

해서는 안 된다는 것. 왜냐하면, 그가 부지런히 자기 주인에게 시중들어서 주인이 필요한 것들을 살펴서 거기에 맞게 해 드리고 그 지시에 순종하며, 자기 주인을 지켜 드리고(이것이 원문의 의미이다), 주인의 인품과 명성을 지켜 드리는 데에 최선을 다하며, 주인의 재산이 낭비되거나 손해를 입지 않도록 온갖 주의를 다 기울인다면, 그는 좋은 말을 들을 뿐만 아니라 상을 받아 더 높은 자리로 올라가서 영화를 얻게 될 것이기 때문이다. 하나님은 그를 충성되게 섬기는 자들을 귀히 여기셔서 그들에게 존귀함을 더하시겠다고 약속하신 주인이시다(요 12:26).

[19]물에 비치면 얼굴이 서로 같은 것 같이 사람의 마음도 서로 비치느니라

1. 우리 자신을 알 수 있는 길이 있다는 것. 우리가 우리의 얼굴을 직접 볼 수는 없지만 물에 비친 우리의 얼굴을 통해서 그것을 볼 수 있듯이, 사람의 마음은 그 사람, 즉 자기 자신을 비치는 거울 역할을 한다. 우리 자신의 양심, 생각들, 감정들, 의도들을 살펴보라. 하나님의 법이라는 거울에 비친 우리 자신의 생긴 얼굴을 보라(약 1:23). 그러면, 우리는 우리가 어떤 사람인지, 우리의 참된 성품이 무엇인지를 분별할 수 있다. 그런 것들을 올바르게 아는 것은 누구에게나 대단히 유익하다.

2. 우리 자신을 통해서 서로를 알 수 있는 길이 있다는 것. 왜냐하면, 사람의 실제 얼굴과 물 위에 비친 얼굴이 비슷한 것과 마찬가지로, 하나님이 사람들의 마음을 비슷하게 만드셔서, 사람들의 마음은 서로서로 비슷하기 때문이다. 많은 경우들에 있어서 우리는 우리 자신에 비추어서 다른 사람들을 판단할 수 있다. 이것은 우리가 대접받고 싶은 대로 남들을 대접하라는 말씀의 토대들 중의 하나이다(출 23:9). 사람과 사람이 닮은 것만큼 그렇게 닮은 것은 하나도 없다. 각 사람이 다른 모든 사람과 닮은 것은 어떤 사람이 자기 자신과 닮은 것과 같다(키케로). 한 사람의 부패한 마음은 다른 사람의 부패한 마음과 같고, 한 사람의 거룩함을 입은 마음은 다른 사람의 거룩함을 입은 마음과 같다. 왜냐하면, 전자는 땅에 속한 자의 형상을 동일하게 지니고 있고, 후자는 하늘에 속한 자의 형상을 동일하게 지니고 있기 때문이다.

[20]스올과 아바돈은 만족함이 없고 사람의 눈도 만족함이 없느니라

이 잠언은 만족할 줄을 모르는 것이 두 가지가 있다고 말하는데, 그 두 가지는 서로 친척 관계에 있는 사망과 죄이다.

1. 사망은 만족할 줄을 모른다는 것. 첫째 사망과 둘째 사망이 둘 다 그렇다. 무덤(스올)은 수많은 죽은 시신들이 날마다 그리로 밀려 들어오는데도 스스로 닫는 법이 없고, 여전히 열린 무덤인 채로 "다오 다오"라고 소리친다. 지옥(아바돈)도 넓게 되어 있어서, 그 감옥에 들어오기로 되어 있는 저주받은 영혼들을 위한 여유 공간이 여전히 있다. 도벳은 깊고 넓게 하였다(사 30:33).

2. 죄는 만족할 줄을 모른다는 것. 사람의 눈도 만족함이 없고, 이득이나 쾌락에 대한 육적인 마음의 욕망들도 만족할 줄을 모른다. 눈은 보아도 족함이 없고, 은을 사랑하는 자는 은으로 만족하지 못한다. 사람들은 금방 질릴 것들을 위해 수고하고 애쓰지만, 만족을 얻지는 못한다. 아니, 그런 것들은 사람들을 끊임없이 불만족하게 만들 뿐이다. 우리의 첫 부모가 에덴 동산의 모든 나무들로 만족하지 못하고, 금지된 나무에 손을 대었으니, 그 때로부터 사람들이 이렇게 영원히 불만족할 수밖에 없는 벌을 받게 된 것은 마땅한 일이다. 하지만, 주님을 바라보는 자들은 주님 안에서 만족함을 얻고, 또한 영원히 만족하게 될 것이다.

[21]도가니로 은을, 풀무로 금을, 칭찬으로 사람을 단련하느니라

이 잠언은 우리에게 우리 자신을 시험해 볼 수 있는 시금석을 제시한다. 은과 금은 도가니와 풀무에 넣어서 시험하고, 사람은 그를 칭찬해 보는 것으로 시험한다. 사람을 칭송하고 높은 자리에 앉혀 놓아 보라. 그러면, 그는 자기가 어떤 사람인지를 스스로 나타내 보일 것이다.

1. 어떤 사람이 칭찬과 박수갈채를 받고서 교만하고 뽐내며 거만해지고, 헤롯처럼 하나님께 돌려야 할 영광을 자기가 취하며, 칭찬을 받을수록 점점 더 언행이 방자해지고, 자기 이름이 올라갔다고 해서 정오까지 침상에 누워 있다면, 그것은 그가 자만심이 강한 미련한 자이자 비록 사람들의 칭찬을 받더라도 그 속에 정말 칭찬받을 만한 것이 없는 자라는 것을 보여주는 것이다.

2. 반대로, 어떤 사람이 칭찬을 받을수록 주위 사람들의 기대에 부응하기 위해서, 더욱 하나님께 감사하고, 친구들을 더 존중하며, 그의 명성에 누가 될 수 있는 것은 무엇이든지 더욱 조심하고, 자신의 성장과 남들을 돕는 일에 더욱 힘쓴다면, 그것은 그가 지혜롭고 선한 자라는 것을 보여주는 것이다. 그는 사람들에게 악평을 듣든 칭송을 받든 그 사람됨이 변함이 없는 선한 성품을 지닌 자이다(고후 6:8).

[22]미련한 자를 곡물과 함께 절구에 넣고 공이로 찧을지라도 그의 미련은 벗겨지지 아니하느니라

솔로몬은 아이의 마음에는 미련한 것이 얽혔으나 징계하는 채찍이 이를 멀리 쫓아내리라(22:15)고 말하였는데, 그것은 사람의 마음이 어릴 때에 형성되기 때문에 악한 습성이 거기에 뿌리를 내리지 못하게 하기 위한 것이었다. 그러나 그는 여기에서는 아이 때에 그런 식으로 바로잡아 주지 않으면 나중에는 그렇게 하는 것이 거의 불가능하다는 것을 보여준다. 병이 만성이 되면 고치기가 거의 불가능해지는 법이다. 구스인이 그의 피부를, 표범이 그의 반점을 변하게 할 수 있느냐(렘 13:23).

1. 어떤 자들은 너무 악해서, 그들을 고치기 위해서는 온건한 방법으로는 아무 소용이 없기 때문에 거칠고 혹독한 방법을 사용해야 한다는 것. 그런 자들은 절구에 넣고 공이로 찧어야 한다. 하나님은 그의 심판을 통해서 그런 자들을 이런 식으로 다루시는데, 방백들도 엄격한 법 집행을 통해서 그런 자들을 이런 식으로 다루어야 한다. 사리에 맞는 말이나 사랑, 그들 자신의 이익에 호소해서 다스려지지 않는 자들은 무력으로 다스려야 한다.

2. 어떤 자들은 아예 구제불능일 정도로 악해서, 그들을 고치기 위해서 아무리 거칠고 혹독한 방법을 사용해도 그들의 미련은 벗겨지지 아니해서, 그들의 마음은 악을 행하고자 하는 생각으로 꽉 차 있다는 것. 그들은 자주 매를 맞아도 낮아지지 않고, 풀무불 속에 던져져도 정련되지 않으며, 도리어 아하스처럼 더욱더 여호와께 범죄한다(대하 28:22). 그러니, 그들이 내버린 은처럼 버려지는 것 외에 기대할 것이 무엇이 있겠는가?

[23]네 양 떼의 형편을 부지런히 살피며 네 소 떼에게 마음을 두라 [24]대저 재물은 영원
히 있지 못하나니 면류관이 어찌 대대에 있으랴 [25]풀을 벤 후에는 새로 움이 돋나니
산에서 꼴을 거둘 것이니라 [26]어린 양의 털은 네 옷이 되며 염소는 밭을 사는 값이
되며 [27]염소의 젖은 넉넉하여 너와 네 집의 음식이 되며 네 여종의 먹을 것이 되느
니라

Ⅰ. 우리의 직업에 성실하고 부지런하라는 명령. 이 명령은 가축을 다루는 농부나 목자들에 대한 것이지만, 다른 모든 합법적인 직업들로 확장될 수 있다. 우리의 직업이 무엇이든지, 실내에서 하는 일이든 실외에서 하는 일이든, 우리는 우리의 직업에 마음을 쏟아야 한다. 이 명령은 다음과 같은 것들을 보여준다.

1. 우리는 이 세상에서 어떤 직업을 가져야 하고, 빈둥거리며 살아서는 안 된다.

2. 우리는 우리의 직업을 제대로 온전히 알고 있어야 하고, 우리가 무엇을 해야 하는지를 알아야 하며, 우리가 알지 못하는 것에 손대서는 안 된다.

3. 우리는 우리의 일을 우리 자신이 직접 살펴야 하고, 그 일을 돌보는 것을 모두 다른 사람들에게 맡겨서는 안 된다. 우리는 우리의 눈으로 직접 우리의 양 떼의 형편을 살펴야 한다. 양 떼를 살찌게 만드는 것은 주인의 눈이다.

4. 우리는 우리의 직업을 경영함에 있어서 아주 사려 깊고 분별력이 있어야 하고, 여러 가지 일들의 형편을 알아야 하며, 그 일들을 잘 살펴야 한다. 그렇게 함으로써, 우리는 손해나는 것이 없게 하고, 기회를 놓치지 않으며, 모든 일을 제때에 질서 있게 행하여서, 최고의 성과를 거두어야 한다.

5. 우리는 부지런하여야 하고, 수고하여야 한다. 책상에 앉아서 궁리만 하고 있지 말고, 일어나서 돌아다니며 일하라. "네 소 떼에게 마음을 두고 잘 보살펴라. 네 일에 너의 손때가 묻게 하라."

Ⅱ. 이 명령을 강화하기 위해 제시된 여러 근거들.

1. 세상 재물의 불확실성(24절). 대저 재물은 영원히 있지 못한다.

(1) 다른 재물은 이것만큼 오래가지 못한다는 것. "네 양 떼와 소 떼, 즉 들에 있는 네 자산인 가축떼에 마음을 두라. 왜냐하면, 교역이나 장사를 해서 모은 재물은 오래가지 못하지만, 이것들은 네가 대대로 물려줄 주된 산업이기 때문

이다. 왕위(면류관)도 네 양 떼와 소 떼만큼 오래가지 못할 것이다."

(2) 이 재물조차도 잘 돌보고 살피지 않으면 없어지리라는 것. 어떤 사람에게 으리으리한 저택이 있더라도, 그가 게으르고 낭비가 심하다면, 그는 그 저택을 잃게 될 것이다. 왕위(면류관)와 그 수입조차도 잘 관리하고 돌보지 않으면 손해를 입어서 대대에 이어지지 못할 것이다. 다윗은 그의 자손들에게 물려줄 왕위를 갖고 있었지만, 그런데도 그의 소 떼에 마음을 두고 부지런히 살폈다(대상 27:29, 31).

2. 자연, 또는 자연의 하나님 및 그의 섭리의 풍성함과 후함(25절). 풀을 벤 후에는 새로 움이 돋는다.

(1) "양 떼와 소 떼를 돌보는 데에는 밭을 갈거나 씨를 뿌리는 것 같은 큰 수고가 필요없다. 가축들의 먹이는 땅에서 저절로 나온다. 네가 해야 할 일이라고는 여름에 풀이 날 때에 가축들을 그리로 데려가고, 겨울에 먹일 것을 준비해 두기 위해서 산에서 꼴을 거두는 것뿐이다. 하나님은 자기 편에서 하실 일을 다 하셨으니, 네가 너의 일을 하지 않는다면, 그것은 배은망덕한 짓이고, 하나님의 섭리를 거스르는 불의한 짓이다."

(2) "네가 잘 살피다가 기회를 선용해야 할 때가 있는데, 그것은 건초용으로 쓸 풀이 나오는 때이다. 네가 그 때를 놓치게 되면, 그 때문에 너의 양 떼와 소 떼는 먹는 데에 애로를 겪게 될 것이다. 우리 자신에 대해서와 마찬가지로 우리의 가축에 대해서도, 우리는 개미처럼 여름에 양식을 마련해 두어야 한다."

3. 목축을 잘 경영했을 때에 가족들에게 돌아가는 유익. "네 양 떼를 지키라. 그리하면, 네 양 떼가 너를 지키는 데에 도움을 줄 것이다. 너는 네 자녀들과 종들을 위한 양식, 곧 염소의 젖을 넉넉히 얻게 될 것이다(27절). 또한, 너는 입을 것도 얻게 될 것이다. 어린 양의 털은 네 옷이 되리라. 그리고 너는 밭을 빌린 값을 지불할 수 있는 돈도 얻게 될 것이다. 또는, 너는 염소들을 팔아서, 네 자녀에게 물려줄 밭을 살 수 있게 될 것이다(26절)."

(1) 우리에게 먹을 것과 입을 것이 있어서, 모든 권속에게 나눠줄 수 있다면, 우리는 그것으로 만족해서 족하다고 하며 감사해야 한다.

(2) 한 가족의 가장들은 그들 자신만이 아니라 그들의 가족이 쓸 것도 마련해야 하고, 그들의 종들이 제대로 먹고 입는지도 살펴야 한다.

(3) 수수하게 먹고 입을 수 있고, 그것으로 생활하는 데에 별 문제가 없다면,

그것이 우리가 바라는 모든 것이 되어야 한다. "네가 네 손으로 키운 어린 양의 양털로 집에서 옷을 해 입고 염소의 젖을 먹는다면, 너는 그것으로 족하다고 여기라. 너는 네 집의 음식과 네 여종의 먹을 것으로 너의 음식을 삼으라. 멀리서 비싼 값을 주고 가져오는 진수성찬을 바라지 말라."

(4) 우리는 우리의 직업과 일에 세심하게 마음을 쓰고 근면하게 일해서, 우리의 가족을 넉넉히 부양할 수 있어야 한다. 우리는 우리의 손이 수고한 대로 먹을 것이다(시 128:2).

제 28 장

[1]악인은 쫓아오는 자가 없어도 도망하나 의인은 사자 같이 담대하니라

1. 악한 길을 고집하는 자들은 늘 두려워하고 겁을 집어먹는다는 것. 양심에 있는 죄책감은 사람들을 스스로 두렵게 만들기 때문에, 그들은 쫓아오는 자가 없어도 도망한다. 그것은 빚 때문에 도망친 자가 만나는 사람마다 포졸이라고 생각하여 겁내는 것과 같다. 그들은 겉으로는 평안한 척하지만, 그들이 가는 곳마다 그들을 따라다니는 은밀한 두려움들이 있기 때문에, 그들은 현재적인 위험이나 급박한 위험이 있지 않아도 늘 두려워한다(시 53:5). 하나님을 그들의 원수로 삼은 자들은 피조 세계 전체가 그들을 대적하는 것을 보지 않을 수 없기 때문에, 진정으로 자기 자신을 즐거워하지도 못하고, 그 어떤 의지처나 담력도 있을 수 없고, 오직 무서운 마음으로 심판을 기다리는 것만이 있을 뿐이다. 죄는 사람들을 겁쟁이로 만든다. 두려움이 있다는 것은 그 심령이 타락해 있다는 것이다(베르길리우스). 극악무도한 범죄를 저지른 자들은 깜짝깜짝 놀라고 제정신을 차릴 수가 없다(유베날리스). 그들은 아무도 쫓아오는 자가 없어도 도망치는데, 하물며 하나님이 그의 군대를 이끌고 그들을 추격하시는 것을 본다면, 그들은 어떻게 되겠는가(욥 20:24; 15:24; 또한, 신 28:25; 레 26:36).

2. 거리낌 없는 양심을 지니고 늘 하나님의 사랑 안에 거하는 자들은 거룩한 안정감과 평정심을 누린다는 것. 의인들은 젊은 사자 같이 담대하다. 아무리 큰 위험에 처해도, 그들에게는 전능하신 하나님이 계신다. 그러므로 땅이 변하든지 사라지더라도 우리는 두려워하지 아니하리로다(시 46:3). 그들은 그들이 마땅히 해야 할 본분을 행하는 길에서 그 어떤 어려움들을 만나더라도 그것들에 굴하지 않는다. 그런 것들은 그 어떤 것도 그들의 마음을 흔들리게 할 수 없다.

[2]나라는 죄가 있으면 주관자가 많아져도 명철과 지식 있는 사람으로 말미암아 장구

하게 되느니라

1. 국가적인 죄들은 그 나라의 무질서를 가져오고, 그 나라의 평화로움을 어지럽혀 놓는다는 것. 나라에 죄가 있으면, 즉 한 나라 전체가 하나님과 신앙에서 떠나 변절하여 우상 숭배나 불경(不敬)이나 음행에 빠져 있으면, 주관자가 많아져서, 동시에 여러 사람들이 왕권을 차지하려고 다투고, 이 때문에 백성들은 여러 파당과 분파들로 갈가리 찢겨져서 서로 물어뜯고 삼키게 되거나, 왕들이 하나님이나 외적에 의해서 금방 죽게 되어 짧은 기간에 왕이 자주 바뀌는 일이 일어나게 된다(왕상 16장; 왕하 24장). 왕들이 미친 짓을 할 때에 백성들은 왕이 저지르는 죄악들 때문에 고통을 당하는 것과 마찬가지로, 정부는 종종 백성들의 죄악 때문에 고통을 당한다.

2. 지혜는 그러한 병폐들을 미연에 방지해 주거나 바로잡아 준다는 것. 명철이 있는 사람, 즉 제정신으로 올바른 마음을 지닌 백성들로 말미암아 나라는 질서가 제대로 유지되거나, 깨졌던 질서가 다시 예전의 모습을 되찾게 된다. 또는, 명철과 지식이 있는 왕이나 모사, 또는 대신이 나라의 범죄를 억누르고 나라를 고칠 제대로 된 방법을 찾아낼 때, 그 나라의 존립은 연장된다. 한 나라의 존폐가 달린 위기의 때에 나라를 구하는 데에 한 명의 지혜로운 사람이 얼마나 큰 역할을 하는지 우리는 상상할 수조차 없다.

3가난한 자를 학대하는 가난한 자는 곡식을 남기지 아니하는 폭우 같으니라

1. 가난한 자들은 종종 서로에 대하여 아주 냉혹하다는 것. 그들은 서로에게 해줄 수 있는 선한 일들조차 하지 않을 뿐만 아니라, 서로 속이거나 술수를 써서 이득을 취한다. 가난의 참상을 경험상 잘 아는 자들은 마땅히 가난을 겪는 자들을 불쌍히 여겨야 하는데도, 도리어 그들에게 해악을 가한다면, 그것은 용서받기 힘들 정도로 야만적인 짓이다.

2. 궁핍하고 없이 살았던 자들이 권력을 쥐게 되면 아주 오만하게 되어 사람들을 많이 괴롭힌다는 것. 왕이 가난한 자를 등용하면, 그 자는 자기가 가난했던 시절을 잊어버리고, 그 누구보다도 가난한 자들을 압제하고 아주 잔인하게 쥐어짜게 될 것이다. 배고픈 거머리와 마른 스펀지가 가장 많은 것을 빨아들이는 법이다. 거지를 말에 태워 보라. 그러면, 그는 인정사정없이 달릴 것이다.

가난한 자를 학대하는 가난한 자는 땅에 있는 곡식을 다 휩쓸어가 버리고, 자라고 있는 곡식을 다 망가뜨려 놓아서 곡식을 남기지 아니하는 폭우 같다. 그러므로 왕들은 세상에서 가난하고 빚이 있고 형편이 어려운 자들이나, 부자가 되는 것이 그들의 주된 관심인 자들에게 공직을 맡겨서는 안 된다.

4율법을 버린 자는 악인을 칭찬하나 율법을 지키는 자는 악인을 대적하느니라

1. 악인을 칭찬하는 자들은 그들 자신이 율법을 버리고 율법에 역행한다는 것을 나타내 보이는 것이라는 것. 왜냐하면, 율법은 악인들을 저주하고 정죄하기 때문이다. 악인들은 서로를 칭찬하고 서로의 손의 힘을 강하게 해주어서 앞서거니 뒷서거니 악한 길로 감으로써, 그들의 양심의 아우성치는 소리를 침묵시키고, 마귀의 나라의 이익에 봉사하고자 한다. 마귀의 나라는 악덕이 좋은 평판 속에서 유지될 때에 가장 든든하게 설 수 있다.

2. 하나님의 율법을 세심하게 지키는 자들은 그들의 자리에서 죄를 격렬하게 반대하고, 죄를 대적하여 증언하며, 죄를 부끄럽게 하고 억누르기 위해서 최선을 다한다는 것. 그들은 어둠의 일들을 책망하고, 그러한 일들을 하는 자들이 내놓는 핑계들을 침묵시키며, 다른 사람들이 듣고 두려워할 수 있도록 하기 위하여 큰 죄를 범한 자들을 벌하는 데에 최선을 다한다.

5악인은 정의를 깨닫지 못하나 여호와를 찾는 자는 모든 것을 깨닫느니라

I. 사람들의 욕망이 득세하는 것은 그들의 명철이 어두워졌기 때문인 것처럼, 그들의 명철이 어두워진 것은 그들이 욕망의 지배를 받기 때문이라는 것. 사람들은 정의를 깨닫지 못하고, 진리와 거짓, 옳고 그름을 분별하지 못한다. 그들은 하나님의 율법이 그들의 본분이나 그들에 대한 심판과 관련하여 규범과 잣대가 된다는 것을 깨닫지 못한다.

1. 그것은 그들이 악인들이기 때문이라는 것. 그들의 악성은 그들의 무지와 그릇된 생각의 결과이다(엡 4:18).

2. 그들은 악인들이기 때문에 정의를 깨닫지 못하는 것이라는 것. 그들의 부패한 심성이 그들의 눈을 멀게 하고, 그들을 온갖 편견들로 채운다. 그들은 악

을 행하기 때문에 빛을 미워한다. 그러므로 하나님이 그들을 미혹에 버려두시는 것은 의로우신 일이다.

Ⅱ. 사람들이 여호와를 찾는 것은 그들이 명철하다는 것을 보여주는 좋은 증표임과 동시에, 그들이 더 명철하게 되어 그들에게 필요한 모든 것들을 깨닫는 좋은 수단이 된다는 것. 하나님의 영광을 자신의 목적으로 삼고, 하나님의 은총을 자신의 지극한 복으로 여기며, 하나님의 말씀을 자신의 규범으로 삼고, 모든 일에 기도로 하나님을 의뢰하는 자들은 여호와를 찾고, 여호와께서는 그들에게 지혜의 영을 주실 것이다. 사람이 하나님의 뜻을 행하려 하면 하나님의 교훈을 알게 될 것이다(요 7:17). 하나님의 계명을 지키는 자들은 훌륭한 지각을 가진 자이고, 장차 더 나은 지각을 갖게 될 것이다(시 111:10; 고전 2:12, 15).

[6]가난하여도 성실하게 행하는 자는 부유하면서 굽게 행하는 자보다 나으니라

1. 이 세상에서는 정직하고 성실하게 행하여도 가난할 수 있고, 그것이 정직하지 못한 삶을 살도록 유혹하지만, 그 유혹을 뿌리치고 계속해서 정직하고 성실하게 행하는 자가 있고, 굽게 행하여 하나님과 사람에게 해를 끼치면서도 이 세상에서 잠시 부유하고 형통할 수 있고, 선을 행하여야 하는 큰 의무와 좋은 기회를 갖고 있으면서도 굽게 행하여 큰 해를 끼치는 자가 있다는 것.

2. 정직하고 경건하면서 가난한 자가 악하고 불경건하면서 부유한 자보다 더 낫고, 더 좋은 인품을 지니고 있으며, 더 나은 처지에 있고, 자기 자신 속에 더 많은 위로를 가지고 있으며, 세상에 더 큰 축복이 되고, 훨씬 더 존귀함과 존경을 받을 가치가 있다는 것은 맹목적인 세상에서 하나의 역설이라는 것. 가난하지만 정직한 자가 죽고 나서 더 나으리라는 것은 분명하지만, 뿐만 아니라 현세의 삶 속에서도 그의 형편은 악한 부자보다 더 낫다. 아리스티데스(Aristides)는 부자가 그의 가난을 질책하자, 당신의 부가 당신에게 끼치는 해악이 나의 가난이 나에게 끼치는 해악보다 더 크다고 대답하였다.

[7]율법을 지키는 자는 지혜로운 아들이요 음식을 탐하는 자와 사귀는 자는 아비를 욕되게 하는 자니라

1. 신앙은 참된 지혜이기 때문에, 사람들을 모든 관계에서 지혜롭게 만들어 준다는 것. 율법을 꼼꼼하게 지키는 자는 지혜롭고, 특히 지혜로운 아들이 될 것이다. 즉, 그는 부모님을 분별있게 잘 모실 것이다. 왜냐하면, 하나님의 율법이 그에게 그렇게 하라고 가르치기 때문이다.

2. 악한 자들과 어울리는 것은 신앙에 큰 방해가 된다는 것. 술 마시고 떠들썩하게 노는 자들과 사귀고, 그러한 자들을 벗으로 두고 교제하는 것을 즐기는 자들은 반드시 하나님의 율법을 떠나 범죄하게 될 것이다(시 119:115).

3. 악한 것은 죄인 자신만이 아니라 그와 가까운 모든 사람들을 욕되게 한다는 것. 방탕한 자들과 어울려 다니며 시간과 돈을 낭비하는 자는 부모를 근심하게 할 뿐만 아니라 수치스럽고 욕되게 한다. 그것은 마치 부모가 그를 잘못 가르쳐서 그런 것처럼 부모에게 욕으로 돌아오는 것이다. 부모는 자기 자녀가 이웃들에게 잘못해서 욕을 먹는 것을 보고 수치스러워한다.

[8]중한 변리로 자기 재산을 늘이는 것은 가난한 사람을 불쌍히 여기는 자를 위해 그 재산을 저축하는 것이니라

1. 불의하게 얻은 재물은 많이 불어날 수는 있을지라도 오래 가지는 못한다는 것. 사람이 가난한 자들을 상대로 해서 고리대금업과 착취, 사기, 압제를 일삼아서 단기간 내에 큰 재산을 모을 수 있지만, 그런 재산은 오래가지 않는다. 그는 자신을 위하여 그 재산을 모으지만, 결국에는 그가 불쌍히 여길 마음이 전혀 없었던 다른 누구를 위해 그 재산이 모아졌다는 것이 밝혀질 것이다. 그의 가산은 점점 기울어갈 것이고, 그 폐허로부터 다른 누군가가 재물을 많이 얻게 될 것이다.

2. 어떤 사람이 불의하게 얻은 재물을 다른 사람이 선하게 사용하게 하는 일이 종종 하나님의 섭리 가운데서 일어난다는 것. 그 재물은 기이하게도 가난한 사람을 불쌍히 여겨서 그 재물로 선한 일을 하고자 하는 자의 손으로 들어가서, 그 결과 속임과 폭력에 의해서 얻어진 재물 위에 붙어 있던 저주가 끊어진다. 이렇게, 하나님의 섭리는 잔인한 자들을 벌하여 그들로 하여금 더 이상 해악을 끼칠 수 없게 함과 동시에, 긍휼히 여기는 자들에게 상을 주어서 그들로 하여금 더욱더 많은 선행을 할 수 있게 한다. 하나님은 악한 종이 수건으로 싸

두었던 한 므나까지도 열 므나가 있는 자에게 주실 것이다(눅 19:24). 왜냐하면, 있는 자가 자기에게 있는 것을 선하게 잘 사용하면, 더 많은 것이 그에게 주어질 것이기 때문이다. 이렇게 해서, 구제가 이루어져서, 가난한 자들은 다시 그들의 것을 되찾고, 하나님은 영광을 받으신다.

9사람이 귀를 돌려 율법을 듣지 아니하면 그의 기도도 가증하니라

1. 우리는 말씀과 기도를 통해서 하나님과의 교제를 유지해 나간다는 것. 하나님은 그의 율법을 통해서 우리에게 말씀하시고, 우리가 그의 말씀에 귀를 기울이기를 기대하신다. 우리는 평안의 응답을 기대하며 기도를 통해서 하나님께 아뢴다. 우리가 영광의 주님과 대화를 주고 받을 때마다, 우리는 공경하는 마음과 진실한 마음을 지니는 것이 마땅하지 않겠는가!

2. 우리가 하나님의 말씀을 경청하지 않으면, 우리의 기도는 하나님께 열납되지 않을 뿐만 아니라, 가증한 것이 되리라는 것. 뿐만 아니라, 하나님이 정하신 예식인 우리의 제사들과, 정직한 자가 드렸을 경우에는 하나님을 지극히 기쁘시게 해 드리는 우리의 신령한 의무인 기도들도 하나님께 가증한 것이 되고 만다(사 1:11, 15을 보라). 하나님의 계명들을 순종하기를 의도적이고 완고하게 거부하고, 그들의 귀를 돌려 율법을 듣지 아니하며, 하나님이 부르실 때에 듣기를 거절하는 자의 기도는 하나님께 가증한 것이다. 그러므로 하나님은 그런 자가 부를 때에 들으시기를 거절하실 것이다(1:24, 28을 보라).

10정직한 자를 악한 길로 유인하는 자는 스스로 자기 함정에 빠져도 성실한 자는 복을 받느니라

1. 유혹하는 자들이 받을 벌. 그들은 선한 자들 또는 선하고자 하는 자들을 죄와 해악 속으로 끌어들이고자 하고, 정직한 자를 악한 길로 유인하며 함정에 빠뜨려서 그 모습을 보면서 그들에게 모욕을 주는 것에서 즐거움과 자부심을 느끼고자 한다. 그들은 그들이 바라던 목적을 이루지 못할 것이다. 택함 받은 자들을 속이는 것은 불가능하다. 도리어, 그들은 스스로 자기 함정에 빠지게 될 것이다. 죄인일 뿐만 아니라 유혹하는 자였고, 불의할 뿐만 아니라 의인들의

원수로 행한 자들이 받을 벌은 훨씬 더 클 것이다(마 23:14-15).

2. 성실한 자들의 복. 그들은 악인들이 유혹하여도 악한 길에 빠지지 않을 뿐만 아니라, 복을 받아서, 그들이 이미 갖고 있는 것들을 고스란히 보존하게 되는 것은 물론이고, 하나님의 영의 은혜와 위로들 같은 가장 좋은 것들을 얻게 될 것이다.

[11]부자는 자기를 지혜롭게 여기나 가난해도 명철한 자는 자기를 살펴 아느니라

1. 부자들은 비록 그들이 모르는 것들도 어떻게 하면 얻을 수 있는지를 알기 때문에 자기 자신을 지혜롭다고 생각하기 쉽다는 것. 지갑이 든든하여 교만한 자들은 그들이 하는 모든 말이 신의 말이자 법으로 존중받아서, 그 누구도 그의 말을 감히 거역하지 않고, 나뭇잎조차도 자기 말에 복종하기를 기대한다. 아부하는 자들은 부자들을 지혜롭다고 칭송함으로써 부자들의 그러한 기분을 한껏 부추긴다. 왜냐하면, 그들은 (이세벨의 선지자들처럼) 부자들의 상에서 먹기 때문이다.

2. 가난한 자들은 흔히 부자들보다 더 지혜롭다는 것. 부자와는 달리 명성을 얻기 위한 다른 길이 없어서 지혜를 얻는 일에 힘을 쏟는 가난한 자는 자기를 살피기 때문에, 그(자기)가 사람들이 생각하는 것만큼 그렇게 훌륭한 학자나 모사가 아니라는 것을 안다. 하나님이 그의 은사들을 얼마나 다양하게 나누어 주시는지를 보라. 하나님은 어떤 자들에게는 부(富)를, 어떤 자들에게는 지혜를 주신다. 우리가 이러한 은사들 중에서 어느 하나를 더 좋은 은사라고 말한다면, 그것은 우리가 바로 그 은사를 가장 간절하게 원한다는 것을 의미할 뿐이다.

[12]의인이 득의하면 큰 영화가 있고 악인이 일어나면 사람이 숨느니라

1. 하나님의 백성이 편안하면, 그들이 사는 나라는 영화롭게 된다는 것. 의인들이 득의하고, 박해를 받지 않은 채로 신앙 생활을 자유롭게 하며, 정부가 그들을 지지하여 호의적으로 대하고, 그들이 형통하여 부유하게 되며, 더 나아가 높은 관직에 등용되어 권세를 쥐고 있다면, 그 나라에는 큰 영화가 있다.

2. 악인들이 득세하면, 그 나라의 영화는 기운다는 것. 악인들이 일어나서, 모든 거룩한 자들을 박해하면, 사람이 숨는다. 선한 자들은 목숨을 보전하기 위해서 아무도 모르는 벽지로 숨어 들어가지 않을 수 없게 된다. 부패와 타락이 한 나라에 만연되면, 엘리야의 때처럼 선한 자들은 남아 있지 않는 듯이 보이고, 악인들만이 곳곳에서 날뛴다.

[13]자기의 죄를 숨기는 자는 형통하지 못하나 죄를 자복하고 버리는 자는 불쌍히 여김을 받으리라

1. 죄에 빠지거나, 이런저런 핑계를 대고 죄를 변명하거나, 죄를 부인하거나, 죄가 아무것도 아닌 것처럼 여기거나, 죄가 아닌 척 위장하거나, 죄의 책임을 다른 사람들에게 돌리는 것은 어리석은 일이라는 것. 이렇게 자기의 죄를 숨기는 자는 형통하지 못할 것이고, 형통하기를 기대해서도 안 된다. 그의 죄는 조만간에 드러날 것이기 때문에, 그는 아무리 자기 죄를 은폐하려고 해도 성공하지 못할 것이다. 감추인 것이 드러나지 않을 것이 없고 숨긴 것이 알려지지 않을 것이 없으며(눅 12:2), 공중의 새가 그 소리를 전할 것이다(전 10:20). 살인죄는 반드시 드러난다는 속담이 있듯이, 다른 죄들도 다 드러나게 되어 있다. 자기의 죄를 숨기는 자는 형통하지 못할 것이다. 즉, 그는 죄사함을 얻지 못할 것이고, 참된 양심의 평안을 얻지도 못할 것이다. 다윗은 자기의 죄를 숨기고 있는 동안에 늘 초조하고 불안했었다고 고백한다(시 32:3-4). 환자가 자기 병을 숨기면 치료되기를 기대할 수 없다.

2. 죄를 고백하고 삶을 고침으로써 죄와 결별하는 것의 유익. 자기의 죄를 하나님께 자복하고 다시 죄를 짓지 않도록 조심하는 자는 하나님으로부터 불쌍히 여김을 받을 것이고, 그의 마음 속에 그로 인한 위로를 얻게 될 것이다. 그의 양심은 평안해질 것이고, 그의 멸망은 막아질 것이다(요일 1:9; 렘 3:12-13을 보라). 우리가 죄를 내놓으면(다윗이 무릇 나는 내 죄과를 아오니 내 죄가 항상 내 앞에 있나이다라고 말한 것처럼, 시 51:3), 하나님은 그 죄를 자기 등 뒤로 던져 버리신다.

[14]항상 경외하는 자는 복되거니와 마음을 완악하게 하는 자는 재앙에 빠지리라

1. 거룩한 마음으로 늘 조심하는 것이 주는 유익. 이 말은 이상하게 들릴지 모르지만, 지극히 참되다. 항상 경외하는 자는 복되다. 대부분의 사람들은 결코 두려워하지 않는 자들이 복되고 행복하다고 생각한다. 그러나 두려움 — 그 속에 괴로움이 아니라 지극한 만족을 지닌 — 이 존재한다. 하나님과 그의 영광과 선하심과 통치를 거룩하게 경외하고 공경하는 마음을 늘 지니고 있고, 하나님을 노여우시게 하여 그의 분노를 불러일으킬까봐 항상 두려워하며, 양심을 늘 부드럽게 지켜서 악이 나타나는 것을 두려워하고, 늘 자기 자신을 열심히 살피며 자기만족에 빠지는 것을 경계하고, 환난과 변화들에 대비하여 살아가기 때문에 그 어떤 일이 닥쳐도 놀라지 않는 자는 복이 있다. 이와 같은 선한 두려움을 늘 유지하는 자는 늘 깨어서 믿음으로 살게 될 것이기 때문에 복되고 거룩하다.

2. 죄악 가운데서 뻔뻔스럽게 사는 것이 지닌 위험. 마음을 완악하게 하는 자, 두려움을 조롱하고, 하나님과 그의 심판에 도전하며, 하나님의 말씀이나 매를 아랑곳하지 않는 자는 재앙에 빠질 것이다. 그의 뻔뻔스러움은 그의 멸망의 원인이 될 것이고, 그가 어떤 죄에 빠지든(이것은 아주 큰 재앙이다), 그것은 다 그의 마음의 완악함 때문이다.

15가난한 백성을 압제하는 악한 관원은 부르짖는 사자와 주린 곰 같으니라

성경에는 너의 백성의 관리를 비방하지 말라고 기록되어 있다(행 23:5). 그러나 그가 백성들, 특히 가난한 백성들을 압제하고, 그들을 먹잇감으로 삼아서 그들이 가진 적은 것까지도 강탈하는 악한 관원이라면, 우리가 그를 무엇이라 부르든, 여기 나오는 성경 본문은 그를 부르짖는 사자와 주린 곰이라고 부른다.

1. 그의 성품. 그는 짐승 같고 야만적이며 피에 굶주려 있는 자이다. 그는 이성과 인간성을 그 영광으로 삼는 저 고상한 존재에 속한 자라기보다는 가장 거칠고 야만적인 맹수로 간주된다.

2. 그가 그의 신민들에게 가하는 해악. 그는 삼림 전체를 두려워 떨게 만드는 부르짖는 사자 같이 두려운 자이다. 그는 주린 곰처럼 마구 삼키는 자이다. 그는 결핍감이 있으면 있을수록 더 해악을 가하고 더욱 탐욕스러워진다.

[16]무지한 치리자는 포학을 크게 행하거니와 탐욕을 미워하는 자는 장수하리라

이 잠언은 왕들이 나라를 잘못 다스리는 이유가 두 가지라고 말한다.

1. 일만 악의 뿌리인 돈을 사랑하는 것. 왜냐하면, 탐욕을 미워하는 것은 포학과 반대되기 때문이다. 모세는 선한 관원의 조건을 하나님을 두려워하며 탐욕을 미워하는 자로 규정한다(출 18:21). 즉, 관원들은 탐욕을 부리지 않아야 할 뿐만 아니라, 탐욕을 미워하여 뇌물을 뿌리칠 수 있어야 한다는 것이다. 탐욕스러운 치리자는 공의를 행하지도 않고 긍휼을 사랑하지도 않을 것이고, 도리어 자신의 이득을 위해서 백성들을 사고 팔 것이다.

2. 사려 깊음이 부족한 것. 탐욕을 미워하는 자가 치리자가 될 때, 그의 통치와 평화는 장수할 것이고, 그는 그의 백성의 사랑과 그의 하나님의 축복 속에서 복되고 행복할 것이다. 의로 다스리는 것은 왕들의 본분이기도 하지만 그들에게 이로운 일이기도 하다. 그러므로 압제자와 독재자들은 세상에서 가장 미련한 자들이다. 그들에게는 명철이 없다. 그들은 그들 자신의 존귀와 평안과 안전을 구하지 않고, 자의적인 절대 권력을 탐하는 마음 때문에 그 모든 것을 희생시켜 버린다. 왕들은 그들의 신민들의 목이나 재산을 노릴 때보다 신민들의 마음을 얻을 때에 훨씬 더 행복할 수 있다.

[17]사람의 피를 흘린 자는 함정으로 달려갈 것이니 그를 막지 말지니라

이 잠언은 다른 사람의 피를 흘리면 그 사람의 피도 흘릴 것(창 9:6)이라는 저 옛 법과 일치한다.

1. 피를 흘린 자가 받을 벌. 살인을 저지른 자는 비록 자기 목숨을 건지기 위해서 도망친다고 하여도 늘 두려움에 쫓기고, 스스로 함정으로 달려가며, 늘 괴로워할 것이다. 가인도 그의 동생 아벨을 죽이고 나서 도망자가 되어 떠돌아 다니면서 늘 두려워 떨었다.

2. 피의 복수자의 의무. 피를 흘린 자에게 복수를 해줄 의무가 있는 자가 방백이든 가까운 친족이든 살인죄를 심리하는 관리이든, 그들은 살인자를 찾아 벌 주는 일에 최선을 다하여야 하고, 뇌물을 받고 적당히 얼버무려서는 안 된다. 살인자를 무죄로 놓아주거나 그를 도와서 도피시켜 주는 자들은 피 흘리는

죄의 공범이 된다. 살인의 피로 더럽혀진 땅은 그 피를 흘리게 한 자의 피가 아니면 속함을 받을 수가 없고 정결하게 될 수 없다(민 35:33).

[18]성실하게 행하는 자는 구원을 받을 것이나 굽은 길로 행하는 자는 곧 넘어지리라

1. 정직한 자들은 언제나 안전하다는 것. 진실하게 행하고, 마음 속에 있는 생각을 말하며, 모든 일에서 오직 하나님의 영광과 그의 형제들의 유익만을 바라보고, 이 땅을 위하여 불의한 짓을 하고자 하지 않으며, 모든 행실에서 정직하고 성실하게 행하는 자는 내세에서 구원을 받을 것이다. 저 하늘에서 우리는 그 입에 거짓말이 없는 자들의 영화로운 무리들을 발견한다(계 14:5). 그들은 여기에서도 안전할 것이다. 아무리 악한 때에라도 흠 없는 삶과 정직함이 그들을 지켜주고, 그들에게 거룩한 안정감을 줄 것이다. 왜냐하면, 정직함이 그들의 위로와 명성과 그들에게 이익되는 온갖 것들을 지켜줄 것이기 때문이다. 그들은 상처를 입을 수는 있지만, 해(害)를 입지 않을 것이다.

2. 거짓되고 부정직한 자들은 결코 안전하지 않다는 것. 굽은 길로 행하는 자, 기만적인 행위들과 위장과 속임수, 또는 불의하게 얻은 재물로 자신의 견고한 성을 쌓고 자기가 안전하다고 생각하는 자는 반드시 넘어질 것이고, 서서히가 아니라 곧 넘어질 것이다. 왜냐하면, 이미 경고가 주어진 상태여서, 사전 예고 없이 갑자기 그의 멸망이 임하게 될 것이고, 그가 가장 안전하다고 생각할 때에 그는 전혀 안전한 것이 아니기 때문이다. 그는 갑자기 한꺼번에 넘어질 것이기 때문에, 그의 멸망을 막아보거나 거기에 대비할 시간을 갖지 못할 것이다. 그 멸망은 예기치 않게 갑자기 닥치는 것이어서 그에게 이루 말할 수 없는 공포가 될 것이다.

[19]자기의 토지를 경작하는 자는 먹을 것이 많으려니와 방탕을 따르는 자는 궁핍함이 많으리라

1. 자신의 직업에 성실하고 부지런한 자들은 편안하게 살 수 있다는 것. 자기의 토지를 경작하고, 자기 가게를 돌보며, 그 직업이 무엇이 되었든 자기 직업과 일에 마음을 쓰는 자는 자기 자신과 자기 가족에게 꼭 필요한 먹을 것이 많을

것이고, 가난한 자들을 구제할 수도 있게 될 것이다. 그는 그의 손이 수고한 대로 먹을 것이다.

2. 게으르고 되는 대로 살아가며 친구들과 어울려 놀기를 좋아하는 자들은 그들 스스로는 편안하고 즐거운 삶을 살고 있다고 생각하겠지만 결국 비참한 삶을 살게 되리라는 것. 땅을 가지고 있고, 그 땅을 소중히 여기기는 하지만, 그 땅을 경작하는 데에 힘을 쏟는 것이 아니라, 방탕한 자들과 어울려 다니며 술 마시고 유흥을 즐기며 그의 시간을 허비하는 자는 궁핍함이 많을 것이고, 빈곤으로 꽉 채워지거나 신물이 날 정도로 가난에 시달리게 될 것이다. 그는 마치 그가 궁핍을 좋아하고 바란다는 듯이 그 길로 곧장 달려갔기 때문에, 그의 삶은 그가 그렇게 원하던 궁핍으로 가득 채워지게 될 것이다.

[20]충성된 자는 복이 많아도 속히 부하고자 하는 자는 형벌을 면하지 못하리라

1. 참된 행복의 길은 거룩하고 정직하게 사는 것이라는 것. 하나님과 사람에게 충성된 자는 하나님의 축복을 받아서, 윗샘에도 아랫샘에도 복이 많을 것이다. 사람들은 그를 칭찬하고 그를 위해 기도하며, 기꺼이 그를 돕고자 할 것이다. 그는 선을 많이 행하여서, 그가 사는 곳에서 복덩이가 될 것이다. 쓸모가 있게 되는 것은 충성된 것의 결과이고 그 선한 보상이다.

2. 옳든 그르든 수단과 방법을 가리지 않고 속히 재물을 모으는 것은 행복을 가져다 줄 수 없는 거짓되고 속이는 길이라는 것. 이것이 복을 많이 받는 길이라고 말하지 말라. 왜냐하면, 적절한 속도보다 더 성급하게 속히 부하고자 하는 자는 죄가 없을 수 없어서 형벌을 면하지 못할 것이기 때문이다. 그는 재물을 모으면서 지은 죄 때문에 하나님의 축복을 받지 못할 것이고, 도리어 그의 소유에 저주를 불러올 것이다. 아니, 그는 그의 죄 때문에 그리 오래 평안할 수 없을 것이다. 그는 이웃들에 의해서 죄 있는 자로 여겨져서, 그들의 악감을 사고 그들로부터 좋지 않은 말을 듣게 될 것이다. 솔로몬은 속히 부하고자 하는 자는 죄가 없을 수 없다고 단정적으로 말하지는 않지만, 이 세상에서 속히 부하고자 하는 자에게 죄가 없을 가능성은 거의 없다. 발이 급한 사람은 잘못 가서 넘어지고 범죄하기 마련이다(19:2). 속히 부자가 되고자 하는 탐욕스러운 자가 법을 존중하거나 두려워하고 죄를 부끄러워하는 것을 보인 적이 있는가.

[21]사람의 낯을 보아 주는 것이 좋지 못하고 한 조각 떡으로 말미암아 사람이 범법하는 것도 그러하니라

1. 송사 자체의 옳고 그름보다도 관련 당사자들을 더 고려하는 것은 재판에 있어서 근본적인 잘못이고 재판관으로 하여금 많은 범죄를 저지르게 만들 수밖에 없는 잘못이라는 것. 그러다 보면, 재판관은 어느 한 당사자가 신사나 학자, 나의 동향 사람이나 오랜 지인(知人)이라는 이유로, 또는 전에 내게 은혜를 베푼 적이 있거나 앞으로 내게 도움이 될 만한 자라는 이유로, 또는 나와 같은 정당이나 교단에 속하였다는 이유로 그 사람에게 유리한 판결을 하거나, 어느 한 당사자가 잘 모르는 사람이거나 가난한 사람이라는 이유로, 또는 내게 잘못한 적이 있거나 나의 경쟁자이거나 내 마음에 들지 않거나 나에게 반대 투표를 했다는 이유로 그 사람에게 불리한 판결을 하게 된다. 오로지 옳고 그른 것만을 따지지 않고, 이런 유의 고려들이 송사를 심리할 때에 개입되면, 재판은 굽어지게 된다.

2. 편파적이고 불공평한 자들은 결국 야비해진다는 것. 공평의 끈을 한 번 끊어 버린 자들은 처음에는 뭔가 큰 뇌물이나 상당한 선물을 받아야 재판을 굽게 하지만, 일단 양심이 더럽혀진 후에는 아주 야비하고 더러워져서, 한 조각 떡으로 말미암아 자신의 양심을 팔고 재판을 굽어지게 한다. 그들은 아무것도 생기지 않는데 지루하게 앉아서 심리를 하느니 돈 한 푼이라도 받아 챙기는 편이 더 낫다고 여기게 되는 것이다.

[22]악한 눈이 있는 자는 재물을 얻기에만 급하고 빈궁이 자기에게로 임할 줄은 알지 못하느니라

솔로몬은 여기에서 다시 한 번 부자가 되고자 하는 자들의 죄와 어리석음을 보여준다. 그들은 수단과 방법을 가리지 않고 부자가 되겠다고 결심한다. 그들은 단시간에 부자가 되고자 하여, 정신없이 재물을 모은다.

1. 그런 자들은 그렇게 하면서 아무런 위로도 얻지 못한다는 것. 그들은 악한 눈을 가지고 있다. 즉, 그들은 자기보다 더 많이 가진 자들을 늘 못마땅해 하고, 꼭 필요한 비용을 지출하는 것인데도 늘 불만을 늘어놓는다. 왜냐하면, 그

들은 전자는 그들이 부자처럼 보이는 것을 방해하고, 후자는 그들이 부자가 되는 것을 방해한다고 생각하기 때문이다. 그래서, 그들은 마음이 편할 날이 없다.

2. 그런 자들은 자기 재물이 이 상태로 자기에게 계속 있을 것이라는 확신을 갖고 있지 않지만, 자기 재물이 없어질 때를 대비할 생각을 하지 않는다는 것. 빈궁이 그들에게 임할 것이다. 그들은 재물이 그들에게로 날아오라고 재물에 날개를 달아주었지만, 재물은 그 날개를 이용해서 그들로부터 날아가 버릴 것이다. 그러나 그들은, 그들이 재물을 얻기에 급하게 움직이고 있는 것이 사실은 그들이 가난하게 되려고 서두르는 것임을 알지 못하고 안일하게 장래 일을 대비하지 않는다. 만약 그들이 그런 것을 알았더라면, 그들은 불확실하여 정함이 없는 재물을 의지하지 않았을 것이다.

23사람을 경책하는 자는 혀로 아첨하는 자보다 나중에 더욱 사랑을 받느니라

1. 아첨하는 자들은 사람들을 잠시는 기쁘게 해줄 수 있겠지만, 결국 그 사람들은 다시 한 번 생각해 보고서는 그 아첨하는 자들을 혐오하고 멸시하게 되리라는 것. 그 사람들은 아첨하는 자들의 찬사와는 달리 그들의 길이 재앙을 초래할 죄악된 길이라는 것을 깨닫게 되면, 아첨하는 자들의 장단에 놀아나서 그들이 교만한 마음과 허영심을 품은 것을 부끄러워하게 될 것이고, 그들 앞에서 아첨했던 자들을 그들에게 대하여 악한 의도를 지닌 자로 여겨서 미워할 것이며, 그 아첨이 그들에게 악영향을 주었다고 생각하여 그 아첨에 대하여 구역질이 나게 될 것이다.

2. 경책하는 자들은 처음에는 사람들을 불쾌하고 화나게 만들겠지만, 나중에 그 사람들의 화가 진정되고 쓴 약이 좋은 효과를 발휘하기 시작하게 되면 그 사람들은 그들을 경책했던 자들을 사랑하고 존경하게 되리라는 것. 경책하는 자가 자기 친구를 신실하게 대하여 그의 잘못들을 얘기해 주면, 그 친구는 당시에는 화가 좀 나고 괴로워서 감사하기는커녕 험한 말을 할 수도 있겠지만, 시간이 지나면 그것이 자기를 위한 것이었다는 것을 깨달음과 동시에 그의 지혜와 신실함을 아주 높이 평가하고, 자기가 정말 좋은 친구를 두었다고 생각하게 될 것이며, 경책한 자는 자신의 본분을 다했다는 위로를 얻게 될 것이다. 외

과 의사가 어떤 환자를 수술하고 있을 때, 환자는 아파 죽겠다고 의사를 원망하며 울부짖지만, 수술이 다 끝나서 상처가 나은 후에는 도리어 비용을 지불하며 감사할 것이다.

[24]부모의 물건을 도둑질하고서도 죄가 아니라 하는 자는 멸망 받게 하는 자의 동류니라

그리스도께서는 어떤 경우들에 있어서는 부모를 봉양할 의무가 없다고 생각한 자녀들이 얼마나 어처구니없고 악한지를 보여주셨듯이(마 15:5), 솔로몬은 여기에서 힘을 사용하거나 은밀하게, 또는 감언이설로 속이거나 위협해서, 또는 부모님이 가지고 계신 재산을 낭비함으로써, 또는 채무를 진 후에 그 채무를 부모님께 떠넘기는 방법으로 부모의 재산을 도둑질하는 것이 죄가 아니라고 생각하는 자들이 얼마나 어처구니없고 악한지를 보여준다.

1. 패역한 자녀는 보통 이런 일을 아무렇지도 않게 여긴다는 것. 그들은 이렇게 말한다. "그것은 죄가 아니다. 왜냐하면, 그 재산은 결국 우리의 것이 될 것이고, 우리 부모님은 그 재산 없이도 잘 지내실 수 있으며, 우리는 그 돈을 쓸 필요가 있어서 쓰는 것이고, 부모님이 주시는 적은 용돈으로 살아가라는 것은 우리에게 너무 가혹한 처사이고, 그 용돈으로는 현실적으로 우리가 신사로 살아갈 수가 없기 때문이다." 그들은 이런 유의 변명으로 그들의 죄책감을 무마시키려고 애쓴다.

2. 제멋대로인 젊은이가 그것을 아무리 가볍게 여긴다고 해도, 그것은 분명히 아주 큰 죄라는 것. 그런 일을 저지르는 자는 멸망 받게 하는 자의 동류이고, 노상강도나 다름이 없다. 자기 부모의 재산을 거리낌 없이 도둑질하고 강탈하는 자가 어떤 악인들 못 저지르겠는가?

[25]욕심이 많은 자는 다툼을 일으키나 여호와를 의지하는 자는 풍족하게 되느니라

1. 오만하고 다투기를 잘 하는 자들은 그들 자신을 야위게 만들고 늘 불안하게 만든다는 것. 왜냐하면, 그런 자들은 살지고 풍족하게 되는 자들과 정반대로 행하는 자들이기 때문이다. 교만한 마음을 지닌 자, 자신을 대단하게 여기

고 주변의 모든 사람들을 멸시하는 자, 그 어떤 경쟁이나 반대도 참을 수 없어 하는 자는 다툼을 일으키고 화(禍)를 불러오며, 자기 자신과 다른 모든 사람들을 불안하게 만든다.

2. 늘 하나님과 그의 은혜를 의지하여 사는 자들은 풍족하게 되고 언제나 마음이 편안하다는 것. 여호와를 의지하는 자, 억울한 일이나 해악을 당했을 때에 자기 자신을 위하여 스스로 싸우는 것이 아니라 그 일을 하나님께 맡기고 의지하는 자는 풍족하게 될 것이다. 그는 다른 사람들이 그들의 교만과 다툼을 위하여 쓰는 비용을 아끼게 된다. 그는 즐거운 삶을 살고, 그의 하나님 안에서 차고 넘치는 만족을 얻는다. 따라서, 그의 심령이 편안하기 때문에, 그는 외적으로도 좋은 것들을 많이 가질 가능성이 크다. 믿음으로 사는 자들만큼 마음 편하고 즐겁게 사는 자는 없다.

[26]자기의 마음을 믿는 자는 미련한 자요 지혜롭게 행하는 자는 구원을 얻을 자니라

1. 미련한 자의 특성. 그는 자기의 마음을 믿고, 자기의 지혜와 모략, 자기의 힘과 능력, 자기의 장점과 의(義)를 믿는다. 그는 이렇게 자기 자신을 대단한 사람으로 여긴다. 그런 자는 미련한 자이다. 왜냐하면, 그는 자기의 마음을 믿는데, 그 마음이라는 것은 만물보다 거짓될 뿐만 아니라(렘 17:9) 흔히 그를 속이는 것이기 때문이다. 이것은, 여호와를 의지하고 여호와의 능력과 약속을 의지하며(25절) 여호와의 인도하심을 따르는 것(3:5-6)이 지혜로운 자의 특성이라는 것을 보여준다.

2. 지혜로운 자가 받는 위로. 지혜롭게 행하는 자, 자기 마음을 믿지 않고, 겸손하며 자신을 신용하지 않고, 여호와 하나님의 힘으로 살아가는 자는 자기의 마음을 믿는 미련한 자가 멸망을 당하게 될 때에 구원을 얻을 것이다.

[27]가난한 자를 구제하는 자는 궁핍하지 아니하려니와 못 본 체하는 자에게는 저주가 크리라

1. 구제하는 자들에게 주어진 약속. 가난한 자를 구제하는 자는 그렇게 했다고 해서 결코 더 가난해지지 않을 것이다. 그는 궁핍하지 아니할 것이다. 가진

것이 조금밖에 없어서 궁핍해질 위험에 처해 있다면, 그가 가진 적은 것으로 구제하라. 그러면, 그는 완전히 알거지가 되는 것을 피할 수 있게 될 것이다. 사렙다 과부는 그녀의 집에 양식이 거의 남아 있지 않았지만, 엘리야에게 작은 떡 하나를 만들어 준 일 때문에, 가루와 기름이 떨어지지 않게 되었다. 가진 것이 많다면, 그가 가진 많은 것에서 많이 구제하라. 그러면, 그의 재산이 줄어들지 않을 것이다. 그와 그의 재산은 궁하게 되지 않을 것이어서, 그에게는 경건한 구제로 쓸 것이 늘 떨어지지 않을 것이다. 주는 것은 곧 얻는 것이다.

2. 구제하지 않는 자들에 대한 경고. 가난한 자들의 참상을 눈으로 보면 자기 마음이 움직여서 얼마간의 돈을 쓰게 될까봐 그들을 못 본 체하고 그들의 청을 못 들은 체하는 자는 하나님과 사람으로부터 많은 저주가 있을 것이다. 그 저주들은 결코 까닭 없는 것이 아니기 때문에 반드시 그에게 임할 것이다. 하나님의 말씀과 가난한 자들의 기도를 못 들은 척하는 자에게는 화(禍)가 있을 것이다.

[28]악인이 일어나면 사람이 숨고 그가 멸망하면 의인이 많아지느니라

이 잠언은 우리가 앞에서 보았던 것(12절)과 그 취지가 동일하다.

1. 악인들이 득세하면, 선한 것은 숨어 버리거나 약해진다는 것. 권력이 악인들의 손에 들어가면, 사람들은 숨는다. 지혜로운 자들은 악인들 아래에서 나랏일을 보기를 거절하고, 자기 집으로 물러간다. 부자들은 그들의 재산을 빼앗길까봐 몸을 사리고 악인들의 눈에 띄지 않으려 한다. 무엇보다도 가장 나쁜 것은 선한 자들이 선을 행하는 일에 절망함과 동시에 핍박을 당하고 곤욕을 치르게 될 것을 염려하여 숨어 버린다는 것이다.

2. 악인들이 욕을 당하고 관직에서 쫓겨나서 권력을 잃으면, 선한 것이 다시 부활하게 되고, 의인들이 많아진다는 것. 왜냐하면, 악인들이 멸망하면, 선한 자들이 그들을 대신하여 나랏일을 보게 될 것이고, 그들은 그들의 모범과 그들이 지닌 권세로 신앙과 의(義)를 지지할 것이기 때문이다. 선한 자들의 수가 늘어나는 것은 그 나라에 좋은 일이다. 그러므로 모든 왕들과 나라들과 통치자들은 선한 자들에게 힘을 실어주고, 젊은이들에게 선한 교육을 시키는 일에 특히 마음을 쓰는 것이 상책이다.

제 29 장

[1]자주 책망을 받으면서도 목이 곧은 사람은 갑자기 패망을 당하고 피하지 못하리라

1. 많은 악인들이 악한 길을 고집하는 것은 크게 안타까워해야 할 일이라는 것. 그들은 부모님과 친구들, 방백들과 목회자들, 하나님의 섭리와 그들 자신의 양심에 의해서 자주 책망을 받고, 그들의 죄악들이 어떤 것들인지를 적나라하게 다 지적받으며, 그 결과가 어떤 것일지에 대하여 경고를 받아도, 아무 소용이 없다. 그들은 그들의 목을 뻣뻣하게 하고 곧게 한다. 그들은 책망을 받으면 즉시 자리를 박차고 나가 버리고, 책망을 묵묵히 참고 듣고자 하지 않는다. 또한, 설령 책망을 다 들었다고 해도, 그들은 책망 받은 바로 그 죄들을 계속해서 저지른다. 그들은 그들의 목에 멍에를 메고자 하지 않는 벨리알의 자녀들이다. 그들은 책망을 거부하고(10:17) 멸시하며(5:12) 싫어한다(12:1).

2. 이러한 완악함의 결과는 정말 두려운 것이다. 권면에도 불구하고 죄를 고집하는 자들은 패망을 당하게 될 것이다. 삶을 고치고자 하지 않는 자들은 파멸을 예상하여야 한다. 매가 소용이 없다면, 도끼를 사용하는 것이 당연하지 않는가. 그들은 그들이 편안하게 즐기고 있을 때에 갑자기 패망을 당하고 피하지 못할 것이며, 다시는 일어서지 못할 것이다. 그들은 그들의 패망을 막아줄 치료책을 거부하고 범죄를 계속하였기 때문에, 그들이 다시 회복이 되어 일어날 것을 기대하지 말아야 한다. 지옥은 돌이킬 수 없는 멸망이다. 그들은 멸망을 당할 것이고, 그 어떤 고침도 없을 것이다(원문은 이렇게 되어 있다). 하나님이 상처를 입히시는데, 누가 고칠 수 있겠는가?

[2]의인이 많아지면 백성이 즐거워하고 악인이 권세를 잡으면 백성이 탄식하느니라

이 잠언은 앞에서도 나온 바 있다(28:12, 28).

1. 나라를 통치하는 자가 의인이냐 악인이냐에 따라서 백성이 즐거워하거나 탄식하는 이유. 왜냐하면, 의인이 권세를 잡으면, 죄를 벌하고 억제하며, 신앙과 덕을 숭상하고 지지할 것이고, 악인이 권력을 손에 넣으면, 악이 성행하고, 신앙과 신앙인들이 박해를 받아서, 정부가 왜곡되어 자기 소임을 다하지 못하게 될 것이기 때문이다.

2. 나라를 통치하는 자가 의인이냐 악인이냐에 따라서 백성은 실제로 즐거워하거나 탄식한다는 것. 의인의 통치 아래에서는 평범한 사람들조차 신앙과 덕의 탁월함을 깨우쳐서 그 소중함을 알게 될 것이기 때문에, 신앙과 덕이 숭상을 받는 것을 보고서 즐거워하게 될 것이다. 반대로, 존귀함이나 권세를 지닌 자들이 사악하여서 그것들을 나쁘게 사용한다면, 그들은 모든 백성 앞에서 멸시와 천대를 당하게 되고(말 2:9), 신민(臣民)들은 그런 정부 밑에 있는 그들 자신을 비참하다고 생각하게 될 것이다.

3 지혜를 사모하는 자는 아비를 즐겁게 하여도 창기와 사귀는 자는 재물을 잃느니라

이 절의 전반부와 후반부는 각각 앞에서 자주 나왔던 것을 반복하고 있지만, 이 둘이 한 절에서 함께 비교가 되었을 때에 각각의 의미는 서로에 의해서 더 확대된다.

1. 지혜를 사모하는 것은 덕 있는 젊은이의 영예가 된다는 것. 그는 철학자이다(철학자는 지혜를 사랑하는 자라는 뜻이다). 왜냐하면, 신앙은 최고의 철학이기 때문이다. 그는 악한 자들, 특히 창기와 어울리는 것을 피한다. 그렇게 함으로써, 그는 그의 부모님을 즐겁게 해 드리고, 부모님의 위로가 되는 보람을 느끼며, 그의 재물을 잃지 않고, 편안하게 살 수 있다.

2. 지혜를 싫어하는 것은 악한 젊은이의 욕이 된다는 것. 그는 그의 영혼과 몸을 다 망칠 창기와 사귄다. 그는 그의 부모님을 근심하게 만들고, 탕자처럼 창기와 어울려 흥청망청해서 가산을 다 날린다. 더러운 정욕에 빠지는 것보다 더 빠르게 사람들을 알거지로 만드는 것은 없다. 이러한 파멸적인 정욕으로부터 자신을 잘 지키는 것이야말로 지혜이다.

4 왕은 정의로 나라를 견고하게 하나 뇌물을 억지로 내게 하는 자는 나라를 멸망시

키느니라

1. 선한 정부 아래에 있는 백성의 행복. 왕이 돌보아야 할 일은 나라를 견고하게 하고, 나라의 기본적인 법들을 잘 유지하며, 신민들의 마음을 안정시켜서 평안하게 하고, 신민들의 자유와 재산을 악인들로부터 안전하게 지켜 주어서 자손에게 물려줄 수 있게 하며, 신민들에게 부족한 것들을 잘 마련해서 공급해 주는 것이다. 왕은 정의로, 지혜로운 모략으로, 사람들의 낯을 보아 주지 않고 공의를 변함없이 시행함으로 이런 일을 해야 한다. 그러면, 앞에서 말한 좋은 결과들이 있게 될 것이다.

2. 악한 정부 아래에 있는 백성의 불행. 뇌물을 억지로 내게 하는 자는 나라를 멸망시킨다. 사울이나 웃시야처럼 하나님을 모독하거나 미신적이거나 제사장의 직무를 침해하는 자, 오직 치부하는 데에만 목적이 있고, 상당한 뇌물이 들어오기만 하면 아무리 중한 죄도 눈감아 주며, 뇌물을 바라고 죄 없는 자들을 핍박하는 자, 그런 자들이 왕이 되면, 그 나라는 망한다.

5 이웃에게 아첨하는 것은 그의 발 앞에 그물을 치는 것이니라

이웃에게 선한 구석이 없거나 있더라도 그렇게 대단한 칭찬을 받을 만한 것이 아닌 데도 그에게 찬사를 보내며 칭송하고, 이웃이 실제로 존경이나 사랑을 받을 만한 자가 아닌 데도 그에게 대단한 존경심과 지극한 사랑을 고백하는 자들은 이웃에게 아첨하는 것이라고 할 수 있다.

1. 그것은 그들이 아첨하는 이웃의 발에 그물을 치는 것이라는 것. 그들이 아첨하는 데에는 악한 의도가 있다. 그들은 이웃이 칭찬받을 만해서 그를 칭찬하는 것이 아니라, 그에게서 뭔가를 얻어내기 위하여 그렇게 하는 것이다. 그러므로 우리에게 아첨하는 자가 있다면, 우리는 그가 우리를 잡으려고 은밀하게 덫을 놓고 있다고 의심해서, 철저히 경계하는 것이 지혜로운 일이다. 또는, 아첨은 아첨을 받는 자들에게 나쁜 영향을 미친다. 그것은 그들을 교만으로 우쭐하게 만들고, 자기 자신이 뭐라도 된듯이 자만하게 만들기 때문에, 그들을 죄에 말려들게 만드는 그물이 된다.

2. 그것은 아첨하는 자들의 발에 그물을 치는 것이라는 것. 어떤 이들은 본문

을 이렇게 이해한다. 다른 사람들로부터 어떤 호감이나 감사나 인정을 받을 것을 기대하고서 아첨하는 자들은 그들이 아첨한 자들에게조차도 우습고 혐오스러운 자가 되고 만다.

[6]악인이 범죄하는 것은 스스로 올무가 되게 하는 것이나 의인은 노래하고 기뻐하느니라

1. 죄악된 길의 위험성. 그 길의 끝에는 벌이 있을 뿐만 아니라, 그 길을 가는 도중에도 올무가 놓여져 있다. 하나의 죄는 또 다른 죄로의 유혹이 되고, 환난들이 악을 저지르고 있는 악인들에게 올무처럼 갑자기 임한다. 아니, 그들의 범죄 자체가 흔히 그들을 괴로움에 휘말리게 만든다. 그들이 저지르는 죄는 곧 그들에 대한 벌이기도 하다. 그들은 그들의 죄의 줄에 매인다(5:22).

2. 거룩한 길이 주는 즐거움. 악인들의 범죄 속에 있는 올무는 그들의 모든 기쁨을 망쳐놓지만, 의인들은 그러한 올무에 걸리지 않거나 걸리더라도 구원을 받는다. 그들은 자유롭게 활보하고 안전하게 걷기 때문에 노래하고 기뻐한다. 하나님을 자신의 최고의 기쁨으로 삼는 자들은 더할 나위 없는 기쁨을 얻게 되어 있고, 만약 그들이 항상 기뻐하지 않는다면, 그것은 그들 자신의 잘못이다. 하늘 이 편에 참된 기쁨이 존재한다면, 하늘과 교제하는 자들이 그 기쁨을 지니고 있을 것이라는 것은 의심할 여지가 없다.

[7]의인은 가난한 자의 사정을 알아 주나 악인은 알아 줄 지식이 없느니라

가난한 자로서 고소를 하는 자는 정직한 송사를 하여야 한다(그들이 정직하지 않다면, 다른 사람들의 경우와 마찬가지로 변명의 여지가 없을 것이다). 왜냐하면, 성경은 하나님이 그런 자의 송사를 들어 주시겠다고 확실하게 약속하고 있기 때문이다. 그리고 재판관은 갇힌 자들만이 아니라 가난한 자의 호소도 사려 깊게 잘 들어 주어야 한다. 가난한 자나 재판관이 이러한 의무를 다하지 못한다면, 그것은 애석한 일이다.

1. 의로운 재판관은 가난한 자의 사정을 알아준다는 것. 가난한 자를 생각하고 보살피는 것은 모든 사람이 마땅히 행해야 할 도리이지만(시 41:1), 재판을

맡은 자들은 특히 가난한 자들의 송사를 깊은 관심으로 살피지 않으면 안 된다. 그들은 부자의 송사에서처럼 가난한 자의 송사에서 옳은 것을 찾아내는 일에 많은 수고를 하여야 한다. 재판관이나 변호사는 정의감을 가지고 마치 가난한 자에게 최대한으로 이익이 돌아가기를 바란다는 듯이 그의 송사를 잘 살펴야 한다.

2. 악한 재판관은 가난한 자의 송사에서는 자기의 이익을 챙길 것이 없기 때문에 그 송사의 진상을 제대로 알아서 재판을 하려고 마음을 쓰지 않는다는 것. 왜냐하면, 그는 그 송사가 옳든 그르든 그런 것은 안중에도 없기 때문이다(욥 29:16을 보라).

[8]거만한 자는 성읍을 요란하게 하여도 슬기로운 자는 노를 그치게 하느니라

1. 거만한 자는 많은 사람을 위태롭게 한다는 것. 그런 자들이 공무를 맡게 되면, 그들은 일들을 경솔하게 처리한다. 왜냐하면, 그들은 신중히 생각하는 것 자체를 멸시해서, 깊이 숙고하고 여러 사람들과 상의할 시간을 갖고자 하지 않기 때문이다. 그들은 법이나 제도에 의해서 구속받는 것을 멸시하기 때문에 일들을 불법적이고 불의하게 처리한다. 그들은 그들이 한 말에 구속받는 것을 멸시하기 때문에 신의를 저버리고, 사람들을 즐겁게 하는 것을 멸시하기 때문에 사람들의 분노를 불러일으킨다. 이렇게 그들은 그들의 악한 행실로 성읍을 덫에 걸리게 하거나 성읍에 불을 놓아서 요란하게 한다. 그들은 사람들 사이에 불화를 조장하여 사람들을 혼란 속으로 몰아넣는다. 신앙, 양심의 의무들, 내세에 대한 두려움, 거룩하고 진실한 모든 것을 조롱하는 자들은 거만한 자들이다. 그러한 자들은 그들의 세대의 전염병들이다. 그들은 그 땅에 하나님의 심판을 불러오고, 사람들을 서로 이간시켜서, 모든 것을 혼란에 빠뜨린다.

2. 슬기로운 자들은 그 땅의 복이라는 것. 그들은 참된 지혜인 신앙을 장려함으로써 하나님의 노를 그치게 하고, 지혜로운 모략들을 통해서 서로 다투는 파당들을 화해시키고, 분열이 가져오는 재앙들을 미연에 방지한다. 교만하고 미련한 자들은 불을 일으키고, 지혜롭고 선한 자들은 그 불을 끈다.

[9]지혜로운 자와 미련한 자가 다투면 지혜로운 자가 노하든지 웃든지 그 다툼은 그

침이 없느니라

이 잠언은 지혜로운 자에게 미련한 자와 다투지 말라고 조언하고, 미련한 자를 이성적으로 설득하거나 그로 하여금 올바르게 행동하도록 하기 위해서 그와 논쟁하지 말라고 충고한다. 지혜로운 자는 지혜로운 자와 다투면 자기의 생각을 이해시킬 수 있고, 그의 생각이 이치에 맞고 정당한 경우에는 자신의 뜻을 관철시킬 수 있으며, 적어도 논쟁을 좋게 끝낼 수가 있다. 그러나 지혜로운 자와 미련한 자가 다투면 그 다툼은 그침이 없다. 그는 그 다툼의 끝을 볼 수 없고, 거기에서 그 어떤 만족도 얻을 수 없으며, 단지 불안한 다툼만이 계속되리라는 것을 예상하여야 한다.

1. 지혜로운 자와 다투는 미련한 자는 상대방이 무슨 말을 하든 노하든지 웃든지, 화내든지 멸시하든지, 욕하든지 조롱하든지, 둘 중의 하나를 할 것이기 때문에, 그침이 없으리라는 것. 지혜로운 자가 무슨 말을 하든, 미련한 자는 그 말에 대하여 악한 반응을 보일 것이다. 그러므로 세상에서 가장 지혜로운 자도 미련한 자와 다투면 욕지거리를 듣거나 조롱당할 것을 예상하여야 한다. 쓰레기와 맞붙어 싸우는 자는 이기든 지든 더럽혀지리라는 것은 확실하다.

2. 지혜로운 자가 노하든지 웃든지, 미련한 자를 진지하게 대하든지 웃으면서 대하든지, 매를 가지고 나아가든지 온유한 마음으로 나아가든지(고전 4:21), 그것은 미련한 자에게는 전혀 통하지 않으리라는 것. 우리가 너희를 향하여 피리를 불어도 너희가 춤추지 않고 우리가 슬피 울어도 너희가 가슴을 치지 아니하였다(마 11:17).

[10]피 흘리기를 좋아하는 자는 온전한 자를 미워하고 정직한 자의 생명을 찾느니라

1. 악한 자들은 선한 자들을 미워한다는 것. 피 흘리기를 좋아하는 자들은 옛 뱀의 후손으로서 처음부터 살인한 자들이고, 여자의 후손에 대한 적대감을 타고난 자들이기 때문에 정직한 자를 미워한다. 그들은 선한 자들을 멸하고자 한다. 왜냐하면, 선한 자들은 악한 세상을 쳐서 증언하고 정죄하기 때문이다. 그리스도께서는 그의 제자들에게 그들이 모든 사람에게 미움을 받을 것이라고 말씀하셨다. 피 흘리기를 좋아하는 자들은 특히 그들을 억제하고 그들의 삶을 고쳐서

바른 사람이 되게 하고자 하는 방백들, 그들에게 엄격하게 법을 집행하는 방백들을 미워한다.

2. 선한 자들은 그들의 불구대천의 원수들조차 사랑한다는 것. 피 흘리기를 좋아하는 자들로부터 미움을 받는 선한 자들은 그 악한 자들의 영혼을 불쌍히 여겨서 그들이 회심하게 되기를 위하여 기도하고, 그들의 구원을 위해서라면 그 어떤 일도 기꺼이 하고자 한다. 그리스도께서는 우리에게 그렇게 하라고 가르치셨다. 아버지, 저들을 사하여 주옵소서(눅 23:34). 온전한 자는 정직한 자의 영혼을 폭력으로부터 지켜 주고, 피 흘리기를 좋아하는 자들의 손에서 그를 구해 주거나 복수해 주기 위해서 그의 영혼을 찾는다.

[11]어리석은 자는 자기의 노를 다 드러내어도 지혜로운 자는 그것을 억제하느니라

1. 모든 것을 다 드러내는 것은 어리석은 일이라는 것. 자기의 마음을 다 드러내는 자, 자기가 알고 있는 모든 것을 다 말하고, 시간을 두고 곰곰이 생각하는 것이 아니라 생각나는 대로 즉시 다 입으로 얘기하는 자, 말을 시작하자마자 자기 밑천을 다 드러내는 자, 화가 나면 입에서 나오는 대로 막말을 하고 욕설을 하는 자, 어떤 일에 대하여 말할 때에 자기가 생각하는 모든 것을 미주알고주알 다 말하고서도 충분히 말했다고 생각하지 않는 자는 어리석은 자이다.

2. 다 드러내지 않고 억제하는 것이 지혜로운 일이라는 것. 지혜로운 자는 그 자리에서 떠오른 자신의 생각을 다 말하지 않고, 시간을 갖고 숙고하거나 좀 더 적절한 때를 위해 보류해 둔다. 그는 거북스러운 일장 연설을 통해서 자신의 뜻을 전달하지 않고, 상대방이 자기와 반대되는 생각을 갖고 있다면 그것을 듣고 거기에 답변하기 위해서 종종 자신의 말을 쉰다. 훌륭한 웅변이 되려면, 말을 하다가 종종 쉬는 때가 있어야 한다.

[12]관원이 거짓말을 들으면 그의 하인들은 다 악하게 되느니라

1. 거짓말을 들어주는 것은 누구에게나 큰 죄이지만 특히 방백들에게는 아주 큰 죄라는 것. 왜냐하면, 이렇게 거짓말을 신뢰하면, 방백들은 사람이나 일에 대하여 잘못 판단하게 될 뿐만 아니라, 다른 사람들에게 거짓말을 하라고

권장하는 꼴이 되기 때문이다. 거짓말을 들어주면, 사람들에게 그에게 거짓말을 할 것이다. 이런 경우에 거짓말을 들어주는 자는 도둑만큼 악한 자이다.

2. 거짓말을 들어주는 자들의 하인들은 다 악하게 되리라는 것. 그들의 모든 하인들은 이제 주인에게 거짓말을 하게 될 것이기 때문에 악한 자들이 되어 버릴 것이다. 사람들은 그들에게 말할 때에 그들의 귀를 비방하는 말들과 거짓된 중상모략으로 채울 것이다. 따라서, 일반 백성들과 마찬가지로 왕들도 그들 자신이 속고자 해서 속는 것이기 때문에, 그들이 잘못 판단한 책임을 그들에게 거짓된 것을 고한 하인들에게 다 돌리지 말고, 거짓말을 들어주고 권장한 자신에게도 많은 책임이 있다는 것을 인정하여야 한다.

[13]가난한 자와 포학한 자가 섞여 살거니와 여호와께서는 그 모두의 눈에 빛을 주시느니라

이 잠언은 크신 하나님이 이 세상에서 아주 다양한 기질과 능력과 형편을 지닌 사람들을 통해서 자신의 섭리를 얼마나 지혜롭게 운용해 나가시는지를 보여준다.

1. 하나님은 서로서로 반대되는 자들을 통해서 섭리를 이끌어 나가신다는 것. 어떤 자들은 가난해서 돈을 빌릴 수밖에 없고, 어떤 자들은 불의의 재물(또는, 속이는 재물)을 많이 가지고 있어서 이자를 받고 돈을 꾸어준다. 어떤 자들은 가난하지만 정직하고 열심히 살아가는 자들이지만, 어떤 자들은 부자이지만 게으르고 속이는 자들이다. 이 두 부류의 사람들은 이 세상의 일에서 서로 만나서 거래하며 함께 섞여 살고, 여호와께서는 그 모두의 눈에 빛을 주신다. 하나님은 그의 해를 둘 모두에게 비쳐 주시고, 현세의 위로들을 둘 모두에게 주신다. 이 두 부류의 사람들 중 일부에게는 하나님이 그의 은혜도 주신다. 하나님은 가난한 자들에게는 인내심을 주심으로써, 삭개오의 경우에서처럼 속이는 자들에게는 회개함을 주심으로써 그들의 눈을 밝히신다.

2. 하나님은 우리 생각에는 별 쓸모가 없을 것 같은 자들을 통해서 섭리를 이끌어 나가신다는 것. 우리는 가난한 자들과 속이는 자들을 하나님의 섭리의 오점들로 여기기 쉽지만, 하나님은 그들을 통해서조차 섭리의 아름다움을 나타내신다. 가난한 자들을 우리 곁에 항상 있게 하시는 것만이 아니라 속은 자와

속이는 자가 둘 다 있게 하시는 것 속에도 하나님의 지혜로운 뜻이 담겨 있다. 왜냐하면, 이 둘은 모두 그에게 속하여(욥 12:16), 그가 찬송받으시는 데에 기여하기 때문이다.

[14]왕이 가난한 자를 성실히 신원하면 그의 왕위가 영원히 견고하리라

1. 사람들 간의 문제를 신실하게 판단하고, 자기 앞에 제기된 모든 송사를 진리와 공평에 따라 판결하는 것, 특히 가난한 자의 송사를 주의깊게 살피는 것은 방백들의 본분이라는 것. 이것은 방백들이 가난한 자들이 낸 송사라고 해서 그것이 불의한 것인데도 그들 편을 들어 주라는 말이 아니라(출 23:3), 그들의 송사가 의로운 것인데도 가난하다는 이유만으로 불이익을 보는 일이 없게 하라는 말이다. 부자들은 자기 자신을 돌보고 지킬 수 있는 힘이 있지만, 가난하고 궁핍한 자들은 그럴 힘이 없기 때문에 왕이 변호해 주고(시 82:3) 신원해 주지 않으면 안 된다(31:9).

2. 이러한 본분을 다하는 방백들이 받는 복. 그들이 앉아 있는 존귀한 왕위, 그들이 여는 법정은 영원히 견고할 것이다. 이런 방백들은 하나님의 은총을 받고 백성들의 사랑을 받아서 그의 왕권이 견고해질 것이고, 그의 왕위를 후손들에게 안전히 물려줄 수 있게 되어, 그의 가문이 영원히 이어질 것이다.

[15]채찍과 꾸지람이 지혜를 주거늘 임의로 행하게 버려 둔 자식은 어미를 욕되게 하느니라

부모들은 자녀를 교육함에 있어서 다음과 같은 것들을 깊이 생각하여야 한다.

1. 적절한 징계가 주는 유익. 부모는 자녀들에게 무엇이 선한 것이고 무엇이 악한 것인지를 말해 주어야 할 뿐만 아니라, 자녀들이 선한 것을 게을리하거나 악한 것을 행할 때에는 필요하다면 그들을 꾸짖고 징계하여야 한다. 채찍 없는 꾸지람으로도 자녀들이 말을 듣는다면, 그것은 좋은 일이지만, 자녀들을 징계할 때에는 이치를 따져서 엄하게 꾸지람을 함이 없이 채찍만이 사용되어서는 안 된다. 부모의 채찍과 꾸지람은 부모와 자녀들의 마음을 잠시 불편하게 만

들겠지만, 결국에는 자녀들에게 지혜를 줄 것이다. 괴로움은 지혜를 준다. 자녀들은 경고를 받아서 지혜를 얻게 될 것이다.

2. 방임이 가져다 주는 재앙. 구속하지도 않고 책망하지도 않고 아도니야처럼 임의로 행하게 버려 두어서 자기가 하고 싶은 대로 하게 둔 자식은 잘 자라준다면 그나마 다행스러운 일이겠지만, 그 자식이 악한 길을 가는 경우에는 아무도 그를 말릴 수 없게 될 것이다. 십중팔구 그는 가족에게 수치를 가져다 줄 것이고, 그를 귀여워하여 그의 방종을 묵인하였던 어미를 욕되게 하며, 아마도 어미를 학대하고 어미에게 악한 말을 하는 것도 서슴지 않게 될 것이다.

[16]악인이 많아지면 죄도 많아지나니 의인은 그들의 망함을 보리라

1. 죄인들이 많을수록 죄도 많아진다는 것. 악인들이 권세의 비호를 받아서 그 수가 많아져 사방에서 활개를 치고 다닌다면, 마치 어떤 지역에서 전염병에 감염된 자들이 점점 늘어갈수록 전염병이 늘어나듯이 죄도 많아지는 것은 전혀 이상한 일이 아니다. 죄를 옹호하는 자들이 많은 곳에서 죄는 점점 더 뻔뻔스럽고 대담해질 것이고, 더욱 위압적이고 위협적이 될 것이다. 옛 세상에서 사람들은 번성하기 시작하자 부패하여 서로를 타락시키기 시작하였다.

2. 죄가 많을수록 멸망도 가까워진다는 것. 의인들은 죄와 죄인들이 많아지는 것에 충격을 받아서 그들의 믿음과 소망을 놓아서는 안 된다. 그들은 그들이 손을 씻은 것이 헛되다거나 여호와께서 이 땅을 버리셨다고 말하지 말고, 인내심을 갖고서 기다려야 한다. 범죄자들은 그들의 죄악의 분량이 다 차면 반드시 망하게 될 것이고, 그 때에 그들의 위엄과 권세로부터 떨어져서 수치와 멸망을 당하게 될 것이며, 의인들은 악인이 끊어지는 것을 똑똑히 보고서 만족하게 될 것인데(시 37:34), 악인들은 이 세상에서 끊어질 수도 있지만 저 큰 날의 심판 때에 반드시 끊어지게 될 것이고, 그 때에 하나님의 불구대천의 원수들의 멸망은 영화롭게 된 성도들의 기쁨과 승리가 될 것이다(사 66:24; 창 19:28을 보라).

[17]네 자식을 징계하라 그리하면 그가 너를 평안하게 하겠고 또 네 마음에 기쁨을 주리라

1. 자녀들이 부모의 위로가 되는 것은 아주 복된 일이라는 것. 선한 자녀들은 부모의 위로이다. 그들은 부모를 평안하게 하고, 그들에 대하여 부모가 가지고 있던 많은 염려들에서 부모를 해방시켜 주어서 편안하게 해 드린다. 또한, 그들은 부모의 마음에 기쁨을 준다. 자녀들을 잘 가르쳐서 그 복된 결과를 보고, 그들이 현세에서와 내세에서 잘 될 것이라는 희망을 갖게 되었을 때, 그것은 부모가 되어서 그런 복을 받아 보지 않은 자들은 결코 알 수 없는 큰 기쁨이다. 자녀에 대하여 많은 염려와 관심을 가졌던 부모일수록 그 기쁨은 더 크다.

2. 자녀가 그렇게 되도록 하기 위해서는 엄한 훈육이 필요하다는 것. 부모는 자녀들이 하고 싶어하는 대로 내버려 두어서는 안 되고, 그들이 잘못하였을 때에는 반드시 꾸짖어야 한다. 자녀들의 마음에 얽혀 있는 어리석음은 어렸을 때에 징계를 통해서 몰아내지 않으면 안 된다. 그렇게 하지 않았을 때에는 자녀들이 다 자란 후에 그 어리석음이 나타나서 그들 자신과 부모를 욕되게 할 것이다.

[18]묵시가 없으면 백성이 방자히 행하거니와 율법을 지키는 자는 복이 있느니라

I. 안정적인 목회 사역이 없는 백성의 불행. 묵시가 없고, 율법을 설명해 줄 선지자가 없으며, 여호와를 아는 선한 지식을 가르쳐 줄 제사장이나 레위인이 없고, 은혜의 수단들이 없으며, 여호와의 말씀이 희귀하여 이상(異象:계시)이 흔히 보이지 않는(삼상 3:1) 곳에서는 백성이 망하게 된다. 백성이 망하게 된다로 번역된 단어는 여러 가지 의미를 지니고 있고, 그 의미들은 여기에 다 적용될 수 있다.

1. 백성은 벌거벗겨지게 된다. 백성들은 그들의 장신구들이 다 벗겨져서 수치를 당하게 되고, 그들의 무기를 다 빼앗긴 채 위험에 노출된다. 성경과 목회자들이 없는 곳은 얼마나 벌거벗겨진 곳으로 보여지겠는가! 따라서, 그 곳은 영혼의 원수에게 손쉬운 먹잇감이 되고 말 것이다.

2. 백성은 하나님만이 아니라 그들의 왕에게도 대적하여 반역을 하게 된다. 선한 말씀들은 사람들을 선한 신민들이 되게 하는데, 그 말씀들이 없으면 백성들은 더 좋은 것을 알지 못하기 때문에 파당을 짓고 소동을 부리며 모든 권세 있는 자들을 멸시하게 된다.

3. 백성은 게으르거나 놀게 된다. 이것은 선생이 없을 때에 학생들이 그러기 쉬운 것과 같다. 그들은 무슨 일을 어떻게 해야 할지에 대하여 가르침을 받지 않았기 때문에, 어떤 선한 목적을 위한 일을 전혀 하지 않고, 시장과 거리를 쏘다니며 온종일 빈둥거리기만 한다.

4. 백성은 목자 없는 양 떼처럼 흩어지게 된다. 이것은 그들을 불러서 한데 모을 선생들이 없기 때문이다(막 6:34). 그들은 배교하여 하나님과 그들의 본분으로부터 흩어지고, 분열하여 서로로부터 흩어진다. 하나님은 분노하셔서 그의 심판들을 통해서 그들을 흩으실 것이고(대하 15:3, 5), 그들은 망하게 될 것이다. 그들은 지식이 없으므로 망하게 된다(호 4:6). 우리에게 풍성한 묵시가 있는 것을 우리가 하나님께 감사해야 할 이유가 여기에 있다.

Ⅱ. 안정되고 성공적인 목회 사역이 있는 백성, 율법을 듣고 지키는 가운데 신앙을 최고로 아는 백성의 지극한 행복. 그런 백성과 그 백성에 속한 개개인은 복이 있다. 우리를 복되게 해주는 것은 율법을 지니고 있는 것이 아니라 율법에 순종해서 거기에 따라 살아가는 것이다.

19 종은 말로만 하면 고치지 아니하나니 이는 그가 알고도 따르지 아니함이니라

여기에 무익하고 게으르며 악한 종, 양심이나 사랑에서 섬기는 것이 아니라 순전히 두려움에서 섬기는 종에 관한 묘사가 나온다. 그런 종들을 둔 자들은 그들이 하는 모양을 볼 때에 인내심을 가지고서 화나는 것을 참고 평정심을 잃지 않아야 한다. 그들이 어떤 자들인지를 보라.

1. 아무리 이치에 맞는 말로 타일러도 그들은 듣지 않는다는 것. 그들에게 좋은 말이나 듣기 싫은 말로 얘기해도, 그들은 그들의 게으름이나 나태함을 고치지 아니하고, 그들의 삶을 고치고자 하지도 않으며, 열심히 일할 생각도 하지 않는다. 그러므로 아무리 온유한 주인도 그들에게는 혹독한 방법을 사용하지 않을 수 없게 된다. 그들은 사리를 분별할 줄 모르기 때문에, 이치를 따져서 얘기해 보아야 아무 소용이 없다.

2. 이치에 맞는 말로는 그들로부터 얻어낼 것이 없다는 것. 그들은 농땡이를 부리고, 굼뜨게 움직인다. 그들은 네가 묻는 질문들을 알고도 거기에 대답하지 않으려 한다. 네가 그들에게 기대하는 것이 무엇인지를 아주 분명하게 얘기

해 주어도, 그들은 너에게 그들에게서 잘못된 것을 고치겠다거나 그들의 일에 마음을 쓰겠다는 약속을 하지 않을 것이다. 주인이 묻는 말에 대답하지 않고 침묵함으로써 매를 버는 종들의 어리석음을 보라. 그들은 주인이 말로 할 때에 얼마든지 자신의 잘못들을 고쳐서 매를 피할 수 있는데도, 괜한 고집을 부리며 그렇게 하고자 하지 않는다.

[20]네가 말이 조급한 사람을 보느냐 그보다 미련한 자에게 오히려 희망이 있느니라

솔로몬은 여기에서 조급한 자는 지혜롭게 될 가망이 거의 없다는 것을 보여준다.

1. 성미가 급하고 별 생각이 없어서 조급한 자. 네가 일에 있어서 조급한 사람, 이랬다 저랬다 하며 변덕이 심한 자, 일에 재빨리 뛰어드는 것처럼 보이지만 중간쯤 하다 마는 자, 책을 읽을 때에나 공부를 할 때에나 아주 빠르게 하고서는 그것을 천천히 소화할 시간을 갖지 않고, 일을 할 때에도 잠시 멈춰서 조용히 생각해 볼 시간을 갖지 않는 자를 보느냐. 재능은 있지만 하나의 일을 진득하게 하지 못하는 자보다는 둔하고 서투르며 학문의 성과가 느리게 나타나는 자가 학자와 지혜자가 되기에 더 희망이 있다.

2. 교만과 자만 때문에 조급한 자. 네가 이제 막 시작된 일에 대하여 마치 자기가 하나님의 말씀을 받은 것처럼 그 처음과 과정과 끝에 이르기까지 모든 것을 얘기하며 최종적인 판단까지 내리는 자를 보느냐. 그렇게 자만심을 갖고 있는 자보다는 자신의 어리석음을 알고 있는 겸손한 미련한 자에게 오히려 희망이 있다.

[21]종을 어렸을 때부터 곱게 양육하면 그가 나중에는 자식인 체하리라

1. 주인이 종을 너무 총애하는 것은 지혜롭지 못한 일이라는 것. 어떤 종이 아주 사랑스러워서, 주인이 그 종을 아주 총애해서 어릴 때부터 먹는 것과 입는 것, 자는 것을 다 신경 써서 좋은 것으로 해주고, 주인에게 스스럼 없이 친밀하게 대하도록 허용하며, 곱게 애지중지 키워서, 일찍부터 높은 자리에 앉히는 것은 어리석은 일이다. 주인은 그 종이 종의 신분이라는 것을 잊지 말아야

하고, 그렇게 지나치게 총애하면, 그 종은 그 어떤 자리에도 쓸모가 없는 자가 되어서, 결국 주인이 그 종을 망쳐 놓은 꼴이 되고 말 것이다. 종들은 고되고 힘든 것을 견뎌내도록 키워야 한다.

2. 종이 자기를 사랑으로 대해주고 키워준 주인에게 무례하게 행하는 것은 배은망덕한 일이지만, 비일비재하게 일어난다는 것. 겸손해진 탕자는 자기가 아들이라 불릴 자격조차 없다고 생각하여, 종으로라도 받아주면 만족하겠다고 말한다. 종을 한껏 떠받들어 주면, 그 종은 자기가 종이라 불리기에는 너무 아까운 사람이라고 생각해서, 자식인 체하며 자식으로서의 편안함과 자유를 누리고자 하고, 주인과 맞먹으려고 하며, 나중에는 주인의 유업까지 물려받으려고 할 것이다. 주인은 종들을 그들의 신분에 맞게 대하고, 그 이상이나 그 이하로 대하지 말아야 한다. 이것은 영혼의 종인 육신에 그대로 적용되는 말이다. 종인 육신을 곱게 양육하고 비위를 맞춰주며 지나치게 사랑해 주면, 육신은 자신의 자리를 잊어버리고, 자기가 아들인 줄로 착각해서, 주인 행세를 하려고 하고, 결국에는 폭군이 되고 말 것이다.

[22]노하는 자는 다툼을 일으키고 성내는 자는 범죄함이 많으니라

이 잠언은 화내고 분노하며 성내는 것이 가져다 주는 해악을 보여준다.

1. 분노는 사람들을 자극하여 서로에게 노하게 만든다는 것. 노하는 자는 다툼을 일으키고, 가족과 이웃 속에서 말썽과 시비를 일으키며, 사람들의 화를 돋우고, 그의 곁에서 평화롭고 조용히 살고자 하는 자들까지 그에게서 떨어져 나가게 만든다.

2. 분노는 사람들을 자극하여 하나님께 도발하게 만든다는 것. 자신의 기분과 감정을 따라 움직이는 성내는 자는 범죄함이 많을 수밖에 없다. 마땅하지 않은 분노는 많은 죄들의 원인이 되는 죄이다. 분노는 사람들이 하나님의 이름을 부르지 못하도록 방해할 뿐만 아니라, 하나님의 이름을 욕하고 저주하며 모독하는 빌미가 된다.

[23]사람이 교만하면 낮아지게 되겠고 마음이 겸손하면 영예를 얻으리라

이 잠언은 그리스도께서 두 번 이상 말씀하신 것과 일치한다.

1. 자기를 높이는 자는 낮아지리라는 것. 자기를 자신의 신분 이상으로 높여서, 또는 위엄있게 보이고 큰소리를 치며 훌륭하게 보이고 자화자찬하면 남들로부터 존경을 얻을 것이라고 생각하는 자들은 자기 생각과는 정반대로 멸시를 받고 명성을 잃으며 하나님의 낮추시는 섭리를 초래하여 낮아지고 비천해지게 될 것이다.

2. 자기를 낮추는 자는 높아지고, 그 존엄이 견고해지리라는 것. 마음이 겸손하면 영예를 얻으리라. 그들의 겸손은 곧 그들의 존귀함이기 때문에 그들을 진정으로 크게 만들 것이며, 그들로 하여금 모든 지혜롭고 선한 자들의 존경을 받게 만들 것이다.

[24]도둑과 짝하는 자는 자기의 영혼을 미워하는 자라 그는 저주를 들어도 진술하지 아니하느니라

이 잠언은 죄인들의 유혹에 이끌려간 자들이 어떤 죄와 파멸에 휘말리게 되는지를 보여준다.

1. 그들은 많은 죄책을 초래한다는 것. 도둑질하고 속여서 빼앗는 자들과 짝하고, 그들과 함께 제비를 뽑는 자가 그렇다(1:11 이하). 도둑과 짝하는 자는 도둑만큼이나 악한 자이다. 도둑이 도둑질을 할 때에 그와 어울렸던 자는 위증죄가 아무리 무시무시하고 위증하면 저주를 받아도 좋다는 선서를 하더라도 도둑질을 한 죄를 숨기는 데에도 그 도둑에게 협력할 수밖에 없기 때문에 사실을 진술하지 아니할 것이다.

2. 그들은 철저한 파멸을 재촉한다는 것. 그들은 자기의 영혼을 미워하는 자이다. 왜냐하면, 그들은 자기의 영혼을 파멸시킬 수밖에 없는 일을 의도적으로 행하고 있는 것이기 때문이다. 죄인들이 범하는 어처구니없는 일들을 보라. 그들은 그 어떤 것보다 더 무시무시한 죽음을 사랑하고, 그 어떤 것보다 소중한 자기의 영혼을 미워한다.

[25]사람을 두려워하면 올무에 걸리게 되거니와 여호와를 의지하는 자는 안전하리라

1. 사람의 힘을 두려워하지 말라는 경고. 우리는 왕의 힘이나 다수의 힘을 두려워해서는 안 된다. 이 두 힘은 가공할 만한 힘이기는 하지만, 그러한 힘을 비굴하게 두려워하는 자는 올무에 걸리게 된다. 즉, 그는 많은 수모를 당하게 되거나(어떤 자들은 소심한 사람들을 겁주는 일에서 자부심을 느낀다), 많은 유혹에 노출된다. 사람을 두려워하여 아브라함은 사라가 자기 아내임을 부인하였고, 베드로는 그의 주님을 부인하였으며, 많은 사람이 그의 하나님과 신앙을 부인하였다. 우리는 사람의 분노를 피하기 위해서 우리가 해야 할 일을 하지 않거나 죄를 범해서는 안 되고, 비록 사람의 분노가 우리에게 닥치고 있는 것을 볼지라도 두려움으로 불안해해서는 안 된다(단 3:16; 시 118:6). 사람은 하나님이 아니기에 반드시 죽을 수밖에 없는 존재이고(사 51:12), 단지 우리의 육신만을 죽일 수 있는 존재이기 때문이다(눅 12:5).

2. 하나님의 능력을 의지하라는 격려. 하나님은 우리로 하여금 사람을 두려워하지 않도록 지켜 주셔서, 그 두려움 속에서 괴로워하거나 유혹을 받는 일이 없게 해주실 것이다. 그의 본분을 다하는 가운데 그를 지켜 주시고 필요한 것들을 공급해 주실 것을 기도하며 여호와를 의지하는 자는 사람의 힘과 그 힘을 두려워하는 것이 미치지 못하는 높은 곳에 안전하게 서 있게 될 것이다. 하나님에 대한 거룩한 신뢰와 의지(依支)는 사람을 크고 평안하게 만들고, 그에게 그를 대적하는 지옥과 세상의 무시무시한 음모들을 은혜로 멸시할 수 있는 힘을 준다. 하나님은 나의 구원이시라 내가 신뢰하고 두려움이 없으리라(사 12:2).

26 주권자에게 은혜를 구하는 자가 많으나 사람의 일의 작정은 여호와께로 말미암느니라

1. 사람들이 출세하고 부자가 되며 큰 자가 되기 위하여 통상적으로 어떻게 하는가. 그들은 주권자, 즉 왕의 은혜를 구한다. 그들은 마치 그들의 모든 일이 왕에게 달려 있다는 듯이, 온 힘을 다하여서 왕의 총애를 얻고자 애를 쓴다. 솔로몬 자신도 주권자였기 때문에, 사람들이 이런저런 핑계로 그에게 접근하려고 애쓰지만 사실 그들이 원하는 것은 그의 은혜라는 것을 알고 있었다. 이 세상에서 부차적인 원인자들(여기에서는 왕)은 불확실하고 자주 사람들을 실망시키는데도, 사람들은 어떻게든 큰 자들의 환심을 사서 출세해 보고자 하는 길을

택한다. 주권자에게 은혜를 구하려고 무진 애를 쓰는 자가 많지만, 그 은혜를 얻는 자는 별로 없다. 그 은혜를 얻는다고 해도, 그것은 잠시뿐이고, 사람들은 머지않아 이런저런 작은 일로 왕의 진노를 사서 그 은혜를 상실하고 만다. 설령 사람들이 왕의 은혜를 얻어서 오래도록 유지한다고 해도, 그것은 그들의 기대를 충족시켜 주지 못하고, 그들은 거기에서 그들이 기대했던 것을 손에 넣을 수 없다. 하만은 주권자의 은혜를 가졌으나, 그에게 아무런 도움이 되지 못하였다.

2. 사람들이 행복하기 위하여 취할 수 있는 가장 지혜로운 길은 무엇인가. 그것은 하나님을 바라보고, 주권자 중의 주권자이신 분의 은총을 구하는 것이다. 왜냐하면, 사람의 일의 작정은 여호와께로 말미암기 때문이다. 왕이 기뻐한다고 해서, 행복이 우리에게 있는 것이 아니다. 왕의 은혜는 우리를 행복하게 만들어 줄 수 없고, 왕의 노여움도 우리를 불행하게 만들 수 없다. 그러나 하나님이 기뻐하시면, 우리에게 행복이 있다. 모든 피조물은 하나님이 시키시는 대로 우리를 대하고, 그 이상도 그 이하도 아니다. 하나님이 최초의 원인자이시고, 모든 부차적인 원인자들은 이 최초의 원인자를 따라 움직인다. 하나님이 돕지 않으시면, 그들도 도울 수 없다(왕하 6:27; 욥 34:29).

[27]불의한 자는 의인에게 미움을 받고 바르게 행하는 자는 악인에게 미움을 받느니라

이 잠언은 미덕과 악덕, 빛과 어둠, 불과 물 간에 있는 내재적인 상반성(相反性)만이 아니라, 여자의 후손과 뱀의 후손 간에 늘 있어 왔던 해묵은 적대감을 표현하고 있다(창 3:15).

1. 거룩함을 입은 모든 자들은 악과 악인들에 대하여 뿌리깊은 반감을 지니고 있다는 것. 그들은 모든 사람의 영혼에 대하여 선의를 지니고 있다(하나님도 아무도 멸망 받지 않기를 원하신다). 그러나 그들은 하나님을 향하여 불경스럽고 사람들을 해치는 자들의 길과 행위를 미워한다. 그들은 그런 것들에 대하여 듣거나 말할 때마다 거룩한 분노를 느끼지 않을 수 없다. 그들은 불경건하고 불의한 자들의 모임을 싫어하고, 그런 자들에게 그 어떤 지지도 보내지 않으며, 악인들의 악을 근절시키기 위해 최선을 다한다. 이렇게, 불의한 자는

의인에게 미움을 받고, 선한 자들이 그들을 참을 수 없어 하는 것은 불의한 자가 현세에서 겪는 수치이자 벌의 일부분이다.

2. 거룩하여지지 않은 모든 자들도 경건함과 경건한 자들에 대한 뿌리깊은 반감을 지니고 있다는 것. 바르게 행하는 자, 양심적으로 말하고 행하는 자는 악인에게 미움을 받는다. 이것은 정직한 자들의 올바른 행실 때문에 악인들의 악이 제약을 받거나 억눌러지고, 적어도 악인들이 부끄러움을 당하고 정죄를 받기 때문이다. 그의 아비 마귀에게서 난 가인도 그랬다. 악인들이 하나님이 사랑하시는 자들을 미워하는 것은 그들의 악이지만, 장차 그들이 미워하는 자들이 영원한 복락과 존귀 가운데서 아침에 그들을 다스리는 것을 보게 되어 있다는 것(시 49:14)은 그들의 참담한 불행이다.

제 — 30 — 장

개요

이 장과 다음 장은 솔로몬의 잠언집에 대한 부록이다. 그러나 각 장의 첫머리에서 거기에 나오는 것들을 예언이라고 분명하게 부르고 있는 것은 그것들을 쓴 자들이 누구이든 하나님의 감동을 받아 그것들을 기록하였다는 보여주는 것이다(30:1; 31:1). 이 장은 "야게의 아들 아굴"이라는 이름을 지닌 자에 의해서 씌어졌다. 그가 어느 지파 사람이고 언제 살았는지는 알 수가 없지만, 성령의 감동을 따라 그가 쓴 글은 여기에 기록으로 남아 있다. I. 그의 신앙 고백(1-6절). II. 그의 기도(7-9절). III. 종들에게 나쁜 짓을 하지 말라는 경고(10절). IV. 네 부류의 악한 무리들(11-14절). V. 만족할 줄을 모르는 것 네 가지(15-16절). 여기에 패륜아에 대한 경고가 덧붙여져 있다(17절). VI. 헤아릴 수 없는 것 네 가지(18-20절). VII. 견딜 수 없게 하는 것 네 가지(21-23절). VIII. 작으면서도 지혜로운 것 네 가지(24-28절). IX. 위풍 있는 것 네 가지(29-33절).

**[1]이 말씀은 야게의 아들 아굴의 잠언이니 그가 이디엘 곧 이디엘과 우갈에게 이른
것이니라 [2]나는 다른 사람에게 비하면 짐승이라 내게는 사람의 총명이 있지 아니하
니라 [3]나는 지혜를 배우지 못하였고 또 거룩하신 자를 아는 지식이 없거니와 [4]하늘
에 올라갔다가 내려온 자가 누구인지, 바람을 그 장중에 모은 자가 누구인지, 물을
옷에 싼 자가 누구인지, 땅의 모든 끝을 정한 자가 누구인지, 그의 이름이 무엇인
지, 그의 아들의 이름이 무엇인지 너는 아느냐 [5]하나님의 말씀은 다 순전하며 하나
님은 그를 의지하는 자의 방패시니라 [6]너는 그의 말씀에 더하지 말라 그가 너를 책
망하시겠고 너는 거짓말하는 자가 될까 두려우니라**

어떤 이들은 아굴이 이 글을 쓴 저자의 이름이 아니라, 그 저자의 성격을 나타내는 것이라고 본다. 즉, 그는 편집자(이것이 아굴의 의미이다)였다는 것이다. 그는 이 글을 직접 쓴 것이 아니라, 다른 사람들의 지혜로운 글들을 모으거나 그런 글들에서 일부를 발췌하여 이 글을 만들었다. 어떤 이들은 이것이

그가 "나는 스스로 지혜를 배우지 못하였고, 단지 다른 지혜롭고 학식 있는 자들의 필사자 또는 서생(書生)이었다"고 말하는 이유라고 생각한다(3절). 우리는 그것이 어떤 것이 되었든 우리의 달란트를 땅에 묻어 두어서는 안 된다. 그것이 다른 사람들이 쓴 글을 모아서 편집하는 달란트일지라도, 우리는 받은 은사를 써야 한다는 것을 명심하라. 그러나 우리는 아굴이 이 글을 쓴 저자의 이름이라고 본다. 그의 이름은 성경의 다른 곳에 나오지 않지만, 틀림없이 당시에는 잘 알려져 있었을 것이다.

그리고 이디엘과 우갈은 다음 둘 중의 하나일 것이다.

1. 그가 가르쳤던 문하생들의 이름이거나 지혜롭고 선하기로 이름을 날렸던 그를 찾아와 가르침을 청했던 자들의 이름. 바룩이 예레미야가 말한 것을 기록하였듯이, 아마도 아굴이 구술한 것을 기록한 것들은 이 두 사람이었을 것이다. 이 두 사람 덕분에 이 글은 보존되었고, 이 두 사람은 그들이 직접 아굴에게서 들은 것이라 이 글이 참되다는 것을 증언할 수 있었다. 그들은 이 글이 진실하다는 것을 증언할 두 증인이었다.

2. 그의 강론의 주제. 이디엘은 나와 함께 하시는 하나님을 의미하는 단어로서 임마누엘(우리와 함께 하시는 하나님)이라는 단어를 한 개인에게 적용한 것이다. 우리는 믿음으로 이 하나님을 나에게 적용해서 "나를 사랑하시고, 나를 위해 자신을 주시고, 나를 그와 하나되게 하셔서 교제하게 하시는 하나님, 곧 나와 함께 하시는 하나님"이라고 부를 수 있다. 우갈은 전능자를 의미한다. 왜냐하면, 하나님은 전능하셔서 우리를 도우실 수 있으신 분이기 때문이다. 그러므로 많은 훌륭한 해석자들은 이것을 메시야에게 적용한다. 모든 예언들이 메시야를 증언하고 있는데, 이 예언이라고 해서 예외일 수는 없지 않는가. 아굴이 이 글에서 말하고 있는 것은 이디엘 곧 이디엘(이 이름이 강조되고 있다), 즉 나와 함께 하시는 하나님이다(사 7:14).

이 선지자는 여기에서 세 가지를 목표로 한다.

I. 자기 자신을 낮춤. 그는 자신의 신앙을 고백하기 전에, 자기가 어리석고 총명이 별로 없다는 것을 고백하는데, 이것은 우리가 믿음으로 인도함과 다스림을 받기 위해서 꼭 필요한 것이다. 그는 구주에 대하여 말하기 전에, 그가 구주를 필요로 한다는 것과 구주 없이는 그가 아무것도 아니라는 것을 말한다. 우리는 예수 그리스도께로 들어가기 전에 우리 자신에게서 나와야 한다.

1. 그는 자기에게 의가 없고, 자기가 어리석게, 그것도 아주 어리석게 행하여 왔다고 말한다. 그는 자기 자신을 뒤돌아보면서, 나는 다른 사람에게 비하면 짐승이라고 고백한다. 사실, 사람은 다 짐승 같이 되어 버렸다(렘 10:14). 그러나 자기 마음을 아는 자는 다른 어떤 사람보다도 자기 자신이 훨씬 더 악하다는 것을 알기 때문에 이렇게 부르짖을 수밖에 없다. "정말, 나는 그 누구보다도 더 짐승 같다고 생각하지 않을 수 없구나. 분명히 그 어떤 사람도 나만큼 이렇게 부패하고 속이는 마음을 지니고 있지는 않을 거야. 나는 아담의 총명이 있지 않은 자, 사람이 처음에 지음 받았을 때에 지니고 있던 지식과 의로부터 형편없이 타락한 자로서 행해 왔다. 아니, 내게는 사람으로서의 평범한 지각이나 이성도 없어. 그런 것만 있었어도, 나는 이제까지 이렇게 살아오지는 않았을 거야." 아굴은 다른 사람들로부터 최고의 지혜자라는 칭송을 받고 있었을 때에 자기는 그 누구보다도 미련한 자라고 고백하였다. 다른 사람들이 우리를 아무리 높이 평가하더라도, 우리는 우리 자신을 아무것도 아닌 자로 생각하는 것이 합당하다.

2. 그는 그를 진리와 지혜의 길로 이끌어 줄 계시가 자기에게는 없었다고 말한다. 그는 이렇게 고백한다(3절). "나는 나 자신의 힘으로 지혜를 배우지 못하였고(지혜의 깊이는 나의 측량줄과 저울추로는 잴 수 없었다는 것), 또한 거룩한 천사들이나 죄 짓기 전의 우리의 첫 조상들이나 하나님의 거룩하신 것들을 아는 지식이 없다. 내게는 하나님이 내게 알게 하신 것 외에는 그런 것들에 대한 그 어떤 통찰력이나 판단력이 없다." 육에 속한 자연인과 자연적인 능력들은 하나님의 성령의 일들을 받지 아니한다. 어떤 이들은 아굴이 옛적의 아폴론 신처럼 가장 지혜로운 자가 누구인가라는 질문을 받은 것이라고 추측한다. 그 질문에 대한 대답은 이것이다: 특히 하나님께 속한 일들에 있어서 자신의 무지를 아는 자가 바로 가장 지혜로운 자이다. 내가 아는 모든 것은 내가 아무것도 모른다는 것이다.

Ⅱ. 예수 그리스도를 높이고, 그를 통해 아버지 하나님을 높임(4절).

1. 어떤 이들은 이 본문을 비할 바 없고 헤아릴 수 없는 하나님과 그의 역사(役事)들에 대하여 말하고 있는 것으로 이해한다. 아굴은 사람들에게 윗하늘들, 바람들, 물들, 땅에 대하여 설명해 보라고 도전한다. "하늘에 올라가서 위의 천체를 본 후에 다시 내려와서 우리에게 그것들을 설명해 준 자가 누가 있었느

냐? 하나님처럼 바람들을 손으로 잡아서 부리고, 모래를 빙 둘러쳐서 바닷물을 가둘 수 있었던 자가 누가 있었느냐? 땅의 모든 끝을 정한 자가 누가 있었으며, 땅의 기초들의 세기나 그 한계를 설명해 줄 수 있는 자가 누가 있느냐? 하나님과 겨룰 수 있거나 하나님의 모사가 될 수 있는 자의 이름이 무엇인지, 만약 그가 죽었다면 이 큰 비밀을 물려받은 그의 아들의 이름이 무엇인지를 내게 말해다오."

2. 어떤 이들은 이 본문이 이디엘과 우갈, 즉 하나님의 아들 그리스도에 대하여 말하고 있는 것으로 이해한다. 왜냐하면, 여기에서 아굴이 찾고 있는 것은 아버지의 이름 또는 아들의 이름이고, 아굴은 여기에서 그 이름은 그 누구도 견줄 수 없다고 말하고 있기 때문이다. 지금은 우리가 그리스도를 이미 계시된 분으로서 알고 찬양하지만, 당시 사람들에게 그리스도는 숨겨진 분, 어느 정도 듣기는 들었지만 정확히 알지 못하는 부분이 아주 많은 그런 분이었다. 우리가 귀로 그 소문은 들었지만, 그를 설명할 수는 없다(욥 28:22). 바람을 그 장중에 모으고, 물을 옷에 싼 분은 분명히 하나님이다. 그러나 그의 이름은 무엇인가? 그의 이름은 스스로 있는 자이고(출 3:14), 그 이름은 우리가 이해해야 하는 이름이 아니라 경배해야 하는 이름이다. 그의 아들의 이름은 무엇인가? 하나님은 그의 아들을 통해서 이 모든 일을 하신다. 구약의 성도들은 찬송 받으실 이의 아들이신 메시야를 기다렸고, 그 메시야는 여기에서 아버지 하나님과는 구별되는 존재로 얘기되고 있기는 하지만, 그의 이름은 아직 비밀로 감춰져 있다. 위대한 구속주는 그의 섭리와 은혜의 영광들에 있어서 그 누구와도 비할 수 없는 분임을 명심하라.

(1) 구속주의 은혜의 나라의 영광들은 헤아릴 수 없고 비할 바가 없다. 왜냐하면, 구속주 외에 하늘에 올라갔다가 내려온 자가 없기 때문이다. 오직 구속주만이 두 세계를 완벽하게 알고 계시고, 두 세계와 자유롭게 교통하시기 때문에, 중보자로서, 그리고 야곱의 사닥다리로서 두 세계를 잇는 일에 그 외에 다른 적임자가 없다. 그는 하늘에서 아버지의 품 속에 계셨다(요 1:1, 18). 그는 거기로부터 내려오셔서 성육신을 통하여 우리와 같은 사람의 모양이 되셨다. 그러한 겸양은 이제까지 결코 없었다. 그는 높아지신 상태에서 약속된 영광을 받으시기 위하여 사람의 모양으로 다시 하늘로 올라가셨다(엡 4:9). 이렇게 한 자가 구속주 외에 누가 있는가(롬 10:6)?

(2) 구속주의 섭리의 나라의 영광들도 헤아릴 수 없고 비할 바가 없다. 하늘과 땅을 화해시키신 분은 하늘과 땅을 지으시고 만물을 다스리며 운행하시는 창조주이기도 하시다. 여기에서는 그가 공기(바람), 물, 흙(땅)이라는 세 가지 원소를 어떻게 다스리시는지를 구체적으로 묘사한다.

[1] 공기의 움직임은 그의 지시를 따른 것이다. 사탄은 공중의 권세 잡은 자인 체하지만, 공중에서조차도 모든 권세는 그리스도께 있다. 그는 바람을 꾸짖으셨고, 바람은 그에게 순종하였다.

[2] 물의 경계는 그가 정하신 것이다. 그는 물을 옷에 싸셨다. 그는 바다에게 한계를 정해 주시며, 네가 여기까지 오고 더 넘어가지 못하리라고 명하셨다(욥 38:9-11).

[3] 땅의 기초들은 그가 세우신 것이다. 그는 처음에 그 기초들을 세우셨고, 지금도 여전히 그것들을 붙들고 계신다. 만약 그리스도께서 붙들고 계시지 않으셨다면, 땅의 기초들은 사람의 죄로 말미암은 땅에 대한 저주의 무게 때문에 무너지고 말았을 것이다. 이 모든 일을 하시는 전능자는 누구이고 어떤 분인가? 우리는 하나님이나 하나님의 아들을 완전히 알 수는 없다. 깊도다 하나님의 지혜와 지식의 풍성함이여, 그의 판단은 헤아리지 못할 것이며 그의 길은 찾지 못할 것이로다(롬 11:33).

Ⅲ. 하나님의 말씀은 참되다는 것을 보장하며 우리에게 권함(5-6절). 아굴의 문하생들은 하나님의 일들에 대하여 그에게 가르침 받기를 기대한다. 그러나 그는 이렇게 말한다. "슬프게도 나는 너희를 가르칠 수 없다. 하나님의 말씀으로 가라. 거기에서 하나님이 자기 자신에 대하여, 그리고 자신의 마음과 뜻에 대하여 무엇을 계시하셨는지를 보라. 너는 그 말씀이 네게 가르치는 것 이상의 것을 알 필요가 없고, 그 말씀을 확실하고 충분한 것으로 여겨 의지할 수 있다. 하나님의 말씀은 다 순전하다. 거기에는 거짓이나 부패한 것이 조금도 섞여 있지 않다." 사람들의 말은 틀린 것들이 꽤 섞여 있을 것을 예상하고 주의해서 들어야 하지만, 하나님의 말씀에는 그 어떤 결함이나 결핍도 없다. 그것은 흙 도가니에 일곱 번 단련한 은 같아서(시 12:6) 약간의 찌꺼기나 불순물도 없다. 주의 말씀은 심히 순수하나이다(시 119:140).

1. 하나님의 말씀은 확실하기 때문에, 우리는 그것을 믿고 우리의 목숨을 거기에 걸어야 한다. 말씀과 약속 안에서 하나님은 그의 보호하심 아래에 자신을

두고 그를 의지하는 모든 자들의 방패, 즉 확실한 보호막이시다. 하나님의 말씀은 우리가 믿음으로 받기만 한다면 아무리 큰 위험 속에서도 우리를 평안하게 해줄 것이다(시 46:1-2).

2. 하나님의 말씀은 부족함이 없기 때문에, 우리는 거기에 아무것도 더해서는 안 된다(30:6). **너는 그의 말씀에 더하지 말라.** 그의 말씀은 순전하고 완전하다. 이것은 하나님의 말씀과 반대되거나 다투는 것은 그 어떤 것이라도 용납해서는 안 된다는 것이다. 하나님의 말씀을 해설한다는 그럴 듯한 핑계를 대더라도 그 해설하는 것에 말씀과 대등한 권위를 부여한다면, 그것은 **그의 말씀에 더하는** 것이 되어서, 하나님의 말씀을 뭔가 부족한 것이 있는 것으로 여겨 욕보이는 것일 뿐만 아니라, 그 말씀에 온갖 오류와 변질을 들여오는 통로를 열어놓는 것이다. 왜냐하면, 하나의 터무니없는 말이 받아들여지고, 한 사람이나 집단의 말이 하나님의 말씀과 동일하게 믿어지고 숭상된다면, 그런 일은 계속해서 무수하게 일어날 것이기 때문이다. 우리는 하나님이 그의 마음과 생각에 대하여 우리에게 알게 하시기에 적당하다고 생각하신 정도만큼 아는 것으로 만족해야 하고, 기록된 것 이상으로 지혜로우려고 욕심을 부려서는 안 된다.

(1) 하나님은 그런 욕심을 흉악무도한 모욕으로 여겨서 괘씸하게 여기실 것이다. "**그가 너를 책망하실** 것이고, 너를 그의 왕권과 위엄에 대적하는 반역자로 여기실 것이며, 너에게 그의 말씀에 가감을 행한 자들이 받을 중한 벌을 내리실 것이다(신 4:2; 12:32)."

(2) 그런 욕심은 우리를 끝없는 오류와 잘못으로 내몰 것이다. "너는 거짓말쟁이, 진리의 말씀을 더럽힌 자, 이단들의 창시자가 될 것이고, 하늘의 옥새를 위조해서 하나님으로부터 사명과 영감을 받은 체하지만 그 모든 것이 다 속임수인 최악의 문서 위조죄를 범한 자가 될 것이다. 사람들은 그런 속임수에 속을 수도 있지만, 하나님은 결코 우롱당하시는 분이 아니다."

[7]내가 두 가지 일을 주께 구하였사오니 내가 죽기 전에 내게 거절하지 마시옵소서 [8]곧 헛된 것과 거짓말을 내게서 멀리 하옵시며 나를 가난하게도 마옵시고 부하게도 마옵시고 오직 필요한 양식으로 나를 먹이시옵소서 [9]혹 내가 배불러서 하나님을 모른다 여호와가 누구냐 할까 하오며 혹 내가 가난하여 도둑질하고 내 하나님의 이름을 욕되게 할까 두려워함이니이다

아굴의 신앙 고백과 신조에 이어서, 여기에는 그의 기도가 나온다.

I. 기도의 서문. 하나님, 내가 두 가지 일을 주께 구하였나이다. 우리는 기도를 시작하고 나서 그 때에 가서야 우리가 무엇을 구하고 청해야 할지를 찾는 일이 생기지 않도록 하기 위하여, 기도하기 전에 먼저 우리에게 무엇이 필요한지, 우리가 하나님께 구하고자 하는 것들이 무엇인지를 생각하는 것이 좋다. 우리의 처지에 무엇이 필요한가? 우리의 마음은 무엇을 원하는가? 우리는 하나님이 우리를 위해 무엇을 해주시기를 원하는가? 그는 내가 죽기 전에 내게 거절하지 마시옵소서라고 간구한다. 우리는 기도할 때에 우리의 죽음을 생각하고, 거기에 따라 기도하여야 한다. "주여, 내가 죽어서 떠나 없어지기 전에 내게 죄 사함과 평강과 은혜를 주옵소서. 왜냐하면, 내가 죽기 전에 새로워져서 거룩함을 입지 않는다면, 이후에는 그런 일이 이루어질 수 없을 것이기 때문이나이다. 내가 죽기 전에 기도 응답을 받지 못한다면, 그 후에는 기도를 드려도 아무 소용이 없을 것이니, 주여, 주여 내 기도를 거절하지 마시옵소서. 무덤에서는 이런 지혜나 기도가 소용없을 것이오니, 내가 죽기 전에, 망하기 전에 주의 은혜를 내게 거절하지 마시옵소서. 주께서 내게 잠잠하시면, 내가 무덤에 내려가는 자와 같을 것이나이다(시 28:1). 내가 죽기 전에 내게 거절하지 마시옵소서. 내가 산 자의 땅에 머무르는 동안에는 나로 하여금 주의 은혜와 선한 섭리의 이끄심 아래에 머물게 하옵소서."

II. 기도의 내용. 그가 구한 두 가지 일은 족한 은혜와 필요한 양식이다.

1. 그의 영혼에 족한 은혜. "헛된 것과 거짓말을 내게서 멀리 하옵소서. 나를 죄에서 건지시고, 모든 죄의 밑바닥에 있는 온갖 부패한 원리들과 습관들과 감정들, 오류와 잘못에서 건지시며, 나로 하여금 온통 헛된 것과 거짓말뿐인 세상과 세상에 속한 것들을 사랑하지 않게 하소서." 어떤 이들은 이 기도를 죄 사함을 위한 기도로 본다. 왜냐하면, 하나님이 죄를 사하실 때에 죄를 없애시고 제거하실 것이기 때문이다. 하지만, 이것은 우리를 시험에 들게 하지 마옵소서라는 기도와 동일한 의미의 기도일 것이다. 죄보다 우리에게 더 해로운 것은 없기 때문에, 우리는 그 어떤 것보다도 악을 행하지 않게 해 달라고 기도하여야 한다.

2. 그의 육신에 필요한 양식. 하나님의 은혜의 역사(役事)들을 위하여 기도한 후에, 그는 여기에서 영혼이 해를 입지 않고 복을 얻을 수 있는 쪽으로 하나

님의 섭리의 은총들을 베풀어 주시라고 간구한다.

(1) 그는 하나님의 거저 주시는 선물로 인해서 현세의 좋은 것들을 필요한 분량만큼 받을 수 있게 되기를 기도한다. "오직 필요한 양식으로 나를 먹이시옵소서. 하나님께서 내게 허용하시는 것이 적절하다고 생각하시는 그런 정도의 양식을 내게 주어 먹게 하옵소서." 하나님의 섭리에 의한 온갖 선물들과 관련해서는 우리는 그것을 하나님의 지혜에 맡겨 드려야 한다. 또는, "사람이자 한 가족의 가장인 내게 적절한 양식, 이 세상에서 나의 지위와 처지에 맞는 양식을 내게 주옵소서." 왜냐하면, 그 사람이 누구냐 하는 것은 그가 이 세상에서 어떤 지위와 처지에 있느냐 하는 것이기 때문이다. 우리 구주께서는 이 본문과 야곱의 서원을 염두에 두시고서, 오늘 우리에게 일용할 양식을 주옵소서(마 6:11)라고 기도하라고 우리에게 가르치셨던 것 같다. 야곱은 먹을 떡과 입을 옷 외에 그 이상의 것을 원하지 않는다고 서원하였다(창 28:20). 우리에게 진수성찬이나 다양한 진미들이 넘쳐나지 않더라도 우리에게 필요한 양식만 있으면, 우리는 그것으로 족한 줄 알아야 한다. 우리에게는 식도락을 즐길 수 있는 것들이 아니라 꼭 필요한 양식만 있으면 된다. 우리는 이 필요한 양식을 주시라고 믿음으로 기도할 수 있고, 하나님이 그것을 주시리라는 것을 믿고 의지할 수 있다.

(2) 그는 그의 삶 속에서 그에게 시험거리가 될 만한 모든 것들에서 그를 지켜 주시라고 기도한다.

[1] 그는 너무 부유하거나 너무 궁핍하지 않게 해달라고 기도한다. 나를 가난하게도 마옵시고 부하게도 마옵소서. 이것은 그가 하나님께 어떻게 해 달라고 주문하는 것도 아니고, 하나님에게 그를 어떤 형편에 있게 해주셔야 하는지를 가르치는 것도 아니며, 가난이나 부함을 그 자체가 악한 것으로 규정하고 거부하는 것도 아니다. 왜냐하면, 가난이든 부함이든 하나님의 은혜로 말미암아 거룩하게 성별되어서 우리에게 복의 통로가 될 수 있기 때문이다.

첫째, 그는 이 기도를 통해서 지혜롭고 선한 자들이 소중히 여기는 중용의 삶을 살기를 원하는 마음을 피력하고자 하고, 너무 존귀한 삶이나 너무 멸시받는 삶이 아니라 그저 평범한 중용의 삶이 그의 삶이 되기를 원하고 있는 것이다. 우리는 가난할 때나 부할 때에나 은혜로 잘 대처하여 살아가는 법을 배워야 하지만(사도 바울처럼, 빌 4:12), 항상 가난하지도 부하지도 않은 삶을 살기를 원하여야 한다. 최선의 삶은 가난이 깃들어 있지도 않고 가난과 아주 동떨어져 있지도 않은 삶이다(세네카).

둘째, 그는 이 기도를 통해서 그가 자기 자신에 대하여 거룩한 질투를 지니고 있다는 것과 가난이나 부유함에서 오는 유혹들에 그의 온전한 삶을 지키지 못할 수도 있다는 것을 보여준다. 다른 사람들은 가난이나 부함 가운데서 그들의 온전한 삶을 지킬 수 있을지 모르지만, 그는 그럴 수 없을지도 모른다고 두려워한다. 그래서, 본성이 그에게 가난하지 않도록 기도하라고 가르치듯이, 은혜는 그에게 부하게 되지 않도록 기도하라고 가르친다. 그러나 주의 뜻대로 이루어지이다(행 21:14).

[2] 그는 그가 그렇게 기도하는 것이 경건한 이유 때문임을 아뢴다(9절). 그는 "혹 내가 부하게 되면, 염려가 늘고, 이웃들의 시기를 받으며, 많은 종들이 그 재산을 먹어 치울까 걱정이 되고, 혹 내가 가난하게 되면, 사람들에게 짓밟히고, 고된 일을 하며, 힘들게 살게 되지 않을까 하여서 그런 기도를 한다"고 말하는 것이 아니라 "내가 부하게 되거나 가난하게 되거나 죄를 짓게 될까봐 그것이 걱정이어서 그런 기도를 한다"고 말한다. 느헤미야의 경우가 보여주듯이(느 6:13), 어떤 처지에 있든 모든 일 속에서 선한 자가 두려워하는 것은 죄이다.

첫째, 그는 부함에서 오는 유혹들을 두려워해서, 자기를 부하게 하지 말아 달라고 기도한다. 여수룬이 기름지매 발로 차서 자기를 지으신 하나님을 버렸고(신 32:15), 애굽의 왕 바로가 교만하여 여호와가 누구이기에 내가 그의 목소리를 듣겠느냐(출 5:2)고 말했던 것처럼, 내가 배불러서 하나님을 모른다 할까 두렵다고 그는 말한다. 사람들은 잘 살게 되면 교만해져서, 마치 그들에게 하나님이 필요없고, 하나님께 빚진 것도 없다는 듯이 하나님을 잊는다. 전능자가 우리를 위하여 무엇을 하실 수 있으랴(욥 22:17). 그러므로 그들은 하나님을 위하여 아무것도 하지 않으려 한다. 선한 자들조차도 그들의 마음이 얼마나 기만적인지를 잘 알기 때문에, 자기도 모르게 가장 흉악한 죄들을 짓지 않을까 두려워한다. 선한 자들은 이 세상에서 최고의 부자가 되고 가장 좋은 것들을 얻었다고 해도 그런 것들은 그들이 저지른 아주 작은 죄로 인한 약간의 죄책조차도 상쇄시켜줄 수 없다는 것을 안다.

둘째, 그는 가난에서 유혹들을 두려워해서, 다른 이유가 아니라 바로 그 이유 때문에 자기를 가난하게 하지 말아 달라고 기도한다. 내가 가난하여 도둑질하지 않도록 하여 주옵소서. 사람이 가난하게 되면, 정직하게 살고 싶지 않은 유혹을 강하게 받게 되고, 많은 사람들은 가난을 핑계로 삼아서 그 유혹에 넘어가지만, "내가 가난해서 훔쳤다"는 변명은 사람들의 법정에서와 마찬가지로 하나님의 법정에서도 통하지 않을 것이다. 그러나 **주릴 때에 배를 채우려고 도둑질하면**(6:30), 사람들은 그를 불쌍히 여길 것이고, 정직을 신조로 삼아 살던 자들조차도 가난해지면 도둑질해서라도 살고 싶은 유혹을 느끼게 되는 법이다. 하지만 아굴이 그런 것을 두려워하는 이유가 무엇인지를 잘 살펴보라. 그것은 그가 "가난 때문에 도둑질을 하고 나서" 배상을 제대로 해주지 못하여, 가난한 유대인 도둑들처럼 "교수형을 당하거나 채찍을 맞거나 쇠사슬에 매이게 되거나 노예로 팔려가게 될 것을 두려워하였기" 때문이 아니라, 그런 일로 하나님을 욕되게 할 것이 두려웠기 때문이었다. "**혹 내가 가난하여 도둑질하고 내 하나님의 이름을 욕되게 할까 두려워함이니이다.** 즉, 나의 신앙에 걸맞지 않은 행동을 함으로써 내가 믿는 신앙을 욕되게 하는 것이 내가 두려워하는 것이나이다." 또는, "내가 가난하여 도둑질하고 나서, 심문을 받을 때에 위증하게 되지는 않을까 하는 것이 내가 두려워하는 것이나이다." 그는 한 가지 죄를 짓게 되면 계속해서 또 다른 죄를 짓지 않을까 두려워한다. 왜냐하면, 죄의 길은 내리막길이기 때문이다. 아굴은 하나님을 "내 하나님"이라고 부른다는 것을 주목하라. 그러므로 그는 하나님에 대한 그의 관계에 비추어 보아서 그가 하나님을 노하시게 하는 그 어떤 일을 할까봐 두려워하는 것이다.

[10]너는 종을 그의 상전에게 비방하지 말라 그가 너를 저주하겠고 너는 죄책을 당할까 두려우니라 [11]아비를 저주하며 어미를 축복하지 아니하는 무리가 있느니라 [12]스스로 깨끗한 자로 여기면서도 자기의 더러운 것을 씻지 아니하는 무리가 있느니라 [13]눈이 심히 높으며 눈꺼풀이 높이 들린 무리가 있느니라 [14]앞니는 장검 같고 어금니는 군도 같아서 가난한 자를 땅에서 삼키며 궁핍한 자를 사람 중에서 삼키는 무리가 있느니라

I. 우리의 종들만이 아니라 남의 종들에 대해서도 욕을 하지 말고, 남의 종들과 그들의 주인을 이간질시키지 말라는 경고. 왜냐하면, 그런 것은 사람들로부터 원망을 들을 만한 악하고 괘씸한 짓이기 때문이다(10절).

1. 그것은 종에게 해를 끼치는 일이라는 것. 종은 가엾은 처지에 있는 자이

기 때문에 우리가 불쌍히 여겨야 할 대상이고, 그렇지 않아도 어렵고 힘든 삶을 사는 종에게 괴로움을 더하는 것은 야만적인 짓이다. 네 혀로 종을 해치지 말라(난외주에서는 이렇게 읽는다). 왜냐하면, 어떤 사람, 특히 우리의 상대가 되지 않는 종을 혀의 채찍으로 은밀하게 때리는 것은 우리가 야비한 자라는 것을 보여주는 것이기 때문이다. 주인이 자기 종을 심하게 다룰 때, 우리는 옆에서 좋지 않은 말로 주인의 화를 부채질하는 것이 아니라, 도리어 종을 보호해 주어야 마땅하다.

2. "그것은 네 자신에게도 해가 될 것이다. 왜냐하면, 네가 그렇게 해서 종의 분노를 불러일으킨다면, 종은 너를 저주하고 고소하여 곤란에 빠뜨리거나, 네게 악한 말을 하여 너의 명성을 더럽히거나, 억압받는 무죄한 자들의 후견인이자 보호자이신 하나님께 너를 고소하여 네게 하나님의 진노를 내려 주시라고 빌 것이기 때문이다."

II. 덕이 있고 선한 모든 자들에게 가증스러운 몇몇 부류의 사람들. 아굴은 남의 종을 비방하지 말라는 경고를 하는 김에 몇몇 부류의 가증스러운 자들을 열거한다.

1. 부모에게 욕을 하거나 악한 말을 하며, 부모가 잘못 되기를 바라고, 부모를 악인으로 취급하여 실제로 해를 입히는 자들. 그런 자들의 무리가 있다. 이런 흉악한 성품을 지닌 젊은이들은 흔히 무리를 지어 어울려 다니며, 서로를 부추겨서 부모에게 패역한 짓을 하게 만든다. 자기를 낳아준 부모나 방백들이나 목회자들이 지워준 멍에를 싫어하여 그들을 저주하고 욕하는 자들은 독사의 자식들이다. 또한, 부모를 욕할 정도로 극도로 악해진 것은 아니지만 부모를 축복하지 않고 부모에게 좋은 말을 하지 않으며 부모를 위하여 기도하지 않는 자들은 독사의 자식들의 아류들이다.

2. 자기 자신에 대하여 자부심을 갖고 거룩한 체하면서, 그들 속을 꽉 채우고 있는 은밀한 악성을 다른 사람들과 자기 자신으로부터 숨기는 자들(12절). 그들은 마치 그들이 모든 점에서 깨끗한 것처럼 스스로 깨끗한 자로 여긴다. 그들은 그들 자신과 그들의 인격을 대단히 높이 평가해서, 그들이 의로울 뿐만 아니라 부요하여 부족한 것이 없다(계 3:17)고 여기지만, 사실은 자기의 더러운 것, 즉 그들의 마음에 있는 더러움을 씻어내지 않은 자들이다. 그들은 그들의 마음을 말끔히 쓸고 곱게 장식했을지는 모르지만, 씻음을 받거나 거룩함을 입

지는 못해서, 바리새인들처럼 그 안이 온갖 더러움으로 가득히 차 있는 자들이다(마 23:25-26).

3. 오만해서 주변 사람들을 다 경멸하는 자들(13절). 아굴은 그들의 교만과 오만방자함이 차마 눈뜨고는 볼 수 없다는 듯이 경악에 가까운 표정으로 그들에 대하여 얘기한다. "그들의 눈은 어찌나 높은지! 그들은 이웃들을 자기 집 개만도 못한 자들로 여기고 경멸하는 눈초리로 바라본다. 그들은 그 누구도 자기에게 접근하지 못하게 한다. 그들은 자기 자신을 고상하고 눈부신 존재로 여겨서, 공작처럼 자기에게 도취되어 거들먹거리며 걷지만, 사실 그것은 그들 자신을 조롱거리로 만들고 있는 것이다." 교만한 자를 대적하시는 하나님은 이런 무리에게 멸시를 퍼부으실 것이다.

4. 가난한 자들에게 잔인하고, 그들의 수하에 있는 모든 자들에게 야만적인 자들(14절). 그들의 이빨은 쇠와 강철로 되어 있는 장검과 군도이고, 그들은 이 잔인한 무기들을 사용해서 가난한 자들을 아주 맛있게 삼키며, 굶주린 자들처럼 게걸스럽게 그 가난한 자들의 양식을 빼앗아 먹어 버린다. 하나님은 가난한 자들이 항상 우리와 함께 있고 땅에는 언제든지 가난한 자가 그치지 아니하게 하셨다. 그러나 가난한 자들을 구제하기가 싫어서, 그들을 땅에서와 사람 중에서 없애 버리고자 하고, 특히 하나님의 가난한 자들을 제거하고자 하는 자들이 있다. 어떤 이들은 이 본문을 중상모략과 거짓 고소, 심한 비방을 통해서 다른 사람들을 상처 입히고 멸망시키는 자들에 대하여 얘기하는 것으로 이해한다. 그들의 혀와 이빨(이것들은 말과 관련된 기관들이다)은 장검 같고 군도 같다(시 57:4).

[15]거머리에게는 두 딸이 있어 다오 다오 하느니라 족한 줄을 알지 못하여 족하다 하지 아니하는 것 서넛이 있나니 [16]곧 스올과 아이 배지 못하는 태와 물로 채울 수 없는 땅과 족하다 하지 아니하는 불이니라 [17]아비를 조롱하며 어미 순종하기를 싫어하는 자의 눈은 골짜기의 까마귀에게 쪼이고 독수리 새끼에게 먹히리라

아굴은 앞에서 가난한 자들을 삼키는 자들에 대하여 말하였었고(14절), 거기에 언급된 네 부류의 무리들 중에서 그들을 가장 악한 자들이라고 말하였었다. 이제 그는 여기에서 그들이 그런 짓을 함에 있어서 만족할 줄을 모른다고 말한다. 그런 짓을 하는 자들의 기질은 잔인함과 탐욕으로 이루어져 있다. 그리고 그 잔인함과 탐욕은 만족할 줄을 모르고 "다오 다오 피를 더 다오 돈을 더 다오"라고 부르짖는 거머리의 두 딸이다. 왜냐하면, 피 흘리기를 좋아하는 자들은 계속해서 피에 목마른 자들이기 때문이다. 피를 마신 그들은 피를 마실수록 더 목이 말라서 또다시 피를 찾는다. 은을 사랑하는 자들은 결코 은으로 만족하지 못한다(전 5:10). 따라서, 그들은 잔인함과 탐욕으로 가난한 자들을 삼키지만, 다윗의 원수들처럼 계속해서 그들 자신에게 불만이다(시 59:14-15). 아굴은 이제 이것을 좀 더 예시하기 위해서 다음과 같이 한다.

I. 만족할 줄을 모르는 네 가지를 더 열거함. 그는 가난한 자를 삼키는 자들과 비교하기 위해서 족하다고 말하지 아니하는 네 가지를 더 여기에서 구체적으로 든다. 그것들은 항상 탐욕을 부리지만 결코 부유하지가 않다. 언제나 목말라하는 이 네 가지는 이런 것들이다.

1. 스올(또는, 무덤). 무수한 사람들이 죽어서 계속하여 스올로 들어가지만, 스올은 그들 모두를 삼키고도 한 사람도 뱉어내는 법이 없다. 스올과 아바돈은 만족함이 없다(27:20). 죽음이 우리의 차례가 된다면, 우리는 무덤이 우리를 위해 준비되어 있는 것을 발견하게 될 것이다(욥 17:1).

2. 아이 배지 못하는 태. 그런 태는 아이를 배지 못하는 고통을 견딜 수 없어서, 라헬처럼 내게 자식을 낳게 하라고 부르짖는다.

3. 메마른 땅. 가뭄 날에 메말라서 쩍쩍 벌어진 땅은 장대 같이 쏟아지는 비를 다 흡수하고서도, 조금 후면 더 많은 비를 원한다(특히, 뜨거운 지방에서).

4. 불. 불은 많은 연료를 태우고 나서도, 그 속으로 던져지는 모든 것들을 계속해서 다 삼킨다. 죄인들의 부패한 욕망들은 만족할 줄 모르기 때문에, 그 욕망들이 충족되어도 언제 그랬느냐는 듯이 또다시 갈망한다.

II. 불순종하는 자녀들에 대한 무서운 경고를 더함(17절). 이것은 앞에 나오는 네 부류의 악한 무리들 중에서 부모를 저주하는 첫 번째 부류에 대한 경고로서(11절), 다음과 같은 것들을 보여준다.

1. 그런 부류에 속한 자들은 누구인가. 그런 자들은 단지 화를 내며 부모를 저주하는 자들만이 아니다.

(1) 부모를 멸시하는 눈으로 쳐다보며 조롱하는 자들. 그들은 부모가 약하고 병들었다고 해서 경멸하는 눈으로 바라보고, 부모가 그들을 훈계하려고 하면

못마땅해하며, 부모가 악한 일을 못하게 말리면 성질을 부리며 화를 낸다. 하나님은 자녀들이 그들의 부모를 어떤 눈으로 바라보는지를 주시하시고, 자녀가 부모에게 하는 악한 말은 물론이고 악한 눈길을 던지거나 흘기는 눈을 하는 것에 대해서도 장차 책임을 물으실 것이다.

(2) 부모에게 순종하기를 싫어하는 자들. 그들은 부모, 특히 어미에게 효도하는 것을 그들의 위신이 깎이는 하찮은 일로 생각해서, 어미가 하는 말을 무시해 버린다. 그래서 그들을 고생하며 낳아 주신 어미는 그들의 못된 행실에 더 큰 슬픔을 안고 살아가게 된다.

2. 그들이 받을 벌은 무엇인가. 부모를 욕되게 하는 자들은 하나님의 원수 갚으심이 어떤 것인지를 보여주는 기념비로 세워지게 될 것이다. 그들은 쇠사슬에 묶여서 매달리게 되고, 부모를 그토록 멸시하는 눈으로 쳐다보았던 그들의 눈은 맹수에게 쪼이게 될 것이다. 율법에서 행악자들의 죽은 시신들은 밤새도록 매달아 놓지 않게 되어 있지만, 밤이 되기도 전에 까마귀들이 그들을 눈을 쪼아 먹어 버릴 것이다. 사람들이 패륜아들을 벌하지 않는다면, 하나님이 하실 것이고, 부모를 오만방자하게 대한 자들로 하여금 씻을 수 없는 오명(汚名)을 얻게 하실 것이다. 불명예스러운 죽음을 맞았던 수많은 사람들은 그들을 죽음으로 내몬 그 악한 길이 부모의 권위를 멸시한 데에서 시작되었다는 것을 시인하였다.

[18]내가 심히 기이히 여기고도 깨닫지 못하는 것 서넛이 있나니 [19]곧 공중에 날아다니는 독수리의 자취와 반석 위로 기어 다니는 뱀의 자취와 바다로 지나다니는 배의 자취와 남자가 여자와 함께 한 자취며 [20]음녀의 자취도 그러하니라 그가 먹고 그의 입을 씻음 같이 말하기를 내가 악을 행하지 아니하였다 하느니라 [21]세상을 진동시키며 세상이 견딜 수 없게 하는 것 서넛이 있나니 [22]곧 종이 임금된 것과 미련한 자가 음식으로 배부른 것과 [23]미움 받는 여자가 시집 간 것과 여종이 주모를 이은 것이니라

I. 심히 기이해서 온전히 알 수 없고 헤아릴 수 없는 네 가지.

1. 처음 세 가지는 자연에서 일어나는 일들로서 단지 마지막의 것을 말하기 위해서 유사한 것들로 운을 떼려고 언급된 것들이다. 우리는 다음과 같은 것들

의 자취를 추적할 수 없다.

(1) **공중에 날아다니는 독수리.** 독수리가 날아다니는 길은 땅에서 다니는 짐승의 길과는 달리 그 발자취나 냄새를 통해서 알아낼 수 없다. 또한, 우리는 독수리가 놀라운 속도로 날아가서 우리의 시야를 곧 벗어나 버리는 것도 설명할 수 없다.

(2) **반석 위로 기어 다니는 뱀.** 우리는 뱀이 모래 위를 다니면 그 흔적에 의해서 그 길을 발견할 수 있지만, 딱딱한 바위 위로 기어간 뱀의 자취는 찾을 수가 없다. 또한, 우리는 뱀이 발도 없으면서 얼마 안 되는 시간에 어떻게 바위 꼭대기까지 기어오를 수 있는지도 설명할 수 없다.

(3) **바다로 지나다니는 배.** 리워야단은 그것의 뒤에서 빛나는 물줄기가 나와서 깊은 바다를 백발로 만들지만(욥 41:32), 배는 그 뒤로 흔적을 남기지 않는다. 또한, 배는 종종 파도에 심하게 출렁이기 때문에, 우리는 어떻게 배가 바다에서 살아남을 수 있고, 그 목적을 달성할 수 있는지 의아해하게 된다. 자연의 나라는 자연의 하나님이 하시는 기이한 일들로 가득 차 있지만, 우리는 그 길들을 찾지 못한다.

2. 네 번째의 것은 그러한 것들보다 더 설명하기 어려운 죄악의 수수께끼이다. 그것은 사탄의 깊은 것들, 아무도 알 수 없는 마음의 기만성 및 철저한 악성(惡性)과 관련된 것이다(렘 17:9). 그것은 두 가지이다.

(1) 악한 간부(姦夫)가 여종을 속임수로 설득하여 그의 악하고 가증스러운 욕정에 굴복하게 만드는 저주받을 술수. 한 방종한 시인은 아주 오래 전에 이것을 주제로 해서 『사랑의 기술』이라는 책을 썼다. 남자가 사랑하는 척하고 사랑한다고 단언하며, 사랑의 온갖 강력한 주문들을 동원하고, 결혼을 약속하며, 은밀함과 보상을 보장하면, 조심성 없는 많은 처녀들은 자신의 미덕과 존귀함과 평강과 영혼을 비롯해서 자신의 모든 것을 그 비열한 변절자에게 팔아 버리게 된다. 온갖 죄악된 욕망들은 사랑의 세계 속에 존재한다. 유혹이 교묘하게 들어올수록, 순전한 마음을 지닌 자들은 더욱더 깨어서 단호하게 그 유혹을 뿌리쳐야 한다.

(2) 악한 음녀가 자신의 악을 특히 남편에게 숨길 때에 사용하는 저주받을 술수. 음녀가 그녀의 음란한 짝과 행한 통정(通情)은 아주 은밀하고 교묘하게 위장되어서, 그녀의 자취를 추적하는 것은 공중에 날아다니는 독수리의 자취를

추적하는 것만큼이나 불가능하다. 그녀는 금지된 과실을 먹은 후에(아담이 지은 죄와 비슷하게) 그의 입을 씻어서 흔적을 없애고서, 대담하고 뻔뻔스러운 얼굴로 **내가 악을 행하지 아니하였다고** 말한다.

[1] 음녀는 세상을 향하여 그 사실을 부인하고, 자기는 여느 여인네처럼 정숙하고 단정하며, 그가 의심받고 있는 악을 결코 행하지 않았다고 맹세한다. 사람이 빛 가운데에 내보이는 것을 악착같이 거부하는 행위들은 어둠의 일들이다.

[2] 음녀는 자신의 양심을 향하여 자기의 잘못을 부인하고, 그가 행한 큰 악이 결코 악이 아니며 그저 즐긴 것뿐이라고 말한다(호 12:7-8을 보라). 많은 사람들이 이렇게 악을 선이라 하고, 그들의 죄의식을 자기 합리화를 통해서 덮어버림으로써 그들의 영혼을 파멸시킨다.

Ⅱ. 세상을 견딜 수 없게 하는 네 가지. 그것은 그들이 사는 곳과 그들이 속한 혈육이나 친지들을 크게 괴롭게 하는 네 부류의 사람들이다. 땅은 그들 때문에 요란하고 불안해지며, 견딜 수 없는 짐인 그들 아래에서 신음한다.

1. 아주 오만방자하고 독단적인 **종이** 출세해서 권력을 쥐게 된 것. 종이었던 암몬 사람 도비야가 이 예를 잘 보여준다(느 2:10).

2. **미련하고** 어리석으며 무례하고 난폭하며 사악한 자가 부자가 되어서 연회를 열어 허세를 부리고 거기에 온 모든 사람들에게 모욕적인 말들을 하며 그 자리를 휘저어 놓는 것.

3. 성품이 나쁘고 심술궂은 **여자**, 교만과 못된 성질 때문에 그 누구에게서도 사랑을 받지 못하고 모든 사람들의 미움을 받던 여자가 부자 남편과 결혼을 해서 부유한 마님이 되어서 이전보다 더 오만하고 못되게 굴어서 도저히 눈 뜨고 볼 수 없는 지경이 된 것. 못된 여자가 좋은 남편을 만났으면 성품이 부드러워져야 하는데도 정반대로 되는 것은 정말 안타까운 일이다. 상냥하고 공손한 여자는 결혼을 하게 되면 사람들을 더 잘 돌보는 여인이 될 것이다.

4. 나이 든 **여종이** 여주인의 비위를 잘 맞추어서 호감을 사거나, 여주인의 약점을 잡아서 꼼짝 못하게 만들어서, 여주인의 소유를 상속 받은 후에, 참기 힘들 정도로 교만하고 사악해져서, 여주인이 자기에게 모든 것을 주었다는 사실을 전혀 생각하지 않고, 여주인이 자기에게 주지 않은 것이 조금이라도 발견되면 그것을 빌미로 여주인을 학대하는 것. 그러므로 섭리에 의해서, 미천한

신분에서 존귀한 자로 출세한 자들은 그들을 가장 쉽게 괴롭힐 수 있는 죄인 교만과 오만을 조심하고 경계하지 않으면 안 된다. 다른 누구보다도 그들이 그런 죄를 범하면, 그것은 정말 눈 뜨고 보아줄 수 없이 밉살스럽고 용서받을 수 없는 죄가 되기 때문이다. 그들은 그들이 원래 있던 자리를 기억하고서 스스로 겸손하여야 한다.

[24]땅에 작고도 가장 지혜로운 것 넷이 있나니 [25]곧 힘이 없는 종류로되 먹을 것을 여
름에 준비하는 개미와 [26]약한 종류로되 집을 바위 사이에 짓는 사반과 [27]임금이 없
으되 다 떼를 지어 나아가는 메뚜기와 [28]손에 잡힐 만하여도 왕궁에 있는 도마뱀이
니라

I. 작지만 아주 지혜로운 것 네 가지에서 배울 수 있는 교훈. 아굴은 앞에서 커보이지만 사실은 경멸받을 만한 네 가지를 구체적으로 언급한 후에, 여기에서는 크기는 작지만 정말 대단한 네 가지를 구체적으로 열거한다. 패트릭 주교가 고찰하였듯이, 아굴은 이 네 가지를 통해서 우리에게 몇 가지 선한 교훈을 가르친다.

1. 부피가 크거나 아름답거나 힘이 센 것을 동경하거나, 그런 이점들을 지닌 사람들을 더 좋게 생각하지 말고, 진정으로 존경받을 만한 것들인 지혜와 행실, 근면함과 성실함을 보고서 사람들을 판단하라는 것.

2. 개미 같이 아주 작고 무시해 버릴 만한 생물들 속에서도 코끼리 같은 짐승 속에서와 마찬가지로 창조주의 지혜와 능력을 보고서 하나님을 찬송하라는 것.

3. 개미 같은 미물들도 그들 자신의 참된 이익을 위하여 열심히 일하는데, 우리는 우리의 참된 이익을 위하여 그렇게 열심히 일하지 않는 것을 반성하라는 것.

4. 세상의 약한 것들을 멸시하지 말라는 것. 땅에서 작고 이 세상에서 가난하며 보잘것없는 것 같은데도 그들의 영혼과 저 세상과 관련하여 극히 지혜로운 자들이 있는데, 그들은 이웃들보다 훨씬 지혜롭고 더 지혜로운 자들이다. 이 본문의 난외주에서는, 그것들은 지혜로운데, 자연의 특별한 본능에 의해서 지혜로워진 것들이라고 말한다. 그러나 구원에 대하여 지혜로운 모든 자들은 하나

님의 은혜로 말미암아 지혜로워진 자들이다.

Ⅱ. 작지만 아주 지혜로운 네 가지. 아굴은 그런 것으로 다음의 네 가지를 구체적으로 열거한다.

1. **개미.** 개미는 아주 작고 약한 생물이지만, 제대로 된 양식을 모으는 데에 아주 근면하고, 제때인 여름에 양식을 모으는 신기한 영리함을 지니고 있다. 우리가 개미들에게서 배울 수 있는 아주 큰 지혜는 장래를 대비하는 지혜이다(6:6). 젊은 **사자는 궁핍하여 주릴지라도**, 근면하게 일하는 개미들은 먹을 것이 항상 풍성하여 궁핍을 모른다.

2. **사반.** 또는, 어떤 이들은 이 단어를 아라비아에 서식하는 들쥐를 가리키는 것으로 이해하기도 한다. 사반 또는 들쥐는 약하고 아주 겁이 많은 피조물이지만, 지혜가 있어서 **바위 사이에 집을 지어서**, 그 자연의 요새 속에서 안전하게 지낸다. 마찬가지로, 우리도 우리 자신의 결핍과 연약함을 깨달아서, **우리보다 높은 바위**이신 분을 우리의 피난처와 의지처로 삼아야 하고, 그분을 우리의 거처로 삼아야 한다.

3. **메뚜기.** 메뚜기들은 작고, 벌들처럼 **임금이 없지만**, 전투 대형을 갖춘 군대처럼 **다 떼를 지어 나아간다.** 그들 사이에서 이렇게 질서가 잘 잡혀 있는 것을 보면, 그들에게 **임금이 없다**는 것은 조금도 불편한 일이 아니다. 그들은 하나님의 큰 군대라 불린다(욜 2:25). 왜냐하면, 하나님은 애굽에서 보여주셨듯이 그의 뜻을 따라서 메뚜기 떼를 소집하고 정렬시켜서, 그들을 통해서 전쟁을 수행하시기 때문이다. 그들은 **다 함께 모여서 나아간다**(난외주의 읽기). 우리는 우리의 연약함을 깨닫고서, 서로의 손을 힘 있게 하기 위하여 함께 힘을 모아야 한다.

4. **거미**(개역에서는 **도마뱀**). 거미는 들에 있는 개미와 마찬가지로 우리가 사는 집에서 근면함의 모범을 보여주는 곤충이다. 거미들은 거미집을 짜는 데에 대단한 재능을 가지고 있어서, 누구도 감히 따라올 수 없을 정도로 정교하게 거미집을 짠다. 그들은 그들의 손으로 균형을 잡고서, 그들의 배에서 가는 실을 대단한 솜씨로 뽑아낸다. 그들은 가난한 자들의 초가집만이 아니라, 사람들이 거미집을 못 짓게 온갖 주의를 기울이는 **왕궁**에도 있다. 사람들은 이런 생물들에게 아무것도 해주지 않을 뿐만 아니라, 도리어 그들을 죽이고자 하는 데도, 그들은 하나님의 섭리 가운데서 기이하게 목숨을 이어간다. 자신의 일에

마음을 쓰고, 자신의 손으로 그 일을 붙잡고 놓지 않는 자들은 왕궁에 있게 될 것이다. 그들은 그들의 일에서 만나는 여러 가지 어려움과 낙심 되는 일들에도 불구하고 그들이 하는 일로 인해서 조만간에 출세하게 될 것이다. 누가 잘 짜여진 거미집을 걷어 버리면, 다른 거미집을 또 하나 만들면 그만이다.

29잘 걸으며 위풍 있게 다니는 것 서넛이 있나니 30곧 짐승 중에 가장 강하여 아무
짐승 앞에서도 물러가지 아니하는 사자와 31사냥개와 숫염소와 및 당할 수 없는 왕
이니라 32만일 네가 미련하여 스스로 높은 체하였거나 혹 악한 일을 도모하였거든
네 손으로 입을 막으라 33대저 젖을 저으면 엉긴 젖이 되고 코를 비틀면 피가 나는
것 같이 노를 격동하면 다툼이 남이니라

I. 위풍당당하게 걷는 네 가지.

1. 사자. 사자는 짐승 중에 가장 강하기 때문에 짐승들의 왕이다. 짐승들 가운데서는 힘이 센 자가 왕초가 되지만, 사람들 가운데서도 그렇다는 것은 안타까운 일이다. 사람의 존귀함은 힘이 아니라 지혜에 있기 때문이다. 사자는 그 어떤 짐승도 그를 당할 수 없다는 것을 알기 때문에 어떤 짐승 앞에서도 물러가지 아니하고 그의 보조를 바꾸지 않는다. 마찬가지로, 의인은 사자처럼 담대해서, 그들이 본분을 행하다가 만나게 되는 어떤 어려움이 두려워서 그 본분을 팽개치고 물러가지 않는다.

2. 허리를 졸라매서 달리기에 적합하게 된 사냥개 또는 위풍 있게 다니는 것들 중에서 빼놓을 수 없는 말(난외주의 읽기). 말은 특히 마구(馬具)를 다 갖춘 상태에서는 정말 위풍당당한 모습을 보인다.

3. 숫염소. 숫염소의 위풍당당한 걸음걸이가 나타나는 때는 그가 맨앞에 걸으면서 무리를 이끌 때이다. 그것은 선한 일을 가장 먼저 하여, 다른 사람들을 옳은 길로 이끄는 그리스도인의 위풍당당한 걸음걸이이다.

4. 왕. 왕은 위엄을 갖추고 모습을 드러내면, 모든 사람들이 경외심으로 우러러 보게 되어 있기 때문에, 왕을 대적하여 당할 수 없다는 것은 맞는 말이다. 아무도 왕과 겨룰 수 없고, 다툴 수 없으며, 그렇게 하는 자는 죽음을 재촉할 뿐이다. 세상의 왕을 대적하여 일어설 자가 없다면, 자기를 지으신 이와 다투는 자에게 화(禍)가 있을 것은 뻔한 일이 아닌가.

우리는 모든 덕 있는 행위들 속에서 담대하고 꿋꿋하여야 한다는 것을 사자에게서 배워서, 우리가 만나는 그 어떤 어려움 앞에서도 물러가지 아니하여야 한다. 또한, 우리는 사냥개에게서 신속하게 일을 처리하는 것을 배우고, 숫염소에게서는 우리의 가족과 우리의 책임 아래에 있는 자들을 돌보는 것을 배우며, 왕에게서는 우리의 위엄으로 자녀들을 복종하게 하고, 우리의 모든 행실을 정연하게 가져서 우리가 안전할 뿐만 아니라 위풍 있게 다닐 수 있게 하여야 한다는 것을 배운다.

Ⅱ. 누가 화를 돋우어도 언제나 침착하여야 한다는 경고. 우리는 어떤 경우에도 화를 지나치게 내지 않도록 주의하여야 한다. 누구도 대적하여 당할 수 없는 왕이나 윗사람을 상대하는 경우에는 더욱 그러하다. 아니, 이 원칙은 누가 되었든 언제나 동일하게 적용된다.

1. 정당하게 잘못을 지적받을 때마다, 우리는 우리의 무죄와 억울함을 주장하는 것이 아니라, 우리의 감정에 재갈을 물리고 억누르며, 스스로 수치를 뒤집어써야 한다는 것. 우리가 우리 자신에 대한 교만한 자부심으로, 또는 우리 위에 있는 자들에게 화가 나서 대들며 스스로 높은 체하였거나, 우리의 자리와 신분에서 지켜야 할 법들을 어겼다면, 그것은 우리가 미련하게 행한 것이다. 다른 사람들보다 자신을 높이거나 다른 사람들을 대적하여 자신을 높여서 오만하고 무례하게 행하는 자들은 단지 그들 자신을 부끄럽게 하고, 그들 자신의 약점을 드러내는 것이다. 아니, 우리가 혹 악한 일을 도모하였거나, 마음 속에 악한 의도를 품어 왔거나 잠시 생각했다는 것을 알았다면, 우리는 우리 손으로 입을 막아야 한다.

(1) 우리가 잘못한 것에 대해서 우리 자신을 낮추어야 한다는 것. 욥이 자기가 미련하게 말했던 것을 회개하면서 내가 손으로 내 입을 가릴 뿐이로소이다(욥 40:4)라고 말했고, 율법이 죄를 깨달은 나병 환자에게 윗입술을 가리게 하였듯이(레 13:45), 우리도 그렇게 하여야 하고, 하나님 앞에서는 우리의 잘못을 슬퍼하며 티끌 가운데에 눕기까지 하여야 한다. 우리가 미련하게 행하였다면, 우리는 사람들 앞에서 그것을 고집하지 말고, 묵묵히 고개를 숙이고 우리의 잘못을 인정하여야 한다. 그것이 우리가 노엽게 한 사람들을 달래는 최선의 방법이다.

(2) 우리 마음 속에 품었던 악한 생각이 악한 말로 나오게 해서는 안 된다는

것. 악한 생각에 허가증을 내주지 말라. 그 생각이 밖으로 새어나와서 사람들로 하여금 알게 하지 말라. 도리어, 네 손으로 입을 막으라. 필요하다면, 네 자신에게 거룩한 폭력을 사용하고, 네 자신에게 침묵을 명하라. 그리스도께서도 악귀들이 말하는 것을 허락하지 않으셨다. 악한 생각을 하는 것은 나쁜 일이지만, 그것을 말하는 것은 더욱더 나쁜 일이다. 왜냐하면, 그것은 악한 생각에 동의한다는 것과 그 악한 생각으로 기꺼이 다른 사람들을 전염시키고자 한다는 것을 나타내는 것이기 때문이다.

2. 다른 사람들의 분노를 자극해서는 안 된다는 것. 어떤 자들은 말과 행동을 아주 도발적으로 해서, 사람들의 노를 격동한다. 그들은 의도를 했든 안 했든 주변 사람들을 화나게 만들고, 화를 내지 않겠다고 단단히 결심한 자들조차도 분노하게 만든다. 노를 격동하면 다툼이 나고, 다툼이 있는 곳에는 혼란과 모든 악한 일이 있다(약 3:16). 우유를 힘껏 저으면 우유에서 온갖 좋은 것이 나오고, 코를 세게 비틀면 피가 나오듯이, 노를 격동하면 그 노한 사람은 심신이 지치고, 자기 속에 있는 온갖 좋은 것을 빼기게 된다. 또는, 우유를 젓거나 코를 비트는 것은 강제로 행해지는 것이듯이, 사람들도 점점 더 강한 분노로 뜨거워진다. 화가 나서 던진 한 마디 말이 또 다른 화를 불러오고, 그것이 또 다른 화를 낳고, 이런 일이 반복되면서 사람들의 분노는 점점 달구어진다는 말이다. 한 가지 문제로 격렬하게 논쟁하면 또 다른 논쟁이 생겨나고, 논쟁은 계속해서 논쟁을 불러와서, 논쟁의 당사자들은 결국 화해할 수 없는 원수들이 되어 버린다. 그러므로 그 어떤 것도 화를 실어서 말하거나 행하지 말고, 모든 일을 부드럽고 침착하게 말하고 행하라.

제 — 31 — 장

개요

이 장이 솔로몬의 잠언집에 추가되어 있는 이유에 대해서, 어떤 이들은 이 장의 저자로 나오는 르무엘 왕이 곧 솔로몬 왕이라고 생각하여 둘 모두가 동일한 저자의 작품이기 때문이라고 보고, 어떤 이들은 르무엘 왕이라는 또 다른 저자에 의해서 기록되기는 했지만 둘은 동일한 성격의 글이기 때문이라고 본다. 그 이유가 무엇이든, 여기에 나오는 것은 예언이고, 따라서 하나님의 감동과 지도에 의해서 주어진 것이다. 르무엘은 이 글을 쓸 때에 그런 환경 속에서, 어머니가 그에게 구술한 것을 이런 형태로 기록하였다. I. 젊은 왕인 르무엘에게 유혹받을 수 있는 죄들을 조심하고, 부름 받은 자리에서 마땅히 해야 할 본분들을 다하라는 어머니의 권면(1-9절). II. 특히 아내이자 한 가정의 여주인으로서의 덕 있는 여인에 관한 묘사. 이것은 틀림없이 르무엘의 어머니의 자화상이었겠지만, 그녀가 덕 있는 여인을 묘사한 것은 자화자찬하기 위해서가 아니라, 그녀의 딸을 교훈하기 위한 것이었거나(앞의 절들이 그녀의 아들에게 주는 권면이었듯이), 그녀의 아들로 하여금 아내를 고를 때에 참고하도록 하기 위한 것이었다. 덕 있는 여인은 현숙하고 기품이 있으며, 부지런하고 검소하며, 남편에게 아내 된 도리를 다하고, 가족을 잘 돌보며, 대화에서나 자녀 교육에 있어서나 분별이 있고, 무엇보다도 하나님에 대한 본분을 세심하게 다하여야 한다. 그녀의 아들이 그런 여인을 찾을 수 있다면, 그런 여인은 그를 행복하고 복이 있는 자로 만들어 줄 것이다(10-31절).

1르무엘 왕이 말씀한 바 곧 그의 어머니가 그를 훈계한 잠언이라 2내 아들아 내가
무엇을 말하랴 내 태에서 난 아들아 내가 무엇을 말하랴 서원대로 얻은 아들아 내
가 무엇을 말하랴 3네 힘을 여자들에게 쓰지 말며 왕들을 멸망시키는 일을 행하지
말지어다 4르무엘아 포도주를 마시는 것이 왕들에게 마땅하지 아니하고 왕들에게
마땅하지 아니하며 독주를 찾는 것이 주권자들에게 마땅하지 않도다 5술을 마시다
가 법을 잊어버리고 모든 곤고한 자들의 송사를 굽게 할까 두려우니라 6독주는 죽
게 된 자에게, 포도주는 마음에 근심하는 자에게 줄지어다 7그는 마시고 자기의 빈

궁한 것을 잊어버리겠고 다시 자기의 고통을 기억하지 아니하리라 [8]너는 말 못하는 자와 모든 고독한 자의 송사를 위하여 입을 열지니라 [9]너는 입을 열어 공의로 재판하여 곤고한 자와 궁핍한 자를 신원할지니라

대부분의 해석자들은 르무엘 왕과 솔로몬이 동일 인물이라고 생각한다. 르무엘이라는 이름은 하나님을 위해 있는 자 또는 하나님께 헌신된 자를 의미한다. 따라서, 그 이름은 하나님이 정하셔서 솔로몬에게 주어진 여디디야(여호와의 사랑하심을 받은 자)라는 저 존귀한 이름과 아주 잘 들어맞는다(삼하 12:25). 르무엘은 귀엽고 사랑스럽고 듣기 좋은 애칭이라 생각되어, 솔로몬의 어머니는 그를 그렇게 부르곤 하였고, 솔로몬은 어머니의 사랑이 듬뿍 담긴 그 애칭을 아주 소중히 여겼기 때문에, 그 애칭으로 불리는 것을 부끄러워하지 않았다. 우리는 앞에서 솔로몬이 그의 아버지가 그에게 가르쳐 주신 것들을 우리에게 말하는 것이라고 밝혔듯이(4:4), 여기에서 그의 어머니가 그를 훈계한 것들을 우리에게 얘기해 주고 있는 것도 다름아닌 솔로몬이 아닌가 생각한다. 그러나 어떤 이들은 르무엘은 이웃 나라의 왕이었고, 이스라엘의 딸, 아마도 다윗 가문의 딸이었던 그의 어머니는 이 선한 교훈들을 그에게 가르쳤을 것이라고 생각하는데, 그러한 추측도 얼마든지 옳을 수 있다.

1. 자녀들에게 선한 것들을 가르쳐서 행하게 하고, 악한 것들을 가르쳐서 피하게 하는 것은 아버지가 해야 할 일임과 동시에 어머니가 해야 할 일이라는 것. 자녀들은 어리고 고분고분할 때에 많은 시간을 어머니와 보내기 때문에, 어머니는 그들의 마음과 사고를 잘 형성해 줄 수 있는 기회를 갖게 되는데, 그 기회를 놓쳐서는 안 된다.

2. 왕들도 신앙 교육을 받아야 한다는 것. 아무리 큰 자들이라도 그들의 생각은 하나님의 규례들 중에서 가장 작은 것보다 못하기 때문이다.

3. 다 자라서 성인이 된 자들은 그들 자신을 훈계하기 위해서, 또는 다른 사람들의 덕을 세우기 위해서, 또는 그들을 어릴 때에 이끌어 주셨던 분들을 기리기 위해서, 그들이 어렸을 때에 받았던 선한 교훈들을 자주 떠올리고 언급하여야 한다는 것.

이제 르무엘의 어머니의 신앙 교육을 살펴보기로 하자.

I. 어머니가 젊은 왕에게 하는 반문. 이 반문을 통해서 그녀는 그를 장악하

고, 그에 대하여 이해관계가 있다는 것을 주장하며, 그의 주의를 일깨워서 그녀가 이제부터 하는 말을 잘 듣게 만든다(2절). "내 아들아 내가 무엇을 말하랴. 내가 네게 무엇을 말해야 할까?" 그녀는 그에게 어떤 충고를 해줄지를 고민하고, 그를 설득하기 위하여 어떤 단어들을 선택해야 할지를 고심하는 자처럼 얘기한다. 그가 잘 되기를 바라는 그녀의 마음은 이렇게 깊다! 또는, 너는 도대체 무슨 짓을 하고 있는 것이냐. 그녀는 그를 꾸짖고 있는 것으로 보인다. 그녀는 그가 젊을 때에 여자와 술에 지나치게 빠져 있는 것을 보았기 때문에, 그를 호되게 꾸짖어서 혼을 내줄 필요가 있다고 생각하였다. "도대체 어떻게 된 것이냐 내 아들아. 이것이 네가 너의 삶을 이끌어 가고자 하는 방식이냐? 내가 너를 그따위로 살라고 가르쳤더냐? 나는 너를 호되게 책망하지 않을 수 없고, 너는 그 책망을 잘 받아들이지 않으면 안 되는데, 그 이유는 이런 것들이다."

1. "너는 내게서 태어난 내 아들이다. 너는 내 태에서 난 아들이다. 그러므로 내가 말하는 것은 부모의 권위와 애정에서 나온 것이고, 그 어떤 악의에서 나온 것일 수 없다. 너는 나의 분신이다. 나는 너를 내 뱃속에서 열달 동안 품고 있느라 고생하였고, 너를 키우느라 온갖 고생을 다하였지만, 내가 네게 바라는 것은 네가 지혜롭고 선하게 되는 것뿐이다. 네가 그렇게만 된다면, 너는 내가 키워준 것에 대한 보답을 충분히 한 것이다."

2. "너는 나의 하나님께 바쳐진 자이다. 너는 나의 서원대로 얻은 아들이다. 나는 하나님께 내게 아들을 주시라고 기도하면서, 아들을 주시면 다시 하나님께 바치겠다고 약속하였고, 실제로 그렇게 하였다(사무엘도 한나가 서원대로 얻은 아들이었다). 너는 내가 하나님께 네게 은혜를 주시라고 늘 기도했던 그런 아들인데(시 72:1), 내가 너를 위해 그토록 많은 기도를 한 것이 다 소용없게 되는 것이냐? 너에 대한 나의 모든 소망이 다 부질없게 되는 것이냐?" 우리가 유아세례를 통해서 우리 자녀들을 하나님께 바치고, 자녀들의 이름으로 하나님과 언약하였다면, 그 자녀들은 우리의 서원의 자녀라고 할 수 있다. 우리가 자녀들을 위하여 기도하였다는 것은 하나님께 호소할 때에 좋은 근거가 될 수 있듯이, 그것은 우리가 자녀들을 교훈할 때에도 좋은 근거가 될 수 있다. 우리는 자녀들에게 그들이 세례를 받았고, 우리의 서원의 자녀라는 것을 말할 수 있다. 만약 자녀들이 어릴 때에 부모가 그들을 두고서 하나님께 엄숙하게 서원한 것을 깨뜨린다면, 그들은 위험에 빠지게 된다.

Ⅱ. 어머니가 르무엘에게 파멸을 불러오는 두 가지 죄인 음행과 술 취함을 경고함. 만약 그가 이 두 가지 죄를 범한다면, 그는 반드시 파멸하게 될 것이라고 어머니는 그에게 말해준다.

1. 음행의 죄(3절). 네 힘을 여자들, 즉 음녀에게 쓰지 말라. 그는 흐늘흐늘하거나 나약해서는 안 되고, 지식을 얻고 힘써 일을 해야 할 시간을 여자들과 노닥거리는 데에 허비해서는 안 되며, 나랏일들을 돌보는 데에 사용하여야 할 기지(이것은 심령의 힘이다)를 여자들의 비위를 맞추는 데에 사용해서는 안 된다. "특히, 육신의 힘을 소진시키고 위험한 병들을 가져다 주는 온갖 간음과 음행과 음란함을 피하라. 왕들을 멸망시키는 일을 행하지 말고, 그런 일을 좋아하지 말라. 많은 왕들이 그런 일로 멸망하였고, 다윗조차도 우리아의 일로 나라에 큰 충격을 주었었다. 다른 사람들이 겪은 일들을 너의 경계로 삼으라." 그런 일은 왕의 위신을 손상시켜서 왕을 초라하게 만든다. 정욕의 노예가 된 자들이 다른 사람들을 다스리는 것이 합당하겠는가? 그런 일을 하는 왕들은 나랏일을 보기에 부적합하게 되고, 그들의 궁정은 아주 비열하고 짐승 같은 자들로 가득 차게 된다. 왕들은 이런 유의 유혹들에 노출되어 있는 가운데, 한편으로는 음행의 죄의 비위를 맞추고자 하는 유혹과 싸워야 하고, 다른 한편으로는 이 죄를 비난하거나 고소하는 양심을 지키기 위해서 애써야 하기 때문에, 경계를 두 배로 강화하지 않으면 안 된다. 그들은 백성들을 더러운 영으로부터 지키고자 한다면, 그들 자신이 순결함의 모범이 되지 않으면 안 된다. 이것은 일반 사람들에게도 그대로 적용된다. 그 누구도 영혼을 멸망시키는 일에 힘을 써서는 안 된다.

2. 술에 취하는 죄(4-5절). 그는 포도주나 독주를 지나치게 마셔서는 안 된다. 그들의 왕의 날에 고관들이 술의 뜨거움으로 병이 날 때(호 7:5), 그는 결코 그들과 함께 앉아서 술을 마셔서는 안 된다. 그는 포도주의 향이 너무 좋고, 술 친구들이 아주 멋진 자들이라고 해서 유혹에 넘어가지 말고, 다음과 같은 것들을 생각해서 자기 자신을 부인하여 정신을 똑바로 차려야 한다.

(1) 왕이 술에 취하는 것은 추한 일이라는 것. 아무리 어떤 사람들이 그것을 최신의 유행이라고 말해도, 르무엘아, 포도주를 마시는 것이 왕들에게 마땅하지 아니하다! 그런 자유를 스스로에게 허용하는 것은 왕들에게 마땅하지 아니하다. 왕들이 술에 취해서 왕관을 쓴 머리를 혼란스럽게 하는 것은 그들의 위엄을 손상

시키는 일이고, 그들의 왕관을 더럽히는 일이다. 사람들이 술에 취하면 그 취한 동안에는 사람답지 못한 자들이 되듯이, 왕들이 술에 취하면 그 취한 동안에 왕답지 못한 자들이 된다. 우리는 왕들을 신들이라고 말하는가? 술에 취한 왕들은 멸망하는 짐승보다도 못한 자들이다. 하나님은 우리를 하나님을 위하여 왕과 제사장으로 삼으셨고, 모든 그리스도인들은 하나님이 세우신 왕이자 제사장이다. 술을 과도하게 마시는 것은 그리스도인들에게 마땅하지 아니하고 그리스도인들에게 마땅하지 아니하다. 그리스도인들이 술을 마시면 품위가 떨어진다. 술을 마시는 것은 하나님 나라의 상속자들이자 영적인 제사장들인 자들에게 합당하지 않다(레 10:9).

(2) 술에 취했을 때의 나쁜 결과들(5절). 술을 마시다가 왕들이 명철과 기억을 잊어버리고, 술을 마시다가 왕들이 나라를 다스릴 때에 꼭 기억해야 할 법을 잊어버린다. 그래서, 술에 취한 왕들은 그들의 권세로 선을 행하는 것이 아니라 해악을 끼쳐서, 모든 곤고한 자들의 송사를 굽게 하여, 그들의 권리를 구제해 주는 것이 아니라, 도리어 그들의 고통을 더욱 가중시킨다. 이사야 선지자는 제사장들과 선지자들이 포도주로 말미암아 옆 걸음 치며 독주로 말미암아 비틀거리며 환상을 잘못 풀고 재판할 때에 실수한다고 한탄하였다(사 28:7). 왕들도 마찬가지이다. 술에 취하거나 포도주에 중독되면, 그들은 재판을 제대로 할 수 없게 된다. 재판관들은 맑은 머리를 지니고 있어야 하는데, 자주 자신의 머리를 빙빙 돌게 만들어서 가장 평범한 일들조차도 제대로 판단할 수 없도록 자신을 무능력하게 만드는 자들은 그런 머리를 지닐 수 없다.

Ⅲ. 어머니가 르무엘에게 선을 행하라고 권면함.

1. 그는 그가 가진 부(富)로 선한 일을 하여야 한다는 것. 큰 자들은 그들에게 부가 주어졌다고 해서 그들이 정욕을 위하여 육신의 일을 도모하거나, 그들 자신이 좋아하는 것을 마음껏 자유롭게 탐닉해야 하겠다고 생각하지 말고, 그 부로 궁핍하고 어려운 자들을 구제하는 데에 마음을 써야 한다(6-7절). "네게는 포도주나 독주가 얼마든지 있다. 너는 그 술로 네 자신을 해치지 말고 다른 사람들에게 좋은 일을 하겠다고 마음 먹고서, 그 술을 꼭 필요로 하는 자들에게 주라." 그들은 주린 자들에게 떡을 주고 목마른 자들에게 물을 주어야 할 뿐만 아니라, 질병이나 고통으로 죽게 된 자에게 독주를, 마음에 근심하고 우울한 자에게 포도주를 주어야 한다. 왜냐하면, 포도주와 독주는 심령을 유쾌하게 하고 소

생하게 하는 것이 그 본래의 용도이기 때문이다. 술은 필요한 자가 마시면 사람의 마음을 기쁘게 하지만, 필요하지 않은 사람이 마시면 사람의 심령을 억누르고 부담을 준다. 우리는 감각의 만족시키는 일에서 우리 자신을 부인하고, 거기에 쓸 것을 아껴서 다른 사람들의 궁핍을 덜어주는 일에 써야 하며, 우리에게 남아 돌아가는 맛있는 음식들을 우리가 포식하여 우리의 건강을 해치지 말고, 그 음식이 필요한 자들에게 주어져서 그들에게 참된 유익이 되는 것을 보고서 기뻐하여야 한다. 궁핍하여 죽게 된 자들이 술을 적당히 마시면, 그것은 그들의 죽어가던 심령을 소생시켜서, 그들은 잠시 자기의 빈궁한 것을 잊어버리고 다시 자기의 고통을 기억하지 아니하게 되어서, 그 고통을 더 잘 견딜 수 있게 될 것이다. 유대인들은 우리 구주의 경우에도 그랬듯이 사형수들에게 술을 주어 마시게 하는 관습이 여기에서 유래하였다고 말한다. 그러나 여기에서의 취지는 포도주는 원기를 돋우는 역할을 하기 때문에 오직 원기를 돋우기 위해 포도주가 꼭 필요한 자에게만 사용되어야 하고 방탕한 유흥을 위해 사용되어서는 안 된다는 것을 보여주기 위한 것이다. 예를 들면, 사도 바울은 디모데에게 그의 위장과 자주 나는 병을 위하여 포도주를 조금씩 쓰라고 권면하였다(딤전 5:23).

2. 그는 그의 권세, 지식, 영향력으로 선한 일을 하여야 하고, 성의와 용기와 불쌍히 여기는 마음을 가지고서 재판을 행하여야 한다는 것(8-9절).

(1) 그는 그의 신민들이 제기하는 송사들을 직접 살펴보아야 하고, 재판을 맡은 관리들이 어떻게 하는지를 잘 살펴서, 자신의 본분을 다하는 자들은 밀어주고, 본분을 게을리하거나 편파적인 자들은 내쳐야 한다.

(2) 그는 자기 앞에 들어온 모든 송사들을 의로 재판하여야 하고, 사람의 낯을 두려워함이 없이 담대하게 공정한 판결을 내려야 한다. 네 입을 열라. 이것은 왕들과 재판관들이 판결을 내릴 때에 그 어떤 것에도 구애받지 말고 의로운 말들을 자유롭게 해야 한다는 것을 보여준다. 어떤 이들은 미련한 자들은 언제나 자신의 입을 열어 두고서 온갖 말들을 다하기 때문에 입을 여는 것은 오직 지혜로운 자들에게만 해당되는 말이라는 것을 지적한다.

(3) 그는 특히 자기가 압제받는 무죄한 자들의 후견인 역할을 해야 할 책무가 있다는 것을 명심하여야 한다. 지방의 방백들은 곤고한 자와 궁핍한 자를 신원해 주고자 하는 열심과 애정을 지니고 있지 않을 수도 있다. 그러므로 왕이

직접 나서서, 다음과 같은 자들을 옹호해 주어야 한다.

[1] 특정한 개인이나 어떤 파당의 악의를 충족시키기 위해서 부당하게 사형에 해당하는 죄를 씌집어썼으나 스스로는 입을 열 수 없는 자들. 예를 들면, 나봇이 그런 자였다. 그런 경우에는, 왕이 나서서 무죄한 피를 흘리지 않도록 하는 것이 마땅한 일이다.

[2] 곤고하고 궁핍하여 변호사 비용을 댈 수가 없어서 자신을 변호할 수 없는 상황에서 부당하게 송사를 당하여 그들의 권리를 속임수로 강탈당한 자들. 그런 경우에도 왕들은 가난한 자들을 변호해 주는 자들이 되어야 한다.

[3] 마음이 약하거나 두려움 때문에, 또는 핍박하는 자의 협박이나 법정의 위세에 눌려 자기 자신을 변호할 수 없어서 말 못하는 자처럼 되어 버린 자들. 자신을 위하여 스스로 말할 수 없는 자들, 부재 중인 자들, 말을 잘 못하거나 소심한 자들을 위하여 변호해 주는 것은 선한 일이다. 영국의 법은 재판관이 죄수의 상담역이 되어 주도록 정해 놓고 있다.

[10]누가 현숙한 여인을 찾아 얻겠느냐 그의 값은 진주보다 더 하니라 [11]그런 자의 남
편의 마음은 그를 믿나니 산업이 핍절하지 아니하겠으며 [12]그런 자는 살아 있는 동
안에 그의 남편에게 선을 행하고 악을 행하지 아니하느니라 [13]그는 양털과 삼을 구
하여 부지런히 손으로 일하며 [14]상인의 배와 같아서 먼 데서 양식을 가져 오며 [15]밤
이 새기 전에 일어나서 자기 집안 사람들에게 음식을 나누어 주며 여종들에게 일
을 정하여 맡기며 [16]밭을 살펴 보고 사며 자기의 손으로 번 것을 가지고 포도원을
일구며 [17]힘 있게 허리를 묶으며 자기의 팔을 강하게 하며 [18]자기의 장사가 잘 되는
줄을 깨닫고 밤에 등불을 끄지 아니하며 [19]손으로 솜뭉치를 들고 손가락으로 가락
을 잡으며 [20]그는 곤고한 자에게 손을 펴며 궁핍한 자를 위하여 손을 내밀며 [21]자기
집 사람들은 다 홍색 옷을 입었으므로 눈이 와도 그는 자기 집 사람들을 위하여 염
려하지 아니하며 [22]그는 자기를 위하여 아름다운 이불을 지으며 세마포와 자색 옷
을 입으며 [23]그의 남편은 그 땅의 장로들과 함께 성문에 앉으며 사람들의 인정을 받
으며 [24]그는 베로 옷을 지어 팔며 띠를 만들어 상인들에게 맡기며 [25]능력과 존귀로
옷을 삼고 후일을 웃으며 [26]입을 열어 지혜를 베풀며 그의 혀로 인애의 법을 말하며
[27]자기의 집안 일을 보살피고 게을리 얻은 양식을 먹지 아니하나니 [28]그의 자식들은
일어나 감사하며 그의 남편은 칭찬하기를 [29]덕행 있는 여자가 많으나 그대는 모든

여자보다 뛰어나다 하느니라 [30]고운 것도 거짓되고 아름다운 것도 헛되나 오직 여호와를 경외하는 여자는 칭찬을 받을 것이라 [31]그 손의 열매가 그에게로 돌아갈 것이요 그 행한 일로 말미암아 성문에서 칭찬을 받으리라

현숙한 여인에 대한 이러한 묘사는 여자들이 어떤 아내가 되어야 마땅하고, 남자들은 어떤 아내를 택해야 하는지를 보여주기 위한 것이다. 이 단락은 스물두 개의 절로 되어 있고, 일부 시편들과 마찬가지로 각각의 절은 히브리어 알파벳 중의 하나로 시작된다. 어떤 이들은 이 단락은 르무엘의 어머니가 그의 아들에게 해준 훈계의 일부가 아니라, 어떤 다른 사람이 쓴 독립적인 시로서 경건한 유대인들 가운데서 널리 회자되었고, 암송을 쉽게 하기 위해서 알파벳 시의 형태로 되어 있는 것이라고 생각한다. 이것의 요약본은 신약에도 나오는데(딤전 2:9-10; 벧전 3:1-6), 거기에서 아내들에게 주어진 본분은 좋은 아내에 관한 여기에서의 설명과 일치한다. 이것이 강조되는 데에는 그만한 이유가 있는데, 그것은 어머니들이 지혜롭고 선한 것은 한 가정에서 신앙을 유지해 나가고 그 신앙을 자손에게 물려주는 데에 다른 그 어떤 요인 못지 않게 중요한 영향을 미치기 때문이다. 이것이 한 가정의 부와 외적인 형통에 얼마나 중요한지는 누구나 다 알고 있다. 잘 살고자 하는 자는 그의 아내의 조언에 귀를 기울여야 한다.

I. 우리가 찾아야 할 여인에 대한 일반적인 고찰(10절).

1. 우리가 찾아야 할 여인은 현숙한 여인이라는 것. 현숙한 여인은 능력 있는 여인(이것이 원어의 의미이다)이다. 그녀는 연약한 그릇이지만, 지혜와 은혜, 하나님을 경외함으로 말미암아 강해진 여인이다. 이 단어는 선한 재판관들의 특성을 말할 때에 사용된 것과 동일하다(출 18:21): 능력 있는 사람들, 사람들을 다스릴 만한 자격을 갖춘 사람들인 그들은 하나님을 두려워하며 진실한 사람들로 묘사된다. 따라서, 현숙한 여인은 정신이 제대로 박혀 있는 여인, 자신의 마음을 잘 다스림과 동시에 다른 사람들의 마음을 어떻게 다루어야 하는지를 아는 여인, 경건하고 부지런한 여인, 남편을 돕는 배필로서의 역할을 잘 하는 여인이다. 이렇게 마음이 강한 여인과 반대되는 것은 마음이 약한 여인으로 묘사되는 방자한 음녀이다(겔 16:30). 현숙한 여인은 선한 신앙의 기본이 확고하게 튼튼하게 갖추어져 있어서, 그 어떤 환난이나 곤란이 닥쳐와도 거기에 겁을 집

어먹지 않고 조금도 흔들림 없이 자신의 본분을 꿋꿋히 해나가는 결단력 강한 여인이다.

2. 그러한 여인을 만나기는 어렵다는 것. 누가 그런 여인을 찾아 얻겠느냐. 이것은 선한 여인들이 아주 드물고, 선한 여인처럼 보이지만 실제로는 그렇지 않은 여자들이 많다는 것을 보여준다. 현숙한 여인을 찾았다고 생각하는 자는 속은 것이다. 야곱이 아침에 보니 그와 함께 한 여인은 그가 바랐던 라헬이 아니라 레아였다(창 29:25). 그러나 결혼을 하고자 하는 자는 현숙한 여인이 어떤 여인인지를 마음에 잘 새기고서 그런 여인을 부지런히 찾되, 여인의 아름다움이나 화려함, 여인이 지닌 부나 혈통, 옷을 잘 입거나 춤을 잘 추는 것에 넘어가지 않도록 조심하여야 한다. 왜냐하면, 이러한 이점들을 지닌 여인들은 현숙한 여인이 아닐 가능성이 많고, 도리어 이러한 이점들이 없는 여인이 진정으로 현숙한 여인일 가능성이 많기 때문이다.

3. 그러한 여인이 지닌 이루 말할 수 없는 가치. 그러한 아내를 얻은 자는 그녀로 인하여 하나님께 감사하고 그녀를 사랑하고 존중함으로써 그가 그녀를 소중히 여긴다는 것을 보여주어야 한다. 또한, 그는 그렇게 하기를 지극정성으로 하면서도 자신의 정성이 여전히 모자란다고 생각하여야 한다. 그녀의 값은 진주보다 더 하고, 허영기 있는 여자들이 자신의 몸을 단장할 때에 사용하는 온갖 사치스러운 장신구들보다 더 하다. 이런 선한 아내는 극히 드물기 때문에, 그 만큼 더 가치가 있고 소중할 수밖에 없다.

Ⅱ. 현숙한 여인과 그 뛰어난 자질들에 대한 구체적인 설명.

1. 현숙한 여인은 아주 부지런해서, 남편의 존경과 사랑을 한 몸에 받는다는 것. 진정으로 선한 자들은 구체적인 상황이나 대상과 관련해서 선하고자 한다. 따라서, 선한 여인은 결혼을 하게 되면 선한 아내가 되고자 하여, 어찌하여야 남편을 기쁘게 할까를 생각하고 그것을 자신의 일로 삼는다(고전 7:34). 그녀는 정신이 제대로 박혀 있는 여인이지만, 남편을 원하고, 남편에게 맞추기 위해서 남편의 마음을 알고자 원하며, 남편이 그녀를 다스릴 것을 원한다.

(1) 그녀는 남편이 그녀를 온전히 신뢰할 수 있도록 처신한다는 것. 그녀는 그에게 의심받거나 질투를 품게 할 만한 일을 전혀 하지 않았기 때문에, 그는 그녀의 정절을 온전히 믿는다. 그녀는 말수가 적거나 뚱하지 않으며, 정숙하고 의젓하며, 그녀의 얼굴과 행동거지는 덕스러운 기품이 배어 있다. 그녀의 남편

은 그것을 알기 때문에, 그의 마음이 그녀를 온전히 믿는 것이다. 그는 평안하고, 그녀를 평안하게 만든다. 그는 그녀의 행실을·믿기 때문에, 그녀가 어떤 사람에게 말하거나 어떤 일을 할 때에 슬기롭게 분별 있게 행하고, 그에게 손해나 욕을 끼치는 일을 하지 않을 것임을 믿는다. 그는 그녀가 그의 이익을 위해서 최선을 다한다는 것을 믿기 때문에, 그녀가 그의 계획을 다른 사람들에게 결코 누설하지 않을 것이고, 가족에게 이익되는 것 외에 다른 의도를 가지고 행하지 않을 것임을 믿는다. 그는 공적인 일 때문에 밖에 나가 있을 때에도, 마치 그가 집에 있는 것이나 다름없을 정도로 집안의 모든 일을 그녀에게 안심하고 맡길 수 있다. 그녀는 믿어도 좋은 선한 아내이고, 그는 그런 아내를 믿고 모든 것을 맡기는 선한 남편이다.

(2) 그녀는 남편의 산업이 핍절하지 아니하도록 그의 실속을 채워주고 만족하게 해준다는 것. 교만하고 낭비가 심한 아내를 둔 자들과는 달리, 그는 집의 생활비를 대려고 밖에서 아등바등하며 악착같이 돈을 벌어오지 않아도 된다. 그녀는 집안의 일을 아주 잘 관리해서, 그는 항상 넉넉하고 여유가 있어서, 이웃들에게 피해를 주어가면서까지 돈을 벌어오지 않아도 된다. 그는 그런 아내를 둔 자기가 너무 행복하다고 생각하기 때문에, 이 세상에서 거부(巨富)인 자들을 부러워하지 않는다. 그는 그런 아내를 둔 것으로 충분하다고 여기기 때문에, 그런 부가 필요하지 않다. 이와 같이 서로에게 만족하는 부부는 얼마나 복된가!

(3) 그녀는 남편에게 선을 행하는 것을 그가 늘 해야 할 일로 여겨서, 혹시라도 남편에게 누를 끼칠 수 있는 일을 하지 않을까 염려한다는 것(12절). 그녀는 남편을 그저 미련하게 좋아하는 것이 아니라 남편에 대한 자신의 사랑을 지혜롭게 나타내 보인다. 그래서 그녀는 남편의 기질이나 성질에 자신을 맞추고, 그를 거스르지 않으며, 그에게 선한 말들을 하고 악한 말을 하지 않으며, 그가 기분이 상해 있을 때에는 그의 기분을 풀어 주고자 하고, 건강할 때나 병들었을 때에나 그에게 적절한 음식들을 마련해 주며, 남편이 병이 났을 때에는 정성껏 사랑으로 돌본다. 그녀는 남편 자신과 가족과 가산과 명성에 누를 끼칠 수 있는 그 어떤 일도 하고자 하지 않는다. 이것이 그녀가 살아 있는 동안에 관심을 갖고 하는 일이다. 그녀는 그런 일을 처음에 잠깐 하다가 말거나, 기분이 좋을 때에만 이따금씩 하는 것이 아니라, 늘 변함없이 한다. 그녀는 남편에게

좋은 일이라면 지치지도 않고 싫증내지도 않는다. 그녀는 남편이 살아 있는 동안만이 아니라 그녀가 살아 있는 동안에 남편에게 선을 행한다. 그녀가 남편보다 더 오래 산다면, 그녀는 그의 자녀들과 가산과 선한 이름, 그리고 그가 남긴 온갖 일들을 잘 돌보아서 계속해서 그에게 좋은 일을 할 것이다. 룻은 살아 있는 자만이 아니라 죽은 자에게도 은혜를 베푸는 것을 그치지 않았다고 성경은 말한다(룻 2:20).

(4) 그녀는 이 세상에서 남편의 명성을 더해 준다는 것(23절). 그녀의 남편은 성문에서 좋은 아내를 두었다고 사람들의 인정을 받는다. 사람들은 그의 지혜로운 생각들과 슬기로운 일처리를 보고서, 그가 지혜로운 반려를 만나서 슬기로워진 것을 아는 것이다. 사람들은 그의 표정이 밝고 그의 기분이 좋은 것을 보고서, 그의 집에 그를 즐겁게 해주는 아내가 있다는 것을 아는 것이다. 왜냐하면, 집에 그런 아내를 두지 않은 자들의 표정이나 기분은 늘 밝지 않고 찌푸려져 있기 때문이다. 또한, 사람들은 그가 늘 단정하고 깨끗하게 옷을 입고 다니고, 그의 모든 것이 소박하면서도 기품이 있고 화려하거나 저속하지 않은 것을 보고서, 그의 집에 선한 아내가 있어서 그의 입을 것을 살펴주고 있다는 것을 아는 것이다.

2. 현숙한 여인은 자기가 있는 자리에서 자신의 본분을 다하기 위해 수고하고, 그것을 기쁨으로 여긴다는 것. 그녀의 성품 중에서 이 부분은 여기에서 상당히 자세하게 묘사된다.

(1) 그녀는 아무것도 하지 않고 가만히 앉아 있는 것을 싫어한다는 것. 그녀는 게을리 얻은 양식을 먹지 아니한다(27절). 그녀는 먹고 살 만한 재산이 있기 때문에 자기가 먹을 양식을 위해서 일할 필요는 없지만, 아무 일도 하지 않고 양식만 축내는 짓은 하지 않는다. 왜냐하면, 그녀는 하나님이 사람들을 이 세상에서 빈둥거리라고 보내신 것이 아니라는 것, 우리가 아무 일도 하지 않으면 마귀는 금세 우리에게 뭔가 나쁜 짓을 할 거리를 찾아준다는 것, 일하지 않는 자들이 먹는 것은 합당하지 않다는 것을 알기 때문이다. 어떤 자들은 달리 할 일이 없기 때문에 먹고 마시고, 쓸데없이 친구 집을 방문하여 잡담을 하며 노는 것을 즐긴다. 그러한 것들은 그녀가 싫어하는 게으름의 떡을 먹는 것이다. 그녀는 쓸데없는 방문이나 대화를 하지 않는다.

(2) 그녀는 시간을 조금이라도 허비하지 않고 충실하게 보내기 위해서 마음

을 쓴다는 것. 해가 지면, 들에서 일하던 자들은 일손을 놓아야 하지만(시 104:23), 그녀의 일은 실내에서 하는 일이기 때문에, 그녀는 일손을 놓지 않고, 등불을 켜서 낮을 연장하여 계속 일을 한다. 그녀는 밤에 등불을 끄지 않는다(18절). 등불을 켜서 낮의 부족한 시간을 보충할 수 있게 된 것은 은혜이고, 그 이점을 이용하고 선용하는 것은 우리가 해야 할 마땅한 일이다. 우리는 어떤 정교한 작품을 보면 밤이 늦도록 공을 들인 흔적이 보인다고 얘기한다.

(3) 그녀는 밤이 새기 전에 꼭두새벽부터 일어나서 종들에게 아침 식사를 차려 주어서, 종들이 날이 밝자마자 즐거운 마음으로 일하러 갈 수 있게 해준다는 것(15절). 그녀는 밤중이나 새벽까지 잠도 자지 않고 카드놀이를 하거나 춤을 추다가 해가 중천에 뜰 때까지 잠을 자는 그런 여자가 아니다. 현숙한 여인은 편안함이나 즐거움보다도 자신의 일을 더 좋아하고, 늘 자신의 본분을 다하는 데에 마음을 쓰며, 그들이 밤새도록 카드놀이를 하여 돈을 딴 데서 오는 만족감보다 더 참된 만족을 새벽에 일찍 일어나서 자기 집안 사람들에게 음식을 해서 나누어 주는 것에서 얻는다. 돌보아야 할 가족이 있는 자들은 아침 늦게까지 잠 자는 것을 좋아해서는 안 된다.

(4) 그녀는 그녀에게 적합한 일에 마음을 쏟는다는 것. 그녀가 하는 일은 학자의 일이나 정치가의 일이나 농부의 일이 아니라 여자로서 하는 일이다. 먼저, 그녀는 최고 품질의 양털과 삼을 아주 싼 값에 구한다. 그녀는 이 두 가지 재료를 비롯해서 모직물과 베옷을 만드는 데에 필요한 모든 것들을 다 준비해 놓고서(13절), 가난한 자들에게 옷감을 만드는 일감을 주어서 그들에게 아주 선한 일을 하고, 스스로도 부지런히 손으로 일한다. 그녀는 그녀의 손의 모략 또는 즐거움으로 일한다(원어는 이렇게 되어 있다). 그녀는 그 일을 즐거운 마음으로 능숙하게 해나가고, 단지 그녀의 손만이 아니라 마음과 정성도 그 일에 담아서, 지치지도 않고서 그 일을 계속해 나간다. 그녀는 손으로 솜뭉치를 들고 손가락으로 가락을 잡고 일을 하는데(19절), 그 일을 그녀의 자유에 대한 제약이라거나 그녀의 위신을 떨어뜨리는 것이라거나 그녀의 휴식을 방해하는 것이라고 생각하지 않는다. 시온의 딸들이 몸에 한 장신구들은 그녀들의 수치로 여겨진 반면에(사 2:18 이하), 여기에서 솜뭉치와 물레가락은 이 현숙한 여인의 영예로 언급되고 있는 것이다.

(5) 그녀는 자기가 하는 일을 온 힘을 다해서 하고, 하찮은 일로 여겨서 소

홀히 하는 일은 결코 없다는 것(17절). 그녀는 힘 있게 허리를 묶으며 자기의 팔을 강하게 한다. 그녀는 오직 앉아서만 하는 일이나 손가락 기술만 있으면 되는 일만 하는 것이 아니라(이런 일들은 거의 하나도 움직이지 않는 일들이다), 필요할 때에는 그녀의 온 힘을 다 써야 되는 일도 기꺼이 한다.

3. 현숙한 여인은 자기가 하는 일을 지혜롭게 잘 경영해서 상당한 이익을 남긴다는 것. 그녀는 밤새도록 수고하고도 아무것도 잡지 못하는 그런 일을 하는 것이 아니다. 그녀는 자기의 장사가 잘 되는 줄을 깨닫고(18절), 그녀의 모든 수고에 이익이 있다는 것을 알고서, 계속해서 힘을 내어 일을 하는 것이다. 그녀는 자기가 물건들을 사는 것보다 더 싸고 품질 좋게 만들 수 있다는 것을 안다. 그녀는 그녀의 일들 중에서 어떤 일이 최고의 이문을 가져다 주는지를 알아내서, 거기에 가장 많은 힘을 쏟는다.

(1) 그녀는 가족에게 꼭 필요한 모든 것들을 다 마련해 놓는다는 것(14절). 상인의 배나 솔로몬의 선단(船團)도 그녀가 하는 일들보다 결코 더 실속이 많았다고 할 수 없다. 그들은 국내에 있는 물건들을 수출해서 번 돈으로 외국의 물건들을 들여온 것이 아닌가? 그러나 그녀는 자신의 수고의 열매로 가족에게 필요한 모든 것들을 마련한다. 자기 땅에서 나지 않는 것들이라고 해도, 그녀는 자기가 만든 물건들과 바꾸어서 그것들을 마련해 놓을 수 있다. 그녀는 먼 데서 양식을 가져온다. 이것은 그녀가 멀리서 가져온 것들을 더 귀하게 여긴다는 것이 아니라, 필요한 것들이 아무리 먼 곳에 있다고 해도 그녀는 그것들을 어떻게 얻을 수 있는지를 안다는 것이다.

(2) 그녀는 땅들을 사서, 가족의 영지를 늘린다는 것(16절). 그녀는 밭을 살펴보고 산다. 그녀는 그 밭이 자기 가족에게 어떤 이익을 가져다 줄지를 잘 살펴본 후에 그 밭을 산다. 또는, 그녀는 어떤 밭이 아무리 그녀의 마음에 든다고 해도, 먼저 그 밭이 살 만한 가치가 있는지, 자기가 모아 놓은 돈이 그 밭을 사기에 충분한 돈이 되는지, 권리 증서는 제대로 된 것인지, 땅의 용도는 토지대장에 등재되어 있는 것과 일치한지, 그 밭값을 제때에 지불할 수 있는지를 살핀 후에야 그 밭을 산다. 이런 것들을 제대로 살펴보지도 않고 땅을 샀다가 낭패를 본 자들이 많다. 그러나 땅을 사서 이문을 남기고자 하는 자들은 그런 것들을 꼼꼼히 따져 본 후에 사야 한다. 또한, 그녀는 자기의 손으로 번 것을 가지고 포도원을 일군다. 그녀는 돈을 빌려서가 아니라, 집안 살림을 해서 아끼고 남

긴 돈을 가지고 포도원을 경영한다. 우리는 우리의 근면함을 하나님이 축복하셔서 남은 돈이 충분히 있을 때까지는 다른 일에 손을 대서는 안 된다. 그렇게 일구어서 얻은 포도원의 열매는 정직한 근면함의 열매이기 때문에 두 배로 더 달콤할 것이다.

(3) 그녀는 집을 잘 가꾸고, 그녀와 가족을 위하여 좋은 옷을 마련한다는 것(22절). 그녀는 자기를 위하여 아름다운 이불을 짓는데, 그것은 그녀가 손수 만든 것이기 때문에 자기가 사용할 수 있다. 그녀의 옷은 그녀의 지위와 신분에 맞게 고급스럽고 세련된 비단옷과 자색 옷이다. 그녀는 옷을 입는 데에 많은 시간을 허비할 만큼 허영을 좇지 않고, 옷 입는 것으로 자신을 치장하지도 않으며, 그런 것을 소중히 여기지도 않는다. 그렇지만, 그녀는 옷을 세련되게 잘 입는다. 그녀의 남편이 입는 관복은 그녀가 손수 실을 자아 만든 것으로서 돈주고 산 옷보다 더 고급스럽고 세련되어 보인다. 또한, 그녀는 자녀들을 위한 따뜻하고 좋은 옷과 하인들이 입을 제복을 마련해 둔다. 그녀는 아무리 추운 겨울이 와도 걱정할 필요가 없다. 왜냐하면, 그녀는 그녀와 그녀의 가솔들을 위하여 아무리 추워도 끄떡없는 의복들을 다 마련해 두었기 때문이다. 추위로부터 몸을 보호하는 것이야말로 사람이 옷을 입는 주된 목적이다. 그녀의 집 사람들은 다 겨울에 알맞는 튼튼한 천으로 되었으면서도 아름답고 부티가 나 보이는 홍색 옷을 입는다. 그녀는 자기 집 사람들을 위하여 때마다 옷을 갈아입으라고 여름 옷과 겨울 옷, 이렇게 두 벌씩을 마련해 둔다(어떤 이들은 이렇게 해석한다).

(4) 그녀는 자기가 만든 것들을 밖에 내다 판다는 것. 그녀는 그녀와 그의 가솔들이 쓸 것보다 더 많은 것을 만들기 때문에, 상인들에게 베로 옷을 지어 팔며 띠를 만들어 팔고(24절), 상인들은 그 물건들을 국제적인 교역지인 두로나 다른 성읍으로 가져간다. 사는 것보다 파는 것이 더 많은 가문은 번창하게 된다. 마찬가지로, 나라에 있어서도 나라 안에서 만든 많은 물건들을 외국에 수출하는 것은 좋은 일이다. 지체 높은 자들이 아껴서 남은 물건들을 밖에 내다 팔거나 바다를 통해서 교역을 하는 것은 전혀 창피한 일이 아니다.

(5) 그녀는 장래를 위해서 비축해 놓는다는 것. 그녀는 가족이 장래에 쓸 것들을 다 비축해 두고, 자녀들이 후일에 쓸 몫들을 다 남겨 두었기 때문에, 후일에 웃게 될 것이다. 한창때에 수고하고 땀흘린 자들은 노년에 그 수고한 열매를

거두면서 옛날을 회고하며 즐거워하고 기뻐하게 될 것이다.

4. 현숙한 여인은 그녀의 가족과 모든 집안 일들을 돌본다는 것. 그녀는 자기 집안 사람들에게 음식을 나누어 주되, 각자에게 때를 따라 양식을 나누어 주기 때문에, 그녀의 하인들 중에서 먹을 것이 부족하다거나 어렵게 먹고 산다고 불평하는 자가 없다. 또한, 그녀는 여종들에게 일을 정하여 맡긴다. 여종들은 다 각자가 할 일이 있고 그 일을 안다. 그녀는 자기의 집안 일을 보살핀다(27절). 그녀는 모든 하인들의 행동거지를 살펴서 그들에게 무엇이 잘못되었는지를 알아내어, 그들 모두가 그녀에 대해서만이 아니라 하나님과 서로에 대해서도 합당하게 처신하고 자신의 본분과 도리를 다하게 한다. 욥은 그의 장막으로부터 죄악을 멀리 쫓아내었고, 다윗은 그 어떤 악한 것도 그의 집안에 있지 않게 하고자 하였다. 그녀는 다른 사람들의 집 일에 끼어들거나 간섭하지 않는다. 그녀는 자기 집을 잘 보살피는 것으로 자신의 역할을 다하는 것이라고 생각한다.

5. 현숙한 여인은 가난한 자들에게 자애롭다는 것(20절). 그녀는 돈을 얻는 데만이 아니라 돈을 쓰는 데도 마음을 쏟는다. 그녀는 자주 자기 손으로 직접 가난한 자들을 섬기고, 즐거운 마음으로 아주 후하게 베푼다. 또한, 그녀는 가까이에 있는 가난한 이웃들을 구제하는 데에서 그치는 것이 아니라, 선을 행하고 나누어 줄 기회들을 찾아서, 멀리에 있는 궁핍한 자들을 위하여 손을 내미는데, 이것은 그녀가 행하는 그 어떤 일만큼이나 선한 가사일이다.

6. 현숙한 여인은 그녀가 하는 모든 말에서 사려가 깊고 분별이 있어서, 수다스럽거나 남을 비방하거나 화를 잘 내지 않는다는 것. 그녀는 입을 열어 지혜를 베푼다. 그녀가 하는 말들은 아주 지혜롭고 대단히 적절한 말들이다. 그녀가 하는 한 마디 한 마디의 말들은 그녀가 지혜의 법들로 스스로를 얼마나 잘 다스리고 있는지를 보여준다. 그녀는 스스로 지혜로운 조치들을 취할 뿐만 아니라, 다른 사람들에게도 지혜로운 조언을 해준다. 그러면서도, 그녀는 독재자의 오만한 태도가 아니라, 친구로서의 애정과 남을 잘 돌보아 주고자 하는 태도로 조언한다. 그녀는 혀로 인애의 법을 말한다. 그녀가 말하는 모든 것은 인애(仁愛)의 법의 다스림 아래에 있다. 사랑과 인자함의 법은 마음에 씌어 있지만, 혀로 나타난다. 우리가 서로 우애한다면, 그 우애는 사랑이 담긴 말들을 통해서 드러날 것이다. 그것이 인애의 법이라 불리는 것은 그녀가 상대하는 모든 사람들에게 법이 되기 때문이다. 그녀의 지혜와 인자함으로 인하여 그녀가 말하는

모든 것 속에는 사람을 움직이는 힘이 있다. 그녀의 말들은 사람들의 존경을 이끌어 내고, 동의를 이끌어 낸다. 올바른 말은 얼마나 힘이 있는가! 어떤 이들은 이 본문을 "그녀의 혀에는 은혜의 법 또는 긍휼의 법이 있다"로 읽어서, 은혜 또는 긍휼의 법이 하나님의 말씀과 법을 가리키는 것으로 보고, 그녀가 자녀들과 하인들에게 하나님의 말씀과 법을 얘기하기를 기뻐하였다는 뜻으로 해석한다. 그녀의 마음 속에는 경건하고 신앙심 깊은 말들이 가득 차 있고, 그녀는 그것들을 지혜롭게 사람들에게 나누어 준다. 이것은 그녀의 손은 이 세상에서 아주 바쁘게 움직이고 있지만, 그녀의 마음은 내세로 가득 차 있다는 것을 보여준다.

7. 현숙한 여인은 여호와를 경외한다는 것(30절). 이것은 이 여인이 어떤 인물인가를 보여주는 여러 특성들 중에서 절정에 해당한다. 그녀는 지금까지 말한 모든 선한 특성들을 다 갖추고 있음은 물론이고, 한 가지 없어서는 안 되는 것도 갖추고 있다. 그녀는 진정으로 경건하여, 그녀가 하는 모든 일들은 양심의 원칙들과 하나님을 경외하는 것에 의해서 인도되고 지배된다. 본문에서는 이것이 아름다운 것보다 훨씬 더 나은 것이라고 말한다. 고운 것도 거짓되고 아름다운 것도 헛되다. 모든 지혜롭고 선한 자들은 그렇게 여기기 때문에, 아름다운 것을 소중히 여기지 않는다. 아름다움은 하나님 앞에서 아무런 도움도 되지 못하고, 어떤 여인이 지혜와 선함을 지니고 있음을 보여주는 확실한 증표도 아니다. 도리어, 아름다움을 보고 아내를 택한 수많은 남자들은 그 아름다움 때문에 속아 왔다. 아름답고 잘 생긴 육신 속에 부정하고 뒤틀린 영혼이 자리를 잡고 있을 수 있다. 아니, 많은 여인들이 그들이 지닌 아름다움 때문에 지금까지 그들의 미덕과 존귀함과 귀한 영혼을 파멸에 빠뜨려 왔던 그러한 유혹들에 노출되어 왔다. 아름다움은 점점 시들어가는 것이기 때문에 헛되고 거짓된 것이다. 한 번의 병으로도 아름다움은 곧 손상되고, 많은 사고들은 절정기에 있는 이 꽃을 한 방에 날려버릴 수 있다. 아름다움은 나이가 들면 시들고, 죽으면 무덤이 그것을 삼켜 버릴 것이다. 그러나 하나님을 경외하는 마음은 영혼의 아름다움이다. 그 아름다움은 하나님이 보시기에 진주보다 더 값진 것이기 때문에, 그 아름다움을 지닌 자들은 하나님의 칭찬을 받는다. 그런 아름다움은 영원할 것이기 때문에 죽음 자체를 무시한다. 죽음에 의해서 육신의 아름다움은 소멸되어 버리지만, 영혼의 아름다움은 완성된다.

Ⅲ. 현숙한 여인이 받는 복.

1. 그녀는 그녀 자신의 마음 속에 그녀의 덕으로 인한 위로와 만족을 얻는다는 것(25절). 능력과 존귀가 그녀의 옷이다. 그녀는 능력과 존귀로 싸여져 있고, 그것들을 누리며, 그런 모습이 그대로 세상에 보여져서 사람들로부터 칭찬을 받는다. 그녀의 마음은 확고하고 늘 변함이 없기 때문에, 그녀는 지혜롭고 덕이 있는 자들도 이 세상에서 겪을 수밖에 없는 많은 역경들과 실망스러운 일들을 꿋꿋이 잘 견딘다. 능력과 존귀라는 그녀의 옷은 그녀를 기품 있게 해줄 뿐만 아니라 그녀를 지켜 준다. 그녀는 모든 사람들을 품위 있게 상대하고, 그렇게 하는 데에서 오는 즐거움을 얻는다. 그녀는 후일에 웃을 것이다. 나이가 들었을 때에 그녀는 자기가 젊었을 때에 나태하거나 쓸모없지 않았다는 것을 회상하면서 위로를 얻을 것이다. 그녀가 제대로 살았다는 사실은 임종 때에 그녀에게 기쁨이 될 것이다. 아니, 그녀는 장차 영원토록 즐거워하게 될 것이다. 그녀는 그녀의 선한 삶으로 인하여 충만한 기쁨과 영원한 즐거움을 상으로 받게 될 것이다.

2. 그녀는 그녀의 혈육들에게 큰 축복이 된다는 것(28절).

(1) 그녀의 자식들은 그녀를 복된 여인이라 부르며 감사하리라는 것. 그들은 그녀에게 감사하다는 말을 할 것이다. 그들 자체가 그녀에게는 표창장이다. 그들은 기꺼이 그녀에게 표창장을 수여하고자 할 것이다. 그들은 그녀를 위해 기도하며, 이렇게 선한 어머니를 주신 것을 하나님께 감사할 것이다. 그들은 그녀에게 빚을 졌다는 것을 인정할 것인데, 이것은 제5계명이 자녀들에게 명하고 있는 아버지와 어머니에 대한 공경(恭敬)의 의무의 일부로서, 선한 아버지와 선한 어머니에게 마땅히 드려야 할 갑절의 공경이다.

(2) 그녀의 남편은 기회 있을 때마다 그녀를 최고의 여인이라고 당당하게 말할 수 있게 해준 그녀가 그의 곁에 있어서 자기는 너무나 행복하다고 생각하리라는 것. 남편과 아내가 서로에게 합당한 칭찬을 해주는 것은 전혀 꼴불견이 아니고, 칭찬할 만한 부부의 사랑의 예를 보여주는 것이다.

3. 그녀는 모든 이웃들로부터 칭찬을 듣게 된다는 것. 예를 들면, 룻이 현숙한 여자인 줄을 모든 성읍 백성이 다 알았다(룻 3:11). 덕이 있으면 칭찬이 따라오는 법이다(빌 4:8). 여호와를 경외하는 여자는 하나님과 사람에게서 칭찬을 받을 것이다(롬 2:29).

(1) 그녀는 찬사를 받게 되리라는 것(29절). 덕행 있는 여자가 많았다. 덕 있는 여자들은 귀한 보석들처럼 보였지만, 보기와는 달리 실제로는 그리 희귀한 보석들이 아니었다(10절). 덕 있는 여자들은 많았지만, 이와 같은 여인은 찾아볼 수 없었다. 누가 그녀 같은 여인을 찾아 얻겠느냐. 그녀는 모든 여자보다 뛰어나다. 선한 자들은 덕에 있어서 뛰어나게 되는 것을 목표로 삼고 간절히 구하여야 한다는 것을 명심하라. 많은 딸들이 아비의 집에서나 한 나라에서 덕을 많이 행하였으나, 선한 아내가 덕이 있다면 그 아내는 그 모든 딸들보다 뛰어나고, 그 딸들이 딸의 자리에서 할 수 있는 것보다 더 많은 선을 아내의 자리에서 할 수 있다. 또는, 집을 잘 경영해 나갈 수 있는 것은 선한 딸들이 아니라 선한 아내이다(어떤 이들은 이 본문을 이렇게 설명한다).

(2) 그녀는 한 사람의 반대도 없이 누구에게나 찬사를 듣게 되리라는 것(31절). 어떤 자들은 분에 넘치는 찬사를 받지만, 그녀를 칭찬하는 자들은 단지 그녀의 손의 열매가 그녀에게로 돌아가게 하는 것일 뿐이다. 사람들은 그녀가 비싸게 얻은 것이자 그녀에게 마땅히 돌아가야 할 찬사를 그녀에게 주는 것일 뿐이다. 만약 그녀가 사람들로부터 칭찬을 듣지 못한다면, 그녀는 부당한 대우를 받는 것이다. 그들의 손으로 칭찬 받을 만한 일을 한 자들은 칭찬을 받아야 마땅하다는 것을 명심하라. 나무는 그 열매를 보아 아는 법이기 때문에, 그 열매가 선하다면, 그 나무는 우리의 선한 말을 들어야 마땅하다. 그녀의 자녀들이 그녀를 공경하고 그녀에게 효도하며, 그들이 마땅히 행해야 할 것을 따라 처신한다면, 그들은 그녀에게 그녀의 손의 열매를 드리는 것이다. 그녀는 그녀가 그들을 정성껏 키운 보답으로 마땅히 돌아와야 할 것들을 거두고 있는 것이다. 자녀들은 이렇게 부모에게 보답하기를 배워야 하고, 그것이 집에서 효를 행하는 것이다(딤전 5:4). 그러나 만약 사람들이 불의하여 그녀를 칭찬하지 않는다면, 그녀가 행한 일들이 성문에서 모든 사람들이 보는 앞에서 그녀를 칭찬할 것이다.

[1] 그녀는 그녀가 한 일들이 그녀를 칭찬하도록 맡겨두고, 사람들의 칭찬을 얻고자 애쓰지 않는다. 사람들로부터 칭찬 듣기를 좋아하는 여자들은 진정으로 덕이 있는 현숙한 여자들이 아니다.

[2] 그녀는 그녀가 행한 일로 말미암아 칭찬을 받을 것이다. 그녀의 혈육들과 이웃들이 모두 침묵을 지킨다면, 그녀가 행한 선한 일들이 그녀를 널리 칭찬하

게 될 것이다. 예를 들면, 과부들이 도르가가 가난한 자들을 위하여 지은 속옷과 겉옷을 다 내보였을 때, 그 옷들은 도르가에 대한 최고의 찬사가 되었다(행 9:39).

[3] 이웃들로부터 기대할 수 있는 최소한의 것은 그들이 그녀가 그 행한 일로 말미암아 칭찬을 받게 하고, 그것을 방해하지 않는 것이다. 선한 일을 행하는 자들은 그들이 행한 선한 일로 인하여 칭찬을 받는 것이 마땅하기 때문에(롬 13:3), 우리는 그 칭찬을 시기하여 깎아내리는 말이나 행동을 하지 말고, 그것에 자극을 받아서 그들을 본받고자 하여야 한다. 진리에게서도 선한 증거를 받은 자들에 대해서 우리가 악한 말을 하는 것은 합당하지 않다. 이 거울은 여자들을 위한 것이지만 밀봉되어 있고, 여자들에 의해서 열려서 사용되기를 기다리고 있다. 여자들이 이 거울을 사용하여 단장한다면, 그 여자들은 예수 그리스도께서 나타나실 때에 칭찬과 영광과 존귀를 얻게 될 것이다.

* *

잠언서 가운데서 그 대부분이 한 절이 하나의 잠언으로 되어 있는 스무 개의 장(10장에서 29장까지)은 적절한 표제들로 그 내용들을 묶을 수 없는 것들이다. 그래서 나는 이 장들의 모든 내용을 여러 주제들로 나누어서 한데 모아 놓았는데, 이것은 이 장들 속에서 어떤 한 주제를 다루고 있는 잠언들을 한 번에 일목요연하게 보고자 하는 사람들에게 어느 정도 유익할 것이다. 몇몇 절들에 대해서는 어떤 사람들은 내가 행한 주제 분류가 마음에 들지 않을 수도 있겠지만, 대부분의 절들은 내가 충분히 적절한 주제 속에 넣었다고 본다.

1. 자녀들이 지혜로우냐 미련하냐, 경건하냐 경건하지 않느냐에 따라서 부모가 자녀에게서 받는 위로 또는 슬픔(10:1; 15:20; 17:21, 25; 19:13, 26; 23:15-16, 24-25; 27:11; 29:3).
2. 우리를 행복하게 만드는 데에 세상은 부족하고 신앙은 충분하다는 것(10:2-3; 11:4). 그러므로 이 세상이 주는 유익들이 아니라 덕이 주는 유익들을 택하라는 것(15:16-17; 16:8, 16; 17:1; 19:1; 28:6, 11).
3. 게으름과 부지런함(10:4, 26; 12:11, 24, 27; 13:4, 23; 15:19; 16:26; 18:9;

19:15, 24; 20:4, 13; 21:5, 25-26; 22:13, 29; 24:30-34; 26:13-16; 27:18, 23, 27; 28:19). 특히, 기회들을 선용하느냐 소홀히 하느냐 하는 것(6:6; 10:5).

4. 의인들의 행복과 악인들의 불행 또는 참상(10:6, 9, 16, 24-25, 27-30; 11:3, 5-8, 18-21, 31; 12:2-3, 7, 13-14, 21, 26, 28; 13:6, 9, 14-15, 21-22, 25; 14:11, 14, 19, 32; 15:6, 8-9, 24, 26, 29; 20:7; 21:12, 15-16, 18, 21; 22:12; 28:10, 18; 29:6).
5. 존귀함과 욕됨(10:7; 12:8-9; 18:3; 26:1; 27:21). 허영(25:14, 27; 27:2).
6. 순종의 지혜와 불순종의 어리석음(10:8, 17; 12:1, 15; 13:1, 13, 18; 15:5, 10, 12, 31-32; 19:16; 28:4, 7, 9).
7. 해악을 끼침과 유익함(10:10, 23; 11:9-11, 23, 27; 12:5-6, 12, 18, 20; 13:2; 14:22; 16:29-30; 17:11; 21:10; 24:8; 26:23, 27).
8. 지혜롭고 선한 말에 대한 칭찬과 다스려지지 않은 혀에 의한 해악과 수치(10:11, 13-14, 20-21, 31-32; 11:30; 14:3; 15:2, 4, 7, 23, 28; 16:20, 23-24; 17:7; 18:4, 7, 20-21; 20:15; 21:23; 23:9; 24:26; 25:11).
9. 사랑과 미움, 평화를 가져오는 것과 다툼(10:12; 15:17; 17:1, 9, 14, 19; 18:6, 17-19; 20:3; 25:8; 26:17, 21; 29:9).
10. 부자와 가난한 자(10:5, 22; 11:28; 13:7-8; 14:20, 24; 18:11, 23; 19:1, 4, 7, 22; 22:2, 7; 28:6, 11; 29:13).
11. 거짓말과 사기와 위장, 그리고 진리와 진실함(10:18; 12:17, 19, 22; 13:5; 17:4; 20:14, 17; 26:18-19, 24-26, 28).
12. 비방(10:18; 16:27; 25:23).
13. 말이 많은 것과 침묵(10:19; 11:12; 12:23; 13:3; 17:27, 28; 29:11, 20).
14. 공의와 불의(11:1; 13:16; 16:8, 11; 17:15, 26; 18:5; 20:10, 23; 22:28; 23:10-11; 29:24).
15. 교만과 겸손(11:2; 13:10; 15:25, 33; 16:5, 18-19; 18:12; 21:4; 25:6-7; 28:25; 29:23).
16. 다른 사람들을 멸시하는 것과 존중하는 것(11:12; 14:21).
17. 남의 말 하기를 좋아하는 것(11:13; 16:28; 18:8; 20:19; 26:20, 22).
18. 성급함과 신중함(11:14; 15:22; 18:13; 19:2; 20:5, 18; 21:29; 22:3; 25:8-

10).
19. 보증(11:15; 17:18; 20:16; 22:26-27; 27:13).
20. 선하거나 악한 여자 또는 아내(11:16, 22; 12:4; 14:1; 18:22; 19:13-14; 21:9, 19; 25:24; 27:15-16).
21. 자비로움과 무자비함(11:17; 12:10; 14:21; 19:17; 21:13).
22. 가난한 자에 대한 구제와 구제를 하지 않는 것(11:24-26; 14:31; 17:5; 22:9, 16, 22-23; 28:27; 29:7).
23. 탐욕과 만족(11:29; 15:16-17, 27; 23:4-5).
24. 분노와 온유함(12:16; 14:17, 29; 15:1, 18; 16:32; 17:12, 26; 19:11, 19; 22:24-25; 25:15, 28; 26:21; 29:22).
25. 우울함과 즐거워함(12:25; 14:10, 13; 15:13, 15; 17:22; 18:14; 25:20, 25).
26. 소망과 기대(13:12, 19).
27. 지혜로움과 미련함(13:16; 14:8, 18, 33; 15:14, 21; 16:21-22; 17:24; 18:2, 15; 24:3-7; 7:27; 26:6-11; 28:5).
28. 속이는 것과 충직함(13:17; 25:13, 19).
29. 선한 친구와 나쁜 친구(13:20; 14:7; 28:7; 29:3).
30. 자녀 교육(13:24; 19:18; 20:11; 22:6, 15; 23:12; 14:14; 29:15, 17).
31. 여호와를 경외함(14:2, 26-27; 15:16, 33; 16:6; 19:23; 22:4; 23:17-18).
32. 참된 증언과 거짓 증언(14:5, 25; 19:5, 9, 28; 21:28; 24:28; 25:18).
33. 거만한 자들(14:6, 9; 21:24; 22:10; 24:9; 29:9).
34. 쉽게 믿는 것과 신중함(14:15, 16; 27:12).
35. 왕들과 그 신민들(14:28, 34-35; 16:10, 12-15; 19:6, 12; 20:2, 8, 26, 28; 22:11; 24:23-25; 30:2-5; 28:2-3, 15-16; 29:5, 12, 14, 26).
36. 시기, 특히 죄인들을 부러워하는 것(14:30; 23:17-18; 24:1-2, 19-20; 27:4).
37. 하나님은 모든 것을 아신다는 것과 그의 보편적인 섭리(15:3, 11; 16:1, 4, 9, 33; 17:3; 19:21; 20:12, 24; 21:1, 30-31; 29:26).
38. 선한 이름과 악한 이름(15:30; 22:1).
39. 사람들이 자신을 대단하게 여기는 것(14:12; 16:2, 25; 20:6; 21:2; 26:12; 28:26).

40. 하나님께 헌신하고 그를 의지함(16:3; 18:10; 23:26; 27:1; 28:25; 29:25).
41. 하나님의 은총이 주는 복(16:7; 29:26).
42. 지혜를 얻으라고 자극을 줌(16:16; 18:1; 19:8, 20; 22:17-21; 23:15-16, 22-25; 24:13-14; 27:11).
43. 유혹에 대한 경고(16:17; 29:27).
44. 노년과 젊음(16:31; 17:6; 20:29).
45. 종들(17:2; 19:10; 29:19, 21).
46. 뇌물(17:8, 23; 18:16; 21:14; 28:21).
47. 책망과 징계(17:10; 19:25, 29; 20:30; 21:11; 25:12; 26:3; 27:5-6, 22; 28:23; 29:1).
48. 배은망덕(17:13).
49. 우정(17:17; 18:24; 27:9, 10, 14, 17).
50. 감각적인 쾌락(21:17; 23:1-3, 6-8, 19-21; 27:7).
51. 술 취함(20:1; 23:23, 29-35).
52. 본성의 보편적인 타락(29:9).
53. 아첨(20:19; 26:28; 28:23; 29:5).
54. 패역한 자녀(20:20; 28:24).
55. 불의하게 얻은 재물은 오래가지 못한다는 것(20:21; 21:6, 7; 22:8; 28:8).
56. 원수 갚는 것(20:22; 24:17, 18, 29).
57. 신성모독(20:25).
58. 양심(20:27; 27:19).
59. 의식(儀式)보다 도덕적 의무들이 먼저라는 것(15:8; 21:3, 27).
60. 방탕과 낭비(21:20).
61. 지혜와 경건의 승리(21:22; 24:15-16).
62. 고집 세고 제멋대로인 것(22:5).
63. 음행(22:14; 23:27-28).
64. 환난 속에서 힘을 잃음(24:10).
65. 곤경에 처한 자들을 도움(14:11-12).
66. 위정자 또는 정부에 대한 충성(24:21-22).
67. 원수를 용서함(25:21-22).

68. 까닭 없는 저주(26:2).
69. 미련한 자들에게 대답하는 것(26:4-5).
70. 불안정과 불만족(27:8, 20).
71. 비겁함과 용기(28:1).
72. 통치자들이 누구냐에 따른 백성의 이해관계(28:12, 28; 29:2, 16; 11:10-11).
73. 회개와 거룩한 두려움이 주는 유익(28:13-14).
74. 살인에 대한 벌(28:17).
75. 빨리 부자가 되려고 하는 것(28:20, 22).
76. 경건한 자들에 대한 악인들의 적대감(29:10, 27).
77. 은혜의 수단들의 필요성(24:18).

전 도 서

서론

우리는 여전히 솔로몬의 복된 사람들, 복된 신하들 가운데에 있어서 그 앞에 서서 그의 지혜를 듣고 있다. 솔로몬의 신하들은 하나님의 감동을 따라 좀 더 직접적으로 솔로몬에게 주어진 지혜의 온갖 교훈들을 직접 들을 수 있는 특권을 부여받은 자들이긴 하지만, 한 번 듣는 것으로는 잘못 알아듣거나 잊어버리기 쉽다. 그러나 이 책을 통해 우리에게 전해진 솔로몬의 지혜는 우리가 반복해서 읽고 영원히 기억할 수가 있다. 솔로몬이 그의 치세 말기에 하나님을 배교한 것에 관한 기사(記事)는 그의 이야기 중에서 비극적인 부분이다(왕상 11:1). 솔로몬은 자신의 신앙을 온전히 지켰던 그의 황금기에 잠언서를 전하였고, 나이가 들어서는 전도서를 전하였는데(이 책에는 노년의 괴로움과 쇠약함이 생생하게 묻어난다, 12장), 생애 말년에 하나님의 은혜로 말미암아 그의 타락과 배교에서 돌이켜 회복되었다. 그는 잠언서에서는 그가 살피고 헤아린 것들을 얘기하였다면, 여기 전도서에는 자기 자신의 경험들을 기록하였다. 전도서는 세월이 전해 주는 교훈이고, 연륜이 가르쳐 주는 지혜이다. 전도서의 표제와 저자에 대해서는 이 책의 첫 절이 말하고 있기 때문에, 여기에서는 다음과 같은 것들만을 잠깐 살펴보기로 하자.

I. 전도서는 한 편의 설교이다. 이 설교의 본문은, 헛되고 헛되니 모든 것이 헛되도다(2절)이고, 그것은 이 설교에서 말하고자 하는 교훈이기도 하다. 이 교훈은 주로 많은 논거들과 세부적인 추론들을 통해서 증명되고 있고, 아울러 여러 가지 반론들에 대한 답변들에 의해서 보강되어 있다. 그리고 끝부분에서는 이 모든 것들을 종합하여 우리에게 창조주를 기억하고, 하나님을 경외하며, 그의 명령들을 지킬지어다(12:1, 13)라고 권면한다. 실제로 이 전도서에는 애매해서 깨닫기 어려운 것들이 많이 있고, 부패한 마음을 지닌 자들이 솔로몬이 제시한 논거들과 무신론자들이나 쾌락주의자들이 제기한 반론들을 구별하지 못하고 본문을 억지로 풀다가 스스로 멸망할 수 있는 것들도 꽤 있다. 그러나 이 세상은 헛되고, 이 세상은 우리를 결코 행복하게 만들어 줄 수 없으며, 죄는 지극히 나

뻐고 상스러운 것이고, 죄는 우리를 비참하고 불행하게 만드는 성질을 지니고 있다는 것을 우리에게 깨우쳐 주고, 신앙을 갖는 것이 지혜이고, 우리는 하나님과 사람에 대한 우리의 본분을 다할 때에만 진정한 위로와 만족을 얻게 된다는 것을 깨우쳐 주기에 충분할 정도로 전도서는 쉽고 명료하다(우리가 깨우침을 받고자 하기만 한다면). 모든 설교는 이런 것을 목표로 하여야 하고, 이런 것을 어느 정도 이루어내는 설교가 좋은 설교이다.

Ⅱ. 전도서는 참회 설교이다. 이것은 다윗의 몇몇 시편들이 참회 시편인 것과 같다. 전도서는 자신의 지난날의 잘못들을 고백하고 회개하는 설교이다. 여기에서 전도자는 이 세상의 것들과 금지된 감각의 쾌락들 속에서 만족을 얻을 수 있을 것이라고 기대했지만, 지나고 보니 그런 것들은 죽음보다 더 쓰디쓴 것들이었다고 고백하며 그의 지난날의 어리석음과 잘못을 몹시 슬퍼한다. 그의 넘어짐은 사람의 본성이 얼마나 약한지를 보여주는 증거이다. 가장 지혜로운 자들 중의 한 사람이었던 솔로몬도 이토록 형편없이 미련한 짓을 하였다는 것을 기억하고서, 지혜로운 자는 그의 지혜를 자랑하지 말고, "나는 결코 이러저러한 일을 할 정도로 미련한 자가 아니다"라고 말하지 말라. 솔로몬의 부는 그에게 너무나 큰 덫이 되어서, 욥의 가난보다 욥에게 끼친 해악보다 훨씬 더 큰 해악을 그에게 끼친 것을 기억하고서, 부자는 그의 부함을 자랑하지 말라. 그가 타락과 배교에서 회복된 것은 하나님에게서 아주 멀리 떠난 자조차도 하나님께로 돌아오게 하시는 하나님의 강력한 은혜를 보여주는 증거이다. 또한, 솔로몬의 죄가 너무나 큰데도 그를 다시 받아들여 주신 것은 하나님의 긍휼하심이 얼마나 풍성한지를 보여주는 증거이기도 하다. 왜냐하면, 그것은 하나님이 다윗의 자손들이 죄악을 범하면 징계는 하되 그들을 버리거나 대를 끊지는 않을 것이라고 다윗에게 하신 약속을 따라서 긍휼을 베푸신 것이기 때문이다(삼하 7:14-15). 그러므로 섰다고 생각하는 자는 넘어질까 조심하라. 그리고 넘어진 자는 서둘러서 다시 일어나고, 하나님이 도와 주시지도 않고 받아 주시지도 않으실 것이라고 절망하지 말라.

Ⅲ. 전도서는 실제적으로 유익한 설교이다. 솔로몬은 회개하고 나서 그의 아버지처럼 죄인들에게 하나님의 길을 가르치고(시 51:13), 모든 사람들에게 자기처럼 치명적인 암초들에 걸려 파산하는 일이 없도록 조심하라고 경고하기로 결심한다. 이러한 결심은 회개에 합당한 열매였다. 사람들의 근본적인 잘못

이자 하나님으로부터 떠난 모든 경우의 밑바닥에 있는 것은 우리의 첫 조상이 범한 잘못과 동일한 것으로서 먹음직도 하고 보암직도 하며 지혜롭게 할 만큼 탐스럽기도 한 것을 취하여서 신들처럼 되고자 하는 욕망이다. 그러니까 전도서의 목적은 우리의 행복이 우리 자신이 우리의 신이 되어서 우리가 갖고 싶은 것을 갖고 우리가 하고 싶은 것을 하는 데에 있는 것이 아니라, 우리를 지으신 분을 우리의 하나님으로 모시는 데에 있다는 것을 보여주는 것이다. 도덕 철학자들은 인간의 참된 행복 또는 최고선(最高善)이 무엇인가를 놓고 많은 논란을 벌였고, 여러 가지 다양한 견해들이 제시되었다. 그러나 솔로몬은 전도서에서 이 문제를 확실하게 매듭을 지어서, 하나님을 경외하고 그의 계명들을 지키는 것이 인간의 전부라고 우리에게 말해 준다. 그는 세상의 부와 감각의 쾌락들 속에서 어떤 만족이 찾아질 수 있는지를 시험해 보고서, 마침내 모든 것이 헛되고 부질없으며 괴로움만 더할 뿐이라고 선언하였다. 그렇지만 많은 사람들이 그의 말을 믿지 않고, 그 위험한 실험을 하다가, 결국 치명상을 입고 만다.

1. 솔로몬은 인간적인 학문이나 지략, 감각적인 즐거움, 명예와 권력, 부와 많은 소유 같이 사람들이 통상적으로 행복을 위해 필요한 것들로 꼽는 것들이 얼마나 헛된 것들인지를 보여준다.

2. 솔로몬은 그러한 것들에 수반되는 심령의 괴로움을 고칠 수 있는 치료제들을 처방해 준다. 우리는 그것들을 헛된 것에서 헛되지 않은 것으로 그 본질을 바꾸어 놓을 수는 없지만, 그것들에 대하여 집착하지 않고 그것들로부터 별 기대를 하지 않는 가운데에 그것들을 편안하게 누리는 한편, 모든 일에서 우리를 향하신 하나님의 뜻에 묵묵히 순종하며, 특히 우리의 젊은 날에 하나님을 기억하고, 장차 있을 심판을 바라보고서 일생 동안 늘 하나님을 경외하며 섬김으로써, 세상의 헛된 것들이 우리에게 주는 괴로움을 막을 수 있다.

제 1 장

개요

이 장에는 다음과 같은 내용들이 나온다. I. 이 책의 표제(1절). II. 피조물은 헛되다는 일반적인 가르침이 선언되고(2절) 설명됨(3절). III. 이 가르침이 옳다는 증거. 1. 인생은 짧고, 현세에서 태어남과 묻히는 것이 무수히 반복된다는 것(4절). 2. 모든 피조물은 무상하고 끊임없이 반복되며, 해와 바람과 물이 왔다가 원래의 자리로 돌아가는 것이 끝없이 반복된다는 것(5-7절). 3. 사람이 피조물에 대하여 많은 수고를 하지만, 거기에서 만족을 거의 얻을 수 없다는 것(8절). 4. 똑같은 일들이 다시 반복된다는 것. 이것은 모든 완전한 것들에 끝이 있고, 있던 것들은 없어진다는 것을 보여준다(9-10절). 5. 모든 것들은 결국 망각되고 만다는 것(11절). IV. 인간의 지식과 온갖 종류의 학문, 특히 자연 철학과 정치학이 헛되다는 것을 보여주는 첫 번째 사례. 1. 솔로몬이 이러한 것들에 대하여 한 시험(12-13, 16-17절). 2. 그것들이 다 헛되다는 그의 판단(14절). 그 이유는 다음과 같다. (1) 지식을 얻는 것은 괴로운 일이라는 것(13절). (2) 지식으로 할 수 있는 선한 일이 거의 없다는 것(15절). (3) 지식 속에는 만족이 없다는 것(18절). 그러한 것이 헛되고 괴로운 일이라면, 고상함과 가치에 있어서 그러한 것보다 훨씬 더 못한 이 세상의 다른 모든 것들도 헛되고 괴로울 수밖에 없다. 위대한 학자라도 그가 참된 성도가 아니라면 행복할 수 없다.

[1]다윗의 아들 예루살렘 왕 전도자의 말씀이라 [2]전도자가 이르되 헛되고 헛되며 헛되고 헛되니 모든 것이 헛되도다 [3]해 아래에서 수고하는 모든 수고가 사람에게 무엇이 유익한가

이 단락에는 다음과 같은 내용들이 나온다.

I. 이 책의 저자에 관한 설명. 저자는 솔로몬이다. 왜냐하면, 솔로몬을 제외하면 다윗의 다른 아들 중에서 예루살렘의 왕이 된 자는 없었기 때문이다.

그러나 그는 그의 죄로 말미암아 자기 자신과 그의 나라에 환난을 가져다 주었고, 하나님과의 평화를 깨뜨리고 그의 양심의 평화를 잃었기 때문에, 더 이상 솔로몬(평화로운 자)이라는 이름을 쓸 자격이 없다고 여겨서, 자신의 이름을 밝히지 않는다. 나를 솔로몬이 아니라 마라라 부르라. 이는 내가 평화 대신에 쓰디쓴 고통을 얻었기 때문이다. 그래서 솔로몬은 자기 자신을 이렇게 소개한다.

1. 전도자. 이것은 그의 현재의 모습을 보여준다. 그는 전도자(히브리어로, '코헬렛')이다. '코헬렛'은 "모으다"를 의미하는 단어에서 파생된 단어이다. 그런데 이 단어가 여성형으로 되어 있는 것은 아마도 솔로몬이 그의 배교에 그 어느 것보다도 더 많은 역할을 하였던 그의 나약하고 우유부단한 여자 같은 성격을 질책하기 위한 것으로 보인다. 왜냐하면, 그가 우상들을 세운 것은 그의 아내가 된 이방 여인들을 기쁘게 해주기 위한 것이기 때문이다(느 13:26). 또는, 우리는 '코헬렛'을 거기에 심령 또는 사람을 뜻하는 단어를 보충하여 다음과 같이 해석할 수 있다.

(1) 참회한 심령 또는 다시 돌아온 심령. 솔로몬은 자기가 길을 잃은 양처럼 어슬렁거리다가 엉뚱한 곳으로 갔다가 이제는 방황에서 돌이켜서 자신의 본분으로 돌아왔고 마침내 제정신으로 돌아온 자라고 말하는 것이다. 수많은 헛된 것들을 좇아 분산되었던 그의 심령은 이제는 다시 모아져서 그 중심에 하나님을 모시고 있다. 하나님의 은혜는 큰 죄인들을 크게 회심하게 만드실 수 있고, 비록 어려운 경우이긴 하지만 의의 도를 안 후에 그 도를 저버린 자들을 회개시켜서 새롭게 하고 그들의 반역을 고치실 수 있다. 하나님이 기쁘게 받으시는 것은 다윗과 같이 통회하는 마음을 지닌 참회하는 심령이지, 아합과 같이 잠시 동안만 머리를 숙이는 자가 아니다. 잘못된 길에서 돌아와서, 더 이상 마음을 흩어서 이방인들에게로 나아가지 않고(렘 3:13), 일심으로 여호와의 이름을 경외하는 심령만이 참회하는 심령이다. 마음에 가득한 것을 입으로 말하는 법이기 때문에, 우리는 여기에서 참회하는 자가 한 말들을 기록해 놓은 것을 보고 있는 것이다. 신앙이 좋기로 이름이 나 있었던 자들이 큰 죄에 빠진 경우에, 그들은 하나님을 존귀하게 해 드림과 아울러서 그들이 하나님의 나라에 끼친 손상을 회복시키기 위하여 공개적으로 그들의 회개를 증언할 필요가 있다. 그러면, 회개라는 해독제는 이전에 그들이 지었던 큰 죄의 독만큼이나 광범위하게 효과를 미칠 수 있다.

(2) 전도하는 자 또는 모으는 자. 솔로몬은 그의 죄로 말미암아 자기가 뛰쳐나갔던 성도들의 회중으로 다시 돌아와서 교회와 화해하고 나서, 자기와 같이 어그러진 길로 갔던 사람들, 아마도 그의 본보기를 따라 잘못된 길로 갔던 사람들을 교회로 다시 모으고자 애를 쓴다. 형제를 미혹하여 딴 길로 가게 만든 자는 그 형제를 다시 돌아오게 하기 위하여 최선을 다하여야 마땅하다. 솔로몬은 성전의 봉헌식 때에 그랬던 것처럼(왕상 8:2) 이제 자기 자신을 다시 하나님께 봉헌하고자 할 때에 그의 백성의 온 회중을 불러 모았던 것 같다. 그는 그 성회를 주재하면서, 백성의 입이 되어 대표로 하나님께 기도하였고(12절), 하나님의 입이 되어 백성에게 말씀을 전하였다. 하나님은 그와 화해하였다는 표시로 그의 성령을 통해서 그를 설교자 또는 전도자가 되게 하셨다. 하나님이 어떤 사람에게 일을 맡기셨다는 것은 그 사람을 용서하였다는 암묵적인 표시이다. 그리스도께서는 그의 양들을 베드로에게 맡기심으로써 그가 베드로를 이미 용서하셨다는 것을 충분히 보여주셨다. 참회한 자들은 말씀을 전하는 자들이 되어야 한다는 것을 명심하라. 스스로 경고의 말씀을 받아들여서 돌이켜 살게 된 자들은 다른 사람들에게도, 계속해서 그 길을 가면 죽게 되리라는 것을 경고하여야 한다. 너는 돌이킨 후에 네 형제를 굳게 하라(눅 22:32). 전도자들은 전도하는 심령들이 되어야 한다. 왜냐하면, 마음에서 우러나오는 것만이 다른 사람의 마음에 닿는 법이기 때문이다. 바울은 하나님의 아들의 복음 안에서 그의 심령으로 하나님을 섬겼다(롬 1:9).

2. 다윗의 아들. 솔로몬이 이 칭호를 사용하고 있다는 것은 다음과 같은 것들을 보여주는 것이다.

(1) 그는 자기가 너무도 선한 자의 아들이라는 것을 큰 영광으로 여겼고, 그러한 사실을 대단히 소중히 여겼다는 것.

(2) 그는 자기가 그런 아버지 밑에서 선한 교육을 받았고 아버지가 그를 위해 많은 기도를 했다는 것을 그의 죄를 더욱 무겁게 하는 요인이라고 여겼다는 것. 그는 다윗 같은 인물의 이름과 그 가문에 오점을 남기고 욕을 끼치게 된 것을 생각하면 가슴이 찢어지는 것 같았다. 여호야김이 요시야의 아들이었다는 사실은 여호야김의 죄를 더욱 무겁게 만들었다(렘 22:15-17).

(3) 그가 다윗의 아들이라는 사실은 그에게 용기를 주어서 그가 회개하고 하나님의 긍휼을 구할 수 있게 하였다는 것. 왜냐하면, 다윗도 큰 죄에 빠진 적

이 있었기 때문이다. 솔로몬은 아버지의 모습을 보고서 경고를 받아 죄를 짓지 말아야 했지만, 실제로는 그렇지 못하였다. 어쨌든 다윗은 회개하여, 하나님의 긍휼을 다시 얻었다. 그래서 솔로몬은 다윗을 본보기로 삼아서 자기도 회개하고 하나님의 긍휼을 다시 얻었다. 그렇지만 이것이 전부가 아니었다. 하나님은 다윗의 자손들에 대하여 그들이 죄를 범하면 그가 매로 징계하겠지만(삼하 7:14), 다윗과 맺은 언약을 깨뜨리지는 않을 것이라고 약속하셨었는데, 솔로몬은 바로 그 다윗의 아들이었다. 위대한 전도자 그리스도도 다윗의 아들이셨다.

3. 예루살렘 왕.

(1) 그가 이것을 언급한 것은 그의 죄가 더욱 무겁다는 것을 스스로 자인하고자 한 것이었다. 그는 왕이었다. 하나님은 그를 무척 사랑하셔서 그를 왕위에 오르게 하기 위하여 많은 일을 하셨는데도, 그는 하나님의 은혜를 원수로 갚는 자가 되어 버렸다. 그는 왕이었기 때문에, 그의 죄의 나쁜 본보기와 영향력은 더욱 위험스러운 것이었고, 많은 사람들이 그의 치명적으로 해로운 길을 좇고자 하였다. 특히, 그는 거룩한 성 예루살렘, 즉 하나님의 성전이 있고, 그의 왕궁이 있으며, 여호와의 일꾼들인 제사장들이 있고, 그에게 선한 것들을 가르쳐 주었던 선지자들이 있는 예루살렘의 왕이었다.

(2) 그가 이것을 언급한 것은 그가 쓴 글에 보탬이 되게 하기 위한 것이었다. 왜냐하면, 왕의 말은 권능이 있기 때문이다(8:4). 그는 전도자가 되는 것이 왕으로서의 그의 위신을 손상시키는 것이라고 생각하지 않았다. 그러나 백성들은 그가 왕이었기 때문에 전도자로 나선 그를 더 주목하고 그가 전하는 말씀들을 더 존중할 것이었다. 존귀한 자들이 선한 일을 하는 데에 헌신한다면, 그들은 정말 많은 일들을 할 수 있다! 강단에서 세상의 헛됨을 전도하는 솔로몬은 그의 상아로 된 보좌에 앉아서 재판을 베풀 때와 마찬가지로 위대해 보였다.

갈대아 역본은 전도서에 나오는 본문들에 아주 많은 설명들을 덧붙이고 있는데, 솔로몬이 전도서를 쓴 것과 관련해서는 이렇게 해설한다: 솔로몬은 예언의 영을 통해서 열 지파가 그의 아들에게 반기를 들리라는 것을 미리 보았고, 먼 훗날에는 예루살렘과 그 성전이 파괴되고, 백성들이 포로로 잡혀가게 되리라는 것도 미리 보았다. 이런 일들을 미리 본 솔로몬은 헛되고 헛되니 모든 것이 헛되도다고 말하였다. 그는 전도서에서 이 말에 많은 구절들을 할애한다.

Ⅱ. 이 책의 전체적인 취지와 목적. 왕으로서 전도자가 된 솔로몬이 말하고자 하는 것은 무엇인가? 전도서에서 그의 목적은 우리를 진정으로 신앙이 있게 만들고, 이 세상의 것들에 대한 우리의 동경이나 기대를 무너뜨리는 것이다. 이것을 위해서 그는 다음과 같은 것들을 보여준다.

1. 세상의 것들은 모든 것이 헛되다는 것(2절). 이것이 그가 이 책에서 제시하고 증명하고자 하는 명제이다. 헛되고 헛되니 모든 것이 헛되도다. 이것은 새로운 것이 아니었다. 그의 아버지 다윗은 이미 이와 같은 취지의 말을 두 번 이상 했었다. 여기에서 단언되고 있는 진리는 하나님 외의 모든 것, 하나님에게서 분리된 모든 것, 이 세상의 모든 것, 세상의 모든 일들과 낙(樂)들, 세상에 있는 모든 것(요일 2:16), 우리의 감각이나 허황된 생각을 즐겁게 해주는 모든 것, 우리 자신에게 즐거움과 좋은 평판을 가져다 주는 모든 것이 헛되다는 것이다. 이 모든 것은 인간의 죄에 의해서 왜곡되어 악용될 때만이 아니라 정상적으로 사용될 때조차도 헛되다. 인간은 이러한 것들과 관련하여 헛된 것이고(시 39:5-6), 현세 이후에 내세가 없다면, 허무하게 창조된 것이다(시 89:47). 이러한 것들은 인간과 관련해서 헛된 것들이다(만물이 그 자체로는 무엇이 되었든지 간에). 그것들은 영혼과 아무 관계도 없는 낯선 것들이고, 영혼에 그 어떤 것도 보태주지 못한다. 그것들은 인간의 삶의 목적에 아무런 기여도 하지 못하고, 참된 만족을 주지도 못한다. 그것들은 그 존재 자체가 불확실하고, 계속해서 사라지고 없어져 가고 있는 것들이어서, 그것들을 의지하는 자들은 반드시 속을 것이고 실망하게 될 것이다. 그러므로 우리는 헛된 것들을 좋아하지 말아야 하고(시 4:2), 우리의 뜻을 그런 헛된 것들에 두지 말아야 한다(시 24:4). 왜냐하면, 우리는 그런 헛된 것들로 말미암아 괜히 힘만 소진하고 피곤해질 것이기 때문이다(히 2:13).

모든 것이 헛되다는 것은 여기에서 매우 강조적으로 표현되고 있다. 즉, 솔로몬은 모든 것이 헛되다고 말할 뿐만 아니라, 마치 헛된 것이 이 세상의 것들이 본질적으로 지니고 있는 사화음(四和音)으로 이루어진 속성이라도 된다는 듯이 모든 것이 헛된 것이라고 표현하고 있다. 그것들은 헛된 것일 뿐만 아니라, 헛된 것들 중에서 헛된 것, 즉 가장 헛된 것, 최고로 헛된 것, 온통 헛된 것, 온갖 헛된 것의 원인이 되는 그런 헛된 것이다. 이렇게 헛되고 헛되다고 이중으로 표현한 것은 그것이 논란의 여지 없이 확실하기 때문이다. 이것은 이 지혜자가 이 진리를 그의 마음으로 온전히 깨달았고, 이 진리가 그의 마음속에 깊이 새겨져 있었다는 것, 그는 다른 사람들도 자기처럼 이 진리를 깨닫고 마음에 깊이 새기기를 너무도 원하였지만, 현실적으로 사람들은 대체로 이 진리를 믿거나 깊이 생각하기를 아주 싫어했다는 것을 보여준다(욥 33:14). 또한, 이것은 우리가 이 세상이 헛되다는 것을 제대로 이해하거나 표현하는 것이 불가능하다는 것을 보여준다.

그렇다면, 세상을 이렇게 무시하는 말을 하는 자는 누구이고, 자기가 말하는 것에 이토록 확고한 자신감을 나타내는 자는 누구인가? 그는 이 말을 하는 자가 누구인지를 밝힌다: 이것은 전도자의 말씀이다. 그는 그런 말을 할 자격이 있는 자인가? 그렇다. 그는 자격이라는 측면에서 그 누구에게도 뒤지지 않을 자이다. 많은 사람들은 자기가 세상을 싫어해서 숨어 사는 은둔자이기 때문에, 또는 아무것도 가지지 않은 거지이기 때문에 세상을 멸시하는 말을 하지만, 세상이 헛되다는 것을 제대로 아는 것은 아니다. 그러나 솔로몬은 그 진리를 잘 알고 있었다. 그는 자연 세계에 대하여 깊이 탐구를 해서(왕상 4:33) 그 누구보다도 더 자연 세계에 대하여 잘 알고 있었기 때문에, 그의 머리는 자연 세계에 관한 지식으로 가득하였고, 그의 속은 감추어진 보화들로 가득하였다(시 17:14). 그런 그가 세상의 것들에 대하여 이런 판결을 내리고 있는 것이다. 그렇다면, 그렇게 말한 자는 권위를 지니고 있었는가? 그렇다. 그는 왕의 권위만이 아니라 선지자, 곧 전도자의 권위를 지니고 있었다. 그는 하나님의 이름으로 이런 말을 하였고, 이 말을 전하기 위해서 하나님의 감동을 받았다. 그러나 그는 어떤 무척 실망스러운 일을 당하고 나서 일시적으로 감정이 격해져서 경솔하게 이런 말을 한 것은 아닌가? 그렇지 않다. 그는 깊이 숙고한 결과로 이러한 말을 한 것이고, 단순히 말만 한 것이 아니라 증명까지 하였으며, 그것을 하나의 근본적인 원리로 제시하면서, 인간이 신앙을 가져야 하는 이유가 거기에 있다는 것을 보여주었다.

어떤 이들이 생각하듯이, 그가 이 글을 통해서 말하고자 했던 한 가지 중요한 것은 하나님이 나단을 통해서 다윗과 그의 자손들에게 약속하셨던 영원한 보좌와 나라는 내세에 속한 것임을 보여주는 것이었다. 왜냐하면, 이 세상의 모든 것들이 헛된 것이라면, 하나님의 그 약속은 이 세상에서 제대로 이루어질 수 없기 때문이다. 솔로몬의 말대로 모든 것이 헛되다면, 하나님의 약속대로 우리가 유업을 받기 위해서는 메시야의 나라가 임하지 않으면 안 된다.

2. 세상의 것들은 우리를 행복하게 해줄 수 없다는 것. 이것을 보여주기 위해서 솔로몬은 사람들의 양심에 호소한다. **해 아래에서 수고하는 모든 수고가 사람에게 무엇이 유익한가**(3절). 좀 더 살펴보자.

(1) 이 세상에서 사람이 하는 일이라는 것이 무엇인가. 그것은 **수고**이다. 이 단어는 염려하고 고생하는 것을 의미한다. 세상의 일은 사람들을 지치게 한다. 세상의 일 속에는 늘 피곤함이 있다. 그것은 **해 아래에서 수고하는** 것이다. 이 어구는 전도서에 특유한 표현으로서 28번 나온다. 해 아래만이 아니라 해 위에도 세상이 있는데, 그 세상에서는 하나님의 영광이 그 곳을 두루 비치는 빛이기 때문에 해가 필요없고, 거기에는 무익하게 수고하는 일이 아니라 큰 유익이 있는 천사들의 일이 있다. 그러나 솔로몬은 **해 아래에서** 사람이 하는 일, 고통은 크지만 얻는 것은 별로 없는 일에 대하여 말한다. 세상의 일은 **해 아래에서** 해의 영향력, 즉 햇빛과 그 열기 아래에서 행해지는 일이다. 우리는 낮의 햇빛으로 인해 유익을 얻기도 하지만, 종종 낮의 열기로 인한 괴로움도 겪기 때문에(마 20:12), 우리의 **얼굴에 땀을 흘려야 먹을 것을 먹을** 수 있다. 사람들의 이런 수고는 어둡고 추운 무덤 속으로 들어가서야 그친다.

(2) 세상의 일이 주는 유익은 무엇인가. **모든 수고가 사람에게 무엇이 유익한가**. 솔로몬은 **모든 수고에는 이익이 있다고** 말하였지만(잠 14:23), 여기에서는 사람들이 하는 수고에 어떤 유익이 있다는 것 자체를 부정한다. 이 세상에서 우리의 현재의 상태와 관련해서, 우리가 수고를 통해서 사람들이 유익이라고 부르는 것을 얻는다는 것은 사실이다. **우리는 우리의 손이 수고한 대로 먹는다**. 그러나 세상의 재물은 흔히 물질(substance), 즉 실재하는 것이라 불리지만 사실은 **없는 것**(잠 23:5)이듯이, 사람들이 유익이라고 부르는 것이 정말 유익한 것이냐 아니냐가 문제이다. 솔로몬은 여기에서 그것은 사실 유익이 아니고, 진정한 유익이 아니며, 영속적인 유익이 아니라고 단호하게 말한다. 요컨대, 이 세상의 재물과 즐거움은 우리가 그런 것들을 아무리 많이 가지고 있다고 할지라도 결코 우리를 행복하게 만들어 주지 못하고, 우리의 영원한 몫이 되지도 못한다는 것이다.

[1] 육신이나 현세의 삶과 관련해서 사람이 **수고하는 모든 수고가 사람에게 무엇이 유익한가**. **사람의 생명이 그 소유의 넉넉한 데 있지 아니하다**(눅 12:15). 재산

이 많아지면, 그 재산과 관련해서 염려도 많아지고, 그 재산으로 먹는 자들도 많아져서, 그 재산에 작은 일이 일어나도 그들 모두의 낙(樂)은 쓴 것으로 변해 버린다. 그러므로 모든 수고가 사람에게 무엇이 유익한가? 아무리 새벽부터 일어나서 수고한다고 하여도, 이 사실은 조금도 변하지 않는다.

[2] 영혼과 내세의 삶과 관련해서 사람이 수고하는 모든 수고가 사람에게 무엇이 유익한가. 우리는 이것에 대해서는 훨씬 더 확실하게 말할 수 있다. 사람이 그의 수고에 의해서 얻는 모든 것은 영혼의 결핍을 채워 주거나 영혼이 원하는 것들을 만족시켜 주지 못하고, 영혼의 죄를 속해 주지도 못하며, 영혼의 질병들을 고쳐 주지도 못하고, 영혼의 손실을 상쇄시켜 주지도 못한다. 이 세상에서의 사람의 모든 수고가 사람이 죽거나 심판을 받거나 영원한 삶을 살 때에 영혼에게 무엇이 유익한가? 하늘에 속한 일들 속에서 우리가 한 수고의 열매는 영생하도록 있는 양식이지만, 세상을 위하여 우리가 한 수고의 열매는 썩을 양식이다(요 6:27).

4한 세대는 가고 한 세대는 오되 땅은 영원히 있도다 5해는 뜨고 해는 지되 그 떴던
곳으로 빨리 돌아가고 6바람은 남으로 불다가 북으로 돌아가며 이리 돌며 저리 돌
아 바람은 그 불던 곳으로 돌아가고 7모든 강물은 다 바다로 흐르되 바다를 채우지
못하며 강물은 어느 곳으로 흐르든지 그리로 연하여 흐르느니라 8모든 만물이 피곤
하다는 것을 사람이 말로 다 말할 수는 없나니 눈은 보아도 족함이 없고 귀는 들어
도 가득 차지 아니하도다

해 아래에서의 모든 일들이 헛되다는 것과 그것들이 우리를 행복하게 만들어 주지 못한다는 것을 증명하기 위해서, 솔로몬은 여기에서 다음과 같은 것들을 보여준다.

1. 우리가 그러한 것들을 누릴 수 있는 시간은 아주 짧아서 품꾼 같이 우리의 날을 마칠 때까지로 한정되어 있다는 것. 우리는 오직 한 세대 동안에 이 세상에 머물러 있을 뿐이고, 한 세대가 다음 세대에게 그 자리를 물려주고 사라질 때에 우리도 그 세대와 함께 사라진다. 우리가 세상에서 소유하고 있는 것들은 다른 사람들에게서 우리가 아주 최근에 얻은 것들이고, 곧 머지않아 다른 사람들에게 또다시 넘겨 주어야 하는 것들이다. 그러므로 우리에게 그것들은

헛된 것일 뿐이다. 세상의 것들은 그것들의 토대가 되는 저 사람의 목숨만큼이나 실체가 없는 헛된 것들이다. 그것들은 단지 잠깐 보이다가 없어지는 안개일 뿐이다. 인류의 물줄기가 끊임없이 흘러가고 있는 동안에, 그 물줄기 속의 한 방울이 양쪽으로 펼쳐져 있는 저 아름다운 강둑들을 감상할 수 있는 시간은 얼마나 짧을 것인가! 우리는 하나님이 인간의 세대들이 이렇게 끊임없이 이어질 수 있게 해주신 것에 대하여 영광을 돌려야 한다. 하나님의 그러한 긍휼하심 덕분에 세상은 지금까지 존재해 왔고, 앞으로도 이 죄악된 인간을 길이 참으시는 하나님의 인내심이 다하지 않는 한 종말의 때까지 세상은 존재하게 될 것이다. 우리는 우리의 세대가 금방 신속하게 지나갈 것임을 명심하고서, 정신을 바짝 차리고 우리 세대를 위한 일을 부지런히 행하고 우리 세대를 신실하게 섬겨야 하며, 인류 전체를 생각해서 장래의 세대들이 잘 될 수 있도록 우리의 최선을 다해야 한다. 그러나 우리 자신의 행복과 관련해서 우리는 이렇게 좁은 범위가 아니라 영원한 세계 속에서의 우리의 복을 기대하여야 한다.

2. 우리는 이 세상을 떠날 때에 이 땅을 뒤로 하고 떠나야 하기 때문에, 땅은 지금 있는 그대로 영원히 있고, 땅의 것들은 우리의 장래의 삶과 관련해서 아무런 도움이 될 수 없다는 것. 이 땅과 거기에 있는 모든 것들이 불타 없어지게 될 저 종말의 때까지는 땅이 지금처럼 계속해서 있게 되리라는 것은 인류 전체를 위해 좋은 일이다. 그러나 그것이 영들의 세계로 이주해 가는 특정한 개인들에게는 무슨 소용이 있단 말인가?

3. 이 점과 관련해서 인간의 처지는 열등한 피조물들보다 더 못하다는 것. 땅은 영원히 있지만, 사람은 단지 잠시 동안만 이 땅에 머물 뿐이다. 해는 매일 밤에 지지만, 아침이 되면 여느 때처럼 밝고 신선하게 다시 떠오른다. 바람은 그 부는 지점이 바꾸기는 하지만, 어느 지점에선가는 반드시 불고 있다. 물은 땅 위로 흘러서 바다로 들어가지만, 거기에서 비가 되어 다시 땅으로 돌아온다. 그러나 사람은 누우면 다시 일어나지 못한다(욥 14:7, 12).

4. 이 세상의 만물은 움직이고 변하며, 늘 괴롭고 힘들며, 끊임없이 변하고, 결코 쉬지 못한다는 것. 해는 잠시도 멈출 수가 없다. 뜬 해는 부지런히 지기 위해 달려가고, 진 해는 부지런히 다시 뜨기 위해 달려간다(5절). 바람은 이곳 저곳으로 방향을 바꾸어 불고(6절), 물은 끊임없이 순환된다(7절). 그것들이 순환되지 않는다면, 그것은 피가 몸 속에서 순환되지 않을 때와 마찬가지로 치

명적인 결과를 가져올 것이다. 모든 만물이 이렇게 수고하며 피곤하게 움직이는 세상 속에서(8절), 즉 항상 밀물과 썰물이 오가며 파도가 끊임없이 출렁이는 고해(苦海)에서 우리가 어떻게 안식을 기대할 수 있겠는가?

5. 만물은 계속해서 움직이지만 여전히 자기 자리에 있다는 것. 해는 자기 자리를 떠나 움직이지만, 결국에는 자기 자리로 돌아온다. 바람은 이리저리 불다가 자기 자리로 돌아오고, 물도 처음에 있던 자리로 되돌아온다. 마찬가지로, 사람도 피조물 속에서 만족과 행복을 찾고자 온갖 수고를 한 후에는 다시 이전처럼 원래 있는 곳으로 돌아와서, 다시 만족과 행복을 찾아 나선다. 사람의 마음은 해나 바람이나 물처럼 끊임없이 만족과 행복을 찾아 움직이지만, 결코 만족을 얻지 못하고 행복을 찾지 못한다. 사람의 마음이 세상에서 행복을 찾으려고 수고하면 할수록, 행복은 점점 더 멀어지게 될 것이다. 마치 바다가 거기로 흘러 들어오는 모든 강물로 가득 차듯이, 사람의 마음은 외적인 형통의 물줄기들, 꿀과 엉긴 젖이 흐르는 강들로 가득 차게 될 것이지만(욥 20:17), 이전과 마찬가지로 여전히 평온함을 얻지 못하고 요동하는 바다일 것이다.

6. 만물은 처음 창조될 때와 같이 그냥 있다는 것(벧후 3:4). 땅은 이전의 모습 그대로 있고, 해와 바람과 강들도 이전과 동일한 경로로 움직인다. 그러므로 그것들이 이전에 인간을 행복하게 해줄 수 없었다면, 그것들은 장래에도 인간을 행복하게 해줄 수 없다. 왜냐하면, 그것들은 예나 지금이나 변한 것이 없어서 인간에게 줄 수 있는 것도 동일하기 때문이다. 그러므로 우리는 만족을 얻기 위해서는 해 너머에 있는 새로운 세상을 바라보지 않으면 안 된다.

7. 이 세상은 아무리 좋게 보아준다고 해도 고해(苦海)에 불과하다는 것. 세상의 모든 것이 헛되다. 왜냐하면, 세상은 수고로 꽉 차 있어서 피곤하기 때문이다. 하나님이 인간에게 얼굴에 땀을 흘려야 먹을 것을 먹으리라(창 3:19)고 선고하신 이래로, 온 피조 세계는 이 헛된 것에 종속되어 피곤한 나날을 이어 왔다. 온 피조 세계를 잘 살펴보면, 우리는 모든 만물이 바쁘게 움직인다는 사실을 알게 될 것이다. 모든 만물은 자신의 일에 마음을 쓰며 많은 일을 하고 있지만, 그 어떤 것도 인간의 분깃이나 행복이 되지 못한다. 모든 만물이 인간을 섬기려고 애를 쓰지만, 그 어떤 것도 인간의 돕는 배필이 되지는 못한다. 인간은 만물이 얼마나 수고하는지를 표현할 수 없고, 수고하는 것들의 수를 헤아릴 수 없으며, 그 수고를 측량할 수도 없다.

8. 우리의 감각들은 만족을 얻지 못하고, 감각의 대상들은 우리에게 만족을 주지 못한다는 것. 솔로몬은 가장 적은 수고로 자신의 직무를 다하면서 가장 쉽게 즐거움을 얻을 수 있는 감각 기관들을 구체적으로 소개한다. 눈은 보아도 족함이 없고, 단지 항상 똑같은 것들을 보느라 지쳐서, 새롭고 다양한 것을 보고자 한다. 귀는 즐거운 노래나 곡조를 들으면 처음에는 좋아하지만, 곧 싫증을 느껴서 다른 노래를 원한다. 눈과 귀는 쉽게 질리지만 만족을 얻지 못한다. 그래서 가장 감사를 해야 할 것들이 도리어 감사할 줄 모르게 되는 것이다. 호기심도 만족할 줄을 모르기 때문에 계속해서 새로운 것을 찾아 헤맨다. 사람이 호기심의 비위를 맞추면 맞출수록, 그것은 더 까탈스러워지고 입맛이 고급스러워져서 "다오 다오"라고 소리친다.

9이미 있던 것이 후에 다시 있겠고 이미 한 일을 후에 다시 할지라 해 아래에는 새 것이 없나니 10무엇을 가리켜 이르기를 보라 이것이 새 것이라 할 것이 있으랴 우리가 있기 오래 전 세대들에도 이미 있었느니라 11이전 세대들이 기억됨이 없으니 장래 세대도 그 후 세대들과 함께 기억됨이 없으리라

우리는 이 세상에서 우리의 일이나 즐기는 것들과 관련하여 특히 두 가지에서 많은 즐거움과 만족을 얻고자 하고, 마치 그것들이 그들을 인생의 무상함에서 건져줄 것처럼 여겨서 그것들을 소중히 여기기 쉽다. 하지만, 솔로몬은 여기에서 이 두 가지와 관련된 우리의 착각과 오해를 보여준다.

1. 이전에는 없었던 새로운 것이 있다는 착각. 과거에는 그 누구도 우리처럼 지식의 진보와 그 지식에 의한 발견들을 해내지 못하였고, 자산이나 교역을 활용하여 이득을 얻는 법을 알아내지 못하였다는 것을 생각할 때, 그것은 분명히 우리가 감사해야 할 일이다. 과거의 사람들이 고안해 낸 것들이나 만들어 낸 것들은 모두 멸시를 받고 짓밟히는 가운데, 우리는 옛 것들을 난폭하게 짓밟아서 밀어낸 새로운 유행들과 가설들과 방법론들과 표현들을 자랑하며 뽐낸다. 그러나 이것은 다 착각이다. 이미 있던 것이 후에 다시 있겠고 이미 한 일을 후에 다시 하게 될 것이다. 왜냐하면, 해 아래에는 새 것이 없기 때문이다(9절). 이것은 반문의 형태로 다시 반복된다. 우리가 무엇을 가리켜 이르기를 보라 이것이 새 것이라 할 것이 있으랴(10절). 똑같은 것이 과거에도 있지 않았는가? 이것은

관찰력이 뛰어난 자들에 대한 호소이고, 현대적인 학문이 옛 사람들의 학문보다 낫다고 열변을 토하는 자들에 대한 도전이다. 그들로 하여금 새로운 것이라고 생각하는 것을 무엇이라도 좋으니 얘기해 보라고 하라. 우리는 이전 시대에 관한 기록이 없어서 그것이 새로운 것이 아님을 증명해 보일 수 없을지라도, 그것이 우리가 있기 오래 전 세대들에도 이미 있었다는 합리적인 결론을 내릴 수 있을 것이다. 자연계에 우리가 이것이 새 것이라고 말할 수 있는 것이 과연 있는가? 세상을 창조할 때부터 그 일들이 이미 이루어져 있었다(히 4:3). 우리에게 새로워 보이는 것들은 마치 어린아이들에게 새로워 보이는 것들이 그러하듯이 그 자체로는 새로운 것이 아니다. 하늘들도 옛적부터 있었고, 땅도 영원히 있다. 자연의 힘들과 자연적인 원인 관계들은 예나 지금이나 동일하다. 섭리의 나라에서도 비록 그 과정과 방법이 자연계만큼 그 법칙들이 알려져 있거나 확실한 것은 아니고, 섭리가 항상 동일한 경로로 진행되는 것도 아니지만, 전체적으로 보면 동일한 것이 계속해서 반복된다. 사람들의 마음과 그 부패성도 여전히 동일하고, 사람들이 원하는 것과 추구하는 것과 불평하는 것들도 여전히 동일하다. 하나님이 사람들을 상대하실 때에 행하시는 일들은 성경대로이고 예전부터 해오시던 방식대로이기 때문에, 그것도 다 반복되는 것들이다. 우리에게 놀랍고 신기한 일이 있다면, 우리는 사실 그런 일에 놀라고 신기해할 필요가 없다. 왜냐하면, 그와 같은 것, 그와 같이 신기하게 우리의 기대를 뛰어넘는 일들이나 기대 이하로 우리를 실망시키는 일들, 그와 같이 신기한 변혁들과 갑작스러운 변화들, 그와 같은 일들의 급반전은 이미 이전에도 있어 왔기 때문이다. 인간의 삶 속에서 닥치는 불행들은 언제나 동일하였고, 인류는 해나 바람처럼 끊임없이 한 바퀴를 돌아서 다시 제자리로 돌아오곤 하였다. 하나님이 이렇게 세상에 새로운 것이 없게 하신 것은 다음과 같은 의도에서였다.

(1) 사람들이 새로운 것들을 좋아해서, 그러한 것들을 발견했다고 생각하고, 그것들을 즐거워하고 자랑하는 것이 어리석은 일임을 보여주기 위한 것. 우리는 이스라엘이 만나에 대하여 그랬듯이, 오래된 것들을 몹시 싫어하고, 오랫동안 익숙해 온 것에 싫증을 느껴서, 아테네 사람들처럼 뭔가 새로운 것에 대하여 말하고 듣는 것을 좋아하고, 이런저런 것들이 다 이전에 있던 것들인데도 새 것이라고 생각해서 동경하고 숭상한다. 앗시리아 사람 타티아누스(Tatianus)는 그리스 사람들이 아주 소중히 여겼던 온갖 기술들이 모두 다 그

들이 야만인으로 여겼던 나라들에서 기원하였다는 것을 보여주면서, 그리스 사람들에게 이렇게 말하였다. "너희가 염치를 안다면, 그러한 것들을 너희의 고안물들이라고 부르지 말고 모조품들이라고 부르라."

(2) 우리로 하여금 피조물 속에서 행복이나 만족을 기대하지 않도록 하기 위한 것. 지금까지 단 한 사람도 행복을 찾지 못했던 바로 그 곳에서 우리가 또 다시 우리의 행복을 찾을 이유가 어디 있겠는가? 세상에는 새로운 것이 없고, 우리의 선조들은 이미 세상에서 그들이 할 수 있는 한 모든 수단을 동원해서 행복을 찾아 보았지만 찾을 수 없었다면, 우리는 세상이 우리 이전의 선조들에게 했던 것보다 우리에게 더 큰 인자함을 베풀 것이라고 생각할 이유가 과연 있는가? 너희 조상들은 광야에서 만나를 먹었어도 죽었다(요 6:49).

(3) 우리에게 영적이고 영원한 복들을 얻도록 일깨우기 위한 것. 우리가 새로운 것들을 접하고자 한다면, 우리는 하나님께 속한 것들을 알아야 하고, 새로운 본성을 얻어야 한다. 그렇게 되면, 이전 것들은 지나가고 만물은 새로워진다(고후 5:17). 복음은 우리의 입에 새 노래를 넣어준다. 천국에서는 모든 것이 새롭다(계 21:5). 천국에 있는 것들은 이 세상의 것들과는 완전히 달라서 모든 것이 새롭다. 천국은 진정으로 새 세상이다(눅 20:35). 거기에서는 모든 것이 영원토록 새롭고 언제나 신선하며 언제나 무성하다. 이 세상에서는 오직 똑같은 것들이 계속해서 반복될 뿐이기 때문에 우리가 이미 가졌던 것보다 더 나은 것을 전혀 기대할 수 없다는 것을 생각하면, 우리는 죽는 게 차라리 낫겠다는 생각이 들 수 있다.

2. 업적이 후대까지 기억되어 사람들의 입에 오르내리게 되리라는 착각. 많은 사람들은 그들의 이름이 오래도록 기억될 것이고, 후손들이 그들이 한 행위들과 그들이 얻은 영예들과 그들이 쌓은 부를 칭송할 것이며, 그들의 집은 영원히 있고 대대에 이르리라(시 49:11)는 것을 생각하는 것만으로도 그들의 삶이 보람이 있었고 그들도 충분한 만족을 얻었다고 여긴다. 그러나 그들은 속고 있는 것이다. 이전 세대들 가운데서 당시에는 매우 위대해 보였던 일들이나 대단한 인물이었던 자들이었지만, 지금은 전혀 기억됨이 없는 일들과 사람들이 얼마나 많은가. 그런 일들과 사람들은 망각 속으로 사라졌다. 유명했던 사람이나 일은 이따금씩 운 좋게도 역사가의 눈에 띄어 기록되기도 하지만, 내노라 하는 사람이나 일들은 대부분 역사 속에 그대로 묻히고 만다. 그러므로 우리는 장래 세대

도 기억됨이 없을 것이기 때문에, 우리가 역사 속에 남기고 싶은 일들도 기억되지 않을 것이라고 결론을 내릴 수 있다.

[12]나 전도자는 예루살렘에서 이스라엘 왕이 되어 [13]마음을 다하며 지혜를 써서 하늘
아래에서 행하는 모든 일을 연구하며 살핀즉 이는 괴로운 것이니 하나님이 인생들
에게 주사 수고하게 하신 것이라 [14]내가 해 아래에서 행하는 모든 일을 보았노라 보
라 모두 다 헛되어 바람을 잡으려는 것이로다 [15]구부러진 것도 곧게 할 수 없고 모
자란 것도 셀 수 없도다 [16]내가 내 마음 속으로 말하여 이르기를 보라 내가 크게 되
고 지혜를 더 많이 얻었으므로 나보다 먼저 예루살렘에 있던 모든 사람들보다 낫
다 하였나니 내 마음이 지혜와 지식을 많이 만나 보았음이로다 [17]내가 다시 지혜를
알고자 하며 미친 것들과 미련한 것들을 알고자 하여 마음을 썼으나 이것도 바람
을 잡으려는 것인 줄을 깨달았도다 [18]지혜가 많으면 번뇌도 많으니 지식을 더하는
자는 근심을 더하느니라

솔로몬은 모든 것이 헛되다고 일반적으로 단언하고, 그것을 증명해 줄 몇 가지 일반적인 증거들을 제시한 후에, 여기에서는 그 말이 참되다는 것을 증명하는 데에 가장 효과적인 방법을 동원한다. 1. 자신의 경험. 그는 이 모든 것들을 직접 해보았고, 그 결과 그것들이 헛되다는 것을 발견하였다. 2. 구체적인 것들로부터의 추론. 여기에서 그는 이성을 지닌 피조물의 행복에 있어서 가장 큰 비중을 차지할 것이라고 생각되는 것, 즉 지식과 학문을 예로 들어서 추론을 전개해 나가기 시작한다. 지식과 학문이 헛된 것이라면, 나머지 다른 것들도 헛될 수밖에 없다. 이것에 대해서 지금부터 자세하게 살펴보자.

I. 솔로몬은 여기에서 우리에게 그가 지식과 학문에 대하여 어떤 시험을 해 보았는지를 말한 후에, 지식과 학문 속에서 참된 만족을 얻을 수 있었다면, 그는 그의 시험을 통해서 반드시 그 만족을 발견하였을 것이라고 말한다.

1. 그는 왕이라는 높은 지위에 있었기 때문에 모든 학문 분야를 두루 섭렵할 기회를 가졌고, 특히 정치학과 인간사(人間事)에 대하여 깊이 연구할 수 있었다는 것(12절). 여기에 나오는 가르침을 베풀고 있는 전도자인 그는 모든 이웃 나라들이 지혜와 지식이 있는 백성이라고 칭송하던 이스라엘을 다스리는 왕이었다(신 4:6). 그가 거처하던 왕도(王都)는 당시에 아테네보다도 더 세계의

눈이라고 불릴 만하였던 예루살렘이었다. 왕의 마음은 헤아릴 수 없다. 왕에게는 오직 왕만이 갖고 있는 시야가 있어서, 하나님의 말씀이 흔히 왕의 입술에 있다(잠 16:10). 모든 일을 깊이 있게 헤아리고 살피는 것은 왕의 존귀함이고 왕의 일이다. 솔로몬은 큰 부와 존귀함을 지니고 있었기 때문에 그의 궁정을 학문의 중심지이자 학자들이 모이는 곳으로 만들 수 있었고, 거기에 온갖 좋은 책들을 다 구비해 놓고서, 당시 세계에서 지식과 지혜가 있는 모든 자들과 교류하면서 학문에서 진보를 이룰 수 있었다. 왜냐하면, 교역에서와 마찬가지로 지식에서도 서로의 지식을 교환하고 나누는 것은 큰 유익을 가져다 주기 때문이다. 우리가 다른 사람들에게 가르쳐줄 것이 있는 것과 마찬가지로, 다른 사람들도 우리에게 가르쳐 줄 것이 있는 법이다. 어떤 이들은 솔로몬이 자신의 위엄과 존귀함을 대수롭지 않은 것으로 여기는 말투를 사용하고 있다는 것을 지적한다. 그는 마치 자기가 지금 어떤 사람이라는 것은 그리 중요한 것이 아니라는 듯이, "나 전도자는 왕이다"라고 말하지 않고, "나는 왕이었다"고 말한다. 그는 세상의 영광은 지나가는 것이라고 생각해서, 그것을 과거의 일로 말하고 있는 것이다.

2. 그는 이러한 이점들과 기회들을 선용해서 지혜를 얻는 일에 최선을 다했다는 것. 그가 아무리 위대하고 부강한 왕이었다고 하여도, 지혜를 얻는 일에 마음을 쓰지 않았다면, 그는 지혜롭게 되지 못하였을 것이다. 솔로몬은 지혜를 써서 알 수 있는 모든 일을 연구하며 살폈다(13절). 그는 해 아래에서 행해지는 모든 일, 즉 하나님의 섭리에 의해서나 인간의 기술과 슬기로움에 의해서 행해지는 모든 일을 연구하여 아는 것을 그의 일로 삼았다. 그는 철학과 수학, 농업과 무역, 상품과 기계, 이전 시대들에 관한 역사와 다른 나라들의 현재의 상황, 그 나라들의 법률과 관습과 정치, 사람들의 서로 다른 기질과 능력과 생각들, 그런 다양한 사람들을 다루는 방법에 대하여 온갖 통찰들을 얻는 일에 몰두하였다. 그는 그런 것들에 대한 지식을 구했을 뿐만 아니라, 아주 어려운 것들, 마음을 집중해서 오랫동안 심혈을 기울여 살펴보아야 알 수 있는 것들을 깊이 연구하는 데에도 힘을 썼다. 그는 왕이었지만, 학문을 익히는 고된 일을 마다하지 않았고, 어렵고 풀리지 않는 것들에 직면해서도 포기하지 않았으며, 학문의 심오한 깊이까지 살피는 일을 중도에서 그만두지 않았다. 그가 이렇게 한 것은 단지 그의 천재성을 만족시키기 위한 것이 아니라, 하나님과 그의 세대를 섬길

수 있는 자질을 갖춤과 아울러, 지식을 깊이 탐구하면 사람의 마음이 어느 정도까지 안정과 평안에 이를 수 있는지를 실험해 보기 위한 것이었다.

3. 그는 학문의 연구에서 아주 큰 진보를 이루었고, 모든 분야의 학문에서 놀라울 정도로 해박해졌으며, 이전의 그 어떤 사람보다도 훨씬 더 많은 발견들을 해냈다는 것. 사람들은 대체로 자기가 학문을 정복할 수 없고, 학문을 섭렵하는 수고를 하지 않으려고, 학문을 단죄하곤 하지만, 솔로몬은 결코 그렇지 않았다. 그는 학문과 관련해서 그가 목표로 했던 것을 이루었다. 그는 해 아래에서 행해지는 모든 일, 윗 세상과 아랫 세상에서의 자연의 일들, 태양을 중심으로 한 우주 물질의 소용돌이 내에 있는 모든 것(오늘날의 기묘한 용어를 사용하자면), 개인이나 사회가 만들어낸 예술 작품들이나 인간의 지성(知性)의 산물들을 다 보았다(14절). 그는 그의 학문 연구에서 이전의 그 어떤 사람 못지않은 만족을 얻었다. 그는 부자 상인이 산처럼 쌓인 그의 물건을 보고서 흡족해하는 그런 심정으로 그가 이룬 지식을 바라보면서 그의 마음속으로 이렇게 말할 수 있었다. "보라, 내가 지혜를 숭상하여, 나보다 먼저 예루살렘에 있던 모든 사람들보다 나 스스로 지혜를 더 많이 얻었을 뿐만 아니라, 지혜를 더 널리 전파하고 선양하였다." 열심히 공부하고 연구하며, 지적인 성취에서 큰 기쁨을 느끼는 것은 큰 자들에게 합당한 일이라는 것을 명심하라. 하나님은 어떤 사람들에게 지식을 얻을 수 있는 큰 이점들을 주셨다면 그 사람들에게서 거기에 걸맞는 지식의 진보를 기대하신다. 왕들과 귀족들이 존귀함과 재산에 있어서만이 아니라 지혜와 유용한 지식에 있어서도 다른 사람들보다 더 뛰어나려고 애쓴다면, 그 나라의 백성은 복 받은 백성이다. 그들은 보통 사람들이 할 수 없지만 그들에게는 적합한 연구들에 정진함으로써 학문 세계에 기여할 수 있다. 솔로몬은 지식과 지혜의 문제에 대해서 적절한 판단을 내릴 수 있는 재판장으로 인정받아야 마땅하다. 왜냐하면, 그는 그의 머리를 온갖 지식과 개념들로 가득 채웠을 뿐만 아니라, 그의 마음은 지혜와 지식에 대한 많은 경험을 갖고 있어서, 지식이 지닌 힘과 유익, 지식이 주는 즐거움을 잘 알고 있었기 때문이다. 그는 자기가 배운 것을 철저히 소화해서, 그것을 어떻게 사용해야 할지를 알고 있었다. 지혜가 그의 마음에 들어가서 그의 영혼을 즐겁게 하였다(잠 2:10-11; 22:18).

4. 그는 인간의 삶을 경영하는 데에 가장 도움이 되기 때문에 가장 소중한 학문 분야를 특히 집중적으로 연구하였다는 것(17절). "내가 다시 지혜의 법칙

들과 명령들을 알고자 하며, 지혜를 어떻게 얻을 수 있는지를 알고자 하여 마음을 썼다. 또한, 나는 미친 것들과 미련한 것들을 어떻게 하면 미리 막거나 치료할 수 있을까 하여 그런 것들을 알고자 하며, 그런 것들을 피하고 경계하며 그 오류들을 발견해 내기 위해서 미친 것과 미련한 것의 덫들과 유혹들을 알고자 하여 마음을 썼다." 솔로몬은 이렇게 지식을 얻는 일에 아주 열심을 냈기 때문에, 슬기로운 자들의 지혜만이 아니라 미련한 자들의 미친 짓을 보고서도 교훈을 얻었고, 부지런한 자의 밭에서만이 아니라 게으른 자의 밭에서도 교훈을 얻었다.

Ⅱ. 솔로몬은 그가 앞서 말했던 것, 즉 모든 것이 헛되다는 것을 확증하기 위해서 이 실험의 결과가 무엇이었는지를 우리에게 말해 준다.

1. 그는 그의 지식 탐구가 아주 괴로운 일이고, 육신만이 아니라 마음까지 지치게 만드는 일이라는 것을 발견하였다는 것(13절). 진리를 탐구하고 발견해 내는 일은 어렵고 괴로운 것이고, 이것은 하나님이 우리의 첫 조상이 금지된 지식을 탐한 것에 대한 벌로 인생들에게 주사 괴롭게 하시고 수고하게 하신 것이다. 즉, 하나님은 육신의 양식과 마찬가지로 영혼의 양식도 우리의 얼굴에 땀이 흘러야 먹을 수 있게 하셨다. 만약 아담이 범죄하지 않았다면, 이 두 가지 양식은 수고함이 없이도 얻을 수 있었을 것이다.

2. 그는 해 아래에서 행해지는 모든 일을 보면 볼수록 그것들이 헛되다는 것을 더욱 뚜렷하게 볼 수 있었다는 것. 아니, 세상의 일들을 볼 때에 그의 마음이 괴로운 적이 적지 않았다(14절). "나는 일들로 가득 차 있는 세상의 모든 일을 보았고, 사람들이 무엇을 행하고 있는지를 유심히 살펴보았다. 사람들이 그들 자신의 일에 대하여 어떻게 생각하든, 보라 모두 다 헛되고 마음을 괴롭게 하는 것들뿐이로다." 그는 앞서 모든 것이 헛되어서 아무 쓸모 없고 무익하며 우리에게 아무런 도움도 되지 않는다고 선언하였었는데(2절), 이제 여기에서는 세상의 모든 것이 마음을 괴롭게 하는 것이어서 우리를 괴롭게 하고 해롭게 한다는 말을 덧붙인다. 사람들이 행하는 모든 일이 바람을 잡으려는 것이다(호 12:1).

(1) 세상에서 행해지는 일들 자체는 직접 그 일들을 하는 자들에게 헛되고 괴로운 것이라는 것. 우리는 세상의 일들을 계획하는 데에도 많은 염려를 해야 하고, 그 일들을 실행하는 데에도 많은 땀을 흘려야 하며, 그 일들을 하면서 우리를 실망시키는 것들을 만나면 많은 괴로움을 겪어야 하기 때문에, 세상일은

심령을 괴롭게 하는 것이라고 말할 수 있다.

(2) 세상의 일들을 지혜롭게 관찰하는 자에게는 그 일들을 보는 것이 헛되고 괴로운 일이라는 것. 우리는 세상을 뜯어보면 볼수록, 우리의 마음은 더욱 편치 않게 되고, 우리는 그리스의 철학자 헤라클레이토스(Heraclitus)처럼 모든 것을 우는 눈으로 바라보게 된다. 솔로몬은 특히 지혜와 미련한 것에 관한 지식이 마음을 괴롭게 한다는 것을 알았다(17절). 그는 지혜를 가진 많은 자들이 지혜를 사용하지 않고, 미련함을 가진 많은 자들이 그 미련함을 벗어나려고 애쓰지 않는 것을 보고 마음이 괴로웠다. 그는 지혜를 알았을 때에 지혜가 사람들로부터 얼마나 멀리 동떨어져 있는지를 보고서 괴로웠고, 미련함에 대하여 알았을 때에는 미련함이 사람들의 마음 속에 얼마나 단단하게 얽혀 있는지를 보고서 괴로웠다.

3. 그는 그가 어느 정도 지식을 얻은 후에 스스로 만족을 얻을 수도 없었고, 다른 사람들에게도 그 지식으로 그가 기대했던 것만큼 선한 일을 할 수 없었다는 것(15절).

(1) 지식은 인간의 삶에서 일어나는 수많은 고충들을 해결하는 데에 별 소용이 없었다는 것. "나는 구부러진 것은 곧게 할 수 없어서, 결국 계속해서 구부러진 채로 있을 수밖에 없다는 것을 발견하였다." 우리의 지식은 그 자체가 복잡다단하고 골치 아픈 것이다. 우리는 제대로 된 지식에 도달하려면 아주 먼 길을 돌아가지 않으면 안 된다. 솔로몬은 지식에 도달하는 가까운 길을 찾아내고자 하였으나, 그렇게 할 수 없었다. 학문의 길은 언제나처럼 구불구불한 미로이다. 사람들의 마음과 행실도 구부러져 있고 왜곡되어 있다. 솔로몬은 그의 지혜와 권세를 함께 사용해서, 그의 나라를 철저히 개혁하고, 구부러진 것들을 곧게 할 수 있을 것이라고 생각하였지만, 그의 생각은 곧 실망으로 변하였다. 세상에 있는 모든 철학과 정치학을 다 동원해도, 인간의 부패한 본성을 본래의 곧은 본성으로 다시 회복시키는 일은 불가능하였다. 우리는 그런 일이 다른 사람들과 우리 자신 모두에게서 불가능하다는 것을 발견한다. 학문은 사람들의 선천적인 기질을 바꾸어 놓지 못하고, 사람들의 죄악된 이상 증세들을 고치지 못한다. 또한, 학문은 이 세상의 것들이 지닌 본성도 바꾸어 놓지 못한다. 세상은 눈물 골짜기이고, 우리가 모든 학문을 동원해서 그 어떤 짓을 해도 그것은 변하지 않을 것이다.

(2) 지식은 인간의 삶에서 결핍되어 있는 많은 것들을 보완하는 데에 별 소용이 없었다는 것. 인간의 삶 속에서 모자란 것을 일일이 다 세어서 인간의 학문의 보고(寶庫)로부터 가져와서 보충해 넣는 것이 불가능하였고, 모자란 것은 계속해서 결핍된 상태로 있을 수밖에 없었다. 이 세상에서 우리가 누리는 모든 것들은 우리가 그것들을 완전하게 하고자 최선을 다한다고 해도 여전히 절름발이이고 결함이 있을 수밖에 없다. 그것은 현재만이 아니라 장래에도 그럴 것이다. 우리의 지식에 있어서 모자란 것은 너무나 많아서 셀 수 없다. 우리는 알면 알수록, 우리가 무지하다는 것을 더욱더 알게 된다. 자기 허물과 결함을 능히 깨달을 자 누구리요 나를 숨은 허물에서 벗어나게 하소서(시 19:12).

4. 그는 이 모든 것을 종합해 볼 때에 큰 학자들은 단지 그들 자신에게 큰 슬픔과 근심을 더하는 것일 뿐이라고 결론을 내림. 왜냐하면, 지혜가 많으면 번뇌도 많기 때문이다(18절). 지식을 얻기 위해서 많은 수고가 있어야 하고, 지식을 잊어버리지 않기 위해서 많은 염려가 있어야 한다. 우리는 알면 알수록, 우리가 알아야 할 것들이 더 많이 있다는 것을 알게 된다. 따라서 우리는 지식을 얻는 일이 끝이 없다는 것을 더욱 분명하게 알게 되고, 우리가 이전에 저질렀던 실수와 잘못들을 더 많이 보면 볼수록 우리의 근심과 번뇌도 많아질 수밖에 없다. 우리는 사람들의 서로 다른 정서들과 견해들을 더 많이 보면 볼수록(우리의 학문의 많은 부분은 이러한 쟁점들로 되어 있다), 어느 것이 옳은지 점점 더 갈피를 잡을 수 없게 된다. 지식을 더하는 자들은 이 세상의 재앙들을 누구보다도 더 빨리 알아차리고, 이 세상에서 기쁜 일을 한 가지 발견해 내는 동안에 나쁜 일은 열 가지를 발견해 내기 때문에 근심이 더할 수밖에 없다. 그러므로 우리는 그러한 근심이 있다고 해서 유용한 지식을 탐구하는 일에서 손을 뗄 것이 아니라, 인내심을 가지고서 그러한 근심을 돌파해 나가야 한다. 그러나 우리는 그러한 지식 속에서 참된 행복을 찾고자 하는 것에 대해서는 절망하여야 하고, 오직 하나님을 아는 지식과 하나님에 대한 우리의 본분을 세심하게 다하는 것 속에서 참된 행복을 기대하여야 한다. 하늘의 지혜가 늘어나고, 영적이고 신령한 삶의 원리들과 능력들과 즐거움들을 경험적으로 알아가는 것이 늘어나는 자에게는 근심이 아니라 기쁨, 곧 머지않아 영원한 기쁨으로 완성될 그러한 기쁨이 점점 더 늘어나게 된다.

제 2 장

개요

솔로몬은 앞에서 모든 것이 헛되다는 것, 특히 지식과 학문이 그에게 기쁨을 주기는 커녕 그런 것들이 늘어갈수록 근심만 더할 뿐이라는 것을 깨닫게 되었다는 것을 선언한 후에, 이 장에서는 그가 무슨 이유 때문에 이 세상에 대하여 싫증을 내게 된 것인지와 대다수의 사람들이 세상을 좋아할 이유가 별로 없다는 것을 계속해서 보여준다. I. 즐거움과 낙(樂), 감각의 쾌락들 속에는 참된 행복과 만족이 없다는 것을 보여줌(1-11절). II. 지혜의 쓸모들을 다시 고찰하면서, 지혜가 훌륭하고 유용하기는 하다는 것을 인정하면서도, 그 가치를 약화시키는 것들 때문에 결국 사람을 행복하게 할 수 없다는 것을 나타내 보임(12-16절). III. 이 세상의 일과 재물이 사람들을 어느 정도까지 행복하게 해줄 수 있는지를 살펴보고서, 자신의 경험에 의거해서 그런 것들에 마음을 두는 자들에게 그것들은 헛되고 마음을 괴롭게 하는 것일 뿐이고(17-23절), 그런 것들 속에 어떤 선한 것이 있다고 하더라도, 그것은 오직 그런 것들에 마음을 두지 않는 자들에게만 적용되는 것이라고 결론을 내림(24-26절).

1나는 내 마음에 이르기를 자, 내가 시험삼아 너를 즐겁게 하리니 너는 낙을 누리라
하였으나 보라 이것도 헛되도다 2내가 웃음에 관하여 말하여 이르기를 그것은 미친
것이라 하였고 희락에 대하여 이르기를 이것이 무슨 소용이 있는가 하였노라 3내가
내 마음으로 깊이 생각하기를 내가 어떻게 하여야 내 마음을 지혜로 다스리면서
술로 내 육신을 즐겁게 할까 또 내가 어떻게 하여야 천하의 인생들이 그들의 인생
을 살아가는 동안 어떤 것이 선한 일인지를 알아볼 때까지 내 어리석음을 꼭 붙잡
아 둘까 하여 4나의 사업을 크게 하였노라 내가 나를 위하여 집들을 짓고 포도원을
일구며 5여러 동산과 과원을 만들고 그 가운데에 각종 과목을 심었으며 6나를 위하
여 수목을 기르는 삼림에 물을 주기 위하여 못들을 팠으며 7남녀 노비들을 사기도
하였고 나를 위하여 집에서 종들을 낳기도 하였으며 나보다 먼저 예루살렘에 있던
모든 자들보다도 내가 소와 양 떼의 소유를 더 많이 가졌으며 8은 금과 왕들이 소유

한 보배와 여러 지방의 보배를 나를 위하여 쌓고 또 노래하는 남녀들과 인생들이
기뻐하는 처첩들을 많이 두었노라 [9]내가 이같이 창성하여 나보다 먼저 예루살렘에
있던 모든 자들보다 더 창성하니 내 지혜도 내게 여전하도다 [10]무엇이든지 내 눈이
원하는 것을 내가 금하지 아니하며 무엇이든지 내 마음이 즐거워하는 것을 내가
막지 아니하였으니 이는 나의 모든 수고를 내 마음이 기뻐하였음이라 이것이 나의
모든 수고로 말미암아 얻은 몫이로다 [11]그 후에 내가 생각해 본즉 내 손으로 한 모
든 일과 내가 수고한 모든 것이 다 헛되어 바람을 잡는 것이며 해 아래에서 무익한
것이로다

연구실과 도서관, 실험실과 회의실에서 인간의 행복을 찾다가 실패한 솔로몬은 여기에서 공원과 극장, 정원과 여름 별장 등지로 장소를 옮겨서 다시 한 번 인간의 최고의 행복을 찾아 나선다. 그는 그의 궁정에서 철학자들이나 근엄한 원로들과 교류하던 것을 바꾸어서 재사(才士)들이나 한량들과 어울리며, 그들 가운데서 참된 만족과 행복을 찾을 수 있는지를 시험해 본다. 여기에서 그는 고상한 지적 유희를 버리고 한참 아래로 내려가서 짐승 같은 감각의 쾌락들로 발을 들여놓는다. 그렇지만 그는 철저한 시험을 하려고 결심한 이상 이 문을 두드리지 않으면 안 되었다. 왜냐하면, 인류의 대다수가 이 영역에서 그들이 찾던 것을 발견하였다고 생각하여 왔기 때문이다.

I. 솔로몬은 희희낙락하는 것과 재치의 즐거움이 사람에게 무엇을 해줄 수 있는지, 그가 자기 자신과 다른 사람들을 재미있는 이야기들과 농담과 익살과 해학으로 즐겁게 한다면 과연 그가 행복해질 수 있는지를 시험해 보고자 하였다는 것. 그는 자기가 직접 만들거나 주워들은 온갖 재치 있는 얘기들을 들으며 깔깔거리며 웃고, 큰 실수를 했던 이야기들이나 어리석고 실없는 얘기들을 듣고 낄낄거리고 웃으면 항상 즐거운 기분을 유지할 수 있는지를 시험해 보았다.

1. 실험의 내용(1절). "지혜가 많으면 번뇌도 많다는 것, 진지한 자들은 우울하기 쉽다는 것을 발견하고서, 나는 내 마음에 이르기를 자, 내가 시험삼아 너를 즐겁게 하여서, 그것이 네게 만족을 주는지를 시험해 보리라고 하였다." 그의 마음의 기질이나 그의 외적인 환경은 그가 즐거워하는 것을 방해할 그 어떤 요소도 지니고 있지 않았고, 도리어 다른 모든 이점들과 아울러 그의 즐거움을 얼

마든지 촉진시켜 줄 수 있었다. 그러므로 그는 이 길을 한 번 가보기로 결심하고서, 자기 자신에게 이렇게 말하였다. "너는 낙을 누리라. 너는 마음껏 낙을 누려 보라. 염려는 집어치우고, 즐겁게 살겠다고 결심하라." 솔로몬이 자신을 즐겁게 하기 위해서 동원한 이 좋은 것들 중 하나도 가지고 있지 않아도 사람은 즐거울 수 있다. 가난한 자들 중에서도 아주 즐겁게 살아가는 자들이 많고, 거지들은 헛간에 몸을 누이기만 하여도 즐거워한다는 속담도 있다. 희희낙락하는 것은 기분이 좋은 것으로서, 이성적인 힘을 토대로 한 실속 있는 즐거움보다는 못하지만, 오로지 육신적이고 관능적인 쾌락보다는 더 낫다. 어떤 이들은 사람이 이성적 동물임과 아울러 웃는 동물이라는 점에서 짐승과 다르다고 말하기도 한다. 그래서 부자는 자기 영혼에게 평안히 쉬고 먹고 마시자고 말하고 나서 거기에 즐거워하자는 말을 덧붙인다(눅 12:19). 왜냐하면, 그가 먹고 마시는 것은 그가 즐거워하기 위한 것이기 때문이다. 솔로몬은 "웃으면 살이 찌고, 웃으면 행복해지는지 어디 시험해 보자"고 말한다.

2. 이 실험의 결과. 그는 이 실험에 대하여 이렇게 결론을 내렸다. 보라 이것도 다른 모든 것과 마찬가지로 헛되도다. 그것은 참된 만족을 주지 못한다(2절). 내가 웃음에 관하여 말하여 이르기를 그것은 미친 것이라 그러므로 내가 다시는 너와 상종하지 않겠노라고 하였고, 희락(기분 전환을 위해서 재미있게 놀고 즐기는 모든 것들)에 대하여 이르기를 이것이 무슨 소용이 있는가 하였노라. 악의 없이 웃고 즐기며 희희낙락하는 것은 때를 맞춰 적절하게 사용된다면 일에도 도움이 되고 인간의 고된 삶의 수고를 덜어주는 역할도 하는 좋은 것이다. 그러나 지나치고 무절제하게 사용되면, 그것은 미련하고 아무 열매 없는 것이 되고 만다.

(1) 그것은 아무 유익도 가져다 주지 못한다는 것. 이것이 무슨 소용이 있는가. 그것은 양심의 죄책감을 진정시키는 데에 아무 짝에도 소용이 없고, 슬픈 심령을 달래주지도 못한다. 마음이 상한 자에게 노래하는 것보다 더 사람을 화나게 하는 것은 없다. 그것은 영혼을 만족시켜 주지 못하고, 영혼 속에서 참된 만족을 낳지도 못하며, 단지 사람의 근심과 슬픔을 잠시 잊게 해주는 진통제일 뿐이다. 폭소는 흔히 한숨으로 끝이 난다.

(2) 그것은 큰 해(害)를 가져다 준다는 것. 그것은 미친 것이다. 즉, 그것은 사람들을 미치게 만들어서, 그들의 이성과 신앙에 욕이 되는 수많은 추잡한 짓들

을 하게 만든다. 그것에 빠져 있는 자들은 미친 자들이다. 왜냐하면, 그것은 사람의 마음을 하나님 및 신령한 것들로부터 멀어지게 하고, 알지 못하는 사이에 신앙의 힘을 야금야금 갉아먹기 때문이다. 즐거운 것을 좋아하는 자들은 진지한 것을 잊어버리기 때문에, 소고와 수금을 잡고 있는 동안에 하나님께 말하기를 우리를 떠나소서라고 한다(욥 21:12, 14). 우리는 솔로몬처럼 우리 자신을 오락(또는, 희락)으로 시험해 보고, 그것을 통해서 우리 영혼의 상태에 대하여 판단해 볼 수 있다. 우리는 그 오락에 어떻게 반응하는가? 우리는 즐거워하면서 지혜로울 수 있는가? 우리는 오락을 주식이 아니라 양념으로 사용할 수 있는가? 그러나 오락이 우리에게 행복을 가져다 줄 수 있는지에 대해서는 솔로몬이 이미 실험을 하였기 때문에, 우리가 다시 그것을 시험해 볼 필요는 없다. 우리는 웃고 즐기는 것이 미친 짓이고 아무 소용이 없는 짓이라는 그의 말을 그대로 받아들일 수 있다. 웃음과 즐거움은 마음 속에서 서로 판이하게 다른 감정이다(윌리엄 템플). 왜냐하면, 사람들은 너무나 기쁘고 즐거운 일인데도 웃을 마음이 나지 않을 때가 있고, 너무나 웃기는 많은 일들에도 거의 즐겁지 않을 수 있기 때문이다.

Ⅱ. 솔로몬은 그의 기분을 좋게 해주는 것들 속에서 자기가 행복해질 수 없다는 것을 발견하고서, 이번에는 그의 입맛을 즐겁게 해주는 것으로 시험해 보기로 결심함(3절). 그는 피조물에 관한 지식이 그에게 만족을 주지 못하자, 피조물을 마음껏 먹고 마시며 사용하면 자기가 행복해질 수 있는지를 알아보고자 하였다. 내가 내 마음으로 깊이 생각하기를 내가 어떻게 하여야 술로 내 육신을 즐겁게 할까 하였다. 즉, 그는 좋은 것들을 먹고 마시면 과연 행복해질 수 있는지를 시험해 보기로 하였다는 것이다. 많은 사람들은 그들의 마음과 상의하지도 않은 채로 이러한 것들을 탐닉하고, 거기에서 단지 감각적인 욕망을 채우는 것 이상의 것을 추구하지 않는다. 그러나 솔로몬은 단지 실험을 해보기 위해서 인간으로서 이성을 가지고 비판적으로 이런 것들을 해보았다.

1. 그는 진지한 학문 연구를 해보고서 그것이 피곤할 뿐임을 알게 되기 전까지는 감각의 쾌락들을 즐기는 일을 자기 자신에게 일절 허용하지 않았다는 것. 그는 학문으로 인한 번뇌가 많아지기 전까지는 술을 마시겠다는 생각을 해본 적이 없었다. 우리는 선한 일을 하는 데에 우리의 힘을 소진했을 때에는 하나님이 후히 주시는 선물들을 통해서 가장 편안하게 새 힘을 얻을 수 있다. 감

각의 즐거움들은 꼭 필요할 때에 우리의 피곤을 풀어주는 데에 사용된다면 올바르게 사용되는 것이다. 그래서 디모데는 건강을 위해서 포도주를 조금씩 마셨다(딤전 5:23). 나는 내 육신으로 하여금 술을 가까이 하게 해보자고 생각하였다(난외주의 읽기). 술에 중독된 자들도 처음에는 억지로 술을 마셨다. 그들은 그들의 육신으로 하여금 의도적으로 술을 가까이 하게 하였다. 그러나 그들은 그렇게 해서 그들이 어떤 불행과 참상들을 그들 자신에게로 이끌어 오게 되었는지를 기억하여야 한다.

2. 그는 당시에 감각의 쾌락들을 자유롭게 사용하는 것을 어리석은 짓으로 여겼지만, 마지못해 한번 해보기로 했다는 것. 사도 바울도 자기 자신을 소개할 때에 그런 것을 연약한 것이라고 부르면서, 고린도 교인들에게 그의 어리석은 것을 용납해 달라고 청하였다(고후 11:2). 그는 어리석은 것이 사람들을 얼마나 행복하게 해줄 수 있는지를 알아보기 위해서 어리석은 것에 한 번 손을 대보기로 작정하였다. 말하자면, 그는 장난을 한번 아주 심하게 쳐보기로 한 것이다. 그는 어리석음이 그를 장악하거나 지배하도록 하기로 한 것이 아니라, 그가 어리석음과 일정한 간격을 유지하면서 어리석은 것에 손을 대보기로 한 것이다. 그러나 그는 그렇게 하는 것조차도 그에게는 너무나 벅찬 일이라는 것을 발견하였다.

3. 그는 그렇게 하면서도 동시에 그의 마음을 지혜로 다스려서, 감각의 쾌락들을 사용하면서도 자기 자신을 지혜롭게 관리함으로써, 그 쾌락들이 그에게 어떤 해를 가하거나 그로 하여금 그것들에 대하여 적절한 판단을 할 수 없게 만들지 못하도록 주의를 기울였다는 것. 그는 술로 그의 육신을 즐겁게 해보겠다고 생각했을 때에 그의 마음을 지혜로 다스려서, 지식에 대한 추구를 계속하였고, 넋을 놓거나 쾌락의 노예가 되지 않았다. 그의 학문 탐구나 감각의 쾌락은 둘 다 껍데기에 불과한 것이었고, 그는 이 두 가지를 동시에 하였을 때에 그가 그것들을 각각 하였을 때에 발견할 수 없었던 참된 만족을 과연 발견할 수 있을지를 시험하였다. 이런 식으로 솔로몬은 시험해 보았지만, 결국 그것이 헛되다는 것을 알았다. 왜냐하면, 술에 취해서 흥청망청해 보겠다고 생각하면서도 여전히 자신의 마음을 지혜로 다스리고자 하는 자들은 하나님과 재물의 신인 맘몬을 동시에 섬기겠다고 생각하는 자들만큼이나 스스로를 속이는 것이 될 것이기 때문이다. 포도주는 거만하게 하는 것이다(잠 20:1). 술은 큰 사기(詐欺)

이다. 어떤 사람이 술을 마실 때에 여기까지만 마시고 그 이상은 마시지 않겠다고 말하는 것은 불가능하다.

4. 그가 목표로 삼았던 것은 그의 욕망을 충족시키는 것이 아니라 인간의 행복을 찾아내는 것이었기 때문에, 그는 인간에게 행복을 가져다 주는 것처럼 행세하는 것들은 빠짐없이 체험해서 시험해 보아야 했다는 것. 그는 인간의 행복에 대해서 이렇게 설명한다. 행복이란 천하의 인생들이 그들의 인생을 살아가는 동안 행하여야 하는 선한 일이다.

(1) 우리가 물어야 하는 것은 우리가 가져야 하는 선한 것이 아니라(그것은 하나님께 맡겨 두어야 한다), 우리가 행하여야 하는 선한 일이라는 것. 그것이 우리의 관심사가 되어야 한다. 선생님이여 내가 무슨 선한 일을 하여야 하리이까. 우리의 행복은 빈둥거리며 한가롭게 지내는 데에 있는 것이 아니라, 올바른 일을 제대로 하는 데에 있다. 우리가 선한 일을 한다면, 틀림없이 우리는 그 일로 인하여 칭찬을 받고 위로를 얻게 될 것이다.

(2) 우리가 여기 이 세상에 있고, 아직 낮이며, 우리가 일할 때가 지속되는 동안에 하늘 아래에서 뭔가를 할 수 있다는 것은 좋은 일이라는 것. 지금은 우리가 일하고 섬길 때이고, 내세에서는 우리가 여기에서 한 일에 대하여 상벌을 받게 되어 있다. 우리가 여기에서 한 일들은 거기까지 우리를 따라올 것이다.

(3) 우리는 우리가 사는 모든 날 동안에 선한 일을 하여야 한다는 것. 우리는 우리에게 주어진 일할 시간이 지속되는 동안, 즉 우리가 사는 날수(난외주의 읽기) 동안 우리가 해야 할 선한 일을 끝까지 행하여야 한다. 우리가 사는 날들은 우리의 때를 그 손 안에 쥐고 계신 분이 우리에게 정해 주셨고, 우리는 그 모든 날들을 하나님의 지시를 따라 살지 않으면 안 된다. 그러나 어떤 사람이 술을 마시며 노는 것 속에서 이 세상에서 가장 잘 사는 길을 찾아내고자 하여 술을 마시고 취하여 살아간다면, 그것은 솔로몬이 여기에서 회고하듯이 부질없는 짓이다. 술을 마시고 육신을 즐겁게 하는 것이 사람이 행하여야 하는 선한 일일 수 있는 가능성이 있는 것인가? 그럴 가능성은 전혀 없다. 그것은 명백하게 아주 나쁜 일이다.

III. 술을 탐닉하는 것이 어리석은 짓이라는 것을 재빨리 알아차린 솔로몬은 다음으로 왕이나 큰 자들이 하는 가장 값비싼 오락을 시도하였다는 것. 그의 수입은 막대한 것이었다. 그는 왕으로서 막대한 돈을 벌어들였는데, 그 돈을 자기 기분을 가장 즐겁게 하고 그를 위대하게 보이게 만들어 줄 것 같은 일에 사용하였다.

1. 그는 도시와 시골에 집이나 건물들을 짓는 일에 몰두하였다는 것. 그는 재위 초기에 하나님의 성전을 짓느라 어마어마한 비용을 들였기 때문에, 그 후에 자기 자신을 위한 집과 건물들을 지어서 자신의 기분을 즐겁게 한다고 해도, 그것은 어느 정도 용납이 될 수 있는 일이었다. 하나님의 성전은 황폐한 상태로 놓아두고서 자기들만 판벽한 집에 거주하였던 포로기 이후의 백성들과는 달리(학 1:4), 솔로몬은 성전을 먼저 짓고 그 다음에 자기가 쓸 집과 건물들을 짓는 것이어서 일의 순서가 제대로 된 것이었다(마 6:33). 따라서 그가 집들을 짓는 일은 순조롭게 잘 되어 갔다. 그는 집과 건물들을 지으면서, 가난한 자들을 고용하는 즐거움과 후손들에게 선한 일을 하는 즐거움을 누렸다. 성경은 솔로몬이 일으킨 건축 역사(役事)들이 모두 그의 부와 정신과 큰 위엄에 걸맞은 대단한 역사였다는 것을 우리에게 말해준다(왕상 9:15-19). 하지만, 그가 무슨 잘못을 저질렀는지를 잘 보라. 그는 그가 마땅히 하여야 할 선한 일들이 무엇인지를 살피다가(3절), 길을 잘못 들어서 선한 일들이 아니라 대단한 일들을 하게 되었다. 선한 일들은 진정으로 대단한 일들이지만, 대단한 일들이라고 일컬어지는 것들 중에는 선한 것과는 거리가 먼 일들이 많고, 기이한 일들이라고 일컬어지는 것들 중에는 은혜의 역사(役事)와는 거리가 먼 일들이 많다(마 7:22).

2. 그는 건축을 하는 일만큼이나 매력적인 정원을 조성하는 일에 빠져 보았다는 것. 가나안 땅의 토양과 기후는 포도를 재배하는 데에 아주 좋았기 때문에, 그는 포도원들을 일구었다. 그는 여러 훌륭한 동산과 과원을 만들었는데(5절), 당시에 정원을 만드는 기술은 오늘날에 비해서 결코 뒤지지 않았던 것 같다. 그는 목재용 나무들을 키우는 삼림만이 아니라, 그가 직접 심은 각종 과목으로 뒤덮여 있는 삼림도 가지고 있었다. 만약 세상의 어떤 일이 인간에게 행복을 안겨줄 수 있다면, 분명히 그것은 아담이 무죄한 상태에서 했던 일일 것임에 틀림없다.

3. 그는 기분 전환하거나 즐기기 위해서가 아니라 수목을 기르는 삼림에 물을 주기 위하여 못과 수로 같은 급수 시설을 만드는 데에 많은 돈을 썼다는 것(6절). 그는 심을 뿐만 아니라 물을 주었고, 그런 후에 자라나게 하는 것은 하나

님께 맡겼다. 샘들은 큰 복들이다(수 15:19). 그러나 자연이 샘들을 주었다고 해도, 사람이 그 샘들을 이용하기 위해서 수로를 만들어서 끌어 오지 않으면 안 된다(잠 21:1).

4. 그는 그의 가솔을 늘렸다는 것. 그는 큰 역사(役事)들을 일으키려고 작정하였기 때문에 많은 일손들을 필요로 하였다. 그래서 그는 남녀 노비들을 사기도 하고, 집에서 종들을 낳기도 하였다(7절). 이렇게 해서, 그가 부리는 시종들은 많이 늘어났고, 그의 궁정은 더 웅장해 보였다(스 2:58).

5. 그는 농촌의 일을 게을리한 것이 아니라, 그 일을 즐겼고 그 일을 해서 부를 쌓았으며, 학문을 탐구하거나 즐거움을 추구한다는 명목으로 그 일에서 손을 떼지 않았다는 것. 그는 그의 아버지가 처음에 양치기 목동이었다는 것을 잊지 않고서, 그의 아버지와 마찬가지로(대상 27:29) 소와 양 떼의 소유를 많이 가졌다. 목축을 하는 사람들은 솔로몬이 그의 대단한 역사(役事)들과 즐거움들 중의 하나로 가축을 많이 가진 것을 꼽았다는 사실을 기억하고서, 자신의 일을 하찮게 여기거나 지긋지긋하게 여겨서는 안 된다.

6. 그는 점점 더 대단한 부자가 되었고, 그의 건축 역사나 정원 조성에 들어간 막대한 비용 때문에 가난해지는 일이 없었다는 것. 많은 사람들은 큰 사업을 하다가 망해서 빈털터리가 된 경험 때문에 그런 사업을 한 것을 후회하고 그런 것이 다 헛되고 괴로운 일일 뿐이라고 말한다. 그러나 솔로몬은 그렇지 않았다. 그는 흩어서 나누어 주었지만, 그의 재물은 더욱 늘어났다. 그의 곳간은 은과 금으로 가득 찼지만, 그는 그 금은을 거기에 그대로 둔 것이 아니라, 그의 나라 전역에 유통시켜서, 예루살렘에서 은을 돌 같이 흔하게 하였다(왕상 10:27). 또한, 그는 아주 귀하고 희귀해서 은이나 금보다 더 값어치가 나갔던 왕들과 여러 지방의 보배를 지니고 있었다. 이웃 나라들과 그의 제국의 먼 지방들은 그의 은총을 입고 그의 지혜의 가르침을 얻고자 그들이 가지고 있던 아주 귀한 선물들을 그에게 보냈다.

7. 그는 사람의 기분을 아주 즐겁게 해주는 온갖 것들, 즉 온갖 종류의 곡조와 음악, 성악과 기악, 노래하는 남녀들, 그가 구할 수 있었던 가장 좋은 목소리들, 당시에 사용되었던 온갖 취주 악기들을 갖추고 있었다는 것. 그의 아버지는 음악에 재능이 있었고, 그것을 주로 신앙생활에 도움이 되는 쪽으로 활용하였던 반면에, 그는 음악을 즐기는 쪽으로 사용하였던 것 같다. 음악과 관련된

이 모든 것들은 여기에서 인생들을 기쁘게 해주는 것들이라 불린다. 왜냐하면, 감각의 만족을 얻게 해주는 것들은 대부분의 사람들이 좋아하고 흡족해하는 것들이기 때문이다. 하나님의 자녀들을 기쁘게 해주는 것들은 완전히 다른 성격을 지닌 것들로서 천사들이 기뻐하는 것들과 같아서 순전하고 신령하며 하늘에 속한 것들이다.

8. 그는 그 어떤 사람보다도 더 여러 지혜의 명철의 즐거움도 동시에 누렸다는 것. 그는 지혜와 명철에 있어서 창성하여 자기보다 먼저 있던 모든 자들보다 더 창성하였다. 즉, 그는 이 세상의 온갖 것들을 다 누리는 와중에서도 여전히 지혜로웠다는 것이다. 이것은 이상한 일이었고, 다음과 같은 일들은 두 번 다시 있을 수 없는 일이었다.

(1) 그가 온갖 즐거움들을 누렸지만, 그의 판단이나 양심은 더럽혀지지 않았다는 것. 이러한 것들을 즐기는 가운데서 그의 지혜도 그에게 여전하였다(9절). 이 모든 유치한 즐거움들을 시험해 보는 동안에 그는 자신의 정신을 굳건하게 지켰고, 온전한 정신을 견지하였으며, 감각의 욕망들에 대한 이성의 지배를 그대로 유지하였다. 그가 지닌 지혜는 엄청났기 때문에, 그의 지혜는 이러한 삶의 과정 속에서도 소진되거나 손상되는 일이 없이 보존되었는데, 이것은 다른 사람들의 경우에는 있을 수 없는 일이었다. 그러나 우리는 이것에 고무되어 담대해져서, 우리가 온갖 것들을 다 즐기면서도 여전히 지혜를 유지할 수 있다고 생각하여, 우리의 욕망들에 대한 고삐를 느슨하게 푸는 일이 있어서는 안 된다. 왜냐하면, 우리는 솔로몬처럼 그렇게 견고한 지혜를 지니고 있지 않기 때문이다. 아니, 솔로몬은 착각하고 있는 것이다. 그가 자신의 신앙을 잃어버리고서, 그의 이방 아내들의 비위를 맞추기 위해서 이방신들의 제단을 세우기까지 하였는데, 어떻게 그가 그의 지혜가 그에게 여전하였다고 말할 수 있단 말인가? 그러나 그가 온갖 즐거움들의 노예가 되지 않고 그 주인이 되어서 그것들에 대하여 제대로 된 판단을 할 수 있었다는 점에서는 그의 지혜가 그에게 여전하였다고 할 수 있다. 그는 변절자가 되어서 원수의 나라로 넘어간 것이 아니라, 원수의 나라를 벌거벗은 것 같이 속속들이 다 알아내기 위해서 정탐꾼으로 적지에 들어간 것이었다.

(2) 그의 판단과 양심이 그의 온갖 즐거움들을 막지 않았고, 감각의 즐거움들의 진수를 맛보는 것을 방해하지 않았다는 것(10절). 이 일과 관련해서, 그의

지혜가 그에게 여전하였다고 한다면, 그는 감각의 즐거움들을 온전히 체험해서 아는 데에 필요한 자유를 가질 수 없었을 것이라며, 그의 판단에 대하여 이의가 제기될 수 있었을 것이다. 그는 이렇게 말한다. "나는 그 누구 못지않게 자유롭게 그러한 즐거움들을 누려 보았다. 왜냐하면, 아무리 어렵거나 돈이 드는 것이라고 해도 합법적인 수단을 통해서 가능한 것이라면, 무엇이든지 내 눈이 원하는 것을 내가 금하지 아니하였기 때문이다. 무엇이든지 내 마음이 원하고 즐거워하는 것을 내가 막지 아니하였고, 나의 지혜를 총동원해서 그 어떤 쾌락주의자 못지않게 온갖 즐거움들을 다 온전히 맛보고 누려 보았다." 그가 처한 여러 가지 조건이나 상황, 또는 그의 심령의 기질 속에는 그러한 즐거움들의 진수를 맛보지 못하게 방해하는 요소는 전혀 없었다.

[1] 그는 여느 사람 못지않게 그의 일에서 즐거움을 누렸다는 것. 나의 모든 수고를 내 마음이 기뻐하였다. 따라서 그 모든 수고로 인한 고생과 피곤함은 그가 그 즐거움을 누리는 데에 전혀 방해가 되지 않았다.

[2] 그는 그의 일을 통해서 여느 사람 못지않게 유익을 얻었다는 것. 그는 그의 일 속에서 그를 혼란스럽고 실망스럽게 만드는 것을 겪지 않았다. 이것이 나의 모든 수고로 말미암아 얻은 몫이로다. 그는 그의 다른 모든 즐거움들 외에도 그것들 속에서 그의 손으로 수고한 것을 볼 뿐만 아니라 먹는 즐거움도 아울러 가졌다. 이것은 그의 수고를 통해서 그가 얻은 모든 것이었다. 왜냐하면, 실제로 그것은 그가 그의 수고로부터 기대할 수 있었던 모든 것이었기 때문이다. 그는 그의 일이 성공하는 즐거움을 누렸기 때문에 그의 일은 그에게 달콤한 것이 되었고, 성공의 즐거움을 누리게 된 것이 그가 일한 결과였기 때문에 그 즐거움은 달콤하였다. 따라서 전체적으로 볼 때, 그는 분명히 세상이 그에게 줄 수 있는 모든 행복을 다 누린 것이었다.

9. 그는 마침내 이 모든 것에 대하여 신중하게 판단을 내림(11절). 창조주는 그의 위대한 역사(役事)를 마치신 후에 그것들을 둘러보시니, 보시기에 심히 좋았다. 모든 것이 그를 기쁘게 하였다. 그러나 솔로몬은 많은 비용과 정성을 들여서 그의 손으로 한 모든 일과 자기 자신을 편안하고 행복하게 만들기 위해서 그가 수고한 모든 것을 둘러보았을 때에 그의 기대에 부응한 것은 하나도 없었다. 보라 모든 것이 헛되고 마음을 괴롭게 하는 것이다. 그는 그 모든 것 속에서 그 어떤 만족이나 유익을 얻지 못하였다. 이 세상의 일들이나 이 세상에서 누

릴 수 있는 것들은 모두 다 해 아래에서 무익한 것이었다.

[12]내가 돌이켜 지혜와 망령됨과 어리석음을 보았나니 왕 뒤에 오는 자는 무슨 일을
행할까 이미 행한 지 오래 전의 일일 뿐이리라 [13]내가 보니 지혜가 우매보다 뛰어남
이 빛이 어둠보다 뛰어남 같도다 [14]지혜자는 그의 눈이 그의 머리 속에 있고 우매자
는 어둠 속에 다니지만 그들 모두가 당하는 일이 모두 같으리라는 것을 나도 깨달
아 알았도다 [15]내가 내 마음속으로 이르기를 우매자가 당한 것을 나도 당하리니 내
게 지혜가 있었다 한들 내게 무슨 유익이 있으리요 하였도다 이에 내가 내 마음속
으로 이르기를 이것도 헛되도다 하였도다 [16]지혜자도 우매자와 함께 영원하도록 기
억함을 얻지 못하나니 후일에는 모두 다 잊어버린 지 오랜 것임이라 오호라 지혜
자의 죽음이 우매자의 죽음과 일반이로다

솔로몬은 먼저 학문 속에서, 다음으로는 감각의 즐거움들 속에서, 그리고 두 가지를 함께 하는 것 속에서 과연 참된 만족을 얻을 수 있는지를 시험해 본 후에, 여기에서는 그것들을 서로 비교하고 나서, 그것들에 대한 판단을 내린다.

I. 솔로몬이 지혜와 어리석음을 깊이 숙고해 보기로 결심함. 그는 앞에서도 이것들을 숙고해 보았었다(1:17). 그러나 그는 그 때에 그것들에 대하여 판단을 내리게 되면 너무 성급한 것으로 생각이 될 것을 염려해서 그렇게 하지 않고, 여기에서 다시 한 번 살펴보고 또 다시 생각해 보면 첫 번째보다는 더 많은 만족을 얻을 수 있지 않을까 해서 그것들을 다시 살펴보기로 결심한다. 그는 온갖 즐거움들에 질렸고 혐오감을 느끼게 되었기 때문에 그것들로부터 떠나서, 다시 사변(思辨)에 눈을 돌렸다. 이 문제를 이렇게 다시 한 번 살펴보았는데도, 그 판단이 여전히 동일하다면, 그 판단은 확실히 결정적인 것이라 할 수 있다. 왕, 특히 많은 지혜로 이 세상에 대하여 많은 실험을 해본 그런 왕 뒤에 오는 자는 무슨 일을 행할까(12절). 실패한 시도는 다시 반복할 필요가 없다. 그 누구도 솔로몬보다 이 세상에서 더 많은 만족을 발견하거나 도덕의 원리들에 대하여 더 큰 통찰을 얻기를 기대할 수 없다. 어떤 사람이 자기가 할 수 있는 일을 했을 때, 그 일은 이미 행한 지 오래 전의 일일 뿐이다.

1. 우리보다 앞서 잘 행해진 일을 개선할 수 있다는 어리석은 자만에 빠지

지 않아야 한다는 것. 우리는 우리 자신보다 남을 더 낫게 여기고, 우리보다 더 나은 머리와 손을 가진 사람들이 해놓은 일들을 개선하고자 시도하는 것은 우리에게 합당하지 않다고 생각하며, 도리어 우리가 그들의 덕을 많이 보고 있다는 것을 인정하여야 마땅하다(요 4:37-38).

2. 이 세상의 것들에 대한 솔로몬의 판단을 묵묵히 따르고, 시행착오를 되풀이할 생각을 하지 말아야 한다는 것. 왜냐하면, 우리는 솔로몬과 같은 그런 이점들을 가지고 실험을 하거나, 솔로몬처럼 심혈을 다 기울이면서도 별 위험이 없게 실험할 수 있는 처지가 결코 될 수 없기 때문이다.

II. 솔로몬이 어리석음보다 지혜가 훨씬 낫다고 말함. 그가 인간이 쓴 글들이 다 헛되다고 말한 것은 단지 역설을 통해서 사람들을 즐겁게 해주거나 어리석음을 칭송하는 찬가를 쓰기 위한 것이었다고(옛적의 한 위대한 재사가 그랬듯이) 오해하는 자가 있어서는 안 된다. 결코 그런 것이 아니다. 그는 거룩한 진리들을 주장하고 있는 것이기 때문에, 자기가 한 말들이 잘못 해석되지 않도록 하기 위하여 세심한 주의를 기울인다. 내가 보니 빛 속에 어둠보다 뛰어난 것이 있듯이, 지혜 속에 우매함보다 뛰어난 것이 있도다(13절). 지혜가 주는 즐거움은 비록 사람들을 행복하게 만들어 주지는 못하지만 술이 주는 즐거움을 훨씬 능가한다. 지혜는 영혼이 스스로를 올바르게 다스릴 수 있게 해줄 놀라운 발견들과 꼭 필요한 처방들을 영혼에게 조명해 준다. 그러나 육성(肉性)은 마음을 가리고 어둡게 하는 어둠이다(여기에서 어리석음 또는 우매는 특히 육성을 의미하는 것으로 보인다). 육성은 사람들의 눈을 가려서, 사람들로 하여금 올바른 길에서 넘어지게 하고, 그 길에서 벗어나 방황하게 만든다. 또는, 지혜와 지식은 사람을 행복하게 만들어 주지는 못하지만(사도 바울은 은사들보다 더 좋은 길을 보여주는데, 그것은 은혜이다, 고전 12:31), 이 세상에서 우리의 안전과 위로와 쓸모라는 점에서는 없는 것보다 있는 것이 훨씬 낫다. 왜냐하면, 사람들이 피해야 할 위험들과 잘 포착해서 활용해야 할 기회들을 찾아내는 눈이 지혜자에게는 그의 머리 속에 있지만, 우매자는 그런 눈이 없이 어둠 속에 다니기 때문이다(14절). 지혜로운 자는 그 눈을 사용해야 할 때에 그제서야 그 눈을 달라고 하나님께 구할 필요가 없고, 단지 주변을 둘러보고서 어디에서 걸음을 옮기고 어디에서 멈추어야 하는지를 재빨리 알아차리면 된다. 그러나 우매자는 어둠 속에 다니기 때문에, 종종 길을 잃고 헤매거나 고꾸라질 뻔하고, 어느 길로 가야 할지를 몰라서 당황하거나 앞으로 나아갈 수 없어서 곤혹스러워하게 된다. 슬기롭고 사려가 깊은 자는 자신의 일을 다스릴 수 있기 때문에, 낮에 다니는 자들처럼 품위 있고 안전하게 행한다. 그러나 성급하고 무지하며 얼빠진 자는 끊임없이 큰 실수들을 저지르고, 이런저런 위험 속으로 뛰어든다. 그의 계획들과 거래들은 모두 어리석어서, 그의 일들을 망쳐 놓는다. 그러므로 지혜를 얻으며 명철을 얻으라(4:5).

Ⅲ. 솔로몬은 영원한 행복이나 만족과 관련해서는 이 세상의 지혜는 사람에게 거의 유익을 주지 못한다고 주장함. 그가 그렇게 주장하는 이유로 드는 것들은 다음과 같다.

1. 지혜자들이나 우매자들이나 다 똑같이 살아간다는 것. "지혜자가 예지력과 통찰력에 있어서는 우매자보다 훨씬 큰 이점을 지니고 있다는 것은 사실이지만, 그렇다고 해서 반드시 일들을 성공적으로 할 수 있는 것이 아니고, 도리어 실패할 때가 아주 많다. 따라서 그들 모두가 당하는 일이 모두 같으리라는 것을 내가 경험을 통해서 깨달아 알았도다(14절). 자신의 건강을 아주 세심하게 챙기는 자들도 자기 건강에 별 신경을 쓰지 않는 자들과 별 다를 것 없이 병에 걸리고, 의심이 많아서 사람을 잘 안 믿는 자들도 속아넘어간다." 다윗도 지혜로운 자들도 미련한 자나 짐승 같은 자와 마찬가지로 동일한 재난에 휘말리게 된다는 점을 지적하였었다(시 49:12; 또한, 전 9:11을 보라). 또한, 어리석은 자들에게 행운이 따르고, 흔히 얼빠진 자들이 부자로 잘 사는 반면에, 머리가 아주 잘 돌아가는 자들은 일이 잘 안 되고 가난하게 산다는 옛말이 있다. 지혜자들이나 우매자들이나 병에 걸리고 칼에 죽는 것은 마찬가지이다. 솔로몬은 이 쓰라린 사실을 자기 자신에게 적용해서(15절), 자기가 지혜자였지만 그의 지혜를 자랑할 수 없었다고 말한다. 내 마음이 교만하거나 안일해지기 시작했을 때, 내가 내 마음속으로 이르기를 우매자가 당한 것을 나도, 곧 이 나도 당하고 있다고 하였도다. 원문에는 이렇게 강조되어서 표현되어 있다. "그런 일이 내게도, 바로 내게도 일어나고 있다. 내가 부자인가? 어리석은 자들 가운데서도 나처럼 부자로 살아가는 자들이 얼마나 많은가. 어리석은 자가 병이 들고 죽는가? 나, 바로 이 나도 마찬가지이다. 나의 부나 나의 지혜는 나의 보장(保障)이 되어 주지 못한다. 그러니, 내게 지혜가 있었다 한들 내게 무슨 유익이 있으리요. 지혜가 현세의 삶 속에서 내게 별 도움이 되지 않는데, 내가 지혜를 얻기 위해서 그토록 수고

할 이유가 무엇이란 말인가? 이에 내가 내 마음속으로 이르기를 이것도 헛되도다 하였도다." 어떤 이들은 이것이 앞서 했던 말에 대한 수정이라고 본다: "내가 말하기를 이는 나의 잘못이라 하였도다(시 77:10). 지혜자들과 우매자들이 매한가지라고 생각한 것은 나의 어리석음이었다." 그러나 실제로 사건과 관련해서 지혜자나 우매자나 다를 바가 없는 것처럼 보인다. 그러므로 그것은 사람이 심오한 철학자이자 정치가이면서도 행복한 사람이 아닐 수 있다고 전에 그가 말했던 것에 대한 수정이 아니라 확증이다.

2. 지혜자들이나 우매자들이나 다 똑같이 망각된다는 것(16절). 지혜자도 우매자와 함께 기억함을 얻지 못한다. 의인들에게는 그들이 영원히 기억될 것이고, 사람들이 의인들을 기념할 때에는 칭찬하게 될 것이며, 그들은 머지않아 별처럼 빛나게 될 것이라는 약속이 주어져 있다. 그러나 이 세상의 지혜에 대해서는 그것이 사람들의 이름을 영원히 빛내 주게 될 것이라는 약속이 주어져 있지 않다. 왜냐하면, 오직 하늘에 기록된 이름들만이 영원할 것이고, 이 세상의 지혜자들의 이름은 우매자들의 이름과 마찬가지로 티끌에 기록될 것이기 때문이다. 지금 존재하는 것들은 후일에는 모두 다 잊어버린 지 오랠 것이다. 어느 한 세대에서 사람들의 입에 많이 오르내렸던 것이 다음 세대에서는 마치 전혀 없었던 것처럼 되어 버린다. 새로운 사람들과 새로운 일들이 과거의 사람들과 일들에 대한 기억 자체를 밀어내 버리기 때문에, 과거에 존재했던 것들은 얼마간 시간이 지나면 별 일 아닌 것처럼 무시되다가 마침내 망각 속에 묻혀 버리고 만다. 지혜 있는 자가 어디 있느냐 이 세대에 변론가가 어디 있느냐(고전 1:20). 이런 이유 때문에, 그는 "지혜자의 죽음이 어떠한가"라고 반문한다. 오호라 지혜자의 죽음이 우매자의 죽음과 일반이로다. 경건한 자의 죽음과 악인의 죽음은 큰 차이가 있지만, 지혜자와 우매자의 죽음은 차이가 없다. 우매자도 무덤에 묻히면 잊혀지고(8:10), 그의 지혜로 그 성읍을 건진 가난한 지혜자를 기억하는 사람도 없다(9:15). 따라서, 무덤은 지혜자에게나 우매자에게나 잊음의 땅(시 88:12)이다. 지혜롭고 학식 있는 자들도 그 잊음의 땅으로 들어가서 세상 사람들의 눈에 보이지 않으면 사람들의 마음에서도 멀어지고, 그들을 알지 못하는 새로운 세대가 일어난다.

17이러므로 내가 사는 것을 미워하였노니 이는 해 아래에서 하는 일이 내게 괴로움
이요 모두 다 헛되어 바람을 잡으려는 것이기 때문이로다 18내가 해 아래에서 내가
한 모든 수고를 미워하였노니 이는 내 뒤를 이을 이에게 남겨 주게 됨이라 19그 사
람이 지혜자일지, 우매자일지야 누가 알랴마는 내가 해 아래에서 내 지혜를 다하
여 수고한 모든 결과를 그가 다 관리하리니 이것도 헛되도다 20이러므로 내가 해 아
래에서 한 모든 수고에 대하여 내가 내 마음에 실망하였도다 21어떤 사람은 그 지혜
와 지식과 재주를 다하여 수고하였어도 그가 얻은 것을 수고하지 아니한 자에게
그의 몫으로 넘겨 주리니 이것도 헛된 것이며 큰 악이로다 22사람이 해 아래에서 행
하는 모든 수고와 마음에 애쓰는 것이 무슨 소득이 있으랴 23일평생에 근심하며 수
고하는 것이 슬픔뿐이라 그의 마음이 밤에도 쉬지 못하나니 이것도 헛되도다 24사
람이 먹고 마시며 수고하는 것보다 그의 마음을 더 기쁘게 하는 것은 없나니 내가
이것도 본즉 하나님의 손에서 나오는 것이로다 25아, 먹고 즐기는 일을 누가 나보다
더 해 보았으랴 26하나님은 그가 기뻐하시는 자에게는 지혜와 지식과 희락을 주시
나 죄인에게는 노고를 주시고 그가 모아 쌓게 하사 하나님을 기뻐하는 자에게 그
가 주게 하시지만 이것도 헛되어 바람을 잡는 것이로다

일이나 사업은 지혜자들이 즐거워하는 것이다. 그들은 체질적으로 일을 좋아하기 때문에, 일을 할 수 없게 되면 탄식한다. 그들은 종종 그들이 하는 일 때문에 지치기도 하지만, 일에 싫증을 느끼거나 일을 그만두려고 하지는 않는다. 그러므로 우리는 일들 속에서 사람들이 행해야 하는 선한 일을 발견하고 거기에서 행복을 얻을 수도 있지 않겠느냐고 생각할 수 있는데, 솔로몬은 이것도 시험해 보았다. 그는 정신적인 삶과 쾌락의 삶을 경험해 본 후에 일을 중심으로 한 삶도 체험해 보았지만, 그 어디에서도 만족을 발견하지 못하였다. 이 세상의 모든 것은 여전히 헛되고 마음을 괴롭게 하는 것들일 뿐이다. 그는 이 단락에서 이 점을 다시 설명한다.

I. 솔로몬이 시험해 본 일은 무엇이었는가. 그것은 해 아래에서 하는 일(17절), 이 세상의 것들에 관한 일, 지구상에서 행하는 일, 현세의 부와 명예와 즐거움과 관련된 일이었다. 그것은 왕의 일이었다. 해 위에서 하는 일도 있는데, 그 일은 영원한 지복(至福)을 가져다 주는 영원한 일이다. 우리가 그 지복을 추구하여 하늘의 일을 행한다면(하나님의 뜻이 하늘에서 이루어지는 것 같이 땅에서

도 이루어지게 하는 것), 그것은 우리에게 유익한 결과를 가져다 줄 것이다. 우리는 그런 일을 싫어하거나 그런 일에 대하여 절망할 이유가 없을 것이다. 그러나 솔로몬이 여기에서 만족을 주지 못하는 일이라고 말하는 것은 해 아래에서 하는 일, 썩을 양식을 위하여 하는 일이다(요 6:27; 사 55:2). 그 일은 나무를 패며 물을 긷는 자들의 일(사람들이 그런 일을 싫어하는 것이 그렇게 이상한 일이 아니다)보다 더 나은 일인 지혜와 지식과 재주를 다하여 하는 일이었다(21절). 그 일은 그의 나라를 다스리고, 그의 나라에 이익을 더하는 것과 관련된 좋은 일이었다. 그 일은 지혜와 천부적이거나 후천적인 지식과 공의가 시키는 대로 행하는 일이었다. 그 일은 회의실이나 법정에서 행하는 일이었다. 그 일은 그의 지혜를 다하여 수고한 일이었다(19절). 천사들과 연관되어 있는 정신적인 재능들이 짐승들과 연관되어 있는 육신의 재능들보다 훨씬 낫듯이, 지혜로 하는 일은 힘을 써서 하는 일보다 훨씬 낫다. 많은 사람들이 세상의 일을 하면서 다른 그 어떤 것보다도 더 염두에 두는 것은 그들 자신이 지혜롭다는 것을 나타내 보여서 재능과 감각도 있고 열심도 있는 자로 인정을 받는 것이다.

Ⅱ. 솔로몬이 이 일에서 나가떨어짐. 그는 얼마 안 있어서 이 일에 싫증을 느꼈다.

1. 그는 그가 한 모든 수고를 미워하였다는 것. 왜냐하면, 그는 거기에서 그가 기대하였던 만족을 얻을 수 없었기 때문이었다. 아이들이 처음에는 어떤 장난감을 좋아해서 거기에 빠져서 한동안 놀다가 이내 싫증을 느끼고 그 장난감을 던져 버리고 다른 장난감을 찾듯이, 그는 좋은 집과 정원과 수로들을 다 짓고 만들어 놓고 나서 얼마 후에 그런 것들이 싫어지고 시시해 보이기 시작하였다. 이것은 은혜 안에서 그런 것들을 미워하고, 하나님과 신앙보다 그런 것들을 덜 사랑하는 태도(이것은 우리의 본분이다, 눅 14:26)나, 하나님이 우리에게 정해 주신 곳과 거기에서 하는 일을 미워하는 죄악된 태도(이것은 우리의 어리석음이다)를 표현한 것이 아니라, 그런 것들에 질리고 실망해서 자연스럽게 생겨나는 미워하는 마음과 싫증을 표현한 것이다.

2. 그는 그가 한 모든 수고에 대하여 그의 마음에 실망하였다는 것(20절). 그는 세상의 일들이 그가 기대하였던 유익과 만족을 가져다 주지 못한다는 것을 뼈저리게 느끼고서 그 실망감 때문에 고통스러워하였다. 우리의 마음은 피조물들로부터 뭔가를 기대하는 것을 그만두기를 아주 싫어한다. 우리는 이 세상의

것들 속에는 우리가 기대하는 그런 것이 없다는 것을 우리의 마음으로 하여금 깨닫도록 해주기 위해서는 우리의 마음을 붙잡고 끈질기게 이치를 따져 설득하지 않으면 안 된다. 우리가 이 땅에 뭔가 우리를 만족시켜 줄 것이 있을까 해서 이 땅에 구멍을 뚫고 들어가 보았지만, 그런 것이 있다는 기미조차 전혀 발견할 수 없어서, 늘 실망하고 좌절했던 적이 어디 한두 번이었던가? 그러니, 이제는 우리가 우리의 마음을 편히 쉬게 하고, 이 땅에서 그런 것을 찾는 수고를 더 이상 하지 않을 때도 되지 않았는가?

3. 그는 마침내 사는 것 자체를 미워하게 되었다는 것(17절). 왜냐하면, 산다는 것 자체가 무수한 고생과 괴로움들로 되어 있고, 실망스러운 일들이 끊임없이 연속적으로 생기는 것이 바로 삶이기 때문이다. 하나님은 솔로몬에게 아주 폭넓은 마음과 대단한 정신적인 역량들을 주셨기 때문에, 그는 현세의 삶에 속한 모든 일들이 결코 사람에게 만족이나 행복을 가져다 줄 수 없다는 사실을 다른 그 누구보다도 더 뼈저리게 경험할 수 있었다. 산다는 것은 사람들에게 아주 귀한 것이고 선한 자들에게는 축복이지만, 일하는 자에게는 짐이 될 수 있는 것이다.

Ⅲ. 솔로몬이 그의 삶과 수고들에 대하여 이렇게 싫증을 느끼게 된 이유들. 두 가지가 그로 하여금 그런 것들에 싫증을 느끼게 만들었다.

1. 그의 일은 그 자신에게 너무나 큰 고역이었다는 것. 그가 해 아래에서 해왔던 일이 그에게 괴로움이었다(17절). 자기 일을 늘 생각하고 염려하며, 끊임없이 마음을 쓰고 애를 쓰는 것은 특히 나이가 들어가자 그에게 큰 부담이자 피곤한 것이었다. 그것은 우리가 일해야 하는 대상에 대한 하나님의 저주의 결과이다. 우리가 일하는 것은 여호와께서 땅을 저주하시므로 우리가 수고롭게 일하는 것이고(창 5:29), 우리의 얼굴에 땀을 흘려야 먹을 수 있게 된 것은 우리에게 저주가 선고되어서 우리의 일하는 능력이 약해졌기 때문이라고 성경에서는 말한다. 우리의 수고는 우리의 마음에 애쓰는 것, 우리의 마음을 괴롭게 하는 것이다(22절). 편안한 것을 좋아하는 것은 우리에게 자연스러운 일이기 때문에, 우리의 일과 수고는 대체로 우리가 억지로 하는 것이다. 일이 많은 사람은 나가서나 들어와서나 온통 근심뿐이다(23절).

(1) 그는 낮에도 즐거움이 없다는 것. 왜냐하면, 그의 모든 날들은 슬픈 날들일 뿐만 아니라 슬픔 자체일 정도로, 그의 일평생에 근심과 슬픔이 무수히 많

다. 그가 하루 종일 근심하며 수고하는 것이 슬픔뿐이다. 일이 많은 자들은 종종 그들에게 괴로움이나 화나 슬픔을 가져다 주는 것들을 만난다. 초조해하기 쉬운 자들은 이 세상에서 일을 많이 하면 할수록 그들을 초조하게 만드는 일이 더 많아진다는 것을 발견한다. 세상은 그 세상에서 많은 것들을 얻는 자들에게조차도 눈물 골짜기이다. 수고하는 자들은 무거운 짐을 진 자들이다. 그래서 그리스도께서는 그에게로 와서 쉬라고 그들을 초청하신다(마 11:28).

(2) 그는 밤에도 편히 쉴 수 없다는 것. 그는 하루의 바쁜 일과를 다 끝내고 나서, 베개에 머리를 누일 때에 편히 쉴 수 있기를 바라지만, 거기에서도 실망하게 된다. 염려들이 그로 하여금 눈을 붙이지 못하게 하거나, 잠을 잔다고 하여도 그의 마음이 깨어 있어서 밤에도 쉬지 못하기 때문이다. 이 세상의 고된 일들을 하느라 죽을 지경이면서도 하나님을 자신의 안식처로 삼지 않는 자들은 얼마나 어리석은 우매자들인가. 그런 자들은 낮이나 밤이나 항상 마음이 편치 못하고 불안할 수밖에 없다. 따라서, 이 모든 일을 살펴볼 때, 그 모든 것이 다 헛되다(17절). 그것은 헛되고(19절), 헛된 것이며 큰 악이다(21절). 그것은 하나님에 대한 큰 모독이고, 그들 자신에게 큰 해악이기 때문에, 큰 악이다. 하나님이 우리에게 주신 최고의 복이 결코 아닌 이 세상의 것들을 얻으려고 일찍이 일어나고 늦게 눕는 것은 헛된 일이다.

2. 그가 일하여 얻은 것들은 모두 다른 사람들에게 넘어갈 수밖에 없다는 것. 뭔가 이익을 얻을 수 있다는 기대는 행동의 원천이고 근면함의 원동력이다. 사람들은 뭔가를 얻을 수 있다는 희망이 있기 때문에 수고하고 일한다. 희망이 없다면, 수고하는 것도 시들해진다. 솔로몬은 그가 한 온갖 대단한 일들이 그에게 별 유익을 가져다 주지 못하는 것을 보고서, 그 일들에 대하여 시들해졌다.

(1) 그는 그것들을 남겨두고 떠나야 한다는 것. 그는 죽을 때에 그것들의 전부 또는 일부를 가지고 떠날 수도 없고, 다시 그것들에게로 되돌아올 수도 없으며(욥 7:10), 그것들에 대한 기억이 그에게 어떤 유익을 가져다 주지도 못할 것이다(눅 16:25). 나는 내 뒤에 오게 될 이, 사라져 가는 세대가 있던 자리에 새롭게 등장하게 될 세대에게 내가 얻은 모든 것을 남겨 주어야 한다. 우리 앞에 많은 사람들이 있어서, 그들이 지은 집들에 우리가 살고, 그들이 수고하여 얻은 것들을 우리가 물려받은 것과 마찬가지로, 우리 뒤에도 많은 사람들이 등

장해서, 우리가 지은 집들에서 살고, 우리가 수고하여 얻은 것들의 열매를 누리게 될 것이다. 이 땅이 상속자가 없어서 버려진 일은 결코 없었다. 이러한 것은 은혜가 있는 영혼에게는 전혀 마음이 불편한 일이 아니다. 다음 세대들이 와서 이 세상의 것들을 누리게 된 것을 우리가 불평할 이유가 어디에 있겠는가. 아니, 우리가 가고 난 후에, 우리 뒤에 온 사람들이 우리의 지혜와 수고 때문에 더 잘 살게 된다면, 그것은 우리가 기뻐해야 할 일이 아닌가? 그러나 피조물들 속에서 자신의 행복을 구하는 세상적인 사람들에게는 그들이 고생해서 모은 피 같은 재산을 누군지도 모르는 자들에게 남기고 떠나야 한다는 것은 정말 분하고 원통한 일이 아닐 수 없는 것이다.

(2) 그는 그것들을 위하여 조금도 수고하지 않은 자들에게 그것들을 넘겨주고 떠나야 한다는 것. 그는 그의 지혜와 지식과 재주를 다하여 수고함으로써 재산을 모았다. 그러나 그 재산을 누리고 쓰는 자는 그 재산을 위하여 전혀 수고하지 아니한 자일 뿐만 아니라(21절), 그 재산을 넘겨 받은 후에는 수고하고자 하지도 않을 그런 자이다. 꿀벌은 수벌을 먹여 살리느라고 애를 쓰지만, 그것은 수벌에게 덫이 된다. 재산을 물려받은 자는 그의 몫으로 받은 것을 의지해서 그것을 축내며 살아가는 비참한 신세가 된다. 그가 이렇게 쉽게 많은 재산을 얻게 되지 않았다면, 그가 부지런히 일하고 신앙심 깊은 자가 되었을지 누가 알겠는가? 그러나 우리는 이것에 대하여 혼란스러워하지 말아야 한다. 왜냐하면, 우리가 정직하게 얻은 재산이 그 재산을 좋은 일에 잘 쓸 수 있는 자에게 돌아갈지도 모르는 일이기 때문이다.

(3) 그는 그의 재산이 누구에게 넘어가게 될지도 모른다는 것. 왜냐하면, 상속자를 정하시는 것은 하나님이시기 때문이다. 또는, 그는 적어도 그의 재산을 물려받은 자가 장차 어떤 자가 될지, 즉 그의 재산을 더 불려줄 지혜자일지, 그의 재산을 다 말아먹을 우매자일지를 알지 못한다. 그런데도 내가 해 아래에서 내 지혜를 다하여 수고한 모든 결과를 그가 다 관리할 것이고, 내가 지혜롭게 행한 모든 일을 어리석게 무효화시켜 버릴 것이다. 솔로몬은 그의 아들 르호보암이 그런 자가 될지도 모른다는 불길한 예감을 느끼면서 이 글을 썼을 것이다. 히에로니무스(Jerome)는 이 구절에 대한 그의 해설에서 이것을 솔로몬이 쓴 훌륭한 책들에 적용해서, 솔로몬은 자기의 지혜를 다 쏟아서 그 책들을 썼지만, 그 책들이 우매자의 손에 들어가서, 그 우매자가 그의 굽은 마음을 따라서 이

훌륭한 책들을 악용하게 될지도 모른다고 생각했던 것이라고 말한다. 그래서 이 일 전체에 대해서 솔로몬은 **사람이 행하는 모든 수고가 무슨 소득이 있으랴**(22절)고 반문한다. 그것들은 영원히 그의 것이 되거나 그가 다 쓸 것도 아니지 않는가? 그것들은 그가 다른 세상으로 갈 때에 가지고 갈 수 있는 것도 아니지 않는가?

Ⅳ. 이 세상의 재물을 가장 잘 사용하는 것은 그것을 즐거운 마음으로 사용하고, 그 재물에서 위로를 얻으며, 그 재물로 선한 일을 하는 것이라는 것. 솔로몬은 이것을 말하는 것으로 이 장을 끝낸다(24-26절). 이러한 일들 속에서 참된 행복을 얻는 것은 불가능하다. 그것들은 헛된 것들이기 때문에, 만약 그것들로부터 행복을 기대한 사람은 실망감으로 인해서 **그 마음이 괴롭게** 될 것이다. 그러나 솔로몬은 그가 재물과 관련해서 지금까지 말했던 심기를 불편하게 하는 것들을 피해서 재물을 가장 잘 활용할 수 있는 길을 우리에게 제시한다. 우리는 더 많이 갖고자 지나치게 고생함으로써 우리가 지금 가지고 있는 것들로 인한 위로를 우리에게서 박탈해서도 안 되고, 우리 뒤에 올 자들에게 많은 것을 남겨주기 위해서 지나치게 장래를 위하여 축적하느라고 우리가 지금 가지고 있는 것을 우리 자신이 누릴 기회를 상실해서도 안 되며, 도리어 우리가 지금 가지고 있는 것들을 우리 자신이 누리는 것을 우선적으로 생각하여야 한다. 좀더 살펴보자.

1. 솔로몬이 여기에서 우리에게 권하는 좋은 것은 무엇인가. 우리가 이 세상의 일과 소득으로부터 기대하거나 뽑아낼 수 있는 최대한의 즐거움과 유익은 무엇이고, 그것들을 그 무상함과 그 속에 들어 있는 괴로움으로부터 건져내기 위해서 우리가 할 수 있는 최선은 무엇인가?

[1] 우리는 재물을 모으거나 불리는 일이 아니라, 어떻게 하면 하나님이 그 재물을 우리에게 주신 목적에 맞게 잘 사용할 수 있는지에 더 마음을 써서, 그 재물로 우리의 본분을 다해야 한다는 것. 이것은 26절에 암시되어 있다: 노아처럼 **하나님이 기뻐하시는** 자들, **하나님을 기뻐하는** 자들만이 이 세상에서 위로를 얻을 수 있다(하나님은 노아에게 **네가 내 앞에 의로움을 내가 보았다고** 말씀하셨다, 창 7:1). 우리는 하나님을 항상 우리 앞에 모시고서, 모든 일에서 부지런히 행하여 하나님의 인정을 받아야 한다. 갈대아 역본에서는 이 본문을 **"사람은 하나님의 계명을 지키고, 하나님 앞에 옳은 길로 행하며, 율법의 말씀을 연구하고, 장차**

임할 큰 심판의 날을 마음에 둠으로써 자기의 영혼으로 하여금 좋은 것을 누리게 하여야 한다"고 의역하고 있다.

(2) 우리는 그것들이 주는 위로를 누려야 한다는 것. 그러한 것들은 우리의 영혼을 행복하게 해주지 못한다. 우리가 그것들로부터 얻을 수 있는 모든 좋은 것들은 다 육신을 위한 것인데, 그것들을 육신을 적절하게 유지하는 데에 사용해서, 그 덕분에 우리의 영혼이 하나님을 섬기는 데에 적절한 상태를 갖출 수 있다면, 그것은 우리가 그것들을 유익하게 잘 사용한 것이 된다. 그러므로 사람이 그의 지위와 처지에 따라서 그것들을 건전하고 즐겁게 사용해서, 자기 자신과 그의 가족과 친구들을 그것들로 먹고 마시게 하여, 그의 감각들을 즐겁게 하고, 그의 영혼으로 하여금 좋은 것을 누리게 하는 것이 그것들로부터 얻을 수 있는 좋은 것의 전부이기 때문에, 그것들은 그렇게 사용하는 것이 사람에게 가장 낫다. 그것들이 줄 수도 없는 좋은 것을 추구하느라고 그것들이 줄 수 있는 좋은 것을 상실하는 어리석음을 범하지 말라. 그러나 솔로몬은 우리에게 일을 하지 말고 그냥 편히 먹고 마시라고 말하지 않는다는 것을 주목하라. 우리는 우리가 수고한 것으로 좋은 것을 누려야 한다. 우리는 솔로몬이 지금까지 말한 것들을 우리가 세상의 일을 피하거나 게을리하는 핑곗거리로 삼지 말고, 도리어 세상의 일을 더 부지런히 즐거운 마음으로 행하는 계기로 삼아야 한다.

(3) 우리는 이렇게 하신 것이 하나님이시라는 것을 인정하여야 한다는 것. 우리는 이것이 하나님의 손에서 나오는 것임을 알아야 한다.

[1] 우리가 누리는 좋은 것들은 하나님의 창조의 능력의 산물들일 뿐만 아니라, 하나님이 섭리를 통해서 우리에게 후히 베풀어 주시는 선물들이라는 것. 우리가 그것들을 아버지이신 하나님의 손으로부터 받을 때, 하나님의 지혜가 우리에게 가장 알맞은 것을 주시는 것을 우리가 보고서, 묵묵히 그것들에 순종하고, 하나님의 사랑과 선하심을 맛보는 가운데에 그것들을 누리며, 그것들을 주신 것에 대하여 감사할 때, 그것들은 우리에게 진정으로 즐겁고 기쁜 것들이 된다.

[2] 그것들을 누리는 마음도 하나님의 손에서 나오는 것이라는 것. 이것은 하나님의 은혜의 선물이다. 하나님이 그의 섭리 가운데서 우리에게 수여하신 것들을 올바르게 사용할 수 있는 지혜와 마음의 평안을 우리에게 주셔서, 우리가 세상의 좋은 일들 속에서 하나님의 은총을 분별할 수 있게 하지 않으신다

면, 우리의 영혼은 그것들 속에서 그 어떤 좋은 것도 누릴 수 없을 것이다.

2. 왜 우리는 이 세상과 관련해서 우리 자신을 관리할 때에 이 점을 염두에 두고, 그것을 위하여 하나님을 바라보아야 하는가.

(1) 이것은 솔로몬이 그의 모든 소유를 가지고서 해본 결과가 그런 것이었기 때문이다(25절). "이런 일을 누가 나보다 더 해 보았으랴. 이것이 내가 바랐던 것이고, 나는 더 이상을 바라지 않았다. 내가 가지고 있는 것에 비해서 아주 조금 가지고 있는 자들도 이런 결론, 즉 그들이 가지고 있는 것으로 만족하고 그것이 주는 좋은 것을 누리는 것이야말로 최고의 지혜라는 결론에 얼마든지 도달할 수 있다." 그러나 하나님의 특별한 은혜가 아니었다면, 솔로몬은 스스로의 지혜로 그러한 결론에 도달할 수 없었을 것이다. 그러므로 우리는 하나님의 손으로부터 그것이 주어지기를 기대하고서, 그것을 위하여 하나님께 기도하여야 한다.

(2) 이것은 재물이라는 것이 그 재물을 선하게 사용할 마음을 가지고 있느냐 없느냐에 따라서 어떤 사람에게는 복이 되고 어떤 사람에게는 저주가 되기 때문이다.

[1] 하나님은 선한 자에게 재물을 상으로 주실 때에는 그가 그 재물을 스스로 즐겁게 누림과 동시에 다른 사람들에게 기쁜 마음으로 나누어 줄 수 있도록 그에게 지혜와 지식과 희락도 주신다. 하나님이 기뻐하시는 자들, 선한 심령을 지니고서 정직하고 진실하며 하나님을 공경하고 모든 사람들을 사랑으로 돌보는 자들에게 하나님은 이 세상에서 지혜와 지식을 주시고, 내세에서 의인들과 함께 하는 희락을 주실 것이다(갈대아 역본은 이렇게 되어 있다). 또는, 하나님은 그들에게 자연적인 일들, 도덕적인 일들, 정치적인 일들, 신령한 일들과 관련된 지혜와 지식을 주실 것이고, 그것은 그들에게 변함없는 희락과 즐거움이 될 것이다.

[2] 하나님은 악한 자들에게 재물을 벌로 주실 때에는 그 재물로 인하여 위로를 얻을 수 있는 마음은 그들에게 주지 않으심으로써 재물이 도리어 그들에게 괴로움과 짐이 되게 하신다. 하나님은 죄인에게 재물을 주실 때에는, 그를 그의 어리석은 생각에 내버려 두심으로써, 그로 하여금 자기 자신에게 무거운 진흙 같은 짐이 될 뿐만 아니라(합 2:6) 장차 그에 대하여 불리하게 증언하여 그의 살을 불 같이 먹을(약 5:3) 재물을 그의 노고를 통하여 모아 쌓게 하신다. 죄

인이 이렇게 고생하며 재물을 모으고 있는 동안에, 하나님은 그의 섭리를 통해서 그 죄인이 모은 재물을 하나님을 기뻐하는 자에게 주실 계획을 세우신다. 왜냐하면, 죄인의 재물은 의인을 위하여 쌓이는 것이고, 가난한 사람을 불쌍히 여기는 자에게 주어지기 위하여 저축되는 것이기 때문이다. 첫째, 자족하는 마음이 있으면 경건은 큰 이익이 된다(딤전 6:6). 하나님이 기뻐하시는 자, 하나님에게서 온 선을 하나님 안에서 지니고 있는 자들만이 참된 희락을 누린다. 둘째, 하나님은 불경건한 자들을 벌하실 때에는 그들에게 흔히 불만족과 그칠 줄 모르는 탐욕을 주신다. 그것들은 죄악들임과 동시에 그들에 대한 벌이다. 셋째, 하나님이 악인들에게 많은 재물을 주시는 것은 그들이 그 재물을 잘 관리하였다가 때가 되면 하나님의 자녀들에게 그 재물을 넘겨주게 하기 위한 것이다. 이것은 가나안 사람들이 좋은 땅을 잘 관리하고 있다가, 때가 되자 이스라엘에게 넘겨준 것과 마찬가지이다.

[3] 이 노래의 요지는 여전히 동일하다. 이것도 헛되고 마음을 괴롭게 하는 것이다. 그것은 선한 자에게조차도 아무리 좋게 얘기해도 헛된 것이다. 죄인이 긁어 모은 모든 것을 선한 자가 다 가진다고 해도, 그것은 다른 무엇인가가 없다면 그를 행복하게 해주지 못한다. 그리고 자기가 고생해서 모은 것을 하나님이 기뻐하시는 자가 누리는 것을 보는 것은 죄인의 마음을 괴롭게 하는 것이다. 그러므로 그것을 어떤 식으로 보든, 결론은 확고하다. 모든 것이 헛되고 마음을 괴롭게 하는 것이다.

제 3 장

개요

솔로몬은 학문과 감각의 즐거움들과 일이 다 헛되다는 것을 보이고, 학자들의 학교에서나 쾌락주의자들의 정원에서나 거래를 하는 곳에서나 행복을 찾을 수 없다는 것을 나타내 보인 후에, 이 장에서는 그의 가르침을 좀 더 추가적으로 증명하고, 다음과 같은 것들을 보임으로써 우리가 하나님이 우리에게 주신 것에 만족하고 기쁜 마음으로 그것을 선용하여야 한다는 결론을 그의 가르침으로부터 이끌어 낸다. I. 인간의 모든 일들은 무상하여 항상 변한다는 것(1-10절). II. 인간의 모든 일들에 대한 하나님의 계획은 변함이 없고, 그 계획은 헤아릴 수 없다는 것(11-15절). III. 세상의 명예와 권세는 헛되다는 것. 사람들이 하나님을 경외하는 가운데 그것들을 사용하지 않으면, 그것들은 압제와 박해를 밑받침하는 데에 악용된다는 것(16절). 교만한 압제자들을 억제하고 그들에게 명예와 권세가 헛되다는 것을 보여주기 위해서 그는 그들에게 다음과 같은 것들을 상기시킨다. 1. 그들은 저 세상에서 그들이 한 일에 대하여 벌을 받게 되리라는 것(17절). 2. 이 세상과 관련해서 그들의 상태는 짐승과 다름이 없다는 것(18-21절). 그러므로 그는 우리가 어떤 권세를 가졌든 그것을 우리 자신의 위로를 위해서 사용하고, 다른 사람들을 압제하는 데에 사용하지 않는 것이 우리의 지혜라고 결론을 짓는다.

[1]범사에 기한이 있고 천하 만사가 다 때가 있나니 [2]날 때가 있고 죽을 때가 있으며
심을 때가 있고 심은 것을 뽑을 때가 있으며 [3]죽일 때가 있고 치료할 때가 있으며
헐 때가 있고 세울 때가 있으며 [4]울 때가 있고 웃을 때가 있으며 슬퍼할 때가 있고
춤출 때가 있으며 [5]돌을 던져 버릴 때가 있고 돌을 거둘 때가 있으며 안을 때가 있
고 안는 일을 멀리 할 때가 있으며 [6]찾을 때가 있고 잃을 때가 있으며 지킬 때가 있
고 버릴 때가 있으며 [7]찢을 때가 있고 꿰맬 때가 있으며 잠잠할 때가 있고 말할 때
가 있으며 [8]사랑할 때가 있고 미워할 때가 있으며 전쟁할 때가 있고 평화할 때가 있
느니라 [9]일하는 자가 그의 수고로 말미암아 무슨 이익이 있으랴 [10]하나님이 인생들
에게 노고를 주사 애쓰게 하신 것을 내가 보았노라

이 단락의 취지는 다음과 같은 것들을 보여주는 것이다.

1. 우리는 변화하는 세상 속에서 살아가고 있고, 시간상의 여러 사건들과 인간의 삶의 형편들은 서로 엄청나게 다르지만 마구잡이로 뒤섞여서 일어나고, 하루와 한 해가 주기적으로 운행되듯이, 우리도 끊임없이 그 사건들과 형편들 사이를 왔다 갔다 한다는 것. 자연의 수레바퀴에서 하나의 바퀴살은 가장 높은 지점에 도달했다가 점점 내려와서 가장 낮은 지점에 도달한다(약 3:6). 밀물과 썰물, 차고 기우는 것이 끊임없이 반복된다. 이 세상의 외형은 한 쪽 극단에서 다른 쪽 극단으로 변하는데, 과거에도 그랬고 장래에도 그럴 것이다.

2. 우리와 관련된 모든 변화, 그리고 그 변화의 때와 시기는 최고의 권세이신 하나님에 의해서 못 고치게 고정되어 있고 결정되어 있다는 것. 우리는 우리에게 일어나는 일들을 그대로 받아들이지 않을 수 없다. 왜냐하면, 우리에게 정해져 있는 것을 바꿀 힘이 우리에게는 없기 때문이다. 이것은 우리가 형통할 때에 평안할 수 있지만 안일해서는 안 되는 이유이다. 우리가 안일해서는 안 되는 것은 우리가 변화하는 세상 속에서 살고, 가장 낮은 계곡이나 가장 높은 산꼭대기가 서로 연이어 있어서, 내일도 오늘 같으리라고 말할 수 없기 때문이고, 그럼에도 불구하고 우리가 평안할 수 있는 것은 솔로몬이 조언한 대로(2:24) 우리가 헛된 희망으로 부풀거나 두려움 때문에 기가 죽지 않고 어떤 일이 일어나더라도 담담히 맞을 수 있는 마음의 평정심을 유지한 채 하나님을 겸손히 의지하는 가운데에 우리가 수고하여 얻은 좋은 것을 누릴 수 있기 때문이다.

I. 솔로몬이 전체의 주제가 되는 명제를 제시함. 범사에 기한이 있다(1절).

1. 일들이 돌고 돌 때에 서로 정반대가 되는 것처럼 보이는 것들도 각각 자신의 차례가 있고, 그 차례가 왔을 때에 활동을 하게 된다는 것. 낮은 밤에게 자리를 내어주고, 밤은 다시 낮에게 자리를 내어준다. 지금이 여름인가? 머지않아 겨울이 올 것이다. 지금이 겨울인가? 잠시만 기다려라. 그러면 여름이 올 것이다. 모든 일은 다 때가 있다. 아무리 맑은 하늘도 머지않아 구름이 낄 것이고(기쁨 뒤에는 슬픔이 온다), 아무리 구름이 많이 낀 하늘도 머지않아 맑게 갤 것이다(해는 구름 뒷편에서 갑자기 솟아오르는 법이다).

2. 우리에게 아주 우연히 일어난 것처럼 보이는 것들도 하나님의 계획과 미리 아심 속에서 정확하게 결정되어 있고, 그 일이 일어날 때도 정확히 정해져

있어서, 한순간이라도 앞당겨지거나 미루어질 수 없다는 것.

II. 솔로몬이 구체적인 예들을 통해서 그 주제를 증명하고 예시함. 그는 달이 찼다가 기우는 한 주기를 이루는 날수를 따라 28가지의 예를 든다. 이 변화들 중에서 일부는 순전히 하나님이 하시는 일들이고, 일부는 사람의 의지에 더 많이 달려 있는 일들이지만, 이 모든 것은 하나님의 계획에 의해서 결정되어 있다. 하늘 아래에서 모든 일은 이렇게 변화를 겪지만, 하늘에서는 변하는 것이 없고, 하늘 아래에서 일어나는 일들에 대한 계획도 변함이 없다.

1. 날 때가 있고 죽을 때가 있다는 것. 이것들은 하나님의 계획에 의해서 결정된다. 우리는 정해진 때에 태어났듯이, 정해진 때에 죽어야 한다(행 17:26). 어떤 이들은 여기에 날 때와 죽을 때만 나오고, 살 때는 나오지 않는다는 점을 지적한다. 살 때는 너무나 짧아서 언급할 가치조차 없다는 것이다. 우리는 태어나자마자 죽기 시작한다. 그러나 날 때와 죽을 때가 있듯이, 다시 부활할 때, 하나님이 무덤에 누워 있는 자들을 다시 기억하시고 일으키시기로 정하신 때가 있다(욥 14:13).

2. 하나님이 나라를 심을 때가 있고, 그렇게 하기 위해서 거기에 이미 있던 나라를 뽑을 때가 있다는 것. 하나님은 이스라엘을 가나안 땅에 심으시기 위해서 그 공간을 마련하려고 그 땅에 있던 일곱 나라들을 뽑으셨다. 그리고 하나님이 이스라엘에 대해서도 그들의 죄악의 분량이 다 찼을 때에 마침내 그들을 뽑고 멸할 때가 왔다는 것을 말씀하셨다(렘 18:7, 9). 일년 중에도 심을 때가 있고, 이미 심은 것이 열매를 맺지 못하여 아무 쓸모가 없게 되었을 때는 그것을 뽑을 때이다.

3. 죽일 때와 치료할 때가 있다는 것. 하나님의 심판이 어느 땅을 휩쓸어서 모든 것을 황폐화시킬 때는 죽일 때이지만, 하나님이 다시 긍휼을 베푸시는 때는 그가 찢으신 것을 치료하시는 때이고(호 6:1-2), 그가 그들을 괴롭게 하신 때 이후에 그들을 위로하시는 때이다(시 90:15). 가혹한 방법들을 사용하는 것이 통치자들의 지혜일 때가 있고, 부식제가 아니라 완화제를 써서 좀 더 온건한 조치를 취하는 것이 그들의 지혜일 때가 있다.

4. 헐 때와 세울 때가 있다는 것. 어느 가문이나 건물이나 나라가 멸망할 때가 무르익었다면, 그 때는 그것을 헐 때이다. 그러나 그들이 돌아와서 회개한다면, 하나님은 그들에게 그가 헌 것을 다시 세울 때를 주실 것이다. 여호와께서

시온을 세울 정한 때가 있다(시 102:13, 16). 사람들이 집을 부수고 교역을 단절하여 헐 때가 있는데, 이 둘을 세우는 일에 바쁜 자들은 그 때를 예상하고 대비하여야 한다.

5. 울 때와 웃을 때가 있다는 것. 많은 사람들에게 재앙과 위험이 있을 때와 같이 하나님의 섭리가 울며 슬퍼하라고 부르시고, 사람들이 지혜롭게 은혜 가운데에서 그 부르심에 응답하여 울며 슬퍼할 때에 웃고 춤추며 즐거워하는 것은 정말 어처구니없는 일이다(사 22:12-13; 겔 21:10). 그러나 다른 한편으로는 하나님이 즐거워하라고 부르실 때는 우리가 웃고 춤출 때인데, 그 때에 하나님은 우리가 기쁘고 즐거운 마음으로 그를 섬기기를 바라신다. 울 때와 슬퍼할 때가 웃을 때와 춤출 때보다 먼저 나오는 것을 주목하라. 왜냐하면, 우리는 먼저 눈물로 씨를 뿌린 후에야 기쁨으로 거둘 수 있기 때문이다.

6. 돌을 던져 버릴 때와 돌을 거둘 때가 있다는 것. 하나님이 변방에 평화를 주셔서 요새들이 더 이상 필요하지 않게 되었을 때는 그 요새들을 허물어서 돌을 던져 버릴 때이다. 그러나 요새들을 만들기 위해서 돌을 거둘 때도 있다(5절). 실로암 망대의 경우처럼(눅 13:4) 오래된 망대들이 무너지고, 성전 자체도 돌 위에 돌 하나도 남지 않을 정도로 파괴될 때가 있는 반면에, 나라가 형통하여 망대들과 승전비들을 세워야 할 때도 있다.

7. 안을 때와 안는 일을 멀리 할 때가 있다는 것. 친구가 신실하다는 것을 우리가 발견했을 때는 친구를 안을 때이지만, 친구가 부당하거나 신실하지 못하게 행하였을 때나 우리가 친구를 의심할 만한 이유가 있을 때는 친구를 안는 일을 멀리 할 때이다. 그 때에는 그 친구와 거리를 두는 것이 슬기로운 일이다. 또한, 이 본문은 통상적으로 부부 관계에 적용되고 설명된다(고전 7:3-5; 욜 2:16).

8. 찾을 때(또는, 얻을 때)와 잃을 때가 있다는 것. 지혜로운 자가 찾는 때, 즉 돈을 벌고 승진을 하며 좋은 거래를 하여 이익을 얻는 때, 기회가 웃어 주는 때가 있다. 그가 세상에서 승승장구하며 그의 가문이 번성하고, 전성기를 맞이해서 하는 일마다 형통하는 때는 그가 바삐 움직여서 해가 비치는 동안에 건초를 만들어야 할 때이다. 그가 그의 손에 쥐고 있는 것이 있는 때는 지혜와 지식과 은혜를 얻을 때이다. 그러나 그 때에 그는 그의 손에 쥐고 있는 것이 충분하지 않아서 사용해야 할 때가 오게 될 것을 예상하여야 한다. 아니, 속히 얻은 것이 오래 붙어 있지 못하고 속히 흩어져서 잃을 때가 올 것이다.

9. 지킬 때와 버릴 때가 있다는 것. 우리가 얻은 것을 쓸 용도가 정해져 있어서, 선한 양심의 가책 없이도 그것을 간직해 두고 지킬 수 있는 때는 지킬 때이다. 그러나 우리가 하나님을 사랑하기 때문에 우리가 가진 것을 내놓아야 하는 버릴 때가 올 것이다. 그런 때에 우리가 우리의 소유를 그대로 간직하고 지킨다면, 그것은 우리가 그리스도를 부인하고 우리의 양심을 해치는 것이기 때문에(마 10:37-38), 우리의 믿음의 파산을 불러올 것이다. 아니, 요나가 탄 배의 선원들이 그들의 화물을 바다 속으로 던졌듯이, 우리가 우리 자신을 사랑하기 때문에, 또는 우리의 목숨을 건지기 위해서 우리의 소유를 버려야 할 때가 있다.

10. 찢을 때와 꿰맬 때가 있다는 것. 어떤 큰 슬픔이 있는 때는 옷을 찢을 때이고, 그 슬픔이 지나간 때는 옷을 다시 꿰맬 때이다. 우리가 한 일을 취소해야 할 때가 있고, 우리가 취소한 일을 다시 해야 할 때가 있다. 히에로니무스(Jerome)는 이것을 유대 교회가 찢어진 것과 복음 교회가 생겨나서 다시 꿰매진 것에 적용한다.

11. 잠잠할 때와 말할 때가 있다는 것. 시절이 악한 때일 때(암 5:13), 또는 우리가 말하는 것이 돼지에게 진주를 던지는 것이 되는 때, 또는 우리가 잘못 말할 위험이 있는 때(시 39:2)는 침묵을 지키는 것이 우리에게 지혜이자 본분이 되는 잠잠할 때이다. 그러나 하나님께 영광을 돌리고 다른 사람들의 덕을 세우기 위하여 말할 때가 있다. 또한, 침묵하는 것이 의(義)를 배신하는 것이 되는 때나 입으로 고백하여 구원에 이르러야 하는 때는 말할 때이다. 말할 때와 침묵을 지킬 때를 아는 것은 그리스도인들의 지혜의 큰 부분이다.

12. 사랑할 때와 미워할 때가 있다는 것. 친근하게 대하고, 자유롭고 즐겁게 행하며, 사랑할 때가 있는데, 그 때는 즐거운 때이다. 그러나 우리가 좋아하던 사람들과 모든 친밀함을 끊을 이유가 생기거나 사랑의 관계를 유보할 만한 어떤 의심스러운 일이 있는 때는 미워할 때이다.

13. 전쟁할 때와 평화할 때가 있다는 것. 하나님이 심판의 칼을 빼드시고서 그 칼에게 사람들을 삼킬 사명을 주신 때, 또는 사람들이 그들의 권리를 지키기 위해서 정의의 칼을 빼든 때, 또는 나라들 사이에 전쟁의 기운이 무르익은 때는 전쟁할 때이다. 그러나 여호와께서 심판의 칼을 다시 칼집에 넣으셔서, 전쟁을 쉬게 하신 때(시 46:9), 또는 전쟁이 끝났거나 사방에 평화의 기운이 무르익은 때는 평화할 때이다. 이 세상에서는 영원히 계속되는 전쟁도 없고, 그 어

떤 평화도 영원한 평화라 불리지 못한다. 하나님은 우리 중에서 기쁜 자들은 기쁘지 않은 자 같이 하며 우는 자들은 울지 않는 자 같이 하게 하기 위하여, 이 모든 변화들 속에서 상반되는 두 가지가 번갈아 일어나게 만들어 놓으셨다.

III. 이러한 고찰로부터 끌어내진 결론들.

1. 현세에서의 우리의 삶은 그러한 변화에 종속되어 있기 때문에, 우리는 이 세상에서 우리의 분깃을 기대해서는 안 된다는 것. 왜냐하면, 세상의 좋은 것들은 언제 어떻게 될지 불확실하고 무상하기 때문이다(9절). 일하는 자가 무슨 이익이 있으랴. 머지않아 완전한 것이 올 때에 우리가 지금 심고 세운 것이 다 뽑히고 헐릴 것이 뻔한데, 우리가 지금 여기에서 심고 세운 것에서 무엇을 기대할 수 있겠는가? 우리가 아무리 수고하고 염려하여도, 만물이 무상하다는 것과 만물에 대한 하나님의 계획이 변하지 않는다는 것은 바뀌지 않는다.

2. 우리는 우리가 이 세상에서 훈련받고 실습하고 있는 것으로 보아야 한다는 것. 사실 우리가 수고로 말미암아 이익을 얻는 것이 없다. 이 세상의 것은 우리가 그것을 가졌다고 해도 그 자체로는 우리에게 별 이익이 되지 못한다. 그러나 우리가 이 세상의 것들에 대한 하나님의 섭리를 올바르게 잘 활용한다면, 거기에는 유익이 있을 것이다(10절). 하나님이 인생들에게 노고를 주사 그것을 통해서 행복을 얻게 하신 것이 아니라 애쓰게 하신 것을 내가 보았노라. 하나님은 여러 가지 일들을 통해서 다양한 은혜들을 주시고, 온갖 변화를 통해서 과연 사람들이 하나님을 의지하는지를 시험하시며, 풍부에 처할 줄도 알고 궁핍에 처할 줄도 알도록 가르치고 훈련시키신다(빌 4:12).

(1) 사람들 가운데는 많은 고생과 괴로움이 있어서, 노고와 슬픔이 온 세상을 가득 채우고 있다.

(2) 이 고생과 괴로움은 하나님이 우리에게 정해 주신 것이다. 하나님은 이 세상을 우리의 안식처로 주신 것이 아니기 때문에, 우리가 이 세상 속에서 편안하게 살도록 정하신 것이 결코 아니다.

(3) 고생과 괴로움은 많은 사람들에게 하나님이 주시는 선물이다. 의사가 환자에게 약을 주는 것과 마찬가지로, 하나님이 사람들에게 고생과 괴로움을 주시는 것은 그들을 유익하게 하기 위한 것이다. 이 노고는 우리로 하여금 세상에 대하여 질리게 만들고 아직 남아 있는 안식을 소망하게 하기 위하여 우리에게 주어지는 것이고, 우리로 하여금 항상 움직이게 하고 늘 할 일이 있게 하

기 위하여 우리에게 주어지는 것이다. 왜냐하면, 하나님은 우리를 빈둥거리며 살라고 이 세상에 보내신 것이 아니기 때문이다. 모든 변화, 즉 우리에게 일어나는 모든 일들은 우리가 어떤 새로운 일을 하는 데에 적합하도록 우리를 준비시키기 위한 것이다. 따라서, 우리는 우리에게 일어나는 사건들 자체가 아니라, 우리가 해야 할 새 일에 관심을 가져야 한다.

**[11]하나님이 모든 것을 지으시되 때를 따라 아름답게 하셨고 또 사람들에게는 영원
을 사모하는 마음을 주셨느니라 그러나 하나님이 하시는 일의 시종을 사람으로 측
량할 수 없게 하셨도다 [12]사람들이 사는 동안에 기뻐하며 선을 행하는 것보다 더 나
은 것이 없는 줄을 내가 알았고 [13]사람마다 먹고 마시는 것과 수고함으로 낙을 누리
는 그것이 하나님의 선물인 줄도 또한 알았도다 [14]하나님께서 행하시는 모든 것은
영원히 있을 것이라 그 위에 더 할 수도 없고 그것에서 덜 할 수도 없나니 하나님
이 이같이 행하심은 사람들이 그의 앞에서 경외하게 하려 하심인 줄을 내가 알았
도다 [15]이제 있는 것이 옛적에 있었고 장래에 있을 것도 옛적에 있었나니 하나님은
이미 지난 것을 다시 찾으시느니라**

우리는 이 세상이 얼마나 변화무쌍하고 무상한지를 앞에서 보았기 때문에, 세상이 다른 사람들에게는 몰라도 적어도 우리에게는 확실하고 변함이 없을 것이라고 기대해서는 안 된다. 솔로몬은 여기에서 이제 이 모든 변화들 속에 하나님의 손길이 존재함을 보여준다. 이 세상의 모든 피조물들은 하나님이 시키시는 대로 우리를 대하기 때문에, 우리가 항상 바라보아야 하는 것은 피조물들이 아니라 하나님이다.

I. 우리는 현재의 위치에서 최선을 다하고, 그것이 현재에 있어서 최선의 것이라고 믿으며, 거기에 순응하여야 한다는 것. 하나님이 모든 것을 지으시되 때를 따라 아름답게 하셨다(11절). 그러므로 어떤 것의 때가 지속되는 동안에는 우리가 그것에 순응하지 않으면 안 된다. 아니, 우리는 그것의 아름다움을 기뻐해야 한다.

1. 모든 것은 하나님이 지으신 모습대로 존재한다는 것. 모든 것은 하나님이 정하신 모습으로 있는 것이지, 우리에게 보이는 모습으로 있는 것이 아니다.

2. 우리에게 가장 혐오스럽게 보이는 것도 그것이 있어야 할 적절한 때에 있어서는 극히 아름답다. 더위는 여름에 아름답고, 추위는 겨울에 아름답다. 낮은 밝아서 아름답고, 밤은 어두워서 아름답다.

3. 하나님의 섭리 자체와 그 섭리에 의한 모든 일들 속에는 놀라운 조화가 존재하기 때문에, 우리가 섭리의 사건들을 그 상호 관계와 경향들, 각 사건이 일어나는 시기들을 함께 종합적으로 살펴보면, 그 사건들은 매우 아름다워서, 하나님께 영광이 되고 하나님을 의뢰하는 자들에게는 위로가 된다는 것. 우리가 지금은 하나님의 섭리의 완전한 아름다움을 다 보지는 못하지만, 하나님의 신비가 온전히 드러나는 때가 되면, 그것을 볼 것이고, 그것은 영광스러운 광경이 될 것이다. 그 때가 되면, 만물은 각각 가장 적절한 때의 모습으로 나타날 것이고, 그것은 영원의 경이로운 모습을 보여주게 될 것이다(신 32:4; 겔 1:18).

Ⅱ. 우리는 하나님이 하시는 일의 시종을 측량할 수 없다는 것을 인정하고서, 복잡하고 뭔가 뭔지 잘 모르겠는 일이 있거든, 그 일이 온전히 드러나는 때를 인내로써 기다려야 하고, 그 때가 오기 전에는 아무것도 판단해서는 안 된다는 것. 우리는 하나님이 모든 것을 아름답게 지으셨다는 것을 믿어야 한다. 창조 때에 모든 것이 아름답게 지음을 받은 것처럼, 섭리 속에서도 모든 것이 아름답다는 것을 우리는 종말이 오면 알게 될 것이지만, 종말이 오기 전까지는 우리는 그것을 제대로 판단할 수 있는 자들이 아니다. 이것은 우리가 그려지고 있는 그림이나 짓고 있는 집의 아름다움을 제대로 알 수 없는 것과 마찬가지이다. 그러나 화가나 건축자가 그림이나 집을 완성시켰을 때, 그것들의 완전한 아름다움이 비로소 드러나게 될 것이다. 우리는 하나님이 하시는 일들의 처음을 본 것도 아니고(만약 그랬다면, 우리는 하나님의 계획이 얼마나 기가 막힌 것인지를 볼 수 있었을 것이다), 완성된 것을 보는 것도 아니며(만약 그런 것이라면, 우리는 그 일들이 얼마나 영광스러운 것인지를 볼 수 있을 것이다), 단지 그 중간을 보고 있을 뿐이기 때문에, 휘장이 찢겨질 때까지 기다려야 하고, 하나님이 일을 진행해 가시는 경과를 비난하거나 판단해서는 안 된다. 감추어진 일은 우리에게 속한 것이 아니다(신 29:29). 이 본문에서 "사람들에게는 영원을 사모하는 마음을 주셨느니라"로 번역된 부분은 여러 가지로 해석된다.

1. 어떤 이들은 이것을 우리가 하나님이 하신 일들에 대하여 지금보다 더 잘 알 수 있는 이유를 설명해 주는 것이라고 본다(펨블 목사). "하나님은 만물

에 의롭고 공평하며 아름다운 질서를 부여하시고서 그 증인을 남겨두지 않으신 것이 아니라, 세상이라는 책 속에 그것을 기록하셔서, 누구나 세상을 보면 그것을 알 수 있게 하시고, 사람들의 마음속에는 인간의 역사와 더불어서 자연의 역사도 상당한 정도로 깨닫고 이해할 수 있는 능력을 주시고 그렇게 하고자 하는 소원도 주셨기 때문에, 사람들은 만물을 치밀하게 관찰하기만 한다면, 그 속에서 놀라운 질서와 계획을 감지할 수 있다."

2. 어떤 이들은 이것을 우리가 하나님이 하신 일들을 잘 모르게 된 이유를 설명해 주는 것이라고 본다(레이놀즈 주교). "우리의 마음속에는 세상이 아주 많이 들어와 있고, 우리는 세상적인 것들에 대한 생각과 염려에 붙잡혀 있으며, 그것들에 눌려서 너무나 고생하고 있기 때문에, 만물 속에서 하나님의 손길을 바라볼 수 있는 여유가 없다." 세상은 우리의 마음을 장악했을 뿐만 아니라, 우리의 마음속에 편견들을 심어 주어서 하나님이 하신 일들의 아름다움을 볼 수 없게 만들었다.

Ⅲ. 우리는 이 세상에서 우리에게 주어진 운명에 만족하고, 우리에 대한 하나님의 뜻에 기쁜 마음으로 순종하며, 그것을 받아들여야 한다는 것. 이 세상의 것들 속에는 확실하고 영원한 선(善)이 없다. 우리는 여기에서 우리가 세상의 것들을 어떻게 하는 것이 선을 이루는 것인지에 대해서 듣는다(12-13절).

1. 우리는 세상의 것들을 다른 사람들의 유익을 위하여 선하게 사용하여야 한다는 것. 그것들 속에 있는 유일한 선은 그것들을 우리의 가족이나 이웃이나 가난한 자들이나 많은 사람들을 위하여 세속적으로나 신앙적으로 유익이 되게 사용함으로써 선을 행하는 것뿐이다. 우리가 존재하는 것 자체, 우리의 능력, 우리에게 있는 재산은 어떤 식으로든 우리 세대를 섬기라고 있는 것이 아니면 무엇이겠는가? 우리가 우리 자신을 위하여 태어났다고 생각한다면, 그것은 오산이다. 결코 그렇지 않다. 우리는 선을 행하기 위해서 태어났고, 선을 행하는 것이야말로 우리의 일이다. 선을 행하는 것 속에 지극히 참된 즐거움이 있고, 선을 행하는 데에 투자하는 것이 최고의 투자이고, 장차 큰 이익으로 돌아올 투자가 될 것이다. 우리가 선을 행하여야 하는 것은 이 짧고 불확실한 우리의 일생, 즉 우리가 사는 동안에만 가능한 일이라는 것을 명심하라. 우리가 선을 행할 수 있는 시간은 아주 짧기 때문에, 우리는 시간을 아끼지 않으면 안 된다. 우리는 이 짧은 현세의 삶 속에서 우리의 내세에서의 삶을 준비하고 훈련한다.

우리 각 사람의 삶은 각자의 영원의 삶을 준비하는 일을 할 기회로 주어진 것이다.

2. 우리는 세상의 것들을 우리 자신의 위로를 위하여 사용하여야 한다는 것. 우리가 수고하여 얻은 좋은 것은 하나님의 선물이기 때문에, 우리는 그것을 즐거워하고 그것으로 낙을 누리며, 거기에서 하나님의 사랑을 맛보고, 하나님께 감사하며, 하나님을 우리의 즐거움의 중심으로 삼아야 한다. 또한, 우리는 하나님께 영광을 돌리며 먹고 마시며, 모든 것이 풍족한 가운데에 기쁨과 즐거운 마음으로 하나님을 섬겨야 한다(신 28:47). 이 세상의 모든 것들은 아주 불확실하기 때문에, 장래를 위하여 모든 것을 쌓아두기 위해서 현재에 있어서 지나치게 인색하고 아끼는 것은 어리석은 일이다. 우리가 지금 가지고 있는 것으로 즐겁고 유익하게 살아가고, 내일 일은 내일이 염려하게 하여야 한다. 그렇게 할 수 있는 은혜와 지혜는 하나님의 선물이고, 그것은 하나님의 풍성하신 섭리에 의해 주어진 선물들에 관을 씌우는 선한 선물이다.

Ⅳ. 우리는 사적인 일이든 공적인 일이든 하나님의 섭리에 의한 모든 처분들에 온전히 만족하고, 그것들을 마음으로 받아들여야 한다는 것. 왜냐하면, 하나님은 모든 일 가운데서 우리에게 정하신 일을 하고 계시는 것이고, 하나님의 뜻과 계획을 따라 행하시는 것이기 때문이다. 여기에서는 우리에게 다음과 같은 것들을 말해준다.

1. 하나님의 계획은 바뀔 수 없기 때문에, 그 계획에 순종해서 어쩔 수 없는 일들을 최선을 다해 선용하는 것이 우리의 지혜라는 것. 모든 것은 하나님의 뜻대로 된다. 하나님께서 행하시는 모든 것은 영원히 있을(14절) 것임을 나는 안다(하나님에 대하여 조금이라도 아는 자들은 이것을 안다). 그는 뜻이 일정하시니 누가 능히 돌이키랴 그의 마음에 하고자 하시는 것이면 그것을 행하신다(욥 23:13). 하나님의 조치들은 결코 중단되는 일이 없고, 하나님은 기존의 계획을 포기하고 새로운 계획을 세우시는 일이 없으며, 하나님이 계획하신 일은 반드시 이루어지고, 온 세상이 나서도 그 계획을 좌절시키거나 무효로 만들 수 없다. 그러므로 우리는 "하나님이 뜻하시는 대로 이루어지이다"라고 말해야 한다. 왜냐하면, 어떤 일이 우리의 계획이나 이해관계에 역행하더라도, 하나님의 뜻이 우리의 유익을 위하여 가장 지혜로운 길이기 때문이다.

2. 하나님의 계획은 바꿀 필요가 없다는 것. 왜냐하면, 그 계획 속에는 잘못

된 것이 전혀 없고, 수정하거나 보완할 것이 전혀 없기 때문이다. 하나님의 계획을 우리가 한 눈에 다 조망할 수 있다면, 우리는 그것이 너무나 완벽하고 거기에 그 어떤 결함도 없어서 그 위에 더할 수도 없고, 거기에 불필요한 것이나 빼도 좋은 것이 하나도 없어서 그것에서 덜 할 수도 없다는 것을 볼 수 있을 것이다. 하나님의 말씀이 그렇듯이, 하나님이 하시는 일들도 하나하나가 다 완전하기 때문에, 우리가 거기에 무엇을 더하거나 거기에서 무엇을 빼고자 한다면, 그것은 주제넘은 짓이다(신 4:2). 그러므로 우리의 뜻들을 버리고 하나님의 뜻을 받아들이는 것이 우리의 분분이자 우리에게 이로운 일이다.

V. 우리는 하나님의 모든 섭리들 속에서 하나님의 목적에 부응하고자 애써야 한다는 것. 하나님의 섭리의 일반적인 목적은 우리를 신앙적이 되게 하는 것이다. 하나님이 모든 일을 행하심은 사람들이 그의 앞에서 경외하게 하려 하시는 것이고, 그들 위에 그들을 주권적으로 다스리시는 하나님이 계셔서, 그들과 그들의 모든 길들을 처분하시고, 그들의 때와 그들에게 일어나는 모든 사건들이 그의 손에 있다는 것을 그들에게 깨우치셔서, 그들로 하여금 하나님을 바라보게 하려는 것이며, 하나님을 예배하고 경배하며, 그들의 모든 길에서 하나님을 인정하고, 모든 일 속에서 하나님을 기쁘시게 해 드리려고 애쓰며, 어떤 일에서나 하나님을 노여우시게 하지는 않을까 두려워하게 하려는 것이다. 하나님의 계획은 변하지 않지만 그 섭리들은 끊임없이 변화무쌍하게 작용하는 것은 우리를 절망에 빠뜨리거나 헷갈리게 만들기 위한 것이 아니라, 우리에게 하나님에 대한 우리의 본분을 가르쳐서 우리로 하여금 그 본분을 행하게 만들기 위한 것이다. 하나님이 세상을 다스리시는 목적은 사람들로 하여금 신앙을 갖게 하고 그들의 신앙을 붙들어 주며 진보시키기 위한 것이다.

VI. 우리는 이 세상에서 그 어떤 변화들을 보거나 느끼더라도, 하나님이 세상을 다스리신다는 사실은 결코 변하지 않는다는 것을 인정하여야 한다는 것. 해는 뜨고 지며, 달은 차고 기울지만, 그것들은 옛적에도 그랬었고, 해와 달의 운행은 다 하늘의 법도를 따라 예나 지금이나 동일한 방법으로 이루어지고 있다. 하나님의 섭리에 의한 사건들도 마찬가지이다(15절). 이제 있는 것이 옛적에 있었다. 하나님은 최근에 와서야 이 방법을 사용하기 시작하신 것이 결코 아니다. 세상의 일들은 예나 지금이나 항상 불확실하고 변해 왔으며, 장래에도 그럴 것이다. 장래에 있을 것도 옛적에 있었다. 그러므로 우리가 "세상이 지금처럼 이렇게 악한 적은 결코 없었다"라거나 "우리가 겪은 이 실망스러운 일은 지금까지 그 누구도 겪어 보지 않은 것이다"라거나 "시절은 앞으로 결코 나아지지 않을 것이다"라고 말한다면, 그것은 분별 없는 말일 뿐이다. 지금이 악한 때라면 시절은 더 나아질 수 있다. 울 때가 지나면 웃을 때가 올 것이기 때문이다. 그러나 그러한 변화조차도 세상의 모든 일의 공통적인 성격이자 공통적인 운명일 뿐이다. 세상의 일들이 무상하다는 것은 예나 지금이나 변함이 없고, 장래에도 변함이 없을 것이다. **왜냐하면, 하나님은 이미 지난 것을 다시 찾으시기 때문이다.** 즉, 하나님은 그가 이전에 행해 오셨던 일들을 다시 반복하시고, 그가 이전에 선한 자들을 대하셨던 바로 그 방식대로 지금도 그렇게 우리를 대하신다. **너 때문에 땅이 버림을 받겠느냐 바위가 그 자리에서 옮겨지겠느냐**(욥 18:4). 우리가 겪는 그 어떤 변화, 우리에게 닥치는 그 어떤 유혹은 모두 다 예외 없이 모든 사람들이 겪는 것들이다(고전 10:13). 우리는 형통한다고 해서 교만하고 안일해서는 안 된다. 왜냐하면, 하나님은 과거의 환난을 다시 불러오셔서 우리에게 임하게 하시고 우리의 헛된 즐거움을 망쳐 놓으실 수 있으시기 때문이다(시 30:7). 우리는 역경 속에 있다고 해서 낙심하고 의기소침해서는 안 된다. 왜냐하면, 하나님은 욥의 경우에 그러셨듯이 지난날의 위로들을 다시 우리에게 회복시켜 주실 수 있으시기 때문이다. 우리는 이 말씀을 우리에게 영향을 미쳤던 변화들 가운데에서의 우리의 과거의 행위들과 행실에 적용해 볼 수 있다. 하나님은 우리의 이미 지난 행위들에 대하여 장차 책임을 물으실 것이다. 그러므로 우리는 새로운 환경 속으로 들어갈 때에 우리의 이전의 환경(그것이 형통이었든 환난이었든) 속에서 우리가 죄를 지은 것은 없는지를 스스로 판단해 보아야 한다.

16또 내가 해 아래에서 보건대 재판하는 곳 거기에도 악이 있고 정의를 행하는 곳
거기에도 악이 있도다 17내가 내 마음속으로 이르기를 의인과 악인을 하나님이 심
판하시리니 이는 모든 소망하는 일과 모든 행사에 때가 있음이라 하였으며 18내가
내 마음속으로 이르기를 인생들의 일에 대하여 하나님이 그들을 시험하시리니 그
들이 자기가 짐승과 다름이 없는 줄을 깨닫게 하려 하심이라 하였노라 19인생이 당
하는 일을 짐승도 당하나니 그들이 당하는 일이 일반이라 다 동일한 호흡이 있어
서 짐승이 죽음 같이 사람도 죽으니 사람이 짐승보다 뛰어남이 없음은 모든 것이

헛됨이로다 [20]다 흙으로 말미암았으므로 다 흙으로 돌아가나니 다 한 곳으로 가거
니와 [21]인생들의 혼은 위로 올라가고 짐승의 혼은 아래 곧 땅으로 내려가는 줄을 누
가 알랴 [22]그러므로 나는 사람이 자기 일에 즐거워하는 것보다 더 나은 것이 없음을
보았나니 이는 그것이 그의 몫이기 때문이라 아, 그의 뒤에 일어날 일이 무엇인지
를 보게 하려고 그를 도로 데리고 올 자가 누구이랴

솔로몬은 이 세상의 모든 것은 경건과 하나님을 경외하는 것이 없으면 헛된 것임을 계속해서 보여주고 있다. 이 세상에서 신앙을 제거해 보아라. 그러면, 이 세상에서 가치 있는 것, 지혜자로 하여금 이 세상에서 살 만한 가치가 있다고 생각하게 만드는 것은 하나도 남아 있지 않게 될 것이다. 이 단락에서 그는 권력(이것은 사람들이 이 세상에서 가장 갖고 싶어하는 것이다)과 삶 자체(이것은 사람들이 가장 좋아하고 끈질기게 이어가고자 하는 것이다)도 하나님을 경외함이 없이는 아무것도 아니라는 것을 보여준다.

I. 권세가 있는 자와 남을 심판하는 자리에 앉은 자도 헛되다는 것. 힘 있는 자, 최고의 지위에 있는 자, 보좌에 있는 자의 권세에 모든 사람들이 복종하고, 심판하는 자리에 앉은 자는 신앙의 법들에 따라 재판하기만 한다면 하나님의 대리자이기 때문에, 모든 사람들이 그의 지혜와 정의를 구한다. 아니, 그들은 하나님이 "너희는 신들이다"라고 말씀하신 자들이다. 그러나 하나님을 경외함이 없다면, 그것은 헛된 것이다. 왜냐하면, 하나님을 경외하는 것을 제외해 버리면, 다음과 같은 결과들이 나타날 것이기 때문이다.

1. 재판관은 올바르게 재판하지 못하고, 자신의 권세를 잘 사용하지 못하며, 도리어 악용하게 되리라는 것. 그는 그의 권세로 선을 행하는 것이 아니라 사람들을 해칠 것이기 때문에, 그것은 단지 헛된 것일 뿐만 아니라, 그 자신에게나 주변의 모든 사람들에게나 거짓이자 사기가 될 것이다(16절). 솔로몬은 이전 시대들에 대하여 읽거나 다른 나라들에 대하여 듣거나, 선한 자들을 발탁하려고 온갖 애를 썼지만 그럼에도 불구하고 이스라엘 땅에서조차 일부 부패한 재판관들을 보면서, 재판하는 곳에도 악이 있다는 것을 알았다. 해 위에는 그런 일이 없다. 하나님은 죄악을 행하지도 않으시고 공의를 굽게 하지도 않으신다. 그러나 해 아래에서는 억눌린 무죄한 자들이 그들의 피난처가 되어 줄 것으로 여겼던 곳이 실제로는 그들의 감옥이 되어 버리는 일이 자주 벌어진다. 존귀하

나 자기가 마땅히 행해야 할 것을 깨닫지 못하는 사람은 멸망하는 짐승, 가장 사나운 맹수 같다(시 49:20). 심판 자리에 앉은 자들만이 아니라 겉으로는 의로운 재판을 행하고 있는 것처럼 보이는 곳들에도 악이 있었다. 사람들은 정의를 세워줄 것이라고 믿고 법정으로 피신하였지만, 거기에서 가장 큰 해악을 만났다. 이것도 헛되고 괴로운 일이다. 왜냐하면, 사람들에게는 그런 재판관들이 있는 것보다는 차라리 아예 재판관이 없는 편이 더 나았을 것이고, 재판관들에게는 그들이 권세를 지니고서 그 권세를 그런 악한 목적에 사용하는 것보다는 차라리 처음부터 권세가 없는 편이 더 나았을 것이기 때문이다. 언젠가는 그들이 그렇게 말할 날이 올 것이다.

2. 재판관은 올바르게 재판하지 않은 것에 대하여 심판을 받게 되리라는 것. 솔로몬은 재판이 사람들 가운데서 얼마나 왜곡되어 있는지를 보고서, 재판장이신 하나님을 바라보고, 하나님의 심판의 날을 내다보았다(17절). "**내가 내 마음속으로 이르기를** 이 불의한 재판은 양 당사자가 받아들이는 것과는 달리 최종적인 것이 아니라고 말하였다. 왜냐하면, 장차 이 재판에 대한 심사가 있을 것이기 때문이다. **의인과 악인을 하나님이 심판하실 것이다.** 지금은 의인들과 그들의 주장이 짓밟히더라도, 하나님은 그들을 변호해 주시고 그들의 손을 들어주실 것이며, 악인들에게는 그들의 모든 불의한 법령들과 그들이 사람들에게 끼친 온갖 고통들로 인하여 벌을 주실 것이다(사 10:1). 우리는 압제자들의 교만과 잔인함이 벌 받을 때를 믿음의 눈으로 바라볼 수 있는데(시 92:7), 압제를 당한 자들에게는 하나님이 그들의 사정을 다시 들어주실 것이라는 사실은 이루 말할 수 없는 위로가 된다. 그러므로 그들은 인내로써 기다려야 한다. 왜냐하면, 또 다른 **재판장이 문 앞에 서 계시기** 때문이다. 환난의 날이 오랫동안 지속되더라도, 해 아래에서 사람들이 품은 모든 의도와 사람들이 행한 모든 일이 조사를 받게 될 정해진 **때가 있다.** 지금은 사람들의 날이지만, 하나님의 날이 다가오고 있다(시 37:13). 비록 우리는 그 때를 여기에서 보지는 못하지만, 하나님이 모든 송사들을 다시 들으시고, 잘못된 것들을 바로잡으시며, 불의한 판결들을 뒤집으실 **때가 있을** 것이다(욥 24:1).

II. 사람은 죽을 수밖에 없기 때문에 헛되다는 것. 솔로몬은 이제 이 세상에서 인생들의 일에 대하여, 즉 이 땅에서의 사람들의 삶과 존재에 대하여 좀 더 일반적으로 말하면서, 신앙과 하나님을 경외함이 없이 이성만으로는 사람들은 짐승보다 별로 나을 것이 없다는 것을 보여준다. 좀 더 살펴보자.

1. 솔로몬이 인간의 상태에 관한 이러한 설명을 통해서 의도하고 있는 것은 무엇인가.

(1) 솔로몬은 하나님이 결백하시다는 것을 입증함으로써 하나님의 존귀하심과 의로우심과 영광을 드러내고, 사람들이 이 세상에서 헛됨과 괴로움으로 가득 찬 불안한 삶을 사는 것은 다 그들 자신의 탓이고 하나님의 탓이 결코 아니라는 것을 밝히고자 한다. 사람들은 이러한 사실을 깨닫고서, 하나님이 이 세상을 그들의 감옥으로 만드셨고 인간의 삶을 그들에 대한 형벌로 주셨다고 말하지 말아야 한다. 도리어, 하나님은 사람을 존귀함과 위로의 측면에서 천사들보다 약간 못하게 지으셨다. 그런데도 인간이 초라하고 비참하다면, 그것은 전적으로 인간 자신의 잘못이다. 또는, 솔로몬은 하나님의 살아 있고 활력이 있는 말씀이 사람들을 시험하여 그들의 적나라한 모습을 그들 자신에게 드러내 보일 것이라고 말함으로써 하나님이 그들이 어떤 자들인지를 판단하시는 분이시라는 것을 나타내 보이고자 한다. 우리는 하나님이 우리를 다 아시고 정확히 판단하실 것임을 알게 될 것이다.

(2) 솔로몬은 인간이 비천하고 죽을 수밖에 없다는 것, 그들이 자기가 짐승과 다름이 없는 줄을 깨닫게 하려 한다. 교만한 자들에게 그들이 인생일 뿐인 줄 알게 하는 것은 쉬운 일이 아니고(시 9:20), 악한 자들에게 그들이 짐승이라는 것, 신앙이 없는 자들은 무지한 말이나 노새 같은 멸망하는 짐승과 다름이 없다는 것을 깨닫게 하는 것은 더더욱 쉬운 일이 아니다. 교만한 압제자들은 부르짖는 사자나 화가 난 곰 같은 짐승들과 다름이 없다. 오직 육신만을 마음에 두고 자신의 영혼을 생각하지 않는 모든 자들은 짐승과 다름없는 삶을 사는 것이기 때문에 죽을 때에도 짐승처럼 죽을 것을 예상하여야 한다.

2. 솔로몬은 이러한 설명이 옳다는 것을 어떤 방식으로 증명하고 있는가. 그가 증명하고자 하는 것은 세상적이고 육신적이며 땅에 마음을 둔 자는 짐승보다 뛰어남이 없다는 것이다. 왜냐하면, 그런 자가 마음에 두고 있는 모든 것, 그런 자가 자기에게 행복을 가져다 줄 것이라고 기대를 걸고 있는 모든 것이 헛되기 때문이다(19절). 어떤 이들은 이것을 무신론자가 한 말이라고 본다. 즉, 그는 이 세상에서의 삶 이후에는 그 어떤 삶도 없고, 사람은 한 번 죽으면 그것으로 끝이기 때문에, 살아 있는 동안에 자기가 원하는 대로 살아야 한다고 주

장하면서, 장차 심판이 있을 것이라는 말을 일축하고(17절), 자신의 죄악된 삶을 정당화하고 있다는 것이다(16절). 그러나 어떤 이들은 솔로몬이 여기에서 자신의 생각을 얘기하고 있는 것으로 본다. 즉, 솔로몬은 여기에서 그의 아버지가 "그들은 양 같이 스올에 두기로 작정되었고 그렇게 무덤에 누워 있다"(시 49:14)고 한 말과 동일한 것을 말하고자 하였고, 이 세상의 부와 명예가 헛되다는 것을 보여주고자 하였다는 것이다. "단순히 외적인 면에서만 본다면, 사람과 짐승은 그 처지가 별 다를 것이 없다"(레이놀드 주교).

(1) 사람과 짐승에게 일어나는 사건들은 별 다른 것이 없어 보인다는 것(19절). 인생이 당하는 일은 짐승이 당하는 일과 다르지 않다. 인간의 육신에 관한 많은 지식은 짐승들의 몸을 해부해서 얻어진 것이다. 대홍수가 옛 세상을 휩쓸었을 때, 짐승들은 인간과 더불어서 멸망을 당하였다. 말과 사람은 전쟁터에서 동일한 전쟁 무기들로 죽임을 당한다.

(2) 사람과 짐승의 죽음도 육안으로 볼 때에는 별 다른 것이 없어 보인다는 것. 사람이나 짐승이나 동일한 호흡이 있어서 동일한 공기로 숨쉬고, 그 코에 생명의 기운의 숨이 있기 때문에(창 7:22) 짐승이 죽음 같이 사람도 죽는다. 사람과 짐승이 죽는 것에 눈에 띄는 차이가 없고, 죽음은 사람에게나 짐승에게나 거의 비슷한 변화를 가져온다.

[1] 사람과 짐승은 죽고 나서 생존한 자들에 의해서 추모되는 것과 관련해서는 판이한 차이가 있지만, 그 몸과 관련된 변화는 완전히 똑같다. 사람도 나귀 같이 매장함을 당하는데(렘 22:19), 짐승보다 뛰어난 것이 무엇이 있겠는가? 모세의 율법에서는 사람의 시신을 만지는 것이 부정한 짐승이나 새의 사체를 만지는 것보다 더 부정한 일이었다. 솔로몬은 여기에서 사람이나 짐승이나 다 한 곳으로 간다는 점을 지적한다. 사람이나 짐승의 사체는 똑같이 부패한다. 사람이나 짐승의 몸은 원래 다 흙으로 말미암았으므로, 둘 다 죽은 후에는 썩어서 흙으로 돌아간다. 우리의 육신은 머지않아 흙으로 돌아갈 뿐만 아니라, 짐승들과 똑같이 흙으로 돌아가서, 우리의 썩은 시신이 짐승들의 썩은 사체와 뒤섞일 수밖에 없는데, 우리가 우리의 육신을 자랑하거나 육신의 업적들을 자랑할 이유가 어디에 있겠는가!

[2] 사람과 짐승은 그 영혼과 관련해서는 엄청난 차이가 있지만, 그 차이는 눈으로 확인할 수는 없다(21절). 사람이 죽으면 그 영혼이 올라가는 것은 확실

하다. 사람들의 영혼은 그것을 지으신 영들의 아버지, 그것이 속해 있는 영들의 세계로 올라간다. 영혼은 육신과 함께 죽는 것이 아니라, 스올의 권세에서 건져내진다(시 49:15). 영혼은 위로 올라가서, 심판을 받고 불변의 상태로 들어간다. 짐승의 혼이 아래 곧 땅으로 내려가는 것은 확실하다. 짐승의 혼은 몸과 함께 죽는다. 그것은 죽을 때에 사라져 버린다. 짐승의 혼은 죽을 때에 꺼진 촛불처럼 끝이 난다. 반면에, 사람의 영혼은 죽을 때에 등에서 꺼내진 촛불과 같아서, 등인 육신은 이제 아무 쓸모가 없어서 버려지지만, 촛불인 영혼은 더욱 밝게 빛을 발한다. 사람의 영혼과 짐승의 혼 사이에는 이러한 큰 차이가 있다. 이것이 사람들이 위의 것을 생각하고 그들의 영혼을 들어서 위의 것을 바라보며, 짐승들의 혼처럼 땅의 것에 집착하지 않아야 하는 이유이다. 그러나 이러한 차이를 누가 알랴? 우리는 우리의 육안으로는 사람들의 영혼이 올라가는 것과 짐승들의 혼이 내려가는 것을 볼 수 없다. 그러므로 육신을 좇아서 감각에 따라 살아가고, 그들의 눈이 보는 대로 행하며, 그 밖의 다른 어떤 것들도 인정하려 들지 않는 자들은 그들의 판단에 있어서 짐승보다 뛰어남이 없는 자들이다. 이 사실을 누가 알랴? 즉, 이런 사실을 깊이 생각하는 자가 누구냐(사 53:1)? 그런 자는 극소수이다. 사람들이 이런 사실을 좀 더 숙고한다면, 이 세상은 모든 점에서 더 나아질 것이다. 그러나 대다수의 사람들은 마치 그들이 항상 이 세상에 있을 것처럼, 또는 그들이 죽으면 그것으로 모든 것이 끝나는 것처럼 살아간다. 그들이 짐승처럼 죽게 될 것이라고 생각하는 자들이 짐승처럼 살아가는 것은 전혀 이상한 일이 아니지만, 그런 삶을 살 때에 인간이 지닌 이성이라는 고귀한 자질은 완전히 상실되고 내팽개쳐진다.

3. 솔로몬은 이 사실로부터 어떤 결론을 이끌어 내는가(22절). 이 세상과 관련해서, 그리고 우리의 부나 명예와 관련해서 사람이 자기 일에 즐거워하는 것보다 더 나은 것이 없다.

(1) 깨끗한 양심을 지키고, 의가 있어야 할 곳에 죄악을 결코 받아들이지 말라는 것. 각각 자기의 일을 살피고, 자기의 일에서 하나님의 인정을 받으라 그리하면 즐거워하고 자랑할 것이 자기에게 있으리라(갈 6:4). 자기가 즐거워할 수 있는 것 외에는 그 어떤 것도 용납하지 말라(고후 1:12을 보라).

(2) 즐거운 삶을 살라는 것. 하나님이 우리의 손으로 하는 일을 형통하게 해주셨다면, 우리는 그 일을 즐거워하고, 그 일로 인한 위로를 얻어야 하며, 그

일을 우리의 짐으로 만들거나 그 일로 인한 기쁨을 남들에게 넘기지 않아야 한다. 왜냐하면, 그것은 우리의 몫 또는 분깃이기 때문이다. 그것은 우리 영혼의 몫이 아니라, 우리 육신의 몫이다. 이 세상에서 살아가는 동안에 자신의 영혼의 몫을 받아 버리는 자들은 불쌍한 자들인데(시 17:14), 미련한 자들이 그런 길을 선택한다(눅 12:19). 이 세상에서는 우리가 누리는 것만이 우리의 몫이다. 우리는 우리의 몫을 누리고 최대한으로 활용하여야 한다. 왜냐하면, 아무도 우리에게 우리의 뒤에 일어날 일이 무엇인지를 보게 해줄 수 없고, 우리가 남긴 재산을 누가 물려받을지, 그들이 우리가 남긴 재산을 어떻게 사용할지를 보여줄 수 있는 자가 없기 때문이다. 우리는 죽고 나면 우리의 뒤에 무슨 일이 있을지를 알지 못한다. 내세와 현세는 단절되어 있기 때문에 소통하고 교류하는 것이 불가능하다는 것을 우리는 안다(욥 14:21). 내세에 있는 자들은 그 세상에 완전히 몰두하게 될 것이기 때문에, 현세에서 무슨 일이 벌어지고 있는지에 대해서 관심을 갖지 않게 될 것이다. 그리고 현세에 있는 동안에 우리는 우리의 가족이나 우리 나라에 우리의 뒤에 무슨 일이 일어날지를 미리 알 수 없다. 우리의 뒤에 일어날 일이 무엇인지, 그 때와 시기가 어떻게 될 것인지를 아는 것은 우리의 소관이 아니다. 이것이 우리가 이 세상에 대한 관심이나 염려를 줄이고, 장차 올 세상에 관심을 가져야 하는 이유이다. 죽음은 현세에 대하여 최종적인 작별을 고하는 것이기 때문에, 우리는 우리 앞에 있는 내세를 바라보아야 한다.

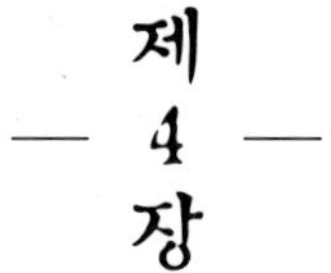

개요

솔로몬은 권력을 쥔 자들이 그들의 신민들을 압제하고 짓밟고자 하는 유혹을 느끼는 것과 관련해서 이 세상이 헛되다는 것을 보여준 후에 여기에서는 추가적으로 다음과 같은 것들을 보여준다. I. 압제받는 자들은 인내하지 않고 불만을 터뜨리고자 하는 유혹을 느낀다는 것(1-3절). II. 형편이 좋은 자들은 남의 시기를 살까봐 두려워서 일을 게을리하고자 하는 유혹을 느낀다는 것(4-6절). III. 세상의 재물을 잔뜩 쌓아두는 것의 어리석음(7-8절). IV. 사람들이 어울려 사귀는 것과 서로 돕는 것이 얼마나 유익한 일인지를 느껴 보는 것이 그러한 어리석음을 치료하는 약이라는 것(9-12절). V. 왕의 자리조차도 왕 자신의 어리석음으로 인해서만이 아니라(13-14절), 왕이 아무리 슬기롭다고 하여도 백성들의 변덕으로 인해서 바뀐다는 것(15-16절). 세상의 일들이 헛되고 괴로울 뿐이라는 사실은 대권을 지닌 왕들에게도 그대로 적용되고, 왕들이라고 해서 별 다를 것이 없다. 그러므로 다른 사람들도 자기는 예외일 것이라는 생각을 버려야 한다.

**1 내가 다시 해 아래에서 행하는 모든 학대를 살펴 보았도다 보라 학대 받는 자들의
눈물이로다 그들에게 위로자가 없도다 그들을 학대하는 자들의 손에는 권세가 있
으나 그들에게는 위로자가 없도다 2 그러므로 나는 아직 살아 있는 산 자들보다 죽
은 지 오랜 죽은 자들을 더 복되다 하였으며 3 이 둘보다도 아직 출생하지 아니하여
해 아래에서 행하는 악한 일을 보지 못한 자가 더 복되다 하였노라**

솔로몬은 넓은 마음을 지니고 있었고(왕상 4:29), 이 단락의 본문은 다른 무엇보다도 특히 그가 사람들 중에서도 불쌍한 자들에 대한 매우 자애로운 관심을 지니고 있었고 환난당하는 자들의 환난을 주시하고 있었다는 것을 보여준다. 그는 압제자들의 오만방자함을 억제하기 위해서 그들을 꾸짖고(3:16-17) 그들에게 장차 있을 심판을 상기시켜 주었었다. 이제 여기에서 그는

압제받는 자들을 주목한다. 그는 의심할 여지 없이 왕으로서 그들을 위하여 공의를 행하고, 그들의 대적들에게 그들의 원수를 대신 갚아 주었다. 왜냐하면, 그는 하나님을 두려워하고 사람을 존중하는 재판장이었기 때문이다. 그러나 여기에서 그는 전도자로서 그것에 대하여 말하며, 다음과 같은 것들을 보여준다.

I. **압제 받는 자들의 괴로운 형편**(1절). 솔로몬은 그들의 괴로움에 대하여 불쌍히 여기는 마음으로 아주 실감있게 얘기한다. 다음과 같은 것들이 그를 몹시 슬프게 하였다.

1. 정의보다 힘이 먼저여서 해 아래에서 아주 많은 학대가 행해지는 것을 본 것. 솔로몬은 종들과 품꾼들과 가난한 일꾼들이 주인들에 의해서 압제를 당하는 것을 보았는데, 주인들은 일하는 자들의 어려운 사정을 악용해서 그들 마음대로 조건들을 정해서 강요하였다. 채무자들은 악랄한 채권자들에 의해서 압제를 당하고, 채권자들은 사기를 치는 채무자들에게 당하였다. 소작인들은 지독한 지주들에 의해서, 고아들은 속이는 후견인들에 의해서 압제를 당하였고, 무엇보다도 나쁜 것은 신민(臣民)들이 독재자인 왕들과 불의한 재판관들에 의해서 압제를 당하였다는 것이다. 그러한 학대가 해 아래에서 행해지고 있다. 해 위에서는 의가 영원히 다스린다. 지혜자들은 이러한 학대를 살펴 보고, 압제받는 자들을 구하기 위해서 어떤 일이든 하려고 애를 쓴다. 가난한 자를 보살피는 자에게 복이 있음이여(시 41:1).

2. 학대를 받은 자들이 그들이 받은 학대를 마음에 새겨두는 것을 본 것. 솔로몬은 학대 받는 자들의 눈물을 보았고, 아마도 그들과 함께 울지 않을 수 없었을 것이다. 세상은 우는 자들로 가득하다. 우리는 어느 쪽을 둘러보아도 이런저런 일로 학대 받은 자들이 눈물을 흘리는 암울한 광경을 볼 수 있다. 그들은 하소연해 보아야 아무 소용이 없다는 것을 알기 때문에, 그냥 남몰래 눈물을 흘리는 것이다(욥 16:20; 30:28). 그러나 애통하는 자, 우는 자가 복이 있다.

3. 학대 받은 자들이 자신의 힘으로는 어쩔 수 없는 모습을 본 것. 그들을 학대하는 자들의 손에는 권세가 있어서, 잘못한 것은 그들임에도 불구하고, 그들은 그들이 자행한 잘못을 정당화하여 무마시킬 수 있었지만, 가난한 자들은 힘에 눌려 압제를 당했으면서도 그들의 권리를 회복할 길이 없었다. 권력이 잘못 주어진 것을 보는 것, 선한 일을 하라고 주어진 권력이 도리어 악을 행하는 도구로 변질된 것을 보는 것은 서글픈 일이다.

4. 학대 받은 자들과 그들이 겪는 고통이 주변의 모든 사람들에 의해서 무시되고 있는 것을 본 것. 그들은 울고 있었고 위로를 필요로 하였지만, 그런 친절을 베풀어 주는 자는 아무도 없었다. **그들에게 위로자가 없었다.** 그들을 압제한 자들은 힘이 있었고 위협적이었기 때문에, **그들에게 위로자가 없었다.** 그들을 마땅히 위로했어야 할 자들은 그들의 위로자가 되겠다고 나섰다가 압제자들의 심기를 건드릴까봐 감히 나서지를 못하였다. 사람들 속에서 인간미를 거의 볼 수 없게 되는 것은 서글픈 일이다.

II. 압제 받는 자들이 그런 상황에서 받는 유혹들. 이렇게 학대를 받게 되면, 그들은 산다는 것이 싫어져서, 죽어서 무덤에 들어간 자들을 부러워하고, 그들이 아예 태어나지 않았더라면 좋았을 것이라고 생각하고자 하는 유혹을 받는다(2-3절). 솔로몬은 기꺼이 그들의 생각에 동의한다. 왜냐하면, 그들의 그런 생각은 모든 것이 헛되고 괴로울 뿐이라는 그의 말이 옳다는 것을 증명해 주는 데에 일조하기 때문이다. 산다는 것은 흔히 헛되고 괴로운 일이다. 사도 바울처럼 하나님의 은총과 열매 맺게 하시는 것과 비교해서 생명을 초개처럼 여기는 것은 칭찬 받을 일이지만(행 20:24; 빌 1:23), 욥과 엘리야처럼 삶이 너무 괴로워서 삶을 저주하는 것은 우리의 연약함을 내보이는 것이자 육체를 따라 판단하는 것에 지나지 않는다.

1. 솔로몬은 여기에서 이 비참한 삶을 이미 끝낸 자들, 자신의 역할을 다하고 이 무대를 떠난 자들이 복되다고 생각한다. "나는 **죽은 지 오랜 죽은 자들,** 즉 일찍 죽임을 당하였거나 이 세상을 신속하게 통과하였거나 삶의 고해를 지름길로 건넜거나 모태에서 아예 출생하지 않고 죽은 자들을 **더 복되다 하였다.** 나는 그들의 운명이 부러웠고, 만약 세상 속으로 들어오기도 전에 세상을 싫어하여서 미리 물러간 것이 그들 자신의 선택이었다면, 그들의 지혜를 칭찬해 주고 싶은 심정이었다. 나는 길고 무거운 삶의 사슬을 질질 끌고서 일분일초를 지루하고 힘들게 살아가야 하는 **아직 살아 있는 산 자들보다** 그들이 더 복되다고 결론을 내렸다." 이것은 욥기 3:20-21이 아니라 요한계시록 14:13과 비교해 볼 수 있다. 후자의 본문 속에서 박해의 때에 **지금 이후로 주 안에서 죽는 자들은 복이 있다고** 말씀하시는 것은 하나님의 성령이지 인간의 격정이 아니다(솔로몬도 여기에서 마찬가지로 박해 상황을 서술하고 있다). 죽어서 하나님께로 가서 안식을 누리는 성도들의 형편은 여전히 살아서 자신의 일과 전쟁을 수행하고

있는 살아 있는 성도들의 처지보다 여러 가지 면에서 더 낫고 바람직하다는 것은 사실이다.

2. 솔로몬은 이 비참한 삶을 아예 시작하지 않은 자들이 복되다고 생각한다. 아니, 그런 자들은 모든 사람들 중에서 가장 복된 자들이다. 이 둘보다도 아직 출생하지 아니한 자가 더 복되다. 이 세상에 태어나서 해 아래에서 행하는 악한 일을 보고, 무수한 악과 해악이 저질러지는 것을 보면서도, 그 일을 바로잡을 능력이 없을 뿐만 아니라, 선을 행하였다고 하여 해악을 당하는 것보다는 아예 처음부터 태어나지 않은 것이 더 낫다. 선한 자는 이 세상에서 아무리 비참한 처지에 놓이게 되더라도 자기가 아예 태어나지 않았으면 좋았을 것이라고 말할 이유가 없다. 왜냐하면, 그는 불 속에서라도 여호와를 영화롭게 하며 행복해할 것이고, 결국에는 영원토록 복될 것이기 때문이다. 살아 있는 자는 자기가 태어나지 말았어야 했다는 말을 결코 해서는 안 된다. 왜냐하면, 생명이 있는 동안에는 소망도 있기 때문이다. 사람은 지옥에 들어가기 전까지는 결코 완전히 망한 것이 아니다.

[4]내가 또 본즉 사람이 모든 수고와 모든 재주로 말미암아 이웃에게 시기를 받으니 이것도 헛되어 바람을 잡는 것이로다 [5]우매자는 팔짱을 끼고 있으면서 자기의 몸만 축내는도다 [6]두 손에 가득하고 수고하며 바람을 잡는 것보다 한 손에만 가득하고 평온함이 더 나으니라

여기에서 솔로몬은 그가 앞서 오랜 관찰과 숙고를 통해서 말했던 것(2:11), 즉 이 세상의 일은 헛되고 마음을 괴롭게 하는 것일 뿐이라는 명제로 되돌아간다.

I. 사람이 똑똑하고 재주가 있어서 하는 일마다 성공을 하면, 그는 이웃의 시기를 받는다는 것(4절). 그는 많은 고생을 하였고, 모든 수고를 통과하였으며, 그의 재산을 쉽게 얻은 것이 아니라 많은 어렵고 힘든 일을 거쳤고, 재산을 불의하게 얻거나 사람들에게 악이나 사기를 행하여 얻은 것이 아니라 모든 올바른 일을 통해서 얻었으며, 자기에게 맡겨진 일에 최선을 다하고 공정하고 정직하게 그 일을 해나감으로써 성공하였음에도 불구하고, 그것으로 말미암아 그는 이웃에게 시기를 받고, 그가 정직하게 일해서 명성을 얻으면 얻을수록 사

람들의 시기를 더 받는다. 이것은 다음과 같은 것들을 보여준다.

1. 대부분의 사람들은 양심이 별로 없다는 것. 그들은 단지 이웃이 그들보다 더 똑똑하고 성실하며 하늘의 축복을 더 많이 받았다는 이유만으로 그 이웃에 대하여 악감을 품고 나쁘게 말하며 좋지 않게 대한다. 가인은 아벨을, 에서는 야곱을, 사울은 다윗을 시기하였는데, 전자가 후자를 시기한 것은 모두 다 후자의 올바른 행실들 때문이었다. 이것은 철저히 마귀가 하는 짓이다.

2. 지혜롭고 유능한 자들은 이 세상에서 위로 받기를 기대하지 말아야 한다는 것. 그들은 아무리 조심해서 처신한다고 해도 사람들로부터 시기 받는 것을 피할 수 없다. **투기 앞에야 누가 서리요**(잠 27:4). 미덕이 뛰어난 자들은 악덕이 뛰어난 자들에게는 항상 눈꼴이 신 존재들일 수밖에 없다. 그렇다고 해서, 우리가 낙담하여 옳은 일을 그만두어서는 안 되고, 도리어 사람들이 아니라 하나님으로부터의 칭찬을 기대하는 가운데 열심히 선을 행하고, 피조물에게서 만족과 행복을 기대해서는 안 된다. 왜냐하면, 옳은 일들이 헛되고 마음을 괴롭게 하는 것들이라면, 해 아래에서 행해지는 다른 일들은 두말할 필요도 없기 때문이다. 그러나 사람의 모든 옳은 일은 하나님이 기쁘게 받으실 것이기 때문에, 그는 이웃에게 시기를 받아도 마음을 쓸 필요가 없다. 그것은 오직 그가 세상에 대하여 더욱더 초연해지게 만들어 줄 뿐이다.

Ⅱ. 사람이 우둔하고 어리석어서 자기 일을 그르친다면, 그는 자기 자신에게 해악을 끼치고 있는 것이라는 것(5절). 마치 팔짱을 끼고 있는 것 같이 일을 하는 둥 마는 둥 모든 일을 서툴게 하는 우매자, 편안한 것을 좋아하고 일을 하기 싫어해서 몸을 따뜻하게 하기 위하여 팔짱을 끼고 있는 게으른 자는 자기의 살을 먹는 것이다. 그런 자는 너무도 궁핍한 처지가 되어서 자기 살 외에는 먹을 것이 없게 될 것이고, 너무도 처절한 상태가 되어서 분하고 원통하여 자기 살을 물어뜯고 싶은 충동을 느끼게 될 것이다. 그는 배고픔과 편안함으로 상징되는 개의 삶을 산다. 그는 이 세상에서 잘나가는 활동적인 사람들이 시기를 받는 것을 보고는 다른 쪽 극단으로 치닫는다. 그는 올바른 일들을 해서 시기를 받는 일이 없도록 하기 위해서 모든 일을 그르치고 잘못 행하는 것이기 때문에 동정을 받을 자격이 없다. 게으름은 죄임과 동시에 벌이기도 하다는 것을 명심하라. **두 손에 가득하고 수고하며 바람을 잡는 것보다 한 손에만 가득하고 평온함이 더 나으니라**(6절)는 말은 다음 둘 중의 하나로 해석될 수 있다.

1. 게으른 자가 자신의 게으름을 변호하는 말. 그는 팔짱을 낀 채로 자신을 합리화하기 위하여 선한 진리를 악용하고 잘못 적용해서, 적게 가지고 평온한 것이 많이 가지고 다투는 것보다 더 낫기 때문에 마치 게으르게 살면서 적게 가지는 것이 정직하게 일해서 많이 가지는 것보다 더 낫다는 듯이 말한다. 그는 이렇게 자기를 지혜롭게 여긴다(잠 26:16).

2. 나는 이 말을 사람들의 시기를 받게 만드는 지나친 수고와 자기 살을 먹게 만드는 게으름 사이에서 중도의 길을 취하라고 충고하는 솔로몬의 조언이라고 본다. 우리는 정직하고 성실하게 일하여 한 손에 가득한 것을 얻어서 살아가는 데에 꼭 필요한 것들이 떨어지지 않게 하여야 하지만, 욕심을 부려 두 손에 가득하게 움켜쥐어서 우리의 마음을 괴롭게 하지 않아야 한다. 적절히 수고해서 적절한 수입을 얻는 것이야말로 가장 좋은 것이다. 사람이 세상의 것들을 조금만 가진다면, 그는 그것을 누림과 동시에 많은 평온함, 즉 마음의 만족과 양심의 평안, 이웃들의 사랑과 선의를 누릴 수 있다. 하지만, 많은 사람들은 세상의 것들을 두 손 가득히 채워서, 마음이 원하는 것보다 더 많이 가지고자 하기 때문에, 몸도 피곤하고 마음도 괴롭게 된다. 적은 것으로 살 수 없는 자들은 그들이 가진 것만큼 살기를 원하지 않는 것이다.

**7내가 또 다시 해 아래에서 헛된 것을 보았도다 8어떤 사람은 아들도 없고 형제도
없이 홀로 있으나 그의 모든 수고에는 끝이 없도다 또 비록 그의 눈은 부요를 족하
게 여기지 아니하면서 이르기를 내가 누구를 위하여는 이같이 수고하고 나를 위하
여는 행복을 누리지 못하게 하는가 하여도 이것도 헛되어 불행한 노고로다 9두 사
람이 한 사람보다 나음은 그들이 수고함으로 좋은 상을 얻을 것임이라 10혹시 그들
이 넘어지면 하나가 그 동무를 붙들어 일으키려니와 홀로 있어 넘어지고 붙들어
일으킬 자가 없는 자에게는 화가 있으리라 11또 두 사람이 함께 누우면 따뜻하거니
와 한 사람이면 어찌 따뜻하랴 12한 사람이면 패하겠거니와 두 사람이면 맞설 수 있
나니 세 겹 줄은 쉽게 끊어지지 아니하느니라**

솔로몬은 여기에서 이 세상이 헛되다는 것을 보여주는 또 하나의 예를 드는데, 그것은 사람은 흔히 이 세상의 것들을 많이 가질수록 더욱더 많이 갖고자 한다는 것이다. 그들은 더 많이 가지려는 데에 집중하기 때문에, 그들

이 이미 가지고 있는 것을 누리지 못하게 된다. 여기에서 솔로몬은 다음과 같은 것들을 보여준다.

I. 이기심이 이 악의 원인이라는 것(7-8절). 어떤 사람은 홀로 있다. 그는 자기 자신 외에는 아무에게도 마음을 쓰지 않고, 그 누구도 돌보지 않는다. 그는 할 수만 있다면 이 땅 가운데에서 홀로 있고 싶어한다. 그는 다른 사람이 있는 것을 원하지 않는다. 그는 한 집에는 입이 하나 있는 것으로 충분하다고 생각해서, 자기 외의 모든 사람을 못마땅해한다. 이 탐욕스러운 구두쇠가 여기에서 어떻게 묘사되고 있는지를 보라.

1. 그는 자기 일의 노예가 되어 있다는 것. 그에게는 아들도 없고 형제도 없고 자기 자신 외에는 돌보거나 부양해야 할 사람이 아무도 없으며, 그에게 기대어 살거나 그에게서 무엇을 가져갈 자도 없고, 가난한 혈육도 없으며, 한 가정을 꾸리면 돈이 들어갈 것을 염려해서 결혼을 할 생각도 없지만, 그의 모든 수고에는 끝이 없다. 그는 밤낮으로 일하고, 새벽부터 밤 늦게까지 일하며, 자기 자신이나 그가 고용한 자들에게 꼭 필요한 휴식 시간조차 주지 않는다. 그는 자신의 업(業)으로 주어진 일에만 몰두하는 것이 아니라, 돈이 되는 일이라면 무슨 일이든지 손을 댄다(시 127:2을 보라).

2. 그는 자기가 가진 것이 충분하다고 결코 생각하지 않는다는 것. 그의 눈은 부요를 족하게 여기지 아니한다. 탐욕은 안목의 정욕이라 불린다(요일 2:16). 왜냐하면, 눈으로 보는 것이 속물들이 탐하는 것의 전부이기 때문이다(5:11). 그는 입는 것과 먹는 것, 그의 소명, 그의 가족, 그가 이 세상에서 품위 있게 사는 것을 위해서 충분한 것을 갖고 있지만, 그의 눈에는 성이 차지 않는다. 그는 그가 가진 것을 단지 볼 뿐이고, 그가 가진 돈을 단지 셀 뿐이며, 그것을 쓸 마음은 추호도 없지만, 그의 눈을 즐겁게 해줄 더 많은 것을 갖지 못해서 그의 마음은 편치 못하다.

3. 그는 자기가 가진 것이 주는 위로를 스스로 누리기를 거부한다는 것. 그는 그를 위하여는 행복을 누리지 못한다. 우리의 영혼이 좋은 것을 누리지 못한다면, 그렇게 만들고 있는 것은 우리 자신이다. 다른 사람들은 우리에게서 외적으로 좋은 것을 빼앗아 갈 수 있지만, 우리에게서 우리가 받은 은혜들과 위로들, 우리가 지닌 영적으로 좋은 것들을 빼앗아 가지는 못한다. 우리가 스스로 누리지 못한다면, 그것은 우리 자신의 잘못이다. 그런데도 많은 사람들은

이 세상에 정신이 팔려서 이 세상의 것을 추구하느라고, 여기에서는 물론이고 영원토록 그들의 영혼으로 하여금 좋은 것을 누리지 못하게 만들고, 믿음과 선한 양심이 좌초되게 만들어서, 하나님의 은총과 영원한 생명만이 아니라 이 세상과 현세의 즐거움들도 누릴 수 없게 한다. 세상적인 자들은 자기 자신을 위하여 지혜롭게 행하는 자들인 것처럼 행세하지만 사실은 그들 자신의 원수들이다.

4. 그에게는 그가 그렇게 하는 것을 정당화시켜 줄 변명거리가 없다는 것. 그에게는 **아들도 없고 형제도 없다.** 그가 살아 있는 동안에 그가 가진 것으로 부양함으로써 보람을 느낄 수 있는 형제도 그에게는 없고, 그가 살아 있을 때에 부지런히 모아서 그가 죽을 때에 그것을 흐뭇한 마음으로 물려줄 아들도 그에게는 없다. 또한, 그에게는 그가 돕고 싶은 가난한 자들이나 소중한 사람들도 없다.

5. 그에게는 그가 이렇게 하는 것이 어리석은 일이라는 것을 깨달을 만한 지각도 없다는 것. 그는 자기 자신에게 다음과 같은 반문을 해본 적이 없다. **"내가 누구를 위하여 이같이 수고하는가?** 나는 하나님의 영광을 위하여, 또는 곤궁한 자들에게 나눠주기 위해서 수고하는 것인가? 내가 수고하는 것은 단지 나의 죽어가는 육신을 위한 것은 아닌가? 내가 이렇게 힘들여 모아 놓은 재산이 누구에게 돌아갈지 나도 모르지 않는가? 그가 미련한 자여서 내가 애써 모은 것을 신속하게 다 날려버릴지도 모르고, 그가 나를 기억하지도 않을 배은망덕한 원수일지도 모르는 일이 아닌가?" 이 세상의 일들로 수고하는 자들은 과연 그들이 누구를 위하여 이런 수고를 하는 것인지, 그들이 힘들여 모은 것을 타인에게 넘겨 주기 위해서 스스로는 그들의 소유로 인하여 얻을 수 있는 좋은 것을 거부하는 것이 과연 가치 있는 일인지를 깊이 생각해 보는 것이 지혜로운 일임을 명심하라. 사람이 이것을 깊이 생각하지 않는다면, 그가 수고하는 모든 것은 **헛되어 불행한 노고가 될 뿐이다.** 그들은 아무런 보람도 없이 괜히 스스로를 욕되게 하고 마음을 괴롭게 하는 것이다.

II. 사람들과 사귀고 어울리는 것이 이 악의 치료약이라는 것. 사람들은 전적으로 자신만을 위하기 때문에 이렇게 인색하고 탐욕스럽게 되는 것이다. 이제 솔로몬은 여기에서 여러 가지 예를 들어서 **사람이 혼자 사는 것이 좋지 아니하다는** 것을 보여준다(창 2:18). 그는 이것을 통해서 우리에게 탐욕스러운 구두쇠가 책임지기 싫어서 거부하는 두 가지의 것, 즉 결혼과 우정을 권고하고자 하는 것이다. 결혼과 우정은 지혜롭게 맺기만 하면 그 비용을 충분히 다 상쇄하고도 남음이 있을 정도로 그것들이 주는 위로와 유익은 아주 크다. 남자는 낙원에서 배필 없이는 행복할 수 없을 것이었기 때문에 지음을 받자마자 짝을 이룬다.

1. 솔로몬은 **두 사람이 한 사람보다 낫다**는 것을 하나의 진리로 제시함. 두 사람이 따로 누리는 행복보다 함께 누릴 때에 그 행복은 더욱 커지고, 각자 혼자서 기뻐하는 것보다 서로를 보고 기뻐할 때에 그 기쁨은 배가 되며, 서로가 서로를 도울 수 있고, 두 사람이 힘을 합칠 때에 다른 사람들에게 더 많은 선한 일을 할 수 있다. **그들이 수고함으로 좋은 상을 얻을 것이다.** 그들이 어떤 수고로 섬기든, 그들은 어떤 식으로든 보답을 받게 될 것이다. 자기 자신만을 섬기는 자는 자기 자신에게 보답을 받아야 하는데, 그가 친구를 섬겼을 때와는 달리 별로 보답을 받지 못하는 것이 보통이다. 앞에서 **어떤 사람이 끝없이 수고를 하면서도 자기 영혼에게는 좋은 것을 누리지 못하게 하는** 것에서 볼 수 있듯이, 사실 사람은 자기 자신에게 인색하고 배은망덕한 경우가 많기 때문이다. 자신만을 섬기는 자는 **그가 수고한 상**을 얻지 못하지만, 다른 사람을 섬기는 자는 좋은 상을 얻는다. 하나님은 **사랑으로** 한 모든 일과 **수고**에 대하여 거룩한 사랑의 즐거움과 유익이라는 상을 차고 넘치게 주신다. 거기에서 솔로몬은 혼자 있는 것의 해악을 이끌어 낸다. **홀로 있는 자에게는 화가 있으리라.** 그는 선한 자들과 사귀고 어울림으로써 막아낼 수 있는 많은 유혹들에 그대로 노출된다. 쇠가 쇠에 의해서 날카로워지듯이, 사람은 친구의 지지를 통해서 성장해 갈 수 있는데, 홀로 있는 자는 그런 유익을 상실한다. 완전한 신앙에 도달하기 위해서 수도 생활을 선택하는 것은 분명히 방법이 잘못된 것이고, 다른 사람을 사랑하는 마음을 지니고 있지 않은 자들은 하나님을 지극히 사랑하는 자들이라고 할 수 없다.

2. 솔로몬은 선한 친구들을 사귀고 어울리는 것이 주는 유익을 여러 가지 예를 들어 보여줌으로써 그 진리를 증명함.

(1) 위급한 때에 종종 도움을 받음. 두 사람이 함께 여행하면 좋은 점이 있다. 왜냐하면, **혹시 한 사람이 넘어지면 하나가 그 동무를 붙들어 일으켜 줄 수 있**을 것이지만, 한 사람이 여행할 때에는 작은 도움이 없어서 큰 일을 당할 수 있

기 때문이다. 또한, 한 사람이 죄에 빠지면 그 동무가 온유한 마음으로 그를 도와서 회복시켜 줄 것이고, 한 사람이 환난에 빠지면 그 동무가 그를 위로하여 그의 슬픔을 덜어줄 것이다.

(2) 서로를 따뜻하게 해줌. 두 사람이 함께 여행하면 좋듯이(친구는 마차를 대신할 수 있는 좋은 대용물이다), 두 사람이 함께 자는 것도 좋다. 두 사람이 함께 누우면 따뜻하다. 선한 자들이 서로 모여서 어울리면, 덕스럽고 은혜로운 감정들이 촉진되듯이, 그리스도인들은 서로 돌아보아 사랑과 선행을 격려함으로써 서로를 따뜻하게 해준다.

(3) 힘을 합치면 더욱 큰 힘이 된다는 것. 혼자 있다가 원수를 만난다면, 그는 패할 가능성이 많다. 그는 자신만의 힘으로는 자기를 방어해 낼 수 없지만, 한 사람이 더 있다면 충분히 원수를 물리칠 수 있다. 두 사람이면 원수와 맞설 수 있다. "너는 나를 도와서 내 원수에게 대적할 것이고, 나는 너를 도와서 네 원수에게 대적할 것이다." 요압과 아비새는 이와 같은 합의를 맺은 결과, 두 사람이 다 승리자가 되었다(삼하 10:11). 하지만 만약 두 사람이 따로따로 행동하였다면, 두 사람 다 패배자가 되었을 것이다. 고대 브리튼족 사람들은 로마군이 침공해 왔을 때에 그들이 흩어져서 싸우면 공통의 대의(大義)를 희생시키게 될 것이라는 말을 들었다고 한다. 우리는 우리의 영적인 일에서만이 아니라 우리의 영적인 싸움에서도 서로를 도울 수 있다. 하나님과의 교제에서 오는 위로 다음으로 성도들과의 교제에서 오는 위로가 있어야 한다. 솔로몬은 한 줄이나 화살 하나는 쉽게 끊어지고 부러지지만 세 겹 줄이나 화살 더미는 쉽게 끊어지지 아니한다는 격언을 이용해서 이 글을 마무리한다. 그는 두 사람이 함께 하는 것을 세 겹 줄에 비유한다. 왜냐하면, 두 사람이 거룩한 사랑과 친교 속에서 친밀하게 함께 하면, 그리스도께서 엠마오로 가던 두 제자에게 오셔서 그들과 함께 하셨듯이, 그의 성령으로 그들에게 오셔서 함께 하여, 결코 끊어질 수 없는 세 겹 줄이 생겨나기 때문이다. 사랑 안에 거하는 자는 하나님 안에 거하고 하나님도 그의 안에 거하시느니라(요일 4:16).

[13]가난하여도 지혜로운 젊은이가 늙고 둔하여 경고를 더 받을 줄 모르는 왕보다 나
으니 [14]그는 자기의 나라에서 가난하게 태어났을지라도 감옥에서 나와 왕이 되었음
이니라 [15]내가 본즉 해 아래에서 다니는 인생들이 왕의 다음 자리에 있다가 왕을 대

신하여 일어난 젊은이와 함께 있고 [16]그의 치리를 받는 모든 백성들이 무수하였을 지라도 후에 오는 자들은 그를 기뻐하지 아니하리니 이것도 헛되어 바람을 잡는 것이로다

솔로몬은 자기가 왕이었기 때문에, 왕의 지위와 위엄이 얼마나 불확실하고 헛된지에 대하여 다른 누구보다도 더 허심탄회하게 말할 수 있는 입장에 있었다. 그는 전에 **면류관이 어찌 대대에 있으랴**(잠 27:24)고 말했었고, 그의 아들은 정말 그 말이 맞다는 것을 체험하였다. 지혜와 백성들의 사랑이 없는 높은 관직은 다른 그 어떤 것보다도 더 허망한 것이다.

I. 지혜가 없다면 왕이라도 복되지 않다는 것(13-14절). 이 세상에서 가난하고 아주 어려서 사람들로부터 주목을 받지 못하고 무시를 당하지만, 진정으로 지혜롭고 슬기로우며 경건한 젊은이가, 나이가 지긋하고 왕의 자리에 있어서 그 위엄으로 인하여 공경을 받지만, 둔하여 나랏일을 어떻게 처리할 줄을 모르고, 다른 사람들의 경고나 조언을 받을 줄 모르며, 남의 조언이나 권고에 귀를 기울이려고 하지도 않는 왕보다 더 낫고 더 존경받을 만하며 자기 자신에게 더 잘하고 자기 세대에 더 큰 복이 된다. 왕이 조언이나 권고를 받을 줄 모른다면, 그것은 왕의 위엄을 높여 주는 것이 결코 아니고, 도리어 왕에게 가장 큰 욕이 된다. 어리석음과 고집이 센 것은 통상적으로 한데 결합되어 있기 때문에, 조언이나 권고를 가장 필요로 하는 자들이 그런 것을 가장 못 참아한다. 참된 지혜와 덕을 갖추지 못한 자들은 그들이 아무리 나이가 들었거나 높은 직위에 있다고 하더라도 사람들의 존경을 받을 수 없다. 반대로, 아무리 나이가 어리고 가난한 자들이라고 하여도 그들에게 지혜와 덕이 있다면, 그들은 그런 불리한 처지에도 불구하고 사람들의 존경을 받게 될 것이다. 솔로몬은 지혜로운 젊은이가 미련한 왕보다 낫다는 것을 증명하기 위해서 두 사람이 각각 어떻게 되는지를 보여준다(14절).

1. 가난한 젊은이는 그의 지혜로 말미암아 출세하게 된다는 것. 요셉은 비록 어렸지만 지혜로웠기 때문에 감옥에서 나와 나라의 2인자가 되었다. 솔로몬은 여기에서 이 이야기를 염두에 두고 말하고 있는 것으로 보인다. 하나님의 섭리는 종종 가난한 자들을 먼지 더미에서 일으키셔서 지도자들 곧 왕들로 세우신다(시 113:7-8). 지혜는 사람에게 자유만이 아니라, 사람을 거름 더미와 지하 감

옥에서 일으켜서 보좌에 앉게 함으로써 존귀함도 가져다 준다.

2. 왕은 그의 어리석음과 고집으로 말미암아 빈궁하게 된다는 것. 그는 자기 나라에서 태어나 왕위를 물려받아서 오랫동안 왕으로서 그의 곳간을 재물로 가득 채운 채 살아왔지만, 만약 그가 악한 길을 택하였으면서도, 자기는 나이가 많으니 이제는 조언을 들을 필요가 없다고 생각해서, 이제까지와는 달리 신하들의 조언과 경고를 받아들이지 않는다면, 그는 가난해질 것이다. 그의 곳간은 바닥이 나고, 그는 왕위에서 하야하고 물러나서 일개 평민으로 살아가야 할지도 모른다.

Ⅱ. 왕이라도 백성들의 사랑을 확실히 받지 않으면 왕위를 보존할 수 없다는 것. 이것은 마지막 두 절에 약간 모호하게 암시되어 있다(15-16절).

1. 왕은 장차 그를 대신하여 왕위에 오를 자를 두어야 한다는 것. 여기에서 이 후계자는 아마도 앞에서 얘기된 가난하여도 지혜로운 젊은이를 가리키는 것 같다(13절). 왕들은 나이가 들면 그들을 밀쳐내고 그들 대신에 왕위에 오를 자들을 직접 눈 앞에서 보아야 하는 굴욕을 겪지 않으면 안 된다.

2. 백성들이 이제 막 떠오르는 해를 경배하는 것은 당연한 일이라는 것. 해 아래에서 다니는 인생들은 모두 다 왕의 다음 자리에 있는 후계자와 함께 있다. 백성들은 현재의 왕의 좋은 때는 다 지났기 때문에 그를 이제 지는 해라고 여겨서 무시하고서, 현재의 왕보다도 장차 왕이 될 자에게 잘 보이려고 한다. 솔로몬은 이것을 보고서, 이것이 자기 백성의 모습이라고 여겼다. 실제로 솔로몬이 죽자마자 이스라엘 백성은 그의 생전에는 어쩔 수 없이 쓰고 있던 가면을 벗어던지고서 그의 통치에 대하여 불평을 하기 시작하였다.

3. 백성들은 결코 오랫동안 편안해하거나 만족하지 않는다는 것. 백성들이 바라는 것은 끝이 없다. 그들은 끊임없이 변화를 좋아하고, 그들이 무엇을 가지고 싶어하는지를 알지 못한다.

4. 이것은 새삼스러운 일이 아니고, 그들보다 앞서 살았던 모든 자들도 그랬다는 것. 이런 일은 모든 시대마다 있어 왔다. 심지어 사무엘과 다윗조차도 백성들을 언제나 기쁘게 해줄 수는 없었다.

5. 이것은 과거에도 그랬듯이, 앞으로도 그러리라는 것. 후에 오는 자들도 똑같아서, 처음에는 그들의 왕을 아주 좋아하는 듯이 보일지라도 오래지 않아 그 왕을 기뻐하지 아니하게 될 것이다. 그들은 오늘은 호산나라고 외치다가 내일이

되면 십자가에 못 박으소서라고 외친다.

6. 왕들에게는 그들이 잘 해주려고 그토록 애를 쓰기도 했고 많이 의지하기도 했던 백성들에 의해서 이렇게 무시당하는 것을 보는 것은 큰 슬픔이 아닐 수 없다는 것. 사람 속에는 변함없는 충절이라는 것은 없다. 그러니, 이것도 헛되어 바람을 잡는 것이고 마음을 괴롭게 하는 것일 뿐이다.

제 — 5 — 장

개요

솔로몬은 이 장에서 다음과 같은 것들에 대하여 강론한다. I. 하나님을 예배하는 것에 대하여. 그는 이것을 지혜, 학문, 즐거움, 명예, 권력, 일 등과 같이 그가 이제까지 고찰해 왔던 온갖 헛된 것들 속에서 그 허무함을 없애주는 치료제로 처방하고 있다. 우리는 그러한 것들에 의해서 속거나 미혹을 당하지 않고, 그러한 것들 속에서 만나는 실망감으로 인해서 우리의 심령이 괴롭지 않기 위해서, 하나님에 대하여 우리가 마땅히 행해야 할 본분을 세심하게 다하고, 하나님과의 교제를 계속해서 유지해 나가야 한다. 그러나 아울러 그는 종교적인 행위들 속에서 너무도 자주 발견되는 헛된 것들을 주의하라는 꼭 필요한 경고를 준다. 즉, 참된 신앙의 행위들로부터 그 뛰어난 것을 박탈해 버려서 그것들이 다른 헛된 것들을 치료할 수 없게 만들어 버리는 그런 헛된 종교적 행위들을 조심하라는 것이다. 우리의 신앙이 헛된 신앙이라면, 그 허무함과 헛됨은 얼마나 크겠는가! 우리는 다음과 같은 것들에서 헛된 것을 주의하여야 한다. 1. 말씀을 듣거나 제물을 드릴 때(1절). 2. 기도할 때(2-3절). 3. 서원할 때(4-6절). 4. 신령한 꿈인 체하는 것(7절). (1) 이러한 헛된 것들에 대한 치료제로서 그는 하나님을 경외하는 것을 처방한다(7절). (2) 선한 자들이 고난을 당할 때에 생길 수 있는 범죄를 미리 막기 위해서 그는 우리에게 하나님을 바라보라고 명령한다(8절). II. 이 세상의 재물, 그리고 거기에 수반되는 헛됨과 괴로움에 대하여. 땅의 소산들은 실제로 삶을 유지하는 데에 꼭 필요하다(9절). 그러나 은이나 금이나 재물은 어떠한가. 1. 그것들은 사람을 만족시켜 주지 못한다(10절). 2. 그것들은 무익하다(11절). 3. 그것들은 사람을 불안하게 만든다(12절). 4. 그것들은 흔히 사람을 해치고 파멸시킨다(13절). 5. 그것들은 없어지는 것들이다(14절). 6. 그것들은 우리가 죽을 때에 가지고 가지 못한다(15-16절). 7. 우리가 그것들을 사용하고자 하는 마음을 가지고 있지 않다면, 그것들은 우리에게 큰 불안을 안겨준다(17절). 그러므로 그는 우리에게 하나님이 우리에게 주신 것을 그것을 주신 하나님을 바라보고 감사하는 가운데 잘 사용하는 것이 하나님이 우리에게 그것을 주신 목적에 잘 부응하는 길임과 동시에 커다란 부에 통상적으로 수반되는 재난들을 제거할 수 있는 가장 좋은 길이라고 조언한다(18-20절). 따라서 우리가 이 장에서 신앙의 일과 이 세상의 일(이 두 가지는 우리의 시간의 대부분을 차지한다)을 어떻게 경영해야 하는지를 배워서, 이 두 가지 일을 통해서 큰 이문을 남기고, 우리의 안식일들과 평일들을 허비하지 않게 된다면, 우리는 두 가지 선한 교훈을 배웠다고 말할 수 있을 것이다.

1너는 하나님 앞으로 들어갈 때에 네 발을 삼갈지어다 가까이 하여 말씀을 듣는 것
이 우매한 자들이 제물 드리는 것보다 나으니 그들은 악을 행하면서도 깨닫지 못
함이니라 2너는 하나님 앞에서 함부로 입을 열지 말며 급한 마음으로 말을 내지 말
라 하나님은 하늘에 계시고 너는 땅에 있음이니라 그런즉 마땅히 말을 적게 할 것
이라 3걱정이 많으면 꿈이 생기고 말이 많으면 우매한 자의 소리가 나타나느니라

솔로몬이 우리에게 세상이 헛되다는 것을 보여줌으로써 우리를 세상으로부터 내쫓은 목적은 우리를 하나님과 우리의 본분을 향하도록 내몰아서, 우리로 하여금 세상의 길이 아니라 신앙의 길로 행하고, 세상의 재물이 아니라 신앙이 주는 유익들을 의지하게 하기 위한 것이다.

I. 솔로몬은 여기에서 우리를 하나님의 전으로 보낸다. 그 곳은 백성들이 모여서 예배하는 곳, 그가 막대한 비용을 들여서 직접 지은 성전이다. 그는 그가 한 다른 모든 일들을 회고하면서 후회하는 마음을 드러냈을 때에도(2:4), 그가 하나님의 성전을 지은 것에 대해서는 후회는커녕 기쁜 마음으로 회상을 하였을 것이다. 그러나 그는 그 일을 회고하는 것이 자랑이 될 것 같아서 일부러 그 일을 언급하지 않는다. 그러나 그는 여기에서 세상이 헛되다는 것에 대하여 더 알고자 하고, 피조물 속에서 헛되이 구한 저 행복을 진정으로 찾고자 하는 자들을 성전으로 보낸다. 다윗은 뭐가 뭔지 잘 몰라서 당혹스러웠을 때에 하나님의 성소에 들어갔다(시 73:17). 우리가 피조물에게서 실망을 하였다면 우리의 눈을 창조주께 돌리라. 우리는 하나님의 은혜의 말씀으로 돌아가서 묻고, 하나님의 은혜의 보좌 앞으로 나아가서 끈질기게 구하라. 말씀과 기도 속에는 온갖 상처를 치료해 줄 약이 다 있다.

II. 솔로몬은 우리가 성전에 간 목적을 그르치지 않도록 거기에서 잘 처신하라고 우리에게 당부한다. 신앙적인 행위들은 헛된 것들이 아니지만, 우리가

그것들을 잘못 행하면, 그것들은 우리에게 헛된 것이 되고 만다.

1. 우리가 신앙적인 행위들을 행할 때에는 아주 진지하고 세심하여야 한다는 것. "하나님의 성전에 나아갈 때에 네 발을 삼갈지어다. 이것은 네 발을 하나님의 전에서 빼라는 것도 아니고(시 25:17), 하나님께 가까이 나아가기를 꺼리는 사람처럼 천천히 성전으로 나아가라는 것도 아니며, 네가 잘못된 걸음을 걷지 않도록 자기의 행동을 삼가고 네 발이 행할 길을 깊이 생각하라는 것이다. 하나님에 대한 예배를 급하게 해치우는 것(이것은 발이 급한 것으로 표현된다, 잠 19:2)이 아니라, 시간을 들여서 신중하고 엄숙하게 마음을 가라앉히고 하나님의 예배에 임하라. 너의 생각이 예배에서 떠나서 이리저리 방황하지 않게 하고, 너의 감정이 잘못된 대상을 향하여 치닫지 않게 하라. 왜냐하면, 하나님의 성전에서 하는 일은 너의 존재 전체를 드려서 해야 하는 일이고, 그렇게 해도 부족한 일이기 때문이다." 어떤 이들은 이 본문이 하나님이 모세와 여호수아에게 복종과 경외의 표시로 그들의 발에서 신을 벗으라고 하신 명령을 간접적으로 인용한 것이라고 생각한다(출 3:5; 수 5:15). 네 발을 정하게 유지하라(출 30:19).

2. 우리가 드리는 제물이 우매한 자들(악한 자들)이 드리는 제물이 되지 않도록 주의하여야 한다는 것. 왜냐하면, 우매한 자들이 드리는 제사는 여호와께서 미워하시기 때문이다(잠 15:8). 우리는 훔친 물건과 저는 것, 병든 것을 드려서는 안 된다. 하나님께서 그런 것들을 열납하지 않으시겠다고 분명하게 말씀하셨고, 그런데도 그런 것들을 제물로 드린다면, 그것은 어리석은 짓이기 때문이다. 또한, 우리는 제사의 의미를 주목함이 없이 상징이나 예식, 외적인 행위를 의지해서도 안 된다. 그런 것은 우매한 자들이 드리는 제사이기 때문이다. 우리가 드리는 것이 육체적인 행위가 전부라면, 그것은 하나님을 희롱하는 것이다. 영이신 하나님, 우리의 마음을 요구하시는 하나님을 그런 것으로 기쁘시게 해드릴 수 있다고 생각하는 자는 우매한 자들 외에는 아무도 없다. 우매한 자들은 그들이 큰 수고를 하였는데도 거기에 진실한 마음이 깃들어 있지 않아서 무용지물이 되었다는 것을 알게 될 때에 비로소 그들이 어리석었음을 알게 될 것이다. 그들은 악을 행하면서도 깨닫지 못하기 때문에 우매한 자들이다. 그들은 그들의 위선적인 예배와 제사를 통해서 하나님을 크게 모독하고 그들 자신의 영혼을 크게 속이고 있는 것인데도, 그들이 하나님과 그들 자신을 선하게 섬기고

있다고 생각한다. 사람들은 그들이 선한 일을 행하고 있다고 공언할 때조차도 악을 행하고 있는 것일 수 있다. 그런데도, 그들은 그것을 모르고, 설마 그럴 것이라고는 생각조차 하지 못한다. 그들은 악을 행하는 것 외에는 알지 못한다(어떤 이들은 이렇게 읽는다). 악한 마음을 지닌 자들은 신앙의 행위들 속에서조차도 범죄하는 것 외에는 할 수가 없다. 또는, 그들은 그들이 악을 행하고 있다는 것을 대수롭지 않게 생각한다. 그들의 제사가 옳은 것이든 그른 것이든, 하나님을 기쁘시게 해 드리는 것이든 아니든, 그런 것은 그들에게 매한가지이기 때문에, 그들은 아무렇게나 제사를 드린다.

3. 우리가 드리는 제사가 우매한 자들이 드리는 제사가 되지 않도록 하기 위해서는 우리의 본분을 알고자 하고 행하고자 하는 마음으로 하나님의 성전에 나아가야 한다는 것. 우리는 하나님의 성전에 가까이 가서 하나님의 말씀을 기꺼이 듣고자 하여야 한다.

(1) 우리는 누가 하나님의 말씀을 봉독하거나 설교하면 그 말씀을 부지런히 경청하여야 한다는 것. "제사장들이 제사들에 대하여 설명해 주고 그 제사들의 목적과 의미를 해설해 주면, 너는 속히 귀를 기울여서 그것을 듣고, 제사장들이 하는 것을 보는 것으로 충분하다고 생각하지 말아야 한다. 왜냐하면, 그 의미를 알아야만, 그 제사는 이치에 맞게 드려지는 영적 예배가 될 것이고, 그렇지 않다면 그것은 우매한 자들이 드리는 제사가 될 것이기 때문이다."

(2) 우리는 하나님의 뜻을 아는 즉시 그 뜻에 순종하기로 결심하여야 한다는 것. 듣는 것은 흔히 순종하는 것을 의미한다. 바로 그 순종이 제사보다 낫다(삼상 15:22; 사 1:15-16). 우리가 여호와여 말씀하옵소서 주의 종이 듣겠나이다라는 말을 마음에 새기고서 하나님 앞에 나아갈 때, 우리는 거룩한 본분들을 행할 올바른 마음가짐이 갖추어진 것이다. 어떤 선한 자는 이렇게 말하였다. 여호와의 말씀이 내게 임한다고 하자. 내게 육백 개의 목이 있다면, 나는 그것들을 모두 여호와의 말씀의 권세 앞에 고개 숙이게 할 것이다.

4. 우리는 하나님께 나아가서 아뢸 때마다 신중에 신중을 기하여 깊이 숙고하여야 한다는 것(2절). 너는 하나님 앞에서 기도하거나 항의하거나 약속을 할 때에 함부로 입을 열지 말며 급한 마음으로 말을 내지 말라.

(1) 우리가 예배를 드리기 위해서 성회로 하나님의 성전에 있다면, 우리는 특별한 방식으로 하나님과 그의 임재 앞에 있는 것이다. 하나님은 거기에서 자기

백성을 만나시겠다고 약속하셨고, 그의 눈은 우리를 보고 계시기 때문에, 당연히 우리의 눈도 하나님을 바라보아야 한다.

(2) 우리가 거룩한 본분 속에서 하나님 앞에 가까이 나아갈 때에 우리에게는 하나님 앞에서 아뢸 말이 있다. 우리가 상관해야 할 분은 하나님이시고, 우리는 하나님께 지극히 중요한 용무가 있다. 우리가 아무런 용무도 없이 하나님 앞에 나아간다면, 우리는 아무런 유익도 얻지 못한 채로 거기에서 나오게 될 것이다.

(3) 우리가 하나님 앞에서 아뢰는 것은 우리의 마음에서 나오는 것이어야 한다. 그러므로 우리는 우리의 입을 함부로 열지 말아야 하고, 우리가 기도할 때에 우리의 혀가 우리의 생각을 앞질러서도 안 된다. 우리의 입의 말들은 언제나 우리 마음의 묵상의 열매여야 한다. 생각은 하나님을 향한 말이기 때문에, 생각에서 나오지 않는 말은 헛된 것일 뿐이다. 입술로 아무리 수고를 하여도, 그것이 전부라면, 그것은 신앙에서 헛된 수고일 뿐이다(마 15:8-9).

(4) 우리가 말하는 것은 마음에서 나온 것만으로는 부족하고, 일시적으로 뜨거운 감정에서가 아니라 마음 깊은 곳에서 나와야 한다. 입이 함부로 말하지 않아야 하듯이, 마음도 성급해서는 안 된다. 우리는 설교에서 하나님의 말씀을 전하는 경우이든 기도에서 하나님께 아뢰는 경우이든 말하기 전에 한 번이 아니라 두 번 생각해야 하고, 어떤 것을 충분히 소화하지 않은 채로 내키는 대로 말하여서는 안 된다(고전 14:15).

5. 우리는 하나님 앞에서 말을 아껴야 한다는 것. 즉, 우리는 하나님 앞에서 공경하는 마음으로 신중히 생각해서 말하여야 하고, 친구에게 하듯이 아무 말이나 내키는 대로 하나님께 말하거나, 머리에 떠오르는 대로 말하거나, 우리가 하는 말을 각인시키기 위해서 친구에게 하듯이 동일한 내용의 말을 반복해서는 안 된다. 또한, 우리는 하나님께 말을 할 때에는 다음과 같은 것들을 고려하여야 한다.

(1) 하나님과 우리 사이에는 무한한 거리가 있다는 것. 하나님은 하늘에 계신다. 하늘에서 하나님은 영광 중에 우리와 모든 인생들을 다스리시고, 셀 수 없이 많은 거룩한 천사들의 무리에 의해 수종을 받으시고 계시며, 우리의 모든 송축이나 찬양으로는 어림없을 정도로 아주 높이 계신다. 반면에, 우리는 하나님의 보좌의 발등상인 땅에 있다. 우리는 하나님과 달리 비천하고 상스러우며, 하

나님에게서 그 어떤 은총을 받거나 하나님과 교제할 자격이 전혀 없다. 그러므로 우리는 우리보다 훨씬 지위가 높은 분에게 말할 때에 하는 것처럼 하나님께 말을 할 때에는 지극히 정중하고 겸손하며 진실하고 공경하는 태도로 말하여야 한다. 그러한 태도를 지니게 되면, 우리는 해야 할 말을 잘 가려서 해야 하기 때문에 마땅히 말을 적게 할 수밖에 없게 된다(욥 9:14). 이 말은 길게 기도하는 것이 다 잘못된 것이라는 말이 아니다. 길게 기도하는 것이 좋지 않은 것이었다면, 바리새인들은 그렇게 길게 기도하는 모습을 보이지 않았을 것이다. 그리스도께서는 밤을 새워 기도하셨고, 사도 바울은 우리에게 기도를 쉬지 말고 계속하라고 권면한다. 그러나 마음을 쏟지 않은 채로 우리 아버지를 후렴구로 무수히 반복하며 중언부언하는 기도는 잘못된 것이다(마 6:7). 우리는 하나님 자신의 말씀들, 성경이 우리에게 가르쳐 주는 말씀들로 하나님께 말을 하여야 하고, 우리가 잘못 말하는 일이 없도록 하기 위해서 우리 자신이 만들어 낸 말들은 적게 사용하는 것이 좋다.

(2) 우리가 기도할 때에 말이 많으면 우리의 기도는 우매한 자들이 드리는 제사가 되어 버린다는 것(3절). 잠을 잘 못 자게 만드는 혼란스러운 꿈들, 무섭고 곤혹스러운 꿈들이 우리 머릿속에 일에 대한 염려가 가득하다는 것을 보여주는 증거이듯이, 기도에서 말이 많고 성급한 것은 어리석음이 마음을 지배하고 있다는 것, 하나님과 우리 자신에 대하여 잘 알지 못하고 무지하다는 것, 하나님을 공경하거나 경외하는 마음이 별로 없다는 것, 우리 자신의 영혼에 대하여 진지하지 않고 무심하다는 것을 보여주는 증거이다. 우리는 일상의 대화 속에서도 말이 많은 것을 보고 그 사람이 우매한 자라는 것을 안다. 별로 알지 못하는 자들이 가장 많이 말을 하는 법인데, 특히 기도에서는 더욱 그러하다. 기도를 할 때에 입이 미련하여 쓸데없는 말을 많이 늘어놓는 미련한 자는 멸망할 것이고(잠 10:8, 10), 그의 기도는 열납되지 않을 것이 틀림없다. 기도를 할 때에 말을 많이 하여야 하나님이 들으실 것이라고 생각하는 자들은 정말 미련한 자들이다.

**4네가 하나님께 서원하였거든 갚기를 더디게 하지 말라 하나님은 우매한 자들을 기
뻐하지 아니하시나니 서원한 것을 갚으라 5서원하고 갚지 아니하는 것보다 서원하
지 아니하는 것이 더 나으니 6네 입으로 네 육체가 범죄하게 하지 말라 천사 앞에서**

내가 서원한 것이 실수라고 말하지 말라 어찌 하나님께서 네 목소리로 말미암아 진노하사 네 손으로 한 것을 멸하시게 하랴 [7]꿈이 많으면 헛된 일들이 많아지고 말이 많아도 그러하니 오직 너는 하나님을 경외할지니라 [8]너는 어느 지방에서든지 빈민을 학대하는 것과 정의와 공의를 짓밟는 것을 볼지라도 그것을 이상히 여기지 말라 높은 자는 더 높은 자가 감찰하고 또 그들보다 더 높은 자들도 있음이니라

솔로몬은 이 단락에서 우리에게 네 가지를 권면한다.

I. 우리가 서원한 것은 무슨 일이 있어도 갚으라는 것.

1. 서원은 영혼이 진 채무라는 것(민 30:2). 우리는 서원으로 말미암아 일반적으로 우리가 이미 하기로 되어 있는 것을 행할 뿐만 아니라, 몇몇 특정한 경우들에 있어서는 우리가 그 어떤 의무 아래 놓여 있지 않은 것(그것이 하나님을 높이는 것이든, 사람들 가운데서 하나님의 나라의 유익을 위하여 섬기는 것이든)을 행할 의무를 공식적으로 지게 된다. 어떤 환난 가운데서(시 66:14), 또는 어떤 긍휼을 바라고서(삼상 1:11) 네가 이와 같은 서원을 하나님께 하였다면, 너는 여호와를 향하여 네 입을 열었으니 그 서원을 돌이킬 수 없다는 것을 알아야 한다.

(1) 서원한 것을 갚으라는 것. 네가 약속한 것을 이행하라. 네가 하나님께 바치겠다고 한 것을 하나님께 가져다 드리라. 네가 서원한 것을 갚으라. 너는 네가 서원한 것을 온전히 갚고, 그 값에서 얼마를 빼고 갚지 말라. 네가 서원한 것을 그대로 갚고, 그것을 변경하여 우열간 바꾸지 말라(레 27:10). 우리가 우리 자신을 여호와께 드리기로 서원하였는가? 그렇다면, 우리는 우리가 말한 것을 그대로 이행해서, 하나님을 섬겨 행하여 하나님께 영광을 돌리고, 우리 자신을 다른 곳에 사용하여서 신성모독죄를 범하지 말아야 한다.

(2) 서원한 것을 갚기를 더디게 하지 말라는 것. 서원한 것을 갚을 힘이 오늘 네 손에 있다면, 갚는 것을 내일로 미루지 말라. 하루만 봐달라고 하거나 좀 더 좋은 때로 미루지 말라. 갚기를 미루면, 갚아야 하겠다는 의식이 느슨해지고 차가워져서, 영영 갚지 못할 위험이 있다. 서원한 것을 갚기를 미루는 것은 우리의 서원을 이행하기를 우리가 꺼리고 싫어한다는 것을 드러내는 것이다. 오늘 하고자 하지 않는 자는 내일이 되면 하기를 싫어하게 될 것이다. 서원한 것을 갚는 일이 미루어지면 질수록, 우리가 그 서원을 이행하기는 더욱 힘들어진다.

그러다 죽으면, 너는 서원한 것을 영원히 갚지 못하게 될 뿐만 아니라, 서원한 것을 갚지 않은 죄로 심판을 받게 될 것이다(시 76:11).

2. 우리가 서원한 것을 기쁜 마음으로 신속하게 갚아야 하는 두 가지 이유.

(1) 우리가 서원한 것을 갚지 않으면, 그것은 하나님을 모독하는 것이 되기 때문이다. 우리는 마치 하나님을 속여먹기로 작정이나 한 것처럼 결과적으로 하나님을 우롱한 꼴이 되고 만다. 하나님은 우매한 자들을 기뻐하지 아니하신다. 이 말 속에는 더 깊은 뜻이 담겨 있는데, 그것은 하나님은 그런 우매한 자들과 그런 우매한 짓을 몹시 혐오하신다는 것이다. 하나님은 우매한 자들도 필요로 하시니 그냥 봐주시지 않으시겠는가? 결코 그렇지 않다. 착각하지 말라. 하나님은 우롱당하시는 분이 아니시기 때문에(갈 6:7), 이렇게 그를 가지고 노는 자들을 반드시 엄하게 벌하실 것이다.

(2) 우리가 서원한 것을 갚지 않으면, 우리는 우리 자신을 해롭게 하고, 서원의 유익을 상실할 뿐만 아니라, 서원을 깨뜨린 것에 대한 벌을 받게 되기 때문이다. 따라서 서원하고 갚지 아니하는 것보다는 차라리 서원하지 아니하는 것이 훨씬 더 낫고 안전하며 우리에게 이익이 된다. 처음부터 아예 서원하지 않았다면 우리는 서원의 유익을 얻지 못할 뿐이지만, 일단 서원을 하고 갚지 않으면 우리는 하나님을 속인 죄와 서원을 깨뜨린 죄에 대한 벌을 받게 된다. 그것은 하나님께 거짓말한 것이 되기 때문이다(행 5:4).

Ⅱ. 서원을 할 때에는 신중해야 한다는 것. 이것은 우리가 서원한 것을 꼭 갚기 위해서는 반드시 필요한 일이다(6절).

1. 우리는 죄악된 것이나 범죄의 빌미가 될 수 있는 것에 대해서는 결코 서원하지 않도록 조심해야 한다는 것. 왜냐하면, 그러한 서원은 잘못된 것이어서 깨뜨려질 수밖에 없기 때문이다. 헤롯이 경솔한 약속 때문에 세례 요한의 목을 벨 수밖에 없었던 것처럼, 경솔한 서원으로 말미암아 네 입으로 네 육체가 범죄하게 하지 말라.

2. 우리는 육체의 연약함 때문에 이행할 수 없게 될 수 있는 것을 서원해서도 안 된다는 것. 독신 생활을 서원해 놓고서 막상 그 서원을 지키자니 어떻게 할 줄을 모르겠는 것이 바로 그런 것이다.

(1) 그런 서원을 한 자들은 수치를 당하게 되리라는 것. 왜냐하면, 그들은 천사 앞에서 그들이 서원한 것이 실수였다고, 그들이 말한 것은 그런 뜻이 아니었

다거나 별 생각 없이 그런 말을 한 것이라고 말하지 않을 수 없게 될 것이기 때문이다. 네가 어떤 변명을 하여도, 서원을 깨는 것은 그 자체가 지극히 악한 일이다. "네가 서원을 하였다면, 너는 서원을 회피하려고 하지도 말고, 서원의 의무에서 벗어나기 위한 핑곗거리를 찾지도 말라. 너는 만군의 여호와의 사자 또는 천사라 불리는 제사장 앞에서, 다시 한 번 생각을 해보고 서원이 잘못된 것 같아서 마음을 바꾸었으니 네 서원의 의미로부터 풀어주기를 원한다고 말하지 말라. 너는 네가 서원한 것을 지키고, 빠져나갈 구멍을 찾지 말라." 어떤 이들은 여기에 나오는 천사를 각 사람을 따라다니며 그가 무엇을 하는지를 살피는 수호천사를 가리키는 것으로 보기도 하고, 어떤 이들은 하나님의 백성들이 모이는 자리에 함께 하시고 마음을 살피시기 때문에 그 누구도 속일 수 없는 언약의 사자인 그리스도를 가리키는 것으로 보기도 한다: 그를 노엽게 하지 말라 내 이름이 그에게 있음이니라(출 23:20-21). 그리스도는 엄격하시고 질투하시는 분으로 묘사된다.

(2) 그런 서원을 한 자들은 하나님의 진노를 사리라는 것. 왜냐하면, 하나님은 이렇게 그에게 입으로 거짓말을 하고 혀로 아첨하는 자들의 목소리로 말미암아 진노하시고, 그들의 위선을 기뻐하지 않으셔서, 그들의 손으로 한 것을 멸하실 것이기 때문이다. 즉, 하나님은 그들이 이러한 서원을 하면서 하나님께 이루어 주시라고 구하였던 바로 그 일이 성공하지 못하게 하실 것이다. 우리가 우리 입으로 한 말을 취소하거나 우리가 서원한 것을 무효화하는 기만적인 행위를 한다면, 하나님이 우리의 계획을 뒤집어 엎으시고, 모든 일에서 우리와 반대로 걸으시는 것은 당연한 일이다. 함부로 서원하고 나서 그 후에 그 서원이 잘못된 것이 아닌지를 살피면 그것이 그 사람에게 덫이 되느니라(잠 20:25).

Ⅲ. 하나님을 늘 경외하라는 것(7절). 옛적에 많은 사람들은 꿈들을 통해서 하나님의 마음을 알 수 있는 체하여서 많은 꿈들을 얘기함으로써, 하나님의 백성들로 하여금 그들이 얘기하는 꿈들에 매달려서 하나님의 이름을 거의 잊어버리게 만들었고(렘 23:25-26), 지금은 많은 사람들이 마치 꿈들이 이런저런 재난을 미리 알려주기라도 하는 것처럼 그들이 꾼 무섭고 이상한 꿈들이나 다른 사람들의 꿈들 때문에 곤혹스러워한다. 꿈을 중요시하는 자들의 머리는 많은 꿈들로 가득 차 있게 될 것이다. 그러나 사람들이 하는 많은 말들이 헛된 것들이듯이, 모든 꿈들도 헛된 것들이고, 우리가 꿈들을 중요시하면 할수록 그 헛

됨은 더욱 커질 것이다. "꿈들은 아이들이나 미련한 자들이 별 의미 없이 재잘거리는 수다와 같은 것일 뿐이기 때문에, 너는 꿈들에 신경을 쓰지 말고 잊어버리라. 너는 꿈들을 마음속에 두고 자꾸 생각하며 그 꿈들로부터 불길한 결론들을 이끌어 내지 말고, 오직 **하나님을 경외할지니라**. 하나님의 주권적인 통치를 바라보고, 하나님을 늘 네 앞에 두며, 하나님의 사랑 안에 늘 거하고, 하나님을 노엽게 해 드리지 않도록 조심하라. 그리하면, 너는 하찮은 꿈 때문에 마음이 어지러워지는 일이 없게 될 것이다." 하늘의 징조들을 보고 낙심하거나 이방의 우상들을 두려워하는 일이 없게 하는 길은 열방의 왕이신 하나님을 경외하는 것이다(렘 10:2, 5, 7).

Ⅳ. 하나님을 경외하는 마음을 가지고 사람을 두려워하는 마음을 제압하라는 것(8절). "너는 하나님을 늘 네 앞에 두라. 그러면, 너는 빈민을 학대하는 것을 볼지라도 그것을 이상히 여기지 않게 될 것이고, 하나님의 섭리에 대하여 시비를 걸지 않게 될 것이며, 정치와 사법이 이렇게 왜곡되어 있다고 불평하거나 신앙이 사람들이 해악을 당하지 않도록 지켜 주지 못한다고 불평하지 않게 될 것이다." 좀 더 살펴보자.

1. 이 땅에서의 암울한 광경. 정의감과 인류에 대한 관심을 갖고 있는 선한 자들은 빈민이 가난하여 자기 자신을 지킬 수 없다는 이유로 학대받는 것을 보거나, 권력을 쥔 자들이 법의 미명 아래에서 권력의 비호를 받으며 압제를 행하여서 정의와 공의를 짓밟는 것을 볼 때에 괴로울 수밖에 없다. 한 나라에서 전체적으로는 선한 통치가 이루어지고 있다고 하더라도, 어떤 지방에서는 악한 자가 수령이 되어서 그 지방을 악하게 다스려서 정의와 공의가 짓밟히는 일이 얼마든지 있을 수 있다. 아무리 지혜로운 왕이라도 관원들을 등용할 때에 그들이 어떤 자들인지를 다 알기는 어려운 노릇이기 때문에, 다만 문제가 생겼을 때에 비로소 잘못된 것을 바로잡을 수 있을 뿐이다.

2. 하늘에서의 편안한 광경. 땅의 모습이 이렇게 암울할 때, 우리는 다음과 같은 것들로 인하여 만족할 수 있다.

(1) 압제자들이 높은 자들이라고 할지라도, 그들이 교만하게 행하는 바로 그 일에서 하나님은 그들보다 더 높으시다는 것(출 18:11). 하나님은 피조물들 중에서 가장 높은 자들보다 더 높으시고, 왕들 중의 왕이나 아각보다 더 높은 왕(민 24:7)이나 천사장들이나 윗 세상의 왕권들과 주권들보다 더 높으시다. 하나님은

온 세계의 지존자(시 83:18), 그의 영광은 하늘보다 높다. 하나님 앞에서는 왕들도 벌레들이고, 왕들이 지닌 가장 뛰어난 영광도 반딧불에 지나지 않는다.

(2) 압제자들이 안심하고 지낼지라도, 하나님은 그들을 주시하고 계시고, 장차 그들이 공의를 짓밟은 것에 대하여 벌하시리라는 것. 하나님은 그들의 악행을 단지 보실 뿐만 아니라 주목하시고 감찰하셔서, 나중에 그것을 그들에게 상기시켜 주시기 위하여 기록해 두신다. 하나님의 눈은 그들의 길을 살피신다(욥 24:23).

(3) 천사들의 세계가 있다는 것. 천사들은 압제자들보다 더 높은 자들로서, 하나님의 공의를 따라 해악을 입은 자들을 보호하고 해악을 가한 자들을 벌하는 일을 한다. 산헤립은 그의 강력한 군대를 자랑하였지만, 그와 그의 대군은 천사 한 명도 당해낼 수 없다는 것이 입증되었다. 어떤 이들은 여기에서 그들보다 더 높은 자들은 한 나라의 최고 회의를 구성한 총리들을 가리키는 것으로 이해한다. 바사에서는 지방의 총독이나 고관들이 총리들에게 자신의 직무를 보고하게 되어 있었고(단 6:2), 로마에서는 원로원이 있어서 총독들에 대한 소청들을 심리하고, 하급 법원에서 올라온 상소 사건들은 상급 법원이 심리하였는데, 이러한 제도들은 한 나라를 잘 다스리는 데에 꼭 필요한 것들이었다. 이 땅에서 압제자들은 그들보다 더 높은 자들에 의해서 통제와 감찰을 받고 벌을 받을 것이다. 설령 그렇게 되지 않는다고 해도, 하늘에 계신 지존자이신 하나님이 그들을 벌하실 것이다.

9땅의 소산물은 모든 사람을 위하여 있나니 왕도 밭의 소산을 받느니라 10은을 사랑
하는 자는 은으로 만족하지 못하고 풍요를 사랑하는 자는 소득으로 만족하지 아니
하나니 이것도 헛되도다 11재산이 많아지면 먹는 자들도 많아지나니 그 소유주들은
눈으로 보는 것 외에 무엇이 유익하랴 12노동자는 먹는 것이 많든지 적든지 잠을 달
게 자거니와 부자는 그 부요함 때문에 자지 못하느니라 13내가 해 아래에서 큰 폐단
되는 일이 있는 것을 보았나니 곧 소유주가 재물을 자기에게 해가 되도록 소유하
는 것이라 14그 재물이 재난을 당할 때 없어지나니 비록 아들은 낳았으나 그 손에
아무것도 없느니라 15그가 모태에서 벌거벗고 나왔은즉 그가 나온 대로 돌아가고
수고하여 얻은 것을 아무것도 자기 손에 가지고 가지 못하리니 16이것도 큰 불행이
라 어떻게 왔든지 그대로 가리니 바람을 잡는 수고가 그에게 무엇이 유익하랴 17일

평생을 어두운 데에서 먹으며 많은 근심과 질병과 분노가 그에게 있느니라

솔로몬은 즐거움과 웃고 떠들고 노는 것, 훌륭한 일들, 명예와 권력과 왕의 위엄이 헛된 것임을 보여주었었다. 탐욕스러운 속물들 중에서도 솔로몬의 말에 동의하여, 그와 마찬가지로 그런 것들을 멸시하는 자들이 많다. 그러나 그들은 돈이야말로 정말 실속 있는 것이고, 오직 돈만 많이 있으면 행복할 수 있다고 생각한다. 솔로몬이 이 단락에서 공격하고 바로잡고자 하는 것은 바로 그런 잘못된 생각이다. 그는 큰 부라는 것이 안목의 정욕이라는 것과 안목의 정욕도 육신의 정욕이나 이생의 자랑과 마찬가지로 헛된 것이어서, 사람은 재물을 소비하는 것에서나 재물을 모으는 것에서 참된 행복을 얻을 수 없다는 것을 보여준다.

I. 솔로몬은 땅의 소산물들은 인간의 삶을 지탱해 주고 편하게 해 주는 데에 꼭 필요한 귀한 것들이라는 것을 인정한다(9절). 땅의 소산물은 모든 사람을 위하여 있다. 사람의 육신은 흙으로 만들어졌기 때문에 그 육신을 지탱해 주는 것도 땅으로부터 나온다(욥 28:5). 사람에게 땅의 소산물들을 주신 것, 메마른 땅이 사람들의 거처가 되지 않게 하신 것(메마른 땅은 오직 거역하는 자들에게나 합당한 거처이다, 시 68:6)은 사람을 향하신 하나님의 풍성한 은혜를 보여주는 한 예이다. 땅에서 얻어지는 소산물이 있는데, 그것은 모든 사람을 위한 것이다. 모든 사람이 땅의 소산물을 필요로 한다. 그것은 모든 사람이 사용하도록 되어 있다. 모든 사람에게 충분한 소산물이 공급된다. 그것은 모든 사람만을 위한 것이 아니라, 모든 열등한 피조물들을 위한 것이기도 하다. 사람들을 위하여 채소를 내는 바로 그 동일한 땅이 가축 떼를 위한 풀도 낸다. 이스라엘은 하늘로부터 온 양식, 즉 천사들의 음식을 먹었지만, 우리의 보고(寶庫)는 땅이고, 짐승들은 우리와 함께 그 땅을 함께 이용한다. 왕도 밭의 소산을 먹고 살아가기 때문에, 그 소산물이 없는 경우에는 잘 못먹을 수도 있고 굶주릴 수도 있다. 사람의 삶을 지탱하는 데에 무엇보다도 가장 필요한 것은 땅의 소산물이기 때문에, 농부는 대단히 존귀한 직업이다. 많은 사람들이 농부의 덕을 보고 있다. 용사들도 농부의 수고 없이는 살아남을 수 없다. 땅의 소산물은 모든 사람을 위하여 있다. 그것은 왕을 위한 것이기도 하다. 땅의 소산물들을 차고 넘치게 가지고 있는 자들은 그것들이 모든 사람을 위하여 있다는 것을 기억하고, 그들 자신은 단

지 그 풍성한 소산물들을 관리하는 청지기에 불과하다고 여겨서, 그 소산물들을 필요한 자들에게 나눠 주어야 한다는 것을 명심하여야 한다. 진수성찬과 부드러운 옷은 오직 몇몇 사람들을 위한 것이지만, 땅의 소산물은 모든 사람을 위하여 있다. 바다의 풍부한 것을 흡수하는 자들은 땅의 소산물이 없이는 있을 수 없지만(신 33:19), 땅의 소산물을 충분히 가지고 있는 자들은 바다의 풍부한 것을 멸시할 수 있다.

Ⅱ. 솔로몬은 이렇게 꼭 필요한 것 이상의 재물을 쌓아 두는 것은 헛된 일이고, 사람을 평안하거나 행복하게 만들어 주지 못한다고 주장한다. 우리 구주께서 말씀하신 것, 즉 사람의 생명이 그 소유의 넉넉한 데 있지 아니하니라(눅 12:15)는 말씀이 솔로몬이 여기에서 여러 가지 근거들을 들어서 증명하고자 하는 바로 그것이다.

1. 사람은 많이 가질수록, 더 많이 갖고자 한다는 것(10절). 사람은 약간의 은을 가지고서 거기에 만족하여 이제 충분하다고 생각해서 더 이상 욕심을 부리지 않을 수 있다. 자족하는 마음이 있으면 경건은 큰 이익이 되느니라(딤전 6:6). 야곱은 내 소유가 족하다(창 33:11)고 말하였고, 사도 바울도 내게는 모든 것이 있고 또 풍부하다(빌 4:18)고 말하였다.

(1) 은을 사랑하는 자, 은에 마음을 둔 자는 족한 줄을 모르기 때문에, 스올처럼 자기의 욕심을 넓히고(합 2:5), 가옥에 가옥을 이으며 전토에 전토를 더하며(사 5:8), 거머리의 두 딸처럼 다오 다오라고 소리친다(잠 30:15). 자연적인 욕구들은 그 욕구가 충족되면 그치지만, 부패한 욕구들은 만족할 줄을 모른다. 자연은 약간의 것으로 만족하고, 은혜는 작은 것으로 만족하지만, 욕망은 그 어떤 것으로도 만족하지 못한다.

(2) 은을 많이 가진 자는 은을 더 많이 가지려고 혈안이 되지만, 그 은이 그의 영혼에 진정한 만족을 주지 못한다는 것을 발견한다. 은이 만족시켜 주지 못하는 육신의 욕망들이 있다. 사람이 배가 고프다면, 은 덩어리는 진흙 덩어리와 마찬가지로 그의 허기를 채워주지 못할 것이다. 하물며, 세상의 것들이 아무리 차고 넘쳐도 영적인 욕구들을 만족시켜 주지 못하리라는 것은 너무도 당연하지 않는가. 은을 많이 가진 자는 단지 은만이 아니라 다른 것들도 더욱 탐하게 된다. 세상의 쓰레기 같은 고역들에 힘쓰는 자들은 배부르게 하지 못할 것(사 55:2), 창자만 채워줄 뿐이고 결코 심령을 채워주지 못할 것(겔 7:19)을

위하여 수고하고 있는 것이다.

2. 사람은 많이 가질수록, 그것을 쓸 일도 많아지고 그것으로 해야 할 일도 많아져서, 그의 괴로움은 눈덩이처럼 불어나게 된다는 것. 재산이 많아지면 먹는 자들도 많아진다(11절). 양식이 많아지면 입도 많아진다. 재산이 늘어났는가? 그렇다면, 식솔도 더 많아지고 자녀들도 자라서, 더 많은 것이 필요하지 않는가? 사람이 많이 가질수록, 더 좋은 집이 있어야 하고, 하인들도 더 고용해야 하며, 더 많은 손님을 접대해야 하고, 가난한 자들에게 더 많이 구제해야 하며, 그들에게 손 벌리는 사람들도 더 많아질 것이다. 왜냐하면, 주검이 있는 곳에는 독수리들이 모이는 법이기 때문이다. 우리의 소유 중에서 우리가 먹고 입는 것을 뺀 나머지는 모두 남들을 위한 것이다. 그렇다면, 그 소유주들은 눈으로 보는 것이 주는 즐거움 외에 무엇이 유익하랴. 그것은 보잘것없는 즐거움이다. 재산을 소유하고 있는 자와 그것을 즐기는 자들의 차이는 단지 생각 속에서의 즐거움뿐이다. 소유주는 자기의 재산을 주변 사람들이 즐기는 것을 마치 자기가 즐기는 것이라고 생각하고, 그 생각 속에서 즐거움을 누린다. 그는 오직 다른 사람들에게 선을 행한 것으로 인한 만족감만을 가질 뿐인데, 사실 그것이야말로 그리스도께서 하신 말씀, 즉 받는 자보다 주는 자가 더 복되다고 하신 말씀을 믿는 자에게 주어지는 만족감이다. 그러나 자기 자신 외에 다른 사람들에게 돌아가는 것은 모두 손해라고 생각하는 탐욕스러운 자에게는 자기 재산으로 남들이 먹는 것을 보는 것은 항상 괴로운 일일 수밖에 없다.

3. 사람은 많이 가질수록, 그것에 대한 염려도 더 많아져서, 불안하여 제대로 쉬거나 자지도 못하게 된다는 것(12절). 잠을 잘 자는 것은 잘 먹는 것만큼이나 인간의 삶을 지탱해 주고 편안하게 해주는 것이다.

(1) 열심히 일해서 일한 만큼 얻는 자들은 통상적으로 잠을 가장 잘 잔다는 것. 노동자는 잠을 달게 자는데, 이것은 단지 그가 노동을 해서 피곤하여 잠을 푹 잘 수 있기 때문만이 아니라, 그의 머릿속에 근심할 것이나 그의 잠을 깨울 만한 일이 없기 때문이다. 비록 그는 적게 먹고, 먹을 것이 별로 없어도, 노동으로 인한 노곤함이 그를 잠에 곯아떨어지게 만들기 때문에, 그의 잠은 달 수밖에 없다. 그는 많이 먹어도, 그의 노동으로 소화를 잘 시키기 때문에, 잠을 잘 잘 수 있다. 부지런한 그리스도인의 잠은 비록 그것이 긴 잠이라고 해도 달다. 왜냐하면, 그는 그의 모든 시간을 하나님을 섬기는 일에 다 쓰고 나서, 즐거운

마음으로 하나님께 돌아가서 하나님 안에서 푹 잠을 자며 안식할 수 있기 때문이다.

(2) 다른 모든 것을 갖고 있는 자들도 흔히 밤에 잠을 잘 자지 못하는 경우가 많다는 것. 그들은 뜬 눈으로 밤을 지새우거나 잠자리가 편치가 않고 선 잠을 자서 새 힘을 얻지 못한다. 그들의 잠을 깨우고 방해하는 것은 그들이 가진 많은 것들이다. 그들은 염려가 많고(부자는 땅의 소출이 많자 속으로 "내가 곡식 쌓아 둘 곳이 없으니 어찌할까"라고 고민한다, 눅 12:17), 너무 많이 먹고 마셔서, 병이 나고, 제대로 잠을 이루지 못한다. 아하수에로 왕은 주연(酒筵)이 끝난 후에 잠을 이룰 수 없었다. 그들의 잠을 깨우고 방해하는 것은 다른 무엇보다도 그들이 가진 것을 얻거나 쓸 때에 그들이 저지른 악에 대한 죄책감이다. 그러나 여호와께서 그의 사랑하시는 자에게는 잠을 주신다(시 127:2).

4. 사람은 많이 가질수록, 해악을 가하거나 당할 위험이 더 많아진다는 것(13절). 솔로몬이 해 아래에서, 즉 죄와 화(禍)가 벌어지는 무대인 이 아랫 세상에서 직접 본 큰 해악이 있는데, 그것은 소유주가 열심히 수고해서 벌어들여 안전하게 모아 놓은 재물을 자기에게 해가 되도록 소유하는 것이다. 그들은 차라리 그 재물을 가지지 않았더라면 더 좋았을 것이다.

(1) 그들이 가진 재물은 그들에게 해가 된다는 것. 재물은 그들을 교만하고 안일하며 세상을 사랑하게 만들고, 그들의 마음을 하나님과 자신의 본분에서 멀어지게 하며, 그들을 세상 속에 가두어 두어서, 그들이 천국에 들어가는 것을 아주 어렵게 만든다.

(2) 그들은 그들이 가진 재물로 다른 사람들에게 해를 끼친다는 것. 재물은 그들에게 그들 자신의 욕망을 채우고 사치스럽게 살 수 있는 힘을 줄 뿐만 아니라, 다른 사람들을 압제하고 가혹하게 대하도록 만든다.

(3) 그들은 그들이 가진 재물 때문에 종종 해를 입는다는 것. 만약 그들이 부자가 아니라면, 그들은 남의 시기를 받거나 강도를 당할 일이 없을 것이다. 살진 짐승이 가장 먼저 도살장으로 끌려가는 법이다. 아주 많은 재산을 가진 갑부는 그가 엄청난 재산을 소유하고 있다는 이유만으로 그의 생명 및 재산과 관련해서 대사면에서 제외되는 경우가 종종 있다. 이렇게 재물이 그 소유주의 생명을 잃게 하는 일이 심심치 않게 있다(잠 1:19).

5. 사람은 많이 가질수록, 잃는 것도 많아지고, 결국에는 다 잃게 된다는 것

(14절). 고생해서 모아서 노심초사하여 지킨 재물은 그들이 재물을 얻고 지키기 위해서 고생하고 염려한 것으로 말미암아 결국 다 없어지고 만다. 재물을 끊임없이 더 모으려고 지나치게 욕심을 부리다가 자신의 재산을 다 잃은 자들이 많다. 재물은 없어지는 것이기 때문에, 우리가 아무리 재물을 꼭 붙들고 있더라도 재물을 없어지지 않게 만들 수는 없다. 재물은 스스로 날개를 내어 날아간다(잠 23:5). 자기 아들을 어엿한 신사로 만들 수 있을 것이라고 생각한 부자는 그 아들을 거지로 만들게 될 것이다. 그는 자신의 큰 재산을 물려 주려는 생각으로 아들을 낳아서 키우지만, 그가 죽을 때쯤에는 빚더미에 앉게 되어, 그의 아들의 손에는 아무것도 남는 것이 없게 될 것이다. 한때 대단했던 재산은 어느샌가 다 없어져서, 상속자를 속이는 일은 비일비재하게 일어나는 일이다.

6. 사람이 아무리 많이 가지고 있어도, 죽을 때에는 그 모든 것을 남겨두고 떠나야 한다는 것(15-16절). 그가 모태에서 벌거벗고 나왔은즉 그가 나온 대로 돌아가리라. 그가 이 세상에 벌거벗은 채로 나왔을 때에 사람이 그를 불쌍히 여겨서 포대기로 둘러주었듯이, 그가 이 세상을 떠날 때에는 사람들이 그에게 수의를 입혀줄 것이고, 그것이 전부이다(욥 1:21; 시 49:17). 솔로몬이 이 말을 하는 이유는 우리가 우리에게 지금 있는 것으로 만족해야 한다는 것을 보여주기 위한 것이다(딤전 6:7). 육신과 관련해서 우리는 벌거벗은 채로 왔으니 벌거벗은 채로 가야 한다. 우리의 육신을 구성하고 있는 티끌은 흙에서 왔다가 흙으로 돌아가게 될 것이다. 그러나 우리의 영혼이 왔던 모습 그대로 돌아간다면, 그것은 슬픈 일이다. 왜냐하면, 우리는 죄 가운데서 태어났는데, 죽을 때에도 거룩함을 입지 못한 채 죄 가운데서 죽는다면, 아예 처음부터 태어나지 않은 편이 더 나았을 것이기 때문이다. 여기에서 말하고 있는 것은 믿음이 없는 세상적인 자의 경우인 것 같다. 왜냐하면, 그는 모든 점에서 왔던 모습 그대로, 즉 죄악되고 비참한 상태로, 아니 왔던 모습보다 훨씬 더 안 좋아져서 돌아가는 것으로 묘사되고 있기 때문이다. 이것은 큰 불행이다. 그는 그의 마음이 이 세상에 꼭 붙어 있기 때문에, 자기가 수고하여 얻은 것을 아무것도 자기 손에 가지고 가지 못한다고 생각한다. 그가 지닌 재물은 그를 따라 저 세상으로 가지 못할 것이고, 저 세상에서 그에게 아무런 도움도 되지 못할 것이다. 우리가 신앙 안에서 수고한다면, 그 수고로 말미암아 얻은 은혜와 위로는 우리가 우리의 마음속에 담아서 저 세상으로 가져갈 수 있고, 거기에서 그것 때문에 더 나은 삶을

영원토록 살게 될 것이다. 이것이 영원토록 있는 양식이다. 그러나 우리가 오직 세상을 위해서만 수고하고, 우리의 손을 그런 수고로만 채운다면, 우리는 그것을 저 세상으로 가져갈 수 없다. 우리는 태어날 때에는 손을 쥔 채로 나오지만, 죽을 때에는 그동안 손에 쥐었던 모든 것을 다 놓아 주고 편 채로 간다. 따라서 이 문제를 전체적으로 본다면, 솔로몬이 바람을 잡는 수고가 그에게 무엇이 유익하랴(16절)고 반문하는 것은 당연하다. 세상을 위하여 수고하는 자들은 바람을 잡는 수고를 하는 것임을 명심하라. 바람은 실속도 없으면서 소리만 크고, 불확실하며, 부는 방향이 늘 바뀌고, 만족을 주지 못하며, 흔히 해롭고, 우리가 굳게 잡을 수 없는 그런 것이다. 우리가 세상을 우리의 분깃으로 삼는다면, 세상은 바람과 같아서 우리에게 필요한 꼴을 제대로 주지도 못할 것이다(호 12:1). 사람들은 죽을 때에 그들의 모든 수고로 인한 유익이 다 바람처럼 어디론가 사라지는 것을 보고서야 비로소 그들이 바람을 잡는 수고를 했다는 것을 깨닫게 될 것이다.

7. 많이 가진 자는 재물에 마음을 두고 살아간다면 죽을 때만이 아니라 살아 있는 동안에도 평안과 위로가 없으리라는 것(17절). 재산을 모으는 일에만 골몰하는 이 탐욕스러운 속물은 일평생을 어두운 데에서 먹으며 많은 근심과 질병과 분노가 그에게 있다. 그는 자기 재물이 주는 즐거움을 스스로 누리지 못하고 수고의 떡을 먹을 뿐만 아니라(시 127:2), 다른 사람들이 자기 재물을 먹는 것을 보고 몹시 괴로워한다. 그는 꼭 필요한 경비를 쓰는 때에도 가슴 아파하고 속을 태우며, 자기 자신과 그의 식구들이 양식을 먹지 않고 살 수 없다는 사실에 화를 내는 것처럼 보인다. 본문의 마지막 구절은 이 탐욕스러운 속물이 인간의 삶에서 누구에게나 일어나고 피할 수 없는 재난들을 당했을 때에 그것을 거의 견뎌낼 수 없을 것임을 보여준다. 그는 건강할 때에도 그가 가진 것에 대한 염려와 두려움 때문에 밥맛도 제대로 느끼지 못하는 가운데에 어두운 데에서 먹는다. 하물며, 그가 병에 걸려서 아프면, 그의 반응은 어떠하겠는가? 그는 자기가 질병에 걸려 아픈 것에 대하여 많은 근심과 분노를 품는다. 그는 병 때문에 자기가 일을 하지 못하고 세상의 것들을 얻지 못하는 것에 대하여 분노하고, 그가 가진 모든 재물로도 자기가 이 질병에서 벗어날 수 없다는 것에 분노하며, 특히 자기에게 죽음이 닥쳐와서(질병은 죽음의 전조가 될 수 있기 때문에), 그가 그토록 애정을 두고 집착하는 이 세상과 이 세상의 것들을 다 남겨두고, 그가

전혀 준비가 되어 있지 않은 저 세상으로 가게 되지는 않을까 하고 몹시 두려워한다. 그에게는 하나님의 뜻대로 하게 된 근심, 즉 회개에 이르게 하는 근심은 전혀 없고, 오직 하나님의 섭리와 자신의 질병과 주변의 모든 사람들에게 분노하며, 안달복달하고 걸핏하면 화를 내는 그런 근심만이 있다. 그러므로 선한 자는 병이 들어 아플 때에 인내와 기쁨으로 자신의 고통을 줄이는 데에 반해서, 그는 많은 근심과 분노로 그의 고통을 배가시킨다.

[18]사람이 하나님께서 그에게 주신 바 그 일평생에 먹고 마시며 해 아래에서 하는 모
든 수고 중에서 낙을 보는 것이 선하고 아름다움을 내가 보았나니 그것이 그의 몫
이로다 [19]또한 어떤 사람에게든지 하나님이 재물과 부요를 그에게 주사 능히 누리
게 하시며 제 몫을 받아 수고함으로 즐거워하게 하신 것은 하나님의 선물이라 [20]그
는 자기의 생명의 날을 깊이 생각하지 아니하리니 이는 하나님이 그의 마음에 기
뻐하는 것으로 응답하심이니라

여기에서 솔로몬은 재물을 모아 보았자 헛되다는 것으로부터 우리가 취할 수 있는 최선의 길은 우리가 가진 것을 잘 사용하고, 그것으로 하나님을 섬기며 선한 일을 하고, 그 재물이 주는 위로와 낙을 우리 자신과 우리의 가족이 누리는 것이라고 결론을 이끌어 낸다. 그는 앞에서 이것을 역설했었다(2:24; 3:22). 좀더 살펴보자.

1. 솔로몬이 여기에서 우리에게 권하는 것은 무엇인가. 그것은 육신의 쾌락들에 빠지거나, 현세에서의 즐거움이나 유익들을 우리의 분깃으로 삼지 말고, 하나님의 섭리가 우리로 하여금 이 세상을 잘 통과할 수 있도록 하기 위해서 우리에게 준 것을 적절하고 건전하게 활용해야 한다는 것이다. 우리는 탐욕 때문에, 또는 세상적인 것들을 열심히 추구하거나 지나치게 염려하고 근심함으로써, 먹을 것을 제대로 먹지 못해서 우리 자신을 굶어 죽게 해서는 안 되고, 우리의 심령이 하나님을 섬길 수 있도록 우리의 육신이 건강한 상태를 유지하기에 적합한 정도로 먹고 마셔야 한다. 우리는 뼈 빠지게 일하느라고 죽을 고생을 하면서, 그렇게 고생해서 얻은 것이 주는 낙을 다른 사람들로 하여금 누리게 하지 말고, 우리의 손이 수고해서 얻은 것이 주는 낙을 스스로 누리되, 가끔씩이 아니라 하나님께서 우리에게 주신 바 그 일평생에 누려야 한다. 삶은 하나님

의 선물이다. 하나님은 우리에게 우리의 사는 날수를 정해 주셨다(욥 14:5). 그러므로 우리는 우리의 사는 날들을 기쁨과 즐거운 마음으로 우리 하나님 여호와를 섬기는 일에 사용하여야 한다. 우리는 우리가 소명으로 받은 일을 쓸데없는 잡일이나 고역으로 만들어서 그 일의 노예가 되어서는 안 되고, 우리가 하는 수고를 즐거워하며, 우리가 당혹감이나 불안감을 갖고 않고 무리 없이 해낼 수 있는 정도보다 더 많은 일을 하려고 하지 말고, 하나님이 우리에게 맡기신 소명을 즐거워하며, 그 일을 기쁜 마음으로 계속해 나가야 한다. 그것이 우리가 하는 수고를 즐거워하는 것이다. 스불론은 밖으로 나감을 기뻐하고, 잇사갈은 장막에 있음을 기뻐한 것 같이, 우리는 우리의 소명으로 주어진 일이 무엇이든 그 일을 기뻐하여야 한다.

2. 솔로몬이 그렇게 하기를 우리에게 권하기 위하여 무엇을 역설하는가.

(1) 그렇게 하는 것이 선하고 아름답다는 것. 그것은 좋은 일이고, 아름다운 일이다. 하나님이 주신 것을 기쁜 마음으로 사용하는 것은 주신 분을 높여 드리는 것이고, 선물을 주신 의도에 부응하는 것이며, 너그러운 마음으로 도리에 맞게 행하는 것이고, 이 세상에서 선을 행하는 것이며, 자기가 가진 것으로 가장 큰 이문을 남기는 것이기 때문에, 그렇게 하는 자는 신용과 위로를 얻는다. 그렇게 하는 것은 도리와 품위를 갖춘 것이어서 선하고 아름답다.

(2) 그렇게 하는 것이 우리가 이 세상의 것들로부터 얻어낼 수 있는 좋은 것의 전부라는 것. 그것이 우리의 몫이다. 우리가 그렇게 하는 것이 우리의 몫을 챙기는 것이고, 좋지 않은 것을 최고로 활용하는 것이다. 그것이 우리가 세상에서 가진 소유에서 얻을 수 있는 우리의 몫이다. 하나님께는 하나님의 몫이 있고, 가난한 자들에게는 가난한 자들의 몫이 있으며, 우리 가족에게는 우리 가족의 몫이 있듯이, 이것은 우리의 몫이다. 그것은 세상의 것들 가운데서 우리의 몫으로 배정된 것의 전부이다.

(3) 그렇게 하고자 하는 마음을 주시는 것은 하나님의 섭리에 의해 주어진 모든 선물들에 관을 씌우는 하나님의 은혜의 선물이라는 것. 하나님은 사람에게 재물과 부요의 선물을 주신 후에는 은총으로 그 선물을 완성시키시는데, 하나님이 그 사람에게 그 선물을 능히 누릴 수 있는 힘을 주시고, 그 선물이 주는 유익함을 얻고 그 선물로 선을 행할 수 있는 지혜와 은혜를 주실 때에만, 그 재물과 부(富)는 진정한 복이 된다. 이것이 하나님의 선물이라면, 그것은 우리가

이 세상에서 누리는 것들과 관련하여 최고의 선물이기 때문에, 우리는 그것을 간절히 원하여야 한다.

(4) 그것은 우리 자신의 삶을 편안하게 만들어 주고, 수많은 고생과 괴로움에 시달리는 이 땅에서의 우리의 삶에서 위로를 얻게 해주는 길이라는 것(20절). 그렇게 하는 자는 자기의 생명의 날, 슬픔과 큰 수고의 날들, 그의 일하는 날들, 그의 우는 날들을 깊이 생각하지 아니하게 될 것이다. 그는 그런 날들을 잊어버리거나, 기억할지라도 물이 흘러감 같을 것이다(욥 11:16). 그는 그가 고생한 일들을 마음에 깊이 새기지 않을 것이고, 그런 일들로 인한 쓰라린 기억을 오랫동안 간직하지 않을 것이다. 왜냐하면, 하나님이 그의 마음에 기뻐하는 것으로 응답하셔서, 그의 수고가 가져다 준 온갖 무거운 근심들을 그의 수고로 인한 기쁨으로 상쇄시켜 주시고, 그의 손으로 수고한 것을 먹게 하심으로써 그의 수고에 대한 상을 그에게 주실 것이기 때문이다. 하나님은 모든 것을 그가 바라고 기대했던 그대로 응답하지는 않으신다고 하여도, 그런 것들보다 더 좋은 것, 즉 그의 마음에 기쁨을 주시는 것으로 응답하실 것이다. 마음이 즐거운 것은 큰 복이다. 그것은 우리로 하여금 우리의 일의 멍에를 쉽게 질 수 있게 해주고, 우리의 환난의 짐을 가볍게 해준다.

제 6 장

개요

이 장에는 다음과 같은 내용들이 나온다. I. 전도자 솔로몬은 사람들이 그들의 행복을 세상의 재물에 두고서 열심히 지나치게 재물을 모은다고 하여도 세상의 재물은 헛된 것일 뿐임을 계속해서 보여준다. 재물은 지혜롭고 후한 자의 손에 들어가면 좋은 일에 쓸모가 있지만, 인색하고 비열하고 탐욕스러운 구두쇠의 손에 들어가면 아무짝에도 소용이 없다. 1. 전도자는 그런 사람이 가질 수 있는 것들과 누릴 수 있는 것들을 열거한다. 그에게는 재물과 부가 있고(2절), 그 재물을 물려줄 자녀가 있으며(3절), 그는 장수한다(3, 6절). 2. 전도자는 그런 사람이 그 재물로 인한 낙을 누리지 않는 것이 어리석은 일이라고 말한다. 그는 그런 낙을 누릴 힘이 없어서, 다른 사람들이 그 재물을 삼키게 되고, 좋은 것으로 배불러 본 적이 없으며, 마침내 안장되지도 못한다(2-3절). 3. 전도자는 이런 일이 일어나는 것을 불행한 일이고 허망한 일이며 병이라고 책망한다(1-2절). 4. 전도자는 그런 자의 처지보다 낙태된 아이의 처지가 더 낫다고 말한다(3절). 낙태된 아이의 불행은 단지 소극적인 것인데 반해서(4-5절), 저 탐욕스러운 속물의 처지는 적극적인 것이다. 그는 오랜 세월 동안 살면서 자신의 비참한 삶을 보아야만 하기 때문이다(6절). 5. 전도자는 재물은 오직 육신에만 관련되어 있어서 마음에 만족을 주지 못하고(7-8절), 탐욕스러운 자들은 끝없는 욕심으로 자신을 괴롭히며(9절), 그들이 재물로 인하여 온전히 만족을 얻었다고 할지라도 그들은 여전히 사람일 뿐이라는 것(10절)을 들어서 재물이 헛되다는 것을 보여준다. II. 전도자 솔로몬은 피조물이 헛되다는 것에 관한 그의 강론을 이 모든 것으로부터의 명백한 결론, 즉 이 세상의 것들에서 우리 자신의 행복을 찾으려고 생각하는 것은 어리석은 일이라는 결론으로 끝낸다(11-12절). 우리는 우리의 만족을 현세에서가 아니라 내세에서 찾아야 한다.

[1]내가 해 아래에서 한 가지 불행한 일이 있는 것을 보았나니 이는 사람의 마음을 무
겁게 하는 것이라 [2]어떤 사람은 그의 영혼이 바라는 모든 소원에 부족함이 없어 재
물과 부요와 존귀를 하나님께 받았으나 하나님께서 그가 그것을 누리도록 허락하

지 아니하셨으므로 다른 사람이 누리나니 이것도 헛되어 악한 병이로다 [3]사람이 비록 백 명의 자녀를 낳고 또 장수하여 사는 날이 많을지라도 그의 영혼은 그러한 행복으로 만족하지 못하고 또 그가 안장되지 못하면 나는 이르기를 낙태된 자가 그보다는 낫다 하나니 [4]낙태된 자는 헛되이 왔다가 어두운 중에 가매 그의 이름이 어둠에 덮이니 [5]햇빛도 보지 못하고 또 그것을 알지도 못하나 이가 그보다 더 평안함이라 [6]그가 비록 천 년의 갑절을 산다 할지라도 행복을 보지 못하면 마침내 다 한 곳으로 돌아가는 것뿐이 아니냐

솔로몬은 앞 장의 끝부분에서 하나님이 섭리를 통해서 주신 선물들을 기쁜 마음으로 사용하는 것이 얼마나 선한 일인지를 보여주었었는데, 이제 여기에서는 정반대로 많은 것을 가지고 있으면서도 현재에 있어서 가장 긴요한 데에 쓰지 않고 장래에 닥칠지도 모르는 긴급한 일들을 위해 쌓아 두기만 하는 것이 얼마나 악한 일인지를 보여준다. 그것은 솔로몬이 해 아래에서 직접 본 한 가지 불행한 일이었다(1절). 해 아래에는 많은 악한 일들이 있다. 해 위에는 그 어떤 악한 일도 없는 세계가 있다. 그렇지만 하나님은 그의 해를 선인에게는 물론이고 악인에게도 비추시는데, 이것은 악인의 죄악을 더욱 무겁게 하는 요인이 된다. 하나님은 그의 종들이 일할 수 있도록 등불을 켜놓으셨지만, 그들은 게으르고 무익한 자들이어서 자신의 달란트를 땅에 묻어두고, 그 등불을 허비하고 무가치하게 만들어 버린다. 솔로몬은 왕으로서 그의 신민들이 어떻게 행하는지를 살펴보다가, 백성들에게 해를 끼치는 이 악한 일을 보게 되었는데, 백성들은 방탕함에 의해서만이 아니라 인색함에 의해서도 해를 입는다. 한 나라에서 재물은 우리 몸에 있는 피와 같아서, 잘 돌지 않고 정체되어 있으면, 나쁜 결과를 초래하게 된다. 솔로몬은 전도자로서 신민들 가운데서 행해지는 악한 일들을 살펴보고, 그러한 일들을 책망하여 백성들에게 경계(警戒)로 삼게 하고자 하였다. 이 악한 일은 그의 시대에 흔한 일이었다. 그렇지만, 당시에는 은과 금이 널려 있었기 때문에, 사람들은 재물에 그리 관심을 두지 않는 것이 마땅하였을 것이다. 또한, 시절은 평화로웠고, 사람들에게 재물을 축적해 놓고자 하는 유혹을 불러일으키는 그 어떤 환난의 조짐도 없었다. 그러나 하나님의 은혜가 함께 작용하지 않으면, 하나님의 섭리만으로는 이 세상과 이 세상에 있는 것들을 좋아하는 부패한 심성이 치료되지 않는 법이다. 아니, 재물이 불어날수

록, 우리는 재물에 마음을 빼앗기기가 아주 쉽다. 본문에 나오는 구두쇠에 대하여 이제부터 좀 더 자세하게 살펴보자.

I. 그는 기쁘고 즐거운 마음으로 하나님을 섬겨야 할 충분한 이유가 있다는 것. 왜냐하면, 하나님은 모든 것에서 그에게 잘 해주셔서 그에게 부족함이 없기 때문이다.

1. 하나님은 그에게 재물과 부요와 존귀를 주셨다는 것(2절).

(1) 재물과 부요를 지닌 자는 흔히 사람들 가운데서 존귀를 얻게 된다. 재물은 단지 우상, 즉 황금 우상에 불과하지만, 모든 백성과 나라들과 각 언어를 말하는 자들이 그 우상에게 엎드려 절한다.

(2) 재물과 부요와 존귀는 하나님의 선물들, 하나님의 섭리에 의한 선물들이고, 비나 햇빛처럼 모든 사람에게 똑같이 주어지는 것이 아니라, 하나님의 뜻에 따라 어떤 자들에게는 주어지고 어떤 자들에게는 주어지지 않는다.

(3) 그것들은 그것들을 선하게 사용하지 않는 많은 자들에게 주어진다. 하나님은 사람들에게 그것들을 주시면서도, 그것들이 주는 낙을 누리거나 그것들로 하나님을 섬길 수 있게 해주는 지혜와 은혜를 그들에게 주시지 않는 경우가 많다. 일반 섭리에 의한 선물들은 특별한 은혜의 선물들이 주어지지 않은 자들에게 주어지는 일이 많은데, 특별한 은혜의 선물이 없을 때에는 섭리의 선물들은 흔히 그 선물을 받은 자들에게 유익이 되는 것이 아니라 도리어 해가 된다.

2. 그는 그의 영혼이 바라는 모든 소원에 부족함이 없었다는 것. 하나님의 섭리는 그에게 모든 것을 아낌없이 주었기 때문에, 그는 마음이 원하는 것을 다 받았고, 그 이상으로 받았다(시 73:7). 하지만 그는 그의 육신보다 더 귀한 부분인 그의 영혼을 위한 은혜를 바라지는 않았다. 그가 바란 모든 것은 감각적인 욕구를 충족시키기에 충분한 것들이었고, 그는 그런 것들을 다 갖게 되었다. 그의 배는 이러한 감춰진 보화들로 가득 채워졌다(시 17:14).

3. 그는 백 명의 자녀를 낳아 큰 가문을 형성할 수 있었다는 것. 많은 자녀는 화살이 가득찬 화살통처럼 그의 가문의 힘이자 의지가 되는 것이다. 그것은 그의 가문의 영광이자 그 가문이 오래도록 지속될 수 있는 토대가 되는 것이다. 따라서 그는 이 세상이 존재하는 한 그의 이름을 영원히 남길 수 있게 되었다. 악인들에게는 자녀들이 차고 넘치지만(시 17:14), 하나님의 백성들 가운데는

자녀가 없거나 모든 자녀를 잃는 자들이 많다.

4. 그는 이러한 복의 절정으로서 장수하여 사는 날이 많았다는 것. 우리의 삶은 햇수가 아니라 날수로 세는 것이 보통이기 때문에, 여기에서는 사는 날이 많았다고 말한다. 그의 체질은 아주 강건하였기 때문에, 노화도 아주 서서히 진행되어서, 그는 다른 사람들보다 훨씬 더 오래 살았던 것 같다. 아니, 그가 천 년 또는 천 년의 갑절을 살았다고 하자(그렇게 산 사람은 아직 없지만). 사람들은 그 긴 세월의 일부만 살아 보아도 자신의 경험을 통해서, 세상의 재물 속에서 참된 행복을 찾고자 하거나, 그 재물이 주는 어느 정도의 유익을 사용하는 것 외에 그 이상의 것을 거기에서 기대하는 것이 얼마나 어리석은 일인지를 깨닫고도 남을 것이었다.

II. 그에게는 하나님이 그에게 주신 것을 그 주신 목적을 위해 사용할 마음이 없다는 것. 그는 그 받은 은혜를 보답하지 아니하고, 모든 것이 풍족한 가운데 그에게 은혜를 베풀어 주신 여호와 하나님을 기쁘고 즐거운 마음으로 섬기지 않았는데, 그것이 그의 잘못이자 어리석음이었다. 형통한 날에 그는 기뻐하지 않는다. 너는 복이 있는데, 그래도 슬픈가. 그의 어리석음을 보라.

1. 그는 그가 가진 것이 주는 낙을 누리고자 하는 마음이 없었다는 것. 그의 앞에는 양식이 있고, 그는 그 양식으로 자기 자신과 그의 가족을 편안하게 부양할 수 있지만, 그에게는 그것을 누릴 힘이 없다. 그는 인색하고 쩨쩨하기 때문에 자기를 위해서, 아니 자기에게 꼭 필요한 것에도 자신의 재물을 사용하고자 하지 않는다. 그에게는 스스로 이치를 따져서 이 말도 안 되는 어이없는 행태로부터 벗어나거나 그의 탐욕스러운 마음을 극복할 힘이 없다. 하나님이 주신 것을 사용할 힘이 없는 자는 정말 약한 자이다. 왜냐하면, 이것은 그가 그의 재물을 악용한 것에 대한 벌로 하나님께서 그에게 그것을 누릴 힘을 주지 않으셔서, 그가 그것을 누리도록 허락하지 아니하신 것이기 때문이다. 그가 그의 재물로 하나님을 섬기고자 하지 않기 때문에, 하나님은 그에게 그 재물을 누릴 힘을 주지 않으시는 것이다.

2. 하나님은 그가 부양할 의무가 없는 자들로 하여금 그의 재물을 빼앗아서 누리게 하신다는 것. 다른 사람이 그의 재물을 누린다. 이것은 구두쇠들이 맞는 공통적인 운명이다. 그들은 그들 자신의 자녀들을 믿지 않고, 감언이설에 능하여 교묘하게 그들의 환심을 산 측근들을 믿을 것이고, 그 측근들은 그들이 가

진 재산을 삼키거나 그들로 하여금 자발적으로 재산을 넘기게 만드는 방법들을 찾아낼 것이다. 다른 사람이 구두쇠들의 재산을 누리는 것은 하나님이 정하신 일이다. 다른 사람들이 그의 힘을 삼킨다(호 7:9; 잠 5:10). 따라서 이것을 허망한 일이고 악한 병이라고 하는 것은 당연하다. 우리가 가지고 있는 것을 우리 자신이 사용하지 않는다면, 그것은 헛된 것이다. 우리로 하여금 우리의 소유를 사용하지 못하게 막는 기질이 마음속에 있다면, 그것은 대단한 중병이다. 우리의 가장 악한 병들은 우리의 부패한 마음에서 나오는 병들이다.

3. 그가 가진 세상적인 소유들로부터 얻을 수 있는 선한 것을 자기 자신에게서 박탈해 버리면, 그는 그 선한 것을 스스로 차버려서 상실할 뿐만 아니라, 남들에게 빼앗기게 된다는 것. 그의 영혼은 선한 것으로 배부르지 못한다(3절). 그는 여전히 만족이 안 되고 편안하지가 않다. 그의 손과 곳간들과 가방은 재물로 가득 차 있지만, 그의 영혼은 선한 것으로 배부르지 못하고, 여전히 갈망하고 원한다. 아니, 그는 선한 것을 보지 못했다(6절). 그는 그의 눈조차 즐겁게 해줄 수 없었다. 왜냐하면, 그는 여전히 계속해서 저 앞쪽을 바라보고, 자기보다 더 많이 가진 자들을 부러운 눈으로 바라보고 있기 때문이다. 그는 자기 재산이 주는 시각적인 즐거움조차 누리지 못한다. 이것은 그가 눈에 보이는 것들 너머를 보기 때문이 아니라, 그의 소유를 바라보기는 하지만 정말 즐거운 마음으로 바라보지 않기 때문이다.

4. 그는 그의 지위에 걸맞게 예를 갖추어 안장되지 못하고, 나귀 같이 매장함을 당하게 되리라는 것. 그가 이렇게 안장되지 못하게 될 것은 인색한 기질 때문에 자기를 성대하게 장사지내지 못하게 스스로 금하거나, 그의 재산을 삼킨 다른 사람들이 그를 가난하게 내버려두어서 결국 그에게 장사지낼 돈도 없게 되거나, 그의 재산을 물려받은 자들이 오직 그의 재산에만 눈독을 들이고 그에게는 전혀 신경을 쓰지 않아서 예를 갖추어 그를 안장하고자 하지 않거나, 그의 자녀들이 상속을 받지 못한 것에 불만을 품고서 그를 안장하지 않을 것이기 때문이다.

Ⅲ. 전도자는 이런 자보다는 낙태된 자가 더 낫다고 말함. 낙태된 자, 즉 모태에서 무덤으로 직행한 자가 그보다는 낫다. 썩을 때까지 나무에 매달려 있는 열매보다는 익기 전에 나무에서 떨어진 열매가 더 낫다. 욥은 감정이 격해져서 낙태된 자의 처지가 역경에 처해 있는 그의 처지보다 더 낫다고 생각하였다(욥

3:16). 그러나 솔로몬은 여기에서 세상이 그에게 미소를 지어서 한창 형통하는 중에 있는 속물의 처지보다 낙태된 자의 처지가 더 낫다고 선포한다.

1. 전도자는 낙태된 자의 처지가 아주 딱하다는 것을 여러 가지 이유를 들어서 인정함(4-5절). 낙태된 자는 헛되이 왔다가 어두운 중에 간다(태어나자마자 즉시 죽은 자는 이 세상에 헛되이 태어난 것이기 때문에). 그가 왔다가 갔다는 것을 아는 사람은 거의 없다. 낙태된 자는 이름이 없거나, 이름이 있더라도 곧 까맣게 잊혀져서 망각 속에 묻히고 만다. 육신이 흙에 묻히듯이, 그의 이름은 어둠에 덮인다. 아니, 그는 햇빛도 보지 못하고(5절), 어두운 모태에서 어두운 무덤으로 곧장 급하게 자리를 옮긴다. 그를 아는 자가 없다는 것보다 더 나쁜 것은 그가 세상의 어떤 것도 알지 못하였기 때문에 사람으로서의 지극한 즐거움과 존귀함을 전혀 누릴 수 없었다는 것이다. 의도적으로 무지 가운데서 살아가면서 일부러 아무것도 알고자 하지 않는 자들은 햇빛도 보지 못하고 그 어떤 것도 알지 못한 낙태된 자보다 나을 것이 없다.

2. 전도자는 낙태된 자의 이러한 처지가 탐욕스러운 구두쇠의 처지보다 더 낫다고 말함. 이 낙태된 자가 탐욕스러운 자보다 더 평안하다. 왜냐하면, 전자는 어느 정도 안식을 누릴 수 있지만, 후자는 안식을 전혀 누릴 수 없기 때문이다. 전자에게는 괴로움과 불안이 없지만, 후자는 끊임없이 초조해하고, 그의 삶에는 괴로움, 즉 그가 자초한 괴로움만이 가득하다. 짧게 살수록 안식은 더 길어진다. 사는 날수가 적을수록, 우리는 이 괴로운 세상을 더 빨리 떠날 수 있고, 괴로움도 덜 겪게 된다. 네 살배기 아이로 죽는 것이 여든 살 노인이 될 때까지 살다가 죽는 것보다 낫다. 전도자는 낙태된 자가 더 평안함을 누리는 이유를 모든 사람들이 마침내 다 한 곳으로 돌아가는데 그는 남들보다 더 빨리 그 곳으로 가서 안식을 누릴 수 있기 때문이라고 말한다(6절). 천 년의 갑절을 산 자나 한 시간도 채 살지 못한 아기나 다 한 곳으로 돌아간다(전 3:20). 우리는 모두 무덤에서 만나게 된다. 이 세상에서 사람들의 형편과 처지가 아무리 서로 다르다고 하여도, 사람들은 모두 죽어야 하고, 겉으로 볼 때에 사람들의 죽음은 누구나 다 똑같다. 너나할것없이 누구나 다 침묵의 땅, 어둠의 땅, 산 자들과 분리되어 있는 땅, 잠자는 땅인 무덤 속으로 들어간다. 부자든 가난한 자든, 존귀한 자든 미천한 자든, 배운 자든 배우지 못한 자든 다 거기에서 만난다. 단명한 자든 장수한 자든 무덤에서 만나게 되어 있다. 다만, 전자는 거기로 말을 타고 황급히

달려가고, 후자는 가마를 타고 천천히 가는 것뿐이다. 이 두 사람의 육신이 풀어져 나온 티끌은 서로 섞여서 구별이 되지 않는다.

[7]사람의 수고는 다 자기의 입을 위함이나 그 식욕은 채울 수 없느니라 [8]지혜자가 우매자보다 나은 것이 무엇이냐 살아 있는 자들 앞에서 행할 줄을 아는 가난한 자에게는 무슨 유익이 있는가 [9]눈으로 보는 것이 마음으로 공상하는 것보다 나으나 이것도 헛되어 바람을 잡는 것이로다 [10]이미 있는 것은 무엇이든지 오래 전부터 그의 이름이 이미 불린 바 되었으며 사람이 무엇인지도 이미 안 바 되었나니 자기보다 강한 자와는 능히 다툴 수 없느니라

전도자는 여기에서 세상의 재물을 모으는 것과 거기에서 행복을 찾는 것이 헛되고 어리석은 일이라는 것을 다시 한 번 보여준다.

I. 우리가 이 세상에서 아무리 많이 고생해서 많은 것을 얻는다고 하여도 그것으로 할 수 있는 것은 우리 자신이 먹고 사는 것뿐이라는 것(7절). 사람의 수고는 다 자기의 입을 위함이니, 그의 입이 자기를 독촉함이니라(잠 16:26). 우리가 이 세상에서 얻을 수 있는 것은 먹을 것과 입을 것뿐이다. 여기에서 더한 것은 남의 것이지 우리의 것이 아니다. 세상의 것은 모두 입을 위한 것이다. 음식은 오직 배를 위하여 있고, 배는 음식을 위하여 있다. 이 세상의 것들 속에는 머리와 가슴을 위한 것은 없고, 영혼에 자양분을 공급해 주거나 영혼을 풍성하게 해줄 것은 없다. 적게 가져도 우리는 편안히 먹고 입을 수 있고, 많이 가진다고 해서 더 나은 것은 없다.

II. 많이 가진 자들은 더 가지려고 욕심을 부린다는 것. 사람이 자기의 입을 위하여 아무리 많이 수고하고 애써도 그 식욕은 채울 수 없다.

1. 본능적인 욕구들은 끊임없이 다시 솟아올라서 사람을 압박한다는 것. 오늘 배가 터지도록 한껏 먹어도, 내일이 되면 다시 배가 고파지는 것이 사람이다.

2. 세상적이고 죄악된 욕구들은 만족할 줄을 모른다는 것(5:10). 수종증(水腫症)에 걸린 자는 물을 마실수록 점점 갈증이 심해지는 것과 마찬가지로, 속물은 재물을 모을수록 재물에 대한 욕심이 더 많아진다. 어떤 이들은 이 절 전체를 이렇게 읽는다: 사람이 자기가 보기에 할 만큼 모든 수고를 다 해도 그의 욕구

는 채워지지 않고, 여전히 뭔가를 더 해야 할 것 같은 욕구를 느낀다.

3. 영혼은 이 세상의 재물 속에서 그의 욕구를 만족시켜 줄 만한 그 어떤 것도 발견하지 못한다는 것. 영혼은 채워지지 않는다(이것이 원문의 의미이다). 하나님은 이스라엘이 요구한 것을 주셨지만 그들의 영혼은 쇠약하게 하셨다(시 106:15). 자신의 곳간이 가득차자, 영혼아 평안히 쉬자고 말한 자는 미련한 자였다.

Ⅲ. 우매자도 지혜자처럼 세상의 재물을 가질 수 있고 그 재물로 인한 즐거움을 누릴 수 있다는 것. 아니, 우매자는 세상의 재물이 주는 괴로움을 아예 알지 못할 수 있다. 지혜자가 우매자보다 나은 것이 무엇이냐(8절). 지혜자는 우매자만큼 큰 재산도 없고 좋은 직업도 없으며 지위가 높지도 않을 수 있다. 아니, 지혜자나 우매자나 그들이 가진 것이 똑같다고 하자. 지혜자나 학자나 재사(才士)나 정치가라고 해서 자신의 재산에서 먹고 사는 것 외에 무엇을 더 뽑아낼 수 있겠는가? 얼빠진 자도 그렇게 할 수 있다. 우매자도 지혜자처럼 잘 먹고 잘 입으며 잘 살아갈 수 있고, 사람들 가운데서 명성을 얻을 수 있다. 만약 마음만이 누릴 수 있는 즐거움과 존귀함이 없다면, 이 세상에서 지혜자나 우매자는 별 다를 것이 없을 것이다. 그러나 지혜자는 그런 마음의 즐거움과 존귀함을 누린다는 점에서 우매자보다 낫다.

Ⅳ. 자기 일이 있어서 일을 슬기롭고 능숙하게 부지런히 행할 줄을 아는 가난한 자는 많은 재산을 지닌 자와 똑같이 이 세상을 편안하게 살아갈 수 있다는 것. 가난한 자가 살아 있는 자들 앞에서 행할 줄을 알고, 품위있게 처신할 줄을 알며, 모든 사람에 대한 자신의 본분을 다할 줄을 알고, 자기 일을 해서 정직하게 생계를 꾸려나갈 줄을 알며, 자신의 시간을 잘 사용하고 기회를 잘 활용할 줄을 안다면, 그가 부자보다 못할 것이 무엇인지 생각해 보라. 그런 가난한 자에게는 무슨 유익이 있는가? 물론이다. 그는 사람들을 괴롭히는 많은 오만한 부자보다 이웃들 사이에서 더 사랑과 존경을 받고, 더 많은 영향력을 지닌다. 그에게는 무슨 유익이 있는가? 물론이다. 그는 많이 가진 자 못지않게 이 세상의 삶 속에서 위로를 얻고, 먹을 것과 입을 것을 얻으며, 그것으로 만족하기 때문에 진정으로 부요한 자이다.

Ⅴ. 우리가 가진 것을 누리는 것이 더 많은 것을 갖고자 탐욕을 부리는 것보다 더 낫다는 것(9절). 눈으로 보는 것이 마음으로 공상하는 것보다 낫다. 즉, 우

리가 현재 가지고 있는 것을 최대한으로 이용하는 것이 우리에게서 저 멀리 있는 것들을 얻으려고 마음을 어지럽히고 우리에게 만족을 가져다 줄 여러 가지 것들을 공상하는 것보다 더 낫다. 가진 것이 별로 없더라도 늘 만족하는 자가 가진 것은 많은데 늘 무언가를 탐내는 자보다 훨씬 더 행복하다. 하지만, 우리는 눈으로 보는 것이 마음을 하나님께 고정시키고 하나님 안에서 영혼을 쉬게 하는 것보다 낫다고 말할 수 없다. 오직 현세의 것들에만 마음을 두고 감각을 따라 살아가는 것보다 내세의 것들에 대한 믿음으로 살아가는 것이 더 낫다. 그러나 그 어떤 것보다도 허망하고 사람에게 만족을 줄 수 없는 이 세상과 이 세상에 속한 것들을 좇아 마음이 이리저리 헤매는 것보다는 눈으로 보는 것이 더 낫다. 이렇게 마음으로 공상하는 것은 헛되어 바람을 잡는 것이고 마음을 괴롭게 하는 것이다. 그것은 기껏해야 헛된 일이다. 마음이 원하는 것을 얻는다고 하여도, 그것은 우리가 기대한 그런 것이 아니라는 것이 드러나게 될 것이고, 마음으로 공상하는 것은 흔히 좌절되어 실망을 가져다 주기 때문에 결국 우리의 마음을 괴롭게 할 뿐이다.

VI. 우리의 운명은 그것이 무엇이 되었든 하나님의 뜻에 의해서 정해진 것이어서 바뀔 수 없기 때문에, 그 운명을 받아들여서 기쁜 마음으로 묵묵히 순종하는 것이 지혜로운 일이라는 것(10절). 이미 있는 것과 지금 있는 것과 장차 있을 것은 무엇이든지 오래 전부터 그의 이름이 이미 불린 바 되었다. 그것은 하나님의 미리 아심 속에서 이미 결정되어 있기 때문에, 우리가 아무리 염려하고 애를 쓴다고 해도 바꿀 수 없다. 주사위는 던져졌다. 그러므로 우리의 운명에 시비를 걸고 다투는 것은 어리석은 일이고, 우리의 운명을 최대한으로 선용하는 것이 지혜로운 일이다. 그러면, 우리는 우리의 운명 속에서 하나님이 기뻐하시는 것이 무엇인지를 알게 될 것인데, 그 때에 우리도 그것을 기뻐하면 되는 것이다.

VII. 우리가 이 세상에서 어떤 것을 이루었든, 우리는 여전히 사람일 뿐이고, 아무리 큰 부귀와 공명을 이루었다고 하여도, 인간의 삶에서 누구에게나 일어나는 일들을 피하거나 넘어설 수 없다는 것. 이미 있는 것과 지금 있는 것, 그리고 이 세상을 이토록 시끄럽게 휘젓고 다니는 저 분주한 동물인 인간은 오래 전부터 그의 이름이 이미 불린 바 되었다. 사람을 지으신 분이 그에게 그의 이름을 주셨기 때문에, 사람이 무엇인지도 이미 안 바 되었다. 하나님으로부터 받은 이름은 "사람"이었고, 그것은 보잘것없는 하찮은 이름이었다. 하나님은 남자와 여자를 창조하시고 그들의 이름을 사람(아담)이라 일컬으셨다(창 5:2). 사람들은 모두 붉은 흙이라는 동일한 특성을 지닌다. 사람이 모든 왕들과 각 지방의 온갖 보화를 다 차지했다고 해도, 그는 여전히 미천하고 변덕스러우며 죽을 수밖에 없는 사람일 뿐이고, 언제라도 사람이라면 누구나 겪게 되어 있는 재난들에 휘말릴 수 있다. 특히, 부자들과 큰 자들은 그들이 사람일 뿐이라는 것을 알고 명심하는 것이 좋다(시 9:20). 그들이 사람이라는 것은 이미 잘 알려져 있는 사실이다. 그들이 이 사실을 어떻게 받아들이든, 두로 왕처럼 그들의 마음이 하나님의 마음 같은 체할지라도, 애굽 사람들은 신이 아니라 사람이고, 그들이 사람이라는 것은 이미 잘 알려져 있는 사실이다.

Ⅷ. 우리의 꿈이 아무리 원대하고, 우리가 그 꿈을 이루기 위해 아무리 애를 써도, 우리는 하나님의 섭리와 다툴 수 없기 때문에, 원하든 원치 않든 그 섭리의 처분들에 순복하여야 한다는 것. 사람이 무엇인지는 이미 안 바 되었기 때문에, 사람은 자기보다 강한 자와는 능히 다툴 수 없다. 하나님이 하시는 일들에 대해서 콩 내라 팥 내라 하거나, 하나님을 어리석다거나 죄악되다고 비난하는 것은 주제넘은 짓이다. 또한, 하나님의 뜻은 일정하셔서 누가 나선다고 하여도 그 뜻을 능히 돌이킬 수 없기 때문에, 하나님이 하시는 일들에 대하여 불평해 보아야 아무 소용이 없다. 엘리후는 하나님은 사람보다 크시기(욥 33:12) 때문에 사람은 하나님과 다툴 수 없고, 하나님의 심판들을 거역할 수 없다는 이 불변의 진리로 욥을 달랜다. 아무리 큰 부자도 질병이나 죽음을 벗어날 수 없고, 거기에 굴복할 수밖에 없다.

[11]헛된 것을 더하게 하는 많은 일들이 있나니 그것들이 사람에게 무슨 유익이 있으
랴 [12]헛된 생명의 모든 날을 그림자 같이 보내는 일평생에 사람에게 무엇이 낙인지
를 누가 알며 그 후에 해 아래에서 무슨 일이 있을 것을 누가 능히 그에게 고하리
요

이 단락에는 다음과 같은 내용들이 나온다.

1. 솔로몬은 그가 증명하고자 하였던 명제를 앞에서의 긴 강론을 통해서 충분히 확증한 후에 여기에서 그 결론을 제시한다. 헛된 것을 더하게 하는 많은 일

들이 있다. 사람의 삶은 기껏해야 헛된 것이고, 그 삶을 더욱더 헛된 것으로 만드는 무수한 일들이 일어난다. 그런 일들은 삶을 더욱 허망하고 괴로운 것으로 만든다.

2. 솔로몬은 이 결론으로부터 몇 가지 것들을 추론해 내는데, 그 추론들은 이 결론이 참되다는 것을 한층 더 분명하게 증명해 주는 역할을 한다.

(1) 사람은 이 세상에서 많은 것을 가졌다고 해서 결코 참된 행복에 더 가까이 다가갈 수 있는 것이 아니라는 것. 세상의 재물과 즐거움, 세상에서의 공명(功名)이 사람에게 무슨 유익이 있는가. 그렇게 해서 사람에게 남는 것이 무엇인가? 수지타산을 잘 맞추었다고 해서, 그에게 남는 것, 진정으로 이익이 되는 것이 무엇이란 말인가? 그에게 유익을 주거나 그의 이문으로 돌아오는 것은 아무것도 없다.

(2) 우리는 무엇이 우리에게 좋은 것인지를 알지 못한다는 것. 왜냐하면, 우리에게 가장 큰 만족을 줄 것이라고 기대했던 것이 실제로는 우리에게 가장 큰 괴로움을 안겨 주는 일이 허다하기 때문이다. 이 세상은 모든 것이 헛되고, 우리가 가장 갖고 싶어하는 것도 결국에는 우리에게 화를 가져다 주는 그런 곳인데, 현세에서 보내는 일평생에 사람에게 무엇이 좋은 것이고 무엇이 낙인지를 누가 알리요. 생각이 있는 자들은 알기만 한다면 모든 일을 가장 좋은 쪽으로 하고자 할 것이다. 그러나 마치 아이들이 그들의 손가락을 베일 것을 생각하지도 못한 채 칼을 달라고 울듯이, 우리는 우리의 부패한 마음 때문에 실제로는 우리에게 해로운 것을 좋은 것으로 알고 갖고자 한다. 또한, 우리가 모든 것을 종합적으로 판단해서 우리에게 가장 좋아 보이는 것을 선택해도, 그것은 이 세상이 헛되기 때문에 흔히 정반대의 결과를 가져온다. 이 세상의 일들에 대한 우리의 안목은 이렇게 좁고, 우리가 의지하는 모든 피조물들은 이렇게 상한 갈대들일 뿐이다. 우리는 다른 사람들에게 어떻게 하라고 조언해야 가장 좋은 것인지, 우리가 어떻게 행해야 정말 좋은 것인지를 알지 못한다. 왜냐하면, 우리가 우리에게 가장 좋을 것이라고 생각했던 것들이 흔히 우리의 발목을 붙잡는 덫이 될 수 있기 때문이다.

(3) 우리는 이 땅에서의 우리의 삶 속에서 큰 만족을 구하거나 이 삶이 영원한 것이라고 생각해서는 안 된다는 것. 우리의 삶은 날들에 의해서 계산되는 헛된 삶일 뿐이다. 우리는 그 삶을 그림자 같이 보낸다. 이 삶은 실체가 없어서

너무나 불확실하고 일시적이며 덧없어서, 그 속에는 우리가 좋아하거나 의지할 것이 하나도 없다. 삶의 모든 낙들이 헛된 것이기 때문에, 삶 자체 속에 우리를 행복하게 해줄 수 있는 실체가 있을 리가 없다.

(4) 이 세상에서 우리가 기대하는 것들은 우리가 누리는 것들만큼이나 불확실하고 속이는 것들이라는 것. 모든 것이 헛된데, 그가 죽은 후에 해 아래에서 무슨 일이 있을 것을 누가 능히 그에게 고하리요. 그는 지금 그에게 있는 것을 맛보는 것을 기뻐할 수 없는 것과 마찬가지로, 장차 그가 죽은 후에 그의 자녀들과 가족에게 있을 일에 대한 희망으로 기뻐할 수도 없다. 왜냐하면, 그는 장차 무슨 일이 있을 것을 스스로 미리 알 수도 없고, 다른 누가 그에게 미리 알려줄 수도 없기 때문이다. 그는 죽고 나면 그런 것에 대하여 그 어떤 것도 알 수 없게 될 것이다. 그의 아들들이 존귀하게 되어도, 그는 그것을 알지 못한다. 따라서, 우리가 어디를 둘러보아도, 헛되고 헛되니 모든 것이 헛되다.

제 — 7 — 장

개요

솔로몬은 지금까지 이 세상과 세상의 것들이 헛되다는 것을 보여주는 많은 증거들과 예들을 제시했고, 이제 이 장에서는 다음과 같은 것들을 한다. I. 그는 우리로 하여금 좋지 않은 것을 최대한으로 선용할 수 있도록 하기 위하여, 이러한 애로들을 바로잡고, 세상의 것들로부터 오는 위험을 막는 데에 적절하게 사용할 수 있는 몇몇 좋은 수단들을 우리에게 권한다. 1. 우리의 평판에 마음을 쓸 것(1절). 2. 진지할 것(2-6절). 3. 마음의 평정을 유지할 것(7-10절). 4. 우리의 모든 일을 슬기롭게 경영할 것(11-12절). 5. 모든 상황을 순순히 받아들이고, 모든 일에서 하나님의 뜻에 순복할 것(13-15절). 6. 온갖 위험한 극단을 주의 깊게 피할 것(16-18절). 7. 우리에게 해를 끼친 자들을 온유하고 부드럽게 대할 것(19-22절). 요컨대, 허무한 세상이 우리에게 주는 온갖 괴로움에서 벗어날 수 있는 최선의 길은 절대로 화를 내지 말고 우리의 혈기를 늘 엄격하게 다스리는 것이다. II. 그는 세상의 그 어떤 헛된 것들보다도 그를 더 괴롭게 하였던 그의 죄악, 즉 많은 이방 아내들을 거느리다가 하나님과 그의 본분에서 떠나게 된 그의 죄를 몹시 슬퍼한다(23-29절).

**[1]좋은 이름이 좋은 기름보다 낫고 죽는 날이 출생하는 날보다 나으며 [2]초상집에 가
는 것이 잔칫집에 가는 것보다 나으니 모든 사람의 끝이 이와 같이 됨이라 산 자는
이것을 그의 마음에 둘지어다 [3]슬픔이 웃음보다 나음은 얼굴에 근심하는 것이 마음
에 유익하기 때문이니라 [4]지혜자의 마음은 초상집에 있으되 우매한 자의 마음은 혼
인집에 있느니라 [5]지혜로운 사람의 책망을 듣는 것이 우매한 자들의 노래를 듣는
것보다 나으니라 [6]우매한 자들의 웃음 소리는 솥 밑에서 가시나무가 타는 소리 같
으니 이것도 헛되니라**

이 단락에서 솔로몬은 인류의 대다수를 차지하는 별 생각 없이 살아

가는 자들에게는 역설처럼 보이는 몇 가지 위대한 진리들을 진술한다.

I. 덕으로 말미암아 존귀함을 얻는 것이 이 세상의 모든 부와 즐거움을 얻는 것보다 진정으로 더 귀하고 바람직하다는 것(1절). 좋은 이름이 좋은 기름보다 낫다. 좋은 이름은 좋은 기름보다 더 선호해야 할 것이기 때문에, 모든 지혜자들은 좋은 기름보다 좋은 이름을 택한다. 좋은 기름은 여기에서 이 땅에 있는 온갖 유익한 것들(땅의 소산물들 중에서 기름은 가장 값진 것들 중의 하나로 여겨졌기 때문에), 감각의 모든 즐거움들(기름과 향은 마음을 즐겁게 하기 때문에 즐거움의 기름이라 불렸기 때문에), 사람을 가장 존귀하게 해주는 최고의 직함들(왕들은 기름 부음을 받았기 때문에)을 상징한다. 선한 이름, 즉 지혜롭고 선한 자들이 그 지혜와 선함으로 인해서 얻은 명성, 사람들이 의인을 기억하고 기념하는 것이 모든 재물보다 더 낫다(잠 21:1). 선한 이름은 그 이름을 얻은 자의 마음을 아주 즐겁게 해주고, 그에게 그가 유용하게 쓰임 받을 기회를 더 많이 주선해 주며, 매우 귀한 향유 한 옥합보다 더 멀리 퍼져 나가고 더 오래 지속될 것이다. 왜냐하면, 그리스도께서는 그의 발에 향유를 부은 마리아에게 선한 이름으로 보답하여, 복음이 전파되는 곳마다 그녀의 이름도 전해지게 하셨고(마 26:13), 우리는 그리스도께서 항상 차고 넘치게 갚으시는 분이심을 확신하기 때문이다.

II. 모든 것을 고려할 때, 우리가 세상에서 나가는 것이 세상으로 들어오는 것보다 훨씬 좋은 일이라는 것. 죽는 날이 출생하는 날보다 더 낫다. 다른 사람들에게 있어서는 아기를 낳으면 세상에 사람 난 기쁨이 있고, 사람이 죽으면 큰 슬픔이 있는 법이지만, 우리에게 있어서는 우리가 지금까지 살면서 선한 이름을 얻었다면, 우리의 염려와 고생과 슬픔에 종지부를 찍고 우리를 안식과 기쁨과 영원한 만족이 있는 곳으로 데려다 줄 죽는 날이 우리를 무수한 죄와 환난, 헛됨과 괴로움이 있는 세상 속으로 들어오게 한 출생하는 날보다 낫다. 우리는 불확실함 가운데서 태어났지만, 선한 자는 불확실함 속에서 죽는 것이 아니다. 우리가 출생하는 날은 우리의 영혼이 육신의 무거운 짐을 지고 괴롭게 살아가야 하는 출발점이지만, 우리가 죽는 날은 우리의 영혼이 그 짐을 벗어 버리고 자유롭게 되는 날이다.

III. 잔칫집에 가는 것보다 초상집에 가는 것이 우리에게 더 유익하다는 것(2절). 초상집에 가서 거기에서 우는 자들과 함께 우는 것이 결혼 잔치나 철야 축제 같은 잔칫집에 가서 거기에서 즐거워하는 자들과 함께 즐거워하는 것보다 낫다. 그렇게 하는 것이 우리에게 더 큰 유익이 되고, 우리에게 더 좋은 교훈을 줄 것이다. 우리는 경우에 따라서 초상집이든 잔칫집이든 어느 곳에나 갈 수 있다. 우리 구주께서는 가나에서 있었던 친구의 혼인 잔치에 가셔서 연회를 즐기기도 하셨고, 베다니에 있는 친구의 무덤에 가셔서 울기도 하셨다. 우리는 잔칫집에 가서도 하나님께 영광을 돌리며 선을 행하고 교훈을 얻을 수 있다. 그러나 우리가 얼마나 허영이 심하고 쉽게 들뜨며 교만하고 안일하며 육신의 정욕에 빠지기 쉬운지를 생각한다면, 초상집에 가는 것이 더 낫다. 그것은 우리가 호화로운 장례식을 보기 위해서가 아니라, 초상짐의 슬픔에 동참하고, 이 세상을 떠나 본향으로 가는 죽은 자와 거리를 메운 조문객들로부터 선한 교훈을 얻기 위해서이다.

1. 초상집에서 얻을 수 있는 유익들.

(1) 모든 사람의 끝이 이와 같다는 정보. 이 세상에서 사람의 끝은 그런 것이고, 그것은 이 땅에서 사람의 마지막 모습이다. 사람은 다름 아닌 자신의 집, 자신의 본향으로 돌아가게 될 것이다. 모든 사람의 끝은 이와 같이 된다. 모든 사람이 죄를 지었으므로 사망이 모든 사람에게 이르렀다(롬 5:12). 따라서 우리는 조문객들처럼 그렇게 우리의 친구들을 떠나 보내야 하고, 죽은 자들처럼 그렇게 친구들 곁을 떠나야 한다. 다른 사람들에게 닥친 일이 머지않아 우리에게 닥칠 것이다. 잔은 돌고 있기 때문에, 곧 우리가 그 잔을 마실 차례가 올 것이다.

(2) 산 자는 이것을 그의 마음에 두어야 한다는 권면. 산 자들은 누구나 다 죽는다는 사실을 마음에 두고 있는가? 그렇다면, 그것은 좋은 일이다. 영적으로 살아 있는 자들은 이것을 마음에 둘 것이고, 모든 생존자들도 마땅히 이것을 마음에 두어야 한다. 그들이 이것을 마음에 두지 않는다면, 그것은 그들 자신의 잘못이다. 왜냐하면, 다른 사람들의 죽음을 보고서 우리 자신의 죽음을 생각해 보는 것은 너무나 자연스럽고 쉬운 일이기 때문이다. 좋은 설교를 마음에 두고자 하지 않는 자들이라도 이것을 마음에 두고, 그들의 죽을 때를 깊이 생각해 보게 될 것이다.

2. 초상집에 가는 것이 유익하다는 것을 보여주는 다른 증거들(4절).

(1) 지혜자의 마음은 초상집에 있다는 것. 그는 슬퍼하는 사람들과 많은 얘기를 나누는데, 이것은 그가 지혜롭다는 것을 보여주는 증거이자 그의 지혜를 더

해주는 것이다. 초상집은 지혜자의 학교이다. 그는 거기에서 많은 선한 교훈을 배우고, 그 곳은 진지한 곳이기 때문에 그의 체질에 맞다. 그는 초상집에 있고, 그의 마음은 거기에서 그의 눈 앞에 펼쳐지는 죽을 수밖에 없는 인간의 적나라한 모습을 보고 더 많은 지혜를 얻는다. 아니, 그는 자기 몸이 잔칫집에 있을 때에도 그의 마음은 초상집에 있어서 슬퍼하는 자들과 함께 슬퍼한다.

(2) 우매자의 마음은 혼인집에 있다는 것. 그의 마음은 즐겁게 떠들고 노는 것에 온통 가 있다. 그가 즐기는 것은 시시덕거리며 흥겹게 노는 것, 재미있는 이야기들, 재미있는 노래들, 재미있는 친구들과 어울리는 것, 재미있는 날들, 재미있는 밤들이 전부이다. 그는 초상집에 있으면 답답해서 구속받고 있다는 느낌을 받고, 몸은 거기에 있을지라도 그의 마음은 혼인집에 있다. 이것은 그의 어리석음을 보여주는 것이고, 그렇기 때문에 그는 점점 더 어리석어진다.

Ⅳ. 흥겹게 즐기고 노는 것보다 진지하고 심각한 것이 우리에게 더 잘 어울리고 우리를 위해 더 유익하다는 것(3절). 속담에서는 "1온스의 즐거움이 지니는 가치는 1파운드(16온스)의 슬픔과 같다"고 말하지만, 전도자는 우리에게 정반대의 교훈을 가르친다. 우리는 이 세상에서 날마다 죄를 짓고 그 때문에 고통을 당하고 있으며, 날마다 다른 사람들의 죄와 고통을 보며 살아가고 있기 때문에, 슬픔이 웃음보다 우리에게 더 잘 어울리고 더 낫다. 우리는 눈물 골짜기에서 살아가는 것이기 때문에 우리의 감정도 이 땅의 기후와 맞아야 한다. 또한, 그것이 우리에게 더 유익하기도 하다. 왜냐하면, 얼굴에 근심이 있는 것이 마음에 유익한 경우가 많기 때문이다.

1. 우리의 영혼에 가장 좋은 것이 우리에게 가장 좋은 것이다. 그런 것은 육신의 감각에는 불쾌하게 느껴지겠지만 마음에 유익하다.

2. 슬픔은 흔히 진솔해지는 복된 수단이 된다. 건강이나 재산이나 가족에게 해를 끼치는 환난은 마음에는 좋은 약이 될 수 있기 때문에, 그 환난 덕분에 마음이 더 좋은 쪽으로 아주 많이 바뀌어서, 사람이 겸손하고 온유해지며, 세상에 대한 욕심을 버리고, 죄를 회개하며, 자신의 본분과 도리를 세심하게 행하는 자로 변할 수 있다. 괴로움을 겪으면 생각이 진지해지는 법이다. 만약 내가 비참한 꼴을 당하지 않았더라면, 나는 망했을 것이다. 반대로, 얼굴에 까불거리며 흥겨워하고 즐거워하는 표정이 역력하면, 마음의 상태는 더욱 나빠져서, 허영이 더 심해지고, 육적이고 관능적이며 안일하게 되고, 세상을 더 사랑하여 하나님과

신령한 것들로부터 더욱 멀어져서(욥 21:12, 14), 마침내 아하수에로 왕과 하만처럼(에 3:15) 요셉의 환난에 대하여는 전혀 관심을 갖지 않게 된다(암 6:5-6).

V. 우매한 자들의 노래를 듣고 즐거워하는 것보다는 지혜로운 자들의 책망을 듣고서 우리의 부패한 심성을 다스리는 것이 우리에게 훨씬 더 유익하다는 것(5절). 지혜자들이 들려주는 이야기와 칭찬과 위로는 무척 기뻐하고 계속해서 들으려고 하면서도, 정작 자신의 잘못들을 지적해 주는 지혜자들의 책망은 그 책망이 아무리 지혜로워도 듣지 않으려고 하는 자들이 많다. 그러나 그렇게 하는 것은 결코 자기 자신을 위한 것이 아니다. 왜냐하면, 훈계의 책망은 곧 생명의 길이고(잠 6:23), 그 책망은 우매한 자들의 노래처럼 즐겁지는 않지만 아주 유익하기 때문이다. 지혜로운 자들의 책망을 참고 들을 뿐만 아니라 기쁜 마음으로 듣는 것은 그가 지혜롭다는 것을 보여주는 증표이자 지혜를 얻는 수단이다. 그러나 우매한 자들의 노래를 좋아하는 것은 그 마음이 허황되다는 것을 보여주는 증표이자 그 마음을 더욱 허황되게 만드는 길이다. 사람이 우매한 자들의 웃음 소리 같은 그런 덧없는 즐거움에 빠져 있는 것은 얼마나 어처구니 없는 일인가. 우매자의 웃음은 솥 밑에서 가시나무가 타는 것과 같아서, 큰 소리와 큰 불꽃을 내며 잠시 타오르지만 금방 꺼져 버려서 잿더미로 변하여 물조차 제대로 끓일 수 없는 그런 것이다(물을 끓이려면 불이 계속해서 타올라야 하기 때문에). 우매한 자들의 웃음 소리는 일시적으로 왁자지껄하게 시끄러운 것이고, 참된 기쁨의 표현이 아니다. 그러므로 이것도 헛되다. 그것은 사람들을 속여서 멸망으로 이끈다. 왜냐하면, 즐거움의 끝은 답답하고 무거운 마음이기 때문이다. 우리의 찬송 받으실 구주께서는 이것에 대하여 우리에게 이렇게 말씀하셨다. 지금 우는 너희는 복이 있나니 너희가 웃을 것임이요 화 있을진저 너희 지금 웃는 자여 너희가 애통하며 울리로다(눅 6:21, 25).

7 탐욕이 지혜자를 우매하게 하고 뇌물이 사람의 명철을 망하게 하느니라 8 일의 끝이 시작보다 낫고 참는 마음이 교만한 마음보다 나으니 9 급한 마음으로 노를 발하지 말라 노는 우매한 자들의 품에 머무름이니라 10 옛날이 오늘보다 나은 것이 어찜이냐 하지 말라 이렇게 묻는 것은 지혜가 아니니라

솔로몬은 앞에서도 자주 자기가 해 아래에서 학대가 행해지는 것을 보았고, 그것이 많은 암울한 생각들을 가져다 주었으며, 사람들에게서 덕과 경건을 행하고자 하는 마음을 많이 빼앗아갔다고 탄식하였다. 좀 더 살펴보자.

I. 솔로몬은 학대와 억압이 강력한 힘을 갖고 있다는 것을 인정함(7절). 학대를 받으면 지혜자도 우매하게 된다는 것이 사실인 경우가 너무도 많다. 지혜자라도 오랫동안 심한 학대와 억압을 받으면 지혜자답지 않게 말하고 행하며, 툭 하면 혈기를 부리고, 하나님과 사람을 향하여 상스러운 말을 내뱉으며, 편해지기 위해서 불법적이고 수치스러운 수단들을 동원하기가 너무나 쉽다. 악인의 규가 의인들 위에 오랫동안 머물러 있게 되면, 의인들일지라도 죄악에 손을 댈 위험성이 있다(시 125:3). 지혜자들일지라도 부당한 학대를 받으면 분노를 참고 침착한 마음을 유지하기가 몹시 힘들다. 학대를 받으면, 마음이 파괴된다. 남들에게 뭐든지 기꺼이 주고자 하는 너그럽고 후한 마음이나 많은 뛰어난 은사들을 부여받은 은혜로운 마음도 학대를 받으면 파괴되고 만다. 그러므로 우리는 학대받고 억압받는 자들이 분별없이 행한다고 하여도 그들을 심하게 비난하거나 나무라지 말고 많이 너그럽게 대해 주어야 한다. 우리가 그런 처지가 된다면, 우리라고 해서 그들과 같지 않으리라는 보장이 없기 때문이다.

II. 솔로몬은 학대와 억압을 받는다고 해서 혈기를 부려서는 안 된다고 말함. 우리는 압제자들의 힘과 성공을 보고 초조해하거나 부러워해서는 안 되는데, 그 이유는 다음과 같다.

1. 압제자들의 상태는 아주 나쁘다는 것(7절). 지혜자라는 명성을 얻고 있던 자도 압제자가 되면 미친 사람으로 변한다. 그의 이성은 그에게 떠나 버리고, 그는 포효하는 사자와 화가 난 곰과 같이 되며, 뇌물을 받는다. 그는 압제를 통해서 이득을 얻는 것 같이 보이지만, 사실은 남을 학대함으로써 그의 마음은 파괴되고, 자기 속에 남아 있던 지각과 미덕의 불씨는 완전히 꺼져 버린다. 따라서 우리는 그를 부러워할 것이 아니라, 도리어 불쌍히 여겨야 한다. 그를 가만히 내버려 두어라. 그러면, 그는 더욱 어리석게 행하며 혈기를 있는 대로 부리다가 결국 얼마 후에는 스스로 망하게 될 것이다.

2. 결국에는 일이 선하게 끝나게 된다는 것. 일의 끝이 시작보다 낫다. 일의 결국이 무엇일지를 믿음으로 보고, 인내를 가지고서 그것을 기다리라. 교만한 자들은 그들의 가난하지만 정직한 이웃들을 압제하기 시작할 때에 그들에게 권력이 있기 때문에 그 이웃들을 압제 아래 영원히 묶어둘 수 있을 것이라고

생각한다. 그들은 그들의 목적을 이룰 수 있다는 것을 의심하지 않는다. 그러나 결국 일의 끝이 시작했을 때보다 더 낫다는 것이 밝혀지게 될 것이다. 그들의 권력은 무너질 것이고, 압제에 의해서 얻어진 그들의 재물은 없어질 것이며, 그들은 권좌에서 쫓겨나서 비천해지고 그들의 죄악에 대한 벌을 받게 될 것이며, 죄 없이 억압을 받았던 자들은 압제에서 풀려나고 보상을 받게 될 것이다. 모세와 저 교만한 압제자 애굽 왕 바로 사이에서 벌어진 협상에서 처음에는 이스라엘 백성이 벽돌을 두 배로 만들어야 하는 벌을 받는 등 모든 것이 암울해 보였지만, 결국에는 이스라엘 백성이 애굽에서 의기양양하게 나오는 것으로 끝이 나서, 일의 끝이 시작보다 나았다.

Ⅲ. 솔로몬은 학대와 억압을 받을 때에 미치지 않을 수 있는 몇 가지 비법을 말해줌. 우리가 압제를 받아서 미치지 않고 제정신을 유지할 수 있으려면, 우리는 다음과 같이 하여야 한다.

1. 겸손의 옷을 입어야 한다는 것. 왜냐하면, 마음이 교만한 자들은 남에게 짓밟히는 것을 참을 수 없어 하고, 곤경에 처하게 되면 점점 더 난폭하게 화를 내고 초조해하며 안달하게 되기 때문이다. 겸손한 자의 잠을 깨우지도 못할 그런 일이 교만한 자에게는 그 마음을 파괴하는 일이 된다. 그러므로 교만을 죽이라. 겸손한 심령은 어떤 비천한 처지에 놓여도 거기에 쉽게 적응하는 법이다.

2. 인내의 옷을 입어야 한다는 것. 우리는 환난을 보내신 하나님의 뜻에 순복하여 그 환난을 참고 견디는 인내와 하나님이 정하신 때에 좋은 결과가 있을 것을 믿고 기다리는 인내를 가져야 한다. 참는 마음은 여기에서 교만한 마음과 반대되는 것으로 나오는데, 이것은 겸손이 있는 곳에는 참음도 있기 때문이다. 하나님으로부터 그 어떤 것도 받을 자격이 없다고 고백하는 자들은 하나님이 무엇을 주시든 감사하기 때문에, 참는 자들이 교만한 자들보다 낫다고 하는 것이다. 참는 자들은 자기 자신이나 다른 사람들을 쉽게 잘 받아들이고, 그들의 환난으로부터 선한 결과를 얻을 가능성이 더 높다.

3. 지혜와 은혜로 혈기를 다스려야 한다는 것(9절). 급한 마음으로 노를 발하지 말라. 자신의 기대가 속히 이루어지기를 바라고 시간이 지체되는 것을 참지 못하는 자들은 그 기대가 즉시 이루어지지 않으면 화를 내기 쉽다. "교만한 압제자들, 또는 너의 환난의 도구로 사용된 자들에게 화를 내지 말라."

(1) "화를 벌컥 내지 말고, 너에 대한 모욕을 알아차리거나 거기에 분노하는 것에 신속하지 말며, 그 모욕에 대한 분노를 빨리 표현하지 말라."

(2) "화를 오랫동안 품지 말라." 분노는 지혜자의 품 속에도 들어올 수 있지만 그렇게 들어왔다가도 지나가는 행인처럼 그의 품을 얼른 지나가 버리는 반면에, 우매한 자들의 품에는 그대로 머물러 있는다. 분노는 우매한 자들의 품에 거처를 정하고 머무르면서, 그 품의 가장 깊은 곳에 있는 안방을 차지하고, 우매한 자들은 그 분노를 사랑하는 연인이라도 되는 것처럼 꼭 껴안고 자기 품 속에 두고 떨어지려고 하지 않는다. 그러므로 마귀에게 틈을 주지 않을 정도로 지혜롭다고 인정을 받고자 하는 자는 해가 지도록 분을 품지 말아야 한다(엡 4:26-27).

4. 현재의 처지를 최대한으로 선용해야 한다는 것(10절). "옛날이 오늘보다 낫다는 것을 당연시하지 말고, 옛날이 오늘보다 나은 것이 어찜이냐고 하지 말라. 왜냐하면, 그것이 사실이라는 것이 확인되기도 전에 이렇게 그 이유를 묻는 것은 지혜가 아니기 때문이다. 게다가, 너는 과거의 일들에 대하여는 문외한이고, 현재의 일들에 대하여는 제대로 판단할 수 있는 위치에 있지 않기 때문에, 너는 그러한 질문에 대한 만족스러운 대답을 기대할 수 없다. 그러므로 네가 그렇게 묻는 것은 지혜가 아니다. 아니, 옛날이 오늘보다 낫다는 너의 생각 자체가 이 세상을 다스리시는 하나님의 섭리를 제대로 성찰하지 않은 어리석은 생각이다."

(1) 우리는 우리 자신의 마음이 악하다는 것을 한탄해야 하고(사람들의 마음이 더 선해진다면, 시절도 더 나아질 수 있다), 현재의 시절이 지금보다 더 나빠지지 않은 것을 감사해야 하며, 아무리 악한 때에라도 우리가 하나님의 은혜를 많이 받으면 그 악한 시절을 잘 견딜 수 있을 뿐만 아니라 평안히 지낼 수 있음에도 불구하고, 시절이 악하다고 불평하는 것은 어리석은 일이다.

(2) 틈만 나면 옛날이 좋았다고 말함으로써 하나님이 지금 우리에게 베풀고 계시는 은혜를 깎아내리는 것은 어리석은 일이다. 그것은 마치 옛날에는 지금과 같이 불평한 일이 없었다는 듯이, 또는 하나님이 우리보다 앞선 세대에게는 황금기를 주시고 우리에게는 악한 시절을 주셔서 우리를 냉정하고 불의하게 대하시기라도 하신 것처럼 말하는 것이다. 그런 말은 우리 속에 있는 초조함과 불만으로부터 나오는 것이고, 하나님께 시비를 걸고자 하는 마음에서 나오는

것이다. 우리는 어느 한 시절이 다른 시절보다 모든 면에서 다 쇠퇴하고 타락하였다고 생각해서는 안 된다. 하나님은 언제나 선하시고, 사람들은 언제나 악하다. 지금이 옛날보다 어떤 점들에서는 더 나빠졌다고 할지라도 또 다른 점들에서는 더 나아진 것들도 있다.

11지혜는 유산 같이 아름답고 햇빛을 보는 자에게 유익이 되도다 12지혜의 그늘 아
래에 있음은 돈의 그늘 아래에 있음과 같으나, 지혜에 관한 지식이 더 유익함은 지
혜가 그 지혜 있는 자를 살리기 때문이니라 13하나님께서 행하시는 일을 보라 하나
님께서 굽게 하신 것을 누가 능히 곧게 하겠느냐 14형통한 날에는 기뻐하고 곤고한
날에는 되돌아 보아라 이 두 가지를 하나님이 병행하게 하사 사람이 그의 장래 일
을 능히 헤아려 알지 못하게 하셨느니라 15내 허무한 날을 사는 동안 내가 그 모든
일을 살펴 보았더니 자기의 의로움에도 불구하고 멸망하는 의인이 있고 자기의 악
행에도 불구하고 장수하는 악인이 있으니 16지나치게 의인이 되지도 말며 지나치게
지혜자도 되지 말라 어찌하여 스스로 패망하게 하겠느냐 17지나치게 악인이 되지도
말며 지나치게 우매한 자도 되지 말라 어찌하여 기한 전에 죽으려고 하느냐 18너는
이것도 잡으며 저것에서도 네 손을 놓지 아니하는 것이 좋으니 하나님을 경외하는
자는 이 모든 일에서 벗어날 것임이니라 19지혜가 지혜자를 성읍 가운데에 있는 열
명의 권력자들보다 더 능력이 있게 하느니라 20선을 행하고 전혀 죄를 범하지 아니
하는 의인은 세상에 없기 때문이로다 21또한 사람들이 하는 모든 말에 네 마음을 두
지 말라 그리하면 네 종이 너를 저주하는 것을 듣지 아니하리라 22너도 가끔 사람을
저주하였다는 것을 네 마음도 알고 있느니라

솔로몬은 이 단락에서 사람들이 세상의 헛된 것들로 말미암아 마음이 괴롭고 이상해지는 것을 막아주는 최고의 해독제는 지혜라고 말한다. 여기에는 지혜에 대한 찬사들과 지혜의 교훈들이 몇 가지 나온다.

I. 지혜에 대한 찬사들. 솔로몬은 여기에서 우리로 하여금 지혜를 얻어서 간직하라고 권하기 위하여 지혜를 여러 가지로 칭송한다.

1. 지혜는 우리가 가진 세상적인 소유들을 제대로 관리하고 선용하는 데에 꼭 필요하다는 것. 지혜는 유산과 함께 있을 때에 아름답다. 즉, 지혜가 없다면, 유산이 있어도 별 소용이 없다. 어떤 사람에게 큰 재산이 있고, 그가 그 많은

재산을 조상으로부터 쉽게 물려받았다고 하자. 그렇다고 하여도, 그에게 그가 가진 것을 써야 할 곳에 쓸 수 있는 지혜가 없다면, 그는 차라리 그 큰 재산을 물려받지 않는 편이 더 좋았을 것이다. 지혜가 있으면, 가난한 자들은 자기가 가진 것으로 족할 줄을 알고 마음 편히 살 수 있어서 좋고, 부자들은 자기가 가진 재물로 스스로를 해롭게 하거나 다치게 하지 않고, 선한 일을 할 수 있어서 좋다. 지혜는 그 자체로 선하고 유익하며, 사람을 쓸모있는 사람으로 만들어 준다. 그러나 지혜 있는 사람이 많은 재물까지 겸하여 갖고 있으면, 재물이 없는 경우보다 그의 세대에 훨씬 더 큰 유익을 끼칠 수 있고 더 크게 섬길 수 있다. 또한, 그는 자신의 재물로 친구를 사귈 수 있다(눅 16:9). 또한, 지혜는 유산같이 아름답고 더 아름답다. 지혜는 유산보다 더 우리 자신의 것이 되고, 우리 자신을 존귀하게 해주는 것이 되며, 우리를 이 세대에 더 큰 복이 되게 하고, 우리 곁에 더 오래 머물며, 우리에게 더 큰 이문을 남기게 해준다.

2. 지혜는 우리가 이 세상을 통과하는 모든 여정에서 우리에게 큰 유익이 된다는 것. 지혜는 햇빛을 보는 자들, 즉 지혜를 가진 자들과 그들과 같은 시대에 사는 자들에게 유익이 된다. 해를 보는 것은 즐거운 일이지만(11:7), 그런 즐거움은 지혜로 인한 즐거움에 비하면 아무것도 아니다. 이 세상의 빛은 우리가 이 세상의 일을 하는 데에 유익을 주지만(요 11:9), 그런 유익을 받는 자들이 그들의 일을 제대로 관리할 수 있는 지혜를 아울러 갖고 있지 않다면, 이 세상의 빛이 주는 유익은 그들에게 별 가치가 없게 된다. 명철의 눈이 밝은 것이 육안이 밝은 것보다 우리에게 훨씬 더 유익하다.

3. 지혜는 우리를 안전하게 해주는 데에 아주 큰 도움을 준다는 것. 지혜는 우리를 환난의 폭풍과 그 찌는 듯한 열기로부터 보호해 주는 피난처이다. 지혜는 그늘, 즉 곤비한 땅에 큰 바위 그늘과 같다. 돈이 우리를 지켜 주듯이, 지혜도 우리를 지켜 준다. 부자는 자신의 재물을, 지혜자는 자신의 지혜를 견고한 성으로 삼는다. 지혜의 그늘 아래에 있음은 돈의 그늘 아래에 있음과 같아서 거기에는 안전함이 있다. 솔로몬은 그가 앞에서 했던 말, 즉 지혜는 유산과 함께 있을 때에 아름답다는 말을 확증하기 위해서, 여기에서 지혜와 돈을 함께 결합시켜서 얘기한다. 지혜는 밭을 보호해 주는 담장이고, 돈은 가시 울타리의 역할을 할 수 있다.

4. 지혜는 사람에게 기쁨이고 참된 행복이라는 것. 지혜에 관한 신령한 지식

이 돈만이 아니라 사람의 지혜, 이 세상의 지혜보다 더 뛰어나고 유익한 것은 그것이 그 지혜 있는 자를 살리기 때문이다. 여호와를 경외하는 것이 곧 지혜인데, 그 지혜가 바로 생명이다. 지혜는 생명을 연장시켜 준다. 재물은 사람의 목숨을 위험하게 만들지만, 지혜는 사람의 목숨을 보호해 준다. 아니, 재물은 이 땅에서의 자연적인 삶조차 연장해 주지 못하지만, 참된 지혜는 영원한 삶의 맛보기인 신령한 삶을 얻게 해준다. 그러므로 지혜를 얻는 것이 금을 얻는 것보다 훨씬 낫다.

5. 지혜는 사람에게 힘을 주고, 사람의 든든한 의지처가 된다는 것(19절). 지혜는 지혜자들을 언제나 확실한 토대 위에 있게 해줌으로써 그들의 심령을 힘 있게 하고, 그들을 담대하고 결단력 있게 한다. 지혜는 그들의 세력을 견고하게 해주고, 그들로 하여금 친구들과 명성을 얻게 해준다. 지혜는 그들을 성읍을 힘 있게 하는 열 명의 권력자들보다 더 능력이 있게 하여, 그들로 하여금 고난 가운데에서 잘 견딜 수 있게 하고, 그들에게 가해지는 공격들을 잘 막아낼 수 있게 한다. 진정으로 지혜롭고 선한 자들은 하나님의 보호하심 아래에 있기 때문에, 성읍 가운데에 있는 열 명의 권력자, 막강한 권력과 세도를 지닌 자들이 그들의 후견인이 되어서 그들을 보호해 주는 것보다 더 안전하다.

Ⅱ. 우리에게 아주 큰 유익이 되어 줄 저 지혜가 주는 몇 가지 교훈들.

1. 우리에게 닥친 모든 일 속에서 하나님과 그의 손길을 바라보아야 한다는 것(13절). 하나님께서 행하시는 일을 보라. 우리에게 닥친 힘든 일들 때문에 우리가 불평하는 것을 막으려면, 우리는 그 일들 속에 있는 하나님의 손길을 깊이 생각하고, 우리의 입을 열어 하나님이 하시는 일에 대하여 이러쿵저러쿵 말하는 것을 금해야 한다. 우리는 우리의 처지와 그 처지를 둘러싼 온갖 일들을 하나님께서 행하시는 일로 여겨야 하고, 하나님이 우리에게 닥친 모든 일을 통해서 그의 영원한 계획을 이루고 계시다는 것을 깊이 생각하여야 한다. 우리는 하나님이 하시는 모든 일은 지혜롭고 의로우며 선하고, 그의 일들 속에는 놀라운 아름다움과 조화가 있으며, 그가 하시는 모든 일은 결국에는 최고의 선을 이루는 것임이 드러나게 되리라는 것을 명심하여야 한다. 그러므로 우리는 우리와 관련된 하나님의 모든 일에 대하여 하나님께 영광을 돌리고, 그 일들 속에 있는 하나님의 목적과 의도에 부응하려고 애써야 한다. 하나님께서 행하시는 일을 우리가 조금도 바꿀 수 없다는 것을 깊이 마음에 새기라. 하나님께서 굽게

하신 것을 누가 능히 곧게 하겠느냐. 자연의 하나님께서 정해 놓으신 만물의 본성을 누가 바꿀 수 있겠는가? 하나님이 환난을 말씀하신 곳에서 누가 평화를 만들어낼 수 있겠는가? 하나님이 가시나무 울타리를 쳐놓으신 길을 누가 뚫고 나아갈 수 있겠는가? 모든 것을 황폐화시키는 심판이 하나님의 명을 받고 임하였다면, 누가 그 심판을 막을 수 있겠는가? 우리는 하나님이 하시는 일을 바꿀 수 없기 때문에 그것을 최대한으로 선용하는 것이 마땅하다.

2. 우리와 관련된 여러 가지 섭리들을 그대로 받아들여서, 그 날에 우리가 마땅히 행해야 할 일을 행하여야 한다는 것(14절).

(1) 하나님의 섭리가 정하신 일과 사건들은 서로 반대되는 것들이 공존하거나 교대로 일어나도록 되어 있다는 것. 이 세상에는 형통하는 자들과 역경에 처해 있는 자들이 동시에 있다. 한 사람의 경우에 있어서도 크게 형통할 때가 있는가 하면 큰 역경에 처할 때가 있다. 또한, 한 사람에게 있어서도 어느 한 시점을 보면 잘 풀려서 형통하는 일이 있는 반면에 잘 풀리지 않는 일도 있다. 형통함과 역경은 둘 다 하나님의 손에서 온다. 화와 복이 지존자의 입으로부터 나오고(애 3:38), 이 두 가지는 하나님이 서로 대비된 채로 접해 있게 아주 가까이 놓아 두셨기 때문에 서로 잘 바뀌고, 서로가 서로를 돋보이게 만든다. 낮과 밤, 여름과 겨울은 서로 접해 있기 때문에, 우리는 형통할 때에 기쁘지 않은 자 같이 기뻐하고, 역경에 처해 있을 때에는 울지 않는 자 같이 울어야 한다. 왜냐하면, 우리는 이 두 가지가 서로 곧 자리를 바꿀 것임을 알기 때문이다. 하나님이 이렇게 하신 것은 사람이 그의 장래 일을 능히 헤아려 알지 못하게 하시고, 장래의 사건들에 대해서나 현재의 상태가 지속될 것인가에 대해서나 확실하게 알 수가 없어서, 하나님의 섭리에 의지해서 살아가다가 무슨 일이 일어나도 기꺼이 그 일을 받아들이게 하시기 위한 것이다. 또는, 그것은 사람이 하나님께서 하시는 일에 개입하여 무엇을 고칠 수 있다고 착각할 가능성을 처음부터 차단하시기 위한 것이다.

(2) 우리는 이 두 가지 종류의 사건들 속에서 하나님의 뜻을 따라야 한다는 것. 우리의 신앙은 모든 환경 속에서 언제나 동일하여야 하지만, 구체적인 경우들에 있어서 여호와를 좇아 행하기 위해서는 우리의 신앙의 모습은 우리의 외적인 환경에 따라 달라져야 한다.

[1] 형통한 날에는(그것은 단지 하루일 뿐이다) 우리가 기뻐하고 선을 행하며

거룩한 즐거움을 지니고서, 모든 것이 풍족한 가운데 기쁨과 즐거운 마음으로 여호와를 섬겨야 한다는 것. "세상이 미소를 지을 때, 하나님을 즐거워하고 찬송하며, 여호와로 인하여 기뻐하는 것이 너의 힘이 되게 하라."

[2] 곤고한 날에는(이것도 단지 하루뿐이다) 되돌아 보아라. 환난 날은 자신을 살피고 깊이 생각해 보기에 적절한 때이다. 하나님은 그런 때에 우리에게 우리의 행위를 잘 살펴 보라고 명령하신다(학 1:5). 또한, 환난 날은 우리도 그렇게 하고 싶은 마음이 드는 때이다. 이렇게 자신을 되돌아 보고 잘 살펴 보지 않으면, 우리는 환난을 통해서 아무런 유익도 얻지 못하게 될 것이다. 하나님이 우리와 왜 무슨 이유로 다투시는지를 잘 생각해 보지 않는다면, 우리는 하나님이 우리에게 환난을 주시는 목적에 제대로 부응할 수 없다. 또한, 자신을 되돌아 보고 잘 살피는 것은 환난 가운데서 우리가 위로와 힘을 얻기 위해서도 꼭 필요한 일이다.

3. 우리는 이 세상에서 악인들이 크게 형통하고 경건한 자들이 지독한 재난을 당하는 것을 볼 때에 상처를 입거나 분노해서는 안 된다는 것(15절). 지혜는 우리에게 그러한 섭리의 어두운 장(章)들을 어떻게 해석해야 하는지를 가르치고, 우리에게 하나님의 지혜와 거룩함과 선함과 신실함으로 그것들을 받아들여야 한다는 것을 가르친다. 우리는 그것을 이상하게 생각해서는 안 된다. 솔로몬은 그의 시대에도 이런 유의 일들이 있었다는 것을 우리에게 말해준다. "내 허무한 날을 사는 동안 내가 그 모든 일을 살펴 보았다. 내가 세상에서 일어나는 모든 일을 살펴보았는데, 이 일은 다른 어떤 일 못지않게 나를 놀라게 하고 곤혹스럽게 만든 일이었다." 솔로몬은 대단히 지혜롭고 큰 자였지만, 그의 일생의 날들을 그의 허무한 날들이라고 부른다는 것을 주목하라. 왜냐하면, 이 땅에서의 최고의 날들조차도 영원의 날들에 비하면 허망한 날들이기 때문이다. 또는, 솔로몬은 그가 하나님을 배반하고 떠나 있던 배교의 날들을 회상하면서(그 날들은 정말 그의 허무한 날들이었다), 의인들이 자기의 의로움에도 불구하고 멸망하는 것과, 지극히 큰 경건을 지닌 자들도 하나님의 손에 의해서 지독한 환난을 당하며, 종종 악하고 이성 없는 자들의 손에 의해서 아주 큰 해악들을 겪는 모습을 보고서, 그가 하나님을 불신하고 신앙에 대하여 무관심하게 되었다고 말하는 것일 수도 있다. 나봇은 그의 의를 지켰는데도 죽었고, 아주 오래 전에 아벨도 그러하였다. 또한, 솔로몬은 악인들이 악을 저지르면서도 장수하는

것을 보았다. 악인들은 생존하고 장수하며 세력이 강하다(욥 21:7). 그들은 속임수와 폭력을 통해서 정의의 칼날을 피한다. "이런 말도 안 되는 모습과 관련해서 하나님이 어떻게 일을 하시는지를 깊이 생각하고, 세상의 그런 모습이 너에게 걸림돌이 되지 않게 하라." 하나님이 의인들에게 환난을 주시는 것은 그들이 장차 복을 받을 수 있도록 그들을 준비시키시는 것이고, 악인들로 하여금 장수하게 하시는 것은 그들의 멸망의 때가 무르익게 하시기 위한 것이다. 하나님은 장차 있을 심판을 통해서 겉으로 보기에 말도 안 되는 것 같은 이런 일을 바로잡으셔서, 스스로 영광을 받으심과 동시에 그의 모든 백성을 온전히 흡족하게 하실 것이다. 그러므로 우리는 그 때까지 인내하고 기다려야 한다.

4. 지혜는 성도들에게 그들의 행실을 조심하게 하는 데에 유익하고, 죄인들의 행실을 억제하는 데에 유익하다는 것.

(1) 지혜는 성도들이 그들의 의(義)를 지키는 가운데 성장해 나가게 해줄 것이고, 그들이 극단으로 치닫지 않도록 조심하라고 권면을 해준다는 것. 의인은 자기의 의로움에도 불구하고 멸망할 수 있지만, 그는 자신의 무분별함과 성급한 열심으로 인해서 환난을 자초하고 나서, 하나님의 섭리가 그에게 가혹하다고 생각해서는 안 된다. "지나치게 의인이 되지 말라(16절). 의로운 일을 행할 때에는 지혜의 다스림을 받아서 슬기롭게 행하여야 하고, 하나님에 대한 열심으로 인해서 감정이나 혈기를 주체하지 못해서, 너의 처지에 합당하지 않은 일이나 너의 신변을 위태롭게 만드는 일에 뛰어들지 말라." 선한 일을 함에 있어서도 지나침이 있을 수 있다는 것을 명심하라. 자기를 부인하고 육(肉)을 죽이는 것은 좋은 일이다. 그러나 우리가 그런 것들로 말미암아 우리의 건강을 해쳐서 하나님을 섬기기에 적합하지 않게 된다면, 그것은 지나치게 의인이 되는 것이다. 죄를 짓는 자들을 책망하는 것은 좋은 일이지만, 돼지 앞에 진주를 던져서 그 돼지가 돌이켜서 우리를 찢게 한다면 그것은 지나치게 의인이 되는 것이다. "지나치게 지혜자도 되지 말라. 자신의 견해를 지나치게 고집하지 말고, 네 자신의 능력을 자부하여 뽐내지 말라. 네 주변의 모든 것에 대하여 절대 권력자로 행세하여 법을 세우고 판단하려고 하지 말라. 마치 네가 모든 것을 알고 그 어떤 것도 할 수 있다는 듯이, 비판자가 되어서, 다른 사람들이 말하거나 행한 모든 것의 시시비비를 따지려 들지 말고, 다른 사람들의 일에 끼어들지 말라. 미련한 자들이 흔히 남의 싸움에 끼어들어서 패망하듯이, 너는 어찌하여 스스로

패망하려 하느냐? 너는 어찌하여 네 일도 아닌데 괜히 나서서 잘못된 것을 바로잡겠다고 쓸데없이 반대하여 권세자의 분노를 사서 네 자신을 가시덤불 속으로 처넣으려 하는 것이냐? 너희는 뱀 같이 지혜로워야 한다(마 10:16). 사람들을 조심하라."

(2) 지혜는 죄인들에게 그들의 죄를 버리게 할 수는 없다고 할지라도 그들이 터무니없이 극악무도해지는 것을 막아줄 수 있다는 것. 자기의 악행에도 불구하고 장수하는 악인이 있다는 것은 사실이다(15절). 그러나 그렇다고 해서 그들이 그 어떤 악행을 저질러도 안전하고 괜찮은 것은 결코 아니다. 지나치게 악인이 되지도 말라(17절). 악인들도 도가 지나친 흉악함으로 치달아서는 안 된다. 하나님이나 지옥의 고통이 두려워서 죄를 그만두고자 하지 않는 자들 중에서도 분별력이 조금이라도 있다면 그들의 건강이나 재산에 해로운 죄들이나, 그들을 법정에 서게 만들 수도 있는 죄들은 피하고자 할 자들이 많을 것이다. 솔로몬은 여기에서 악인들이 지닌 이러한 작은 분별력을 그의 권면에 활용한다. "다스리는 자가 공연히 칼과 감시하는 눈과 무서운 권세를 가지지 아니하였으니, 그는 악을 행하는 자에게 두려움이 되는 자이다. 그러므로 너는 다스리는 자의 권세 안으로 들어가는 것을 두려워하고, 어리석게도 네 자신에게 법의 심판을 받게 하지 말라. 너는 어찌하여 기한 전에 죽으려고 하느냐." 솔로몬은 이 두 가지 경고를 하면서, 아마도 그가 죽자마자 다윗 왕조를 배신하여 반란을 일으키게 될 그의 몇몇 신하들을 특별히 염두에 두었던 것 같다. 어떤 신하들은 그들의 통치자가 범한 죄악들을 문제삼아서 시비를 걸었을 것이다. 솔로몬은 그들에게 지나치게 의인이 되지 말라고 말한다. 어떤 신하들은 엄격한 통치와 성전 예배에 진저리를 치고서, 다른 왕을 세우고자 하였다. 그러나 솔로몬은 정의의 칼로 이 두 부류의 신하들을 겁주어 반역을 못하도록 경고하고, 다른 신하들에게는 반역자들과 사귀지 말라고 경고하고 있다.

5. 지혜는 우리를 두 극단의 중도로 이끌어서, 우리로 하여금 저 분명하고 안전한 길인 우리의 본분의 길로 늘 행하게 한다는 것(18절). "너는 이것, 즉 네 자신을 덫이나 올무로 달려가지 않게 해줄 이 지혜도 잡으며, 저것에서도 네 손을 놓지 아니하는 것이 좋으니, 너의 부지런함도 느슨하게 하지 말고, 합당한 단정함을 유지하고 네 자신을 잘 다스리겠다는 너의 결심도 약화시키지 말라. 너의 고집센 혈기가 무지한 말이나 노새 같이 이런저런 해악 속으로 너를 몰아넣

지 않도록 그 혈기를 단속하는 고삐를 단단히 잡으라. 그 고삐를 단단히 잡았으면, 거기에서 네 손을 놓지 말라. 왜냐하면, 네가 그 고삐를 놓는다면, 자유를 얻은 혈기는 터진 물과 같아서, 너는 다시 그 고삐를 쉽게 잡지 못할 것이기 때문이다. 꼼꼼하게 행하되, 조심스럽게 행하고, 이 일을 연습하라. 신앙의 원리들로 네 자신을 확실하게 다스리라. 그러면, 너는 하나님을 경외하는 자는 이 모든 일, 즉 하나님을 경외함을 벗어던진 자들이 겪게 되는 온갖 곤경들과 어려움들에서 벗어날 것임을 알게 될 것이다." 여호와를 경외하는 것이 지혜이고, 그 지혜는 우리를 가장 복잡한 미로에서 건져줄 단서 역할을 해줄 것이다. 정직이 최선의 방책이다. 진정으로 하나님을 경외하는 자들은 오직 한 가지 목적만을 섬기기 때문에 늘 변함없이 행한다. 또한, 하나님은 그를 경외하는 자들을 인도하시되, 그들의 발걸음을 옳은 길로 인도하실 뿐만 아니라, 온갖 위험한 길에서 벗어나게 하실 것이라고 약속하셨다(시 37:23-24).

6. 지혜는 다른 사람들의 죄악에 대하여 우리가 어떻게 처신해야 하는지를 가르쳐 준다는 것. 죄악은 죄책감과 슬픔을 가져다 주는데, 다른 사람들이 범하는 죄악들을 보는 것만큼 우리 마음의 평정을 어지럽히는 것도 없다.

(1) 지혜는 우리에게 우리가 상대하는 자들이 흠이 없을 것이라고 기대하지 말라고 가르친다. 우리 자신에게도 흠이 있고, 아무리 선한 자에게도 흠이 있고, 흠이 없는 자는 아무도 없기 때문이다. 이 지혜가 있으면, 지혜자들은 다른 어떤 것이 주는 것 못지않은 힘을 얻어서, 다른 사람들이 그들의 화를 돋구더라도 거기에 휘말려들어서 화를 내거나 혈기를 부리지 않게 된다(19절). 다른 사람들이 그들의 분노를 살 만한 일들을 행하였을 때, 그들은 그들이 상대하는 자들이 육신을 입은 천사들이 아니라 죄악된 아담의 자손들이라는 것을 배려하게 되기 때문이다. 아무리 착한 사람도 마찬가지이다. 선을 행하고 전혀 죄를 범하지 아니하는 의인은 세상에 없다(20절). 솔로몬은 그의 기도 속에서(왕상 8:6)와 그의 잠언 속에서도(잠 20:9) 여기 그의 설교 속에서와 똑같은 말을 하였다.

[1] 선을 행하는 것이 의인들의 특성이라는 것. 왜냐하면, 우리는 그 열매를 보고 그 나무가 어떤 나무인지를 알기 때문이다.

[2] 아무리 선한 자들이고 지극히 선한 일을 하는 자들이라도 죄에서 완전히 자유롭다고 말할 수 있는 자는 아무도 없다는 것. 거룩하게 된 자들조차도 죄

가 없는 것이 아니다. 천국의 이 편에서 사는 자치고 죄 없는 자는 아무도 없다. 만일 우리가 범죄하지 아니하였다고 말하면 스스로 속이는 것이다(요일 1:8, 10).

[3] 우리가 행하는 선한 일조차도 거기에 죄가 붙어 있다는 것. 우리가 행한 지극히 선한 일 속에도 흠이 있고 악성(惡性)이 들어 있다. 그 일의 중요 부분은 선한 것이고 하나님을 기쁘시게 해 드리는 것일지라도, 그것이 온전한 선을 이루고 있는 경우는 없다. 우리가 우리의 본분을 행하지 않는 것도 죄이지만, 본분을 행하면서도 그 속에 흠이 있다면, 그것도 죄이다.

[4] 의인들이 이렇게 죄와 연약함에 종속되어 있는 것은 이 땅에 있을 때뿐이라는 것. 육신을 벗어 버린 의인의 영들은 거룩함에 있어서 온전하게 되기 때문에(히 12:23), 하늘에서 그들은 선을 행하고 전혀 죄를 범하지 않게 된다.

(2) 지혜는 우리에게 남들이 우리에게 욕하거나 무례하게 대하여도 그런 것들에 민감하게 반응하지 말고 그냥 웃어넘기며, 마치 듣지 못하고 보지 못했다는 듯이 행동하라고 가르친다(21절). "사람들이 하는 모든 말에 네 마음을 두지 말라. 사람들이 너를 씹거나 의심해도 화를 내거나 속을 끓이지 말고, 귀가 먹은 사람처럼 못 들은 체하라(시 38:13-14). 사람들이 너에 대하여 어떻게 말하는지를 알고 싶어서 안달하지 말라. 사람들이 너를 칭찬한다는 것을 알면, 너는 으쓱해져서 교만해질 것이고, 사람들이 너를 욕한다는 것을 알면, 너는 감정만 상하게 될 것이기 때문이다. 그러므로 너는 하나님과 네 자신의 양심에게만 인정받으려고 애쓰고, 너에 대해서 사람들이 무슨 말을 하든 그런 것에는 신경을 쓰지 말라. 남들이 자기에 대하여 무슨 말을 하는지를 몹시 듣고 싶어하는 자들이 그들 자신에 대하여 남들이 하는 좋은 말을 듣는 일은 거의 없다. 네가 사람들이 하는 모든 말에 귀를 기울이면, 너는 전혀 뜻밖에도 네 종이 너를 저주하는 것을 듣게 될 것이다. 네가 남의 말을 옮기고 다니는 자들의 말을 곧이곧대로 들어준다면, 너는 네 종이 너를 저주하였다는 말을 그들로부터 듣게 될 것이다(잠 29:12). 또한, 너는 어쩌다가 우연히 아주 천한 종, 아니 너를 비호해 주고 너의 이름과 이익을 보호해 주어야 마땅한 네 종이 너를 비난하고 멸시할 뿐만 아니라 너를 저주하여 네게 재앙이 내리기를 비는 말을 직접 듣게 될 수도 있다. 그 종은 아마도 네가 총애하였던 자일 수 있고, 그런 종이 네게 은혜를 원수로 갚는 것을 보고서, 너는 격분하게 될 것이다. 그러므로 너는 차라리 그런 말을 처

음부터 듣지 않는 것이 좋았을 것이다. 또는, 그 종은 네가 부당하게 학대한 종이었을 수도 있다. 그는 네 앞에서는 감히 내색을 하지 못했지만, 다른 사람들이나 하나님께는 너에 대한 악감을 드러내었고, 너는 그것을 들은 것이다. 그러면, 네 양심은 그 종의 악담에 동조하여 너를 책망할 것이기 때문에, 너는 이 일로 인하여 크게 근심하게 될 것이다." 지극히 큰 자들의 선한 이름은 의외로 지극히 미천한 자들에 손에 달려 있다. 우리는 우리를 욕할 것이라고는 거의 생각하지 못했던 자들로부터 우리가 생각했던 것보다 훨씬 더 많은 욕을 얻어먹을 수 있다. 그러나 우리가 우리의 평판에 신경을 쓰느라 우리에 대하여 나쁘게 말하는 모든 말을 다 귀 담아 들으면, 그것은 우리 마음의 평정이나 우리의 좋은 평판에 도움이 되지 않는다. 우리를 욕하는 자를 한 사람 찾아내어 앙갚음을 하는 것보다 우리를 욕하는 스무 사람을 그냥 못 본 체하는 것이 더 마음 편한 일이다.

(3) 지혜는 우리의 잘못들을 일깨워준다는 것(22절). "너는 너를 욕하거나 저주하는 자들에게 화내지 말라. 왜냐하면, 네 스스로를 곰곰이 생각해 보면, 네 양심이 네게 너도 그런 경우에 가끔 사람을 저주하였고 욕하였다는 것을 네게 말해 줄 것이기 때문이다. 사람들은 네가 남에게 한 그대로를 네게 갚아주었을 뿐이다." 사람들이 우리를 욕하는 것을 들으면, 그 때가 바로 우리가 다른 사람들에게 욕을 하거나 나쁜 짓을 하지는 않았는지 우리의 양심을 살펴볼 좋은 기회라는 것을 명심하라. 그렇게 살펴서 우리가 그랬다는 것이 발견되면, 우리는 그 기회를 이용해서 우리가 이전에 잘못했던 일들을 다시 회개하고, 하나님이 의로우시다는 것을 고백하며, 이 기회에 다른 사람들에 대한 우리의 분노나 원한을 지워 버려야 한다. 다른 사람들을 헐뜯고 비방한 우리 자신이 정말 미워지고 화가 난다면, 우리는 우리를 헐뜯고 비방하는 다른 사람들에 대하여 별로 화를 내지 않게 될 것이다. 우리 자신도 전에는 어리석은 자였다는 것을 기억하고서, 우리는 범사에 모든 사람에게 온유함을 나타내어야 한다(딛 3:2-3; 마 7:1-2; 약 3:1-2).

[23]내가 이 모든 것을 지혜로 시험하며 스스로 이르기를 내가 지혜자가 되리라 하였으나 지혜가 나를 멀리 하였도다 [24]이미 있는 것은 멀고 또 깊고 깊도다 누가 능히 통달하랴 [25]내가 돌이켜 전심으로 지혜와 명철을 살피고 연구하여 악한 것이 얼마

나 어리석은 짓이요 어리석은 것이 얼마나 미친 것인 줄을 알고자 하였더니 [26]마음 은 올무와 그물 같고 손은 포승 같은 여인은 사망보다 더 쓰다는 사실을 내가 알아 내었도다 그러므로 하나님을 기쁘게 하는 자는 그 여인을 피하려니와 죄인은 그 여인에게 붙잡히리로다 [27]전도자가 이르되 보라 내가 날날이 살펴 그 이치를 연구 하여 이것을 깨달았노라 [28]내 마음이 계속 찾아 보았으나 아직도 찾지 못한 것이 이 것이라 천 사람 가운데서 한 사람을 내가 찾았으나 이 모든 사람들 중에서 여자는 한 사람도 찾지 못하였느니라 [29]내가 깨달은 것은 오직 이것이라 곧 하나님은 사람 을 정직하게 지으셨으나 사람이 많은 꾀들을 낸 것이니라

솔로몬은 이제까지 세상이 헛되다는 것과 세상이 사람들을 결코 행복하게 만들어줄 수 없다는 것을 증명해 왔는데, 이제 여기에서는 죄가 지닌 악성(惡性)과 죄는 사람들을 불행하고 비참하게 만드는 성질을 지니고 있다는 것을 보여주고자 한다. 그는 전자와 마찬가지로 이것도 그 자신의 경험에 의거해서 증명하고자 하는데, 그것은 정말 값비싼 경험이었다. 여기에서 그는 이 책의 다른 어느 곳에서보다도 더 참회자로서의 모습을 보인다. 그는 이미 앞에서 말해 왔던 것을 다시 한 번 검토해 보면서, 그가 이제까지 말한 것은 그가 알고 있는 것이고 확신하고 있는 것이며 그가 굳게 지키기로 결심한 것이라고 말한다. 내가 이 모든 것을 지혜로 시험하였다(23절). 즉, 그가 이제까지 말한 모든 것은 그가 지혜로 이미 검증을 끝낸 것들이라는 것이다. 좀 더 살펴보자.

I. 솔로몬이 그의 지혜가 부족하다는 것을 시인하고 탄식함. 그는 세상이 헛되다는 것과 세상이 영혼의 합당한 분깃이 될 수 없다는 것을 체험적으로 알기에 충분한 지혜를 가지고 있었다. 그러나 그 이상을 살펴보고자 했을 때에 그는 어떻게 해야 할지를 모르게 되었다. 그의 눈은 너무 침침하였고, 그의 줄은 너무 짧았다. 그는 세상이 헛되다는 것을 발견하였지만, 그의 지혜로 증명할 수 없는 다른 많은 것들이 있었다.

1. 그는 자기가 부지런히 살펴보았다고 말함. 하나님은 그에게 그 누구보다도 더 잘 지식을 탐구할 수 있는 역량을 주셨고, 그는 아주 많은 지혜를 갖추고 있었다. 그는 지혜를 얻을 수 있는 기회를 그 어떤 사람보다도 더 많이 가지고 있었다.

(1) 그는 자신의 목적을 달성하기로 결심하였다는 것. 내가 스스로 이르기를

내가 지혜자가 되리라 하였다. 그는 지혜를 아주 귀하게 여겨서 지혜자가 되기를 간절히 원하였다. 그는 자기가 지혜자가 될 수 있다고 여겨서 꼭 지혜자가 되고자 하였다. 그는 그 목표를 달성하지 못한 채 주저앉아 있지 않기로 결심하였다(잠 18:1). 많은 사람들이 지혜자가 되지 못하는 것은 그들이 지혜자가 되는 것에 무관심하여 지혜자가 되고자 하지 않기 때문이다. 그러나 솔로몬은 지혜자가 되는 것을 자신의 목표로 세웠다. 그는 감각적인 즐거움들을 시험할 때조차도 여전히 **그의 마음을 지혜로 다스리고**(2:3) 지혜를 추구하는 것에서 벗어나지 않겠다고 생각하였다. 그러나 아마도 그는 감각적인 즐거움들을 탐닉하는 와중에도 지혜와의 소통을 끊임없이 유지하는 것이 생각만큼 쉽지 않다는 것을 발견하였을 것이다. 하지만, 그의 뜻은 선한 것이었다. 그는 **내가 지혜자가 되리라고** 말하였다. 게다가, 그것이 전부가 아니었다.

(2) 그는 수고를 아끼지 않기로 결심하였다는 것(25절). "내가 내 마음을 집중하였고, 내 마음을 다하여 모든 것을 해보았다. 나의 목적을 이루기 위해서 내가 들춰보지 않은 돌은 하나도 없었고, 사용해 보지 않은 수단도 하나도 없었다. 나는 **지혜와 명철을 살피고**, 철학이나 신학 등과 같은 온갖 유익한 학문을 **연구하는 일에 몰두하였다.**" 만약 그가 이런 식으로 전심으로 살피고 연구에 몰두하지 않았다면, **내가 지혜자가 되리라고** 한 그의 말은 단지 농담에 지나지 않게 되었을 것이다. 왜냐하면, 어떤 목표를 이루고자 하는 자들은 그 목표를 이루어낼 수 있는 올바른 길을 가지 않으면 안 되기 때문이다. 솔로몬은 대단히 영리한 사람이었지만, 다른 많은 사람들과는 달리 영리함을 핑계로 게으름을 부리지 않았다. 그는 영리함에 부지런함을 더하여서, 상당한 정도의 지혜를 얻는 것이 쉬운 일이라는 것을 발견했을 때에는 더욱더 큰 지혜를 얻고자 더 부지런히 애를 썼다. 아주 많은 물건을 가진 자들이 아주 많은 거래를 하여야 하는 것과 마찬가지로, 가장 좋은 것들을 가지고 있는 자들은 가장 큰 수고를 하여야 한다. 그는 어떤 것들의 표면에 있는 것을 아는 것만이 아니라, 그 이면에 숨겨져 있는 것들을 살피는 데에도 몰두하였다. 그는 조금 살펴보고서 자기가 찾는 것이 나타나지 않으면 포기해 버린 것이 아니라, 그 끝을 볼 때까지 샅샅이 **살폈다**. 또한, 그는 단지 어떤 것들을 아는 데에서 그치지 않고, 그것들이 그렇게 된 이유들도 살펴서 알고자 하였다.

2. 그런데도 그가 얻은 성과는 만족할 만한 것이 되지 못하였다는 것. "내가

지혜자가 되리라 하였으나 지혜가 나를 멀리 하였도다. 나는 그 목표를 이룰 수 없었다. 결국, 나는 내가 아무것도 알지 못한다는 것만을 알았다. 나는 더 알면 알수록, 내가 알아야 할 것이 더욱 많아졌기 때문에, 나의 무지를 더 많이 깨달을 수밖에 없었다. 멀고 또 깊고 깊은 것, 그것을 누가 능히 찾아낼 수 있으랴. 솔로몬이 여기에서 말하는 그것은 하나님 자신, 그의 모략과 그가 하시는 일들이다. 그는 그런 것들을 살펴보고자 했을 때에 즉시 갈피를 잡을 수 없게 되어 좌절할 수밖에 없었다. 그는 모든 것이 캄캄해서 어떻게 말을 해야 좋을지를 알 수 없었다. 그것은 하늘보다 높으니 네가 무엇을 하겠느냐(욥 11:8). 하지만, 하나님께 감사하게도, 우리가 해야 할 일들 가운데는 명백하고 쉽지 않은 것은 하나도 없다. 이는 다 총명 있는 자가 밝히 아는 바니라(잠 8:9). 그러나 우리에게 속하지 않고 오직 하나님께만 속한 비밀 가운데는 우리가 알고자 하지만 너무 멀고 또 깊고 깊어서 도저히 알 수 없는 것들이 아주 많이 있다. 솔로몬이 여기에서 탄식하는 것은 그의 과실로 인한 무지에 대한 것일 가능성이 많다. 그가 궁중에서 누리는 즐거움들과 수많은 재미있는 것들은 그의 눈을 멀게 하였고 그의 눈 앞에 뿌연 연무를 뿌려 놓아서, 그는 그가 목표했던 참된 지혜를 얻을 수 없었다.

Ⅱ. 그는 자기가 지혜만 모자란 것이 아니라 극히 어리석은 일들을 저질렀다고 시인하고 몹시 슬퍼함.

1. 그가 죄의 악성(惡性)을 살펴봄. 그는 악한 것이 얼마나 어리석은 짓이요 어리석은 것이 얼마나 미친 것인 줄을 알고자 하였다.

(1) 죄에 대한 지식은 얻기 어려운 난해한 지식이라는 것. 솔로몬은 그 지식을 얻으려고 애를 썼다. 죄는 죄라는 것이 드러나기를 꺼려해서 수많은 모습으로 위장을 하기 때문에, 그 위장된 것들을 벗기고 죄의 실상을 보는 것은 아주 어렵다.

(2) 우리가 죄에 대하여 회개하기 위해서는 죄가 지닌 악성을 아는 것이 꼭 필요하다는 것. 이것은 어떤 병을 치료하려면 그 병의 성격과 원인, 그리고 악성을 아는 것이 꼭 필요한 것과 마찬가지이다. 사도 바울은 하나님의 율법을 아주 소중히 여겼는데, 이는 율법이 죄의 실상을 그에게 그대로 드러내 주었기 때문이었다(롬 7:7). 솔로몬은 그의 어리석은 날들에는 어떻게 하면 즐거울 수 있을까를 궁리하며 더욱 큰 즐거움을 만들어 내어 육신을 즐겁게 하기 위하여

온갖 머리를 다 짜내었지만, 이제 하나님이 그의 눈을 열어 주시자, 죄가 얼마나 악한지를 알아내서 그의 회개를 더욱 깊게 하기 위해 애를 쓴다. 영리함을 발휘하여 죄를 지었던 죄인들은 회개할 때에도 그 영리함을 활용하는 참회자들이 되어야 한다. 그들은 주 예수께서 무장을 한 강한 자, 즉 사탄에게서 탈취한 노략물들 중에서 그들의 지혜와 지식도 가지시게 해 드려야 한다.

(3) 참회자들은 죄에 대하여 할 수 있는 한 가장 나쁘게 말하는 것이 합당하다는 것. 왜냐하면, 우리가 죄에 대하여 아무리 나쁘게 말해도 죄의 악성을 표현하는 데에는 여전히 부족하기 때문이다. 솔로몬은 여기에서 자기가 얼마나 어리석은 짓을 했는지를 깨달아서 더욱 낮아지기 위하여 다음과 같은 것들에 대하여 더욱 알기를 원하였다.

[1] 죄가 지닌 죄성(罪性). 그가 이 탐구 속에서 가장 중점을 둔 것은 어리석은 것이 얼마나 악한 것인지를 알고자 한 것이었다. 여기에서 어리석은 것은 그가 저지른 음행의 죄를 가리키는 것 같다. 왜냐하면, 음행의 죄는 흔히 이스라엘의 어리석은 짓이라 불렸기 때문이다(창 34:7; 신 22:21; 삿 20:6; 삼하 13:12). 그가 이 죄에 빠져 있었을 때에는 이 죄를 가볍게 여겼었다. 그러나 이제 그는 그 죄의 악한 것, 요셉이 말했듯이 그 죄가 지닌 큰 악을 알고자 한다(창 39:9). 또는, 여기에서 어리석은 것은 일반적으로 모든 죄를 가리키는 것으로 해석할 수도 있다. 많은 사람들은 자신의 죄를 어리석은 것이라고 부름으로써 그 죄성을 약화시키려 든다. 그러나 솔로몬은 이러한 어리석은 일들 속에서 악 또는 악성을 보는데, 그것은 하나님을 노엽게 하고 양심에 해악을 끼치는 것이다. 죄는 악한 것이다(렘 4:18; 슥 5:8).

[2] 죄가 지닌 어리석음. 어리석은 것 속에 악한 것이 있는 것과 마찬가지로, 악한 것 속에는 어리석은 것, 즉 미련한 것과 미친 것이 있다. 의도적으로 죄를 범하는 자들은 미련한 자들이자 미친 자들이다. 그들은 올바른 이성 및 그들에게 진정으로 이익 되는 것과 정반대로 행한다.

2. 그가 이렇게 살펴본 결과.

(1) 그는 그가 지금까지 지어 온 저 큰 죄, 즉 이방의 많은 여인을 사랑한(왕상 11:1) 죄가 얼마나 악한 것이었는지를 이제 이전보다 더 잘 깨닫게 되었다는 것. 그가 여기에서 아주 생생하고 애처로운 표현들을 사용하여 몹시 슬퍼하고 있는 것은 바로 이 죄이다.

[1] 그는 그 죄를 기억할 때마다 너무나 끔찍하고 몹시 슬펐다. 그 기억은 그의 양심을 얼마나 심하게 짓눌렀겠는가! 그가 저질렀던 저 악한 것, 어리석은 것, 미친 것을 생각할 때마다 그의 마음은 얼마나 괴로웠겠는가! 그것이 사망보다 더 쓰다는 사실을 내가 알아내었도다. 그 일을 생각할 때마다 마치 그가 사망에게 붙잡히기라도 한 것처럼 큰 공포가 그를 사로잡았다. 자신의 죄를 제대로 깨닫고서 그 죄를 직시한 자들은 그 죄를 보고 이렇게 울부짖을 수밖에 없게 된다. 모든 참된 회개자들에게 죄는 담즙처럼 쓰고, 아니 사망보다 더 쓰다. 음행은 본질적으로 사망보다 더 해로운 죄이다. 사망은 명예롭고 평안한 것이 될 수도 있지만, 음행의 죄는 부끄러움과 고통만을 가져다 준다(잠 5:9, 11).

[2] 그는 이 죄로의 유혹이 아주 위험하다는 것, 이 유혹 속으로 걸음을 내디딘 자들이 이 죄를 피하거나 이 죄에 빠진 자들이 회개를 통해서 거기에서 벗어나는 것은 극히 어렵고 거의 불가능하다는 것을 발견하였다는 것. 음녀의 마음은 올무와 그물이다. 이 음녀는 새 사냥꾼이 어리석은 새를 잡을 때에 사용하는 것과 같은 교묘한 술수들을 써서 영혼들을 파멸시키는 놀이를 즐긴다. 이러한 죄인들이 사용하는 방법들은 올무나 그물처럼 속이고 멸망시키는 것들이다. 조심성 없는 영혼들은 즐거움 또는 쾌락의 미끼가 주는 유혹에 넘어가서 거기에서 만족을 얻고자 하여 그 미끼를 덥썩 문다. 그러나 그들은 자기도 모르는 사이에 이 죄에 붙잡혀서 거기에서 벗어날 수 없게 된다. 음녀의 손은 포승 같아서, 사랑의 포옹이라는 미명 하에 그녀가 잡은 것들을 단단히 붙잡고 놓아주지 않는다. 따라서 사람들은 자기의 죄의 줄에 매이게 된다(잠 5:22). 정욕이나 욕망은 충족될수록 더욱 힘을 얻고, 그 매력들은 더욱 강해진다.

[3] 그는 어떤 사람이 이 죄에 빠지지 않았다면 그것은 그 사람이 하나님의 은총을 크게 받고 있음을 보여주는 것이라고 말함. 하나님을 기쁘게 하는 자는 그 여인을 피하게 되어서, 이 죄로 유혹을 받거나 그 유혹에 넘어가지 않게 될 것이다. 이 죄를 피한 자들은 그들을 지켜준 것이 그들 자신의 어떤 힘이나 결단력이 아니라 하나님이시고, 그것이 큰 은혜라는 것을 인정하여야 한다. 이 죄에 넘어가지 않도록 무장하는 데에 필요한 은혜를 얻고자 하는 자들은 하나님의 규례들을 따름으로써 모든 일에서 하나님을 기쁘시게 해 드리려고 세심하게 마음을 써야 한다(레 18:30).

[4] 그는 이 죄에 빠지는 것은 사람이 현세에서 받는 가장 혹독한 벌 중의 하

나라고 말함. 죄인은 그 여인에게 붙잡히리로다. 첫째, 다른 죄들을 지음으로써 그 마음이 어두워지고 양심이 더럽혀진 자들은 이 죄에 더 쉽게 끌려온다. 둘째, 하나님이 그들을 그 죄에 빠지도록 내버려 두는 것은 의로우신 일이다(롬 1:26, 28; 엡 4:18-19). 솔로몬은 그가 전에 빠졌던 이 죄로부터 빠져 나올 수 있었던 것이 얼마나 복된 일이었는지를 이렇게 끔찍한 심정으로 회상을 한다.

(2) 그는 이제 인간의 본성이 타락해 있다는 것을 이전보다 더 잘 깨닫게 되었다는 것. 그는 그의 아버지 다윗이 비슷한 경우에 그랬듯이 이러한 죄악의 흐름을 그 근원까지 추적해 올라간다. 내가 죄악 중에서 출생하였음이여(시 51:5).

[1] 그는 그가 실제로 범한 죄들을 낱낱이 찾아내고자 하였다는 것(27절). "보라 내가 이것, 즉 내가 찾아내고자 했던 바로 그것을 깨달았노라. 나는 내가 저지른 잘못들을 적어도 그 제목들만이라도 낱낱이 적어볼 수 있을 것이라고 생각하였다. 나는 그 잘못들을 하나하나 기억해 내서, 왜 그랬는지 그 이유를 찾아낼 수 있다고 생각하였다." 그는 참회자로서 자기가 지은 죄들을 더 구체적으로 밝혀내서 회개하기 위하여 그 죄들을 찾아내고자 하였다. 일반적으로, 우리는 죄를 더 구체적으로 고백할수록, 죄사함으로 인한 더 큰 위로를 얻게 된다. 또한, 그는 전도자로서 다른 사람들에게 더 구체적인 훈계를 할 수 있도록 하기 위해서 자기가 지은 죄들을 더 구체적으로 찾아내고자 하였다. 우리는 우리가 지은 한 가지 죄를 제대로 깨닫게 되면, 자기가 지은 모든 죄들을 살펴보고자 하는 마음이 생기게 된다는 것을 명심하라. 우리는 우리 자신에게서 잘못된 것을 발견할수록 우리가 보지 못한 우리의 다른 잘못들을 찾아내기 위해서 더 부지런히 살피게 된다(욥 34:32).

[2] 그는 이내 자기가 지은 죄가 그 수를 헤아릴 수 없다는 것을 깨닫고서 당황하게 되었다는 것(28절). "내 마음이 계속 찾아 보았다. 나는 여전히 내가 지은 죄들을 세고 있고, 그 이유를 찾아내고자 하고 있지만, 나는 그 죄들을 다 셀 수도 없고, 그 이유를 완전히 밝혀낼 수도 없다. 나는 내 마음속에 있는 절망적인 악성을 끊임없이 발견해 내고서 계속해서 깜짝깜짝 놀란다(렘 17:9-10)." 누가 그것을 알며, 자기 허물을 능히 깨달을 자가 누구이고, 자기가 얼마나 자주 범죄하는지를 누가 알겠는가(시 19:12). 솔로몬은 그의 모든 생각과 말과 행위들에 대하여 하나님 또는 자기 자신과 변론한다면 그가 천 마디에 한 마디도 대답하지 못

하리라는 것을 깨닫는다(욥 9:3). 그는 자신의 타락한 마음과 삶을 천 명의 사람들 중에서 한 명의 선한 자도 찾아보기 힘든 타락한 세상과 비교함으로써 예시적으로 이것을 보여준다. 아니, 그는 그의 무수한 처첩들 가운데서 선한 여인은 한 사람도 찾지 못하였다. 그는 이렇게 말한다. "내가 나의 생각과 말과 행위들, 내가 지난날의 삶 속에서 행하였던 모든 일들을 회상하고 살펴보았을 때, 나는 남자들 중에서는 천 사람 중에서 겨우 한 사람의 선한 자를 찾았고, 그것이 전부였다. 나머지 남자들은 모두 그 속에 이런저런 부패함을 지니고 있었다." 그는 자기가 선을 행할 때조차도 죄를 범하고 있었다는 사실을 깨달았다(20절). 그러나 그와 함께 쾌락에 빠졌던 여자들 중에는 선한 자가 아무도 없었다. 그가 살아가면서 상대하였던 천 명의 여자들 중에서는 한 명의 선한 여자도 나오지 않았다. 우리의 마음과 삶 속에는 선한 것이 거의 없고, 선한 것이 아예 없는 경우도 종종 있다. 솔로몬의 이 말 속에는 여자들을 비하하고자 하는 의도가 전혀 없다. 아마도 선한 남자들보다는 선한 여자들이 더 많았을 것이다(행 17:4, 12). 그는 단지 자신의 서글픈 경험을 얘기하고 있을 뿐이다. 그는 다른 곳에서는 이렇게 얘기하기도 하였다. 그는 그의 잠언 속에서 우리에게 악한 자와 음녀의 올무 둘 모두를 주의하라고 경고한다(잠 2:12, 16; 4:14; 5:3). 그는 음녀가 하는 짓은 그 속임수를 발견해 내거나 그 올무를 피하기가 더 어려워서 악한 자가 하는 짓보다 더 기만적이고 위험하다는 것을 알았기 때문에, 여기에서 죄를 음녀에 비유한 것이다(잠 9:13). 그는 음녀의 속임수는 변화무쌍해서 잘 알아낼 수 없듯이 그 자신의 마음의 속임수도 잘 알아낼 수 없다는 것을 깨달았다.

[3] 그는 실제로 범한 모든 죄들의 물줄기의 근원인 원죄로 거슬러 올라감. 이 세상에 있는 온갖 어리석은 것과 미친 것의 근원은 하나님으로부터의 인간의 배교와 본래의 올바른 성품으로부터의 인간의 타락에 있다(20절). "내가 깨달은 것은 오직 이것이라. 나는 구체적인 이유들을 다 밝혀낼 수는 없었지만, 주된 이유는 아주 명백하였다. 지금의 인간은 지으심 받은 그대로의 모습이 아니라 부패하고 패역한 모습이라는 것은 대낮처럼 분명하다."

첫째, 사람은 하나님의 지혜와 선하심에 의해서 지음 받았다. 하나님은 사람(갈대아 역본에서는 첫 사람 아담)을 정직하게 지으셨다. 하나님은 사람을 지으셨고, 사람을 올바른 모습으로 지으셨다. 그는 이성적인 피조물로 지음을 받아서, 모든 면에서 그 어떤 구부러진 것도 없는 정직한 존재였다. 사람에게는 그 어떤 흠도 없었다. 사람은 나중에 많은 꾀들을 만들어낸 것과는 달리, 처음에는 정직하여서 오직 하나님을 향한 일편단심을 지니고 있었다. 하나님의 손에서 빚어진 인간은 선하시고 정직하신 그의 조물주의 축소판이었다.

둘째, 사람은 그의 어리석음과 악함 때문에 망가져서 사실상 그 본래의 모습을 완전히 상실해 버렸다. 우리의 첫 조상들, 또는 온 인류는 전체적으로나 개별적으로나 많은 꾀들을 생각해 냈다. 그들은 신들과 같이 위대하게 되고자 하는 큰 꾀들(창 3:5), 또는 타락한 천사들의 꾀들, 또는 많은 꾀들을 찾아 나섰다. 사람은 자신의 삶을 살기 위해서 아버지의 집을 떠난 탕자처럼 하나님이 사람을 위해 마련해 놓으신 것 속에서 안식을 누리기를 거부하고, 스스로 더 잘 될 수 있는 길을 찾아 나섰다. 사람은 하나님이 주신 한 가지 대신에 많은 것을 바랐고, 하나님이 마련해 놓으신 제도들이 아니라 자기 자신이 고안해 낸 것들을 원하였다. 사람은 창조의 법칙을 따르고자 하지 않고, 자기 마음대로 행하여 자신의 감정과 취향을 따르고자 하였다. 허망한 사람, 허황된 사람은 그를 지으신 조물주보다 더 지혜롭고자 한다. 그는 이것저것을 닥치는 대로 들쑤셔서 많은 꾀들을 지어낸다. 하나님을 떠난 자들은 끝없이 방황하면서, 많은 죄들을 짓는다. 솔로몬은 그런 꾀들이 얼마나 많은지는 알 수 없었지만(28절) 아주 많다는 것은 알았다. 무수한 종류의 죄들이 흔히 반복된다. 그 죄들은 우리의 머리털보다 많다(시 40:12).

제 8 장

개요

솔로몬은 이 장에서 이 헛된 세상에서 생겨나는 온갖 유혹들과 괴로움들을 막아주는 가장 강력한 해독제인 지혜를 얻으라고 우리에게 권한다. I. 지혜의 유익과 가치(1절). II. 솔로몬이 우리에게 주는 몇몇 구체적인 지혜들. 1. 우리는 하나님이 우리 위에 세우신 정부에 대하여 합당한 복종을 하여야 한다(2-5절). 2. 우리는 갑작스러운 해악들, 특히 갑작스러운 죽음을 대비해야 한다(6-8절). 3. 우리는 억압적인 정부에 반기를 들고자 하는 유혹을 이겨야 하고, 그런 정부를 이상하게 생각해서는 안 된다(9-10절). 압제자들은 즉시 벌을 받지 않고 넘어가기 때문에 더욱 담대해지지만(11절), 결국에는 의인들은 잘되고 악인들을 잘못될 것이다(12-13절). 그러므로 지금 악인들이 형통하고 의인들이 환난을 당하여도, 우리는 그것에 걸려 넘어져서는 안 된다(14절). 4. 우리는 하나님이 섭리를 통해서 주신 선물들을 기쁜 마음으로 사용하여야 한다(15절). 5. 우리는 하나님의 뜻에 온전히 만족하는 가운데 묵묵히 순종하여야 하고, 하나님의 모략은 모두 지혜롭고 의로우며 선하다는 확신을 가지고서, 그 모략을 다 알기라도 하는 척하지 말고, 겸손하고 조용히 하나님의 모략의 헤아릴 수 없는 심오함을 찬양하여야 한다(16-17절).

1누가 지혜자와 같으며 누가 사물의 이치를 아는 자이냐 사람의 지혜는 그의 얼굴
에 광채가 나게 하나니 그의 얼굴의 사나운 것이 변하느니라 2내가 권하노라 왕의
명령을 지키라 이미 하나님을 가리켜 맹세하였음이니라 3왕 앞에서 물러가기를 급
하게 하지 말며 악한 것을 일삼지 말라 왕은 자기가 하고자 하는 것을 다 행함이니
라 4왕의 말은 권능이 있나니 누가 그에게 이르기를 왕께서 무엇을 하시나이까 할
수 있으랴 5명령을 지키는 자는 불행을 알지 못하리라 지혜자의 마음은 때와 판단
을 분변하나니

이 단락에는 다음과 같은 내용들이 나온다.

I. 지혜에 대한 찬사(1절). 이것은 모든 일에서 슬기로움과 분별력을 발휘하는 참된 경건에 대한 찬사이다. 지혜자는 하나님을 알고 영화롭게 하며 자기 자신을 알고 자신에게 잘하는 선한 자이다. 그의 지혜는 그에게 큰 복인데, 그 이유는 다음과 같다.

1. 지혜는 그를 이웃들보다 더 뛰어나고 훌륭하게 만들어 준다는 것. 누가 지혜자와 같으냐. 하늘의 지혜는 사람을 그 누구와도 비교할 수 없는 자로 만들어 준다는 것을 명심하라. 은혜 없는 자는 비록 그가 박식하고 고상하며 부자라고 할지라도, 참된 은혜가 있어서 하나님이 기뻐하시는 자와 감히 비교할 수 없다.

2. 지혜는 그를 이웃들 가운데에서 유익한 자로 만들어 주고, 그들을 아주 잘 섬길 수 있게 해준다는 것. 지혜자 외에 누가 사물의 이치를 아는 자, 즉 시대와 사건들을 잘 이해하고 결정적인 때를 판단해서 이스라엘이 마땅히 행할 것을 지도할 자이냐(대상 12:32).

3. 지혜는 그를 친구들의 눈에 아름다운 자로 보이게 만든다는 것. 모세가 시내 산에서 내려왔을 때에 그랬던 것처럼, 사람의 지혜는 그의 얼굴에 광채가 나게 한다. 지혜는 사람을 존귀하게 해주고, 그의 모든 행실에 광채를 더해 주며, 그가 사람들로부터 존경과 주목을 받게 해준다(욥 29:7 이하). 지혜는 그를 그가 사는 곳에서 사랑받고 거기에 복을 가져다 주는 자로 만들어 준다. 그의 얼굴의 사나운 것은 지혜 때문에 부드럽고 온화한 얼굴로 변하게 될 것이다. 선천적으로 거칠고 까다로운 성격을 지닌 자들조차도 지혜로 말미암아 놀랍게 변화된다. 그들은 온유하고 신사적이며 싹싹한 자들이 된다.

4. 지혜는 그를 그의 대적들과 그들의 술책들과 멸시에 담대하게 맞설 수 있게 해준다는 것. 그의 얼굴의 담대함은 지혜로 말미암아 갑절이 될 것이다. 그에게 옹호해야 할 정당한 대의(大義)가 있고, 그가 지혜로 말미암아 그 대의를 어떻게 펼쳐야 할지와 상황이 어떤지를 볼 줄 안다면, 그의 온전함을 지키고자 하는 그의 용기는 훨씬 더 강해질 것이다. 그는 성문에서 그의 원수와 담판할 때에 수치를 당하지 아니할 것이다(시 127:5).

II. 권세에 복종하라는 것. 솔로몬은 여기에서 우리에게 지혜의 한 구체적인 예를 보여주는데, 그것은 하나님의 섭리가 우리 위에 세운 정부를 거스르지 말고 우리의 본분을 다하는 가운데 충성하라는 것이다. 좀 더 살펴보자.

1. 신민(臣民)의 본분.

(1) 법을 지켜야 한다는 것(2절). 세속 권력과 관련된 모든 일들에서 그 일들이 입법에 속한 것이든 사법에 속한 것이든 우리는 그 질서와 제도들에 복종하여야 한다. **내가 네게 권하노라.** 원문에는 없지만, 이렇게 여기에 내가 왕으로서만이 아니라 전도자로서 **네게 권하노라**는 말을 보충해 넣으면 좋을 것이다. 실제로 그는 왕이자 전도자로서 이 말을 하고 있다. "나는 이것을 하나의 지혜로 여기고 네게 권한다. 다른 변절한 사람들이 무엇이라고 말해도, 나는 **왕의 명령을 지키라**고 말해 주고 싶다. 왕권이 있는 곳마다 그 왕권에 복종하라. **왕의 입을 주시하라**(원문은 이렇게 되어 있다). 왕이 말하는 대로 말하고, 왕이 네게 명령하는 대로 행하라. 왕의 말을 법으로 받들고, 법을 왕의 말로 받들라." 어떤 이들은 그 뒤에 나오는 구절을 왕에게 복종하라는 이 권면을 제한하는 내용이라고 본다. "왕의 명령을 지키되, **이미 하나님을 가리켜 맹세한** 것은 존중하라. 즉, 선한 양심을 지키고 하나님에 대한 너의 의무들을 깨뜨리지 않는 범위 내에서 왕의 명령을 지키라. 이것은 하나님에 대한 의무가 왕에 대한 의무보다 우선하고 우월하기 때문이다. **하나님의 것들을 하나님께** 온전히 **바치는** 것이 손상되지 않는 한에서 **가이사의 것은 가이사에게 바치라.**"

(2) 우리가 적극적으로 나서서 나라에서 하는 일들을 비난하거나 자기 마음에 안든다고 시비를 걸거나 불만이 있다고 해서 정부 아래에서 우리가 섬겨야 할 일을 그만두고 집어치워서는 안 된다는 것(3절). "왕이 너를 못마땅히 여겨서 화를 내거나(10:4) 왕이 네 마음에 들지 않는다고 해서 **왕 앞에서 물러가기를 급하게 하지 말라.** 왕에 대하여 화가 나서 확 뒤돌아서서 나와 버리거나, 네게 왕을 비난하거나 나라를 버리고자 하는 유혹이 생길지도 모르니 왕을 시기하거나 증오하는 마음을 품지 말라." 솔로몬의 시신이 채 식기도 전에, 그의 신하들은 그의 통치 방식에 직접적으로 반기를 들었고, 그의 아들 르호보암 왕이 그들의 개혁 요구를 딱 잘라서 거절하자, 그들은 **왕 앞에서 급하게 물러간** 후에, 다시 한 번 생각할 시간을 가지거나 어떤 타협안을 제시할 생각도 하지 않고, **이스라엘아 너희의 장막으로 돌아가라**고 소리쳤다. "왕 앞에서 나와 버려야 할 정당한 이유가 있을 수도 있겠지만, 그럴지라도 **급하게** 나오지 말고, 아주 신중하게 숙고한 후에 행동하라."

(3) 우리의 잘못을 알았다면, 그 잘못을 지속하지 말라는 것. "악한 것을 일삼지 말라. 네가 왕에게 어떤 잘못을 했다면 겸손히 네 자신을 낮추고 변명하지 말라. 변명을 하면, 네 잘못만 더 커질 뿐이다. 네가 어떤 불만 때문에 왕에 대하여 악한 마음을 품었다면, 그 마음을 오래 가지고 있지 말라. 만일 네가 미련하여 스스로 높은 체하였거나 혹 악한 일을 도모하였거든 네 손으로 입을 막으라(잠 30:32)." 우리는 순간적으로 악한 것 속으로 이끌려 들어갈 수도 있지만, 그것이 악한 것이라는 것을 알게 되자마자, 거기에 머물러 있지 말고 즉시 물러 나와야 한다는 것을 명심하라.

(4) 우리는 우리에게 주어진 기회들을 우리의 안전을 도모하거나(우리가 위험한 경우에) 많은 사람들의 고충을 해결하기 위한 기회로 슬기롭게 잘 활용하여야 한다는 것. 지혜자의 마음은 때와 판단을 분변한다(5절). 왕을 모시는 신하들에게는 왕의 화를 진정시키거나 그의 은총을 입거나 이미 내려진 좋지 않은 명령을 취소시키고자 할 때에 언제 어떤 방식으로 해야 가장 좋고 효과적일 수 있을지를 살피고 깊이 생각하는 것이 지혜로운 일이다. 에스더는 아하수에로 왕을 상대할 때에 때와 판단을 분변하는 데에 상당히 애를 썼고, 그 결과 그의 목적을 이룰 수 있었다. 이 본문은 모든 일은 때를 잘 맞추는 것이 중요하다는 지혜의 일반적인 법칙을 얘기하고 있는 것으로 해석할 수도 있다. 절호의 기회가 왔을 때에 일을 벌이면, 그 일은 성공할 가능성이 높다.

2. 권세에 복종해야 할 이유들. 그 이유들은 사도 바울이 말하고 있는 것들과 거의 동일하다(롬 13:1 이하).

(1) 우리는 양심을 따라 복종하지 아니할 수 없다는 것. 이것은 권세에 복종해야 할 이유들 중에서 가장 강력한 이유이다. 우리는 우리가 이미 하나님을 가리켜 맹세하였기 때문에, 즉 우리가 정부에게 충성하겠다고 한 맹세, 백성과 모든 백성 사이에 세운 언약(대하 23:1) 때문에 복종하여야 한다. 다윗은 하나님의 지명에 의해서 이미 왕이 되었지만 이스라엘의 장로들과 언약을 맺었다(대상 11:3). "왕의 명령을 지키라. 왜냐하면, 그는 하나님을 경외하는 가운데 너를 다스리겠다고 맹세하였고, 너는 하나님을 경외하는 가운데 왕에게 충성하겠다고 맹세하였기 때문이다." 그 맹세가 하나님을 가리켜 한 맹세라 불리는 것은 하나님이 그 맹세의 증인이시고, 그 맹세를 우리가 깨뜨렸을 때에 우리에게 보복하시는 자가 되실 것이기 때문이다.

(2) 우리는 진노 때문에, 즉 왕이 지닌 칼과 왕에게 맡겨진 권세(왕은 이것들 때문에 두려운 존재가 된다)를 생각해서 복종해야 한다는 것. 왕은 자기가 하고자 하는 것을 다 행함이니라. 왕에게는 큰 권세와 그 권세를 뒷받침할 수 있는 큰 힘이 있다(4절). 어떤 사람을 붙잡아 오라는 왕의 말은 권능이 있다. 왕의 명령을 집행하는 자가 많이 있기 때문에, 왕 또는 최고 통치자의 진노는 포효하는 사자와 같고 저승사자와 같다. 누가 그에게 이르기를 왕께서 무엇을 하시나이까 할 수 있으랴. 왕에게 맞서는 자는 죽음을 자초하는 것이다. 왕들은 사람들이 그들의 명령에 이의를 제기하는 것을 참지 못하며, 사람들이 그 명령에 복종하기를 기대한다. 요컨대, 왕에게 맞서고 대드는 것은 위험천만한 일이어서, 그렇게 해놓고서 후회한 자들이 많다. 신하나 백성은 왕의 상대가 되지 못한다. 큰 군대를 호령하는 자가 내게 명령을 하는 것이다.

(3) 우리는 우리 자신의 평안과 위로를 위해서 복종하여야 한다는 것. 명령을 지켜서 조용히 평화로운 삶을 사는 자는 불행 또는 나쁜 일을 알지 못하리라. 이런 이유로, 사도 바울은 네가 왕의 권세를 두려워하지 아니하려느냐고 반문한다(롬 13:3). 본분을 다하고 충성된 신민으로서 선을 행하라 그리하면 통상적으로 너는 왕에게 칭찬을 받으리라. 해악을 행하지 않은 자는 해악을 당하지 않을 것이기 때문에 그 어떤 해악도 두려워할 필요가 없다.

6무슨 일에든지 때와 판단이 있으므로 사람에게 임하는 화가 심함이니라 7사람이 장래 일을 알지 못하나니 장래 일을 가르칠 자가 누구이랴 8바람을 주장하여 바람을 움직이게 할 사람도 없고 죽는 날을 주장할 사람도 없으며 전쟁할 때를 모면할 사람도 없으니 악이 그의 주민들을 건져낼 수는 없느니라

솔로몬은 앞에서 지혜자의 마음은 때와 판단을 분변한다(5절), 즉 사람의 지혜는 하나님의 축복으로 말미암아 시대의 선악을 잘 진단할 수 있다고 말했지만, 여기에서는 그런 지혜를 지닌 자는 거의 없고, 아무리 지혜로운 자도 미처 예견하지 못했던 재난을 갑자기 당할 수 있기 때문에, 갑작스러운 변화들을 예상하고 대비하는 것이 지혜로운 일이라는 것을 보여준다.

1. 우리와 관련된 모든 사건들과 그 사건들이 일어날 정확한 때는 모두 지혜 가운데서 하나님의 모략과 미리 아심에 의해서 결정되고 정해져 있다는 것.

무슨 일에든지 정해진 때, 지혜와 의로움 가운데에서 정해진 가장 적절한 때가 있다. 정해진 때에 그 일을 하면 어리석거나 죄악된 일이 되지 않는다.

2. 우리는 장래의 사건들과 그 사건들의 때에 대하여 지극히 어둡다는 것. 사람은 장래 일을 알지 못한다. 장래 일을 가르칠 자가 누구이랴(7절). 사람은 장래 일을 미리 보거나 말할 수 없다. 별들이나 그 어떤 점술도 사람에게 장래 일을 미리 말해줄 수 없다. 우리가 변화들에 늘 대비하고 있도록 하기 위해서, 하나님은 지혜 가운데에서 우리로 하여금 장래 일들을 알지 못하게 하셨다.

3. 우리가 장래의 해악을 미리 내다볼 수 없어서 그것을 어떻게 피하거나 막아야 할지를 모르고, 어떤 일을 언제 해야 할지를 몰라서 기회를 놓치고 우리의 길을 잃어버리는 것은 우리에게 큰 불행이자 참상이라는 것. 무슨 일에든지 오직 하나의 길과 방법, 하나의 적절한 기회가 있기 때문에, 사람이 겪는 불행과 참상이 심하다. 어떤 일을 때를 맞춰서 하는 것이 이렇게 힘들고, 그 기회를 놓치지 않고 잡을 확률은 천분의 일도 되지 않는다. 만약 자기에게 닥칠 불행들과 행운들을 미리 알 수 있다면, 사람들이 겪는 대부분의 불행들은 미리 막을 수 있을 것이다. 사람들은 충분히 영리하지 못하고 주의 깊지 못하기 때문에 불행을 겪는다.

4. 우리가 다른 모든 해악들을 다 피할 수 있다고 할지라도 죽음만은 피할 수 없다는 것(8절).

(1) 하나님이 우리의 영혼을 요구하시면, 우리는 그것을 내놓을 수밖에 없다. 무력을 동원하거나 논쟁을 하거나 우리 자신의 힘을 사용하거나 친구의 도움을 받거나 해서 다투어 보아야 아무 소용이 없다. 영혼을 주신 하나님이 그 영혼을 다시 돌려달라고 하실 때, 자신의 영혼을 주장하여 내놓지 않고 꼭 붙잡아 둘 수 있는 힘을 지닌 사람은 아무도 없다. 영혼은 죽음의 관할 구역 밖의 그 어딘가로 날아가 버릴 수도 없고, 죽음의 체포영장이 집행될 수 없는 그 어떤 곳을 찾아낼 수도 없다. 영혼은 모든 산 자의 눈을 피할 수 있겠지만, 죽음의 눈을 피하여 어디론가 숨을 수는 없다. 사람은 그의 죽음의 날을 연기할 힘을 가지고 있지 않고, 기도나 뇌물로 유예 기간을 얻어낼 수도 없다. 보석이 허가되지도 않을 것이고, 법정에 출석하지 않고 재판을 받는 것이나, 제소전 화해 절차를 밟는 것도 허용되지 않을 것이다. 우리에게는 친구의 영혼을 주장하여 붙잡아 둘 수 있는 힘도 없다. 왕이라고 해도 그의 모든 권세를 동원해도 그

의 가장 소중한 신하의 목숨을 연장할 수 없고, 의사가 지닌 의술이나 약, 군사가 지닌 힘, 웅변가의 달변, 가장 선한 성도의 중보기도로도 사람의 목숨은 연장되지 않는다. 우리의 날수가 결정되어 있고, 우리가 떠날 시간이 왔다면, 죽음은 결코 연기될 수 없다.

(2) 죽음은 우리 모두가 조만간에 맞닥뜨려야 하는 원수이다. 유대인들은 일이 있거나 마음이 약한 자들은 전쟁을 면제시켜서 집으로 돌아가게 했지만(신 20:5, 8), **죽음의 전쟁을 모면할 사람은 없다**. 우리는 살아 있는 동안 죽음과 끊임없이 싸우고 있고, 우리의 육신을 벗을 때까지는 그 일을 멈출 수 없으며, 죽음이 승리를 거둘 때까지는 결코 그 전쟁을 벗어날 수 없다. 아무리 어린 자도 신병이라고 해서 그 전쟁을 벗어날 수 없고, 아무리 나이든 자도 백전노장이라고 해서 그 전쟁에서 벗어나 쉴 수 없다. 죽음은 각 사람이 직접 싸워야 하는 싸움이기 때문에, **그 전쟁에 다른 사람을 보낼 수 없다**(어떤 이들은 이렇게 읽기도 한다). 이 싸움을 다른 사람이 우리를 대신할 수도 없고, 우리를 위해 싸워 달라고 전사(戰士)를 내세울 수도 없다. 우리는 우리가 직접 싸워야 하기 때문에, 이 전쟁에 대비하지 않으면 안 된다.

(3) 사람들은 흔히 그들의 악으로 왕의 심판을 피할 수는 있지만 죽음을 피할 수는 없고, 아무리 완악한 죄인도 죽음의 공포 앞에서는 마음을 굳게 할 수 없다. 그는 자기의 악으로 스스로를 힘있게 하고 든든하게 하던 자이지만(시 52:7), 죽음은 그가 상대하기에는 너무 강하다. 아무리 교활한 악으로도 죽음을 벗어날 수 없고, 아무리 뻔뻔스러운 악으로도 죽음 앞에서 두려워 떨지 않을 수 없다. 아니, 사람들은 악으로 죽음에서 벗어나려고 하지만, 죽음에서 벗어나기는커녕 바로 그 악 때문에 그들이 죽음에 넘겨지게 될 것이다.

**9 내가 이 모든 것들을 보고 해 아래에서 행하는 모든 일을 마음에 두고 살핀즉 사람
이 사람을 주장하여 해롭게 하는 때가 있도다 10 그런 후에 내가 본즉 악인들은 장사
지낸 바 되어 거룩한 곳을 떠나 그들이 그렇게 행한 성읍 안에서 잊어버린 바 되었
으니 이것도 헛되도다 11 악한 일에 관한 징벌이 속히 실행되지 아니하므로 인생들
이 악을 행하는 데에 마음이 담대하도다 12 죄인은 백 번이나 악을 행하고도 장수하
거니와 또한 내가 아노니 하나님을 경외하여 그를 경외하는 자들은 잘 될 것이요 13
악인은 잘 되지 못하며 장수하지 못하고 그 날이 그림자와 같으리니 이는 하나님**

을 경외하지 아니함이니라

솔로몬은 이 장의 처음 부분에서 우리에게 반역을 선동하는 신하들과 상대하지 말라고 경고하였는데, 이제 여기에서는 그가 전에 탄식하였던(3:16; 4:1) 포악하고 압제적인 군주들의 해악과 관련해서 이렇게 말한다.

1. 그는 그런 군주들을 많이 보았다는 것(9절). 그는 인생들이 사는 모습을 진지하게 살펴보고 또 살펴본 결과 **사람이 사람을 주장하여 해롭게 하는 때가** 무수히 많다는 것을 알게 되었다. 이것은 다음 둘 중의 하나를 의미한다.

(1) 다스림을 받는 자들이 해를 입는 일이 많다는 것(사람들은 통상적으로 본문을 이렇게 이해한다). 군주들은 하나님의 일꾼들이 되어서 그들의 신민들을 위하여 선을 베풀고(롬 13:4), 공의를 행하며, 나라의 평화와 질서를 유지하여야 마땅한데도, 도리어 그들의 권세를 악용하여 신민들을 해롭게 하고, 그들의 재산을 침탈하며, 그들의 자유를 침해하고, 불의한 일들을 옹호한다. 한 나라의 백성에게 있어서 그들의 신앙과 권리들을 보호해 주어야 할 책무가 있는 자들이 도리어 그것들을 파괴하고자 하는 것은 정말 불행한 일이다.

(2) 다스리는 자들, 즉 군주들이 해를 입는 일이 많다는 것(우리는 본문을 이렇게 해석한다). 그들은 교만과 탐욕으로 그들의 신민을 해롭게 하고, 그들의 분노와 악감을 신민들에게 풀어서, 그들의 죄악의 분량을 채움으로써 그들의 멸망을 재촉한다. **사람이 다른 사람들을 해치는 일을 하면, 그것은 결국 자기 자신에게 해악으로 되돌아온다.**

2. 그는 그런 군주들이 권세를 악용해서 형통하고 번성하는 것을 보았다는 것(10절). 나는 악인들, 즉 악한 군주들이 거룩한 곳, 즉 재판하는 곳에 위풍당당하게 왔다가 화려하게 돌아가는 것을 보았다(재판은 하나님께 속한 것이기 때문에, 재판정은 거룩한 이가 계신 곳으로 불리고[신 1:17], 하나님은 신들 가운데에서 재판하시며[시 82:1], 재판관들이 재판할 때에 거기에 그들과 함께 하신다[대하 19:6]). 이 악한 군주들은 그들이 사는 날 동안에 그들의 직무를 계속하다가 한 번도 그들의 폭정에 대하여 벌을 받지 않은 채 존귀함 가운데에서 죽었고 성대하게 장사되었다. 그들은 선정(善政)을 펼치는 동안이 아니라 일생 동안 왕권을 유지하였다. **그들은 그들이 그렇게 행한 성읍 안에서 잊어버린 바 되었다.** 죽고 난 후에, 그들이 한 악행들은 잊혀져서, 그들은 치욕을 당하거나 오명을 얻

지도 않았다. 또는, 이 본문은 그들의 위엄과 권력이 헛되다는 것을 나타내는 것일 수 있다. 왜냐하면, 솔로몬은 이 절의 끝에서 그런 말을 하고 있기 때문이다. 이것도 헛되도다. 그들은 거룩한 곳에 앉아서 그들의 부귀와 권세를 자랑하였지만, 그 모든 것들로도 다음과 같은 것들을 막을 수 없었다.

(1) 그들은 그들의 육신이 티끌 속에 묻히는 것을 어찌할 수 없었다는 것. 나는 그들의 시신이 무덤 속에 안치되는 것을 보았다. 그들의 부귀영화는 무덤까지는 그들을 수행했지만 계속해서 그를 따라 내려갈 수는 없었다(시 49:17).

(2) 그들은 그들의 이름이 망각 속에 묻히는 것을 어찌할 수 없었다는 것. 왜냐하면, 그들은 마치 존재하지 않았던 것인 양 잊어버린 바 되었기 때문이다.

3. 그는 그들의 형통이 그들로 하여금 더욱 담대하게 악을 행하게 하는 것을 보았다는 것(11절). 악한 일에 관한 징벌이 속히 실행되지 아니하므로 인생들이 결코 형벌이 집행되지 않을 것이라고 생각해서 법을 무시하고 악을 행하는 데에 마음이 담대하다는 것은 모든 죄인들, 특히 악한 군주들에게 그대로 적용되는 말이다. 그렇기 때문에, 그들은 서슴없이 더욱더 많은 해악을 행하고, 더욱 광범위하게 악한 일을 꾀하며, 악을 행하면서도 두려움이 없이 편안하고, 오만방자하게 죄악을 행한다. 그러나 다음과 같은 것들을 주목하라.

(1) 악한 일들과 악한 일을 하는 자들, 곧 백성들만이 아니라 큰 자들과 왕들의 악한 일들에 대하여 천지의 의로우신 재판장께서 판결을 이미 선고하셨다는 것.

(2) 이 판결의 집행은 흔히 상당 기간 동안 연기되고, 죄인은 계속해서 벌을 받지 않은 채로 형통하고 성공하며 살아간다는 것.

(3) 벌을 받지 않자 죄인들은 더욱 불경스러워지고, 하나님의 오래 참으심을 악용하여 회개하기는커녕 도리어 더욱 담대하게 죄악을 행한다는 것.

(4) 죄인들은 하나님의 판결이 속히 실행되지는 않지만 결국에는 더욱 혹독하게 집행되리라는 것을 모르고, 스스로 속고 있다는 것. 하나님은 원수 갚으시는 것을 서서히 진행하시지만, 반드시 집행하신다. 그동안에 죄인들은 그들의 고집과 회개하지 아니한 마음을 따라 진노의 날 곧 하나님의 의로우신 심판이 나타나는 그 날에 임할 진노를 그들에게 쌓고 있는 것이다.

4. 그는 이 모든 일들의 결국이 어떠할지를 미리 보았고, 우리가 이 모든 일들로 인하여 하나님의 섭리에 시비를 걸 이유가 없다는 것을 알았다는 것. 그

는 악한 군주가 불의한 일을 백 번이나 행하였지만, 그 군주에 대한 벌은 미루어지고, 그에 대한 하나님의 오래 참으심도 사람들이 생각한 것보다 훨씬 더 연장되며, 그 군주의 권세의 날들은 길어져서, 그는 계속해서 압제를 행하는 것을 전제한다. 그렇지만 그는 우리가 낙심하지 않아야 한다는 것을 은근히 내비친다.

(1) 하나님의 백성은 비록 압제를 당하지만 두말할 필요도 없이 복되고 행복한 자들이라는 것. "하나님을 경외하는 자들, 하나님 앞에서 두려워하는 자들은 잘 될 것이다."

[1] 하나님을 경외하는 것은 하나님의 백성의 특성이라는 것. 그들은 하나님을 두려워하는 마음을 지니고서 하나님에 대한 그들의 본분을 세심하게 다한다. 왜냐하면, 그들은 하나님의 눈이 늘 그들을 주시하고 계시다는 것을 알고, 하나님의 인정을 받는 것이 그들의 살 길이라는 것을 잘 알기 때문이다. 그들의 죽고 사는 것이 교만한 압제자들의 손에 달려 있을 때, 그들에게는 그 압제자들을 두려워하는 마음보다도 하나님을 두려워하는 마음이 더 크다. 그들은 하나님의 섭리에 시비를 걸지 않고 온전히 순복한다.

[2] 하나님을 경외하는 모든 자들은 가장 악한 때에도 잘 되리라는 것이 그들의 복이라는 것. 하나님의 은총 안에서 그들이 누리는 행복과 하나님과 그들의 교제는 그 어떤 환난도 방해할 수 없다. 그들은 환난 아래에서도 평안을 유지하기 때문에 그 처지가 괜찮고, 결국에는 그 환난에서 복되게 건짐을 받고 차고 넘치는 상을 받게 될 것이다. 그러므로 "하나님의 약속과 모든 성도들의 경험에 의해서 내가 분명히 아는 것은 다른 사람들은 어떻게 되더라도 하나님을 경외하는 자들은 잘 되리라는 것이다." 끝이 좋으면, 다 좋은 것이다.

(2) 악한 자들은 두말할 필요도 없이 불행하고 비참한 자들이라는 것. 그들은 잠시 형통하고 득세하지만, 의인들이 복을 받을 것이 분명하듯이, 그들은 저주를 받을 것이 분명하다. 많은 사람들이 겉만 보고 판단하여 악인들은 잘 될 것이라고 생각하고, 악인들 자신도 그렇게 기대하겠지만, 악인들은 잘 되지 못할 것이다. 아니, 악인들에게는 화가 있을 것이다(사 3:10-11). 그들은 그들이 행한 모든 악에 대하여 벌을 받게 될 것이다. 그들에게 진정으로 좋은 일은 그들에게 하나도 일어나지 않을 것이다. 악인들에게는 그들에게 복된 일은 하나도 일어나지 않을 것이고 그들에게 일어나는 일 중에서 그들에게 해롭지 않은 일은 하나

도 없을 것이다(세네카).

[1] 악인의 날들은 그림자와 같아서 모든 사람들의 날들과 마찬가지로 불확실하고 쇠할 뿐만 아니라 철저히 무익하다는 것. 선한 자의 날들은 어느 정도의 실속이 있어서, 그는 보람 있는 삶을 산다. 그러나 악인의 날들은 모두 그림자와 같아서 헛되고 무가치하다.

[2] 악인의 날들은 그가 기대했던 것만큼 오래 가지 못하리라는 것. 그는 그의 날의 반도 살지 못할 것이다(시 55:23). 그의 날이 다른 사람들이 예상했던 것보다도 더 길어진다고 해도(12절), 그의 날은 어느 날 갑자기 끝나게 될 것이다. 그는 영원한 삶을 살 수 없게 될 것이기 때문에, 이 땅에서의 그의 장수는 별 가치가 없게 될 것이다.

[3] 하나님이 악인들과 크게 다투시는 것은 그들이 그를 경외하지 아니하기 때문이라는 것. 그들의 악의 밑바닥에 있는 것도 이것이고, 그들로 하여금 온갖 복을 누리지 못하게 막는 것도 바로 이것이다.

[14]세상에서 행해지는 헛된 일이 있나니 곧 악인들의 행위에 따라 벌을 받는 의인들도 있고 의인들의 행위에 따라 상을 받는 악인들도 있다는 것이라 내가 이르노니 이것도 헛되도다 [15]이에 내가 희락을 찬양하노니 이는 사람이 먹고 마시고 즐거워하는 것보다 더 나은 것이 해 아래에는 없음이라 하나님이 사람을 해 아래에서 살게 하신 날 동안 수고하는 일 중에 그러한 일이 그와 함께 있을 것이니라 [16]내가 마음을 다하여 지혜를 알고자 하며 세상에서 행해지는 일을 보았는데 밤낮으로 자지 못하는 자도 있도다 [17]또 내가 하나님의 모든 행사를 살펴 보니 해 아래에서 행해지는 일을 사람이 능히 알아낼 수 없도다 사람이 아무리 애써 알아보려고 할지라도 능히 알지 못하나니 비록 지혜자가 아노라 할지라도 능히 알아내지 못하리로다

지혜롭고 선한 자들은 옛적부터 이 난제, 즉 악인들이 형통하고 의인들이 환난을 당하는 것이 세상을 다스리시는 하나님의 거룩하심 및 선하심과 어떻게 조화될 수 있는가 하는 문제 때문에 곤혹스러워 하였다. 이 문제에 대해서 솔로몬은 여기에서 우리에게 다음과 같은 조언을 해준다.

I. 솔로몬은 우리에게 그런 일을 보고서 마치 뭔가 이상한 일이 일어난 것처럼 놀라지 말라고 충고함(14절). 왜냐하면, 그도 그런 일을 그가 사는 시대 속

에서 직접 보았기 때문이다.

1. 그는 의인들이 악인들의 행위에 따라 벌을 받는 것을 보았다는 것. 즉, 그는 의인들이 그들의 의로움에도 불구하고, 마치 어떤 큰 악을 저질러서 벌을 받아야 하는 것처럼, 오랫동안 아주 극심한 고통을 당하며 사는 것을 보았다는 것이다.

2. 그는 악인들이 의인들의 행위에 따라 상을 받는 것을 보았다는 것. 즉, 그는 악인들이 마치 어떤 선한 일을 해서 하나님과 사람들로부터 상을 받는 것처럼 놀라울 정도로 형통하는 것을 보았다는 것이다. 우리는 의인들이 환난을 겪으며 마음 고생을 하는 반면에 악인들은 마음 편안하게 아무 걱정도 없이 잘 살아가는 것을 보고, 의인들은 하나님의 섭리에 의해서 일이 어긋나서 괴로움을 당하는 반면에 악인들은 하는 일마다 잘 풀려서 형통하고 성공하는 것을 보며, 의인들은 더 높은 권세들에 의해서 비방과 욕을 당하고 짓밟히는 반면에 악인들은 칭찬을 받고 출세하는 것을 본다.

II. 솔로몬은 우리에게 그런 일을 보거든 하나님이 뭔가 잘못하고 계시다고 탓하지 말고 이 세상이 헛되다는 것을 다시 한 번 깨닫는 기회로 삼으라고 충고함. 그런 일과 관련해서 하나님은 흠 잡힐 것이 아무것도 없으시다. 그런 일은 세상에서 행해지는 헛된 일 중의 하나일 뿐이기 때문에, 솔로몬은 이것도 헛되도다라고 말한다. 즉, 그런 일은 이 세상의 것들이 가장 선한 것들도 아니고, 우리의 분깃이나 복이 되기 위해서 존재하는 것도 아니라는 것을 보여주는 확실한 증거이다. 왜냐하면, 만약 이 세상의 것들이 정말 가장 선한 것들이고, 우리의 분깃이나 복이 될 수 있는 것들이라면, 하나님이 이 세상에서 아주 좋아 보이는 많은 것들을 그의 철천지 원수들에게 주시고 이 세상의 환난들을 그의 가장 좋은 친구들에게 주시는 일은 결코 없을 것이기 때문이다. 그러므로 이것은 사람들을 진정으로 행복하게 해주거나 정말 불행하고 비참하게 해줄 수 있는 또 다른 세상, 진정한 기쁨과 슬픔이 실체로 존재하는 또 다른 세상이 존재한다는 것을 보여주는 증거가 된다. 왜냐하면, 이 세상은 그런 것들을 사람들에게 주지 못하기 때문이다.

III. 솔로몬은 우리에게 이 세상의 것들은 다른 사람들이 아무리 소중히 여기더라도 사실은 정말 무가치한 것들이라고 한다. 그런 일을 보고 안달하거나 당혹스러워하거나 못마땅해하지 말고, 하나님이 이 세상에서 우리에게 주신 것들을 기쁜 마음으로 누리며, 그 주신 것으로 만족하여 그것을 최대한으로 선용하라고 충고함(15절). 이에 내가 희락, 즉 하나님과 그의 능력, 섭리 약속을 믿고 의지하는 데에서 오는 마음의 거룩한 안정감과 평정을 찬양하노니 이는 사람이 먹고 마시고 즐거워하는 것, 즉 자신의 신분과 처지에 따라서 현세의 것들을 감사하는 마음으로 건전하게 사용하고 무슨 일이 있더라도 즐거워하는 것보다 더 나은 것이 해 아래에는 없음이라 하나님이 사람을 해 아래에서 살게 하신 날 동안 수고하는 일 중에 그러한 일이 그와 함께 있을 것이니라(물론, 선한 자는 해 위에 있는 훨씬 좋은 것들을 가지고 있지만). 이것은 다 사람이 세상의 일 속에서 스스로 수고하여 거둔 열매이다. 그러므로 그는 그 열매를 가질 수 있고, 그 열매는 그에게 많은 유익을 가져다 줄 수 있다. 사람은 이 세상이 자기 뜻대로 되지 않는다고 해서 토라져서 불만을 품고 그런 유익까지 부정해서는 안 된다. 그런 유익은 하나님이 사람을 해 아래에서 살게 하신 날 동안 사람과 함께 있게 하신 것이다. 현세에서의 우리의 삶은 해 아래에서의 삶이지만, 우리는 해가 변하여 어두워져서 더 이상 빛을 내지 않을 때에 시작되어서 영원토록 계속될 내세에서의 삶을 기다린다. 이 현세의 삶은 날들로 계산된다. 하나님의 계획에 따라서 이 현세의 삶은 우리에게 주어져 있고, 그 날수가 우리에게 배정되어 있다. 그러므로 그 날들이 지속되는 동안에 우리는 하나님의 뜻을 받아들여서, 우리의 삶을 통해 하나님이 이루고자 하시는 목적들에 부응하고자 애써야 한다.

IV. 솔로몬은 우리에게 하나님이 하시는 일의 이유를 알아내고자 하지 말라고 충고함. 왜냐하면, 주의 길이 바다에 있고 주의 곧은 길이 큰 물에 있어서(시 77:19), 우리가 그것을 알아낼 수 없기 때문이다. 그러므로 우리는 하나님이 이 세상을 어떻게 다스려 가시는지 그 과정을 몰라도 만족하는 경건한 마음을 가져야 한다(16-17절). 여기에서 솔로몬은 다음과 같은 것들을 보여준다.

1. 그 자신을 비롯해서 많은 사람들이 이 문제를 깊이 연구해 보았고, 악인들이 형통하고 의인들이 환난을 당하는 이유를 알려고 무척 애를 써보았다는 것. 그는 나름대로 마음을 다하여 이 지혜를 알고자 하였고, 하나님의 섭리에 의해서 이 세상에서 행해지는 일을 보았는데, 이것은 그가 하나님이 이 아랫세상의 일들을 경영해 가시는 어떤 도식이나 불변의 법칙이나 방법론이 있는지, 이 세상을 통치하시는 데에도 자연의 운행에서 볼 수 있는 것과 같은 확실하고 변함없는 법칙이 있는지를 찾아내어서, 마치 지금 달의 모습을 보고서 보름달이 언

제 될지를 예측할 수 있는 것처럼 지금 일어나는 일을 보고서 그 다음에 일어날 일을 정확히 예측할 수 있기를 바랐기 때문이었다. 그는 정말 이것을 알아내고 싶었다. 다른 사람들도 이 문제를 깊이 연구하느라 밤낮으로 자지도 못하였고, 이 일들에 대한 온갖 생각으로 가득 차서 잠을 이룰 수 없는 자들도 있었다. 어떤 이들은 솔로몬이 밤낮으로 자지 못한 사람이 있다고 말할 때에 그것이 바로 그를 가리키는 것이었다고 생각한다. 그는 이 큰 문제를 너무도 골똘히 생각하고 연구하느라 잠을 잘 수가 없었다.

2. 그 모든 수고가 허사였다는 것(17절). 우리는 하나님의 모든 행사와 그의 섭리를 살피고, 그것들을 서로 비교해 보아도, 해 아래에서 행해지는 일 속에서 발견되는 어떤 특정한 법칙을 알아낼 수 없다. 우리는 하나님이 하시는 모든 일이 도대체 어떤 식으로 돌아가고 있는지를 해독해 낼 수 있는 그 어떤 열쇠도 찾아낼 수 없고, 앞선 전례(前例)들을 살펴보아도 앞으로 어떤 일이 벌어질지를 알아낼 수가 없다.

[1] 사람이 아무리 애써 알아보려고 할지라도 능히 알지 못하리라는 것.

[2] 사람이 왕들의 계획과 생각을 훤히 꿰뚫어볼 정도로 아주 똑똑해서 다른 일들에서는 지혜자라 할지라도 능히 알아내지 못하리라는 것.

[3] 사람이 자신의 판단에 대하여 자신감이 넘쳐서 아노라 할지라도 능히 알아내지 못하리라는 것. 하나님의 길들은 우리의 길들 위에 있고, 하나님은 그가 이전에 걸었던 길들에 얽매이는 분이 아니시다. 하나님의 판단들은 큰 바다와 같다(시 36:6).

제 — 9 — 장

개요

솔로몬은 이 세상이 헛되다는 것을 추가적으로 증명하기 위해서 그가 세상에서 인생들이 살아가는 모습을 관찰하여 얻은 네 가지 결과를 이 장에서 제시한다. I. 외적인 일들과 관련해서는 선한 자들이나 악한 자들이나 살아가는 모습이 비슷하다는 것(1-3절). II. 우리가 이 세상에서 행하는 일들이나 누리는 것들은 모두 죽으면 끝이 난다는 것(4-6절). 이것으로부터 솔로몬은 인생이 지속되는 동안 삶의 낙들을 누리고 삶 속에서의 일에 마음을 쓰는 것이 우리의 지혜라고 결론을 이끌어 낸다(7-10절). III. 하나님의 섭리는 흔히 사람들이 보기에 꼭 이루어질 것 같이 보였던 것들을 어긋나게 하고, 큰 재난들이 흔히 사람들을 불시에 덮친다는 것(11-12절). IV. 지혜는 흔히 사람들을 매우 유용한 자들로 만들면서도 그들로 하여금 존경을 얻게 하지는 못한다는 것. 왜냐하면, 큰 재주를 지닌 자들은 경멸을 받기 때문이다(13-18절). 그러므로 우리로 하여금 이 세상을 좋아하게 만들 만한 것이 도대체 존재하겠는가?

**[1]이 모든 것을 내가 마음에 두고 이 모든 것을 살펴 본즉 의인들이나 지혜자들이나
그들의 행위나 모두 다 하나님의 손 안에 있으니 사랑을 받을는지 미움을 받을는
지 사람이 알지 못하는 것은 모두 그들의 미래의 일들임이니라 [2]모든 사람에게 임
하는 그 모든 것이 일반이라 의인과 악인, 선한 자와 깨끗한 자와 깨끗하지 아니한
자, 제사를 드리는 자와 제사를 드리지 아니하는 자에게 일어나는 일들이 모두 일
반이니 선인과 죄인, 맹세하는 자와 맹세하기를 무서워하는 자가 일반이로다 [3]모
든 사람의 결국은 일반이라 이것은 해 아래에서 행해지는 모든 일 중의 악한 것이
니 곧 인생의 마음에는 악이 가득하여 그들의 평생에 미친 마음을 품고 있다가 후
에는 죽은 자들에게로 돌아가는 것이라**

철학자들의 돌을 찾고자 했던 자들은 비록 그들이 찾고자 했던 것은 찾아낼 수 없었지만, 그 과정에서 다른 많은 유익한 발견들과 실험 결과들을

얻을 수 있었다. 마찬가지로, 솔로몬도 앞 장의 끝부분에서 마음을 다하여 하나님의 모든 행사를 살펴 보고, 거기에서 뭔가를 찾아내기 위해서 많은 수고를 하였을 때에, 비록 그가 찾고자 한 것을 찾아낼 수는 없었지만, 그의 그런 노력에 충분한 보상이 되고 그에게 어느 정도의 만족을 줄 만한 것들을 알아낼 수 있었는데, 그렇게 해서 알아낸 것들을 이제 여기에서 우리에게 말해준다. 왜냐하면, 그는 이 모든 것을 마음에 두고 신중하게 심사숙고한 결과를 여기에서 다른 사람들의 유익을 위하여 밝히고자 한다고 말하고 있기 때문이다. 우리는 어떤 것을 밝히고자 한다면 먼저 심사숙고하지 않으면 안 된다는 것을 명심하라. 우리는 한 번 말하기 위해서 그 전에 두 번 생각해야 한다. 우리는 깊이 숙고한 후에야 밝히는 것이 마땅하다. 나는 믿었기 때문에 말하였다(시 116:10).

솔로몬이 섭리의 책을 연구하면서 부딪쳤던 큰 난관은 선한 자들이나 악한 자들이나 인생을 살면서 겪는 낙들이나 시련들, 여러 가지 사건들에서 별 차이가 없다는 것이었다. 이러한 사실은 수많은 지혜롭고 사려깊은 자들을 곤혹스럽고 갈피를 잡을 수 없게 만들어 왔다. 솔로몬은 이 단락에서 이 문제에 대하여 얘기를 하면서, 자기가 하나님의 이러한 행사를 온전히 이해할 수는 없었지만, 그것이 우리에게 걸림돌이 되는 것을 막을 수 있는 길은 찾아냈다고 말한다.

I. 솔로몬은 이 시험에 걸려 넘어질 가능성이 아주 높다는 것을 말하기 전에 의문의 여지가 없는 위대한 진리를 제시하면서, 이 진리를 꼭 붙잡고 굳게 믿기만 하면, 그런 시험을 얼마든지 깨뜨릴 수 있다고 말함. 그것은 이전부터 하나님의 백성들이 이 난제와 씨름한 방식이었다. 문제를 얘기하기 전에 욥은 하나님이 모든 것을 다 아신다는 진리를 제시하고(욥 24:1), 예레미야는 하나님이 의로우시다는 진리를(렘 12:1), 또 다른 선지자는 하나님이 거룩하시다는 진리를(합 1:13), 시편 기자는 하나님이 선하시고 자기 백성을 특별히 사랑하신다는 진리를(시 73:1) 제시한다. 솔로몬이 여기에서 굳게 붙잡고 있는 진리도 바로 그런 것이었다. 즉, 화와 복이 멋대로 뒤섞여서 주어지는 것처럼 보일지라도, 하나님은 자기 백성에 대하여 특별한 돌보심과 관심을 가지고 계시다는 것이다. 의인들이나 지혜자들이나 그들의 행위나 다 하나님의 손 안에, 하나님의 특별한 보호하심과 인도하심 아래에 있다. 그들의 모든 일들은 하나님에 의해서 그들의 유익을 위하여 관리된다. 그들의 모든 지혜롭고 의로운 행위들은

하나님의 손 안에 있어서, 현세에서는 상을 받지 못한다고 하여도 내세에서는 반드시 상을 받게 되어 있다. 그들은 마치 그들의 원수들의 손에 넘겨진 것처럼 보이겠지만, 그렇지가 않다. 사람들은 위에서 주신 것 외에는 그들을 해할 권한이 없다(요 19:11). 그들과 관련된 사건들은 우연히 일어나는 것이 아니라, 모두 다 하나님의 뜻과 계획에 따라 일어나고, 그들에게 가장 해로운 것처럼 보였던 사건들도 결국에는 그들을 위한 일들이었음이 드러나게 될 것이다. 하나님의 모든 성도들이 하나님의 손 안에 있다는 것은 우리로 하여금 무슨 일이 일어나도 평안할 수 있게 해준다(신 33:3; 요 10:29; 시 31:15).

Ⅱ. 솔로몬은 어떤 사람의 외적인 상태나 처지를 보고서 하나님이 그 사람을 사랑하시는지 미워하시는지를 헤아리거나 판단해서는 안 된다는 것을 하나의 법칙으로 제시함. 형통이 하나님의 사랑을 받고 있음을 보여주는 확실한 증표이고 환난이 하나님의 미움을 받고 있음을 보여주는 확실한 증표라면, 악인들이나 경건한 자들이나 외적으로 살아가는 모습이 마찬가지라는 사실은 당연히 우리에게 시험 거리가 될 수 있다. 그러나 이 전제는 틀렸다. 이 세상에서 어떤 사람이 지닌 모든 것들, 즉 감각의 대상들인 이 세상의 것들을 그 사람이 얼마나 소유하고 있느냐를 가지고서 그 사람이 하나님의 사랑을 받고 있는지 미움을 받고 있는지를 사람이 알지 못한다. 하지만, 우리는 우리가 하나님의 사랑을 받고 있는지 미움을 받고 있는지를 우리 속에 있는 것을 통해서는 알 수 있다. 우리가 전심으로 하나님을 사랑한다면, 그것을 통해서 우리는 하나님이 우리를 사랑하신다는 것을 알 수 있다. 마찬가지로, 우리가 하나님과 원수 관계인 저 육적인 마음의 지배를 받고 있다면, 우리는 하나님의 진노 아래 있다는 것을 알 수 있다. 또한, 둘 중의 어느 쪽인지는 장차 각 사람의 영원한 상태가 영벌과 영생 중에서 결정될 때에 드러나게 될 것이다. 사람들의 복과 화는 세상이 그들을 향하여 미소를 짓고 있느냐 찌푸리고 있느냐에 따라서가 아니라 그들이 하나님의 사랑을 받고 있느냐 미움을 받고 있느냐에 따라서 결정된다는 것은 확실하다. 그러므로 세상이 의인에게 찌푸린 얼굴을 할지라도, 하나님이 그를 사랑하신다면(분명히 그렇다), 그는 복되고 행복하다. 그리고 세상이 악인을 향하여 미소를 짓는다고 할지라도, 하나님이 그를 미워하신다면(분명히 그렇다), 그는 불행하고 비참하다. 그러므로 겉보기에 좋은 일과 나쁜 일이 의인들에게나 악인들에게나 무차별적으로 일어난다는 사실 때문에 우리가

시험에 들 일은 없어졌다.

Ⅲ. 솔로몬은 이 원리들을 제시한 후에 모든 사람에게 임하는 그 모든 것이 일반이라는 것을 인정함. 이것은 이전부터 쭉 그래온 것이기 때문에, 지금도 그렇고, 우리와 우리 가족의 경우도 그렇다고 해서, 우리는 그것을 이상하게 생각하지 않아야 한다. 어떤 이들은 2절부터 13절까지를 하나님의 섭리론을 반박하는 무신론자들의 잘못된 추론이라고 본다. 그러나 나는 그것을 솔로몬이 세상이 돌아가는 겉모습을 세상 사람들이 생각하는 방식대로 짐짓 서술해 본 것이라고 생각한다. 솔로몬은 그가 이런 식으로 서술한 것을 사람들이 악용을 해도 충분히 그것을 반박할 수 있는 확고한 진리들을 이미 제시하였기 때문에 좀 더 자유롭게 세상 사람들의 생각이 어떤 것인지를 서술할 수 있었다. 좀 더 살펴보자(2절).

1. 의인과 악인의 사람됨은 큰 차이가 있다는 것. 솔로몬은 모든 사람에게 임하는 그 모든 것이 일반이지만, 그렇다고 해도 도덕적으로 선한 것과 악한 것의 영원한 구별은 늘 변함이 없고 조금도 혼동되지 않는다는 것을 보여주기 위해서 몇 가지 예를 통해서 이 둘을 대비시킨다.

(1) 의인들은 깨끗한 자들, 즉 깨끗한 손과 순전한 마음을 지니고 있다는 것. 악인들은 더러운 정욕의 지배 아래에 있어서 깨끗하지 아니하고, 스스로 깨끗한 자로 여기면서도 자기의 더러운 것을 씻지 아니한 자들이다. 하나님은 이 세상에서는 그렇게 하지 않으시는 것처럼 보일지라도 저 세상에서는 반드시 깨끗한 것과 더러운 것, 귀한 것과 헛된 것을 구별하실 것이다.

(2) 의인들은 제사를 드리는 자들이라는 것. 즉, 그들은 내적이거나 외적인 예배를 통해서 하나님의 뜻을 따라 하나님을 예배하는 일에 세심하게 마음을 쓴다. 악인들은 제사를 드리지 아니하는 자들이다. 즉, 그들은 하나님에 대한 예배를 무시하고 살아가며, 하나님을 영화롭게 해 드리기 위하여 어떤 것을 버리는 것을 몹시 싫어한다. 전능자가 누구이기에 우리가 섬기랴(욥 21:15).

(3) 의인들은 선한 자들인데, 하나님이 보시기에 선하고, 이 세상에서 선한 일을 행한다는 것. 악인들은 죄인들이기 때문에 하나님과 인간의 법을 깨뜨려서 분노를 불러일으킨다.

(4) 악인은 맹세하는 자라는 것. 그는 하나님의 이름을 경배하는 마음이 없기 때문에, 경솔하게 또는 거짓으로 맹세함으로써 하나님의 이름을 더럽힌다.

그러나 의인은 맹세하기를 무서워하는 자여서 함부로 맹세하지 않고, 꼭 하지 않으면 안 될 때에 아주 두려운 마음으로 맹세를 한다. 맹세는 하나님을 증인이자 재판장으로 세우는 것이기 때문에 맹세하기를 두려워한다. 그는 자기가 맹세를 하고 나서 그 맹세를 깨뜨리게 되면 의로우신 하나님이 그에게 복수를 하시리라는 것을 알기 때문에 두려워한다.

2. 이 세상에서 의인과 악인의 외적인 처지는 별 차이가 없다는 것. 두 사람에게 일어나는 일들이 일반이로다. 다윗이 부자였는가? 나발도 그랬다. 요셉이 왕의 총애를 받았는가? 하만도 그랬다. 아합이 전투에서 죽임을 당하였는가? 요시야도 그랬다. 나쁜 무화과 열매들이 바벨론으로 옮겨졌는가? 좋은 무화과 나무들도 그랬다(렘 24:1). 하지만, 동일한 사건이라도 의인과 악인에게는 그 사건의 기원과 의도와 성격에 있어서 엄청난 차이가 있다. 마찬가지로, 그 사건의 효과와 결과도 하늘과 땅만큼의 차이가 있다. 섭리에 의한 동일한 사건이 겉으로는 똑같아 보여도 의인에게는 생명으로부터 생명에 이르는 냄새이고, 악인에게는 사망으로부터 사망에 이르는 냄새이다(고후 2:16).

Ⅳ. 솔로몬은 이것이 지혜롭고 선한 자들에게 아주 큰 고민거리라는 것을 인정함. "이것은 해 아래에서 행해지는 모든 일 중의 악한 것, 아주 곤혹스러운 일이다(3절). 모든 사람의 결국은 일반이라는 사실보다 나를 더 혼란스럽게 만든 것은 없었다." 그것은 무신론자들의 마음을 더욱 완악하게 만들고, 행악자들의 손을 더욱 견고하게 만든다. 왜냐하면, 그런 사실에 영향을 받아서 인생의 마음에 악이 가득하여 인생들이 악을 행하는 데에 마음이 담대하기 때문이다(8:11). 그들은 의인과 악인의 결국이 일반임을 보고서, 그것으로부터 그들이 의롭든지 악하든지 그것은 하나님께 마찬가지라고 악하게 추론하여, 그들의 정욕을 채워줄 그 어떤 것도 그만두려 하지 않는다.

Ⅴ. 솔로몬은 이 큰 난제를 좀 더 분명하게 설명하기 위해서 악인들은 불행하고 비참하다는 가르침으로 결론을 맺고 있다는 것. 이것은 그가 처음에 이 난제를 얘기하기 전에 먼저 의인들이 복되고 행복하다는 가르침으로 시작한 것(의인들은 그 어떤 일을 겪든 그들이나 그들의 행위나 다 하나님의 손, 그 어떤 것보다도 더 좋은 선한 손 안에 있다는 것)과 맥을 같이 한다. 악인들은 아무리 형통한다고 할지라도 그들의 평생에 미친 마음을 품고 있다가 후에는 죽은 자들에게로 돌아가는 것이다. 행악자들의 형통을 부러워하지 말라.

1. 그들은 지금 미친 자들이고, 그들이 복을 받아 누리고 있는 것 같이 보이는 모든 즐거운 것들은 단지 미친 자의 기분 좋은 꿈과 공상 같은 것일 뿐이라는 것. 그들은 그들의 우상들에 미쳐서 실성하였고(렘 50:38), 하나님의 백성을 박해하는 데에 미쳐 있다(행 26:11). 성경에서는 탕자가 회개하였을 때에 그가 제정신으로 돌아왔다고 말하는데(눅 15:17), 이것은 그가 전에는 제정신이 아니었다는 것을 보여주는 것이다.

2. 그들은 머지않아 죽은 자들이 되리라는 것. 그들은 그들의 평생에 야단법석을 떨지만, 잠시 후면 죽은 자들에게로 돌아갈 것이고, 그들의 온갖 부귀영화도 끝이 날 것이다. 그 때에 그들은 그들이 죄 가운데 미쳐서 광분하여 행하였던 모든 일들에 대하여 벌을 받게 될 것이다. 죽음 이편에서는 의인과 악인이 똑같아 보이지만, 죽음 저편에서는 두 사람 사이에는 거대한 간격이 있게 될 것이다.

4모든 산 자들 중에 들어 있는 자에게는 누구나 소망이 있음은 산 개가 죽은 사자보
다 낫기 때문이니라 5산 자들은 죽을 줄을 알되 죽은 자들은 아무것도 모르며 그들
이 다시는 상을 받지 못하는 것은 그들의 이름이 잊어버린 바 됨이니라 6그들의 사
랑과 미움과 시기도 없어진 지 오래이니 해 아래에서 행하는 모든 일 중에서 그들
에게 돌아갈 몫은 영원히 없느니라 7너는 가서 기쁨으로 네 음식물을 먹고 즐거운
마음으로 네 포도주를 마실지어다 이는 하나님이 네가 하는 일들을 벌써 기쁘게
받으셨음이니라 8네 의복을 항상 희게 하며 네 머리에 향 기름을 그치지 아니하도
록 할지니라 9네 헛된 평생의 모든 날 곧 하나님이 해 아래에서 네게 주신 모든 헛
된 날에 네가 사랑하는 아내와 함께 즐겁게 살지어다 그것이 네가 평생에 해 아래
에서 수고하고 얻은 네 몫이니라 10네 손이 일을 얻는 대로 힘을 다하여 할지어다
네가 장차 들어갈 스올에는 일도 없고 계획도 없고 지식도 없고 지혜도 없음이니
라

솔로몬은 전에 몹시 괴로운 마음에 산 자들보다 죽은 자들을 더 복되다고 하였지만(4:2), 여기에서는 죽음을 준비하고 장차 더 나은 삶을 보장받기 위해서는 살아 있는 것이 유리하다는 것을 생각해서 이전과는 다른 태도를 보인다.

I. 솔로몬은 산 자들이 죽은 자들보다 더 유리한 점들을 보여줌(4-6절).

1. 살아 있는 동안에는 소망이 있다는 것. 내가 숨 쉬는 동안, 나는 소망한다. 산 자들의 특권은 그들이 관계와 거래와 대화에 있어서 모든 산 자들과 연결되어 있고, 그들이 살아 있는 한 소망이 있다는 것이다. 어떤 사람의 처지가 무슨 이유로든 나쁘더라도, 그 처지가 개선될 소망이 있다. 어떤 사람의 마음에 악이 가득하고, 그가 미친 마음을 품고 있다고 하더라도, 그가 살아 있는 한, 얼마든지 하나님의 은혜로 말미암아 복된 변화가 일어날 소망이 있다. 그러나 사람이 죽은 자들에게로 돌아간 후에는 때가 이미 늦어 버린다(3절). 그 때가 되면, 더러운 자는 계속해서 더럽고 영원히 더러울 것이다. 사람이 쓸모없는 자로 여겨져서 내버려졌다고 할지라도, 그가 산 자들 중에 있다면, 그에게는 다시 뿌리를 내리고 열매를 맺을 소망이 있다. 살아 있는 자는 무슨 일에든 도움이 되거나 될 수 있지만, 죽은 자는 이 세상에 대해서 더 이상 그 어떤 도움도 줄 수가 없다. 그러므로 산 개가 죽은 사자보다 낫다. 아무리 천한 거지라도 살아 있기만 하다면 이 세상이 주는 낙을 누릴 수도 있고 이 세상에 도움이 되는 일을 할 수도 있지만, 아무리 위대한 왕이라도 죽고 나면 그런 일들을 전혀 할 수가 없다.

2. 살아 있는 동안에는 죽음을 준비할 기회가 있다는 것. 산 자들은 죽은 자들이 알지 못하는 것을 알고, 특히 그들이 죽을 줄을 알아서, 반드시 오게 되어 있을 뿐만 아니라 갑작스럽게 올 수도 있는 저 큰 변화를 준비하고자 한다. 산 자들은 그들이 죽게 될 것을 알 수밖에 없고, 그들이 죽어야 한다는 것을 안다는 것을 명심하라. 그들은 그들이 이미 사망 선고를 받아 두고 있다는 것을 안다. 그들은 이미 죽음의 사자들에 의해서 구금되어 있는 상태에 있고, 그들 자신이 죽어 가고 있다는 것을 느낀다. 이것은 꼭 필요하고도 유익한 지식이다. 왜냐하면, 우리가 살아 있는 동안에 해야 할 일은 죽음을 준비하는 것 외에는 없기 때문이다. 산 자들은 그들이 죽을 줄을 안다. 죽음은 장차 올 것이기 때문에, 우리는 죽음을 준비할 수 있다. 죽은 자들은 그들이 죽었다는 것을 알지만, 때가 너무 늦었다. 그들은 건널 수 없는 큰 간격의 저편에 있다.

3. 우리의 삶이 끝날 때에 우리에게 있어서 이 세상의 모든 것도 그 삶과 함께 끝난다는 것.

(1) 우리가 이 세상이나 이 세상의 것들을 접촉하는 것도 끝이 난다. 죽은 자들은 그들이 살아 있는 동안에 친숙하였던 그 어떤 것에 대해서도 아무것도 모

른다. 그들은 그들이 남겨 두고 온 자들이 무슨 일을 했는지에 대해서 아무것도 모르는 것으로 보인다. 아브라함은 우리에 대해서 모른다. 죽은 자들은 흑암 속으로 옮겨진다(욥 10:22).

(2) 우리가 이 세상에서 누리는 모든 것도 끝이 난다. 죽은 자들은 이 세상에서 그들이 수고한 것에 대하여 다시는 상을 받지 못하고, 그들이 얻은 모든 것은 다른 사람들에게로 넘겨진다. 죽은 자들은 그들이 행한 세상적인 일들에 대해서는 상을 받지 못하고, 오직 그들이 행한 거룩한 일들에 대해서만 상을 받는다. 음식과 배는 둘 다 폐하여질 것이다(요 6:27; 고전 6:13). 해 아래에서 행하거나 얻은 모든 것 중에서 그들에게 돌아갈 몫은 영원히 없다(6절). 이 세상의 것들은 영원한 몫이 될 수 없는 것들이기 때문에 영혼의 몫이 되지 못할 것이다. 세상의 것들을 선택하여 자신의 몫으로 삼은 자들은 오직 이 세상에 살아 있는 동안만 그 몫을 누리게 된다(시 17:14). 세상은 영원한 몫이 아니고, 오직 살아 있는 동안에만 그들의 몫이 될 뿐이다.

(3) 우리의 이름도 끝이 난다. 죽은 후에도 그 이름이 사람들의 입에 오르내리는 자는 극히 적다. 무덤은 망각의 땅이어서, 거기에 누운 자들의 이름은 곧 잊어버린 바 된다. 우리가 살던 처소도 우리를 더 이상 알지 못하고, 우리가 우리의 이름으로 불렀던 땅들도 다시는 우리를 알지 못한다.

(4) 우리의 애증이나 우정도 끝이 난다. 죽은 자들의 사랑과 미움과 시기도 없어진 지 오래이다. 그들이 좋아했던 선한 것들, 그들이 미워했던 악한 것들, 그들이 시기하였던 다른 사람들의 형통도 이제 모두 그들과 더불어 끝이 난다. 죽음은 서로 사랑하는 사람들을 갈라놓고, 그들의 우정에 종지부를 찍으며, 또한 서로 미워했던 자들을 갈라놓고, 그들의 다툼에 종지부를 찍는다. 사람과 그의 행위들은 함께 죽는다. 거기에서는 우리가 친구들 때문에 더 나아지는 일도 없을 것이고(그들의 우정은 우리에게 아무런 도움이 될 수 없기 때문에), 원수들 때문에 더 나빠지는 일도 없을 것이다(그들의 증오와 시기는 우리에게 아무런 해도 끼칠 수 없기 때문에). 거기서는 악한 자가 소요를 그친다(욥 3:17). 지금 우리에게 그토록 큰 영향을 미치는 것들, 우리가 그토록 관심을 가지고 열심을 내는 그런 것들은 거기에서는 아무런 힘도 쓰지 못할 것이다.

Ⅱ. 솔로몬은 사람이 살아 있는 동안에 삶을 최대한으로 선용하고, 남은 삶을 지혜롭게 경영하는 것이 지혜로운 일이라는 결론을 이러한 사실로부터 이

끌어 냄.

1. 우리는 살아 있는 동안에 삶의 낙들을 맛보고, 삶 속에서 누릴 수 있는 우리의 몫을 즐거운 마음으로 누려야 한다는 것. 솔로몬은 감각적인 즐거움들을 남용했다가 올무에 걸린 경험을 한 후에 다른 사람들에게 그 위험성을 경고하면서, 그러한 즐거움들을 완전히 금지하는 것이 아니라 절제하는 가운데 적절하게 사용하라고 권면한다. 우리는 세상의 것들을 사용할 수 있지만 남용해서는 안 되고, 세상으로부터 취할 수 있는 것을 취하고 그 이상을 기대해서는 안 된다.

(1) 이러한 세상의 즐거움들을 보여주는 몇 가지 구체적인 예들. "네가 우울하고 풀이 죽어 있다면, 너는 가서 다음과 같이 하여 네 기분이 좋아지게 하여야 한다."

[1] "네 심령을 편안하고 즐겁게 하고, 네 안에 기쁨과 즐거운 마음이 있게 하라." 여기에서 즐거운 마음은 원문에는 선한 마음으로 되어 있는데, 이것은 즐거운 마음이 육신적인 환락과 감각적인 쾌락을 추구하는 악한 마음, 다른 많은 악의 징후이자 원인이 되는 악한 마음과 구별된다는 것을 보여주는 것이다. 우리는 우리 자신을 누리며, 우리의 친구들을 누리고, 우리 하나님을 누리며, 선한 양심을 세심하게 지키고, 그 어떤 것도 우리가 이렇게 누리는 것을 훼방하지 않게 하여야 한다. 우리는 하나님이 우리에게 주시는 것을 사용해서 기쁨으로 하나님을 섬겨야 하고, 우리에게 주신 것들을 다른 사람들에게 후히 나눠주어야 하며, 세상에 대한 지나친 염려와 근심으로 인해서 우리 자신을 눌리게 해서는 안 된다. 우리는 이스라엘 백성처럼 애곡하는 가운데 우리의 음식물을 먹어서는 안 되고(신 26:14), 그리스도인들로서 기쁨과 후한 마음으로 우리의 떡을 먹어야 한다(행 2:46; 신 28:47).

[2] "하나님이 네게 주신 낙들과 누릴 것들을 사용하라. 남의 것이 아니라 네 음식물을 먹고 네 포도주를 마실지어다. 속이고 취한 음식물이나 강포의 술이 아니라, 정직하게 얻은 것을 먹고 마시라. 그렇지 않으면, 너는 그것을 편안하게 먹을 수도 없고, 그것 위에 복이 임하기를 기대할 수도 없다. 너는 네 지위와 신분에 맞는 네 음식물과 네 포도주를 먹고 마시며, 분에 넘치거나 너무 형편없는 것을 먹고 마시지 말라. 하나님이 네게 주신 것들을 하나님이 그런 것들을 청지기인 네게 맡기신 목적을 위해 사용하기 위해 비축해 두라."

[3] "너의 즐거움을 밖으로 표현하라(8절). 네 의복을 항상 희게 하라. 너의 수입에 맞춰서 먹을 것과 입을 것이 균형이 맞게 하라. 남에게 잘 보이기 위해서 비싼 옷을 해입느라고 네 음식물을 줄이지도 말고, 값비싼 음식을 먹기 위해서 네 옷을 아무렇게나 입지도 말라. 항상 단정하게 입고, 깨끗한 옷을 입으며, 되는 대로 입지 말라." 또는, "기쁨과 즐거운 마음의 표시로 네 의복을 항상 희게 하라(흰 옷은 그런 의미를 표현하는 것이었다, 계 3:4). 또한, 기쁨의 표시로 네 머리에 향 기름을 그치지 아니하도록 할지니라." 우리 구주께서는 잔치 자리에서 이러한 즐거움을 용납하셨고(마 26:7), 다윗도 하나님이 그에게 주신 차고 넘치는 선물들 중의 하나로 이 즐거움을 지적한다(시 23:5): 주께서 기름을 내 머리에 부으셨다. 우리는 감각의 즐거움들에서 우리의 행복을 찾거나 그런 것들에 마음을 두어서는 안 되고, 하나님이 우리에게 주신 것을 지혜롭고 적절하게 누리되, 가난한 자들을 잊지 말아야 한다.

[4] "너의 혈육들과 더불어 즐겁게 살라. 네가 사랑하는 아내와 함께 즐겁게 살지어다. 오직 네 자신에게만 몰두하여 너만 즐거움들을 독점하고, 네 주변의 사람들이 어떻게 되든지 신경을 쓰지 않아서는 안 되고, 너의 즐거움들을 그들과 더불어 누려서, 그들도 평안하게 하라. 아내를 얻으라. 왜냐하면, 낙원에서조차도 사람이 혼자 사는 것이 좋지 않았기 때문이다(창 2:18). 너는 오직 한 명의 아내만을 두고, 많은 아내를 두지 말라(솔로몬은 이것의 폐해를 잘 알고 있었다). 오직 자기 아내에게 충실하고, 다른 여자와는 상관하지 말라." 사람이 자기 아내에게 충실하지 않다면, 어떻게 그가 자기 아내와 즐겁게 살 수 있겠는가? "네 아내를 사랑하라. 네가 사랑하는 아내라면, 너는 그 아내와 함께 즐겁게 살 수 있을 것이다." 우리는 혈육으로서의 도리를 다할 때에 혈육으로부터 위로와 낙을 기대할 수 있다(잠 5:19). "네 아내와 함께 살고, 그녀와 어울리는 것을 기뻐하라. 네 아내와 함께 즐겁게 살고, 네가 네 아내와 함께 있을 때가 아주 즐거운 때가 되게 하라. 네 가족, 너의 포도나무와 너의 감람나무들을 즐거워하라."

(2) 이러한 즐거움을 누림에 있어서 꼭 필요한 조건들. "하나님이 네가 하는 일들을 벌써 기쁘게 받으셨다면, 즐거워하고 즐거운 마음을 가지라. 네가 하나님과 화해를 하고 하나님의 마음에 들었다면, 너는 즐거워할 이유가 충분하지만, 그렇지 않다면 즐거워할 이유가 없는 것이다." 이스라엘아 너는 이방 사람처럼

기뻐 뛰놀지 말라 네가 음행하여 네 하나님을 떠났느니라(호 9:1). 우리가 먼저 마음을 써야 할 것은 하나님과 화해하고 그의 은총을 얻으며 그가 기뻐하시는 일을 행하는 것이다. 그런 후에, 너는 가서 기쁨으로 네 음식물을 먹으라. 하나님이 그가 하는 일들을 기쁘게 받으셨다면, 그는 충분히 즐거워할 이유가 있고, 또한 즐거워해야 마땅하다. "너는 이제 네가 드린 제사의 떡을 기쁨으로 먹고 네가 전제로 드린 포도주에 즐거운 마음으로 참여하라. 이는 하나님이 네가 하는 일들을 벌써 기쁘게 받으셨음이니라. 네가 거룩한 기쁨으로 예배를 드릴 때에 하나님은 그 예배를 기쁘게 받으신다." 하나님은 그의 종들이 그들의 일을 기쁨으로 행하는 것을 좋아하신다. 그것은 하나님을 선한 주인이라고 선포하는 것이기 때문이다.

(3) 즐겁게 살아야 할 이유들. "즐겁게 살라." 그 이유는 다음과 같다.

[1] "즐겁게 살아도, 네가 이 세상을 평안하고 즐겁게 통과하기가 쉽지 않다. 네 평생의 모든 날들은 헛된 날들이고, 이 세상에는 괴로움과 실망 외에는 아무것도 없기 때문에, 네가 슬퍼하고 근심할 수밖에 없는 시간은 차고 넘친다. 그러므로 할 수 있는 한 즐겁게 살고, 내일 일에 대한 생각과 염려로 네 자신을 괴롭히지 말라. 한 날의 괴로움은 그 날로 족하니라(마 6:34). 은혜를 받아서 얻은 마음의 평정을 이 헛된 세상을 이기는 강력한 해독제로 삼으라."

[2] "즐겁게 사는 것은 네가 이 세상에서 얻을 수 있는 모든 것이다. 그것이 네가 평생에 수고하고 얻은 네 몫이다. 하나님 안에서, 그리고 내세에서 너는 신앙 안에서 네가 한 수고들로 인해서 더 나은 몫과 더 나은 상을 받게 될 것이다. 그러나 네가 해 아래에서 세상의 것들에 대하여 수고한 것에 대해서는 이것이 네가 기대할 수 있는 모든 것이기 때문에, 너는 이것을 취하는 것을 거부하지 말아야 한다."

2. 우리는 살아 있는 동안에 일을 열심히 해서, 그 일과 관련해서 누릴 수 있는 것들을 우리가 일한 만큼 누려야 한다는 것. "네 영혼이 평안히 쉬게 하기 위해서가 아니라(눅 12:19), 네 영혼이 더욱 수고할 수 있게 하고, 주를 기뻐하는 것이 영혼에게 힘이 되어 영혼이 더욱 힘차게 일할 수 있게 하기 위하여 기쁨과 즐거운 마음으로 먹으라. 네 손이 일을 얻는 대로 힘을 다하여 할지어다(10절). 좀 더 살펴보자.

(1) 현세의 삶 속에는 가져야 할 것만이 아니라 해야 할 일도 있고, 우리가

추구해야 할 최고의 선은 우리가 해야 할 선한 일이다(2:3). 이 세상은 섬김의 세상이고, 장차 올 세상은 상급의 세상이다. 이 세상은 우리가 부지런히 훈련하고 연단하여 영원을 준비해야 하는 그런 세상이다. 우리는 일을 하고 선한 행실을 이루기 위하여 여기에 있는 것이다.

(2) 기회가 생기면, 부지런히 우리가 해야 할 본분을 다하여야 한다. 기회가 생겨서 우리의 손이 일을 얻는 대로, 우리는 그 일을 행하여야 한다. 부지런한 손은 언제나 상당한 이문을 남길 일을 발견하게 될 것이다. 반드시 해야 할 일을 하면, 우리의 손은 그 일 가운데에서 그 값을 받게 될 것이다(잠 17:16).

(3) 어떤 선한 일을 할 수 있는 기회가 생겼다면, 우리는 그 기회가 있을 때에 그 일을 하여야 하고, 그 일을 하다가 어떤 어려움이나 낙심되는 것들을 만나더라도 우리의 힘을 다하여 열심 있고 과감하고 신중하게 하여야 한다. 추수하는 날들은 바쁜 날들이다. 우리는 해가 비치는 동안에 건초를 만들어야 한다. 하나님을 섬기고 우리의 구원을 이루는 일은 우리 속에 있는 모든 것들을 다 동원해도 결코 충분하지 않다.

(4) 때가 아직 낮인 동안에 우리를 보내신 이의 일을 우리가 하여야 하는데, 이는 밤이 오면 그 때는 아무도 일할 수 없기 때문이다(요 9:4). 우리는 지금 일찍 일어나서 부지런히 일을 하여야 한다. 왜냐하면, 우리가 일할 시간은 곧 끝날 것이고, 그 시간이 얼마나 빨리 끝날지를 우리가 알지 못하기 때문이다. 그러나 우리가 아는 것은 우리가 살아서 해야 할 일을 하지 않은 채로 우리에게 주어진 시간이 끝나면 우리는 영원히 망한다는 것이다. "네가 장차 들어갈 스올에는 해야 할 일도 없고 그 일을 할 계획도 없고 생각하기 위한 지식도 없고 실천할 수 있는 지혜도 없다." 우리는 모두 스올을 향하여 가고 있다. 우리는 매일매일 스올을 향하여 더 가까이 나아가고 있는 것이다. 우리가 스올에 있게 되면, 우리의 삶 속에서 잘못된 것들을 고치기에도 때가 늦고, 회개하고 하나님과 화해하기도 때가 늦으며, 영원한 삶을 위하여 무언가를 쌓아두기에도 때가 늦다. 그런 일은 우리가 지금 하지 않으면 영원히 할 수 없는 일이다. 스올은 어둠과 침묵의 땅이기 때문에, 거기에서는 우리의 영혼을 위해 할 수 있는 일이 아무것도 없다. 그 일은 우리가 지금 여기에서 해야 하고, 그렇지 않으면 결코 할 수 없는 일이다(요 12:35).

[11]내가 다시 해 아래에서 보니 빠른 경주자들이라고 선착하는 것이 아니며 용사들
이라고 전쟁에 승리하는 것이 아니며 지혜자들이라고 음식물을 얻는 것도 아니며
명철자들이라고 재물을 얻는 것도 아니며 지식인들이라고 은총을 입는 것이 아니
니 이는 시기와 기회는 그들 모두에게 임함이니라 [12]분명히 사람은 자기의 시기도
알지 못하나니 물고기들이 재난의 그물에 걸리고 새들이 올무에 걸림 같이 인생들
도 재앙의 날이 그들에게 홀연히 임하면 거기에 걸리느니라

전도자는 여기에서 세상이 헛되다는 것을 추가적으로 증명함과 아울러서 우리의 모든 행사가 우리 자신의 손이 아니라 하나님의 손에 있다는 것을 우리에게 깨우치기 위해서 장래의 일들이 불확실하고 어떻게 될지 모르며 우리가 예상했던 것과는 정반대로 되는 경우가 많다는 것을 보여준다. 그는 우리에게 우리가 해야 할 일을 힘을 다하여 하라고 권면했었는데(10절), 여기에서는 우리가 해야 할 일을 다한 후에는 성공을 자신하지 말고 그 결과를 하나님께 맡겨 드려야 한다는 것을 우리에게 일깨워 준다.

I. 우리는 일이 잘 될 것이라고 잔뜩 기대했다가 실망하는 경우가 많다는 것 (11절). 솔로몬은 공적인 일들이나 사적인 일들이 항상 가장 합리적인 예측이나 전망과 맞아떨어지는 것이 아니라는 것을 직접 많은 일들을 통해서 체험하고 관찰하였다. 사람이 아무리 애를 써도 운이 따라주지 않으면 성공할 수 없다(세네카). 일의 결과는 기묘하게도 사람들의 기대와 어긋나는 경우가 많기 때문에, 아무리 똑똑한 자들도 자만할 수 없고, 아무리 무식한 자들도 낙심하지 않아도 된다. 그리고 각 사람이 하는 일을 어떻게 처리하실 것인가에 대한 판단은 하나님께로부터 나오기 때문에, 오직 모든 사람은 하나님을 겸손히 의지하여 살아가면 된다.

1. 전도자는 수단과 도구 등 모든 것이 잘 갖추어져서 꼭 성공할 것이라고 예상되었던 일들이 실패로 돌아가는 여러 가지 예들을 제시함.

(1) 우리는 달리기를 하면 발 빠른 자가 당연히 일등을 할 것이라고 생각한다. 그렇지만 빠른 경주자들이라고 항상 선착하는 것이 아니다. 그들은 우연히 일어난 어떤 일 때문에 지체될 수도 있고, 너무 방심해서 안일하게 행하다가 자기보다 느린 자들에게 따라잡힐 수도 있다.

(2) 우리는 당연히 전투에서 수가 많고 강력한 군대가 늘 승리할 것이고, 일

대일의 대결에서는 담대하고 용감한 자가 승리할 것이라고 생각한다. 그러나 용사들이라고 항상 전쟁에 승리하는 것이 아니다. 옛적에 블레셋의 많은 군대가 요나단과 그의 부하에게 패하여 달아났다. 너희 중 한 사람이 천 명을 쫓으리라(수 23:10). 옳은 대의명분을 위해 싸운 소수는 흔히 가공할 만한 대군들을 물리칠 수 있었다.

(3) 우리는 당연히 영리한 자들이 항상 자산가가 되고, 이 세상에서 살아가는 방법을 터득한 자들이 풍성히 먹고 입을 뿐만 아니라 큰 재물을 모으게 될 것이라고 생각한다. 그렇지만 반드시 그런 것이 아니다. 지혜자들이라고 항상 음식물을 얻는 것도 아니며, 명철한 자들이라고 항상 재물을 얻는 것도 아니다. 이 세상에서 아주 잘 살 것 같아 보이는 똑똑한 사람들과 사업에 능한 사람들이 어찌된 일인지 일이 잘 되지 않아서 거지꼴로 사는 경우가 많다.

(4) 우리는 당연히 사람들을 잘 이해하고 경영의 기술을 가지고 있는 자들이 항상 출세하고 큰 자들의 총애를 얻을 것이라고 생각한다. 그러나 똑똑한 사람들이 일에서 실패하여 별 볼일 없는 모습으로 세월을 보내거나 패가망신하고, 그들이 성공하고 출세하기 위해서 행하였던 바로 그 일들 때문에 망하는 경우가 많다. 왜냐하면, 지식인들이나 솜씨가 좋은 자들이라고 항상 하는 일이 잘 풀리는 것이 아니고, 미련한 자들이 하는 일이 잘 풀리는 반면에 지혜자들이 하는 일이 잘 안 풀리는 경우가 많기 때문이다.

2. 전도자는 사람들의 뜻과는 반대로 일어나는 이 모든 일들이 다 만물을 다스리시는 분의 권능과 섭리 때문이라는 것을 밝힘. 이런 일들은 우리에게 우연히 일어나는 것처럼 보이기 때문에, 우리는 그것들을 우연이라고 부르지만, 사실은 하나님이 정하신 계획과 미리 아심에 따라서 일어나는데, 이것은 여기에서 전도서의 표현 방식에 따라서 때라고 불린다(3:1; 시 31:15). 하나님의 절대주권에 의한 섭리는 사람들이 사용하는 수단들을 깨버리고 그들의 희망과 기대를 날려 버려서, 사람의 길이 사람 자신에게 있는 것이 아니라 하나님의 뜻에 종속되어 있다는 것을 그들에게 가르쳐 준다. 우리는 우리에게 주어진 여러 가지 수단들을 사용해야 하지만, 그것들을 의지해서는 안 된다. 우리가 수단들을 사용해서 성공을 거두었다고 해도, 우리는 그 성공으로 인한 모든 영광을 하나님께 돌려야 한다(시 44:3). 우리가 일이 잘 안 되거나 역경을 만난다면, 우리는 그것을 하나님의 뜻으로 알고 우리에게 주어진 운명에 묵묵히 순종

하여야 한다.

Ⅱ. 우리는 종종 예기치 않았던 나쁜 일들을 갑자기 겪는다는 것(12절). 사람은 자기의 시기, 즉 자기에게 재난이 일어나거나 자기가 몰락하거나 죽게 될 때를 알지 못한다(성경에서는 우리가 죽는 날을 우리의 날 또는 우리의 시간이라고 부른다).

1. 우리는 어떤 환난들이 우리를 기다리고 있는지, 어떤 일이 일어나서 우리가 일을 못하게 되거나 이 세상을 떠나게 될지, 어떤 시기와 기회가 우리에게 임할지, 하루 또는 밤 사이에 어떤 일이 일어날지를 알지 못한다. 우리는 여러 가지 때들을 알지 못하고, 우리 자신의 때, 즉 우리가 언제 어떻게 죽게 될지도 알지 못한다. 하나님은 지혜로우시게도 그런 것들을 우리로 알지 못하게 해두셨는데, 이는 우리가 늘 대비하고 있도록 하시기 위한 것이다.

2. 우리는 우리에게 가장 큰 만족과 유익을 가져다 줄 것으로 기대했던 바로 그 일에서 괴로움을 만나게 될 수도 있다. 물고기들과 새들이 그들을 유인하기 위한 미끼를 덥썩 물었다가 그물과 올무에 걸리게 되듯이, 인생들은 흔히 재앙의 날이 그들에게 홀연히 임하여 거기에 걸린다. 이런 일들은 모든 사람에게 일반이다. 사람들은 흔히 복을 구한 곳에서 화를 만나고, 굉장한 것을 발견했다고 생각한 곳에서 죽음을 만난다. 그러므로 우리는 한시라도 방심하지 말고, 무슨 일이 갑자기 닥치더라도 놀라거나 두려워하지 않을 수 있도록 언제나 변화에 대비하고 있어야 한다.

[13]내가 또 해 아래에서 지혜를 보고 내가 크게 여긴 것이 이러하니 [14]곧 작고 인구가
많지 아니한 어떤 성읍에 큰 왕이 와서 그것을 에워싸고 큰 흉벽을 쌓고 치고자 할
때에 [15]그 성읍 가운데에 가난한 지혜자가 있어서 그의 지혜로 그 성읍을 건진 그것
이라 그러나 그 가난한 자를 기억하는 사람이 없었도다 [16]그러므로 내가 이르기를
지혜가 힘보다 나으나 가난한 자의 지혜가 멸시를 받고 그의 말들을 사람들이 듣
지 아니한다 하였노라 [17]조용히 들리는 지혜자들의 말들이 우매한 자들을 다스리는
자의 호령보다 나으니라 [18]지혜가 무기보다 나으니라 그러나 죄인 한 사람이 많은
선을 무너지게 하느니라

솔로몬은 인간사(人間事)가 헛되고 뜻대로 되지 않는다고 해도 우리

가 평안을 유지하고 우리의 일을 온전하게 하는 데에 꼭 필요하다는 이유로 우리에게 여전히 지혜를 얻으라고 권면한다. 그는 앞에서 지혜자들이라고 항상 음식물을 얻는 것도 아니라고 말했었다(11절). 그렇지만 그는 그런 이유 때문에 사람들이 지혜를 폄훼하거나 지혜를 얻어도 별 소용이 없다고 생각하게 되지 않기를 바랐다. 지혜가 우매보다 뛰어남이 빛이 어둠보다 뛰어남 같다(2:13)는 원칙을 그는 여전히 고수하면서, 우리가 비록 지혜로 말미암아 재물을 얻거나 출세를 하지 못한다고 할지라도, 지혜는 그 자체로 가치를 지니고 있고, 우리에게 다른 사람들을 섬길 수 있는 힘을 주기 때문에, 우리는 지혜를 사랑하고 꼭 붙들어야 하며 지혜의 다스림을 받아야 한다고 말한다. 여기에서 묘사되고 있는 지혜, 즉 사람으로 하여금 자기 자신에게는 아무런 이득이 되지 않는다고 하여도, 아니 자신의 수고에 대하여 아무런 보답이나 명성을 얻지 못할지라도, 순전한 애국심에서 자기 나라를 섬길 수 있게 해주는 지혜야말로 솔로몬이 여기에서 크게 여긴 것이었다(13절). 개인이 지닌 나라와 백성을 위한 마음은 분별력이 있는 자들이 아주 대단한 것으로 여길 수밖에 없는 지혜이다.

I. **솔로몬은 여기에서 어떤 성읍이 곤경에 처하여 위태로워졌을 때에 한 가난한 자가 그의 지혜로 그 성읍을 건진 예를 제시함**(14절). 아마도 이것은 이웃 나라에서 실제로 일어났던 일일 것이다. 작은 성읍이 있었다(따라서 이 성읍을 누가 차지한다고 해도 별로 크게 자랑스러울 것이 없었다). 거기에는 인구가 많지 않았다. 장정들이 많아야 성읍을 든든히 지킬 수 있는데, 거기에는 그 성읍을 지킬 장정들이 별로 없었다는 것이다. 거기에는 장정들이 별로 없었기 때문에, 전쟁이 나면, 주민들은 두려워서 싸울 의욕을 잃고 적에게 금방이라도 그들의 성읍을 내줄 수밖에 없는 처지에 있었다. 그런데 큰 왕이 대군을 이끌고 와서, 오만함이나 탐욕 때문에 이 성읍을 집어삼키거나, 그에게 가해진 어떤 모욕에 대한 복수로 이 성읍을 징계하고 멸망시키기 위해서, 이 성읍을 공격하였다. 왕은 이 성읍이 보기보다 견고하다고 생각해서, 큰 흉벽을 쌓고 거기로부터 공격하고자 하였지만, 자기가 단시간 내에 그 성읍을 점령하리라는 것을 의심하지 않았다. 야망 있는 왕들은 그들에게 아무런 해도 끼치지 않는 이웃 나라들을 왜 그리도 불의하게 많이 괴롭히는지! 이 성읍은 큰 왕에게 결코 두렵거나 성가신 존재가 될 수 없었다. 그런데도 그는 도대체 왜 이렇게 이 성읍을 괴롭히는 것인가? 이 성읍을 점령해 보아야 그에게 이득 되는 것은 거의

없을 것이었다. 그런데도, 그는 도대체 왜 이 성읍을 얻기 위해서 그토록 엄청난 비용을 쏟아 붓는 것인가? 그러나 평범한 백성들도 종종 이해할 수 없는 탐욕으로 가옥에 가옥을 이으며 전토에 전토를 더하는 것과 마찬가지로, 큰 왕들은 흔히 이 땅 가운데에서 홀로 거주하려 하여서 성읍에 성읍을 이으며 속주에 속주를 더한다(사 5:8). 강한 자들에게는 승리와 성공이 항상 뒤따랐는가? 결코 그렇지 않았다. 이 작고 인구가 많지 않은 성읍에 한 가난한 지혜자, 즉 지혜롭지만 그 성읍에서 재산을 모을 수 있거나 권세를 지닐 수 있는 자리로 등용되지 못하여 가난한 자가 있었다. 이 성읍에서는 사람들의 능력에 따라서 그들에게 합당한 직위가 주어지지 않았다. 만약 그렇지 않았다면, 이 지혜로운 자가 가난했을 리가 없을 것이다.

1. 그는 가난했지만 지혜로웠기 때문에 이 성읍을 섬길 수 있었다는 것. 성읍이 곤경에 처하자, 사람들은 그를 찾아가서(삿 11:7) 조언과 도움을 청하였고, 그는 포위를 당한 성읍 주민들을 무사할 수 있게 해줄 그 누구도 생각하지 못했던 지혜로운 전략을 그들에게 일러줌으로써, 또는 아벨 성읍의 여인처럼 포위한 자들과 지혜로운 협상을 하여 평화조약을 맺음으로써(삼하 20:16) 그의 지혜로 그 성읍을 건져내었다. 그는 평소에 그를 멸시하였던 사람들을 꾸짖고는 전쟁을 위한 회의 석상을 박차고 나와 버리거나, 자기는 가난해서 잃을 게 없으니 이 성읍이 어떻게 되든지 그것은 자기가 알 바가 아니라고 사람들에게 말하지 않았다. 그는 어떻게든 성읍을 구해 내려고 최선을 다하였고, 결국 그 일이 성공하는 복을 받았다. 공적인 일을 할 때에는 많은 사람들의 유익을 먼저 생각하고, 사적인 이해관계나 악감은 잊어버려야 한다는 것을 명심하라.

2. 그는 지혜로워서 그들 모두를 파멸에서 구해 내는 도구가 되었지만, 가난하다는 이유로 여전히 성읍 사람들에게 무시를 당했다는 것. 그 가난한 자를 기억하는 사람이 없었도다. 사람들은 그의 공로를 무시하였고, 그에게 어떤 상도 주지 않았으며, 칭찬하는 말도 하지 않았다. 그는 이전과 마찬가지로 가난하고 이름 없이 살았다. 명철한 자들이라고 재물을 얻는 것도 아니며, 솜씨가 좋은 자라고 은총을 입는 것이 아니었다. 왕이나 나라를 위해서 큰 공을 세운 자들 중에는 별 보답을 받지 못한 자들이 많다. 우리는 그런 배은망덕한 세계 속에서 살아가고 있다. 세상에 유익을 끼치는 자들이 믿고 의지할 하나님이 계시고, 그들에게 차고 넘치게 상을 주실 하나님이 계시다는 것은 정말 다행스러운 일이

다. 왜냐하면, 사람들은 그들을 위한 큰 공을 세운 자들을 시기하여 선을 악으로 갚는 일이 허다하기 때문이다.

Ⅱ. 솔로몬은 이 예로부터 몇 가지 유익한 교훈들을 이끌어 냄. 그는 이 일을 보고서, 이번에도 역시 교훈을 얻는다.

1. 그는 이 예를 통해서 지혜가 얼마나 유익하고 굉장한 것인지, 지혜가 사람을 자기 나라나 성읍에 얼마나 큰 복이 되게 만들어 주는지를 깨닫는다. **지혜가 힘보다 낫다**(16절). 사람을 존귀하게 만들어 주는 슬기로운 마음이 강건한 몸보다 더 낫다. 강건한 몸으로 얘기하자면, 많은 짐승들이 사람보다 훨씬 뛰어나다. 사람은 힘으로는 결코 이룰 수 없는 것을 지혜로 이룰 수 있고, 힘으로는 당할 수 없는 자들을 지혜로 이길 수 있다. **지혜는 공격용이든 방어용이든 전쟁 무기보다 낫다**(18절). 지혜, 즉 신앙과 경건(지혜자는 여기에서 죄인과 반대되는 자로 묘사되기 때문에)은 힘과 관련된 온갖 자질이나 능력보다 더 낫다. 왜냐하면, 신앙과 경건이 있으면, 하나님은 우리 편이 되어 주실 것이고, 우리는 아무리 위험한 상황에서도 안전하고 아무리 큰 일에서도 성공할 것이기 때문이다. **만일 하나님이 우리를 위하시면 누가 우리를 대적하거나 우리 앞에 서리요**(롬 8:31).

2. 그는 이 예를 통해서 지혜가 외적으로 좋지 않은 여건 속에서 발휘된다고 할지라도 엄청난 힘을 지니고 있다는 것을 깨닫는다(17절). **지혜자들의 말은 조용히 들린다.** 그들은 침착하고 차근차근히 말하지만(그들은 부자도 아니고 권세가 있지도 않기 때문에 감히 큰 소리로 말하거나 자신만만하게 말할 수 없기도 하지만), 그들의 말은 **우매한 자들을 다스리는 자의 호령보다** 힘이 있어서 사람들로 하여금 더 귀를 기울이고 주목하며 존중하게 만들고, 사람들을 더 좌지우지한다. 사람들은 우매한 자들답게 큰소리를 치며 허세를 부리는 자를 그들을 다스리는 자로 삼았고, 우매한 자들답게 다른 사람들을 그런 방식으로 이겨야 한다고 생각한다. 몇 가지의 치밀한 논거들이 아주 많은 허풍치는 말들보다 더 가치가 있다. **자신의 어리석음을 따라서** 호통을 치고 허세를 부리는 자들은 조리 있게 말하는 자에게 지게 되어 있다. **옳은 말이 어찌 그리 강력하고 고통스러운고**(욥 6:25). 지혜롭게 말하는 자는 차분하게 말하여야 한다. 그래야만, 사람들은 조용하고 차분하게 깊이 생각하는 가운데 들을 수 있다. 그러나 격정적으로 말하면, 비록 조리 있는 말일지라도 힘이 더해지는 것이 아니라 반

감되고 만다.

3. 그는 이 예를 통해서 지혜롭고 선한 자들은 그들이 행하고자 한 선한 일을 할 수 없거나 그들이 마땅히 받아야 할 칭찬을 받지 못했을 때에 자기가 선한 일을 했다는 것, 또는 그런 시도를 했다는 것으로 만족해야 할 때가 많다는 것을 깨닫는다. 지혜는 어떤 사람에게 그의 이웃들을 섬길 수 있게 해주고, 실제로 그는 그의 지혜로 이웃들을 섬기며 돕는다. 그러나 그가 가난하면, 그의 지혜가 멸시를 당하고, **사람들이 그의 말들을 듣지 않는다는** 것은 정말 안타까운 일이다(16절). 사람들이 그 가난한 지혜자들의 말을 들어주기만 한다면, 그들은 이 세상에 큰 복이 될 것인데, 그렇지 않아서 가난하게 이름도 없이 초야에 묻혀 살아가는 지혜자들이 많다. 많은 진주가 조개 껍데기 속에 사장된 채 썩어간다. 그러나 지혜와 선함이 존귀함을 얻고, **의인들이 빛을 발하게** 될 날이 장차 올 것이다.

4. 그는 한 명의 지혜롭고 덕 있는 자가 얼마나 큰 선한 일을 할 수 있는지를 보고난 후에, 그것으로부터 한 명의 악인이 많은 해악을 끼칠 수 있고, 그 악인이 많은 선한 일을 방해할 수 있다는 결론을 이끌어 낸다. **죄인 한 사람이 많은 선을 무너지게 하느니라**(18절).

(1) 죄인의 상태는 자기 자신을 파괴하는 상태라는 것. 한 명의 죄인이 자연과 하나님의 섭리에 의해서 주어진 무수한 선한 선물들을 파괴하고 황폐화시킨다. 좋은 지각, 좋은 신체 기관들, 좋은 학문, 선한 성향, 상당한 재산, 좋은 음식, 하나님의 풍성한 선한 피조물들은 모두 죄를 섬기는 데에 사용되어서 파괴되고 상실되며, 하나님이 그것들을 주신 목적은 좌절되고 왜곡된다! 자신의 영혼을 파괴하는 자는 많은 선한 것을 파괴하는 것이다.

(2) 한 명의 죄인은 그가 사는 곳에서 다른 사람들에게 무수한 해악을 끼칠 수 있다는 것. 다른 사람들을 타락시키는 것을 자신의 일로 삼는 한 명의 죄인은 아주 많은 선한 법들과 아주 많은 선한 설교가 의도하는 목적들을 좌절시키고, 많은 사람들을 그의 해로운 길들로 이끌 수 있다. 아간 한 명 때문에 이스라엘 진영 전체가 큰 난리를 겪었듯이, 한 명의 죄인 때문에 그 마을이 망할 수 있다. 앞에서 자신의 성읍을 구한 지혜자는 어떤 한 명의 죄인이 그를 시기하여 깎아내리고 방해하지 않았다면 자기가 세운 공로로 말미암아 합당한 존경과 상을 받았을 것이다. 많은 사람들을 이롭게 할 수 있는 선한 계획이 한 명의

악한 반대자 때문에 무산된 경우가 비일비재하였다. 몇몇 사람이 그들의 지혜로 그들의 나라를 치유할 수 있다고 할지라도, 몇몇 악인들 때문에 치유되지 못할 수 있다. 한 명의 성도가 많은 선한 일을 하고, 한 명의 죄인이 많은 선한 일을 파괴한다면, 과연 누가 그 나라의 친구이고 누가 그 나라의 적이겠는가.

제 10 장

개요

이 장은 겉보기에는 솔로몬의 설교의 일부라기보다는 그의 잠언들, 즉 그의 지혜로운 말들과 관찰들을 수집해 놓은 모음집 같아 보인다. 그러나 전도자는 여기에서 "여러 잠언들을 간추려서" 여기에 사용함으로써 그의 설교를 통해서 말하고자 하는 내용을 간결하게 제시하고자 애썼다. 이 장에 나오는 모든 잠언들의 전체적인 취지는 우리의 행실을 올바르게 갖는 데에 크게 유익한 지혜 및 그 명령과 규범들을 우리에게 권하고, 어리석은 자가 되지 말라고 경계하는 것이다. I. 솔로몬이 백성들에게 권하는 지혜들. 1. 우리의 일들을 능숙하게 처리함으로써 우리의 명성을 유지하는 것이 지혜라는 것(1-3절). 2. 우리가 어느 때든지 윗사람들을 노엽게 했다면, 그들에게 공손하고 고분고분하는 것이 지혜라는 것(4절). 3. 조용하고 평화로운 삶을 살고, 파당을 짓고 선동하여 정부와 나라의 안정을 어지럽히고자 하는 자들을 상대하지 않는 것이 지혜라는 것. 그는 충성하지 않고 소란을 일으키는 행위가 얼마나 어리석고 위험한 것인지를 보여준다(8-11절). 4. 우리의 혀를 잘 다스리는 것이 지혜라는 것(12-15절). 5. 우리가 부지런히 일하고 가족들이 쓸 것을 잘 공급하는 것이 지혜라는 것(18-19절). 6. 우리의 통치자들을 특히 은밀하게 욕하지 않는 것이 지혜라는 것(20절). II. 솔로몬이 통치자들에게 권하는 지혜들. 그들은 그들의 신민들이 자신의 통치 아래에서 편안하게 살게 하여야 한다고 해서 신민들이 좋아하는 대로 다스리겠다고 생각해서는 안 된다. 1. 통치자들은 큰 책임과 권세가 따르는 직책들에 누구를 등용할지를 세심하게 마음을 써야 한다는 것(5-7절). 2. 통치자들은 슬기롭게 행하고, 너그러우며 유치하지 않고, 절제하면서 사치하지 않아야 한다는 것(16-17절). 왕들과 백성들이 이러한 규범들을 따라서 자신의 본분을 꼼꼼하게 다할 때에 그 나라는 복이 있다.

1죽은 파리들이 향기름을 악취가 나게 만드는 것 같이 적은 우매가 지혜와 존귀를
난처하게 만드느니라 2지혜자의 마음은 오른쪽에 있고 우매자의 마음은 왼쪽에 있
느니라 3우매한 자는 길을 갈 때에도 지혜가 부족하여 각 사람에게 자기가 우매함

을 말하느니라

솔로몬은 이 단락에서 다음과 같은 것들을 보여준다.

I. 지혜자들은 그 어떤 어리석은 일도 범하지 않도록 극히 조심할 필요가 있다는 것. 왜냐하면, 죽은 파리들이 향기름에 빠졌을 때에 그 향을 망쳐 놓을 뿐만 아니라 악취가 나게 만드는 것 같이, 적은 우매가 지혜와 존귀로 명성을 얻은 자에게 큰 오점이 되고 그의 명성을 더럽혀서 그를 난처하게 만들기 때문이다.

1. 참된 지혜는 사람으로 하여금 참된 명예와 명성을 얻게 해준다는 것. 명예와 명성은 좋은 기름처럼 향기롭고 아주 귀한 것이다.

2. 큰 지혜로 어렵게 얻은 명성도 적은 우매에 의해서 쉽게 잃을 수 있다는 것. 왜냐하면, 사람들은 뛰어난 자들을 시기해서, 지혜로 유명한 자들이 저지른 실수와 잘못을 최대한으로 부풀리고 악용해서 어떻게든 그들을 끌어내리고자 하기 때문이다. 따라서 평범한 자들이 저질렀다면 별 문제가 되지 않았을 적은 우매도 지혜자가 범하면 호된 비난을 받는다. 독실한 신앙인들은 그들이 실수하는 것을 노리는 많은 눈들이 그들을 지켜보고 있다는 것을 명심하고서 아주 신중하게 행하여, 악은 어떤 모양이라도 버리고(살전 5:22) 악에 근접한 것들도 가까이 하지 말아야 한다. 그렇지 않으면, 그들이 지닌 큰 명성은 머지않아 훼손되고 말 것이다.

II. 지혜자는 일을 경영함에 있어서 우매자보다 큰 이점을 지니고 있다는 것 (2절). 지혜자의 마음은 오른쪽에 있기 때문에, 손을 재빠르게 놀려서 자신의 일을 능숙하게 해내고, 신속하게 처리한다. 그의 모략과 용기는 기회가 있을 때에 즉시 사용될 수 있도록 다 준비되어 있다. 그러나 우매자의 마음은 왼쪽에 있다. 그는 왼손잡이처럼 어떤 중요한 일이 생길 때마다 어떻게 할 줄을 몰라 갈팡질팡하기 때문에 일 처리가 서툴 수밖에 없다. 그는 늘 일을 어떻게 처리할 줄을 몰라서 당황하게 된다.

III. 우매자들은 모든 일에서 자신의 어리석음을 드러내며 널리 알리고 다닌다는 것. 지혜가 없거나 은혜가 없는 자, 어리석거나 악한 자는 통제 아래 두지 않고 그냥 놓아 두면 길을 갈 때에 자기가 어리석다는 것을 곧 드러낸다. 그는 지혜가 부족하여, 이런저런 부적절한 언행을 통해서 각 사람에게 자기가 우매함을 말한다(3절). 즉, 그는 마치 자기가 우매하다는 것을 사람들에게 드러내

놓고 말하는 것처럼 자신의 일거수일투족을 통해서 자신의 우매함을 드러낸다는 것이다. 그는 자신의 우매함을 숨길 수도 없고, 자기가 우매하다는 것을 부끄러워하지도 않는다. 죄인들은 어디를 가든지 그들의 죄로 말미암아 수치를 당한다.

[4]주권자가 네게 분을 일으키거든 너는 네 자리를 떠나지 말라 공손함이 큰 허물을
용서 받게 하느니라 [5]내가 해 아래에서 한 가지 재난을 보았노니 곧 주권자에게서
나오는 허물이라 [6]우매한 자가 크게 높은 지위들을 얻고 부자들이 낮은 지위에 앉
는도다 [7]또 내가 보았노니 종들은 말을 타고 고관들은 종들처럼 땅에 걸어 다니는
도다 [8]함정을 파는 자는 거기에 빠질 것이요 담을 허는 자는 뱀에게 물리리라 [9]돌들
을 떠내는 자는 그로 말미암아 상할 것이요 나무들을 쪼개는 자는 그로 말미암아
위험을 당하리라 [10]철 연장이 무디어졌는데도 날을 갈지 아니하면 힘이 더 드느니
라 오직 지혜는 성공하기에 유익하니라 [11]주술을 베풀기 전에 뱀에게 물렸으면 술
객은 소용이 없느니라

이 단락의 취지는 신민들은 정부에 충성하고 본분을 다하여야 한다는 것이다. 솔로몬이 다스릴 때에 백성들은 아주 부유하고 잘 살았기 때문에 교만하고 까다로운 자들이 되어 있었던 것 같다. 그래서 세금이 높았다고 해도, 그들은 충분히 그 세금을 감당할 수 있었음에 불구하고, 정부에 대하여 오만방자하게 행하여 세금을 내리지 않으면 반역을 할지도 모른다고 으름장을 놓았던 것 같다. 솔로몬은 여기에서 그런 자들에게 꼭 필요한 몇 가지 훈계를 한다.

I. 신민들은 어떤 개인적이고 사적인 불만이 있다고 해서 왕에게 다투어서는 안 된다는 것(4절). "주권자가 네게 분을 일으키거든, 즉 그가 너에 대한 어떤 잘못된 정보나 오해 때문에 네게 화가 나서 좋지 않은 말을 한다면, 너는 네 자리를 떠나지 말고, 신민으로서의 본분을 잊지 말며, 너의 충성 맹세를 배신하지 말고, 그의 총애를 회복하는 것을 포기한 사람처럼 격분하여 자신의 직책을 내던지고 자리를 박차고 나와 버리지 말라. 조금만 기다려라. 그러면 그의 화를 얼마든지 진정시킬 수 있다는 것을 너는 알게 될 것이다. 공손함은 큰 분노도 진정시킬 수 있기 때문이다." 솔로몬은 여기에서 모든 지혜롭고 선한 통치자들의 마음을 대변해서, 어떤 자들이 그를 격노케 하였다고 할지라도 그들이

머리를 숙이고 공손하게 나오면 얼마든지 그들을 용서할 수 있다고 말한다. 화가 난 왕을 상대할 때에는 그와 다투기보다는 머리를 숙이고 공손한 것이 더 안전하고 낫다.

Ⅱ. 신민들은 나랏일이 모든 일에서 그들의 마음에 들지 않는다고 해서 왕과 다투어서는 안 된다는 것. 솔로몬은 그가 해 아래에서 자주 본 악이 있는데, 그 악은 왕이 저지르는 악이고, 오직 왕만이 치료할 수 있는 악이라는 것을 인정한다. 왜냐하면, 그 악은 주권자에게서 나오는 허물이기 때문이다(5절). 통치자들이 공적인 이해관계보다 사적인 감정을 앞세워서 너무도 자주 범하는 잘못이 있는데, 그것은 사람들을 자질과 재능에 따라서 등용하지 않아서, 우매한 자가 크게 높은 지위들을 얻고, 지각도 없고 재산도 없어서 부정부패를 저지르기 쉬운 자들이 큰 권세와 책임이 따르는 자리들을 차지하는 반면에, 지각이 있고 재산도 있어서 뇌물이나 착취의 유혹을 뿌리치고 오직 나랏일에만 전념할 수 있는 여건을 갖춘 부자들은 낮은 지위에 앉아서 제대로 나랏일을 할 수가 없다는 것이다(6절). 그런 통치자는 사람들을 어떻게 평가해야 하는지를 모르는 자이거나, 사람들이 양심에 비추어서 승복할 수 없는 기준으로 사람들을 등용하고 있는 것이다. 어떤 나라에서 사악한 자들은 출세하고, 진짜 인재들은 초야에 묻혀 있다면, 그 나라의 백성은 불행하다. 솔로몬은 한 가지 예를 들어 그런 나라의 모습을 보여준다(7절). "종들, 즉 보잘것없는 가문에서 태어나 제대로 교육을 받지 못한 자들(이것이 전부라면, 종들 중에서도 이치가 밝아서 부끄러운 짓을 하는 주인의 아들을 다스리는 지혜로운 자들이 많기 때문에 별 문제가 되지 않을 것이다)이 아니라 노예 근성이 있고 비열하며 돈만 보고 일하는 자들이 말을 타고 가는 것을 내가 보았다. 그런 종들은 마치 고관이나 된 것처럼 말을 타고 화려하고 당당하게 행차하는 반면에, 고귀한 태생과 자질을 지니고 있어서 한 나라를 다스릴 만한 그릇들인 고관들은 종들처럼 가난하고 멸시를 받으며 땅에 걸어 다니는 것을 내가 보았다." 하나님은 그의 섭리를 통해서 악한 백성을 이런 식으로 벌하신다. 그러나 통치자가 그런 식으로 사람들을 등용한다면, 그것은 신민들을 크게 괴롭고 분노하게 만드는 것으로서 분명히 통치자의 허물이고 큰 악이다. 그것은 해 아래에서 행해지는 허물로서 해가 더 이상 필요없는 윗 세상에서는 반드시 바로잡힐 것이다. 왜냐하면, 하늘에서는 오직 지혜와 거룩함만이 크게 높임을 받기 때문이다. 그러나 왕이 그런 허물을 범한다고 할

지라도, 신민들은 각자의 자리를 떠나지 말아야 하고, 정부에 반기를 들어서도 안 되며, 정부를 전복시킬 음모를 꾸며서도 안 된다. 또한, 통치자는 너무 자신의 기분대로 행해서는 안 되고, 앞에서 말한 것 같은 그런 종들을 말 위에 태워서, 그들로 하여금 나라의 옛 지계표들을 함부로 짓밟고 나라의 근본을 뒤흔들게 해서는 안 된다.

1. 왕이나 백성들은 강압적으로 어떤 변혁을 시도하거나 나라의 질서를 억지로 왜곡시키려 해서는 안 된다는 것. 솔로몬은 그렇게 하는 것이 얼마나 위험한 결과를 낳는지를 여기에서 네 가지 비유를 통하여 보여주는데, 그 비유들의 취지는 우리에게 해를 가져다 줄 일에 쓸데없이 끼어들지 말라고 경고하는 것이다. 왕은 신민들의 권리나 자유를 침해해서는 안 되고, 신민들은 왕을 거역하여 반란을 일으켜서는 안 된다.

(1) 남을 해치려고 함정을 파는 자는 십중팔구 자기가 거기에 빠질 것이라는 것. 이것은 어떤 일을 강압적으로 하면, 그 일로 인한 위험은 결국 자기 자신에게 되돌아온다는 것이다. 왕이 폭군이 되거나, 신민들이 반역자가 된다면, 그들의 운명이 어떻게 될 것인지는 인류의 역사가 잘 보여주는데, 그것은 그들이 아주 큰 위험에 처하게 된다는 것이다. 그러므로 왕이든 신민이든 자신의 테두리 내에서 만족하는 것이 더 낫다.

(2) 오래된 담, 오랫동안 지계표 역할을 해온 담을 허는 자는 그런 오래된 담에 사는 것을 좋아하는 뱀 또는 독사에게 물리게 될 것을 예상하여야 한다는 것. 이런저런 독사가 그의 손을 물 것이다(행 28:3). 하나님은 그의 규례를 통해서 마치 담처럼 왕의 대권과 권세의 테두리를 정해 놓으셨다. 왕은 하나님의 특별한 보호하심 아래에 있다. 그러므로 왕의 평강과 면류관과 위엄에 대하여 반역을 꾀하는 자들은 그들 자신에게 씌워진 굴레를 비틀어서 자신의 목을 조르는 것과 같다.

(3) 돌들을 떠내는 자, 즉 벽이나 건물을 허는 자는 스스로 다치게 된다는 것. 그는 그 일로 말미암아 상할 것이고, 그냥 내버려 둘 것을 그랬다고 생각하게 될 것이다. 제대로 된 모습을 갖추고 잘 정착된 정부를 몇 가지 잘못들과 문제들을 바로잡겠다는 미명 하에 변혁하고자 하는 자들은 고치는 것보다는 흠을 잡는 것이 더 쉽고, 더 좋은 것을 세우기보다는 좋은 것을 허무는 것이 더 쉽다는 것을 곧 깨닫게 될 뿐만 아니라, 그들이 그들의 손가락을 불 속에 집어넣었

고 그들이 시도한 변혁 때문에 그들 자신이 망하게 되었다는 것도 곧 깨닫게 될 것이다.

(4) 나무들을 쪼개는 자, 특히 좋지 않은 연장으로 그렇게 하는 자(10절)는 그로 말미암아 위험을 당하게 된다는 것. 나무 토막이나 자기가 쓴 도끼 날이 자기 얼굴로 날아오게 될 것이다. 우리가 매듭이 많은 나무를 완력을 사용해서 억지로 쪼개고자 하면, 우리는 그 나무를 쪼개는 일이 결코 쉽지 않다는 것을 알게 될 뿐만 아니라, 그런 시도를 하다가 결국 우리가 다치게 될 수 있다.

2. 왕이나 백성들은 서로를 슬기롭고 온유하며 선한 마음으로 대하여야 한다는 것. 지혜는 왕이 소요를 일으키고자 하는 백성들을 잘 다스리는 데에 유익하다. 지혜를 지닌 왕은 너무 무기력하게 대처해서 백성들이 더욱 담대해지지 않게 하고, 너무 가혹하고 심하게 대처해서 백성들의 분노를 자극하여 반역을 실행하게 만들지 않을 수 있다. 마찬가지로, 지혜는 신민들이 그들을 억압하는 왕에 대하여 제대로 처신하는 데에도 유익하다. 지혜를 지닌 신민들은 백성들이 르호보암 왕에게 했던 것과 같이 오만방자한 요구를 하는 것이 아니라 겸손한 자세로 간언(諫言)하고 인내심을 가지고 머리를 숙여 공손하게 순복하는 등 평화로운 수단들을 사용해서 왕의 감정을 상하게 하지 않으면서 왕의 마음을 얻을 수 있다. 우리는 우리에게 낙이나 위로가 되는 것들을 지키기 위해서는 모든 관계 속에서 이와 같은 행동 원칙을 지켜야 한다. 지혜는 온건한 방법들을 사용하고 폭력적인 방법들을 사용하지 말라고 우리에게 권면한다.

(1) 지혜는 우리에게 우리가 사용해야 할 연장을 무딘 채로 놓아 두어서 정작 사용할 때에 우리의 힘이 더 들게 하지 말고, 평소에 잘 손질하고 날카롭게 갈아 두라고 가르친다(10절). 연장을 미리 잘 갈아둔다면, 우리는 그 연장을 사용할 때에 많은 수고를 덜 수 있고 많은 위험을 방지할 수 있다. 즉, 우리는 모든 어려운 경우에 어떻게 말하고 행하는 것이 적절한지를 미리 생각해 둔다면, 막상 어떤 일을 하게 되었을 때에 그 일을 다른 사람들이나 우리 자신이 편하게 무리없이 행할 수 있다는 것이다. 지혜는 우리 자신과 우리가 사용하는 사람들을 어떻게 단련해야 속이는 방식으로 일하지 않고(시 52:2) 깨끗하고 영리하게 일할 수 있는지를 가르쳐 준다. 잔디 깎는 사람은 그 기계의 날을 잘 갈아 두어야 시간을 허비하지 않을 수 있다.

(2) 지혜는 우리에게 우리와 상대하는 뱀을 쉬쉬 하며 쫓아버리려고 생각하

지 말고 주술을 베풀어서 부릴 생각을 하라고 가르친다(11절). 술객이 노래와 음악 소리로 주술을 베풀었는데 뱀이 귀를 막아서 주술에 걸리지 않았다면, 그 뱀은 술객을 물 것이다(시 58:4-5). 말을 잘하는 자의 경우도 마찬가지이다. 그와 논쟁을 벌이는 모든 자들은 말로 그를 이길 생각을 하지 말고, 슬기롭게 잘 구슬려서 그의 마음을 사로잡을 생각을 하여야 한다. 말을 잘 하는 자, 즉 혀의 주인인 자(원문은 이런 뜻이다), 언어를 잘 구사해서 자기가 하고 싶은 말을 잘 표현하는 자와 상대하는 것은 주술에 걸려들지 않는 뱀을 상대하는 것만큼이나 위험천만한 일이다. 그러나 부드럽고 겸손하게 공손한 태도로 그의 마음을 산다면, 우리는 그 위험에서 안전할 수 있다. 이런 일을 성공적으로 대처하는 데에는 지혜, 즉 지혜로 인한 온유함이 유익하다. 오래 참으면 관원도 설득할 수 있다(잠 25:15). 선물을 사용해서 야곱은 에서의 마음을, 아비가일은 다윗의 마음을 사로잡았다. 무슨 말을 할지 모르는 자들에게는 그들의 화를 돋우는 말은 일체 하지 않는 것이 지혜로운 일이다.

[12]지혜자의 입의 말들은 은혜로우나 우매자의 입술들은 자기를 삼키나니 [13]그의 입
의 말들의 시작은 우매요 그의 입의 결말들은 심히 미친 것이니라 [14]우매한 자는 말
을 많이 하거니와 사람은 장래 일을 알지 못하나니 나중에 일어날 일을 누가 그에
게 알리리요 [15]우매한 자들의 수고는 자신을 피곤하게 할 뿐이라 그들은 성읍에 들
어갈 줄도 알지 못함이니라

솔로몬은 지혜의 유익함, 즉 지혜가 우리의 일을 경영함에 있어서 우리에게 얼마나 큰 유익이 되는지를 보여준 후에, 여기에서는 어리석음의 해악, 즉 어리석음이 사람을 어떤 위험으로 내모는지를 보여주는데, 이것은 아마도 앞에서 말했듯이 우매한 자가 크게 높은 지위를 얻은 것을 염두에 두고 한 말인 것 같다.

I. 우매자들은 쓸데없는 말을 많이 하고, 다른 것들을 통해서와 마찬가지로 아무짝에도 쓸모없는 해로운 말들을 많이 쏟아냄으로써 그들의 어리석음을 드러낸다는 것. 지혜자의 입의 말들은 은혜롭고 그의 마음에 명백한 은혜가 있어서 듣는 자들에게 은혜를 끼치고, 그 말들은 선하여 그에게 합당하고 주변의 모든 사람들에게 유익을 주는 반면에, 우매자의 입술은 그를 욕되게 하고 조롱

을 당하게 할 뿐만 아니라, 그의 불온한 언동으로 정부의 진노를 사서 벌을 받음으로써 자기를 삼키고 파멸에 이르게 만든다. 아도니야는 어리석게도 그의 생명을 잃게 될 말을 하였다(왕상 2:23). 그들의 혀가 그들을 해하여서 무너진 자들이 많다(시 64:8). 우매자의 말이 어떤 것인지를 보라.

1. 우매자의 말은 그 자신의 약함과 악함에서 나온다는 것. 그의 입의 말들의 시작은 우매, 즉 그의 마음에 얽혀 있는 어리석음이다. 마음이라는 부패한 샘에서 이 온갖 더러운 물줄기들이 흘러나오고, 마음이라는 창고에 쌓인 악에서 온갖 악한 것들이 나온다. 우매자가 말하기 시작하자마자, 우리는 그의 어리석음을 알아차릴 수 있다. 그는 첫 마디부터 자신의 모습과 똑같이 무익하고 혈기 가득한 말을 입 밖으로 내뱉는다.

2. 우매자의 말은 점점 심해져서 광분(狂奔)으로 치달아 다른 사람들을 해치고 상처를 준다는 것. 그의 입의 결말들은 심히 미친 것이다. 즉, 그의 말은 결국 미친 것으로 끝난다. 그의 입에서는 곧 상소리가 나오기 시작해서, 결국에는 미친 자의 입에서나 나올 법한 말도 안 되는 터무니없는 얘기들이 터져나온다. 그의 목적은 그의 말로 남들을 해치는 것이다. 그는 처음에 자기 자신을 잘 통제하지 못하는 모습을 보이다가, 나중에는 이웃들에 대한 섬뜩한 악의를 주저없이 드러낸다. 이 쓴 뿌리는 담즙과 쓴 쑥 같은 쓰디쓴 것을 지니고 있다. 어리석게 시작한 자들이 미친 모습으로 끝나는 것은 이상한 일이 아니라는 것을 명심하라. 왜냐하면, 다스려지지 않은 혀는 자유가 주어질수록 더욱 난폭해지기 때문이다.

3. 우매자의 말은 똑같은 내용이 계속해서 반복된다는 것(14절). 우매한 자, 특히 혈기가 많은 우매자는 언제 말이 끝날지 모를 정도로 끝도 없이 말을 많이 한다. 왜냐하면, 그는 이미 했던 말을 무한정으로 반복하기 때문이다. 그는 그의 말에 무게와 힘이 없다는 것을 알기 때문에 말을 많이 하는 것으로 그것을 보충하려고 헛되이 애쓴다. 그는 자기 속에 사람들로부터 주목을 받을 만한 것을 아무것도 갖고 있지 않기 때문에, 이미 한 말을 계속해서 반복하는 방법을 통해서 사람들의 이목을 끌려고 한다. 지각이 없는 자들이 말을 많이 한다는 것을 명심하라. 실속 없는 빈 깡통이 가장 시끄러운 소리를 내는 법이다. 본문에서 그 다음에 나오는 말들은 다음 둘 중의 하나로 해석될 수 있다.

(1) 사람들은 누구나 자기가 죽고 난 후에 무슨 일이 일어날는지 알 수 없을

뿐만 아니라, 살아 있는 동안에도 자신의 장래에 무슨 일이 일어날지를 알지 못한다(잠 27:1)는 것을 잘 알고 있음에도 불구하고, 우매자가 그의 많은 말 속에서 그가 무엇을 하고자 하는지, 그가 무엇을 갖게 될지를 헛되게 자랑하는 것을 억제하기 위한 것. 사람이 장래의 일들을 알지 못하고 확신할 수 없다는 사실을 마음에 두기만 해도, 우리는 어리석고 쓸데없는 많은 말들을 하지 않게 될 것이다.

(2) 우매자가 이미 했던 말을 계속해서 반복하는 것을 조롱하기 위한 것. 우매자는 **말을 많이 한다**. 예를 들면, 그는 **사람은 장래 일을 알지 못한다**고 아주 진부하고 평범한 말을 해놓고서는, 또 무슨 말이든 하고 싶으니까, **나중에 일어날 일을 누가 그에게 알리리요**라고 말한다. 로마의 시인 오비디우스(Ovidius)의 글에서 바투스(Battus)는 이렇게 말한다: "저 산들 아래에 그들이 있었지. 그러니까, 그들은 저 산들 아래에 있었다는 말이야." 이것으로부터 중언부언하는 말을 의미하는 battology라는 영어 단어가 유래되었다(마 6:7).

Ⅱ. 우매자들은 쓸데없는 수고를 많이 한다는 것(15절). 우매한 자들이 자신의 목적을 이루기 위해서 하는 **수고는 자신을 피곤하게 할 뿐이다**.

1. 그들은 지극히 어리석고 어처구니없는 일들로 수고하여 자신을 피곤하게 한다는 것. 그들의 모든 수고는 세상과 육신, 그리고 썩는 양식을 위한 것인데, 그들은 그러한 수고를 하느라 자신의 힘과 심령을 소진시키고, **헛된 일로 피곤하게 된다**(합 2:13; 사 55:2). 그들은 온전한 자유를 가져다 주는 일이 아니라 철저히 쓸데없는 고역을 택한다.

2. 꼭 필요하고 유익하면서도 쉽게 할 수 있는 그런 수고를 할 때에도 그들은 피곤해한다는 것. 왜냐하면, 그들이 그 일을 슬기롭게 한다면, 얼마든지 즐거운 일이 될 수 있는데도, 그들은 그 일을 어리석고 서툴게 하여서 고생을 자초하기 때문이다. 그리스도인의 경건의 훈련이 늘 지혜의 인도 아래에서 이루어진다면, 사람들은 그 훈련에 대하여 불평할 이유가 전혀 없는데도, 많은 사람들이 신앙의 수고가 짐스러운 고역이라도 되는 듯이 불평한다. 우매한 자들은 끊임없이 추구를 하느라 지칠 대로 지치지만 결코 어떤 일도 성공시키지 못한다. 왜냐하면, 그들은 **성읍에 들어갈 줄도 알지 못하기** 때문이다. 즉, 그들은 큰 성에 들어가는 것과 같이 삼척동자도 할 수 있는 아주 쉬운 일조차도 제대로 할 수 있는 능력을 가지고 있지 않기 때문이다. 자신의 일을 분별없이 엉망으

로 경영하면, 사람들은 그 일로 인한 위로와 유익을 빼기게 된다. 그러나 천성(天城)으로 가는 일은 대로여서 우매한 행인조차도 길을 잃지 않게 되어 있다는 것은 참으로 다행스러운 일이다(사 35:8). 그런데도 죄악된 우매자는 그 길을 놓친다.

[16]왕은 어리고 대신들은 아침부터 잔치하는 나라여 네게 화가 있도다 [17]왕은 귀족들
의 아들이요 대신들은 취하지 아니하고 기력을 보하려고 정한 때에 먹는 나라여
네게 복이 있도다 [18]게으른즉 서까래가 내려앉고 손을 놓은즉 집이 새느니라 [19]잔치
는 희락을 위하여 베푸는 것이요 포도주는 생명을 기쁘게 하는 것이나 돈은 범사
에 이용되느니라 [20]심중에라도 왕을 저주하지 말며 침실에서라도 부자를 저주하지
말라 공중의 새가 그 소리를 전하고 날짐승이 그 일을 전파할 것임이니라

솔로몬은 여기에서 다음과 같은 것들을 주목한다.

I. 한 나라의 행복은 그 관원들이 어떤 자들이냐에 달려 있다는 것. 왕과 그 고관들이 선하냐 악하냐에 따라서 백성들의 행복과 불행도 정해진다.

1. 왕과 고관들이 유치하고 방탕하면, 백성은 행복할 수 없다는 것(16절). 왕이 나이에 있어서가 아니라 명철에 있어서 어리면(솔로몬은 어려서 왕이 되었지만, 그의 나라는 행복하였다), 그 나라가 온 세상의 영광인 가나안 땅이라고 해도 네게 화가 있도다. 왕이 어린아이처럼 유약하고 어리석으며 마음이 잘 변하고 변화를 좋아하며 안달하고 변덕스러우며 쉽게 잘 속아 넘어간다면, 그 나라의 백성은 불행하다. 머리가 어지러우면, 몸은 휘청거릴 수밖에 없다. 솔로몬은 아마도 그의 아들 르호보암의 잘못된 처신을 미리 예견하고서 이 글을 쓴 것으로 보인다(대하 13:7). 르호보암은 평생 동안 어린아이였고, 그 때문에 그의 가문과 나라는 최악의 일들을 겪어야 했다. 나라의 고관들이 아침부터 잔치하여 그들의 배를 신으로 삼고 식탐의 노예가 되어 있어도, 마찬가지로 백성들은 불행할 수밖에 없다. 비록 왕은 어린아이라도, 고관들과 왕의 참모들이 지혜롭고 충성스러워서 국사에 전념한다면, 그 나라는 더 잘 될 수 있다. 그러나 고관들조차도 쾌락에 빠져서 육신의 욕망을 충족시키기 위해서 아침부터 먹고 마시느라 국사를 돌보지 않고, 재판관들은 쾌락주의자들이어서 살기 위해서 먹는 것이 아니라 먹기 위해서 산다면, 그런 나라가 어떻게 잘 되기를 기대

할 수 있겠는가!

2. 관원들이 너그럽고 활동적이며 건전하고 절제하며 일을 잘 하는 자들이면, 그 나라의 백성은 행복할 수밖에 없다는 것(17절).

(1) 왕이 귀족들의 아들이어서, 고귀한 정신의 지배를 받아 활동하고, 고귀한 신분에 어울리지 않는 비열한 짓을 하는 것을 경멸하며, 백성들이 잘 살 수 있도록 애를 쓰고, 사적인 이익보다 공적인 이익을 먼저 생각할 때, 그 나라는 복이 있다는 것. 왕을 고귀하게 만들어 주는 것들은 지혜와 덕, 하나님을 경외하는 마음, 후하게 베푸는 일, 온 인류를 위하여 선한 일을 기꺼이 하고자 하는 마음 같은 것들이다.

(2) 왕의 밑에서 방백들이 그들의 개인적인 욕망을 충족시키는 것보다는 그들에게 맡겨진 일들을 수행하는 데에 더 마음을 쓰고, 시도 때도 없이 먹는 것이 아니라 정한 때에 먹을 때(시 145:15), 그 나라는 복이 있다는 것. 우리는 하나님이 우리에게 일용할 양식을 주시는 것을 봄으로써 얻는 위로를 잃지 않도록 하기 위해서 아무 때나 먹어서는 안 된다. 방백들은 그들의 몸이 건강하여 그들의 심령이 하나님과 그들의 나라를 제대로 섬길 수 있도록 하기 위하여 기력을 보하려고 먹어야 하고, 하나님이나 사람을 위하여 아무것도 할 수 없는 상태가 되어 버리도록 취하기 위하여 먹어서는 안 되며, 특히 재판 자리에 앉을 때에 술을 마셔서 포도주로 말미암아 재판할 때에 실수하거나(사 28:7) 술을 마시다가 법을 잊어버리는 일이 없어야 한다(잠 31:5). 고관들이 절제의 모범을 보이는 자들이고, 할 일이 산더미처럼 많은 관원들이 자기를 부인하는 법을 알고 있다면, 그 나라의 백성은 행복하다.

Ⅱ. 게으름은 사적인 일이나 공적인 일에 아주 나쁜 결과를 가져온다는 것 (18절). 일하기를 싫어하고 편안하게 웃고 즐기는 것을 좋아해서 게으른즉 처음에는 집의 여기저기에 구멍이 뚫리다가 마침내 서까래가 내려앉는다. 집에 구멍이 날 때마다 마음을 써서 그 구멍들을 메우고 잘 수리를 하지 않으면, 집에는 비가 새게 되어, 서까래가 썩고, 집은 결국 사람이 살기에 적합하지 않게 되어 버린다. 한 가족과 그 일들도 마찬가지이다. 사람이 자기 일에 수고하고 자신의 가게를 돌보는 데에 마음을 쓰지 않는다면, 그는 곧 방세가 밀리고 빚더미에 앉게 되어, 자녀들을 위해 저축하기는커녕 있던 재산마저 날려 버리게 된다. 나랏일도 마찬가지이다. 왕이 어려서 나랏일에 신경을 쓰지 않고, 대신들은

아침부터 잔치를 벌이며 나랏일에 힘쓰지 않으면, 그 나라의 일들은 엉망이 되어 큰 손실을 입게 되고, 그 명성은 손상되며, 국력은 쇠약해지고, 국경은 침범을 당하며, 공의는 차단되고, 국고는 텅 비게 되며, 그 모든 토대들은 다 어그러지게 되는데, 모든 일이 이 지경이 되는 것은 무너진 데를 보수하는 자와 길을 수축하여 거할 곳이 되게 하는 자가 되어야 마땅한 자들이 자신의 안일만을 추구하며 게으름을 피웠기 때문이다(사 58:12).

Ⅲ. 고관들이나 백성들이나 모두 일반적으로 모든 것에 소용이 되는 돈을 벌기 위해서 무진 애를 쓴다는 것(19절). 솔로몬은 즐거움보다는 돈을 더 선호하는 것으로 보인다. 잔치는 희락을 위하여 베푸는 것이다. 즉, 잔치의 목적은 단지 먹고 마시는 데에 있는 것이 아니라, 주로 친구들끼리 어울려서 서로 즐겁게 대화하는 데에 있다. 여기에서 말하는 희락은 미친 것에 불과한 우매자의 웃음이 아니라 다시 일을 하고 열심히 연구하기 위한 힘을 얻기 위해서 지혜자들이 누리는 즐거움을 가리킨다. 신령한 잔치들은 신령한 웃음, 하나님 안에서의 거룩한 기쁨을 위한 것이다. 포도주는 삶을 기쁘게 하는 것이지만, 돈은 만물의 척도로서 범사에 이용된다. 돈이면 무엇이든지 된다. 포도주는 사람을 즐겁게 해주지만, 우리를 위한 집이나 침대나 의복이나 아이들이 쓸 것들을 마련해 주지는 못한다. 그러나 돈은 충분히 가지고 있기만 하다면 이 모든 것들을 우리에게 해줄 수 있다. 사람이 돈이 없으면 잔치를 베풀 수도 없고, 비록 포도주를 마시더라도 당장 먹고 살 것을 살 돈이 없다면 즐겁지 않을 것이다. 돈은 그 자체로는 우리에게 아무것도 해주지 못한다. 돈이 우리를 먹이거나 입히는 것이 아니다. 그러나 거래의 수단으로 사용될 때, 돈은 이 세상을 살아가는 데에 필요한 모든 것들을 우리에게 해줄 수 있다. 우리는 우리에게 필요한 모든 것을 돈을 주고 얻을 수 있다. 그러나 우리의 영혼에게 필요한 것들은 돈이 단 하나도 마련해 줄 수 없다. 우리는 죄 사함이나 하나님의 은총, 양심의 평안을 돈으로 살 수 없다. 영혼은 은이나 금 같이 없어질 것들로 구속함을 받을 수도 없고 부양받을 수도 없다. 어떤 이들은 이 본문을 통치자들에게 적용한다. 통치자들이 사치와 방탕에 빠져서 잔치를 벌이고 웃고 떠들며 놀면, 그들이 국사를 소홀히 하게 될 뿐만 아니라, 그런 유흥을 즐기는 데에도 돈이 필요한 까닭에 백성들에게 무거운 세금을 매겨서 쥐어짤 것이기 때문에, 그 나라의 백성은 불행하다.

Ⅳ. 신민들은 그 어떤 불충한 마음도 품지 않고, 정부에 반대하는 그 어떤 음모에도 가담하지 않도록 아주 조심해야 한다는 것. 왜냐하면, 그런 자들은 십중팔구 발각되어 백일하에 드러나게 될 것이기 때문이다(20절). "통치자들이 어떤 잘못들을 범한다고 할지라도, 어떤 경우이든 그들의 실정(失政)을 비난하면서 그들을 짓밟지 말고, 현실에 만족하라."

1. 솔로몬은 "심중에라도 왕을 저주하지 말며 정부가 잘못되기를 바라는 마음을 품지 않는 것"이 우리의 본분이라고 가르침. 모든 죄는 거기에서 시작된다. 그러므로 그런 마음, 특히 반역하고자 하는 마음이 처음으로 생겨날 때에 즉시 그 마음을 진압하여야 한다. "침실에서라도, 즉 정부에 반대하는 자들의 비밀회합에서 부자, 즉 왕들과 고관들을 저주하지 말라. 그런 자들과 어울리지 말라. 그들의 모의에 상관하지 말라. 정부를 욕하거나 반정부 음모를 꾸미는 자들과 함께 하지 말라."

2. 우리는 안전하기 위해서 그렇게 해야 한다는 것. "음모가 제아무리 은밀하게 진행된다고 하여도, 네가 알고 있는 것보다 더 많은 밀정들을 가지고 있는 왕에게 공중의 새가 그 소리를 전하고 날짐승이 그 일을 전파하여, 네가 낭패를 당하고 파멸하게 될 것이다." 하나님은 사람들이 은밀한 가운데에 행하거나 말하는 것을 다 보고 들으시기 때문에, 그의 뜻이면, 그것을 우리가 생각하지도 못했던 이상한 방식을 사용하셔서 드러내실 수 있으시다. 그런데도 네가 권세를 두려워하지 아니하려느냐? 선을 행하라 그리하면 네가 그에게 칭찬을 받으리라. 그러나 네가 악을 행하거든 그를 두려워하라(롬 13:3-4).

제 11 장

개요

이 장에는 다음과 같은 내용들이 나온다. I. 가난한 자들을 후히 구제하기를 간곡하게 권면함. 이는 구제야말로 세상의 재물이 지니고 있는 속성인 허망함을 없애 주는 가장 좋은 치료약이고, 그 헛된 재물을 사용해서 실속있는 이문을 챙길 수 있는 유일한 길이기 때문이다(1-6절). II. 죽음과 심판을 준비하되, 어릴 때부터 일찌감치 그 준비를 시작하라는 진지한 권면(7-10절).

1너는 네 떡을 물 위에 던져라 여러 날 후에 도로 찾으리라 2일곱에게나 여덟에게
나눠 줄지어다 무슨 재앙이 땅에 임할는지 네가 알지 못함이니라 3구름에 비가 가
득하면 땅에 쏟아지며 나무가 남으로나 북으로나 쓰러지면 그 쓰러진 곳에 그냥
있으리라 4풍세를 살펴보는 자는 파종하지 못할 것이요 구름만 바라보는 자는 거두
지 못하리라 5바람의 길이 어떠함과 아이 밴 자의 태에서 뼈가 어떻게 자라는지를
네가 알지 못함 같이 만사를 성취하시는 하나님의 일을 네가 알지 못하느니라 6너
는 아침에 씨를 뿌리고 저녁에도 손을 놓지 말라 이것이 잘 될는지, 저것이 잘 될
는지, 혹 둘이 다 잘 될는지 알지 못함이니라

솔로몬은 전도서에서 부자들에게 그들의 재물로 인한 낙을 누리라고 자주 역설하였는데, 여기에서는 그들에게 그 재물로 다른 사람들에게 선한 일을 하고 그 재물을 가난한 자들에게 후하게 나누어 주라고 간곡히 권면하면서, 그들의 그러한 선행은 언젠가는 그들에게 큰 이문으로 돌아올 것이라고 말한다. 좀 더 자세하게 살펴보자.

I. 우리의 본분인 구제는 어떤 식으로 행하여야 하는가(1절).

1. 너는 네 떡을 물 위에 던져라. 또는, 네 양식이 될 곡식을 낮은 곳들에 던져라(어떤 이들은 이 본문을 이렇게 읽는다). 이것은 농부가 씨를 뿌리는 것을 간

접적으로 표현하고 있다. 농부는 밭에 씨를 뿌리지 않으면 다음 해에 추수를 할 수 없다는 것을 알기 때문에 그의 가족이 먹을 곡식을 아껴 두었다가 씨를 뿌리러 나간다. 마찬가지로, 구제하는 자는 사람이 무엇으로 심든지 그대로 거둔다(갈 6:7)는 것을 알기 때문에 그의 양식 가운데서 종자용 씨앗을 아껴 두었다가 모든 물 가에 씨를 뿌린다(사 32:20). 즉, 그는 자기가 쓸 것을 줄이고 아껴서 가난한 자들에게 나누어 준다. 성경에는 나일 강의 추수라는 표현이 나온다(사 23:3). 성경에서 물은 많은 것을 나타내고(계 16:5), 가난한 자들은 항상 많다(우리가 구제할 대상은 없어지지 않는다). 또한, 물은 슬퍼하는 자들을 나타낸다. 가난한 자들은 슬픔이 있는 자들이다. 너는 그들에게 선한 말만이 아니라 선한 것, 즉 그들의 삶에 꼭 필요한 양식을 주어야 하고(사 58:7), 네가 정직하게 얻은 네 떡 가운데에서 주어야 한다. 우리 자신의 것이 아닌 것을 주는 것은 구제가 아니라, 그들에게 해를 입히는 것이다. 먼저 의롭게 행하고, 그런 후에 구제하기를 좋아하라(미 6:8). "욥이 그랬던 것처럼(욥 31:17), 네 자신이 먹으려고 했던 네 떡을 가난한 자들과 함께 먹으라. 네 떡을 물 위에 던지듯이 가난한 자들에게 거저 주어라. 바닷길로 무역을 하는 상인들처럼 네 떡을 멀리 보내어 누구든지 먹게 하라. 네 떡을 물에 맡기라. 네 떡은 가라앉지 않을 것이다."

2. "일곱에게나 여덟에게 한 몫씩 나눠 줄지어다. 즉, 구제의 일을 할 때에는 거저 후히 주어라."

(1) "네게 줄 것이 많이 있다면 듬뿍 주어라. 소량이 아니라 한 몫을 주고, 한두 조각이 아니라 한 덩어리를 주어라. 얼마 안 되는 것을 주지 말고, 상당한 양을 주어라. 후히 되어 주어라(눅 6:38). 절기의 날에 아무것도 준비하지 못한 자들에게 한 몫씩을 나누어 준 것처럼(느 8:10), 후히 주어라."

(2) "일곱에게나 여덟에게, 즉 많은 자들에게 주어라. 네가 구제할 대상 일곱을 만났다면, 그들 모두에게 주고, 그런 후에 또다시 여덟 번째 대상을 만났다면, 그에게도 주며, 또다시 여덟을 구제할 일이 생겼다면, 그들 모두에게도 주어라. 네가 이미 선한 일을 했다는 것을 핑계 삼아서 네가 또다시 해야 할 선한 일을 거부하지 말고, 꾸준히 계속해 나가라. 가난한 자들의 수가 늘어나는 어려운 때에는 거기에 비례해서 너의 구제도 늘려라." 하나님은 그의 긍휼을 받을 자격이 전혀 없는 우리 모두에게 풍성한 긍휼을 베푸셨고, 지금도 베풀고

계신다. 하나님은 후히 주시고, 이전에 준 것들은 어떻게 했느냐며 우리를 꾸짖지 않으신다. 우리는 하늘에 계신 우리 아버지처럼 긍휼에 풍성하여야 한다.

Ⅱ. 솔로몬이 구제가 우리의 본분이라고 역설하는 이유들.

1. 우리가 선을 행하면 그 상을 받게 될 것은 아주 확실하다는 것. "너는 네 떡을 물 위에 던져서 그것이 없어져 버린 것 같고, 그 떡과 함께 선한 말도 해주었다면, 그 말도 허공에서 사라져 버렸을 것이라고 생각하겠지만, 마치 농부가 씨를 뿌린 후에 추수 때에 풍성한 수확으로 거두고, 상인이 물건을 팔아서 큰 이문을 남기듯이, 너는 여러 날 후에 네 떡을 도로 찾으리라. 그것은 없어져 버린 것이 아니라, 네가 잘 투자해 둔 것이고 잘 저축해 둔 것이기 때문에, 하나님의 섭리 및 성령의 은혜와 위로를 통한 선물들로 큰 이자가 붙어서 네게 돌아올 것이고, 그 원금은 하늘에 그대로 저축되어 있을 것이다. 왜냐하면, 그것은 네가 여호와께 빌려드린 것이기 때문이다." 이교도인 세네카(Seneca)조차도 이렇게 말할 수 있었다: 내가 써버린 재물은 내게서 완전히 없어진 것이지만, 내가 다른 사람들에게 나누어 준 재물은 내가 여전히 소유하고 있는 것이다. 그 재물은 내 인생이 어떤 우여곡절을 겪더라도 내게 남아 있을 것이다. "너는 그것을 빨리가 아니라 많은 날들 후에 도로 찾게 될 것이다. 네게 돌아오는 것은 느리지만 확실하고, 너는 차고 넘치게 돌려받게 될 것이다." 아주 귀한 곡식인 밀은 땅 속에서 아주 오랜 기간 있어야 싹을 틔운다. 오랜 기간이 걸리니 만큼 그 수확은 아주 풍성하다.

2. 우리가 선을 행할 기회는 언제 사라질지 모른다는 것. "무슨 재앙이 땅에 임해서 네 재산이 다 날라가고, 네가 더 이상 선한 일을 할 힘이 없게 될지 네가 알지 못한다. 그러므로 마치 농부가 서리가 내리기 전에 땅에 씨를 열심히 뿌리듯이, 네게 재물이 있는 동안에 너는 때를 놓치지 말고 그 재물로 열심히 선한 일을 하라." 이 세상은 고해(苦海)이기 때문에, 우리는 언제든지 재앙이 땅에 임할 수 있다는 것을 예상하여야 한다. 우리는 어떤 재앙이 임할지는 알지 못하지만, 그 재앙이 어떤 재앙이 되든, 형통한 날에 선한 삶을 살고 선한 일을 함으로써 그 재앙에 대비하는 것이 지혜로운 일이다. 많은 사람들은 언제 어렵고 힘든 시기가 올지 모르기 때문에 그 때를 대비하여 저축을 해 두어야 하기 때문에 비록 그들에게 여유가 있어도 가난한 자들에게 나누어 줄 것이 없다고 말한다. 하지만 우리는 우리에게 재물이 있을 때에 구제를 하여야, 악한 날들이 왔

을 때에 우리가 힘이 있을 때에 선한 일을 행한 것으로 인하여 위로를 얻을 수 있다. 그렇게 해야만, 우리는 하나님과 사람에게서 긍휼을 얻을 소망을 지닐 수 있기 때문에, 지금 가난한 자들에게 긍휼을 베풀어야 한다. 우리가 구제를 통해서 우리가 가진 것을 하나님께 맡겨 두는 것은 악한 때를 대비해서 그것을 안전한 곳에 맡겨 두는 것과 같다.

Ⅲ. 솔로몬이 우리의 이러한 본분을 부정하는 반론들과, 구제를 하지 않기 위해 내놓는 여러 가지 핑계들을 사전에 차단함.

1. 어떤 자들은 그들이 가지고 있는 것은 그들 자신의 것이기 때문에 그들 자신을 위하여 사용하는 것이 당연하다고 말하며, 우리가 왜 우리의 떡을 물 위에 던져야 하느냐고 반문할 것이다. 그들은 나발이 그랬던 것처럼 내가 왜 내 떡과 내 고기를 가져다가 내가 알지 못하는 자들에게 주겠느냐고 말할 것이다(삼상 25:11). 솔로몬은 이렇게 말한다. "이 사람아, 만약 자네 머리 위에 있는 구름들이 자네처럼 그들이 머금고 있는 물을 꼭 움켜쥐고 있겠다고 말한다면, 자네는 곧 메마른 땅에서 굶어 죽고 말 것임을 생각하게. 그러나 자네가 보듯이, 구름들에 비가 가득하면, 구름들은 일부러 수고를 해가며 땅을 비옥하게 해주기 위해서 자신을 비워서 땅에 물을 쏟아주지 않던가(욥 37:11). 하늘은 자기보다 아주 아래에 있는 가난한 땅에 이렇게 풍성하게 베풀어 주는데, 자네는 자네의 뼈 중의 뼈인 자네의 가난한 형제에게 후히 나누어 주는 것을 불평하는 것인가?" 또는, 어떤 자들은 이렇게 말할 것이다. "우리는 가난한 자들에게 실제로 나누어 주는 것은 거의 없지만, 하나님께 감사하게도 우리에게는 그 누구 못지않게 구제할 마음이 있다." 이것에 대하여 솔로몬은 구름에 비가 가득하면 구름은 자기 자신을 비우고자 한다고 말한다. 어떤 사람 속에 구제하고자 하는 마음이 있다면, 그 마음은 밖으로 표현되기 마련이다(약 2:15-16). 주린 자들에게 심정이 동하는 자는 힘이 닿는 대로 자기가 가진 것들을 그들에게 나누어 주게 된다.

2. 어떤 자들은 그들의 능력이 별로 없어서 운신의 폭이 좁다고 말할 것이다. 그들은 좀 더 공적인 자리에 있는 자들이 행하는 것과 같은 선한 일을 할 수 없기 때문에, 가만히 앉아서 아무것도 하지 않으려고 한다. 솔로몬은 이렇게 말한다. 나무가 남으로나 북으로나 쓰러지면 그 곳 사람들에게 유익을 주기 위하여 그 쓰러진 곳에 그냥 있으리라(3절). 각 사람은 하나님의 섭리에 의해서 그가 살게 된 곳이 어디이든 그 곳에 복이 되고자 애써야 한다. 우리가 어디에

있든, 마음만 있으면 우리는 거기에서 우리가 해야 할 선한 일을 찾을 수 있다. 또는, 어떤 자들은 "구제의 대상이 아닌 자들조차도 사람들이 너나 할 것 없이 달라고 해서, 나는 누구에게 주어야 할지를 모르겠다"고 말할 것이다. 이것에 대하여 솔로몬은 이렇게 말한다. "너는 그런 것을 걱정하지 말고, 네가 할 수 있는 한도 내에서 슬기롭게 잘 분별해서 나누어 주고, 그것으로 만족하라. 만약 구제를 받은 자가 그럴 자격이 없는 자로 밝혀지더라도, 네가 정직한 마음으로 구제한 것이라면, 너는 상을 잃지 않을 것이다. 네가 남으로나 북으로나 어느 쪽으로 구제를 했든, 너는 그 구제로 인한 유익을 얻게 될 것이다." 이 말씀은 통상적으로 죽음에 적용된다: 죽음이 곧 임하여 우리를 쓰러뜨릴 것이고, 그 후에는 우리가 이 세상에서 우리의 몸으로 행한 것을 따라 내세에서 우리에게 영원한 행복이 주어질 것인지 불행이 주어질 것인지가 결정될 것이기 때문에, 우리는 선한 일을 행하여야 하고, 선한 나무들처럼 의의 열매를 맺어야 한다. 나무가 쓰러져 죽어서 거기에 영원히 그대로 있듯이, 우리는 죽어서 영원한 상태로 들어가게 될 것이다.

3. 어떤 자들은 그들이 구제할 때에 겪은 수많은 낙심되는 일들을 반론으로 제시할 것이다. 그들은 구제를 하다가 교만하다거나 바리새인 같다는 욕을 먹었을 수도 있고, 가진 것이 별로 없어서 남들처럼 많이 나누어주지 못해서 무시를 당했을 수도 있다. 그들은 그들의 자녀들이 언제 궁핍하게 될지 알 수 없으니, 그들을 위해 저축해 두는 편이 더 나을 것이라고 생각할 수도 있다. 그들은 세금도 내야 하고 물건들도 사야 한다. 그들은 구제가 무슨 소용이 있는지, 구제를 어떤 식으로 해석해야 하는지를 알지 못한다. 솔로몬은 이러한 것들을 비롯해서 많은 반론들에 대하여 다음과 같이 한 마디로 대답한다(4절). **풍세를 살펴보는 자는 파종하지 못할 것이요 구름만 바라보는 자는 거두지 못하리라.** 여기에서 **파종하는** 것은 선한 일을 하는 것을 의미하고, **거두는** 것은 복을 받는 것을 의미한다. 우리가 구제를 할 때에 겪게 되는 온갖 작은 어려움을 이렇듯이 과장해서 아주 비관적으로 바라보고, 있지도 않은 곤경과 위험을 만들어 내어 그것을 반론으로 제시한다면, 우리는 구제의 일을 끝까지 해나갈 수 없는 것은 말할 것도 없고, 구제의 일을 시작할 엄두조차 낼 수 없게 될 것이다. 만약 농부가 구름의 온갖 변화에 신경이 쓰여서 파종을 하지 않거나 바람의 움직임에 신경이 쓰여서 추수를 하지 않는다면, 그는 한 해의 끝에 농사의 열매를 별로

거두지 못하게 될 것이다. 우리가 마땅히 해야 할 신앙의 본분들은 씨를 뿌리거나 거두는 것처럼 우리가 복을 받기 위해서 필수적인 것들이다. 우리가 그 본분들을 행하면서 겪는 낙심되는 일들은 우리에게 아무런 해도 끼칠 수 없는 바람과 구름 같은 것들, 약간의 담대함과 결단력만 있다면 얼마든지 쉽게 무시하고 돌파해낼 수 있는 것들이다. 허상인 작은 어려움들에 겁을 먹고서 실상인 중요한 본분들을 포기하는 자들은 신앙에 있어서 그 어떤 것도 결코 이루어낼 수 없다는 것을 명심하라. 왜냐하면, 어떤 일을 할 때에는 우리를 낙심시키는 이런저런 바람과 구름이 적어도 우리의 생각 속에서는 언제나 일어나는 법이기 때문이다. 바람과 구름은 우리를 시험하기 위한 것으로서 하나님의 손 안에 있고, 기독교 신앙은 우리에게 역경을 견뎌낼 것을 요구한다.

4. 어떤 자들은 이렇게 말할 것이다. "우리는 우리가 돈을 많이 써서 구제한다고 해도 우리에게 돌아오는 것이 없는 것을 본다. 구제를 한다고 해서, 우리가 더 부자가 되는 것도 아니다. 우리가 구제해서 어떤 방식으로 실제적인 이익을 얻게 되는지를 알지 못하는데, 구제하는 자에게 복이 있다는 일반적인 약속만을 믿고 어떻게 구제의 일을 하겠는가?" 이것에 대하여 솔로몬은 이렇게 대답한다. "하나님의 일을 네가 알지 못하고, 네가 그것을 아는 것은 합당하지도 않다. 하나님은 네게 어떻게, 또는 어떤 방식으로 그의 약속을 지키실지를 말씀해 주시지 않고, 그의 헤아릴 수 없는 지혜의 모략에 따라 스스로 정한 방식으로 일하신다고 할지라도, 너는 하나님이 그의 약속의 말씀을 반드시 이루시리라는 것을 확신할 수 있다. 하나님이 일하시고자 하시면, 아무도 그것을 방해하지 못할 것이다. 그러나 그 누구도 하나님이 이런저런 식으로 일하셔야 한다고 지시하거나 주문할 수 없다. 하나님은 사람들이 알지 못하게, 그러나 사람들이 거역할 수 없는 방식으로 일하신다. 우리가 알든 모르든, 하나님께서 하시는 일은 그가 하신 말씀과 반드시 일치한다." 솔로몬은 우리가 하나님의 일을 알 수 없다는 것을 두 가지 예를 들어서 보여준다.

(1) 우리는 바람의 길 또는 성령의 길이 어떠함을 알지 못한다는 것. 우리는 바람이 어디로 와서 어디로 가는지, 언제 방향을 바꿀지를 알지 못한다. 그렇지만 뱃사람들은 바람의 방향이 그들에게 유리한 쪽으로 바뀔 때까지 끈질기게 기다린다. 마찬가지로, 우리도 하나님이 복 주실 때를 기다리며 우리의 본분을 다하여야 한다. 또는, 이것은 사람의 영혼에 대한 것으로 이해할 수도 있다. 우

리는 하나님이 우리를 지으시고 우리에게 영혼을 주신 것을 알지만, 그 영혼이 어떻게 이 육신 속에 들어가서 육신과 결합되어 육신을 살아 움직이게 하는지에 대해서는 우리가 알지 못한다. 영혼이 그 자체로 신비이듯이, 하나님의 일이 우리에게 신비인 것도 전혀 이상한 일이 아니다.

(2) 우리는 아이 밴 자의 태에서 뼈가 어떻게 자라는지를 알지 못한다는 것. 우리는 육신이 어떻게 조성이 되는지, 육신이 영혼과 어떤 방식으로 교류하는지를 알지 못한다. 우리는 이 두 가지가 모두 하나님의 일이라는 것을 알고 묵묵히 따르지만, 둘 중의 어느 것에 있어서도 그 과정을 추적할 수는 없다. 우리는 아기가 어떤 식으로 조성되는지를 알지 못하지만 잉태된 아기가 태어나리라는 것에 대해서는 의심하지 않는다. 또한, 우리는 하나님의 약속이 어떤 과정을 거쳐서 이루어질지를 알지 못하지만, 그 약속이 이행되리라는 것을 의심할 필요가 없다. 우리가 알지 못하고, 미리 예측할 수 없어도, 우리의 육신이 은밀한 중에 만들어지고 우리의 영혼이 그 육신 속으로 들어가는 것으로 보아서, 우리는 우리가 걱정하거나 염려하지 않아도 하나님이 우리에게 쓸 것을 공급해 주시고, 우리가 구제한 것에 대하여 우리에게 상을 주시리라는 것을 믿어도 좋다. 우리 구주께서도 이와 동일한 내용을 동일한 근거를 들어 말씀하셨다(마 6:25). 하나님이 우리에게 주신 목숨이 음식보다 더 중하지 아니하며, 하나님이 지으신 우리의 몸이 의복보다 중하지 아니하냐. 그러므로 우리는 우리를 위해 더 큰 일도 하신 하나님이 작은 일쯤이야 얼마든지 하실 것이라고 기꺼이 믿고 의지하여야 한다.

5. 어떤 자들은 이렇게 말할 것이다. "우리는 가난한 자들에게 많은 재물로 구제해 왔지만, 한 번도 그것으로 인해 우리에게 어떤 보답이 돌아오는 것을 보지 못했다. 많은 날들이 지났지만, 우리는 우리가 뿌린 것을 도로 찾지 못하였다." 이것에 대하여 솔로몬은 이렇게 대답한다(6절). "그럴지라도, 너는 선한 일을 계속하라. 그 어떤 기회도 놓치지 말라. 너는 아침에 일찍 찾아오는 구제의 대상들에게 네 씨를 뿌리고, 저녁에도 피곤하다는 핑계로 네 손을 놓지 말라. 농부가 아침부터 밤까지 씨를 뿌리듯이, 너는 기회가 있을 때마다 하루 종일 이런저런 방식으로 선한 일을 계속하라. 인생의 아침인 젊을 적에도 선한 일에 힘써서, 네가 가진 적은 것으로 시작하라. 인생의 저녁인 노년에도 다른 노인들처럼 인색해지고자 하는 유혹에 굴복하지 말라. 노년이 되었어도, 네 손

을 놓지 말며, 나중에 유언으로 자신의 전 재산을 구제하는 일에 바치려고 하니 지금은 구제하는 일을 하지 않아도 되겠지라고 생각하지 말고, 마지막까지 선한 일을 하라. 왜냐하면, 네가 행한 구제와 경건의 일 중에서 다른 사람들이나 네 자신을 위하여 이것이 잘 될는지, 저것이 잘 될는지, 혹 둘이 다 잘 될는지 알지 못하기 때문이다. 네가 선을 행하되 낙심하지 말지니 포기하지 아니하면 하나님의 정하신 가장 좋은 때가 이르매 거두리라(갈 6:9)." 이것은 영적인 구제, 즉 우리가 다른 사람들의 영혼의 유익을 위하여 경건하게 애쓰고 수고한 것에도 적용된다. 우리는 그런 수고를 꾸준히 계속해야 한다. 왜냐하면, 우리가 오랫동안 수고했는데도 아무 소득이 없는 듯이 보일지라도, 우리는 결국 그 수고의 열매를 보게 될 것이기 때문이다. 사역자들은 씨를 뿌리는 날들에는 아침에도 뿌리고 저녁에도 뿌려야 한다. 우리는 어느 것이 잘 될는지 알 수 없기 때문이다.

**[7]빛은 실로 아름다운 것이라 눈으로 해를 보는 것이 즐거운 일이로다 [8]사람이 여러
해를 살면 항상 즐거워할지로다 그러나 캄캄한 날들이 많으리니 그 날들을 생각할
지로다 다가올 일은 다 헛되도다 [9]청년이여 네 어린 때를 즐거워하며 네 청년의 날
들을 마음에 기뻐하여 마음에 원하는 길들과 네 눈이 보는 대로 행하라 그러나 하
나님이 이 모든 일로 말미암아 너를 심판하실 줄 알라 [10]그런즉 근심이 네 마음에서
떠나게 하며 악이 네 몸에서 물러가게 하라 어릴 때와 검은 머리의 시절이 다 헛되
니라**

이 단락에는 노인들과 젊은이들에게 죽음을 생각하고 대비하라는 권면이 나온다. 전도자는 지금까지 수많은 훌륭한 교훈들을 통해서 우리가 어떻게 해야 잘 살 수 있는지를 가르쳤는데, 이제 그의 설교의 끝부분인 여기에서는 우리에게 인생의 말기를 상기시키며 어떻게 해야 잘 죽을 수 있는지를 가르친다.

I. 솔로몬은 나이 든 자들을 아버지뻘로 여겨서 그들에게 죽음을 생각하라고 일깨워 줌(7-8절).

1. 그는 삶이 달콤하다는 것을 인정함. 나이 든 사람들은 경험상으로 인생이 달콤하다는 것을 안다. 빛은 실로 아름다운 것이다. 햇빛도 마찬가지이다. 눈으로 햇빛을 보는 것은 즐거운 일이다. 빛은 하나님이 우주를 창조하실 때에 가

장 먼저 만드신 것이고, 눈은 하나님이 소우주인 사람의 몸을 지으실 때에 가장 먼저 만드신 것들 중의 하나이다. 빛을 보는 것은 즐거운 일이다. 이교도들은 햇빛의 아름다움에 매료되어서 해를 숭배하였다. 햇빛으로 말미암아 다른 것들, 즉 이 세상의 수많은 아름다운 광경들을 보는 것은 즐거운 일이다. 생명의 빛도 마찬가지이다. 빛은 생명을 나타낸다(욥 3:20, 23). 삶이 달콤하다는 것은 부정할 수 없다. 삶은 악인들에게도 달콤하다. 왜냐하면, 그들은 이 세상에 그들의 분깃을 가지고 있기 때문이다(시 17:14). 삶은 선한 자들에게도 달콤하다. 왜냐하면, 그들은 더 나은 삶을 준비하기 위해 이 세상에서 살아가는 것이기 때문이다. 삶은 모든 사람에게 달콤하다. 우리의 본성은 삶이 달콤하다고 말하고, 이것을 반박하는 자는 없다. 현재의 재앙을 끝내기 위해서나 내세에서의 복된 삶을 구하여 죽기를 바랄 수는 있지만, 죽음 그 자체를 바라는 사람은 없고, 누구나 죽음을 두려워한다. 삶은 달콤하다. 그러므로 우리는 이 현세에서의 삶을 지나치게 사랑하지 않도록 두 배로 경계할 필요가 있다.

2. 그는 삶이 아주 달콤해서 죽음을 잊어버리기가 너무도 쉬운 때에도 죽음을 생각하라고 경고함. 사람이 여러 해를 살지라도 다가올 캄캄한 날들을 생각할지로다.

(1) 그는 사람의 여름날은 즐거울 수 있다고 가정함. 사람이 오랜 세월을 살 수 있고, 하나님의 선하심으로 말미암아 그 삶이 편안해서, 그가 모든 일 속에서 항상 즐거워할 수 있다. 이 세상에서 오랜 세월을 살면서, 수많은 위험들을 다 피하고 겪지 않으며, 많은 긍휼들을 받아 누렸기 때문에, 앞으로도 좋지 않은 일은 없을 것이고 좋은 일만 있을 것이라고 안일하게 생각하는 자들이 있다. 물동이를 가지고 샘에서 그토록 빈번하게 물을 길어 왔어도 안전하고 아무 일이 없었기 때문에, 앞으로도 물을 길러 가다가 물동이가 깨지는 일은 결코 없을 것이라고 그들은 생각하는 것이다. 그러나 사실 오랜 세월을 살면서 모든 일에서 항상 즐거워한 자들이 어디에 있는가? 애석하게도 그런 사람은 없다. 우리의 삶에서 기쁨의 시간은 짧고 슬픔의 시간은 긴 법이다. 하지만 다른 사람들보다 낙천적이어서 오랜 세월을 즐거워하며 보내는 자들이 있기도 하다. 일이 잘 풀려나가는데다 낙천적인 성격을 지니고 있다면, 그 사람은 모든 일에서 항상 즐거워할 수 있을 것이다. 그렇지만 일이 아무리 잘 풀려나가도 거기에는 힘들고 어려운 일들이 섞여 있고, 아무리 낙천적인 성격이라도 힘이 빠지고 낙

담할 때가 있다. 낙천적인 죄인들에게는 그들의 죄로 인한 남모르는 불안이나 죄책감이 있고, 즐거운 마음으로 살아가는 성도들에게는 경건한 슬픔이 있다. 따라서 어떤 사람이 여러 해를 살면서 모든 일에서 항상 즐거워한다는 것은 사실이 아니라 하나의 가정이다.

(2) 그는 사람의 여름 날 후에는 겨울밤이 온다고 말함. 그러나 이 즐겁게 살아온 노인은 캄캄한 날들이 많으리니 그 날들을 생각하여야 한다.

[1] 장차 캄캄한 날들, 즉 우리가 무덤에 누워 있게 될 날들이 오리라는 것. 거기에서 우리의 육신은 어둠 속에 누워 있게 될 것이다. 거기에서는 눈이 있어도 보지 못하고 해도 비치지 않는다. 죽음의 어둠은 삶의 빛과 반대된다. 무덤은 어둠의 땅이다(욥 10:21).

[2] 그 캄캄한 날들은 많으리라는 것. 우리가 땅 밑에 누워 있을 날들은 우리가 땅 위에서 살아온 날들보다 더 많을 것이다. 그 날들은 많을 것이지만, 끝이 없지는 않을 것이다. 그 날들은 많을 것이지만, 하늘이 없어질 때에 끝나게 될 것이다(욥 14:12). 낮이 아무리 길어도 밤이 오듯이, 밤이 아무리 길어도 아침은 오게 되어 있다.

[3] 그러한 캄캄한 날들을 자주 기억하는 것이 우리에게 좋다는 것. 그렇게 하면, 우리는 교만함으로 마음이 높아지지 않을 수 있고, 육신의 안일에 빠져서 잠을 자지 않을 수 있으며, 헛된 쾌락을 좇아서 음란함과 더러움에 빠지지 않을 수 있다.

[4] 오랜 세월을 아주 편안하게 살아 왔다고 해도, 우리는 캄캄한 날들을 생각하여야 한다는 것. 왜냐하면, 그 날들은 반드시 올 것이고, 우리가 그 날들을 미리 대비하였다면, 우리는 그 날들을 훨씬 더 편안하게 맞을 수 있을 것이기 때문이다.

Ⅱ. 솔로몬은 젊은이들을 자식뻘로 여겨서 그들에게 죽음을 생각하라고 일깨워 줌(9-10절).

1. 청년기의 허망한 일들과 즐거움들을 반어법적으로 인정함. 청년이여 네 어린 때를 즐거워하라. 어떤 이들은 이 말이 무신론자와 쾌락주의자들이 젊은이에게 주는 권면이고, 솔로몬은 이 절의 끝부분에서 이 해로운 권면에 대한 강력한 해독제를 처방하는 것으로 본다. 그러나 이 말은 엘리야가 바알 선지자들에게 한 말(그가 신인즉 너희는 큰 소리로 부르라)이나 미가야 선지자가 아합에

게 한 말(길르앗 라못으로 올라가 승리를 얻으소서)이나 그리스도께서 제자들에게 하신 말씀(이제는 자고 쉬라)처럼 반어법적인 표현을 통하여 보통 이상으로 강조되어 있다. "청년이여 네 어린 때를 즐거워하며, 네가 하고 싶은 대로 즐기며 재미있는 삶을 살라. 네 청년의 날들을 마음에 기뻐하여, 청년기의 허황되고 어리석은 희망들을 꿈꾸며 즐거워하라. 네 마음에 원하는 길들로 행하라. 네가 하고자 하는 것을 행하고, 육신의 욕망을 충족시킬 수 있는 그 어떤 일도 주저하지 말라. 네 뜻을 법으로 삼으라. 네 마음에 원하는 길들을 행하고, 이리저리 움직이는 네 눈이 보는 대로 네 멋대로 행하라. 네 눈에 보기에 좋아 보이는 것이 하나님의 눈에 좋아 보이든 말든 그것을 행하라." 솔로몬은 이렇게 청년에게 반어법적으로 얘기함으로써 다음과 같은 것들을 보여준다.

(1) 바로 그런 것이 청년이 하고자 하는 것이고, 해도 괜찮다는 허락을 받고자 하는 것이며, 그의 마음을 두는 것이고, 청년이 거기에서 자신의 행복을 찾는 그런 것이라는 것.

(2) 청년은 주변의 모든 사람들이 그에게 이런 권면을 해주기를 바라고, 이와 같은 부드러운 것들을 그에게 예언해 주기를 바라며, 그 반대의 조언을 참지 못하고, 그에게 정신을 차리고 진실하게 살라고 충고하는 자들을 자신의 원수로 여긴다는 것.

(3) 이것은 청년이 혈기로 방탕하게 제멋대로 사는 것이 얼마나 어리석고 어처구니없는 것인지를 보여줌으로써 청년이 범하기 쉬운 어리석음을 드러내기 위한 것이다. 사람들이 실상을 온전히 보고 공평하게 판단하고자 하기만 한다면, 이러한 묘사를 듣는 것만으로도 사람들은 그러한 삶을 사는 자들이 얼마나 이성과 반대로 행하는지를 충분히 깨닫고도 남는다. 솔로몬이 다른 논거들을 말해주지 않아도 그가 처음에 들려주는 이 말 하나로도 청년의 삶이 어떤 삶인지를 알기에 충분하다.

(4) 이것은 사람들이 이와 같은 삶에 자신을 내맡긴다면, 하나님이 그들로 하여금 그런 삶을 살도록 내버려 두시고, 그들을 그들의 마음의 정욕에 내어주셔서, 그들로 임의대로 행하게 하시는 것은 마땅한 일이라는 것을 보여주기 위한 것이다(시 81:12).

2. 이러한 허망한 것들과 즐거움들을 강력하게 경고함. "너는 하나님이 이 모든 일로 말미암아 너를 심판하실 줄 알라. 이 사실을 충분히 숙고한 후에, 그래도

네가 원한다면 그러한 사치스러운 삶을 살라." 이것은 앞에서 짐짓 인정했던 것을 다시 바로잡는 말로서 청년의 정욕에 재갈을 물리는 말이다. "그러니까 네가 이와 같이 자유분방한 삶을 산다면 그것은 너를 영원히 파멸시키는 길이 되리라는 것을 확실히 알라. 하나님은 결코 너의 그러한 삶을 벌하지 않고 그냥 내버려 두지 않으실 것이다." 다음과 같은 것들을 명심하라.

(1) 장차 심판이 있으리라는 것.

(2) 우리가 지금은 그 심판의 날을 아랑곳하지 않는다고 하여도, 우리 각자는 저 재앙의 날에 심판을 받게 되리라는 것.

(3) 우리는 그 날에 우리가 지금까지 누린 온갖 육신의 쾌락과 감각적인 즐거움들에 대하여 벌을 받게 되리라는 것.

(4) 우리 모두, 특히 청년들은 이 사실을 알고 마음에 새겨서, 청년의 정욕에 빠져 어린 양의 진노의 날에 임할 진노를 쌓는 일을 하지 않는 것이 좋다는 것.

3. 이 모든 것을 근거로 솔로몬이 제시하는 경고와 권면의 말(10절). 청년들은 자기 자신을 잘 살펴서, 그들의 영혼과 몸, 그들의 마음과 육체를 잘 관리하여야 한다.

(1) 청년들은 자신의 마음이 교만으로 높아지거나, 분노나 어떤 죄악된 혈기로 흐트러지지 않도록 조심해야 한다는 것. 근심 또는 분노가 네 마음에서 떠나게 하라. 근심으로 번역된 단어는 마음이 어지럽거나 불안하고 동요되는 것을 의미한다. 청년들은 통제나 억제를 참을 수 없어 하고, 그들을 낮추고 죽여야 하는 일을 겪으면 몹시 화를 내고 안절부절하며, 그들의 교만한 마음 때문에 그들을 거스르거나 반대하는 모든 것에 대하여 혈기를 부리기가 쉽다. 그들은 감각을 즐겁게 해주는 것에 몰두하기 쉬워서, 감각을 불쾌하게 만드는 그 어떤 일에도 참을 수 없어 하기 때문에, 그런 일을 만나면 마음에 근심을 갖게 된다. 그들의 교만은 흔히 그들을 불안정하고 불안하게 만든다. "그런 것을 없애고, 세상을 사랑하는 마음을 제거하며, 피조물에 대한 너의 기대 수준을 낮추라. 그러면 어떤 좌절을 겪어도 너는 쉽게 슬퍼하거나 분노하지 않을 것이다." 어떤 이들은 이 본문에서 근심은 육적인 쾌락을 가리키는 것으로 이해한다(9절). 그런 쾌락의 끝은 씁쓸함과 근심일 것이기 때문이다. 청년들은 돌이켜 생각해 볼 때에 근심이 될 만한 일들을 멀리하여야 한다.

(2) 청년들은 그들의 몸이 무절제함이나 음행이나 그 어떤 육체의 정욕에

의해서 더럽혀지지 않도록 조심해야 한다는 것. "악이 네 몸에서 물러가게 하고, 네 몸의 지체들이 불의의 도구들이 되지 않게 하라. 죄의 악은 곧 벌의 화(禍)가 될 것이다. 네 육체의 욕망을 채워준다는 이유로 네가 좋아하는 것들은 결국 네게 화가 되어서 네 육체를 해치게 될 것이다. 그러므로 악을 네게서 멀리 하라. 그런 악은 멀면 멀수록 좋다."

Ⅲ. 솔로몬은 노인들과 청년들에 대한 그의 권면을 강화하기 위해서 이 세상의 모든 것은 헛되고 무상하며 무익하다는 것을 역설함. 이것은 그의 설교의 주된 요지이다.

1. 그가 노인들에게 이것을 상기시킴(8절). 다가올 일은 다 헛되도다. 사람이 여러 해를 살면서 항상 즐거워할지라도, 이미 일어난 모든 일과 장차 일어날 모든 일은 사람들이 그 일들에 대하여 아무리 큰 기대를 하여도 다 헛되다. 앞으로 일어날 일들은 지난 일들과 마찬가지로 사람들을 행복하게 해주지 못할 것이다. 세상에 일어나는 모든 일이 다 헛되다. 그 모든 일들은 아무리 최고의 상태에 있더라도 철저하게 헛된 것들이다.

2. 그가 청년들에게 이것을 상기시킴. 어릴 때와 검은 머리의 시절이 다 헛되니라(10절). 소년기와 청년기에 사람들의 성품과 행위들 속에는 아주 많은 부적절하고 죄악되며 헛된 것들이 들어 있기 때문에, 청년들은 그러한 것들을 경계하고 치료를 받을 필요가 있다. 소년기와 청년기가 지닌 즐거움들과 이점들 속에는 확실함과 만족과 지속성이 결여되어 있다. 그것들은 다 지나가고 만다. 그 꽃들은 곧 시들어서 떨어질 것이다. 그러므로 청년들은 그것들을 잘 활용해서 선한 열매를 맺어야 한다. 그러면, 그 열매는 그에게 영원토록 큰 유익이 되어줄 것이다.

제 12 장

개요

지혜로운 전도자는 참회하는 가운데에 행한 자신의 설교를 여기에서 마무리한다. 그는 훌륭한 웅변가만이 아니라 훌륭한 전도자답게 청중들에게 가장 강력하고 오랫동안 지속될 인상을 남길 만한 것으로 그의 설교를 마무리한다. I. 청년들에게 어릴 적에 신앙생활을 시작하고 노년이 될 때까지 미루지 말라고 권면하면서(1절), 노년에 있게 될 재난들(1-5절)과 죽음이 사람들에게 가져올 큰 변화(6-7절)에서 가져온 논거들을 통해서 이 권면을 강화시킴. II. 그가 이 설교에서 증명하고자 했던 위대한 진리, 즉 세상이 헛되다는 것을 다시 반복함(8절). III. 그가 이 책을 비롯해서 그의 책들에 기록한 것들은 깊이 숙고할 가치가 있다는 것을 재확인하고 권함(9-12절). IV. 모든 사람들에게 장차 있을 심판을 생각해서 참된 신앙을 가지라고 당부하는 말로 이 모든 것을 요약하고 마무리함(13-14절).

**1너는 청년의 때에 너의 창조주를 기억하라 곧 곤고한 날이 이르기 전에, 나는 아무
낙이 없다고 할 해들이 가깝기 전에 2해와 빛과 달과 별들이 어둡기 전에, 비 뒤에
구름이 다시 일어나기 전에 그리하라 3그런 날에는 집을 지키는 자들이 떨 것이며
힘 있는 자들이 구부러질 것이며 맷돌질 하는 자들이 적으므로 그칠 것이며 창들
로 내다 보는 자가 어두워질 것이며 4길거리 문들이 닫혀질 것이며 맷돌 소리가 적
어질 것이며 새의 소리로 말미암아 일어날 것이며 음악하는 여자들은 다 쇠하여질
것이며 5또한 그런 자들은 높은 곳을 두려워할 것이며 길에서는 놀랄 것이며 살구
나무가 꽃이 필 것이며 메뚜기도 짐이 될 것이며 정욕이 그치리니 이는 사람이 자
기의 영원한 집으로 돌아가고 조문객들이 거리로 왕래하게 됨이니라 6은 줄이 풀리
고 금 그릇이 깨지고 항아리가 샘 곁에서 깨지고 바퀴가 우물 위에서 깨지고 7흙은
여전히 땅으로 돌아가고 영은 그것을 주신 하나님께로 돌아가기 전에 기억하라**

이 단락에는 다음과 같은 내용들이 나온다.

I. 전도자가 청년들에게 어릴 적부터 하나님을 생각하고 하나님에 대한 그들의 본분에 마음을 쓰라고 권면함. 너는 청년의 때에 너의 창조주를 기억하라.

1. 이것은 왕인 전도자가 세상과 세상의 모든 일이 헛되다는 그의 설교를 구체적으로 적용하고 있는 것이다. "젊은 너는 세상으로부터 큰 것들을 기대하며 헛된 꿈을 꾸지 말고, 이미 세상을 살아 본 자들의 말을 믿으라. 세상은 영혼에게 만족할 만한 것을 주지 못한다. 그러므로 네가 이 헛된 것에 의해서 속거나 너무 당혹스러워하지 않기 위해서는 너의 창조주를 기억하라. 그러면, 너는 허망한 피조물로부터 생겨나는 해악들을 막을 수 있을 것이다."

2. 이것은 왕인 의사가 청년기에 특유한 질병들, 놀고 즐기는 것을 사랑하는 것, 감각적인 쾌락들을 탐닉하는 것, 소년기와 청년기가 지닌 허망함을 치료하기 위하여 주는 해독제이다. 그런 것들을 미연에 방지하고 치료하기 위해서 너는 너의 창조주를 기억하라.

(1) 전도자는 하나님을 우리의 창조주로 기억하는 것이 우리의 큰 본분이라고 역설함. 우리는 하나님이 우리의 창조주이시라는 것, 즉 우리가 우리 자신을 지은 것이 아니라 하나님이 우리를 지으셨기 때문에, 하나님은 우리의 합법적인 주(主)이자 소유자라는 것을 기억해야 할 뿐만 아니라, 하나님이 우리의 창조주라는 것을 생각해서 거기에 걸맞은 예를 갖추고 본분을 다해야 한다는 것을 기억하여야 한다. 너의 창조주들을 기억하라. 여기에서 창조주라는 단어는 욥기 35:10에 나오는 나를 지으신 자들인 하나님은 어디 계시냐는 말씀에서처럼 복수형으로 되어 있다. 왜냐하면, 하나님은 우리가 사람을 만들자(창 1:26)고 말씀하셨기 때문이다. 여기에서 우리는 성부, 성자, 성령 하나님을 가리킨다.

(2) 이 본분을 행하기에 적합한 시기. 그 시기는 너의 청년의 때, 너의 한창 때이다. "너를 지으신 분을 일찍부터 기억하기 시작해서, 그 선한 시작을 따라서 계속해서 행하라. 네가 젊을 때에 그분을 기억하고, 네 청년의 때에 내내 그분을 기억하며, 결코 그분을 잊지 말라. 그렇게 해서, 청년기의 유혹들을 이겨내고, 청년기가 지닌 이점들을 잘 선용하라."

II. 전도자가 이 권면에 힘을 더하기 위해서 그 근거를 제시함. 그것은 곧 곤고한 날이 이르러 나는 아무 낙이 없다고 할 해들이 가까이 온다는 것이다.

1. 그 일을 신속히 하라.

(1) "질병이나 죽음이 오기 전에 하라. 네가 살아 있는 동안에 그 일을 하라. 왜냐하면, 죽음이 시험과 연습을 위해 있는 세상에서 너를 옮겨다가 상벌이 있는 세상에 갖다 놓았을 때는 네가 그 일을 하기에는 때가 이미 늦게 될 것이기 때문이다." 질병과 죽음이 있는 날들은 본질적으로 끔찍한 곤고한 날들이고, 창조주를 잊어버린 자들에게는 정말 곤고한 날들이다. 이 곤고한 날들은 조만간에 이를 것이다. 그 날들이 아직 이르지 않은 것은 하나님이 우리에 대하여 오래 참으시고, 우리에게 회개할 기회를 주시기 위한 것이다. 삶이 계속되는 것은 단지 죽음이 미루어지는 것일 뿐이기 때문에, 삶이 계속되고 죽음이 미루어지는 동안 우리는 우리의 죽음의 성질이 저주가 아니라 복이 되도록 바뀌게 만들어서 평안히 죽을 수 있게 준비하여야 한다.

(2) 늙기 전에 하라. 노년은 죽음이 방해하지만 않는다면 반드시 올 것이고, 나는 아무 낙이 없다고 말하게 될 그런 해들이 될 것이다. 그 때에는 우리가 바르실래처럼 감각의 즐거움들을 느낄 수 없게 될 것이고(삼하 19:35), 눈이 멀거나 다리를 저는 등 육체적으로 병약한 것들을 짊어지고 살게 될 것이며, 우리는 아무짝에도 쓸모가 없어져서 우리의 자랑은 수고와 슬픔뿐일 것이고, 우리의 혈육들이나 우리의 오래된 친구들과 헤어졌거나 그들 때문에 괴롭거나 피곤하게 될 것이며, 우리 자신이 하루하루 죽어가는 것을 느끼게 될 것이다. 일어나는 모든 일이 다 헛될 그런 해들, 남아 있는 날들이 다 헛된 날들인 그런 해들이 가까이 다가오고 있고, 그 때에는 이 땅에서 선하게 살았던 지난날을 회상하거나 천국에서의 더 나은 삶을 기대하는 것 외에는 아무 낙이 없을 것이다.

2. 전도자는 이 두 가지 근거를 다음 절들에서 순서를 바꿔 자세하게 설명함.

(1) 노년에는 좋지 않은 일들이 많아지기 때문에, 우리가 노인이 되도록 살아 있다면 우리의 날들은 아무 낙이 없다고 할 그런 날들이 되리라는 것. 이것은 우리가 청년의 때에 하나님께로 돌아가고 하나님과 화해하며, 노년이 될 때까지 그 일을 미루지 말아야 할 이유이다. 왜냐하면, 죄의 즐거움들이 우리를 떠났을 때에 그것은 우리가 죄의 즐거움들을 버린 것이 아니듯이, 필요에 의해서 우리가 하나님을 찾을 때에는 하나님께 돌아가는 것이 제대로 된 것이 아닐 것이기 때문이다. 우리 인생의 한창 때를 마귀에게 내어주었다가, 이제는 별로 쓸모가 없어졌을 때에 우리의 인생을 하나님께 드리는 것은 정말 어처구니없

는 배은망덕한 짓이다. 그것은 하나님께 제물로 바칠 수 없는 눈 먼 것, 저는 것, 병든 것이다. 게다가, 노년기에는 사람이 육신의 연약한 것들로 인하여 제대로 움직일 수 없기 때문에, 신체 기관들의 기능이 최고조에 있고 한창 힘이 좋을 때에 해야 할 저 신앙의 중요한 일을 노년의 때까지 미루는 것은 지극히 어리석은 짓이다. 특히, 노년기에는 사람이 오랫동안 죄 가운데에 살아 와서, 양심속에 많은 죄책을 쌓아 둔 상태이기 때문에, 거기에 나이의 짐까지 더해져서 움직임이 더욱 둔탁하여 신앙의 일을 제대로 하기가 무척 어렵고 힘들게 된다. 노년에 맞을 재난들이 여기에서 설명하고 있는 것과 같다면, 우리는 그 때에 우리에게 힘과 위로를 줄 뭔가 다른 것이 필요한데, 그것을 해줄 가장 효과적인 것은 우리가 일찍부터 우리의 창조주를 기억하기 시작해서 이 날 이 때까지 계속해서 그분을 기억해 왔다는 것을 우리를 위해 증언해 줄 우리 양심의 증언이다. 우리가 젊었을 때부터 하나님을 섬겨 오지 않았다면, 노년이 되었을 때에 어떻게 하나님의 도우심을 기대할 수 있겠는가(시 71:17-18)?

[1] 노년의 쇠약한 것들은 여기에서 비유적인 표현들로 우아하게 묘사되는데, 그 표현들은 솔로몬 시대에 흔히 사용되었던 관용어구들을 잘 알지 못하는 지금의 우리에게는 다소 어려운 면이 있다. 그러나 전체적인 취지는 분명한데, 그것은 노년의 날들이 일반적으로 얼마나 불편하고 낙이 없을 것인지를 보여주는 것이다.

첫째, 해와 빛, 달과 별들과 그 빛이 어두워질 것이다. 노인이 되면 시력이 약해져서, 그런 것들이 노인들에게는 어두침침해 보인다. 그것들의 모습은 구름낀 것 같이 보이고, 그것들의 아름다움과 광채는 어두워 보인다. 영혼 속의 빛들인 지적인 능력과 기능들도 약화된다. 노인들의 총명과 기억력은 떨어지고, 이해력도 빠르지 않으며, 상상력도 활발하지가 않다. 그들이 즐거워하던 시절은 지나가고(빛은 흔히 기쁨과 형통함을 나타낸다), 노인들에게는 낮에 사람들과 어울려 교제하는 즐거움도 없어지고, 밤에 휴식하는 즐거움도 없어진다. 왜냐하면, 해와 달이 그들에게 어두워지기 때문이다.

둘째, 비 뒤에 구름이 다시 일어난다. 비가 오려고 하면 구름이 연이어 일어나듯이, 노인들은 한 가지 괴로움이나 병에서 놓여났는가 싶으면 어느새 또 다른 병에 걸리는 일이 계속 반복되기 때문에, 노인들의 질병은 비 오는 날에 이어 떨어지는 물방울과 같다. 깊은 바다가 서로 부르듯이, 이 세상에서는 한 가지 괴로움이 끝나면 또 다른 괴로움이 시작된다. 노인들은 흔히 몸을 흠뻑 적시는 비처럼 분비물이 계속해서 흐르는 질환으로 고생을 하는데, 비 온 뒤에 더 많은 구름이 다시 일어나서 그런 축축한 날씨 때문에 분비물이 더 많이 심해지기 때문에, 노인들의 몸에서는 점점 더 체액이 마르게 된다.

셋째, 집을 지키는 자들이 떨 것이다. 위태로운 일이 갑자기 닥칠 때마다 망대 역할을 하는 머리가 흔들리고, 육신을 지키는 팔과 손도 떨리며 파리해진다. 자기를 지키기 위해 활발하게 작동하던 활기는 약해져서 제 역할을 할 수가 없다. 노인들은 쉽게 낙심하고 낙담한다.

넷째, 힘 있는 자들이 구부러질 것이다. 육신을 떠받쳐서 그 무게를 지탱해 주던 다리와 허벅지는 구부러져서 조금만 걸어도 힘이 들어서 예전처럼 먼 길을 가지도 못한다. 한창 때에는 힘이 있던 자들도 노인이 되면, 나이 때문에 힘이 약해지고 허리는 굽는다(슥 8:4). **하나님은 사람의 다리가 억세다 하여 기뻐하지 아니하신다**(시 147:10). 왜냐하면, 그 다리의 힘은 곧 쇠약해질 것이기 때문이다. 그러나 주 여호와께는 영원한 힘이 있다. 하나님은 영원한 팔을 가지고 계신다.

다섯째, 맷돌질 하는 자들이 적으므로 그칠 것이다. 노인들에게 있어서는 음식을 씹어서 잘게 나누어 소화시킬 준비를 해주는 치아들은 많이 빠지고 얼마 남지 않아서 제 역할을 하지 못하게 된다. 치아들은 썩어서 부러지거나, 치통 때문에 뺄 수밖에 없다. 노인들은 치아를 다 잃었거나, 남아 있다고 하여도 몇 개 남아 있지 않은 것이 보통이다. 치아가 별로 없는 것은 음식을 잘 씹지 못해서 소화를 제대로 시키지 못하고, 소화가 잘 안 되어서 영양분을 섭취하지 못하기 때문에 더욱 노쇠해지는 악순환이 계속된다는 점에서 큰 문제가 된다.

여섯째, 창들로 내다보는 자가 어두워질 것이다. 노인이 되면, 이삭이나 아히야처럼 눈이 침침해진다(창 27:1; 왕상 14:4). 백이십 세가 되었어도 시력이 좋았던 모세는 아주 드문 경우였고, 통상적으로 노인이 되면 시력은 다른 신체 기관들과 마찬가지로 급속히 나빠지는데, 그런 가운데서도 안경이 있는 것은 노인들에게 은혜가 아닐 수 없다. 생명의 빛보다 먼저 눈의 빛이 사라지기 때문에, 우리는 눈의 빛이 있는 동안에 우리의 시력을 잘 선용할 필요가 있다.

일곱째, 길거리 문들이 닫혀질 것이다. 노인들은 늘 실내에 있고, 밖에 나가서 즐길 엄두를 내지 못한다. 입의 문 역할을 하는 입술은 먹는 것에 있어서 닫혀진다. 치아들이 다 빠져서, 그 치아들을 사용해서 음식을 잘게 가는 맷돌 소리가 적어질 것이기 때문에, 노인들은 예전과는 달리 음식을 제대로 소화시킬 수 없어서, 음식을 조금밖에 먹을 수 없다.

여덟째, 노인들은 새의 소리로 말미암아 일어날 것이다. 노인들은 청년들과는 달리 잠을 깊이 잘 수 없고, 새의 소리 같이 조금만 소리가 나도 잠이 깨 버리고 만다. 노인들은 기침이 심해서 편안히 누워 있을 수도 없기 때문에, 닭이 우는 소리에도 일어난다. 또는, 노인이 되면 걱정과 근심이 많아지고 소심해지며 무언가를 잃을까 두려워하는 마음이 생겨서, 잠을 잘 자지 못하여 일찍 일어난다. 또는, 노인들은 미신을 쉽게 믿는 경향이 있어서, 점쟁이들이 불길하다고 말하는 까마귀나 올빼미 같은 새의 소리를 들어도 깜짝 놀라서 일어난다.

아홉째, 음악하는 여자들은 다 쇠하여질 것이다. 노인들은 목소리도 잘 나오지 않고 귀도 잘 들리지 않아서, 스스로 노래할 수도 없고, 솔로몬이 젊었을 때에 즐겼던 노래하는 남녀들과 악기들에서 그 어떤 즐거움도 느낄 수 없다(2:8). 노인들은 점점 귀가 먹어서, 악기 소리든 사람의 목소리이든 잘 분간할 수 없게 된다.

열째, 노인들은 높은 곳을 두려워하고, 어떤 높은 곳의 꼭대기에 올라가는 것을 두려워한다. 왜냐하면, 노인들은 숨이 차서 그런 곳까지 가기가 힘들고, 머리가 어질어질하거나 다리가 떨려서 그런 곳에 갈 엄두를 내지 못하며, 높은 데에 있는 것이 그들 위로 떨어지면 어쩌나 걱정이 앞서기 때문이다. 노인들은 무엇을 하든지 두려움이 앞선다. 노인들은 예전처럼 담대하게 말을 타거나 걸을 수 없고, 혹시 그들이 잘못되지는 않을까 염려가 되어서 그들 앞에 있는 모든 것을 두려워한다.

열한째, 살구나무가 꽃이 필 것이다. 노인의 머리털은 희어져서, 그의 머리는 꽃이 핀 살구나무처럼 보인다. 살구나무는 다른 어떤 나무보다도 먼저 꽃이 피기 때문에, 노년이 사람들에게 금세 닥쳤다는 것을 보여주기에 적합하다. 노년은 사람들의 예상보다 앞서서, 사람들이 생각했던 것보다 더 빨리 그들에게 임한다. 흰 머리가 여기저기에 생기지만, 사람들은 그것을 깨닫지 못한다.

열두째, 메뚜기도 짐이 될 것이며, 정욕이 그칠 것이다. 노인들은 그 어떤 것도 짊어질 수 없다. 아무리 가벼운 것도 노인들에게는 육체적으로나 심적으로 무거운 짐이 되기 때문에, 노인들은 작은 것에도 무너지고 깨져 버린다. 메뚜기는 아주 쉽게 소화시킬 수 있는 음식이었던 것 같은데(세례 요한의 음식은 메뚜기였다), 그것조차도 노인의 위에는 큰 부담이 된다. 그러므로 노인은 식욕을 잃고, 여자를 보아도 정욕이 일어나지 않는다(단 11:37). 노인이 되면 어떤 일에도 흥미와 관심이 없어지게 되고, 감각의 즐거움들은 노인들에게 별 흥취를 일으키지 못한다.

[2] 솔로몬은 스스로 나이가 들어서 이 글을 썼을 가능성이 많다. 그는 감각적인 즐거움들에 탐닉하였었기 때문에 신체의 기관들이 더 빨리 노쇠해서, 여기에 나오는 노년의 쇠약한 모습을 생생하게 묘사할 수 있었다. 노인들 중에는 노년의 쇠약함을 다른 사람들보다 더 잘 견디는 사람들도 있기는 하지만, 어쨌든 노년의 나날들은 곤고한 날들이고 낙이 거의 없는 날들이다. 그러므로 우리는 노인들의 이러한 고충들을 상쇄시켜 주기 위해 우리가 할 수 있는 일들을 해야 하고, 노인들의 어려움을 가중시키는 일은 일체 하지 않아야 하며, 최선을 다해서 노인들을 봉양하고 공경하여야 한다. 솔로몬이 지금까지 말한 이 모든 것들을 생각해서, 우리는 청년의 때에 우리의 창조주를 기억하여야 한다. 그래야만, 이러한 곤고한 날들이 닥쳐서 감각의 즐거움들이 거의 사라질 때, 하나님이 우리를 기억하시고 은총을 베푸셔서, 하나님이 주시는 위로들로 말미암아 우리의 영혼이 즐거워할 수 있게 될 것이다.

(2) 죽음은 우리에게 아주 큰 변화를 가져다 주어서, 노년의 불행들을 미리 막아 주거나 끝내 주는 역할을 하게 되리라는 것. 노년의 비참한 일들은 그 어떤 것으로도 막을 수 없고 치료할 수 없다. "죽음은 분명히 네게 닥칠 것이고, 네 가까이에 있으며, 죽는다는 것은 중요한 일이고, 너는 최선을 다해서 죽음을 준비하여야 하기 때문에, 너는 청년의 때에 너의 창조주를 기억하라."

[1] 죽음 이후에는 우리의 상태가 고정되어서 더 이상 변할 수 없게 된다는 것. 사람이 죽으면 자기의 영원한 집으로 돌아가는데, 노년의 이 모든 쇠약한 모습들은 사람이 내세로 옮겨가기 위한 전조들이자 준비 과정이다. 사람은 죽을 때에 이 세상과 이 세상에서 하던 일들이나 누리던 것들로부터 떠나가게 된다. 사람은 현세와는 완전히 결별하고서, 자기의 영원한 집으로 간다. 왜냐하면, 이 세상에서 사람은 나그네이자 순례자였기 때문이다. 영혼과 육신은 둘 다 그것들이 왔던 곳으로 되돌아간다(7절). 사람은 자신의 안식처, 앞으로 그가 영원히 거하게 될 곳으로 간다. 그는 그의 세상의 집으로(어떤 이들은 이렇게 읽는

다) 간다. 이 세상은 그의 세상이 아니기 때문이다. 그는 그가 오래도록 머물 집으로 간다. 그가 무덤에 누워 있을 날들은 오랠 것이기 때문이다. 그는 자기의 영원한 집으로, 즉 이 세상으로 다시는 돌아오지 못할 곳인 그의 집이자 그가 영원히 살게 될 그의 집으로 간다. 우리가 죽어서 본향으로 돌아간다는 사실은 우리에게 기꺼이 죽고자 하는 마음을 불러일으킨다. 우리가 우리 아버지의 집으로 가는 것을 왜 바라지 않겠는가? 또한, 우리가 우리의 영원한 거처, 즉 우리가 영원토록 머물 집으로 간다는 사실은 우리의 정신을 번쩍 나게 만들어서 우리로 하여금 죽음을 잘 준비하게 만든다.

[2] 우리가 죽으면, 우리를 사랑하는 친구들이 슬퍼하게 되리라는 것. 사람이 자기의 영원한 집으로 돌아갈 때, 조문객들, 즉 거리를 나다닐 때에 복장에 의해서 구별되는 진짜 조문객들과 상주들을 돕기 위해서 고인을 위해 애곡해 주는 직업적인 애곡꾼들이 거리로 왕래한다. 우리는 죽으면 우리 앞에 있는 암울한 집으로 가야 할 뿐만 아니라, 우리 뒤에 있는 암울한 집을 떠나야 한다. 눈물은 고인에게 합당한 예물이고, 그것은 다른 어떤 것보다도 죽는 것을 심각한 것으로 만든다. 그러나 우리가 초상집에 가고, 조문객들이 거리로 왕래하는 것을 볼지라도, 그것이 우리가 골방에서 진지하고 경건하게 애곡하는 데에 도움이 되지 않는다면, 그런 일은 다 헛된 것이다.

[3] 죽음은 우리가 지닌 자연의 형체를 풀어헤치고, 흙으로 된 이 장막을 허물어뜨리리라는 것(6절). 이것은 시적으로 우아하게 표현되어 있다. 죽을 때에 영혼과 육신을 기이하게 한데 묶어 놓았던 은 줄이 풀리고, 저 신성한 매듭이 풀려서, 이 두 오랜 친구는 헤어질 수밖에 없게 될 것이다. 죽을 때에 우리의 생명수를 담고 있던 금 그릇은 깨질 것이다. 죽을 때에 우리가 삶을 끊임없이 지탱하고 그 허물어진 것들을 수선하기 위해서 물을 길어 나를 때에 사용하였던 항아리가 샘 곁에서 깨져서, 더 이상 우리는 물을 길어 올 수 없게 될 것이다. 바퀴, 즉 육신에 필요한 자양분을 모으고 분배하는 역할을 하는 모든 기관들은 깨져서 더 이상 제 역할을 할 수 없게 될 것이다. 우리의 육신은 용수철이 부서져서 모든 톱니바퀴의 움직임이 멈추고 완전히 정지해 버린 시계처럼 될 것이다. 육신이라는 기계는 산산이 분해되고, 심장은 더 이상 뛰지 않으며, 피도 돌지 않는다. 어떤 이들은 이 본문을 삶의 장식들과 기구들에 적용한다. 부자들은 죽으면 은과 금으로 된 의복과 가구들을 남겨두고 떠나야 하고, 가난한 자들은

죽으면 흙으로 된 항아리들을 남겨두고 떠나야 하며, 물을 긷던 두레박은 그 바퀴가 깨질 것이다.

[4] 죽음은 우리를 우리의 최초의 요소들로 분해하리라는 것(7절). 사람은 하늘의 빛이 땅의 흙과 결합된 특이한 종류의 피조물이다. 죽을 때에 이 두 요소는 분리되어 각각 원래 있던 곳으로 되돌아간다.

첫째, 흙덩어리인 육신은 원래 있던 땅으로 돌아간다. 육신은 흙으로 만들어졌다. 아담의 육신도 그랬고, 우리도 마찬가지이다. 사람의 육신은 흙집이다. 너는 흙이니 흙으로 돌아갈 것이니라(창 3:19)는 하나님의 선고에 따라서, 사람의 육신은 죽어서 흙으로 돌아가고, 얼마 후에는 완전히 분해되어 흙이 변하여서 평범한 흙과 구별이 되지 않는다. 그러므로 우리는 육신의 탐욕에 빠지지 말고, 육신은 곧 벌레들의 먹이가 될 것이기 때문에 육신의 응석을 받아 주어서 그 원하는 것들을 한껏 충족시켜 주지 말며, 우리 몸은 죽어서 썩어 없어질 것이기 때문에 죄가 우리 죽을 몸을 지배하지 못하게 하여야 한다(롬 6:12).

둘째, 빛줄기인 영혼은 하나님께로 돌아간다. 하나님은 땅의 흙으로 사람을 지으시고 나서 생기를 그에게 불어 넣으셔서 그를 생령이 되게 하셨고(창 2:7), 각 사람 속에 영을 조성하신다. 불이 나무를 태우면, 화염을 위로 올라가고, 재는 그 나무가 자란 땅으로 돌아간다. 영혼은 육신과 함께 죽는 것이 아니다. 영혼은 스올의 권세에서 건져내심을 받는다(시 49:15). 마치 캄캄한 등에서 촛불을 꺼내어도 그 촛불은 계속해서 타고 더 밝게 타듯이, 영혼은 육신 없이 존재할 수 있기 때문에, 육신과 분리된 상태에 있게 되고, 영들의 세계로 옮겨가게 될 것이다. 영혼은 재판장이신 하나님께로 가서, 각 사람이 이 세상에 있을 때에 육신으로 행하였던 것에 따라서 심판을 받은 후에 옥에 있는 영들(벧전 3:19)이나 낙원에 있는 영들(눅 23:43)에 합류하게 된다. 악인들은 그 영혼이 원수 갚으시는 자이신 하나님께로 가야 하기 때문에 죽음을 두려워하게 되고, 경건한 자들은 그 영혼이 아버지이신 하나님께로 가서 중보자로 말미암아 자신의 영혼을 기쁜 마음으로 하나님의 손에 맡길 것이기 때문에 죽음을 편안하게 받아들이게 된다. 중보자를 두지 않은 죄인들이 하나님께로 가는 것을 두려워하는 것은 당연한 일이다.

[8]전도자가 이르되 헛되고 헛되도다 모든 것이 헛되도다 [9]전도자는 지혜자이어서 여

전히 백성에게 지식을 가르쳤고 또 깊이 생각하고 연구하여 잠언을 많이 지었으며
[10]전도자는 힘써 아름다운 말들을 구하였나니 진리의 말씀들을 정직하게 기록하였
느니라 [11]지혜자들의 말씀들은 찌르는 채찍들 같고 회중의 스승들의 말씀들은 잘
박힌 못 같으니 다 한 목자가 주신 바이니라 [12]내 아들아 또 이것들로부터 경계를
받으라 많은 책들을 짓는 것은 끝이 없고 많이 공부하는 것은 몸을 피곤하게 하느
니라

솔로몬은 여기에서 설교의 끝을 향하여 나아가고 있으면서도, 그가 이 설교를 쓴 목적을 달성할 때까지는 결코 이 설교를 끝낼 수 없다는 심정으로, 그의 청중들이나 독자들에게 피조물 속에서 결코 발견할 수 없는 만족을 오직 하나님 및 하나님에 대한 본분을 행하는 것 속에서 찾으라고 마지막까지 설득한다.

I. 솔로몬이 그의 주제를 다시 반복함(8절).

1. 그는 이 주제가 참되다는 것을 지금까지 충분히 보여주었기 때문에, 이 설교를 통해서 그가 하고자 했던 일을 이루었다. 그는 이 설교 속에서 자신의 주제를 아주 집중적으로 다루었고, 그 주제가 참되다는 것을 증명해 주는 근거들과 그 주제의 적용도 적절하게 제시하였다.

2. 그는 자기 자신과 모든 사람들이 이 주제를 명심하고 모든 일에 이 주제를 활용하도록 하기 위해서 이 주제를 있는 힘을 다해서 설명하고자 애를 썼다. 우리는 이 주제가 날마다 증명되는 것을 본다. 그러므로 우리는 이 주제를 날마다 선용하여야 한다. 헛되고 헛되도다 모든 것이 헛되도다.

II. 솔로몬은 우리에게 자기가 하나님의 인도하심과 감동에 따라서 이 주제에 대하여 쓴 것을 깊이 생각하라고 권함. 이 책에 나오는 말들은 신실하고, 우리가 받아들일 가치가 충분한데, 그 이유는 다음과 같다.

1. 솔로몬의 말들은 회심한 자, 참회자의 말들이고, 세상이 헛되다는 것과 이 세상에서 큰 것을 기대하는 것이 어리석다는 것을 값비싼 체험을 통해서 말할 수 있는 자가 한 말들이라는 것. 그는 방황에서 돌아온 전도자, 하나님께 반기를 들었다가 다시 하나님께 돌아온 전도자였다. 그렇게 세상의 모든 것을 체험하고 나서 돌아온 전도자는 헛되고 헛되다고 말한다. 모든 참된 회개자들은 세상이 헛되다는 것을 확신할 수밖에 없다. 왜냐하면, 그들은 세상의 그 어떤

것도 그들을 고통스럽게 하는 죄의 짐에서 그들을 건져줄 수 없다는 것을 알게 되기 때문이다.

2. 솔로몬의 말들은 지혜로운 자의 말들이라는 것. 그는 극히 비상한 지혜를 은사로 받아서, 주변의 모든 나라들 가운데서 지혜자로 유명한 자였고, 모든 사람들이 그의 지혜를 듣기 위해서 그를 찾아 왔을 정도로 그 누구보다도 지혜로운 자였기 때문에, 이 문제를 판단하는 데에 적격자였다. 그는 왕으로서 지혜로웠을 뿐만 아니라 전도자로서도 지혜로웠다. 전도자들은 영혼들을 얻기 위해서 지혜가 필요하다.

3. 솔로몬은 선한 일을 행하는 것과 지혜를 올바르게 사용하는 것을 자신의 본분으로 삼은 자였다는 것. 그는 스스로 지혜로웠지만 그 지혜가 자기 자신에게서 난 것이 아닌 것과 마찬가지로 자기 자신을 위해서만 있는 것도 아니라는 것을 알았기 때문에, 자기에게 유익했던 지식을 백성에게 똑같이 가르쳤고, 그 지식이 그들에게도 유익하기를 바랐다. 백성들로 하여금 신앙 교육을 잘 받게 하는 것은 왕들에게 이로운 일이고, 왕들이 직접 나서서 백성들에게 여호와를 아는 선한 지식을 가르치는 것은 왕들의 위신이 깎이는 일이 아니며, 백성들을 가르치는 직분을 맡은 자들을 격려하고 위로하는 것은 왕들의 본분이다(대하 30:22). 지혜로운 큰 자들은 평범한 백성들을 무시해서 백성들은 선한 지식을 알 가치가 없다거나 배울 수 있는 능력이 없다고 생각해서는 안 된다. 잘 가르침을 받은 자들도 계속해서 여전히 가르침을 받아서 지식 안에서 자라가야 한다.

4. 솔로몬은 백성에게 지식을 가르치는 선한 일을 하는 데에 무척 애를 쓰고 수고하였다는 것. 그는 바쁜 일이 있다고 해서 백성들을 가르치는 일을 대수롭지 않게 여겨서 미루는 법이 없었다. 그는 아주 지혜로운 자였지만, 그가 가르치는 자들의 영혼이 귀하고 그가 전하는 말씀이 중하다고 생각해서, 자기가 읽은 것과 남들로부터 들은 것에 주의를 기울여 잘 듣고 깊이 생각하였는데, 이것은 필요할 때에 새것과 옛것을 그의 곳간에서 내오기 위하여 많은 것을 쌓아 두고자 했기 때문이다. 그는 자기가 말하고 기록하는 것에 심혈을 기울여서, 가장 좋은 내용들을 정확하게 말하고 기록하였다. 그가 한 모든 것에는 지극한 정성이 깃들어 있었다.

(1) 그는 말씀을 전함에 있어서 가장 효과적인 방법을 선택해서, 얼른 이해

하기 힘든 긴 문장들보다는 좀 더 쉽게 이해되고 기억될 수 있는 잠언들이나 짧은 문장들을 사용하여 말하고 기록하였다.

(2) 그는 몇몇 비유들이나 잠언들을 반복해서 말하는 것으로 만족하지 않고, 어떤 경우에 대해서도 적용할 수 있도록 아주 다양하게 많은 잠언을 지었다.

(3) 그는 명백하고 진부한 잠언들만을 말한 것이 아니라, 사람들이 잘 생각하지 못하는 아주 희귀한 일들을 다루는 잠언들도 연구하였다. 그는 지식의 광산을 파되, 단지 표면에 있는 것들만을 캐낸 것이 아니었다.

(4) 그는 잠언들을 생각나는 대로 아무렇게나 전한 것이 아니라, 그것들을 잘 체계화하고 계통을 세워서, 그 잠언들이 힘과 광채를 발할 수 있게 하였다.

5. 솔로몬은 그가 하고자 하는 말들에 아주 아름다운 옷을 입혔다는 것. 그는 힘써 아름다운 말들, 즐거움을 주는 말들을 구하였다(10절). 그는 표현이 엉성하고 서툴며 문법이 맞지 않아서 잠언들이 지닌 좋은 내용이 망쳐지지 않도록 마음을 썼다. 사역자들은 허풍스러운 말이나 듣기 좋게 꾸민 말이 아니라, 사람들을 기쁘게 하여 그들에게 유익을 주고 덕을 세울 수 있는 아름다운 말들을 사용하려고 애써야 한다(고전 10:33). 영혼들을 얻고자 하는 자들은 경우에 합당한 말을 사용하고자 연구하여야 한다.

6. 솔로몬이 우리에게 교훈하기 위해 쓴 것들은 의심할 여지 없이 확실한 것들이기 때문에 우리가 믿고 의지할 수 있다는 것. 그가 쓴 것들은 그가 알게 된 것을 거짓 없이 진실하고 정직하게 기록한 것들이고, 사물을 있는 그대로 정확하게 설명한 진리의 말씀들이었다. 그러므로 이 말씀들에 의해서 인도함을 받는 자들은 길을 잃지 않게 되리라는 것을 확신할 수 있다. 아름다운 말들일지라도 정직하게 기록된 진리의 말씀들이 아니라면 무슨 유익이 있겠는가? 대부분의 사람들은 그들을 올바르게 이끌어 줄 바른 말들이 아니라 그들의 비위를 맞추어 주는 부드러운 말들을 좋아하지만(사 30:10), 명철해서 어떤 것이 자기 자신에게 유익한지를 아는 자들의 귀에는 언제나 진리의 말씀들이 듣기 좋은 아름다운 말들이다.

7. 솔로몬을 비롯해서 거룩한 자들이 쓴 것들, 특히 그런 것들을 우리가 알아듣기 쉽게 잘 풀어서 해설해 놓은 것들은 우리에게 대단히 유익하다는 것(11절).

(1) 하나님의 진리들을 제대로 적용하고 선용하면 우리에게 생기는 두 가지

유익. 그 진리들은 교훈과 책망과 바르게 함과 의로 교육하기에 유익하다(딤후 3:16).

[1] 하나님의 진리들은 우리에게 우리의 본분을 다하도록 자극하는 데에 유익하다. 그 진리들은 쟁기를 끄는 황소의 걸음이 느려질 때에 황소로 하여금 정신이 번쩍 들게 해서 빠르게 앞으로 나아가도록 만드는 찌르는 채찍들과 같다. 하나님의 진리들은 사람들이 빈둥거리며 나태해졌을 때에 그들의 마음을 찔러서 그들로 하여금 다시 한 번 마음을 가다듬고 그들에게 주어진 일을 힘있게 해나가게 만든다(행 2:37). 우리의 열심은 밋밋해지고 차가워지기가 아주 쉽기 때문에, 우리에게는 이런 찌르는 채찍들이 필요하다.

[2] 하나님의 진리들은 우리에게 우리의 본분을 인내로써 끝까지 완수해 나가게 하는 데에 유익하다. 그 진리들은 자주 흔들리고 왔다 갔다 하는 자들에게 못과 같아서, 그들을 선한 일에 고정시켜 준다. 하나님의 진리들은 둔감하거나 뒷걸음질치는 자들에게는 찌르는 채찍들 같고, 이랬다저랬다 하거나 곁길로 새는 자들에게는 못과 같아서, 그들의 마음을 견고히 세워주고 선한 결심을 확고히 해주기 때문에, 우리는 우리의 본분에 대하여 나태하거나 벗어나려고 하지 않게 되고, 우리 속에 있는 선한 것들은 단단한 곳에 박힌 못과 같이 된다(스 9:8).

(2) 그러한 유익들을 위하여 하나님의 진리들을 얻는 두 가지 방식.

[1] 상시적인 규범으로서의 성경을 통해서. 그것은 지혜자들의 말씀들, 즉 지혜 있는 자들이라 불리는 선지자들의 말씀들이다(마 23:34). 우리는 이 말씀들을 기록된 상태로 지니고 있기 때문에 언제든지 의지할 수 있고, 찌르는 채찍들과 못들로 활용할 수 있다. 우리는 이 말씀들로 우리 자신을 가르칠 수 있다. 그 말씀들이 우리의 영혼에 강렬하게 힘 있게 임하게 하고, 그 말씀들의 감화가 우리의 영혼 속에 깊고 오래도록 가게 하라. 그러면, 그 말씀들은 우리로 하여금 구원에 이르는 지혜가 있게 할 것이다.

[2] 목회 사역을 통해서. 우리로 하여금 지혜자들의 말씀들로부터 더 많은 유익을 얻도록 하기 위하여, 하나님은 회중의 스승들이 전하는 말씀들을 통해서 우리가 더 깊이 감화를 받을 수 있게 정해 두셨다. 예배를 위한 성회는 옛적부터 있던 하나님의 제도로서 하나님을 높이고 그의 교회에 덕을 세우기 위한 것이다. 성회는 그러한 목적을 위해 유용할 뿐만 아니라 꼭 필요하다. 이러한 성

회에는 그 성회를 주재해서 하나님의 입이 되어 사람들에게 말씀을 전하고 사람들의 입이 되어 하나님께 전하는 스승들, 즉 그리스도의 사역자들이 있어야 한다. 그들이 하는 일은 지혜자들의 말씀들, 망치와 같은 하나님의 말씀들을 굳게 붙잡아서 사람들의 뇌리 속에 못처럼 박아 넣는 것이다(렘 23:29).

8. 이렇게 기록된 것들은 하나님에게서 나온 것들이라는 것. 그것들은 여러 사람들(많은 지혜자들과 많은 회중의 스승들)의 손을 통해서 우리에게 전해진 것이지만, 한 목자, 요셉을 양 떼 같이 인도하시는 저 크신 이스라엘의 목자가 주신 것이다(시 80:1). 하나님은 바로 그 한 목자로서 그의 성령을 통해서 성경을 기록하신 분이고, 회중의 스승들(성회를 주재하는 자들)이 성경을 열어서 해석하는 것을 돕는 분이시다. 지혜자들의 이런 말씀들은 우리가 우리의 영혼을 맡길 수 있는 하나님의 참된 말씀들이다. 모든 사역자들은 바로 이 한 목자로부터 그들이 전하고자 하는 말씀을 받아야 하고, 기록된 말씀의 빛에 따라서 말씀을 전하여야 한다.

9. 하나님의 감동을 받은 거룩한 글들은 우리가 그것들을 활용하기만 한다면 우리를 참된 행복의 길로 인도하기에 충분하기 때문에, 행복을 찾아서 다른 책들을 살피느라 우리 자신을 피곤하게 하지 않아도 된다는 것(12절). "이제 마지막으로 네게 해줄 말은 많은 책들을 짓는 것은 끝이 없다는 것이다."

(1) 많은 책들을 쓰는 것은 끝이 없다는 것. "내가 지금까지 쓴 것이 네게 이 세상이 헛되다는 것과 신앙을 가져야 한다는 것을 확신시키지 못한다면, 내가 아무리 많은 책을 써도, 너는 결코 그런 것들을 확신하지 못할 것이다." 하나님이 우리에게 주신 복된 성경에 들어 있는 여러 책들을 통해서 우리가 끝을 보지 못한다면, 우리는 지금의 성경보다 두 배나 많은 책을 가진다고 할지라도 그 끝을 보지 못할 것이다. 우리가 이 세상 전체에 두기에도 부족할 정도로 아주 많은 책들을 가지고 있다면(요 21:25), 우리는 그 많은 책들을 공부할 엄두를 내지 못하게 될 것이고, 공부를 해보아야 그것은 우리의 영혼에 유익이 되는 것이 아니라 몸만 피곤하게 할 것이다. 하나님은 우리에게 꼭 알맞다고 생각하신 만큼의 거룩한 책들을 주셨고, 지금 우리에게 주어진 책들을 통해서 가르침을 받고자 하지 않는 자들은 다른 책들이 주어진다고 해도 가르침을 받고자 하지 않을 것이다. 사람들이 너무나 많은 공부로 지쳐 쓰러질 때까지 인간의 삶을 위한 아주 많은 책들을 쓴다고 하여도, 그 책들은 우리가 하나님의 말씀

으로부터 얻는 것보다 더 나은 교훈을 줄 수 없다.

(2) 많은 책들을 사서 열심히 공부하여 그것들 속에 들어 있는 것들을 다 익히는 것은 끝이 없다는 것. 배우고자 하는 욕망은 끝이 없어서 결코 채워지지 않을 것이다. 사실 많은 공부는 사람에게 이 세상이 그에게 줄 수 있는 최고의 즐거움과 성취감을 줄 것이다. 그러나 우리가 그러한 많은 공부를 통해서 세상이 헛되다는 것, 특히 다른 무엇보다도 인간의 학문이라는 것이 헛되다는 것과 참된 경건 없이는 세상이나 학문이 우리를 행복하게 해줄 수 없다는 경계를 받지 못한다면, 애석하게도 그 공부에는 끝이 없을 것이고, 그 많은 공부로 인한 진정한 유익도 없을 것이다. 공부는 몸을 피곤하게 할 뿐이고, 영혼에 그 어떤 참된 만족도 결코 주지 못할 것이다. 위대한 셀든(Selden) 목사는 그가 한평생 읽은 무수한 책들 속에서 그는 성경 외에는 그의 영혼을 의지할 수 있는 그 어떤 책도 결코 발견할 수 없었다고 시인함으로써 이 말에 동의하였다(딛 2:11-12). 그러므로 우리는 지혜자의 말씀들로부터 경계를 받고 권면을 받아야 한다.

[13]일의 결국을 다 들었으니 하나님을 경외하고 그의 명령들을 지킬지어다 이것이 모든 사람의 본분이니라 [14]하나님은 모든 행위와 모든 은밀한 일을 선악 간에 심판하시리라

솔로몬이 전도서에서 탐구해 온 중요한 질문은 인생들이 해야 하는 선한 일이 어떤 것인가(2:3) 하는 것이었다. 참된 행복에 이르는 참된 길, 우리의 위대한 목적에 도달하는 확실한 수단은 무엇인가? 그는 처음에 대부분의 사람들이 열심히 추구하는 것들 속에서 그것을 찾아보았지만 아무 소용이 없었다. 그러나 그는 마침내 여기에서 하나님이 옛적에 사람들에게 알려 주신 말씀(욥 28:28, 보라 주를 경외함이 지혜요 악을 떠남이 명철이니라)의 도움으로 그것을 발견하였는데, 그것은 진지한 경건이야말로 참된 행복에 이르는 유일한 길이라는 것이었다. 솔로몬은 우리에게 일의 결국, 내가 이 문제에 대하여 이렇게 부지런히 묻고 찾아서 얻은 결론을 우리 함께 들어보자고 말한다. 너는 내가 지금까지 온갖 시도를 통해 애써 얻고자 했던 진리를 단 두 마디로 듣게 될 것이다. 그는, 너는 이것을 들으라고 말하는 것이 아니라, 우리가 그것을 들어보자고 말한다. 왜냐하면, 전도자들은 다른 사람들에게 말씀을 전할 때에 전하는 자인 동시에 듣는 자가 되어서, 하나님으로부터 오는 그 말씀을 들어야 하기 때문이다. 다른 사람들에게는 가르치고 자기 자신에게는 가르치지 않는 자들은 거짓 교사들이다(롬 2:21). 하나님의 말씀은 모두 다 순전하고 보배롭지만, 여기에 나오는 것과 같은 어떤 말씀들은 다른 말씀들보다 특별히 더 주목할 가치가 있다. 마소라 학자들은 이 본문 말씀을 신명기 6:4에서처럼(**이스라엘아 들으라 우리 하나님 여호와는 오직 유일한 여호와이시니**) 대문자로 시작한다. 솔로몬도 이 말씀을 특히 주목하라는 의미로 이 말씀을 하기에 앞서서 **우리가 이 일의 결론을 들어보자**고 말한다. 좀 더 살펴보자.

I. 신앙이 무엇인지에 대한 요약. 모든 의심스럽거나 논란되는 문제들을 다 제쳐놓았을 때, 신앙이라는 것은 **하나님을 경외하고 그의 명령들을 지키는** 것이다.

1. 신앙의 뿌리는 하나님을 경외하는 것이 우리의 마음을 지배해서, 우리가 그의 위엄을 공경하고 그의 권세에 복종하며 그의 진노를 두려워하는 것이다. **하나님을 경외하라.** 즉, 그것은 우리가 내적으로나 외적으로 하나님께 온전히 헌신된 가운데 모든 일에서 하나님을 공경하고, 그의 이름에 걸맞는 존귀함을 하나님께 드리는 것이다(계 14:7).

2. 신앙의 규범은 성경에 계시된 하나님의 법이다. 우리가 하나님을 경외하는 것은 하나님의 계명들에 의해서 가르침을 받아서 된 것이어야 하고(사 29:13), 우리는 그 계명들을 늘 주의 깊게 지켜야 한다. 하나님을 경외하는 것이 우리의 마음 깊숙한 곳에 자리잡고 있다면, 거기에는 **그의 모든 계명들**을 존중하고 지키고자 하는 마음도 있을 것이다. 우리가 하나님에 대한 우리의 본분을 지키려고 마음을 쓰지 않는다면, 우리가 하나님을 경외하는 체하여도 아무 소용이 없다.

II. 신앙은 지극히 중요하다는 것. **이것이 모든 사람의 본분이니라.** 신앙은 사람의 모든 것이다. 신앙은 사람이 해야 할 모든 일이고 사람의 지극한 복의 모든 것이다. 우리의 모든 본분은 신앙으로 요약되고, 우리의 모든 위로와 낙은 신앙과 결부되어 있다. 신앙은 각 사람의 이해관계가 달려 있는 문제이기 때문에, 각 사람은 신앙을 가장 먼저 생각하고 늘 마음을 써야 한다. 신앙은 모든 사람이 누구나 공통적으로 관계되어 있는 문제이고, 모든 사람이 자신의 모든 시간을 들여야 할 문제이다. 신앙에 있어서는 사람이 부자이든 가난한 자이든, 지위가 높든 낮든, 그런 것은 아무런 문제가 되지 않고, 하나님을 경외하고 하나님이 명하시는 대로 행하는 것이 모든 것이고 중요한 것이다.

Ⅲ. 신앙을 가져야 할 강력한 이유(14절). 우리는 머지않아 하나님께 우리 자신에 대하여 결산하여야 한다는 것을 생각하면 우리가 신앙을 갖는다는 것이 얼마나 중요한지를 알게 될 것이다. 솔로몬은 앞에서 이것을 방탕하고 악한 삶을 경고하는 근거로 제시하였었는데(11:9), 여기에서는 신앙의 삶을 살라고 하는 근거로 제시한다. 하나님은 모든 행위를 심판하시리라.

1. 장차 심판이 있을 것이고, 거기에서 각 사람의 영원한 상태가 최종적으로 결정될 것이다.

2. 하나님께서 친히 재판장이 되시고, 하나님이자 사람이신 분이 재판장이 되실 것이다. 이것은 그분이 사람을 심판할 권세를 지니고 계실 뿐만 아니라, 그분은 무한히 지혜로우시고 의로우셔서 그 일에 온전히 적합하시기 때문이다.

3. 하나님은 그 때에 모든 행위를 심판하시기 위하여 각 사람을 다시 심문하실 것이다. 그 날은 하나님이 각 사람으로 하여금 그의 몸으로 행한 모든 것을 기억나게 하는 날이 될 것이다.

4. 하나님은 그 때에 모든 행위와 관련해서 그 행위가 선한 것이었는지 악한 것이었는지, 하나님의 뜻에 맞는 것이었는지 거스르는 것이었는지를 판단하실 것이다.

5. 저 큰 날의 심판 때에 하나님은 모든 은밀한 일도 다 드러내셔서 선악 간에 심판하실 것이다(롬 2:16). 그 날에는 선한 일이든 악한 일이든 다 명백하게 드러나서 숨겨진 일은 하나도 없게 될 것이다.

6. 우리는 장차 있을 심판과 그 심판이 엄격하리라는 것을 깊이 생각해서, 그 날에 하나님 앞에서 즐거움으로 결산할 수 있도록, 지금 하나님과 동행하는 삶을 살기 위해 온 힘을 기울여야 한다.

아 가

서론

모든 성경은 하나님의 감동으로 된 것으로 사람들 가운데에서 하나님 나라의 세력을 견고히 하고 진보하게 하는 데에 유익하다는 것을 우리는 확신하는데, 성경 중에서 알기 어려운 것이 더러 있어서 무식한 자들과 굳세지 못한 자들이 억지로 풀다가 스스로 멸망에 이르는 경우가 있다고 해도 그 깨닫기 어려운 부분도 역시 모든 성경의 일부임에 틀림없다. 아가가 하나님으로부터 나왔다는 것과 영적인 일들을 말하고 있다는 이 두 가지에 대한 우리의 믿음은 하나님의 말씀을 맡은 유대 교회와 그 뒤를 이은 기독 교회가 아가의 권위에 대하여 그 어떤 의심도 하지 않고 그 두 가지를 옛적부터 변함없이 반복해서 증언하고 있다는 사실에 의해서 확증된다.

I. 우리는 한편으로 이 책을 간신히 한 번 읽어본 사람이 에디오피아 내시처럼 네가 읽는 것을 깨닫느냐는 질문을 받는다면, 그는 나를 지도해 주는 사람이 없으니 어찌 깨달을 수 있느냐고 말할 수밖에 없다는 것을 인정하여야 한다는 것. 성경의 역사서와 예언서들은 서로 아주 흡사한 형태를 지니고 있지만, 솔로몬의 이 아가는 그의 아버지 다윗이 쓴 노래들과는 영 딴판이다. 아가에는 하나님이라는 이름이 나오지 않고, 아가는 신약에서 한 번도 인용되지 않는다. 우리는 아가 속에서 자연 종교나 경건한 기도와 관련된 그 어떤 표현도 발견할 수 없고, 아가는 환상이나 그 어떤 형태의 직접적인 계시로 시작되지도 않는다. 아가는 성경의 그 어느 부분보다도 생명으로부터 생명에 이르는 냄새가 되기가 어려운 듯이 보이고, 육적인 생각과 부패한 심성으로 아가를 읽는 자들에게는 도리어 사망으로부터 사망에 이르는 냄새가 될 위험성이 있다. 그런 자들은 아가라는 꽃에서 독을 추출해 낼 것이다. 그러므로 유대인 랍비들은 청년들이 아가에 나오는 지극히 순전하고 거룩한 내용(말하기조차 두려운 것들)을 악용해서 오직 하나님의 제단에만 있어야 할 하늘로부터의 불로 그들의 정욕의 불을 붙일 것을 염려하여, 청년들에게 서른 살이 될 때까지는 아가를 읽지 말 것을 권하였다.

II. 우리는 다른 한편으로 수많은 신실한 안내자들의 도움으로 이 책을 잘 깨달으면, 이 책은 거룩한 영혼들 속에 경건하고 깊은 신앙심을 불러일으키고,

하나님을 향한 사모함을 이끌어내며, 하나님을 더욱 기뻐하게 만들고, 하나님을 더욱 잘 알고 교제할 수 있게 해주는 데에 적합한 지극히 밝고 힘 있는 천상의 빛을 지니고 있다는 것을 인정하여야 한다는 것. 아가는 알레고리(allegory, 우화)이기 때문에, 그 글자에 머물러서 그 너머를 보고자 하지 않는 자들은 죽고, 그 영의 감화를 받는 자는 생명을 얻는다(고후 3:6; 요 6:63). 아가는 비유이기 때문에, 하나님께 속한 것들을 좋아하지 않는 자들에게는 아주 어려운 것이 되고, 그러한 것들을 좋아하는 자들에게는 오히려 더 쉽고 즐거운 것이 된다(마 13:14, 16). 체험이 많은 그리스도인들은 아가에서 그들이 체험했던 것들이 그대로 표현되어 나오는 것을 알고서 금방 깨달을 수 있지만, 체험이 없는 자들은 아가를 깨닫지도 그 참 맛을 느끼지도 못한다. 아가는 신랑과 신부 간의 사랑의 표현들을 통해서 하나님과 인류 가운데서 구별된 남은 자들 사이에 오고 가는 서로에 대한 사랑을 보여주는 사랑 노래이다. 아가는 목가(牧歌)이다. 솔로몬은 겸손함과 순결함을 좀더 생생하게 표현하기 위해서 신랑과 신부를 목자와 그의 아내로 등장시킨다.

1. 이 노래는 유대 교회에 의해서 쉽게 영적인 의미로 해석될 수 있었다. 의역되어 있는 갈대아 역본과 대부분의 고대 유대인 강해자들이 보여주듯이, 아가는 원래 유대 교회에서 사용되게 할 목적으로 지어졌고, 또한 그렇게 영적으로 해석되었다. 하나님은 이스라엘 백성과 약혼한 사이였다. 하나님은 이스라엘 백성과 언약을 맺으셨는데, 그 언약은 혼인 언약이었다. 하나님은 그가 그들을 사랑한다는 것을 보여주는 차고 넘치는 증거들을 주셨고, 그들에게 그들의 온 마음과 목숨을 다하여 사랑할 것을 요구하셨다. 우상 숭배는 흔히 영적인 간음이라 말해졌다. 아가(雅歌)는 이스라엘이 우상 숭배에 빠지는 것을 막기 위해서 씌어졌기 때문에, 하나님이 이스라엘을 얼마나 흡족히 여기시는지와 이스라엘이 마땅히 하나님에게서 만족을 얻어야 한다는 것을 보여주고, 비록 하나님이 종종 그들로부터 물러가서 숨으시는 것처럼 보일지라도 그들은 하나님께 계속해서 정절을 지키는 가운데에 하나님이 약속하신 메시야를 통해서 스스로 나타나시기를 기다려야 한다고 격려한다.

2. 이 노래는 기독 교회에 의해서 더욱 쉽게 영적인 의미로 해석될 수 있다. 왜냐하면, 하나님이 자신을 낮추시고 그의 사랑을 나타내신 것은 율법 아래에서보다도 복음 아래에서 더욱 풍성하게 나타났고, 하늘과 땅의 교제는 더욱 친

밀하게 되었기 때문이다. 하나님은 종종 자신을 유대 교회의 남편이라고 말씀하셨고(사 64:5; 호 2:16, 19), 그의 신부인 유대 교회를 기뻐하셨다(사 62:4-5). 그러나 그리스도는 한층 더 자주 그의 교회의 신랑으로 묘사되고(마 25:1; 롬 7:4; 고후 11:2; 엡 5:32), 그의 교회는 신부, 즉 어린 양의 아내로 묘사된다(계 19:7; 21:2, 9). 이 은유에 따라서, 여기에서 그리스도와 교회, 그리고 그리스도와 개별 신자는 서로를 차고 넘치게 존경하고 사랑하는 가운데 대화를 나눈다. 이 책을 푸는 최고의 열쇠는 시편 45편이다. 이 시편은 신약에서 그리스도에게 적용되고 있기 때문에, 우리는 아가도 마찬가지로 그리스도에게 적용하여야 마땅하다. 이 책의 몇 대목에서 성령의 의도가 무엇일지를 찾아내려면 어느 정도의 수고가 필요하다. 이것은 다윗의 노래들이 대체로 누구나 알 수 있는 그런 것들이지만, 거기에는 아주 얕은 개울들도 있고, 코끼리도 헤엄칠 수 있는 깊은 곳들도 있는 것과 같다. 그러나 그런 수고를 통해서 그 어려운 대목들의 의미를 찾아내었을 때, 그것은 우리 속에 경건한 사모함을 불러일으키는 데에 놀라울 정도로 유익한 것이 된다. 우리가 다른 성경 본문들에 명백하게 서술되어 있는 진리들을 아가에서 어렵사리 추출해 내었을 때에, 그 진리들은 우리 영혼을 한층 더 기쁘게 해주는 힘을 갖게 된다. 우리는 아가를 공부할 때에 모세나 여호수아처럼 우리의 발에서 신을 벗어야 하고, 우리가 서 있는 곳은 거룩한 땅이기 때문에 우리가 육신을 입고 있다는 사실도 잊어야 할 뿐만 아니라, 요한처럼 이리로 올라오라는 하늘로부터의 음성을 따라서 우리의 날개를 펴고 날아올라서, 믿음과 거룩한 사랑으로 지성소로 들어갈 때까지 높이 날아올라야 한다. 왜냐하면, 이것은 다름 아닌 하나님의 집이요 이는 하늘의 문이기 때문이다.

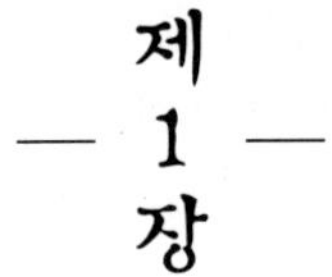

개요

이 장에는 이 책의 표제가 나온 후에(1절) 그리스도와 그의 교회, 그리스도와 개별 신자가 서로를 소중히 여기는 마음을 표현하는 장면이 나온다. I. 신부인 교회가 신랑(2-4절), 예루살렘의 딸들(5-6절), 그리고 또다시 신랑에게 말한다(7절). II. 신랑인 그리스도께서 그의 배우자의 하소연과 요청에 대하여 대답하신다(8-11절). III. 교회가 그리스도를 아주 소중히 여기는 마음을 표현하고, 그와 교제하는 것이 너무나 기쁘다고 말한다(12-14절). IV. 그리스도께서 교회의 아름다움을 칭찬하신다(15절). V. 교회가 그 칭찬에 화답한다(16-17절). 마음속에 그리스도를 향한 참된 사랑의 불이 있는 곳에서 이 장은 그 불을 하나의 큰 불길로 만드는 데에 유익할 것이다.

1 솔로몬의 아가라

이 책의 표제는 다음과 같은 것들을 보여준다.

1. 아가의 성격. 아가는 노래로 되어 있어서, 우리의 감성을 자극해서 뜨거운 사모함을 불러일으키고자 하는 그 의도에 아주 적절하다. 원래 시가(詩歌)는 그런 목적에 아주 적합한 도구이기 때문이다. 아가가 다루는 주제는 즐겁고 기쁜 것이기 때문에, 노래를 통해서 다루는 것이 적절하다. 우리는 이 노래를 부름으로써 우리의 마음으로 주께 노래하며 찬송할 수 있다(엡 5:19). 아가는 복음적이다. 복음의 은혜는 우리의 입술에 새 노래를 주기 때문에, 복음 시대는 기쁨의 시대가 된다(시 98:1).

2. 아가의 고귀함. 아가는 아가, 즉 노래들 중의 노래, 아주 뛰어난 노래로서 그 안에 그리스도에 대한 것을 많이 담고 있어서 사람이 지은 온갖 노래나 솔로몬이 지은 다른 모든 노래들보다 뛰어날 뿐만 아니라, 성경에 나오는 그 어떤 노래보다도 더 뛰어난 노래이다.

3. 아가의 저자. 저자는 솔로몬이다. 아가는 수많은 사랑 노래들과는 달리

미련한 자들의 노래가 아니라 사람들 중에서 가장 지혜로운 자가 지은 노래이다. 인류에 대한 하나님의 사랑을 송축하고 자기 자신을 비롯해서 사람들에게 하나님에 대한 사랑을 불러일으키는 것보다 사람으로서 자기가 지닌 지혜를 더 잘 증명할 수 있는 방법은 없다. 솔로몬이 지은 노래는 천다섯 편이었다고 한다(왕상 4:32). 다른 주제들에 관한 노래들은 다 없어졌지만, 이 거룩한 사랑 노래는 여전히 남아 있을 뿐만 아니라, 앞으로도 세상 끝날까지 남아 있게 될 것이다. 솔로몬은 그의 아버지를 닮아서 시가(詩歌)에 소질이 있었다. 사람은 자신의 재능이 무엇이든 간에 그 재능으로 하나님을 높이고 교회의 덕을 세우는 데에 힘써야 한다. 솔로몬의 별호들 중의 하나는 여디디야, 즉 여호와께서 사랑하시는 자였다(삼하 12:25). 솔로몬은 이렇게 하나님의 사랑을 아주 듬뿍 받은 자였기 때문에 하나님의 사랑에 대하여 글을 쓰는 데에 그보다 더 적합한 인물은 없었다. 모든 사도들 중에서 그리스도의 품에 있던 저 사랑하시는 제자보다 사랑에 대하여 더 많은 글을 쓴 사도는 없었다. 솔로몬은 왕으로서 마음을 써서 경영해야 할 큰 일들이 있었기 때문에 거기에 생각과 시간을 많이 할애하여야 했지만, 일부러 시간을 내어서 이런저런 신앙 활동들을 하였다. 할 일이 많은 사람일수록 신앙이 깊어야 하기 때문에, 일을 핑계로 모든 사람이 해야 하는 중요한 일, 즉 하나님과의 교통을 유지하는 일을 게을리해서는 안 된다. 솔로몬이 이 신령한 노래를 언제 지었는지는 확실하지가 않다. 어떤 이들은 솔로몬이 타락했다가 하나님의 은혜로 회복된 후에 마치 그가 많은 이방 여인들을 사랑하면서 방탕하고 헛된 연애시들을 지어서 많은 해악을 끼쳤던 것을 이 아가(雅歌)를 통해서 많은 사람들에게 선한 영향을 끼쳐서 속죄하려는 듯이 회개하는 심정으로 아가를 지었을 것이라고 생각한다. 솔로몬은 이제 비로소 그의 재능을 제대로 사용하기 시작한 것이었다. 그는 하나님과 아주 가까이 교통하고 있던 그의 생애 초기에 아가를 지었을 가능성이 높다. 아마도 그는 그의 이 노래를 그의 아버지의 시편들과 함께 성전 예배에 사용하도록 하기 위하여 이 노래를 올바르게 이해할 수 있는 열쇠와 더불어서 성가대장에게 넘겨 주었을 것이다. 어떤 이들은 솔로몬이 애굽의 왕 바로의 딸과 결혼할 때에 아가를 썼다고 생각하지만, 이것은 확실하지 않다. 아가에 언급되고 있는 레바논 망대(7:4)는 그가 바로의 딸과 결혼하고 나서 한참 후에야 지어졌다. 우리는 솔로몬이 한창 형통하던 때에 여호와를 사랑하여(왕상 3:3) 모든 것이 풍족한 가운데에 이 노래를 지어서 기쁨과 즐거운 마음으로 하나님 여호와를 섬겼을 것이라고 보는 것이 좋지 않은가 생각한다. 아가 1:1의 본문은 솔로몬에 관한 노래들 중의 노래라고 번역될 수도 있다. 솔로몬은 왕권 언약을 물려받은 다윗의 아들이자 후계자, 성전을 세운 자, 지혜와 부요함에서 뛰어난 자로서 그리스도의 모형이었고, 그리스도 안에는 지혜와 지식의 모든 보화가 감추어져 있기 때문에(골 2:3), 그리스도는 솔로몬보다 더 큰 자이다. 그러므로 아가는 그리스도에 관한 노래이다. 아가가 전도서 뒤에 놓여 있는 것은 아주 적절하다. 왜냐하면, 우리는 전도서를 통해서 피조물은 헛된 것이어서 우리를 만족시키거나 행복하게 해줄 수 없다는 것을 철저하게 깨달은 후에, 제정신을 차려서, 그리스도 안에서 행복을 찾고자 하고, 그리스도로 말미암아 하나님과 교제하는 것 속에서 저 참된 하늘의 즐거움을 찾고자 하게 될 것이기 때문이다. 그리스도의 길을 준비하는 임무를 맡은 저 광야의 소리는 모든 육체는 풀이라고 외쳤다(사 40:6).

[2]내게 입맞추기를 원하니 네 사랑이 포도주보다 나음이로구나 [3]네 기름이 향기로워
아름답고 네 이름이 쏟은 향기름 같으므로 처녀들이 너를 사랑하는구나 [4]왕이 나를
그의 방으로 이끌어 들이시니 너는 나를 인도하라 우리가 너를 따라 달려가리라
우리가 너로 말미암아 기뻐하며 즐거워하니 네 사랑이 포도주보다 더 진함이라 처
녀들이 너를 사랑함이 마땅하니라 [5]예루살렘 딸들아 내가 비록 검으나 아름다우니
게달의 장막 같을지라도 솔로몬의 휘장과도 같구나 [6]내가 햇볕에 쬐어서 거무스름
할지라도 흘겨보지 말 것은 내 어머니의 아들들이 나에게 노하여 포도원지기로 삼
았음이라 나의 포도원을 내가 지키지 못하였구나

신부는 이 극적인 시에서 여기에서 처음으로 등장하여, 신랑과 예루살렘의 딸들을 향하여 차례로 얘기한다.

I. 신부가 신랑에게 하는 말. 신부는 신랑의 이름이나 어떤 호칭을 부르지도 않고, 느닷없이 그가 내게 입맞추기를 원한다는 말로 시작한다. 이것은 마치 막달라 마리아가 예수의 무덤을 찾았다가 부활하신 예수를 동산지기로 착각하고서 예수의 이름을 생략한 채 당신이 옮겼거든 어디 두었는지 내게 이르소서라고 말한 것과 같다(요 20:15). 신부의 마음은 신랑 생각으로 꽉 차 있었기 때문에, 신부는 그 생각의 연속선상에서 그로 하여금 내게 입맞추게 하라는 말이 그

의 입에서 튀어나온 것이다(시 45:1). 그리스도에 대한 생각으로 꽉 차 있는 자들은 남들도 다 그럴 것이라고 생각한다. 신부는 다음과 같은 두 가지를 원하고, 그것들에 대한 생각으로 즐거워한다.

1. 신랑에 대한 사모함(2절). "그가 내게 입맞추기를 원하노라. 즉, 그가 나와 화해하기를 내가 원하고, 그가 나와 화해하였다는 것을 내가 알고자 한다. 내게 그의 은총의 증표를 보여 달라." 이렇게 구약 교회는 더 이상 훈장 선생인 율법 아래에서 속박과 두려움을 느끼며 있지 않고, 마치 어머니가 그에게 회초리를 맞은 아들에게 입을 맞추듯이 복음 안에서 세상과 화해하시고 율법에 의해 찢기고 맞은 상처를 싸매시고 치유해 주시는 하나님의 은혜를 받고자 하여, 그리스도께서 육체로 나타나시기를 원하였다. "나는 그가 더 이상 내게 다른 사람들을 보내지 말고 직접 오시기를 원하고, 더 이상 천사들과 선지자들을 통하여 말씀하지 마시고 그의 입에서 나오는 저 은혜로운 말씀들을 듣기를 원하는데(눅 4:22), 그 말씀들은 에서가 야곱에게 입맞춤한 것과 마찬가지로 내게 화해의 확실한 증표인 입맞춤이 될 것이다." 복음과 관련해서 우리가 마땅히 해야 할 모든 본분은 우리가 하나님의 아들에게 입맞추어야 한다는 것으로 요약되고(시 2:12), 복음의 모든 은혜는 탕자의 아버지가 회개하고 돌아온 탕자에게 입맞춤하였듯이 하나님의 아들이 우리에게 입맞춤하는 것으로 요약된다. 그것은 평화의 입맞춤이다. 입맞춤은 상처를 입히는 것과 반대되기 때문에(잠 27:6), 은혜의 입맞춤은 율법이 주는 상처와 반대된다. 이렇게 모든 참된 신자들은 그들의 영혼에 그리스도의 사랑이 나타나기를 간절하게 원한다. 그들은 그들이 행복해지는 것보다는 그리스도의 은총에 대한 확신, 그리스도께서 그 얼굴을 들어 그 빛을 그들에게 비추시는 것(시 4:6-7), 지식에 뛰어난 그리스도의 사랑을 아는 지식을 원한다. 이것은 그들이 원하는 단 한 가지의 것이다(시 27:4). 그들은 성령으로 말미암아 그들의 영혼에 그리스도의 사랑이 나타나는 것을 원하고, 그 보답으로 그리스도께 겸손히 사랑을 고백하며 그 무엇보다도 그리스도로 만족하기를 원한다. 그리스도의 입술의 열매는 평강이다(사 57:19). "그의 입맞춤의 열매가 나로 하여금 그를 더욱더 사모하게 만드니, 그가 내게 만 번이라도 입맞춤하기를 원한다. 다른 모든 즐거움들은 누리면 누릴수록 시들해지고 쓰게 되는 반면에, 성령이 주는 즐거움들은 점점 더 큰 기쁨을 안겨준다"(레이놀즈 주교). 신부는 신랑의 입맞춤을 원하는 몇 가지 이유를 제시한

다.

(1) 그것은 신부가 신랑의 사랑을 지극히 소중히 여기기 때문이다. **네 사랑이 포도주보다 나음이로구나.** 포도주는 **사람의 마음을 기쁘게** 하고, 풀이 죽어 있는 심령에 상쾌함을 공급해서 생기를 되찾아주지만, 은혜를 받은 영혼들이 그리스도를 사랑하고 그의 사랑을 받는 것, 그의 사랑의 열매들과 은사들, 그의 사랑의 증표들과 확신 속에서 누리는 즐거움은 사람이 이 세상에서 더할 나위 없이 큰 감각의 호사스러운 즐거움보다 더 크고, 기절하기 직전인 사람을 구할 수 있는 가장 강력한 강장제보다도 더 큰 생기를 그 영혼들에게 불어넣어 준다.

[1] 그리스도의 사랑은 그 자체로나 모든 성도들과 관련해서나 이 세상이 줄 수 있는 최고의 즐거움들보다 더 귀하고 값지다.

[2] 사람들이 누릴 수 있는 온갖 즐거움들보다 그리스도의 사랑을 더 소중히 여기는 자들, 그리스도의 사랑을 잃느니 차라리 그 온갖 즐거움들을 버리고자 하는 자들, 육신의 그 어떤 즐거움보다도 신령한 기쁨에서 더 큰 만족을 누리는 자들만 그리스도의 입맞춤과 그의 은총의 증표들을 기대할 수 있다. 여기에서 인칭의 변화를 눈여겨 보라. **그가 내게 입맞추기를 원하노라**(1절). 1절의 첫 문장에서 신부는 신랑이 지금 여기에 없는 것처럼, 또는 그에게 말하기를 두려워하는 것처럼 말을 한다. 그러나 두 번째 문장에서 신부는 신랑이 자기 곁에 있어서 그에게 직접 얘기하듯이 말을 한다. "**네 사랑**, 아니 **네 사랑들**(원문은 이렇게 되어 있다)을 내가 너무나 간절하게 원하노니, 이는 내가 네 사랑을 지극히 소중히 여기기 때문이다."

(2) 그것은 그의 사랑이 발산하는 향기와 그 열매들 때문이다(3절). "그것은 **네 기름이 향기로워 아름답고**(네 은혜들과 위로들은 그것들과 그들 자신을 올바르게 이해하는 모든 자들에게 기분 좋고 기쁘게 받을 수 있는 것들이다), 네 이름과 네 이름으로 알려진 네가 행한 모든 것이 **쏟은 향기름 같기** 때문이다. 너의 이름은 모든 성도들에게 보배로운 이름이다. 그것은 마음을 즐겁게 해주는 기름이자 향이다." 그리스도의 이름을 알리는 것은 값비싼 향수병을 열면 그 향기가 온 방을 가득 채우는 것과 같다. 그의 복음을 전하는 것은 **각처에서 그리스도를 아는 냄새를 나타내는** 것이었다(고후 2:14). 그리스도께서는 즐거움의 기름인 성령으로 기름 부음을 받으셨고(히 1:9), 모든 참된 신자들도 그러한 기름

부음을 받았기 때문에(요일 2:27), 그리스도는 그들에게, 그들은 그리스도와 서로에게 귀하고 보배롭다. 선한 이름은 귀한 기름과 같지만, 그리스도의 이름은 다른 어느 이름보다도 더 향기롭다. 지혜는 기름처럼 얼굴에 광채가 나게 한다. 그러나 구속주는 그 아름다움에 있어서 다른 모든 것을 능가한다. 그리스도의 이름은 오랫동안 봉해진 향기름과 같았지만(내 이름을 묻지 말라 내 이름은 비밀이니라), 이제는 쏟은 향기름과 같다. 이것은 복음으로 말미암아 그리스도의 은혜가 값없이 온전히 전해지게 된 것을 의미한다.

(3) 그것은 모든 거룩한 영혼들이 그에 대하여 사모하는 마음을 지니고 있기 때문이다. 처녀들이 너를 사랑하는구나. 그리스도의 사랑이 우리 마음에 부은 바 되었기 때문에(롬 5:5), 우리의 마음이 그리스도를 사랑하게 된 것이다. 죄의 부패한 것들로부터 벗어나 순전하고, 그들 자신의 영들의 순결함을 그대로 간직하고 있으며, 하나님께 헌신하겠다고 서원한 것을 굳게 지키고, 그리스도를 사모하는 마음을 깨지 않을 뿐만 아니라 세상과 육신의 유혹을 단호하게 뿌리치는 모든 자들은 예수 그리스도를 사랑하고 어린 양이 어디로 인도하든지 따라가는 처녀들이다(계 14:4). 그리스도는 마음이 청결한 모든 자들이 사랑하는 연인이어서 우리의 연인도 되기 때문에, 우리는 그를 사모하고 그의 입맞춤을 원한다.

2. 신랑과의 사귐(4절).

(1) 신부가 하나님의 은혜를 구함. 너는 나를 인도하라. 이것은 그와의 거리감과 그와 하나가 되고 싶다는 마음을 보여주는 것이다. "나를 네게 더 가까이 이끌고, 나를 네 집으로 이끌라." 신부는 신랑이 그에게 가까이 와주기를 기도하였었다(2절). 그렇게 되도록 하기 위하여 신부는 그가 그녀를 그에게 가까이 이끌게 해 달라고 기도한다. "너는 나를 인도하라. 좋은 기름의 향과 같은 도덕적인 권고와 쏟은 향기름 같은 그 이름이 지닌 매력들로만이 아니라, 초자연적인 은혜와 사람의 줄 곧 사랑의 줄로도 나를 이끌라(호 11:4)." 그리스도께서는 아버지께서 이끌지 않으시는 자는 그 누구도 그에게 올 수 없다고 우리에게 말씀하셨다(요 6:44). 우리는 연약해서 하나님의 도우심 이상으로는 스스로 한 걸음도 더 그리스도께 나아갈 수가 없을 뿐만 아니라, 본능적으로 그리스도께 나아가는 것을 싫어하여 뒷걸음질친다. 그러므로 우리는 성령의 감화와 역사로 말미암아 우리가 그 능력을 힘입어서 기꺼이 그리스도께 나아갈 수 있게 해

달라고 기도하여야 한다(시 110:3). "너는 나를 인도하라. 그렇지 않으면, 나는 네게 나아갈 수 없고, 도리어 세상과 육신이 이끄는 힘 때문에 너로부터 멀어지게 될 것이다." 그리스도께서는 우리를 그에게로 오도록 막무가내로 몰아치시는 것이 아니라, 이성을 지닌 피조물들에게 합당한 방식으로 서서히 이끌어 가신다.

(2) 그 은혜를 선용하겠다는 신부의 약속. **너는 나를 인도하라. 그러면, 우리가 너를 따라 달려가리라.** 특별하고 유효한 은혜에 관한 교리는 우리가 우리의 본분을 행하는 것과 양립할 뿐만 아니라 그 강력한 촉진제가 되지만, 우리 안에 있는 온갖 선한 것으로 인한 모든 영광은 오직 하나님께 돌려져야 한다는 것을 명심하라.

[1] 영혼이 그리스도를 기꺼이 따르며 순복하는 것은 그의 은혜의 효과이다. 그가 우리를 이끌지 않으시면, 우리는 그를 따라 달려갈 수 없다(고후 3:5; 빌 4:13).

[2] 우리는 하나님이 우리에게 주시는 은혜를 부지런히 선용하여야 한다. 그리스도께서 그의 성령으로 우리를 이끄실 때, 우리는 우리의 영으로 그를 따라 달려가야 한다. 하나님께서 **내가 하리니 너희가 행할지라**(겔 36:27)고 말씀하시듯이, 우리는 "**주께서 행하시면, 우리가 행하리니, 주께서 우리 안에서 행하셔서 우리에게 소원을 두고 행하게 하시면, 우리는 우리의 구원을 이루리이다**"라고 말하여야 한다(빌 2:12-13). 우리는 주를 따라 행할 뿐만 아니라 달려갈 것이다. 이것은 마음의 소원이 간절하고, 사모함으로 인해서 기꺼이 할 준비가 되어 있으며, 열심으로 좇고자 하고, 신속하게 행하고자 하는 마음을 나타낸다. **주께서 내 마음을 넓히시면 내가 주의 계명들의 길로 달려가리이다**(시 119:32). **주의 오른손이 나를 붙드시니 나의 영혼이 주를 가까이 따르도다**(시 63:8). 그리스도께서 인자하심으로 우리를 이끄실 때(렘 31:3), 우리는 그리스도를 향한 사모함으로 그를 따라 달려가야 한다(사 40:31). 간구와 약속의 차이를 주목하라. "나를 이끄시면, 우리가 달려가리이다." 그리스도께서 그의 성령을 그의 신부인 교회에 부으시면, 교회의 모든 지체들은 성령의 감화를 받고 소생하여 제정신이 들어서, 더욱 즐거운 마음으로 그에게로 달려가게 된다(사 55:5). 또는, 믿는 영혼은 이렇게 말한다. "나를 이끄소서. 그러면 내 자신이 될 수 있는 한 빨리 당신을 따를 뿐만 아니라, 나와 함께 한 모든 자들도 당신을 따르리이다. 우리, 즉

나를 비롯해서 당신을 사랑하는 처녀들(3절), 나를 비롯해서 나와 관계 있는 모든 자들, 나의 내 집(수 24:15), 나와 내가 주의 도를 가르칠 범죄자들(시 51:13)이 당신을 따라 달려가리라." 하나님의 은혜를 따라 자기 자신을 헌신하는 자들은 그들의 열심이 많은 사람들을 분발하게 하는 것을 보게 될 것이다(고후 9:2). 생명이 있는 자들은 적극적이고 활발한 법이다. 빌립은 자기가 그리스도께 이끌리고 나서 나다나엘을 그리스도께로 이끌었다. 그런 자들은 자기 자신이 본보기이기 때문에, 말씀에 의해서 이끌려지지 않은 자들을 그리스도께로 이끌게 된다.

(3) 이 기도에 대한 즉각적인 응답. 왕이 나를 그의 방으로 이끌어 들이셨다. 이것은 믿음을 통해서 그리스도의 은혜의 세계로부터 가져온 응답이 아니라, 경험을 통해서 그 은혜의 역사들로부터 가져온 응답이다. 기도의 응답들을 살펴보면, 우리는 종종 우리가 말을 마치기 전에 그리스도께서 벌써 응답하시는 것을 발견할 수 있다(사 65:24). 왕의 신분인 신랑이 놀랍도록 자신을 낮추어서 우리를 초대하고 환대하는 것이기 때문에, 우리는 지극히 감사하는 마음으로 그 초대를 받아들여서 그를 따라 달려가는 것이 마땅하다. 하나님은 자기 아들을 위하여 혼인 잔치를 베풀어서 가난한 자들과 저는 자들도 데려오게 하시고 숫기가 없고 수줍어해서 정말 오기 싫어하는 자들까지도 억지로 오게 하는 임금이다(마 22:2). 그리스도께서는 그들을 그의 궁정과 왕궁으로 이끄실 뿐만 아니라(시 45:15), 그의 편전으로 데려오셔서 마음속에 있는 얘기까지도 함께 나누시고(요 14:21), 그의 천개(天蓋) 속에서 그들을 안전하게 지켜 주신다(시 27:5; 사 26:20). 지혜의 문 곁에서 기다리는 자들은 지혜가 거하는 방으로 들어가게 될 것이고, 진리와 위로 속으로 인도함을 받게 될 것이다.

(4) 신부가 왕이 베풀어 주는 영광에 놀라며 지극히 흡족해 함.

[1] "왕의 방으로 이끌려 들어간 우리는 우리가 갖고자 하는 것을 갖고, 우리가 바라던 것들은 이루 말할 수 없는 기쁨으로 관 씌워지며, 우리의 모든 슬픔은 사라져서, 우리는 기뻐하며 즐거워하게 된다. 주의 궁정에서의 한 날이 다른 곳에서의 천 날, 아니 천 년보다 나은즉, 주의 편전에서 한 시간을 보내는 것은 어떠하겠는가." 은혜로 말미암아 하나님과의 언약 및 교제 속으로 들어간 자들은 에디오피아 내시처럼 기쁘게 그들의 길을 갈 수 있고(행 8:39), 그 기쁨은 우리의 마음을 넓혀 주고 우리의 힘이 되어 줄 것이다(느 8:10).

[2] 우리의 모든 기쁨의 중심에는 하나님이 계실 것이다. "우리는 향기름이나 왕의 편전이 아니라 바로 하나님을 기뻐하고 즐거워할 것이다. 오직 하나님만이 우리의 큰 기쁨이다(시 43:4). 우리에게는 그리스도 외에 다른 기쁨이 없고, 우리의 그 기쁨은 그리스도께 빚진 것이다." 주 안에서의 기쁨(Gaudium in Domino) 또는 주 안에 있는 영원한 구원(Salus in Domino sempiterna)이라는 표현들은 고대의 인사말들이었다.

[3] "우리는 당신의 이 사랑의 향취를 간직하고 결코 잊지 않을 것이다. 우리는 당신의 사랑이 포도주보다 더 진함을 기억할 것이다. 당신의 사랑(2절)만이 아니라 그 사랑에 대한 기억도 가장 강력한 강장제나 가장 맛있는 음료보다 우리에게 더 힘을 주고 더 맛있는 것이 될 것이다. 우리는 당신의 사랑을 기억하고 감사할 것이고, 그 사랑은 이 세상의 그 어떤 것보다도 우리의 가슴 속에 더 오래도록 새겨질 것이다."

(5) 은혜를 받은 영혼은 그리스도와의 이러한 교제 속에서 다른 모든 성도들과 교제를 나눔. 우리는 우리가 이끌려 들어간 그 방에서 그리스도만이 아니라 다른 성도들을 만나게 된다(요일 1:7). 왜냐하면, 정직한 자들은 주를 사랑하기 때문이다. 정직한 자들의 회중은 주를 사랑한다. 다른 사람들은 어떻게 하든, 진정으로 이스라엘 사람인 모든 자들, 하나님께 신실한 모든 자들은 예수 그리스도를 사랑할 것이다. 여러 가지 것들에 대한 인식과 감정에 있어서는 차이들이 있을지라도, 예수 그리스도가 그들에게 귀하고 보배롭다는 것에는 모든 그리스도인들의 마음과 생각이 일치한다. 여기에서 정직한 자들은 3절에 나오는 처녀들을 가리킨다. 하나님의 사랑이 포도주보다 진함을 아는 모든 자들은 하나님을 최고의 사랑으로 사랑할 것이다. 정직한 자들의 사랑, 즉 거짓이 없는 진실한 사랑 외에는 그 어떤 사랑도 그리스도께 열납될 수 없다(엡 6:24).

Ⅱ. 신부가 예루살렘의 딸들에게 하는 말(5-6절). 이것은 보편 교회가 환난에 처했을 때에 개별 교회들에게 교회가 겪는 고난 때문에 흔들리는 일이 있어서는 안 된다고 경계를 하는 말이다(살전 3:3). 또는, 이것은 믿는 자가 교회에 나오기는 하지만 진정으로 믿는 자는 아닌 자들, 또는 온전한 가르침을 받지 못하고 무지와 연약함과 오해 아래에서 힘들어하면서도 하나님께 속한 일들에 대하여 가르침을 받고자 하는 연약한 그리스도인들, 그리스도 안에서의 어린 아이들을 상대로 하는 말이다. 신부는 이 옆에서 지켜 보는 자들이 그녀가 검

다는 이유로, 즉 그녀가 지닌 죄들과 고난 때문에 그녀를 멸시하는 것을 눈여겨 보았다. 그들은 그런 이유 때문에 그녀가 원하는 입맞춤을 기대하거나(2절) 그들이 그녀의 기쁨에 동참하기를 기대할(4절) 이유가 없다고 생각하였다. 그러므로 신부는 이 걸림돌을 제거하려고 애쓴다. 그녀는 자기가 검다는 것을 시인한다. 죄책은 교회를 검게 만든다. 교회 속에서 일어나는 이단사설들, 추문들, 죄악들은 교회를 검게 만든다. 아무리 훌륭한 성도들이라 할지라도 다 약점이 있다. 슬픔과 근심은 교회를 검게 만든다. 여기에서는 특히 이것을 의미하고 있는 것으로 보인다. 교회는 흔히 비천한 처지에 있어서 보잘것없으며 가난하고 겉보기에 멸시당할 만한 모습을 하고 있고, 울어서 그 아름다움이 훼손되고 그 얼굴이 더러워진다. 신부는 숯보다 검게 된 나실인들처럼 상복인 베옷을 입고 있다(애 4:8). 이제 이 걸림돌을 없애기 위해서 신부는 다음과 같이 한다.

1. 신부는 그럼에도 불구하고 자기가 아름답다고 단언함(5절). **내가 비록 검으나 아름답고,** 목자들이 사는 아주 조잡한 게달의 장막, 오랫동안 사용해서 비바람을 맞아 빛이 바래고 더러운 게달의 장막 같이 검을지라도 솔로몬의 휘장, 그의 웅장한 저택들에 걸맞게 그의 방들에 걸려 있는 호화로운 휘장과도 같다. 교회는 종종 박해로 검지만 인내하고 위로를 받으며 늘 변함없는 모습을 보이는 것이 그리스도의 눈에 아름답고 사랑스러우며, 사람들이 보기에는 검지만 하나님으로부터 소중히 여김을 받으므로 아름답고, 그 몇몇 추한 모습은 검지만, 진실한 것과 그를 존귀하게 만들어 주는 것들은 아름답다. 참된 신자들은 그들 자신만으로 본다면 검지만 그리스도 안에서는 그가 그들에게 덧입혀준 아름다움으로 인하여 아름답고, 세상이 그들을 알지 못하기 때문에 그 겉모습은 검지만 그 내면은 지극히 영화롭다(시 45:13). 사도 바울은 약하였지만 강하였다(고후 12:10). 마찬가지로, 교회도 검지만 아름답다. 믿는 자는 죄인이지만 성도이다. 믿는 자 자신의 의는 더러운 옷, 즉 더러운 누더기 옷과 같지만, 그에게는 그리스도의 의의 옷이 입혀져 있다. 갈대아 역본은 여기에서 검다는 것을 이스라엘 백성이 금송아지를 만든 것에 적용하고, 아름답다는 것을 그들이 그 일을 회개한 것에 적용한다.

2. 신부는 자기가 어떻게 그렇게 검게 되었는지를 설명함. 그녀는 원래부터 검은 것이 아니었고, 학대를 받아서 검게 된 것이었다. **내가 거무스름할지라도**

나를 그렇게 멸시하는 눈으로 흘겨보지 말라. 우리는 특히 교회가 검을 때에 우리 자신이 어떤 눈으로 교회를 바라보고 있는지를 조심하여야 한다. 너는 네 형제의 날 곧 그 재앙의 날에 방관해서는 안 된다(옵 1:12). 교회가 검은 것이 네게 걸림돌이 되게 해서는 안 되는데, 그 이유는 다음과 같다.

(1) 신부가 검은 것은 그가 받은 고난 때문이라는 것. 그것은 그녀가 햇볕에 쬐었기 때문이다. 그 원래의 피부색이 말해 주듯이, 신부는 원래 예쁘고 아름다웠다. 그러나 그녀는 종일 수고하며 더위를 견디느라 이렇게 검게 되었다. 그녀는 햇볕에 탔고, 시련과 박해로 그을렸다(마 13:6, 21). 아무리 아름다운 피부도 햇볕에 노출되면 금방 검게 그을리고 만다. 신부가 자신의 환난을 완화시켜서 말하고 있는 것을 주목하라. 야곱이 내가 낮에는 더위와 밤에는 추위를 무릅쓰고 눈 붙일 겨를도 없이 지냈다(창 31:40)고 말한 것과는 달리, 그녀는 내가 햇볕에 쬐어서 검어졌다고만 말한다. 왜냐하면, 하나님의 백성은 고난 받을 때에 그들의 고난을 떠벌려서 아주 큰 일인 것처럼 말하는 것이 합당하지 않기 때문이다. 그렇다면, 도대체 일이 어떻게 된 것인가?

[1] 신부는 자기 집안 식구들에게 미움을 받았다는 것. 내 어머니의 아들들이 나에게 노하였다. 그녀는 거짓 형제로 인한 위험을 당하였다. 그녀의 적은 자기 집안 식구들(마 10:36), 즉 똑같은 사람으로서의 형제들, 동일한 개교회에 속한 교인들, 그녀의 어머니인 교회의 자녀들이기는 하지만 그녀의 아버지인 하나님의 자녀들은 아닌 자들이었다. 그들은 그녀에게 노하였다. 유대인들의 친족이라 주장하였던 사마리아인들은 예루살렘이 잘 되는 꼴을 보면 못마땅해하였다(느 2:10). 하나님의 백성이 그들의 어머니의 아들들의 분노를 사는 일은 새삼스러운 일이 아니라는 것을 명심하라. 나의 원수는 너, 나의 동료, 나의 친구요 나의 가까운 친우로다(시 55:12-13). 이것은 그녀의 괴로움을 더욱 심하고 진저리나게 만들었다. 그녀는 자기 식구들로부터 학대를 받은 것이었기 때문에, 그들의 분노는 그칠 줄 몰랐다. 노엽게 한 형제와 화목하기가 견고한 성을 취하기보다 어렵다(잠 18:19).

[2] 그들은 그녀를 아주 가혹하게 대하였다는 것. 그들은 나에게 노하여 포도원지기로 삼았다.

첫째, "그들은 나를 유혹하여 범죄하게 하였고, 나를 잘못된 예배로 이끌어서 그들의 신을 섬기게 하였는데, 그것은 포도원을 돌보는 것, 소돔의 포도나무를 지키는 것이었다. 그들은 내가 나의 포도원을 지키고 나의 하나님을 섬기며 하나님이 내게 부탁하신 저 순전한 예배, 내가 변함없이 나의 예배라고 부르는 저 예배를 드리도록 그냥 내버려 두지 않았다." 이러한 것들은 선한 자들이 박해를 받을 때에 가장 절절이 하소연하는 애로들이다. 그들의 양심은 강요를 당하고, 그들을 가혹하게 통치하는 자들은 그들에게 엎드리라 우리가 넘어가리라고 말한다(사 51:23).

둘째, "그들은 나를 환난 속으로 집어넣고서, 힘들고 고생스러우며 매우 욕된 일들을 내게 강요하였다." 포도원을 지키는 일은 종들이나 하는 비천한 일인 동시에 아주 힘든 일이었다(사 61:5). 그녀의 어머니의 아들들은 가족이 해야 할 고되고 천한 일들을 모두 그녀에게 떠맡겼다. 그들의 노여움이 혹독하니 저주를 받을 것이요 그들의 분기가 맹렬하니 저주를 받을 것이라(창 49:7). 그리스도의 신부는 혹독한 고생을 해왔다.

(2) "나는 마땅히 그런 고생을 할 만하였다. 왜냐하면, 나의 포도원을 내가 지키지 못하였기 때문이다. 나의 형제들이 아무리 불의하게 나를 핍박한다고 할지라도, 그들이 그렇게 하도록 허락하신 하나님은 의로우시다. 내가 하나님이 내게 맡기신 포도원을 지키는 일을 소홀히 하였다면, 하나님이 나를 사람들의 포도원을 지키는 노예가 되게 하시는 것은 의로우신 일이다." 하나님께서 그의 게으른 종들로 하여금 그들의 원수들을 섬기게 하시는 것은 의로우신 일인데, 하나님이 그렇게 하시는 것은 그들이 하나님을 섬기는 것과 세상 나라들을 섬기는 것이 어떠한지 알게 하시기 위한 것이다(대하 12:8; 신 28:47-48; 겔 20:23-24). "나의 고난을 보고서, 하나님이 하시는 일들을 나쁘게 생각하지 말라. 왜냐하면, 나는 내 자신의 어리석음 때문에 벌을 받은 것이기 때문이다." 하나님의 백성이 억눌리고 박해를 받을 때, 그들은 그들이 그러한 환난을 당하는 것이 그들 자신의 죄 때문이라는 것, 특히 그들에게 맡기신 포도원을 돌보기를 소홀히 하여 그 포도원을 게으른 자의 밭(잠 24:30)과 같이 만들어 버린 죄 때문이라는 것을 인정하는 것이 합당하다는 것을 명심하라.

[7]내 마음으로 사랑하는 자야 네가 양 치는 곳과 정오에 쉬게 하는 곳을 내게 말하라 내가 네 친구의 양 떼 곁에서 어찌 얼굴을 가린 자 같이 되랴 [8]여인 중에 어여쁜 자야 네가 알지 못하겠거든 양 떼의 발자취를 따라 목자들의 장막 곁에서 너의 염소

새끼를 먹일지니라 [9]내 사랑아 내가 너를 바로의 병거의 준마에 비하였구나 [10]네 두
뺨은 땋은 머리털로, 네 목은 구슬 꿰미로 아름답구나 [11]우리가 너를 위하여 금 사
슬에 은을 박아 만들리라

이 단락에는 다음과 같은 내용들이 나온다.

I. 신부가 그녀의 사랑하는 자에게 더 허심탄회하고 친밀한 교제를 했으면 좋겠다고 겸손히 청함. 이것은 목자의 아내가 목자에게, 교회 또는 개별 신자가 그리스도께 하는 청(請)이다. 그녀는 예루살렘의 딸들에게 그녀의 죄들과 환난들에 대하여 하소연한 후에, 이 두 가지에서 건짐을 받기 위해서 하늘을 바라본다(7절).

1. 신부가 그리스도를 부르는 호칭. **내 마음으로 사랑하는 자야.** 모든 참된 신자들의 변함없는 특성은 그들의 영혼이 예수 그리스도를 사랑한다는 것인데, 이것은 그들의 사랑이 진실하고 강하다는 것을 의미한다. 그들은 그들의 마음을 다하여 그를 사랑한다. 그런 자들은 그에게 담대히 나아올 수 있고, 그에게 겸손히 청할 수 있다.

2. 선한 목자인 그에 대하여 신부가 지니고 있는 생각. 그녀는 그가 그의 양 떼를 치고 그 양 떼를 정오에 쉬게 한다는 것을 의심하지 않는다. 예수 그리스도께서는 그의 은혜로 그의 양들에게 먹을 것과 쉼을 공급해 주신다. 그는 자기 양 떼를 굶주리게 하지 않고 잘 먹이며, 산들로 흩어지지 않게 하여 함께 모여서 먹게 하며, 푸른 풀밭에서 먹이고, 뜨거운 한낮에는 잔잔한 물 가로 인도하며 시원한 그늘에 누이신다. 지금이 하나님의 백성에게 외적인 환난들과 내적인 괴로움들을 겪는 한낮인가? 그리스도께서는 그들을 쉴 만한 곳으로 인도하신다. 그는 그들을 그 팔로 모아 품에 안으신다(사 40:11).

3. 그와 함께 하는 것을 허락해 달라는 신부의 요청. **당신이 양 치는 곳을 내게 말하라.** 자기가 알고자 하고 행하고자 하는 것에 대하여 듣거나 가르침을 받고자 하는 자들은 예수 그리스도께 나아가서, 그들을 가르쳐 달라고, 그들에게 말해 달라고 그에게 청하여야 한다. "어디를 가야 당신을 찾을 수 있고 당신과 대화를 나눌 수 있는지를 말해 달라. 당신이 양 치는 곳이 어디인지, 당신의 양 떼를 돌보는 곳이 어디인지를 말해 달라. 나도 거기에 함께 하고 싶다." 우리는 친구들과 어울리는 것이 좋다고 해서 그들을 시도 때도 없이 불러내어 그들

이 그들의 일을 소홀히 하게 해서는 안 되고, 친구들과 함께 즐기는 것이 그들의 일과 양립될 수 있게 하며, 친구들이 서로 어울리는 것이 그들의 일에 도움이 되게 하여야 한다. "당신이 양 치는 곳을 내게 말하라. 내가 당신과 함께 앉고 함께 걷되, 당신의 양 떼와 더불어서 나의 양 떼를 치며, 당신이나 내 자신을 방해하지 않고, 나의 일을 하리라." 마음으로 예수 그리스도를 사랑하는 자들은 그가 우리에게 말씀하시는 통로인 그의 말씀을 통해서, 그리고 우리가 그에게 아뢰는 통로인 기도를 통해서 그와 교제하기를 간절히 원하고, 그의 양 떼의 특권들에 참여하기를 간절히 원한다는 것을 명심하라. 우리는 그가 그의 교회를 돌보시며 필요한 양식과 쉼을 공급하시는 것을 보고서, 우리의 책임 하에 있는 우리 자신의 영혼을 어떻게 돌보아야 하는지를 배울 수 있다.

4. 신부가 자신의 그러한 요청을 강화하기 위하여 그 이유를 제시함. "내가 당신의 친구의 양 떼 곁에서 어찌 얼굴을 가린 자 같이 되랴. 즉, 내가 당신을 외면하고 당신의 친구들인 척하지만 사실은 당신의 경쟁자들인 자들의 양 떼를 따라갈 이유가 어디에 있는가." 그리스도를 떠나 다른 사랑하는 자들을 따라가는 것은 은혜를 받은 영혼들이 그 어떤 것보다도 두려워하고 생기지 않기를 바라는 일임을 명심하라. "당신은 내가 당신에게 등을 돌리게 되거나 얼굴을 가린 자 같이 되기를 원하지 않을 것이다. 그러니, 내가 어디에 가야 당신과 가까이 있을 수 있는지를 내게 말하라. 내가 당신을 결코 떠나지 않으리라."

(1) "어찌 내가 마치 당신이 아니라 다른 사람에게 속한 자로 의심을 받아야 하느냐? 어찌 내가 우리 친구들의 양 떼에 의해서 당신을 배신하고 다른 목자에게 붙은 자로 생각되어야 하느냐?" 선한 그리스도인들은 주변의 믿는 자들에게 그리스도에 대한 자신의 믿음과 사랑을 의심받을 빌미를 제공해 주는 것을 두려워한다. 그들은 그들을 자신의 영혼에 대하여 별 관심이 없거나 형제들에 대하여 무자비하거나 거룩한 규례들에 대하여 무관심하고 냉랭한 자처럼 보이게 만드는 그런 일을 하고자 하지 않는다. 우리는 우리가 마땅히 행해야 할 본분을 다하도록 우리를 인도해 주시라고 하나님께 기도하여서, 혹시 우리의 본분에 못 미치게 되는 일이 없도록 해야 한다(히 4:1).

(2) "어찌 내가 당신과 떨어져 있어서 당신에게 등을 돌릴 수 있는 유혹 속에 놓여 있어야 하는 것이냐?" 우리는 부랑아가 되어 이리저리 떠돌다가 생판 모르는 자에게 끌려가는 일이 없도록 하기 위하여 그리스도로 말미암아 하나님

과 교통하는 가운데 안정적으로 평안을 누릴 수 있게 해 달라고 하나님께 간절히 구하여야 한다.

Ⅱ. 신랑이 신부의 이러한 요청에 대하여 주는 은혜로운 답변(8절). 하나님이 얼마나 기꺼이 기도에 응답해 주시는지, 특히 가르침을 청하는 기도에는 더욱 그러하다는 것을 보라. 신부의 기도가 아직 끝나기도 전에 하나님은 응답하신다.

1. 신랑이 신부를 지극한 애정 어린 마음으로 부름. 여인 중에 어여쁜 자여. 믿는 영혼들은 주 예수의 눈에 그 어떤 것보다도 예쁘고 아름답다는 것을 명심하라. 그리스도께서는 우리가 그러하든 말든 거룩함 속에서 아름다움을 보신다. 신부는 자신을 검다고 하였지만, 그리스도께서는 그녀를 어여쁘다고 말한다. 자신을 낮추는 자들은 예수 그리스도의 눈에 더욱더 사랑스럽다. 그들 자신의 흉한 모습을 부끄러워하는 것이야말로 그들의 아름다움의 주된 부분이다(더럼 목사의 말).

2. 신랑이 신부의 무지를 가볍게 책망함. 여기에서 "네가 알지 못하겠거든"이라는 말씀은 신부가 당연히 알았어야 하는데 그녀의 잘못으로 알지 못하였다는 책망의 뜻을 담고 있다. 무엇이라고! 어디에서 나와 내 양 떼를 찾아야 할지를 네가 모르겠다고? 그리스도께서 빌립에게 한 비슷한 말씀과 비교해 보라(요 14:9): 빌립아 내가 이렇게 오래 너희와 함께 있으되 네가 나를 알지 못하느냐.

3. 신랑이 어디에 가야 자기를 찾을 수 있는지를 신부에게 자상하게 알려줌. 사람들이 보라 그리스도가 여기 있다 혹은 저기 있다 하여도 믿지 말고 그들을 좇아가지 말라(마 24:23, 26).

(1) 선한 자들의 길로 행하고(잠 2:20), 그들의 자취를 따라가며, 선한 옛 길을 묻고, 양 떼의 발자취를 잘 보고 그 발자취를 따라가라. 가만히 앉아서 "주여, 내게 길을 보여주소서"라고 부르짖어 보아야 아무 소용이 없을 것이기 때문에, 우리는 떨쳐 일어나서 그 길을 찾아 나서야 한다. 우리는 양 떼의 발자취가 어느 길로 이어지고 있는지, 경건한 자들의 행위가 내내 어떠하였는지를 살펴봄으로써 그 길을 발견할 수 있다. 그 경건한 자들의 행위를 본받으라(히 6:12; 고전 11:1).

(2) 선한 사역자들의 발 아래에 앉아서 지도를 받으라. "목자들의 장막 곁에서 네 자신과 너의 염소 새끼를 먹일지니라. 네게 맡겨진 자들과 함께 오라(어린

양들과 염소 새끼들은 목자의 아내들이 맡아서 키우는 것이 당시의 관습이었던 것 같다). 그들도 모두 환영을 받을 것이다. 목자들은 르우엘의 딸들에게 그랬듯이(출 2:17-18) 네게 아무런 방해가 되지 않고, 도리어 네게 도움이 될 것이니, 그들의 장막 곁에 머물러라." 그리스도를 알고 친교를 나누고자 하는 자들은 거룩한 규례들을 정성껏 지켜야 하고, 그리스도의 백성들 및 사역자들과 함께 하여야 한다는 것을 명심하라. 가족을 이룬 자들은 성회에 그들을 데려가야 한다. 그들은 그들의 염소 새끼들, 그들의 자녀들과 종들이 목자들의 장막 곁에서 유익을 얻게 하여야 한다.

Ⅲ. 신부에 대한 신랑의 지극한 찬사. 히브리어 방언에서 시집을 간다는 것은 칭찬을 듣는다는 뜻인데(시 78:63의 난외주), 여기에서 이 신부가 바로 그렇다. 그녀의 남편은 이 현숙한 여인을 칭찬한다(잠 31:28). 그는 시에서 통상적으로 그러하듯이 비유들을 통해서 그녀를 칭찬한다.

1. 신랑은 신부를 그의 사랑이라고 부른다(9절). 이것은 아가에서 흔히 사용되는 사랑이 듬뿍 담긴 호칭이다. "나의 친구, 나의 반려, 나의 분신."

2. 신랑은 신부를 바로의 병거를 끄는 힘 있고 당당한 준마들에 비유한다. 애굽은 최상품의 말들로 유명하였다. 솔로몬도 그의 말을 애굽에서 가져왔다. 바로는 의심할 여지 없이 애굽에서 가장 좋은 말들로 그의 병거들을 끌게 하였을 것이다. 신부(즉, 교회)는 자신의 연약함을 하소연하였었고, 원수들의 먹잇감이 되고 말 위험에 처해 있었다. 하지만 그리스도께서는 이렇게 말씀하신다. "두려워하지 말라. 내가 너를 몇 마리의 준마를 합한 것과 같은 존재로 만들었다. 내가 말에게 힘을 넣어 주었듯이 너에게도 힘을 넣어 주었기 때문에(욥 39:19), 너는 은혜를 받고 사자 같이 담대하여 두려움이 임할 때에 놀라지 않으며 도리어 비웃을 것이다(잠 28:1). 여호와께서 너를 전쟁의 날에 그의 준마와 같게 하셨다(슥 10:3). 내가 너를 바로의 병거를 이긴 나의 말들, 즉 거룩한 천사들인 불말들(왕하 2:11)에 비하였도다." 주께서 말을 타시고 바다를 밟으셨나이다(합 3:15; 또한, 사 63:13). 우리 자신은 약하지만, 그리스도께서 우리를 그의 말들로 삼으시면, 우리는 강하고 담대해져서, 어둠의 모든 권세들이 우리를 해치려고 그 어떤 짓을 한다고 해도 두려워할 필요가 없다.

3. 신랑은 신부의 얼굴과 그 장식물들이 아름답다고 칭찬함(10절). 네 두 뺨은 땋은 머리털, 또는 늘어뜨려진 보석들, 또는 리본 장식들로 아름답고, 네 목은

가장 고귀한 자들이 하는 금 사슬로 아름답구나. 그리스도께서 정하신 규례들은 교회의 장식들이다. 성령의 은혜들과 은사들과 위로들은 모든 믿는 영혼을 아름답게 장식하는 것들이다. 이러한 것들은 교회와 신자를 하나님 앞에 값진 것이 되게 한다. 성도들을 아름답게 해주는 장식들은 많지만, 그 모든 것들은 질서정연하게 배열되어서 서로 연결되고 서로 의존되어 있다. 아름다움은 목이나 뺨에서 나오는 것이 아니라, 목과 뺨에 있는 장식들에서 나온다. 그 아름다움은 하나님이 입혀 주신 것이다. 왜냐하면, 우리는 벌거벗은 채로만이 아니라 부패한 상태에서 태어났기 때문이다. 네 화려함으로 말미암아 네 명성이 이방인 중에 퍼졌음은 내가 네게 입힌 영화로 네 화려함이 온전함이라 나 주 여호와의 말이니라(겔 16:14).

IV. 신랑이 신부에게 이러한 장식들을 더한 선한 목적. 하나님은 이미 참된 은혜를 주신 곳에 장차 더 큰 은혜를 주신다. 무릇 있는 자가 받아 넉넉하게 될 것이기 때문이다. 교회가 바로의 병거의 준마처럼 죄를 물리치는 데에 용감한가? 교회가 은혜로 행함에 있어서 늘어뜨려진 보석들과 금 사슬처럼 아름다운가? 하나님은 교회를 앞으로 더욱 아름답게 하실 것이다(11절). 우리가 너를 위하여 금 사슬에 은을 박아 만들리라. 교회와 모든 참된 신자가 온전히 아름다워질 때까지 하나님은 그들에게 부족한 것들을 다 메워 주실 것이다(겔 16:14). 그것은 여기에서 삼위일체 하나님의 협력으로 이루어지는 것으로 말해진다. 우리가 그것을 하리라. "우리가 사람을 만들었던 것처럼(창 1:26), 이제 우리가 사람을 새롭게 만들고 그의 아름다움을 온전하게 하자." 태초에 사람을 만드신 바로 그분이 이 선한 일을 완성하실 것이다. 그렇기 때문에, 이 일은 잘못될 수 없고 무산될 수 없다.

12왕이 침상에 앉았을 때에 나의 나도 기름이 향기를 뿜어냈구나 13나의 사랑하는
자는 내 품 가운데 몰약 향주머니요 14나의 사랑하는 자는 내게 엔게디 포도원의 고
벨화 송이로구나 15내 사랑아 너는 어여쁘고 어여쁘다 네 눈이 비둘기 같구나 16나
의 사랑하는 자야 너는 어여쁘고 화창하다 우리의 침상은 푸르고 17우리 집은 백향
목 들보, 잣나무 서까래로구나

여기에서는 그리스도와 그의 신부 사이에 사랑이 듬뿍 묻어나는 말들

이 오고 간다.

I. 믿는 자들은 그리스도 안에서와 그와의 교제 속에서 큰 만족을 누림. 믿는 너희에게 그리스도는 이 세상의 그 어떤 것보다도 더 귀한 보배이다(벧전 2:7). 좀 더 살펴보자.

1. 믿는 자들은 그들의 왕이신 그리스도를 겸손히 공경하고 높인다는 것(12절). 그리스도는 위엄이나 통치권, 어느 면으로 보나 왕이시다. 그는 영광의 면류관을 쓰고 계시고, 권세의 홀(笏)을 쥐고 계시는데, 이 두 가지는 그의 모든 백성에게 이루 말할 수 없는 만족감을 준다. 이 왕은 복음을 통해서 왕의 상(床)을 베푸시고, 만민을 위하여 기름진 것으로 연회를 베푸신다(사 25:6). 그 상은 지혜가 준비한 것이다(잠 9:1). 왕은 손님들을 보고, 혹시 손님으로서 합당한 자격이 없는 자가 있는지 보기 위하여 그 상에 앉는다(마 22:11). 그는 그들과 더불어 먹고, 그들은 그와 더불어 먹는다(계 3:20). 그는 그들과 함께 어울려 교제를 갖고, 그들을 기뻐한다. 그는 그의 상에 앉아서 그들을 환영하고, 그리스도께서 떡 다섯 개를 떼어서 제자들에게 주시며 많은 무리들에게 나누어 주게 하셨듯이, 그들에게 음식을 나누어 주신다. 아하수에로 왕이 잔치의 술을 마실 때에 에스더의 청을 들었던 것처럼, 그는 거기에 앉아서 그들의 청을 듣는다. 그는 그의 규례들 속에서 자기 백성과 늘 함께 하겠다고 약속하였었다. 믿는 자들은 그들이 할 수 있는 한 모든 공경을 그에게 드리고, 그를 공경하고 그에게 감사하는 마음을 어떻게 표현해야 할지를 궁리한다. 마리아는 지극히 비싼 향유 곧 삼백 데나리온이나 나가는 순전한 나드 한 근을 가져다가 그의 발에 부었고, 이 때에 향유 냄새가 집에 가득하였다(요 12:3). 이 이야기는 여기에 나오는 본문을 염두에 둔 것으로 보인다. 왜냐하면, 그리스도께서 그 때에 상에 앉아 계셨기 때문이다. 선한 그리스도인들이 어떤 신앙상의 의무를 행하거나, 특히 왕이신 그리스도께서 우리와 함께 그의 상에 앉으시기를 기뻐하시는 성찬 예식을 행하면서, 그들의 마음 속에 있던 은혜들이 활발하게 역사하여, 그들의 마음이 회개에 의해서 깨어지고, 믿음에 의해서 치유받으며, 그리스도를 향한 거룩한 사랑과 사모함으로 불타오르고, 그가 곧 나타내실 영광을 기쁨으로 기다릴 때, 나도 기름이 향기를 뿜어낸다. 그리스도께서는 그 향기로 자신이 높임을 받는 것을 기뻐하시고, 동방의 박사들이 유향과 몰약을 예물로 드리며 새로 태어난 유대인의 왕에게 예를 갖추었을 때처럼 그것을 그에 대한 공경의 표시로 여겨 기뻐

받으신다. 믿는 자들의 마음 속에 있는 하나님의 성령의 은혜들은 그 자체로 극히 귀할 뿐만 아니라 그리스도를 기쁘시게 해 드리는데, 예배나 성찬 속에 그리스도께서 임재해 계시면 그 은혜들이 마음 속으로부터 이끌어내져서 활발하게 역사한다. 그리스도께서 물러가시면, 은혜들은 햇빛을 받지 못한 식물들처럼 시들고 말라 버리고, 그가 가까이 다가오시면, 영혼의 얼굴에는 봄이 왔을 때에 땅의 얼굴처럼 생기가 감돌게 된다. 그 때는 우리가 한 줄기 빛 또는 바람을 놓치지 않기 위해서 힘을 내어 떨쳐 일어날 때이다. 왜냐하면, 은혜로 행하지 않는 것은 그 어떤 것도 하나님께 열납되지 않기 때문이다(히 12:28).

2. 믿는 자들은 그들이 가장 사랑하는 자이신 그리스도에 대하여 열렬한 애정을 지니고 있다는 것(13절). 그리스도는 모든 믿는 영혼들에 의해서 사랑 받는 자일 뿐만 아니라, 그들이 가장 사랑하는 자, 그들이 유일하게 사랑하는 자이다. 그는 그들의 마음 속 아주 깊은 곳에 자리잡고 계시고, 거기에는 그와 경쟁하는 그 어떤 존재도 들어올 수 없다.

(1) 모든 믿는 자들은 그리스도를 어떤 분으로 여기는가. 그는 몰약 향주머니이자 고벨화 송이이다. 이러한 것들은 마음을 유쾌하게 하고 즐겁게 해주는 최고의 것들이다. 그의 복음의 가르침과 그의 성령의 위로들은 그들에게 놀라운 새 힘을 주고, 그들은 그의 사랑 안에서 쉰다. 감각의 모든 즐거움들 중에서 그리스도를 묵상하고 누림으로써 얻는 신령한 즐거움에 필적한 만한 것은 하나도 없다. 그리스도 안에는 여러 가지 다양한 향기들이 동시에 있고 아주 풍성하게 있다. 거기에는 몰약 향주머니도 있고 고벨화 송이도 있다. 그리스도 안에는 모든 충만이 거하기 때문에, 우리는 그 안에서 괴로움을 겪지 않는다. 여기에서 고벨화로 번역된 단어는 속죄를 의미하는 바로 그 단어이다. 그리스도는 모든 믿는 자들에게 한 묶음(즉, 송이)의 공로이자 의(義)이다. 그리스도는 그들의 죄를 위한 화목 제물이기 때문에 그들에게 소중하고 그들의 사랑을 받는다. 여기에서 신부가 자기 자신에 대한 구체적인 적용을 얼마나 강조하고 있는지를 주목하라. 그리스도는 다름 아닌 바로 내게 달콤하고 향기로운 모든 것이다. 그리스도가 다른 사람들에게는 무엇이 되었든 내게는 그렇다. 그는 나를 사랑하사 나를 위하여 자기 자신을 버리셨다(갈 2:20). 그는 나의 주 나의 하나님이시다.

(2) 모든 믿는 자들은 그리스도를 어떻게 받아들이는가. 그는 내 가슴 가까

운 곳에 있는 내 품 가운데 밤새 있을 것이다. 그리스도께서는 그의 사랑하는 제자들을 그의 품 속에 눕게 하신다. 따라서 그들이 그들의 사랑하는 구주를 그들의 품 속에 누우시게 하지 못할 이유가 어디에 있겠으며, 그들의 두 팔로 그를 꼭 껴안고서 절대로 놓아 주지 않겠다는 각오로 단단히 붙잡고 있지 않을 이유가 어디에 있겠는가? 그리스도는 사람의 마음에 계셔야 하는데(엡 3:17), 그러기 위해서는 그 유방 사이에서 음행이 제거되어야 하고(호 2:2), 진정으로 그렇게 하지 않는 자들은 그들의 영혼 속에 그리스도의 임재를 갖지 못한다. 그리스도는 내 품 가운데서 내게 언제나 향기로운 몰약 향주머니가 되어 주실 것이다. 또는, 서로 사랑하는 연인들 사이에서 흔히 그러듯이, 그리스도를 닮게 만든 작은 모형이 사랑의 증표로서 내 품 가운데 걸려 있게 될 것이다. 그는 거기에 잠시 누우시는 것이 아니라 영원히 누우실 것이다.

Ⅱ. 예수 그리스도께서 그의 교회와 모든 참된 신자를 크게 기뻐하심. 그들은 그의 눈에 사랑스럽다(15절). 내 사랑아 너는 어여쁘고 어여쁘다. 그가 이렇게 말씀하시는 것은 신부를 우쭐하고 교만하게 만들기 위해서가 아니라(겸손은 영적인 아름다움에 주된 요소이다), 다음과 같은 것들을 위해서이다.

1. 거룩함 속에는 참된 아름다움이 있기 때문에 거룩함을 입은 모든 자들은 아름답다는 것. 그들은 진정으로 어여쁘다.

2. 그는 그의 은혜가 믿는 자들의 영혼에 이루어 놓은 저 선한 일을 크게 기뻐하신다는 것. 따라서, 비록 그들에게 약점들이 있고, 그들이 그들 자신에 대하여 어떻게 생각하고 세상이 그들에 대하여 어떻게 생각해도, 그는 그들을 어여쁘다고 생각하신다. 그는 그들을 벗이라고 부르신다. 썩지 아니할 것으로 장식된 마음에 숨은 사람은 하나님 앞에 값진 것이다(벧전 3:4).

3. 자기가 검다는 것 때문에 낙심하는 믿음이 약한 자들을 위로하기 위한 것. 그는 그들에게 그들이 어여쁘다는 것을 반복해서 말해 준다.

4. 거룩함을 입은 모든 자들로 하여금 본질적으로 기형이었던 그들을 어여쁘게 만든 저 은혜에 대하여 지극히 감사하게 하기 위한 것. 이것은 에디오피아인의 피부색을 변하게 한 것이나 다름없는 일이었다. 신부의 아름다움을 보여주는 한 가지 예가 여기에 언급되고 있는데, 그것은 그녀의 눈이 비둘기 같다는 것이다(15절; 4:1). 독수리의 날카로운 눈이 아니라 순결한 비둘기의 눈을 가진 자들, 위로 높이 솟아서 땅에 있는 먹잇감을 찾는 매의 눈이 아니라 겸손

하고 정숙한 눈, 소박함과 경건함과 진실함과 비둘기 같이 순결함을 드러내는 눈, 비둘기 모양으로 임하였던 저 성령에 의해서 조명을 받아 밝아지고 인도함을 받는 눈, 우는 눈을 지닌 자들은 그리스도께서 보시기에 어여쁘다. 나는 비둘기처럼 슬피 울었다(겔 7:16).

Ⅲ. 교회가 그리스도를 소중히 여기는 마음을 표현함(16절). 당신은 어여쁘다. 그리스도와 믿는 자들이 서로를 칭찬하고 높이는 것을 보라. 이스라엘은 하나님에 대하여 주와 같은 자가 누구니이까(출 15:11)라고 말하였고, 하나님은 이스라엘에 대하여 너 같은 백성이 누구냐(신 33:29)고 말씀하셨다. 교회는 이렇게 말한다. "주께서는 나를 어여쁘다고 하셨습니까? 그렇지 않습니다. 힘으로 말하면 주가 강하시고(욥 9:19), 아름다움으로 말하자면 당신이 어여쁘십니다. 설령 내가 어여쁘다고 하여도, 그것은 당신의 형상이 내게 찍혀 있기 때문입니다. 당신이야말로 어여쁨의 원형입니다. 나는 단지 희미하고 불완전한 복제본일 뿐이고, 당신의 그림자일 뿐입니다(요 1:16; 3:34). 당신은 그 자체로 어여쁘실 뿐만 아니라, 당신을 보는 모든 자들을 즐겁게 합니다. 눈으로 보기에 어여쁜 자는 많이 있지만, 그들의 나쁜 심성 때문에 그들의 아름다움은 불쾌한 것으로 변하고 맙니다. 그러나 당신은 어여쁘고 보기에 즐겁습니다." 그리스도는 우리와 언약을 맺고 우리의 왕이 되신 모습이 아름답고 보기에 즐겁다. "당신이 지금 왕으로서 상에 앉아 계실 때가 무척 아름답고 보기가 좋습니다." 그리스도는 믿는 자들에게 언제나 귀하고 보배롭지만, 그들이 그와 교제하는 것을 허락받아서 그의 음성을 듣고 그의 얼굴을 보며 그의 사랑을 맛볼 때에 특히 아름다우시다. 그럴 때에 우리는 베드로처럼 여기에 있는 것이 좋다고 말하게 된다. 신부는 신랑의 사람됨을 존경하는 자신의 마음을 표현한 후에, 다음으로 사랑에 빠진 자답게 기쁨으로 충만하여 신랑이 그녀를 위해 준비한 것들, 즉 침상과 집과 들보와 서까래가 아주 좋다고 칭찬한다(16절). 이러한 것들은 믿는 자들이 예수 그리스도와 교제하고, 그의 사랑의 증표들을 받으며, 그에 대한 그들의 경건하고 신실한 사랑을 드리고, 그를 더욱 알아가며, 그가 주시는 유익들을 선용하는 수단들인 예배와 성찬 같은 저 거룩한 규례들을 가리키는 것이라 할 수 있다.

1. 신부는 그러한 것들을 우리의 것이라고 부른다. 즉, 그리스도와 믿는 자들이 그러한 것들에 대하여 공동의 이해관계를 지니고 있다는 것이다. 남편과 아

내가 공동 상속자인 것과 마찬가지로(벧전 3:7), 믿는 자들은 그리스도와 함께 한 상속자이다(롬 8:17). 그러한 것들은 그가 제정하신 것들이고 그들에게 주어진 특권들이다. 그것들 속에서 그리스도와 믿는 자들이 만난다. 믿는 자는 그리스도께서 가지고 계시는 것 외에는 그 어떤 것도 그의 것이라 할 수 없기 때문에 신부는 그것들을 내 것이라고 부르지도 않고, 그리스도께서 내 것이 다 네 것이로다(눅 15:31)라고 말씀하셨기 때문에 그것들을 당신의 것이라고 말하지도 않는다. 우리가 그리스도의 것이면, 만물이 우리의 것이다. 믿음으로 말미암아 자기가 그리스도의 것이라고 말할 수 있는 자들은 그의 모든 것에 대하여 권리를 주장할 수 있다.

2. 그것들은 최상품들이다. 침상의 색깔과 거기에 딸려 있는 가구는 침상을 돋보이게 하는 데에 도움이 되는가? 우리의 침상은 푸르다. 푸른 색은 목자들이 일하고 보람을 느끼는 장소인 들과 숲의 색깔이기 때문에 목가(전원시)에서 다른 어느 색보다도 선호하는 색이다. 이 색은 눈의 피로를 덜어주고 힘을 주는 색깔이며, 열매를 많이 맺는 것을 나타낸다. 나는 푸른 감람나무 같다(시 52:8). 그리스도께서 우리와 혼인하신 것은 우리가 하나님을 위하여 열매를 맺게 하려 하시는 것이다(롬 7:4). 우리 집은 백향목 들보이다(17절). 이것은 솔로몬이 하나님과 이스라엘의 교제를 위하여 최근에 지었던 성전을 가리키는 것 같다. 그 성전은 아주 튼튼하고 좋은 향이 나며 오래가고 결코 썩지 않는 백향목으로 지어졌는데, 이 백향목은 복음 시대의 성전인 교회의 견고함과 지속성을 나타내는 것이다. 사람들이 걷는 회랑(回廊)은 보기에도 좋고 냄새도 좋은 잣나무로 지어졌다. 이것은 성도들이 그리스도와 더불어 교제하고 행할 때에 얻는 즐거움을 나타낸다. 은혜의 언약에서 모든 것은 은혜에 의거해서 진행되기 때문에 아주 견고하고 정교하며 향기롭다.

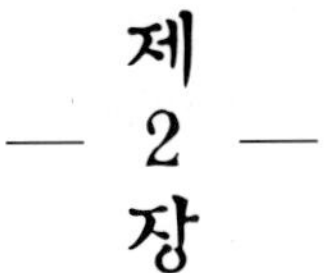

개요

이 장에는 다음과 같은 내용들이 나온다. I. 그리스도께서 자기 자신에 대해서 및 그의 교회에 대해서 말씀하심(1-2절). II. 교회가 말함. 1. 그리스도와 교제하면서 얻은 즐거움과 만족을 기억함(3-4절). 2. 그리스도의 은총의 현재적인 증표들로 즐거워하고, 그것들을 빼앗기는 일이 일어나지 않도록 조심함(5-7절). 3. 그리스도께서 자기를 향해 오시는 것을 알고 무척 기뻐함(8-9절). 4. 돌아온 봄의 즐거움들을 보고서, 전에 자기가 한적한 곳에 있을 때에 그리스도께서 자기에게 함께 걷자고 은혜로 부르셨던 일들(10-14절)과 그의 포도원을 해치는 것들을 없애라고 종들에게 분부한 것(15절)을 기억함. 5. 자기가 그리스도께 속하였다는 것을 기뻐함(16절). 6. 그리스도께서 어서 도착하시기를 갈망함(17절). 그리스도에 대한 사랑과 하늘에 대한 소망으로 그 마음이 가득 차 있는 자들은 그러한 것들이 무엇을 의미하는지를 아주 잘 안다.

1나는 사론의 수선화요 골짜기의 백합화로다 2여자들 중에 내 사랑은 가시나무 가
운데 백합화 같도다

우리는 이 단락에서 다음과 같은 것들을 볼 수 있다.

I. 그리스도께서는 자기 자신을 무엇에 비유하기를 기뻐하시는가. 그는 이 비유 속에서 자신을 지극히 낮추신다. 지존자의 아들이자 광명한 새벽 별이신 그는 그가 이 세상에서 자기 백성과 함께 하고 있다는 것과 그들이 그에게로 쉽게 나아올 수 있다는 것, 그들이 그에게 발견하는 아름다움과 달콤함을 표현하고, 마치 목자들과 그 아내들이 즐거울 때에 수선화와 백합화로 화관을 만들어 머리에 쓰듯이, 그로써 그들을 장식하라고 가르치기 위하여, 자기 자신을 사론의 수선화요 골짜기의 백합화라고 부른다. 수선화는 아름다움과 향기에 있어서 꽃들 중에서 최고이고, 우리 구주께서는 백합화가 누리는 영광이 솔로몬의 모든 영광보다 더 낫다고 말씀하셨다. 그리스도는 가장 좋은 수선화들이 아주

많이 났던 사론의 수선화이고, 들의 수선화(어떤 이들은 이렇게 읽는다)이다. 들의 수선화라는 것은 복음의 구원이 누구에게나 주어질 수 있는 구원이라는 것을 나타낸다. 그 구원은 모든 사람에게 열려 있다. 원하는 사람은 누구나 와서, 은혜의 언약 속에서 자라는 특권들과 위로들의 꽃봉오리들을 모을 수 있다. 그리스도는 정원에 갇혀 있는 수선화가 아니기 때문에, 누구나 다 와서 그 안에서 위로를 받고 유익을 얻을 수 있다. 그리스도는, 골짜기를 온통 하얗게 물들이고 향기로 물들이는 백합화이다. 백합화는 강렬한 향기를 뿜어낸다. 그리스도는 자기를 낮추고 사람이 되었기 때문에 해악을 입을 수 있는 골짜기 또는 낮은 곳의 수선화이다. 겸손한 영혼들은 그리스도 안에서 지극한 아름다움을 본다. 다른 사람들은 그를 어떻게 보든, 골짜기에 있는 자들에게 그는 백합화이다. 오직 그만이 수선화이고 백합화이다. 그리스도 안에 있는 각각의 탁월한 것은 오직 그에게만 있고, 최고의 것으로 그 안에 존재한다.

Ⅱ. 그리스도께서는 그의 교회를 무엇에 비유하기를 기뻐하시는가(2절).

1. 교회는 백합화 같다. 그리스도는 백합화이고(1절), 그의 교회는 백합화 같다. 믿는 자들의 아름다움은 그들이 예수 그리스도와 닮았다는 데에 있다. 그들은 그의 사랑이기 때문에 백합화와 같다. 왜냐하면, 그 마음 속에 그리스도의 사랑이 부은 바 된 자들은 그리스도와 같게 되기 때문이다.

2. 교회는 가시나무들 가운데 있는 백합화 같다. 그리스도의 교회가 다른 모든 모임보다 월등히 뛰어난 것은, 수선화가 심겨진 온상이 가시나무들로 된 덤불보다 훨씬 나은 것과 같다. 교회는 가시나무들로 둘러싸인 백합화 같다. 그리스도에 대한 사랑이 전혀 없는 악인들, 이 세상의 여자들은 빈 곳을 메우는 것 외에는 아무짝에도 쓸모없는 무익한 가시나무들과 같다. 아니, 그들은 해롭고 남을 해친다. 그들은 죄로 인하여 생겨난 저주의 열매이다. 그들은 선한 씨앗을 질식시키고, 선한 열매가 맺어지는 것을 방해하지만, 그들의 결국은 불 태워지는 것이다. 하나님의 백성은 가시나무들 가운데 있는 백합화와 같기 때문에, 그들에 의해서 찢기고 할큄을 당하며 그 그늘에 가려져 드러나지 않는다. 하나님의 백성은 그리스도에게 소중하고 사랑스러운 존재들이지만, 이 세상에서 고초와 환난을 당한다. 그들은 가시나무들 가운데 심겨져 있기 때문에 그런 것을 예상하여야 한다(겔 2:6). 그러나 그럼에도 불구하고 그들은 그리스도께 사랑스럽다. 그는 그의 백합화들이 가시나무들 가운데 있다고 해서 그들을 못 본

체하거나 과소평가하지 않는다. 그들은 가시나무들 가운데 있을 때에 여전히 백합화 같아야 하고, 그들의 순결함과 순전함을 지켜야 하며, 가시나무들 가운데 있다고 해서 가시나무들로 변하거나 욕을 욕으로 갚아서는 안 된다. 그들이 이렇게 그들의 특성을 그대로 지켜 나간다면, 그들은 그리스도를 닮은 자들로 계속해서 인정을 받게 될 것이다. 영혼 속의 은혜는 가시나무들 가운데 있는 백합화이다. 가나안 사람들이 하나님의 백성 이스라엘에게 가시였던 것과 마찬가지로(수 23:13), 부패한 성품들은 육체에 있는 가시들이다(고후 12:7). 그러나 지금 가시나무들 가운데 있는 저 백합화는 머지않아 이 광야에서 뽑혀져서 찌르는 가시나 아프게 하는 가시가 없는 낙원으로 옮겨 심어지게 될 것이다(겔 28:24).

[3]남자들 중에 나의 사랑하는 자는 수풀 가운데 사과나무 같구나 내가 그 그늘에 앉
아서 심히 기뻐하였고 그 열매는 내 입에 달았도다 [4]그가 나를 인도하여 잔칫집에
들어갔으니 그 사랑은 내 위에 깃발이로구나 [5]너희는 건포도로 내 힘을 돕고 사과
로 나를 시원하게 하라 내가 사랑하므로 병이 생겼음이라 [6]그가 왼팔로 내 머리를
고이고 오른팔로 나를 안는구나 [7]예루살렘 딸들아 내가 노루와 들사슴을 두고 너희
에게 부탁한다 내 사랑이 원하기 전에는 흔들지 말고 깨우지 말지니라

이 단락에는 다음과 같은 내용들이 나온다.

I. 신부가 그녀의 사랑하는 자를 칭찬하며, 다른 그 어떤 자보다도 그가 뛰어나다고 말함. 수풀 가운데 사과나무는 다른 나무들처럼 그렇게 높이 자라지도 않고 넓게 퍼지지도 않지만 보기 좋고 이로운 열매를 내어서 사람을 유익하게 하지만, 다른 나무들은 심지어 백향목조차도 베어지기 전까지는 거의 쓸모가 없는데, 남자들 중에 나의 사랑하는 자는 그런 사과나무 같아서, 하나님의 모든 아들들인 천사들보다 뛰어나고(천사들에게 주어지지 않은 그런 존귀함이 그에게는 주어졌다, 히 1:4), 사람들의 모든 아들들보다 뛰어나다. 그는 그들 모두보다 더 아름답고, 그들 중에 가장 순수한 자들보다 더 아름답다(시 45:2). 네가 뛰어난 피조물들을 하나하나 이름을 들어보라. 너는 그리스도가 그들 모두보다 더 뛰어나다는 것을 발견하게 될 것이다. 이 세상은 우리 영혼에게 열매를 맺지 못하는 나무이고, 그리스도는 열매를 많이 맺는 나무이다.

II. 신부가 그와 교제하면서 얻었던 차고 넘치는 위로를 기억함. 목자들이

종종 나무 아래에서 쉬면서 서로 얘기하듯이, 그녀는 그의 곁에 앉아서 심히 기뻐하였다. 그녀는 주 예수의 옆에 아주 가까이 앉음으로써 두 가지 유익을 얻었다.

1. 기운을 차리게 해주는 그늘. 내가 그의 그늘에 앉아서, 태양의 찌는 듯이 더운 열기로부터 보호를 받으며, 시원하게 휴식을 취하였다. 그리스도는 믿는 자들에게 큰 나무 그늘이나 곤비한 땅에 큰 바위 그늘과 같다(사 32:2; 25:4). 그들의 가엾은 영혼이 다윗의 경우처럼 죄를 깨닫고서 율법에 대한 공포 가운데서 말라가거나(시 32:4), 로뎀 나무 아래에 앉은 엘리야처럼 이 세상의 환난으로 말미암아 피곤하고 지쳤을 때(왕상 19:4), 그들은 그리스도와 그의 이름, 그의 은혜들, 그의 위로들, 그가 가엾은 죄인들을 위하여 행하시는 일 속에서 그런 그늘을 발견하고, 그 그늘 아래에서 다시 새 힘을 얻는다. 수고하고 무거운 짐을 진 자들은 그리스도 안에서 쉼을 발견할 수 있다. 이 그늘을 그냥 지나쳐서는 아무 소용이 없기 때문에, 우리는 그 그늘 아래에 앉아야 한다(이는 내가 영원히 쉴 곳이라 내가 여기 거주할 것은 이를 원하였음이로다, 시 132:14). 우리는 그것이 요나의 박넝쿨처럼 곧 시들어서 그를 내적으로나 외적으로나 뜨거운 열기 속에 내버려 두지 않을 것이고, 도리어 생명 나무처럼 그 잎사귀들이 피난처가 되어 줄 뿐만 아니라 만국을 치료하는 약이 되어 주리라는 것을 알게 될 것이다. 우리는 그 그늘에 앉아서 심히 기뻐하여야 하고, 그 그늘이 주는 보호를 온전히 신뢰하여야 하며(삿 9:15), 그 그늘이 주는 새 힘을 온전히 만족해하여야 한다. 그러나 이것이 전부가 아니다.

2. 영양가 있는 맛 있는 음식. 이 나무는 그 그늘에 앉아 있는 자들에게 자신의 열매들을 떨어뜨려 줄 것이고, 그 열매들은 다른 사람들에게는 어떨지 몰라도 그들의 입에 달 것이다. 믿는 자들은 주 예수가 인자하시다는 것을 맛보았다(벧전 2:3). 그의 열매들은 모두 그의 피로 사서 그의 성령을 통해서 전한 새 언약의 귀한 특권들이다. 믿는 자에게는 약속들만이 아니라 교훈과 명령들도 달다. 내가 내 속사람으로는 하나님의 법을 즐거워한다(롬 7:22). 죄 사함과 양심의 평화가 달고, 하나님의 사랑에 대한 확신과 성령의 기쁨, 영생에 대한 소망, 지금 주어지는 영생의 맛보기들이 달다. 이 모든 것들은 영적인 지각을 사용할 줄 아는 자들에게 달다. 우리가 죄의 즐거움에 대하여 맛을 잃게 되면, 하나님의 위로들이 우리의 입맛에 달 것이고, 꿀과 송이꿀보다 더 달다.

Ⅲ. 신부가 예수 그리스도와 교제하면서 얻은 온갖 유익과 위로로 인해서 그에게 빚을 지고 있다고 고백함(4절). "나는 사과나무 아래에 앉아서 거기 있는 것만도 너무나 기뻤지만, 그는 내게 그와 더 친밀한 교제를 나눌 수 있도록 허락하였다. 여호와께 복을 받은 자여 들어오라 어찌 밖에 서 있느냐. 그가 나를 인도하여 잔칫집에 들어갔으니, 그 곳은 그가 온갖 종류의 위로들과 사과나무의 열매로부터 좀 더 감칠 맛 있는 포도나무의 열매에 이르기까지 온갖 열매들로 그의 특별한 친구들을 대접하는 곳이었다." 자기가 가진 신령한 기쁨들을 소중히 여기는 자에게는 더 많은 기쁨이 주어질 것이다. 어떤 랍비는 여기에서 잔칫집을 율법에 대한 해석이 이루어졌던 회막을 가리키는 것으로 이해한다. 우리는 이것을 복음이 전파되고 복음의 규례들, 특히 포도주의 잔치인 성찬이 베풀어지는 그리스도인들의 성회, 특히 그러한 규례들 속에서 이루어지는 하나님과의 교통(交通)에 적용할 수 있을 것이다.

1. 신랑은 신부를 어떻게 이끌었는가. "그가 나를 인도하여, 내 속에 하나님께 가까이 나아가고자 하는 마음을 불러일으켰고, 낙심한 나의 손을 잡아 일으키고서 나를 이끌었으며, 나로 하여금 담대하게 아버지이신 하나님께 나아갈 수 있게 해주었다(엡 2:18)." 만약 그리스도께서 우리를 위해 새롭고 산 길을 열어 주고 우리 속에 새로운 생수의 원천을 열어 주는 방식으로 우리를 이끌지 않으셨다면, 우리는 결코 잔칫집에 들어가지 못했을 것이다.

2. 신랑은 신부를 어떻게 환대하였는가. 그 사랑은 내 위에 깃발이로구나. 그는 내 머리 위에 깃발을 펼친 채로 나를 인도하였다. 그 깃발은 그가 우리를 이기고 승리했다는 것을 나타내는 것이 아니라, 그가 우리를 기뻐한다는 것을 나타내는 것이었다. 그는 항상 우리로 하여금 그와 더불어서 및 그 안에서 이기게 하셨다(고후 2:14). 복음은 깃발 또는 기치에 비유되고(사 11:12), 그 깃발에 금으로 된 글자, 아니 피로 쓴 글자로 새겨진 단어는 사랑이다. 이것은 잔칫집에서의 대접이다. 그리스도는 우리의 구원의 창시자이고, 그의 모든 군사들을 사랑의 깃발 아래에 모이게 하신다. 그 깃발이 그들의 중심이다. 그들은 늘 그 깃발을 주목하고, 그 깃발을 보고 힘을 얻는다. 그리스도의 사랑이 그들을 용감하게 싸우도록 강권한다. 성을 점령하면, 정복자는 그 성에 자신의 깃발을 꽂는다. "그는 그의 사랑으로 나를 정복하였고, 그의 인자함으로 나를 이겼기 때문에, 그것이 내 위에 있는 깃발이다." 신부는 이것을 그녀가 이전에 경험했던 일

로 얘기하면서, 즐거운 마음으로 그 일을 회상한다. 우리는 우리가 먹은 떡을 잊지 말고, 그 일을 떠올리며 이 광야에서 만나로 우리를 먹이신 하나님께 감사하여야 한다.

Ⅳ. 신부가 예수 그리스도에 대한 그녀의 강렬한 애정과 지극히 열정적인 사랑을 고백함(5절). 내가 사랑하므로 병이 생겼고, 사랑에 눌리고 압도되어서 병에 걸렸다. 다윗은 주의 규례들을 항상 사모함으로 내 마음이 상하나이다(시 119:20)라고 말하고, 나의 영혼이 주의 구원을 사모하여 혹시 거기에 못미칠까 염려하여 철저하게 해두고자 신경을 쓰느라 피곤하다(시 119:81)고 말함으로써, 이 본문을 해설해 주고 있다. 신부는 지금 그녀의 사랑하는 자와 떨어져 있어서, 그가 빨리 돌아오기를 기다리고 있고, 그가 멀리 있다는 것과 오는 것이 지체되고 있다는 것 때문에 슬픔을 주체할 수 없다. 영혼이 이 세상을 사랑하다가 질리는 것보다는 그리스도를 사랑하므로 병이 생기는 편이 훨씬 낫다. 신부는 자기로 하여금 힘을 차릴 수 있게 해줄 것들을 달라고 소리친다. "너희는 건포도 또는 향유나 꽃들 같이 나로 하여금 기운을 차릴 수 있게 해줄 것들을 무엇이든지 가져오라. 사과들, 즉 저 사과나무의 열매들로 나를 시원하게 하고(3절), 그리스도의 공로와 그분에 대한 묵상, 나의 영혼에 대한 그의 사랑을 아는 지각으로 내게 힘을 더하라." 그리스도를 사랑하므로 병이 생긴 자들은 신령한 위로들을 아직 기다리고 있는 동안에도 영적인 힘이 부족하지 않을 것이다.

Ⅴ. 신부가 그리스도의 신령한 은혜가 지닌 능력과 사랑을 체험하고서 기진맥진한 상태에서 회복이 됨(6절). 그는 물러간 듯이 보였지만, 그럴 때조차도 아주 즉각적인 도움이 되신다.

1. 그는 사랑 때문에 병이 난 영혼을 붙들어 주시고, 그 영혼이 기진하지 않게 지켜주신다는 것. "그가 왼팔로 내 머리를 감싸안고서 편안하게 누이신다." 다윗은 그의 영혼이 하나님을 바짝 가까이 따를 때에 하나님의 손이 그를 붙드시는 것을 체험하였고(시 63:8), 욥은 고난을 당하는 가운데에서도 하나님이 그에게 힘을 더하시는 것을 깨달았다(욥 23:6). 모든 성도들은 하나님의 손에 있고, 하나님은 그들의 아픈 머리를 부드럽게 감싸신다.

2. 그는 사랑 때문에 병이 난 영혼에게 힘을 주셔서, 그가 돌아올 때까지 그 영혼이 계속해서 기다릴 수 있게 해주신다는 것. "그동안에 그가 오른팔로 나를 안아서, 그의 사랑에 대한 의심할 수 없는 확신을 내게 주시는구나." 믿는 자들

이 지닌 모든 힘과 위로는 주 예수의 왼팔이 그들을 떠받치고 오른팔이 그들을 안은 데에서 온다.

VI. 신부는 그녀의 사랑하는 자가 이렇게 가까이 그녀 곁에 있다는 것을 깨닫고서, 그와의 교제가 중단되지 않도록 정성을 다함(7절). 예루살렘 딸들아 내가 너희에게 부탁한다. 이것은 우리 모두의 어머니인 예루살렘이 그의 모든 딸들에게, 교회가 그의 모든 지체들에게, 믿는 영혼이 그의 모든 능력들과 기능들에게, 신부가 그녀 자신과 주변의 모든 사람들에게 부탁하는 말이다: 내가 그의 팔에 안겨 잠들어 있으니(6절), 내 사랑이 원하기 전에는 흔들지 말고 깨우지 말지니라. 신부는 노루와 들사슴, 즉 사랑스러운 들사슴과 아름다운 노루처럼 그들의 눈에 사랑스럽고 예쁜 모든 것을 두고 그들에게 이런 부탁을 한다. "내 사랑은 너희에게 예쁘고 소중한 들사슴이나 노루보다 내게는 더 아름답고 소중한데, 이 내 사랑은 들사슴이나 노루처럼 조금만 소리가 나도 잠을 깨고 말 것이다."

1. 그리스도와의 달콤한 교제와 그의 사랑의 구체적인 증표들을 경험하는 자들은 그 복된 상태가 계속되기를 바라지 않을 수 없다. 베드로는 변화산에서 영광스러운 광경을 보자 거기에 초막을 지어 영원히 살고 싶어하였다(마 17:4).

2. 그리스도는 그와의 이런 놀라운 교제를 언제든지 거두실 수 있으시다. 왜냐하면, 그는 자유롭게 행하시는 분이시고, 성령도 바람처럼 임의로 불며, 우리는 그의 뜻에 묵묵히 순종하는 것이 합당하기 때문이다.

3. 우리는 그를 화나게 하여 물러가게 하거나 그의 얼굴을 숨기게 하는 일을 하지 않도록, 주의 깊게 우리 자신의 마음을 살펴서, 성령을 근심하게 할 수 있는 모든 생각을 없애는 것이 마땅하다. 그리스도의 위로를 지니고 있는 자들은 죄를 범하여 그 위로를 날려 버리지 않도록 조심하여야 한다.

[8]내 사랑하는 자의 목소리로구나 보라 그가 산에서 달리고 작은 산을 빨리 넘어오
는구나 [9]내 사랑하는 자는 노루와도 같고 어린 사슴과도 같아서 우리 벽 뒤에 서서
창으로 들여다보며 창살 틈으로 엿보는구나 [10]나의 사랑하는 자가 내게 말하여 이
르기를 나의 사랑, 내 어여쁜 자야 일어나서 함께 가자 [11]겨울도 지나고 비도 그쳤
고 [12]지면에는 꽃이 피고 새가 노래할 때가 이르렀는데 비둘기의 소리가 우리 땅에

들리는구나 [13]무화과나무에는 푸른 열매가 익었고 포도나무는 꽃을 피워 향기를 토하는구나 나의 사랑, 나의 어여쁜 자야 일어나서 함께 가자

여기에서 교회는 기절한 것에서 깨어나서 그리스도와 교제하게 될 것을 생각하며 몹시 기뻐한다.

I. 그가 다가오는 것을 그녀가 기뻐함(8절).

1. 그녀는 그가 말하는 것을 듣는다. "이것은 내 사랑하는 자의 목소리로구나. 그가 나를 불러 그가 오고 있다고 내게 말씀하시는구나." 그의 양 떼 중의 하나처럼 그녀는 그를 보기 전에 그의 목소리를 알고, 그 목소리를 타인의 음성과 쉽게 구별할 수 있으며(요 10:4-5), 신랑의 신실한 친구처럼 신랑의 음성을 듣고 크게 기뻐한다(요 3:29). 그녀는 뛸듯이 기쁘고 너무나 반가워서 이렇게 소리친다. "내 사랑하는 자의 목소리로구나. 이것은 다른 사람의 목소리일 수가 없다. 왜냐하면, 그 외에 다른 목소리는 내 마음에 와 닿아서 내 마음을 불타오르게 할 수 없기 때문이다."

2. 그녀는 그가 오는 것을 본다. 그녀는 우리의 하나님, 우리의 왕이 오시는 것을 본다. 보라 그가 오는구나. 이것은 구약의 성도들이 그리스도께서 육체로 오시는 것을 미리 내다본 것에 적용하는 것이 마땅할 것이다. 아브라함은 그리스도의 날을 멀리서 보고 기뻐하였다. 그 날이 가까이 올수록, 그 전망은 더욱 뚜렷해졌다. 믿음의 눈으로 이스라엘의 위로를 기다리던 자들은 그가 오는 것을 보았고, 그것을 보고 크게 기뻐하였다. 보라 그가 오는구나. 그들은 그가 보라 내가 왔노라고 말하는 것을 들었기 때문에(시 40:7) 그 음성에 믿음으로 화답한다. 보라 그가 약속한 대로 오는구나.

(1) 그는 즐거운 마음으로 아주 경쾌하게 온다. 그는 그가 하는 일이 좋고 거기에 온통 마음이 가 있으며 사람들을 기뻐하여서, 노루와도 같고 어린 사슴과도 같이 껑충껑충 뛰어 한달음에 오고 있다(9절). 그가 피의 세례를 받아서 일을 이루기까지 그의 답답함이 어떠하였겠는가(눅 12:50)!

(2) 그는 그의 길에 놓인 온갖 난관들을 가볍게 여기며 극복하고 온다. 그는 그가 뚫고 지나야 할 장애들을 수월하게 뛰어넘어서 산에서 달리고 작은 산을 빨리 넘어 온다. 그는 율법의 저주, 십자가의 죽음을 겪어야 하고, 흑암의 모든 권세들과 싸워야 했지만, 그의 견고한 사랑 앞에서 이 큰 산들은 평지가 되고 만

다. 하나님의 교회를 구원하는 일에 그 어떤 방해와 난관이 있다고 할지라도, 그리스도께서는 그것을 뚫고 나가며 극복하실 것이다.

(3) 그는 노루와도 같고 어린 사슴과도 같아서 신속하게 온다. 그들은 하루가 일 년 같아서 시간이 오래 걸린다고 생각했지만, 사실 그는 신속히 온 것이었다. 그 때처럼 이제도 그는 빨리 오실 것이다. 오실 이가 오시리니 지체하지 아니하시리라(히 10:37). 그는 자기 백성을 구원하러 오실 때에 구름을 타고 날아 오시기 때문에, 시간을 지체하여 가장 좋은 때를 놓치는 일이 없으시다. 우리는 이것을 개별 신자들에게 적용해 볼 수 있다. 그들은 그리스도께서 오감으로 느낄 수 있는 위로들을 그들에게서 거두시고 그들을 버리신 것처럼 보일지라도, 그것은 잠깐이고, 그는 곧 영원한 인자하심과 사랑으로 돌아오신다는 것을 깨닫는다.

Ⅱ. 그녀가 그와 그의 은총을 얼핏 보고 기뻐함. "그가 우리 벽 뒤에 서 있다. 나는 그가 거기에 있다는 것을 안다. 왜냐하면, 그가 종종 창으로 들여다보며, 창살 틈으로 그 모습을 나타내 보이기 때문이다." 구약 교회가 처한 상태는 이런 것이어서, 그녀는 그런 상태로 메시야가 오시기를 기다리고 있었다. 예식법은 중간에 막힌 담(엡 2:14), 수건(고후 3:13)이라 불린다. 그러나 그리스도께서는 그 담 뒤에 서 계셨다. 그는 그들 가까이에 계셨다. 비록 그들은 그를 똑똑히 볼 수는 없었지만, 그는 그들과 함께 하셨다. 실상(實像)이자 실체이셨던 그는 그림자들로부터 그리 멀리 있지 않았다(골 2:17). 그들은 그가 예식들이라는 창으로 그들을 들여다보고 계시고 그 창살 틈으로 웃고 계시는 것을 보았다. 그들의 희생제사들과 결례(潔禮)들 속에서 그리스도께서는 그들에게 자신을 드러내시고, 그의 은혜의 전조들을 보게 하심으로써, 그가 오기를 기다리는 그들을 격려하셨다. 그리스도의 재림을 기다리는 우리의 현재의 상태도 바로 그러하다. 우리는 지금은 거울로 보는 것 같이 희미하게 그를 보고 있고(육신은 우리와 그 사이에 있는 담이고, 우리는 육신의 창들을 통해서 가끔씩 그를 볼 뿐이다), 얼굴과 얼굴을 대하여 보고 있지는 못하지만, 장차 그를 그렇게 얼굴을 맞대고 보게 될 것이다. 성례들 속에서 그리스도는 우리와 가까이 계시지만, 외적인 상징들이라는 벽 뒤에 계셔서, 이 창살 틈으로 우리에게 자신을 나타내신다. 그러나 우리는 곧 그의 참모습 그대로 그를 보게 될 것이다. 어떤 이들은 이것이 믿는 자가 캄캄한 가운데에 있을 때의 상태를 보여주는 것으로 생각한

다. 그리스도는 눈에 보이지 않지만 멀리 계시는 것이 아니다(욥 34:14을 보고, 욥 23:8-10을 참조하라). 그녀는 그녀와 그녀의 사랑하는 자 사이를 가로막고 있는 벽을 우리 벽이라고 부른다. 왜냐하면, 우리와 하나님을 갈라 놓는 것은 다름 아닌 죄이고, 그 죄는 우리 자신이 세운 벽이기 때문이다(사 59:1). 그 벽 뒤에서 그는 우리가 회개할 때에 기꺼이 화해하시고 은혜를 주시려고 기다리고 계신다. 그는 창으로 들여다보며, 우리 마음의 상태가 어떠하고 우리 영혼이 어떻게 하는지를 지켜 보신다. 그는 창을 통해서 자신의 모습을 드러내심으로써 그들에게 위로를 주심으로써 그들로 계속해서 그가 돌아오기를 소망할 수 있게 하신다.

Ⅲ. 그가 전에 그녀에게 함께 걷자고 초대했던 일을 그녀가 회상함(10-13절). 그녀가 그녀의 사랑하는 자가 그녀에게 했던 말을 기억하는 것은 그 말이 그녀에게 너무나 기쁘고 강력한 인상을 남겼고, 우리를 살리는 말씀은 결코 잊지 못하는 법이기 때문이다. 그녀는 다른 사람들이 힘을 얻을 수 있도록 하기 위하여, 그가 그녀의 영혼에 무슨 말을 했고, 그녀의 영혼을 위하여 어떤 일을 행하였는지를 그들에게 들려준다(시 66:16).

1. 그는 그녀를 그의 사랑, 그의 어여쁜 자라고 불렀다(10절). 다른 사람들은 그녀를 어떻게 보든, 그에게 그녀는 마음에 드는 자이고, 그의 눈에 사랑스러운 자이다. 그리스도는 그를 자신의 사랑하는 자로 받아들인 자들을 그의 사랑하는 자라 시인하실 것이다. 그리스도께 쏟아진 사랑은 어느 하나도 결코 헛되이 상실되지 않는다. 그리스도께서는 믿는 자들에 대한 그의 사랑을 표현함으로써 그들이 그를 따르도록 초청하고 격려하신다.

2. 그는 그녀에게 일어나서 함께 가자고 말하였다(10, 13절). 이 말이 반복되고 있는 것은 그녀가 주저하고 있음을 나타내는 것이기도 하지만(우리는 예수 그리스도로부터 함께 가자는 말을 종종 들을 필요가 있기 때문에, 경계에 경계를 더하며 교훈에 교훈을 더하여야 한다), 그의 진지한 마음을 나타내는 것이기도 하다. 그는 귀한 영혼들이 잘 되기를 바라는 마음이 너무나 간절하기 때문에 그 영혼들에게 유익한 것을 아주 간곡하고 끈질기게 권면한다.

3. 그는 봄이 돌아왔고 날씨가 화창하다는 것을 그 이유로 들었다.

(1) 좋은 계절이라는 것이 아주 다양한 표현들을 통해서 우아하게 묘사된다.

[1] **겨울**, 즉 어둡고 춥고 황량했던 겨울은 **지났다**. 길고 힘들었던 겨울이 마침내 지나갔다. 겨울이 아무리 길어도 언제까지나 계속되지는 않는다. 봄은 추운 겨울 뒤에 오기 때문에 더욱 반갑다. 겨울은 봄의 아름다움을 돋보이게 하기 위한 것이다(전 7:14). 하늘이나 땅의 얼굴은 항상 동일한 것이 아니고, 끊임없이 주기적으로 변화한다. **겨울은 지났**지만, 그렇다고 해서 영원히 지나가 버린 것은 아니다. 겨울은 또다시 올 것이다. 그러므로 우리는 여름에 겨울을 대비하여야 한다(잠 6:6, 8). 우리는 겨울에 울되 울지 않는 것 같이 하고, 여름에 기뻐하되 기뻐하지 않는 것 같이 하여야 한다. 겨울이든 여름이든 지나가게 되어 있기 때문이다.

[2] **비**, 즉 겨울비, 비바람치며 내리던 추운 비는 **그쳤다**. 그 비가 이제 그치고, 초목을 자라나게 하는 이슬이 내린다. 세상을 물바다로 만들었던 비가 마침내 그쳤을 때(창 8:1-3), 하나님은 다시는 세상을 물로 심판하지 않으시겠다고 약속하셨는데, 이것은 은혜의 언약의 모형(예표)이자 비유였다(사 54:9).

[3] **지면에는 꽃이 핀다**. 겨울 내내 꽃들은 죽어서 그 뿌리 속에 숨어 있었고, 밖으로 나올 엄두를 낼 수 없었다. 그러나 봄이 되자, 꽃들은 다시 살아나서 놀랍도록 다양하고 싱싱한 모습을 나타내고, 그 꽃들을 다시 피어나게 만든 이슬과 마찬가지로 **사람을 기다리지 않는다**(미 5:7). 꽃들은 피어나지만, 곧 다시 사라질 것이다. 이 점에서 사람은 들의 꽃과 같다(욥 14:2).

[4] **새가 노래할 때가 이르렀다**. 겨울 내내 어딘가로 숨어서 거의 나타나지 않았던 작은 새들도 봄이 오자 겨울의 온갖 끔찍한 기억들을 다 잊고서, 그들의 창조주를 찬양하는 노래를 있는 힘을 다해서 부른다. 새들을 창조하신 하나님은 새들이 먹을 것이 없어 슬피 우는 소리도 아시고(시 147:9), **기뻐서 지저귀는** 소리도 아신다(시 104:12). 새들도 이렇게 그들의 창조주를 찬양하며 노래하는데, 하나님이 더 잘 먹여 주시고(마 6:26) 더 잘 가르쳐 주시며(욥 35:11) **많은 참새보다 더 귀한** 우리가 입을 다물고 하나님을 찬송하지 않는 것은 부끄러운 일이다. 참새들은 쓸데없는 걱정을 하지 않고 살아가기 때문에(마 6:26) 노래하지만, 우리는 쓸데없이 걱정하기 때문에 불평을 늘어 놓는다.

[5] **비둘기의 소리가 우리 땅에 들린다**. 비둘기는 올 때와 노래할 때를 정확히 지키는 철새들 중의 하나이다(렘 8:7). 비둘기는 이렇게 제때에 와서 창조주를 찬송하는데, 우리가 **하나님의 법을 알지 못하고**, 지금이 어느 때인지도 깨닫지

못하며, 제때에 해야 할 일도 알지 못해서 노래할 때에 노래하지 않는 것은 부끄러운 일이다.

[6] 무화과나무에는 푸른 열매가 익었다. 우리는 무화과나무를 보고 시절을 알 수 있는데, 이 나무의 푸른 열매가 익으면 여름이 가까운 것이다(마 24:32). 포도나무는 꽃을 피워 향기를 토한다. 땅은 꽃만이 아니라(12절) 열매도 낸다. 열매들이 내는 향기는 몸에 이롭기 때문에 단지 보기에만 즐거운 꽃들보다 훨씬 더 낫다. 포도나무의 향기가 뱀을 쫓는다는 속설이 있는데, 옛 뱀이 누구이고, 참 포도나무가 누구신지를 우리는 아주 잘 알고 있다.

(2) 그리스도께서 함께 걷자고 초청하는 이유로 제시되고 있는 돌아온 봄에 관한 이러한 묘사는 다음과 같은 것들에 적용될 수 있다.

[1] 구약 시대가 끝나고 그 대신에 복음 시대가 도래한 것. 구약의 율법 시대는 교회에게 겨울이었다. 그리스도의 복음은 얼었던 것들을 녹여 주고, 전에는 꽁꽁 얼어붙어서 아무런 열매를 맺을 수 없었던 것들이 열매를 낼 수 있게 만들어 준다. 복음은 가는 곳마다 그 곳에 아름다움과 영광을 덧입혀 주기 때문에(고후 3:7-8), 거기에는 기쁨이 있다. 봄은 즐거운 때이고, 복음 시대도 마찬가지이다. 보라 동터오는 시대가 얼마나 큰 기쁨을 불러일으키는지! 이것은 로마의 시인 베르길리우스(Vergilius, 주전 70-19년)가 자기가 생각했던 것보다 더 신속하게 메시야의 나라가 이 땅에 세워지기 시작하는 것을 보면서 한 말이다. 또한, 시편 96:11을 보라. 그러므로 일어나서, 이 봄날을 만끽하자. 세상과 육신을 떨쳐 버리고 일어나서, 그리스도와의 교제 속으로 들어가자(고전 1:9).

[2] 교회가 박해하는 원수들의 세력으로부터 건짐을 받은 것. 교회는 고난과 속박의 혹독한 겨울을 지낸 후에 자유와 평화를 회복하였다. 환난의 폭풍이 지나가고, 비둘기의 소리, 그리스도의 복음의 기쁜 소리가 다시 들리고 예배를 자유롭게 드릴 수 있는 때가 왔으니, 일어나서 함께 가서 이 복된 때를 선용하자. 주의 빛 가운데서 행하라. 주의 길에서 노래하라. 교회들은 평안함을 얻었을 때에 덕 세움을 받았다(행 9:31).

[3] 죄인들이 자연의 상태로부터 은혜의 상태로 회심한 것. 이 복된 변화는 봄이 돌아온 것과 마찬가지로 모든 것이 변해서 아주 기분 좋은 변화이다. 그것은 새로운 창조이다. 그것은 다시 태어난 것이다. 겨울철의 땅처럼 모든 것이 꽁꽁 얼어붙어서 힘들고 무익했던 영혼이 봄날의 땅처럼 열매들을 내고 점

차 그 열매들을 온전히 무르익게 한다. 이 복된 변화는 순전히 의의 해가 가까이 오면서 하늘로부터 우리를 부르셔서 일어나 함께 가자고 하시며 감화를 끼친 덕분이다. 오라, 우리가 여름에 거두어들이자.

[4] 성도들이 내적으로 낙담하고 풀이 죽은 상태에 있다가 하나님의 위로들을 받고 다시 소생한 것. 하나님의 자녀가 의심과 두려움 속에 있는 것은 겨울철의 땅과 같아서, 그 밤들이 길고, 그 낮들이 어두우며, 선한 감정들은 싸늘하게 식어 있고, 그 손발이 묶여서 이루어지는 일이 없고 얻는 것이 없게 된다. 그러나 하나님의 위로가 다시 돌아와서, 새들이 다시 노래하고, 꽃들이 다시 필 것이다. 그러므로 풀이 죽은 가엾은 영혼아, 일어나서 너의 사랑하는 자와 함께 가라. 너는 일어나 티끌을 털어 버릴지어다(사 52:2). 일어나라 빛을 발하라 이는 네 빛이 이르렀음이니라(사 60:1). 오라 우리가 여호와의 빛에 행하자(사 2:5).

[5] 몸이 부활하고 영광이 나타나게 될 저 마지막 날. 무덤 속에 있던 뼈들은 겨울 동안에 땅 속에 있던 식물들의 뿌리처럼 그 때에 연한 풀과 같이 무성할 것이다(사 66:14; 26:19). 그 때에는 겨울은 영원히 가고, 기쁨 가운데에 영원한 봄이 시작될 것이다.

[14]바위 틈 낭떠러지 은밀한 곳에 있는 나의 비둘기야 내가 네 얼굴을 보게 하라 네 소리를 듣게 하라 네 소리는 부드럽고 네 얼굴은 아름답구나 [15]우리를 위하여 여우 곧 포도원을 허는 작은 여우를 잡으라 우리의 포도원에 꽃이 피었음이라 [16]내 사랑하는 자는 내게 속하였고 나는 그에게 속하였도다 그가 백합화 가운데에서 양 떼를 먹이는구나 [17]내 사랑하는 자야 날이 저물고 그림자가 사라지기 전에 돌아와서 베데르 산의 노루와 어린 사슴 같을지라

이 단락에는 다음과 같은 내용들이 나온다.

I. 그리스도께서 교회와 모든 믿는 영혼에게 와서 그와 교제하자고 초청함 (14절).

1. 그의 사랑은 이제 그의 비둘기이다. 다윗은 교회를 하나님의 멧비둘기이라고 불렀고(시 74:19), 교회는 여기에서도 그렇게 불린다. 비둘기는 아름다움을 상징하고, 은으로 입힌 비둘기의 날개(시 68:13)는 순결함과 악의 없음을 상징한다. 은혜를 받은 영혼은 비둘기 같이 그 누구에게도 해를 끼치지 않고, 사

랑스러운 평안함과 깨끗함을 지니며, 비둘기가 그의 짝에게 하듯이 그리스도께 신실한 영혼이다. 성령은 그리스도에게 비둘기 같이 내려 오셨고, 모든 그리스도인에게도 그렇게 임하여 그들로 하여금 온유하고 안정한 심령을 지니게 만든다. 교회는 그리스도의 비둘기이다. 왜냐하면, 그는 그녀를 시인하고 기뻐하기 때문이다. 그녀는 오직 그와 그의 방주 안에서만 안식을 발견할 수 있기 때문에, 그녀의 노아인 그에게 돌아간다.

2. 이 비둘기는 바위 틈 낭떠러지 은밀한 곳에 있다. 이것은 다음 둘 중의 하나이다.

(1) 그녀에 대한 찬사. 그리스도는 바위이시고, 그녀는 오직 그에게로 가야만 안전하고 평안할 수 있다고 생각하기 때문에, 마치 비둘기가 맹조류의 공격을 받을 때에 바위 틈으로 들어가듯이, 그에게로 피한다(렘 48:28). 모세는 하나님의 영광을 어떻게 좀 볼 수 있을까 해서 바위 틈으로 숨었다. 그렇게 하지 않았다면, 그는 하나님의 영광의 광채를 감당할 수 없었을 것이다. 그녀는 낭떠러지 은밀한 곳으로 들어간다. 거기에서 그녀는 홀로 아무런 방해도 받지 않은 채로 자신의 마음과 더 잘 얘기할 수 있다. 선한 그리스도인들은 홀로 있는 시간을 갖고자 하는 법이다. 그리스도께서도 종종 홀로 산에 가셔서 기도하셨다.

(2) 그녀에 대한 책망. 그녀는 용기가 없고 낙심되어서 그녀의 사랑하는 자를 보기를 꺼려하여, 두려움과 부끄러움 때문에 어디론가 숨기 위하여 바위 틈과 은밀한 곳으로 기어들어갔다. 그녀는 자기가 그 앞에 나아가서 말할 자격이 없다는 것을 알고서, 어리석은 비둘기 같이 도망을 쳤다(호 7:11).

3. 그리스도께서는 은혜로우시게도 그녀를 그녀가 숨은 곳에서 불러내신다. 나의 비둘기야 내게 네 얼굴을 보게 하라 네 소리를 듣게 하라. 그녀는 비둘기 같이 슬피 울고 있었고(사 38:14), 골짜기의 비둘기처럼 낭떠러지에 있는 바위 틈에서 위로 받기를 거부하며 자기 죄악 때문에 슬피 울고 있었다(겔 7:16). 그러나 그리스도께서는 그녀에게 악한 양심에서 깨끗함을 입었으니 흠 없는 얼굴을 들라고 말하며(욥 11:15; 22:26), 그녀를 위한 대제사장이 계시니 은혜의 보좌 앞에 담대히 나아와서 그녀가 간구하고 청할 것이 무엇인지를 말해 보라고 권하신다. 나로 하여금 네 소리를 듣게 하고, 네가 하고 싶은 말을 듣게 하라. 내가 네게 무엇을 하여 주기를 원하느냐. 무시당하거나 퇴짜 맞을 것을 두려워하지 말고, 허심탄회하게 너의 속마음을 얘기해 보라.

4. 그는 그녀에게 힘을 더해 주기 위해서 그녀가 자신에 대하여 어떻게 생각하든 그는 그녀를 좋게 생각하고 있다고 말해 준다. 네 소리는 부드럽다. 비록 네가 제비 같이, 학 같이 지저귈 뿐일지라도(사 38:14), 너의 기도하는 목소리는 정말 듣기가 좋다. 그것은 하나님의 귀에 음악 소리이다. 그는 정직한 자의 기도는 그가 기뻐하시는 것이라고 우리에게 말씀하셨다(잠 15:8). 그는 노아의 제사를 흠향하셨고, 신령한 제사들은 그가 기쁘게 받으신다(벧전 2:5). 이것은 우리의 예배를 칭찬하는 말이라기보다는, 하나님이 지극히 자신을 낮추셔서 우리가 드리는 예배를 가장 좋은 쪽으로 받아들이시고, 성도들의 기도를 통해 드려지는 많은 향을 기쁘게 흠향하신다는 것을 보여주는 말이다(계 8:3). "네가 부끄러워하는 너의 울고 있는 얼굴도 아름다운데, 네가 웃게 될 때에는 네 얼굴이 훨씬 더 아름다우리라." 사람들 앞에서의 우리의 행실이 거룩하고 아주 아름다우며 우리가 한 말과 일치할 때, 우리의 기도는 하나님 앞에 아름답고 열납된다. 거룩하게 된 자들은 최고의 아름다움을 지니고 있는 것이다.

Ⅱ. 그리스도께서 그의 종들에게 그의 교회를 두렵게 하거나 놀라서 겁을 집어먹은 비둘기처럼 바위 틈에 숨게 만드는 것들을 억누르고 없애라고 당부함 (15절). 그런 것들은 이 세상과 사람들의 마음 속에 있는 그의 나라를 해롭게 하는 것들이다. 우리를 위하여 여우들, 포도원에 몰래 숨어든 작은 여우들을 잡으라(우리를 위해 여우들을 잡는 것은 그리스도와 교회에 큰 봉사를 하는 것이다). 왜냐하면, 여우들은 작지만 포도원을 헐어서 큰 해를 끼치고, 특히 지금 포도원에 꽃이 핀 때에는 아직 덜 자란 연약한 포도들을 다 못쓰게 만들어서 포도 수확을 망쳐 놓기 때문이다. 믿는 자들은 약하지만 유익한 식물인 포도나무와 같다. 그들의 열매는 처음에는 연약하기 때문에 성숙을 위한 시간이 필요하다. 여우를 잡으라는 이 당부는 다음과 같은 것을 의미한다.

1. 개별 신자들에게 그들 자신의 부패한 심성들 및 죄악된 욕망이나 혈기들을 죽이라는 당부. 그러한 것들은 작은 여우들과 같아서, 은혜와 위로들을 파괴하고, 선한 움직임들을 억누르며, 선한 단초들을 부수고, 그들이 온전하게 되는 것을 방해한다. 작은 여우들, 죄의 최초의 징후들, 바벨론의 어린 것들(시 137:9), 별 것 아닌 것 같아 보이는 죄들을 잡으라. 왜냐하면, 그런 것들은 흔히 나중에 아주 위험스러운 것들이었음이 밝혀지기 때문이다. 우리 속에 선한 일을 하는 것을 방해하는 것이 있다면, 그것이 무엇이 되었든, 우리는 그것을 제

거해야 한다.

2. 모든 사람들에게 사람들의 판단을 잘못되게 만들고, 그들의 양심을 더럽히며, 그들의 생각을 혼란스럽게 하고, 덕과 경건을 행하고자 하는 마음을 꺾는 경향이 있는 모든 견해들과 행위들이 퍼지는 것을 각자의 자리에서 막으라는 당부. 박해자들은 여우들이고(눅 13:32), 거짓 선지자들도 여우들이다(겔 13:4). 우리는 이단이나 분열주의의 가라지를 뿌리는 자들, 디오드레베(요삼 1:9)처럼 교회의 평안을 방해하고 복음의 진보를 가로막는 자들이 해악을 끼치지 못하도록 그들을 죽여서는 안 되지만(그리스도께서는 사람들의 목숨을 멸하기 위해 오신 것이 아니다) 그들을 억제하거나 잘 다스려야 한다.

Ⅲ. 교회가 자기와 그리스도의 관계에 대하여 믿음으로 고백하고, 자기가 그에게 속하여 그와 교제하는 것에 만족한다고 말함(16절). 그는 그녀에게 일어나서 그와 함께 가자고 청하였고, 그녀의 얼굴을 보여주고 그녀의 목소리를 듣게 해 달라고 청하였었다. 이제 여기에는 그의 이러한 청에 대한 그녀의 응답이 나온다. 그녀는 자기가 지금 어두운 곳에 있고 그와 떨어져 있지만, 다음과 같이 자신의 심정을 밝힌다.

1. 그녀는 그녀와 그녀의 사랑하는 자 사이에 맺어져 있는 관계를 생각하고 위로를 받는다. 내 사랑하는 자는 내게 속하였고 나는 그에게 속하였다. 이 원문은 대단히 강조되어 있다. 표현의 간결함은 그녀의 애정이 아주 깊다는 것을 말해주는 것이다. "그가 내게 어떤 존재이고, 내가 그에게 어떤 존재인지는 말로 다 표현할 수 없다."

(1) 그리스도가 그들에게 속하였다는 것은 참된 믿는 자들의 이루 말할 수 없이 큰 특권이다. 내 사랑하는 자는 내게 속하였다. 이것은 소유권만이 아니라("나는 그에 대한 권리를 가지고 있다") 점유권과 보유권도 나타낸다("나는 그의 충만한 데서 받는다"). 믿는 자들은 그리스도와 그의 모든 것을 함께 하는 자들이다. 그들은 그리스도에게 속해 있을 뿐만 아니라 그리스도를 누리고, 언약만 맺은 것이 아니라 그와 교제를 나눈다. 중보자로서 그가 행한 영광스러운 일의 모든 혜택들은 다 그들에게 돌아간다. 그는 그들에게 세상이 줄 수 없는 그런 존재이고, 그들이 필요로 하고 원하는 모든 것이며, 그들을 온전히 행복하게 해줄 그런 존재이다. 그의 모든 것, 즉 그가 가진 모든 것과 그가 행한 모든 것이나 그가 행하고 있는 모든 것은 다 그들의 것이다. 그가 복음 속에서 약

속한 모든 것, 그가 하늘에 마련해 둔 모든 것도 다 그들의 것이다.

(2) 그들이 그리스도에게 속하였다는 것은 모든 참된 신자들의 특징이다. 오직 그럴 때에만, 그리스도는 그들에게 속한 것이다. 그들은 그들 자신을 그에게 드렸다(고후 8:5). 그들은 그의 가르침을 받고 그의 법에 복종한다. 그들은 그의 형상을 지니고 있고, 그의 이해관계를 지지한다. 그들은 그리스도의 소유이다. 우리가 그의 온전하고 유일하며 영원한 소유라면, 우리는 그가 우리에게 속하였다는 것으로부터 위로를 얻을 자격이 있다.

2. 그녀는 그가 그의 은혜를 그의 백성에게 베풀어 준다는 생각에 위로를 얻는다. 그가 백합화들 가운데에서 먹이신다. 그녀는 특별히 그녀에 대한 그의 은총의 증표들이 없더라도, 그가 모든 신자들(그들은 그가 보기에 백합화들이다)과 함께 하고 계시다는 확신으로 말미암아 즐거워한다. 사람이 자신의 상이나 정원으로 말미암아 기뻐하듯이, 그는 신자들과 그들의 성회로 말미암아 기뻐하신다. 왜냐하면, 그는 금 촛대 사이를 거니시기 때문이다. 그는 그들과 교제하시고 그들에게 복을 베푸는 것을 기뻐하신다.

Ⅳ. 교회가 그리스도께서 오시기를 기다리며 기도함.

1. 그녀는 날이 밝아서 그림자가 사라지게 될 것을 의심하지 않는다. 복음의 날이 밝아올 것이고, 예식법의 그림자는 멀리 줄행랑을 치고 말 것이다. 저 어두운 시대의 긴 밤 뒤에 마침내 돋는 해가 위로부터 그들에게 임하여 어둠과 죽음의 그늘에 앉은 자들에게 비치리라는 것이 구약 교회가 위로로 삼고 있던 것이었다. 해가 뜨면 밤의 그림자가 사라지듯이, 실상이 오면 허상들은 다 사라지게 된다. 버림 받아 쓸쓸했던 밤이 지나면, 기쁜 낮이 오는 법이다. 또는, 이것은 그리스도께서 재림하여서 성도들이 영원히 행복하게 될 것을 가리키는 것일 수도 있다. 우리의 현재의 상태 속에서의 온갖 그림자들, 즉 우리의 어둠과 의심들, 우리의 근심과 온갖 애로들은 다 사라질 것이고, 영광스러운 날, 즉 정직한 자들이 다스리게 될 저 아침이 밝아올 것이며, 그 날 이후로는 밤이 없을 것이다.

2. 그녀는 그동안에 그녀의 사랑하는 자가 그녀와 함께 있어서 그녀의 힘과 위로가 되어 주기를 간청함. "내 사랑하는 자야, 내게로 돌아와서 나를 안심시켜 주고, 세상 끝날까지 나와 항상 함께 있어 달라. 내가 극한 상황에 처해 있는 날에 속히 와서 나를 도와 주고, 지체하지 말라. 산들이나 시간과 날들이 우리 사이를

가로막고 있더라도 그것들을 뛰어넘어 내게로 와서, 나로 하여금 저 빛과 사랑을 미리 맛보게 하라."

3. 그녀는 그가 지금 그녀에게로 돌아올 뿐만 아니라, 속히 와서 그녀를 그에게로 데려가 달라고 간청함. "주 예수여 오시옵소서. 그 길에 산들이 가로막고 있을지라도, 당신은 노루나 어린 사슴 같이 그 산들을 쉽게 뛰어넘으실 수 있나이다. 당신이 내게 나타나시든지 나를 당신께 데려가시든지 하소서."

제 — 3 — 장

개요

이 장에는 다음과 같은 내용들이 나온다. I. 교회는 사랑하는 자가 자기에게서 떠남으로 인해서 자기가 겪은 심한 시련, 그의 은총을 다시 회복하기 전에 겪은 고통, 그리고 은총을 회복하였을 때에 다시는 자신의 부주의함 때문에 은총을 상실하는 일이 없게 하겠다고 단단히 결심한 것을 얘기함(1-5절). II. 예루살렘의 딸들이 교회의 훌륭함을 칭송함(6절). III. 교회가 솔로몬과 그의 침상(7-8절)과 호위병들과 병거에 빗대어서 예수 그리스도를 찬미함(9-10절). 교회는 자기를 칭송하던 시온의 딸들에게 예수 그리스도, 특히 대관식 날과 혼인날의 그를 찬미하라고 권함(11절).

1내가 밤에 침상에서 마음으로 사랑하는 자를 찾았노라 찾아도 찾아내지 못하였노
라 2이에 내가 일어나서 성 안을 돌아다니며 마음에 사랑하는 자를 거리에서나 큰
길에서나 찾으리라 하고 찾으나 만나지 못하였노라 3성 안을 순찰하는 자들을 만나
서 묻기를 내 마음으로 사랑하는 자를 너희가 보았느냐 하고 4그들을 지나치자마자
마음에 사랑하는 자를 만나서 그를 붙잡고 내 어머니 집으로, 나를 잉태한 이의 방
으로 가기까지 놓지 아니하였노라 5예루살렘 딸들아 내가 노루와 들사슴을 두고 너
희에게 부탁한다 사랑하는 자가 원하기 전에는 흔들지 말고 깨우지 말지니라

하나님은 야곱의 자손들에게 너희가 나를 찾아보아야 헛되리라고 말씀하신 적이 없지만, 여기에서 신부는 한참 동안이나 그녀의 사랑하는 자를 찾아다녔지만 허탕을 치고 나서, 마침내 그를 찾아내고서 이루 말할 수 없이 만족해한다. 장차 올 좋은 일의 모형이자 비유들인 예식법 속에서 그리스도를 찾는 일은 구약 교회에게 정말 어려운 일이었다. 이스라엘은 그들의 위로가 오기 전에 오래도록 그것을 찾아다녔다. 구약 교회의 파수꾼들은 그를 찾아다니는 자들에게 별 도움을 주지 못하였다. 그러나 마침내 시므온은 그의 영혼이 사랑하는 그를 자신의 팔에 안을 수 있었다. 이것은 개별 신자들의 경우에도 적용될 수 있다. 즉, 그들은 흔히 한참 동안을 어둠 속에서 행하지만, 어두워 갈 때에 빛이 있을 것이어서, 그리스도를 끝까지 찾는 자들은 마침내 그를 만나게 될 것이다. 좀 더 살펴보자.

I. 신부가 침상에서 그를 찾았지만 허사였다는 것(1절). 그녀는 일어나서 주변을 둘러보고, 행위와 예배 속에서 은혜를 찾았을 때에, 그녀의 사랑하는 자가 물러가긴 했어도, 그가 멀리서 오는 것을 볼 수 있었지만(2:8), 지금은 상황이 달라졌다. 그녀는 여전히 그에 대한 애정을 지니고 있었고, 그녀의 영혼이 사랑하는 자는 오직 그였으며, 언약의 끈은 여전히 견고하였다. "그가 나를 죽이시더라도, 내가 그를 의지하겠노라. 그가 나를 떠날지라도, 나는 그를 사랑하리라. 내가 그를 나의 팔로 안을 수 없을 때, 나는 그를 내 가슴으로 안으리라." 그러나 그녀는 다윗이 하나님 곧 살아 계시는 하나님을 갈망했던 것처럼 그와 나누곤 하였던 친교를 원하였다.

1. 그녀가 그를 찾은 것은 밤에 침상에서였다. 그것은 나태하게 있다가 너무 늦게 찾은 것이었다. 그녀의 명철은 가려져 있어서 밤처럼 어두웠고, 그녀의 애정도 차가워져서 그녀의 침상에서 반쯤 졸고 있었다. 지혜로운 처녀들이 신랑이 없을 때에 졸았다. 이것은 믿는 자에게 어두운 때이다. 그녀는 그의 흔적들을 보지 못했지만, 그 흔적들을 찾았다. 예수 그리스도를 사랑하는 영혼을 지닌 자들은 혼자 고요히 있을 때에도 그를 계속해서 찾는 법이다. 그들의 양심이 밤마다 그들에게 그렇게 하라고 가르친다(시 16:7).

2. 그녀는 그를 찾는 데에 실패하였다. 종종 그는 그를 찾지 아니하던 자들에게 찾아냄이 되지만(사 65:1), 여기에서는 그녀가 그를 찾았는데도 모습을 드러내지 않는다. 이것은 그녀의 부패한 성품들, 그녀의 게으름과 안일함에 대한 벌이거나(우리는 올바르게 구하지 않아서 위로를 놓친다), 그녀가 계속해서 찾는지를 살펴보아서 그녀의 믿음과 인내를 시험해 보기 위한 것이다. 가나안 여인은 그리스도를 찾았지만 처음에는 찾아내지 못하다가, 마침내 그를 찾아내었는데, 그렇게 어렵사리 찾아낸 것이 그녀에게 훨씬 더 큰 존귀함과 위로를 가져다 주었다.

II. 그녀가 밖에 나가서 그를 찾았지만 허사였다는 것(2절). 그녀는 은밀하게 예배를 드렸고, 골방의 의무를 다하였으며, 침상에서 그를 기억하고 밤중에 그를 묵상하였지만(시 63:6), 그를 만나 위로를 받지 못하였다. 내가 밤중에 괴로워 견딜 수가 없어서 하나님을 기억하고 불안하여 근심하였다(시 77:2-3). 그렇지만 그녀는 한 번 실망했다고 해서 그대로 주저앉은 것이 아니라, 다른 방법을 사용해 보기로 하였다. 그녀는 이렇게 결심한다. "내가 이제 일어나리라. 내가 나의 사랑하는 자를 여기에서 찾아낼 수 없다면 여기에 누워 있지 않을 것이고, 그가 물러간 것을 그냥 받아들여서 체념하지도 않을 것이다. 그가 나로부터 더 멀리 물러가지 않도록, 내가 지체 없이 일어나서 그를 당장 찾으리라." 그리스도를 찾아낼 때까지 찾고자 하는 자들은 시간을 허비하지 말아야 한다. "내가 따뜻한 침상을 박차고 일어나서 춥고 어두운 밤에 밖으로 나가, 나의 사랑하는 자를 찾으리라." 그리스도를 보고자 하는 자들은 어려운 일들을 만나도 놀라지 말아야 한다. "내가 일어나서 거룩한 성 안을 돌아다니며, 거리들과 큰 길들에서 그를 찾아 보리라." 왜냐하면, 그녀는 지저분한 뒷골목에서 그를 찾을 수 없다는 것을 알고 있었기 때문이다. 우리는 성 안에서, 즉 복음 교회의 모형인 예루살렘에서 그를 찾아야 한다. 그리스도를 찾을 수 있는 가능성이 가장 높은 곳은 시온의 자녀들이 언제나 왕래하는 성전(눅 2:46), 복음 교회의 거리들, 거룩한 규례들 같은 곳들이다. 그녀는 내가 이제 일어나리라고 말했을 때에 선한 목적을 지니고 있었지만, 가장 중요한 것은 선한 행위였다. 그녀는 일어나서 그를 찾았으나(그리스도를 찾고, 그를 아는 지식을 찾으며, 그와의 교제를 찾는 자들은 모든 곳을 다 샅샅이 찾아보아야 한다) 만나지 못하였다. 그녀는 욥처럼 여전히 만족하지 못하고 불안해하며 모든 곳을 살펴보았지만, 하나님의 은총을 보여주는 그 어떤 증표도 찾을 수 없었다(욥 23:8-9). 시편 기자는 이런 때에 종종 하나님이 그에게서 얼굴을 숨기셨다고 하소연한다(시 88:14). 우리는 우리의 본분을 다하고 있으면서도 위로를 받지 못할 수 있다. 왜냐하면, 바람은 임의로 불기 때문이다. 그녀의 거듭된 하소연이 강조되고 있다: 내가 찾았으나 만나지 못하였노라. 이것은 사람들이 내 주님을 옮겨다가 어디 두었는지 내가 알지 못함이니이다(요 20:13)라고 말하였던 막달라 마리아의 하소연과 같은 것이었다.

Ⅲ. 그녀가 순찰하는 자들에게 그의 행방에 대하여 물음(3절). 밤중에 성 안을 순찰하는 자들의 임무는 성 안의 평온과 안전을 유지하고, 질서를 어지럽히는 자들을 통제하며, 정직하고 온순한 자들을 돕고 인도하는 것이었다. 그녀는 그를 찾아 헤매다가 그들을 만났고, 그들에게 그녀의 사랑하는 자의 행방을

아는지를 물었다. 예루살렘의 거리들과 큰 길들에서 그녀는 그녀의 사랑하는 자를 만날 수는 없었지만, 그녀의 주의를 끌 만하고 그녀를 즐겁게 해줄 만한 것들은 얼마든지 만날 수 있었다. 그러나 그 외에는 다른 어떤 것도 그녀의 안중에 없었다. 은혜를 받은 영혼들은 무수히 많은 온갖 즐거운 것들을 뚫고서 그리스도를 찾는다. 그들에게는 그 어떤 최고의 즐거움보다도 그리스도가 더 소중하기 때문이다. 막달라 마리아는 무덤에서 천사들을 보았지만, 그녀가 예수를 보지 못한다면, 그런 일은 아무런 가치도 없는 일이 될 것이었다. **내 마음으로 사랑하는 자를 너희가 보았느냐.** 우리는 끈질기게 그리스도를 찾음으로써 우리가 진정으로 그를 사랑한다는 증거를 나타내 보여야 한다는 것을 명심하라. 혼인집 손님들도 **신랑을 빼앗기면**, 특히 그들의 죄 때문에 신랑이 물러가 버리면 슬퍼해야 한다(마 9:15). 그 신랑을 물러가게 한 장본인이 우리라면, 우리는 그의 은총을 회복하기 위하여 온 마음을 다하고, 이를 위하여 적절한 수단들을 부지런하고 변함없이 사용하여야 한다. 우리는 **내 마음으로 사랑하는 자를 너희가 보았느냐**는 질문을 마음 속에 간직한 채로 성경을 살펴보고, 기도를 많이 하며, 예배를 정성껏 드려야 한다. 오직 그리스도를 직접 본 자들만이 다른 사람들로 하여금 그를 볼 수 있도록 인도할 수 있다. 헬라인들이 명절에 예배하러 와서 빌립에게 한 말도 여기에서 신부가 순찰자들에게 한 말과 같았다(요 12:21). **선생이여 우리가 예수를 뵈옵고자 하나이다.**

IV. 그녀가 마침내 그를 찾아냄(4절). 그녀는 순찰자들에게서 그녀의 사랑하는 자의 행방을 알아낼 수 없다는 것을 알게 되자마자 그들을 **지나쳤다**. 그녀는 그의 행방을 모르는 그들을 더 붙잡고 있을 이유가 없어서 그를 찾는 일을 계속하였다. 왜냐하면, 괴로운 양심은 형제들이나 교회나 사역자들로부터 위로를 받을 수 없고, 오직 믿음으로 그리스도를 만날 때에만 위로 받을 수 있기 때문이다(에인즈워스의 말). 그러나 그녀는 순찰자들과 헤어진 직후에 그녀가 찾았던 그를 만났고, 그토록 만나고 싶어했던 것만큼이나 큰 기쁨으로 그를 **내 마음에 사랑하는 자**라고 불렀다. 그리스도를 계속해서 찾고 또 찾는 자들은 그를 찾아내는 것에 거의 절망하는 바로 그 순간에 마침내 그를 만나게 된다는 것을 명심하라(시 42:7-8; 77:9-10; 사 54:7-8). 우리에게 거듭거듭 실망스러운 일들이 생긴다고 해서 우리는 은혜를 구하는 일을 포기해서는 안 된다. 믿음과 인내를 굳게 붙잡으라. 묵시는 정한 때가 있어서, 비록 순찰자들이 우리에게 그

묵시를 설명해 줄 수 없을지라도, 마침내 스스로 말할 것이고 결코 거짓되지 아니할 것이다(합 2:3). 그 위로는 여러 가지 수단들을 사용해서 시도하며 오래 기다린 끝에 온 것이라 훨씬 더 달콤할 것이다.

V. 그녀가 그를 찾아낸 후에 다시 놓치지 않으려고 꼭 붙잡음. 그녀는 이제 이전처럼 다시 그를 잃게 되지나 않을까 염려한다. 여자들이 부활하신 그리스도를 만났을 때에 그의 발을 붙잡고 경배하였던 것처럼(마 28:9), 그녀는 그를 꼭 붙잡았다. "내가 그를 놓지 아니하였노라. 나는 그를 화나게 하여 떠나게 할 그 어떤 일도 결코 하지 않을 뿐만 아니라, 믿음과 기도로 그를 붙잡아 둘 것이고, 은혜로 말미암아 내적인 평안을 지킬 것이다." 하나님의 위로를 얻기가 얼마나 힘들며, 그 위로를 얻기 위해 얼마나 값비싼 대가를 치러야 하는지를 아는 자들은 그것을 허투루 날려 버리지는 않을지 염려하고, 그것을 안전하게 지키기 위해서라면 그 어떤 일도 마다하지 않는다. 어떤 것을 안전하게 지키는 것은 그것을 얻는 것만큼이나 힘들다. 지혜를 얻은 자들은 그 지혜를 지켜서 간직해야 한다(잠 3:18). 그리스도를 믿음과 사랑의 팔로 붙잡은 자들은 그를 놓지 않을 것이고, 그는 그들과 영원히 함께 할 것이다.

VI. 그녀가 다른 사람들로 하여금 그를 알게 하기를 무척 원함. "나의 모든 혈육들, 내게 소중한 모든 사람들이 그와 교제하는 유익을 얻게 하기 위하여, 나는 그를 내 어머니의 집으로 데려갔다." 삭개오가 그리스도를 만났을 때에 구원이 그의 집에 이르렀다(눅 19:9). 우리는 그리스도를 만나면 그를 우리 집, 특히 우리의 마음으로 모셔 와야 한다. 교회는 우리의 어머니이기 때문에, 우리는 교회가 잘 되도록 관심을 가져야 한다. 우리는 그리스도께서 교회에 임재하시고, 그의 백성과 사역자들에게 늘 임재해 계시도록 간절히 기도하여야 한다. 자신의 영혼에 그리스도의 은총의 증표들을 누리고 있는 자들은 교회와 그 모든 성회들도 그의 은총의 증표들을 누릴 수 있기를 원하여야 한다.

VII. 그가 방해받지 않도록 그녀가 세심하게 마음을 씀(5절). 그녀는 앞에서와 마찬가지로(2:7) 여기에서도 예루살렘 딸들에게 그녀의 사랑하는 자를 흔들지 말고 깨우지 말라고 부탁한다. 그녀는 그를 그녀의 어머니의 집으로 데려와서, 그녀의 자매들에게 모두 조용히 하고 그를 주시하며 세심하게 마음을 써서 그를 기쁘게 해주고 화나게 하지 말 것을 신신당부한다. 광야에서 그들 중에 있었던 언약의 사자와 관련하여 하나님이 교회에 당부하신 말씀이 이것을 잘 설명해 준다(출 23:21). 너희는 삼가 그의 목소리를 청종하고 그를 노엽게 하지 말라. 너희 중에 누구도 너희 자리에서 벗어나 소란을 피워서 그를 방해하지 말고, 조용히 자기 일을 하라. 모든 떠드는 것과 비방하는 것을 네게서 멀리하라. 왜냐하면, 그런 것들은 하나님의 성령을 근심하게 하는 것들이기 때문이다(엡 4:30-31). 어떤 이들은 이것을 그리스도께서 예루살렘의 딸들에게 그의 교회를 방해하거나 어지럽히지 말고, 제자들의 마음을 괴롭게 하지 말라고 당부하는 말씀으로 보기도 한다. 왜냐하면, 그리스도께서는 그의 교회와 그 지체들, 그들 중에서 작은 자들의 평안까지도 아주 자상하게 마음을 쓰시기 때문이다. 그들을 요동하게 하고 괴롭게 하는 자들은 심판을 받게 될 것이다(갈 5:10).

6몰약과 유향과 상인의 여러 가지 향품으로 향내 풍기며 연기 기둥처럼 거친 들에서 오는 자가 누구인가

이것은 앞에서 부탁을 받은 예루살렘 딸들(5절)이 하는 말이다. 신부가 검었기 때문에, 그들은 처음에는 신부를 흘겨보았다(6절). 그러나 이제 그들은 그녀를 크게 존경하여 칭송하는 말을 한다. 저 여인이 누구인가? 그녀는 얼마나 아름다운가! 그런 아름답고 우아한 여인이 거친 들에서 오리라고 누가 상상이나 했겠는가? 그리스도께서 나귀를 타고 예루살렘으로 입성하셨을 때도 사람들은 이는 누구냐고 말하였다. 낯선 자들이 교회로 들어올 때에 교회는 놀라서 혼잣말로 누가 나를 위하여 이들을 낳았는고(사 49:21)라고 말하게 된다.

1. 이것은 유대 교회가 사십 년 동안 광야에서 유랑하다가 거기에서 나와서 영광스럽게도 약속의 땅을 차지하게 된 것에 적용될 수 있다. 이 본문은 발람이 당시에 그들에 대하여 한 말이 잘 설명해 준다. 그들이 연기 기둥처럼 거친 들에서 올라올 때, 그는 그들을 찬탄하며 서서 이렇게 말하였다. 내가 바위 위에서 그들을 보며 작은 산에서 그들을 바라보니 야곱이여 네 장막들이 어찌 그리 아름다운고(민 23:9; 24:5).

2. 이것은 하나님의 교회가 구원받은 일, 특히 구약과 신약의 바벨론으로부터 구원받은 일에 적용될 수 있다. 그 때에 교회가 하나님을 사랑하는 마음으로 드리는 찬송의 향이 연기 기둥처럼 위로 올라가고, 하나님은 노아가 제사를 드렸을 때와 마찬가지로 그것을 흠향하신다. 그 때에 교회는 친구들의 눈에 사

랑스러울 뿐만 아니라, 원수들조차도 교회를 숭앙할 수밖에 없게 되고, 하나님이 교회를 사랑하는 줄을 알고서 그 발 앞에 절할 수밖에 없게 된다(계 3:9). 사람들은 하나님이 진실로 유다인들과 함께 하시는 것을 보았을 때에 유다인들을 두려워하게 된다(에 8:17).

3. 이것은 은혜를 받은 영혼이 버림받고 풀이 죽어 있다가 거기에서 회복된 것에 적용될 수 있다.

(1) 그녀는 메마른 불모지, 길도 없고 물도 없어서 여행자들이 곤란을 겪고 어찌할 바를 모르는 거친 들에서 올라온다. 가엾은 영혼은 오랫동안 방황하게 될 수도 있지만, 마침내 보혜사 성령의 인도하심을 따라 올라오게 될 것이다.

(2) 그녀는 연기 기둥처럼, 즉 제단에서 올라가는 향연(香煙)이나 번제물에서 나오는 연기처럼 올라온다. 이것은 영혼 속에 있는 하나님에 대한 경건하고 독실한 사모함의 불에서 이 연기가 피어올라, 불꽃이 제단에서부터 하늘로 올라갈 때에 마음도 하늘에 계신 하나님께로 들어올려져서 그 영혼이 이 연기와 함께 하늘로 올라가는 것을 나타낸다(삿 13:20). 그리스도께서 영혼에게로 돌아오시면, 그 영혼의 기도에 불이 붙어서, 영혼이 거친 들에서 올라올 때에 하나님과의 교제는 가장 활발해진다.

(3) 그녀는 몰약과 유향으로 향내를 풍긴다. 그녀는 하나님의 성령의 은혜들로 가득 차 있고, 이 은혜들은 거룩한 향들로서 이제 그리스도께서 돌아오심으로써 불이 붙어서 아주 향기로운 향내를 발산한다. 그녀의 기도는 이제 살아 있는 기도가 되어서, 그녀는 하나님께 열납될 뿐만 아니라, 다른 사람들의 눈에도 사랑스러워지기 때문에, 그들은 그녀를 보고 이 여인이 누구인가라고 외치게 된다. 이것은 얼마나 기념비적인 은혜인가! 그녀가 풍기는 은혜들과 위로들은 상인의 향품들이라 불린다. 왜냐하면, 그것들은 저 복된 상인이신 우리 주 예수께서 멀리에서 값비싸게 사오신 것들이기 때문이다. 우리 주님은 우리를 위하여 그것들을 사서 가져오기 위하여 먼 길을 다녀오셨을 뿐만 아니라 아주 값비싼 대가를 치르셨는데, 바로 자기 자신의 피를 대가로 치르셨다. 그것들은 우리의 땅에서 난 소산들도 아니고 우리나라에서 자란 것들도 아니다. 그것들은 더 나은 나라인 하늘의 가나안에서 수입된 것들이다.

[7]볼지어다 솔로몬의 가마라 이스라엘 용사 중 육십 명이 둘러쌌는데 [8]다 칼을 잡고

싸움에 익숙한 사람들이라 밤의 두려움으로 말미암아 각기 허리에 칼을 찼느니라 [9]
솔로몬 왕이 레바논 나무로 자기의 가마를 만들었는데 [10]그 기둥은 은이요 바닥은
금이요 자리는 자색 깔개라 그 안에는 예루살렘 딸들의 사랑이 엮어져 있구나 [11]시
온의 딸들아 나와서 솔로몬 왕을 보라 혼인날 마음이 기쁠 때에 그의 어머니가 씌
운 왕관이 그 머리에 있구나

예루살렘 딸들은 신부를 칭송하며 서 있었지만, 그녀는 그들의 칭송하는 말을 흘려 듣고서 우쭐하지 않았고, 도리어 모든 영광을 그리스도께 돌리며, 예루살렘 딸들에게 그녀에게서 눈을 돌려 그리스도를 바라보고 칭송하라고 말하고, 스스로도 그를 칭송한다. 여기에서 그는 세 차례나 솔로몬이라 불리는데, 솔로몬이라는 이름은 아가에서 여기 외에 단지 세 번 나온다(1:5; 8:11-12). 여기에서 솔로몬이라는 이름을 통해서 지칭되고 있는 분은 솔로몬보다 더 큰 자이신 그리스도이다. 솔로몬은 그의 지혜와 부, 특히 그가 성전을 지은 일 때문에 그리스도의 모형으로 사용되었다. 그녀는 세 가지를 들어서 그를 칭송한다.

I. **그의 안전한 침상**(7절). 볼지어다 아주 화려하고 정교한 솔로몬의 침상이다. 왜냐하면, 솔로몬의 휘장도 그러하였기 때문이다. 어떤 이들은 솔로몬의 것을 능가하는 그의 침상이라고 읽기도 한다. 그리스도는 머리 둘 곳조차 없으셨지만, 그의 침상은 솔로몬의 가장 화려한 침상보다 더 낫다. 교회는 그의 침상이다. 왜냐하면, 그가 교회에 대하여 이는 내가 영원히 쉴 곳이라 내가 여기 거주하리라고 말씀하셨기 때문이다. 믿는 자들의 마음은 그의 침상이다. 왜냐하면, 그는 밤새도록 그들의 마음 속에 누워 계시기 때문이다(엡 3:17). 하늘은 그의 침상이다. 그는 그의 일을 다 마치신 후에 하늘로 가셔서 안식에 들어가셨다. 또는, 이것은 은혜를 받은 영혼이 그와 교제하면서 누리는 달콤한 안식과 만족을 가리키는 것일 수 있다. 그것은 그의 침상이라 불린다. 왜냐하면, 우리가 거기에 함께 하므로 우리의 침상이라 불리는 것이 마땅하지만(1:16), 우리에게 안식을 주는 것은 그가 주는 평안이기 때문이다(요 14:27). 내가 너희에게 쉼을 주리라(마 11:28). 그것은 솔로몬의 침상이다. 솔로몬이라는 이름은 평화를 의미하는데, 이는 그의 시대에 유다와 이스라엘은 각기 포도나무 아래와 무화과나무 아래에서 평안히 살았기 때문이다(왕상 4:25). 그녀가 그의 침상을 칭송하는 것

은 그것을 둘러싼 호위대 때문이다. 그리스도 안에서 안식하는 자들은 평안히 거할 뿐만 아니라(아주 큰 위험 속에 있는 자들도 평안히 거할 수는 있다), 안전하게 거한다. 그들의 거룩한 평안은 거룩한 안전의 보호 아래에 있다. 솔로몬의 침상은 왕실 근위병인 **용사 육십 명**에 의해 **둘러싸여** 있었다. 그들은 **이스라엘의 용사들**로서, 다윗 시대에 배출된 수많은 담대하고 용감한 자들 중의 일부였다. 이 호위대는 잘 무장이 되어 있었다. 그들은 **다 칼을 잡았고**, 그 칼을 다룰 줄 알았다. 그들은 **싸움에 익숙한** 자들로서 전쟁의 모든 기술들에 아주 능한 사람들이었다. 그들은 침상에서 조금 떨어진 곳에 배치되어 있었다. 그들은 각기 **허리에 칼을** 차고 손에 칼을 들고서 비상시에 언제라도 방어할 수 있는 만반의 태세를 갖추고 있었는데, 이것은 **밤의 두려움**, 언제 생길지 모르는 위험에 대비하기 위한 것이었다. 왜냐하면, 왕의 목숨은 평범한 사람들의 목숨보다 더 귀한 만큼, 아무리 지혜롭고 선한 왕일지라도 더 많이 위험에 노출되어 있어서 더 주의 깊은 방비가 필요하기 때문이다. 또는, 이것은 신부가 **밤의 두려움**과 위험을 느끼게 될까봐 염려해서 그녀를 재앙의 두려움에서 편안하게 해주기 위하여 왕이 호위대를 배치한 것일 수도 있다. 믿는 자들은 특히 **밤에**, 즉 그들의 영적인 상태가 흐리거나 외적인 환난이 평상시보다 더 심할 때에 그런 두려움을 느끼게 된다. 그리스도는 그의 일을 하시는 동안 내내 아버지의 특별한 보호하심 아래에 있었다. 하나님은 **나를 그의 손 그늘에 숨기셨다**(사 49:2). 하나님은 무수한 천사들을 부리시기 때문에, 교회는 잘 보호를 받고 있다. 교회에 대적하는 세력들보다 교회를 위하는 세력이 그 수가 더 많다. 그 누구도 이 포도원을 해치지 못하게 하기 위하여, 하나님이 직접 포도원지기가 되셔서 **밤낮으로 간수하신다**(사 27:2-3). 개별 신자들은 그리스도 안에서 그와 함께 안식할 때에 때가 밤이고 **밤의 두려움**들이 있다고 할지라도 호위대에 둘러싸인 솔로몬처럼 안전하다. 천사들은 그들을 지키고 보호하는 임무를 띠고 있고, 사역자들은 그들의 영혼을 지키기 위하여 깨어 지키는 사명을 부여받았다. 따라서 사역자들은 영적인 전쟁에 **익숙한 용사**들로서, 하나님의 말씀인 **성령의 검**을 **허리**에 차고, 하나님의 백성이 **밤**에 느끼는 **두려움**들을 없애줄 준비를 항상 하고 있어야 한다. 하나님은 그의 모든 것을 동원해서 믿는 자들을 안전하게 지키신다. 그들은 하나님의 능력으로 요새에 있는 것처럼 보호를 받고(벧전 1:5), 견고한 망대인 여호와의 이름 안에서 안전하며(잠 18:10), 하나님의 평강이 그들의 마음과 생각을 지키시고(빌 4:7), 그들 속에서 의의 열매는 평안과 안전이다(사 32:17). 우리의 위험은 이 어둠의 세상 주관자들로부터 오지만, 빛의 갑옷을 입은 우리는 안전하다.

Ⅱ. 그의 화려한 가마(9-10절). 그리스도와 믿는 자들은 든든한 호위 아래에서 안전하게 휴식하는 것과 마찬가지로, 왕으로서 가마를 타고 백성들 앞에 나타날 때에도 그 모습이 당당하고 위엄이 있다. 이 가마는 솔로몬이 직접 고안해서 만든 것으로서 은과 금과 백향목과 자색 천 같은 아주 값비싼 재료들로 되어 있었다. 그는 그 가마를 손수 만들었지만, 자기를 위해서가 아니라 예루살렘 딸들을 위하여 만들었다. 어떤 이들은 이 가마(이 단어는 성경의 다른 곳에서는 사용되지 않는다)를 그리스도의 인성을 가리키는 것으로 이해한다. 즉, 인성을 의미하는 가마 위에 신성이 타고 있다는 것이다. 그것은 하나님이 만드신 것이었다(주께서 세상에 임하실 때에 이르시되 하나님이 제사와 예물을 원하지 아니하시고 오직 나를 위하여 한 몸을 예비하셨도다, 히 10:5). 이 가마는 아주 훌륭하게 만들어졌지만, 그 밑바닥에 있는 것은 사람들에 대한 순전한 사랑이었다. 또한, 어떤 이들은 이 가마가 영원한 복음을 나타낸다고 생각한다. 즉, 그리스도께서는 이 가마를 타시고 자신의 모습을 나타내시며, 전쟁터에 나가면 이 가마가 병거가 되어서 파죽지세로 앞으로 달려 이기고 또 이기신다는 것이다. 가마의 기둥들, 일곱 기둥들(잠 9:1)은 은으로 되어 있다. 왜냐하면, 여호와의 말씀은 흙 도가니에 단련한 은 같고(시 12:6), 천천 금은보다 더 좋기 때문이다(시 119:72). 이 가마에 쳐진 휘장은 왕을 나타내는 색인 자색으로 된 천이다. 이 가마의 모든 장식들은 그리스도의 보배로운 피로 물들어 있어서 이와 같은 색을 띠고 있다. 그러나 이 가마의 영화로움을 완성시키고 있는 것은 사랑이다. 이 가마 안에는 솔로몬이 배교했던 시절에 어울렸던 이방 여인들의 사랑이 아니라 예루살렘 딸들의 거룩한 사랑이 엮어져 있다. 은은 백향목보다 낫고, 금은 은보다 낫지만, 사랑은 금보다 낫고 이 모든 것보다 낫다. 사랑이 가장 마지막에 나오는 것은 그것이 다른 어떤 것보다도 더 낫기 때문이다. 복음은 사랑이다. 더럼(Durham) 목사는 이것을 하나님의 영원한 모략 속에서 계획되고 성경 속에서 우리에게 알려진 구속의 언약, 우리의 구원의 길에 적용한다. 가마로 상징되는 이 구속의 언약은 그리스도 자신의 작품인데, 거기에서 죄인들에 대한 그의 은혜와 사랑의 광채가 가장 두드러지게 나타나고, 이것은 그를 믿는

자들의 눈에 흠모하고 공경할 만한 분으로 만든다. 이 언약 안에서 사랑이 그들에게 전달되고, 그들은 이 언약 안에서 온전한 사랑으로 나아가며, 이 세상에서 승리하는 삶을 산다. 이 가마는 그리스도의 영광과 믿는 자들의 위로를 위해서 놀라울 정도로 잘 고안되고 만들어져서, 만사에 구비하고 견고하게 되어 있다(삼하 23:5). 이 가마에는 요동하지 않는 기둥들이 있고, 그 기둥들은 썩지 않는 레바논 나무로 만들어졌다. 이 가마의 바닥은 가장 오래가는 금속인 금으로 되어 있고, 덮개는 언약의 피를 상징하는 자색 천으로 되어 있는데, 이 덮개는 믿는 자들을 하나님의 진노의 바람과 폭풍, 이 세상의 환난들로부터 보호해 주는 역할을 한다. 그러나 이 가마의 안은 사랑, 그 너비와 길이와 높이와 깊이가 어떠함을 헤아릴 수 없는 지식에 넘치는 그리스도의 사랑으로 엮어져 있다.

Ⅲ. 그가 성장(盛裝)하**고 나왔을 때에 그에게서 풍겨 나오는 왕으로서의 광채**(11절).

1. 시온의 딸들에게 솔로몬 왕의 영광을 보라고 청함. 나와서 그를 보라. 구경꾼들이 많을수록 왕의 화려한 행차는 더욱 빛이 난다. 그리스도는 그의 복음을 통해서 자기 자신을 나타내시기 때문에, 우리는 복음 안에서 그를 보고 만족함으로써 그에게 영광을 돌리는 자들 중에 속하여야 한다. 시온의 딸들이 시온의 왕에게 예를 올리지 않는다면, 누가 그 일을 하겠는가? 그가 오실 때에 그들은 크게 기뻐할 충분한 이유가 있다(슥 9:9).

(1) 그를 보라. 영광 중에 계신 그리스도를 기쁜 마음으로 보라. 믿음의 눈으로 오직 그만을 보라. 여기에 볼 가치가 있는 광경이 있다. 보고 그를 경배하며, 보고 그를 사랑하라. 그를 보고, 다시 그를 알라.

(2) 나와서 그를 보라. 너희는 주 예수 안에서 볼 수 있는 것과 비교해서 이 세상에는 그 어떤 아름다움이나 훌륭함도 볼 수 없음을 아는 자들이기 때문에 세상으로부터 나오라. 너희는 너희 자신에게서 나오고, 그의 뛰어난 아름다움의 광채를 보고서 너희 자신에 대한 자부심과 자만에서 나오라. 삭개오처럼, 그를 볼 수 있는 곳, 그가 지나가는 거리로 나오라.

2. 시온의 딸들에게 그들이 평소에 볼 수 없었던 것을 특별히 보라고 청함. 그것은 솔로몬이 쓴 왕관으로서, 그가 대관식 날에 쓴 보석들로 장식된 금 면류관이었거나(솔로몬의 어머니인 밧세바는 이 왕관을 특히 솔로몬이 왕이 될 것을 생각해서 간직해 둔 것은 아니었지만, 어쨌든 아도니야가 이 왕관을 탈취

해 가려 했을 때에 미리 손을 써서 안전하게 보관해 두었다), 그의 어머니가 그의 혼인날을 위해서 만들어 준 녹색 띠가 둘린 화관이었다. 아마도 솔로몬의 대관식 날은 그의 혼인날이기도 해서, 백성들이 그에게 씌워진 왕관에 그의 어머니가 이 화관을 더하여 주었던 것 같다. 이것은 그리스도께 적용하면 다음과 같은 의미를 보여준다.

(1) 그에게 주어진 무수한 영광들과 그에게 맡겨진 능력과 통치권. 하나님이 예수를 그의 기뻐하시는 아들로 선포하시고, 그를 그의 거룩한 산 시온에 왕으로 세우시며, 그를 그의 오른편에 앉히시고서 그에게 하늘과 땅의 모든 권세를 수여하시고 만물을 그의 발 아래에 두실 때, 너희는 나와서 아버지 하나님이 그에게 씌워 주신 왕관을 쓰신 왕이신 예수를 보라.

(2) 박해자들이 그에게 가한 모욕. 어떤 이들은 이것을 그의 어머니, 즉 유대교회가 그의 죽음의 날에 그에게 씌워준 가시 면류관에 적용한다. 이 날은 그가 그의 교회와 혼인하는 날이기도 하였는데, 그는 교회를 사랑하셔서 그 교회를 위하여 자신을 주셨다(엡 5:25). 그가 가시관을 쓰고 나왔을 때에 빌라도가 시온의 딸들에게 보라 이 사람이로다(요 19:5)라고 말했다는 것은 의미심장한 일이다.

(3) 이것은 특히 그의 어머니로서의 그의 교회와 그의 형상이 그 마음 속에 있는 모든 참된 신자들이 그에게 돌리는 영광을 의미하는 것으로 보인다. 그들에 대하여 그는, 누구든지 하늘에 계신 내 아버지의 뜻대로 하는 자가 내 형제요 자매요 어머니이니라(마 12:50)고 말씀하셨다. 그들은 그가 이루신 일에 대하여 그에게 영광을 돌린다. 교회 안에서 그에게 영광이 있다(엡 3:21). 믿는 자들이 그를 그들의 주로 받아들이고, 그와 영원한 언약을 맺을 때, 그것은 다음과 같은 의미를 갖는다.

[1] 그 날은 그들의 영혼에 있어서 그의 대관식 날이다. 회심하기 전에는 그들의 왕은 그들 자신이었지만, 회심한 때로부터 그들은 그리스도를 왕으로 모시기 시작하였고, 그 날 이후로 그리스도는 계속해서 그들의 왕이시다. 이제 그들은 그를 그들의 머리로 삼고, 모든 생각을 그에게 복종시킨다. 그들은 그들의 마음 속에 그의 보좌를 세우고, 그들의 모든 왕관을 그의 발 아래에 던진다.

[2] 그 날은 그의 혼인날이다. 이 날에 그는 인애하심과 긍휼 가운데에서 그들과 영원히 정혼하시고, 믿음과 사랑 안에서 그들과 하나가 되며, 약속들 안에서 자기 자신과 그가 가진 모든 것을 주셔서 그들의 것이 되게 하신다. 다른

남자를 따르지 말라 나도 네게 그리하리라(호 3:3). 그들은 정결한 처녀로 그에게 드려진다.

[3] 그 날은 그의 마음이 기쁜 날이다. 그는 그의 백성이 그에게 드리는 영광으로 인하여 기뻐하고, 그들 가운데에 그의 세력이 확장된 것으로 인하여 기뻐한다. 사탄이 그들 앞에서 떨어졌는가? 바로 그 때에 예수께서는 성령으로 기뻐하신다(눅 10:18, 21). 죄인이 회개하면 하늘에 기쁨이 있고, 탕자가 돌아오면 가족들이 기뻐한다. 너희는 나와서 죄인들에게 베푸시는 그리스도의 은혜, 그의 왕관이자 가장 눈부신 영광인 바로 그 은혜를 보라.

제 4 장

개요

이 장에는 다음과 같은 내용들이 나온다. I. 예수 그리스도는 그의 교회와 혼인을 하면서(3:11), 몇 가지 표현들을 통해서 그녀의 아름다움을 극찬하면서 그녀가 너무나 어여쁘다고 결론을 내림(1-5, 7절). II. 그는 한적한 곳으로 물러가서, 두려움의 산들에서 내려와서 기쁨의 산들로 함께 가자고 그녀를 초청함(6, 8절). III. 그는 그녀에 대한 그의 사랑을 고백하고, 그에 대한 그녀의 사랑으로 인한 기쁨을 고백함(9-14절). IV. 그녀는 그녀에게 있는 온갖 귀한 것들이 다 그의 덕이라고 말하고, 그가 베풀어 주는 은혜의 끊임없는 감화에 의지해서, 더욱더 그를 기쁘게 하는 자가 되고자 함(15-16절).

1내 사랑 너는 어여쁘고도 어여쁘다 너울 속에 있는 네 눈이 비둘기 같고 네 머리털
은 길르앗 산 기슭에 누운 염소 떼 같구나 2네 이는 목욕장에서 나오는 털 깎인 암
양 곧 새끼 없는 것은 하나도 없이 각각 쌍태를 낳은 양 같구나 3네 입술은 홍색 실
같고 네 입은 어여쁘고 너울 속의 네 뺨은 석류 한 쪽 같구나 4네 목은 무기를 두려
고 건축한 다윗의 망대 곧 방패 천 개, 용사의 모든 방패가 달린 망대 같고 5네 두
유방은 백합화 가운데서 꼴을 먹는 쌍태 어린 사슴 같구나 6날이 저물고 그림자가
사라지기 전에 내가 몰약 산과 유향의 작은 산으로 가리라 7나의 사랑 너는 어여쁘
고 아무 흠이 없구나

이 단락에는 다음과 같은 내용들이 나온다.

I. 교회, 그리고 하나님의 형상을 새롭게 지니게 된 은혜를 받은 영혼들의 아름다움들에 관한 자세한 묘사. 이 아름다움들은 거룩함의 아름다움에서 나오는 것들이다. 아름다움을 제대로 판단하실 수 있으신 자, 그 판단이 진리에 따라 이루어지기 때문에 누구나 다 동의할 수밖에 없는 자이신 분이 너는 어여쁘다고 말씀하셨다. 그녀는 그를 칭송하였었고, 주변의 모든 사람들에게 그의 영광을 보라고 권하였었다. 이렇게 그녀는 그를 칭송하였기 때문에 그의 은총을

얻게 되었고, 그녀의 칭송에 대한 보답으로 그는 주변의 모든 사람들에게 그녀의 어여쁜 모습을 보라고 권한다. 그리스도를 높이는 자들은 그에 의해서 높임을 받게 될 것이다(삼상 2:30).

1. 이것은 그가 그녀에게 아부하는 것이 아니고, 그녀를 우쭐하게 만들고자 하거나 그녀로부터 그에 대한 찬사를 이끌어 내기 위한 것도 아니다.

(1) 이것은 낙심 가운데에 있는 그녀를 격려하기 위한 것이다. 다른 사람들은 그녀를 어떻게 생각하든, 그녀는 그의 눈에 사랑스러운 자였다.

(2) 이것은 그녀에게 무엇이 정말 소중한 것인지, 즉 외적인 장점들(그러한 것들은 그녀에게 아무것도 더해주지 못할 것이고, 그런 것들이 없다고 해서 그녀의 진정으로 훌륭한 점들이 손상되는 것도 아니다)이 아니라, 그가 그녀에게 베푼 은혜야말로 진정으로 소중하고 아름다운 것임을 가르치기 위한 것이다.

(3) 이것은 다른 사람들에게 그녀를 어여쁘게 생각해서 그녀와 함께 하라고 초청하기 위한 것이다. "너는 내 사랑이다. 네가 나를 사랑하고, 너는 나의 사랑을 받는 자이기 때문에, 너는 어여쁘다." 성도들이 지닌 모든 아름다움은 그에게서 나오고, 그들은 그의 빛을 반사함으로써 빛을 발한다. 우리에게 있는 것은 주 우리 하나님의 아름다움이다(시 90:17). 그녀는 그와 혼인하였고, 그것이 그녀를 아름답게 만들었다. 신부는 신랑의 후광 속에서 빛을 발한다. 너는 어여쁘다는 말이 반복되는데, 이것은 이 말이 확실하다는 것만이 아니라, 그가 이 말을 하면서 즐거움을 느낀다는 것을 보여주는 것이다.

2. 여기에 나오는 교회의 아름다움에 관한 묘사는 그 이미지들이 아주 밝고, 그 농도가 아주 짙으며, 그 비유들이 대담해서, 어떤 외적인 아름다움을 묘사한다고 보기에는 적절하지 않고(실제로 이것은 그런 의도를 지니고 있지 않다), 거룩함의 아름다움, 새 사람, 썩지 아니하는 마음에 숨은 사람의 아름다움을 묘사한다고 보는 것이 적절하다. 완전수인 일곱 가지의 아름다움이 여기에 구체적으로 언급되어 나온다. 왜냐하면, 교회는 보좌 앞에 있는 일곱 영에 의해서 여러 가지 은혜들을 풍성히 받기 때문이다(계 1:4; 고전 1:5, 7).

(1) 그녀의 눈. 선한 눈은 아름다움에 많은 기여를 한다. 네 눈은 비둘기의 눈같이 맑고 순결하며, 자주 하늘을 쳐다본다. 그녀의 눈은 해를 직시할 수 있는 독수리의 눈이 아니라, 겸손하고 정숙하며 슬픔에 잠긴 비둘기의 눈이다. 이것은 그리스도를 사랑하는 자들에 대한 찬사이다. 사역자들은 교회의 눈이다(사

52:8, 네 파수꾼들의 눈이 마주 보리로다). 그들은 비둘기의 눈 같이 아무런 악의도 없고 거슬리는 것이 없어야 하고(마 10:16), 이 세상에서 그들의 행실은 거룩함과 진실함을 지녀야 한다. 지혜와 지식은 새 사람의 눈들이다. 그 눈들은 맑아야 하고, 오만하지 않아야 하며, 우리가 감당하지 못할 놀라운 일을 하려고 힘쓰지 아니하여야 한다. 우리의 목적과 의도가 진실하고 정직하며, 우상들에게 눈을 들지 않고(겔 18:6) 우리의 눈이 항상 여호와를 바라볼 때(시 25:15), 우리는 비둘기의 눈을 지니고 있는 것이다. 비둘기의 눈 같은 그녀의 눈은 너울 속에 있기 때문에, 다음과 같은 일들이 생겨난다.

[1] 그 눈은 온전히 볼 수 없다. 우리의 눈에는 머리카락이 걸려 있기 때문에, 우리는 여기 이 세상에 있는 동안에는 부분적으로 알 뿐이다. 우리는 어둡기 때문에 제대로 말을 조리 있게 할 수가 없다(욥 37:19). 머지않아 죽음으로 인해서 이 너울들이 제거되면, 그제서야 우리는 모든 것을 분명하게 보게 될 것이다.

[2] 우리는 그녀의 눈을 온전히 볼 수 없고, 그녀의 눈은 단지 엷은 구름을 통해 보이는 별들처럼 보일 뿐이다. 어떤 이들은 이것이 그녀의 수줍어하는 표정을 나타내는 것이라고 본다. 그녀는 그녀의 눈으로 아무데나 쳐다보는 것이 아니라, 그녀의 눈을 너울 안으로 한정시킨다.

(2) 그녀의 머리털. 그것은 염소 떼에 비유된다. 염소 떼는 희게 보이고, 산꼭대기에 있을 때에는 아주 아름다운 머리털처럼 보인다. 염소들은 그 수염이 멋있을 뿐만 아니라 걸어 다니는 모습도 아름답고 위풍당당하기 때문에 보는 사람의 마음을 즐겁게 한다(잠 30:29). 그러나 누구보다도 가장 즐거운 사람은 그 염소 떼의 임자인데, 이는 그 염소 떼가 그의 재산의 많은 부분을 차지하기 때문이다. 그리스도께서는 교회 속에서나 믿는 자들 속에서나 다른 사람들이 자신의 머리카락 정도로밖에 여기지 않는 것들을 소중히 여기신다. 그는 제자들에게 사람들이 그들의 가축 떼를 정성껏 세듯이 그들의 머리털까지 다 세신 바 되었고(마 10:30), 그들의 머리털 하나도 상하지 아니할 것이라고 말씀하셨다(눅 21:18). 어떤 이들은 여기에 나오는 머리털을 믿는 자의 외적인 행실을 가리키는 것으로 이해한다. 믿는 자의 행실은 아름답고 단정하며, 마음의 거룩함과 일치하는 것이어야 하기 때문이다. 사도 바울은 신앙을 고백한 자들에게 합당한 선한 행실을 땋은 머리와 대비시킨다(딤전 2:9-10). 막달라 마리아가 그의

머리털로 그리스도의 발을 닦아 드렸을 때에 그녀의 머리털은 아름다웠다.

(3) 그녀의 이(2절). 사역자들은 교회의 치아들이다. 그들은 유모처럼 그리스도의 아기들을 위하여 음식을 씹어서 먹여 준다. 갈대아 역본에서는 이것을 백성들의 대표자로서 희생제물을 먹는 제사장과 레위인들에 적용한다. 우리가 그리스도에게서 말씀의 꼴을 먹을 때에 사용하는 믿음과 그 말씀의 꼴을 소화시키기 위해서 되새김질하는 과정인 묵상은 새 사람의 치아들이다. 이 치아들은 여기에서 양 떼에 비유된다. 그리스도께서는 그의 제자들과 사역자들을 적은 무리라고 부르셨다(눅 12:32). 치아가 고르고 희며 목욕장에서 나온 양 같이 깨끗하고 잇몸이 튼튼하며 새끼를 유산한 양 같지 않다고 말하는 것은 칭찬이다. 여기에서 "새끼 없는"으로 번역된 단어는 새끼를 유산했다는 것을 의미한다. 사역자들이 한결같이 서로 사랑하고 화합하며 모든 도덕적인 잘못으로부터 깨끗하고 순전하며 그리스도께 영혼들을 드려서 열매를 많이 맺고 그리스도의 어린 양들을 잘 보살핀다고 말하는 것은 사역자들에 대한 칭찬이다.

(4) 그녀의 입술. 이것은 홍색 실에 비유된다(3절). 창백한 입술이 힘이 없고 약하다는 것을 보여주는 징후이듯이, 붉은 입술은 건강하다는 것을 보여주는 징후로서 아름답다. 그녀의 입술은 홍색이었지만, 그 입술이 엷어서 홍색 실 같았다. 그 다음에 나오는 말이 그것을 설명해 준다. 네 말은 어여쁘고 항상 은혜가 있으며 선하고 덕을 세우는 데에 유익하다. 이것은 그리스도인의 아름다움에 많은 기여를 한다. 우리가 우리의 입술로 하나님을 찬송하고, 그 입으로 하나님을 고백하여 구원에 이를 때, 그 입술은 홍색 실 같이 아름답다. 우리의 모든 선한 행위들과 말들은 그리스도의 피로 씻음 받아서 홍색 실처럼 염색되어야 한다. 오직 그럴 때에만 그것들은 하나님께 열납될 수 있다. 갈대아 역본에서는 이 본문을 대제사장에게 적용해서, 대속죄일에 이스라엘을 위하여 드리는 그의 기도를 가리키는 것으로 본다.

(5) 그녀의 뺨. 이것은 여기에서 석류 한 쪽에 비유되는데, 석류는 반으로 쪼개면 얼굴의 홍조 같은 반점들이 그 속에 많이 들어 있는 열매이다. 하나님 앞에서 우리의 얼굴을 들기를 부끄러워하고, 우리의 죄를 기억하거나 우리에게 주어진 영광을 받을 자격이 없다는 생각 때문에 얼굴을 붉히는 겸손과 수줍음은 그리스도의 눈에 우리를 아주 아름다워 보이게 만들어 준다. 그리스도의 신부의 수줍음은 너울 속에 있는데, 이것은 그녀가 아무도 보지 않을 때에 수줍어

하기 때문에 오직 하나님과 양심 외에는 그 누구도 그것을 볼 수 없다는 것과 그녀는 그녀의 겸손을 널리 알리고자 하는 것이 아니라 감추고자 한다는 것을 보여주는 것이다(더럼 목사의 말). 그렇지만 이 모든 것들을 보여주는 증거들은 사뿐사뿐 걷는 모습 속에서 아름답게 드러난다.

(6) 그녀의 목. 여기에서 다윗의 망대에 비유되는 목(4절)은 일반적으로 믿음의 은혜에 적용된다. 마치 목에 의해서 몸이 머리와 연합되듯이, 믿음의 은혜에 의해서 우리는 그리스도와 연합된다. 그것은 다윗의 망대와 같아서, 마치 병사들이 망대로부터 무기를 공급받듯이, 우리에게 전쟁 무기들, 특히 작은 방패와 큰 방패를 공급해 준다. 왜냐하면, 믿음은 우리의 방패이기 때문이다(엡 6:16). 믿음을 지닌 자들은 언제나 방패를 갖고 있는 것이다. 왜냐하면, 하나님은 그들을 마치 방패처럼 그의 은총으로 둘러싸서 보호하여 주실 것이기 때문이다. 이 목이 망대 같아서 곧고 웅장하며 견고하다는 것은 그리스도인이 그의 길을 꾸준히 가고 용기와 담대함으로 일하며 풀이 죽어서 머리를 떨구지 않는다는 것인데, 믿음이 떨어지지 않으면 그리스도인은 그렇게 할 수 있다. 어떤 이들은 여기에서 다윗의 망대에 걸려 있다고 말해지고 있는 용사의 방패들이 다윗의 유명한 이들의 용맹을 기념하는 물건들이었다고 생각한다. 그들이 쓰던 방패들은 그들과 그들의 영웅적인 행위들을 영원히 기념하기 위해서 보존되었다. 이것은 모든 시대의 성도들이 믿음으로 얼마나 큰 일들을 이루었는지를 보는 것이 성도들에게 그들의 머리를 들고 당당하게 다닐 수 있는 큰 힘을 준다는 것을 보여준다. 우리는 히브리서 11장에서 기념관에 걸려 있는 용사들의 방패들과 믿는 자들의 활약상들과 그들의 승리의 트로피들을 본다.

(7) 그녀의 유방. 이것은 쌍태인 어린 사슴과 같다(5절). 교회의 유방은 아름다움을 위한 것임과 동시에(겔 16:7) 유용하게 사용하기 위한 것이다. 성경에서 교회가 뭇 왕의 젖을 빨았다고 말하듯이(사 60:16), 유방은 위로를 얻는 곳이다(사 66:11). 어떤 이들은 양 쪽의 유방을 구약과 신약을 나타낸다고 말하고, 어떤 이들은 은혜의 언약을 인치는 두 성례를 의미한다고 말한다. 또한, 어떤 이들은 유방을 하나님의 자녀들을 먹이는 영적인 유모들인 사역자들을 가리킨다고 말한다. 사역자들은 그들을 자라게 하려고 말씀의 순전한 젖을 주고, 교회의 갓난아이들을 먹이기 위하여 젖을 불리려고 그리스도께서 꼴을 먹이시는 백합화 가운데에서 스스로도 꼴을 먹는다(2:16). 또는, 믿는 자의 품은 그리스도

를 향한 그의 사랑이고, 마치 자애로운 남편이 아내의 사랑을 기뻐하듯이 그리스도께서는 그 사랑을 기뻐한다. 남편은 아내의 품을 항상 족하게 여기기 때문에, 아내는 남편에게 **사랑스러운 암사슴 같고 아름다운 노루 같다**(잠 5:19). 또한, 그리스도께서 성도들의 덕을 세우고 그들에게 은혜를 전하시는 것도 그리스도인의 아름다움에 많은 기여를 한다.

II. 신랑이 몰약 산으로 물러가서 거기에 거처하겠다고 결심함(6절). 이 몰약 산은 모리아 산을 의미하는 것으로 보인다. 그 산에는 성전이 세워져 있었고, 하나님을 위한 분향이 매일 행해지고 있었다. 그리스도께서는 그의 교회의 아름다움을 아주 기뻐하셨기 때문에, 그 곳을 그의 영원한 안식처로 선택하셨다. 그는 거기에서 **날이 밝고 그림자가 사라질** 때까지 머물 것이다. 그리스도께서 교회의 대표자들인 그의 제자들과 헤어지면서 그들에게 하신 약속은 이것에 대하여 대답해 준다. **볼지어다 내가 세상 끝날까지 너희와 항상 함께 있으리라**(마 28:20). 하나님의 규례들이 올바르게 시행되는 곳에는 그리스도께서도 거기에 계실 것이기 때문에, 우리는 회막 문 앞에서 그를 만나야 한다. 어떤 이들은 이 말을 신부가 한 말로 보고 이렇게 해석하기도 한다. 신부는 그녀에게 주어진 칭찬들을 부끄러워하여 몸 둘 바를 몰라서 이 상황을 벗어나고자 하는 것이거나, 성산에서 그녀의 모든 곤경을 해결해 줄 적절하고도 충분한 방법들을 발견할 수 있으리라는 것을 의심하지 않고서 성산으로 끊임없이 가고자 하고, 거기에 정착하여 하나님이 정하신 때에 그 **날이 밝아 그림자가 사라지기**를 기다리고자 하는 것이다. 성산은 여기에서 쓰디쓴 **몰약의 산**이라고도 불림과 동시에 달콤한 **유향의 작은 산**이라고도 불리는데, 이것은 그 산에서 우리가 슬퍼할 때도 있고 기뻐할 때도 있기 때문이다. 회개는 쓰지만 그 끝은 달다. 그러나 하늘에는 온통 유향뿐이고 몰약은 없을 것이다. 기도는 향에 비유된다. 따라서 그리스도께서는 그의 기도하는 백성을 만나 주시고 그들에게 복을 주실 것이다.

III. 신랑이 신부의 아름다움을 거듭 칭찬함(7절). **나의 사랑 너는 모든 것이 어여쁘구나.** 그는 앞에서 **너는 어여쁘다**고 말했었다(1절). 그러나 여기에서 그는 한 걸음 더 나아가서, 창조 때와 마찬가지로 신부의 모든 면면을 한꺼번에 다 바라보면서 모든 것이 심히 좋다고 선언한다. "**나의 사랑 너는 모든 것이 어여쁘구나.** 너는 온통 아름답고, 네 속에는 아름답지 않은 것이 없으며, 너는 네 속에 모든 아름다움을 다 가지고 있도다. 너는 모든 면에서 온전히 거룩하게 되었다. 모든 것이 새 것이 되었도다(고후 5:17). 얼굴과 이름만 새 것이 된 것이 아니라, 사람과 본성도 새 것이 되었다. 네가 새롭게 되었기 때문에, 네게는 아무 흠이 없구나." 신령한 제사나 제물은 흠이 없어야 한다. 하나님의 자녀들에게 허용되는 흠 외에는 아무 흠이 없고, 표범의 반점과 같은 흠이 하나도 없다. 그리스도께서 하나님의 자녀들을 자기 앞에 영광스러운 교회로 세우실 때, 교회는 티나 주름 잡힌 것이 전혀 없게 될 것이다(엡 5:27).

8내 신부야 너는 레바논에서부터 나와 함께 하고 레바논에서부터 나와 함께 가자
아마나와 스닐과 헤르몬 꼭대기에서 사자 굴과 표범 산에서 내려오너라 9내 누이,
내 신부야 네가 내 마음을 빼앗았구나 네 눈으로 한 번 보는 것과 네 목의 구슬 한
꿰미로 내 마음을 빼앗았구나 10내 누이, 내 신부야 네 사랑이 어찌 그리 아름다운
지 네 사랑은 포도주보다 진하고 네 기름의 향기는 각양 향품보다 향기롭구나 11내
신부야 네 입술에서는 꿀 방울이 떨어지고 네 혀 밑에는 꿀과 젖이 있고 네 의복의
향기는 레바논의 향기 같구나 12내 누이, 내 신부는 잠근 동산이요 덮은 우물이요
봉한 샘이로구나 13네게서 나는 것은 석류나무와 각종 아름다운 과수와 고벨화와
나도풀과 14나도와 번홍화와 창포와 계수와 각종 유향목과 몰약과 침향과 모든 귀
한 향품이요

이 단락에 나오는 말들은 여전히 그리스도께서 그의 교회를 향하여 하시는 말씀으로서 그녀를 소중히 여기는 그의 마음과 애정, 그녀가 아름답고 훌륭하다는 그의 생각, 그녀와의 교제와 사귐에 대한 그의 소원과 기쁨을 표현하고 있다. 그리스도께서 교회를 사랑하시되, 교회 속에 연약함이 있더라도 마치 흠이나 잘못이 하나도 없다는 듯이 교회를 기뻐하시는 것처럼, 남편들도 아내를 그렇게 사랑하여야 마땅하다. 좀 더 자세하게 살펴보자.

I. 그가 그녀를 부르는 사랑이 담긴 이름들과 호칭들. 그는 그녀에 대한 그의 사랑을 표현하고, 그녀에게 그의 사랑을 확신시키며, 그에 대한 그녀의 사랑을 불러일으키기 위해서 그녀를 그렇게 부른다. 여기에서 그는 그녀를 내 신부(8, 11절)라고 두 번 부르고, 내 누이, 내 신부(9, 10, 12절)라고 세 번 부른다. 혼인날이라는 언급이 있고 나서야(3:11) 그녀는 비로소 그의 신부라 불리는데,

그 이전에는 그렇게 불린 적이 없었다. 그리스도와 그의 교회, 그리스도와 각각의 참된 신자 간에는 혼인 언약이 존재한다는 것을 명심하라. 그리스도께서는 그의 교회를 그의 신부라고 부르는데, 그가 그녀를 그렇게 부른다면 그는 반드시 그녀를 그렇게 만드실 것이다. "내가 너와 영원히 정혼하였다. 신랑이 신부를 보고 기뻐하듯이, 네 하나님은 너를 보고 기뻐하실 것이다." 그는 이러한 관계를 시인하는 것을 부끄러워하지 않으시고, 자상한 남편답게 애정을 담아서 그녀를 그의 신부라 부름으로써, 그녀로 하여금 그에게 신실할 수밖에 없게 하신다. 사람들 가운데서 그 어떤 관계도 교회에 대한 그리스도의 사랑을 표현하기에 충분하지가 않기 때문에, 이 모든 것을 영적으로 이해해야 한다는 것을 보여주시기 위하여, 그는 그녀를 사람들 가운데에서 더할 나위 없이 중요한 두 가지 관계 속에서의 호칭인 **내 누이, 내 신부**라고 부른다. 아브라함이 사라를 내 누이라고 했을 때, 그것은 그녀가 그의 아내라는 것을 부인하는 뜻으로 해석되었다. 그러나 교회는 그리스도에게 누이이자 신부이다(마 12:50에서처럼, 누구든지 하늘에 계신 내 아버지의 뜻대로 하는 자가 내 형제요 자매요 어머니이니라). 그가 그녀를 누이라고 부르는 근거는 그가 성육신을 통해서 우리의 본성을 입으신 것과 우리를 거룩하게 하셔서 우리로 하여금 그의 본성에 참여하게 하신 것이다. 그는 스스로 육신을 입으셨고(히 2:14), 믿는 자들에게 그의 성령을 입혀 주시기 때문에(고전 6:17), 믿는 자들은 그의 누이들이 된다. 그들은 그의 아버지 하나님의 자녀들이기 때문에(고후 6:18) 그의 누이들이 된다. 거룩하게 하시는 이와 거룩하게 함을 입은 자들은 다 한 근원에서 났다(히 2:11). 그는 그들을 그의 누이들이라 부르고 사랑한다.

Ⅱ. 그가 신실한 신부인 그녀에게 그와 함께 가자고 은혜로 부름. 신실한 신부는 그녀의 백성과 아비 집을 잊어야 하고, 모든 것을 버리고 그를 따라야 마땅하다. **내 신부야 너는 레바논에서 나와서 나와 함께 가자**(8절).

1. 이것은 명령이다. 우리는 2:10, 13에 나오는 **일어나서 함께 가자**는 말과 마찬가지로 이 말을 명령으로 해석한다. 믿음으로 그리스도께 나아간 모든 자들은 그의 명령을 기꺼이 받아들여 순종하는 마음으로 그리스도와 함께 가야 한다. 그와 연합한 우리는 그와 함께 행하여야 한다. 이것은 그가 우리에게 매일 주시는 명령이다: "**내 신부야 나와 함께 가자.** 나와 함께 아버지이신 하나님께 가자. 나와 함께 앞으로 천국을 향하여 가자. 나와 함께 앞으로 가자. 나와 보

조를 맞춰서 가자. 너는 레바논에서, 아마나의 꼭대기에서, 사자 굴에서 나와서 나와 함께 가자." 이 산들은 다음과 같은 곳으로 여겨진다.

(1) 겉보기에 즐거운 곳들. 레바논은 아름다운 산이라 불린다(신 3:25). 성경에서는 레바논의 영광(사 35:2)과 그 그윽한 향기(호 14:6)에 대하여 말하고, 헤르몬의 상쾌한 이슬(시 133:3)과 헤르몬의 즐거움(시 89:12)에 대하여 말한다. 따라서 우리는 여기에 언급된 다른 산들도 아름다운 곳들이었을 것이라고 추측할 수 있다. 그래서 그리스도께서는 그의 신부에게 세상과 거기에 속한 모든 것들과 그 모든 즐거움들을 멀리하고 온갖 감각의 즐거움들에 무관심하라고 부르는 것이다. 그리스도와 함께 가고자 하는 모든 자들은 그렇게 하여야 한다. 그들은 현재의 모든 것들에 대한 애착을 다 버려야 한다. 그들이 세상의 가장 높은 곳, 즉 아마나와 스닐의 꼭대기에 놓여져 있거나, 피조물들이 줄 수 있는 최고의 만족들을 누리고 있더라도, 그들은 그들의 시민권이 하늘에 있게 하기 위해서는, 그 모든 것들을 버리고, 이 땅에서 제일 높은 산 꼭대기보다 더 높은 곳에서 살아가야 한다. 그러한 산들로부터 내려와서, 그리스도를 따라 거룩한 산인 몰약 산으로 가라(6절). 우리는 그러한 산들 위에 우리의 거처가 있다고 할지라도 그 산들 위를 바라보아야 한다. 우리는 산들을 향하여 눈을 들고자 하는가? 그렇게 하지 말라. 우리의 도움은 여호와에게서 온다(시 121:1-2). 우리는 그 산들 너머에 있는 것들, 즉 그 산들과는 달리 눈에 보이지 않는 영원한 것들을 바라보아야 한다. 요단 저편에 있었던 스닐과 헤르몬의 꼭대기에서는 비스가 산 꼭대기에서와 마찬가지로 가나안 땅을 한 눈에 내려다볼 수 있었다. 마찬가지로, 우리는 이 세상에서 더 나은 곳, 즉 천국을 바라보아야 한다.

(2) 아주 위험한 곳들. 이 산들은 사실 아주 아름다운 곳들이긴 하지만, 거기에는 사자 굴들이 있다. 이 산들은 영화롭고 존귀한 듯이 보이지만(시 76:4) 표범들의 산, 즉 맹수에게 잡혀 먹기 십상인 그런 산들이다. 저 울부짖는 사자인 사탄은 이 세상의 임금이다. 이 사탄은 사람들을 삼키기 위해서 세상에 속한 것들을 미끼로 던져 놓고서 숨어 기다리고 있다. 이 산들의 꼭대기에 거처를 마련하는 자들은 수많은 위험한 유혹들을 만나게 된다. 그러므로 그 산들로부터 내려와서 나와 함께 가자. 우리가 이 세상에 속한 것들에 마음을 두지 않는다면, 그것들은 우리를 해칠 수 없다. 우상 숭배자들의 신전들과 악인들의 모임에서 나와서 나와 함께 가자(어떤 이들은 이렇게 해석한다). 너희는 그들 중에서 나와

서 따로 있으라(고후 6:17). 사자들이나 표범들처럼 우리를 사납게 공격함과 동시에 우리를 사납게 만드는 우리 자신의 정욕의 지배 아래에서 나오라.

2. 이것은 약속으로 해석될 수도 있다. 너는 레바논에서, 사자 굴들에서 나와서 나와 함께 가게 될 것이다.

(1) "많은 이들이 모든 곳에서, 즉 북쪽의 레바논에서, 서쪽의 아마나에서, 동쪽의 헤르몬에서, 남쪽의 스닐에서 내게 모여 와서 교회의 살아 있는 지체들로서 아브라함과 이삭과 야곱과 함께 앉게 될 것이다(마 8:11)." 이사야 49:11-12을 보라. 이 산들의 꼭대기에서 온 자들, 즉 이 세상의 몇몇 큰 자들이 그리스도께 자신을 의탁하게 될 것이다.

(2) 교회는 때가 되면 박해자들로부터 건짐을 받게 될 것이다. 그녀는 지금 사자들 가운데에서 살지만(시 57:4), 그리스도께서 그녀를 사자 굴에서 데리고 나오실 것이다.

Ⅲ. 그리스도께서 그의 교회와 모든 신자들을 크게 기뻐하심.

1. 그는 그녀를 자기 마음에 쏙 드는 신부로서 기뻐한다. 그녀는 남편을 위하여 단장하였고(계 21:2), 그는 그녀의 아름다움을 몹시 사모한다(시 45:11). 그리스도께서 그의 교회에 대한 애정을 표현하기 위하여 여기에서 사용하는 표현들보다 더 열정적인 사랑의 표현은 있을 수 없다. 그런데도 그의 사랑을 보여주는 저 큰 증거, 즉 그가 영광스러운 교회를 위하여 자기를 내어 주어 죽으신 것은 여기에 나오는 모든 사랑의 말들을 훨씬 뛰어넘는 그의 실천이다. 그가 이렇게 비싼 대가를 치르고 산 신부이기에 그 신부는 그에게 너무나 소중하고 사랑스러울 수밖에 없다. 그가 그녀를 위해 이렇게 비싼 값을 치렀다는 것은 그가 그녀를 그 만큼 소중히 여겼다는 의미이기도 하다. 이것을 보는 우리는 그 너비와 길이와 높이와 깊이가 어떠함을 깨달아 알 수 없을 정도로 지식에 넘치는 그리스도의 사랑(엡 3:18), 그가 우리를 위하여 자신을 내어 주신 그 사랑에 놀라지 않을 수 없다.

(1) 그는 그의 신부에게 어느 정도나 반했는가. 네가 내 마음을 빼앗았구나. 이 단어는 오직 여기에서만 사용된다. 네가 나의 마음을 온통 차지했구나 또는 네가 나의 마음을 완전히 빼앗았구나. 아가의 저자는 말로 표현할 수 없는 교회를 향한 그리스도의 놀라운 사랑을 표현하기 위하여 새로운 단어들을 만들어낸다. 그 사랑의 강도(強度)는 사람이 하나의 대상과 사랑에 빠져서 다른 모든 것

에 대해서는 마음이 전혀 없는 그런 상태로 표현된다. 이것은 그리스도께서 창세 전에 인자들을 기뻐하며(잠 8:31) 택함 받은 남은 자들에 대하여 가지고 있던 저 사랑, 그로 하여금 하늘에서 땅으로 내려와서 엄청난 희생을 치르고 그들을 찾아 구원하게 만들었던 저 첫 사랑, 그로 하여금 그들을 자기에게로 이끄신 후에 그들을 보고 흡족해하게 만든 저 사랑을 가리킬 수 있다. 그리스도의 마음은 그의 교회에 가 있다는 것을 명심하라. 그것은 내내 그랬다. 그의 보화는 그의 교회 속에 있다. 교회는 그의 특별한 소유이다(출 19:5). 그러므로 그의 마음도 거기에 있다. "그리스도의 사랑과 같은 그런 사랑은 결코 없었다. 이 사랑은 그로 하여금 자신을 전혀 개의치 않게 만들어서, 우리를 위하여 그의 영광을 다 비우고 모든 수치와 고통을 감수하게 만들었다. 그가 영원 전부터 지니고 있었던 우리를 향한 사랑은 그로 하여금 십자가의 모든 상처와 치욕을 다 아무렇지도 않게 여기게 만들었다"(레이놀즈 주교의 말). 우리도 그를 그렇게 사랑하자.

(2) 그는 무엇 때문에 이토록 신부에게 반하게 되었는가.

[1] 그를 본 그녀의 눈길. 네가 네 눈, 즉 비둘기 같이 맑고 정결한 그 눈으로(1절) 한 번 보는 것으로 내 마음을 빼앗았구나. 그리스도께서는 그를 그들의 구주로 바라보는 자들, 믿음의 눈으로 다른 어떤 것보다도 그에게 애정을 쏟으며 그 눈이 항상 그를 향해 있는 자들을 아주 기뻐하신다. 그는 그를 향한 영혼의 첫 시선을 금방 알아차리시고, 그의 은총들을 베푸시는 것으로 그 시선에 화답하신다.

[2] 그녀가 그에게 받아서 가지고 있는 장신구들. 그녀의 목의 구슬 한 꿰미 또는 금 사슬은 그녀가 그에게 드리는 순종, 사슬처럼 서로 연결되어 있는 그녀의 영혼을 풍요롭게 해주고 있는 은혜들, 자기 자신과 그가 믿는다고 고백한 예수 그리스도의 가르침을 장식하고 있는 이 은혜들이 그녀의 행실 속에서 구체적으로 나타나는 것(금 사슬은 지체 높은 자들의 장신구였다), 그의 사랑에 전적으로 순복하는 것을 가리킨다. 우리는 우리를 이 세상에 매이게 만들었던 우리 목의 줄(사 52:2)과 우리의 죄악의 멍에를 풀어 버리고, 금 사슬인 사랑의 줄로 예수 그리스도께 매여 있어야 하며, 우리의 목에 그의 가볍고 쉬운 멍에를 메고 그가 이끄시는 대로 가야 한다. 그럴 때에 예수 그리스도께서는 우리를 칭찬하신다. 왜냐하면, 바로 그것만이 그가 머리의 아름다운 관이자 목의 금 사

슬로 여기시는 참된 지혜이기 때문이다(잠 1:9).

[3] 그를 향한 그녀의 사모함. **네 사랑이 어찌 그리 아름다운지**(10절). 그 사랑은 너무나 아름답다! 네 사랑 자체만이 아니라, 그 사랑의 모든 열매들, 그 사랑이 네 마음과 삶 속에서 만들어 내는 모든 것들이 아름답다. 믿는 자가 이렇게 그리스도를 사랑하는 것은 지극히 합당하고, 그리스도께서는 그것을 무척 기뻐하신다. 이것만큼 그리스도로 하여금 우리를 사랑스럽게 보시게 만들어 주는 것도 없다. **네 사랑은 포도주**, 즉 전제(奠祭)에서 여호와께 부어드린 모든 **포도주보다 훨씬 진하다**. 그런 까닭에, 포도나무의 열매는 **하나님과 사람을 기쁘게 한다고** 성경에서는 말한다(삿 9:13). 그녀는 앞에서 그리스도의 사랑에 대하여 그의 **사랑이 포도주보다 낫다**(1:2)고 말하였었는데, 이제는 그리스도께서 그녀의 사랑에 대하여 그렇게 말한다. 그리스도를 찬송함으로써 잃을 것은 하나도 없고, 그는 그를 찬송하는 친구들을 그냥 내버려 두지 않으신다.

[4] 그녀가 발산하는 향기들, 성령의 은사들과 은혜들, 그녀의 선한 행실들은 **하나님을 기쁘시게 하는 향기로운 제물이다**(빌 4:18). **네 기름의 향기는** 스바의 여왕이 낙타로 싣고 와서 솔로몬에게 선물로 바쳤던 것(왕상 10:2)과 같은 각양 **향품보다 낫고**, 금제단 위에서 매일 살라졌던 거룩한 향을 조제하는 데에 사용되었던 온갖 향품들보다 낫다. 하나님에 대한 사랑과 순종은 제사나 분향보다 더 그리스도를 기쁘시게 한다. 또한, **그녀의 의복의 향기**, 즉 그녀가 사람들 앞에서 자신의 신앙과 그리스도와의 관계를 고백하는 것도 그리스도께는 **레바논의 향기처럼** 아주 기분 좋은 것이다. 그리스도께서는 그의 신부에게 그 자신의 **흰 옷**(계 3:18)과 **성도들의 의**(계 19:8)를 입혀 주셨고, 이것은 거룩한 기쁨과 위로를 발산하는데, 그는 그 모습을 아주 기뻐하신다.

[5] 하나님께 드리는 기도 속에서나 사람들과 하는 대화 속에서의 그녀의 말들(11절). **내 신부야 네 입술에서는 꿀 방울이 떨어지는구나**. 그녀의 입술에서는 아주 달콤한 것들이 아주 많이 뚝뚝 떨어진다. 하나님이 우리에게 말씀하시는 것이 우리에게 **꿀과 송이꿀보다 더 달다면**(시 19:10), 우리가 기도와 찬송 속에서 그에게 말씀드리는 것도 그를 기쁘시게 해 드리게 될 것이다. 네 소리는 부드럽고 달콤하다(2:14). 우리가 **마음에 쌓은 선에서 선한 것을 내고**, 우리의 말에 항상 **은혜가 있으며**, 우리의 **입술이 지식을 올바르게 사용하고 지식을 널리 퍼뜨린다면**, 그리스도께서 보시기에 그것은 우리의 입술에서 꿀 방울이 뚝뚝 떨어지는

것이다. 네 혀 밑에는 꿀과 젖(가나안 땅에서의 두 가지 주요한 식단)이 있다. 즉, 그녀는 마음 속에 그녀 자신이 쓸 달콤한 것을 약간 준비해 두었을 뿐만 아니라 다른 사람들이 쓸 것도 준비해 두고 있다는 것이다. 하나님의 말씀 속에는 달콤하고 건강에 좋은 영양분, 즉 갓난아기들을 위한 젖과 다 자란 자들을 위한 꿀이 들어 있다. 그리스도께서는 그의 말씀으로 충만한 자들을 기뻐하신다.

2. 그는 그녀를 아름답고 기분 좋은 동산으로서 기뻐한다. 성경이 아담이 범죄하기 전에 지녔던 행복을 하나님이 그를 즐거움의 동산에 두신 것으로 표현하고 있는 것을 보더라도, 아주 큰 기쁨을 동산에서 느끼는 기쁨에 비유하는 것은 적절하다. 이러한 비유는 12-14절에서 계속된다. 교회를 그 안에 샘이 있는 동산에 비유하는 것은 적절하다. 솔로몬은 직접 여러 동산과 과원을 만들면서 못들을 팠는데, 이것은 단지 호기심이나 기분 전환을 위해서 물길을 만든 것이 아니라 동산에 물을 주기 위한 것이었다(전 2:5-6). 에덴에는 물이 풍부하였다(창 2:10; 13:10).

(1) 이 동산의 특이성. 그것은 잠근 동산, 즉 일반 세상과는 분리된 낙원이다. 그것은 하나님의 소유이다. 하나님이 자기를 위하여 그것을 구별하셨다. 이스라엘은 하나님의 분깃이고 그의 유업의 몫이다. 그것은 은밀함을 위해서 닫혀져 있다. 성도들은 하나님이 숨겨 두신 자들이기 때문에, 세상이 그들을 알지 못한다. 그리스도께서는 그의 동산에서 눈에 보이지 않게 걸으신다. 그것은 안전을 위해서 닫혀져 있다. 동산을 보호하기 위한 울타리가 주변에 둘러쳐 있고, 어둠의 권세는 그 울타리를 뚫을 수 없다. 하나님의 포도원에는 담이 쳐져 있어서(사 5:2), 불로 된 담이 그 포도원을 두르고 있다. 거기에는 우물이 있고 샘이 있지만, 그것들은 덮은 우물이고 봉한 샘이어서, 그 물줄기를 밖으로 내보내기는 하지만(잠 5:16), 세심하게 봉쇄되어 있어서, 그 어떤 악인도 그것들을 오염시키거나 더럽힐 수 없다. 믿는 자들의 영혼은 잠근 동산과 같고, 그 영혼 속에 있는 은혜는 마음에 숨은 사람 안에 있는 덮은 우물과 같으며, 거기에서는 그리스도께서 주시는 물이 영생하도록 솟아나는 샘물이 된다(요 4:14; 7:38). 구약의 교회는 예식법의 막힌 담 때문에 잠근 동산이었다. 그 때에 성경은 덮은 우물이었고 봉한 샘이었다. 그것은 한 민족에게 국한되어 있었다. 그러나 이제 그 막힌 담이 제거되었고, 복음은 모든 민족에게 전파되었다. 예수 그리스도 안에는 유대인도 없고 헬라인도 없다.

(2) 이 동산의 소산(所産)들. 이 동산은 여호와 하나님이 보기에 아름답고 먹기에 좋은 각종 나무가 나게 하신 에덴 동산과 같다(창 2:9). 네게서 자라나는 것들은 아름다운 열매들을 지닌 석류나무들이다(13절). 이 동산은 가시덤불과 거친 풀이 그 전부에 퍼진 지혜 없는 자의 포도원과 같지 않아서, 거기에는 아름다운 열매들과 각종 유향목과 모든 귀한 향품이 있다(14절). 이 동산에는 열매들이 아주 풍부하고 다양해서, 이 동산을 아름답게 해주거나 풍요롭게 해줄 수 있는 열매들이나 이 동산의 주인이신 하나님을 기쁘시게 해 드리는 데에 필요한 열매들이 하나도 빠짐없이 다 구비되어 있다. 이 동산에 있는 모든 것은 다 최상품이다. 거기에 있는 귀한 향품들은 우리의 꽃들 중에서 최상품들보다 훨씬 더 오래 가기 때문에 훨씬 더 귀중하다. 솔로몬은 자연 철학의 다른 분야들과 마찬가지로 식물학에서도 대가였다. 그는 나무들에 대하여 아주 자세하게 알고 있었고(왕상 4:33), 여기에 구체적으로 언급된 열매들의 특성들에 대해서도 잘 알고 있었을 것이기 때문에, 자신의 목적에 맞게 그 열매들을 언급할 수 있었을 것이다. 그러나 우리는 전체적으로 교회 속에 있는 성도들과 성도들 안에 있는 은혜들을 이러한 열매들과 향품들에 비유하는 것은 아주 적절하였다는 것을 지적하는 것으로 만족하여야 한다.

[1] 그들은 심어진 것들이고, 스스로 자란 것들이 아니다. 의의 나무들은 여호와께서 심으신 것들이다(사 61:3). 은혜는 썩지 않는 씨에서 자라난다.

[2] 그들은 보배롭고 아주 귀하다. 그런 까닭에, 우리는 성경에서 보배로운 시온의 아들들(애 4:2)이라거나 보배로운 믿음(벧후 1:1)이라는 표현들을 만난다. 그들은 이름 있는 나무들이다.

[3] 그들은 하나님과 사람에게 아름답고 향기로우며, 강한 향기를 발산한다.

[4] 그들은 유익하고 아주 쓸모가 있다. 성도들은 이 세상의 복덩이들이고, 그들에게 주어진 은혜들은 그들이 지닌 부(富)이기 때문에, 동방의 상인들이 향품들로 장사를 하듯이 성도들은 그 은혜들을 가지고서 장사를 한다.

[5] 그들은 영속적이다. 꽃들은 시들면 아무 소용이 없게 되는 반면에, 그들은 끝까지 보존이 되어서 언제까지나 쓸모가 있다. 은혜는 무르익으면 영광이 되기 때문에 영원하다.

[15]**너는 동산의 샘이요 생수의 우물이요 레바논에서부터 흐르는 시내로구나** [16]**북풍**

아 일어나라 남풍아 오라 나의 동산에 불어서 향기를 날리라 나의 사랑하는 자가 그 동산에 들어가서 그 아름다운 열매 먹기를 원하노라

여기에 나오는 말들은 신부인 교회가 신랑인 그리스도께서 그녀를 아름답고 열매를 많이 맺는 동산에 비유하여 칭찬한 것에 대하여 화답한 말들인 것으로 보인다. 그녀는 동산인가?

I. 그녀는 이 모든 것이 이 동산을 열매를 많이 맺는 풍요로운 곳으로 만드신 그리스도의 덕분이라고 말함. 그녀는 동산의 샘이신 그를 바라본다(15절). 그는 동산을 처음으로 만든 동산의 창시자일 뿐만 아니라, 거기에 물을 대어 주고 지속적으로 그 동산을 풍요롭게 만들어 온 동산의 샘이다. 만약 그가 끊임없이 공급해 주지 않는다면, 동산은 금방 메마른 불모지 같이 되어 버릴 것이다. 그녀는 그가 없었다면 이 모든 것도 없었을 것이라고 말하며, 그녀가 열매를 풍성하게 맺어서 얻은 모든 영광을 그에게 돌린다. 동산의 샘이여! 온갖 복과 은혜의 샘인 너는 나를 실망시키지 않는다. 믿는 자들은 교회를 향하여 "시온아 나의 모든 근원이 네게 있다"(시 87:7)고 말하는가? 교회는 모든 찬송을 그리스도께 돌리며 그를 향하여 나의 모든 근원이 네게 있다고 말한다. 너는 생수의 우물이다(렘 2:13). 거기로부터 레바논의 시내들이 흘러나오는데, 요단 강의 발원지는 레바논 산 기슭에 있었다. 또한, 거기로부터 성전 문지방 밑에서 성소의 물이 흘러나온다(겔 47:1). 그리스도에 대하여 동산인 자들은 그리스도가 그들의 샘이라는 것을 인정하여야 한다. 그들은 그리스도의 충만한 데에서 받으며, 그들의 영혼이 물 댄 동산 같은 것도 다 그리스도 덕분이다(렘 31:12). 이 샘에서 흘러 나온 시내가 이 땅에 있는 하나님의 성을 기쁘게 하고(시 46:4), 새 예루살렘에는 하나님과 및 어린 양의 보좌로부터 나오는 맑은 생명수의 강이 있다(계 22:1).

II. 그녀는 성령의 감화로 이 동산이 향기를 발산하게 해 달라고 간구함(16절). 북풍아 일어나라 남풍아 오라.

1. 이것은 교회가 성령의 풍성한 역사로 왕성하게 해 달라는 기도이다. 사역자들이 지닌 은사들은 향품들이다. 성령이 부어질 때에 이러한 은사들이 흘러나오고, 그 때에 광야가 아름다운 밭이 된다(사 32:15). 이 기도는 오순절 날에 하늘로부터 급하고 강한 바람과 함께 성령이 임하는 것으로 응답되었다(행 2:1-

3). 그 이전에 묶여 있던 사도들은 그제서야 풀어져서 하나님 앞에서 그리스도의 향기가 되었다(고후 2:15).

2. 이것은 개별 신자들을 위한 기도이다.

(1) 거룩함을 입은 영혼들은 동산, 즉 오직 주님만을 위하여 닫힌 동산과 같다.

(2) 영혼 속의 은혜들은 이 동산 안에 있는 귀하고 유용한 향품들과 같다.

(3) 은혜의 향기들이 경건한 감정들과 거룩하고 은혜로운 행위들을 통해서 흘러나와서, 하나님께 영광을 돌리고 우리의 신앙 고백을 장식하며 선한 자들에게 은혜를 끼치는 일들을 하는 것은 아주 바람직하다.

(4) 영혼 위에 역사하는 성령은 여러 곳에서 임의로 불어오는 북풍과 남풍 같다(요 3:8). 죄를 깨닫게 하는 북풍도 있고, 위로를 날라다 주는 남풍도 있다. 그러나 성령의 모든 역사는 바람과 마찬가지로 하나님의 곳간에서 나와서 하나님의 말씀을 성취한다.

(5) 은혜의 향기들이 발산되는 것은 성령의 바람에 좌우된다. 성령은 선한 감정들을 불러일으키고, 우리 속에 역사하여 선한 일을 하고자 하는 소원을 주고 실제로 그 선한 일을 하게 만든다. 우리로 하여금 그리스도를 아는 지식의 향기를 나타나게 만드는 것은 성령이다.

(6) 우리는 은혜의 성령이 와서 우리를 감화시켜 깨어나게 하기를 기다려야 하고, 그러한 성령의 감화를 위하여 기도하여야 하며, 그 감화 아래에 우리의 영혼을 두어야 한다. 하나님은 우리에게 그의 성령을 주시기로 약속하셨지만, 우리는 가만히 기다리는 것이 아니라 그것을 구하여야 한다.

Ⅲ. 그녀는 그리스도께 동산에 있는 최고의 것들을 누리시기를 청함. "나의 사랑하는 자가 그 동산에 들어가서 그 아름다운 열매를 먹기를 원하노라. 그가 동산의 모든 소산들로 말미암아 존귀함을 얻기를 원하고(그는 그럴 자격이 충분한 분이다), 나는 그가 그것들을 기쁘게 받는 것을 보고 위로를 얻게 되기를 원하노라. 왜냐하면, 그렇게 하는 것이 그것들을 가장 유익되게 사용하는 방법이기 때문이다."

1. 그녀는 이 동산을 그의 동산이라 부른다. 왜냐하면, 그리스도와 혼인한 자들은 자신의 것이라고 부르는 것이 하나도 없고, 도리어 모든 것을 그에게 바치고, 그 모든 것들이 그를 위해 쓰여지기를 바라기 때문이다. 동산에서 향

기들이 날리기 시작하면, 그 동산은 그의 동산이라 불리는 것이 합당하다(그 이전까지는 그렇지 않지만). 동산의 열매들은 그가 기뻐하는 아름다운 열매들이다. 왜냐하면, 그가 그 과수들을 심었고 물을 주었으며 열매를 많이 맺게 하였기 때문이다. 동산에 있는 모든 것이 이미 그리스도의 것이고, 우리는 그의 것을 누리시라고 그를 초청하는 것뿐인데, 우리가 어떻게 나의 공로로 얻은 것으로 그리스도를 대접하는 체할 수 있겠는가?

2. 그녀는 그가 동산을 찾아와서 거기에서 난 것들을 기쁘게 받아 주시기를 간청한다. 믿는 자들은 그의 영혼이 사랑하는 자인 그리스도께서 그에게로 오지 않으시면 그의 동산에서 별 즐거움을 누릴 수 없고, 동산의 열매들이 이런 저런 식으로 그리스도께 영광이 되어서 그가 그들에게 은혜를 베풀기를 잘했다고 생각하시게 되지 않는다면 그들은 동산의 열매들을 기뻐할 수 없다.

제 — 5 — 장

개요

이 장에서 우리는 다음과 같은 것들을 본다. I. 그리스도께서 은혜로우시게도 그의 교회의 초청을 기쁘게 받아들이셔서 그 교회를 방문하심(1절). II. 신부가 그녀의 사랑하는 자를 홀대하는 어리석음을 범하였다가 그가 떠나가는 바람에 괴로움을 겪게 된 것을 얘기함(2-8절). III. 예루살렘의 딸들이 그녀의 사랑하는 자의 사랑스러운 점들을 묻고(9절), 그녀가 그 물음에 대하여 구체적으로 대답함(10-16절). "믿는 너희에게 그는 이렇게 귀하다."

[1]내 누이, 내 신부야 내가 내 동산에 들어와서 나의 몰약과 향 재료를 거두고 나의 꿀송이와 꿀을 먹고 내 포도주와 내 우유를 마셨으니 나의 친구들아 먹으라 나의 사랑하는 사람들아 많이 마시라

여기에 나오는 말들은 앞 장의 끝부분에서 교회가 나의 사랑하는 자가 그의 동산에 오기를 원하노라고 기도한 것에 대한 그리스도의 응답이다. 여기에서 그는 왔고, 자기가 왔다는 사실을 그녀에게 알린다. 우리는 하나님의 부르심에 응답하거나 그의 초대를 받아들이기를 주저하지만, 하나님은 얼마나 기꺼이 기도에 응답하시고, 그리스도께서도 자기 백성의 초대를 얼마나 기꺼이 받아들이시는지를 보라. 우리는 하나님께 올라가는 것을 부끄러워하지만, 하나님은 얼마든지 우리에게 내려오시고자 하신다. 그리스도께서 교회의 기도에 응답하셨을 뿐만 아니라 교회가 기대한 것 이상으로 응답하셨음을 주목하라.

1. 그녀는 그를 그녀의 사랑하는 자라 불렀고(그는 실제로 그랬다), 그를 사랑하기 때문에 그를 초대하였다. 이것에 화답하여, 그는 앞에서도 몇 차례 그랬듯이(4장) 그녀를 그의 누이이자 신부라고 불렀다. 그리스도께서는 그를 자신의 가장 사랑하는 자로 삼은 자들을 그의 가장 가까운 혈육이라고 시인하실 것이다.

2. 그녀는 동산을 그의 동산이라 불렀고, 그 동산의 아름다운 열매들을 그의 것이라 불렀는데, 그는 그것들이 정말 그의 것이라고 인정한다. 그것은 내 동산이고 나의 향 재료이다. 하나님은 이스라엘을 기뻐하지 않으셨을 때에는 그들을 모세에게 넘기셨고(그들은 네 백성이다, 출 32:7), 여호와께서 정한 절기들을 그들이 정한 절기들이라고 부르셨다(사 1:14). 그러나 그들이 그의 은총 속에 있는 지금, 그는 그들이 그의 동산이라고 시인하신다. "그 동산은 보잘것없기는 하지만, 어쨌든 나의 동산이다." 예수 그리스도께서는 자기 자신과 자신의 소유와 자기가 할 수 있는 모든 것을 그에게 맡기는 자들에게 그의 도장을 찍으시고, 그들이 그를 위하여 가지고 있거나 행하는 모든 것을 나의 것이라고 말씀하시는 영광을 주신다.

3. 그녀는 그에게 그의 동산에 오라고 초청하였고, 그는 내가 왔다고 말한다. 네가 부르짖을 때에는 내가 여기 있다 하리라(사 58:9). 솔로몬이 하나님께서 오셔서 그가 하나님을 위하여 지은 성전을 받으시라고 기도하였을 때, 하나님은 실제로 그렇게 하셨다. 하나님의 영광이 그 전에 가득하여(대하 7:2), 하나님은 이 성전을 택하고 거룩하게 하여 내 이름을 여기에 영원히 있게 하였다는 것을 알게 하셨다(대하 7:16). 자신의 영혼의 문을 예수 그리스도께 활짝 여는 자들은 그가 기꺼이 그들에게 들어오시는 것을 발견하게 될 것이다. 그리스도께서는 그의 이름을 기념하는 모든 곳에서 자기 백성을 만나셔서 그들에게 복을 주실 것이다(출 20:24).

4. 그녀는 그가 그의 동산의 아름다운 열매들을 먹고 그의 성전에서 드려지는 제사들을 기쁘게 받으시기를 원하였고, 그는 그렇게 하고자 하였으나, 열매들이 거두어들여지지 않아서 먹을 준비가 되어 있지 않은 것을 발견하고, 직접 그 열매들을 거두어들인다. 열매들이 그의 것이듯이, 그것들을 준비하는 것도 그의 몫이다. 그는 그를 환대할 준비가 아직 되어 있지 않은 것을 발견하지만, 그가 동산을 만들었을 때부터 몸에 익숙했던 저 은혜로운 습관을 다시 한 번 발휘하여서 스스로 준비를 한다. 그가 우리 속에 있는 작은 선한 것들이라도 직접 거두어들여서 자기에게 보존해 두지 않는다면, 그것들은 다 흩어져서 없어져 버릴 것이다.

5. 그녀는 단지 그가 동산의 열매들을 먹기를 원하였지만, 그는 꿀과 포도주와 우유도 가지고 왔다. 그런 것들은 중요한 영양분을 공급해 주는 것들로서 임

마누엘의 땅 가나안의 소산들이었다. 그리스도께서는 그가 자기 백성에게 주신 것과 그들 속에서 만들어 내신 것을 둘 다 크게 기뻐하신다. 또는, 에스더가 그녀의 남편인 왕을 위하여 주연(酒宴)을 베풀었듯이, 이것들은 신부 자신이 마련한 것일 수도 있다. 그것은 꿀과 우유 등이 나오는 자연 그대로의 소박한 식사이지만, 거기에 사랑이 담겨 있기 때문에, 그는 그것을 기쁘게 받아들이고, 부족한 점들이 있더라도 그냥 넘어간다. 거기에는 간절한 마음이 담겨져 있기 때문에, 그는 꿀송이와 꿀을 함께 먹고, 육체의 연약함을 눈감아 주고 용서한다. 그리스도께서 부활 후에 제자들에게 나타나셔서 그들과 함께 꿀송이를 드심으로써(눅 24:42-43), 이 성경은 성취되었다. 그는 성인들을 위한 음료인 포도주만이 아니라, 아이들을 위한 음료인 우유도 마셨다. 왜냐하면, 그는 우유를 필요로 하는 거룩한 아이 예수여야 했기 때문이다.

6. 그녀는 단지 그가 혼자 오기를 청하였지만, 그는 그의 친구들도 데려와서 음식을 함께 먹자고 권한다. 사람이 많을수록 더 흥겨운 법이라는 말도 있다. 사람들이 많으면 먹을 것도 많은 법이다. 우리 주 예수께서 한 번에 오천 명을 먹이셨을 때, 그들은 모두 배불리 먹었다. 그리스도께서는 그의 모든 친구들을 포도주와 젖을 먹으러 오라고 초청하고(사 55:1), 기름진 것들과 오래 저장하였던 포도주로 베푸는 연회에 오라고 초청하신다(사 25:6). 인간을 구속하신 큰 사역과 풍성한 은혜의 언약은 주 예수께 잔치이기 때문에, 그것들은 우리에게도 잔치여야 한다. 초대의 말 속에는 큰 너그러움과 진심어린 사랑이 깃들어 있다. 나의 친구들아 먹으라. 그리스도께서 우리와 함께 먹고자 오시면, 그와 함께 먹는 자는 우리이다(계 3:20). 나의 친구들아 먹으라. 그리스도의 친구인 자들만이 그의 상에서 먹을 수 있다. 그가 그들의 왕 됨을 원하지 아니하는 그의 원수들은 이 잔치에 분깃도 없고 몫도 없다. 나의 사랑하는 사람들아 마시고 또 마시며 많이 마시라. 그리스도께서는 그의 복음 속에 가난한 영혼들이 먹을 음식을 풍성하게 차려 놓으셨다. 그는 주리는 자를 좋은 것으로 배불리신다. 모든 사람이 배불리 먹고 각자가 배불리 먹어도 부족함이 없다. 우리가 그의 안에서 또는 그의 은혜 안에서 궁색해지고 좁아진 것이 아니기 때문에, 우리는 우리의 심정에서 궁색해지거나 좁아져서는 안 된다(고후 6:12). 네 입을 크게 열라 그리스도께서 채우시리라(시 81:10). 술 취하지 말고, 오직 성령으로 충만함을 받으라(엡 5:18). 그리스도를 영접한 자들은 그와 더불어서 그의 친구들도 환영하여야 한다. 예수와 그

의 제자들은 혼인 잔치에 함께 초청을 받았고(요 2:2), 그리스도께서는 그가 그의 교회와 혼인하는 날에 그의 모든 친구들이 그와 더불어 즐거워하고 잔치를 함께 즐기기를 원하신다. 신령한 하늘의 기쁨들 속에는 도가 지나칠 위험이 없다. 그 잔치에서 우리는 많이 마시고, 하나님의 복락의 강물을 마시며(시 36:8), 차고 넘치게 만족해도 된다(시 65:4).

2내가 잘지라도 마음은 깨었는데 나의 사랑하는 자의 소리가 들리는구나 문을 두드
려 이르기를 나의 누이, 나의 사랑, 나의 비둘기, 나의 완전한 자야 문을 열어 다오
내 머리에는 이슬이, 내 머리털에는 밤이슬이 가득하였다 하는구나 3내가 옷을 벗
었으니 어찌 다시 입겠으며 내가 발을 씻었으니 어찌 다시 더럽히랴마는 4내 사랑
하는 자가 문틈으로 손을 들이밀매 내 마음이 움직여서 5일어나 내 사랑하는 자를
위하여 문을 열 때 몰약이 내 손에서, 몰약의 즙이 내 손가락에서 문빗장에 떨어지
는구나 6내가 내 사랑하는 자를 위하여 문을 열었으나 그는 벌써 물러갔네 그가 말
할 때에 내 혼이 나갔구나 내가 그를 찾아도 못 만났고 불러도 응답이 없었노라 7성
안을 순찰하는 자들이 나를 만나매 나를 쳐서 상하게 하였고 성벽을 파수하는 자
들이 나의 겉옷을 벗겨 가졌도다 8예루살렘 딸들아 너희에게 내가 부탁한다 너희가
내 사랑하는 자를 만나거든 내가 사랑하므로 병이 났다고 하려무나

아가는 사랑과 기쁨의 노래인데도, 여기에 아주 우울한 장면이 나온다. 신부는 여기에서 그녀의 사랑하는 자에게 말하는 것이 아니다(이전처럼 그가 물러갔기 때문에). 이것은 그녀가 그의 사랑에도 불구하고 그에 대하여 잘못 행한 자신의 어리석음과 그 잘못 때문에 마땅한 책망들을 받은 것에 관한 슬픈 이야기이다. 이 이야기는 솔로몬이 배교하고 하나님을 떠나 있었던 것, 하나님이 그의 동산에 들어오셔서 성전에 임재하시고 솔로몬이 제물들로 하나님과 함께 잔치를 벌인 후에(1절) 그가 배교함으로써 겪은 슬픈 결과들을 얘기하는 것일 수 있다. 하지만, 이것은 교회와 개별 신자들에게 너무나 흔히 일어나는 일, 즉 그들의 부주의와 안일함 때문에 그리스도를 화나게 하여 그들로부터 물러가시게 한 것에 적용될 수 있다.

I. 신부가 아무 일도 하기 싫은 무기력증에 붙잡혀 있었다는 것(2절). 내가 잘지라도 마음은 깨어 있었다.

1. 타락한 본성이 행위 속에서 나타남. **내가 잔다.** 지혜로운 처녀들이 얕은 잠을 잤다. 그녀는 **침상에 있었지만**(3:1), 지금은 잔다. 영적인 이상 징후들은 처음에 바로잡지 않으면 점점 자라서 뿌리를 내리기 쉽다. 그녀는 **잤다.** 즉, 경건한 열심이 식어서, 그녀는 나태해져서 자신의 본분을 게을리하였고, 안일함에 빠져서 깨어 있지를 못하고 방심하였다. 경계를 늦추고 여유를 부리다 보면, 종종 이런 나쁜 결과가 생겨난다. 사도 바울은 계시를 많아 받아서 마음이 높아져 **영혼아 평안히 쉬자고** 말할 위험에 처해 있었기 때문에, 그가 자지 않기 위해서는 **육체에 가시가** 필요하게 되었다. 그리스도께서 마음이 고민되어 기도하시러 그의 동산에 가셨을 때에 그의 제자들은 잠이 쏟아져서 그와 함께 깨어 있을 수 없었다. 참된 그리스도인들이라고 해서 언제나 한결같이 생생하고 활기찬 신앙을 지니고 있는 것은 아니다.

2. 습관 속에는 은혜가 여전히 남아 있음. "**나의 마음은 깨어 있다.** 나의 양심은 나의 나태한 모습을 꾸짖고, 나를 나태함에서 일으켜 세우려는 시도를 그치지 않는다. **마음은 원이고, 내 속사람으로는 하나님의 법을 즐거워하며, 마음으로는 하나님의 법을 섬긴다.** 나는 지금 유혹에 지고 있기는 하지만, 내 속의 모든 것이 그 유혹에 승복하고 있는 것은 아니다. 나는 잘지라도, 그것은 죽음의 잠이 아니다. 나는 잠을 깨려고 고군분투하고 있다. 그것은 단 잠이 아니다. 나는 이 나태함과 무기력함 속에서 편안할 수 없기 때문이다."

(1) 우리는 우리 자신의 영적인 잠과 이상 징후들을 알아차리고, 그리스도께서 그의 동산에 오셔서 우리 가까이에 계신데도 우리가 잠에 빠졌다는 것을 슬프고 부끄러운 마음으로 반성하여야 한다.

(2) 우리는 우리 속에 잘못된 것을 몹시 슬퍼하고 있을 때에도 우리 속에서 이루어져서 생생하게 보존되어 있는 선한 것을 간과해서는 안 된다. "내게 나의 마음만큼이나 소중하고 나의 생명이기도 한 그리스도 안에서 나의 마음은 깨어 있다. 내가 잠을 잘 때, 그는 졸지도 아니하시고 주무시지도 아니하신다."

II. 그녀가 이렇게 무기력함에 빠져 있을 때에 그리스도께서 그녀를 부르심. 나의 사랑하는 자의 소리가 들리는구나. 그녀는 그것이 그의 목소리라는 것을 금방 알 수 있었는데, 이것은 그녀의 마음이 깨어 있었다는 것을 보여주는 증표였다. 그녀는 어린 사무엘과는 달리 맨처음 그녀를 부르는 소리를 들었을 때에 그가 누구신지를 정확히 알아차렸다. 그녀는 그것이 그리스도의 음성이라는 것을 알았다. 그는 우리를 깨워서 그를 받아들이게 하기 위하여 문을 두드리시는데, 말씀과 성령을 통해서 두드리시고, 여러 가지 환난들과 우리 자신의 양심을 통해서 두드리신다. 볼지어다 내가 문 밖에 서서 두드린다는 요한계시록의 말씀(계 3:20)은 이 본문을 염두에 둔 말씀인 것 같다. 그는 자기와 언약을 맺자고 죄인들을 부르시고, 자기와 교제를 하자고 성도들을 부르신다. 그는 그가 사랑하는 자들을 무관심하게 홀로 내버려 두지 않으시고, 이런저런 방식으로 그들을 깨우시며 꾸짖으시고 벌하신다. 우리가 그리스도에게 별 마음을 쓰지 않는 동안에도 그는 우리를 생각하시며, 우리의 믿음이 떨어지지 않도록 조치를 취하신다. 베드로는 그리스도를 부인하였지만, 주는 그를 마음에 두고 계셨기 때문에 돌아오셔서 그를 다시 회복시켜 주셨다. 그의 부름이 얼마나 감동적인지를 보라. 나의 누이, 나의 사랑 내게 문을 열어 다오.

1. 그는 문을 열라고 명령할 수 있는데도 문을 열어 들어가게 해 달라고 간청한다. 그는 그 문을 아주 쉽게 부숴 버릴 수 있는데도 문을 열어 달라고 두드리고 있다.

2. 그는 우리가 상상할 수 있는 것들 중에서 가장 사랑이 듬뿍 담긴 호칭들로 그녀를 부른다. 나의 누이, 나의 사랑, 나의 비둘기, 나의 완전한 자야. 그는 그녀에게 심한 말을 하거나 일어나서 그를 맞이하지 않는다고 꾸짖지 않고, 도리어 자기가 여전히 그녀에 대하여 깊은 사랑을 지니고 있다는 것을 표현하고자 애를 쓴다. 그는 그의 인자함을 다 거두지는 아니하신다(시 89:33). 그리스도께서는 믿음으로 그와 혼인한 자들을 그의 누이, 그의 사랑, 그의 비둘기, 그 밖에 소중한 모든 것으로 여기신다. 그들은 그의 의를 덧입었기 때문에 더러움이 없다. 이러한 것을 생각할 때에 그녀는 그에게 마음의 문을 열지 않을 수 없다. 우리를 향한 그리스도의 사랑을 생각할 때, 우리는 우리 자신을 완전히 부인해야 하는 상황에 처해 있을지라도 그에게 우리의 마음의 문을 열게 된다. 내게 문을 열어 다오. 우리는 그러한 친구, 그러한 손님에게 들어오지 말라고 할 수 있는가? 우리가 사귈 만한 가치가 무한히 있는 자가 그 사귐을 통해서 오직 우리만이 유익을 얻을 수 있는데도 우리와 사귀기를 열렬히 원한다면, 우리는 그런 자와 사귀고자 하지 않겠는가?

3. 그는 숙박할 곳이 없어서 곤경에 처한 가엾은 여행자의 처지가 되어 문을 열어 달라고 간청한다. "내 머리는 밤의 차가운 이슬로 젖어 있다. 네게서 작은

친절을 얻어내기 위하여 내가 어떠한 곤경을 겪고 있는지를 생각하라." 그리스도께서 가시관을 쓰셨을 때에 그의 복된 머리에서 피가 흘러나온 것은 그의 머리가 이슬로 젖은 것이었다. "비가 오고 폭풍이 부는 밤에 아내가 자애로운 남편을 문 밖에 세워 두었을 때처럼 그렇게 냉대를 당하는 것이 내게 얼마나 큰 슬픔인지를 생각하라." 우리가 이렇게 하고도 그에게 우리를 사랑해 달라고 요구할 수 있는가? 무심한 영혼들이 예수 그리스도께 행하는 이러한 멸시와 냉대는 그에게 비 오는 날에 이어 떨어지는 물방울(잠 27:15)이다.

Ⅲ. 그녀가 그의 이러한 간청을 들어주지 않으려고 내놓은 변명(3절). 내가 옷을 벗었으니 어찌 다시 입겠는가. 그녀는 반쯤 잠들어 있어서, 그녀의 사랑하는 자의 음성을 알고, 그가 문을 두드리는 것도 알지만, 그에게 문을 열어 주기가 귀찮다. 그녀는 잠을 자기 위해 옷을 벗었기 때문에, 다시 옷을 입는 수고를 하고 싶지 않았다. 그녀는 이미 발을 씻었기 때문에, 다시 발을 씻어야 하는 번거로움을 피하고 싶은 것이었다. 그녀는 다른 사람을 시켜서 문을 열게 할 수도 없었고(그리스도를 우리의 마음에 영접해 들이는 것은 우리 자신의 행위여야 하기 때문에), 그렇다고 해서 문을 열어 주러 스스로 일어나기도 싫었다. 그녀는 내가 문을 열어 주고 싶지 않다고 말하는 것이 아니라, 내가 어찌 문을 열어 줄 수 있겠느냐고 말한다. 신앙의 나태함에 빠진 자들이 내놓은 변명들은 다 하찮고 시시한 것들임을 명심하라. 그리스도께서는 우리에게 문을 열어 달라고 청하시지만, 우리는 가을에 추워서 밭을 갈지 않는 게으른 자처럼 문을 열어 줄 마음이나 힘이나 시간이 없다는 핑계를 대고, 그 핑계로 자신을 합리화한다. 허리 띠를 띠고 깨어서 주의 오심을 기다려야 마땅한 자들이 허리 띠를 풀고 옷을 벗어 버렸다면, 그들이 이전의 결심을 회복해서 다시 띠를 두르고 옷을 입는 것은 어려운 일이다. 그러므로 항상 허리 띠를 매고 옷을 제대로 입고 있는 것이 최선이다. 변명을 늘어 놓는 것은 그리스도를 우습게 여기는 것으로 해석되고(눅 14:18), 또한 사실이 그렇다. 그리스도를 위해서 추위를 견디거나 따뜻한 침상에서 나올 마음이 없는 자들은 그리스도를 크게 멸시하는 것이다.

Ⅳ. 그녀에게 침상에서 일어나서 그녀의 사랑하는 자를 위하여 문을 열어 줄 마음이 생기게 만든 하나님의 은혜의 강력한 감화. 그는 그녀를 설득해서 마음을 움직이는 것이 어려워지자, 기다림에 지쳐서 문 빗장을 벗겨서 열기 위하여 문틈으로 손을 들이밀었다(4절). 이것은 성령이 그녀의 심령에 역사하여

그녀의 주저하는 마음을 자원하는 심령으로 만든 것을 나타낸다(시 110:3). 성경에서는 루디아가 회심한 것을 주께서 그녀의 마음을 여신 것으로 묘사하고(행 16:14), 그리스도께서는 그의 제자들의 마음을 열어 깨닫게 하셨다고 말한다(눅 24:45). 사람 안에 심령을 지으신 하나님은 그 심령으로 들어가는 모든 길들을 아시고, 어느 길로 가야 거기로 들어갈 수 있는지도 아신다. 하나님은 그 심령의 문틈을 찾아내셔서, 거기로 손을 넣어서 온갖 편견들을 제거하시고 그의 가르침과 법을 집어넣으실 수 있으시다. 그는 다윗의 열쇠를 가지고 계셔서(계 3:7) 그것으로 사람들의 마음 문을 여시는데, 열쇠가 자물쇠의 홈에 딱 맞는 것과 마찬가지로 그의 열쇠는 사람들의 심령에 딱 맞기 때문에, 그 본성을 강제로 훼손함이 없이 악한 것들만을 제거하셔서 그 마음의 문을 여실 수 있으시다.

V. 그녀가 마침내 하나님의 은혜의 이러한 역사에 순복함. 그에 대한 내 마음이 움직였다. 그녀의 감성에 은혜가 역사하자 그녀의 의지가 바뀌었다. 그리스도께서 그 마음이 불 붙는 듯하게 만드셨던 엠마오 도상의 두 제자처럼, 그에 대한 내 마음이 움직였다. 그녀의 사랑하는 자의 머리가 이슬로 젖자, 그를 불쌍히 여기는 마음이 그녀를 움직였다. 심령이 자애로워지고 마음이 부드러워지면, 그리스도를 받아들일 준비가 다 된 셈이라는 것을 명심하라. 그러므로 우리를 향한 그리스도의 사랑은 애처로울 정도로 아주 감동적인 모습으로 묘사된다. 그리스도께서는 우리를 불쌍히 여기셔서 우리를 구속하셨는가? 우리도 불쌍히 여기는 마음으로 그리스도를 받아들여야 하고, 그의 소유 된 자들이 곤경에 처해 있는 것을 볼 때에 그로 말미암아 그들을 받아들여야 한다. 그녀의 심령에 은혜가 역사하자, 그녀는 자신의 둔함과 게으름을 부끄러워하면서 자리에서 일어났다(5절, 내가 일어나 내 사랑하는 자를 위하여 문을 열었다). 그의 은혜가 그녀로 하여금 그렇게 하도록 만들었고, 그녀를 일어나지 못하게 하였던 불신앙을 극복할 수 있게 만들어 주었다. 그것은 그녀 자신의 행위였지만, 그녀로 하여금 그런 행위를 하게 만든 것은 바로 그였다. 이제 몰약이 그녀의 손에서 문빗장에 떨어졌다. 이것은 다음 둘 중의 하나를 의미한다.

1. 그녀가 손을 문빗장에 대자 거기에서 몰약이 발산되어 나왔다는 것. 그녀의 사랑하는 자는 문틈으로 손을 들이밀었을 때에 거기에 있다는 증거로 거기에 몰약을 남겨 두었다. 그리스도께서는 우리의 영혼에 강력하게 역사하실 때

에 영혼이 아주 기뻐하는 복되고 달콤한 것을 거기에 남겨 두신다. 그는 문빗장이 잘 열리도록 거기를 몰약으로 기름칠을 해 놓으신 것이다. 우리는 하나님의 은혜의 감화 아래에서 우리의 믿음을 생생하게 발휘하여 우리가 마땅히 해야 할 일들을 열심으로 행할 때에 그 일들이 우리가 생각했던 것보다 훨씬 더 수월하고 즐겁게 진행되는 것을 발견하게 되리라는 것을 명심하라. 우리가 단지 일어나서 그리스도께 문을 열어 드리기만 한다면, 우리는 그에게 문을 열어 드리는 일에서 있어서 난관이라고 여겼던 일들이 이상하리만치 쉽게 극복되는 것을 발견하고서, 다니엘이 그랬듯이 **내 주께서 나를 강건하게 하셨사오니 말씀하옵소서**(단 10:19)라고 말하게 될 것이다.

2. 그녀의 손에서 몰약이 나와서 문빗장에 떨어졌다는 것. 그녀의 **사랑하는 자를 위한** 그녀의 **마음이 움직였을** 때에 그는 이미 오랫동안 이슬에 젖은 채 추위에 떨며 서 있었다. 그래서 그녀는 그에게 문을 열어 주면서, 그의 원기를 북돋워주어서 그가 감기에 걸리는 것을 막기 위하여, 그의 머리에 부을 기름을 준비하였는데, 서둘러서 그를 맞이하려다 보니, 기름을 제대로 준비하지 못하고, 그가 들어오자마자 그의 머리에 쉽게 기름을 발라주기 위해서, 향유를 담은 옥합에 그녀의 손을 넣어 듬뿍 묻힌 채 문을 열어 주었던 것이다. 그리스도께 그들의 마음의 문, 저 **영원한 문**을 여는 자들은 생생한 믿음과 은혜로 그를 맞이하여야 하고, 그런 것들로 그에게 기름을 부어야 한다.

VI. 그녀가 그녀의 사랑하는 자를 위하여 문을 열어 주었지만, 때가 너무 늦어 버려서 서글픈 결과를 가져옴. 여기에는 이 이야기 중에서 가장 우울한 부분이 나온다. **나는 마침내 내 사랑하는 자를 위하여 문을 열었으나, 슬프게도 그는 벌써 물러갔네. 내 사랑하는 자는 가버렸고 가버렸네**(원문은 이렇게 되어 있다).

1. 그녀는 그가 처음에 문을 두드렸을 때에 그에게 문을 열어 주지 않았는데, 나중에 이 **축복을 이어받으려고** 했을 때에는 때가 이미 늦어 버렸다. 우리는 그리스도를 만날 수 있는 동안에 그를 찾아야 한다. 때를 놓치면, 기회도 사라진다.

(1) 그리스도께서 우리가 지체하는 것을 책망하시고, 자신의 본분을 게을리하고 졸며 앉아 있는 우리에게서 위로를 빼앗으시는 것은 합당하다.

(2) 그리스도께서 떠나가신 것은 믿는 자들이 크게 슬퍼하고 근심해야 할 일이다. 제왕 시인이었던 다윗이 다른 그 어떤 일보다도 가장 슬퍼하고 탄식하

였던 것은 하나님이 그에게 그 얼굴을 숨기시고 그를 내치시며 버리시는 것이었다. 마찬가지로, 여기에서 신부는 그녀의 머리털을 잡아 뜯고, 그녀의 옷을 찢으며, 그녀의 손목을 비트는 그런 심정으로 그가 가버렸네 그가 가버렸어라고 울부짖는다. 그녀의 마음이 칼로 에이듯이 아픈 것은 그녀가 이 모든 것이 그녀의 탓이라고 생각하였기 때문이다. 그녀가 그를 노엽게 하여 가버리게 만들었다는 것이다. 그리스도께서 우리를 떠나시는 것은 우리에게 서운하신 일이 있으시기 때문이다.

2. 이런 일을 당했을 때에 그녀가 어떻게 했는지, 어떤 일이 그녀에게 벌어졌는지를 잘 살펴보라.

(1) 그녀는 여전히 그를 그녀의 사랑하는 자라고 부름으로써, 이 날이 아무리 암울하고 어둡다고 하여도 그와의 관계를 포기하지 않겠다는 자신의 결심을 나타내 보인다. 우리 자신이 잘못하거나 하나님이 물러가실 때마다 우리가 우리의 영적인 상태에 대하여 지나치게 혹독한 평가를 내리는 것은 우리의 연약함을 드러내는 일이다. 우리가 잠시 하나님을 버리거나 하나님이 우리를 잠시 버린다고 해서, 그것이 언제나 절망적인 것은 아니다. 우리는 주여 나의 믿음 없음을 도와 주소서라고 말해야 할 때에 주여 내가 믿나이다라고 말한다. 그가 나를 떠나갔다고 하여도, 나는 그를 사랑한다. 그는 나의 사랑하는 자이다.

(2) 그녀는 이제 그가 그녀를 부르면서 했던 말들과 그 말들이 그에게 주었던 인상을 기억해내고서, 그녀의 잘못을 깨닫게 해준 그의 말을 얼른 받아들이지 않는 그녀의 어리석음으로 인하여 스스로 자책한다. "그가 말할 때에 내 혼이 나갔구나. 내 머리가 이슬에 젖었다고 그가 말했을 때에 그의 말은 나의 마음을 녹였다. 그런데도 이 철없는 나는 여전히 누워서 변명들만을 늘어 놓으며 그에게 문을 열어 주지 않았다." 하나님이 우리의 눈을 열어 주시면, 우리는 우리가 저지른 죄와 잘못들을 뒤돌아보면서 너무나 씁쓸하고 숨막힐 것 같아서 어찌할 바를 모르게 된다. 하나님의 말씀은 종종 그 당시에는 우리의 마음에 아무런 감화도 주지 못하다가, 시간이 지나서 나중에 우리가 그 말씀을 다시 떠올려 생각해 보면, 우리의 마음은 녹아 버리고 만다. 그가 전에 했던 말들로 인해서 이제 나의 심령이 녹아 내리는구나.

(3) 그녀는 다시 잠자리로 되돌아가지 않고, 그를 찾아 나섰다. 나는 그를 찾았고 불렀다. 그가 처음에 불렀을 때에 그녀가 조금만 분발하였더라면, 그녀는

이런 고생을 하지 않아도 될 것이었다. 그러나 우리는 게으르고 무심해서 우리에게 찾아온 기회들을 선용하지 못하고 놓침으로써 많은 일들과 괴로움을 스스로 자초한다. 그렇지만 그녀의 사랑하는 자가 물러갔을 때에 그녀가 계속해서 그를 찾은 것은 칭찬 받을 만한 일이다. 그가 물러감으로써, 그를 향한 그녀의 사모함은 더욱 강해졌고, 그를 찾고자 하는 그녀의 마음은 더욱 간절해졌다. 그녀는 기도를 통해서 그를 부르고 찾으며, 그에게 돌아와 달라고 간청한다. 그녀는 기도만이 아니라, 전에 그를 찾을 때에 사용하던 수단들과 방법들도 다 동원해서, 그를 찾는다.

(4) 그녀는 그를 찾지 못하였다. **내가 그를 못 만났고, 그는 응답이 없었노라.** 그녀는 그의 은총의 증거를 볼 수 없었고, 그 어떤 위로도 느낄 수 없었다. 모든 것이 어둠이었고, 그녀를 향한 그의 사랑은 의심스러웠다. 그리스도를 향한 참된 사랑을 지니고 있으면서도, 그들의 기도에 대한 즉각적인 응답을 받지 못하는 자들이 있다. 그러나 그런 경우에도 그가 그들로 하여금 계속해서 그를 찾을 수 있도록 힘을 공급해 주시는 것 자체가 응답이나 마찬가지이다(시 138:3). 사도 바울은 그의 육체에 있는 가시를 없애 달라는 그의 기도에 대하여 긍정의 응답을 받을 수는 없었지만, 주의 은혜가 그에게 충분하다는 응답을 받았다.

(5) 그녀는 순찰자들에게 봉변을 당하였다. **그들이 나를 만나매 나를 쳐서 상하게 하였다**(7절). 그들은 그녀를 몸을 파는 여자로 오해하여(그들이 그들의 구역을 순찰하고 있을 때에 그녀가 야밤에 길거리를 배회하였기 때문에) 때렸다. 슬픔에 잠겨 있는 성도들은 죄인들로 오해를 받아서 비방을 받고 욕을 당한다. 한나는 마음이 슬프고 비통하여 기도하고 있을 때에 최고의 파수꾼들 중의 한 사람이었던 엘리 제사장으로부터 **네가 언제까지 취하여 있겠느냐**(삼상 1:14-15)는 말로 얻어 맞고 상처를 받았는데, 이것은 엘리가 그녀를 행실이 나쁜 여자로 여긴 것이었다. 시온의 왕을 진정으로 사랑하고 충성하는 백성들인 자들이 시온의 파수꾼들에 의해서 하나님 나라의 원수나 수치가 되는 자들로 오해를 받는 것은 새삼스러운 일이 아니다. 그들은 참된 하나님의 백성들을 욕하고 비방하는 것으로 그들을 박해한다. 어떤 이들은 여기에 나오는 순찰자들을 직분상으로는 순찰자 또는 파수꾼이지만 하나님의 말씀을 잘못 적용해서 이미 깨어 있는 양심을 괴롭게 만들어서, 미숙함이나 그들의 슬픔에 대한 무지 때문에

환난당하는 자들에게 환난을 더하고, 하나님이 슬프게 하지 아니한 의인의 마음을 근심하게 하며(겔 13:22), 하나님께서 상하게 하신 자들의 슬픔과 관련해서(시 69:26) 격려를 받아야 마땅한 자들을 낙심하게 하는 사역자들을 가리키는 것으로 이해한다. 신부가 그녀의 사랑하는 자를 찾는 일에 도움을 줄 수 없거나 주고자 하지 않는 자들은 그것만으로 충분히 악한 자들이다(3:3). 그러나 그녀를 심하고 무자비하게 비방하고, 심한 욕으로 그녀를 쳐서 상하게 한 자들, 예루살렘 성벽을 파수하는 자들이면서도 마치 그녀의 겉옷이 정절을 위한 것이 아니라 부정(不貞)을 은폐하는 도구라도 되는 것처럼 그녀의 겉옷을 벗겨 가져감으로써 도리어 성벽을 부수는 자들로 행한 자들은 훨씬 더 악한 자들이다. 모든 행실이 선한데도 위선자로 단죄를 받아 짓밟히는 자들은 여기에 나오는 신부처럼 사람들이 그들의 겉옷을 벗겨 가졌다고 하소연할 만한 충분한 이유가 있다.

(6) 그녀는 순찰자들에게 봉변을 당해서 더 이상 그녀의 사랑하는 자를 찾는 일을 계속할 수 없게 되자, 주변에 있는 자들에게 그녀가 그를 찾을 수 있게 해 달라고 도움을 청하였다(8절). 예루살렘 딸들아 너희에게 내가 부탁한다. 나의 모든 친구들과 지인들아, 혹시라도 너희가 나보다 먼저 내 사랑하는 자를 만나거든, 너희는 그에게 이렇게 말해 주려무나. "그에게 나를 좋게 말해 주고, 내가 사랑하므로 병이 났다고 그에게 말해 주라."

[1] 그녀의 상태는 어떠하였는가. 그녀는 예수 그리스도를 너무나 사랑하였기 때문에 그가 떠나자 심한 병이 났고, 그가 없는 것이 견딜 수가 없어서, 그가 돌아오기를 나봇의 포도원을 몹시 탐냈던 아합 왕이나 산고(産苦) 중에 있는 여인처럼 고통스럽게 기다렸다. 이 병은 영혼이 건강하다는 것을 보여주는 증표이기 때문에 죽음이 아니라 생명을 가져오는 병이다. 그러므로 결국에는 모든 일이 잘 될 것임에 틀림없다. 세상을 사랑하여 편안하게 지내는 것보다 그리스도를 사랑하다가 병이 나는 것이 더 낫다.

[2] 이런 상태에서 그녀는 어떤 조치를 취하였는가. 그녀는 절망에 빠져 있지 않았다. 그는 자기가 병으로 죽을지도 모른다고 생각하였지만, 사람들을 풀어서 그녀의 사랑하는 자를 찾았다. 그녀는 이웃들의 조언을 구하였고, 그들에게 그녀를 위해 그에게 중보 기도를 해 달라고 부탁하였다. "내가 무심하고 어리석으며 나태해서, 즉시 그에게 마땅히 문을 열어 드려야 했는데도 자리에서 일어나기를 주저하였지만, 여전히 나는 그를 사랑한다고 그에게 전해 주라. 그

는 모든 것을 아시고, 내가 행하는 것을 아신다. 내가 많은 일들에서 나의 본분을 다하지 못하기는 했지만, 그에게 나의 모습을 있는 그대로 솔직하게 말해 주라. 아니, 그가 나를 불쌍히 여겨서 도울 수 있도록, 내가 얼마나 불쌍한 자인지를 그에게 말해 주라." 그녀는 그들에게 그를 만나서, 그녀가 순찰자들에게 어떤 봉변을 당했는지를 알리라고 부탁하지 않는다. 순찰자들이 그녀에게 한 짓이 아무리 불의한 것이었다고 해도, 그녀는 그 일을 허락하신 여호와는 의로우시다는 것을 인정하기 때문에, 그 일을 인내로써 잘 감수하고 있는 것이다. "내가 그를 사랑한 나머지 병이 났다고만 그에게 말해 주라." 은혜를 받은 영혼들은 다른 그 어떤 환난보다도 그리스도께서 떠나신 것에 더 많은 마음을 쓴다.

[9]여자들 가운데에 어여쁜 자야 너의 사랑하는 자가 남의 사랑하는 자보다 나은 것
이 무엇인가 너의 사랑하는 자가 남의 사랑하는 자보다 나은 것이 무엇이기에 이
같이 우리에게 부탁하는가 [10]내 사랑하는 자는 희고도 붉어 많은 사람 가운데에 뛰
어나구나 [11]머리는 순금 같고 머리털은 고불고불하고 까마귀 같이 검구나 [12]눈은 시
냇가의 비둘기 같은데 우유로 씻은 듯하고 아름답게도 박혔구나 [13]뺨은 향기로운
꽃밭 같고 향기로운 풀언덕과도 같고 입술은 백합화 같고 몰약의 즙이 뚝뚝 떨어
지는구나 [14]손은 황옥을 물린 황금 노리개 같고 몸은 아로새긴 상아에 청옥을 입힌
듯하구나 [15]다리는 순금 받침에 세운 화반석 기둥 같고 생김새는 레바논 같으며 백
향목처럼 보기 좋고 [16]입은 심히 달콤하니 그 전체가 사랑스럽구나 예루살렘 딸들
아 이는 내 사랑하는 자요 나의 친구로다

이 단락에는 다음과 같은 내용들이 나온다.

I. 신부가 그녀의 사랑하는 자를 찾아 달라고 부탁하자, 예루살렘 딸들이 그녀에게 그녀의 사랑하는 자가 도대체 어떤 자냐고 물음(9절).

1. 그들이 신부에게 경의를 표하는 호칭을 사용함. 여자들 가운데에 어여쁜 자야. 우리 주 예수께서는 그의 신부를 그의 눈에만이 아니라 예루살렘의 모든 딸들의 눈에도 진정으로 사랑스럽게 만드신다. 교회는 이 세상에서 가장 아름다운 모임이고, 성도들의 교제는 최고의 친교이며, 성소의 아름다움은 그 어떤 것보다 뛰어난 아름다움이다. 성도들은 가장 아름다운 사람들이다. 거룩은 영

혼의 다른 면이다. 거룩은 영혼의 다른 이름이다. 영혼은 그 거룩성으로 말미암아 제대로 판단할 줄 아는 모든 자들에게 칭찬을 받는다. 여기에 나오는 예루살렘 딸들처럼 그리스도를 거의 알지 못하는 자들조차도 그리스도의 형상을 입은 자들 속에서 사랑스러운 아름다움을 볼 수밖에 없고, 그리스도의 형상이 어떤 옷을 입고 나타나더라도, 우리는 그것을 보고 사랑하지 않을 수 없다.

2. 그들이 그녀의 사랑하는 자에 관하여 물음. "너의 사랑하는 자가 남의 사랑하는 자보다 나은 것이 무엇인가. 우리가 네 대신에 그를 찾아 주기를 네가 원한다면, 우리가 그를 만났을 때에 즉시 알아볼 수 있게 그의 특징들을 우리에게 말해 주라."

(1) 어떤 이들은 이것을 그녀가 그를 찾느라 야단법석을 떠는 것을 보고서 그들이 그녀를 책망하는 조롱 섞인 질문으로 해석한다. "도대체 너의 사랑하는 자가 다른 자들이 사랑하는 자들보다 더 나은 것이 뭐길래 이렇게 유난을 떠는 것이냐? 네가 도대체 얼마나 그에게 미쳤길래, 그에게 호감을 지닌 다른 사람들보다 더 요란을 떠는 것이냐?" 신앙에 무관심한 자들은 신앙에 열심인 자들을 보면 의아해한다. 신앙에 별 의미를 두지 않는 많은 자들은 신앙에 진지하고 열심을 내는 소수를 비웃는다. "그에게 다른 사람보다 더 나은 무슨 아주 매력적인 것이 있는 것이냐? 그가 떠나갔다면, 여자들 가운데에 어여쁜 너는 얼마든지 곧 또 다른 남자를 만나게 될 것인데, 무엇이 문제인가?" 육적인 마음을 지닌 자들은 주 예수의 인격이나 직분들, 그의 가르침이나 은총들 속에서 그 어떤 뛰어나거나 비상한 것을 보지 못한다는 것을 명심하라. 그들은 그리스도를 아는 지식이나 그와의 교제 속에서 세상이나 세상에 속한 것들에 관한 지식 이상의 것을 보지 못한다.

(2) 어떤 이들은 이것을 예루살렘 딸들이 다음과 같은 의도로 제기한 진지한 질문으로 해석한다.

[1] 신부를 위로하기 위한 것. 그들은 그녀가 그녀의 사랑하는 자에 대하여 잠시 얘기만 해도 기운을 차릴 것임을 알았다. 그녀에게 그녀의 사랑하는 자의 아름다운 점들을 얘기하는 즐거운 일을 안겨주는 것보다 그녀를 더 기쁘게 해주고 그녀의 슬픔을 가라앉혀 줄 더 강력한 방법은 없었다.

[2] 신부의 사랑하는 자에 대하여 알기 위한 것. 그들은 그가 지극히 아름답고 준수하다는 것을 대체적으로는 들었지만, 좀 더 구체적으로 알기를 원하였

다. 그들은 무엇이 신부의 마음을 움직여서 신부가 그녀의 사랑하는 자를 찾아 달라고 이렇게 간절하고 애타게 그들에게 부탁하는 것인지를 의아해 하였고, 그에게는 다른 사람에게서 찾아볼 수 없는 그 무엇이 있음에 틀림없다고 결론을 내리고서, 그것을 알고자 하였다. 사람들이 그리스도와 그의 초월적인 완전함들에 대하여 묻기 시작할 때에 그들에게는 소망이 시작된다. 사도 바울이 이방인들의 믿음을 통해서 유대인들로 하여금 거룩한 시기를 하게 만들고자 했던 것처럼(롬 11:14), 그리스도를 찾는 일에 어떤 한 사람이 보이는 특별한 열심은 종종 많은 사람들을 분발하게 만드는 결과를 가져온다(고후 9:2; 또한, 요 4:10).

Ⅱ. 신부가 이 질문에 답하여 그녀의 사랑하는 자가 어떤 자인지를 설명함. 우리는 그리스도에 대하여 묻는 자들을 가르치고 도울 준비를 항상 갖추고 있어야 한다. 그리스도를 잘 아는 노련한 그리스도인들은 다른 사람들도 그리스도를 알 수 있도록 하기 위하여 모든 노력을 다하여야 한다.

1. 그녀는 그가 비할 바 없는 완전함들과 유례없는 가치를 지닌 자임을 그들에게 단언한다(10절). "너희는 나의 사랑하는 자를 알지 못하느냐? 예루살렘 딸들이 예루살렘의 면류관이신 그를 어떻게 모를 수가 있느냐? 그렇다면, 내가 너희에게 말해 주마."

(1) 그는 사랑할 만한 모든 것을 지니고 있다는 것. 내 사랑하는 자는 희고도 붉다(10절). 이 두 가지 색은 서로를 보완하여 완전한 아름다움을 이룬다. 이것은 그가 성육신하였을 때에 그의 육신의 뛰어난 아름다움을 가리키는 것이 아니라(성경은 아기 모세가 태어났을 때에는 그가 지극히 아름다웠다고 말하지만[행 7:20], 아기 예수에 대해서는 그렇게 말하지 않고, 그는 고운 모양도 없고 풍채도 없었다고 말한다[사 53:2]), 성령의 조명을 받아 신령한 것들을 분별하게 된 자들의 눈에 그를 진정으로 사랑스럽게 만드는 그의 신적인 영광, 즉 중보자로서의 그 안에서 만물이 조화를 이루고 있는 것을 가리킨다. 그의 안에서 우리는 여호와의 아름다움을 볼 수 있다. 그는 거룩한 자손 예수였다. 이것이 그의 아름다움이었다. 우리가 그를 우리에게 지혜와 의로움과 거룩함과 구원함이 되신 분으로 본다면, 그는 모든 점에서 지극히 사랑스러워 보인다. 우리를 향한 그의 사랑은 그를 사랑스럽게 만든다. 그는 그의 흠 없고 무죄한 삶에서 희고, 그가 죽음을 통해 피 흘리는 고난을 겪으신 일에서 붉다. 그는 하나님으로

서의 그의 영광에 있어서 희고(그가 변화되었을 때에 그의 의복은 빛처럼 희었다), 사람의 본성(아담-붉은 흙)을 입으셨을 때에 붉었다. 그는 자기 백성을 향한 자애로우심 속에서 희고, 원수들에 대하여 무시무시한 모습으로 나타나실 때에 붉다. 그의 용모는 모든 것들이 다 지극히 잘 조화되어 있는 모습이다.

(2) 그는 다른 자들에게서는 찾아볼 수 없는 그러한 사랑스러움을 지니고 있다는 것. 그는 많은 사람 가운데에 뛰어나고 모든 사람들보다 아름답고 그 어떤 사람보다 아름다워서, 사람들 중에는 그와 같은 자가 없고, 그와 비할 만한 자도 없다. 다른 모든 것은 그에 비하면 배설물에 지나지 않는다(빌 3:8). 그는 세상 왕들보다 더 높은 지존자이고(시 89:27), 윗 세상과 아랫 세상의 그 어떤 정사(政事)와 권세보다도 더 뛰어난 이름을 얻었다(빌 2:9; 히 1장; 4장). 그는 만 명의 사람들 가운데에서 기수(원문은 이런 뜻이다), 즉 그 무리 중에서 가장 크고 아름다운 자이다. 그는 만민의 기치로 세워진 자이기 때문에(사 11:10), 우리는 그에게로 모여야 하고, 항상 그를 바라보아야 한다. 많은 사람 가운데에 가장 뛰어난 그는 우리 영혼 속에서 가장 내밀(內密)한 곳을 차지하여야 마땅하다.

2. 그녀는 그에 관하여 구체적으로 자세하게 얘기하면서, 그의 능력이나 아름다운 용모를 숨기지 않고 다 얘기한다. 그리스도 안에 있는 모든 것은 사랑스럽다. 그녀는 여기에서 그의 아름다움을 보여주는 열 가지 예를 드는데, 우리는 그것들을 억지로 적용하여 멋지게 해석하려고 할 필요가 없다. 이 열 가지 예들의 전체적인 의도는 그가 모든 면에서 그의 일을 할 수 있는 자질을 갖추고 있고 우리의 존경과 사랑과 신뢰를 받을 만한 모든 것을 갖추고 있다는 것을 보여주는 것이다. 요한에게 나타나신 그리스도의 모습(계 1:13 이하)은 여기에 나오는 그에 대한 신부의 묘사와 서로 통한다. 이 두 묘사의 취지는 그를 초월적인 영광을 지닌 자, 즉 그는 크고 은혜로워서 믿는 자들의 눈에 사랑스럽고 그들을 행복하게 만들어 줄 수 있는 자라는 것을 보여주는 것이다.

(1) 그의 머리는 순금 같다(11절). 그리스도의 머리는 하나님이시고(고전 11:3), 성경은 성도들에게 전능자가 그들의 금과 보화와 방비가 되실 것이라고 약속하는데(욥 22:25), 하물며 그리스도에게는 어떠하겠는가. 그리스도 안에는 신성의 모든 충만이 육체로 거한다(골 2:9). 그리스도의 머리는 만물에 대한 그의 주권적인 통치, 그리고 그의 교회의 그 모든 지체에 대한 그의 결정적인 감화력

을 나타낸다. 이것은 금, 금과 같다. 원문에서 전자의 금은 빛을 발하는 눈부신 금을 가리키고, 후자의 금은 견고하고 단단한 금을 가리킨다. 그리스도의 절대 주권은 아름답고 강력하다. 느부갓네살의 나라는 금 머리로 비유되었는데(단 2:38), 이것은 그의 나라가 다른 모든 나라보다 더 뛰어났기 때문이다. 그리스도의 통치도 마찬가지이다.

(2) 그의 머리털은 숱이 많고 검다(11절). 게달의 장막은 결점에 속하는 것이었기 때문에 교회를 비유할 때에 사용되었고(1:5), 까마귀의 검은 것은 아름다움에 속하는 것이어서 그의 머리털은 까마귀 같이 검은 것으로 묘사된다. 종종 그리스도의 머리털은 흰 것으로 묘사되는데(계 1:14), 이것은 그가 옛적부터 계신 이라는 것, 즉 그의 영원성을 나타낸다. 그러나 여기에서 그의 머리털이 검고 숱이 많다는 것은 그는 쇠하는 것이 없어서 항상 젊다는 것을 나타낸다. 그리스도께 속한 모든 것은 믿는 자의 눈에 사랑스럽고, 심지어 그의 머리털까지 그렇다. 그런데 그가 사람들에게 은혜를 주려고 기다리느라, 그의 머리털이 밤이슬에 젖었다는 것은 안타까운 일이다(2절).

(3) 그의 눈은 시냇가의 비둘기 같이 맑고 아름다우며 순결하고 온유하다(12절). 비둘기들은 시냇가를 좋아하는데, 거기에서 시냇물을 거울로 삼아 자신의 모습을 비춰 보고, 우유로 씻은 듯이 깨끗하게 자신을 씻어 희게 만들며, 비둘기들의 눈은 툭 튀어나오지도 않고 움푹 꺼지지도 않은 채 아름답게 박혀 있다. 그리스도는 눈이 정결하시므로 악을 차마 보지 못하신다. 왜냐하면, 그의 눈은 비둘기의 눈과 같기 때문이다(합 1:13). 여기에서 신부가 그리스도의 눈에 대하여 기쁜 마음으로 말하듯이, 모든 믿는 자들은 그리스도의 눈에 대하여 말할 때에 그의 눈이 모든 것을 안다는 것을 기쁜 마음으로 말한다. 왜냐하면, 그의 눈이 불꽃 같다는 것은 그의 원수들에게는 두렵고 무서운 일이지만(계 1:14), 불꽃 같은 그의 눈은 믿는 자들의 흠 없음을 말해줄 증인이 될 것이어서, 그의 친구들에게는 비둘기의 눈처럼 사랑스럽고 위로가 되는 일이기 때문이다. 주님은 모든 것을 아시오매 내가 주님을 사랑하는 줄을 주님께서 아시나이다(요 21:17). 항상 그리스도의 눈 아래에 있는 것처럼 행하는 자들은 복되고 거룩하다.

(4) 그의 뺨은 향기로운 꽃밭 같고 향기로운 풀언덕과도 같다(13절). 그의 얼굴에서 살짝 올라온 부분인 뺨은 동산에서 가장 아름답고 풍요로운 곳, 즉 동산에서 약간 흙을 돋우어서 향을 내는 꽃과 식물들을 심은 화단과 같다. 그리스

도의 얼굴은 모든 성도들이 흘깃 쳐다보기만 해도 사랑스러운데, 뺨은 단지 그 얼굴의 일부일 뿐이다. 그리스도께서 우리 영혼에 자기 자신을 반쯤만 나타내 보이셔도, 거기에서 뿜어져 나오는 진한 꽃 향기 때문에 우리 영혼은 소생하여 새 힘을 얻는다.

(5) 그의 입술은 백합화 같고, 거기에서는 몰약의 즙이 뚝뚝 떨어진다(13절). 그의 입술은 백합화 같이 희다는 것이 아니라 달콤하고 아름답다는 것이다. 그의 입술에서 나오는 말은 거룩함을 입은 모든 자들에게 꿀과 송이꿀보다 더 달고, 그의 입맞춤, 즉 그가 베푸는 모든 은혜들도 마찬가지이다. 은혜가 그의 입술에 부어졌기 때문에, 그의 말을 듣는 자들은 그 입으로 나오는 바 은혜로운 말을 놀랍게 여겼다. 그의 입술은 몰약의 즙이 뚝뚝 떨어지는 백합화와 같다. 자연의 백합화 중에는 몰약의 즙이 떨어지는 것은 없지만, 자연에 있는 그 어떤 것으로도 그리스도의 아름다움과 탁월함을 온전히 표현하는 것이 불가능하기 때문에, 비유적으로 하다 보니 여러 이미지들이 혼합되어서 표현되고 있는 것이다.

(6) 그의 손은 아주 귀한 보석인 황옥을 물린 황금 반지 같다(14절). 큰 자들은 다이아몬드나 그 밖의 다른 보석이 박힌 황금 반지를 그 손가락에 끼고 있었지만, 그녀의 눈에 그의 손은 그 자체가 황금 반지 같았다. 그의 능력을 보여주는 온갖 일들, 그의 손으로 하는 모든 일들, 그의 섭리와 은혜에 의한 모든 일들은 다 황금이나 홍마노와 청보석처럼 풍성하고 순전하며 귀하고, 손가락에 꼭 맞아 너무나 아름다운 황옥이 박힌 황금 반지처럼 그 일들의 목적에 꼭 맞게 행해진다. 자기 백성을 영접하고 그들에게 필요한 것들을 주기 위해 뻗치는 그의 손은 이렇게 풍성하고 아름답다.

(7) 그의 배(개역에서는 몸)는 눈부신 상아와 같다(14절). 여기에서 배로 번역된 단어는 4절에서 마음으로 번역된 단어와 동일한 것으로서, 원래는 감정이 깃들어 있다고 생각된 내장을 의미한다. 이 단어는 흔히 하나님과 관련해서 자주 사용된다(사 63:15; 렘 31:20). 따라서, 이것은 신부에 대한 그의 따뜻하고 자애로운 동정과 애정, 홀로 외롭고 서글픈 처지에 있는 그녀에 대하여 그가 지닌 사랑을 나타낸다. 그의 이러한 사랑은 잘 광이 난 눈부신 상아, 청옥을 풍부하게 입힌 상아와 같다. 사랑 자체는 강하고 견고하며, 사랑이 나타난 여러 경우들은 반짝거리고 빛나서 사랑의 무한한 가치를 더욱 돋보이게 만들어 준다.

(8) 그의 다리는 화반석 기둥 같이 튼튼하고 당당해서, 순금 받침에 세워도 전혀 손색 없다(15절). 이것은 그가 변함없고 확고부동하다는 것을 나타낸다. 그가 발을 디딘 곳에서 그는 요지부동이다. 그는 그의 어깨에 짊어진 정사(政事)의 모든 무게를 다 감당할 수 있고, 그의 다리는 그 무게에 의해서 결코 무너지지 않을 것이다. 이것은 우리의 하나님, 우리의 왕이 성소로 행차하실 때에 그 장엄함과 위풍당당함을 나타내는 것이고(시 68:24), 자기 백성을 향한 그의 온갖 섭리들이 다 변함이 없고 고르다는 것을 나타내는 것이다. 여호와의 길들은 공평하다. 그 길들은 다 인자와 진리, 즉 긍휼하심과 진실하심으로 가득한데, 이 속성들은 화반석 기둥 같아서 하늘을 떠받치고 있는 기둥들보다 더 오래간다.

(9) 그의 생김새(즉, 그의 풍채)는 저 위풍당당한 산인 레바논 같다(15절). 그의 모습은 아름다운 삼림이나 공원의 풍경처럼 아름답고 매력적이며, 다른 나무들보다 월등하게 크고 튼튼해서 아주 쓸모가 있는 백향목처럼 보기 좋고 훌륭하다. 그리스도는 잘 생기신 분이다. 우리는 그를 보면 볼수록 그에게서 더 많고 더 큰 아름다움을 보게 될 것이다.

(10) 그의 입은 심히 달콤하다(16절). 그것은 달콤함 자체이다(원문은 이렇게 되어 있다). 그것은 모든 기쁜 것들의 정수(精髓)이자 요체(要諦)이다. 그의 입에서 나오는 말들은 다 믿는 자에게 달콤해서, 갓난아기들에게는 젖처럼 달콤하고, 어른들에게는 꿀처럼 달다(시 119:103). 그의 입맞춤들, 그의 사랑의 온갖 증표들은 그 안에 초월적인 달콤함을 지니고 있어서, 영적인 지각을 사용할 줄 아는 자들에게 지극한 기쁨을 준다. 믿는 너희에게 그는 보배롭다.

3. 그녀는 믿음과 소망의 온전한 확신으로 자신의 말을 마무리하면서, 그녀의 괴로움을 극복한다(16절).

(1) 주 예수의 온전한 아름다우심에 대한 믿음의 온전한 확신. "그의 전체가 아름답구나. 그의 전체가 아름다워서 단 한 군데도 미운 구석이 없는데, 왜 내가 일일이 그 아름다운 것들을 다 얘기해야 하는가?" 그녀는 자기가 그에 대하여 구체적인 묘사들을 하고 있는 것이 잘못된 것이고, 그런 묘사들은 그의 고귀함과 위엄을 나타내기에는 역부족이라는 것을 깨닫고서, 갑자기 그런 묘사들을 중단하고 그에 대한 전반적인 찬사를 발한다. 그는 정말 사랑스럽고, 그의 전체가 다 사랑스럽다. 그에게는 사랑스러운 것 외에는 아무것도 없고, 그의 안에 있는 것 외에는 사랑스러운 것은 이 세상에 아무것도 없다. 그의 안에는

우리가 바라는 모든 것이 다 있다. 그러므로 그녀가 바라는 것은 오직 그뿐이기 때문에, 이렇게 그를 애타게 찾고 있는 것이고, 그가 없이는 만족할 수가 없는 것이다. 이토록 사랑스러운 자를 누가 사랑하지 않을 수 있겠는가?

(2) 그녀가 그에게 속하였다는 것에 관한 온전한 확신. "이는 내 사랑하는 자요 나의 친구로다. 그러므로 내가 이토록 그를 그리워하는 것을 이상하게 여기지 말라." 그녀가 얼마나 거룩한 담대함으로 그에 대한 관계를 단언하고, 얼마나 거룩한 확신과 기쁨으로 그것을 선포하고 있는지를 보라. 그에 대한 그녀의 관계는 그녀로 하여금 그의 훌륭함에서 달콤함을 느끼게 만든다. 그리스도를 우리의 사랑하는 자로 보는 것이 아니라 그리스도 자체만을 본다면, 그것은 행복이라기보다는 괴로움이 될 수도 있다. 그러나 이렇게 사랑스러운 자를 볼 뿐만 아니라, 그를 우리의 친구이자 우리가 사랑하는 자로 보는 것은 더할 나위 없는 행복이고 만족이다.

[1] 그녀는 그리스도를 온전히 받아들이는 참된 신자의 모습이다. "그는 나의 주님이시요 나의 하나님이시니이다(요 20:28). 그는 복음 언약의 취지에 따라 나의 주이시고, 내게 주어진 그와의 모든 관계 속에서 나의 주이시며, 나의 가엾은 영혼이 필요로 하는 모든 것이 되어 주신다는 점에서 나의 주이시다."

[2] 그녀는 그리스도 안에서 온전한 만족을 누린다. 그녀는 여기에서 뛸 듯이 기쁘다는 어조로 그런 말을 한다. "이는 내가 택한 자이고, 내가 내 자신을 바친 자이다. 내게는 그리스도 외에는 없고, 내게는 오직 그리스도뿐이다. 이는 내 마음 속에 있는 유일한 자이다. 왜냐하면, 그는 내가 가장 사랑하는 자이기 때문이다. 이는 내가 의지하는 자이고, 나는 그에게서 모든 선한 것을 기대한다. 왜냐하면, 이는 나의 친구이기 때문이다." 그리스도를 자신의 사랑하는 자로 삼은 자들은 그를 자신의 친구로 갖게 되리라는 것을 명심하라. 그는 어제나 오늘이나 영원토록 모든 믿는 자들에게 특별한 친구가 되어 주신다. 그는 그를 사랑하는 자들을 사랑하신다. 그를 자신의 친구로 가진 자들은 그를 자랑하고, 그에 대하여 기쁨으로 얘기할 수 있는 충분한 이유가 있다. "다른 사람들은 세상을 사랑하는 일에 몰두해 있고, 세상과 잘 사귀는 데에서 자신의 행복을 찾고자 하지만, 내 사랑하는 자이자 나의 친구는 오직 그뿐이다. 다른 사람들은 자기가 하고 싶은 대로 할 수 있지만, 내 영혼의 선택, 내 영혼의 안식, 나의 생명, 나의 기쁨, 나의 모든 것은 그이다. 그는 내가 함께 살고 함께 죽고 싶은 자이다."

제 6 장

개요

이 장에는 다음과 같은 내용들이 나온다. I. 예루살렘 딸들이 교회가 그리스도에 대하여 설명하는 말을 듣고서 감동이 되어 그를 찾아 나섬(1절). II. 교회가 그들에게 그들이 어디에서 그를 만날 수 있는지를 얘기해 줌(2-3절). III. 그리스도는 이제 그를 찾던 자들에게 발견되는데, 그는 그의 신부의 아름다움에 완전히 반한 자처럼 그 아름다움을 극찬하고(4-7절), 다른 모든 여인들보다 그녀가 낫다고 말하며(8-9절), 그녀는 모든 이웃들에게 사랑과 존경을 받을 만한 여인이라고 칭찬하고(10절), 끝으로 그가 그녀의 아름다움에 반하였고 그 아름다움을 무척 기뻐하였다는 것을 인정한다(11-13절).

[1]여자들 가운데에서 어여쁜 자야 네 사랑하는 자가 어디로 갔는가 네 사랑하는 자
가 어디로 돌아갔는가 우리가 너와 함께 찾으리라 [2]내 사랑하는 자가 자기 동산으
로 내려가 향기로운 꽃밭에 이르러서 동산 가운데에서 양 떼를 먹이며 백합화를
꺾는구나 [3]나는 내 사랑하는 자에게 속하였고 내 사랑하는 자는 내게 속하였으며
그가 백합화 가운데에서 그 양 떼를 먹이는도다

이 단락에는 다음과 같은 내용들이 나온다.

I. **예루살렘 딸들이 그리스도를 찾고자 함**(1절). 그들은 여전히 교회를 대단하게 생각해서, 앞에서처럼 그녀를 여자들 가운데에서 가장 어여쁜 자라고 부른다. 왜냐하면, 참된 거룩함은 참된 아름다움이기 때문이다. 이제 그들은 그리스도에 대해서도 생각이 달라져서 그를 아주 높게 평가하게 되었다. 네 사랑하는 자가 어디로 갔는가 우리가 너와 함께 찾으리라. 우리가 아가(雅歌)를 영적으로 이해하지 않는다면, 이 말은 꼴 사납고 용납할 수 없는 말이 될 것이다. 왜냐하면, 사랑은 경쟁자를 시기하고, 자신의 사랑하는 자를 독점하고자 하며, 다른 사람들이 그를 찾는 데에 끼어드는 것을 달가워하지 않기 때문이다. 그러나 그리스도를 진심으로 사랑하는 자들은 다른 사람들도 그를 사랑하여 그와

함께 하기를 원한다. 아니, 교회의 자녀들이 그들의 어머니에게 드릴 수 있는 최고의 공경은 교회가 그리스도를 찾는 일에 동참하는 것이다. 앞에서 신부가 너무도 애타게 그를 그리워하고 사모하는 것을 의아하게 여겨서, **너의 사랑하는 자가 남의 사랑하는 자보다 나은 것이 무엇인가**(5:9)라고 물었던 **예루살렘 딸들**은 지금은 완전히 마음이 바뀌어서, 다음과 같은 이유들 때문에 그들도 그를 사랑하게 되었다.

1. 신부는 그에 대해 자세하게 설명해 주면서, 그의 뛰어난 점들과 완전한 점들을 그들에게 보여주었다. 그러자 그들은 비록 그를 보지는 못했지만, 그녀의 말을 믿고서 그를 사랑하게 되었다. 그리스도를 과소평가하는 자들은 그를 모르기 때문에 그렇게 하는 것이다. 하나님이 그의 말씀과 성령을 통해서 사람들의 영혼에 그를 나타내시면, 그 광선 때문에 그에 대한 사랑의 불이 사람들의 영혼 속에 켜진다.

2. 신부는 그에 대한 그녀 자신의 사랑과 그 사랑 안에서 그가 느끼는 안식을 얘기하였고, 그렇게 얘기하는 것 자체를 몹시 기뻐하였다. **이는 내 사랑하는 자로다**(5:16). 그녀의 가슴 속에 있던 저 불길은 그들의 가슴 속으로 번져 나갔다. 죄악된 정욕들이 발산될 때에 많은 사람들을 더럽히는 것과 마찬가지로, 어떤 이들의 경건한 열심은 **많은 사람들을 분발하게 한다**(고후 9:2).

3. 신부는 앞에서 그들에게 그녀의 사랑하는 자를 찾는 일을 도와 달라고 부탁하였었지만(5:8), 지금은 그들이 그녀의 도움을 간청한다. 왜냐하면, 그들은 그녀가 그녀의 사랑하는 자가 어떤 자인지를 그들에게 설명하는 동안에 그녀 위에 있던 구름이 흩어지기 시작하여 하늘이 맑게 개어서 이제 그녀의 사랑하는 자 안에서 위로를 회복하였다는 것을 알았기 때문이다. 풀이 죽은 그리스도인들은 다른 사람들에게 선한 일을 행하는 것을 통해서와 마찬가지로 그리스도에 대하여 말하는 것을 통해서 스스로 유익을 얻게 되고 기운을 차리게 된다.

(1) 그들은 그녀에게 그에 대하여 묻는다. "**네 사랑하는 자가 어디로 갔는가.** 우리가 그를 찾으려면 어디로 가야 하는가?" 그리스도의 뛰어난 것들과 그리스도 안에 있는 위로를 알게 된 자들은 그를 찾아나설 수밖에 없고, 그들이 어디에 가야 그를 만날 수 있는지를 알고자 할 수밖에 없다는 것을 명심하라.

(2) 그들은 그녀를 도와서 그녀가 그를 찾는 일에 함께 하겠다고 제안한다.

우리가 너와 함께 그를 찾으리라. 그리스도를 만나고자 하는 자들은 그를 찾아야 하고, 새벽부터 일어나서 그를 찾아야 하며, 부지런히 그를 찾아야 한다. 그리고 그렇게 하고자 할 때에 가장 좋은 방법은 그를 찾고 있는 자들에게 합류해서 모두 힘을 합하여 그리스도를 찾는 것이다. 우리는 성도들과의 교제 속에서 그리스도와 교제할 수 있는 기회를 찾아야 한다. 우리는 우리의 사랑하는 자가 어디로 갔는지를 알고 있다. 그는 하늘로, 즉 그의 아버지이자 우리의 아버지이신 하나님께로 갔다. 그는 우리로 하여금 어떻게 그를 찾을 수 있는지를 알게 하려고 일부러 그러한 사실을 우리에게 알려 주셨다(요 20:17). 우리는 하늘에 계신 그를 믿음으로 보아야 하고, 하늘에 계신 그를 기도로 찾아야 하며, 담대하게 지성소로 들어가야 한다. 그렇게 함에 있어서, 우리는 그를 찾는 족속들(시 24:6), 각처에서 그의 이름을 부르는 모든 자들(고전 1:2)과 힘을 합하여야 한다. 우리는 다른 사람들과 함께 기도하여야 하고, 다른 사람들을 위하여 기도하여야 한다.

Ⅱ. 신부가 그들의 질문에 대하여 대답함(2-3절). 그녀는 앞에서 그를 어디에서 찾을지를 몰랐거나 그를 영원히 잃어버린 것은 아닌지 염려했기 때문에 "그가 가 버렸다"고 탄식하였었지만(5:6), 지금은 더 이상 탄식을 하지 않는다.

1. 그녀는 이제 그가 어디에 있는지를 아주 잘 알고 있다(2절). "내 사랑하는 자는 성내의 길거리들, 많은 무리들이 왕래하고 시끄러운 소음이 있는 그런 곳에서 찾을 수 없다. 그런 곳에서 그를 찾아보았지만 허사였다(그의 부모가 친족과 아는 자들 중에서 그를 찾았지만 만나지 못하였던 것과 같이, 눅 2:44-45). 그는 홀로 조용히 물러나 있을 수 있는 장소인 자기 동산으로 내려갔다." 우리는 세상의 분주함으로부터 더 많이 물러나 있을수록 그리스도를 알게 될 가능성이 더 많아진다. 그리스도께서는 그의 제자들을 동산으로 데려가셔서, 거기에서 그의 사랑으로 인한 고뇌들을 직접 보게 하셔서 그 증인들이 되게 하셨다. 그리스도의 교회는 담이 쳐진 동산, 누구나 있을 수 있는 세상과는 분리된 동산이다. 그것은 에덴 동산처럼 그가 만들었고 돌보며 기뻐하는 그의 동산이다. 그는 위에 있는 낙원으로 올라가셨지만, 이 땅에 있는 그의 동산으로 내려오신다. 그의 동산은 낮은 곳에 있지만, 그는 자신을 낮추어 그 동산을 찾아오신다. 이 얼마나 놀라운 겸비인가! 하나님이 참으로 사람과 함께 땅에 계시리이까(대하 6:18). 그리스도를 만나고자 하는 자들은 그의 동산인 교회에서 그를 만날 수

있다. 왜냐하면, 그는 거기에 그의 이름을 기록해 두었기 때문이다(출 20:24). 그들은 그가 제정한 규례들, 즉 말씀과 성례들과 기도 속에서 그를 만나야 한다. 왜냐하면, 그는 이러한 규례들 속에서 세상 끝날까지 우리와 항상 함께 있을 것이기 때문이다(마 28:20). 신부는 여기에서 그리스도께서 전에 하셨던 말씀을 떠올렸다(5:1). **내가 내 동산에 들어왔다.** 이것은 마치 그녀가 이렇게 말한 것이나 다름없는 것이었다. "그는 이미 내게 그가 어디에 있는지를 말해 주었건만, 나는 그가 계시지 않은 곳에서 쓸데없이 안달하며 그를 찾느라 녹초가 되었다니, 내가 얼마나 미련한 자였던가!" 복되신 성령이 우리에게 말씀을 기억나게 하실 때까지는 우리의 명령과 위로의 말씀들을 제대로 사용하지 못하는 경우가 많은데, 나중에 성령의 깨우치심을 받고 나면, 우리는 우리가 말씀을 어떻게 그런 식으로 간과할 수 있었는지 깜짝 놀라게 된다. 그리스도께서는 우리에게 그가 그의 동산으로 갈 것이라고 이미 말씀하셨었다. 그러므로 우리는 그를 찾고자 한다면 거기로 가야 한다. 이 큰 동산 속에 있는 꽃밭들과 작은 동산들은 개별 교회들, 이 땅에 있는 하나님의 모든 회당들이고(시 74:8), 향을 내는 꽃이나 식물들, 백합화는 여호와께서 심으신 개별 신자들, 그의 눈에 아름다운 신자들이다. 그리스도께서 그의 교회에 내려오시는 것은 다음과 같은 일들을 하시기 위한 것이다.

(1) 작은 동산들 가운데에서 양 떼를 먹이기 위한 것. 그는 여느 목자들과는 달리 들판이 아니라 그의 동산에서 양 떼를 먹이기 때문에, 양들은 풍성하게 꼴을 먹을 수 있다(시 23:2). 그는 그의 친구들을 먹이고 즐겁게 해주기 위하여 오신다. 거기에서 우리는 그를 만날 수 있을 뿐만 아니라, 풍성함이 넘치는 상이 차려져 있는 것을 발견하게 되고, 그의 따뜻한 환영을 받게 된다. 또한, 그는 스스로도 자기 백성 가운데에 그가 베푼 은혜의 열매들을 먹고 즐거워하기 위하여 오신다. 왜냐하면, 여호와는 자기를 경외하는 자들을 기뻐하시기 때문이다. 그는 많은 동산들, 즉 크기와 모습이 각양각색인 수많은 개별 교회들을 가지고 계신다. 그러나 그것들이 그의 교회인 한, 그는 그 모든 교회들 속에서 먹으시고 자신을 나타내시며 그 교회들을 기뻐하신다.

(2) 백합화를 꺾기 위한 것. 그는 백합화로 자신을 즐겁게 하고 장식하기를 기뻐하신다. 그는 백합화들을 한 송이 한 송이 꺾어서 모으신다. 저 큰 날에는 백합화들에 대한 대대적인 추수가 이루어질 것이다. 그는 그의 천사들을 보내

어, 그의 모든 백합화를 모으게 하실 것이고, 그들 안에서 영원히 영광과 경배를 받게 되실 것이다.

2. 그녀는 그녀가 그에게 속해 있다는 것을 확신한다(3절). "나는 내 사랑하는 자에게 속하였고 내 사랑하는 자는 내게 속하였다. 이 관계는 상호적이고, 그 매듭은 묶여져 있어서 결코 풀릴 수 없다. 왜냐하면, 그는 백합화들 가운데에서 먹이고 계시고, 그와 나의 교제는 내가 그에게 속하였다는 것을 보여주는 확실한 증표이기 때문이다." 그녀는 앞에서도 이런 말을 하였었다(2:16).

(1) 그녀가 여기에서 이 말을 되풀이하는 것은 그러한 관계를 끝까지 지키겠다는 그녀의 결심을 내보임과 동시에 그 관계 속에서 자기가 이루 말할 수 없는 즐거움과 만족을 누렸다는 것을 밝히기 위한 것이다. 그녀는 자신의 선택에 너무나 만족하였기 때문에 그것을 바꿀 마음이 전혀 없었다. 하나님과 우리의 교제는 우리가 그와 맺은 언약을 자주 새롭게 돌아보고 그 언약을 즐거워함으로써 잘 유지되고 지켜질 수 있다.

(2) 그녀가 이 말을 다시 되풀이해야 할 사정이 생겼다. 왜냐하면, 그녀는 그녀의 사랑하는 자를 냉정하게 대하였고, 그 때문에 그가 그녀에게서 떠나버려서, 그녀가 그와의 언약을 새롭게 붙잡아야 했기 때문이다. 그리스도와 믿는 자들 간에 맺어진 언약은 그들이 잘못들을 범하고 그가 못마땅해하는 일들이 일어나도 여전히 굳건하게 지속된다(시 89:30-35). "나는 무심하여 나의 본분을 제대로 행하지 못하였지만, 그래도 여전히 나는 내 사랑하는 자에게 속하였다." 왜냐하면, 언약을 범할 때마다 우리가 언약 밖으로 던져지는 것은 아니기 때문이다. "그가 내게서 얼굴을 숨기고 내게 그의 위로들을 주는 것을 거절한 것은 마땅한 일이지만, 그래도 내 사랑하는 자는 내게 속하였다." 왜냐하면, 책망과 징계는 언약의 사랑과 양립할 뿐만 아니라, 바로 그 사랑으로부터 흘러나오는 것이기 때문이다.

(3) 우리는 그리스도의 사랑에 대한 온전한 확신이 없을 때에는 믿음으로 그를 꼭 붙잡고서 살아가야 한다. "나는 이전에 내가 받았던 위로를 지금은 느낄 수 없게 되었지만, 그럴지라도 그리스도는 내게 속하였고 나는 그에게 속하였다는 사실을 꼭 붙잡고자 한다."

(4) 그녀는 앞에서도 똑같은 말을 했었지만, 지금은 그 순서를 바꾸어서 그녀가 그에게 속하였다는 것을 먼저 말한다. 나는 내 사랑하는 자에게 속하였고

그에게 온전히 헌신되어 있다. 그런 후에, 그녀는 그녀의 사랑하는 자와 그의 은혜가 그녀에게 속하였다고 말한다. "내 사랑하는 자는 내게 속하였고, 나는 내 사랑하는 자 안에서 진정으로 행복하다." 우리가 그에게 속하였다는 사실을 우리 자신의 마음이 증언할 수 있기만 하다면, 그가 우리에게 속하였다는 것은 의문의 여지가 없다. 왜냐하면, 그가 이 언약을 깨뜨리는 일은 결코 없기 때문이다.

(5) 그가 백합화들 가운데에서 먹이신다는 것, 우리가 먹이는 자들과 우리가 교제하듯이 그가 자기 백성을 기뻐하여서 그들과 자유롭게 교제하신다는 것은 예나 지금이나 그녀에게 위로가 된다. 그러므로 지금은 그가 나를 떠나 물러가 있지만, "나는 다시 그를 만나게 될 것이고, 나의 얼굴을 환하게 해줄 그분, 내 하나님을 여전히 찬송할 것이다."

4내 사랑아 너는 디르사 같이 어여쁘고, 예루살렘 같이 곱고, 깃발을 세운 군대 같
이 당당하구나 5네 눈이 나를 놀라게 하니 돌이켜 나를 보지 말라 네 머리털은 길르
앗 산 기슭에 누운 염소 떼 같고 6네 이는 목욕하고 나오는 암양 떼 같으니 쌍태를
가졌으며 새끼 없는 것은 하나도 없구나 7너울 속의 네 뺨은 석류 한 쪽 같구나 8왕
비가 육십 명이요 후궁이 팔십 명이요 시녀가 무수하되 9내 비둘기, 내 완전한 자
는 하나뿐이로구나 그는 그의 어머니의 외딸이요 그 낳은 자가 귀중하게 여기는
자로구나 여자들이 그를 보고 복된 자라 하고 왕비와 후궁들도 그를 칭찬하는구나
10아침 빛 같이 뚜렷하고 달 같이 아름답고 해 같이 맑고 깃발을 세운 군대 같이 당
당한 여자가 누구인가

이 단락에서 우리는 그리스도께서 은혜로우시게도 그가 떠났던 그의 신부에게로 돌아왔고, 그녀가 이전에 그를 냉정하게 대하였던 모든 것을 다 용서하고 잊어버리고서, 다시 그녀와 교제하며 그녀에게 은총을 베풀고 있다고 전제하여야 한다. 왜냐하면, 그는 그녀를 존중하는 가운데 아주 자상한 말들로 그녀에게 즐겁고 기쁜 소리를 들려 주고 있기 때문이다.

I. 그는 그녀가 정말 사랑스럽다고 선언함(4절). 내 사랑아 너는 디르사 같이 어여쁘다. 디르사는 므낫세 지파의 한 성읍이었는데, 그 이름이 아름다운 곳이라는 의미를 지니는 것으로 보아서, 그 곳은 풍경이 아주 수려하고 아름다웠으

며 건물들도 예뻤을 것이 틀림없다. **너는 예루살렘 같이 곱다.** 솔로몬이 건설하고 아름답게 장식하였던 예루살렘은 잘 짜여진 성읍(시 122:3)으로서 온 땅의 기쁨이었다. 이 세상에 그런 성읍이 있다는 것 자체가 이 세상의 영광이었다(세상 사람들이 그렇게 생각하든 안 하든). 예루살렘은 거룩한 성이었고, 그것이 바로 그 성의 최대의 아름다움이었다. 예루살렘은 교회의 모형이자 상징이었기 때문에, 교회를 예루살렘에 비유하는 것은 적절하다. 복음 교회는 위에 있는 예루살렘이고(갈 4:26) 하늘의 예루살렘이다(히 12:22). 하나님은 복음 교회 안에 그의 성소를 두시고, 특별한 방식으로 임재해 계셔서, 거기에서 나오는 찬송의 제사를 받으신다. 교회는 하나님이 영원히 쉴 곳이기 때문에 **예루살렘 같이 곱고 깃발을 세운 군대 같이 당당하고** 위엄이 있다. 교회의 책망은 제대로만 시행된다면 사람들의 양심에 두려움을 안겨준다. 교회의 전쟁 병기들인 말씀은 모든 생각을 사로잡아 그리스도에게 복종하게 하고(고후 10:5), 믿는 자들조차도 거룩한 규례들에 의해서 죄를 깨닫고 판단을 받는다(고전 14:24-25). 성도들은 믿음으로 말미암아 세상을 이긴다(요일 5:4). 아니, 성도들은 야곱처럼 하나님과 겨루어 이긴다(창 32:28).

II. 그는 자기가 그녀와 사랑에 빠져 있다는 것을 시인함(5절). 그는 잠시 화가 나서 그녀에게서 그의 얼굴을 가렸지만, 이제는 영원한 자비를 보여주는 너무나 놀라운 말과 행위로 그녀를 끌어안는다(사 54:8). **네 눈을 내게로 향하라**(어떤 이들은 이렇게 읽는다). "믿음과 사랑의 눈을 내게로 향하라. 그 눈이 나를 끌어내었으니, 나를 보고 위로를 얻으라." 우리가 하나님께 그의 은총의 눈을 우리에게 향하시라고 기도하면, 하나님은 우리에게 우리의 순종의 눈을 그에게로 향하라고 말씀하신다. 우리는 이 본문을 사랑의 특별한 표현으로 읽는다. "내가 너의 빛나는 눈을 감당할 수 없으니, **네 눈을 돌이켜 나를 보지 말라.** 네 눈이 나를 압도해서, 나는 지난날 네가 잘못한 모든 것을 다 용서하고 잊어버리게 되는구나." 이것은 모세가 이스라엘을 위하여 중보 기도를 하자, 하나님이 그에게 "네가 계속해서 기도하면 내가 질 수 밖에 없으니, 제발 **내가 하는 대로 두라**"고 말씀하신 것과 같다(출 32:10). 그리스도께서는 불쌍히 여기는 마음이 가득한 구속주의 자애로움, 그리고 구속 받은 자들과 그들 속에서의 그의 은혜의 역사(役事)들을 볼 때의 그의 기쁨을 표현할 때에만 열정적인 연인의 이와 같은 표현들을 빌려다 쓰신다.

Ⅲ. 그는 앞서 그가 그녀의 아름다움에 대하여 묘사했던 것의 일부를 거의 그대로 되풀이함. 그가 이렇게 그녀의 머리털과 이와 뺨에 대하여 앞에서와 동일한 내용을 되풀이하는 것(4:1-3; 6:5-7)은 그가 그녀의 아름다움을 다른 말들이나 비유들로 설명할 수 없었기 때문이 아니라, 그녀가 그를 냉대하여 그가 그녀를 떠난 후에도 그녀에 대하여 이전과 다름없이 동일하게 존중하는 마음을 지니고 있었다는 것을 보여주기 위한 것이다. 비록 그가 그녀를 떠나 있는 동안에 그녀를 완전히 내치고자 하지는 않았을지라도 그녀에 대하여 나쁘게 생각했을 것이라고 그녀가 생각하지 않도록 하기 위해서, 그는 지금 그녀에 대하여 이전과 동일하게 말하고 있는 것이다. 왜냐하면, 많은 죄를 사함 받은 자들이 더 많이 사랑하게 되고, 이에 따라 더 많은 사랑을 받게 되며, 그리스도께서는 나를 사랑하는 자들을 내가 사랑하리라고 말씀하셨기 때문이다. 그들이 연약함으로 말미암아 잘못들을 범했을지라도 진심으로 회개하고 자신의 본분으로 되돌아오면, 그는 그들을 기뻐하시고, 마치 그들이 이미 온전함에 도달이라도 한 듯이 그들을 칭찬하신다.

Ⅳ. 그는 다른 어떤 여자보다도 그녀를 좋아하고, 다른 여자들의 온갖 아름다움들과 이상적인 모습들이 그녀 안에 다 있음을 봄(8-9절). "에스더처럼 자신의 미모로 왕의 배우자로서의 신분과 위엄을 얻은 왕비가 육십 명이요, 왕들이 왕비들보다 더 좋아하는 아주 매력적인 후궁이 팔십 명이요, 이런 왕비와 후궁들을 모시는 시녀가 무수하여, 궁정에서 무도회라도 열리는 날에는 이 여자들은 아름답고 화려한 모습으로 등장하여, 보는 이들을 눈부시게 만든다. 그러나 내 비둘기, 내 완전한 자, 거룩한 자는 하나뿐이로구나."

1. 그녀는 이 모든 여자들보다 월등히 뛰어나다. 너희가 온 세상을 두루 돌아다니면서, 자기 자신을 지혜롭고 행복하다고 생각하는 사람들의 모임들, 즉 왕국이나 내각이나 원로원들이나 의회를 비롯해서 귀하다고 생각되는 모임들을 살펴보라. 그런 모임들 중에서 그리스도의 교회에 비할 수 있는 것은 하나도 없다. 그런 모임들이 지닌 명예와 아름다움은 교회가 지니고 있는 것에 비하면 아무것도 아니다. 이스라엘이여 너 같은 자가 누구냐(신 33:29; 4:6-7). 재주와 예능, 말과 행위가 아름다운 것으로 유명한 시녀들이 무수히 많지만, 거룩함의 아름다움은 그 밖의 다른 모든 아름다움을 능가한다. "나의 신부는 내 비둘기, 내 완전한 자라는 단 하나의 아름다움을 지니고 있지만, 그 아름다움으로 인

해서 왕비들이나 시녀들 같은 다른 무수한 여자들보다 월등하게 뛰어나다."

2. 그녀는 이 모든 여자들이 지닌 아름다움을 다 지니고 있었다. "다른 왕들은 많은 왕비들과 후궁들, 시녀들을 두고서, 그런 여자들과 어울리는 것을 즐기지만, 내 비둘기, 내 완전한 자는 내게 그 모든 여자들을 대신하고도 남는다. 내 신부가 내게 주는 즐거움은 그 모든 여자들이 다른 왕들에게 주는 즐거움보다 더하다." 또는, "크거나 작으며, 오래되거나 얼마 되지 않은 등 아주 다양한 많은 교회들이 있고, 다양한 은사들과 신앙의 깊이를 지니고 있는 많은 신자들이 있지만, 그들은 모두 하나의 보편 교회를 이루고 있고, 그 보편 교회의 지체들인데, 이것이 내 비둘기, 내 완전한 자이다." 그리스도는 교회의 하나됨의 중심이다. 여러 곳에 흩어져 있는 하나님의 모든 자녀들은 그리스도에 의해서 모아지고(요 11:52) 그리스도 안에서 만나며(엡 1:10), 그들은 모두 그의 비둘기들이다.

V. 그는 그녀가 그에 의해서만이 아니라 그녀를 알고 그녀와 관계가 있는 모든 이들에 의해서 얼마나 존중을 받고 있는지를 보여줌. 그는 다음과 같은 찬사를 지금까지의 그녀에 대한 찬사에 덧붙인다.

1. 그녀는 그녀의 어머니가 지극히 사랑하는 딸이었다는 것. 그녀는 어릴 때부터 부모의 특별한 사랑을 받을 만한 것들을 지니고 있었다. 솔로몬이 그의 어머니가 보기에 다정다감한 외아들이었던 것처럼(잠 4:3), 그녀는 그녀의 어머니의 외딸이었다. 즉, 그녀는 마치 그녀가 외동딸이라도 되는 듯이 부모의 사랑을 독차지하였고, 그녀의 어머니가 낳은 많은 자녀들 중에서 그 낳은 자가 귀중하게 여기는 자였으며, 이 세상이 낳은 온갖 사람들의 모임 중에서 가장 뛰어났다. 세상의 모든 나라들과 그 영광은 그리스도께서 보시기에 교회에 비하면 아무것도 아니다. 교회는 이 땅에서 지극히 아름다운 자들, 순금에 비할 만큼 보배로운 시온의 아들들, 이웃들보다 더 아름다운 자들로 이루어져 있다.

2. 그녀는 그녀를 아는 모든 자들로부터 칭송을 받는다는 것. 그녀는 그녀의 아랫사람들인 여자들로부터만이 아니라 그녀를 경쟁자로 여겨서 시기할 만한 충분한 이유가 있는 왕비와 후궁들로부터도 칭찬을 받았다. 그들은 모두 그를 보고 복된 자라 하였고, 그녀가 잘 되기를 바랐으며, 그녀를 칭찬하고 좋게 말하였다. 예루살렘 딸들은 그녀를 여자들 가운데서 가장 어여쁜 자라고 불렀다. 모든 사람들이 한결같이 그녀가 가장 아름답다고 말하였고, 그 말에 이의를 제기

하는 자는 아무도 없었다.

(1) 사리(事理)를 올바르게 분별할 줄 아는 자들은 그들이 겉으로는 무슨 말을 하더라도 그들의 양심 속에서는 경건한 백성이 지극히 아름다운 백성이라는 것을 인정하지 않을 수 없다. 많은 사람들이 그들에 대하여 선의를 지니고 있는 것은 물론이고, 그들에 대하여 좋게 말할 것이다.

(2) 예수 그리스도께서는 사람들이 그의 교회에 대하여 어떻게 생각하고 말하는지를 아시기 때문에, 여호와를 경외하듯이 교회를 높이는 자들을 기뻐하시고, 교회를 멸시하는 자들, 특히 교회가 어려움 가운데에 있을 때에 그 작은 자들 중 하나라도 실족하게 하는 자들을 나쁘게 보신다.

VI. 그는 그녀에 대하여 주어진 찬사를 가져와서 그것으로 그녀를 칭송함 (10절). 아침 빛 같이 뚜렷한 여자가 누구인가. 이것은 이 세상에 있는 교회에 적용될 수도 있고, 사람들의 마음 속에 있는 은혜에 적용될 수도 있다.

1. 교회는 눈으로 볼 수 있는 모든 것들 중에서 가장 아름다운 것인 빛처럼 사랑스럽다. 그리스도인들은 세상의 빛이고, 또한 빛이 되어야 마땅하다. 족장 시대의 교회는 메시야에 관한 약속이 처음으로 그들에게 주어져서 돋는 해가 위로부터 이 어두운 세상에 임하였을 때에 아침 빛 같이 뚜렷하게 빛났다. 유대 교회는 달 같이 아름다웠다. 예식법은 불완전한 빛이었고, 햇빛을 반사하여 빛을 발하였다. 유대 교회는 낮이 될 수 없었기 때문에, 의의 해가 떠오를 때에 달처럼 기울어야 했다. 그러나 기독 교회는 해 같이 밝아서 흑암에 앉은 자들에게 큰 빛을 비춘다. 또는, 우리는 이것을 은혜의 나라, 복음의 나라에 적용할 수도 있다.

(1) 교회는 어두운 밤이 지난 후에 아침 빛 같이 나타난다. 교회는 밝은 아침처럼 아주 반갑고 아름답게 그 모습을 드러내지만(욥 38:12-13), 처음에는 그 존재를 거의 알아차릴 수 없을 정도로 그 시작은 미약하다.

(2) 교회는 이 세상에 있을 때에는 기껏해야 달 같이 아름답다. 달은 해에게서 빌려온 빛을 가지고 빛을 발하며, 차고 기우는 등 변화가 있고, 반점들도 가지고 있으며, 꽉 찬 보름달이 되었을지라도 밤을 지배할 뿐이다.

(3) 교회는 영광의 나라에서 온전해질 때에 해 같이 맑을 것이고, 그리스도께서 의의 해이시기 때문에 교회는 해를 옷으로 입게 될 것이다(계 12:1). 그 때에 하나님을 사랑하는 자들은 힘 있게 돋는 해와 같을 것이다(삿 5:31; 마 13:43).

그들은 형언하기 힘든 영광 속에서 빛나게 될 것이고, 그 때에는 온전한 것이 오게 될 것이다. 그 때에는 어둠도 없고, 점도 없을 것이다(사 30:26).

2. 교회와 신자들의 아름다움은 사랑스러울 뿐만 아니라, 깃발을 세운 군대 같이 당당하고 위엄이 있다. 이 세상에서 교회는 광야에 있었던 이스라엘 진영처럼 군대와 같다. 교회는 전투 중에 있다. 교회는 원수들 가운데에 있고, 그들과 끊임없이 전투를 벌이고 있다. 믿는 자들은 이 군대의 병사들이다. 교회는 깃발들을 세워 놓고 있다. 그리스도의 복음은 열방을 향한 기치이고(사 11:12), 그것은 바로 그리스도의 사랑이다(2:4). 교회는 질서정연하게 포진되어 있다. 광야의 이스라엘이 그랬던 것처럼(출 15:14), 교회는 원수들에게 두려움의 대상이다. 발람은 이스라엘이 각 지파별로 여러 색깔의 깃발을 따라 진을 치고 있는 모습을 보고서, 야곱이여 네 장막들이 어찌 그리 아름다운고(민 24:5)라고 말하였다. 교회가 그녀의 순수함을 지키고 있기만 하면, 존귀함과 승리는 교회에게 따놓은 당상이나 다름없다. 교회는 달 같이 아름답고 해 같이 맑을 때에 진정으로 크고 두려운 존재가 된다.

11골짜기의 푸른 초목을 보려고 포도나무가 순이 났는가 석류나무가 꽃이 피었는가
알려고 내가 호도 동산으로 내려갔을 때에 12부지중에 내 마음이 나를 내 귀한 백성
의 수레 가운데에 이르게 하였구나 13돌아오고 돌아오라 술람미 여자야 돌아오고
돌아오라 우리가 너를 보게 하라 14너희가 어찌하여 마하나임에서 춤추는 것을 보
는 것처럼 술람미 여자를 보려느냐

그리스도께서는 그의 신부에게 다시 돌아와서 둘 간의 균열이 온전히 메워지고 두 연인이 잠시 사이가 어긋난 것이 사랑을 재확인하는 계기가 되었다는 것이 드러난 후에, 이제 여기에서는 둘 사이가 멀어졌다가 다시 화해하게 된 일을 설명한다.

I. 그가 그의 신부인 교회로부터 물러가서 그녀를 위로하지 않았을 때에도 그의 동산인 교회를 늘 지켜보고 보살폈다는 것(11절). "내가 골짜기의 열매들을 보려고 호도 동산으로 내려갔는데, 이는 그 동산이 나의 동산이어서 내 마음이 흡족하고 관심이 있었기 때문이다." 그가 우리의 눈에 보이지 않을 때에도, 그는 그의 동산을 떠나 다른 곳으로 가지 않으시고, 동산의 나무들이나 낮

고 어두운 골짜기에 계신다. 그 때에 그는 거기에서 포도나무가 잘 자랄 수 있도록 조치를 취할 것이 있으면 그렇게 하기 위해서 포도나무가 순이 났는가를 살펴보고 있었다. 왜냐하면, 사람이 자기 동산의 나무들이 열매를 잘 맺으면 기뻐하듯이, 그도 마찬가지이기 때문이다. 또한, 그는 그의 동산에서 석류나무가 꽃이 피었는가를 살피기도 하였다. 우리가 봄에 꽃이 막 피기 시작하는 것을 보고서 기뻐하듯이, 그리스도께서는 우리 영혼에 은혜의 선한 역사가 처음으로 시작되는 것을 보시거나, 우리의 마음 속에서 경건한 기미들이 싹트는 것을 보시면 무척 기뻐하신다.

Ⅱ. 그는 이런 상태로 오랫동안 만족할 수 없었기 때문에, 그녀가 그를 애타게 찾고 고민하여 거의 기진하게 된 것을 보고 마음이 움직여서, 그의 신부인 교회로 돌아가야 하겠다는 거역할 수 없는 강력한 심정을 갑자기 느끼게 됨(12절). "부지중에 내 마음이 나를 암미나딥의 병거 같이 되게 하였다. 나는 더 이상 멀리서 지켜보고만 있을 수 없었다. 갑자기 내 속에서 후회하는 마음이 울컥 치밀어 올랐다. 나는 내 사랑, 내 비둘기의 품으로 빨리 돌아가야 하겠다고 즉시 결심하였다." 옛적에 요셉은 한참 동안이나 짐짓 그의 형들을 모르는 체하며, 그들이 전에 저질렀던 가혹한 행위를 책망하고, 그들의 마음이 지금 어떤 상태인지를 시험해 보다가, 결국에는 더 이상 그의 정을 억제할 수 없어서, 부지중에 울음을 터트리며 나는 요셉이라고 말하였다(창 45:1, 3). 이제 신부는 옛적의 다윗처럼(시 31:22), 그녀가 놀라서 내가 주의 목전에서 끊어졌다고 말하는 순간에, 주께서 그녀의 간구하는 소리를 들으시고서, 아름답고 빠르기로 유명하였던 암미나딥의 병거들처럼 신속하게 응답하셨다는 것을 깨닫는다. 내 마음이 나를 나의 간절한 백성의 병거들, 즉 "그들이 나를 데려오기 위해서 보낸 그들의 믿음과 소망과 사랑, 그들의 소원과 기도와 기다림의 병거들, 불말들이 끄는 불병거들"을 타게 만들었구나(어떤 이들은 이렇게 읽는다).

1. 그리스도의 백성들은 그에 대하여 간절한 백성이어야 한다.

2. 그리스도께서 그들에게서 물러간 듯이 보인다고 할지라도, 그들이 계속해서 그를 찾고 갈망한다면, 그는 때가 되면 그들이 생각했던 것보다 더 빨리 갑자기 그들에게 돌아오셔서 은혜를 베푸실 것이다. 그들이 그리스도께서 돌아오시라고 보낸 병거들은 결코 빈 병거로 돌아오지 않을 것이다.

3. 그리스도께서 자기 백성에게 돌아오시는 것은 다 그 자신의 결심 덕분이

다. 그를 자기 백성이 보낸 병거에 타게 만드는 것은 그들이 아니라 그의 마음이다. 그는 은혜를 베풀고 싶으셔서 은혜를 베푸시고, 그의 이스라엘을 사랑하고 싶으셔서 그들을 사랑하신다. 이것이 그들 때문이 아니고 그들이 잘나서가 아니라는 것을 그들은 알아야 한다.

Ⅲ. 그는 그녀에게 돌아온 후에, 낙심한 가운데에서 괴로워하는 그녀에게 자기에게 돌아오라고 인자하게 권유함. 그녀는 그와 이렇게 사이가 벌어지기 전에 그녀가 누렸던 것만큼 많은 위로를 지금은 누리지 못한다고 낙심할 것이 아니라, 그녀의 사랑하는 자가 돌아온 것에서 위로를 받아야 한다(13절).

1. 교회는 여기에서 술람미 여자로 불린다. 술람미는 신랑의 모형인 솔로몬을 가리키는 것으로서, 그녀가 그의 이름으로 불리는 것은 그녀가 그에게 속하였고 그와 하나가 되었다는 것을 나타내는 것일 수 있다(따라서 그리스도를 믿는 자들은 그리스도인들이라 불린다). 또한, 이것은 수넴 출신의 여자가 수넴 여자라 불리는 것과 마찬가지로, 그녀가 태어나서 자란 곳인 살렘을 가리키는 것일 수 있다. 천국은 성도들이 태어난 곳이자 그들의 시민권이 있는 살렘이다. 그리스도께 속한 자들, 천국에 가기로 되어 있는 자들은 술람미 사람들이라 불리게 될 것이다.

2. 그는 그녀에게 돌아오라고 아주 간절하게 청한다. 돌아오고 돌아오라. "돌아오고 돌아오라. 네가 잃어버린 평안을 다시 회복하라. 네가 전에 지니고 있었던 평온하고 명랑한 심령으로 되돌아오라." 선한 그리스도인들은 그들의 위로가 흐트러진 후에 종종 평안을 되찾기가 어렵기 때문에, 그들에게 이전의 평안을 다시 회복하라고 간절하게 호소하는 것이 필요하다는 것을 명심하라. 하나님께 반역한 죄인들에게 돌아오라고 거듭거듭 촉구할 필요가 있는 것과 마찬가지로(너희는 돌이키고 돌이키라 너희가 어찌하여 죽고자 하느냐), 평안을 잃어버린 성도들에게 돌아오고 돌아오라 너희가 왜 풀이 죽어 있느냐고 거듭거듭 촉구하는 것도 필요하다. 내 영혼아 네가 어찌하여 낙심하는가(시 42:5).

3. 그는 그녀가 돌아와서 그녀의 얼굴을 보여주기를 원한다. 우리가 너를 보게 하라. 너는 더 이상 슬퍼하는 자처럼 네 얼굴을 가리고 다니지 말라. 하나님과 화평을 이룬 자들은 부끄러움 없이 얼굴을 들고 다녀야 한다(욥 22:26). 그들은 그의 은혜의 보좌 앞에 담대하게 나아가야 한다. 그리스도께서는 자기 백성이 즐거운 마음으로 겸손하게 그를 의뢰하는 것을 기뻐하시고, 그들이 기쁜

표정을 짓기를 바라신다. "우리, 즉 나만이 아니라 거룩한 천사들이 너를 보게 하라. 하늘의 천사들은 죄인들이 돌아오는 것과 마찬가지로 성도들이 위로받는 것도 기뻐한다. 나만이 아니라 모든 딸들도 너를 보게 하라." 그리스도와 믿는 자들은 교회의 아름다움을 보면 기뻐한다.

4. 그녀에게서 무엇을 볼 수 있는지에 대한 짤막한 설명. **너희가 술람미 여자에게서 무엇을 보고자 하느냐**는 질문이 던져지고, 그녀에게서 너희는 **단지 두 군대가 접전할 때에 볼 수 있는 것**(KJV:개역에는 없음) 외에는 아무것도 볼 수 없을 것이라는 대답이 주어진다.

(1) 어떤 이들은 그녀가 그녀 자신에 대하여 이런 설명을 하고 있는 것이라고 생각한다. 즉, 그녀는 자기가 볼품이 없고 못생겼다고 여겨서, 사람들 앞에 나타나거나 그의 모습을 보이는 것을 꺼려한다는 것이다. 그녀는 이렇게 말한다: 슬프다 **너희가 술람미 여자에게서 무엇을 보고자 하느냐**. 그녀에게는 너희가 볼 만한 것이 아무것도 없고, 오직 **두 군대**가 실제로 접전할 때에 볼 수 있는 것, 즉 피와 살육 외에는 아무것도 볼 만한 것이 없다. 순찰자들은 그녀를 때려서 상처를 입혔고, 그녀는 그녀의 얼굴에 그 상처의 흔적을 지니고 다녔기 때문에, 마치 싸움질이나 하는 자처럼 보였다. 그녀는 앞에서도 **내가 거무스름할지라도 흘겨보지 말라**(1:6)고 말했었는데, 여기에서는 "내가 피투성이가 되어 있으니 나를 보지 말라"고 말한다. 또는, 이것은 믿는 자들의 영혼 속에서 일어나는 은혜와 부패한 성품 사이에서의 끊임없는 싸움을 가리키는 것일 수도 있다. 이 둘은 믿는 자들의 영혼 속에서 끊임없이 접전을 벌이고 있기 때문에, 그녀는 그녀의 얼굴을 사람들에게 보이는 것을 부끄러워한다.

(2) 어떤 이들은 그녀의 사랑하는 자가 그녀에 대하여 설명하는 것이라고 생각한다. "나는 너희가 **술람미 여자**에게서 무엇을 보게 될지를 너희에게 말해주고자 한다. 너희는 두 군대가 도열해 있는 모습, 또는 한 군대가 두 편으로 갈라져서 도열해 있는 모습 같은 위엄 있는 모습을 그녀에게서 보게 될 것이다. 그녀는 앞에서 말했던 깃발을 세운 하나의 군대보다 그 위엄이 두 배나 큰 두 군대 같은 모습을 지니고 있다. 그녀의 모습은 야곱이 보았던 두 무리의 천군천사들, 즉 성도들의 무리와 그들을 돕는 천사들의 무리인 **마하나임**과 같다(창 32:1-2). 그녀는 전투하는 교회이자 승리하는 교회이다." 이 **두 군대**를 보라. 교회는 이 두 가지 모습에서 모두 아름답게 보인다.

제 7 장

개요

이 장에는 다음과 같은 내용들이 나온다. I. 신랑이자 왕인 그리스도는 계속해서 여러 예들을 들어서 그의 신부인 교회의 아름다운 모습들을 묘사하고, 그녀에 대한 그의 사랑과 그녀의 말을 그가 기뻐한다는 것을 표현함(1-9절). II. 신부인 교회는 그녀가 그를 몹시 기뻐한다는 것과 그와 교제하고 사귀기를 원한다는 것을 표현함(10-13절). 그리스도와 믿는 자들 간에는 이렇게 서로를 존경하고 사랑하는 마음이 있다. 거룩한 하나님과 거룩한 영혼들이 영원히 사랑을 주고 받는 것이 천국이 아니라면, 무엇이 천국이겠는가!

1귀한 자의 딸아 신을 신은 네 발이 어찌 그리 아름다운가 네 넓적다리는 둥글어서
숙련공의 손이 만든 구슬 꿰미 같구나 2배꼽은 섞은 포도주를 가득히 부은 둥근 잔
같고 허리는 백합화로 두른 밀단 같구나 3두 유방은 암사슴의 쌍태 새끼 같고 4목은
상아 망대 같구나 눈은 헤스본 바드랍빔 문 곁에 있는 연못 같고 코는 다메섹을 향
한 레바논 망대 같구나 5머리는 갈멜 산 같고 드리운 머리털은 자주 빛이 있으니 왕
이 그 머리카락에 매이었구나 6사랑아 네가 어찌 그리 아름다운지, 어찌 그리 화창
한지 즐겁게 하는구나 7네 키는 종려나무 같고 네 유방은 그 열매송이 같구나 8내가
말하기를 종려나무에 올라가서 그 가지를 잡으리라 하였나니 네 유방은 포도송이
같고 네 콧김은 사과 냄새 같고 9네 입은 좋은 포도주 같을 것이니라 이 포도주는
내 사랑하는 자를 위하여 미끄럽게 흘러내려서 자는 자의 입을 움직이게 하느니라

예수 그리스도께서 여기에서 교회를 부르는 호칭은 새로운 것이다. **귀한 자의 딸아.** 이것은 그녀를 왕의 딸이라고 부르는 시편 45:14과 일치한다. 그녀는 위로부터 새롭게 태어난 하나님의 자녀이자 만왕의 왕의 형상을 지님과 동시에 그의 성령의 인도하심을 받는 하나님의 작품이라는 점에서 왕의 딸이다. 그녀는 혼인에 의해서도 왕의 딸이다. 그리스도께서는 그녀가 초라하고 멸시받을 만한 존재임을 알면서도 그녀를 신부로 맞이하여 왕의 딸이 되게 하셨다. 그녀는 왕녀다운 성품을 지니고 있고, 그녀에게는 진정으로 고귀하고 너그러운 품성이 있다. 그녀는 이 땅의 왕들의 왕이신 분의 딸이자 상속자이다. 자녀이면 또한 후사이기 때문이다.

I. **신부의 아름다움에 관한 풍부한 묘사.** 어떤 이들은 그녀의 친구들이 그녀를 이렇게 묘사하고 있고, 그녀에게 돌아오라고 촉구하였던 자들도 바로 그들이었다고 생각하지만, 앞에서처럼(4:1 이하; 6:5-6) 여기에서도 그리스도께서 그녀에 대한 그의 사랑과 기쁨을 표현하려는 목적으로 그녀를 이런 식으로 묘사하고 있는 것으로 보인다. 여기에서 사용된 비유들이 앞에서 사용된 것들과 다른 것은 거룩함이 지닌 아름다움은 자연의 그 어떤 것도 따라올 수 없는 아름다움이라는 것을 보여주기 위한 것이다. 우리는 그 아름다움에 대하여 더 많은 것을 얘기할 수 있지만, 아무리 얘기해도 그 아름다움을 다 표현할 수 없다. 앞에 나온 신부에 대한 찬사(4장)는 혼인날에 주어진 것이었고(3:11), 여기에 나오는 찬사는 그녀가 곁길에서 돌아오고 난 후에 주어지고 있다(13절). 그런데도 이번의 찬사가 지난번의 찬사를 능가하는 것은 자기 백성에 대한 그리스도의 사랑은 변치 않는다는 것을 보여주기 위한 것이다. 그는 그들을 그의 눈에 보배롭고 존귀하게 만드셨기 때문에 그들을 끝까지 사랑하신다. 신부는 그녀의 사랑하는 자의 아름다움을 열 가지로 묘사하였었다(5:11 이하). 그런데 그는 여기에서 그녀의 아름다움을 똑같이 열 가지로 묘사한다. 왜냐하면, 그는 그녀를 존경하고 사랑함에 있어서 그녀에게 결코 뒤지고 싶지 않기 때문이다. 그리스도께서는 그를 높이는 자들을 반드시 높이실 것이고 존귀하게 만드실 것이다. 선지자 이사야가 타락한 이스라엘의 부패상을 묘사할 때에 발바닥에서 머리까지 다 부패하였다고 한 것과 마찬가지로(사 1:6), 그리스도께서도 여기에서 교회의 아름다운 모습들을 묘사할 때에 발부터 머리까지 다 묘사를 한다. 마찬가지로, 사도 바울도 여기에서처럼 교회를 우리의 육신과 비교하여 말할 때에 우리 몸의 덜 귀히 여기는 그런 부분들에 더욱 귀한 것들이 입혀질 수 있다고, 즉 하나님이 우리 중에서 부족한 지체들에게 존귀함을 더해 주신다고 말한다(고전 12:23-24).

1. 그녀의 발이 찬사를 받는다. 그리스도의 사역자들의 발은 교회가 보기에 아름답다(사 52:7). 여기에서 그녀의 발이 그리스도께서 보시기에 아름답다고 말한다. 신을 신은 네 발이 어찌 그리 아름다운가. 믿는 자들이 죄의 포로에서 해

방되어 그리스도께서 주신 자유 가운데 굳건하게 서서(갈 5:1), 그 자유를 보존하고, 그 발이 평안의 복음이 준비한 것으로 신을 신고, 복음에 따라 착실하게 행할 때, 신을 신은 그들의 발은 아름답다. 그들의 발은 그들이 가는 길에서 만나는 환난들을 다 물리칠 수 있을 정도로 잘 무장이 되어 있어서 흔들림 없이 견고하게 걷는다. 우리가 선한 감화 속에 머물러 있지 않고, 거기에 진지한 노력과 결단을 더할 때, 그것은 우리의 발을 신으로 아름답게 장식한 것이다(겔 16:10).

2. 그녀의 넓적다리는 숙련공이 기가 막히게 만들어 낸 보석들 같다. 이것은 에베소서 4:16과 골로새서 2:19에 의해서 설명이 된다. 거기에서는 인간의 몸이 고관절과 무릎관절(이 둘은 넓적다리의 관절들이다)의 도움을 받아서 힘을 쓰고 움직이는 것과 마찬가지로, 그리스도의 신비의 몸도 관절들과 힘줄들에 의해서 연결되고 결합되어 있다고 말한다. 그러한 관절들이 거룩한 사랑과 연합, 성도들의 교제에 의해서 견고하게 유지될 때, 교회는 그리스도의 눈에 아름답다. 믿는 자들이 신앙 안에서 선한 원리들을 따라 행하고, 그들의 모든 행실이 변함이 없이 일정하며, 모든 본분들을 때와 장소에 따라 적절하게 해낼 때, 교회의 관절들이 보석과 같다고 할 수 있다.

3. 그녀의 배꼽은 그 안에 맛있는 포도주가 가득 담긴 둥근 잔 같다. 그것은 배꼽 줄을 자르지 않은 가엾은 유아와 같지 않고(겔 16:4), 포도주가 차고 넘쳤던 다윗의 잔과 같다(시 23:5). 성경에서는 여호와를 경외하는 것이 배꼽에 양약이 된다고 말한다(잠 3:8). 심령에 여호와를 경외하는 것이 있다면, 그 배꼽은 포도주가 가득 담긴 잔과 같을 것이다.

4. 그녀의 허리 또는 배는 꽃들로 장식이 된 밀단 같다. 밀단은 종종 좋게 보이게 하기 위해서 꽃들로 둘러졌던 것으로 보인다. 밀은 유용하고, 백합화는 아름답다. 교회 속에는 그 지체들이 사용하거나 장식하는 데에 필요한 모든 것이 있다. 몸 전체는 배로부터 영양분을 공급받는다. 이것은 믿는 자가 영적으로 형통하는 것과 그 영혼이 모든 곤경 속에서 강건한 것을 나타낸다.

5. 그녀의 유방은 암사슴의 쌍태 새끼 같다(3절). 배에서 태어난 자들은 교회의 위로들이 있는 유방에 의해서 자양분을 공급받고(사 46:3), 모태에 있는 동안에는 배에 의해서 자양분을 공급받는다. 이 비유는 앞에서도 나왔었다(4:5).

6. 그녀의 목은 상아 망대 같이 그렇게 희고 귀티가 난다. 그녀의 목은 앞에서

는 다윗의 망대에 비유되었었다(4:4). 성도들의 믿음은 마치 목과 같아서, 그들을 그들의 머리인 그리스도와 연결시켜 준다. 성도들이 믿음으로 의지하는 주의 이름은 난공불락인 튼튼한 망대와 같다.

7. 그녀의 눈은 예루살렘이나 헤스본에 있던 바드랍빔이라 불리는 문 곁에 있는 인공 연못 같다. 바드랍빔은 아주 많은 사람들이 통행하였기 때문에 많은 무리의 딸이라는 이름으로 불렸다. 믿는 자의 총명이나 의도들은 이 연못처럼 깨끗하고 맑다. 죄 때문에 우는 눈은 샘과 같고(렘 9:1), 그리스도께서 보시기에 아름답다.

8. 그녀의 코는 레바논 망대 같고, 그녀의 이마나 얼굴은 부싯돌 같이 굳게 하였으므로(사 50:7), 난공불락의 망대처럼 끄떡도 없다. 따라서 이것은 교회의 담대함과 거룩한 용맹성을 가리키거나, 냄새로 이상하리만치 사물들을 잘 구별하는 짐승들처럼 서로 다른 것들을 분별하는 영적인 총명함을 가리킨다. 이 망대가 수리아의 수도인 다메섹을 향해 있다는 것은 교회가 원수들을 두려움 없이 담대하게 마주보고 있는 것을 가리킨다.

9. 그녀의 머리는 갈멜 산 같다(5절). 갈멜 산은 바닷가에 있던 아주 높은 산이었다. 믿는 자의 머리는 갈멜 산 꼭대기처럼 원수들 위에 들려 있고(시 27:6), 낮은 지역의 폭풍우들 위로 하늘을 향해 솟아 있다. 우리가 이 세상 위로 더 솟아서 하늘에 더 가까이 다가갈수록, 우리는 더욱 평안하고 화창하게 되어, 주 예수의 눈에 더욱 사랑스러운 자들이 된다.

10. 그녀의 머리털은 자주 빛 같다. 이것은 믿는 자는 다 그리스도의 눈에 사랑스럽고, 그 머리털 또는 머리에 꽂는 핀까지도 사랑스럽다는 것을 가리킨다. 어떤 이들은 이 본문을 머리와 머리털로 읽어서, 이 어구가 교회의 지도자들이 그들의 본분을 다할 때에 교회에 아름다움을 더하게 되는 것을 가리키는 것으로 해석한다. 머리는 주홍 빛 같고 머리털은 자주 빛 같다(어떤 이들은 이렇게 읽는다). 이 두 가지 빛깔은 높은 자들이 입는 옷의 색깔이었다.

Ⅱ. 그리스도께서 이렇게 아름답게 장식된 그의 교회를 보고 흡족해함. 그녀가 그의 눈에 사랑스럽다면, 그녀는 정말 사랑스러운 것이다. 그녀에게 사랑스러움을 더한 것이 그였듯이, 이 사랑스러움을 진정으로 귀하게 만드는 것은 그의 사랑이다. 왜냐하면, 그는 더할 나위 없이 훌륭한 재판장이기 때문이다.

1. 그는 그의 땅에서 그가 거주할 수 있는 곳이 있음을 기뻐하며, 그의 교회

를 보고 그 교회와 교제하는 것을 기뻐하였다. 왕은 그녀를 보는 것에 빠져서 자리를 뜰 수 없었다. 이것은 여호와께서 시온을 택하시고 이는 내가 영원히 쉴 곳이라 내가 여기 거주하리라고 하신 말씀(시 132:13-14)과 여호와는 자기를 경외하는 자들을 기뻐하시는도다라는 말씀(시 147:11)에 의해서 설명된다. 그리스도께서 자기 백성과 친교를 나누시는 곳을 이렇게 기뻐하신다면, 그의 백성들이 그 곳을 기뻐하여, 주의 궁정에서의 한 날이 다른 곳에서의 천 날보다 낫다고 여기는 것은 너무나 당연하다.

2. 그는 그의 교회의 아름다움에 넋을 잃었다(6절). 사랑아 네가 어찌 그리 아름다운지, 어찌 그리 화창한지. 네가 어찌 그리 아름다워졌는가(이것이 원문의 의미이다). 너는 "아름답게 태어난 것이 아니라, 내가 네게 준 것으로 인하여 네가 아름답게 된 것이다." 거룩함은 말로 표현할 수 없는 아름다움이다. 주 예수께서는 거룩함을 너무나 기뻐한다. 거룩함이 겉으로 나타나면 아름다움이 되고, 내면에 있으면 즐겁고 유쾌하며 화창한 것이 되는데, 그는 거기에서 말로 표현할 수 없는 흡족함을 느낀다. 나의 가장 사랑하고 기뻐하는 자야(어떤 이들은 이렇게 읽는다).

3. 그는 다음과 같은 이유로 그의 교회와의 친교를 지속하기로 결심한다.

(1) 종려나무 가지를 붙잡듯이 그녀를 붙잡아 주기 위하여. 그는 그녀의 키를 곧게 뻗고 튼튼한 종려나무에 비유하는데(7절), 전체적으로 바라보면, 그녀는 그렇게 보였다. 종려나무는 그 위에 무거운 것을 올려 놓을수록 더 무성하게 자란다고 한다. 마찬가지로, 교회도 환난을 많이 겪을수록 더욱 흥왕하게 된다. 그 가지들은 승리의 기장(記章)들이다. 그리스도께서는 "내가 종려나무에 올라가서 그 그늘을 즐기며, 그 가지를 잡고 그것들의 아름다움을 지켜 보리라(8절)"고 말씀한다. 그리스도께서는 그의 백성을 위하여 그가 말씀한 대로 하실 것이다. 그의 인자하신 뜻들은 결코 땅에 떨어지지 않기 때문에, 우리는 그가 그 일을 하실 것이라고 확신할 수 있다. 그가 그의 교회의 가지들을 그것들이 어리고 연약할 때부터 붙잡는다면, 그는 그 붙잡은 손을 결코 놓지 않으시고 끝까지 그것들을 붙들어 주실 것이다.

(2) 그녀의 열매들로 마음을 상쾌하게 하기 위하여. 그는 그녀의 유방(즉, 그를 향한 그녀의 경건한 애정)을 아주 맛있는 열매인 포도송이에 비유한다(7, 8절). 그녀의 유방은 내게 마음을 기쁘게 해주는 포도송이 같을 것이다. "이제 내

가 종려나무에 올라가면, 네 속에 있던 은혜들이 되살아나게 될 것이다." 그리스도께서 그의 백성에게 임재하시면, 그들의 영혼 속에 거룩한 하늘의 불이 켜져서, 그들의 유방은 그들 자신에게 힘을 돋우어 주고 그를 기분 좋게 해줄 포도송이 같을 것이다. 하나님이 처음에 사람들의 코에 생기를 불어넣으시면, 그 때부터 사람들은 새 생명의 숨을 쉬게 되고, 그들의 콧김은 향기롭고 시원한 사과나 오렌지 냄새 같다. 여호와께서는 노아의 제사로부터 나오는 향기를 받으셨다(창 8:21). 끝으로, 그녀의 입은 좋은 포도주 같다(9절). 그녀의 영적인 미각이나 향취, 또는 그녀가 하나님과 사람에 대하여 하는 말들은 치아로부터 밖으로 나오는 것이 아니라 입 또는 입천장으로부터 나오는데, 그것들이 하나님을 기쁘시게 한다. 정직한 자의 기도는 그가 기뻐하신다. 여호와를 경외하는 자들이 피차에 말하면, 여호와께서는 기쁜 마음으로 그것을 분명히 들으신다(말 3:16).

[1] 그것은 아주 맛있어서 입에 착착 달라붙는 그런 포도주 같다. 그것은 술술 내려가고, 순하게 내려간다(잠 23:31). 육신의 쾌락이나 감각의 즐거움들은 육적인 입맛에 잘 맞는 것 같아서 부드럽게 내려가긴 하지만, 흔히 뱃속에서 잘못되고, 또한 하나님과의 친교에서 오는 즐거움에 비하면 빽빽하게 잘 내려가지 않는 것이다. 은혜를 받은 영혼에게 하나님의 위로의 포도주만큼 술술 잘 내려가는 것은 없다.

[2] 그것은 대단한 강장제이다. 독주가 자는 자, 즉 기진맥진해서 졸도하기 직전인 자의 입을 움직이게 하듯이, 그리스도께서 그의 성령으로 말미암아 자기 백성에게 임재하시면, 그들은 소생하여 새 힘을 얻게 될 것이다. 회심하지 않은 죄인들은 자는 자들이고, 성도들도 흔히 활기가 없이 졸고 앉아 있거나 반쯤 자는 상태로 있다. 그러나 그리스도의 말씀과 성령은 영혼에 생명과 활기를 불어넣어 줄 것이고, 이렇게 마음에 생기가 가득 차면 그 입이 말하게 될 것이다. 사도들은 성령에 충만하게 되자 갖가지 방언으로 하나님의 큰 일을 말하였다(행 2:10-12). 술에 취하지 않고 성령으로 충만함을 받은 자들은 시와 찬송과 신령한 노래들로 서로 화답하게 된다(엡 5:18-19). 그리스도께서 이렇게 그의 사랑에 자극을 받아 드러난 그의 신부의 사랑의 달콤함을 칭찬하고 있을 때, 그녀는 내 사랑하는 자를 위하여라는 말을 삽입구처럼 집어넣은 것으로 보인다. "내 속에 아름답거나 귀한 그 무엇이 있는가? 만약 있다면, 그것은 내 사랑하는 자로부터 온 것임과 동시에 내 사랑하는 자를 위한 것이다." 우리의 선한

감정들과 섬김들이 모두 그를 위하고 그의 영광을 위한 것일 때, 그는 우리의 그런 것들을 기뻐하신다.

[10]나는 내 사랑하는 자에게 속하였도다 그가 나를 사모하는구나 [11]내 사랑하는 자야
우리가 함께 들로 가서 동네에서 유숙하자 [12]우리가 일찍이 일어나서 포도원으로
가서 포도 움이 돋았는지, 꽃술이 퍼졌는지, 석류 꽃이 피었는지 보자 거기에서 내
가 내 사랑을 네게 주리라 [13]합환채가 향기를 뿜어내고 우리의 문 앞에는 여러 가지
귀한 열매가 새 것, 묵은 것으로 마련되었구나 내가 내 사랑하는 자 너를 위하여
쌓아 둔 것이로다

여기에 나오는 말들은 신부인 교회 또는 믿는 영혼이 앞 단락에서 그리스도께서 그녀에 대한 사랑을 여러 가지로 표현한 것들에 대하여 화답하는 말들이다.

I. 그녀는 그녀가 그리스도에게 속하였다는 것을 무척 기뻐하면서, 내내 그의 이름을 자랑하고자 함. 그녀는 황홀하고 거룩한 기쁨에 빠져서 어쩔 줄 몰라하며 이렇게 말한다(10절). "나는 내 사랑하는 자에게 속하였도다. 나는 나의 것이 아니라, 온전히 그에게 바쳐져서 그의 소유가 되어 있다." 우리가 그리스도는 우리가 가장 사랑하는 자라고 진정으로 말할 수 있다면, 우리는 우리가 그의 것이고, 그가 우리를 구원하시리라는 것을 확신할 수 있다(시 119:94). 그리스도께서 우리를 향한 그의 사랑을 은혜로 나타내시면, 우리는 그가 우리를 붙잡으신 것, 우리에 대한 그의 소유권과 절대 주권을 크게 기뻐하게 된다. 그것은 속박이나 구속이 아니라 위로의 샘이기 때문이다. 그리스도와 친밀한 교제를 나누면, 우리는 우리가 그에게 속하였다는 것을 아주 분명하게 알 수 있게 된다. 자기가 그에게 속하였다는 것을 자랑하고, 그것을 자신의 영광으로 여기기 때문에, 그녀는 그가 나를 사모한다는 것, 즉 그가 그녀의 남편이라는 것에 위로를 받는다. 이것은 부부 관계를 우회적으로 표현한 것이다(창 3:16). 택하신 남은 자들에 대한 그리스도의 사모함이 아주 강렬하였기 때문에, 그는 그들을 찾아 구원하기 위하여 하늘로부터 땅에 오셨다. 그는 구속 사역을 행하실 때에 그가 그들을 위하여 받아야 했던 피의 세례가 다 이루어지기까지 무척 답답해하셨다(눅 12:50). 그는 시온을 택하셔서 자신의 거처를 삼고자 하셨다(시

132:13). 믿는 자들에게는 다른 사람들이 그들을 아무리 무시한다고 하여도, 그리스도께서는 그들을 자기에게로 영접하시기 위하여 하늘로부터 땅으로 내려오실 정도로 그들을 사모하셨다는 것은 큰 위로가 아닐 수 없다. 그는 그들이 모두 그와 함께 있게 되기를 원하신다(요 17:24; 14:3).

Ⅱ. 그녀는 겸손하고 간절하게 그와 친교를 나누기를 원함(11-12절). "내 사랑하는 자야, 내가 아무런 방해도 받지 않는 가운데 자유롭게 너로부터 상담과 가르침과 위로를 받고, 내가 원하는 것이나 어려운 애로 사항들을 네게 알리고자 하니, 우리가 함께 걷자." 실제로 그리스도께서는 엠마오라 불리는 마을로 가고 있던 두 제자와 이렇게 동행하시면서, 그들의 마음이 속에서 불 붙는 것 같이 될 때까지 그들과 얘기를 나누셨다.

1. 그녀는 그의 사랑을 보여주는 새로운 증표들을 봄과 동시에 그녀가 그에게 속하였다는 온전한 확신을 얻은 후에 그를 더 잘 알고자 하는 일에 박차를 가한다. 이것은 사도 바울이 그리스도 예수를 아는 가장 고상한 지식을 더욱더 알고자 했던 것과 같다(빌 3:8). 그리스도께서 그가 우리를 얼마나 사모하는지를 명확히 밝히셨는데도, 우리에게 그를 향한 사모함이 없다면, 그것은 정말 배은망덕한 일이 아닐 수 없다. 그리스도와의 친교는 거룩함을 입은 모든 자들이 간절하게 원하는 것이다. 그가 그들에게 그의 사랑을 더 분명하게 드러낼수록, 그들은 더 간절하게 그 사랑을 사모한다. 육적인 미각은 감각적인 즐거움들에 금방 물려서 싫증을 내지만, 영적인 기쁨들은 하나님에 대한 영혼의 사모함을 더욱 간절하게 하기 때문에, 영혼은 하나님 외에는 다른 것들을 거들떠보지도 않고 더욱더 하나님만을 사모하게 된다. 그리스도께서는 앞에서 내가 종려나무에 올라가리라고 말씀하셨는데, 여기에서 그녀는 우리가 함께 가자고 말한다. 그리스도께서 우리와 친교를 나누시겠다고 약속하셨다면, 우리는 가만히 앉아서 기다릴 것이 아니라, 더욱 분발하여 그 친교가 이루어지게 해 달라고 간절히 기도하여야 한다.

2. 그녀는 그와 친교를 나누기 위하여 들과 동네로 가기를 원한다. 그리스도와 교제하고자 하는 자들은 세상과 그 즐거움들로부터 나와야 하고, 그리스도에게 온전히 몰두하는 것을 방해하거나 마음을 흐트러트리는 모든 것을 피해야 한다. 우리는 어떻게 하면 흐트러짐이 없이 주를 섬길 수 있는지를 고민해야 한다(고전 7:35). 그래서 그녀는 여기에서 시끄러운 도시에서 빠져나와 들

로 가기를 몹시 원한다. **우리가 영문 밖으로 그에게 나아가자**(히 13:13). 한적한 곳에 홀로 조용히 물러나 있는 것은 하나님과 친교를 나누는 데에 아주 유리하다. 그래서 이삭은 묵상하고 기도하기 위해서 들에 나갔다(창 24:63). **너는 기도할 때에 네 골방에 들어가 문을 닫고 은밀한 중에 계신 네 아버지께 기도하라.** 믿는 자는 아무도 보지 않는 곳에서 오직 그리스도와 홀로 있을 때가 가장 외롭지 않은 때이다.

3. 둘만의 보금자리를 구하기 위하여 밖으로 나갈 일이 생기자, 그녀는 그녀의 사랑하는 자가 함께 동행하기를 원한다. 우리가 잘못만 하지 않는다면, 우리는 어디를 가든 하나님과의 친교를 유지할 수 있다는 것을 명심하라. 왜냐하면, 하나님은 언제나 우리의 오른편에 계시고, 그의 눈은 우리를 보고 계시며, 그의 말씀과 귀는 언제나 우리 가까이에 있기 때문이다. 우리의 세상사들을 하늘의 거룩한 마음으로 처리하고, 평범한 일상의 일들을 경건한 마음으로 행하며, 우리의 눈을 항상 주께로 향한다면, 우리는 우리가 어디를 가든 그리스도께서 우리와 동행하시게 할 수 있다. 우리는 우리가 믿음으로 그에게 우리와 동행하기를 요청할 수 없는 그런 곳으로 가서는 안 된다.

4. 그녀는 그녀의 사랑하는 자와 함께 움직이기 위해서 기꺼이 일찍 일어나고자 한다. **우리가 일찍이 일어나서 포도원으로 가자.** 이것은 그녀가 그녀의 사랑하는 자와 교제할 기회들을 얼마나 잡고자 하는지를 보여준다. 예수께서 이미 죽으시고 난 후인데도 여자들이 **매우 일찍이** 무덤으로 갔던 것처럼(막 16:2), 하나님이 정하신 때가 왔을 때에 우리는 그를 만날 소망을 지니고 있다면 때를 놓쳐서는 안 된다. 그리스도와 함께 밖으로 나가고자 하는 자들은 그들의 인생에서 아침 일찍 그와 함께 하는 것을 시작하여야 하고, 매일을 그와 함께 시작하여야 하며, 그를 새벽부터 찾고 부지런히 찾아야 한다.

5. 그녀는 동네로 가서, 시골 사람들이 들에서 일을 하다가 비가 오거나 할 때에 몸을 피하기 위해 지어 놓은 오두막에서 기꺼이 유숙하고자 한다. 그녀의 사랑하는 자가 함께 있어 주기만 한다면, 그녀는 이 초라하고 추운 거처에 얼마든지 기쁜 마음으로 묵고자 한다. 그가 있어 준다면, 그 초라한 곳은 궁전으로 변하여 훌륭하고 즐거운 곳이 될 것이다. 은혜를 받은 영혼은 하나님과 친교를 나눌 수 있는 곳이라면 그 곳이 아무리 초라한 곳이라도 상관하지 않는다.

6. 시골의 경치가 아주 수려하고 그 곳이 봄날의 아름답고 쾌적한 들판일지라도, 그녀의 사랑하는 자가 거기에 없다면, 그녀는 전혀 만족하지 못할 것이다. 이 땅에서의 그 어떤 즐거움도 하나님과 함께 하는 것이 아니라면 믿는 자에게는 결코 좋고 편안한 것이 될 수가 없다.

Ⅲ. 그녀는 그녀 자신의 영혼의 상태와 영혼에 속한 일들의 현재의 상황을 더 잘 알기를 원함(12절). 우리가 포도 움이 돋았는지 보자. 우리 자신의 영혼은 우리의 포도원이고, 거기에는 최고로 유익한 나무들인 포도나무들과 석류나무들이 심겨져 있고, 또한 마땅히 심겨져 있어야 한다. 하나님은 우리를 이 포도원을 지키는 자로 삼으셨기 때문에, 우리는 자주 포도원을 들여다보고서, 우리의 영혼의 상태를 점검하여, 포도나무가 무성한지, 즉 우리가 받은 은혜들이 활발하게 움직이고 있는지, 의의 열매들은 많이 맺히고 있는지, 우리의 열매는 풍성한지를 살펴보아야 한다. 우리는 특히 포도 움이 돋았는지, 꽃술이 퍼졌는지, 석류 꽃이 피었는지를 살펴보아야 한다. 즉, 우리는 우리 속에 아직 어리고 연한 어떤 선한 기미들이 있는지를 살펴서, 그런 것들이 꺾이거나 부러지는 일이 없이 잘 자라서 온전함의 열매를 맺을 수 있도록, 특별히 정성을 기울여서 보호하고 품어 주는 일을 하여야 한다. 우리 자신의 영혼의 상태를 점검하는 이런 일에 우리가 그리스도를 함께 모시고 간다면, 그것은 좋은 일이 될 것이다. 왜냐하면, 해가 다시 비칠 때에 동산이 생기를 되찾듯이, 그가 함께 하시면, 포도나무가 무성해지고 포도 움이 돋게 될 것이고, 또한 우리는 그에게 인정을 받는 일에 관심을 써야 하기 때문이다. 그가 포도나무가 무성하고 포도 움이 돋는 것을 보시고, 우리가 그에게 주께서 모든 것을 아시오매 내가 주님을 사랑하는 줄을 주님께서 아시나이다(요 21:17)라고 호소할 수 있으며, 그의 성령이 우리의 영과 더불어서 우리 영혼이 형통하고 있다는 것을 증언한다면, 그것으로 충분하다. 우리가 우리 자신을 알고자 한다면, 우리는 그에게 우리를 살피시고 시험해 주시며, 우리가 우리 자신을 살피는 일을 도와 주시고, 우리에게 우리 자신을 드러내어 주시라고 간구하여야 한다.

Ⅳ. 그녀는 그녀의 사랑하는 자에게 시골에 있는 그녀의 보금자리에서 그를 최고로 대접하겠노라고 약속함. 왜냐하면, 그는 우리에게로 들어오셔서 우리와 더불어 먹고자 하시기 때문이다(계 3:20).

1. 그녀는 그에게 그녀의 최고의 사랑을 약속한다. 그녀가 그를 위하여 그

어떤 최고의 것을 준비했다고 하더라도, 그녀의 마음이 온전히 그에게 가 있지 않다면, 그것은 아무것도 아니게 될 것이다. "그러므로 거기에서 내가 내 사랑을 네게 주리라. 나는 너에 대한 나의 사랑 고백을 되풀이할 것이고, 너를 나의 사랑의 증표들로 존귀하게 할 것이다. 너를 향한 나의 영혼의 경배와 사모함이 더욱 커질 것이고, 나의 마음은 거룩한 불로 네게 드려지게 될 것이다."

2. 그녀는 그에게 그녀의 최고의 대접을 약속한다(13절). "합환채가 향기를 뿜어낼 것이기 때문에, 거기에서 우리는 기분 좋은 향을 맡게 될 것이다." 이 합환채는 모든 면에서 아주 좋은 것으로서 대단히 귀하였기 때문에, 라헬과 레아는 그것 때문에 서로 사이가 틀어졌다(창 30:14). "또한, 우리는 눈으로 보기에 즐거운 것들과 먹기에 좋은 것들을 비롯해서 시골에서 나는 온갖 진귀한 것들을 얻게 될 것이다. 우리의 문 앞에는 여러 가지 귀한 열매가 마련되어 있다."

(1) 은혜의 열매들과 역사(役事)들은 주 예수께 보기 좋고 즐거운 것들이다.

(2) 우리가 많은 열매를 맺음으로써 그를 영화롭게 하기 위하여(요 15:8), 우리는 그것들을 우리의 문 앞에 쌓아 둔 것처럼 그를 위하여 세심하게 쌓아 두어야 하고, 그것들로 그를 섬기고 존귀하게 해 드려야 하며, 열매를 맺을 기회가 왔을 때에는 언제라도 그 기회를 놓치지 않아야 한다.

(3) 이 귀한 열매들을 아주 다양한데, 우리의 영혼 속에서 그러한 열매들이 잘 비축되어 있어야 한다. 선한 청지기가 그의 곳간에 올해의 산물들만이 아니라 지난 해에 남은 것들도 비축해 두듯이(마 13:52), 우리는 새 것과 묵은 것 등 온갖 종류의 열매들, 즉 모든 경우에 쓸 수 있는 은혜를 지니고 있어야 한다. 우리는 우리가 최근에 듣거나 배우거나 경험한 은혜만이 아니라, 이전에 모아 두었던 은혜도 그리스도를 섬기는 일에 언제라도 쓸 수 있는 준비를 해 두어야 한다. 또한, 우리는 우리가 옛적에 비축해 두었던 것들로 만족하지 말고, 우리가 살아 있는 동안에는 계속해서 거기에 새로운 것들을 더해서, 우리의 재고가 늘어나게 함으로써, 모든 선한 일에 철저하게 준비가 되어 있게 하여야 한다.

(4) 그리스도를 진정으로 사랑하는 자들은 그들이 가진 모든 것, 그들의 가장 귀한 열매들, 그들이 지금까지 정성을 다해 모아 놓은 것을 그에게 다 드려도 너무 보잘것없다고 생각해서, 그 모든 것을 다 드려서 그를 영접한다. 더 좋은 것이 있다면, 그들은 그것으로 그를 섬기고자 할 것이다. 그 모든 것은 그에게서 나온 것이기 때문에, 그 모든 것을 그에게 드리는 것은 마땅한 일이다.

제 8 장

개요

아가의 이 마지막 장에서 그리스도와 그의 신부 간의 사랑은 앞에 나온 것들 못지 않을 뿐만 아니라, 도리어 지금까지보다도 더 강렬하고 생생하다고 할 수 있다. I. 신부가 그와 더 친밀한 교제와 사귐을 갖고 싶다는 뜻을 계속해서 끈질기게 전달함(1-3절). II. 그녀는 예루살렘 딸들에게 그녀와 그녀의 사랑하는 자의 친교를 방해하지 말라고 부탁하자(4절), 그들은 그녀가 그를 의지하는 것을 칭송함(5절). III. 그녀는 그녀의 기도를 통해서 오게 한 그녀의 사랑하는 자에게(5절) 그가 그의 은혜로 그녀에게 허용된 그와의 저 복된 연합을 확증해 줄 것을 간구함(6-7절). IV. 그녀는 다른 여자들도 돌봄을 받을 수 있게 해 달라고 중보 기도를 하고(8-9절), 그녀가 그리스도에게 속하였고 그가 그녀를 사랑한다는 것을 생각하고 즐거워함(10절). V. 그녀는 바알하몬에 있는 그의 포도원에서 자기가 소작을 하고 있다고 말함(11-12절). VI. 이 노래는 신랑과 신부가 헤어지면서 서로에게 부탁하는 말을 주고 받는 것으로 끝이 난다. 그리스도께서는 그의 신부에게 그가 그녀의 말을 종종 듣게 해주라고 부탁하고(13절), 그녀는 그에게 속히 돌아와 달라고 간청한다(14절).

[1]네가 내 어머니의 젖을 먹은 오라비 같았더라면 내가 밖에서 너를 만날 때에 입을 맞추어도 나를 업신여길 자가 없었을 것이라 [2]내가 너를 이끌어 내 어머니 집에 들이고 네게서 교훈을 받았으리라 나는 향기로운 술 곧 석류즙으로 네게 마시게 하겠고 [3]너는 왼팔로는 내 머리를 고이고 오른손으로는 나를 안았으리라 [4]예루살렘 딸들아 내가 너희에게 부탁한다 내 사랑하는 자가 원하기 전에는 흔들지 말며 깨우지 말지니라

이 단락에는 다음과 같은 내용들이 나온다.

1. 신부가 주 예수와 늘 친밀하고 자유롭게 교제할 수 있게 되기를 원함. 그녀는 이미 그와 정혼하였지만, 공식적인 혼인 예식을 치른 것은 아니었기 때문

에(어린 양의 신부가 될 자는 재림 때에 가서야 온전히 준비되고, 그 때에 혼인 예식이 치러질 것이다), 수줍어할 수밖에 없었고 그와 어느 정도 거리를 둘 수밖에 없었다. 그래서 그녀는 그가 그렇게 불렀듯이(5:1) 그녀를 그의 누이로 대해주고, 그녀도 그를 똑같은 어머니의 젖을 먹은 친오빠처럼 정결하고 깨끗한 친밀함으로 대할 수 있기를 바란다. 그런 친오빠는 요셉이 그의 동생 베냐민에게 그랬듯이 그녀를 아주 자상하고 극진하게 아껴줄 것이었기 때문이다. 어떤 이들은 이 본문을 구약의 성도들이 그리스도의 성육신이 속히 이루어지게 해달라고 기도한 것이라고 본다. 왜냐하면, 자녀들은 혈과 육에 속하였기 때문에, 그도 같은 모양을 지니게 되면, 그가 그들을 형제들이라고 부르는 것을 부끄러워하지 않게 될 것이기 때문이다. 하지만, 이 본문은 모든 믿는 자들이 거룩하게 하시는 성령을 받기 위하여 그와 더 친밀하게 교제하기를 바라는 말이라고 보아야 한다. 그렇게 되면, 그들은 은혜로 말미암아 신적인 본성에 참여하는 자가 되고, 거룩하게 하시는 이와 거룩하게 함을 입은 자들이 다 한 근원에서 난 것이 되어서, 그의 형제들이라 불릴 수 있게 될 것이기 때문이다(히 2:11 이하). 같은 부모의 자녀들로서 같은 젖을 먹고 자란 형제와 자매들이 서로를 지극히 사랑하고 아끼는 것은 마땅한 일이다. 그녀는 바로 그러한 사랑이 그녀와 그녀의 사랑하는 자 간에 있기를 원하여서, 그를 오빠라고 부를 수 있었으면 좋겠다고 말하고 있는 것이다.

2. 그녀는 그렇게 된다면 지금보다 더 공개적으로 그녀와 그의 관계를 고백하는 기쁨을 그녀가 누리게 될 것이라고 생각함. "너와 내가 그런 관계라면, 내가 밖에서 너를 만날 때에 그 곳이 어디이든 많은 사람들 앞에서도, 마치 누이가 자기 오빠에게 하듯, 특히 누나가 지금 그녀의 어머니의 젖을 먹는 어린 동생에게 하듯(어떤 이들은 이렇게 해석한다), 네게 입을 맞추어도 아무 문제가 되지 않을 것이고, 너에 대한 나의 사랑을 보기 흉하지 않은 범위 내에서 자유롭게 표현한다고 하여도, 여자로서 정숙하지 못한 행동을 했다고 나를 업신여길 자가 없었을 것이다." 그녀는 아직 태어나지도 않은 자와 그토록 열정적인 사랑에 빠져 있다고 사람들로부터 비웃음을 살 수도 있었을 것이지만, 그리스도의 성육신 이후로 교회는 그에 대한 사랑을 고백하는 일에 있어서 옛적의 그녀보다 훨씬 더 좋은 여건 속에 있다. 그리스도는 이미 우리의 형제가 되셨다. 그러므로 우리는 그를 어디에서 만나든 우리가 그에게 속하였다는 것과 그에 대한 우리

의 사랑을 즉시 고백하여야 하고, 그것 때문에 사람들로부터 멸시를 받지나 않을까 두려워해서는 안 되며, 다윗이 법궤 앞에서 춤을 추었을 때에 사람들의 시선을 아랑곳하지 않았듯이 우리도 그런 마음가짐을 지녀야 한다(삼하 6:22): **이것이 천한 것이라면 내가 이보다 더 천한 것도 하리라**. 아니, 우리는 어떤 이들이 상상한 것만큼 그렇게 사람들로부터 멸시를 받지 않을 것이다. **네가 말한 바 계집종에게는 내가 높임을 받으리라**. 우리는 우리와 함께 그리스도를 따르지 않는 자들 가운데에서 그리스도의 형상을 만나는 곳마다 비록 그 곳이 밖이라고 할지라도 그것을 사랑하고 그 사랑을 행동으로 증명하여야 한다. 그러면, 그 일 때문에 우리를 **업신여길** 자가 없을 것이고, 도리어 우리의 보편적인 자비의 행위로 말미암아 우리는 존경을 받게 될 것이다.

3. 그녀는 그렇게 된다면 그를 알 수 있는 기회가 주어질 때에 그 기회를 선용할 것이라고 약속함(2절). "너와 내가 오누이 사이였다면, **내가** 내 오빠인 너의 팔을 꼭 붙잡고 **너를 이끌** 것이다. 나는 네게 나의 보배로운 것들이 있는 집을 다 보여줄 것이고, **너를 내 어머니 집**, 즉 교회와 그 성회들, 그리고 나의 골방(거기에서 성도들은 그리스도와 가장 친밀한 교제를 나누기 때문에)에 들이고, 마치 오빠가 누이에게 필요한 것들을 가르쳐 주듯이, 거기에서 나는 네게서 **교훈을 받았으리라**." 그리스도를 아는 자들은 그에게서 가르침을 받게 될 것이다. 그러므로 우리는 그리스도에게서 가르침을 받기 위해서 그와 교제하기를 원하여야 한다. 그리스도께서는 우리에게 명철을 주시기 위하여 이 땅에 오셨다. 또는, "내가 너와 함께 할 때에 내 어머니가 나를 가르치실 것이다." 그리스도께서 그의 교회에 임재해 계실 때에 교회의 지체들은 하나님의 말씀과 규례들로부터 가르침을 받게 된다.

4. 그녀는 그에게 그녀가 가진 최고의 것들로 그를 환대할 것이라고 약속함. 그녀는 그의 덕분에 포도와 석류가 더 풍성한 수확을 거둘 수 있게 되기를 바라서, **향기로운** 포도주와 **석류즙으로** 그를 대접하여 **그에게 마시게** 하고자 한다. 성도들이 그들이 받은 은혜를 사용하고 그들에게 주어진 본분을 다하는 것은 주 예수께서 베풀어 주신 은총들에 대하여 감사하는 마음을 표현하는 것으로서 그에게 향기로운 포도주가 된다. 그리스도를 기뻐하는 자들은 그를 기쁘시게 해 드리려고 애써야 한다. 그리고 그들은 그를 기쁘시게 해 드리는 일이 그리 어렵지 않다는 것을 발견하게 될 것이다. 그리스도께서는 그를 진심으로 영

접해 주는 것을 그에 대한 최고의 대접으로 여기시기 때문에, 그 대접을 기쁘게 받으실 것이다.

5. 그녀는 그가 그녀를 자상하게 보살펴 주고 사랑해 줄 것을 의심하지 않음(3절). 그가 그의 능력으로 그녀를 붙들어 줄 것이기 때문에(**너는 왼팔로는 내 머리를 고이리라**), 그녀는 아무리 힘든 일을 하고 고난을 당하여도 기진하지 않게 될 것이다. 또한, 그는 그의 사랑으로 그녀를 위로해 줄 것이다(**너는 오른손으로는 나를 안았으리라**). 이렇게, 그리스도께서는 요한이 엎드러져 죽은 자 같이 되었을 때에 요한에게 오른손을 얹으셨다(계 1:17; 또한, 단 10:10, 18). 이 본문은 2:6에서처럼 **그가 왼팔로 내 머리를 고이신다**로 읽을 수도 있다(두 원문이 서로 동일하기 때문에). 그러면, 이 본문은 그녀의 기도에 대한 즉각적인 응답을 표현한 것으로 해석될 수 있다. 그는 그녀의 영혼에 힘을 주는 것으로 그녀의 기도에 응답하였다(시 138:3). 우리가 그리스도를 바짝 따라가고 있는 동안에는 **그의 오른손이 우리를 붙들고 계신다**(시 63:8). **그의 영원하신 팔이 네 아래에 있도다**(신 33:27).

6. 그녀는 그가 이렇게 그의 임재를 통해서 그녀에게 힘과 위로를 줄 때에 전에 그랬던 것처럼(2:7) 여기에서도 주변 사람들에게 그녀가 지금 그녀의 사랑하는 자와 누리고 있는 이 즐거운 교제를 방해하는 일을 하지 말아 달라고 부탁함(4절). **예루살렘 딸들아 내가 너희에게 부탁한다 내 사랑하는 자가 원하기 전에는 흔들지 말며 깨우지 말지니라.** 우리의 어머니인 교회는 그녀의 모든 자녀들에게 그리스도를 화나게 하여 물러가게 만드는 그 어떤 일도 결코 하지 말라고 당부를 한다. 우리는 그런 일을 하기가 너무도 쉬운 자들이기 때문이다. 너희는 왜 그를 그렇게 모독하는 것이냐? 너희는 왜 네 자신에게 그렇게 원수가 되고자 하는 것이냐? 우리는 성령을 근심하게 만들 일을 하고자 하는 유혹을 받을 때에 이런 식으로 우리 자신에게 따져야 한다. "도대체 무슨 일이냐! 내가 그리스도의 임재에 질려서, 그를 모욕해서 화나게 하여 나로부터 떠나가게 만들고자 하는 것이냐? 왜 나는 그가 냉대를 받았다고 여길 일이자 내가 나중에 반드시 후회하게 될 일을 하고자 하는 것이냐?"

[5]그의 사랑하는 자를 의지하고 거친 들에서 올라오는 여자가 누구인가 너로 말미암아 네 어머니가 고생한 곳 너를 낳은 자가 애쓴 그 곳 사과나무 아래에서 내가 너

를 깨웠노라 [6]너는 나를 도장 같이 마음에 품고 도장 같이 팔에 두라 사랑은 죽음
같이 강하고 질투는 스올 같이 잔인하며 불길 같이 일어나니 그 기세가 여호와의
불과 같으니라 [7]많은 물도 이 사랑을 끄지 못하겠고 홍수라도 삼키지 못하나니 사
람이 그의 온 가산을 다 주고 사랑과 바꾸려 할지라도 오히려 멸시를 받으리라

이 단락에는 다음과 같은 내용들이 나온다.

I. **신부가 주변 사람들에 의해서 크게 칭송을 받음.** 이 본문은 삽입구로 등장하고 있지만, 그 속에는 이 신비한 노래의 그 어느 대목에서보다도 더 분명한 복음의 은혜가 뚜렷하게 표현되어 있다. 그녀의 사랑하는 자를 의지하고 거친 들에서 올라오는 여자가 누구인가. 어떤 이들은 이것을 그녀가 그를 의지하고 그녀 자신을 그의 인도함에 맡기는 모습을 신랑이 보고 기뻐하는 마음을 표현한 것이라고 본다. 하지만, 이것은 예루살렘 딸들이 그녀의 부탁(4절)을 듣고서 한 말이라고 보아야 한다. 그들은 그녀를 보고 축복한다. 하늘의 천사들과 이 땅에 있는 그녀의 모든 친구들은 그녀의 지극히 행복한 모습을 기뻐하는 마음으로 바라본다. 유대 교회는 하나님의 능력과 은총으로 힘을 얻어서 광야로부터 올라왔다(신 32:10-11). 기독 교회는 그가 의지하는 그리스도의 은혜로 말미암아 고독하고 비천한 상태에서 끌어올려졌다(갈 4:27). 개별 신자들은 하나님의 은혜의 능력으로 말미암아 그들이 그들의 사랑하는 자인 예수 그리스도를 의지하여 거친 들에서 올라올 때에 사랑스러운 자들로 칭송을 받을 것이고, 그들 속에 있는 하나님의 은혜도 칭송을 받게 될 것이다. 이것은 다음과 같은 일들 속에서 영혼의 아름다움과 하나님의 은혜의 경이로운 역사(役事)들을 보여주는 것이다.

1. 죄인들의 회심. 죄악된 상태는 거친 들 또는 광야와 같아서, 하나님과의 친교로부터 멀리 떨어져 있고, 열매를 맺지 못하며 메마르고, 거기에는 참된 위로가 없다. 그것은 방황하며 결핍된 상태이다. 우리는 참된 회개를 통해서 우리의 사랑하는 자 그리스도를 의지하여 그의 은혜의 힘으로 그의 팔에 안겨서 이 광야로부터 올라오기 위해 애써야 한다.

2. 성도들의 위로. 죄를 깨닫고서 그 죄 때문에 진정으로 낮아진 영혼은 광야에서 어찔 줄을 모르고 있다. 우리 자신의 명철을 의지하거나 우리 자신의 그 어떤 의나 힘을 의지하는 것이 아니라, 우리의 사랑하는 자 그리스도를 믿음으

로 의지하고서 주 하나님의 힘으로 앞으로 나아가고 우리의 의이신 여호와의 이름을 부를 때에만, 우리는 이 광야를 벗어날 수 있다.

3. 그리스도께 속한 자들의 구원. 하늘에 시민권이 있는 우리는 이 세상의 광야로부터 올라와야 한다. 우리는 죽을 때에 그리스도를 의지하여 거기로 옮겨가야 하고, 그를 믿는 믿음으로 살고 죽어야 한다. 내게 사는 것이 그리스도니 죽는 것도 유익하다(빌 1:21).

Ⅱ. 신부가 그녀의 사랑하는 자를 향하여 말함.

1. 그녀는 그녀를 비롯해서 사람들이 그를 의지하여 위로와 형통을 경험하였던 지난날을 그에게 상기시킨다.

(1) 그녀의 지난날의 경험. "사과나무 아래에서 내가 너를 깨웠노라. 즉, 나는 기도로 너와 무수히 씨름을 해서, 결국 너를 이겼다. 나다나엘이 무화과나무 아래에서 그랬던 것처럼(요 1:48), 내가 과수원으로 물러가서 사과나무(그리스도는 앞에서 사과나무에 비유되었다, 2:3) 아래에서 홀로 묵상하며 기도하고 있을 때, 제자들이 폭풍우 속에서 주님을 깨우며 선생님이여 우리가 죽게 된 것을 돌보지 아니하시나이까(막 4:38)라고 말했고, 교회가 주여 깨소서 어찌하여 주무시나이까(시 44:23)라고 말했던 것처럼 나는 네게 도움과 위로를 받기 위해서 너를 깨웠다." 우리가 그리스도께서 우리의 끈질긴 믿음의 기도를 기꺼이 들어주신 체험을 한 번 하게 되면, 우리는 어려운 일이 있을 때에 즉시 그에게 나아가 지치지 않고 더욱 간절하게 기도로 분투할 힘을 얻게 된다는 것을 명심하라. 내가 여호와께 간구하매 그가 내게 응답하셨다(시 34:4).

(2) 다른 사람들도 그녀처럼 그리스도 안에서 위로를 경험함. 그들이 나처럼 주를 앙망하고 광채를 내었다(시 34:5). 사과나무 아래에서 네 어머니, 즉 그리스도의 형상을 지닌 보편 교회 또는 믿는 영혼들이 너를 낳았다(갈 4:19). 그들은 네게 속하였다는 사실에서 위로를 얻고자 애를 썼고, 큰 슬픔의 산고를 겪었다(원문은 이런 의미이다). 그러나 그들은 너를 낳았다. 산고는 언제까지나 지속되지 않았다. 죄를 깨닫고서 괴로워하였던 자들은 마침내 그리스도를 낳고 위로를 받았고, 구주의 출생으로 인한 기쁨 때문에 산고도 잊었다. 우리의 구주께서는 바로 이 비유를 사용해서, 그의 제자들이 그와 한동안 헤어진 뒤에 몹시 슬퍼하다가 그가 그들에게 돌아왔을 때에 느끼게 될 기쁨을 표현하신다(요 16:21-22). 많은 사람들이 회개의 격렬한 산고 끝에 복된 위로를 낳는다. 그러

니, 우리라고 해서 왜 그렇지 않겠는가?

2. 그녀는 그에게 그녀와 그가 하나가 되었음을 확증해 주기를 간구하고, 그녀와 그의 친교가 지속되고 더욱 친밀해지기를 간구한다(6절). **너는 나를 도장 같이 마음에 품고 도장 같이 팔에 두라.**

(1) "네 마음 속에 내 자리가 있게 하고, 네 사랑 속에 내가 있게 하라." 이것은 그들의 행복이 그리스도에게서 그들이 사랑을 받는 것과 직결되어 있다는 것을 아는 모든 자들이 다른 어떤 것보다도 원하고 바라는 것이다.

(2) "나로 하여금 네 마음 속에 있는 나의 자리를 결코 잃지 않게 하라. 사람이 어떤 것을 도둑맞지 않게 봉해 놓듯이, 나에 대한 너의 사랑을 안전하게 봉해 두라. 그 어떤 것으로 인하여 네 사랑이 내게서 떠나는 일이 결코 없게 하고, 네 사랑이 내게 전달되는 것이 중단됨으로써 나로 하여금 그 사랑으로 인한 위로를 느낄 수 없게 하지 말라."

(3) "나를 네 오른손의 인장반지로 네게 늘 가까이 두고 아끼며(렘 22:24), 네 손바닥에 새겨서(사 49:16) 특별한 사랑으로 사랑을 받게 하라."

(4) "너는 나의 대제사장이 되라. 모든 지파의 이름이, 인장반지에 새김 같이 아론의 흉패에 있는 열두 개의 보석과 에봇의 두 어깨받이에 붙여진 두 개의 보석에 새겨진 것처럼(출 28:11-12, 21), 내 이름을 네 가슴 가까이에 있는 너의 흉패에 새기라."

(5) "나에 대한 네 사랑의 증거를 다 보이라. 나를 네 마음에 찍힌 인(印)만이 아니라, 네 팔에 찍힌 인도 되게 하라. 내가 항상 너의 팔에 찍혀 있어서, 나로 하여금 그것을 보고 위로를 얻게 하라." 어떤 이들은 이것을 그리스도께서 그의 신부에게 그를 항상 기억하고 그녀에 대한 그의 사랑을 잊지 말라고 명령하는 말씀으로 본다. 하지만, 우리가 그리스도께 그의 마음에 찍힌 인이 되기를 바라고 기대한다면, 분명히 우리의 마음에도 그리스도가 인으로 찍혀 있을 것이다.

3. 이러한 간구를 강화하기 위하여, 그녀는 사랑의 힘, 그에 대한 그녀의 사랑의 힘이 어떠한지를 말한다. 이 사랑이 그녀로 하여금 이렇게 그녀에 대한 그의 사랑의 증표들을 끈질기게 요구하게 만들었다.

(1) 사랑은 강렬한 격정(激情)이다.

[1] **사랑은 죽음 같이 강하다.** 사랑에 실망한 연인의 고통은 죽음처럼 고통스

럽다. 아니, 사랑하는 자를 위해서라면 죽음의 고통쯤은 아무것도 아니다. 우리에 대한 그리스도의 사랑은 죽음 같이 강하다. 왜냐하면, 그 사랑은 죽음 자체를 돌파하였기 때문이다. 그는 우리를 사랑하사 우리를 대신하여 자신을 주셨다. 그리스도에 대한 참된 신자들의 사랑은 죽음 같이 강하다. 왜냐하면, 그 사랑은 그들로 하여금 그리스도 외에 다른 모든 것들에 대하여 죽게 만들기 때문이다. 그 사랑은 심지어 영혼으로 하여금 육신과 결별하게 만들기까지 한다. 영혼은 경건한 사모함의 날개를 타고 하늘로 솟아 오르고, 자기가 육신의 옷을 입어서 행동에 방해를 받고 있다는 것조차 잊는다. 바울은 이 사랑의 황홀경 속에 들어가서, 자기가 몸 안에 있었는지 몸 밖에 있었는지도 알지 못하였다. 믿는 자는 이 사랑 때문에 십자가에 못 박혀서 세상에 대하여 죽는다.

[2] 질투는 모든 것을 삼켜 버리는 스올 같이 잔인하다. 그리스도를 진정으로 사랑하는 자들은 그들을 그에게서 떠나게 만들고자 하는 모든 것을 질투심에서 무척 경계하고, 특히 그들 자신이 그를 화나게 하는 일을 해서 그들로부터 물러가게 할 것을 염려해서 그들 자신을 질투심에서 무척 경계한다. 그들은 그리스도에게서 멀어지느니, 차라리 그들을 범죄하도록 유혹하는 오른쪽 눈을 빼버리거나 오른손을 잘라 버리고자 하는데, 무엇이 이것보다 더 잔인할 수 있겠는가? 약하고 두려워 떠는 성도들은 그들에 대한 그리스도의 사랑을 의심해서 그에 대해 질투하는 마음을 품게 되면 그 질투가 스올 같이 그들을 먹어 치우는 것을 발견하게 된다. 이것보다 그 심령의 힘을 더 소진시키는 것은 없다. 그러나 그것은 그리스도에 대한 그의 사랑이 강하다는 것을 보여주는 증거이다.

[3] 질투의 불길은 아주 강해서, 그 기세가 여호와의 불과 같이 대단한 불길이나 세차게 타오르는 화염(시 29:7)처럼 믿기 어려운 힘으로 타오른다. 거룩한 사랑은 영혼 속에 격렬한 열기를 낳는 불이다. 이 불은 영혼 속에 있는 찌꺼기와 가라지를 태우고, 영혼을 밀랍처럼 녹여서 새로운 모습으로 만들며, 영혼을 불꽃처럼 하나님과 천국으로 데려다 준다.

(2) 사랑은 용맹스럽고 승리하는 열정이다. 거룩한 사랑은 그러하다. 영혼을 지배하는 하나님의 사랑은 변함이 없고 견고해서, 공정한 수단들이나 더러운 수단들이나 생명이나 사망이나 그 어떤 것에 의해서도 영혼에서 물러나지 않는다(롬 8:38).

[1] 죽음과 그 모든 공포들도 믿는 자에게 겁을 주어서 그리스도를 사랑하는

것을 그만두게 하지 못할 것이다. 많은 물도 불을 끌 수는 있지만 이 사랑을 끄지 못하겠고, 홍수라도 이 사랑을 삼키지 못하리라(7절). 많은 물의 소리도 이 사랑에 두려움을 주지 못할 것이다. 많은 물이 그 어떤 위협을 한다고 해도, 그리스도는 그녀의 가장 사랑하는 자일 것이다. 물이 넘쳐 흘러서 덮친다고 하여도 그 사랑은 꺼지지 않을 것이고, 도리어 그 사랑은 그녀에게 환난을 즐거워할 수 있는 힘을 줄 것이다. 그가 나를 죽인다고 하여도, 나는 그를 사랑하고 그를 의지할 것이다. 많은 물은 우리에 대한 그리스도의 사랑을 끌 수 없고, 홍수도 그 사랑을 삼킬 수 없다. 그는 아무리 큰 난관들, 심지어 피의 바다도 뚫고 걸어오셨다. 사랑은 홍수를 이겼다. 그러므로 그 어떤 것도 그리스도에 대한 우리의 사랑을 약화시키게 하지 말라.

[2] 삶과 그 모든 위로들도 믿는 자를 유혹하여 그리스도를 사랑하는 것을 그만두게 하지 못할 것이다. 사람이 그의 온 가산을 다 주면서 그리스도를 사랑하는 것을 그만두고 세상과 육신에 다시 마음을 두라고 한다면, 그녀는 그 제안을 멸시하며 일언지하에 거절할 것이다. 사탄이 그리스도께 그의 구속 사역을 그만두는 조건으로 이 세상 나라들과 그 영광을 다 주겠다고 제안하였을 때, 그리스도께서는 사탄아 물러가라고 말하였다. 그런 제안은 멸시를 받게 될 것이다. 그런 제안은 그런 것들보다 더 좋은 것을 알지 못하는 자들에게나 통할 것이다. 사랑은 우리에게 세상의 찌푸림에서 오는 시험들과 세상의 웃음들에서 오는 시험들을 다 물리치고 이길 수 있는 힘을 줄 것이다. 어떤 이들은 이 본문을 다음과 같이 해석한다. 사람이 그리스도께 사랑 대신에 그의 온 가산을 다 주겠다고 제안할지라도, 그런 제안은 멸시를 받게 될 것이다. 그는 우리의 것이 아니라 우리를 원하시고, 우리의 재물이 아니라 우리의 마음을 원하신다. 내가 내게 있는 모든 것으로 구제할지라도 사랑이 없으면 아무것도 아니다(고전 13:3). 이렇게 믿는 자들은 그리스도와 사랑의 관계에 있다. 그의 사랑에 대한 확신이 없다면, 그의 섭리에 의한 은사들은 그들을 만족시킬 수 없다.

[8]우리에게 있는 작은 누이는 아직도 유방이 없구나 그가 청혼을 받는 날에는 우리가 그를 위하여 무엇을 할까 [9]그가 성벽이라면 우리는 은 망대를 그 위에 세울 것이요 그가 문이라면 우리는 백향목 판자로 두르리라 [10]나는 성벽이요 내 유방은 망대 같으니 그러므로 나는 그가 보기에 화평을 얻은 자 같구나 [11]솔로몬이 바알하몬에

포도원이 있어 지키는 자들에게 맡겨 두고 그들로 각기 그 열매로 말미암아 은 천
을 바치게 하였구나 [12]솔로몬 너는 천을 얻겠고 열매를 지키는 자도 이백을 얻으려
니와 내게 속한 내 포도원은 내 앞에 있구나

그리스도와 그의 신부는 서로에 대한 그들의 사랑을 충분히 확인하였고, 둘의 사랑이 죽음 같이 강하여 범해질 수 없다는 것도 확인되었기 때문에, 이 단락에서는 사랑하는 남편과 그의 아내 같이 그들의 일들에 대하여 서로 논의하고 그들이 무엇을 해야 하는지도 상의한다. 멍에를 함께 메는 자들은 그들의 마음을 서로 합하고 나서 이제는 머리를 맞대고서 그들의 혈육들과 재산에 대하여 함께 생각하는 법이다. 그래서 이 복된 한 쌍도 여기에서 누이와 포도원을 놓고 서로 상의를 하고 있다.

I. 신랑과 신부는 여기에서 그들의 작은 누이를 시집 보내는 일을 놓고 서로 상의함.

1. 신부는 불쌍히 여기는 심정으로 작은 누이의 일에 대하여 말을 꺼낸다(8절). 우리에게 있는 작은 누이는 아직도 유방이 없구나(즉, 아직 성인이 되지 못하였다는 것). 그가 청혼을 받는 날에는 우리가 우리의 누이를 위하여 무엇을 하는 것이 좋을까.

(1) 우리는 이 본문을 유대 교회가 이방 세계에 관하여 말하는 것으로 이해할 수 있다. 하나님은 유대 교회의 정혼하셨고, 그녀는 결혼 예물들을 풍성하게 받았다. 그러나 잉태하지 못한 자이자 홀로 사는 자인 저 가엾은 이방인들은 어떻게 해야 할까(사 54:1)? 경건한 유대인들은 이방인들의 처지가 정말 딱하고 절망적이라고 말한다. 이방인들은 같은 조상인 하나님과 아담의 자손들, 즉 유대인들의 누이이지만, 하나님을 아는 지식으로 위엄을 갖추지 못하였기 때문에 작은 누이이다. 그들은 유방이 없다. 즉, 그들에게는 하나님의 계시, 성경, 사역자들이 없고, 약속의 언약들에 대하여 외인들이기 때문에 그들이 젖을 빨 수 있는 위로의 유방이 없으며, 그들에게 영양분을 공급해 줄 가르침의 유방도 없다(벧전 2:2). 그러니, 그들을 위하여 우리가 무엇을 할까? 우리는 그들을 그저 불쌍히 여겨서 그들을 위하여 기도하는 수밖에 없다. 주여, 주께서는 그들을 어찌 하시려 하나이까? 성도들은 솔로몬 시대에 다윗의 시편들을 통해서 하나님이 이방인들을 위하여 긍휼을 예비해 두셨다는 것을 알았을 것이기 때문에,

그 긍휼들이 이방인들에게 속히 베풀어질 수 있게 해 달라고 간구하였다. 그러나 이제 입장이 서로 뒤바뀌었다. 이제 그리스도와 정혼한 상태에 있는 자들은 이방인들이기 때문에, 이방인들은 한때 유방이 있었지만 지금은 없는 우리의 큰 누나인 유대인들이 돌아오게 해 달라고 기도함으로써, 유대인들이 예전에 이방인들에게 보여주었던 관심과 사랑에 보답하여야 한다. 우리가 이 본문을 이런 의미로 해석한다면, 이 경건한 유대인들의 믿지 않는 후손들은 그들의 조상들의 기도를 정면으로 부정한 것이 된다. 왜냐하면, 이방인들이 그리스도의 청혼을 받는 날이 왔을 때에 유대인들은 그들을 위하여 무엇을 할까를 생각한 것이 아니라, 자신들이 할 수 있는 모든 수단들을 다 동원해서 이방인들을 대적하여, 자신들의 죄악의 분량을 채웠기 때문이다(살전 2:16).

(2) 우리는 이 본문을 은혜로 택하심을 받았지만 아직 부르심을 받지는 않은 자들에게 적용할 수 있을 것이다. 그런 자들은 그리스도 및 그의 교회와 멀게 연관되어 있는 누이들, 즉 **이 우리에 들지 아니한 다른 양들**이다(요 10:16; 행 18:10). 그들은 **유방이** 아직 형성되지 않아서 **없다**(겔 16:7). 그들에게는 그리스도에 대한 애정도 없고 은혜도 없다. 그들이 **청혼을 받게 될 날**, 즉 신랑의 친구들인 사역자들이 택함 받은 자들을 불러서 그리스도를 대신하여 청혼을 하게 될 날이 올 것이다. 그 날은 복된 날, 그리스도께서 찾아오시는 날이 될 것이다. 그 날에 우리는 그들이 수줍음을 극복하고, 그리스도의 뜻을 받아들이며, 그에게 정결한 처녀로 드려져서, 이 혼사가 잘 성사되게 하기 위하여, 무엇을 할까? 은혜로 말미암아 그리스도께 나아오게 된 자들은 다른 사람들이 그에게 나아올 수 있도록 돕고 그의 복음의 큰 뜻이 이루어지게 돕기 위하여 그들이 무엇을 할 수 있을까를 생각하여야 한다. 이것은 영혼들을 그리스도와 혼인시키는 것이고, 그를 떠났던 죄인들을 다시 그에게로 돌아오게 하는 것이다.

2. 그리스도께서는 이런 경우에 무엇을 해야 할지를 즉시 결정하고, 그의 신부는 그의 그런 말에 동의한다(9절). "우리의 누이가 담장이라면, 즉 이방인들, 장차 부르심을 받게 될 영혼들 속에서 선한 일이 이미 시작되어서, 복음에 의해서 **청혼을 받은 작은 누이**가 말씀을 받아서, 터가 되시는 그리스도 위에 집을 세우고, 주께 합당한 행실들로 그 집의 담장을 두른다면, 우리는 **은 망대를 그 위에 세우고** 그 집을 은으로 된 궁전이 되게 할 것이다. 우리는 담장이 궁전이 되고 돌담이 은으로 된 궁전이 될 때까지 이미 시작된 선한 일을 계속해 나아

갈 것이다." 이것은 자기가 벽돌을 대리석으로 다 바꾸었다고 자랑한 가이사(아우구스투스 황제)를 능가하는 것이다. 이 작은 누이가 일단 주께 연결되면 성령 안에서 하나님이 거하실 처소, 즉 성전이 되어 갈 것이다(엡 2:21-22). 이 궁전이 다 완성이 되고, 궁궐의 문들이 세워져서(이 일은 가장 마지막에 하는 일이었다, 느 7:1), 이 작은 누이가 문이라면, 우리는 백향목 판자로 그 문을 두를 것이다. 우리는 그녀가 아무런 손상도 입지 않도록 하기 위하여 그녀를 조심스럽고 효과적으로 보호할 것이다. 우리는 그런 일을 하리라(9절). 때가 이르면, 성부와 성자와 성령은 모두 합심하여 이 복된 일을 궁리하고 실행하며 끝내실 것이다. 그 때에 부족한 것들은 다 메워질 것이고, 믿음의 일은 능력으로 성취될 것이다. 은혜의 시작은 미미할지라도, 그 끝은 창대할 것이다. 교회는 아직 부르심을 받지 않은 자들에 대하여 관심을 가져야 한다. 그리스도께서는 이렇게 말씀하신다. "나를 내버려 두라. 내가 그들을 위하여 해야 할 필요가 있는 모든 일을 행하리라. 그 일을 내게 맡기라."

3. 신부는 이 기회를 이용해서, 그녀에 대한 그의 인자함을 인정하고 감사한다(10절). 그녀는 그녀의 작은 누이를 기꺼이 그에게 맡기고자 한다. 왜냐하면, 그녀 자신이 그의 은혜를 크게 경험하였고, 그녀에게 있는 모든 것이 그에게 빚진 것이기 때문이었다. 나는 성벽이요 내 유방은 망대 같다. 그녀가 이런 말을 하는 것은 유방이 없는 그녀의 작은 누이를 질책하기 위한 것이 아니라, 도리어 그 누이를 위로하기 위한 것이다. 지금의 그녀의 모습을 만들어 준 그, 그녀를 견고한 터 위에 세워서 성숙하게 자라도록 해 준 그는 그녀의 작은 누이에게도 동일한 인자함을 베풀어 줄 수 있고 베풀어 주고자 할 것이기 때문이다. 그러므로 나는 그가 보기에 은총을 얻은 자 같구나.

(1) 그녀는 그녀가 예수 그리스도의 눈에 들어 은총을 입은 것을 지극히 소중히 여긴다. 하나님의 은총을 입고 하나님께 열납된 자들은 복되고 진정으로 복되며 영원토록 복되다.

(2) 그녀는 그녀 안에서의 하나님의 선한 역사를 그녀를 향한 하나님의 선의 덕분으로 돌린다. "그는 나를 성벽으로, 내 유방을 망대 같이 만들었는데, 그 때에 나는 다른 그 어떤 일에서보다도 바로 그 일에서 나에 대한 그의 사랑을 경험하였다." 큰 은혜를 받은 자여 환호하며 맞이하라. 왜냐하면, 네 안에 그리스도의 형상이 이루어졌기 때문이다.

(3) 하나님은 그의 손으로 하신 일을 기뻐하신다. 우리가 포학자들의 기세(사 25:4)에 굳건하게 맞서는 놋성벽 같이 될 때(렘 1:18; 15:20), 하나님은 우리 안에서 우리에게 선한 일을 행하기를 기뻐하신다.

(4) 우리는 하나님이 우리에게 주신 은혜를 큰 기쁨으로 말하여야 하고, 그가 보기에 은총을 얻은 자 같았던 특별한 때와 시절들을 큰 만족함으로 되돌아보아야 한다. 그러한 날들은 결코 잊을 수 없는 날들이었다.

Ⅱ. 신랑과 신부는 시골에 있는 그들의 포도원을 놓고 상의함(11-12절). 여기에서 포도원은 이 땅에 있는 그리스도의 교회를 가리킨다. 솔로몬이 바알하몬에 포도원이 있었다. 즉, 솔로몬은 많은 백성들이 있는 한 왕국을 갖고 있었다. 그가 그리스도의 모형이었듯이, 그의 포도원은 그리스도의 교회의 모형이었다. 우리 구주께서는 배은망덕한 농부들에게 포도원을 세를 준 것에 관한 비유를 통해서 우리에게 이 절들을 푸는 열쇠를 주셨다(마 21:33). 포도원 주인과 소작농들이 맺은 계약은 한 명의 소작농이 천 그루의 포도나무가 있는 포도원을 잘 관리해서 해마다 은 천 개를 세로 내는 것이었다. 왜냐하면, 성경에서는 비옥한 땅에서는 천 그루의 포도나무가 은 천 개의 가치가 있었다고 말하기 때문이다.

1. 그리스도의 교회는 그의 포도원이자 많은 특권을 부여받은 아름답고 특별한 곳이다. 사람이 자신의 포도원에서 행하기를 기뻐하듯이, 그리스도께서도 그의 교회에서 행하기를 기뻐하시고, 그 열매들을 기뻐하신다.

2. 그리스도께서는 우리 각자에게 그의 포도원을 맡기시고, 우리를 포도원을 지키는 자들로 삼으셨다. 교회의 특권들은 그가 우리에게 맡기셨고 우리가 거룩한 것들로 여겨 지켜야 할 저 선한 것이다. 교회를 섬기는 일은 우리의 힘이 닿는 대로 우리가 해야 하는 일이다. 얘, 오늘 포도원에 가서 일하라(마 21:28). 아담은 범죄하기 전에 에덴 동산을 경작하며 지키는 일을 하였다.

3. 그리스도께서는 그의 포도원을 맡긴 자들이 그에게 세를 바칠 것을 기대하신다. 그는 와서 열매를 구하신다. 즉, 그는 복음의 특권들을 누리는 모든 자들에게 복음의 의무를 요구하신다. 신앙의 정도와 관계없이 모든 믿는 자들은 그들이 포도원의 특권들에 함께 참여하여 유익을 누릴 것을 생각해서, 그리스도께 영광과 존귀를 드려야 하고, 이 세상에서 그의 나라에 이익이 되게 섬겨야 한다.

4. 그리스도께서는 그의 포도원을 세를 주어 그 지키는 자들에게 맡겨 두셨지만, 그 포도원은 여전히 그의 것이고, 그는 그 포도원이 잘 되고 있는지를 늘 지켜보고 계신다. 왜냐하면, 그가 그 포도원을 밤낮으로 지켜보고 간수하지 않으면(사 27:3), 그 포도원을 지키는 파수꾼의 수고가 헛된 것이 되고 말기 때문이다(시 127:1). 어떤 이들은 다음의 본문을 그리스도께서 하신 말씀으로 본다(12절): **내 포도원은 내 앞에 있구나.** 그들은 이 포도원이 그의 소유라는 것을 그가 강조하고 있는 것이라고 생각한다. 그것은 **내 포도원**이고 나의 것이다. 그의 교회는 그에게 아주 소중하고, 세상에 있는 자기 소유이기 때문에(요 13:1), 그는 그의 교회를 늘 그의 보호 아래 두신다. 그것은 그의 소유이기 때문에, 그가 돌보신다.

5. 포도원의 특권들을 누리는 교회는 그것들을 항상 자기 앞에 두어야 한다. 포도원을 지키려면, 늘 마음을 써서 정성을 들이고 부지런히 살펴야 한다. 따라서 이 말은 신부가 하는 말이라고 보는 편이 더 낫다. **내게 속한 내 포도원은 내 앞에 있구나.** 그녀는 앞에서 그녀의 포도원을 지키지 못한 자신의 불찰과 어리석음을 무척 슬퍼하였지만(1:6), 이제 여기에서는 다시는 그렇게 하지 않기로 단단히 결심한다. 우리의 마음은 우리의 포도원이기 때문에, 우리는 모든 지킬 만한 것 중에 더욱 부지런히 우리의 마음을 지켜야 한다. 우리는 늘 깨어서 우리의 마음을 경계하는 눈으로 살피지 않으면 안 된다.

6. 우리는 그리스도의 포도원을 빌린 세를 내는 일에 크게 마음을 써야 한다. 우리는 세가 밀려서, 그가 보낸 사자들이 열매를 받지 못하고 실망하는 일이 없게 하여야 한다(마 21:34). **솔로몬 너는 은 천을 얻을 것이다.** 포도원에서 난 주된 이익은 그리스도의 몫이다. 우리의 모든 열매는 그에게 드려져야 하고, 그를 찬송하고 높이는 일에 바쳐져야 한다.

7. 우리가 교회의 특권들로 인하여 그리스도께 찬송을 드리는 일에 세심하게 마음을 쓴다면, 우리는 그 특권들로 인한 위로와 유익을 얻을 수 있다. 포도원 주인은 자기 몫을 받기만 한다면 포도원을 지킨 자들에게 그들이 수고하고 애쓴 대가를 충분히 지불할 것이다. **포도원을 지키는 자는 은 이백을 얻을 것이다.** 여기에서 은 이백은 분명히 상당한 이익일 것이다. 그리스도를 위하여 일하는 자들은 그들 자신을 위하여 일하는 것이고, 그 일로 인하여 이루 말할 수 없는 이익을 얻는 자들이 될 것이다.

[13]너 동산에 거주하는 자야 친구들이 네 소리에 귀를 기울이니 내가 듣게 하려무나
[14]내 사랑하는 자야 너는 빨리 달리라 향기로운 산 위에 있는 노루와도 같고 어린 사슴과도 같아라

그리스도와 그의 신부는 여기에서 한동안 헤어지게 된다. 그녀는 이 땅에 있는 동산에 머물면서 그를 위하여 일을 하여야 하고, 그는 하늘에 있는 향기로운 산으로 가서 그녀를 위하여 아버지 앞에서 대언자로 일하여야 한다. 이제 그들이 서로 사랑이 듬뿍 담긴 말들을 나누며 헤어지는 장면을 살펴보자.

I. 그는 그녀의 목소리를 자주 듣기를 원함. 그녀는 습관처럼 펜을 들고서 그에게 편지를 써야 하는데, 그녀는 그 편지를 어디로 보내야 하는지를 알고 있다(13절). "지금 너 동산에 거주하는 자야, 아랫세상의 동산에서 윗세상의 낙원으로 옮겨질 때까지 그 동산을 돌보고 지키는 자야, 너 믿는 자야! 하나님의 규례들이 있는 동산, 교회의 친교와 사귐이 있는 동산에 거주하는 네가 누구이든, 너의 친구들은 네 소리를 들을 수 있어서 행복한데, 내게도 네 목소리를 듣게 하려무나."

1. 그리스도의 친구들은 서로 자주 연락을 주고 받아야 하고, 소중한 동반자들로서 자주 얘기를 나누며(말 3:16) 서로의 목소리에 귀 기울여야 한다. 그들은 서로의 덕을 세워 주고 서로를 격려하며 존중하여야 한다. 그들은 그리스도의 나라에서 동반자들이기 때문에, 이 여정을 함께 하는 자들로서 서로의 마음을 허심탄회하게 나누어야 하고, 서로에 대하여 주뼛주뼛하게 대하거나 낯설게 대하지 말아야 한다. 성도가 서로 교통하는 것, 매일 피차 권면하고 남의 권면을 받는 것을 기뻐하는 것은 우리의 신조의 한 조항이자 우리의 언약의 한 조항이다. 교회의 목소리가 그리스도의 음성과 일치하는 한에서 그 목소리에 귀를 기울이라. 그리스도의 친구들이라면 반드시 그렇게 할 것이다.

2. 우리는 우리가 서로 교제하느라고 그리스도와 교제하는 것을 게을리해서는 안 되고, 그로 하여금 우리의 얼굴을 보시게 하고 우리의 목소리를 들으시게 하여야 한다. 그는 여기에서 그런 것을 주문하신다. "친구들이 네 소리에 귀를 기울이니, 그것은 그들에게 즐거운 일이다. 나도 네 소리를 듣게 하려무나. 너는 힘든 일이 생기면 그들에게 하소연을 한다. 그런데 왜 너는 그런 일을 내 앞에 가져와서 나로 하여금 너의 하소연을 듣게 해주지 않는 것이냐? 너는 그

들 앞에서 허심탄회하게 말한다. 그러니, 내 앞에서도 그렇게 허심탄회하게 말하라. 네 마음을 내게 쏟아 놓아라." 마찬가지로, 그리스도께서는 그의 제자들을 떠나실 때에 그들에게 무시(無時)로 그에게 소식을 전하라고 명령하셨다. **구하라 그리하면 너희가 받으리라.** 그리스도께서는 자기 백성들의 기도를 성가신 일이 아니라 영광이자 기쁨으로 여기시기 때문에 그 기도를 열납하시고 응답하실 뿐만 아니라 기도를 올리라고 간청하기까지 하신다는 것을 명심하라(잠 15:8). 우리가 기도할 뿐만 아니라 기도를 통해서 씨름하고 애쓸 때, 그것은 그리스도로 하여금 우리의 기도를 들으시게 하는 것이다. 사람들에게 끈질기게 조르고 떼를 쓰면 예의가 아니지만, 그리스도께서는 우리가 그렇게 끈질기게 조르고 떼를 쓰는 것을 좋아하신다. 어떤 이들은 이 본문을 이렇게 읽는다. "너는 네 친구들로 하여금 나에 대해서 듣게 하라. 너는 네 친구들에게 말할 기회를 자주 갖고, 그들은 네가 말하는 것을 귀담아 듣는다. 그들에게 나에 대해서 말하라. 그들로 하여금 내 이름을 듣게 하라. 내 너의 얘기의 주제가 되게 하라." 어셔(Usher) 대주교는 "헤어지기 전에 그리스도의 말씀 한 마디를 나누라"고 말하곤 하였다. 그리스도를 주제로 삼아 말하는 것보다 더 합당하고 더 기쁜 것은 없다.

Ⅱ. 그녀는 그가 그녀에게 속히 돌아오기를 원함(14절). **내 사랑하는 자야 너는 빨리 달려 내게로 다시 와서 나를 안으라. 너는 향기로운 산 위에 있는 노루와도 같고 어린 사슴과도 같아라.** 시간을 허비하지 말라. 여기 동산에 있는 것도 즐겁지만, **세상을 떠나서 너와 함께 있는 것이 훨씬 더 좋은 일이다**(빌 1:23). 그러므로 나는 그렇게 되기를 원하고 기다리며 갈망한다. **아멘 주 예수여 속히 오시옵소서**(계 22:20).

1. 예수 그리스도께서는 지금 물러가시지만 장차 돌아오실 것이다. **만물이 새롭게 되는 날**이 이를 때까지는 그는 **향기로운 산**, 즉 하늘에 계셔야 한다. 그가 윗세상의 온갖 영화와 권능으로 오시는 것을 모든 눈이 보게 될 날이 이를 것인데, 그 때에는 하나님의 신비가 끝이 나고 신비의 몸이 완성될 것이다.

2. 참된 신자들은 주의 날이 오기를 기다릴 뿐만 아니라 속히 오기를 바란다. 이것은 그들이 단지 그가 빨리 서둘러서 오시기를 바라는 것이 아니라, 그의 약속들이 다 이루어져서 종말이 오기를 바라는 것이다. 그것은 빠르면 빠를수록 더 좋은 일이기 때문이다. **주의 약속은 어떤 이들이 더디다고 생각하는 것 같**

이 더딘 것이 아니라는 것을 그들은 알기 때문에 그에게 그들의 강렬한 사랑과 그가 다시 오실 때에 있을 일들에 대한 그들의 부푼 기대감을 이렇게 표현한다.

3. 그리스도를 그들의 가장 사랑하는 자라고 진심으로 부를 수 있는 자들만이 그가 속히 다시 오시기를 진정으로 원할 수 있다. 그 마음이 세상과 음란하게 놀아나고 이 땅의 것들에 애정을 두는 자들은 그가 다시 나타나시는 것을 좋아할 수 없고, 도리어 두려워한다. 왜냐하면, 그가 다시 나타나실 때에 그들이 자신의 분깃으로 선택하였던 땅과 거기에 속한 모든 것들은 다 불타버릴 것이기 때문이다. 그러나 그리스도를 진정으로 사랑하는 자들은 그가 다시 오시기를 갈망한다. 왜냐하면, 그의 재림은 그의 영광과 그들의 지극한 복의 절정이 될 것이기 때문이다.

4. 우리가 은혜 가운데에서 하나님과 교제하면서 종종 누리게 되는 위로와 만족은 우리로 하여금 영광의 나라에서 그를 직접 보고 온전히 누릴 수 있게 되기를 더욱 간절히 원하게 만든다. 신부는 그녀의 사랑하는 자와 밀어(蜜語)를 나눈 후에 그와 이제는 헤어져야 한다는 것을 알고서, 장차 저 내세에서 이 행복이 온전하고 영원히 지속될 수 있기를 바란다는 애정어린 간구로 말을 맺는다. 우리가 이 광야에서 종종 포도송이들을 발견하여 먹게 되면, 우리는 가나안에서의 온전한 포도 수확을 대망하게 되지 않을 수 없다. 그의 궁정에서의 하루가 이토록 달콤하다면, 휘장 안에서의 영원은 어떻겠는가! 이것이 천국이라면, 제발 나를 천국에 있게 하소서!

5. 우리의 기도를 장차 나타날 영광에 대한 즐거운 기대와 그 기대로 인한 거룩하고 겸손한 기쁨을 표현하는 말로 끝마치는 것은 좋은 일이다. 우리는 단지 다시 만날 것을 기약하며 헤어져서는 안 된다. 매번의 안식일을 영원한 안식일, 즉 그 날의 끝에 밤이 찾아오지 않고 그 날 이후에 또 다른 한 주가 시작되는 일도 없는 영원한 안식일을 생각하는 것으로 마무리하는 것은 좋은 일이다. 매번의 성례를 영원한 잔치, 즉 우리가 그리스도의 나라에서 그와 함께 상에 앉아서 거기에서 나는 포도주를 마시며, 장자들의 교회의 총회를 기대하며 매번의 성회를 끝내야 하는 일도 없고, 때와 날들도 더 이상 존재하지 않게 될 영원한 잔치를 생각하는 것으로 마무리하는 것은 좋은 일이다. 찬송 받으실 예수여, 저 복된 날을 속히 오게 하소서. 그의 병거가 어찌하여 더디 오는가 그의 병

거들의 걸음이 어찌하여 늦어지는가.

독자 여러분들께 알립니다!

'CH북스'는 기존 **'크리스천다이제스트'**의 영문명 앞 2글자와
도서를 의미하는 **'북스'**를 결합한 출판사의 새로운 이름입니다.

매튜 헨리 주석전집 11

잠언+전도서+아가

1판 1쇄 발행 2009년 2월 15일
1판 중쇄 발행 2023년 4월 1일

발행인 박명곤 **CEO** 박지성 **CFO** 김영은
기획편집 채대광, 김준원, 박일귀, 이승미, 이은빈, 이지은, 성도원
디자인 구경표, 임지선
마케팅 임우열, 김은지, 이호, 최고은
펴낸곳 CH북스
출판등록 제406-1999-000038호
전화 070-4917-2074 **팩스** 0303-3444-2136
주소 서울시 강서구 마곡중앙6로 40, 장흥빌딩 10층
홈페이지 www.hdjisung.com **이메일** main@hdjisung.com
제작처 영신사

※ CH북스는 (주)현대지성의 기독교 출판 브랜드입니다.